EDITADO POR PAUL GARDNER

Quem é quem na Bíblia Sagrada

A HISTÓRIA DE TODAS AS PERSONAGENS DA BÍBLIA

Tradução
Josué Ribeiro

Vida
ACADÊMICA

EDITORA VIDA
Rua Conde de Sarzedas, 246 Liberdade
CEP 01512-070   São Paulo, SP
Tel.: 0 xx 11 2618 7000
atendimento@editoravida.com.br
www.editoravida.com.br

Coordenação editorial: Fabiani Medeiros
Edição: Mardônio Nogueira
Revisão: Rosa Ferreira
Projeto gráfico e diagramação: Imprensa da Fé
Capa: Douglas Lucas

©1995, de Paul Gardner
Título do original:
The Complete Who's Who in The Bible,
edição publicada pela
MARSHALL PICKERING
∎

Todos os direitos em língua portuguesa reservados por Editora Vida.

PROIBIDA A REPRODUÇÃO POR QUAISQUER MEIOS, SALVO EM BREVES CITAÇÕES, COM INDICAÇÃO DA FONTE.
∎

Todas as citações bíblicas foram extraídas da *Edição Contemporânea*, da tradução de João Ferreira de Almeida, publicada por Editora Vida, salvo indicação em contrário.

1. edição: 2005
11ª reimp.: out. 2009
12ª reimp.: ago. 2010
13ª reimp.: abr. 2011
14ª reimp.: ago. 2011
15ª reimp.: jan. 2012
16ª reimp.: nov. 2012
17ª reimp.: jul. 2013
18ª reimp.: nov. 2014
19ª reimp.: ago. 2015
20ª reimp.: maio 2016
21ª reimp.: mar. 2017
22ª reimp.: jan. 2019
23ª reimp.: jan. 2020
24ª reimp.: nov. 2020
25ª reimp.: jul. 2021
26ª reimp.: jun. 2022

Dados Internacionais de Catalogação na Publicação (CIP)
(Câmara Brasileira do Livro, SP, Brasil)

Gardner, Paul
   Quem é quem na Bíblia Sagrada / Paul Gardner; tradução Josué Ribeiro. — São Paulo: Editora Vida, 2005.

   Título original: *The Complete Who's Who in the Bible*.
   ISBN 978-85-7367-931-1

   1. Bíblia — Biografias — Dicionários I. Título.

05-7605   CDD 220.92

Índice para catálogo sistemático:
1. Bíblia : Biografias : Dicionários 220.92

Esta obra foi composta em *ZapfEllipt BT*
e impressa por BMF Gráfica sobre papel
Offset 63 g/m² para Editora Vida.

Dedicatória

Para minha esposa, Sharon, e meus filhos, Jonathan, David e Hannah,
Cujos nomes tanto significam para mim:
Sharon (Sarona, Atos 9:35) foi um lugar que testemunhou um grande movimento
de conversão a Cristo pelo ministério de Pedro.
Jonathan significa "o Senhor deu".
David provavelmente significa "amado do Senhor".
Hannah significa "graça", a qual é tão importante em nossa família.

PREFÁCIO

Qualquer pessoa que se aproxime da Bíblia pela primeira vez percebe que não se trata apenas de um livro teórico sobre Deus. Desde o primeiro capítulo, vemos que é uma obra que fala a respeito do Criador e sobre seu relacionamento com sua criação, especialmente com seu povo. Aprendemos sobre Deus ao vê-lo revelar-se a homens e mulheres falhos. O Senhor fala com eles, trabalha com eles, encoraja, disciplina, ama e castiga cada um deles. Dessa maneira, fica muito claro que Deus tem algum tipo de comunicação com cada ser humano, individualmente. Esse entendimento às vezes é de amor e comunhão, ou é um relacionamento no qual a pessoa se rebela contra Deus, mas o Senhor e Criador está sempre lá, sustentando soberanamente o mundo, durante o tempo que Ele desejar.

Meu desafio e minha maior empolgação ao dirigir este projeto foi que me permitiu estudar essas pessonagens à luz da comunhão delas com Deus. Espero que todos os que lerem *Quem É Quem na Bíblia Sagrada* experimentem, como eu, um conhecimento muito maior de Deus, ao vê-lo junto das pessoas de diferentes raças, formações, culturas e crenças. Observamos os fracos que confiam em Deus e o adoram, e são usados por Ele nas situações mais difíceis e perigosas da vida. Vemos os poderosos deste mundo, que não confiam no Senhor nem o adoram, despojados de seus tronos, quando Deus exerce sua soberana vontade. Vemos os pecadores serem perdoados, quando se voltam com fé para um Deus amoroso que cuida do seu povo, e observamos os que são castigados, por se recusarem até mesmo a ouvir os avisos sobre o juízo de Deus.

Quando olhamos para as personagens da Bíblia, descobrimos como o pecado entrou no mundo e afetou cada ser humano. Vemos isso até mesmo na vida dos assim chamados "heróis" da fé. Na revelação bíblica, não existem seres humanos perfeitos (a não ser Cristo). Abraão, Moisés, Davi e outros grandes líderes são vistos como homens de Deus, mas também como pecadores, que necessitam do perdão divino.

Quando lemos sobre o pecado que homens e mulheres cometeram, imediatamente percebemos que são pessoas idênticas a nós. Entretanto, também observamos como Deus perdoou os que se voltaram para Ele; assim, temos esperança para nós mesmos, se também confiarmos em seu perdão e salvação. Quando olhamos para a sociedade e nos surpreendemos com os horrores que nos cercam, vemos que outras pessoas viveram em tempos que foram no mínimo tão maus ou até mesmo piores (veja, por exemplo, o período dos Juízes), e nos reanimamos com o fato de que naquela época Deus era soberano e Ele permanece o mesmo hoje. Vemos a sinceridade de um homem fiel, como Davi, ao perguntar: "Até quando, Senhor?"; "Por que os ímpios prosperam?" Nós nos identificamos com suas emoções; fazemos as mesmas perguntas para Deus e aprendemos do Senhor, quando vemos suas respostas para Davi e outros, através da história.

Em benefício do homem, desde o mais insignificante até o principal líder mundial, encontramos um Deus soberano, que se importa com a humanidade. Quando se revela às pessoas, ao longo das épocas, fica evidente que esse cuidado do Criador santo e transcendente pelo ser humano é que levará à sua provisão para a salvação.

QUEM É QUEM NA BÍBLIA SAGRADA

Enquanto o foco bíblico estreita-se, aponta inexoravelmente para o plano eterno de Deus de enviar seu único Filho Jesus para trazer salvação ao homem que Ele criou e o qual ama. A encarnação de Cristo torna-se a maior demonstração do quanto o Senhor se preocupa conosco. Quando estudamos a vida dos que conheceram Jesus e colocaram sua fé nele e O seguiram, mesmo que isso conduzisse à própria morte, descobrimos o que significa ser um recipiente da graça, da misericórdia e do perdão de Deus. Vemos a alegria em seu viver, mesmo diante das perseguições, doenças ou dos desastres naturais, pois sabem o que significa pertencer ao Senhor. Quando vemos a maneira como conquistaram o mundo de sua época, isso nos dá um entendimento mais profundo do Deus que ama, perdoa, salva o homem do castigo e o conduz à eternidade junto consigo.

É minha grande esperança que todos os que lerem este livro vejam a Bíblia como algo mais real, mais relevante e útil do que talvez considerassem antes. Espero também que esta obra apenas aguce o apetite para o estudo mais profundo e contínuo de cada leitor sobre esse Deus que criou o homem e se revela não de uma maneira abstrata, mas na vida real, no mundo real, sobre o qual Ele permanece como absoluto soberano.

PAUL D. GARDNER
Cheshire, 1995

INTRODUÇÃO

Propósito

O propósito deste livro é o de prover uma referência exaustiva que possibilite a rápida utilização sobre as personagens mencionadas nos textos bíblicos, do Antigo e do Novo Testamento. Assim, para cada uma delas há pelo menos algumas informações mínimas, bem como as referências bíblicas e uma breve descrição do seu papel pessoal na narrativa bíblica e sua possível relação com outros nomes.

A intenção desta obra é que ela seja um livro útil ao maior número possível de pesquisadores. É livro de referências muito prático, tanto para os estudiosos da Bíblia como para os principiantes. Estudantes, membros de igrejas locais, professores, pastores e alunos de seminários e institutos bíblicos, todos reconhecerão o valor de uma obra como esta. Também esperamos que seja um livro útil como referência nas bibliotecas públicas e particulares. Ele foi deliberadamente escrito com o propósito de evitar ao máximo os detalhes técnicos.

Os leitores com certeza adquirirão um considerável entendimento do quadro completo das principais personagens bíblicas. Essa descrição de nomes também destina-se a ajudar os estudiosos a entender melhor o lugar de cada servo de Deus dentro dos propósitos divinos e da história de seu povo. A visão bíblica do próprio Criador e de seu relacionamento com o ser humano muitas vezes é mais bem apreendido quando estudamos os homens e as mulheres em sua comunhão com Deus. É claro que tais objetivos em muitos casos não são alcançados, devido às informações do texto serem insuficientes.

Outros artigos muito úteis foram incluídos, os quais apóiam a obra como um todo e contribuem para um melhor entendimento do material bíblico relacionado com os nomes mencionados nas Escrituras. Embora o leitor pense imediatamente em numerosos outros artigos que também deveriam ser incluídos, o espaço disponível tornou isso impossível. Os que foram registrados, entretanto, mencionam propósitos especiais que muito ajudarão o leitor. Por exemplo, existem dados sobre crianças, personagens sem nome, como a *mulher no poço*, anjos, teofanias e mesmo sobre genealogias.

Esta obra foi escrita sob o entendimento de que a história bíblica deve ser cuidadosamente selecionada. Os vários escritores das Escrituras Sagradas, guiados pelo Espírito Santo, mencionaram eventos e pessoas porque estavam interessados no Deus da história, que opera entre as pessoas do seu mundo e no meio da sua criação. Houve os que cuidaram dos diferentes aspectos dos acontecimentos, mas sempre se mostraram preocupados em ensinar à sua própria geração e às futuras mais sobre Deus e seu relacionamento com o mundo e especialmente com o povo da sua aliança. O propósito deste livro, portanto, é apresentar da maneira mais clara possível — dentro das limitações de uma obra de apenas um volume — o maior número possível de informações sobre Deus e os seres humanos que viveram diante do Criador onipresente e onisciente.

Como usar este volume

Em alguns aspectos, esta obra pode ser utilizada de uma maneira muito direta. Simplesmente procure o nome e leia! Sempre que dois, três ou mais personagens diferentes tenham o mesmo nome, são listados como 1, 2, 3 etc. e talvez seja necessário olhar todos eles para encontrar, por exemplo, o Zacarias desejado.

O propósito desta obra é dar, sempre que possível, um pouco mais de informações além dos simples detalhes biográficos de cada personagem. Com isso em mente, para extrair o máximo deste livro e aprender sobre o *porquê* de um nome ser mencionado na Bíblia e o que essa menção ensina sobre Deus e seus propósitos, provavelmente será necessário que o leitor olhe também outros nomes relacionados. Já que *todos* os nomes da Bíblia estão listados neste volume, a referência a outros nomes só é feita quando a informação contida no verbete é realmente necessária para se ter um quadro completo do assunto.

Por exemplo, o leitor talvez esteja interessado em saber mais sobre Reuel, o sogro de Moisés. Uma olhada rápida remete-o até Jetro. Um verbete mais longo mostra como ele, um midianita, foi usado por Deus não somente para prover moradia e uma esposa para o grande legislador, mas posteriormente para conceder valiosos conselhos sobre a delegação da autoridade na liderança do povo de Israel, em sua viagem através do deserto. A ação de Jetro demonstra o cuidado de Deus por seu povo e especialmente pelos líderes escolhidos por Ele. Isso pode também levar o leitor a ler os artigos sobre Moisés e a "Aliança", pois ambos acrescentarão um considerável entendimento do cuidado do Todo-poderoso por seu povo e sua atenção especial pelo genro de Jetro.

O interesse de aprender mais sobre Saul levará o leitor a perguntar por que Samuel parecia tão relutante em aceitar um monarca subindo ao trono em Israel. Os artigos sobre "Rei", "Reinado" e "Samuel" ajudarão o estudioso a entender melhor a atitude do próprio Deus quanto à questão dos israelitas desejarem um rei e o dilema com o qual Samuel se deparou.

Colaboradores

Esta obra inclui a lista dos que colaboraram em sua elaboração. Sempre que um verbete possuir mais de 100 palavras, as iniciais do nome de quem contribuiu são registradas. Ocasionalmente, quando houver mais de uma pessoa com o mesmo nome, diferentes colaboradores escreveram sobre elas. Isso é facilmente notado pelas iniciais dos nomes.

Pontos de interrogação

Algumas referências bíblicas são seguidas por um ponto de interrogação. Isso indica simplesmente que não se tem certeza se aquele texto se refere à pessoa que está sendo descrita.

Questões que surgem

Existem certas dúvidas que obviamente surgem durante a preparação de um volume como este; são questões difíceis e polêmicas. Mas a intenção dos que colaboraram foi a melhor possível.

INTRODUÇÃO

Filho ou descendente? O vocábulo traduzido como "filho" às vezes se refere de forma genérica a um descendente do sexo masculino ou ao que entendemos como "filho", isto é, um descendente direto de um homem ou de uma mulher. O termo "pai" também pode referir-se ao pai direto ou a um importante ancestral. No livro *Quem é Quem*, o vocábulo "filho" é usado onde há uma indicação razoável para se entender que um "filho" direto é mencionado naquele momento. Em outras circunstâncias, utilizamos o termo "descendente". O mesmo princípio é aplicado também com relação ao vocábulo "pai". Não há dúvida de que em certas ocasiões alguém discordará da decisão tomada. Às vezes existem problemas genuínos, que causam opiniões divergentes entre os estudiosos. Recomendamos que o leitor leia o artigo "Genealogias Bíblicas".

Pessoas ou lugares? Em numerosos textos existe diferença de opinião se os nomes exibidos se referem a pessoas ou lugares. Até mesmo em algumas genealogias parece que nomes de lugares estão misturados com os de personagens. As pessoas provavelmente chamavam certos locais pelos seus próprios nomes, criando assim um problema para nós, que vivemos tanto tempo depois que os eventos aconteceram (veja o exemplo de *Manre*). Normalmente, nesta obra, onde ocorrem tais diferenças de opinião entre os estudiosos, os nomes têm sido tratados como indivíduos, embora seja óbvio que na verdade muito pouco possa ser dito a respeito de tal pessoa. Na maioria dos casos, não gostaríamos de entrar numa discussão sobre essa questão!

Nomes ou versões diferentes? Todos os nomes escritos baseiam-se na Versão Contemporânea da Bíblia, em português. Os leitores que adotam outras traduções encontrarão certa dificuldade, pois existem pequenas diferenças na maneira em que os nomes são escritos.

Os nomes e seus significados

Muitas vezes supõe-se que todos os nomes bíblicos têm um significado especial. Esse, contudo, não é o caso. A grande maioria dos nomes funciona de forma similar à maneira em que são usados hoje na maioria dos países ocidentais. Simplesmente identificam um indivíduo em particular. Assim, o nome Jó não significa nada mais para nós, a não ser para diferençar o personagem Jó de outro chamado Bildade; não podemos conhecê-lo por meio de seu nome, pois este nada diz sobre seu caráter.

Nesta obra, quando foi possível, traduzimos o significado dos nomes; mas isso funciona apenas como curiosidade e nada mais. Quando meus pais me deram o nome de Paulo, eles não pensaram no sentido original em latim, porém imaginaram que ele se referia a alguma característica minha — assim pelo menos eu espero, pois meu nome significa "pequeno". Por outro lado, meu nome tinha um significado para eles e muitos de seus amigos, pois venho de uma família cristã e eles deliberadamente escolhiam nomes da Bíblia para todos os filhos. Não há dúvida de que alguma coisa assim pode ser vista na escolha dos nomes de muitas pessoas, principalmente no Antigo Testamento. Os pais escolhiam nomes para os filhos que os identificassem com uma família que desejava ser conhecida como fiel ao Senhor; por isso muitos nomes eram compostos pelo sufixo "el", que significa Deus, ou com formas abreviadas de Jeová, que aparecem de forma variada mas freqüente, como Isaías, Jeremias, Zacarias, Elias (*meu Deus é Jeová*) e Josué (*Jeová salva*).

Em algumas partes do mundo ainda é comum os pais colocarem no filho mais velho o mesmo nome do pai. Para a freqüente diversão dos europeus, em cujos países isso não se usa mais, exceto nas famílias reais, essa prática ainda é muito usada nos

ix

QUEM É QUEM NA BÍBLIA SAGRADA

Estados Unidos, onde temos alguns exemplos famosos, como George Hamilton IV! Também nas Escrituras, tal prática pode ser vista ocasionalmente. Por exemplo, vemos o debate sobre o nome que seria dado a João Batista, na época do seu nascimento. A família esperava que o menino recebesse o nome do pai, Zacarias. Na verdade, Deus tinha outros planos e a criança finalmente foi chamada de João (Lc 1.13,57-66). Esse incidente levantou uma questão interessante, quando organizamos esta obra, pois na verdade existem pouquíssimos casos na Bíblia em que descendentes recebem o nome do pai ou do avô. Alguns analisam a questão e sugerem que isso era muito mais comum entre as famílias sacerdotais, como no caso de Zacarias. Sem dúvida a função hereditária dos levitas e sacerdotes era a grande responsável por isso. Provavelmente havia um grande orgulho de que o filho continuasse o mesmo trabalho para o Senhor que seu pai fazia, e o senso de continuidade no sacerdócio e na vocação dos levitas era assim enfatizado por meio dos nomes.

Existe, contudo, um grande número de situações na Bíblia, tal como aquela sobre João, mencionada anteriormente, em que o nome claramente significa mais do que a simples identificação de um indivíduo. Naquela situação, o próprio Deus colocou o nome de João, que significa "Jeová tem sido gracioso". Dessa maneira, o nome estava relacionado com o trabalho e a mensagem que ele traria para o povo de Israel; era uma mensagem de arrependimento e de preparação para o advento do Messias. Era uma mensagem que seria resumida na declaração: "Jeová tem sido gracioso".

Além de indicar a mensagem ou a vocação da pessoa, outros nomes também resumem todo o indivíduo, ou talvez alguns aspectos de seu caráter, personalidade ou estilo de vida. O fato de que os nomes podem ter esses significados é visto mais claramente em relação ao próprio Deus. Vemos repetidamente na Bíblia referências ao "nome" de Deus. A Bíblia fala sobre *adorar* ou *invocar* "o nome de Deus" e para não *blasfemar* o seu "nome" (Gn 4.26; 21:33; Lv 9.12; Sl 9.10 etc. Veja o verbete *Deus,* para maiores detalhes). Aqui, o nome é usado para dar a idéia de tudo o que é conhecido sobre Deus.

O nome Jesus, que significa "Jeová salva", foi dado ao Messias pelo próprio Deus e resume plenamente tudo o que Ele veio fazer e também o que era. Ele veio para salvar, mas também era o próprio Deus (veja mais detalhes em *Jesus*).

Existem muitos outros exemplos menos notáveis de nomes que descrevem algo do caráter da pessoa ou as circunstâncias que cercaram seu nascimento. Algumas vezes os nomes eram colocados sob a direção direta do Senhor, enquanto em outras ocasiões parece que a soberania geral de Deus trabalhava para que nomes apropriados fossem dados a certos indivíduos. Por exemplo, Nabal, cujo nome significa "tolo", agiu como um tolo. Jacó, cujo nome significa "suplantador", usurpou a posição do irmão: "Disse Esaú: Não se chama ele com razão Jacó, visto que já duas vezes me enganou? Tomou-me o direito de primogenitura e agora me tirou a bênção!" (Gn 27.36). Antes de morrer, logo depois do parto, Raquel chamou o filho de Benoni, que significa "filho da minha tristeza" (Gn 35.18).

Algumas pessoas receberam de Deus ou de outras pessoas nomes mais apropriados ao seu caráter ou chamado. Dois exemplos são Abrão, que se tornou Abraão, e Sarai, cujo nome mudou para Sara. Jacó (suplantador) foi chamado de Israel por Deus, o que tem que ver com sua luta com o Senhor em Peniel (Gn 32.28). Daniel e seus amigos receberam outros nomes na Babilônia, que claramente indicavam sua posição de dependência no cativeiro. Certamente é esse fato de que os nomes podem ser mudados para indicar uma nova posição ou chamado que suscita a idéia de que um dia Deus chamará seu povo por "outro nome" (Is 56.5; 65.15; Ap 3.12).

INTRODUÇÃO

Outro ponto digno de menção é o poder expresso no processo de se dar nomes. Já mencionamos que os babilônios mudaram os nomes de Daniel e seus amigos, para demonstrar dessa maneira o controle que tinham sobre eles. Faraó Neco fez o mesmo com o rei Eliaquim, a quem deu o nome de Jeoiaquim, como sinal de sua autoridade e seu controle sobre ele (2 Rs 23.34). Homens ou mulheres poderiam demonstrar esse poder. Por exemplo, a filha de Faraó deu o nome de Moisés à criança que encontrou no rio. Adão recebeu de Deus o direito de dar nomes aos animais, o que sem dúvida indica a autoridade delegada pelo Senhor (Gn 2.19,20). Qualquer que seja o pensamento sobre as implicações dos atuais debates sobre o papel da mulher, Adão também recebeu permissão de Deus para dar nome à primeira mulher: "Eva" ("vida", Gn 3.20).

O processo de dar nomes às pessoas pode ser algo muito significativo na Bíblia, mas é importante deixarmos que o texto nos dê alguma indicação de quando este é o caso. De todos os milhares de nomes relacionados nesta obra, alguns são realmente muito importantes em seu significado, ou indicam algo sobre o poder ou a autoridade que foram exercidos no processo da escolha do nome. A grande maioria, contudo, significou muito para o pai ou a mãe, no momento da escolha, mas só serve para identificar um indivíduo na Bíblia, da mesma maneira que os nomes fazem em nossa época.

COLABORADORES

O Editor

P.D.G. **Gardner, Paul D.** M. Div. A.K.C., Ph.D. Pastor da Igreja Inglesa em Cheshire, Inglaterra. Titular da disciplina *Novo Testamento* do Oak Hill Theological College, em Londres. Conferencista de fama mundial.

Seus auxiliares

C.B. **Blomberg, Craig.** M.A., Ph.D. Professor da disciplina *Novo Testamento*, no Denver Seminary, em Denver, Colorado, USA. Ordenado pastor pela Convenção Batista do Sul.

D.B. **Bock, Darrell.** Ph.D. Professor da disciplina *Estudos do Novo Testamento*, no Dallas Theological Seminary, em Dallas, Texas, USA. Ordenado pastor pela Igreja Associação da Trindade, em Richarding, Texas.

S.C. **Chapin, Shelley**. B.A., M.A. Escritor e radialista, presidente das estações de rádio KVNE e KGLY, em Tyler, Texas, USA. Candidato a Ph.D.

M.J.G. **Glodo, Michael J.** M.Div., Th.M. Professor Auxiliar da disciplina *Antigo Testamento*, no Reformed Theological Seminary, em Orlando, Flórida, USA. Candidato a Ph.D. Ordenado pastor pela Igreja Evangélica Presbiteriana.

W.H.H. **Harris, W. Hall.** Th.M., Ph.D., professor da disciplina *Estudos do Novo Testamento,* no Dallas Theological Seminary, em Dallas, Texas, USA.

R.H. **Hess, Richard.** M.Div., M.Th., Ph.D., professor das disciplinas *Antigo Testamento* e *Hebraico*, no Glasgow Bible College, em Glasgow, Escócia.

S.J.K. **Kistemaker, Simon J.** B.D., Th.D. Professor da disciplina *Novo Testamento* e diretor do Departamento do Novo Testamento, no Reformed Theological Seminary, em Jackson, Mississippi, USA. Ex-presidente da Sociedade Teológica Evangélica. Ordenado pastor pela Igreja Cristã Reformada.

P.L. **Long, Philip.** M.Div., Ph.D., professor da disciplina *Antigo Testamento*, no Covenant Theological Seminary, em St. Louis, Missouri, USA. Ordenado pastor pela Igreja Presbiteriana na América.

A.B.L. **Luter, Boyd A.** Th.M., Ph.D., professor auxiliar no Talbot School of Theology, em La Mirada, Califórnia, USA.

D.K.L. **Lowery, David K.** Th.M., Ph.D., professor da disciplina *Estudos do Novo Testamento*, no Dallas Theological Seminary, em Dallas, Texas, USA. Ordenado pastor pela Igreja Metodista da Bíblia, Texas.

COLABORADORES

A.M.   **Mawhinney, Allen.** M.Div., Th.M., Ph.D., professor da disciplina *Novo Testamento* e diretor do Reformed Theological Seminary, em Orlando, Flórida, USA. Ordenado pela Igreja Presbiteriana na América.

K.MCR.   **McReynolds, Kathy.** B.A., M.A. Escritora renomada sobre as mulheres cristãs e as mulheres da Bíblia. Candidata a Ph.D. pela Biola University, em La Mirada, Califórnia, USA.

E.M.   **Merrill, Eugene.** Ph.D., professor da disciplina *Estudos do Antigo Testamento*, no Dallas Theological Seminary, em Dallas, Texas, USA.

J.A.M.   **Motyer, J. Alec.** M.A., B.D., ex-diretor do Trinity Theological College, em Bristol, Inglaterra. Ordenado pela Igreja Inglesa, tornou-se ministro da Igreja de Cristo, Inglaterra.

R.M.   **Munro, Robert.** B.A. Ordenado pela Igreja Inglesa, tornou-se ministro assistente na igreja em Hartford, Cheshire, Inglaterra.

M.P.   **Pickles, Mark.** B.A. Ordenado pela Igreja Inglesa, tornou-se ministro da igreja em Winsford, Cheshire, Inglaterra. Candidato a D.Min. pelo Reformed Theological Seminary, em Orlando, Flórida, USA.

R.P.   **Pratt, Richard.** M.Div., Th.D., professor da disciplina *Antigo Testamento*, no Reformed Theological Seminary, em Orlando, Flórida, USA. Ordenado pela Igreja Presbiteriana na América.

M.S.   **Silva, Moisés.** B.D., Th.M., Ph.D., professor da disciplina *Novo Testamento* e diretor do Departamento do Novo Testamento, no Westminster Theological Seminary, em Philadelphia, USA. Ordenado pela Igreja Presbiteriana Ortodoxa.

A.A.T.   **Trites, Allison, A.** Th.M., D. Phil. Destacado professor de Estudos Bíblicos nas Acadia Divinity College e Acadia University, em Wolfville, Nova Escócia, Canadá. Ordenado pela Federação Batista Canadense.

W.A.VG.   **VanGemeren, Willem.** M.A., Ph.D., professor das disciplinas *Antigo Testamento* e *Línguas Semíticas*, na Trinity Evangelical Divinity School, em Deerfield, Illinois, USA. Ordenado pela Igreja Presbiteriana na América.

S.V.   **Vibert, Simon.** M.Th. Ordenado pela Igreja Inglesa, tornou-se ministro na igreja em Buxton, Derbyshire, Inglaterra.

P.D.W.   **Wegner, Paul D.** M.Div., Th.M., Ph.D., diretor do Departamento Bíblico (Antigo Testamento), no Moody Bible Institute, em Chicago, Illinois, USA.

B.W.   **Winter, Bruce.** Th.Scol., M.Th., Ph.D. Diretor do Instituto sobre os Antigos Cristãos no Mundo Greco-Romano, no Tyndale House, em Cambridge, Inglaterra. Ordenado pela Igreja Anglicana na Austrália.

xiii

A

AARÁ. Terceiro filho de Benjamim (1 Cr 8.1). Provavelmente uma forma do nome Airã (Nm 26.38).

AAREL. Filho de Harum, da tribo de Judá (1 Cr 4.8).

AASBAI. Pai de Elifelete, aparece numa lista especial dos "heróis" de Davi (2 Sm 23.34).

ABA (Heb. "Pai"). Nome aplicado a Deus em três textos do Novo Testamento (Mc 14.36; Rm 8.15; Gl 4.6). Veja *Deus (Pai)*.

ABADOM (Heb. "lugar de destruição"). Este vocábulo é encontrado várias vezes no Antigo Testamento, traduzido como "perdição" e "destruição" (cf. Jó 26.6; 28.22; Pv 15.11; etc.). Na maioria desses textos, é utilizado como sinônimo de "morte", onde "morte e destruição" são de certa forma personificadas. Ele é usado como nome apenas em Apocalipse 9.11, onde se refere a um anjo que é o rei do *abismo*, um lugar totalmente maligno e reservado para os ímpios. O equivalente grego é *Apoliom*, usado também apenas nesse versículo. Mesmo em Apocalipse 9, este vocábulo representa mais uma personificação da morte e da destruição do que um outro nome para Satanás. De qualquer forma, contudo, tal "destruição" vem, é claro, do diabo (*v.1*, a *estrela que caiu do céu*), que traz morte e tormento. As boas novas de Apocalipse 9, contudo, são que Satanás não pode destruir os que pertencem a Deus, pela fé (*v. 4*). A notícia triste é que, mesmo havendo tanta morte e destruição ao redor das pessoas neste mundo, muitas delas sempre se recusarão a arrepender-se (*v. 21*). P.D.G.

ABAGTÁ. Um dos sete eunucos que serviam ao rei Xerxes (Et 1.10). Veja *Vasti*.

ABÃ (Heb. "irmão do que é inteligente"). Em 1 Crônicas 2.29, ele está listado como o filho de Abisur e de sua esposa Abiail, da tribo de Judá.

ABDA (Heb. "adorador" ou "servo").
1. O pai de Adonirão, oficial do rei Salomão, encarregado dos trabalhos forçados (1 Re 4.6).
2. O filho de Samua e um dos levitas que se estabeleceram em Jerusalém na época de Neemias (Ne 11.17).

ABDEEL (Heb. "servo de Deus"). O pai de Selemias, que recebeu ordens do rei Jeoiaquim para prender Baruque e Jeremias (Jr 36.26). Os dois, entretanto, ficaram seguros, porque "o Senhor os havia escondido".

ABDI (Heb. "servo de").
1. O pai de Quisi, pai de Etã, da família dos meraritas, um sacerdote músico, que viveu nos últimos dias de Davi e na época da construção do Templo sob o reinado de Salomão (1 Cr 6.44).
2. O pai de Quis, outro levita da família dos meraritas, que ajudou na purificação do Templo nos dias do rei Ezequias (2 Cr 29.12).
3. Um descendente de Elão, Abdi é listado em Esdras 10.26, entre os que se casaram com mulheres estrangeiras.

ABDIEL (Heb. "servo de Deus"). Um gadita, que viveu em Gileade e Basã. Era filho de Guni e encontra-se nas genealogias do tempo do rei Jotão, de Judá (1 Cr 5.15).

ABDOM

ABDOM. 1. Filho de Hilel, serviu como um dos juízes de Israel por oito anos (Jz 12.13-15). Era conhecido por seu grande número de filhos e netos e pertencia à tribo de Efraim.

2. Listado na genealogia de Benjamim e do rei Saul, como um dos filhos de Sasaque (1 Cr 8.23).

3. Reconhecido como filho primogênito de Jeiel, filho de Gibeom, em ambas as genealogias do rei Saul (1 Cr 8.30; 9.36).

4. Filho de Mica, era um dos servos enviados pelo rei Josias para consultar o Senhor por meio da profetisa Hulda (2 Cr 34.13-28; veja *Aicão*, para mais detalhes). (Obs. O relato de 2 Reis 22.12,14 coloca o nome dele como Acbor, filho de Micaías).   s.c.

ABEDE-NEGO (Heb. e Aram. "servo de Nabu", um deus da Babilônia). Esse foi o nome dado pelo chefe dos eunucos do rei Nabucodonosor a Azarias, um dos companheiros de Daniel. Esse nome é encontrado 14 vezes em Daniel 1 a 3.

Abede-Nego, como Daniel, Sadraque e Mesaque, recusou-se a comer as iguarias do rei, alimentou-se apenas de legumes e bebeu somente água (Dn 1.12), enquanto era preparado para ser apresentado na corte. O Senhor honrou a firme decisão deles de não comer o que, como judeus, era considerado alimento impuro. Como resultado, a aparência deles era mais saudável do que a dos outros. Deus concedeu a Abede-Nego e aos outros três jovens "o conhecimento e a inteligência em toda cultura e sabedoria" (Dn 1.17). O rei não encontrou outros príncipes com a mesma capacidade daqueles quatro judeus, que rapidamente foram promovidos e ocuparam posições de poder e influência, sob a liderança de Daniel.

Posteriormente, quando Abede-Nego recusou-se a ajoelhar-se diante da estátua de ouro que Nabucodonosor levantara na planície de Dura, foi jogado, juntamente com Sadraque e Mesaque, numa fornalha ardente. Os três tinham tal confiança em Deus, que disseram ao rei: "o nosso Deus, a quem nós servimos, pode livrar-nos dela" (Dn 3.17). Quando estavam dentro da fornalha, Deus interveio e Nabucodonosor viu os três andarem ilesos no meio do fogo. Uma quarta pessoa estava presente, a qual, segundo as palavras de Nabucodonosor, tinha aspecto "semelhante ao filho dos deuses" (Dn 3.25). É claro que ocorreu ali uma teofania. Imediatamente o rei ordenou que fossem retirados do fogo e restituiu-lhes suas posições de autoridade, em respeito ao Deus verdadeiro, "que enviou o seu anjo, e livrou os seus servos" (Dn 3.28). O rei ficou tão impressionado com o poder libertador do Deus dos hebreus que ordenou que ninguém dissesse nada contra esses homens.

Abede-Nego e seus companheiros depositavam total confiança no Deus que os livrou e testemunharam entre os pagãos da maneira mais convincente possível. Hebreus 11.34 faz uma alusão à fé que eles demonstraram; dessa maneira, ela se torna um exemplo para todos os cristãos, de todas as épocas, que confiam no mesmo Deus de Abede-Nego e seus amigos. *Veja também Azarias.*

P.D.G. e A.B.L.

ABEL. O segundo filho de Adão e Eva, irmão de Caim. "Abel" pode ser um derivado de um vocábulo hebraico que significa "sopro" ou "vaidade", para prefigurar assim que sua vida seria curta. Ele se tornou pastor de ovelhas (Gn 4.2), enquanto Caim, agricultor. Na época das colheitas, o mais velho ofereceu a Deus alguns dos frutos colhidos; o mais novo, porém, apresentou os melhores animais do rebanho, para enfatizar o valor e o custo deles. O sacrifício de Abel foi recebido favoravelmente pelo Senhor, mas o de Caim, não. A despeito de uma advertência feita por Deus sobre a necessidade de que ele dominasse o ímpeto do pecado, Caim conspirou contra seu irmão

ABIAS

e o matou. Seu ato pecaminoso não ficou escondido do Senhor e a morte de Abel trouxe-lhe o juízo divino.

Abel representou a primeira fatalidade subseqüente à maldição de Deus sobre a humanidade, por causa da desobediência de Adão e Eva; essa tragédia, como resultado direto do pecado de Caim, cumpriu a promessa de que o ato de comerem o fruto do conhecimento do bem e do mal traria a morte física. Esta enfatizava o desenvolvimento rápido da transgressão, quando Deus entregou a humanidade às conseqüências do pecado, com um mínimo de graça para refrear a maldade.

Tanto Caim como Abel ofereceram sacrifícios, para demonstrar assim que a humanidade, apesar da maldição de Deus, ainda conserva um desejo de adorá-lo. O fato de que a adoração envolvia sacrifícios indica o reconhecimento de que o verdadeiro culto a Deus devia custar algo. A natureza exata das ofertas não é mencionada, mas o padrão herdado por Noé (Gn 8.20) sugere que um altar era construído e a oferta, queimada sobre ele. A maneira como Deus expressou sua aceitação a Abel não é clara, mas possivelmente isso se deu por uma manifestação do fogo divino. Talvez sua oferta tenha sido consumida pelo fogo e a de Caim, não (cf. Lv 9.24; Jz 6.21; 1 Rs 18.38).

O Senhor aceitou a oferta de Abel, em detrimento da de Caim, porque o mais moço era justo (Mt 23.35; Hb 11.4; cf Gn 4.7) e oferecia o melhor do seu rebanho; sua justiça, porém não foi demonstrada pelo valor da oferta e sim pela sua fé (Hb 11.4). A repreensão de Deus a Caim, portanto, focalizou sua atitude de coração (Gn 4.7). Essa foi a primeira revelação de que o Senhor preocupava-se em que a adoração fosse uma expressão exterior de um coração devotado e obediente e não apenas um comportamento religioso.

O assassinato de Abel, como um homem de fé, tornou-se um protótipo dos que seriam martirizados por sua confi-ança (Mt 23.35; Lc 11.49-51). Nesse sentido, a fé de Abel ainda fala (Hb 11.4), porque sua confiança ainda espera uma vindicação. Ele nunca recebeu a bênção da aprovação de Deus por sua fé sobre a Terra (Hb 11.39). A morte prematura de Abel mostrou que a vindicação final da fé é uma esperança futura, mantida com a confiança em Deus. Um contraste, contudo, é estabelecido em Hebreus 12.24 entre o testemunho do sangue de Abel e o de Jesus; o de Abel providenciou um testemunho para Deus e trouxe uma maldição sobre Caim (Gn 4.10-12); o de Cristo é superior porque, embora derramado por pecadores, traz bênção e não maldição. O sacrifício de Jesus não representa um martírio, mas um meio eficaz de salvação.   R.M.

ABIAIL (Heb. "pai de força").

1. Em Números 3.35, Abiail é considerado um levita e ancestral da casa de Merari. *Veja Merari.*

2. Na lista dos descendentes de Judá, Abiail é a esposa de Abisur e a mãe de Abã e Molide (1 Cr 2.29).

3. Abiail é relacionado como um dos homens de Gade (1 Cr 5.14). Os gaditas viviam em Gileade, Basã e nas pastagens de Sarom (vv 11-22).

4. Abiail era a esposa do filho de Davi, Jerimote, e mãe da esposa de Roboão, Maalate (2 Cr 11.18).

5. Abiail era o pai da rainha Ester e tio de Mordecai (Et 2.15; 9.29). Embora não saibamos como ele morreu, sabemos que seu sobrinho adotou sua filha e a criou (Et 2.5-7).   s.c.

ABI-ALBOM (2 Sm 23.31). Veja *Abiel.*

ABIAS (Heb. "meu pai é o Senhor").

1. Era o filho mais novo de Samuel e foi escolhido pelo pai para ser o juiz de Berseba, juntamente com seu irmão Joel (1 Sm 8.2; 1 Cr 6.28). Ambos eram ímpios e tomavam decisões injustas, de maneira que o povo pediu a Samuel um rei. O

ABIASAFE

velho sacerdote ficou com o coração partido, tanto pelo comportamento dos filhos, como pelo pedido dos israelitas (1 Sm 8.1-22).

2. Os filhos de Arão foram separados em 24 divisões, que exerciam diferentes tarefas no serviço do Tabernáculo e do Templo. Abias, um deles, era o responsável pela oitava divisão, a mesma que mais tarde foi servida por Zacarias, o pai de João Batista (1 Cr 24.10; Lc 1.5).

3. Filho e sucessor de Roboão, Abias reinou em Judá durante três anos. Sua mãe era Micaía (2 Cr 13.2). Houve guerra entre Judá e Israel no decorrer de seu reinado. A declaração de Abias, antes da batalha, lembrava aos judeus que era a casa de Davi que Deus prometera abençoar. Ele e seu povo dependeram do Senhor e por isso venceram o exército de Jeroboão e reconquistaram várias cidades para Judá (2 Cr 13; 1 Re 15.1-8). A guerra, contudo, prosseguiu durante todo seu reinado. Abias teve 14 esposas, 22 filhos e 16 filhas.

4. Jeroboão I, rei de Israel, tinha um filho chamado Abias que ficou doente durante a infância. Esse monarca então enviou sua esposa secretamente ao profeta Aías, o mesmo que predissera seu reinado. Apesar do disfarce, o homem de Deus reconheceu a mulher do rei e pronunciou uma sentença contra a casa de Jeroboão, o que resultou na morte imediata do menino (1 Rs 14.1-8). Abias foi lembrado apenas como o único membro honrado da família de Jeroboão (*v. 13*).

5. 1 Crônicas 7.6-11 apresenta uma lista com os nomes dos descendentes dos três filhos de Benjamim. Abias era filho de Bequer.

6. Abias foi mulher de Hezrom. Ela deu à luz um filho chamado Asur, logo depois da morte de Hezrom (1 Cr 2.18-24).

7. Abias era filha de Zacarias e mãe do rei Ezequias, de Judá (2 Rs 18.2; 2 Cr 29.1).

8. Para demonstrar sua posição de liderança em Israel durante a reconstrução do muro da cidade, Abias colocou seu selo sobre a aliança que os israelitas, liderados por Neemias, fizeram com Deus (Ne 9 a 10). Devido à semelhança entre as listas apresentadas nos capítulos 10 e 12, muitos estudiosos crêem que o Abias mencionado em Neemias 10.7 seja o mesmo sacerdote mencionado em Neemias 12.4,17.   S.C.

ABIASAFE (Heb. "pai tem acrescentado"). Um dos filhos de Corá, descendente de Levi (Êx 6.24). Sua família era um dos clãs dos coraítas, que saíram do Egito, liderados por Moisés e Arão. Em 1 Crônicas ele é chamado de Ebiasafe. Seus descendentes eram os guardas das portas do Tabernáculo (1 Cr 9.19).

ABIATAR (Heb. "pai é excelente"). O único sobrevivente do massacre de Saul em Nobe (veja *Zadoque*, para mais detalhes. Veja também *Aimeleque*). Abiatar era o décimo primeiro sacerdote da linhagem de Arão e fazia parte de um grupo dos que apoiaram Davi e seus homens, quando fugiam do furioso rei Saul (1 Sm 21). Quando escapou do massacre, Abiatar levou a notícia do ocorrido ao filho de Jessé. Davi sentiu-se responsável pela morte dos sacerdotes e o convidou a permanecer sob o seu cuidado pessoal. Ele ficou com o futuro rei e serviu como seu sumo sacerdote e conselheiro durante anos. No final do reinado de Davi, Abiatar participou da conspiração para fazer Adonias rei — um ato que quase custou-lhe a vida e o fez perder a fama de leal servidor do reino (1 Sm 22.6-13; 23.6-12; 2 Sm 15.24-36; 1 Rs 1—2).   S.C.

ABIDA (Heb. "pai de conhecimento"). Um dos filhos de Midiã e um descendente de Abraão e de sua mulher Quetura (Gn 25.4; 1 Cr 1.33).

ABIDÃ. O filho de Gideoni e o líder da tribo de Benjamim por ocasião do censo dos israelitas no deserto do Sinai. Segundo a contagem, o exército sob suas ordens era de 35.400 pessoas[1] (Nm 1.11; 2.22). Como representante dos benjamitas, ele também trouxe a oferta pacífica da tribo, quando o Tabernáculo foi dedicado no deserto (Nm 7.60,65).

ABIEL (Heb. "Deus é meu pai").
1. Descendente de Benjamim, Abiel foi o avô do rei Saul (1 Sm 9.1). 1 Samuel 14.51 indica que ele era também o avô de Abner.
2. Também chamado de Abi-Albom, o arbatita (provavelmente era de Arabá, em Judá; 2 Sm 23.31), Abiel era um dos trinta "heróis valentes" do rei Davi (1 Cr 11.32).

ABIEZER (Heb. "pai de ajuda").
1. É mencionado como o líder de um dos clãs da tribo de Manassés, na época em que Canaã foi dividida entre as tribos, sob a liderança de Josué (Js 17.2). Era um dos filhos de Gileade (1 Cr 7.18). Seu clã posteriormente teve um papel significativo, quando Gideão o convidou a segui-lo na batalha contra os midianitas. Os efraimitas reclamaram que, enquanto os abiezritas foram convocados para ajudar, eles estavam excluídos da batalha (Jz 6.34; 8.2). Provavelmente ele é o mesmo Jezer, de Números 26.30.
2. Abiezer, o anatotita, um dos "trinta" guerreiros de Davi, da tribo de Benjamim. Como um comandante no exército do rei, estava de serviço com seus soldados no nono mês de cada ano e tinha 24.000 homens em sua divisão (2 Sm 23.27; 1 Cr 11.28; 27.12).   P. D. G.

ABIGAIL (Heb. "o pai alegra-se).
1. Abigail era uma mulher linda e muito sábia. O escritor de 1 Samuel deixa subentendido que sua verdadeira beleza encontrava-se no seu amor ao Senhor e em sua dedicação ao serviço dele (1 Sm 25.26). O relato de sua hospitalidade diplomática para com Davi contrasta com a ríspida hostilidade de seu marido Nabal, que insensatamente pagou as saudações polidas do futuro rei com insultos. Ele falhou por não oferecer a Davi a costumeira hospitalidade e demonstrou que não tinha conhecimento do Senhor, a quem sua esposa servia (veja 1 Sm 25; 2 Sm 2.2; 3.3; 1 Cr 3.1). A bondade e presença de espírito de Abigail evitaram uma inevitável explosão de vingança. A morte de Nabal, pouco tempo depois, é descrita por Davi como castigo de Deus, por ele ter insultado o novo líder de Israel. O filho de Jessé então tomou Abigail como sua esposa. Alguns destacam a polêmica literária em torno desta história, para criar uma alegoria moral e mostrar a superioridade de Abigail sobre Bate-Seba. O texto, contudo, não faz nenhum comentário nesse sentido, limitando-se a registrar a ação de Davi de acordo com um costume social, ao tomar essa viúva como esposa.
2. Diz-se que essa Abigail era irmã de Davi (1 Cr 2.16; 2 Sm 17.25). Portanto, não era a mesma com quem Davi se casou. Existem, entretanto, dificuldades textuais não resolvidas, para identificá-la claramente.   S.V.

ABIMAEL (Heb. "Deus é meu pai"). Um dos 13 filhos de Joctão (ou Joctã), um dos descendentes de Sem (Gn 10.28; 1 Cr 1.22).

ABIMELEQUE (Hebr. "o rei é meu pai").
1. Provavelmente esse nome era aplicado genericamente aos governantes filisteus. O primeiro governador mencionado por esse nome foi o rei de Gerar, nos dias de Abraão. Durante suas peregrinações nômades, nosso patriarca estabeleceu-se próximo de Gerar (Gn 20). Para proteger sua esposa, ele disse que era sua "irmã". Por acreditar nisso, Abimeleque tomou Sara como sua própria esposa; mas, antes que tivesse qualquer intercurso sexual com ela, Deus apareceu-lhe em sonho e ameaçou-o de morte, porque tirara a mulher de Abraão. Com razão,

ABIMELEQUE

Abimeleque alegou que era inocente e fora enganado. Deus respondeu: "Bem sei eu que na sinceridade do teu coração fizeste isto, e também eu te impedi de pecar contra mim. É por isso que não te permiti tocá-la. Agora, pois, restitui a mulher ao seu marido, pois ele é profeta, e rogará por ti, para que vivas. Mas se não a restituíres, certamente morrerás, tu e tudo o que é teu" (Gn 20.6,7). A partir daquele momento Abimeleque caiu doente e sua esposa e escravas tornaram-se estéreis.

Abraão, quando foi confrontado por Abimeleque a respeito daquela mentira, respondeu que teve medo de morrer, pois não havia temor de Deus em Gerar. Abimeleque deu-lhe vários presentes e pagou um preço a Sara, para compensar a ofensa. Abraão então orou a Deus e Abimeleque foi curado (Gn 20.14-18). Tempos depois, quando Abraão contendeu com Abimeleque, por causa de um poço de água que seus homens cavaram, os dois líderes fizeram uma aliança (Gn 21.22-34).

Esse estranho episódio, por envolver uma fraude, foi anulado por Deus, para estabelecer seu nome e seu poder entre os filisteus. O Senhor demonstrou que estava com Abraão e protegeria seu servo, onde quer que ele fosse (Gn 20.3,6,17,18). Tal ação da parte do Todo-poderoso levou Abimeleque e seu comandante Ficol a reconhecerem o Deus de Abraão e verem que Ele respondera a suas orações (Gn 21.22,33). Tal ação da parte do Senhor também ajudou Abraão a perceber o quanto podia confiar em Deus, em todas as situações; sem dúvida, serviu-lhe como um bom treino prático, como preparação para a suprema prova de sua fé em Gênesis 22, quando o Senhor lhe pediu que oferecesse seu filho Isaque em sacrifício.

2. Outro filisteu chamado Abimeleque é mencionado em conexão com Isaque, quando ele também peregrinou em Gerar. Uma experiência muito similar é relatada sobre o encontro de Isaque com esse outro rei e como ele tomou Rebeca como sua esposa (Gn 26.1, 8,9; etc.). Essa história não menciona a interação de Abimeleque ou de Isaque com Deus. No final, contudo, o filho de Abraão e sua caravana saíram daquela região, porque se tornaram um grupo de pessoas muito grande e poderoso para viver em tal proximidade com os filisteus. Essa experiência, idêntica à que Abraão tivera, bem como a maneira similar como o Senhor enviou seu livramento, sem dúvida serviram como uma ilustração muito vívida da lição que Deus então ensinou a Isaque: "Eu sou o Deus de Abraão, teu pai. Não temas, pois eu sou contigo; abençoar-te-ei e multiplicarei a tua descendência por amor de Abraão, meu servo" (Gn 26.24).

3. Outro Abimeleque foi o filho de Gideão. Esse nasceu de uma concubina que viera de Siquém (Jz 8.31). Logo depois da morte desse renomado juiz, os israelitas novamente voltaram a adorar Baal e recusaram-se a demonstrar qualquer consideração pela sua família e pelos seus descendentes (Jz 8.34,35). Abimeleque então voltou para Siquém, a cidade de sua mãe, e conseguiu apoio (Jz 9). Com o dinheiro que lhe deram, contratou alguns bandidos que assassinaram 70 dos filhos de Gideão, menos Jotão, o menor de todos. Ele então governou sobre Israel por três anos (Jz 9.22); algum tempo depois, "enviou Deus um espírito mau entre Abimeleque e os cidadãos de Siquém, os quais procederam aleivosamente contra Abimeleque, para que a violência praticada contra os setenta filhos de Jerubaal, como também o sangue deles, recaíssem sobre Abimeleque" (Jz 9.23,24). Como os cidadãos da cidade rebelaram-se contra ele, esse filho bastardo de Gideão e suas tropas derrotaram a cidade numa batalha e em seguida marcharam contra a localidade mais próxima, Tebes. Exatamente quando parecia que derrotariam também essa outra cidade, uma mulher, escondida numa torre fortificada, atirou uma pedra de moinho na cabeça de Abimeleque (Jz 9.53; 2 Sm 11.21). Envergonhado por ser derrotado por uma mulher, pediu ao seu próprio escudeiro que o matasse (Jz 9.50-54). O escritor de Juízes acrescenta que dessa maneira Deus trouxe juízo tanto sobre Abimeleque, por ter matado 70 dos seus irmãos, como também sobre os siquemitas, por sua rebelião original contra a casa de Gideão (Jz 9.56,57). Veja também *Gideão*, *Gaal* e *Jotão*.

4. Outro Abimeleque é mencionado na introdução do Salmo 34. Provavelmente esse era o título do rei filisteu de Gate, para onde Davi foi quando fugia de Saul.

P.D.G.

ABINADABE (Heb. "pai é nobre").

1. O segundo dos oito filhos de Jessé que se apresentaram diante do profeta Samuel, antes de Deus finalmente indicar-lhe Davi para ser ungido rei de Israel (1 Sm 16.8; 1 Cr 2.13). O Senhor ensinou ao profeta e a toda a nação que Ele não olhava "para o que está diante dos olhos (a aparência exterior)", quando escolhia alguém para sua obra; ao invés disso, "porém o Senhor olha para o coração" (1 Sm 16.7). Esse Abinadabe era um dos irmãos mais velhos de Davi, que mais tarde foi encontrado entre as tropas de Saul, extremamente assustadas diante do desafio feito por Golias. Novamente Davi foi o escolhido por Deus para trazer a vitória ao seu povo sobre o gigante e os líderes filisteus (1 Sm 17.3).

2. No dia em que Saul morreu na batalha contra os filisteus, seu segundo filho, Abinadabe, também foi morto (1 Sm 31.2; 1 Cr 8.33; 9.39; 10.2).

3. Esse outro Abinadabe veio de Quiriate-Jearim, onde sua casa ficava sobre uma colina (1 Sm 7.1). A Arca da Aliança estava guardada em sua casa, depois que os filisteus a devolveram para Israel. Quando o rei Davi ordenou que fosse trazida para Jerusalém, ela foi colocada numa carroça e os filhos de Abinadabe, Uzá e Aiô, a levaram (2 Sm 6.3; 1 Cr 13). Veja *Uzá* e *Aiô*, para mais detalhes.

P.D.G.

ABINOÃO. O pai de Baraque (Jz 4.6,12; 5.1,12).

ABIRÃO (Heb. "pai exaltado").

1. Um dos filhos de Eliabe, rubenita. Junto com seu irmão Datã e Coré, o levita, eles encabeçaram uma rebelião contra Moisés, diante de 250 outras pessoas, e desafiaram a autoridade do homem de Deus (Nm 16). Esse desafio contra Moisés e Arão era contra os líderes escolhidos pelo Senhor; portanto, uma rebelião contra a própria santidade de Deus e de seu povo. A falta de fé que demonstraram e sua desobediência os levaram à morte, quando a terra se abriu "e os tragou com as suas casas" (Nm 16.23-35). Posteriormente, esse castigo serviu como um lembrete para os israelitas, que deviam amar ao Senhor e guardar seus mandamentos (Dt 11.6; Sl 106.17).

2. Abirão, filho de Hiel, morreu, porque seu pai reconstruiu Jericó, nos dias do rei Acabe, de Israel. Quando conquistou Jericó, Josué pronunciou uma maldição contra qualquer um que tentasse reconstruir a cidade, a qual fora destruída pelo poder de Deus. 1 Reis 16.34 mostra como essa profecia se cumpriu. Esse perverso ato de desobediência aos mandamentos do Senhor foi apenas uma das maldades que ocorriam nos dias de Acabe. A idéia implícita do texto é que um rei mais piedoso teria impedido que o trabalho de reconstrução fosse iniciado ali.

P.D.G.

ABISAGUE. Uma linda jovem sunamita, escolhida para ser camareira de Davi, no fim de sua vida (1 Rs 1.3,15). Ela ajudava o rei a manter-se aquecido na cama e o servia, sem contudo manter relações sexuais com ele (v 4). Após a morte de Davi, Adonias pediu permissão a Bate-Seba

ABISAI

para casar-se com Abisague, e envolveu-se assim na intriga que havia em torno da sucessão ao trono. De fato, esta jovem estava presente quando Davi prometeu a Bate-Seba que seu filho Salomão seria seu sucessor (1 Rs 1.15-31). Este ficou furioso com o pedido do irmão mais velho, e supôs que, se tal casamento fosse realizado, Adonias chegaria assim ao trono; então mandou matá-lo (1 Rs 2.17,22-25).

P.D.G.

ABISAI. Era filho de Zeruia, uma das irmãs de Davi, e irmão de Joabe (1 Sm 26.6; 1 Cr 2.16). Foi um dos guerreiros mais leais do rei e liderava o segundo grupo de três, entre os "heróis" de Davi (1 Cr 11.20). Sempre se destacava nas batalhas e algumas das suas proezas são relatadas em 1 Crônicas 18.12; 19.11,15.

Antes de Davi subir ao trono, quando fugia de Saul, Abisai lutou ao seu lado. Ele é mencionado pela primeira vez em 1 Samuel 26, quando se apresentou como voluntário para acompanhar Davi até o acampamento de Saul, durante a noite, no momento em que todos dormiam. Certa vez, Abisai recomendou que Davi aproveitasse e matasse Saul imediatamente. Seu tio, contudo, não aceitou nenhum conselho para estender a mão contra o ungido de Deus. Somente o próprio Senhor acertaria as contas com Saul, e Davi estava preparado para esperar até que isso acontecesse. Abisai então apanhou a lança e a vasilha de água de Saul e as levou consigo. Do alto da montanha, Davi chamou Saul e Abner, seu comandante, e mostrou-lhes como poupara a vida do rei. Tempos depois, Abner matou Asael; Joabe e Abisai, seus irmãos, perseguiram-no e o mataram (2 Sm 2.24; 3.30).

Posteriormente, quando Absalão rebelou-se contra Davi, Abisai permaneceu leal ao rei. Ele liderou um terço das tropas de seu tio, que repeliram o ataque de Absalão em Gileade (2 Sm 18.2). Em várias ocasiões Davi teve de acalmar Abisai e tentar persuadi-lo de que o Senhor se encarregaria de cuidar de seus inimigos (2 Sm 16.9-12). Embora Davi apreciasse a lealdade de seu sobrinho e precisasse dele na luta contra o próprio filho, pediu-lhe que tratasse brandamente o jovem Absalão (2 Sm 18.5). Finalmente, já perto do fim da vida de Davi, Abisai teve novamente a oportunidade de salvar a vida do rei, desta vez em um luta contra um gigante filisteu (2 Sm 21.16,17).

Abisai era totalmente leal ao rei, mas nunca exibiu o mesmo compromisso com a soberania de Deus que Davi tinha. Ele preferia fazer as coisas à sua própria maneira, ao invés de colocá-las nas mãos do Todo-poderoso.

P.D.G.

ABISALÃO. Veja *Maaca* (1 Rs 15.2,10).

ABISUA (Heb. "pai da salvação").

1. Um filho de Bela e neto de Benjamim (1 Cr 8.4).

2. Um filho de Finéias e pai de Buqui. Abisua é listado como descendente de Arão em 1 Crônicas 6.4,5,50 e é mencionado em Esdras como um ancestral deste sacerdote.

ABISUR. Um filho de Samai e marido de Abiail (1 Cr 2.28,29).

ABITAL. A mãe do quinto filho de Davi, Sefatias, nascido em Hebrom (2 Sm 3.4).

ABITUBE (Hebr. "meu pai é bom"). Um descendente de Benjamim e filho de Saaraim e Husim (sua mãe). Ele nasceu em Moabe (1 Cr 8.8,11).

ABIÚ (Heb. "Deus é pai"). Irmão de Nadabe, Eleazar e Itamar, era o segundo filho de Arão e sua esposa Eliseba (Êx 6.23). Na época da confirmação do pacto de Deus com Israel, ele estava entre os setenta líderes do povo que "viram o Deus de Israel", quando seguiram uma parte do caminho até o monte Sinai (somente Moisés teve permissão para aproximar-se do Senhor; Êx 24.1,9; etc.). O tempo e a "santidade" de Deus foram enfatizados como a essência da adoração de Israel. Deus era "santo"; portanto, o povo não podia aproximar-se dele. Assim, qualquer adoração ao Senhor precisava ser uma resposta aos seus mandamentos, a fim de atender aos requisitos da santidade. Infelizmente, algum tempo depois Abiú e seu irmão Nadabe foram mortos, por oferecerem "fogo estranho perante a face do Senhor, o que ele não lhes ordenara" (Lv 10.1). A morte era o castigo merecido para alguém que comprometesse a santidade de Deus. P.D.G.

ABIÚDE (Heb. "meu pai de louvor").

1. Neto de Benjamim e filho de Bela (1 Cr 8.3). É citado na genealogia que leva até Saul.

2. Citado na genealogia de Jesus como filho de Zorobabel e pai de Eliaquim. No evangelho de Mateus, o fato de Cristo ser rei é estabelecido de várias maneiras e não mais através dessa genealogia, que passa através de vários reis e princesas, como Zorobabel, até chegar a José e, finalmente, Jesus (Mt 1.13).

ABNER. Foi o principal comandante do exército de Saul e posteriormente do exército que seguiu Is-Bosete, sucessor do rei. Era filho de Ner, o qual era tio de Saul (1 Sm 14.50). Foi ele quem cuidou do jovem Davi, quando este se preparava para sair e enfrentar Golias (1 Sm 17.55,57). Abner era tido em alta estima por seu primo Saul e comia à sua mesa no palácio (1 Sm 20.25), mas logo teve boas razões para não gostar de Davi. Quando Saul estava perseguia o futuro rei, o filho de Jessé foi ao acampamento dele à noite e cravou uma lança no chão, ao lado da cabeça do rei adormecido, pois recusou matar o ungido de Deus. Ao voltar ao seu esconderijo, Davi escarneceu de Abner, por não ter protegido adequadamente seu senhor (1 Sm 26.5-16).

Logo depois que Saul foi derrotado pelos filisteus, Davi foi ungido rei. Abner, porém, levou Is-Bosete a Maanaim, do outro lado do rio Jordão, onde o estabeleceu como rei (2 Sm 2). Quando ele voltou com seus homens para Gibeom, confrontou-se com Joabe, comandante do exército de Davi. Após uma grande batalha, Abner fugiu (veja *Asael*). Ele teve grande influência na casa de Is-Bosete (2 Sm 3.6). Quando sua lealdade foi questionada, ficou furioso e passou para o lado de Davi (2 Sm 3). Abner então convenceu o povo de Israel e de Benjamim a declarar sua lealdade a Davi.

Quando Joabe retornou, suspeitou da motivação de Abner e talvez tenha ficado com ciúmes, ao perceber que Davi tinha muita consideração por ele (2 Sm 3.22-25). Joabe, contudo, estava determinado a vingar o sangue de seu irmão Asael, morto por Abner, embora relutantemente (2 Sm 2.20-23). Joabe saiu para conversar com Abner e o feriu mortalmente (2 Sm 3.27). Realmente, a morte de Abner representou o fim de qualquer esperança que Is-Bosete, filho de Saul, pudesse ainda alimentar de tornar-se rei de Israel. Logo depois ele mesmo foi morto (2 Sm 4) e Davi tornou-se rei de todo o Israel em Hebrom (2 Sm 5). O filho de Jessé sempre respeitou a lealdade de Abner à dinastia de Saul, bem como sua habilidade militar. Ele ficou aborrecido com a maneira pela qual Abner fora assassinado e acusou Joabe, pronunciando uma maldição sobre sua família (2 Sm 3; 1 Rs 2.5,32). Posteriormente, durante o reinado de Davi, Jaasiel, o filho de Abner, foi apontado como líder sobre a tribo de Benjamim. P.D.G.

ABRAÃO (ABRÃO)

Abraão em Gênesis

A história de Abraão começa em Gênesis 11.26, com seu nascimento, e termina em Gênesis 25.9, quando é sepultado em Macpela pelos dois filhos, Isaque e Ismael. De todos os patriarcas, é o que tem o registro mais longo e isso reflete a importância do "pai de todos os que crêem" (Rm 4.11-17).

A fé que amadureceu lentamente

Existe um padrão distinto na maneira como a história de Abraão é contada:

(A¹)   Gênesis 11.27-32: Os primeiros eventos.
       Ancestrais e nascimento. A família de Harã. Abrão e Sarai.

(B¹)   Gênesis 12.1 a 20.17: O conflito da fé.
  (b¹)   Gênesis 12.1-20. Aventura e falhas.
         Chegada à Terra Prometida. A promessa anunciada. A presença de Ló. A terra identificada. O abandono da terra em tempos de aflição. O Senhor promete, mas será que cumpre sua Palavra? A questão da fé e da perseverança.
  (b²)   Gênesis 13.1-18: Renovação do compromisso e novas falhas.
         Retorno à terra. Ló. Contendas. Parte da terra cedida a Ló. A Palavra de Deus ajustada às circunstâncias humanas. Renovação da promessa. A questão da fé e da Palavra imutável de Deus.
  (b³)   Gênesis 14.1 a 16.16: Reclamação e mais falhas.
         A defesa da terra exige ação resoluta. A promessa garantida por meio da aliança. A falha com relação a Hagar. A questão da fé e da paciência.
  (b⁴)   Gênesis 17.1 a 20.18: A aliança é estabelecida.
         Promessas detalhadas. A fidelidade do Senhor à sua aliança e a falha de Abraão, motivada pelo medo. A questão da fé e da confiança.

(B²)   Gênesis 21.2 a 22.19: O amadurecimento da fé.
       O nascimento de Isaque. Um novo título para o Senhor. A oferta de Isaque. A promessa mais uma vez renovada.

(A²)   Gênesis 22.20—25.10: Os últimos eventos.
       A família de Harã. A morte de Sara. Uma noiva de Harã para Isaque. A morte de Abraão.

Note como toda a história pode ser classificada (A¹, A²) pelas referências a Harã e pelo contraste entre o nascimento e a morte. Esta é uma narrativa da transformação gradual mediante a graça divina, por meio da qual pessoas com antigos nomes, Abrão e Sarai (A¹), transformaram-se em novas criaturas, Abraão e Sara (A²). Essa, contudo, não foi uma transformação repentina. A grande decisão da fé (Gn 15.4-6) foi instantânea e irreversível; a vida mediante a fé, entretanto, foi uma batalha prolongada (b¹ - b⁴), com muitos fracassos e deslizes. A fé foi efetiva desde o início, mas amadureceu lentamente. Esse ponto é enfatizado na maneira como a história é narrada e também

ABRAÃO (ABRÃO)

nas citações do Novo Testamento. Hebreus 6.15 mostra que a promessa não foi "alcançada" sem paciência e Tiago 2.22 fala que a fé de Abraão foi "aperfeiçoada". A história do pai da fé, o crente Abraão, definitivamente nega a idéia da santificação instantânea.

A narrativa de b¹ a b⁴ é cheia de falhas. Primeiro, houve o medo de que, afinal, o Senhor, que o chamara (Gn 12.1) e lhe prometera (vv. 2-4,7), não fosse capaz de prover (note o termo "porque" no v. 10). Segundo, a falha revelada mediante o desejo compreensível de encontrar uma solução rápida e prática para um problema familiar (Gn 13.8). Abraão mostrou que estava preparado para adaptar a Palavra de Deus (a promessa de possuir toda a terra de Canaã), a fim de pacificar Ló. A próxima falha envolveu Hagar, procedente da espera impaciente pelo cumprimento da promessa (Gn 15.2-4; cf. também 16.1). E, em quarto lugar, Abraão falhou, quando manteve hábitos irracionais e temeu por sua segurança pessoal (Gn 20.1,11-13). Essa última falha foi mais grave do que qualquer outra que Abraão experimentou. O Senhor não só se comprometeu com ele, mediante uma aliança (Gn 17.1-8), como mostrou sua fidelidade em manter suas promessas: Por que Ele "lembrou-se de Abraão, e tirou a Ló do meio da destruição" (Gn 19.29), embora este não estivesse incluído na promessa de Gênesis 17.7? A despeito disso, no momento da pressão, quando sua própria segurança encontrava-se ameaçada (Gn 20.11), Abraão não estava muito seguro de que o Senhor provaria ser digno de confiança.

A estrada da maturidade da fé (Gn 22.1-19; Tg 2.21,22) sempre foi baseada na prática de dois passos para a frente e um para trás; é um teste constante, no qual as pressões da vida — alimento (Gn 12.10), família (Gn 13.7), anseios (Gn 15.3; 16.1) e temores (Gn 20.11) — cooperam, em forma de "provações" (Tg 1.2), as quais, quando enfrentadas com fé e perseverança, nos tornam "maduros e completos" (Tg 1.4).

Essa história, contudo, num misto de progressos e fracassos, tem uma forma distinta e devemos isto à arte literária da Bíblia; observamos com brevidade como b¹ e b⁴ compartilham referências do engano praticado que envolveu Sara (Gn 12.1-13; 20.1). Durante todo o tempo em que peregrinou pela terra, Abraão não estava isento das tentações — nem mesmo de recair na mesma tentação. Ainda assim, embora ele demonstrasse falta de fé, o Senhor continuava fiel — "porque não pode negar-se a si mesmo" (2 Tm 2.13) — e trabalhava na solução do problema à sua própria maneira providencial, não somente guardando a semente prometida, mas também usando o erro de Abrão para enriquecê-lo materialmente (Gn 12.16) e confirmá-lo como profeta e intercessor (Gn 20.7,17). As seções intermediárias (b² e b³) falam do tema da terra: pressionado pelos conflitos ocasionados pela presença de Ló, Abraão estava disposto a abrir mão do direito sobre parte do que Deus lhe prometera (Gn 13.8,9) — como se ele realmente tivesse competência para dar a Terra Prometida de presente a alguém! Em contraste, quando uma coalizão de reis estabeleceu o que viam como seu direito pela mesma área de terra (Gn 14.1-11), Abrão primeiro agiu resolutamente para invalidar a posse deles (vv 13-16); então, com a mesma atitude resoluta, não contestou quando o rei de Sodoma calmamente declarou possessão sobre o que acabara de perder na batalha, nem aceitou qualquer parte do espólio. Da mesma maneira que a Terra Prometida não pertencia a Abrão, para dá-la a outrem, tampouco era sua para conquistá-la. As promessas de Deus não podem ser barganhadas (Gn 13.8,9), nem herdadas de outra maneira, a não ser no tempo de Deus e pela perseverança da fé. Muito pungente, a história da morte de Sara (Gn 23) e da compra do campo de Macpela como local de sepultura fala sobre o mesmo tópico. Era costume da família patriarcal levar seus mortos de volta para casa, a fim de sepultá-los (Gn 50.4,5,25);

ABRAÃO (ABRÃO)

mas Sara não foi conduzida para Ur ou Harã (Gn 11.31,32). Foi depositada num sepulcro em Canaã. A caverna, com seu precioso cadáver, era uma declaração muda e poderosa: "Esta terra é nosso lar; esta terra é nossa, conforme o Senhor prometeu".

Um plano para o mundo

Antes de encerrarmos o assunto sobre Abraão, em Gênesis, notemos o ponto onde ele aparece pela primeira vez. Em contraste com Gênesis 12 a 50, onde este único homem e sua família ocupam toda a cena, Gênesis 1 a 11 é universal, pois trata (logo depois da narrativa da criação, Gn 1 e 2) de eventos gerais, como a Queda (Gn 3 a 5), o Dilúvio (Gn 6 a 9) e a Dispersão em Babel (Gn 10,11). Nas narrativas da Queda e do Dilúvio, o elemento da longanimidade e da graça divina é bem explícito. A lei sob a qual a humanidade ocupou o Jardim do Éden incluía a advertência de que o pecado traria a morte (Gn 2.17); mas quando Adão e Eva transgrediram, na verdade o Senhor falou-lhes sobre a continuação da vida e a derrota final da serpente (Gn 3.15,16). Quando chegou o Dilúvio, a graça (Gn 6.8) já havia separado um homem e sua família para a salvação (Gn 6.17). Em Babel, entretanto, podemos muito bem perguntar onde estão os sinais da graça e da esperança. Pelo contrário, parece que o fato que mais temiam (Gn 11.4), veio sobre eles (v. 9) — com a calamidade adicional do colapso universal da comunicação — que Gênesis trata como se fosse de pouca relevância, ao registrar imediatamente outra genealogia, como se os seres humanos simplesmente estivessem espalhados e abandonados à própria sorte. Um olhar mais atento para a genealogia, contudo, revela alguns pontos muito importantes. Primeiro, ela volta até antes do incidente de Babel, ao novo começo com Noé, para traçar a história emergente da família de Sem. Segundo, ela passa por cima de oito gerações (de Sem até Naor, Gn 11.10-24), das quais nada fala, até que encontra um homem praticamente desconhecido, chamado Terá, o qual tinha um filho chamado Abrão (Gn 11.26,27-30) — a quem o Senhor diria, "em ti serão benditas todas as famílias da terra" (Gn 12.3); isso significa, literalmente, "abençoarão a si mesmas", ou, numa tradução mais livre: "entrarão na bênção de que precisam". Desta maneira, a história de Babel também tem sua nota de graça e esperança. A humanidade deteriorou-se; sua situação é triste e irremediável, mas o Senhor estabeleceu seus planos (em Noé e Sem), antes que o pecado de Babel com todas as suas implicações fosse cometido. Por causa disso, o livro de Gênesis, com seu foco quase exclusivo em Abrão/Abrãao e sua família, não voltou suas costas para o mundo; ele seria restaurado da maldição (Gn 3.14-20) e das divisões (Gn 11.9) causadas pelo pecado; por meio dele e sua família nasceria o descendente da mulher, que esmagaria a cabeça da serpente (Gn 22.18).

O Pacto Abraâmico

De Noé até Abraão

A aliança de Deus na Bíblia é sua promessa concedida gratuitamente. No caso de Noé, onde a palavra "aliança" ocorre pela primeira vez, a promessa era de salvação do juízo que o Senhor traria sobre todo o mundo (Gn 6.17); ali, as quatro características das alianças divinas apareceram juntas: promessa (Gn 6.17), sacrifício (Gn 6.20), lei (Gn 9.1-8) e sinal (Gn 9.8-17). Quando Deus fez sua aliança com Abrão (Gn 15 e 17), ficou um pouco mais claro como esses elementos estão inter-relacionados, embora a idéia total da aliança tivesse de esperar até Moisés, o Êxodo e o monte Sinai.

ABRAÃO (ABRÃO)

A segurança da aliança

No caso de Abrão, o Senhor apareceu-lhe no momento em que ele precisava de uma reafirmação e esperança, e disse-lhe que não temesse, pois garantia a proteção e um grande galardão (Gn 15.1). Não está claro por que Abrão precisava de tal palavra de Deus, mas Gênesis 15.1 oferece uma pista, ao localizar o fato, "depois destas coisas..." — quer dizer, após os eventos do cap. 14: a derrota dos reis (vv. 13-16), a restauração do rei de Sodoma (vv. 17, 21) e a recusa de participação em qualquer divisão de espólio (vv. 22-24). Ao ler nas entrelinhas, talvez Abrão temesse um contra-ataque desferido pelos quatro reis. Teria ele imaginado que não seria possível aquela vitória representar a maneira como Deus planejava dar-lhe a terra e, por isso, perdia a oportunidade? Grandes vitórias freqüentemente são seguidas pela depressão e ansiedade! Seja qual for a razão, Abrão precisava de uma reafirmação presente e futura e Deus a deu — somente, contudo, para provocar mais uma reclamação, de que a vida não valia a pena ser vivida sem um filho e um herdeiro (Gn 15.2). Como o Senhor é paciente! Como se sua promessa anterior não fosse suficiente, Ele voltou à tarefa de consolar seu servo com mais duas promessas específicas: a de um filho e uma família (Gn 15.4,5) e a da terra de Canaã para seus descendentes habitarem nela (v. 6). Já que Abrão ainda não se sentia totalmente seguro (v. 8), o Senhor então iniciou os procedimentos da aliança (vv. 9-18).

O sacrifício da aliança

Até onde sabemos, o sacrifício detalhado em Gênesis 15.9-17 não está bem explicado — embora fique claro que Abrão sabia e entendia o que fazia naquele momento. Temos alguma luz por meio de Jeremias 34.18, onde é citado que as pessoas que desejavam firmar um juramento solene andavam entre as partes cortadas do animal sacrificado, para representar que "se eu não mantiver meu juramento, isso será feito comigo". No caso de Abrão, quando preparou o sacrifício (Gn 15.10), foi tirado de cena por um coma espiritual (v. 12), pois não era ele quem fazia o juramento, por ser somente um espectador do que o Senhor faria; ao reiterar a promessa dos descendentes e da terra (vv 13-16), Deus tomou sobre si toda a responsabilidade do compromisso: Ele assumiria todo o impacto da aliança quebrada. A visão do Senhor como "um fogo fumegante e uma tocha de fogo" não foi explicada a Abrão, mas depois entendemos que era uma demonstração prévia do Deus do Sinai, em fogo e fumaça (Êx 3.2-5), a coluna de nuvem e fogo (Êx 13.21,22), o Deus santo (Êx 3.2-5), o qual pela graça encobre sua santidade, para poder se manifestar no meio do povo. Tudo isso, porém, está sem explicação. Gênesis 15.18, entretanto, deixa bem claro que o pacto abraâmico foi inaugurado por meio de um sacrifício.

Lei, promessa e sinal

Quinze anos depois da chegada de Abrão a Canaã (Gn 12.4; 17.1) e treze depois da falha dele, ao envolver-se com Hagar (Gn 16.16), o Senhor apareceu-lhe, para completar a aliança. Em Gênesis 15.18, é usada a palavra técnica para "inaugurar" uma aliança; em Gênesis 6.18, o verbo "estabelecer" significa "implementar; colocar em ação"; aqui, em Gênesis 17.2, o verbo "firmar" é, literalmente, "colocar, estabelecer", a fim de significar que a partir daquele momento a aliança seria um relacionamento imutável entre o Senhor e Abrão. A passagem amplia a ação da aliança de Gênesis 15,

ABRAÃO (ABRÃO)

ao conceder maiores detalhes sobre a promessa (Gn 17.4-8) e acrescentar os dois componentes remanescentes: a lei (Gn 17.2) e o sinal (Gn 17.9-14). Típica do período patriarcal, a lei (Gn 17.1) não é específica, mas, mesmo assim, requer a busca da santidade dentro da comunhão divina. A promessa, contudo, é detalhada e cobre quatro categorias: pessoal (Gn 17.4,5), doméstica (v. 6), espiritual (v. 7) e territorial (v. 8) e é selada com o sinal da aliança da circuncisão (vv. 10-14). Desde que esta prática é chamada de "o sinal da aliança", deve ser interpretada da mesma maneira que as palavras idênticas de Gênesis 9.17; isso quer dizer que a circuncisão não é um sinal do que Abraão prometia a Deus, mas sim do que o Senhor garantia a Abraão. Por esta razão, Romanos 4.11 refere-se à circuncisão como "o selo da justiça da fé": não "o selo da fé", como se ratificasse a resposta de Abraão, mas "o selo da justiça", a fim de confirmar o que Deus fez por Abraão e as promessas que estabelecera. Dali em diante, enquanto o patriarca aguardava a chegada do filho prometido, fortalecer-se-ia nos dias de impaciência ou dúvida, ao lembrar-se de que trazia no próprio corpo a confirmação das promessas divinas — da mesma maneira que, para Noé, o arco-íris nas nuvens dissipava qualquer temor de que outra tempestade interminável acontecesse. Em ambos os casos, o sinal proclamava as promessas de Deus, exatamente como os sinais da aliança do Batismo e da Ceia do Senhor fazem hoje.

A fé de Abraão

Um único e firme propósito

Quando olhamos a história de Abraão, em Gênesis, nossa ênfase foi colocada no conflito da fé e nos fracassos dele. Agora é o momento de olharmos para sua confiança, sua disposição firme e perseverante em arriscar tudo, baseado meramente na Palavra de Deus. Pois isso é fé o que vemos em Abraão — e em toda a Bíblia. Não é um salto no escuro, que é credulidade e não fé. Na verdade é um salto na luz, pois tem como base de apoio a palavra que Deus falou; fé é convicção e ação, que nascem a partir da verdade. Pela fé, conforme diz Hebreus 11.8, "Abraão, sendo chamado... saiu, sem saber para onde ia". Realmente, somente depois que entrou em Canaã, o Senhor finalmente disse: "darei esta terra" (Gn 12.7). Nada tirou Abraão do seu caminho — nada, nem mesmo seus próprios fracassos! Por exemplo, depois de sua falha no Egito (Gn 12.10-20), não se limitou a voltar para a terra de Canaã: retornou especificamente para o lugar onde começara (Gn 13.3), de regresso até onde tinha certeza que estivera na estrada da fé. Todo o ciclo de sua vida está dentro de três parâmetros: obedecer à Palavra de Deus, retornar à Palavra de Deus e esperar a Palavra de Deus. É isso que define fé. Isto é vida de fé.

Gênesis 12 destaca a grande aventura da fé (vv. 1,4). Gênesis 14 não menciona a fé em conexão com a guerra contra os reis, mas o contexto nos permite ver a ousadia da fé. Abraão tentara resolver a crise, pois aquela situação envolvia sua família (Gn 13.7), "ajustando" a palavra de Deus ao problema (Gn 14.8,9); mas o Senhor nada teve que ver com aquilo. Depois que o erro foi cometido (Gn 14.14), Deus reafirmou a palavra da promessa: "Toda esta terra... hei de dar a ti... pois eu a darei a ti" (Gn 13.15-17) e essa promessa incluía a parte que Abraão cedera a Ló e retomara dos reis (Gn 14.8-12). A fé torna-se ousada quando age alinhada com as promessas do Senhor. Em Gênesis 18.23-33, vemos o mesmo princípio de outra maneira: a ousadia da oração da fé, quando repousa no conhecimento do caráter de Deus (v. 25).

ABRAÃO (ABRÃO)

O filho prometido

Gênesis destaca dois "momentos" específicos na vida da fé de Abraão, com uma ênfase especial. Primeiro, a promessa do nascimento de um filho foi aceita pela fé e essa foi imputada como justiça (Gn 15.6). Esse incidente proporcionou a Paulo uma de suas muitas "passagens de ouro" — Romanos 4.18-22. Será que alguém conseguiria expressar de forma tão perfeita a situação inteiramente absurda de um casal que era, humanamente falando, "ultrapassado", que agira não baseado no que sonhava, mas no pleno reconhecimento da própria incapacidade, mas que, apesar disso, "não se deixou levar pela incredulidade"? Ambos os textos, Romanos 4.21 e Hebreus 11.11 falam da mesma coisa: "estando certíssimo de que o que ele tinha prometido também era poderoso para cumprir"...; "teve por fiel aquele que lhe havia feito a promessa". A verdadeira fé deliberadamente encara a incapacidade humana, mas com total simplicidade — escolhe descansar na promessa de Deus.

O outro momento significativo da fé é destacado em Gênesis 22.1-19: o sacrifício de Isaque. Foi incrível Abraão olhar para o seu próprio corpo amortecido e ainda crer na promessa de que teria um filho; seria ainda inacreditável que ele pegasse seu filho, o único objeto de todas as promessas de Deus (Hb 11.17,18) e, humanamente falando, colocasse tudo a perder. Ele, porém, fez isso. O principal ponto da questão está em Gênesis 22.5: literalmente, "Eu e o menino — nós subiremos até lá; nós vamos adorar e nós voltaremos para cá". Abraão sabia exatamente que aquela "adoração" envolveria a morte e a oferta do filho e, mesmo assim, ousou dizer: "nós... nós... nós..." O comentário inspirado em Hebreus 11.19 diz tudo, e Tiago 2.22 fala sobre o incidente como "a fé aperfeiçoada", como, de fato, ela foi mesmo. Aquela "fé simples" de Gênesis 15.6, a confiança baseada simplesmente na Palavra de Deus, deve provar sua realidade nos desafios e respostas da vida diária. Esses testes não são casuais, mas elementos de um programa educativo divino (Hb 12.1-10), para nos tornar "participantes da sua santidade". Abrão começou a andar com Deus (Gn 15.6) e Abraão percorreu o caminho completo (Gn 22.15-18).

A família de crentes

Abraão é apresentado a nós no Novo Testamento como um homem de fé, como nosso pai e nosso exemplo. As passagens mais importantes são Romanos 4, onde ele é chamado de pai de todos os que crêem (Rm 4.11,12,16) e Gálatas 3.1-14, onde os crentes são chamados de filhos de Abraão (Gl 3.7). Esta epístola insiste em afirmar que, nesse aspecto, o Novo Testamento nada tem a acrescentar ao Antigo: todas as bênçãos de Deus em Cristo Jesus, resumidas e cumpridas plenamente no dom do Espírito Santo, são nossas simplesmente e somente na base da mesma fé que Abraão teve. Romanos acrescenta que essa fé é a marca distintiva do povo de Deus, seu Israel. Os descendentes biológicos de Abraão não recebem mais benefícios, nem para Paulo, em Romanos 2.28,29; 9.7,10-13, nem para João Batista, em Mateus 3.9. Do ponto de vista divino, "o Israel de Deus" é sua nova criação (Gl 6.15,16); do ponto de vista das experiências e respostas humanas, ela "é pela fé, para que seja segundo a graça, a fim de que a promessa seja firme a toda a descendência, não somente à que é da lei, mas também à que é da fé que teve Abraão, o qual é pai de todos nós" (Rm 4.16).

ABRAÃO (ABRÃO)

O Deus de Abraão

Quem é o Senhor? Na história de Abraão, o nome divino *Yahweh* (traduzido na Versão Contemporânea como "Senhor") ocorre 73 vezes, e referências como Gênesis 15.8 mostram Abrão pessoalmente empregando este vocábulo. Ainda também é verdade, conforme vemos em Êxodo 6.2,3, que, embora o nome fosse conhecido, não tinha ainda nenhum significado específico relacionado a ele. No livro de Gênesis, Deus não se revelou para explicar o significado de "Yahweh", mas para usar outros estilos e títulos. Gênesis 17.1 coloca a questão de forma concisa: "apareceu-lhe Yahweh e lhe disse: Eu sou El Shadday...". El Shadday (Deus Todo-poderoso) é o principal dos quatro títulos similares de Deus, conhecidos por Abraão: Melquisedeque apresentou-se a Abraão como "sacerdote do Deus Altíssimo" (El Elyom). Se traduzirmos El Elyom[2] como "criador" (Contemporânea) ou como "possuidor" (ARC) "do céu e da terra", Ele é o Senhor supremo e universal, e Abrão não hesitou em identificá-lo como seu próprio Deus, Yahweh (Gn 14.22). Novamente, quando o Senhor vai ao encontro de Hagar (Gn 16.13), ela o reconheceu como "o Deus que vê" (El Roi), um Senhor que tinha um conhecimento direto (e cheio de graça) do que acontecia sobre a Terra. Em Gênesis 21.22, Abimeleque, de Gerar, negociou um tratado perpétuo de amizade com Abraão e, em comemoração a esse evento, nosso patriarca plantou um bosque e invocou o nome do "Senhor, o Deus eterno" (Yahweh El Olam) — provavelmente ele chegou a esse título por meio da conclusão de que somente um Deus eterno poderia ser invocado para superintender um tratado perpétuo. (Veja a seção sobre nomes, no artigo *Deus.*)

El Shadday

De todos esses títulos, apenas *El Shadday* reaparece no restante de Gênesis (28.3; 35.11; 43.14; 48.3; 49.25). O que ele queria dizer para o escritor desse livro? O significado de "Shadday" como vocábulo é muito incerto e há muita discussão em torno dele, mas o contexto no qual este termo é usado sugere como deve ser entendido. Por exemplo, em Gênesis 17.1, pelo menos 14 anos já tinham-se passado desde que Abraão recebera a promessa original de um filho (Gn 16.16). A passagem de todos esses anos (Abraão tinha agora quase 100 anos de idade e Sara já estava na menopausa, incapaz de gerar filhos, Gn 18.11) teve o efeito de reforçar as fraquezas humanas. Foi nesse contexto que Deus se revelou como El Shadday, e essa mesma característica — a habilidade de transformar situações criadas pelas fraquezas humanas — aparece também em outras passagens. Assim, quando Jacó enviou seus filhos de volta ao Egito, para enfrentarem o imprevisível e todo-poderoso José, ele os encomendou a El Shadday (Gn 43.14). Sem dúvida, foi nesse mesmo espírito que ele diz ter sido El Shadday quem se encontrou com ele em Betel (Gn 48.3) — pois o que poderia ser mais desesperador do que a situação de Jacó, expulso de casa, perambulante, sem um lar? El Shadday é o Deus que opera nas fraquezas humanas e as transforma — da maneira como agiu, ao transformar o Abrão sem filhos em Abraão, o pai de uma multidão de nações. Tal Deus é digno de nossa confiança, em todas as circunstâncias.

Porque conhecia seu Deus — El Shadday, o Deus de poder ilimitado para transformar — Abraão tornou-se um preeminente homem de fé. J.A.M.

ABSALÃO (Heb. "pai de paz"). Era o terceiro dos seis filhos de Davi. Sua mãe chamava-se Maaca e ele nasceu em Hebrom. Seu temperamento passional aparece no assassinato de Amnom (veja *Amnom*), ao descobrir que ele violentara sua irmã Tamar (2 Sm 13). Absalão era famoso por sua beleza e seus longos cabelos (2 Sm 14.25-27).

A instabilidade no vacilante reinado de Davi foi marcada por diversos fatores, em conseqüência do adultério de Davi (1 Sm 11 e 12) e pela ocorrência da violência, como assassinato e estupro dentro da própria família real. A vida de Absalão serve para ilustrar que os resultados do pecado permanecem, mesmo quando há sincero arrependimento. Apesar de Davi ter-se arrependido de sua transgressão e ser perdoado por Deus, não escapou das turbulentas conseqüências em sua própria família. A sua relutância em intervir e punir Amnom, pelo estupro da irmã de Absalão (2 Sm 13.22), fez com que perdesse a credibilidade aos olhos deste filho. Ele se consumiu pela raiva e pelo ressentimento, até que surgiu a oportunidade de vingar-se e ele matou Amnom (2 Sm 13.28,29). Absalão ficou exilado por três anos, até que Joabe diplomaticamente forçou Davi a perdoar seu erro. Posteriormente, pai e filho tiveram uma reconciliação parcial (cf. 2 Sm 14).

A tensão, entretanto, nunca se dissipou totalmente. Desse momento em diante, Absalão gastou todas as suas energias, a fim de subverter o reinado de Davi. O conflito não resolvido entre pai e filho afligia o rei e, a despeito da séria ameaça que Absalão representava ao seu governo, Davi relutava em reconhecer que sua autoridade estava seriamente ameaçada. Este filho conspirou para destronar seu pai e foi bem-sucedido em conseguir apoio dos seguidores descontentes de Davi (2 Sm 15). Joabe percebeu a hesitação do rei em ordenar a morte do próprio filho. Absalão ficou pendurado pelos cabelos em uma árvore e foi imediatamente morto por Joabe e seus soldados (2 Sm 18.1-18).

Davi lamentou profundamente a morte de Absalão, até que Joabe o persuadiu a ver a vida de seu filho sob a perspectiva da confusão e instabilidade que causara.

Os três filhos de Absalão não são mencionados depois de 2 Samuel 14.27. De acordo com 2 Samuel 18.18, parece que somente sua filha sobreviveu, a quem ele dera o mesmo nome de sua irmã Tamar. s.v.

ACABE (Heb. "irmão do pai").

1. O infame rei Acabe, filho de Onri e governante de Israel na mesma época em que o profeta Elias desenvolveu seu ministério. Foi um dos piores reis do Norte (cf 1 Rs 16.30-33). Seus crimes não eram apenas políticos. Sua culpa maior foi permitir a propagação da adoração a Baal. Deus o puniu com um terrível período de seca que assolou a terra — um castigo direto por sua participação nas práticas idólatras. Seu casamento com Jezabel acentuou a ligação que a narrativa bíblica faz entre a idolatria e o comportamento imoral. Para mais detalhes, veja *Jezabel*, *Elias* e *Nabote*.

O relato do reinado de Acabe só é concluído em 1 Rs 22.39-53. Sua hábil política internacional é interpretada negativamente pelo escritor bíblico, devido às graves conseqüências da adoração mista. Seu comportamento foi tão mau que a frase "a casa de Acabe" tornou-se um padrão para referir-se particularmente a reis perversos (2 Rs 21.2s; veja também Mq 6.16).

2. Outro Acabe foi acusado pelo profeta Jeremias de falar mentiras para o povo de Israel, na Babilônia (Jr 29.21-23). Como Hananias (Jr 28), ele provavelmente era culpado de prever um final rápido para o exílio e, como os outros falsos profetas, culpado de "curar superficialmente a ferida do povo" (Jr 6.14; 23.11) e de cometer adultério com as mulheres dos

ACAICO

companheiros (Jr 29.23). No livro de Jeremias, os falsos profetas foram alvo de juízo, porque ofereciam ao povo uma falsa esperança, quando na verdade havia desesperança.   s.v.

ACAICO. Mencionado em 1 Coríntios 16.17, juntamente com Estéfanas e Fortunato. Provavelmente era um escravo da família de um certo L. Mummius, da Acaia romana (v. 15); mas não se pode afirmar com toda certeza. Junto com seus dois companheiros, trouxe informações de Corinto para Paulo. Veja *Estéfanas.*

ACÃ (Heb. "criador de problemas").
1. Filho de Carmi, filho de Zabdi, filho de Zerá. Era descendente de Judá e Tamar. É lembrado por ter "perturbado" Israel com um grave pecado. Quando Josué destruiu Jericó, o Senhor colocou a cidade sob uma maldição ou "anátema". Todos os bens locais seriam consagrados ao Senhor. Muitas vezes, essa ordem da "dedicação" de algo a Deus envolvia a total destruição. Tais determinações da parte do Senhor ensinavam muitas verdades às pessoas, sobre Deus e elas mesmas. Sendo santo, o Senhor castiga os que são profanos, os quais se recusam a reconhecê-lo e adorá-lo. O juízo de Deus sobre Jericó foi extremamente severo. Ao insistir em que ninguém seria capturado para se tornar escravo e em que nenhum espólio seria tomado, o Senhor mostrava que os israelitas deveriam manter-se santos em seu serviço. Ele supriria todas as suas necessidades. Para Acã, a tentação de apanhar alguma coisa do espólio foi tão forte que desobedeceu à ordem que o Senhor dera por meio de Josué (Js 7).

A próxima cidade a ser conquistada era Ai. Parecia que seria bem mais fácil, mas o primeiro grupo de soldados enviado contra ela voltou derrotado. Josué orou e o Senhor lhe mostrou que "Israel" pecara. Por meio de um sorteio, Deus levou os líderes até Acã, que escondera parte do espólio no chão, embaixo de sua tenda. Levado para fora do acampamento e apedrejado, a ira do Senhor desviou-se de sobre o povo. Logo a seguir, Ai foi conquistada. O vale de Acor, onde Acã foi apedrejado, posteriormente tornou-se um símbolo do mal. Os profetas previram o dia em que Deus tornaria aquele vale um lugar de esperança e descanso (Is 65.10; Os 2.15).

É interessante notar em Josué 7 a maneira como todo o Israel é responsabilizado pela transgressão de uma só pessoa. Certamente todo o povo sofreu com o pecado, mas só Acã seria condenado. Seu exemplo ficou como um lembrete para as futuras gerações dos perigos da desobediência (Js 22.20).   P.D.G.
2. Terceiro filho de Eser, um dos líderes tribais em Seir, onde Esaú se estabeleceu (Gn 36.27; 1 Cr 1.42, onde aparece como Jacã).

ACAR (Heb. "causador de problemas"). 1 Crônicas 2.7. Uma forma alternativa de Acã.

ACAZ (Forma abreviada de Jeoacaz. Heb. "o Senhor tem possuído").
1. O rei Acaz foi sucessor de seu pai Jotão, e reinou por 16 anos em Judá, durante o final conturbado do reino de Israel, no Norte (742-727 a.C.). Seu governo foi caracterizado por muitos problemas e ele mesmo recebeu esse epitáfio: "Não fez o que era reto aos olhos do Senhor seu Deus, como Davi, seu pai" (2 Rs 16.2).

Acaz conquistou essa reputação por aprovar a colocação das imagens dos ídolos assírios no Templo de Jerusalém (2 Rs 16.10-16). 2 Crônicas 28.23 diz que ele ofereceu sacrifícios aos deuses de Damasco — o que significa que criou um sincretismo tão profundo com outras religiões que essas assumiram uma forma peculiar em Judá. Apesar das reformas que foram feitas posteriormente por seu filho Ezequias, Acaz havia lançado o reino do Sul no mesmo caminho pelo qual o do Norte tinha andado antes. A queda de Judá finalmente aconteceu em 587 a.C.

O profeta Isaías estava em atividade nessa época e os capítulos 7 a 10 de seu livro nos dão uma visão do estado do governo de Acaz; ele já começara seu reinado diante de alguns problemas consideráveis (havia um certo tipo de coalizão entre a Síria e Israel contra Judá). Uma promessa, contudo, foi feita por meio do profeta Isaías, que seria suficiente para fortalecer sua confiança: "Se não o crerdes, certamente não ficareis firmes" (Is 7.9b). A verdade, contudo, é que, com essa confiança já comprometida, a queda de Judá tornou-se inevitável e Deus usou a Babilônia como seu instrumento para trazer o juízo divino. Para mais detalhes, veja também *Peca*, *Rezim* e *Tiglate-Pileser*.

2. Descendente do rei Saul, bisneto de Jônatas (1 Cr 8.35s; 9.41s). s.v.

ACAZIAS (Heb. "o Senhor tem sustentado").

1. Acazias reinou de 850 a 849 a.C. em Israel. Embora seu reinado seja curto, o relato está registrado a partir de 1 Reis 22 até o início de 2 Reis 2, para explicar a relação entre Acazias e o profeta Elias. Ele continuou com a infame política religiosa de seus pais, Acabe e Jezabel (1 Rs 22.40,49,51).

Seu reinado de dois anos foi marcado pela tragédia. Acazias tentou fazer uma aliança com Jeosafá, mas o rei de Judá não concordou (1 Rs 22.50); ele caiu pela janela de um quarto em Samaria e machucou-se gravemente (2 Rs 1.2); quando mandou mensageiros consultar Baal-Zebube, deus de Ecrom, para saber se ficaria curado, Elias os interceptou no meio do caminho e os enviou de volta a Acazias com a mensagem de que Deus havia decretado sua morte (2 Rs 1.4).

A marca de seu reinado foi a sua suprema insensatez, muito mais do que o seu infortúnio. Ele enviou dois grupos de soldados para prender Elias, os quais foram mortos pelo fogo que caiu do céu (2 Rs 1.9ss). Finalmente, o profeta resolveu ir com o terceiro capitão ao encontro de Acazias e repetiu a profecia de que ele morreria sob o juízo de Deus. O texto bíblico deixa claro que o confronto entre Elias e Acazias é considerado uma disputa entre o Deus verdadeiro e as assim chamadas divindades dos filisteus, tais como Baal-Zebube, o deus de Ecrom (2 Rs 1.2,3).

2. Sobrinho de Acazias, também era conhecido como Jeoacaz. Ele sucedeu seu pai Jeorão como rei de Judá; reinou, contudo, por menos de um ano (por volta de 844 a.C.); ele "andou nos caminhos da casa de Acabe, e fez o que era mau aos olhos do Senhor..." (2 Rs 8.27). Devido à influência de sua mãe, Atalia, filha do perverso rei Acabe, de Israel, sua conduta não surpreendeu a ninguém. Acazias foi morto pelos homens de Jeú, enquanto visitava seu tio Jorão (também chamado Jeorão), rei de Israel, que estava doente. Seu corpo foi levado para Jerusalém e enterrado nas sepulturas dos reis (2 Rs 9.27-29). O conflito permanente na família de Acabe, predito por Elias em 1 Reis 21, finalmente foi consumado com a morte de Jezabel, vista como a causadora da imoralidade e da idolatria na linhagem de Acabe (1 Re 18; 2 Re 9.36s). Veja também *Jeoacaz*. s.v.

ACBOR (Heb. "rato").

1. O pai de um dos reis de Edom, antes dos israelitas conquistarem a região. Seu filho, Baal-Hanã, sucedeu Saul na lista dos reis (Gn 36.38,39; 1 Cr 1.49).

2. Durante o reinado de Josias, "o livro da lei" foi encontrado no Templo. Este rei enviou Acbor, juntamente com o sacerdote Hilquias e outros, para consultarem Hulda sobre o texto sagrado. A profetiza chamou a atenção deles para as palavras da lei de Deus que prometiam juízo sobre Israel, caso se desviassem do Senhor e adorassem outros deuses. Foi isso o que Israel fizera; por isso o juízo estava próximo (2 Rs 22.12-17).

Mais tarde, no tempo de Jeremias, o filho de Acbor, chamado Elnatã, tornou-

ACSA

se um dos oficiais da corte. Foi enviado ao Egito, para capturar o profeta Urias e trazê-lo de volta (Jr 26.22; 36.12).   P.D.G.

ACSA. Filha de Calebe, o qual prometeu que quem capturasse Quiriate-Sefer casar-se-ia com ela (Js 15.16; Jz 1.12). Otniel tomou a cidade e desposou Acsa. Calebe dera a ela terras no Neguebe; por isso, algum tempo depois ela rogou que lhe desse uma propriedade que tivesse mananciais de água. Ele atendeu seu pedido (Js 15.19).

ACUBE.
1. Filho de Elioenai e faz parte da linhagem real de Judá após o exílio; portanto, um descendente do rei Davi (1 Cr 3.24).
2. Um dos cabeças do clã levita dos porteiros do Templo; viveu em Jerusalém depois do cativeiro babilônico (1 Cr 9.17; Ne 8.7; 11.19; 12.25). Seus descendentes exerceram a mesma função (Ed 2.42; Ne 7.45), a qual também incluía a guarda dos depósitos do Templo próximos aos portões. Provavelmente esse é o mesmo Acube que também é relacionado entre os levitas que ajudaram a instruir o povo na Lei de Deus, depois que Esdras a leu publicamente. O trabalho deles era idêntico ao dos sacerdotes e ministros através dos séculos: tornar claro o significado da revelação de Deus na Palavra, para que as pessoas possam responder em fé e obediência (Ne 8.7,8). O resultado do ministério sacerdotal foi que todo o povo chorou, pois reconheceu a desobediência e a necessidade do perdão. Neemias animou a todos, lembrando-lhes a "alegria do Senhor" (v. 10).
3. Esse Acube era um "servidor do Templo", cujos descendentes retornaram do exílio babilônico com Zorobabel e Neemias (Ed 2.45).   P.D.G.

ADA (Heb. "beleza").
1. Ada, uma das mulheres de Lameque, mãe de Jabal e Jubal, que respectivamente foram os progenitores dos pastores nômades e dos músicos (Gn 4.19-21). Ela ouviu seu esposo vangloriar-se de ter assassinado os que o prejudicaram (Gn 4.23,24) — um lembrete do pecado que já dominava completamente o mundo.
2. Uma das esposas de Esaú, tomada entre as mulheres de Canaã. Era filha de Elom, o heteu. Ela deu à luz a Elifaz (Gn 36.4,10 etc.). Não sabemos com certeza se Esaú casou com duas irmãs, da mesma família, mas Basemate também é referida como filha de Elom, heteu, em Gênesis 26.34. O casamento de Esaú com mulheres cananitas introduziu a cultura e os deuses pagãos na família israelita. Tais uniões mistas levariam os israelitas a se afastarem do Senhor. Para Isaque e Rebeca, o casamento de Esaú foi "uma amargura de espírito" (Gn 26.35).   P.D.G.

ADAÍAS (Heb. "agradável ao Senhor").
1. O avô do rei Josias, pai de sua mãe Jedida (2 Re 22.1).
2. Filho de Etã e pai de Zerá. Asafe, um dos descendentes de Adaías, foi parceiro de Hemã, o músico (1 Cr 6.41).
3. Filho de Simei e um dos líderes da tribo de Benjamim (1 Cr 8.21).
4. Filho de Jeroão, um dos sacerdotes relacionados em 1 Crônicas 9.12.
5. Pai de Maaséias, comandante de uma unidade de 100 homens (2 Cr 23.1). Para mais detalhes, veja *Elisafate*.
6. Descendente de Bani, encontra-se em Esdras 10.29 entre os que se casaram com mulheres estrangeiras.
7. Descendente de Bani, encontra-se em Esdras 10.39 entre os que se casaram com mulheres estrangeiras.
8. Ancestral de Maaséias, líder da província que se estabeleceu em Jerusalém (Ne 11.5).
9. Nome de um sacerdote registrado em Neemias 11.12, que se estabeleceu em Jerusalém. Provavelmente era a mesma pessoa mencionada no v. 5.   M.P.

ADALIA. Um dos dez filhos de Hamã, mortos pelos judeus na fortaleza de Susã (Et 9.8).

ADÃO

Adão no Antigo Testamento

Alguns estudiosos sugerem que o vocábulo *adão* vem do hebraico, e significa "solo"; mas não se pode ter certeza disso. Esse termo é usado na Bíblia para referir-se à primeira pessoa criada (Gn 5.1; 1 Cr 1.1) e, regularmente, para significar "humanidade" ou "homem". Em certos textos, nos capítulos iniciais de Gênesis, existe algum debate sobre se este vocábulo seria traduzido como o nome próprio "Adão" ou simplesmente como "humanidade". A primeira ocorrência deste termo encontra-se em Gênesis 1.26,27. A Versão Contemporânea registra ali: "façamos o homem", no que concorda a maioria dos comentaristas. Em Gênesis 2.20 algumas traduções trazem "mas para Adão não se achava adjutora...", acrescentando uma nota de rodapé na qual se explica que o vocábulo pode também sugerir "homem".

Adão, feito por Deus, tornou-se o primeiro ser humano a habitar a recém-criada Terra. Os primeiros capítulos de Gênesis descrevem a criação. O homem distingue-se claramente de todo o resto. Feito "à imagem de Deus", recebeu domínio sobre toda a criatura terrena (Gn 1.26). Ele tinha em si o sopro do Senhor (Gn 2.7) e foi colocado no Jardim do Éden (Gn 2.8-17), para obedecer aos mandamentos de Deus, principalmente o de não comer o fruto da árvore do conhecimento do bem e do mal (Gn 2.17). Adão trabalharia e cuidaria desse paraíso e Deus fez-lhe a mulher, para ajudá-lo a cumprir as tarefas para as quais fora criado. Ele descreveu sua esposa como "osso dos meus ossos, e carne da minha carne" (Gn 2.23). Ambos foram feitos sem pecado e viviam na inocência.

A maneira como a Bíblia descreve Adão nesses primeiros capítulos ajuda o leitor a entender a comunhão entre Deus e sua obra-prima. Nosso primeiro pai não era como os animais. O domínio sobre o resto da criação que lhe fora confiado no princípio seria também exercido por seus descendentes, enquanto a Terra existisse. O Senhor conversava com Adão (Gn 1.28-30). Além dessa comunhão íntima, os dois primeiros capítulos servem também para reforçar a completa dependência que o homem tinha de seu Criador. Adão precisava de que Deus criasse a mulher para ele, pois necessitava de alguém para servir-lhe de companhia (Gn 1.29,30) no Jardim do Éden (Gn 2.15).

Não se observa Adão ter suas próprias reações ao que Deus fazia por ele. Ele começou a exercer seu domínio sobre a criação (Gn 1.26), quando deu nome a todos os animais (Gn 2.19,20); mas aqui fica claro que esse poderio era secundário. No entanto, ele mostrou claramente que apreciara sua companheira e suas palavras em Gênesis 2.23 podem muito bem ter suscitado a idéia que o apóstolo Paulo usou em Efésios 5.28,29, quando disse: "quem ama a sua mulher, ama-se a si mesmo".

Gênesis 3 descreve o pecado de Adão. A comunhão com Deus e a sujeição ao Criador, mostradas nos dois primeiros capítulos, são repentinamente destruídas. Eva foi tentada pela "serpente" (Satanás) e comeu o fruto da árvore do conhecimento do bem e do mal. Além disso, ofereceu-o a Adão. A pureza da criação foi imediatamente corrompida. Nus, sem nenhum constrangimento (Gn 2.25), de repente seus olhos foram "abertos", ficaram envergonhados, e buscaram meios de se cobrir (Gn 3.7). O desejo de se vestirem foi um reflexo de tentar se esconder da presença de Deus, a quem sabiam que desobedeceram. Assim, antes estavam felizes em caminhar com o Senhor e obedecer aos seus mandamentos; agora se escondem de Deus, quando Ele passeia pelo Jardim (Gn 3.8). A única conversa entre o Senhor e Adão registrada na Bíblia é aquela em que ele tenta jogar a culpa sobre a mulher por tudo o que acontecera.

ADÃO

A punição de Deus para o pecado de Adão é declarada em termos bem claros. As duas áreas em que ele era tão claramente distinto dos animais foram afetadas pelo castigo. O trabalho que Adão recebeu para fazer, para a glória de Deus, como parte do seu domínio sobre a criação, agora seria doloroso (Gn 3.17-19). A partir daquele instante, nosso primeiro pai teria dificuldades em cultivar o solo e exercer o domínio sobre os animais. Esta seria sua tarefa, mas mediante um esforço cansativo e doloroso, que continuaria até a morte — quando então retornaria ao pó, de onde fora formado (Gn 3.19).

Adão também experimentou o castigo da separação de Deus, ao ser expulso do Jardim do Éden (Gn 3.23,24) e ao ver a manifestação física do que agora era sua realidade espiritual — a morte. Ele contemplou, constrangido, Caim, seu primogênito, matar Abel, seu segundo filho (Gn 4.8).

Adão preparou o palco para a humanidade e apresentou a cena em que as verdadeiras origens da humanidade, como única, em toda a criação de Deus é claramente revelada; contudo, é também o espetáculo no qual o que recebeu tanto domínio do Criador tentou negar sua dependência do Senhor. Naquela negação, naquele pecado, Adão fixou seu olhar num tipo de vida que ignoraria ou mesmo negaria ao Todo-poderoso. Por meio daquela transgressão, o homem colocou a si mesmo no lugar de Deus. Por intermédio de Adão, o pecado entrou no mundo e trouxe o castigo e a maldição do Criador sobre toda a criação.

É importante notar que, após o castigo e a exclusão do Jardim do Éden, Adão continuou o mesmo. Ele não regrediu a um estado no qual não seria melhor que os animais. Ele possuía a imagem de Deus; possuía o sopro do Criador dentro dele. Agora, contudo, era um ser pecaminoso e, conforme a narrativa bíblica prossegue, fica claro que cada aspecto da vida do homem foi permeada pelo pecado e pelo desejo de negar a Deus, em pensamentos, palavras e obras.

O Antigo Testamento não faz muitas outras referências nominais a Adão. A criação é mencionada freqüentemente e a condição da humanidade como seres criados foi lembrada pelos que eram fiéis e adoravam a Deus (veja Sl 8.3-5). Abraão recebeu mais atenção na história judaica, porque foi o pai da nação israelita. No entanto, na época do Novo Testamento, Adão novamente assumiu a posição proeminente nas discussões sobre como Deus trata com a humanidade.

Em Lucas 3.38, Adão encabeça a genealogia que leva até Jesus. A diferença entre essa relação e a de Mateus (Mt 1.1), que retorna até Abraão, é notável e provavelmente indica o cuidado deste escritor em mostrar a relação de Cristo com toda a humanidade e não somente com o povo judeu. Há outra referência direta a Adão em Judas 14.

Jesus mencionou Gênesis 1.27 e 2.4, quando falou do casamento como uma instituição indissolúvel. Deus criou Adão e Eva para permanecerem juntos e este deveria ser o padrão para o matrimônio e a vida familiar. Paulo usa os mesmos textos de forma similar em Efésios 5.31. Ali, contudo, o apóstolo acrescenta mais um significado ao relacionamento entre homem e mulher, ao indicar que na própria convivência conjugal havia uma alusão à comunhão entre Cristo e sua Igreja (cf. 1 Co 6.16,17). O amor, a durabilidade e a intimidade desse relacionamento com Jesus foram mostrados por Paulo, quando ele fez a comparação com o casamento.

Paulo também apelou para o relacionamento de Adão com Eva, para apoiar seu argumento sobre o lugar da esposa na família e na igreja. As mulheres exercem funções diferentes das dos homens, porque Adão "foi formado primeiro" e Eva foi enganada primeiro (1 Tm 2.13; cf. 1Co 11.8,9).

Foi também nos escritos de Paulo que uma clara descrição foi formulada sobre o lugar teológico que Adão ocupa nos assuntos relacionados com o homem. Em Roma-

ADÃO

nos 5, o apóstolo apresenta sua visão da comunhão entre Adão e Cristo. Adão (Rm 5.14), "um homem" (v.12), trouxe o pecado a toda a humanidade. Ele, portanto, "é a figura daquele que havia de vir" (v. 14). Paulo provavelmente viu nisso uma "figura", mas o interesse do apóstolo era, na verdade, demonstrar o quanto Adão e Cristo são diferentes.

O argumento de Paulo baseava-se em seu entendimento de que Adão era realmente um personagem histórico. Ele trouxe o pecado ao mundo, o qual é reafirmado diariamente na vida de cada indivíduo (Rm 5.12): "porque todos pecaram". Então, no v.15, começa o contraste com: "mas não é assim o dom gratuito como a ofensa". O apóstolo queria que as pessoas vissem sua ênfase em duas coisas nesta passagem. Primeiro, ele fala repetidamente em "um homem", ao referir-se tanto a Adão como a Cristo (a palavra "um/uma" é repetida dez vezes nos vv. 15-19). Segundo, queria que todos entendessem plenamente o significado de sua expressão "muito mais". Os crentes aprendem sobre a graça de Deus em Cristo, quando observam que ela se torna "muito mais" superabundante para as pessoas depois que muitas transgressãos são cometidas, quando comparada com o castigo que seguiu apenas um pecado (vv.15-17). Dessa maneira, Adão foi superado por Jesus. Cristo obedeceu a Deus quando Adão não o fez. Cristo trouxe justiça — Adão, juízo. Cristo trouxe vida eterna (v. 21) — Adão, morte.

Paulo mostrou que a humanidade tem diante de si duas alternativas: ser representada por Adão ou Cristo, como seu líder; receber a graça da salvação de Deus mediante a fé em Jesus (Rm 5.2) ou alcançar o castigo, como filhos de Adão. Dessa maneira, nosso primeiro pai é visto como o que foi desobediente e trouxe o pecado, o juízo e a morte para todas as pessoas (v. 18), enquanto Cristo traz a salvação desse juízo, da ira de Deus.

Esse contraste entre Adão e Cristo foi desenvolvido em linhas similares em 1 Coríntios 15, na discussão de Paulo sobre a morte e a ressurreição. O v. 22 diz: "Pois assim como todos morrem em Adão, assim também todos serão vivificados em Cristo". O contraste que o apóstolo fez foi entre a pessoa natural e a que, pela fé, é espiritual. Paulo fala sobre isso de forma mais vívida em 1 Coríntios 15.45-47, onde faz um contraste entre o "primeiro homem, Adão, (que) foi feito alma vivente", e o "último Adão, espírito vivificante". O primeiro era o Adão de Gênesis, "sendo da terra", e o segundo "é do céu".

O vocábulo "todos" de 1 Coríntios 15.22 tem sido exaustivamente discutido pelos comentaristas. Ele se refere a dois grupos diferentes de "todos": o *primeiro*, os que estão "em Adão", seres humanos naturais que morrem devido ao juízo de Deus sobre o pecado de nosso primeiro pai e sobre suas transgressões diárias; o *segundo*, todos os que estão "em Cristo", os quais têm fé nele e são representados por Ele, receberão sua natureza — "a imagem do celestial" (1 Co 15.49) e isso redundará em vida eterna e ressurreição.

A passagem, contudo, da morte para vida, por meio da fé em Cristo, começou primeiro com o próprio Jesus que se tornou "homem". Cristo estava preparado para receber a maldição do juízo de Deus e morrer, para tornar-se "as primícias" dos que ressuscitariam, conforme Paulo fala em 1 Coríntios 15.21: "Pois assim como a morte veio por um homem, também a ressurreição dos mortos veio por um homem". É nesse sentido que Jesus é realmente "Adão" — o último Adão (1 Co 15.45), ou o segundo homem (v. 47). Cristo teve sucesso onde Adão fracassou e Ele só poderia fazer isso como um verdadeiro homem. O "homem do céu" viveu, sofreu e morreu como aconteceu com Adão e sucede com toda a humanidade, para trazer vida aos que crêem.

ADAR

Em sua morte, Jesus identificou-se com Adão e toda a humanidade, que está debaixo do juízo de Deus por causa do pecado. Ao fazer isso, Ele ofereceu a si mesmo como sacrifício pelo pecado, um ato que foi aceito por Deus quando Ele levantou o segundo Adão dentre os mortos e dessa maneira reverteu em Cristo a maldição do juízo colocado sobre Adão.

P.D.G.

ADAR. Um filho de Bela (1 Cr 8.1-3).

ADBEEL. O terceiro filho de Ismael e um líder tribal (Gn 25.13; 1 Cr 1.29).

ADI. Relacionado na genealogia de Jesus em Lucas 3.28.

ADIEL (Heb. "ornamento de Deus").
1. Um líder da tribo de Simeão, mencionado em 1 Crônicas 4.36.
2. Um dos sacerdotes que se estabeleceram em Jerusalém depois do exílio na Babilônia (1 Cr 9.12). Era filho de Jazera e pai de Masai.
3. O pai de Azmavete, responsável pelos tesouros reais no reinado de Davi (1 Cr 27.25).

ADIM (Heb. "voluptuoso"). Esdras 2.15 diz que 454 dos seus descendentes retornaram do exílio na Babilônia; o número dado em Neemias 7.20 é 655. Esdras 8.6 menciona que Ebede, um dos descendentes de Adim, juntamente com 50 outros homens subiram da Babilônia durante o reinado de Artaxerxes. Adim é descrito como um dos líderes que colocaram o selo sobre o juramento do povo, registrado em Neemias 10.16.

ADINA (Heb. "adornado"). Filho de Siza, rubenita. Adina era um líder entre seu povo e um dos "heróis" de Davi (1 Cr 11.42).

ADLAI (Heb. "justiça de Deus"). Pai de Safate, oficial no reinado de Davi, responsável pelos "gados dos vales" (1 Cr 27.29).

ADMATA. Homem sábio e especialista em leis, consultor do rei Xerxes (Et 1.14). Para mais detalhes veja *Memucã*.

ADNA (Heb. "deleite").
1. Descendente de Paate-Moabe, é relacionado em Esdras 10.30 entre os que se casaram com mulheres estrangeiras.
2. Líder de uma família de sacerdotes de Harim, mencionado em Neemias 12.15. Ele viveu nos dias de Joiaquim.
3. Guerreiro da tribo de Manassés que desertou do exército de Saul e uniu-se a Davi em Ziclague (1 Cr 12.19,20). Essa passagem deixa claro que a deserção gradual dos soldados de várias tribos, ao abandonar Saul para unir-se a Davi, era dirigida pelo Espírito de Deus: "Dia a dia vinham a Davi para o ajudar, até que se fez um grande exército, como o exército de Deus" (1 Cr 12.22).
4. Pertencente à tribo de Judá, era um dos oficiais mais graduados no exército do rei Jeosafá (2 Cr 17.14).

ADONIAS (Heb. "o Senhor é meu Senhor").
1. Seguidor das pegadas de Absalão, seu irmão mais velho, Adonias, o quarto filho de Davi, também ameaçou trazer problemas ao reinado do pai (2 Sm 3.4; 1 Rs 1 e 2). Sua amargura, devido à suspeita de que Salomão, e não ele, seria o sucessor de Davi, levou-o a planejar um golpe político, que falhou mediante a hábil intervenção de Natã. Salomão demonstrou-lhe tolerância, que se esgotou, quando ele pediu para casar-se com Abisague, a camareira de Davi; isso resultou em sua execução (1 Rs 2.19-25). Para mais detalhes, veja *Abisague* e *Natã*.
2. Um dos nove levitas que ensinaram a Lei ao povo, durante o terceiro ano do reinado de Jeosafá, na época em que houve um grande desejo pelo livro da Lei (2 Cr 17.8).

3. Um dos homens que testemunharam e selaram a promessa que o povo fez de obedecer à Palavra de Deus, sob a influência de Neemias, durante as reformas de Esdras (Ne 10.16). s.v.

ADONI-BEZEQUE (Heb. "senhor de Bezeque"). Mencionado apenas no primeiro capítulo de Juízes, era um rei cananeu da região de Bezeque. Os homens das tribos de Judá e de Simeão estavam entre os primeiros que continuaram a luta contra os cananeus e ferezeus, depois da morte de Josué. Naquele primeiro ataque, mataram 10.000 homens e capturaram Adoni-Bezeque. Cortaram-lhe os polegares das mãos e dos pés e o levaram para Jerusalém, a qual conquistaram; mais tarde, esse rei morreu ali. A Bíblia mostra que um castigo tão cruel deveria ser visto como retribuição feita pelo Senhor sobre um homem que tinha feito a mesma crueldade com muitas outras pessoas. Ele reconheceu que era castigo de Deus e que merecia tal suplício (Jz 1.4-7). P.D.G.

ADONICÃO (Heb. "meu Senhor tem se levantado"). Esdras 2.13 registra que 666 dos seus descendentes retornaram do Exílio e Esdras 8.13 diz que um número de seus descendentes voltou da Babilônia com Esdras, durante o reinado de Artaxerxes. Em Neemias 7.18 o número dos descendentes que regressaram é dado como 667.

ADONIRÃO (Heb. "o Senhor é exaltado"). Filho de Abda, era responsável pelos trabalhos forçados, desde o final do reinado de Davi e no decorrer do governo de Salomão (1 Rs 4.6; 5.14; em 2 Sm 20.24 é chamado de Adorão). Seu trabalho era forçar os israelitas a ajudar na construção das instalações reais. Quando trabalhava para Salomão, tinha 30.000 homens recrutados sob suas ordens, os quais ele enviava em grupos de 10.000 ao Líbano para trazer tábuas de cedro e pinho. Tal sistema de trabalho forçado era odiado pelo povo, embora fosse exatamente isso que Samuel alertara que aconteceria, quando Israel desobedeceu a Deus e insistiu em ter um rei, como as nações vizinhas (1 Sm 8.16-19).

Quando Roboão subiu ao trono e adotou o mesmo sistema, as tribos do Norte separaram-se de Judá e Benjamim. Adonirão foi enviado como embaixador, para fazer cumprir as ordens do rei, mas foi apedrejado e morreu (1 Rs 12.18; 2 Cr 10.18). P.D.G.

ADONI-ZEDEQUE (Heb. "meu Senhor é justiça"). É lembrado porque sua convocação para a batalha serviu como demonstração do grande poder de Deus e de sua obra miraculosa em favor de Israel para a derrota dos amoritas. Adoni-Zedeque era rei de Jerusalém, na época em que os israelitas entraram em Canaã, liderados por Josué. Seu medo dos hebreus aumentou quando ouviu que os habitantes de Gibeom, uma cidade forte e bem guarnecida, tinham firmado um tratado de paz com Josué. Assim, ele formou uma coligação com cinco reis amoritas para atacar os gibeonitas (Js 10.1-5), os quais pediram ajuda a Josué, que marchou rapidamente de Gilgal, para enfrentar os amoritas. O Senhor deu uma grande vitória a Israel (Js 10.6-15).

P.D.G.

ADRAMELEQUE. 1. Um dos deuses adorados pelos sefarvitas (2 Rs 17.31). Esse povo estava entre os transportados para Samaria por ordem do rei da Assíria, para substituir os israelitas que foram exilados (v. 24). Trouxeram consigo práticas tenebrosas, que incluíam sacrifícios de crianças, queimadas no fogo.

2. Um dos filhos do rei assírio Senaqueribe e irmão de Sarezer. Ezequias, rei de Judá, foi comunicado sobre a possível queda de Jerusalém pelas mãos de Senaqueribe e orou ao Senhor por livramento. Isaías profetizou que o rei assírio

ADRIEL

não capturaria a Cidade Santa e voltaria para sua terra pelo mesmo caminho, onde seria assassinado (2 Rs 19). Deus matou muitos assírios, e livrou assim Ezequias e seu povo (2 Rs 19.35). Para cumprir sua promessa, Senaqueribe foi morto pelos próprios filhos, Adrameleque e Sarezer, enquanto adorava seu deus Nisroque (2 Rs 19.37; Is 37.38).   P.D.G.

ADRIEL. Filho de Barzilai, casado com Merabe, filha de Saul. Merabe (erroneamente chamada de Mical em algumas traduções de 2 Sm 21.8) fora prometida a Davi (1 Sm 18.19). Posteriormente, cinco de seus filhos foram mortos (2 Sm 21.8), como vingança pela morte de vários gibeonitas (2 Sm 21.2), quando Saul rompeu o tratado que Josué fizera com eles (Js 9.15).

AER (Heb. "outro"). Em 1 Crônicas 7.12 ele é listado como um líder da tribo de Benjamim. Entre seus descendentes estavam os husitas. Talvez seja o mesmo Airã, de Números 26.38.

ÁFIA. Uma mulher saudada pelo apóstolo Paulo em Filemom 2 e descrita como "irmã". Desde que o apóstolo a saúda imediatamente depois do próprio Filemom, provavelmente era a esposa deste. Evidentemente, era a anfitriã da igreja que se reunia na casa de Filemom. Paulo pediu a ela também que recebesse o escravo Onésimo de volta, como um irmão em Cristo. A tradição diz que foi apedrejada até a morte durante a perseguição levantada por Nero contra os cristãos.

AFIA. Um descendente de Benjamim e pai de Becorate. Era tataravô do rei Saul (1 Sm 9.1).

ÁGABO. Era um profeta do Novo Testamento, lembrado por duas profecias. Na primeira, "pelo Espírito", falou que uma grande fome espalhar-se-ia por todo o Império Romano (At 11.28). Fontes extrabíblicas demonstram que numerosas crises de fome ocorreram em vários lugares durante o primeiro século do Cristianismo. A profecia levou os discípulos de Antioquia a tirarem imediatamente uma coleta, para ajudar os cristãos que viviam na Judéia (At 11.29,30). Essa oferta, que no final foi arrecadada em muitas igrejas, foi levada a Jerusalém por Paulo e Barnabé.

A segunda profecia foi dirigida a Paulo, quando se encontrava em Cesaréia, a caminho de Jerusalém (At 21.10). Ágabo veio da Judéia e profetizou que o apóstolo seria preso, se fosse à Cidade Santa. Apesar dos apelos dos outros irmãos, os quais diziam que ele não deveria ir, Paulo insistiu que estava disposto a ir para onde o Senhor o enviasse. A profecia, é claro, mostrou ser verdadeira, com a prisão do apóstolo em Jerusalém e sua posterior deportação para Roma, a fim de ser julgado por César (At 21.27ss).   P.D.G.

AGAGUE. Esse vocábulo provavelmente se refere a algum tipo de título.

1. A profecia de Balaão em Números 24.7 diz respeito a uma pessoa com esse nome.

2. Agague, monarca dos amalequitas, foi derrotado por Saul (1 Sm 15.8-33). Deus ordenara ao rei de Israel que destruísse completamente aquele povo na batalha. Saul e seus soldados, contudo, pouparam Agague e alguns dos melhores espólios de guerra. Por meio de Samuel, o Senhor pronunciou um juízo sobre o rei de Israel, por sua desobediência. Ele aumentou seu pecado, ao mentir e dizer que só poupara Agague e os espólios para sacrificá-los a Deus. Numa triste declaração, embora profunda, na qual anunciou-se o fim do reinado de Saul, Samuel mostrou que, para o Senhor, a obediência é mais importante do que o sacrifício. A desobediência era uma rejeição direta das Escrituras Sagradas (1 Sm 15.22-26). O profeta então matou Agague, numa ação que mostrava a justiça de Deus sobre um assassino de inocentes (1 Sm 15.33).   P.D.G.

AGÉ. O pai de Samá, em 2 Samuel 23.11.

AGEU (Heb. "festa, festival"). Praticamente nada se sabe sobre este profeta, exceto sua colocação cronológica e a natureza de seu ministério e sua mensagem, ou seja, encorajar a reconstrução do Templo em Jerusalém, depois do exílio babilônico. A primeira parte de suas profecias é de condenação sobre os que retornaram da Babilônia e buscavam seus próprios interesses, antes de começar a se preocupar com o Templo (Ag 1.4). Ageu, chamado de "mensageiro do Senhor" (v.13), estabelece especificamente a data de suas várias mensagens, as quais se encontram entre o 1° dia do 6° mês (Elul) do segundo ano do reinado de Dario sobre a Pérsia (29 de agosto de 520 a.C.) e o 24° dia do 9° mês (Kisleu) do mesmo ano (18 de Dezembro de 520). Assim, todo o ministério de Ageu, registrado no livro que leva o seu nome, aconteceu em menos de quatro meses.

Esdras proporciona algumas informações adicionais, as quais demonstram que, com efeito, Ageu e Zacarias não somente estabeleceram o impulso necessário para a reconstrução do Templo (Ed 5.1), como também permaneceram envolvidos no projeto até sua finalização, quatro anos mais tarde (Ed 6.14,15). Ageu não faz menção a essa fase posterior da reconstrução. No entanto, os anciãos presentes na dedicação lembraram-se da glória do Templo anterior. O atual jamais seria comparado com aquele. A profecia de Ageu, contudo, encorajou os trabalhadores a antecipar um dia no futuro, que seria mais glorioso do que a dedicação do presente Templo. Ageu visualizou aquele que atrairia a riqueza e a adoração das nações (Ag 2.6-9) e, na pessoa de Zorobabel, viu uma figura messiânica que governaria sobre os reinos, como o Rei, servo de Deus (vv. 20-23). E.M.

AGRIPA. Mencionado como rei Agripa em atos 25.13 a 26.32, chamava-se Herodes Agripa II, filho de Agripa I. Ele ouviu a defesa de Paulo durante sua prisão em Cesaréia, ficou atento ao testemunho do apóstolo e até mesmo arriscou dizer: "Pensas que em tão pouco tempo podes persuadir-me a fazer-me cristão?" (At 26.28). Veja *Herodes*.

AGUR. Filho de Jaqué, foi o escritor de vários provérbios, endereçados a Itiel e a Ucal (Pv 30.1). Ele incentivou seus ouvintes a não atentar para sua sabedoria humana, mas estivessem voltados para a "Palavra do Senhor (que) é perfeita" (Pv 30.5). Alguns sugerem que seu nome era outra designação para o próprio Salomão; mas isso é improvável.

AÍ (Heb. "meu irmão").
1. Um gadita que vivia em Gileade e Basã. Filho de Abdiel, é listado nas genealogias do tempo do rei Jotão, de Judá (1 Cr 5.15).
2. Mencionado como um dos filhos de Semer, um homem valente e chefe de príncipes na tribo de Aser (1 Cr 7.34).

AIÁ (Heb. "ave de rapina").
1. Um dos filhos de Zibeom, edomita descendente de Seir (Gn 36.24; 1 Cr 1.40).
2. Pai de Rispa, uma das concubinas de Saul (2 Sm 3.7; 21.10).

AIÃ (Heb. "um irmão"). Líder da tribo de Manassés e filho de Semida (1 Cr 7.19).

AIÃO. O filho de Sarar (ou "Sacar": 1 Cr 11.35), o hararita, um dos trinta "heróis" de Davi, homem poderoso na batalha (2 Sm 23.33).

AÍAS (Heb. "meu irmão é o Senhor").
1. Bisneto do sacerdote Eli e filho de Aitube, era sacerdote em Silo. Sempre acompanhava o rei Saul para lhe dar orientação e era um dos responsáveis pela Arca da Aliança, quando Jônatas conquistou uma importante e notável vitória sobre os filisteus (1 Sm 14.3,18).

AICÃO

2. Filho de Sisa, mencionado como secretário na corte de Salomão, o que, lingüisticamente, significa que era um escriba (1 Rs 4.3).

3. Profeta de Silo que se opôs à idolatria de Salomão e falou sobre a divisão do reino, rasgando simbolicamente seu próprio manto. As doze partes desta roupa simbolizavam a ruptura do reino. Dez tribos revoltaram-se contra Roboão e fizeram Jeroboão rei no Norte (1 Rs 11.29-31). O neto de Davi ficou como rei no Sul, sobre as tribos de Judá e Benjamim. A razão teológica para a divisão do reino foi o sincretismo e a apostasia de Salomão (1 Rs 11.7-13; 12.15; 2 Cr 9.29; 10.15).

Jeroboão enviou sua esposa disfarçada a esse profeta, para descobrir se o filho deles ficaria bom de uma doença que contraíra. Aías reiterou sua profecia de condenação contra a casa de Jeroboão, ao confirmar que o menino morreria e Deus desarraigaria Israel da terra, "porque fizeram os seus bosques, provocando o Senhor à ira" (1 Re 14.15). Sobre Jeroboão: "Lançarei fora os descendentes da casa de Jeroboão, como se lança fora o esterco, até que de todo se acabe" (1 Rs 14.10). Para mais detalhes, veja *Jeroboão*.

4. Pai de Baasa, rei de Israel (1 Rs 15.27,33; 21.22; 2 Rs 9.9).

5. Filho de Jerameel, da tribo de Judá, mencionado apenas em 1 Crônicas 2.25.

6. Filho de Eúde, da tribo de Benjamim (1 Cr 8.7). Essa passagem dá a entender que Aías e seu irmão foram exilados para Manaate.

7. Um dos "heróis" de Davi, listado como pelonita (1 Cr 11.36). S.V.

8. Um dos líderes em Neemias 10.26, que também colocou seu selo sobre o pacto que o povo fez de obedecer à lei do Senhor.

AICÃO (Heb. "meu irmão tem se levantado"). Nos dias do rei Josias, o "Livro da Lei" foi encontrado no Templo. O monarca enviou Aicão, juntamente com o sacerdote Hilquias e outros, para consultar uma profetisa a respeito do livro. Hulda destacou as palavras da lei de Deus que prometiam castigo sobre Israel, caso se desviassem do Senhor e adorassem outros deuses. Judá fizera essas coisas e por isso o juízo estava próximo (2 Rs 22.12-17).

Tempos depois, durante o reinado de Jeoiaquim, Jeremias também recebeu instrução de Deus para profetizar que viria juízo sobre Judá. Ao ouvirem as más notícias, o povo queria matar Jeremias, mas Aicão salvou o profeta da morte (Jr 26.24). Seu filho Gedalias foi nomeado governador de Judá por Nabucodonosor, depois da queda de Jerusalém em 587 a. C. (Jr 40.7). Jeremias então ficou com Gedalias, o qual cuidou dele.

Aicão e seu filho eram leais aos reis de Israel, mas também fiéis ao Senhor; portanto, apoiavam os profetas, a despeito das palavras duras de juízo contra Judá que proclamavam. P.D.G.

AIESER (Heb. "irmão de ajuda").

1. Filho de Amisadai. Líder da tribo de Dã no tempo de Moisés; portanto, foi seu representante na época do censo (Nm 1.12). Na dedicação do Tabernáculo, ele levou as ofertas de sua tribo no décimo dia da celebração. Quando os israelitas finalmente partiram do Sinai, Aiser estava novamente no comando de seu povo, à frente dos danitas, que estavam na retaguarda de todos (Nm 10.25).

2. Habilidoso arqueiro ambidestro da tribo de Benjamim, que primeiro lutou por Saul e que depois transferiu-se para o exército de Davi em Ziclague (1 Cr 12.3). P.D.G.

AILUDE. Pai de Josafá, que viveu durante o reinado de Davi. Esse Josafá claramente foi um dos líderes mais confiáveis de seu tempo (2 Sm 8.16; 20.24; 1 Rs 4.3,12; 1 Cr 18.15).

AIMAÁS. 1. Zadoque foi o sumo sacerdote durante quase todo o tempo do reinado de Davi. Aimaás, seu filho, juntou-se a ele para servir ao rei. Juntamente com Jônatas, filho de Abiatar, encarregaram-se de vigiar Absalão e descobrir seus planos (na época em que Davi fugiu de Jerusalém). Quando Absalão morreu, Aimaás pediu autorização para levar pessoalmente a notícia a Davi. No final, ele entregou apenas as mensagens sobre a vitória na batalha e deixou que outro mensageiro levasse a notícia da morte do filho do rei (2 Sm 16.15 a 19.8). Veja *Zadoque* e *Abiatar*.

2. Pai de Ainoã, esposa de Saul (1 Sm 14.50).

3. Salomão nomeou doze governadores de província, responsáveis pelo suprimento das necessidades do rei e da corte real. Aimaás, casado com Basemate, filha de Salomão, foi nomeado um desses governadores, na região de Naftali (1 Rs 4.7-15). s.c.

AIMÃ (Heb. "meu irmão é um presente").

1. Um dos três notórios descendentes de Enaque, que viviam em Hebrom no tempo da conquista de Canaã por Josué. Calebe liderou o ataque contra essa cidade e derrotou os três gigantes na batalha. Como resultado, ele e sua família herdaram aquela parte de Canaã (Nm 13.22; Js 15.14; Jz 1.10). É particularmente interessante notar como o Senhor abençoou Calebe nessa conquista. Apenas ele e Josué voltaram a Moisés, depois de espiarem a terra, confiantes suficientemente no Senhor para crer que tais gigantes seriam derrotados. Vemos que Calebe demonstrou uma grande fé, e a recompensa por tal ato foi notável (Nm 13.30; 14.24).

2. Um dos porteiros da tribo de Levi, responsáveis pela guarda dos portões do Templo, depois do retorno a Jerusalém, após o cativeiro na Babilônia (1 Cr 9.17). P.D.G.

AIMELEQUE (Heb. "irmão de um rei").

1. Filho de Aitube, era um dos sacerdotes de Nobe e amigo de Davi. Ele ajudou o filho de Jessé e seus homens quando fugiam de Saul; o rei ficou tão furioso que ordenou a Doegue, o edomita, que matasse todos os sacerdotes. Naquele dia foram mortos 85 deles, além de todos os homens, mulheres, crianças, bebês e até mesmo os animais (1 Sm 21 a 22). Somente um escapou — Abiatar, filho de Aimeleque (1 Sm 22.20). Davi sentiu-se culpado pela tragédia e o tomou como seu sacerdote e confidente pessoal.

2. Em 1 Crônicas 18.16 e 2 Samuel 8.17, Aimeleque aparece como o filho de Abiatar, portanto neto do sacerdote Aimeleque, mencionado anteriormente. Enquanto alguns estudiosos interpretam que essas referências significam exatamente isso, outros acreditam que os nomes foram erroneamente trocados, e a versão correta seria "Abiatar, filho de Aimeleque", mais coerente com os eventos de 1 Samuel caps. 21 e 22.

3. Aimeleque é referido como "o heteu", no serviço do rei Davi (1 Sm 26.6). s.c.

AIMOTE. Descendente de Elcana, da tribo de Levi, através de Coate (1 Cr 6.25).

AINADABE. (Heb. "irmão nobre"). Filho de Ido. Era um dos doze governadores distritais do rei Salomão. Cada um deles tinha a responsabilidade de providenciar alimentos em sua região, para suprir a casa real por um mês durante o ano (1 Rs 4.7). Ainadabe era o governador da região de Maanaim (1 Rs 4.14).

AINOÃ (Heb. "meu irmão é bom").

1. Filha de Aimaás, esposa de Saul (1 Sm 14.50).

2. Uma mulher de Jezreel, com quem Davi se casou, quando Saul deu Mical para outro homem. Ela esteve com o filho de Jessé em sua jornada na Filístia, onde, juntamente com Abigail, foi tomada cativa. Ambas sobreviveram ao cativeiro e Ainoã deu à luz o primeiro filho de Davi, Amnom (1 Sm 25.43; 27.3; 30.5; 2 Sm 2.2; 3.2; 1 Cr 3.1).

AIÔ

AIÔ. 1. Um dos dois filhos de Abinadade, que dirigiam a carroça onde a Arca da Aliança era conduzida, quando o rei Davi resolveu levá-la de Baalim para Jerusalém (2 Sm 6.3; 1 Cr 13.7). Aiô caminhava na frente do carro. Quando os bois que o puxavam tropeçaram, seu irmão, Uzá, estendeu a mão para segurar a arca, o que provavelmente foram estritamente proibidos de fazer (2 Sm 6.6; Nm 4.15). Como resultado, "Deus o feriu ali por esta irreverência; e morreu ali junto à arca de Deus" (2 Sm 6.7). A Bíblia não menciona o que aconteceu com Aiô. Para mais detalhes, veja *Uzá*.

2. Um dos filhos de Berias e líder da tribo de Benjamim, Aiô vivia em Aijalom (1 Cr 8.14). Encontra-se na genealogia do rei Saul.

3. Mencionado em 1 Crônicas 8.31 e 9.37, um dos filhos do benjamita Jeiel e de sua esposa Maaca. Encontra-se na genealogia que vai de Benjamim até Saul.

P.D.G.

AIRA (Heb. "irmão de Ra"). Filho de Enã, líder da tribo de Naftali, no tempo de Moisés; portanto, o representante de seu povo no censo (Nm 1.15). Quando o Tabernáculo foi dedicado, Aira levou a oferta de sua tribo, no décimo segundo dia da celebração (Nm 7.78). Quando Israel finalmente partiu do Sinai, ele novamente aparece à frente de seu povo (Nm 10.27).

AIRÃ (Heb. "irmão exaltado"). O terceiro dos cinco filhos de Benjamim relacionados em Números 26.38,39. Tornou-se cabeça dos airamitas. Em 1 Crônicas 8.1, onde também são mencionados, seu nome aparece como Aará. Em 1 Crônicas 7.12, provavelmente Aer refira-se à mesma pessoa; é provável que o mesmo aconteça com o Eí relacionado em Gênesis 46.21, onde outros filhos de Benjamim são também mencionados.

AISAAR. Descendente de Benjamim, filho de Bilã (1 Cr 7.10).

AISAMAQUE (Heb. "meu irmão ajuda"). Danita, pai de Aoliabe, artífice e artesão que trabalhou na construção do Tabernáculo e na confecção de seus utensílios (Êx 31.6; etc.).

AISAR. Um dos importantes oficiais de Salomão, atuou como mordomo do palácio (1 Rs 4.6). Essa lista ajuda a enfatizar a grandeza e a estabilidade do reino de Israel, sob o reinado de Salomão.

AITOFEL (Heb. "irmão de conversa tola"). Procedente de Giló (2 Sm 15.12), perto de Hebrom, fez jus ao significado de seu nome, mediante sua participação na revolta de Absalão contra Davi. Foi conselheiro tanto do pai como do filho (2 Sm 16.23). Depois, contudo, demonstrou que traía Davi (2 Sm 15). Ele incentivou Absalão em seu atentado armado contra o rei e também o aconselhou a deitar-se com as concubinas do próprio pai, para mostrar seu desprezo à autoridade real (2 Sm 16.21,22).

Embora as atitudes de Aitofel indiquem a instabilidade geral em que se encontrava o reino de Davi naqueles dias, ele teve razões pessoais para o seu tolo comportamento concernente ao rei. Existem algumas evidências de que Bate-Seba teria sido sua neta e a cooperação dele na queda de Davi seria motivada por vingança pela morte cruel de Urias. Ele, entretanto, nasceu num ambiente de instabilidade entre os seguidores do rei e sua traição seria simplesmente resultado do sentimento geral de deslealdade sentido por muitos, no declinante reino de Davi.

Davi frustrou "os sábios conselhos" de Aitofel, ao enviar Husai, o arquita, para Jerusalém (2 Sm 15.34,35). Este conseguiu confundir Absalão e desacreditar Aitofel, cuja angústia atingiu seu clímax quando se enforcou (2 Sm 17.1,6, 7,14,15,21,23; 1 Cr 27.33s). Veja também *Husai*.

S.V.

AITUBE (Heb. "irmão é bom").

1. Neto de Eli, filho de Finéias (1 Sm 14.3). Seu filho Aimeleque, um dos sacerdotes de Nobe, ajudou Davi enquanto ele fugia de Saul. O rei mandou matá-lo, com mais 84 sacerdotes, além de todo o povo da cidade (1 Sm 22.9,11,12,20).

2. Esse Aitube, filho de Amarias e descendente de Arão, era o pai de Zadoque, um dos oficiais na corte de Davi (2 Sm 8.17; 1 Cr 6.7,8,52; 18.16; Ed 7.2). Era avô de Zadoque, de acordo com Neemias 9.11. Zadoque foi um dos principais sacerdotes durante o reinado de Davi e Salomão.

3. Filho de Amarias, esse Aitube também era pai de um certo Zadoque, que só aparece bem mais tarde na genealogia dos levitas (1 Cr 6.11,12; Ne 11.11).

P.D.G.

AIÚDE. 1. Filho de Selomi, líder da tribo de Aser. O Senhor ordenou a Moisés que escolhesse homens de todas as tribos para ajudar na divisão da terra de Canaã, e Aiúde foi o representante de seu povo (Nm 34.27).

2. Filho de Gera, da tribo de Benjamim, mencionado em 1 Crônicas 8.7.

ALAI. 1. Da tribo de Judá, uma das filhas de Sesã (1 Cr 2.31,34).

2. Alai, pai de Zabade, um dos "heróis de Davi" (1 Cr 11.41).

ALEMETE. 1. Neto de Benjamim e filho de Bequer (1 Cr 7.8).

2. Filho de Jeoada (1 Cr 8.36), ou Jaerá (1 Cr 9.42). Pertencia à tribo de Judá e era descendente do rei Saul.

ALEXANDRE. Um nome comum, dado a quatro ou cinco homens no Novo Testamento:

1. Filho de Simão, de Cirene (Mc 15.21). Simão foi obrigado a carregar a cruz de Jesus. Talvez seu filho seja citado por ser conhecido dos que leriam o evangelho de Marcos.

2. Membro da família do sumo sacerdote, que estava presente na audiência de Pedro e João (At 4.6). Veja *Anás*.

3. Judeu envolvido nas acusações contra Paulo (At 19.33). Talvez seu objetivo fosse dissociar os judeus de Éfeso dos ensinos de Paulo, mas os gregos não quiseram ouvi-lo.

4. Alguém que, juntamente com Himeneu, foi "entregue a Satanás" (1 Tm 1.20). Ele blasfemara e rejeitara a fé cristã. Ser "entregue", nesse sentido, envolve algum tipo de disciplina, talvez a exclusão da igreja. Tanto Himeneu como Alexandre são considerados cristãos e sua exclusão da igreja — se essa foi a forma de disciplina — tinha como objetivo restaurá-los ao bom comportamento. Veja *Himeneu* (2 Tm 2.17,18), em cujo caso a disciplina claramente não funcionou.

5. Latoeiro (trabalhava com latão ou outros metais) e inimigo do Evangelho (2 Tm 4.14). Provavelmente sobrevivia por meio do fabrico de suvenires e estátuas para os vários templos. Se assim era, a pregação de Paulo foi interpretada por ele como uma ameaça aos seus negócios. Talvez esse Alexandre fosse um dos dois citados acima, ou ainda todos eles podem ser a mesma pessoa. Isso, contudo, exigiria que em algum ponto de sua vida tivesse se convertido ao cristianismo. Paulo, já bem próximo do final de seu ministério, lembra como esteve sozinho em sua defesa no julgamento. A "forte" oposição de Alexandre fora especialmente prejudicial a ele. O apóstolo, entretanto, sabia que podia deixar a justiça nas mãos de Deus (2 Tm 4.14). P.D.G.

ALFEU. 1. Pai do apóstolo Levi (Mateus), citado apenas uma vez em Marcos 2.14.

2. Pai de Tiago, discípulo de Jesus (Mt 10.3; Mc 3.18; Lc 6.15; At 1.13). Ele às vezes é chamado "Tiago Menor" ou "o mais jovem", para diferenciá-lo do outro mais conhecido, o irmão de João (veja Tiago). É provável que seja irmão de Mateus.

ALIANÇA

O nome Alfeu talvez venha de uma raiz aramaica similar a Clopas (Jo 19.25), marido de Maria, a mãe de Tiago. Se Clopas e Alfeu podem ser assim identificados como a mesma pessoa ainda é algo muito controvertido. Certamente, a evidência é fraca.

P.D.G.

ALIANÇA

Quando estudamos os personagens bíblicos, é importante entender não só o contexto social, geográfico e histórico de cada um, mas também sua situação espiritual. Qualquer discussão sobre eles, quanto à sua posição teológica, deve levar em conta o tratamento de Deus para com o seu povo como a nação do pacto. O vocábulo "aliança" é uma designação especial do relacionamento que Deus graciosamente estabeleceu e por meio do qual mantém uma estreita comunhão com seres humanos frágeis e pecaminosos, geração após geração. O AT fala sobre várias alianças. Todas elas foram reunidas debaixo de um mesmo guarda-chuva na "nova aliança" confirmada na morte sacrificial do Senhor Jesus Cristo. Todas as alianças de Deus na Bíblia são graciosas por natureza. As da graça são convenientemente divididas em duas épocas: a da Antiga e a da Nova Aliança.

A Antiga Aliança

A Antiga Aliança (AA) é a administração soberana da promessa e da bênção, por meio das quais o Senhor Deus consagrou Israel como seu povo, sob a sanção de sua santa Lei. Foi uma boa aliança, que serviu como preparação para a Nova Aliança (NA). A excelência da NA pode ser melhor apreciada quando estudada à luz da AA.

Aliança no antigo Oriente Próximo

A etimologia da palavra hebraica para aliança, $b^e r\hat{\imath}t$, é incerta. Várias alternativas foram sugeridas, mas até o momento nenhuma delas recebeu a aceitação geral. A prática, contudo, de se fazer aliança, é bem conhecida. Os heteus tinham uma forma bem desenvolvida, que incluía seis partes: (i) preâmbulo (introdução das partes); (ii) prólogo histórico (pano de fundo das relações no passado); (iii) estipulações; (iv) preservação (detalhes sobre onde o documento seria guardado e quando seria lido); (v) lista de testemunhas (muitas vezes eram deuses, no Antigo Oriente Próximo) e (vi) uma relação de bênçãos e maldições. Embora as formas das alianças fossem diferentes em cada nação, é indiscutível o fato de que o conceito da aliança era bem arraigado na prática legal no Oriente Próximo.

O vocábulo "aliança" é aplicado ao acordo entre iguais (alianças entre dois indivíduos, como, por exemplo, o pacto entre Jônatas e Davi) e entre um rei/senhor feudal e seus súditos (aliança feudal). O relacionamento dentro da aliança envolvia privilégios e responsabilidades. Assegurava às partes envolvidas compromisso e proteção mútuos, pela observação das estipulações impostas por ambas as partes. A formalização da aceitação dos termos da aliança freqüentemente era acompanhada pelo ritual da morte de um animal, o qual era esquartejado, e uma ou ambas as partes submetiam-se à maldição de ter a mesma sorte, caso infringisse os termos da aliança.

ALIANÇA

Aliança como uma metáfora

O conceito bíblico de aliança deve ser avaliado contra o pano de fundo do Antigo Oriente. Deus tomou uma prática legal comum e usou-a para definir a comunhão entre Ele e seu povo. Dessa maneira, a aliança é uma ilustração ou uma metáfora da comunhão do Senhor com os seres humanos. Essa metáfora é rica e variegada na Bíblia, pois a aliança define o relacionamento entre as partes, delineia os termos (privilégios e obrigações), fortalece a lealdade ao Senhor (bênçãos e maldições), contextualiza o relacionamento com outra geração (cerimônia da renovação) e sofre transformações (Antiga em Nova Aliança, nacional/familiar em aliança universal).

A Aliança com a Criação

O pano de fundo da AA é encontrado em duas alianças prévias: a aliança com a Criação e a aliança com Abraão. Na primeira, o Senhor assumiu um compromisso com toda a existência e incluiu os seres humanos. Embora a terminologia da aliança não seja usada formalmente em Gênesis 1 e 2, a idéia é implícita. Ela se torna explícita na narrativa do Dilúvio, na qual o senhor prometeu a Noé que confirmaria a aliança, a despeito da destruição causada pelo dilúvio. "Mas contigo estabelecerei a minha aliança" (Gn 6.18; cf. Os 2.18; Is 54.9). Depois do Dilúvio, o Senhor confirmou sua aliança com Noé, de acordo com a qual prometeu preservar a vida sobre a Terra (Gn 9.8-17), enquanto tornava os seres humanos responsáveis pela preservação de suas próprias vidas (vv. 4-6).

A Aliança Abraâmica

Promessa e bênção. A base da AA é a aliança com Abraão; de acordo com ela, Deus prometeu estar com ele, aumentar sua família, estar com seus descendentes, protegê-los na terra de Canaã e torná-los uma fonte de bênçãos para as nações (Gn 12.2,3). O Grande Rei prometeu proteger e livrar seus súditos (Gn 15.1,17). Essa promessa de estar entre os seres humanos como o Emanuel (Deus conosco; Is 7.14; 8.8) não era algo novo na história da redenção. Afinal, o Senhor prometera proteger Caim (Gn 4.15). A novidade era que Deus comprometeu-se com uma família, para ser seu protetor. A certeza de sua proteção é ainda mais ampla pela promessa de sua bênção. Como a proposta era a palavra de Deus para livrar seu povo, a bênção era sua promessa de assegurar prosperidade, felicidade e segurança.

Tanto a promessa como a bênção foram incorporadas na Aliança Abraâmica (Gn caps. 15 e 17). O pacto foi feito inicialmente entre Abraão e o Senhor numa cerimônia solene de sacrifício (Gn 15). Deus andou entre as partes dos animais sacrificados, e garantiu assim que a responsabilidade pelo cumprimento das condições da aliança era do Todo-poderoso. As promessas e bênçãos foram reafirmadas e elaboradas numa confirmação do pacto, pouco antes do nascimento de Isaque (Gn 17).

Renovação. A proteção de Deus vai além de nossa imaginação. O Senhor confirmou as promessas e a aliança com Isaque e Jacó, porque era fiel à sua palavra de estar com os descendentes de Abraão. Israel veio a conhecê-lo como o Deus que ultrapassava as gerações, "o Deus de Abraão, de Isaque e de Jacó" (Êx 3.6). Quando o Senhor renovava sua aliança com cada nova geração, desejava que o povo de Israel também reafirmasse seu pacto. A renovação era importante na história da redenção, quando os participantes compartilhavam da identificação histórica com um legado e um convi-

33

ALIANÇA

te para participar. O Senhor abriu os privilégios da aliança para todos os descendentes de Abraão. Ainda assim, implícita na herança do pacto estava também a promessa de que todos os reinos e nações seriam participantes com os descendentes de Abraão: "Quanto a mim, é esta a minha aliança contigo: Serás pai de muitas nações" (Gn 17.4). Essa dimensão abriu uma cláusula de proteção para todos os gentios que buscassem abrigo no Deus de Abraão durante a AA e serviu como preparação para a perspectiva cósmica da NA.

Fé viva. A Aliança Abraâmica também é o pano de fundo, de outras maneiras, para a AA. Primeiro, mantém a fé viva como requisito da fidelidade ao pacto. Confiança total é a essência do que Deus requer do homem: "Anda na minha presença, e sê perfeito" (Gn 17.1). Como um resumo da vontade do Senhor, ela inclui duas dimensões. (1) É uma confiança em Deus e na sua liberdade de livrar quando e da maneira que Ele escolher. Abraão tinha tal fé: "Creu Abraão no Senhor, e isso lhe foi imputado para justiça" (Gn 15.6). Deus lhe fizera promessas e, embora sem saber como o Senhor faria para cumprir sua palavra, ele se submeteu à sua soberania. (2) Fé viva também inclui a dimensão ativa de *lealdade*, por meio da demonstração do amor a Deus e pela obediência à sua vontade. O Senhor esperava que Abraão fosse um homem íntegro (Gn 17.1), que modelaria e ensinaria seus filhos na piedade: "Pois eu o escolhi para que ordene a seus filhos e a sua casa depois dele, para que guardem o caminho do Senhor, para que pratiquem a justiça e o juízo, a fim de que o Senhor faça vir sobre Abraão o que acerca dele tem falado" (Gn 18.19).

A fé viva, como uma expressão de submissão e lealdade, pode ser testada. Repetidamente o Senhor comprovou a fé de Abraão por meio da fome, da esterilidade de Sara e da rivalidade. O teste mais severo de sua *lealdade* aconteceu quando Deus pediu seu filho Isaque em sacrifício (Gn 22). Depois da morte dele, o Senhor o elogiou, devido à sua vida piedosa: "Porque Abraão obedeceu à minha voz, e guardou o meu mandado, os meus preceitos, os meus estatutos e as minhas leis" (Gn 26.5).

Eleição. Segundo, a idéia de eleição é prevalecente. Assim como o Senhor feudal pensa com quem fará uma aliança, Deus escolheu livremente a Abraão. Essa posição privilegiada não foi concedida a ele por mérito: "Pois eu o escolhi" (Gn 18.19). Além do mais, a posição de Israel também foi adquirida pela graça, pois a escolha deles não foi devido à sua justiça: "Não é por causa da tua justiça, nem pela retidão do teu coração que entras a possuir a sua terra, mas pela impiedade destas nações o Senhor teu Deus as expulsa de diante de ti, e para confirmar a palavra que o Senhor teu Deus jurou a teus pais, Abraão, Isaque e Jacó" (Dt 9.5).

A presença de Deus. Terceiro, o foco central na Aliança Abraâmica é a promessa da presença de Deus: "Estabelecerei a minha aliança entre mim e ti e a tua descendência depois de ti em suas gerações, como aliança perpétua, para ser o teu Deus, e da tua descendência depois de ti" (Gn 17.7; cf. 26.3). Essa mensagem envolve três aspectos. (1) É a base para o cumprimento das promessas e o recebimento da sua bênção. Essa dimensão é mais desenvolvida no ensino bíblico sobre o reino de Deus. (2) É a base para a ética exigida pelo Senhor como um comportamento adequado em sua presença (Gn 17.1). Essa idéia desenvolve-se melhor na legislação da AA e também no ensino sobre o custo do discipulado, ou seja, os requisitos para se entrar no reino de Deus. (3) É a base para a escatologia. Diante da realidade das adversidades da vida, o homem piedoso coloca sua esperança na promessa de Deus de que Ele habitará entre

ALIANÇA

seu povo. Sua presença é a garantia da proteção contra as dificuldades e a segurança de sua bênção. Essa dimensão é mais desenvolvida: no Tabernáculo/Templo, na AA; no advento de Jesus Cristo e do Espírito Santo, na NA; e na esperança da gloriosa vinda do Senhor. Deve ficar bem claro que existem muitas conexões entre a AA e a NA. A AA é preparatória da NA, pois prepara o leitor do Novo Testamento para entender conceitos tais como reino de Deus, o custo do discipulado e a importância da ética à luz da promessa da vinda de Jesus em glória.

A fidelidade de Deus

A base para a AA é a imutável promessa da fidelidade de Deus. A reputação do Senhor está em jogo nas experiências do seu povo. O evento do Êxodo foi o contexto concreto no qual Deus demonstrou sua fidelidade à Aliança Abraâmica. Depois de muitos anos de escravidão, Ele tirou seu povo do Egito, sob a liderança de Moisés, em meio a muitos sinais e maravilhas. O Êxodo foi o momento histórico que marcou o fato de Deus separar um povo para si. Esse momento dramático tornou-se ainda mais significativo por dois acontecimentos subseqüentes. Primeiro, a passagem pelo meio do mar Vermelho confirmou o poder de Yahweh para sobrepor-se aos poderes militares e políticos deste mundo, bem como às estruturas religiosas do Egito. Somente Ele é Deus: "Ó Senhor, quem é como tu entre os deuses? Quem é como tu glorificado em santidade, terrível em louvores, operando maravilhas?" (Êx 15.11). Segundo, a revelação no monte Sinai marcou a constituição de Israel como o povo de Deus. Essa revelação é singularmente importante. Revela o amor do Todo-poderoso por seu povo: "Vistes o que fiz aos egípcios, como vos levei sobre asas de águias, e vos trouxe a mim" (Êx 19.4). Assim como o Êxodo marca sua fidelidade à promessa patriarcal, ao lidar bondosamente com os descendentes dos patriarcas, a revelação do Sinai marca o propósito de Deus de estabelecer seu reino entre seu povo: "Embora toda a terra seja minha, vós me sereis reino sacerdotal e nação santa" (Êx 19.5,6).

A lei de Deus

O povo recebeu um sublime chamado, para ser "um reino sacerdotal e nação santa" (Êx 19.6). Para servir ao Senhor, contudo, era necessário que Israel soubesse como agradá-lo. Para essa finalidade, a revelação do Sinai iniciou uma nova relação entre os israelitas e Deus. Por um lado, o relacionamento era pela graça, pois Ele se comprometera a ser o Senhor de seu povo e habitar no meio dele (Êx 29.45,46); o símbolo dessa habitação era o Tabernáculo. Por outro lado, a relação implicava também em que Deus apresentasse os requisitos para que os israelitas vivessem em sua presença e soubessem quanto às punições (sanções) pela desobediência.

A "lei" foi o símbolo desse relacionamento. Seus requerimentos adquirem um aspecto sinistro à luz da rebelião de Israel. Durante os 40 anos no deserto, eles resistiram ao senhorio de Deus — antes, durante e depois do Sinai. Essas duas dimensões — graça e punição — criaram uma tensão que encontrou uma solução somente na Nova Aliança.

A Aliança

A definição da AA combina esses dois pontos de tensão: a AA é a administração soberana de promessa e bênção, pela qual o Senhor Deus consagrou Israel como seu povo, sob a aprovação de sua santa Lei.

ALIANÇA

A aliança é boa. De acordo com essa definição a AA tem quatro aspectos. Primeiro, a aliança é um *relacionamento soberano e gracioso*. Como qualquer pacto iniciado por Deus, o relacionamento é do tipo rei/vassalo. O Senhor escolhe, inicia e determina com quem e como Ele se relaciona. Ele se compromete a ser um Senhor gracioso, prometendo e mantendo sua promessa. A Aliança Mosaica não é diferente nesse aspecto.

Segundo, *promessas e bênçãos* fazem parte da aliança. Estão intimamente ligadas na herança de Israel, "terra que mana leite e mel" (Dt 11.9). Os recursos de Canaã são expressões concretas da bondade de Deus: "Então darei a chuva da vossa terra a seu tempo, as primeiras e as últimas, para que recolhais o vosso trigo, o vosso vinho, e o vosso azeite. Darei erva nos vossos campos ao vosso gado, e comereis e vos fartareis" (Dt 11.14,15; cf 7.13; 28.3-6). Na experiência concreta da vida dos israelitas em Canaã, encontramos uma importante expressão do cuidado de Deus por seu povo e sua criação. A existência deles prefigura a promessa do Senhor de fazer uma nova criação, na qual o seu povo encontrará descanso e segurança.

Terceiro, o povo é *consagrado ao Senhor*. Toda a nação foi dedicada ao Senhor, apesar de a maioria do povo não ter fé nele. Deus considerava Israel como uma nação e tratou os israelitas favoravelmente, devido ao fato de serem descendentes de Abraão. Eles são santos em sua natureza, ou seja, *separados* de qualquer coisa que o Senhor tenha criado. Como o Santo de Israel, Deus escolheu os hebreus para ser seu povo, isto é, foram *separados* para Ele. O relacionamento íntimo entre Deus e os israelitas seria a base da ética: "Sede santos porque eu, o Senhor vosso Deus, sou santo" (Lv 19.2; cf.1 Pe 1.15,16).

Quarto, *a Lei* tem um lugar proeminente. A obediência à Lei é um importante aspecto da AA. O Decálogo (leis morais) apresenta o que o Senhor espera dos membros da comunidade da aliança com relação a Si mesmo (adoração e cerimonial) e com relação uns aos outros (Êx 20.2-17). Outros mandamentos ampliam o Decálogo. Estão em duas categorias; leis que especificam a vida de adoração a Deus (leis cerimoniais e relacionadas com o culto) e leis que regulam especificamente o relacionamento com o próximo (leis civis). Essa maneira de olhar para os mandamentos do Senhor tem levado à tradicional divisão: lei moral, cerimonial e civil. Embora a diferenciação seja bem definida, acontecem interseções. Por exemplo, no sábado (lei cerimonial), um indivíduo não deveria contratar o trabalho de outro israelita (lei civil). Muitas leis civis têm implicações morais distintas, como o falar a verdade (lei moral) diante de um tribunal (lei civil).

No coração do sistema legal está o que é também o cerne do relacionamento na aliança. É um meio de ensinar aos israelitas como devem andar diante do Senhor e ser um povo íntegro, como aconteceu com Abraão (Gn 17.1). Isso foi mais bem entendido pelos profetas. No livro de Jeremias, Deus disse: "Eu sou o Senhor, que faço misericórdia, juízo e justiça na terra, porque destas coisas me agrado, diz o Senhor" (Jr 9.24). No livro de Miquéias, Deus falou algo similar: "Ele te declarou, ó homem, o que é bom. E o que é que o Senhor pede de ti, senão que pratiques a justiça, ames a misericórdia, e andes humildemente com o teu Deus?" (Mq 6.8; cf. Os 6.6). A lei reflete o caráter de Deus. Por meio das regulamentações detalhadas, Ele ensinou ao povo qual era sua definição de amor, justiça, fidelidade e misericórdia. Se não fosse pela Lei, o povo não saberia o que o Senhor requer dos seres humanos. O ensino de Jesus sobre o amor a Deus e ao próximo é uma interpretação do que já fora ensinado no Antigo Testamento. Assim, sua ênfase também é na fé viva como o requisito essencial e em andar na presença do Senhor como o motivo principal para a vida.

ALIANÇA

O Senhor também disse ao seu povo que o pecado, tanto individual como corporativo, deveria ser incluído no tratado. As leis das ofertas e dos sacrifícios (Lv 7) demonstram a gravidade de qualquer infração aos mandamentos, como também a santidade de Deus. A presença do Senhor no meio do povo era incompatível com o pecado. Portanto, os indivíduos deveriam confessar suas transgressões diante de Deus e sacrificar um animal, conforme prescrito na Lei de Moisés, como "propiciação" pelos pecados. Para assegurar que nenhuma transgressão não confessada na comunidade jamais quebrasse a comunhão do povo com Deus, a fim de não incorrer na ira divina, o sacerdote entrava no Santíssimo Lugar, um vez por ano, no dia da Expiação, para santificar a "santa morada de Deus". Além disso, os indivíduos faziam ofertas em ação de graças, as quais retratavam a expressão de gratidão a Deus por sua bondade; eram feitas também ofertas comunitárias, quando então celebravam, como comunidade, o privilégio de fazerem parte da aliança.

A Aliança é temporária. A AA era deficiente em quatro pontos. Primeiro, a Lei revela o pecado e torna o pecador culpado (Rm 5.13). O AT não esconde os pecados dos santos, quando os sacerdotes, os reis e o povo em geral transgridem os mandamentos de Deus. A Lei como sistema é aterradora, porque a quebra de uma parte torna-se a transgressão de todo o relacionamento da aliança (Tg 2.10).

Segundo, a obediência à Lei não pode prover propiciação pelo pecado. A transgressão quebra a comunhão com Deus. As muitas estipulações concernentes às ofertas e aos sacrifícios servem como um lembrete do pecado individual e corporativo e a constante deficiência do ser humano diante do Senhor. A Lei revelou a pecaminosidade e a rebelião do homem. A morte de Jesus Cristo satisfez essa deficiência, de uma vez por todas: "Por isso ele é o mediador de uma nova aliança, para que, intervindo a morte para remissão dos pecados que havia sob a primeira aliança, os chamados recebam a promessa da herança eterna" (Hb 9.15; veja também Hb 8 e 9).

Terceiro, mesmo quando os santos experimentavam uma transformação pela obra do Espírito Santo em suas vidas, na AA, o Espírito geralmente não estava presente com poder e glória como atua agora nos cristãos. A obra do Espírito Santo desde o advento de Cristo explica uma mudança radical; a Lei é um guia que guarda alguém de cometer transgressão, de forma que, antes do Pentecostes, ela era um professor, pois ensinava, por meio de seus muitos detalhes, como o povo de Deus devia viver.

Quarto, as punições estão ligadas a qualquer infração da Lei. A maldição (Dt 28.15-68) ameaçava constantemente o povo de Deus, privando-o da alegria da salvação. Desse ponto em diante, Israel deveria viver com a tensão entre obediência e desobediência, bênção e maldição, libertação e rejeição. O Senhor Jesus carregou a maldição da Lei por nós (Gl 3.13) e, dessa maneira, nos libertou desse aspecto negativo da AA.

Uma perspectiva profética

Os profetas falaram de um novo começo, quando previram o final da antiga dispensação, caracterizada pela rebelião, idolatria e orgulho humano. Muitos israelitas sentiam-se aceitos por Deus por meio de seu compromisso religioso com o Templo, os sacrifícios e as orações (Is 1.11-16). Esqueciam facilmente o que o Senhor realmente desejava: obediência, em vez de sacrifícios, e lealdade mais do que religiosidade (Mq 6.6-8). Os israelitas entenderam muito pouco que o juízo de Deus estava prestes a dizimá-los, lançar os sobreviventes em desgraça e forçá-los a fazer perguntas, tais como: "O Senhor nos abandonou para sempre?" (Is 64.12; Lm). Tinham transformado

ALIANÇA

o Santo de Israel em um simples fetiche. Por isso, os profetas pintaram um quadro sobre o futuro exílio e falavam sobre as ruínas do Templo, dos palácios e de Jerusalém, para um povo obstinado. Os exílios *assírio* e *babilônico* representaram uma ruptura no relacionamento da aliança, quando o Templo e o reinado dos descendentes de Davi deixaram de existir. Os sacerdotes não podiam mais servir de intermediários. Os reis não podiam mais protegê-los. Ao invés disso, as maldições descritas na aliança os alcançaram: adversidades, perda da produtividade, esterilidade, enfermidades, desastres naturais, fome, guerras, morte e finalmente o exílio para as 12 tribos (Dt 28.15-68; 30.1-5).

Mas os profetas previram a restauração da terra e o surgimento de um novo povo que retornaria do exílio. Como Moisés predissera a deportação como juízo divino (Dt 28.64-68), assim também eles falaram sobre um novo começo após o exílio. A experiência da deportação deveria fazê-los ficar de joelhos, quando a angústia se abatesse sobre os sobreviventes: "Nem ainda no meio dessas nações acharás repouso, nem a planta do teu pé descansará, pois ali o Senhor te dará tremor de coração, desfalecimento de olhos, e desmaio de alma. A tua vida estará suspensa como por um fio diante de ti, e viverás sobressaltado de noite e de dia, e não acreditarás na tua própria vida. Pela manhã dirás: Ah! quem me dera ver a noite! E à tarde dirás: Ah! quem me dera ver a manhã! por causa do medo que tomará conta do teu coração, e pelo que verás com os teus olhos" (Dt 28.65-67).

A base para a proclamação da esperança também repousa na AA. Moisés tinha encorajado o povo a voltar para Deus em sua angústia: "E te converteres ao Senhor teu Deus, tu e teus filhos, de todo o teu coração e de toda a tua alma, e deres ouvidos à sua voz conforme tudo o que te ordeno hoje, então o Senhor teu Deus te fará voltar do teu cativeiro, e se compadecerá de ti, e tornará a ajuntar-te dentre todas as nações entre as quais te espalhou" (Dt 30.2,3). Ele delineou os passos para a reconciliação: arrependimento (vv. 2,3); circuncisão do coração (v.6); obediência de todo o coração (vv. 8,10); e o deleite do Senhor em seu povo (v.9). Dois desses passos são expressões da responsabilidade humana: arrependimento e obediência. Os outros dois são obra de Deus: circuncisão do coração (requisito para arrependimento e obediência) e prazer do Senhor em seu povo. O relacionamento da aliança pode ser assim restaurado. Esse era essencialmente o evangelho de Moisés.

O evangelho de Moisés encontrou eco nos profetas. Isaías falou sobre o exílio e a restauração motivada pela mudança da ira para misericórdia: "Por breve momento te deixei, mas com grande compaixão te recolherei" (Is 54.7). A restauração do exílio foi o início de uma renovação da aliança: "Embora as montanhas se desviem, e os outeiros tremam, contudo o meu constante amor não se desviará de ti, nem será removida a aliança da minha paz, diz o Senhor, que se compadece de ti" (Is 54.10).

Ezequiel representou o passado e o futuro em termos de pastores ímpios (Ez 34.1-10), comparados com o Bom Pastor. Os primeiros levaram as ovelhas à destruição. O Bom Pastor faria uma aliança de paz, a fim de reverter a maldição em bênção (Ez 37.26) e garantir segurança e transformação espiritual do povo (v. 28), mediante a habitação de Deus no meio dele: "Porei o meu santuário no meio deles para sempre. O meu tabernáculo estará com eles; eu serei o seu Deus, e eles serão o meu povo" (vv. 26,27).

Somente Jeremias usou a frase "nova aliança" (Jr 31.31; cf. Hb 8.8-12). A NA é primeiramente e acima de tudo uma renovação da AA. Apesar disso, a restauração é uma aliança melhor, na qual há provisão para uma mudança de coração, uma motivação interna, uma democratização, o conhecimento de Deus e perdão (Jr 31.33,34). A menção dessa passagem em Hebreus 8.8-12 — a mais longa citação de um texto do AT

ALIANÇA

— é um importante comentário sobre Jeremias 31. O autor conecta a NA não somente com o retorno do exílio, mas especialmente com o advento de Jesus Cristo. A fidelidade de Deus para com Israel na época da restauração foi uma preparação para sua obra de graça e redenção em seu Filho Unigênito.

Moisés e os profetas estavam em sintonia na estimativa que fizeram quanto à AA. Haveria outra aliança, na qual o povo de Deus conheceria e serviria ao Senhor de todo o coração.

A Nova Aliança

O ensino de Jesus sobre a Nova Aliança

O Senhor Jesus nasceu sob a AA e cumpriu perfeitamente a Lei de Moisés. Contrariamente à perspectiva de muitos, Ele não aboliu a Lei de Deus ou argumentou contra ela com os fariseus. Pelo contrário, colocou de lado as tradições humanas e interpretou a Lei da maneira que o Senhor tencionava que seu povo aprendesse sobre a prática do amor, da compaixão e da justiça. Mateus registra o compromisso de Jesus para com a Lei, nestas palavras: "Não penseis que vim destruir a lei ou os profetas; não vim para destruí-los, mas para cumpri-los. Em verdade vos digo que até que o céu e a terra passem, nem um jota ou um til se omitirá da lei, sem que tudo seja cumprido. Qualquer que violar um destes mais pequenos mandamentos, e assim ensinar aos homens, será chamado o menor no reino dos céus" (Mt 5.17-19). Jesus era perfeito em sua obediência ao Pai e renunciou à própria vida para poder levar os seres humanos à presença de Deus. Sua vida e ensino testificam tanto sobre o seu zelo pela santidade do Senhor como sobre sua compaixão pelos pecadores.

A Igreja é o corpo dos salvos pelos quais Cristo morreu. Jesus comparou a Si mesmo com o pastor que se dispõe a dar a vida pelas ovelhas (Jo 10.11). A morte de Cristo é a mais elevada demonstração de sua lealdade para com o Pai, mas também marca a transição da Antiga para a Nova Aliança. O sacrifício de sua vida pela Igreja encerrou a época dos sacrifícios, do Templo, do sacerdócio e das cerimônias. A Igreja lembraria sua morte como uma confirmação da nova comunhão que o Pai estabeleceu com todos os que crêem no Filho. Eles participam da NA, sobre a qual Jesus falou pouco tempo antes de morrer: "Este é o cálice da Nova Aliança no meu sangue derramado por vós" (Lc 22.20).

O testemunho apostólico

Os apóstolos continuaram o testemunho de Cristo. Pregaram que Jesus é o Messias de Deus. É o legítimo descendente de Davi que está sentado no seu trono, à destra do Pai (At 2.30). Cristo é o fiel sacerdote que, por meio de sua vida, morte, ressurreição, ascensão e glorificação, tem a posição privilegiada de reconciliar os pecadores com Deus. A Igreja como a nova comunidade do Senhor participa da nova aliança da graça, a qual pode ser definida como "uma administração da graça e da promessa", na qual o Pai consagra um povo — gentios ou judeus — para si, em união com seu Filho. Dessa maneira Ele confirma a nova posição deles pela presença regeneradora e santificadora do Espírito Santo, que sela os salvos para o dia da redenção. Os "sinais e selos" da NA são o batismo e a ceia do Senhor. O primeiro é o sinal que sela a graça de Deus e confirma a nova vida em Cristo. O segundo é o sinal que sela a graça de Deus e confirma os benefícios do Senhor Jesus nesta vida e para sempre.

ALIANÇA

Paulo

O apóstolo Paulo ensinou que a comunhão na NA está baseada na AA e é uma continuação dela. Em Romanos 1 a 8 ele desenvolve uma extensa argumentação sobre a universalidade do pecado, a condenação de Deus e o estado dos homens sem Cristo. Toda a humanidade está condenada à morte eterna, devido à sua identificação com Adão (Rm 5). Em Cristo, entretanto, o crente é uma nova criatura, é escravo da justiça (Rm 6.19), é filho de Deus por adoção e compartilha da nova herança por meio do Espírito Santo (Rm 8).

Apesar disso, a Lei ainda é um instrumento da graça que leva à justiça: "De sorte que eu mesmo com o entendimento sirvo à lei de Deus..." (Rm 7.25). Paulo também escreveu: "A ninguém devais coisa alguma, a não ser o amor com que vos ameis uns aos outros, pois quem ama ao próximo cumpriu a lei" (Rm 13.8; cf. vv. 9,10). Claramente, a AA era uma administração da graça, conforme Paulo pondera sobre seus muitos benefícios: "Pertencem-lhes a adoção de filhos, a glória, as alianças, a lei, o culto e as promessas. Deles são os patriarcas, e deles descende Cristo segundo a carne, o qual é sobre todos, Deus bendito eternamente. Amém" (Rm 9.4,5).

A adoção de filhos. Os judeus são "israelitas", uma designação pela qual eles próprios referem-se uns aos outros. Paulo, como judeu, identificou-se com seu povo mais intimamente: "Meus irmãos, que são meus compatriotas, segundo a carne. São israelitas" (vv. 3,4). O vocábulo "israelita" aqui significa "eleito de Deus, o povo da aliança do Deus Único". São os herdeiros das promessas e das alianças.

Em que sentido eles eram também filhos de Deus por adoção? Enquanto o AT é reticente na descrição da comunhão de Deus com o povo de sua aliança, em termos de adoção, o apóstolo interpreta a condição privilegiada dos israelitas à luz da ficção legal romana. A adoção pertence aos judeus! Vários argumentos sustentam essa conexão. Primeiro, Deus chamou Israel para ser seu filho, seu primogênito (Êx 4.22; Dt 14.1; 32.6,18; Is 1.2; 43.6; 45.11; 64.8; Jr 31.9; Os 1.10; 11.1, Ml 2.10). Segundo, Isaías apelou para a fidelidade do Senhor para com a aliança com base no relacionamento Pai-filho (Is 63.16; 64.8). A complementação do apóstolo à metáfora da adoção é extremamente importante. Em vez de interromper a continuidade entre a AA e a NA pela definição da AA como uma perda da adoção, ele demonstra essa experiência dentro da idéia de adoção!

A glória. Algumas traduções interpretam o texto original grego, onde fala simplesmente "a glória", como a "glória do Senhor". A frase é usada para referir-se à revelação da glória de Deus para Israel (Êx 24.15-17; 40.34,35). Yahweh revelou sua glória no Sinai (Êx 19; 24.15-17; 40.34,35). O Tabernáculo/Templo era o foco da revelação da glória do Senhor ((Êx 29.42-46). A glória perdida foi readquirida em Israel. A glória fora perdida por causa do pecado (Rm 3.23). Era o dom de Deus para os que o buscassem e lhe agradassem (Rm 2.7,10). Israel recebera essas bênçãos de maneira especial, porque Yahweh estendera sua glória a eles. Em sua presença está a possibilidade da alegria na vida. Essa "glória" era o presente de Deus para Israel, no relacionamento da aliança (Sl 8.5). A esperança dada pelos profetas incluía a promessa de uma época de glória. Isaías falou da glória do povo de Deus em termos de plenitude de salvação, alegria, vitalidade, bênção e luz (Is 35.2; 59.19 a 60.3; 66.18,19). Para o apóstolo Paulo a esperança da glória é Jesus Cristo e a base da esperança repousa na ressurreição de Cristo (Rm 5.2; 6.4). Em certo sentido, Israel também compartilha da esperança desta glória.

ALIANÇA

As alianças. A expressão "as alianças" (Rm 9.4) apresenta as vantagens de Israel como o povo da aliança de maneira ambígua. O apóstolo provavelmente tinha em mente todos os pactos do AT, mas seu argumento em Romanos dá base para a inferência de que os judeus possuíam uma comunhão natural com a AA, por nascimento, mas também receberam os oráculos que prometiam a dispensação de uma nova aliança (cf. 1 Co 11.25; 2 Co 3.6,14; Gl 4.24).

A Lei. O vocábulo grego *nomothesia* pode ser traduzido na forma ativa ("a doação da lei") ou na forma passiva ("o recebimento da lei"). Para o apóstolo Paulo, tanto o dom como o recebimento da Lei eram expressões da condição do eleito e do favor que Israel tinha diante do Senhor. Aqui este termo não tem uma conotação negativa. A Lei é um dom de Deus e uma parte da comunhão especial da adoção, das alianças e das promessas. Não deve ser vista de forma negativa, como no argumento de Paulo aos gálatas.

O culto. O vocábulo grego *latreia* ("culto, adoração") é uma designação técnica para a adoração de Deus no Templo, que inclui os rituais da purificação, das ofertas e dos sacrifícios. Pode, contudo, ter o sentido mais amplo de adoração "espiritual". Em Romanos 12.1, Paulo encorajou os cristãos de Roma a apresentar um "culto espiritual", isto é, o serviço de Deus com o coração e a mente.

As promessas. Elas estão na principal posição da aliança e da condição privilegiada de Israel, como filhos de Deus por adoção. O entendimento de Paulo sobre as promessas veio por meio de seu conhecimento das Escrituras e pela revelação de Cristo, na Nova Aliança. Ele se alegrou nas promessas aos seus ancestrais (Rm 15.8), enquanto afirmava que as mesmas eram confirmadas em Jesus Cristo. A confirmação exigiu a encarnação. O Verbo tinha de se tornar um servo com o propósito de estender os privilégios e promessas da aliança aos gentios (Rm 15.8). A encarnação, o ministério, a morte, a ressurreição e a glorificação de Jesus Cristo representaram a demonstração do Pai sobre sua fidelidade às promessas (2 Co 1.20). Algumas delas ainda são escatológicas, pois aguardam o pleno cumprimento na vinda do Senhor. Enquanto aguardamos, contudo, a plenitude da revelação, o Espírito Santo é o depósito, o penhor do que está para vir (1 Co 1.22). Em outras palavras, Ele é a garantia do presente e a alegria escatológica das promessas. É o presente escatológico de Deus.

Essas duas dimensões afetaram grandemente o entendimento de Paulo sobre as promessas. Desde que tais bênçãos são históricas e escatológicas, seu cumprimento estende-se a todos os filhos de Deus (judeus e gentios) e a toda a criação do Senhor. Isso explica por que Paulo destaca Abraão como "herdeiro do mundo" (Rm 4.13) e pai de todos os filhos de Deus (Rm 4.16; Gl 3.14; 4.23,28). Isso também mostra que o apóstolo não restringiu as bênçãos de Deus aos judeus, porque as promessas do Senhor a Israel ainda são válidas.

Os patriarcas e os ancestrais humanos de Cristo. O termo "patriarcas" inclui os patriarcas propriamente ditos e todos os israelitas fiéis. Aqui Paulo faz alusão à privilegiada história de Israel. A história da redenção (patriarcas, Egito, escravidão, deserto, conquista, reino, exílio e restauração) é a história das raízes de Israel. O apóstolo olha positivamente para elas, quando conclui: "Assim que, quanto ao evangelho, são inimigos por causa de vós; mas quanto à eleição, amados por causa dos patriarcas" (Rm 11.28).

41

ALIANÇA

Abraão é o pai dos gentios (Rm 4.11,12,16,17; Gl 3 e 4), da mesma maneira que Isaque (Rm 9.10) e Jacó (Rm 9.6). A unidade dos privilégios dos judeus e cristãos repousa na vinda de Jesus. O Cristo (Messias) "descende deles segundo a carne", a única maneira de estabelecer sua linhagem com Israel. Esta é uma séria restrição, na qual Paulo enfatizou a distinção entre a posição natural dos israelitas, segundo a carne, e a natureza espiritual dos privilégios e dos que compartilham de tais bênçãos com Israel. O Messias é Deus e homem, Espírito e carne, o Filho de Deus e a semente de Davi (Rm 1.3,4).

Isso quer dizer que, embora os privilégios tenham sido dados a Israel, eles pertencem apenas aos que recebem Cristo como o Messias. A descendência física é importante, mas o discernimento espiritual é muito mais. Jesus é homem e Deus, israelita e eterno. Portanto, os israelitas que rejeitam ao Messias, desprezam o próprio Deus! Ainda assim, isso não deve ser interpretado de modo a sugerir que a posição de Israel seja inferior.

Concluindo, o apóstolo não separa os privilégios do antigo e do novo. Existe uma continuidade inerente entre a AA e a NA. Claramente, a diferença está no advento de Jesus Cristo, pelo qual as promessas, a glória, as alianças e a Lei têm um significado ainda maior. Além disso, Ele estendeu os benefícios também aos gentios. Portanto, o argumento de Paulo aqui é a favor da continuidade.

O apóstolo debateu-se com a aparente descontinuidade. Os gentios, que vão a Cristo pela fé, recebem o Espírito de adoção e são enxertados nas promessas, alianças e na glória que pertencem aos filhos de Deus. Os judeus, contudo, em sua maioria, têm rejeitado a Jesus como Messias. Como pode ser isto? Teria Deus abandonado o seu povo?

A carta aos Romanos, de 9 a 11, estabelece a reflexão de Paulo sobre a questão da fidelidade de Deus, o evangelho da justiça e a continuidade do plano divino. O apóstolo coloca-se na lacuna entre o Senhor e Israel. Ele defende a grandeza e a profundidade do amor de Deus em Jesus Cristo (Rm 8.38,39), mas questiona sobre como relacionar o desejo do Senhor com seus planos para Israel. Teria Deus abandonado Israel e por isso alterado seus propósitos? Se foi assim, o Evangelho mudou. Paulo rejeita que tenha havido tal mudança. Ele olha para a fidelidade de Deus, a base da esperança para o povo da Nova Aliança de Deus (Rm 8.31-39), como o sustentáculo da esperança para os judeus.

Carta aos Hebreus

O autor da carta aos Hebreus compara os caminhos de Deus no passado com os do Senhor em Jesus Cristo, em termos de AA versus NA. Na AA, Deus falou por intermédio de Moisés e os profetas (Hb 1.1; 3.1,2), ofereceu ao povo o descanso do sábado, no qual eles não entraram (Hb 4.11), perdoou-o por meio das figuras e dos símbolos da instituição do Tabernáculo/Templo, do sacerdócio e dos sacrifícios de animais (Hb 9.1-10) e permitiu que Israel chegasse a Ele, mas em meio à ameaça de morte (Hb 12.18-21). Na NA, contudo, o Pai revelou sua glória em Cristo (Hb 1.2-4), instaurou o verdadeiro descanso (Hb 4.9-13), perdoou, porque Jesus é o Sumo Sacerdote por cuja propiciação muitos serão justificados (Hb 4.14 a 5.10; 8.1-13; 9.11 a 10.18) e estabeleceu um acesso mais amplo até Ele (Hb 12.22-24).

Claramente, a NA é muito superior à AA. Como deveríamos olhar para a NA: em termos de contraste ou como um aperfeiçoamento (Hb 8.6)? A administração anterior (AA) era boa, mas antecipou uma aliança melhor (NA). A revelação do que era "me-

AMALEQUE

lhor" não necessariamente invalidou completamente o que era bom. Mudanças sem dúvida aconteceram. Primeiro, Jesus Cristo é o foco, a revelação superior, o sacrifício único, o Sumo Sacerdote exaltado e o mediador da NA. Moisés, os profetas e os sacerdotes ainda são servos fiéis de Deus, mas passam para um lugar secundário em relação a Cristo. Assim, o AT deve levar em conta o que o Senhor revelou no NT. Um cristão que se aproxima do AT não pode interpretá-lo apropriadamente sem a luz do NT. O oposto é igualmente verdadeiro: o NT só pode ser interpretado à luz do AT. De que outra maneira apreciaríamos as realizações, o ministério e a mensagem de Jesus Cristo?

O AT é imperfeito no sentido de que não é a revelação final de Deus, a manifestação plena de seu amor, a revelação total de sua glória e o instrumento de reconciliação do povo consigo. Moisés era um servo fiel do Senhor, mas era também o mensageiro de um futuro ainda maior (Hb 3.1-5). Como porta-voz de uma nova dispensação da administração de Deus, ele olhou adiante, para o advento de Jesus Cristo (Hb 3.5; 11.26). As instituições associadas a Moisés — Tabernáculo/Templo, o sistema sacerdotal e o das ofertas e sacrifícios — foram expressões temporárias da revelação do amor e da glória de Deus e da reconciliação.

A revelação de Deus em Jesus Cristo abriu uma nova dispensação: a da administração da Nova Aliança. Ele é o resplendor da glória de Deus (Hb 1.3), o Filho (Hb 3.6) e o Sumo Sacerdote Mediador (Hb 4.15; 5.5; 8.1,2; 12.24). O autor da carta aos Hebreus, entretanto, não olha apenas para a revelação do Senhor em Cristo, no presente. Longe disto! Ele examinou o envolvimento de Deus no passado, durante a AA. Enquanto aponta o presente ministério de Jesus para o povo, ele encoraja os cristãos a perseverar, aprender com o passado e aguardar a plenitude da salvação. Esse acontecimento refere-se ao futuro. É escatológico. Em outras palavras, Moisés encorajou as gerações futuras a buscar o Messias. Agora que Ele já veio, os apóstolos, pregadores e mestres da Palavra de Deus encorajam os cristãos a olhar para a frente, para a plena realização, para a revelação de Cristo, para o futuro glorioso do qual somente Jesus tem a chave. Em outras palavras, a mensagem da carta aos Hebreus é *escatológica*. Isto explica por que ele fala sobre o descanso no qual devemos fazer todo esforço para entrar (Hb 4.11). Isto mostra por que fala de uma maior salvação (Hb 9.28). O autor defende o envolvimento de Deus no passado (Moisés, os profetas), no presente (Jesus Cristo como Mediador) e no futuro (salvação), ao interpretar a variedade das ações de Deus na AA e na NA, a fim de descortinar o plano único de Deus e a natureza multiforme de sua fidelidade: "Jesus Cristo é o mesmo ontem, hoje, e eternamente" (Hb 13.8).

W.A. e V.G.

ALMODÁ (Heb. "Deus é um amigo"). Citado tanto em Gênesis 10.26 como em 1 Crônicas 1.20, como descendente de Sem. Seu pai era Joctão.

ALOM (Heb. "carvalho"). Citado entre os descendentes de Simeão, era líder do seu clã. Filho de Jedaías e pai de Sifi (1 Cr 4.37).

ALVÁ. Descendente de Esaú, era líder de um clã dos edomitas (Gn 36.40; 1 Cr 1.51).

ALVÃ. Descendente de Esaú, era filho de Sobal, líder de um clã dos edomitas (Gn 36.23; 1 Cr 1.40, onde é chamado de Aliã).

AMAL. Filho de Helém (1 Cr 7.35), era líder tribal e descendente de Aser.

AMALEQUE. Filho de Elifaz, com sua concubina Timna; neto de Esaú (Gn 36.12, 16; 1 Cr 1.36), era edomita e o pri-

AMALEQUITAS

meiro entre o povo que ficou conhecido como amalequita.

AMALEQUITAS. Eram os inimigos perpétuos de Israel, que passou grande parte de sua história em duros combates com eles. Originalmente, ocuparam a região do Neguebe e Sinai, mas tempos depois uniram-se aos midianitas, para lutar contra o povo de Deus (Êx 17.8-13; Jz 3.13; 6.33ss.). Uma das tarefas iniciais dos israelitas, ao entrar na terra de Canaã, era a de expulsar os amalequitas (Êx 17.14; Nm 24.20; Dt 25.19; Jz 12.15), embora pareça que parte desse povo permaneceu ali (cf. Jz 3.12s; 6.3,33; etc.). As palavras memoráveis de Êxodo 17.14 mais tarde pareciam vazias, quando uma vez após outra o povo de Israel era derrotado diante do poder superior e das táticas agressivas dos amalequitas: "Escreve isto para memória num livro, e repete-o a Josué, porque riscarei totalmente a memória de Amaleque de debaixo dos céus".

A razão para as derrotas que os israelitas sofriam nas mãos dos amalequitas é explicada como conseqüência da desobediência de Israel (Nm 14). Serve como um lembrete de que as promessas de Deus não estão lá para instilar complacência, mas, pelo contrário, o propósito delas é o de motivar a ação. É possível que alguém se desqualifique para receber as bênçãos do Senhor, quando os limites da aliança e da comunhão são flagrantemente desrespeitados (Nm 14.10-12). Números 14.16 é uma advertência solene: "O Senhor não pôde introduzir este povo na terra que lhes tinha jurado..."

O início da queda de Saul veio quando ele se recusou a aniquilar os amalequitas (1 Sm 15), pois guardou o melhor do gado e das ovelhas para sacrificar ao Senhor e poupou a vida do rei Agague; contudo, o crente não tem o direito de julgar a Palavra de Deus nem supor que qualquer adoração ao Senhor será aceita simplesmente por estar baseada em retórica religiosa (1 Sm 15.22 s). Davi foi bem-sucedido na eliminação dos amalequitas e em 1 Samuel 30 eles recebem bem pouca atenção (1 Cr 4.42s). Quando os amalequitas são citados novamente, é apenas para engrandecer a vitória que Israel obteve sobre eles (2 Sm 8.12; 1 Cr 18.11).

Os amalequitas tornaram-se o epítome do perigo que envolve o mundo, para o povo de Deus. A falha em destruir os inimigos do Senhor, apesar de eloqüentemente justificada, desagradou a Deus. O conforto, contudo, é que o Senhor também edificará sua Igreja, como prometeu, e as portas do inferno não prevalecerão contra ela (Mt 16.18).   s.v.

AMARIAS (Heb. "Deus diz").

1. Filho de Meraiote e pai de Aitube, ele é citado como um dos descendentes de Levi, em 1 Crônicas 6.7,52.

2. Filho de Azarias e avô de Zadoque, era também levita e foi ancestral de Esdras (1 Cr 6.11; Ed 7.3).

3. Levita, descendente de Coate, era o segundo filho de Hebrom e participou das atividades dos coatitas no Templo (1 Cr 23.19; 24.23).

4. Sumo sacerdote, viveu nos dias do rei Jeosafá. Em seu desejo de ver a restauração da adoração ao verdadeiro Deus (Yahweh) na nação, Jeosafá nomeou-o para ser o sumo sacerdote, "presidindo em todos os negócios do Senhor" e Zebadias, para administrar "todos os negócios do rei". Ao comissionar esses dois importantes líderes, que deveriam guiar o povo e a nação de volta aos caminhos do Senhor, Jeosafá os encorajou, quando disse que o Senhor estaria com eles; portanto, deveriam "esforçar-se" (2 Cr 19.11). É provável que o mesmo Amarias seja citado no item 2.

5. Durante o reavivamento no reinado de Ezequias, muitos levitas foram indicados para trabalhos específicos no Templo. Esse Amarias estava entre os que tinham a responsabilidade de ajudar Coré, na distribuição das ofertas do povo entre as cidades dos sacerdotes, "segundo as suas turmas" (2 Cr 31.15).

6. Esse Amarias estava entre os descendentes de Binui (Ed 10.38). Na época em que o povo de Israel retornou do cativeiro babilônico, Secanias confessou a Esdras que muitos homens, até mesmo os descendentes dos sacerdotes, casaram-se com mulheres estrangeiras. Esdras e o povo arrependeram-se e fizeram um pacto de servir ao Senhor (Ed 10.2) Amarias é citado em Esdras 10.42 como um dos que se divorciaram de esposa estrangeira.

7. Esse Amarias foi um dos que serviram como testemunha do pacto de obediência à Lei de Deus, em Jerusalém, na época de Neemias (Ne 10.3).

8. Pai de Zacarias e descendente de Perez, da tribo de Judá. Seus descendentes estabeleceram-se em Jerusalém, depois do cativeiro babilônico (Ne 11.4).

9. Um dos sacerdotes citados entre os que voltaram do exílio babilônico com Zorobabel (Ne 12.2).

10. Ancestral do profeta Sofonias (Sf 1.1). P.D.G.

AMASA. 1. Sobrinho de Davi, filho de Jeter e Abigail, irmã do rei (2 Sm 17.25; 1 Cr 2.17). Ele serviu como comandante no exército de Absalão, durante a rebelião contra Davi. Após a morte do primo, foi chamado de volta pelo rei, num ato de reconciliação, visto que era rival de Joabe (2 Sm 19.13). Durante o momento crítico em que Davi se preparava para regressar a Jerusalém, Joabe matou Amasa, sem nenhum motivo, senão o de reconquistar seu posto de comandante do exército (2 Sm 20.4-13). Esse ato de traição levou o rei a dizer a Salomão, quando já estava no seu leito de morte, que deveria fazer com Joabe segundo sua sabedoria, sem misericórdia (1 Cr 2.17; 1 Rs 2.5,6, 32,33).

2. Líder efraimita na época em que Peca derrotou Acaz, rei de Judá. Amasa protestou contra o fato de os soldados israelitas terem trazido prisioneiros ju-

deus e lembrou-lhes que Deus já estava irado, por causa da desobediência deles (2 Cr 28.8-13). S.G.

AMASAI. 1. Pai de Maate e levita, ancestral de Samuel (1 Cr 6.25,35; 2 Cr 29.12).

2. Um dos homens que foi encontrar-se com Davi em Ziclague, quando foi banido da presença de Saul. Amasai tornou-se chefe do grupo dos "trinta" guerreiros do rei (1 Cr 12.18).

3. Relacionado como músico levita que tocava trombeta, quando Davi trouxe a Arca da Aliança para Jerusalém (1 Cr 15.24). Tornou-se um dos porteiros do Templo.

AMASIAS. Da tribo de Judá, filho de Zicri, foi comandante do exército de Jeosafá, rei de Judá (2 Cr 17.16). Nos primeiros anos do reinado desse monarca, Amasias era fiel ao Senhor e inspirava grande confiança ao povo. É digno de nota que se apresentou como voluntário, liderando 200 mil homens.

AMASSAI. Companheiro de Adaías e filho de Azarel (Ne 11.13). Foi um dos sacerdotes que se estabeleceram em Jerusalém após o cativeiro babilônico. Provavelmente é o mesmo Masai de 1 Crônicas 9.12.

AMAZIAS (Heb. "o Senhor é poderoso").
1. Filho de Joás e o nono rei de Judá. Seu reinado de 29 anos é resumido em 2 Reis 12.21; 14.1,3 e 2 Crônicas 25.1: "Fez o que era reto aos olhos do Senhor, ainda que não como seu pai Davi" (2 Rs 14.3). Do ponto de vista positivo, Amazias executou os assassinos de seu pai; porém, poupou a vida dos filhos deles em obediência à Lei de Deus (2 Rs 14.6). Atacou os edomitas e capturou Petra, a capital (Am 1.11). Ele, contudo, não seguiu inteiramente seu ancestral Davi: "Tão-somente os altos se não tiraram; o povo ainda sacrificava e queima-

AMI

va incenso nos altos" (2 Rs 14.4). Essa tolerância pecaminosa para com a religião pagã mais tarde levou-o a ofender ainda mais a Deus, quando aceitou os deuses edomitas em Jerusalém (2 Cr 25.14). Essa atitude foi condenada pelo profeta (2 Cr 25.15): "Por que buscaste deuses que a seu povo não livraram das tuas mãos?" No final, Amazias tornou-se escravo, quando Deus o entregou nas mãos de Jeoás, rei de Israel; além de Amazias e seu povo serem capturados, Jeoás também saqueou o Templo e levou todos os utensílios de ouro e de prata (2 Cr 25.20-24).

A queda de Amazias é atribuída ao desafio presunçoso e insensato que lançou ao rei Jeoás, o qual, ao executar o juízo de Deus, saqueou Jerusalém e levou vários reféns para Samaria. Posteriormente, os próprios oficiais de Amazias conspiraram contra ele, perseguiram-no até Laquis e o mataram (2 Rs 14.19,20; 2 Cr 25.27,28). Foi sepultado em Jerusalém.

2. Levita, descendente de Merari, fazia parte do grupo de músicos nomeados por Davi (1 Cr 6.31,32,45).

3. Sacerdote de Jeroboão II, opôs-se ao profeta Amós e tentou silenciá-lo, usando a autoridade do rei (Am 7.10-17).

4. Membro da tribo de Simeão, um dos príncipes que se estabeleceram em Gedor (1 Cr 4.34,39).   s.v.

AMI. Um dos "servos de Salomão", cujos descendentes voltaram do cativeiro babilônico com Neemias (Ed 2.55,57).

AMIEL (Heb. "Deus é meu parente").

1. Um dos doze espias enviados por Moisés do deserto de Parã, para espiar a terra de Canaã (Nm 13.12). Foi escolhido um príncipe de cada tribo e Amiel, filho de Gemali, representou Dã. Para mais detalhes sobre a missão deles, veja *Samua*.

2. Pai de Maquir, veio de Lo-Debar, região de Gileade. Maquir acolheu Mefibosete, o filho aleijado de Jônatas

(neto de Saul), na época em que Davi subiu ao trono (2 Sm 9.4,5; 17.27).

3. Pai de Bate-Seba, esposa de Davi (1 Cr 3.5, onde é chamada de Bate-Sua).

4. Sexto filho de Obede-Edom, descendente de Coré; esse Amiel era responsável pelo serviço nos portões do Tabernáculo, na administração do rei Davi (1 Cr 26.5).   P.D.G.

AMINADABE (Heb. "meu parente é nobre").

1. Pai de Eliseba, esposa de Arão (Êx 6.23). Também era pai de Naassom e ancestral de Boaz e do rei Davi (Nm 1.7; 2.3; 7.12,17; 10.14; Rt 4.19,20). Assim, também é citado no Novo Testamento como ancestral de Jesus Cristo (Mt 1.4; Lc 3.33).

2. Ancestral de Samuel e filho de Coate, da tribo de Levi (1 Cr 6.22). Pai de Corá.

3. Líder dos levitas, no tempo do rei Davi, esse Aminadabe era filho de Uziel. Ele e mais 112 parentes foram escolhidos junto com outros levitas para a tarefa de se consagrarem, a fim de conduzir a Arca para Jerusalém (1 Cr 15.1-11). Ela fora deixada na casa de Obede-Edom por três meses, desde que Deus executara seu juízo sobre Uzá (1 Sm 6; veja *Uzá*).

P.D.G.

AMISADAI. Pai de Aieser, da tribo de Dã. Aieser era o líder dos danitas no Sinai (Nm 1.12; 2.25; etc.).

AMITAI. Pai do profeta Jonas, viveu em 800 a.C., natural de Gate-Hefer (2 Rs 14.25; Jn 1.1).

AMIÚDE. 1. Pai de Elisama e filho de Ladã. Elisama era um dos líderes da tribo de Efraim, na época do censo dos israelitas no deserto do Sinai (Nm 1.10; 2.18; 7.48,53; 10.22; 1 Cr 7.26).

2. Pai de Samuel, da tribo da Simeão. Samuel foi escolhido por Moisés para organizar a divisão territorial dos simeonitas entre os vários clãs e famílias, depois da conquista de Canaã (Nm 34.20).

3. Pai de Pedael, da tribo de Naftali. Pedael foi escolhido por Moisés para organizar a divisão territorial da tribo entre os vários clãs e famílias, depois da conquista de Canaã (Nm 34.28).

4. Pai de Talmai, rei de Gesur, para onde Absalão fugiu depois de matar seu irmão Amnom (2 Sm 13.37, onde seu nome é traduzido como Amiur).

5. Pai de Utai, um dos que retornou para morar em Jerusalém após o cativeiro babilônico. Era descendente de Judá (1 Cr 9.4).   P.D.G.

AMIZABADE (Heb. "o parente tem dado"). Filho de Benaia, um dos heróis de Davi e líder dos "trinta" guerreiros. Amizabade chefiava uma divisão do exército que servia no terceiro mês do ano.

AMNOM (Heb. "fiel").

1. Amnom, cuja mãe chamava-se Ainoã, natural de Jezreel, foi o primeiro filho de Davi nascido em Hebrom (2 Sm 3.2; 1 Cr 3.1). Quando tornou-se adulto, apaixonou-se por Tamar, irmã de Absalão e sua meia-irmã. Amnom fingiu estar doente e pediu a Tamar que cuidasse dele e lhe servisse comida no quarto. Quando ela entrou naquele aposento, ele a violentou e depois expulsou-a de casa. Tamar fugiu e passou a viver desoladamente na companhia de seu irmão (2 Sm 13). Dois anos mais tarde Absalão vingou-se, ao mandar que seus homens matassem Amnom (v. 29).

2. Citado em 1 Crônicas 4.20, como filho de Simeão, da tribo de Judá.   P.D.G.

AMOM. 1. Filho de Manassés (2 Rs 21.18,19; 2 Cr 33.20,21) e décimo quinto rei de Judá, reinou por dois anos. Prosseguiu com as práticas idólatras do pai — a adoração de Moloque e a continuação dos rituais da fertilidade que eram tão abomináveis para o amor zeloso de Deus. O próprio Manassés arrependeu-se tarde demais, num momento de desespero que se seguiu à derrota nas mãos dos assírios (2 Cr 33). Evidentemente, sua conversão foi muito demorada, para ter alguma influência sobre o filho Amom, que "não se humilhou perante o Senhor, como Manassés, seu pai, se humilhara" (2 Cr 33.22,23). Amom era odiado pelo povo, que já suportara o suficiente da tirania de seu pai; foi assassinado por seus servos, com 24 anos de idade (2 Cr 33.24). Em seu lugar, o povo colocou Josias, seu filho, como rei.

2. Deus egípcio, de segunda classe, adorado pelos sacerdotes de Amom, sobre o qual Jeremias pronunciou a destruição (Jr 46.25).

3. Governador de Samaria que colocou Micaías na prisão, a fim de obedecer às ordens de Acabe. O rei não gostara da mensagem do profeta concernente à morte dele (1 Rs 22.26; 2 Cr 18.25).

4. Um dos cativos que retornaram do exílio babilônico no tempo de Neemias (Ne 7.59; Ed 2.57 - onde é chamado de Ami). Descendente de um dos servos de Salomão.   S.V.

AMOQUE (Heb. "profundo"). Um dos sacerdotes que retornaram do cativeiro babilônico com Zorobabel e Jesua (Ne 12.7). Um de seus filhos, Eber, foi o cabeça de uma família sacerdotal nos dias de Joiaquim (Ne 12.20).

AMÓS (Heb. "carga ou carregador"). Único personagem com esse nome no Antigo Testamento, era fazendeiro e homem de negócios em Judá, chamado como leigo para pronunciar uma mensagem de condenação e juízo contra o reino do Norte, Israel. Ele nada cita sobre sua família ou linhagem, mas proporciona informações numa quantidade acima do comum sobre sua época de modo geral e sobre seu contexto geográfico, cronológico e cultural em particular.

Amós era natural de Tecoa, uma pequena vila 10 quilômetros ao sul de

AMÓS

Belém, de onde era também a mulher sábia que Joabe procurou para aconselhar Davi a respeito de Absalão (2 Sm 14.1-20). Sua ocupação, segundo suas próprias palavras, era a de pastor de ovelhas, mas a palavra usada aqui (*noqed*) sugere algo mais do que simplesmente alguém que cuida de rebanhos. A outra ocorrência da mesma palavra no Antigo Testamento (2 Rs 3.4), é usada para descrever Mesa, rei dos moabitas, que claramente não era pastor. É mais provável que Amós fosse um mercador de ovelhas ou algo semelhante, e é assim que a sua ocupação deve ser entendida. Essa idéia tem apoio em Amós 7.14, onde ele se refere a si mesmo como um *boqer*, outro termo raro para "pastor". Apesar de *boqer* sem dúvida relacionar-se de alguma maneira ao termo *baqar*, um vocábulo comum para "(gado) rebanho", Amós 7.15 conecta o trabalho do profeta com o rebanho, não com o gado. Assim, era um homem envolvido com ovelhas, mas não necessariamente um pastor.

O profeta também descreve a si mesmo como "cultivador de sicômoros" (Am 7.14). O termo hebraico aqui para a frase inteira é *boles,* uma palavra que, na base dos textos da Septuaginta e do grego clássico, provavelmente se refere a cortar e amassar o fruto, a fim de torná-lo comestível. De qualquer maneira, parece que Amós era especialista no cultivo de figos, bem como um comerciante de ovelhas bem-sucedido. A importância disso está no fato de que Deus chamou um homem ocupado e próspero, e separou-o de seus interesses seculares, para realizar uma missão entre os israelitas, o rebanho de Deus, errante e pecaminoso.

Fica claro que o ministério de Amós foi breve — talvez apenas uma missão, por alguns dias — devido à sua declaração de abertura, de acordo com a qual sua comissão veio nos dias do rei Uzias, de Judá (790-739 a.C.), e do rei Jeroboão, de Israel (793-753 a C.); mais especificamente, "dois anos antes do terremoto" (Am 1.1). Essa catástrofe, tão grande que ainda foi lembrada 240 anos mais tarde pelo profeta Zacarias (Zc 14.5), ocorreu por volta de 760 a.C. Portanto, 762 a.C. seria a data precisa do ministério de Amós contra os santuários ilícitos de Jeroboão (Am 7.10-13).

O único local citado em suas mensagens é Betel, um dos principais lugares de adoração estabelecidos por Jeroboão I, logo depois da divisão do reino em 931 a.C. (1 Rs 12.29-33). Esse ato ímpio de criar locais ilegítimos para adoração, a fim de competir com o único autorizado pelo Senhor (isto é, em Jerusalém), resultou numa profecia de que o altar de Betel seria finalmente destruído e seus sacerdotes, mortos (1 Rs 13.1-3). Isso aconteceu como parte das reformas realizadas pelo rei Josias, 300 anos mais tarde (2 Rs 23.15,16), e o próprio Amós ajudou a preparar o caminho para que o culto de Betel fosse denunciado (Am 3.14; 5.5). Foi sua firme mensagem que ocasionou sua expulsão de Betel, por Jeroboão II e seu sacerdote Amazias, sob as acusações caluniosas de que Amós visava apenas a ganho financeiro (Am 7.12).

Atingido por essa interpretação equivocada de seus motivos, Amós replicou que "não era nem profeta, nem filho de profeta" (Am 7.14), mas um homem de negócios que Yahweh tinha chamado. Com essa alegação, Amós desfaz qualquer conexão entre ele e os profetas "profissionais" ou vocacionados. Os "filhos dos profetas" (veja 2 Rs 2.3,5,7; etc.) eram homens que freqüentavam um curso específico para o ministério. Amós queria que Amazias entendesse que ele não fazia parte de tal escola, embora a considerasse digna de toda honra, mas apenas um leigo enviado por Deus, que escolhe e usa a quem quer. Em adição ao conteúdo profundamente importante da mensagem em si, há também a lição da própria vida de Amós. Aqueles que são chamados e comissionados pelo Senhor não precisam de credenciais formais nem qualificações, para serem bem-sucedidos em cumprir seus propósitos.   E.M.

AMOZ. Pai do profeta Isaías (Is 1.1; etc.).

AMPLÍATO. Paulo descreveu esse homem como "meu amado no Senhor". Seu nome era comum em Roma, onde vivia; foi saudado pelo apóstolo em Romanos 16.8. O reconhecimento pessoal de Paulo e seu cuidado para com muitos indivíduos, em diferentes congregações, é algo que deve ser notado na maioria de suas cartas.

ANA (Heb. "graça").
1. O famoso profeta/juiz de Israel, Samuel, é o personagem principal dos primeiros capítulos de 1 Samuel. Antes, porém, de seu nascimento (1 Sm 1.20), o leitor é intimamente apresentado à sua mãe, a piedosa Ana, e imediatamente atraído pela história dela, que testemunha seu voto e sacrifício e seus sofrimentos e provações.

A vida de Ana, embora seja mencionada apenas nos dois primeiros capítulos de 1 Samuel, fala conosco de forma veemente. Permanece até hoje como um exemplo de devoção e sacrifício; ela nos ensina o que significa o verdadeiro compromisso com o Senhor do Universo.

Ana era a amada esposa de Elcana, um zufita (descendente de Coate, filho de Levi). Viviam em Ramataim-Zofim, na região montanhosa de Efraim (1 Sm 1.1). Ele tinha outra esposa, chamada Penina, que lhe dera vários filhos. Ana, porém, era estéril (1 Sm 1.2).

Elcana e toda sua família subiam anualmente a Silo, a fim de adorar a Deus e oferecer sacrifícios. Ele amava Ana profundamente e lhe dava uma porção dobrada das ofertas do Senhor. Isso, entretanto, não a consolava, pois, nessa peregrinação anual, Penina a provocava e aborrecia continuamente (1 Sm 1.1-7). O Senhor fechara o ventre de Ana e a rival escarnecia dela, levando-a até às lágrimas.

Numa daquelas ocasiões em Silo, Ana entrou no Tabernáculo. Com a alma profundamente angustiada, ela derramou seu coração diante de Deus. Em meio às muitas lágrimas, orou, pedindo ao Senhor que lhe desse um filho. Prometeu dedicá-lo a Deus todos os dias da existência dele (1 Sm 1.9-11).

Não era uma dedicação simples. Este voto interpretava a renúncia dela de criar o filho junto consigo em casa. Ele se tornaria um nazireu, totalmente devotado ao serviço do Senhor. Era uma promessa incrível feita por Ana. Ela o ofereceria a Deus, pois abria mão do privilégio de criá-lo e alimentá-lo.

Eli, o sumo sacerdote, sentado na porta do Tabernáculo, a observava atentamente, enquanto ela orava e chorava. Os lábios dela se moviam, mas não se ouvia sequer uma palavra. Ele então a acusou de estar embriagada e a repreendeu, apresentando-lhe a imoralidade de tais hábitos (1 Sm 1.12-14). Ana porém se defendeu apropriadamente e o sacerdote no mesmo instante mudou sua maldição numa bênção e a despediu em paz (1 Sm 1.15-17).

Ao receber o encorajamento da parte de Eli e o conforto do Senhor, Ana não ficou mais deprimida. Ela, seu marido e Penina levantaram cedo no dia seguinte, adoraram ao Senhor e voltaram para Ramá. No tempo determinado, Deus atendeu ao pedido de Ana: ela concebeu e deu à luz a Samuel (seu nome significa "pedido ao Senhor"; 1 Sm 1.19,20). Realmente ele representava a resposta da oração.

Finalmente chegou o tempo de Ana cumprir sua palavra. Depois que Samuel desmamou (antigamente, as mulheres israelitas amamentavam os filhos até completarem dois ou três anos de idade), ela fez os preparativos para levá-lo ao Tabernáculo, em Silo. Levou consigo um novilho de três anos, um efa de farinha e um odre de vinho para o sacrifício. Então apresentou Samuel ao sumo sacerdote Eli (1 Sm 1.24-27).

ANÁ

O menino Samuel viveria sob a supervisão de Eli e ministraria no Tabernáculo todos os dias da vida dele (1 Sm 1.28). A cada ano sua mãe fazia uma pequena túnica e a levava para ele quando ia com o marido a Silo oferecer sacrifícios (1 Sm 2.19). O Senhor foi gracioso com Ana e posteriormente ela deu a Elcana mais três filhos e duas filhas (1 Sm 2.21).

Ana era uma mulher extraordinária, em sua integridade, fé e compromisso com Deus. Manteve seu voto a um grande custo pessoal e tornou-se um modelo para todas as gerações.

A oração de Ana em 1 Samuel 2.1-11 merece nossa atenção, pois revela o verdadeiro coração e o caráter dessa nobre mulher. Também conhecida como a *Canção de Ana*, essa oração contém os mesmos elementos encontrados em outras orações/canções do AT, inclusive temas de combates, livramento do inimigo e o cuidado providencial do Senhor por seu povo Israel (veja a Canção de Moisés, Êx 15.1-18; Dt 32.1-43; a Canção de Débora, Jz 5). Há também uma forte ênfase à soberania de Deus e ao seu poder eterno.

Seu hino de vitória e triunfo certamente aplica-se à nação de Israel e é, em essência, messiânico (1 Sm 2.10). Na verdade, a Canção de Maria, em Lucas 2, talvez seja inspirada em parte na canção de Ana. A oração da mãe de Samuel, entretanto, como louvor e ações de graças, provavelmente tem uma natureza mais íntima. O Senhor deu-lhe vitória e a livrou de Penina, sua inimiga pessoal.

Os contrastes feitos entre os guerreiros fortes e os fracos, os fartos e os necessitados, a mulher estéril e a que tem muitos filhos (1 Sm 2.4,5) demonstram o fato de que Ana estava contente com seu triunfo pessoal.

Ana buscou humildemente a Deus e esperou pelo livramento dele. Portanto, o Senhor por fim a abençoou com mais cinco filhos. 1 Samuel 2.5a fala da mulher estéril que se torna mãe de sete filhos; entretanto, nas Escrituras, o número "sete" nem sempre deve ser interpretado literalmente e muitas vezes pode simbolizar "realização ou ideal". Por tudo isso, Ana provavelmente pensava em si mesma quando fez tal declaração.

Penina, por outro lado, era orgulhosa e arrogante. Ela, que tinha muitos filhos, seria despojada de sua vitalidade e desprezada (2 Sm 2.5b). Finalmente, seria destruída juntamente com todos os inimigos de Deus (vv. 3,9,10).

A oração de Ana é verdadeiramente um sacrifício de gratidão a Deus, que a resgatou de seus problemas, mudou suas lágrimas em alegria e a colocou em seu lar como a mãe de muitos filhos, feliz e realizada. M.C.R.

2. Profetisa, filha de Fanuel, da tribo de Aser. Depois de apenas sete anos de casamento, ficou viúva e devotou-se exclusivamente ao serviço do Senhor no Templo, noite e dia. Quando tinha 84 anos de idade, ocorreu um evento que adornou sua vida. Lucas 2.36-38 registra que Ana estava no Templo durante a apresentação do menino Jesus: o Messias esperado há tanto tempo. Ela agradeceu a Deus publicamente e proclamou as boas novas a respeito do Redentor. O relato sobre Ana e Simeão, na mesma passagem, revela a existência de pessoas que eram realmente fiéis à aliança de Deus e confiavam no cumprimento de suas promessas a respeito da vinda do Salvador. S.C.

ANÁ. 1. Pai de Oolíbama, uma das esposas de Esaú (Gn 36.2,14,18,20). Era membro da tribo cananita dos heveus. Aná também é citado como quem encontrou fontes termais no deserto, enquanto apascentava os jumentos do pai, Zibeão (Gn 36.24). Veja também 1 Crônicas 1.40,41, onde é mencionado como pai de Disom.

2. Gênesis 36.29 refere-se a Aná como chefe dos horeus. Talvez deva-se ler "horeu", ao invés de "heveu", em Gênesis 36.2; mas é provável que se refira a diferentes pessoas. Confira também 1 Crônicas 1.38, onde é citado como filho de Seir e irmão de Zibeão.

ANAÍAS (Heb. "o Senhor tem respondido").

1. Esteve no púlpito junto com Esdras, quando este leu o Livro da Lei (Ne 8.4).

2. Possivelmente o mesmo personagem anterior, líder que testemunhou o pacto do povo para adorar ao Senhor e obedecer à sua Lei (Ne 10.22).

ANAMELEQUE. Um dos deuses adorados pelos sefarvitas (2 Rs 17.31). Esse povo estava entre os que foram transportados pelo rei assírio para Samaria, a fim de repovoar a região depois que os israelitas foram exilados (2 Rs 17.24). Trouxeram consigo práticas abomináveis que incluíam o sacrifício de crianças no fogo.

ANÃ (Heb. "nuvem"). Um dos líderes que selaram o pacto feito pelo povo de adorar ao Senhor e obedecer à sua Lei (Ne 10.26).

ANANI. Filho de Elioenai e integrante da linhagem real de Judá depois do exílio babilônico; era, portanto, um descendente de Davi (1 Cr 3.24).

ANANIAS (Heb. "o Senhor tem sido gracioso").

1. Avô de Azarias, ajudou a reconstruir o muro de Jerusalém, em frente à sua casa (Ne 3.23).

2. Marido de Safira, foi um dos primeiros convertidos na igreja em Jerusalém (At 5). Naquele tempo, os cristãos "tinham tudo em comum. Vendiam suas propriedades e bens, e repartiam com todos, segundo a necessidade de cada um" (At 2.44,45). Segundo essa prática, Ananias e Safira decidiram vender uma propriedade (At 5.1). Com o pleno conhecimento da esposa, ele resolveu guardar parte do dinheiro para seu uso pessoal. Então apresentou uma quantidade

a Pedro, o qual, dirigido pelo Espírito Santo, percebeu o que acontecera e acusou Ananias de mentir para Deus. Ao ouvir isso, ele caiu morto. Mais tarde, quando sua esposa chegou, continuou com a mentira e também morreu. É importante notar que a questão aqui não era que uma lei obrigava alguém a compartilhar tudo. De fato, Pedro enfatizou o ponto de que o que pertencia a eles era deles (At 5.4). O problema era a tentativa deliberada e voluntária de mentir ao Espírito Santo e ao povo de Deus (At 5.3). O pecado de Safira foi pronunciado por Pedro: "Por que é que entre vós concordastes para tentar o Espírito do Senhor?" (At 5.9).

Um dos privilégios do cristão é estar livre do legalismo. Pedro e a Igreja primitiva não criaram uma nova lei pela qual as pessoas ganhariam mérito diante de Deus e dos cristãos; pelo contrário, buscavam uma existência que refletisse o amor de Deus e a graça que é vista em Jesus Cristo. Com tal liberdade, fazer o que é certo na vida individual, por meio do serviço, exige uma grande responsabilidade em ser honesto e transparente diante do Senhor e de seu povo. O resultado desse triste episódio na Igreja primitiva foi um maior entendimento e temor do poder e da santidade de Deus. Veja *Safira*.

3. Outro Ananias que se tornou cristão nos primeiros estágios da propagação do Evangelho de Cristo vivia em Damasco (At 9.10-19). Logo após o relato da conversão de Saulo (Paulo) e a cegueira que resultou de ter visto a glória do Senhor na estrada para Damasco, lemos que Ananias teve uma visão. Cristo lhe falou que fosse até a casa onde Saulo estava hospedado e impusesse as mãos sobre ele, para que recuperasse a visão. Ananias estava temeroso, pois a reputação de Paulo de perseguir violentamente os cristãos havia espalhado o medo entre os crentes de Damasco. O Senhor, contudo, declarou sobre Saulo: "Este é para mim um

ANAQUE

vaso escolhido, para levar o meu nome perante os gentios, os reis e os filhos de Israel" (At 9.15). Jesus também disse que, no tempo determinado, Paulo padeceria por causa da fé.

É um testemunho do caráter e da fé de Ananias a maneira como se dispôs a ir ao encontro de Paulo e chamá-lo de "irmão", quando há apenas algumas horas só o nome de Saulo já o enchia de temores. Ananias impôs as mãos sobre Paulo, que teve a visão restaurada. Foi imediatamente batizado, talvez pelo próprio Ananias, e permaneceu por um tempo em Damasco, junto com os cristãos. Existem poucas passagens nas Escrituras que mostram de maneira tão dramática como as emoções de um cristão são mudadas por meio da Palavra de Deus e como o medo foi transformado em poder e amor na vida de Ananias. Mais tarde, o próprio apóstolo contou aqueles eventos da sua perspectiva, e podemos ver que Ananias foi o primeiro a falar-lhe sobre sua missão mundial, sua necessidade de ser perdoado e batizado (At 22.14-16). Veja *Paulo*.

4. Outro Ananias foi sumo sacerdote no tempo em que o apóstolo Paulo foi preso em Jerusalém. Era um orgulhoso e cruel líder saduceu. Foi nomeado por Herodes e exerceu seu poder de 47 a 59 d.C. Em 52 d.C. foi enviado a Roma, para responder a acusações de crueldade. Foi liberado por Cláudio, mas essa informação nos ajuda a entender sua participação na prisão do apóstolo. Foi ele quem ordenou que Paulo fosse esbofeteado durante seu julgamento (At 23.2) e posteriormente desceu a Cesaréia, para pessoalmente confirmar as acusações contra Paulo diante de Félix (At 24.1).

P.D.G.

ANAQUE. Uma figura conhecida apenas no passado distante dos israelitas, quando peregrinavam pelo Neguebe (Nm 13.22,28; etc.). Homem de grande estatura, ficou famoso por sua força e habilida-

de na batalha; morava em Hebrom, fundada por seu ancestral, Arba — por isso o antigo nome de Hebrom era Quiriate-Arba (Js 14.15).

Quando Moisés enviou os espias a Canaã, eles, ao retornar, informaram com grande medo que tinham visto os gigantes, descendentes de Anaque; eles disseram: "éramos aos nossos próprios olhos como gafanhotos, e assim também lhes parecíamos" (Nm 13.33). A formidável reputação dos descendentes de Enaque tornou-se um provérbio entre os israelitas (Dt 1.28; 2.10; etc.).

Finalmente, Josué os expulsou de Hebrom, Debir e da região montanhosa de Judá, de maneira que nenhum foi deixado no território de Israel. Aparentemente alguns sobreviveram no território filisteu, em Gaza, Gate e Asdode. Os descendentes de Enaque realmente foram os primeiros a causar preocupação para os israelitas. Com sua destruição, Josué finalmente conquistou Canaã e estabeleceu a paz para Israel (Js 11.21-23). A confiança que Josué e Calebe demonstraram no poder e na provisão de Deus, após espiarem a terra e terem visto os anaquins (Nm 14.6-9), foi finalmente vindicada. O Senhor cumpriu suas promessas a Israel.

P.D.G.

ANÁS. É mencionado quatro vezes como "sumo sacerdote" (Lc 3.2; Jo 18.13,24; At 4.6) e é sempre associado a Caifás. Josefo, o historiador judeu, o menciona como sumo sacerdote em Jerusalém mais ou menos de 6 a 15 d.C. O sumo sacerdote era o líder entre os sacerdotes. Seu único papel na adoração era o de entrar uma vez por ano no Santo dos Santos, na parte mais consagrada do Templo, onde somente ele podia oferecer o sacrifício no Dia da Expiação. Por causa de seu ofício, era também o líder do Sinédrio. Dessa maneira, centralizava tanto o poder religioso como o político, mantendo um contato estreito com o governador romano. Este cargo tornara-se mais político do que

ANIÃO

religioso. Anás era um poderoso líder, cuja influência continuou mesmo depois que a função foi assumida por outros. Seu genro Caifás e seu neto Matias também exerceram este cargo. Assim, Anás e Caifás são mencionados juntos quando a Palavra do Senhor veio a João Batista (Lc 3.2). Os algozes primeiro procuraram Anás, quando Jesus foi preso (Jo 18.13,24), e ele então o encaminhou a Caifás. Este ainda estava envolvido no Sinédrio, quando Pedro e João foram questionados a respeito da fé (At 4.6). P.D.G.

ANATE. Pai de Sangar, um dos juízes de Israel (Jz 3.31; 5.6). O nome refere-se a uma deusa da guerra.

ANATOTE. 1. Um dos netos de Benjamim, filho de Bequer (1 Cr 7.8).

2. De acordo com Esdras 2.23 e Neemias 7.27, 128 membros de sua família são registrados na leva que retornou a Jerusalém, após o cativeiro babilônico, com Zorobabel e Neemias. Em Neemias 10.19 o líder do povo com esse nome talvez seja a mesma pessoa. Sob a liderança de Neemias, ele assinou o pacto do povo para obedecer à Lei de Deus e adorar somente a Ele.

ANDRÉ. Este vocábulo deriva do termo grego que significa "hombridade". André, o primeiro dos doze apóstolos a ser chamado por Jesus, foi rapidamente ofuscado por seu irmão Simão Pedro, que ele próprio levou ao Senhor (Jo 1.40-44). Natural de Betsaida, da Galiléia, André previamente fora seguidor de João Batista e estava presente quando este apontou Jesus como o Cordeiro de Deus. Juntamente com os outros três discípulos chamados em João 1, André recebeu sua comissão formalmente como discípulo itinerante, de tempo integral, no início do ministério de Jesus na Galiléia. Na época, André, Pedro, Tiago e João eram todos pescadores (Mt 4.18; Mc 1.16). André faz par com seu irmão Pedro na lista dos doze discípulos em Mateus 10.2 e Lucas 6.14 (mas não em Mc 3.18 ou At 1.13), para sugerir que pelo menos parte do tempo os dois irmãos formavam uma dupla no ministério de Cristo (cf. Mc 6.7).

Marcos 13.3 registra que estes quatro discípulos pescadores estavam presentes no "Discurso de Jesus", no monte das Oliveiras". Em João 6.8, André informou a Jesus, um pouco constrangido, que só havia cinco pães e dois peixes disponíveis para a multidão de cinco mil homens. Em João 12.22, ele também foi um dos intermediários os quais disseram a Jesus que certos gregos desejavam falar com Ele. A despeito das alegações contrárias, não existe um padrão consistente no comportamento de André, nem dados suficientes nas páginas das Escrituras para se deduzir qualquer princípio teológico significativo baseado em seu caráter ou sua personalidade. Vários atos apócrifos são atribuídos a ele, embora sem nenhuma evidência histórica. Nada mais é conhecido sobre ele com algum fundamento histórico. C.B.

ANDRÔNICO. Paulo refere-se a ele e a Júnia (Rm 16.7), como "meus parentes e companheiros de prisão". Provavelmente eram parentes de sangue, ou talvez apenas judeus, como Paulo. Não se sabe onde estiveram juntos na prisão. Converteram-se antes de Paulo, que os considerava conceituados entre os apóstolos. Provavelmente essa é a utilização mais generalizada do termo "apóstolo", como os que eram enviados a pregar o Evangelho.

ANER. Um dos três irmãos amorreus (veja também *Manre* e *Escol*) que se aliaram a Abrão quando perseguiu Quedorlaomer, a fim de resgatar Ló do cativeiro (Gn 14.13-16). Mais tarde, Abrão mostrou-lhes sua gratidão (Gn 14.24). (Para mais detalhes sobre o incidente, veja *Anrafel*.)

ANIÃO. O quarto filho de Semida, da tribo de Manassés (1 Cr 7.19).

ANJO DO SENHOR, O

ANJO DO SENHOR, O. O "anjo do Senhor" (às vezes chamado "o anjo de Deus") é mencionado mais de 60 vezes na Bíblia e é o porta-voz pessoal de Deus e seu representante diante da humanidade. Em certas ocasiões no Antigo Testamento, o anjo praticamente é identificado com o próprio Deus, como no encontro de Jacó em Betel, com Moisés na sarça ardente e no livramento do Egito (Gn 31.13; Êx 3.2; Jz 2.1). Em outras passagens, o anjo é diferenciado do Senhor (2 Sm 24.16; Zc 1.12,13). No Novo Testamento, o anjo é distinto de Deus (como em Lc 1.19, onde é chamado de Gabriel), embora Atos 8.26,29 refira-se também à atividade do Espírito Santo.

Na época de Abraão, o anjo apareceu a Hagar no deserto e disse-lhe que voltasse para sua senhora Sarai (Sara); prometeu também que Deus multiplicaria grandemente seus descendentes (Gn 16.7-12). Nesta ocasião, foram-lhe dadas instruções divinas concernentes a Ismael. Posteriormente, o anjo interveio também no monte Moriá, para impedir a morte de Isaque e confirmar a bênção de Abraão, por ele ter obedecido ao pedido de Deus (Gn 22.11,12,15-18).

O anjo do Senhor aparece várias vezes na história de Balaão (Nm 22.22-35) e é citado na canção de Débora e no chamado de Gideão (Jz 5.23; 6.11-22). No tempo dos Juízes, um anjo instruiu Manoá (Jz 13.13-21). Quando Davi desagradou a Deus, ao fazer a contagem do povo, um anjo trouxe-lhe destruição na forma de uma peste que matou 70.000 pessoas (2 Sm 24.10-16; 1 Cr 21.1-14). Quando o rei orou, o anjo ordenou que se construísse um altar na eira de Araúna (Ornã), o jebuseu. Mais tarde, o Templo de Jerusalém foi edificado naquele local (2 Sm 24.16-25; 1 Cr 21.15-22.1). Um anjo incentivou o desanimado Elias (1 Rs 19.7) e o instruiu a desafiar o rei de Samaria e seus mensageiros (2 Rs 1.3,15). Um anjo aniquilou o exército de Senaqueribe, a fim de mostrar o poder de Deus aos assírios (2 Rs 19.35; Is 37.36).

Nos Salmos, os anjos trazem tanto bênçãos como juízo. "O anjo do Senhor acampa-se ao redor dos que o temem, e os livra" (Sl 34.7); mas os inimigos do povo de Deus sempre estarão sujeitos ao juízo angelical (Sl 35.5,6). O anjo também é uma figura proeminente no livro de Zacarias (Zc 1.11,12; 3.1,5,6).

O evangelho de Lucas registra a aparição de um anjo do Senhor a Zacarias, a fim de anunciar o nascimento de João (Lc 1.11); a José, através de sonhos, (Mt 1.20; 2.13), a fim de instruí-lo a respeito do menino; e às mulheres no relato de Mateus sobre a ressurreição de Cristo (Mt 28.2-7).

Em Atos dos Apóstolos, o anjo do Senhor é citado em várias ocasiões, quando abriu as portas das prisões (At 5.19; 12.7), orientou Filipe para onde deveria ir (At 8.26) e feriu o rei Herodes Agripa I com o juízo de Deus (At 12.23).

Concluímos então que o anjo do Senhor é bastante ativo no Antigo e no Novo Testamento, a fim de realizar os propósitos divinos, tanto em bênçãos como em maldições. Às vezes, Deus comunica sua vontade por meio de um ser angelical, a fim de guiar e instruir seu povo. Em outras ocasiões, o anjo é visto como mensageiro divino, responsável pela realização de um juízo de Deus. A.A.T.

ANJOS

ANJOS

Existem aproximadamente 292 referências a "anjos" nas Escrituras, ou seja, 114 no Antigo e 178 no Novo Testamento. Esse número registra mais de 60 referências ao "anjo do Senhor", mas não inclui as relacionadas aos dois anjos chamados pelo nome na Bíblia, Gabriel (Dn 8.16; 9.21; Lc 1.19,26) e Miguel (Dn 10.13,21; 12.1; Jd 9; Ap 12.7). Existem também mais de 60 referências aos querubins, seres celestiais que são citados freqüentemente em conexão com a entronização simbólica de Deus no Tabernáculo e no Templo (Êx 25.18-20; 37.7-9; 1 Rs 6.23-25; 8.6,7; 2 Cr 3.7-14; Ez 10.1-20; Hb 9.5).

Os anjos no Antigo Testamento

A palavra usada no Antigo Testamento, para designar anjo, significa simplesmente "mensageiro". Normalmente, constituía-se em um agente de Deus, para cumprir algum propósito divino relacionado com a humanidade. Exemplo: dois anjos foram a Sodoma alertar Ló e sua família sobre a iminente destruição da cidade, como punição do Senhor por sua depravação (Gn 19.1,12-15).

Os anjos trazem direção, ajuda ou encorajamento. Em outras ocasiões, um anjo atuou na direção de uma pessoa, para o fiel cumprimento da vontade de Deus. Exemplo: o servo de Abraão foi enviado à Mesopotâmia, a fim de encontrar uma esposa para Isaque entre seus parentes, depois que Abraão lhe disse que o Senhor "enviaria seu anjo" adiante dele, para que o ajudasse a alcançar seu propósito (Gn 24.8,40).

Às vezes os anjos apareciam, no Antigo Testamento, para encorajar o povo de Deus. Assim, o patriarca Jacó, depois que saiu de Berseba, teve um sonho em Betel, no qual viu uma escada "posta na terra, cujo topo chegava ao céu; e os anjos de Deus subiam e desciam por ela" (Gn 28.12). Por meio dessa experiência, o Senhor falou com Jacó e tornou a prometer-lhe que seria o seu Deus, cuidaria dele e, depois, o traria à Terra Prometida (Gn 28.13-15).

Essa proteção divina é vista pelo salmista como extensiva a todos os que genuinamente colocam a confiança no Deus vivo: "O anjo do Senhor acampa-se ao redor dos que o temem, e os livra" (Sl 34.7; cf. 91.11,12).

Uma das referências mais interessantes aos anjos foi quando Moisés enviou mensageiros ao rei de Edom. Ao registrar as dificuldades enfrentadas durante o cativeiro egípcio, o legislador comentou: "Mas quando clamamos ao Senhor, ele ouviu a nossa voz, enviou um anjo, e nos tirou do Egito" (Nm 20.16). Infelizmente, a lembrança da ajuda divina no passado não foi suficiente e a passagem pelo território edomita foi negada (Nm 20.18-20).

Os anjos como executores do juízo de Deus. Houve ocasiões em que os anjos tiveram um papel preponderante no propósito divino (Gn 19.12; 2 Sm 24.16,17). Uma ilustração contundente de um anjo no exercício do juízo divino é encontrada em 1 Crônicas 21.15: "E Deus mandou um anjo para destruir a Jerusalém". Nesse caso, felizmente, a aniquilação da cidade foi evitada: "Então o Senhor deu ordem ao anjo, que tornou a meter a sua espada na bainha" (1 Cr 21.27). A justiça de Deus foi temperada com a misericórdia divina. Por outro lado, houve ocasiões quando a teimosa oposição ao Senhor foi confrontada com a implacável fúria divina, como nas pragas que caíram sobre o Egito. "Atirou para o meio deles, quais mensageiros de males, o ardor da sua ira, furor, indignação e angústia" (Sl 78.49).

55

ANJOS

Um dos casos mais dramáticos de retaliação divina ocorreu na derrota de Senaqueribe, em 701 a.C., em resposta à oração do rei Ezequias: "E o Senhor enviou um anjo que destruiu a todos os homens valentes, os chefes e os oficiais no arraial do rei da Assíria" (2 Cr 32.21s.; cf. 2 Rs 19.35; Is 37.36). A mesma ação que produziu juízo contra os inimigos de Deus trouxe livramento ao seu povo.

Anjos interlocutores. Eles aparecem com freqüência no livro de Zacarias, onde um anjo interlocutor é citado várias vezes (Zc 1.9,13,14,18,19; 2.3; 4.1,4,5; 5.5,10; 6.4,5; cf. Ed 2.44-48; 5.31-55). Assim lemos, quando o anjo do Senhor levantou a questão sobre até quando a misericórdia divina seria negada a Jerusalém: "Respondeu o Senhor ao anjo que falava comigo, palavras boas, palavras consoladoras" (Zc 1.13). O anjo então transmitiu ao profeta a mensagem dada por Deus (Zc 1.14-17). Esse papel do mensageiro do Senhor de comunicar a revelação divina ao profeta traz luz sobre o Apocalipse, onde um papel similar é dado a um anjo interlocutor (Ap 1.1,2; 22.6).

Os anjos e o louvor a Deus. Um dos mais bonitos papéis desempenhados pelos anjos no Antigo Testamento é o louvor. O salmista exortou: "Bendizei ao Senhor, anjos seus, magníficos em poder, que cumpris as suas ordens, que obedeceis à sua voz. Bendizei ao Senhor, todos os seus exércitos celestiais, vós, ministros seus, que executais a sua vontade" (Sl 103.20,21). Semelhantemente, o Salmo 148 convoca os anjos a louvar ao Senhor junto com todos os seres criados: "Louvai-o, todos os seus anjos; louvai-o, todos os seus exércitos celestiais" (v. 2). Quando Deus criou a Terra, todos os anjos (conforme trazem algumas versões) rejubilaram (Jó 38.7). Da mesma maneira, os serafins — criaturas celestiais que são citadas somente na visão de Isaías — ofereciam louvor e adoração, por sua inefável santidade: "Santo, Santo, Santo é o Senhor dos Exércitos; toda a terra está cheia da sua glória" (Is 6.2-4). O próprio nome desses seres ("aqueles que queimam") indica sua pureza como servos de Deus. Nesse texto, uma grande ênfase é colocada sobre a santidade do Senhor e a importância do louvor por parte dos anjos que o servem.

Os anjos no período intertestamentário

Os anjos foram particularmente proeminentes na literatura judaica no período entre os dois testamentos (2 Esdras 6.3; Tobias 6.5; 1 Macabeus 7.41; 2 Macabeus 11.6). Alguns anjos, segundo os livros apócrifos, eram conhecidos pelo nome (Uriel, em 2 Esdras 5.20 e Rafael, em Tobias 5.4) e, a partir daí, desenvolveram-se elaboradas angelologias. Tobias, por exemplo, falou sobre "sete santos anjos que apresentam as orações dos santos e entram na presença da glória do Santo". O livro apócrifo "Os Segredos de Enoque", que apresenta um forte interesse pelos anjos, menciona quatro deles pelo nome, os quais são líderes e desempenham funções específicas no plano divino (1 Enoque 40.9,10). No entanto, este ensino sobre os anjos é restrito e saturado do elemento especulativo, o qual tornou-se tão dominante no período intertestamentário.

Os anjos no Novo Testamento

No Novo Testamento, a palavra grega *angelos* significa "mensageiro" (usada com referência a João Batista, Mc 1.2-4) ou um "anjo". Os anjos são mencionados muitas vezes nos Evangelhos, Atos, Hebreus e Apocalipse e ocasionalmente nos outros livros.

ANJOS

Os anjos e os nascimentos de João e de Jesus. O elemento do louvor certamente marcou presença no NT. Em Lucas, o nascimento de Jesus é anunciado por uma "multidão dos exércitos celestiais, louvando a Deus, e dizendo: Glória a Deus nas maiores alturas, paz na terra entre os homens..." (Lc 2.13,14). Assim, também no NT os anjos participam do louvor e da adoração ao Senhor, da mesma maneira que faziam no AT. O louvor a Deus era uma de suas atividades primárias (Ap 5.11,12).

Vários outros aspectos da história do nascimento de Jesus são dignos de nota. Primeiro, o anjo do Senhor teve um papel preponderante no anúncio dos nascimentos tanto de João Batista como de Jesus, ao aparecer a José (Mt 1.20,24; 2.13), a Zacarias (Lc 1.11-20) e aos pastores (Lc 2.9-12). Segundo, o anjo Gabriel fez o anúncio para Zacarias e Maria (Lc 1.19,26). Lucas destacou também a participação de Gabriel na escolha do nome de Jesus (2.21; cf. 1.26-38).

Os anjos e a tentação de Jesus. Durante a tentação, o Salmo 91.11,12 foi citado pelo diabo, para tentar Jesus e fazê-lo colocar a fidelidade de Deus à prova (Mt 4.5-7; Lc 4.9-12). Cristo recusou-se a aceitar a sugestão demoníaca e é interessante que Marcos destacou o ministério dos anjos em seu relato da tentação (Mc 1.13). Da mesma maneira, no final de seu registro sobre este assunto, Mateus declarou: "Então o diabo o deixou, e chegaram os anjos e o serviram" (Mt 4.11). A promessa divina do Salmo 91 foi assim cumprida, mas no tempo e na maneira de Deus (cf. Lc 22.43).

Os anjos e o tema do testemunho. Os anjos são citados várias vezes em conexão com a vida cristã. O testemunho de Cristo era importante, pois era visto contra o pano de fundo da eternidade: "Qualquer que de mim e das minhas palavras se envergonhar, dele se envergonhará o Filho do homem, quando vier na sua glória e na do Pai e dos santos anjos" (Lc 9.26). O testemunho cristão tem um significado solene, com relação à nossa situação final na presença de Deus e dos anjos: "Digo-vos que todo aquele que me confessar diante dos homens também o Filho do homem o confessará diante dos anjos de Deus. Mas quem me negar diante dos homens será negado diante dos anjos de Deus" (Lc 12.8,9; cf. Mt 10.32,33; Ap 3.5). Em adição, Lucas destacou também a alegria trazida pelo arrependimento sincero: "Assim vos digo que há alegria diante dos anjos de Deus por um pecador que se arrepende" (Lc 15.10).

Os anjos e o dia do Senhor. Mateus destacou o papel dos anjos no dia do Senhor. Na Parábola do Joio, por exemplo, Jesus disse aos discípulos: "A ceifa é o fim do mundo, e os ceifeiros são os anjos. . . Mandará o Filho do homem os seus anjos, e eles colherão do seu reino tudo o que causa pecado e todos os que cometem iniqüidade" (Mt 13.39). Semelhantemente, na *Parábola da Rede,* os anjos participam no julgamento final: "Virão os anjos e separarão os maus dentre os justos, e os lançarão na fornalha de fogo, onde haverá pranto e ranger de dentes" (Mt 13.49,50). Em Mateus 16.27, os anjos são vistos como agentes de Deus, os quais terão um papel significativo no processo judicial: "Pois o Filho do homem virá na glória de seu Pai, com seus anjos, e então recompensará a cada um segundo as suas obras". No final dos tempos, Deus "enviará os seus anjos, com grande clamor de trombeta, os quais ajuntarão os seus escolhidos desde os quatro ventos, de uma à outra extremidade dos céus" (Mt 24.31).

Os anjos em cenas de morte e ressurreição. Os anjos são mencionados na intrigante passagem sobre o homem rico e Lázaro, onde "morreu o mendigo e foi levado pelos anjos para o seio de Abraão"; por outro lado, "morreu também o rico e foi

ANJOS

sepultado" (Lc 16.22). O destino eterno dos dois foi muito diferente e mostrou um forte contraste com o contexto de suas vidas na Terra!

Anjos apareceram no túmulo vazio, logo depois da ressurreição de Jesus Cristo (Mt 28.2,5; Lc 24.23; Jo 20.12). Mateus escreveu que um "anjo do Senhor" rolou a pedra que fechava o túmulo, e citou sua impressionante aparência e a reação aterrorizada dos guardas (Mt 28.2,3). Ele também registrou as instruções do anjo para as mulheres (Mt 28.5-7; cf. Mc 16.5-7; Lc 24.4-7). De acordo com o evangelho de João, Maria Madalena encontrou "dois anjos vestidos de branco" e depois o próprio Cristo ressurrecto (Jo 20.11-18; cf. At 1.10,11).

Os anjos em outras referências nos evangelhos. Mateus chamou a atenção para o papel dos anjos guardiões, que protegem o povo de Deus (Mt 18.10; cf. Sl 34.7; 91.11; At 12.11). Incluiu também o ensino de Jesus sobre o casamento no estado futuro: "Na ressurreição nem casam nem são dados em casamento; serão como os anjos de Deus no céu" (Mt 22.30; cf. Lc 20.36). Finalmente, há o sombrio repúdio dos que estarão ao lado esquerdo do Rei, na passagem sobre os *bodes* e as *ovelhas*: "Então dirá também aos que estiverem à sua esquerda: Apartai-vos de mim, malditos, para o fogo eterno, preparado para o diabo e seus anjos" (Mt 25.41). A partir desta passagem, fica claro que alguns dos anjos pecaram e uniram-se ao maligno e conseqüentemente também receberão o castigo eterno (cf. Is 14.12-17; Ez 28.12-19; 2 Pe 2.4; Jd 6).

Em seu evangelho, João registrou o comentário de Jesus para Natanael: "Vereis o céu aberto e os anjos de Deus subindo e descendo sobre o Filho do homem" (Jo 1.51). Essa passagem lembra o sonho que Jacó teve em Betel (Gn 28.10-17), onde os anjos faziam algo similar. Aqui, a idéia é que Cristo, como o Filho de Deus, será o elo de ligação entre o céu e a terra.

Os anjos no livro de Atos. Lucas fez muitas referências aos anjos em Atos. "O anjo do Senhor" abriu as portas das prisões para os apóstolos em várias ocasiões (At 5.19; 12.7-11). Mais tarde, "o anjo do Senhor" encorajou Paulo no meio de uma tempestade no mar, com uma mensagem de conforto e a certeza do livramento (At 27.23,24). Por outro lado, "o anjo do Senhor" trouxe juízo contra um inimigo do povo de Deus (o rei Herodes) como no AT: "No mesmo instante o anjo do Senhor feriu-o, porque não deu glória a Deus, e, comido de bichos, expirou" (At 12.23). Deus guiava seu povo e usava seus anjos, embora os saduceus racionalistas negassem a existência deles (At 23.8).

Os anjos nas cartas de Paulo. Paulo tinha menos a dizer sobre anjos do que se poderia esperar, embora reconhecesse que a luta do cristão era contra "principados e potestades" (Ef 6.12; cf. 2.2; Jo12.31; 14.30). Estava convencido de que nem os anjos e nem qualquer outro poder criado separariam os verdadeiros cristãos do amor de Deus em Cristo (Rm 8.38,39).

Paulo mencionou os anjos caídos, e lembrou aos crentes pecaminosos de Corinto que "os santos" julgariam os anjos (1 Co 6.3). Também admitiu que "o próprio Satanás se transforma em anjo de luz" (2 Co 11.14). Esse comentário afirma ser necessário estarmos em constante vigilância, para resistirmos a tais ataques enganadores. Embora os anjos tenham desempenhado um papel importante no tocante à colocação da lei divina em atividade (Gl 3.19), certamente não deveriam ser adorados Cl 2.18). Na verdade, ao escrever aos gálatas, Paulo diz que "ainda que nós mesmos ou um anjo do céu vos anuncie outro evangelho além do que já vos anunciamos, seja anátema" (Gl 1.8). Ele reconhecia com gratidão a bondade inicial dos gálatas, pois "me recebestes

ANJOS

como a um anjo de Deus" (Gl 4.14). Ao escrever aos tessalonicenses, Paulo declarou solenemente que os oponentes do cristianismo, os quais perseguiam os crentes, seriam punidos, "quando do céu se manifestar o Senhor Jesus com os anjos do seu poder, em chama de fogo..." (2 Ts 1.7,8). Deus ainda estava no controle de sua criação.

Duas passagens em 1 Timóteo devem ser observadas. Na primeira, os anjos são mencionados num antigo hino muito bonito (1 Tm 3.16). Na segunda, uma séria advertência é feita ao jovem líder cristão, não só na presença de Deus e de Cristo, mas também diante "dos anjos eleitos" (1Tm 5.21), em contraste com Satanás e os outros anjos caídos.

Os anjos no livro de Hebreus. Os anjos são citados muitas vezes na carta aos Hebreus (Hb 2.16; 12.22; 13.2), mas são considerados inferiores a Cristo (Hb 1.5-14). São cuidadosamente definidos no primeiro capítulo como "espíritos ministradores, enviados para servir a favor dos que hão de herdar a salvação" (Hb 1.14). São introduzidos numa passagem que adverte os discípulos a atentar para a grande salvação oferecida em Cristo (Hb 2.1,2). Anjos inumeráveis fazem parte da Jerusalém celestial e isso é mencionado como um incentivo a mais, para que os destinatários não recaíssem no Judaísmo (Hb 12.22-24; cf. Mt 26.53).

Os anjos em 1 Pedro, 2 Pedro e Judas. O plano divino da salvação é tão maravilhoso que desperta a curiosidade dos anjos (1 Pe 1.12). A ascensão de Cristo ao Céu, entre outras coisas, significou que anjos, autoridades e potestades foram colocados em submissão a Ele (1 Pe 3.22). Referências sombrias à condenação dos anjos caídos em 2 Pedro e Judas são feitas nas passagens que apontam solenemente os erros dos falsos mestres e sua absoluta destruição (2 Pe 2.4; Jd 6). Em 2 Pedro 2.11, um forte contraste é feito entre os anjos bons e os maus.

Os anjos no livro de Apocalipse. Em Apocalipse, as cartas são endereçadas "ao anjo" das sete igrejas (Ap 2.1,8,12,18; 3.1,7,14). Em cada um dos casos, a referência é feita aos pastores das igrejas, os quais eram os mensageiros de Deus para o seu povo, numa época de crise iminente. Por outro lado, existem também muitas citações aos anjos como seres sobrenaturais, por todo o livro (Ap 5.2,11; 7.1,2,11; 8.3-8; 14.6-10; 19.17; 20.1).

A limitação do espaço nos restringe a quatro observações: *primeira*, os anjos aqui, como em outros lugares na Bíblia, são descritos como executores do juízo de Deus sobre a Terra (Ap 9.15; 16.3-12); *segunda*, o papel do anjo interlocutor, observado em Zacarias, também é encontrado em Apocalipse (Ap 1.1,2; 10.7-9; 22.6); *terceira*, é observada uma divisão entre os anjos bons e os maus. "E houve guerra no céu: Miguel e os seus anjos batalhavam contra o dragão. E o dragão e os seus anjos batalhavam" (Ap 12.7). Nesta batalha, o lado divino saiu vitorioso: o diabo "foi precipitado na terra, e os seus anjos foram lançados com ele" (Ap 12.9); *quarta*, os anjos verdadeiros adoram a Deus e reúnem-se no louvor a Cristo ao redor do trono divino (Ap 5.11,12).

Sumário

A Bíblia tem muito a dizer sobre os anjos. Eles foram criados e não devem ser adorados ou louvados. Pelo contrário, são servos sobrenaturais de Deus, que participam dos seus propósitos, tanto de juízo como de salvação. São agentes e mensageiros do Senhor, trabalhando em favor dos seus filhos e protegendo-os. Os anjos participam da adoração a Deus e cumprem a sua vontade na Terra. Alguns, entretanto, se rebelaram contra o Senhor e aliaram-se a Satanás. Estes serão julgados junto com o diabo.   A.A.T.

ANRAFEL

ANRAFEL. Um dos quatro reis da Mesopotâmia que invadiram a Palestina no tempo de Abraão (veja também *Arioque, Quedorlaomer* e *Tidal*). O relato de Gênesis 14 é de particular interesse, pois destaca como a região do vale do rio Jordão era cobiçada, a ponto de justificar uma aliança e atrair reis de terras tão distantes; destaca também o crescimento rápido da influência de Abr(a)ão.

Fica claro que o líder da confederação invasora era o rei Quedorlaomer (Gn 14.4,5). Eles tinham conquistado várias cidades do vale do Jordão e áreas ao redor do mar Morto e governavam a terra há doze anos. No 13º ano, os reis dessas cidades rebelaram-se e lutaram contra os invasores (veja *Bera, Birsa, Sinabe* e *Semeber*). Novamente, contudo, foram derrotados e fugiram. Os quatro reis capturaram uma grande extensão de terra, que incluía as cidades de Sodoma e Gomorra, das quais tomaram todo o espólio. Levaram cativo, juntamente com o resto dos cidadãos, o sobrinho de Abrão (Ló) que morava em Sodoma.

Isso fez com que Abrão entrasse em cena. Quando ouviu o que acontecera, perseguiu Quedorlaomer e alcançou-o bem ao norte. Num ataque sutil e inteligente, Abrão derrotou a confederação daqueles reis e retornou com Ló e sua família (Gn 14.14-17).

A aliança daqueles reis, da qual Anrafel fazia parte, veio da mesma região que fora o lar de Abrão. A vitória dele sobre esses monarcas é de grande significado, pois é vista em Gênesis 14 como a vitória do Senhor e indicava o estabelecimento de Abrão em Canaã, bem como sua separação final e completa da antiga existência. Desse ponto em diante, sob o plano soberano de Deus, a influência de Abrão na "Terra Prometida" cresceu cada vez mais. P.D.G.

ANRÃO. 1. Um dos quatro filhos de Coate e neto de Levi (Êx 6.18; Nm 26.58; 1 Cr 6.2,3,18; 23.12,13). Líder de clã entre os coatitas (Nm 3.19). Sua esposa Joquebede deu-lhe três filhos: Miriã, Arão e Moisés (Êx 6.20; Nm 26.59; 1 Cr 24.20).

2. Descendente de Bani, no tempo de Neemias (Ed 10.34). Após Secanias confessar a Esdras que muitos homens de Judá tinham-se casado com mulheres de outras nações, Esdras e os judeus se arrependeram e fizeram um pacto de servir ao Senhor (Ed 10.2). Anrão estava entre os que se casaram com as mulheres estrangeiras. P.D.G.

ANTIPAS. 1. Veja *Herodes*.

2. Descrito como "testemunha fiel" de Deus em Apocalipse 2.13. Ao falar à igreja em Pérgamo, na província da Ásia, o Senhor recomendou aos cristãos que não renunciassem à fé, mesmo após o martírio de Antipas. Essa cidade é descrita como o lugar "onde Satanás habita". Era um centro de adoração ao imperador. A tradição diz que Antipas foi assado vivo num grande recipiente de bronze.

ANTOTIAS. Um dos descendentes de Saul. Era filho de Sasaque (1 Cr 8.24).

ANUBE. Descendente de Judá, era filho de Coz (1 Cr 4.8).

ANZI (Heb. "minha força").

1. Da tribo de Levi, filho de Bani. Um de seus descendentes, Etã, o merarita, serviu como músico no Templo (1 Cr 6.46).

2. Adaías, seu descendente, foi um dos sacerdotes que se estabeleceram em Jerusalém depois do exílio babilônico (Ne 11.12).

AOÁ. Neto de Benjamim e filho de Bela. Essa genealogia tem um significado especial porque vai do filho caçula de Jacó até Saul (1 Cr 8.4). Possivelmente seja o Aías de 1 Crônicas 8.7.

AOLIABE (Heb."a tenda do meu pai"). Filho de Aisamaque, da tribo de Dã (Êx

31.6). Foi indicado pelo Senhor para auxiliar Bezalel no artesanato e nos desenhos dos artigos do Tabernáculo. Obviamente, tinha excelentes qualidades em diferentes tipos de trabalho manual, como ourivesaria, marcenaria e mesmo confecção de tecidos. Deus lhe deu também a habilidade de ensinar a outros tais técnicas, de maneira que toda obra no Tabernáculo foi realizada para a glória do Senhor (Êx 35.34 a 36.2).

APAIM (Heb. "faces"). Um dos filhos de Nadabe; Apaim foi pai de Isi (1 Cr 2.30,31); era líder na tribo de Judá.

APELES. Paulo enviou saudações a esse cristão romano, que fora testado e "aprovado em Cristo" (Rm 16.10). Talvez ele tenha, como o apóstolo, sofrido perseguições; contudo, nenhuma informação adicional é dada. O cuidado pastoral de Paulo e a sua consideração por indivíduos são freqüentemente destacados em suas cartas.

APOLO. Era um importante obreiro da igreja primitiva. Nasceu e foi educado na "segunda Atenas", isto é, a cidade de Alexandria, no Egito, e figurou entre o limitado número de judeus que possuíam cidadania alexandrina. O fato de que pertencia ao mais elevado quadro social daquela famosa cidade é indicado nos termos selecionados por Lucas em sua breve mas altamente informativa descrição em Atos 18.24-28. Como homem "instruído", recebeu formação de "nível universitário" em retórica, na grandemente valorizada educação grega. Era um ensino disponível apenas para a elite, devido aos seus elevados custos. Lucas diz que Apolo era "poderoso" no uso das Escrituras. "Poderoso" era um termo retórico para lógica e persuasão. Ele aprendeu a arte da habilidade nos debates em sua educação secular e usava isso de maneira excelente, "demonstrando" (outro termo retórico) pelo Antigo Testamento que

Jesus era o Messias prometido (At 18.24). Pelos padrões do primeiro século, é apresentado como um formidável judeu cristão, apologista e debatedor, e combinava seu conhecimento exaustivo do AT com sua educação secular na arte da retórica (compare Apolo com outros pregadores, os quais, em termos de educação formal, eram descritos como "sem letras e indoutos" At 4.13).

Sua chegada a Éfeso abriu as portas para os judeus. Sua vinda fortaleceu claramente o testemunho cristão na cidade, que era ao mesmo tempo receptiva e antagônica ao cristianismo. Ele fora "instruído no caminho do Senhor" (cf. Mc 1.2, onde Is 40.3 é citado), presumivelmente pelos discípulos de João Batista, cuja pregação resumia-se em preparar o caminho para Jesus. A mensagem do Batista tinha se espalhado além das fronteiras da Judéia, até o Egito e Ásia Menor. Inicialmente, Apolo pregava na sinagoga de Éfeso, onde foi ouvido por Priscila e Áqüila, dois grandes ministros da igreja primitiva e implementadores do ministério cristão. Provavelmente, usavam a própria residência como "igreja local" e convidaram Apolo para visitá-los. Embora este ensinasse sobre Jesus "diligentemente", os dois preencheram as lacunas do conhecimento dele. Como qualquer discípulo de João que não tomou parte do grupo apostólico, provavelmente ele precisava entender as implicações teológicas dos eventos finais na vida de Jesus, inclusive sua morte, ressurreição e volta à Terra para reinar.

Apolo queria exercer seu ministério do outro lado do mar Egeu, na província da Acaia, cuja capital era Corinto; a igreja em Éfeso o encorajou a ir. Escreveram uma carta de recomendação para os cristãos coríntios, pedindo que o recebessem. Nessa época, Priscila e Áqüila eram o elo entre as duas igrejas (At 18.2). Apolo fortaleceu grandemente a comunidade cristã de Corinto e colaborou na discussão com os judeus que haviam trazido uma

APOLIOM

acusação criminal contra Paulo diante do governador Gálio. Esse julgamento havia colocado os cristãos debaixo de um guarda-chuva judaico e parece que Apolo cumpriu a ordem do governador, talvez não intencionalmente, usando as Escrituras para "cuidar do assunto" (At 18.15). Num debate público, ele refutou as acusações dos judeus e provou pelo crivo das Escrituras Sagradas que a afirmação dos cristãos de Jesus ser o Messias era verdadeira (At 18.28).

Apolo permaneceu algum tempo em Corinto e engajou-se numa obra promissora. Os que se converteram por meio desse ministério, quando começaram a surgir divisões após o retorno dele a Éfeso, viam a si mesmos como pertencentes a Apolo, em termos seculares. Seu nome seria usado comparativamente nos tristes problemas em 1 Coríntios caps. 1 a 4; seria mencionado como cabeça, quando os coríntios o convidaram para trabalhar ali, em detrimento de Paulo, embora este tivesse exercido um ministério eficiente na cidade por 18 meses (At 18.11). O uso dos termos "acerca do irmão Apolo" (1 Co 16.12) indica que o apóstolo respondia a uma questão que fora apresentada na carta que recebeu dos coríntios (1 Co 7.1). Dado o amor que tinham pela oratória secular, o lobby de Apolo foi capaz de convencer a igreja de que seus interesses seriam mais bem atendidos se ele retornasse. Nos dias que se seguiram, a opinião de alguns sobre o ministério de Paulo foi expressa em linguagem retórica, quando foi acusado de que não possuía nem a presença carismática de Apolo, pois sua presença física era fraca, nem o estilo eloqüente, pois sua apresentação carecia das qualidades consideradas aceitáveis para uma audiência bem-educada e sofisticada como a dos coríntios (2 Co 10.10).

Paulo não demonstrou qualquer ressentimento contra Apolo, quando respondeu às cartas dos coríntios. Ele apenas se recusou a envolver-se nos métodos seculares do pensamento dos crentes daquela igreja. Em 1 Coríntios 4.6, o apóstolo condena a competição entre o lobby dele e o de Apolo, ao chamar tal atitude de "imatura" e "mundana". Ciúmes e rivalidades entre professores era exatamente o que mestres e discípulos seculares faziam, com seu espírito competitivo, na luta pela reputação de suas escolas e por maior influência nas assembléias políticas (1 Co 3.1,3; cf 1.11). Os coríntios demonstravam muita preocupação sobre quem eram Paulo e Apolo. Paulo, ao contrário, revela as funções distintas de cada um, destacando que um plantava e outro regava, cooperando conjuntamente para o crescimento da igreja, porque apenas Deus pode criar uma congregação e fazê-la crescer (1 Co 3.5,6). Tanto Paulo como Apolo eram de tal estatura espiritual, que nenhum dos dois reagiu ao jogo de poder dos coríntios, mas continuaram empenhados em prol do bem da igreja. O texto de 1 Coríntios 16.12 indica que Apolo recusou o convite para retornar a Corinto, pois julgou que não seria "boa ocasião", embora considerasse que em outra oportunidade aceitaria.

Em Tito 3.13, Apolo — cuja educação o qualificava para trabalhar como advogado — estava envolvido com Zenas, "doutor da lei" (talvez melhor entendido como "assistente legal") em Creta. Paulo pediu a Tito que providenciasse tudo de que precisassem para a jornada, isto é, as finanças necessárias. Isso indica que Apolo ainda estava engajado no ministério cristão em tempo integral e, por esse motivo, necessitava de sustento (1 Co 9.14). Ele poderia assegurar para si mesmo uma vida opulenta, devido à sua educação, trabalhando como orador e advogado; entretanto, escolheu usar seus talentos e privilégios em favor do reino de Deus e, ao fazer isso, contribuiu grandemente para o testemunho cristão e a defesa da fé. B.W.

APOLIOM. Veja *Abadom*.

APÓSTOLOS

APÓSTOLOS

O vocábulo "apóstolo" (do grego *apostolos*, que significa "mensageiro" ou "enviado") é o nome dado a alguém enviado para uma missão por outrem. No NT esse termo é usado para identificar os primeiros líderes do movimento que se formou em torno de Jesus de Nazaré. Com o tempo, este termo tornou-se mais amplo e abrangeu também outros cristãos que cumpriram tarefas de destaque na área de evangelização e missões.

A escolha dos Doze

Os primeiros apóstolos foram escolhidos diretamente por Jesus (Mc 3.14,15; Jo 15.16) e indicados depois de uma noite de oração, em busca da direção divina (Lc 6.12). Os quatro evangelistas mencionam que havia doze líderes (Mt 10.1,2,5; 11.1; 20.17; Mc 4.10; 6,7; 9.35; Lc 6.13; 8.1; 22.3; Jo 6.67,70,71; 20.24).

Os nomes dos apóstolos são relacionados quatro vezes, em Mateus 10.2-4, Marcos 3.16-19, Lucas 6.14-16 e Atos 1.13, onde Matias foi nomeado como substituto de Judas Iscariotes (At 1.12-26). Um estudo dessas listas e dos nomes apostólicos no evangelho de João revela fatos interessantes. Primeiro, quatro dos apóstolos eram pescadores — Pedro, André, Tiago e João. Desses, Pedro, Tiago e João formavam um círculo de amizade mais próximo e estavam presentes com Cristo em várias ocasiões memoráveis, como a ressurreição da filha de Jairo (Mc 5.37; Lc 8.51), a Transfiguração (Mc 9.2; Lc 9.28) e a agonia no Getsêmani (Mc 14.32). Às vezes, André era também incluído, como na ocasião em que os discípulos perguntaram a Jesus sobre quando o Templo seria destruído (Mc 13.3,4). Segundo, dois discípulos, Tiago e João, foram chamados Boanerges, que significa, "filhos do trovão", provavelmente referindo-se ao "temperamento esquentado" deles (Mc 3.17). Terceiro, Mateus ou Levi possivelmente tinha bom nível de instrução, um cobrador de impostos e considerado colaboracionista das autoridades romanas que dominavam a Palestina naquela época. Quarto, Tomé era chamado Dídimo, "o gêmeo" (Jo 11.16; 20.24). Quinto, provavelmente Judas Iscariotes era o único judeu (não galileu) e Simão, chamado "o zelote" ou "o cananeu", possivelmente era um revolucionário político. Eles formavam um grupo heterogêneo e somente a lealdade comum a Jesus os mantinha juntos. Eles o conheciam e amavam e queriam ser seus seguidores, embora freqüentemente falhassem muito (Mt 8.26; 14.31; 16.8; 22.40-45; Mc 4.40; Lc 8.25; 12.28; Jo 20.24-28).

A relação única dos doze com Jesus

Havia muitas pessoas que desejavam seguir a Jesus (Mt 8.18-22; Lc 9.57-62) e desse grande grupo Ele selecionou os setenta (Lc 10.1-20; alguns manuscritos trazem "setenta e dois" nos vv. 1,17), bem como os doze (Lc 9.1-6). A escolha destes últimos tinha um propósito duplo. Foram escolhidos "para que estivessem com ele, e os mandasse a pregar" e a fim de participarem do ministério de Jesus (Mc 3.14,15). Essa seria uma tarefa cheia de desafios e que exigiria muito deles; mas o Senhor prometeu estar com eles e ajudá-los, mesmo após seu retorno ao Pai (Jo 14.18). Ele enviaria o Espírito Santo, a fim de ensiná-los e capacitá-los para o testemunho cristão (Jo 14.26; 15.26,27). Eles então seriam capazes de sair pelo mundo, a fim de compartilhar o Evangelho com outros. No livro de João, após a ressurreição de Cristo, o Senhor lembra aos discípulos qual é a comissão deles: "Assim como o Pai me enviou, eu vos envio" (Jo 20.21). Essa comissão é citada repetidas vezes (Mt 28.16-20; Lc 24.46-49; cf. Mc 16.15,16; At 1.8).

APÓSTOLOS

Devido ao grau de aproximação com Jesus, algum reconhecimento favorável deve ser dado ao "discípulo amado", citado apenas no evangelho de João e nunca identificado pelo nome. A tradição cristã geralmente assume que se tratava do próprio autor do quarto evangelho, embora haja discussão quanto a isso. De qualquer maneira, o escritor deste livro notou que esse discípulo estava próximo a Jesus e foi quem lhe perguntou, durante a última Ceia, sobre a identidade do traidor (Jo 13.23-25). O discípulo amado também estava presente durante a crucificação, quando foi-lhe dada a responsabilidade de cuidar da mãe de Cristo (Jo 19.25-27). Posteriormente, esteve presente com Pedro na cena do túmulo vazio e na pesca milagrosa no mar de Tiberíades (Jo 21.1,7,20). Aparentemente, era uma figura bem conhecida nos círculos de amizade de João e gozava da total confiança de Jesus.

Dois outros discípulos devem ser mencionados, pelo seu grau de amizade com Jesus. Em todas as listas com os nomes dos apóstolos, Pedro é sempre mencionado em primeiro lugar e Judas Iscariotes em último. Evidentemente Pedro era o líder do grupo e claramente serviu como porta-voz deles em várias situações (Mt 16.13-16; Mc 8.27-29; Lc 9.18-20; Jo 6.68,69). No outro extremo da escala está a trágica figura de Judas, cujo ato de traição contra Jesus resultou em ser colocado sempre como último nome nas listas. Passou a ser visto como traidor de "sangue inocente" e confessou seu pecado antes de se matar (Mt 27.3-10; cf. At 1.16-19).

A dedicação dos doze

Alguns dos apóstolos de Jesus eram provenientes de uma associação prévia com João Batista (Jo 1.35-42). Haviam participado de um movimento nacional da volta para Deus, por parte do povo da aliança (cf. Mc 1.5; Mt 3.5). Estavam conscientes da importância do arrependimento e tinham dado os primeiros passos para reafirmar o relacionamento com o Senhor (Mt 3.1-3; Lc 3.7-14). Por isso prepararam-se a fim de receber a Jesus como o Libertador de Israel, há muito prometido.

Jesus também insistiu para que o povo se arrependesse, voltasse as costas para os pecados do passado e abrisse seus corações, a fim de crer nas boas novas de salvação (Mc 1.15; cf. Mt 3.2). Para os doze, o chamado ao discipulado envolveria o abandono da cena da vida familiar, a fim de exercer um ministério itinerante com Jesus. Assim, Pedro e André foram convocados por Cristo para se tornarem pescadores de homens, e eles imediatamente, "deixando as redes, o seguiram" (Mc 1.16-18; Mt 4.18-20). O chamado para o discipulado implicava exigências radicais e envolveu um compromisso total.

Numa ocasião Pedro lembrou a Jesus os sacrifícios que ele e os outros discípulos fizeram: "Nós deixamos tudo, e te seguimos! O que, então, haverá para nós?" (Mt 19.27; cf. Mc 10.28; Lc 18.28). Era totalmente natural que tal questão fosse levantada quando o custo do compromisso parecia tão elevado. Em outra ocasião, Tomé disse estoicamente aos demais discípulos: "Vamos nós também para morrer com ele" (Jo 11.16). O próprio Jesus reconhecera a lealdade deles em meio a tempos difíceis e prometeu-lhes grandes bênçãos em seu reino, onde se sentariam em tronos e julgariam as doze tribos de Israel (Lc 22.28-30). As alegrias da vida no reino de Deus seriam mais do que compensadoras por todos os sofrimentos e provações que passassem por sua causa (Mt 19.28,29; Mc 10,29,30; Lc 18.29,30).

APÓSTOLOS

O treinamento dos doze

O Senhor sabia que sua missão seria depositada nas mãos dos que a terminariam, depois que Ele deixasse a Terra. Por essa razão, dedicou grande parte de seu tempo e atenção ao treinamento dos discípulos, especialmente dos doze. Em público, Ele geralmente ensinava por meio de parábolas, mas, em particular, explicava tudo claramente aos discípulos (Mt 13.10-13,36; Mc 4.10-20,34; Lc 8.9-15). Jesus falou-lhes a respeito da natureza de sua vida e seu trabalho, da necessidade de sua morte, da certeza de sua ressurreição e de seu retorno final em poder e grande glória (Mt 16.21; Mc 8.31; 9.31; 10.33,34; 14.62; Lc 9.21,22,26; cf. Jo 5.25-30). Foram excelentemente ensinados por Jesus, o Mestre dos mestres, que era também o Senhor (Jo 13.13). De fato, o título de "Mestre" foi usado com referência a Cristo mais freqüentemente do que qualquer outro título nos evangelhos (Mt 8.19; 12.38; 17.24; Mc 4.38; 12.14,19,32; Lc 7.40; 10.25; Jo 3.2; 20.16); certamente Ele dirigiu a maior parte de sua instrução para os que estavam mais próximos, para os quais confiou o futuro de sua Igreja.

A qualificação dos doze

Havia qualificações bem definidas para o apostolado, e Pedro as relacionou resumidamente em seu discurso em Atos 1.12-22. Vários aspectos estão relacionados nessa declaração.

Primeiro, para ser apóstolo, era preciso que a pessoa tivesse testemunhado todo o ministério público de Jesus, desde seu batismo até a ressurreição. Assim, o propósito do testemunho ocular dos apóstolos foi enfatizado. Lucas, na introdução de seu evangelho, destacou a importância dos apóstolos como "testemunhas oculares", bem como "ministros da palavra" (Lc 1.2). Assim, a maior ênfase possível era colocada nos fundamentos históricos da vida e obra de Jesus. Seus milagres, ensinamentos, morte e ressurreição não eram fábulas, mas fatos solidamente comprovados, os quais os apóstolos podiam confirmar como testemunhas oculares. Esse mesmo testemunho foi fortemente firmado nas palavras iniciais de 1 João (1.1-4).

Segundo, o testemunho apostólico realçava a importância da cruz e da ressurreição. Era do conhecimento público no primeiro século, em Jerusalém, que Jesus de Nazaré fora morto por meio de crucificação, e a inscrição informava isso a todos "em aramaico, latim e grego" (Jo 19.20). Enquanto a execução foi atestada por muitas pessoas, os apóstolos corajosamente testemunharam sobre a veracidade da ressurreição de Cristo, e isso é repetidamente destacado na pregação deles (At 2.24,32; 4.10; 5.30-32; 13.30). Os apóstolos declaravam solenemente que podiam testemunhar com certeza que Jesus estava vivo (At 3.15; 10.39-42; 13.31). O testemunho deles, associado ao ensino das Escrituras (At 2.25-32; 3.17-26; 13.32-39), servia para confirmar a mensagem cristã. Esse critério estava em harmonia com a bem conhecida lei judaica da evidência, a qual exigia que toda verdade fosse estabelecida pelo testemunho de duas ou três testemunhas — um princípio que é ensinado repetidamente na Bíblia (Nm 35.30; Dt 17.6; 19.15; Mt 18.16; 2 Co 13.1; 1 Tm 5.19; Hb 10.28). A fé cristã foi assim apresentada de maneira tal que honrou o princípio das múltiplas testemunhas.

A autoridade dos apóstolos

O fato de que os apóstolos foram as testemunhas oculares de Jesus deu à mensagem deles uma autoridade exclusiva. Foram escolhidos pelo Pai e pelo Filho como os

ÁQÜILA

comunicadores da mensagem cristã (Lc 6.12,13; Jo 13.18; 15.16,19; At 1.2; 10.41). Além do mais, foram divinamente apontados como "ministros da Palavra" (Lc 1.2), e o Cristo ressurrecto disse a eles: "Mas recebereis poder, ao descer sobre vós o Espírito Santo, e sereis minhas testemunhas, tanto em Jerusalém como em toda a Judéia e Samaria, e até os confins da terra" (At 1.8).

O papel do apóstolo Paulo

A mais excelente figura no cumprimento da missão apostólica foi a do apóstolo Paulo, cuja conversão é narrada três vezes no livro de Atos (At 9.1-19; 22.3-16; 26.9-18). Aos olhos de Lucas, foi um evento de grande significado na história do cristianismo, pois Paulo, assim como os doze, foi comissionado divinamente (At 9.15,16; 22.14,15; 26.15-18). Assim, Lucas ampliou seu uso do termo "apóstolo", para incluir Paulo e Barnabé, dois dos principais missionários entre os gentios (At 14.4,14).

Paulo tinha convicções muito fortes quanto ao seu apostolado (1 Co 1.1; 15.9; 2 Co 1.1; Cl 1.1). Em várias ocasiões, insistiu em afirmar que era apóstolo, quando suas credenciais foram questionadas (1 Co 9.1,2; Gl 1.1; 1.15 a 2.10). Embora houvesse "falsos apóstolos" na Igreja primitiva (2 Co 11.13; Ap 2.2), o papel de Paulo foi desempenhado por indicação divina. Ele viu o Senhor ressuscitado e foi chamado para a obra pelo próprio Cristo.

Paulo afirmou o papel dos doze (1 Co 15.7; Gl 1.17), mas também reconhecia os "apóstolos" num sentido mais amplo, que incluía Tiago, irmão de Jesus (Gl 1.19), Silas e Timóteo (1 Ts 2.6,7), Andrônico e Júnia (Rm 16.7) e os "apóstolos da igreja" (2 Co 8.23).

Sumário

Em resumo, os apóstolos tiveram a responsabilidade primária da proclamação do Evangelho e do cumprimento da Grande Comissão. Foram as testemunhas oculares e os ministros da Palavra; a Igreja certamente foi edificada "sobre o fundamento dos apóstolos..." (Ef 2.20). Estes foram seguidos por outros, como Estêvão e Filipe, que participaram juntamente com eles no labor evangelístico e missionário. O apóstolo Paulo foi um excepcional líder na tarefa de levar o Evangelho ao mundo daquela época. Os apóstolos claramente tinham um lugar especial na missão de Deus. (Para mais detalhes, veja os verbetes dos nomes individuais.)   A.A.T.

ÁQÜILA (Gr. "águia"). Um judeu cristão. Não se sabe quando se converteu ao cristianismo, mas provavelmente isso aconteceu em sua terra natal, no Ponto (um antigo distrito da Ásia Menor, próximo ao mar Negro) ou em Roma. Em 49 d.C. ele e sua esposa Priscila deixaram Roma e foram para Corinto (At 18.2). Foram forçados a abandonar sua casa na capital romana, quando o imperador Cláudio ordenou a expulsão de todos os judeus da região, por causa dos constantes tumultos que causavam, instigados por um tal "Cresto" (uma possível referência a Cristo).

Fabricante de tendas, Áqüila começou a trabalhar em Corinto. Paulo encontrou-se com ele naquela cidade; como eram da mesma profissão, trabalharam e permaneceram juntos. Quando chegou o tempo do apóstolo viajar para a Síria, Áqüila e sua esposa Priscila foram juntos (At 18.18,19). Paulo separou-se do casal em Éfeso, onde eles encontraram Apolo. Este era instruído nas Escrituras, mas

ARÃ

conhecia apenas o batismo de João. Áqüila e Priscila o convidaram para visitá-los e "lhe declararam com mais precisão o caminho de Deus" (At 18.26).

Paulo considerava Áqüila e Priscila amigos leais e colaboradores em Cristo. O casal arriscou a própria vida por ele e foi de grande valia para as igrejas entre os gentios (Rm 16.3,4). Eles também tinham uma igreja reunindo-se em sua casa (1 Co 16.19). A última vez em que são mencionados é em 2 Timóteo 4.19, onde Paulo exorta Timóteo a mandar-lhes saudações. M.C.R.

AQUIM. Na genealogia que estabelece a linhagem real de Jesus, Aquim aparece como pai de Eliúde e filho de Sadoque (Mt 1.14).

ÁQUIS (Heb. "o rei dá"). Rei de Gate, na época de Davi. Seu pai era Maoque (1 Sm 27.2), ou, se 1 Reis 2.39 refere-se à mesma pessoa anos mais tarde, Maaca. Na segunda passagem, dois escravos de Simei fugiram e refugiaram-se com Áquis, durante o reinado de Salomão.

Davi, enquanto fugia do rei Saul, por duas vezes buscou refúgio junto a Áquis em Gate. Na primeira vez (1 Sm 21.10-15), ele fingiu ser louco, pois estava com medo do rei filisteu. Ao escapar de Saul e ser considerado maluco por Áquis, Davi escondeu-se na caverna de Adulão. Na segunda ocasião (1 Sm 27.1-12), o filho de Jessé fugiu para Áquis com 600 homens e suas respectivas famílias. O rei filisteu deu-lhe a cidade de Ziclague, no deserto, para estabelecer-se. Fiel à sua determinação de não matar o ungido do Senhor (Saul), Davi dava a entender a Áquis que fazia incursões e guerrilhas em Israel, quando na verdade atacava as cidades da Filístia. Posteriormente, quando os filisteus subiram para lutar contra Israel, Áquis convidou Davi para ir junto, mas os outros reis não permitiram, pois temiam que o filho de Jessé se voltasse contra eles (1 Sm 28.1,2; 29.1-11). Davi então retornou ao seu acampamento.

Enquanto Davi recebia ajuda de Áquis, nunca fez algo que ameaçasse seu povo. Ele tinha convicção de que seria o Senhor quem o colocaria finalmente no trono de Israel e jamais chegaria ao poder por meio da ajuda dos inimigos de Deus. Esse ataque combinado de vários reis filisteus culminou com a morte de Saul e, no tempo estabelecido pelo Senhor, Davi tornou-se rei. P.D.G.

ARA (Heb. "jumento selvagem"). Era um dos três filhos de Jeter, da tribo de Aser (1 Cr 7.38).

ARÁ. 1. Um dos filhos de Ula e descendente de Aser; figurava entre os "homens valentes" de sua tribo (1 Cr 7.39,40).

2. Esdras 2.5 registra que 775 dos descendentes de Ara retornaram do exílio com Neemias (Ne 7.10 diz que o número dos que retornaram foi de 652).

3. O filho de Ará, Secanias, era sogro de Tobias, o inimigo de Neemias. Muitos em Judá estavam ligados a Tobias por juramento e por isso o informavam de todos os movimentos de Neemias (Ne 6.18,19).

ARADE. Um dos filhos de Berias, aparece na genealogia que vai de Benjamim até Saul (1 Cr 8.15,16).

ARAM. Um dos filhos de Disã e irmão de Uz. Disã foi o líder do clã dos horeus, os quais viviam em Edom (Gn 36.28; 1 Cr 1.42).

ARÃ. 1. Filho de Sem (Gn 10.22,23; 1 Cr 1.17), listado entre os fundadores das nações. Seus descendentes, tais como Uz, Géter e Más, foram identificados como fundadores das tribos aramaicas que originalmente habitaram em Canaã. Posteriormente, foram identificados com os sírios. Eles viveram na Mesopotâmia e no Nordeste de Israel.

O relacionamento de Israel com os arameus, do décimo século a.C. em dian-

ARÃO

te, foi marcado por constantes conflitos. Saul lutou contra os reis de Zobá (veja 1 Sm 14.47). Davi casou-se com a filha do rei Talmai, de Gesur, a qual deu-lhe seu filho Absalão em Hebrom — um relacionamento doméstico cheio de problemas (2 Sm 3.3; 1 Cr 3.2). Mais tarde, o filho de Jessé lutaria contra o rei Hadadezer, quando o "Senhor dava vitória a Davi por onde quer que ia" (2 Sm 8.6b). As guerrilhas continuaram durante o reinado de Salomão, quando o rei Elida assumiu o controle sobre Damasco na última parte do governo do filho de Davi. Logo após a divisão do Reino, os arameus tornaram-se uma ameaça crescente, principalmente durante o reinado de Jeú.

A grande importância dos arameus não foi devido às batalhas que travaram contra Israel, mas à influência na linguagem e na cultura. O fato de que o idioma aramaico era menos complicado do que o acadiano ou hebraico ajudou na popularização de sua cultura. Seus provérbios e textos mágicos eram muito abundantes. A principal divindade dos arameus era Baal. O aramaico era a língua vernácula em Israel nos tempos do NT. Há registros de alguns textos em aramaico nos evangelhos, como: "Talita cumi" (que significa: "menina, eu te ordeno, levanta-te" - Mc 5.41) e "Eli, Eli, lemá sabactâni, o clamor por sentir-se abandonado na cruz (que significa: "Deus meu, Deus meu, por que me desamparaste?" - Mt 27.46).

2. Um filho de Quemuel. Naor, irmão de Abraão, foi seu avô (Gn 22.21).

3. Um dos filhos de Semer, listado como membro da tribo de Aser (1 Cr 7.34).   s.v.

ARÃO. Arão era o típico "irmão do meio", numa família de três filhos, espremido como sanduíche entre sua irmã Miriã, de personalidade forte, e seu irmão Moisés, competente e firme como uma torre (Êx 6.20; 7.7) — não é de admirar que tenha crescido com a graça da sub-

missão e com o lado inverso dessa virtude: indecisão e fraqueza crônica.

História de Arão - Arão nasceu durante a opressão de Israel no Egito, mas evidentemente antes do edito genocida de Êxodo 1.22. Tinha três anos de idade quando Moisés nasceu, ao passo que Miriã já era uma jovem cheia de si (Êx 2.4-8). Desde cedo, portanto, ele se encontrava entre o bebê que exigia total atenção e ainda por cima atraía a admiração dos vizinhos e uma irmã autoconfiante e incisiva. Seria ele a "ovelha negra" da família? Não temos muitos detalhes sobre isso, mas seu posterior desenvolvimento (ou a falta dele) sugere que sim. Ele cresceu, casou com Eliseba e teve quatro filhos (Êx 6.23; Lv 10,1,6): Nadabe, Abiú, Eleazar e Itamar. Seria interessante especular se a ação presunçosa de Nadabe e Abiú (Lv 10.1) não foi provocada por acharem que o pai tinha uma atitude subserviente demais para com Moisés e desejavam conquistar uma maior liberdade de ação e pensamento na família sacerdotal — e o silêncio de Arão (Lv 10.3) seria uma tristeza muda, uma fraca aquiescência ou uma impotência que o fazia agitar-se interiormente?

Durante toda a narrativa do Êxodo, Arão é um auxiliar de Moisés. Ele foi enviado para prover uma voz para as palavras de Moisés (Êx 4.14,29; 7.1,2; 16.9; etc.), quando reivindicaram a liberdade dos israelitas diante do Faraó. Subordinou-se a Moisés em todo o período das pragas (cf. Êx 7.18; 8.5) e compartilhou com ele as reclamações do povo (cf Êx 16.2) —participando também dos momentos de oração (Nm 16.22; etc.) e de alguns privilégios no Sinai (Êx 19.24; 24.1,9). Apenas uma vez o nome de Arão recebe a prioridade de irmão mais velho (Nm 3.1); Deus falou diretamente com ele apenas duas vezes (Êx 4.27; 18.1-20). Em duas ocasiões, entretanto, Arão agiu independentemente de Moisés e em ambas as vezes aconteceram desastres desproporcionais. Primeiro, quando ficou no

ARÃO

comando durante a viagem de Moisés ao monte Sinai (Êx 24.14); pressionado pelo povo (Êx 32.22), tomou a iniciativa de fazer um bezerro de ouro e promover sua adoração (Êx 32.2,5). Com isso, atraiu a ira de Deus e só foi salvo pela intercessão do irmão (Dt 9.20). Segundo, quando tomou parte numa insensata rebelião familiar contra Moisés (Nm 12.1 ss), onde ele e Miriã alegavam que mereciam mais reconhecimento como instrumentos da divina revelação. Pode-se ver claramente (v. 10) que a iniciativa de tudo foi de Miriã — (e a descrição de Zípora como "mulher etíope" indica algumas "alfinetadas" entre as duas cunhadas como um fator que deve ser considerado!) — e Arão, facilmente manipulado, como freqüentemente acontece com pessoas basicamente fracas, foi persuadido a ficar indignado e assumir uma firme posição no lugar errado! Não é notório que no final ele novamente deixou-se arrastar pela explosão de ira de outra pessoa e perdeu o direito de entrar em Canaã (Nm 20.1-13)?

Arão morreu no monte Hor (Nm 20.22-29) e foi homenageado com um luto que durou trinta dias.

O sacerdócio de Arão. A Bíblia, como um todo, fala gentilmente de Arão. Nos Salmos ele é chamado de pastor (Sl 77.20), sacerdote (Sl 99.6), escolhido (Sl 105.26), santo (Sl 106.16) e ungido ((Sl 133.2). No livro de Hebreus, seu sacerdócio prefigurava o Sumo Sacerdote perfeito (Hb 2.17,18; 4.14-16; 5.1-4; 7.11). Tal era a dignidade e a utilidade para a qual Deus levantou esse homem fraco, vacilante, inadequado e excessivamente submisso — com todas as vantagem dessa qualidade e também todos os seus pontos negativos.

Levítico 10.10 resume o sacerdócio do Antigo Testamento como um trabalho moral e didático. Era educativo no sentido de que o sacerdote era o repositório da revelação divina (Dt 31.9) e instruía o povo a partir dessa verdade revelada (Ml

2.4-7; cf. Nm 25.12,13). Sem dúvida, contudo, o principal foco da vida sacerdotal era lidar com as enfermidades morais do povo e trazê-lo, mediante os sacrifícios determinados, a uma experiência de aceitação diante de Deus (Lv 1.3; etc.), por meio da expiação (Lv 1.4; etc.) e do perdão (Lv 4.31; etc.).

A idéia básica da "expiação" é aquela de "cobrir"; não simplesmente no sentido de esconder algo das vistas (Mq 7.18,19), mas muito mais no sentido de que um pagamento "cobre" o débito, cancela-o. O método dessa "cobertura" era o "ato de carregar os pecados" ou a transferência do pecado e suas penalidades do culpado e o cumprimento da penalidade (morte) merecida sobre o inocente, pela vontade de Deus. Em todos os sacrifícios, a imposição das mãos do ofertante sobre a cabeça do animal era um importante requisito (Lv 1.4; 3.2,8,13; 4.4,15,25; etc.) e, de acordo com o livro de Levítico, o significado desse ritual é esclarecido como a designação de um substituto e a imposição dos pecados do ofertante sobre o mesmo. Nesses sacrifícios, o ministério dos sacerdotes arâmicos era essencial. Esta era a função deles e ninguém mais ousaria intrometer-se nessa tarefa. Ela atingia seu ápice — e seu exercício mais dramático — no dia da Expiação anual, ocasião em que a misericórdia divina limpava todos os pecados, transgressões e iniqüidades cometidos durante o ano anterior. O sumo sacerdote — o querido e frágil Arão! — era o principal oficiante, o primeiro a carregar o sangue que representava a morte do animal-substituto ao Santíssimo Lugar, para o espargir onde era mais necessário, na presença do Senhor e sobre o propiciatório e as tábuas que continham a Lei de Deus, a qual foi quebrada (Lv 16.11-17). O sacerdócio, contudo, era uma oportunidade de ensino e o povo precisava entender publicamente o que o sacerdote havia feito na privacidade. Portanto, a cerimônia do "bode emissário" foi ordenada por Deus

ARAÚNA

(Lv 16.20.22), na qual, abertamente, diante de todo o povo, Arão impunha as mãos (v 21), confessava todos os pecados (v 21) e "colocava" todos eles sobre a cabeça do animal. Dessa maneira, o bode era designado para "levar sobre si todos os pecados". Esse era o momento de glória de Arão, onde ele prefigurava Aquele que seria atingido pela transgressão do seu povo e levaria sobre si o pecado de muitos (Is 53.8,12), Aquele que "pelo Espírito eterno" ofereceria "a si mesmo imaculado a Deus" e tanto seria como faria "um único sacrifício pelos pecados", "para sempre" (Hb 9.14; 10.12).

J.A.M.

ARAÚNA. O jebuseu de quem Davi comprou uma eira. Em desobediência à lei (cf. 1 Cr 27.23,24), o rei ordenou um censo em Israel. Como punição por esse pecado, Deus enviou uma praga. Davi perguntou ao Senhor como tal peste seria controlada e recebeu ordens para construir um altar na eira de Araúna. Ao invés de vender, o jebuseu quis doar o local para o rei e estava disposto até mesmo a ceder os bois para o holocausto. Davi, contudo, insistiu em pagar pelo terreno e comprar ele mesmo os animais para o sacrifício, pois não queria oferecer algo que não lhe tivesse custado nada (2 Sm 24.18-25; 1 Cr 21). Araúna não imaginava, em seu desejo de servir ao rei e ao Senhor, que um dia o Templo seria construído exatamente naquele lugar (2 Cr 3.1). P.D.G.

ARBA. Antepassado de Anaque. Sua residência era em Hebrom, que anteriormente chamava-se Quiriate-Arba, em homenagem a ele. Destacava-se por sua estatura, e seus descendentes foram descritos como gigantes pelos israelitas que espiaram Canaã. Tempos mais tarde Calebe recebeu a cidade de Hebrom como recompensa por sua confiança de que Deus ajudaria seu povo a destruir os anaquins (Js 14.15; 15.13; 21.11).

ARDE. 1. Um dos dez filhos de Benjamim, listados em Gênesis 46.21.

2. Pai do clã dos arditas, era filho de Bela e neto de Benjamim (Nm 26.40).

ARDOM. Filho de Calebe e de sua esposa Azuba, na genealogia de Judá (1 Cr 2.18).

ARELI. Um dos filhos de Gade, do qual nasceu o clã dos arelitas (Gn 46.16; Nm 26.17). Foi para o Egito com Jacó e os demais israelitas.

ARETAS. É citado apenas uma vez na Bíblia, em 2 Coríntios 11.32, pelo apóstolo Paulo. O governador de Damasco tinha a cidade bem guarnecida para prender o apóstolo, e o texto nos diz que "governava sob o rei Aretas".

Aretas era o nome dado a vários reis nabateus, do segundo século a.C em diante. É provável que Paulo se referisse a Aretas IV, sogro de Herodes Antipas. Damasco, contudo, naquela época era uma província romana; assim, várias teorias são apresentadas para explicar essa referência a Aretas como "rei". Talvez fosse reconhecido como um rei local pelos romanos, por ter colaborado com eles. Outros sugerem que Calígula, o novo imperador, dera a superintendência daquela área a Aretas como parte de uma política de autoridade delegada nas mãos dos reis vassalos. P.D.G.

ARFAXADE. Um dos filhos de Sem. Foi o primeiro nascimento registrado depois do Dilúvio. A Bíblia diz que viveu mais 403 anos depois que gerou a Selá e que teve outros filhos e filhas (Gn 10.22,24; 11.10-13). Ele é listado nas genealogias de Números 1.17-24 e também figura como filho de Sem na genealogia que vai de Adão a Cristo em Lucas 3.36.

ARGOBE. O texto de 2 Reis 15.25, onde esse nome aparece, é um tanto incerto. Gileade é mencionado, assim é possível que "Argobe e Arié" também se refiram a lugares. Se eram homens, então provavelmente participaram da conspiração de Peca contra o perverso rei Pecaías, de Israel. Peca matou Pecaías e tornou-se rei em seu lugar.

ARIDAI. Um dos dez filhos de Hamã mortos na fortaleza de Susã pelos judeus, na época da rainha Ester (Et 9.9).

ARIDATA. Um dos filhos de Hamã mortos na fortaleza de Susã pelos judeus (Et 9.8).

ARIÉ. Esse nome aparece em 2 Reis 15.25. Veja *Argobe*.

ARIEL (Heb. "leão de Deus"). Um dos líderes convocados por Esdras para juntar-se a ele no retorno da Babilônia para Jerusalém. Foi enviado a Ido, chefe em Casifia, a fim de contratar atendentes para o Templo (Ed 8.16).

ARIOQUE. 1. Rei de Elasar e um dos quatro monarcas da Mesopotâmia que invadiram a Palestina no tempo de Abraão (veja também *Tidal*, *Anrafel* e *Quedorlaomer*; Gn 14.1,9). O relato de Gênesis 14 é particularmente interessante porque destaca como a região do vale do Jordão era cobiçada, a ponto de atrair uma confederação de reis de terras longínquas, e destaca também o rápido aumento da influência de Abr(a)ão na região.

Fica claro que a confederação invasora era liderada por Quedorlaomer (Gn 14.4,5). Esses reis já tinham conquistado várias cidades do vale do rio Jordão e da região ao redor do mar Morto e dominaram a terra por doze anos. No 13º ano os reis locais se rebelaram e declararam guerra contra os invasores (veja *Bera*, *Birsa*, *Sinabe* e *Semeber*). Uma vez mais, entretanto, foram derrotados e fugiram. Os quatro reis assumiram o controle de uma grande extensão de terra, que incluía

as cidades de Sodoma e Gomorra, as quais foram totalmente saqueadas. O povo foi levado cativo, inclusive Ló, sobrinho de Abraão. Isso fez com que nosso patriarca entrasse em cena. Quando ouviu o que acontecera, perseguiu Quedorlaomer e alcançou-o bem ao norte. Num ataque rápido e inteligente, Abraão derrotou a confederação dos reis e voltou com Ló e todos os cativos (Gn 14.14-17).

Os reis invasores vieram da mesma região que fora o lar de Abraão. A vitória do nosso patriarca sobre os quatro monarcas, narrada em Gênesis 14, é significativa, porque mostra a vitória de Deus, indica o estabelecimento de Abraão em Canaã e a sua separação final e completa da vida anterior. Desse ponto em diante, a influência de Abraão na "terra prometida" cresceu cada vez mais, sob a direção e a soberania de Deus.

2. Comandante da guarda real da Babilônia, na época de Daniel. Recebeu ordem de Nabucodonosor para executar todos os sábios do reino, por serem incapazes de interpretar seu sonho (Dn 2.14,15). O jovem hebreu ainda não sabia que o rei queria a interpretação do sonho; assim, quando Arioque o informou, pediu um prazo para descobrir o seu significado (v.16). Depois de orar a Deus, Daniel veio a Nabucodonosor, explicou o sonho e, assim, foi poupado da morte. De fato, o Senhor usou o incidente para colocar seu servo numa posição de destaque na Babilônia (vv.24,25).

P.D.G.

ARISAI. Um dos dez filhos de Hamã, mortos pelos judeus na fortaleza de Susã (Et 9.9).

ARISTARCO. (Gr. "excelente governador"). Nativo de Tessalônica, foi um dos mais constantes e fiéis "cooperadores" de Paulo (Fm 24) em suas viagens missionárias. Ele chama nossa atenção pela primeira vez em Atos 19.29, onde, junto com Gaio, foi agarrado pelos efésios, os quais opunham-se violentamente ao Evangelho, e levado ao teatro da cidade. Finalmente a multidão se acalmou e eles foram soltos. Em Atos 20.4 Aristarco aparece em companhia de Paulo na viagem à Macedônia, onde novamente houve ameaça de perseguição. Provavelmente ele representava a igreja em Tessalônica nessa viagem, quando levava suas doações aos pobres em Jerusalém. Mais tarde, em Atos 27.2, apenas Aristarco é mencionado como companheiro de Paulo. Nessa ocasião o apóstolo já estava preso, conduzido a Roma. Talvez o próprio Aristarco também fosse prisioneiro. Em Colossenses 4.10, vemos Paulo referir-se a ele como "Aristarco, que está preso comigo..."

Pode-se ver claramente que sua fé e seu compromisso eram muito fortes. Em todos os lugares onde é citado, havia perseguições; no caso do tumulto em Éfeso, ele e Gaio foram apanhados, em vez de Paulo. Homens como Aristarco, que demonstraram tal fé cristã em tempos difíceis, devem tornar-se exemplos para todos os cristãos em todas as gerações, quando as lutas são abundantes.   P.D.G.

ARISTÓBULO (Gr. "excelente conselheiro"). Cidadão romano citado por Paulo em Romanos 16.10, onde toda sua família é saudada. É provável que seja o neto de Herodes, o Grande, que viveu em Roma no primeiro século e chamava-se Aristóbulo. O fato de que ele mesmo não é saudado por Paulo significa que somente outros membros de sua família ou talvez apenas seus escravos fossem cristãos.

ARMONI. Um dos dois filhos de Rispa, concubina do rei Saul. Foi entregue por Davi, junto com seu irmão e outros parentes, nas mãos dos gibeonitas, os quais Saul massacrara. Como vingança pelo ocorrido, foi morto, junto com os demais (2 Sm 21.8).

ARNÃ. Um dos descendentes de Zorobabel, na linhagem do rei Davi (1 Cr 3.21).

ARODI. Um dos filhos de Gade, citados em Gênesis 46.16 entre os que foram com Jacó para o Egito. Seus descendentes ficaram conhecidos como aroditas (Nm 26.17).

ARQUELAU. Tetrarca da Judéia, Samaria e Iduméia, de 4 a.C a 6 d.C. É citado apenas uma vez na Bíblia, em Mateus 2.22. Era o filho de Herodes, o Grande; sua mãe chamava-se Maltace, uma das várias esposas desse rei. Quando Herodes morreu, em 4 a.C, o reino foi dividido entre três de seus filhos: Herodes Filipe II, que reinou em Traconites e Ituréia (Lc 3.1); Herodes Antipas, que reinou na Galiléia e Peréia (Mt 14.1); e Arquelau. Devido à sua grande crueldade enquanto governador, ele foi deposto após dez anos no poder, no ano 6 d.C. A realidade da tirania de Arquelau fica fortemente implícita nos textos bíblicos. Quando José voltava do Egito para Israel, com Maria e o menino Jesus (Mt 2.21,22), ouviu que Arquelau reinava na Judéia no lugar de seu pai Herodes; com medo, estabeleceu-se em Nazaré, Galiléia.   A.B.L.

ARQUIPO. Amigo de Paulo, trabalhou junto com ele na causa do Evangelho, como "companheiro de lutas"; talvez tenha compartilhado das mesmas perseguições que o apóstolo sofreu (Fm 2). É bem provável que fosse parente de Filemom. Sua associação com a igreja em Colossos (Cl 4.17) tem levado alguns estudiosos a sugerir que talvez trabalhasse em Laodicéia; mas os textos não indicam isso claramente. Paulo o exortou a completar sua "obra" ou ministério que recebera de Cristo (Cl 4.17). Isso não quer dizer que estivesse falhando; pelo contrário, era um encorajamento, do tipo que o apóstolo tão freqüentemente fazia; todo o ministério cristão deve ser considerado como serviço ao Senhor, que tanto chama como prepara seu povo para essa obra (cf 2 Tm 4.5; Ef 2.10).   P.D.G.

ARSA. Vivia em Tirza, no tempo em que Elá reinou em Israel. Era mordomo do palácio em Tirza. Zinri, um dos oficiais do exército, conspirou contra Elá. O rei ficou bêbado enquanto estava na casa de Arsa, e Zinri entrou e o matou (1 Rs 16.9,10).

ARTAXERXES I (Longânimo). Rei da Pérsia de 464 a 424 a.C. Reum escreveu-lhe para informar que os judeus estavam reconstruindo o muro e dessa maneira não pagariam mais os impostos. Ele então decidiu que se ordenasse a suspensão da obra. Mais tarde, porém, foi mais complacente com Esdras e deu-lhe uma carta que autorizava o retorno de todos os que quisessem ir para Jerusalém. Ordenou também que este sacerdote levasse consigo todos os artigos da adoração do Templo e deu-lhe poderes para nomear magistrados e juízes para toda a região além do Eufrates. Tudo isso está registrado em Esdras 4.7,8,11,23; 6.14; 7.1,7,11,12,21; 8.1. Durante seu reinado, Neemias pediu-lhe permissão para reconstruir Jerusalém. Ele concordou e nomeou-o governador da Judéia, no 20° ano de seu governo. Neemias retornou no 32° ano de seu reinado (Ne 2.1; 5.14; 13.6). M.P.

ÁRTEMAS. Paulo informou que em breve enviaria Ártemas (e Tíquico) a Tito na ilha de Creta, aparentemente para substituir este na liderança da igreja durante o tempo em que ele estivesse com o apóstolo em Nicópolis (Tt 3.12). Tradições posteriores sugerem que Ártemas tornou-se bispo de Listra. O nome provavelmente era uma contração de outro que significa "presente de Ártemis". Não há dúvida de que se tratava de um pagão convertido. Textos como estes nos dão claras evidências do cuidado pastoral e da supervisão cuidadosa que Paulo fazia nas igrejas. Como Ártemas e Tíquico estavam na companhia do apóstolo, presumivelmente ele os treinou para tais responsabilidades entre as igrejas primitivas. P.D.G.

ÁRTEMIS. Deusa grega das florestas e dos montes. Homero a chamou de "a senhora da vida selvagem", a virgem caçadora. Sua equivalente romana era Diana. No período do NT, seu principal centro de adoração era Éfeso, onde era largamente reconhecida como a deusa da fertilidade. O enorme templo em sua honra, construído nessa cidade, representava uma das grandes maravilhas do mundo naquela época e atraía peregrinos e turistas de todas as partes do império romano.

Ourives e vários outros artesãos manufaturavam imagens e suvenires para vender aos visitantes, com altos lucros (At 19.24). Quando Paulo e seus companheiros Gaio e Aristarco começaram a pregar a Cristo, o desafio dos efésios não foi apenas quanto às suas convicções religiosas, mas também ao seu sistema econômico. É interessante notar em Atos 19.27 que, quando os ourives tentaram desacreditar a mensagem de Paulo e dos outros, primeiro apelaram para o problema da perda dos lucros e depois para a questão religiosa, pois "a majestade" de Ártemis seria destruída. Eles conseguiram causar um tumulto e arrastaram Gaio e Aristarco para o teatro, onde tentaram intimidar os missionários com o slogan: "Grande é a Diana dos efésios!".

As implicações da mensagem do Evangelho, relacionadas com todas as áreas da vida e da cultura, foram entendidas claramente pelo povo da cidade; essa lição tem sido freqüentemente ignorada pelo atual cristianismo. P.D.G.

ASA. 1. Bisneto de Salomão, sucedeu seu pai Abias no trono de Judá e reinou em Jerusalém de 911 a 870 a.C. "Fez Asa o que era reto aos olhos do Senhor, como Davi, seu pai" (1 Rs 15.8-11; 1 Cr 3.10). O escritor de 1 Reis enfatiza especialmente seu trabalho de remoção dos ídolos da terra e a expulsão dos prostitutos cultuais: "Embora ele não tenha tirado os altos, o coração de Asa foi reto para com o Senhor todos os seus dias" (1 Rs 15.14).

ASAEL

Durante seu reinado, o rei Baasa, de Israel, declarou guerra contra Judá, sitiou toda a região e não permitiu que alguém entrasse naquele território. Asa juntou os tesouros remanescentes no Templo e enviou como presente ao rei da Síria, para que o ajudasse contra Israel. O monarca sírio concordou e atacou Baasa, destruindo muitas cidades.

O livro de Crônicas traz maiores detalhes sobre o reinado de Asa (2 Cr 14 e 15), onde a fidelidade deste rei para com Deus é enfatizada. Ele clamou ao Senhor, para que o ajudasse na batalha, reconhecendo que podia confiar em Deus para obter ajuda e que o Senhor era o Todopoderoso (2 Cr 14.11). Deus ajudou-o a derrotar Zerá, o etíope, a despeito do exército inimigo, procedente do norte, ser muito mais numeroso. Quando encontrou-se com Asa, o profeta Azarias assim transmitiu sua mensagem: "O Senhor está convosco, quando vós estais com ele. Se o buscardes, o achareis; porém, se o deixardes, ele vos deixará" (2 Cr 15.2). Azarias prosseguiu, prometendo recompensas e bênçãos de Deus, se o rei permanecesse fiel. Essa mensagem foi de grande valia para Asa, que continuou seu trabalho de fé na destruição de mais ídolos, não só em Judá como também nas partes de Efraim que estavam sob seu controle, na região de Efraim (2 Cr 15.8).

Tal era a luz de Deus na nação durante o reinado de Asa que pessoas do reino do Norte foram atraídas para o Sul e vieram a Judá, ao verem a bênção de Deus sobre a nação. Asa liderou todo o povo num ato de renovação do pacto, no qual "entraram em aliança de buscarem o Senhor, Deus de seus pais, de todo o seu coração, e de toda a sua alma" (2 Cr 15.12).

Assim, houve grande progresso no reino. A nação era abençoada e a paz foi estabelecida. A prova de que o Senhor honra os que confiam nele não poderia ser mais clara. Por um breve tempo os povos que viviam ao redor tiveram uma pequena amostra da "luz" que uma Judá fiel a Deus demonstrava para as nações vizinhas.

O sucesso de Asa, entretanto, subiulhe à cabeça. O cronista então nos mostra o quanto foi errado ele estabelecer um pacto com o rei da Síria. Deveria ter aprendido, depois da experiência com os etíopes, que Deus podia protegê-lo de Baasa sem tais alianças (2 Cr 16). Apesar de Asa ter vencido o rei de Israel, o profeta Hanani foi enviado pelo Senhor para lhe dizer que, devido à sua falta de fé, ele e seu povo estariam em constante guerra. O próprio rei adoeceu; mas, apesar da enfermidade, não se voltou para Deus (2 Cr 16.12).

Vemos claramente nessa passagem que a doença que Asa experimentou e as guerras que enfrentou foram designadas por Deus, para levá-lo ao arrependimento e de volta à fidelidade que demonstrou tão bem e por tanto tempo em seu reinado. Até onde sabemos, entretanto, Asa não se arrependeu, e sua história fica como um alerta de que o compromisso com Deus deve ser total e completo, de todo coração e alma e em todas as circunstâncias.

Em 1 Reis 16 os governos de vários reis de Israel são datados em relação ao de Asa, de Judá. Quando ele finalmente morreu, com idade bem avançada, seu filho Jeosafá tornou-se rei (1 Rs 15.24; 22.41; etc.). Asa é mencionado na genealogia de Jesus, em Mateus 1.7,8.

2. Mencionado em 1 Crônicas 9.16, era pai de Berequias, um dos levitas citados entre os que retornaram para Jerusalém, depois do cativeiro babilônico.

P.D.G.

ASAEL. 1. Um dos três filhos de Zeruia. Todos eles foram poderosos guerreiros no exército de Davi; Joabe, seu irmão, era o comandante. Asael é descrito como "ligeiro de pés, como as gazelas selvagens" e figura entre os "trinta heróis de Davi" (2 Sm 2.18; 23.34; 1 Cr 2.16; 11.26). Como comandante do exército real, ele mesmo ficava de prontidão com seus homens no quarto mês de cada ano; tinha em sua divisão 24.000 soldados (2 Sm 23.27; 1 Cr 11.28; 27.12). Posteriormente, seu filho Zebadias o substituiu nessa função (1 Cr 27.7).

Quando as tropas de Davi, lideradas por Joabe, lutaram contra os benjamitas em Gibeão, Abner, líder da tribo de Benjamim e do exército de Is-Bosete, fugiu da batalha e foi perseguido por Asael. Abner não queria parar e enfrentá-lo, pois sabia que o venceria. Asael, contudo, em seu zelo por Davi, o perseguiu, até que este parou para lutar. Abner matou Asael, que foi sepultado no túmulo de seu pai em Belém (2 Sm 2.18-32). Tempos depois, Joabe matou Abner, para vingar-se da morte de seu irmão, o que desagradou muito a Davi (2 Sm 3.27,30).

2. Levita, viveu nos dias do rei Jeosafá, de Judá. Nos primeiros anos de seu reinado, este monarca servia ao Senhor e enviou vários mestres e levitas para ensinar sobre o Livro da Lei ao povo judeu. Asael foi um desses professores (2 Cr 17.8).

3. Um dos levitas que supervisionavam os dízimos e as ofertas trazidos pelo povo. Como resultado do extraordinário avivamento que aconteceu na época do rei Ezequias, todas as contribuições eram trazidas ao Templo, quando foi necessário construir armazéns especiais. Esse Asael foi um dos escolhidos para organizar o armazenamento das doações, sob a liderança de Conanias (2 Cr 31.13).

4. Pai de um certo Jônatas, um dos poucos líderes em Judá que se recusaram a se unir a Esdras e ao restante do povo, no arrependimento pelo casamento com mulheres estrangeiras (Ed 10.15).
P.D.G.

ASAFE. 1. Juntamente com Hemã e Etã, foi nomeado pelo rei Davi como responsável pelos cânticos na casa do Senhor (1 Cr 6.31-40). Era levita, filho de Berequias e nomeado como principal cantor quan-

do a Arca foi levada para Jerusalém e em várias outras ocasiões, quando havia festas nacionais (1 Cr 15.17-19; 16.5,7,37; 2 Cr 35.15). Ele liderou os louvores, juntamente com outros levitas, quando o Templo foi consagrado pelo rei Salomão (2 Cr 5.12).

Sua influência musical estendeu-se muito além do serviço do Templo, até o livro de cânticos dos judeus, onde permaneceu por todos os tempos. Seu nome é encontrado no título de doze salmos, para indicar que provavelmente são parte de uma cantata, composta por ele ou para ele (Sl 50; 73 a 83). Esses salmos figuravam entre os cânticos durante o avivamento nos tempos do rei Ezequias (2 Cr 29.30). Na época do retorno do exílio babilônico, os cantores do Templo eram referidos apenas como "filhos de Asafe" (Ed 2.41; Ne 7.44; 11.17; etc.).

2. Pai de Joá, cronista durante o reinado de Ezequias, rei de Judá (2 Rs 18.18,37; Is 36.3,22).

3. Guardião das florestas do rei Artaxerxes. Foi procurado por Neemias, que tinha autorização para requerer a madeira para o escoramento dos portões de Jerusalém e reconstruir os muros da santa cidade {Ne 2.8). S.V.

ASAÍAS. 1. Um dos cabeças de família da tribo de Simeão (1 Cr 4.36).

2. Membro da tribo de Levi e descendente de Merari, Asaías ajudou Davi na tarefa de levar a Arca para Jerusalém (1 Cr 6.30; 15.6,11).

3. Servo do rei Josias. Ele e outros homens de confiança procuraram a profetiza Hulda, em busca de uma palavra de sabedoria concernente a Judá, depois que o Livro da Lei foi encontrado (2 Rs 22.12,14; 2 Cr 34.20).

4. Filho primogênito dos silonitas, que se estabeleceram em Jerusalém após o cativeiro babilônico (1 Cr 9.5). S.C.

ASAREEL. Da tribo de Judá, era um dos filhos de Jealelel (1 Cr 4.16).

ASARELA

ASARELA. Um dos filhos de Asafe (1 Cr 25.2). Sob a direção de seu pai e as ordens do rei Davi (1 Cr 25.1), ele e outros estavam entre os que profetizavam e lideravam o ministério da música, na adoração. Provavelmente é o Jesarela mencionado em 1 Crônicas 25.14.

ASARIAS. Um dos filhos do rei Jeosafá, irmão de Jeorão (2 Cr 21.2). Em algumas traduções aparece como Azarias; dessa maneira, há dois irmãos com o mesmo nome nesse texto.

ASBEL. Um dos dez filhos de Benjamim, citados em Gênesis 46.21. Foi o progenitor dos asbelitas (Gn 46.21; Nm 26.38; 1 Cr 8.1).

ASENATE (Egip. "pertence ao deus Neit"). Filha de Potífera, sacerdote egípcio do deus Om. Foi dada a José como esposa, por Faraó. Antes da fome mundial, teve dois filhos — Manassés e Efraim (Gn 41.45,50; 46.20). Provavelmente pertencia a uma família de posição considerável no Egito, pois foi parte do tributo que Faraó pagou a José, por ter-lhe interpretado os sonhos. Ao ser nomeado governador do Egito, José foi chamado de Zafenate-Panéia e recebeu Asenate como esposa. Todos esses eventos eram parte dos propósitos soberanos de Deus, tanto na vida de José, como também, a longo prazo, para seu povo Israel. A posição de liderança que ele assumiu no Egito posteriormente ajudou os israelitas a sobreviver durante a escassez mundial.

P.D.G.

ASER. Filho de Jacó e Zilpa, nascido em Padã-Arã. Oitavo filho do patriarca e o segundo com esta concubina — serva de Lia. Ao perceber que cessara de dar à luz, Lia, de acordo o costume, deu sua criada a Jacó. Os filhos nascidos de tal união eram considerados como pertencentes a Lia (Gn 30.13,26). Foi ela quem deu o nome de Aser ao menino, que significa "alegre" ou "abençoado". Na época do nascimento dele, Jacó ainda trabalhava para Labão, seu tio e sogro.

Como um dos filhos de Jacó, Aser tornou-se cabeça de uma das tribos de Israel. Ele próprio teve quatro filhos e uma filha (Gn 46.17). Em Números 26.44, são mencionados seis clãs, originados de três filhos, da filha e de dois netos. Quando os israelitas partiram do monte Sinai, a tribo de Aser representava um grupo de 41.500 homens para o exército (Nm 1.41). Naquele tempo o líder era Pagiel (Nm 1.13; 10.26). Na partida, essa tribo posicionava-se na retaguarda do acampamento, juntamente com Dã e Naftali (Nm 10.25-27).

Quando Josué dividiu Canaã entre as tribos, Aser recebeu 22 cidades e vilas na área costeira ao norte do monte Carmelo, que se estendia para o oeste até as praias do mar da Galiléia. É impossível definir exatamente as fronteiras pelas evidências nos textos; a localização de alguns lugares mencionados é vigorosamente debatida (Js 17.10,11; 19.24-31,34; Jz 5.17). A planície do Acre, entretanto, era totalmente deles.

Fica claro, pelo relato no livro de Juízes que, como as outras tribos, Aser não assumiu realmente o controle total da terra que recebeu (Jz 1.31,32). Isso quer dizer que muitos habitaram em regiões que ainda eram povoadas por grande número de cananitas. Talvez essa seja a razão por que Aser não ajudou na luta contra Sísera e foi repreendido por Débora (Jz 5.17); entretanto, os aseritas colaboraram com Gideão em sua batalha contra os midianitas (Jz 6.35; 7:23). A tribo é mencionada novamente como possuidora de 40.000 homens de guerra na coroação de Davi em Hebrom (1 Cr 12.36). Depois disso, ela se desvanece; partes de suas terras foram concedidas a Hirão, rei de Tiro, por Salomão, em troca de madeira e outros materiais usados na construção do palácio e do Templo (1 Rs 9.11-14).

Embora se conheça muito pouco sobre o compromisso dos aseritas com a adoração a Deus após a dedicação do Tabernáculo no deserto, na época de Ezequias alguns deles atenderam ao chamado do rei para uma volta à verdadeira adoração ao Senhor; contudo, fica clara a indicação de que essa tribo afastara-se muito de Deus, pois a maioria riu e zombou de alguns que "se humilharam, e vieram a Jerusalém" para adorar (2 Cr 30.11). Seu envolvimento com a religião do povo das terras nas quais viviam foi quase total.

O fato de que um remanescente dos aseritas permaneceu fiel ao Senhor no transcorrer da história de Israel é indicado no NT, onde lemos a respeito de Ana, da tribo de Aser, a profetisa que reconheceu ser Jesus o verdadeiro Messias (Lc 2.36).   P.D.G.

ASERÁ. Nome de uma deusa cananita, mas esse termo nem sempre se distingue dos instrumentos usados em sua adoração. Referências às "colunas de Aserá" indicam alguns destacáveis objetos de madeira usados no culto à deusa. Ao que parece, essas colunas eram levantadas ao lado dos altares e, quando os israelitas obedeceram à ordem do Senhor, tais peças foram derrubadas e a madeira usada como lenha para queimar seus próprios sacrifícios (Êx 34.13; Dt 7.5; 16.21; Jz 6.25)[3].

Essa deusa é mencionada em vários documentos extrabíblicos. Nos textos ugaríticos ela era a deusa do mar, intimamente ligada a Baal. Os dois foram invocados juntos no confronto entre Elias e os falsos profetas, no monte Carmelo. Naquele desafio, o homem de Deus clamou e caiu fogo do céu, o qual queimou o sacrifício ao Senhor. A chama ardente caiu em resposta às orações de Elias, e não às dos falsos profetas (1 Rs 18.19).

O povo de Israel desviava-se freqüentemente do Senhor para adorar os deuses cananeus. Tal "adultério", como os profetas chamavam, era punido com grandes juízos de Deus. A extensão com que tal adoração a Baal e Aserá penetrou

na vida e na adoração dos israelitas pode ser vista em muitos textos das Escrituras; mas a passagem de 2 Reis 21.3,7 merece uma nota particular, pois mostra o perverso rei Manassés estabelecendo uma coluna de Aserá dentro do próprio Templo. Como resultado dessa grande blasfêmia, o Senhor prometeu destruir Jerusalém e permitir que os inimigos de Judá conquistassem a terra.

Talvez, mais do que qualquer outro culto, a influência de longo prazo do culto de Aserá tornou-se um símbolo da assimilação israelita de outras culturas e religiões. As advertências feitas em Êxodo 34.13 ("os seus altares derrubareis, e as suas colunas quebrareis, e os seus postes-ídolos cortareis") e repetidas muitas vezes em Deuteronômio (cf. 7.5; 12.3; etc.) foram ignoradas.

O ponto central do problema com a adoração de Aserá e Baal era que Israel recusava-se a encarar com seriedade a necessidade de ser uma nação "santa" e dedicada somente ao Senhor e ao seu serviço. A facilidade de assimilar as culturas ao redor e suas várias manifestações religiosas sempre foi e será a questão que mais preocupa os homens e mulheres de Deus.   P.D.G.

ASIEL. Descendente de Simeão e um dos que receberam herança desmembrada da tribo de Judá. Pai de Seraías e líder de clã (1 Cr 4.35,38-40; Js 19.9).

ASIMA. Deus adorado pelo povo de Hamate (2 Rs 17.30). Os hamatitas faziam parte do grupo misto levado pelos assírios para repovoar a região de Samaria. Cada grupo tinha seus próprios deuses (vv. 24,29).

ASÍNCRITO. O primeiro de um grupo de cristãos de Roma, saudados por Paulo em Romanos 16.14. A atenção pessoal e o cuidado pastoral pelos indivíduos, expressos nas saudações de Paulo, é algo digno de atenção.

ASNÁ

ASNÁ. Seus descendentes estavam entre os servidores do Templo que retornaram do exílio babilônico com Neemias (Ed 2.50).

ASPATA. Um dos dez filhos de Hamã, mortos pelos judeus na fortaleza de Susã (Et 9.7).

ASPENAZ. Chefe dos oficiais da corte de Nabucodonosor, imperador caldeu, no tempo em que Jeoiaquim, rei de Judá, e muitos artigos do tesouro do Templo foram capturados. Recebeu ordens de procurar por israelitas inteligentes, para o serviço do rei. Entre os que recrutou, estavam Daniel e três amigos dele (Dn 1.3,6). Asquenaz encarregou-se de darlhes outros nomes babilônicos. O texto de Daniel (v. 9) revela a soberania de Deus naquela situação, ao fazer com que Aspenaz escolhesse o homem que o Senhor desejava que liderasse seu povo no exílio. Inicialmente, Daniel resistiu à oferta de Aspenaz de alimentar-se bem, pois queria manter-se santo ao Senhor. Deus, entretanto, abençoou seus quatro servos e os colocou em importantes posições no reino.

ASQUENAZ. Neto de Jafé e filho de Gômer; portanto, descendente direto de Noé. Tinha dois irmãos (Gn 10.3; 1 Cr 1.6). Provavelmente foi o progenitor do povo que mais tarde foi identificado como os citas. O reino de Asquenaz está entre os que foram convocados pelo profeta para tomar vingança contra a Babilônia, em Jeremias 51.27.

ASRIEL. Descendente e herdeiro da tribo de Manassés. Líder do clã dos asrielitas. Sua mãe era a concubina síria de Manassés (Nm 26.31; Js 17.2; 1 Cr 7.14).

ASSIR. 1. Um dos descendentes de Coate e líder de um dos clãs dos coatitas (Êx 6.24; 1 Cr 6.22).

2. Filho de Ebiasafe e bisneto do personagem anterior [n° 1] (1 Cr 6.23,37). Ambos eram ancestrais de Samuel.

ASSUERO. Veja *Xerxes*.

ASSUR. Um dos filhos de Sem (Gn 10.22; 1 Cr 1.17). Esse também era o nome do povo assírio e de sua divindade, pois Assur é considerado o fundador daquela nação. A história dos reis assírios diz que os fundadores da nação eram nômades vindos do Sul e do Oeste. Provavelmente esse é o país mencionado em Números 24.22 e Ezequiel 27.23.

ASSURBANIPAL. Rei da Assíria, a partir de 669 a.C. Antes dessa data, ele lutou contra o Egito e a Síria. Por volta de 640 a.C., ele atacou Susã, capital do Elão, e deportou o povo para Samaria, conforme é mencionado em Esdras 4.10. Existe incerteza com relação ao final de seu reinado. Provavelmente morreu por volta de 627 a.C.

ASUR. Pai de Tecoa; era descendente de Calebe e Hezrom (1 Cr 2.24; 4.5). A Bíblia diz que tinha duas esposas: Hela e Naará.

ASVATE. Um dos filhos de Jaflete, da tribo de Aser (1 Cr 7.33).

ATAI. 1. Filho de Jará, servo de Sesã, a quem este dera a filha em casamento, pois não podia gerar filhos homens. Tal arranjo permitiu que o servo tivesse os direitos de filho e os passasse aos seus próprios filhos; dessa maneira, deu prosseguimento à linhagem de Sesã (1 Cr 2.35,36). Atai foi pai de Natã e é mencionado na genealogia de Jerameel.

2. Um dos famosos gaditas que desertaram de Saul e uniram-se a Davi, quando este se encontrava em Ziclague. Era o sexto da lista, onde cada um deles é descrito de maneira vívida como bravo guerreiro. Foram comandantes que deram grande apoio a Davi em suas batalhas (1 Cr 12.11).

3. Mencionado em 1 Crônicas 11.20, era filho do rei Roboão e sua esposa Maaca, filha de Absalão. P.D.G.

ATAÍAS (Heb. "o Senhor ajuda"). Um dos líderes de província que se estabeleceram em Jerusalém depois do exílio babilônico. Da tribo de Judá, era filho de Uzias (Ne 11.4).

ATALIA (Heb. ("o Senhor é grande") **1.** Filha de Acabe, rei de Israel, e neta de Onri (2 Rs 8.18; 2 Cr 22.2). Ao casar-se com Jeorão, rei de Judá, ela selou uma aliança entre os reinos divididos do Norte e do Sul. Foi rainha em Judá por volta de 842 a.C., por seis anos. Atalia destruiu toda a família real, exceto um de seus próprios netos, Joás (2 Rs 11.1,2; 2 Cr 22.10). Seu crime hediondo, trucidando os membros da própria família, acabou com a breve aliança entre Judá e Israel. Posteriormente, foi deposta pelos súditos insatisfeitos e acabou morta no palácio real, aparentemente apanhada de surpresa (2 Rs 11.16-20). A revolta foi liderada pelo sacerdote Jeoiada e pelos guardas do Templo. Promoveram o jovem Joás a rei. Ele fora salvo pelo pensamento rápido de Jeoseba, filha do rei Jeorão e irmã de Acazias, que o escondeu no Templo por seis anos (2 Rs 11.2,3). No sétimo ano, Joás foi tirado de seu esconderijo e proclamado rei diante do povo. Atalia então foi tirada do templo e morta, por ordem de Joiada, para alegria de toda a nação (1 Rs 11.4-20; 2 Cr 23). Veja também *Jeoseba* e *Joiada*. S.V.

ATALIAS. 1. Um dos chefes de família da tribo de Benjamim mencionados na genealogia do rei Saul (1 Cr 8.26).

2. Um dos que retornaram do exílio babilônico. Seu filho Jesaías provavelmente acompanhou Esdras ao rio Aava e depois a Jerusalém (Ed 8.7). S.V.

ATARA. A segunda esposa de Jerameel e mãe de Onã (1 Cr 2.26).

ATLAI. Um dos judeus culpados de ter casado com mulheres estrangeiras no tempo de Esdras. Era descendente de Bebai (Ed 10.28).

AUGUSTO. Nome que aparece apenas em Lucas 2.1. Veja *César*.

AUMAI. Descendente de Judá e filho de Jaate. Ele e seu irmão Laade formavam o clã dos zoratitas (1 Cr 4.2).

AUSATE. Amigo e conselheiro pessoal de Abimeleque, o rei filisteu de Gerar. Os dois, juntamente com Ficol, o comandante do exército (Gn 26.26), encontraram-se com Isaque, que ficou surpreso e com medo, pois acabara de ser expulso de Gerar (Gn 26.16). Na verdade, porém, o objetivo de Abimeleque era firmar um acordo de paz entre os dois (Gn 26.28-31).

AUZÃO. Líder da tribo de Judá e filho de Asur (1 Cr 4.6). Sua mãe chamava-se Naará.

AZAI (Heb. "o Senhor tem segurado"). Avô de Amassai; companheiro de Adaías e um dos sacerdotes que se estabeleceram em Jerusalém, depois do cativeiro babilônico (Ne 11.13). É provável que, Jazera, de 1 Crônicas 9.12, seja a mesma pessoa.

AZALIAS. Pai de Safã e escrivão do rei Josias (2 Rs 22.3; 2 Cr 34.8). Filho de Mesulão.

AZÃ. Da tribo de Issacar, era pai de Paltiel, um dos líderes escolhidos por Deus, por intermédio de Moisés, para repartir Canaã entre as várias tribos e clãs (Nm 34.26).

AZANIAS (Heb. "o Senhor tem ouvido"). Pai de Jesua, um dos levitas que selaram o pacto que o povo fez de adorar ao Senhor e obedecer à sua Lei (Ne 10.9).

AZAREL (Heb. "Deus tem ajudado"). **1.** Um dos músicos escolhidos por sorteio para trabalhar no Templo (1 Cr 25.18).

2. Filho de Jeroão, era oficial da tribo de Dã, durante o reinado de Davi (1 Cr 27.22).

3. Seu filho Amassai foi um dos sacerdotes que se estabeleceram em Jerusalém, após o exílio babilônico (Ne 11.13).

4. Um dos componentes da passeata que cantavam e tocavam instrumentos musicais na dedicação do muro de Jerusalém (Ne 12.31,36).

AZAREEL 1. Um dos homens que vieram a Davi em Ziclague, quando este fora banido por Saul (1 Cr 12.6).

2. Um dos judeus culpados de ter casado com mulheres estrangeiras; era descendente de Binui (Ed 10.41).

AZARIAS (Heb. "o Senhor ajuda"). **1.** Bisneto de Judá (neto de seu filho Zerá), é citado apenas na árvore genealógica da família em 1 Crônicas 2.8.

2. Descendente de Judá (através de seu filho Perez), citado apenas na árvore genealógica da família em 1 Crônicas 2.38,39.

3. Levita, filho do sacerdote Zadoque e um dos oficiais do rei Salomão (1 Rs 4.2).

4. Um dos principais oficiais do rei Salomão, citado somente em 1 Reis 4.5. Era "filho de Natã", possivelmente o profeta que confrontou Davi em 2 Samuel 12 ou o irmão de Salomão (filho de Bate-Seba: 1 Cr 3.5). Era chefe dos intendentes distritais (1 Rs 4.5).

5. Rei de Judá (2 Rs 14 a 15; 1 Cr 3.12). Seu outro nome era Uzias (2 Cr 26). Veja *Uzias*.

6. Um dos líderes do remanescente judeu que se levantaram contra o profeta Jeremias (Jr 43.2). Também conhecido como Jezanias (Jr 42.1).

7. Filho de Aimaás e pai de Joanã, aparece na lista dos levitas em 1 Crônicas 6,9,10.

8. Avô do Azarias anterior (n.º 7), aparece na mesma lista (1 Cr 6.10,11). Era sacerdote no tempo de Salomão. Pai de Amarias (Ed 7.3).

9. Aparece na mesma lista com os Azarias anteriores (n.º 7 e 8). Levita e pai de Seraías (1 Cr 6.13,14; Ed 7.1).

10. Levita, ancestral de Samuel (1 Cr 6.36).

11. Um dos primeiros sacerdotes levitas a se restabelecer em Jerusalém depois do exílio babilônico (1 Cr 9.11).

12. Filho de Obede, profetizou durante o reinado de Asa. "O Espírito de Deus" veio sobre ele (2 Cr 15.1) e falou ao rei que o Senhor o abençoaria, se ele seguisse a Deus. Asa obedeceu e foi grandemente abençoado (2 Cr 15).

13. Um dos filhos do rei Jeosafá, de Judá. Era irmão de Jeorão, o sucessor no trono (2 Cr 21.2), que, ao se estabelecer, mandou matar todos os seus irmãos (v. 4).

14. Um dos comandantes que se uniram por meio de aliança com o sacerdote Jeoiada, para colocar o menino Joás no trono de Judá e derrubar a perversa rainha Atalia (2 Cr 23.1). Filho de Jeroão.

15. Sacerdote no tempo do rei Uzias. Quando este monarca tentou realizar as tarefas específicas dos sacerdotes e queimar incenso no Templo, acreditando orgulhosamente que podia fazer o que desejasse (2 Cr 26.16-18), Azarias o repreendeu. Uzias foi castigado por Deus e contraiu a lepra (v. 19). Os sacerdotes rapidamente o conduziram para fora do Templo (v. 20).

16. Efraimita, filho de Joanã (2 Cr 28.12). Para maiores detalhes, veja *Berequias* (n° 5).

17. Pai de Joel, um dos coatitas envolvidos na limpeza do Templo durante o avivamento que houve na época do rei Ezequias (2 Cr 29.12).

18. Sumo sacerdote no reinado de Ezequias, da família de Zadoque. Ele explicou ao rei por que as ofertas e os dízimos do povo estavam amontoados por todo o Templo. Simplesmente porque

AZRICÃO

eram em tamanha quantidade que os sacerdotes não tinham onde guardá-los; assim, o rei ordenou que fossem construídos armazéns especialmente para esse fim (2 Cr 31.9-13).   A.B.L. e P.D.G.

AZAZ. Pai de Bela e filho de Sema. É citado como líder de um clã e descendente de Rubem (1 Cr 5.8).

AZAZIAS (Heb. "o Senhor é forte").
1. Um dos membros da família dos meraritas, os porteiros. Azazias tocou harpa adiante da Arca, quando era transportada para Jerusalém pelo rei Davi (1 Cr 15.21).
2. Pai de Oséias (1 Cr 27.20). Esse Oséias era chefe da tribo de Efraim, nos dias do rei Davi.
3. Um dos supervisores dos dízimos e das ofertas trazidos na época do rei Ezequias. Foram tantas as doações enviadas ao Templo que foi preciso construir armazéns especiais. Azazias estava entre os levitas escolhidos para organizar o estoque das ofertas, sob a liderança de Conanias e Simei (2 Cr 31.13).

AZBUQUE. Pai de Neemias (não o que foi governador), o qual, logo depois do retorno do exílio babilônico, era chefe do distrito de Bete-Zur e ajudou na reconstrução do muro de Jerusalém (Ne 3.16).

AZEL. Um dos descendentes do rei Saul, através de Jônatas, e filho de Eleasá. Teve seis filhos e era líder entre os benjamitas (1 Cr 8.37,38; 9.43,44).

AZGADE (Heb. "Gade é forte).
1. Esdras 2.12 registra que 1.222 de seus descendentes retornaram do exílio babilônico com Neemias; em Neemias 7.17 o número é 2.322. Um dos descendentes de Azgade, Joanã, filho de Catã, retornou do exílio babilônico com Esdras (Ed 8.12).
2. Pertencente à tribo de Judá, Azgade foi um dos líderes que selaram o pacto feito pelo povo de adorar ao Senhor e obedecer à sua Lei (Ne 10.15).

AZIEL. Um dos levitas que tocaram (tocador de alaúde) na adoração dos israelitas, quando Davi levou a Arca da aliança para Jerusalém (1 Cr 15.20). Provavelmente é o mesmo Jaaziel citado no v. 18.

AZIZA (Heb. "aquele que é forte"). Estava entre os descendentes de Zatu culpados por terem casado com mulheres estrangeiras. Sob a direção de Esdras, Aziza divorciou-se (Ed 10.27).

AZMAVETE. 1. Benjamita, filho de Jeoada, figura na genealogia de Saul (1 Cr 8.36; em 9.42 seu pai é chamado de Jaerá).
2. Barumita, citado como um dos "trinta" líderes militares de Davi (2 Sm 23.31; 1 Cr 11.33).
3. Pai de Jeziel e Pelete, dois guerreiros que se uniram a Davi em Ziclague (1 Cr 12.3).
4. Filho de Adiel, foi responsável pelos tesouros reais durante parte do reinado de Davi (1 Cr 27.25). Possivelmente é o mesmo Azmavete registrado no n.º 2 acima.

AZOR. Na genealogia que mostra a linhagem real de Jesus, ele aparece como pai de Sadoque e filho de Eliaquim (Mt 1.13,14).

AZRICÃO (Heb. "minha ajuda tem-se levantado").
1. Um dos descendentes do rei Davi, é citado como um dos três filhos de Nearias, em 1 Crônicas 3.23. Essa lista proporciona uma linhagem real para a tribo de Judá depois do exílio babilônico.
2. Benjamita, o primeiro de seis filhos de Azel (1 Cr 8.38; 9.44). Era descendente de Saul.
3. Mordomo do palácio durante o reinado de Acaz, rei de Judá. Foi morto por Zicri, comandante do exército de Israel

AZRIEL

que lutava por Peca, filho de Remalias (2 Cr 28.7).

4. Levita do clã dos meraritas, cujo neto, Semaías, estabeleceu-se em Jerusalém após o exílio babilônico (1 Cr 9.14; Ne 11.15).

AZRIEL (Heb. "Deus é minha ajuda").

1. Cabeça de clã e valente soldado da tribo de Manassés (1 Cr 5.24). Ele e seu povo, entretanto, "foram infiéis ao Deus de seus pais" e por isso o Senhor executou juízo contra a tribo deles, por meio do rei assírio (vv. 25,26).

2. Pai de Jerimote. Durante o reinado de Davi, Jerimote era oficial da tribo de Naftali (1 Cr 27.19).

3. Pai de Seraías que, juntamente com Selemias, recebeu ordens do rei Jeoiaquim para prender Baruque e o profeta Jeremias (Jr 36.26).

AZUBA. 1. Mãe do rei Jeosafá, de Judá, e esposa do rei Asa. Era filha de Sili (1 Rs 22.42; 2 Cr 20.31). Seu filho "fez o que era reto aos olhos do Senhor", pois expulsou os prostitutos cultuais de Judá e acabou com muito do passado pagão (1 Rs 22.43,46).

2. Esposa de Calebe e mãe de Jeser, Sobabe e Ardom. Quando morreu, Calebe casou-se com Efrate (1 Cr 2.18,19).

AZUR. 1. Em Neemias 10.17, é um dos líderes do povo que selaram a aliança com Neemias. Esse pacto consistia na renovação do compromisso do povo de servir ao Senhor Deus de Israel (Ne 9).

2. Pai do falso profeta Hananias, que falou durante o reinado de Zedequias, de Judá, e, por isso, enfrentou Jeremias. Era gibeonita (Jr 28.1).

3. Citado em Ezequiel 11.1 como o pai de Jaazanias, um dos líderes dos israelitas, os quais falaram falsamente que haveria paz para Israel e, por isso, enfrentaram Ezequiel.

---

[1] No original foi colocado o número 32.200 pessoas, o qual, entretanto, não coincide com a referência bíblica correspondente nem com o relato bíblico (Nota do Tradutor).

[2] No original o autor colocou aqui "El Olam" (Deus Eterno), provavelmente de forma equivocada (Nota do Tradutor).

[3] As versões em português traduzem esses textos apenas como "colunas" ou "postes-ídolos" (Nota do Tradutor).

B

BAAL (Heb. "mestre"). Esse deus semita ocidental sempre provou ser uma ameaça para a adoração genuína do povo de Israel. Era muito temido na cultuação cananita, porque representava o deus da tempestade, o qual, quando estava satisfeito, cuidava das colheitas e das terras; porém, se estivesse zangado, não enviava as chuvas.

Elias, no auge de sua atividade profética — enquanto o reino de Israel encontrava-se num triste declínio sob o reinado de Acabe — confrontou a adoração de Baal feita pelo rei e pelo povo, em 1 Reis 18. O confronto entre o profeta do Senhor e os de Baal sobre o monte Carmelo foi o ponto culminante da crescente tensão entre os nomes indicados por Jezabel e, portanto, leais a Acabe. Desde o início do reinado de Salomão, Israel estava envolvido em um sincretismo religioso com as nações circunvizinhas. Ao invés de fazer prosélitos, como deveriam, viviam num ambiente onde o temor de outros deuses havia obstruído a confiança do povo nas palavras dos profetas, muitos dos quais inclusive mataram.

A dificuldade do povo de Israel não era a de encontrar o Deus principal num panteão de muitos deuses. Pelo contrário, a questão era descobrir: "Qual é o único Deus vivo?". Em 1 Reis 18, a intenção do profeta era zombar da insensatez de se adorar um "falso deus", em vez de argumentar que tais entidades na verdade não existiam. A ironia desta passagem, ao comparar a verdade com a falsidade, Deus com Baal, pode ser vista em três áreas:

(1) Talvez a mais poderosa seja a ironia relacionada com a incapacidade de Baal de enviar chuva. Os cananeus acreditavam que ele, o deus que tinha o con-

trole das forças da natureza, passava por ciclos regulares de morte e ressurreição. Esse fenômeno podia ser visto nos períodos da seca e da chuva. Começando com o desafio de 1 Reis 17.1, o qual comprovou que o Senhor podia reter a chuva, a despeito do que diziam os seguidores de Baal, e concluindo com a cena onde a chuva veio somente por meio das instruções de Deus, a Bíblia demonstra claramente que o Senhor é todo-poderoso sobre a natureza.

(2) A segunda ironia é sobre o próprio sacrifício. Em última análise, o sangue do sacrifício pareceria ser o dos próprios profetas de Baal mortos (1 Rs 18.40). A despeito de toda a frenética atividade deles (vv. 27-29), "não houve voz, nem resposta, nem atenção alguma" (v. 29b) por parte deste deus. O sacrifício deles foi em vão, porque o único sacrifício aceitável ao Senhor foi a fidelidade de um único profeta, apesar do fracasso nacional na adoração do Deus verdadeiro.

(3) A conclusão, a qual o escritor supôs que seria evidente para sua audiência, era a ironia de que Baal estava morto. Essa realidade não está explícita em 1 Reis 18.27-29, mas o leitor é levado a formular essa inescapável conclusão. A vindicação do profeta é que somente Deus está realmente vivo. Somente Ele responde com fogo; os outros não dão resposta alguma, pois não existem.

O ponto é novamente destacado quando, em 1 Reis 18.41-45, foi Deus quem mandou a chuva — algo que acreditava-se ser uma prerrogativa de Baal. A religião cananita racionalizou os silêncios periódicos dos seus deuses com a idéia mitológica de que Baal ocasionalmente morria, para posteriormente ressuscitar. O indiscutível silêncio do falso deus deveria levar à conclusão de que na verdade estava permanentemente morto! s.v.

BAAL-BERITE (Hebr. "deus da aliança"). Deus cananita adorado em Siquém (veja *Baal*). Também chamado El-Berite (Jz 9.46). Citado apenas em Juízes 8 e 9, possivelmente seja um caso da religião cananita que absorveu algumas idéias da religião israelita. Os cananeus adoravam muitos baalins. No mínimo é possível que este, com sua referência à "aliança", tenha sido criado para ajudar na assimilação e na união com os israelitas. Por outro lado, os hebreus, o povo da aliança, provavelmente foram atraídos para uma divindade já existente e que se preocupava com alianças. Certamente, depois da morte de Gideão, o povo não perdeu tempo em envolver-se com a adoração dessa divindade (Jz 8.33; 9.4,46).

BAAL-HANÃ (Hebr. "Baal é gracioso").
1. Um dos reis de Edom anterior à conquista da terra pelos israelitas. Foi sucessor de Saul (descendente de Esaú) como rei e era filho de Acbor (Gn 36.38,39; 1 Cr 1.49,50). Hadar reinou em seu lugar, depois de sua morte.
2. Gederita, um dos superintendentes durante o reinado de Davi. Era responsável pelas plantações de olivais e sicômoros nas campinas (1 Cr 27.28).

BAALIS. Rei dos amonitas, durante a primeira parte do cativeiro de Judá na Babilônia. Foi quem instigou o assassinato de Gedalias (Jr 40.14). Jeremias, após ser liberto por Nebuzaradão, para permanecer em Judá, se assim desejasse, preferiu ir ao encontro de Gedalias, em Mispa, nomeado governador pelo rei da Babilônia. Sob sua liderança, houve relativa prosperidade para os pobres que não foram levados cativos; os amonitas, entretanto, liderados por Baalis, resolveram tirar vantagem da situação para matá-lo (Jr 41).

BAAL-ZEBUBE. (Hebr. "senhor das moscas").
1. Em 2 Reis 1, é o nome do deus de Ecrom, o qual o rei Acazias tentou consultar, para obter informações sobre sua doença terminal.
2. Veja *Baal*.

BAANÁ (Hebr. "filho da opressão").
1. Filho de Ailude, foi um dos governadores distritais do rei Salomão. Seu distrito cobria Taanaque, Megido e toda a região entre Bete-Seã e Abel-Meolá (1 Rs 4.12).
2. Filho de Husai, foi outro governador distrital do rei Salomão, responsável pela região de Aser e Alote (1 Rs 4.16).
3. Pai de Zadoque, o qual trabalhou na reconstrução do muro de Jerusalém depois do exílio babilônico (Ne 3.4).
4. Filho de Rimom e capitão do exército de Is-Bosete, filho de Saul. Junto com Recabe, foi à casa do rei e o matou enquanto dormia. Os dois cortaram a cabeça do antigo líder e a levaram a Davi, na espectativa de sua aprovação. O filho de Jessé, entretanto, ordenou a seus homens que os matassem e pendurassem seus corpos junto ao açude em Hebrom (2 Sm 4.5-12). Para mais detalhes, veja *Recabe*.
5. Netofatita, pai de Helede, citado entre os "trinta heróis" de Davi (2 Sm 23.29; 1 Cr 11.30). Veja *Helede*.
6. Um dos que retornaram do exílio babilônico com Neemias (Ed 2.2; Ne 7.7).
7. Provavelmente, é o mesmo Baaná do nº 3 anterior. Um dos líderes que selaram o pacto feito pelo povo de adorar ao Senhor e obedecer à sua Lei (Ne 10.27).
M.P.

BAARA. Esposa de Saaraim, benjamita que vivia em Moabe, o qual, mais tarde, divorciou-se dela e de sua primeira esposa Husim. Baara não gerou filhos (1 Cr 8.8).

BAASA. Rei de Israel por volta de 909 a 886 a.C. Usurpou o poder do reino do Norte das mãos de Nadabe, filho de

Jeroboão I. Foi o terceiro rei da parte norte do reino dividido. Deus enviou juízo contra o reinado de Nadabe, por causa de sua maldade e idolatria, pois simplesmente seguiu o mesmo caminho do pai (1 Rs 15.25,26).

Baasa era filho de Aías, da tribo de Issacar, e matou Nadabe enquanto este lutava contra os filisteus. Estabeleceu seu reino primeiramente em Tirza (1 Rs 15.33; 16.8), quando matou todos os descendentes de Jeroboão. O governo de Baasa, contudo, foi um desastre para Israel. Quando se tornou rei, os israelitas ainda tinham o controle sobre os territórios a leste do rio Jordão, uma área remanescente nos dias do rei Salomão. Logo perderam todas essas terras e, depois de atacar Judá, Asa firmou um tratado com o rei da Síria (1 Rs 15.16-22; 2 Cr 16). Baasa logo percebeu que lutava contra a coalizão em duas frentes, uma ao norte e outra ao sul, e foi forçado a abrir mão de alguns territórios em Efraim, para Judá, e outros para a Síria.

Baasa, como Nadabe e Jeroboão, era idólatra e perverso; embora seu filho Elá tenha reinado por pouco tempo, após 26 anos o regime de Baasa foi derrubado por um golpe de Estado encabeçado por Zinri. Esse final fora previsto pelo profeta Jeú que o alertara sobre o iminente juízo de Deus, que resultaria na destruição total de sua casa; os cães lamberiam o sangue dos parentes que morressem na cidade (1 Rs 16.1-7,12,13).

A maldade de seu reinado tornou-se quase um provérbio sobre o pecado, como acontecera com o governo de Jeroboão antes dele, cujo nome foi usado por Deus para lembrar as futuras gerações dos reis de Israel sobre os perigos da idolatria e o castigo subseqüente (1 Rs 21.22; 2 Rs 9.9). veja também *Nadabe, Jeú* e *Zinri*. P.D.G.

BACBUQUE. Seus descendentes estavam entre os servidores do Templo que retornaram do exílio babilônico com Neemias e Zorobabel (Ed 2.51; Ne 7.53).

BACBUQUIAS. 1. Um dos levitas companheiros de Matanias que retornaram do exílio babilônioco com Neemias (Ne 11.17).

2. Provavelmente é o mesmo Bacbuquias anterior (nº 1). Juntamente com Matanias, era responsável pelos cânticos em ação de graças no Templo (Ne 12.9).

3. Um dos porteiros que guardavam os armazéns, nos dias do rei Joiaquim (Ne 12.25).

BAESÉIAS. Ancestral de Asafe; mencionado na lista dos músicos de Davi que serviam no Tabernáculo nos dias anteriores à construção do Templo (1 Cr 6.40).

BALAÃO. Permanece como uma advertência quanto aos perigos de se permitir que um forasteiro (Balaão era de Petor, região do Eufrates) se infiltre e perversamente crie tumulto na comunidade de Deus. Esse falso profeta tipificou a situação de instabilidade de Israel no tempo de Moisés. A intervenção do legislador em favor do povo impedira a aniquilação da nação sob o juízo do Senhor (Nm 22.4-9). Após testemunhar uma grande vitória pelas mãos de Deus, os hebreus logo foram seduzidos pelas práticas dos moabitas (veja Números 25).

De acordo com Números 22, Balaão foi convocado pelo rei Balaque, de Moabe. Deus interveio, mandando um anjo bloquear seu caminho. Há uma ironia no fato de que a jumenta reconheceu o ser angelical, como também a intervenção de Deus, enquanto Balaão nada percebeu. A história desse falso profeta é mais bem lembrada pelas palavras do animal, que mostrou maior sabedoria do que seu dono e era capaz de proferir oráculos mais sábios! Finalmente, Balaão foi autorizado a prosseguir sua jornada.

Balaão experimentava uma comunicação privilegiada com Deus, que falava com o povo por meio dos oráculos; entretanto, da mesma maneira que os israelitas,

BALADÃ

ele acendeu a ira de Deus, com sua relutância em fazer "somente o que Eu te disser" (Nm 22.20s). Seduzido pela bajulação (Nm 22.17) e mais interessado em descobrir um meio de acomodar os interesses do que em prestar atenção aos oráculos que sairiam de sua própria boca, Balaão entrou para a tradição rabínica como um diplomata eficiente, mas enganador. Balaque não estava interessado nas palavras de Balaão (Nm 24.10s). De acordo com Números 31.8,16, esse falso profeta aconselhou os midianitas a atrair os israelitas para os pecados sexuais em Peor. Por essa razão, foi morto por Moisés e seus homens junto com os reis midianitas (Nm 31). A despeito da mistura de verdadeiros e falsos oráculos e da lealdade mista do profeta, Deus continuou a intervir, para guiar seu povo na vitória sobre seus inimigos.

Dessa maneira, o episódio de Balaão tornou-se mais um exemplo da total soberania de Deus que opera para o bem de seu povo.

2 Pedro 2.15, Judas 11 e Apocalipse 2.14 advertem o povo de Deus quanto ao perigo de aceitarem em seu meio um pagão com uma maneira de falar suave e eloqüente, que se apóia em seu conhecimento como uma forma de religiosidade, e desvia-se para sua própria destruição. Uma aparência de piedade encobre convicções frágeis e superficiais, que podem ser compradas (Nm 22.17), e também um arrependimento superficial (v. 34), o qual tem vida curta.

2 Pedro 2.15,16 mostra Balaão como um homem de talento profético, mas com desejo de usar os dons de Deus, a fim de alcançar seus objetivos pessoais. Assim, o apóstolo alertou para o perigo das palavras "arrogantes de vaidade", porque funcionam como uma cobertura para os desejos malignos. O cristão deve ser grato porque tal vaidade de coração será exposta no dia do julgamento (Jd 11). Para o apóstolo João, ao escrever à igreja em Pérgamo, o pior pecado não é de fato o da auto-engano, porque este no final será exposto. Pelo contrário, a maneira como Balaão foi induzido ao adultério espiritual por Balaque é muito pior (veja mais detalhes em *Balaque*). E, assim, o juízo mais rigoroso está reservado para os que conscientemente induzem outros ao erro. Como aconteceu com Balaão, as conseqüências do pecado finalmente os apanham (cf. Nm 31.8; Js 13.22).   s.v.

BALADÃ. Pai de Merodaque-Baladã, rei da Babilônia na época em que Ezequias era rei de Judá (2 Rs 20.12; Is 39.1).

BALAQUE. Filho de Zipor, foi o rei moabita que convocou Balaão para amaldiçoar o povo de Israel, movido pelo medo, ao tomar conhecimento da vitória dos israelitas sobre outros povos. Achou que seria possível contratar Balaão para lançar uma maldição sobre os hebreus e, assim, derrotá-los (Nm 22). A despeito da insensatez de Balaão, Deus o usou várias vezes para confrontar Balaque e abençoar o povo, ao invés de amaldiçoar (Nm 23.11), para consternação do rei moabita. Os escritores bíblicos viram Balaque como um exemplo de extrema imprudência e uma ilustração de como os pagãos subestimam o poder do Deus de Israel. Tentar amaldiçoar o povo a quem Senhor abençoou só poderia resultar em maldição sobre si mesmo! (Js 24.9; Jz 11.25). As gerações futuras são desafiadas a lembrar do exemplo de Balaque e dessa maneira evitar o juízo de Deus (Mq 6.5). Da mesma forma, o falso ensino deve ser evitado, devido à sedução e aos efeitos perigosos que causa sobre a congregação (Ap 2.14).   s.v.

BANI (Heb. "construção").

1. Ancestral de Etã, que serviu como músico no Tabernáculo, durante o reinado de Davi (1 Cr 6.46).

2. Ancestral de Utai, que se estabeleceu em Jerusalém depois do exílio babilônico (1 Cr 9.4).

BARIÁ

3. De acordo com Esdras, 642 de seus descendentes retornaram do exílio babilônico com Neemias (Ed 2.10).

4. Ancestral de Selomite, que voltou a Jerusalém com Esdras durante o reinado de Artaxerxes (Ed 8.10).

5 e 6. Alguns de seus descendentes foram culpados de se casar com mulheres estrangeiras (Ed 10.29,34). Eles obedeceram a Esdras e se divorciaram.

7. Pai de Reum, que liderou os levitas nos reparos do muro de Jerusalém (Ne 3.17). Veja *Reum*.

8. Um dos levitas que instruíram o povo na Lei, sob a direção de Esdras (Ne 8.7), e lideraram os judeus na confissão dos pecados (Ne 9.4,5).

9 e 10. Dois dos levitas que selaram o pacto feito pelo povo de adorar ao Senhor e obedecer à sua Lei (Ne 10.13,14).

11. Pai de Uzi, que foi superintendente dos levitas em Jerusalém, depois do exílio babilônico (Ne 11.22). M.P.

BAQUEBACAR. Levita citado em 1 Crônicas 9.15 como descendente de Asafe, foi um dos primeiros a retornar do exílio babilônico no tempo de Zorobabel. Provavelmente é o mesmo Bacbuquias de Neemias 11.17.

BARAQUE. Filho de Abinoão, natural de Quedes de Naftali, viveu durante o período dos Juízes. Foi uma época de anarquia na história dos israelitas, marcada como um tempo em que Israel esteve regularmente dominado pelos povos cananeus, com implicações tanto na vida social como religiosa da nação. O Senhor permitia essas situações como punição, por terem rejeitado a Ele em muitas ocasiões. Deus, contudo, mantinha-se fiel ao seu pacto e às promessas que fizera a Abraão, Moisés e ao seu povo e não permitia que fossem totalmente absorvidos ou destruídos pelos povos vizinhos. Quando a opressão tornava-se muito grande, o Senhor levantava um líder no meio do povo, que comandava os israelitas na batalha, até a vitória. Esses comandantes então tornavam-se juízes e muitas vezes atuavam apenas numa pequena área de Israel.

Baraque ficou conhecido como o comandante que foi à guerra em resposta ao chamado de Débora, para lutar contra Jabim, rei cananeu (Jz 4). Levou com ele voluntários de Zebulom e Naftali. A princípio, ele não ficou muito satisfeito com a ordem que recebera de Débora e tinha dúvidas se realmente venceria. Só iria à batalha se aquela profetisa acompanhasse a tropa. Ela concordou, mas disse que a glória pela vitória na batalha seria de uma mulher. Isso realmente aconteceu, quando Sísera, general do exército do rei Jabim, foi morto por uma mulher, Jael (Jz 4.21). Juízes 5 registra o que é freqüentemente chamado de "o cântico de Débora", mas que, na verdade, foi entoado por Baraque e Débora, em gratidão pelo grande sucesso obtido (v.1). A vitória, entretanto, foi claramente atribuída ao Senhor, que levantou Débora e Baraque. Samuel olhou para trás, para a obra do Senhor por meio de Baraque e outros juízes, em 1 Samuel 12.11. Em Hebreus 11.32, Baraque é citado como exemplo de um homem de fé. P.D.G.

BARAQUEL. Pai de Eliú, buzita da família de Rão. Eliú foi o último dos três amigos que tentaram argumentar com Jó. Era mais jovem do que o patriarca e estava preocupado porque este tentava justificar-se diante de Deus; seu argumento foi que Jó era culpado de alguma coisa, para receber tais adversidades de Deus (Jó 32.2,6).

BARAQUIAS[1]. Veja Berequias.

BARCOS. Seus descendentes estavam entre os servidores do Templo que retornaram do exílio babilônico com Neemias (Ed 2.53; Ne 7.55).

BARIÁ. Descendente de Secanias e filho de Semaías (1 Cr 3.22). Foi um dos membros da linhagem real de Davi, relacionada após o exílio babilônico.

BAR-JESUS (Heb. "filho de Jesus"). Nome judaico de um mágico e falso profeta, encontrado por Paulo e Barnabé na cidade de Pafos, na ilha de Chipre (At 13.6). Seu nome grego era Elimas (v. 8). Ele estava a serviço do procônsul romano, Sérgio Paulo, que Lucas descreve como "homem prudente", que "procurava muito ouvir a palavra de Deus" (v. 7). Bar-Jesus opôs-se ao Evangelho e deliberadamente tentou afastar Sérgio Paulo da fé. Quando a mensagem divina é proclamada, freqüentemente parece haver um trabalho determinado contra o Evangelho. Nessa situação, entretanto, Paulo agiu rapidamente: "Cheio do Espírito Santo", ele chamou Elimas de "filho do diabo, inimigo de toda a justiça" (v. 10) e pronunciou o juízo de Deus contra ele, na forma de uma cegueira temporária. Tal ação, combinada com o ensino apostólico, culminou com a conversão do procônsul Sérgio Paulo (v. 12).

A ênfase no Espírito Santo e o juízo particular pronunciado por Paulo proporcionam uma diferenciação muito clara entre a verdade e a falsidade, entre o que pertence ao engano do diabo e o que é de Deus.   P.D.G.

BARNABÉ. O apelido que os apóstolos deram a um levita natural de Chipre que se tornou líder na igreja primitiva. Seu nome judeu era José, mas Lucas interpretou seu nome apostólico como "filho da consolação", para sugerir algo do seu caráter (At 4.36). Barnabé é mencionado 29 vezes em Atos e cinco nas cartas de Paulo.

A primeira aparição de Barnabé foi em Jerusalém, onde é citado como um maravilhoso exemplo de generosidade (At 4.32-37). Quando Saulo de Tarso se converteu, foi ele quem o apresentou aos apóstolos em Jerusalém (At 9.27).

Os dons de Barnabé foram reconhecidos pela igreja de Jerusalém, que o enviou para investigar as atividades cristãs em Antioquia (At 11.22). Ele ficou empolgado com o desenvolvimento espiritual e encorajou os crentes a permanecer fiéis (At 11.23). Recrutou Saulo (também conhecido como Paulo, At 13.9), e os dois trabalharam juntos em Antioquia e ensinaram muitas pessoas (At 11.25,26).

No meio de uma crise de fome, durante o governo do imperador Cláudio, a igreja em Antioquia enviou ajuda para os irmãos na Judéia, cuja tarefa foi confiada a Barnabé e a Paulo (At 11.30), os quais foram comissionados e enviados na primeira viagem missionária (At 13.1-3). Conscientes da direção do Espírito, eles pregaram por toda a ilha de Chipre, onde o procônsul Sérgio Paulo creu no Evangelho (At 13.7,12). Eles navegaram adiante e chegaram a Perge, na Panfília (atual Turquia); um dos componentes da equipe, João Marcos, separou-se deles e voltou para Jerusalém (At 13.13). Daí em diante, parece que Paulo assumiu a liderança, pois Lucas (o escritor do livro de Atos) refere-se a "Paulo e os que estavam com ele" (At 13.13). A dupla missionária seguiu adiante e pregou em Antioquia da Pisídia, Listra, Icônio e Derbe, diante da oposição e do interesse da multidão (At 13.42-51; 14.1-7,19-21). Indicaram homens aptos a prover futura liderança para cada igreja (At 14.23). Evidentemente Barnabé tinha a figura mais imponente, pois em Listra foi chamado de "Júpiter" e Paulo, de "Mercúrio, porque este era o que falava" (At 14.12). Na viagem de volta, fizeram o mesmo itinerário e, ao chegar a Antioquia da Síria, prestaram o relatório sobre a missão realizada (At 14.21-28).

Paulo e Barnabé apresentaram a proposta sobre a plena admissão dos gentios na igreja (At 15.1-5,12) e receberam apoio do concílio de Jerusalém (vv 22-29). A decisão do conclave foi bem aceita em Antioquia, onde ambos ficaram por algum tempo, pregando e ensinando (vv. 30-35). Infelizmente, os dois companheiros tiveram um sério desentendimento a respeito de João Marcos. Paulo recusou-se a levá-lo na segunda viagem missionária, enquanto Barnabé deu-lhe uma segunda chance, ao conduzi-lo consigo a Chipre (At 15.36-39). A partir desse momento, o filho da consolação não é mais mencionado no relato de Atos.

Existem três referências a Barnabé em Gálatas (Gl 2.1,9,13), onde aparece com Paulo e Tito numa consulta com os líderes da igreja em Jerusalém. Durante essa reunião privativa, Tiago, Cefas (Pedro) e João estenderam a destra da comunhão a Barnabé e Paulo, ao concordar que deveriam ir para os "gentios, e eles à circuncisão (aos judeus)" (Gl 2.9). Lamentavelmente, Pedro cedeu às pressões dos defensores da circuncisão e "até Barnabé se deixou levar pela sua dissimulação", que Paulo confrontou e repreendeu (Gl 2.13,14).

Em 1 Coríntios, Paulo discute os direitos de um apóstolo e levanta uma série de questões retóricas destinadas a estabelecer o princípio de que "os que anunciam o evangelho, que vivam do evangelho" (1 Co 9.14). Assim, ele pergunta incisivamente: "Não temos nós o direito de levar conosco uma esposa crente, como também os demais apóstolos, e os irmãos do Senhor, e Cefas? Ou só eu e Barnabé não temos o direito de deixar de trabalhar?" (1 Co 9.5,6).

A referência final a Barnabé é tocante, porque se relaciona a João Marcos, seu sobrinho, o qual mandou saudações com Aristarco, prisioneiro junto com Paulo. O problema que tiveram foi resolvido e o apóstolo escreve aos colossenses: "Se ele (João Marcos) for ter convosco, recebei-o" (Cl 4.10). O ministério paciente de Barnabé com João Marcos foi bem-sucedido (2 Tm 4.11).

O que se poderia dizer sobre o caráter de Barnabé? Era uma pessoa boa, generosa e calorosa, que ofertou abundantemente seu tempo e seus talentos para a causa de Cristo, tanto em casa como nos lugares distantes. Era um homem de oração, que buscava a direção do Espírito Santo para tomar as decisões. Encorajava seu companheiros de trabalho no ministério cristão e era um amigo sempre disposto a dar uma segunda chance a quem precisasse. Via potencial nas pessoas e desejava recrutá-las, mesmo que, só com o tempo, conforme aconteceu com Paulo, pudessem superar as dificuldades. Como qualquer outro ser humano, Barnabé podia ceder às pressões, mas geralmente "era homem de bem, e cheio do Espírito Santo e de fé" (At 11.24).

A.A.T.

BARRABÁS (Heb. "filho do pai"). "Prisioneiro notório" e assassino, solto pelo governador romano Pôncio Pilatos no lugar de Cristo. Uma multidão foi rapidamente reunida pelos líderes religiosos, a fim de exigir uma sentença de morte para Jesus. Pilatos nada achou de errado em Jesus e buscou uma justificativa para libertá-lo, ao dar uma alternativa para a multidão. Mas, ao seguir a orientação dos "sacerdotes e dos principais da sinagoga", a multidão exigiu que libertasse Barrabás, para tristeza de Pilatos.

Barrabás foi líder de uma rebelião, embora o propósito da mesma não fique claro nos evangelhos. Talvez fosse um "zelote" e o levante representasse uma tentativa de se alcançar a liberdade do jugo romano. Se esse fosse o caso, contudo, não seria provável oferecê-lo para ser solto, mesmo como um gesto de boa vontade por parte de Pilatos (Mt 27.16-26; Mc 15.7-15; Lc 23.18,19; Jo 18.40).

Uma grande ênfase é dada por todos os escritores dos evangelhos ao fato de que Barrabás foi solto e Jesus, crucificado. O significado foi bem apresentado por Pedro em seu sermão em Atos 3, onde chama Barrabás de "homicida". Pelo fato de o povo fazer tal escolha e ser dominado pelos líderes religiosos, vemos a rejeição final do Messias de Deus, "o Santo e o Justo". Jesus não era a grande figura messiânica que esperavam. Sua atitude de paz e sofrimento não era algo que atraía as multidões. Em última análise, contudo, a escolha dos judeus e seus líderes foi a mesma que homens e mulheres de todas as épocas e raças ainda fazem hoje, quando rejeitam a fé no Evangelho do "Cristo crucificado" e preferem seguir a "sabedoria deste mundo" (1 Co 1.18-21). P.D.G.

BARSABÁS (Heb. "filho do sábado"). Veja *José Barsabás* (At 1.23) e *Judas Barsabás* (At 15.22).

BARTIMEU. Filho de Timeu, era um mendigo cego. Jesus o encontrou na estrada que levava a Jericó, em sua rota para Jerusalém, para sua última Páscoa. Cristo o curou (Mc 10.46-52). Um relato muito semelhante é registrado em Lucas, sobre quando Jesus chegava perto "de Jericó" (Lc 18.35-43). Mateus registra a cura de dois cegos na saída de Jericó (Mt 20.29-34).[2] O apelo do cego, para que Jesus, o "filho de Davi", tivesse misericórdia dele, é muito significativo. Era um reconhecimento de que Cristo pertencia à linhagem real de Davi, mas era quase certo também que fosse um reconhecimento de que Jesus era o Messias. É interessante notar que essa expressão foi o tema de uma discussão entre Jesus e os judeus religiosos, mais tarde, naquele mesmo dia (Mc 12.35,36). Diferentemente daqueles líderes, esse mendigo tinha confiança em que o filho de Davi podia curá-lo. Sua fé foi recompensada e ele ficou são imediatamente. P.D.G.

BARTOLOMEU (Aram. "filho de Tolmai"). Aparece em cada uma das quatro listas dos "doze apóstolos" de Jesus (Mt 10.3; Mc 3.18; Lc 6.14; At 1.13). Em Mateus, ele faz par com Filipe. João descreve como este encontrou um amigo chamado Natanael, o qual também tornou-se um seguidor de Jesus (Jo 1.44-51). Portanto, é possível que Natanael seja o primeiro nome desse discípulo e Bartolomeu, o patronímico. Se esse raciocínio estiver correto, então sabemos que Jesus o tinha como "um verdadeiro israelita, em quem não há nada falso" (Jo 1.47). Um evangelho apócrifo posterior é erroneamente atribuído a ele. Nada mais é conhecido com algum grau de veracidade sobre Bartolomeu. C.B.

BARUQUE (Heb. "abençoado").
1. Filho de Zabai, ajudou a reparar os muros de Jerusalém, desde o ângulo até a porta da casa de Eliasibe, o sumo sacerdote (Ne 3.20).
2. Um dos que selaram o pacto feito pelo povo de adorar ao Senhor e obedecer às suas leis (Ne 10.6). É possível que seja o Baruque anterior (nº 1).
3. Pai de Maaséias, um dos que se estabeleceram em Jerusalém depois do exílio babilônico (Ne 11.5).
4. Filho de Nerias, era secretário de Jeremias (Jr 32.12,13,16). Ao obedecer às instruções do Senhor, o referido profeta comprou um terreno de seu parente Hananeel. Ele assinou e selou a escritura de compra e deu-a a Baruque, com instruções para que este colocasse a cópia selada e a cópia aberta dentro de um vaso de barro, a fim de que se conservassem por um longo tempo. O significado desse ato era uma mensagem de esperança. Era uma atitude de fé nas promessas e na fidelidade de Deus de que o povo retornaria do exílio babilônico. No meio da execução do juízo divino, veio essa proposta de uma grande bênção.

Jeremias, impossibilitado de ir até o Templo, ditou a Baruque todas as palavras do Senhor que recebera desde o reinado de Josias. Seu secretário deveria ir e ler a mensagem diante do povo, na esperança de que as profecias o levassem ao arrependimento. Baruque foi e leu a mensagem da câmara de Gemarias, na entrada da porta nova do Templo. Quando Micaías ouviu o que Baruque lia, contou aos oficiais do Templo, os quais ordenaram que o servo de

Jeremias lhes entregasse o texto. Quando leram a mensagem, disseram que Baruque e Jeremias se escondessem e foram relatar tudo ao rei. O monarca recusou-se a ouvir as palavras do texto sagrado e o queimou. Jeremias pegou outro rolo, escreveu nele todas as palavras que foram queimadas e deu-o novamente a Baruque. A despeito das tentativas para destruí-la, a Palavra de Deus permaneceu (Jr 36).

Os inimigos de Deus acusaram Baruque de incitar Jeremias contra eles, para entregá-los nas mãos dos caldeus. Ele e o profeta foram levados por Joanã, contra a vontade, para o Egito, num ato de desobediência ao Senhor (Jr 43.3-7). Jeremias então advertiu Baruque a não buscar grandes coisas para si mesmo (Jr 45.1-5). Baruque lamentava sua tristeza e suas dores, mas o Senhor desejava que ele entendesse que, dentro do contexto da destruição de Jerusalém e do exílio, ele deveria ser grato por escapar com vida.   M.P.

BARZILAI (Heb. "homem de ferro").

1. "O gileadita de Rogelim" foi um dos que permaneceram fiéis a Davi, quando era perseguido por Absalão. Quando o rei chegou a Manaaim, Barzilai estava entre os que trouxeram camas e outros suprimentos essenciais para ele e seus soldados (2 Sm 17.27). Era um "homem muito velho", com oitenta anos (2 Sm 19.32), quando acompanhou Davi até o Jordão, depois da morte de Absalão. O rei queria honrar a grande fidelidade de Barzilai e sugeriu que seguisse com ele de volta a Jerusalém, onde cuidaria dele. O ancião recusou a oferta, pois desejava morrer em paz, em sua casa, próximo de sua família. Davi o abençoou e seguiu para Jerusalém (2 Sm 19.31-39). O rei, por sua vez, também lembrou-se fielmente dos seus amigos e dos que foram bondosos com ele. Em seu leito de morte, ao dar instruções a Salomão, lembrou o filho da necessidade de ser generoso com os descendentes de Barzilai (1 Rs 2.7).

2. O meolatita era pai de Adriel (2 Sm 21.8), que se casara com Merabe, filha de Saul. Tempos mais tarde, cinco dos filhos dela morreram num ato de vingança, por ter o primeiro rei de Israel quebrado o pacto que Josué firmara com os gibeonitas (2 Sm 21.1). Saul havia matado muitos deles.

3. Viveu depois do retorno do exílio babilônico. Era casado com a "filha" de Barzilai, o gileadita (n° 1 acima) e adotou o nome da família. Isso aconteceu muitos séculos depois, e a melhor tradução seria, em vez de "filha", "uma descendente de Barzilai". Ele procedia de uma família de sacerdotes que não conseguiram traçar a linhagem de seus ancestrais e, por isso, foram excluídos do sacerdócio, considerados como "imundos", até que o Urim e o Tumim fossem consultados (Ed 2.61-63; Ne 7.63).   P.D.G.

BASEMATE. 1. Filha de Elom, o heteu (Gn 26.34). Esaú casou-se com ela e com outra hetéia. O v. 35 registra que esses casamentos foram uma fonte de amargura e tristeza para Isaque e Rebeca, sem dúvida porque tais uniões representavam uma transgressão ao mandamento de Deus de que os descendentes de Abraão deveriam viver separados dos cananeus. Além do mais, significavam outra atitude de Esaú de rejeitar ao Senhor e a sua disposição de se associar aos povos ao seu redor. Esse seu procedimento contrasta grandemente com Jacó, que viajou até Padã-Arã, na Mesopotâmia, em busca de uma esposa, em vez de casar-se com as mulheres cananéias (Gn 28.6-8). O filho de Basemate, Reuel, posteriormente tornou-se um líder em Edom e seus netos também foram chefes (Gn 36.17).

2. Outra esposa de Esaú, irmã de Nebaiote e filha de Ismael (Gn 36.3). A despeito das sugestões de que pode tratar-se da esposa do mesmo nome citada anteriormente, ela poderia ser mais bem identificada como Maalate (Gn 28.6-9). Aqui novamente o texto é claro em mos-

BATE-SEBA

trar que Esaú não deveria casar-se com mulheres cananitas.

3. Filha de Salomão, que se casara com um dos doze oficiais distritais — Aimaás, de Naftali (1 Rs 4.15).   P.D.G.

BATE-SEBA. Linda mulher, que fora esposa de Urias, o heteu. Era filha de Eliã (2 Sm 11.3). Tornou-se depois esposa de Davi e mãe de Salomão. Nos eventos que cercaram a morte do rei, seu esposo, e a sucessão ao trono, ela ajudou a assegurar que a vontade dele de ter Salomão como sucessor fosse cumprida.

Bate-Seba é mais conhecida, contudo, por seu relacionamento adúltero com Davi. Numa bela tarde, o rei passeava pelo terraço do palácio e viu essa linda mulher banhar-se a uma certa distância. Depois de descobrir quem era, conseguiu arranjar que fosse trazida até ele, quando os dois se envolveram sexualmente e ela acabou grávida. Ao tentar ficar livre do problema, Davi conseguiu que o marido de Bate-Seba, que estava ausente por participar das campanhas militares em defesa do reino, voltasse para casa, para que a gravidez fosse atribuída a ele. Leal aos seus companheiros, que não tiveram direito a nenhuma folga, Urias recusou-se a ir para casa e ter qualquer relação sexual com a esposa. Como seu plano fracassou, Davi mandou-o de volta para a frente de batalha com a ordem secreta, enviada ao comandante Joabe, para colocá-lo em um lugar onde pudesse morrer. O adultério, dessa maneira, levou o rei aos pecados da mentira, do engano e, finalmente, do assassinato.

O profeta Natã foi a Davi e pronunciou o juízo de Deus (2 Sm 12). Bate-Seba tornou-se esposa do rei, mas o bebê morreu ainda pequeno. Depois da morte da criança, Davi confortou-a; ela engravidou novamente e dessa vez deu à luz Salomão (v.12).

Tempos mais tarde, Bate-Seba e o profeta Natã trabalharam juntos para impedir que Adonias usurpasse o trono (1 Rs 1.11-53).

Os pecados dos servos do Senhor, seja qual for a posição que ocupem, não ficaram de fora do relato bíblico. Davi foi o maior de todos os rei de Israel, escolhido pelo próprio Deus. Foi com ele que o Senhor fez uma aliança especial (2 Sm 7), ao prometer-lhe que estabeleceria seu trono para sempre e de sua linhagem viria o Messias; apesar disso, ele era humano, pecaminoso e merecedor do castigo divino mais do que qualquer homem. O relacionamento com Bate-Seba reflete essa verdade claramente; contudo, mostra também que o arrependimento leva ao perdão de Deus, qualquer que seja o pecado. Nem adultério nem assassinato estão acima da misericórdia do Senhor.   P.D.G.

BAZLUTE. Seus descendentes estavam entre os servidores do Templo que retornaram do exílio babilônico com Neemias e Zorobabel (Ed 2.52; Ne 7.54).

BEALIAS. Um dos guerreiros que se uniram a Davi em Ziclague, quando fora banido de Israel, durante o último período do reinado de Saul (1 Cr 12.5). Esses homens eram benjamitas que desertaram do exército de Israel.

BEBAI. 1. 623 (Ed 2.11) ou 628 (Ne 7.16) de seus descendentes voltaram do exílio babilônico com Neemias.

2. Seu descendente, Zacarias, voltou a Jerusalém com Esdras, durante o reinado de Artaxerxes, e trouxe consigo 28 homens (Ed 8.11).

3. Alguns de seus descendentes foram culpados de ter-se casado com mulheres estrangeiras (Ed 10.28).

4. Um dos líderes que selaram o pacto firmado pelo povo de adorar ao Senhor e obedecer às suas leis (Ne 10.15).

BECORATE. Benjamita, era pai de Zeror e bisavô de Quis, o qual era o pai do rei Saul (1 Sm 9.1).

BEDADE. Rei edomita e pai de Hadade, os quais reinaram em Edom antes que

BELSAZAR

houvesse um rei em Israel (Gn 36.31,35; 1 Cr 1.46).

BEDÃ. Descendente de Manassés e filho de Ulão (1 Cr 7.17).

BEDIAS. Filho de Bani, estava entre os que foram culpados de ter-se casado com mulheres estrangeiras (Ed 10.35). M.P.

BEELIADA. Um dos filhos que nasceram a Davi em Jerusalém, depois que "tomou ainda mais mulheres" (1 Cr 14.3,7). Seu nome foi mudado para Eliada, provavelmente devido ao prefixo associado a Baal e à idolatria cananita (2 Sm 5.16; 1 Cr 3.8).

BEERA. 1. Da tribo de Aser, era filho de Zofá (1 Cr 7.37).
2. Um dos líderes dos rubenitas, foi levado cativo pelo rei Tiglate-Pileser, da Assíria (1 Cr 5.6). Essa invasão é descrita em 2 Reis 15.29,30.

BEERI. 1. Heteu, pai de Judite, a qual foi uma das esposas de Esaú (Gn 26.34).
2. Pai do profeta Oséias (Os 1.1).

BEL. Deus babilônico também identificado como Merodaque (Jr 50.2; veja também Is 46.1 e Jr 51.44). Este termo também é visto no prefixo do nome que foi dado a Daniel na Babilônia — Beltessazar.

BELÁ. 1. Filho de Beor e rei de Edom. Reinou na cidade de Dinabá, antes que houvesse reis em Israel. Seu filho Jobabe o sucedeu (Gn 36.32,33; 1 Cr 1.43).
2. Primeiro filho de Benjamim, que se tornou líder do clã dos belaítas (Gn 46.21). Vários de seus filhos também foram chefes (Nm 26.38,40; 1 Cr 8.1-3).
3. Filho de Azaz, rubenita. Viveu em Aroer. Durante o reinado de Saul, seu povo foi responsável pela derrota dos hagarenos. Tomaram posse das terras a leste de Gileade e estenderam-se até o rio Eufrates, "porque o seu gado se tinha

multiplicado na terra de Gileade" (1 Cr 5.8-10).

BELIAL. Nos escritos judaicos do período intertestamentário, esse nome refere-se a Satanás e é usado com esse sentido no NT por Paulo, em 2 Coríntios 6.15. Nesse texto o apóstolo insiste enfaticamente que os cristãos devem ser cuidadosos sobre com quem se associam e se misturam e as implicações do envolvimento com os que não são cristãos. Ele contrasta luz e trevas no v.14, mas depois pergunta: "Que concórdia há entre Cristo e Belial?" (v.15). É claro que não há concórdia alguma! Portanto, argumenta Paulo, não existe harmonia entre crentes e incrédulos. O apelo que o apóstolo fez, ao traçar esses contrastes, era um chamado à santidade. Isso não quer dizer que cristãos e incrédulos não devam ter amizade, mas envolver-se e tentar ter harmonia juntos seria difícil, pois cada um adota um senhor diferente — o cristão serve a Cristo enquanto o incrédulo, a Belial. P.D.G.

BELSAZAR (Bab. "Bel proteja o rei"). O último rei do Império Babilônico citado na Bíblia. Este nome aparece somente em Daniel 5, onde é descrita a morte dele (v.30). Até recentemente ainda havia ceticismo quanto à historicidade de Daniel 5, pois não havia nenhuma prova extra-bíblica que comprovasse a existência de um rei da Babilônia chamado Belsazar. Nos documentos remanescentes, o último rei é Nabonido, que não é mencionado na Bíblia; entretanto, já é amplamente aceito que Belsazar era filho e co-regente dele. Aparentemente Nabonido nunca concedeu uma autoridade total sobre o império a Belsazar, embora tenha-se retirado para um palácio remoto e deixado seu filho no governo, na Babilônia, capital do império.

Daniel 5 diz muito pouco sobre o caráter de Belsazar. Como porta-voz de Deus, o profeta o confrontou, devido ao seu orgulho e comportamento blasfemo

BELTESSAZAR

(Dn 5.22,23), e lhe disse: "Mas a Deus, em cuja mão está a tua vida, e todos os teus caminhos, a ele não glorificaste". Não há registro do arrependimento de Belsazar, e seu destino foi selado quando Daniel interpretou o que a mão escrevera na parede. O outrora glorioso Império Babilônico seria alvo do juízo divino e o próprio rei presidiria sua destruição. A.B.L.

BELTESSAZAR. O "novo" nome dado a Daniel, na Babilônia (Dn 1.7). Para mais detalhes, veja *Daniel*.

BELZEBU. Este nome veio de uma expressão hebraica que significava "senhor das moscas" e provavelmente relaciona-se a um deus cananeu (cf 2 Rs 1.2,3,16). Nos dias de Cristo, este termo havia-se tornado um sinônimo de Satanás (Mt 10.25; 12.24; Mc 3.22; Lc 11.15,18,19). Este vocábulo, em todo o Novo Testamento, somente foi usado em passagens onde Jesus era acusado de Ele próprio ser Belzebu, ou Satanás, ou em que Ele falava sobre perseguição.

A maneira como os judeus religiosos daqueles dias estavam dispostos a atribuir as obras e as palavras de Jesus ao próprio Satanás revela o quão profundo era o antagonismo deles para com o Messias! Estavam felizes por identificar o Filho de Deus com Satanás em pessoa. É claro que Cristo defendeu-se dessas acusações que o identificavam com Satanás (Lc 11-14-23), mas o ódio contra Ele era tão intenso que afinal culminou com sua crucificação. P.D.G.

BEN-ABINADABE (Heb. "filho de Abinadabe"). Casou-se com Tafate, filha do rei Salomão, e era governador de Nafate-Dor (1 Rs 4.11). Veja *Ben-Hur*.

BENAIA (Heb. "o Senhor tem construído").

1. Filho do sacerdote Joiada, serviu fielmente a Davi, durante todo seu reina-do. Contudo, não foi um dos "três valentes de Davi": Josebe-Bassebete, Eleazar e Samá. Era da tribo de Judá e veio de Cabzeel (2 Sm 23.20); tornou-se comandante sobre os quereteus e peleteus. Davi o considerava "valente e de grandes feitos" e contado com maior honra do que qualquer outro dos "trinta" grandes guerreiros (2 Sm 8.18; 20.23; 23.20-23; 1 Cr 27.5,34). Sua lealdade era tal que não participou da rebelião de Adonias no fim da vida de Davi e foi um dos indicados para proclamar Salomão como rei (1 Rs 1.8, 26,32-38). Ele também foi responsável pela morte dos traidores Joabe, Adonias e Simei (1 Rs 2.23-35,46).

2. Piratonita, foi um dos "trinta heróis" de Davi. Liderava uma tropa de 24.000 homens, que ficavam de prontidão no 11º mês de cada ano (2 Sm 23.30; 1 Cr 11.31; 27.14).

3. Levita, era um dos músicos durante o reinado de Davi. Foi escolhido para tocar lira e acompanhou a Arca quando foi levada para Jerusalém (1 Cr 15.18-20; 16.5).

4. Levita, era um dos músicos durante o reinado de Davi, destacado para tocar trombeta. Ele também acompanhou a Arca (1 Cr 15.24; 16.6).

5. Filho de Jeiel e pai de Zacarias, foi descendente de Asafe (2 Cr 20.14).

6. Levita, cujo trabalho consistia em supervisionar as contribuições para o Templo durante o avivamento no reinado de Ezequias (2 Cr 31.13).

7. Durante o reinado de Ezequias, foi líder da tribo de Simeão, cuja família multiplicou abundantemente (1 Cr 4.36, 24-43).

8. Estava entre os descendentes de Parós. No tempo do retorno do exílio babilônico, Secanias confessou a Esdras que muitos homens, inclusive descendentes dos sacerdotes de Judá, casaram-se com mulheres de outras tribos e até mesmo estrangeiras. Esdras e o povo se arrependeram e fizeram um pacto de servir ao Senhor (Ed 10.2). Benaia é citado em Esdras 10.25 como um dos que se divorciaram das esposas estrangeiras.

9. Citado entre os descendentes de Paate-Moabe, também mencionado como um dos líderes de família culpados de ter-se casado com mulheres estrangeiras (Ed 10.30).

10. Descendente de Bani. Este também foi culpado de casamento misto (Ed 10.35).

11. Descendente de Nebo. Também citado entre os que se casaram com mulheres estrangeiras (Ed 10.43).

12. Pai de Pelatias, um dos 25 homens identificados por Ezequiel como ímpios e que agiam contra Deus (Ez 11.1,13).

S.C.

BEN-AMI (Heb. "filho do meu parente"). Progenitor dos amonitas. Era filho de Ló com a sua própria filha mais nova (Gn 19.38). Logo depois da destruição de Sodoma, da qual somente Ló e suas duas filhas escaparam, elas ficaram preocupadas com a continuação do nome da família; assim, embebedaram o pai e ambas tiveram relações sexuais com ele, ficando grávidas. É importante notar que essas filhas, que relutaram em sair de Sodoma, continuaram a praticar os graves pecados sexuais pelos quais, ao que parece, a cidade de Sodoma era famosa. Certamente, depois que escapou da destruição, não houve novo começo para Ló. Ele e as filhas foram salvos por Deus unicamente por causa do parentesco que tinham com Abraão, com quem o Senhor fizera aliança (Gn 19.29). P.D.G.

BEN-DEQUER (Heb. "filho de Deker"). Governador de Macaz, Saalbim e áreas ao redor, na época do rei Salomão (1 Rs 4.9). Veja *Ben-Hur*.

BEN-GEBER (Heb. "filho de Geber"). Governador de Ramote-Gileade e áreas circunvizinhas, durante o reinado de Salomão (1 Rs 4.13). Uma menção especial é feita a sessenta grandes cidades no distrito de Argobe, em Basã, as quais estavam sob o seu controle. Veja *Ben-Hur*.

BEN-HADADE (Heb. "filho de Hadade).

1. Rei de Damasco, contemporâneo do rei Asa, de Judá, e de Baasa e Onri, reis de Israel, por volta de 890 a.C. (1 Rs 15.18-20). Asa pediu a Ben-Hadade que o ajudasse a se defender contra Baasa. O preço dessa ajuda foi alto, não apenas financeiramente ("Asa tomou toda a prata e o ouro que ficara nos tesouros da casa do Senhor", 1 Rs 15.18), mas também pelo sacrifício da liberdade política. Embora tenha trazido um alívio temporário nas hostilidades entre Israel e Judá, posteriormente a própria Síria tornou-se uma séria ameaça para Judá (cf. 2 Rs 12.17ss).

2. Ben-Hadade II, rei de Arã (Síria), sitiou Samaria mais ou menos em 850 a.C. O rei Acabe estava relutante em entrar na guerra. Por esse motivo, concordou com as primeiras exigências de Ben-Hadade (entregar as mulheres, as crianças, o ouro e prata), mas chegou no limite quando o rei sírio quis enviar seus oficiais para vasculharem a casa real (1 Rs 20.9). Ben-Hadade ficou furioso com o que percebeu ser uma insolente resistência e declarou guerra (1 Rs 20.10-12). Acabe repeliu com sucesso o violento ataque e obteve uma grande vitória sobre os sírios.

Houve três profecias importantes concernentes a Acabe e sua relação com Ben-Hadade: duas positivas e uma negativa. Na primeira, o profeta encorajou o rei a tomar a iniciativa na batalha. Acabe reuniu 7.000 homens e efetuou um ataque de surpresa. Uma vitória decisiva foi alcançada, mas Ben-Hadade conseguiu fugir a cavalo (1 Rs 20.13-22).

A segunda profecia advertiu Acabe, a fim de que se preparasse para outras batalhas contra Ben-Hadade (1 Rs 20.22). O rei de Arã alegou que os deuses de Israel eram divindades das montanhas e por isso enfrentou os israelitas na planície (1 Rs 20.25). Novamente Israel venceu uma grande batalha e Deus demonstrou sua soberania sobre toda a Terra.

Na terceira, Acabe foi repreendido pelo profeta do Senhor, por ser demasia-

BEN-HAIL

damente tolerante com os sírios e por estabelecer alianças com Ben-Hadade (1 Rs 20.34). Inicialmente, os dois reis lutaram juntos contra o inimigo comum, os assírios. Acabe, contudo, foi morto pelos sírios, ao tentar reconquistar Ramote-Gileade. A morte de Ben-Hadade é registrada em 2 Reis 6.24; 8.7-9.

3. Ben-Hadade III chegou ao poder no tempo em que a influência síria estava em declínio. Filho de Hasael (796 a 770 a.C.; cf. 2 Rs 13.3,4), continuou a política opressora do pai. Deus permitiu que Israel caísse em suas mãos, porque Jeoacaz continuou nos caminhos malignos de Jeroboão I. Ben-Hadade foi usado pelo Senhor como instrumento para executar sua punição sobre Israel (2 Rs 13.3). Ele recobrou as cidades capturadas pelos saqueadores moabitas, de acordo com a profecia de Eliseu.

De acordo com Amós 1.4, a derrota de Ben-Hadade aconteceu devido ao juízo de Deus sobre as nações ao redor de Israel. Durante o reinado de Joás, Ben-Hadade foi derrotado três vezes e perdeu o controle sobre as cidades que capturara (2 Rs 13.24,25).   S.V.

BEN-HAIL (Heb. "filho da força"). Um dos oficiais de Jeosafá que foram enviados para ensinar o povo sobre o Senhor e sua Lei, nas cidades de Judá (2 Cr 17.7).

BEN-HANÃ (Heb. "filho da graça"). Um dos filhos de Simeão, da tribo de Judá (1 Cr 4.20).

BEN-HESEDE (Heb. "filho de Hesede"). Governador de Aribote, Socó e toda a terra de Hefer, durante o reinado de Salomão (1 Rs 4.10). Veja *Ben-Hur*.

BEN-HUR. O primeiro da lista de doze governadores distritais nomeados pelo rei Salomão para fiscalizar seu reino (1 Rs 4.8). Seu distrito era em Efraim. Os outros mencionados são: Ben-Dequer, Ben-Hesede, Ben-Abinadabe, Baaná, Ben-

Geber, Ainadabe, Aimaás, Baaná, Josafá, Simei e Geber.

Logo após sua coroação, Salomão foi autorizado por Deus a pedir qualquer coisa que desejasse (1 Rs 3.5-15). Em vez de riquezas e vida longa, ele solicitou sabedoria e discernimento. O Senhor lhe concedeu o que pedira e acrescentou "riquezas e honra". Os capítulos seguintes de 1 Reis mostram como esses dons de Deus foram evidentes nos primeiros anos do reinado de Salomão. Um exemplo de sua sabedoria é dado em 1 Reis 3. Em 1 Reis 4 a ênfase é colocada na crescente riqueza e poder do filho de Davi. É neste contexto que lemos sobre a nomeação dos doze governadores, cujo trabalho era assegurar a grande provisão de suprimentos necessários para a manutenção da casa real; cada um deles era encarregado de suprir o rei durante um mês, no decorrer do ano. Com efeito, eles conseguiram isso, porque estabeleceram impostos sobre os moradores do distrito, que pagavam com suprimentos. Mais tarde, em 1 Reis 4, há uma lista da provisão diária requerida por Salomão, a qual era enorme (vv. 22,23). Tanto antes como depois dessa listagem, a extensão do reino de Salomão é enfatizada, o qual com efeito alcançava todos os limites prometidos pelo Senhor a Moisés. A impressão geral que se tem a partir de 1 Reis 4 é a grandeza da bênção de Deus sobre o rei Salomão.   P.D.G.

BENINU (Heb. "nosso filho"). Um dos levitas que selaram o pacto feito pelo povo para adorar ao Senhor e obedecer à sua Lei (Ne 10.13).

BENJAMIM. 1. Décimo segundo filho de Jacó. Sua mãe, Raquel, morreu logo após seu nascimento. Por isso, deu-lhe o nome de Benoni, que significa "filho da minha tristeza" (Gn 35.18,24; 1 Cr 2.2), o qual Israel mais tarde mudou para Benjamim ("filho da minha mão direita"). Embora Jacó tivesse doze filhos, somente dois deles eram de Raquel — José e Benjamim. Isso, somado ao fato de que a mãe morrera enquanto ainda eram bem pequenos, ajudou a fortalecer a afeição especial que havia entre os dois irmãos.

Após José ser vendido e levado como escravo para o Egito, Benjamim experimentou o favor especial do pai; numa época de grande fome em Canaã (Gn 42.4), Jacó hesitou em enviá-lo junto com os outros em busca de ajuda egípcia. Na segunda viagem deles ao Egito, José —promovido a governador por Faraó — os ajudou, embora sem se identificar. Ele fez de tudo para mostrar generosidade, principalmente para com o irmão Benjamim, a princípio sem permitir que soubessem quem era (Gn 45.12,14,22). A atitude peculiar de José, ao ordenar que seus servos escondessem presentes nas bagagens dos irmãos, deixou-os turbados e temerosos, até que finalmente ele se deu a conhecer e trouxe toda a família para o Egito. Essa mudança provou ser significativa para a futura realização dos planos redentores de Deus para seu povo (Gn 46.3s).

Em sua velhice, Jacó (Israel) abençoou todos os seus filhos, e profetizou que no futuro voltariam para Canaã. A Benjamim, progenitor dos benjamitas (veja adiante) Jacó pronunciou: "Benjamim é lobo que despedaça; pela manhã devorará a presa, e à tarde repartirá o despojo" (Gn 49.27). Uma bênção mista, que marcaria os benjamitas como uma tribo impetuosa, mas, às vezes, também impiedosa. Benjamim teve dez filhos (veja Gn 46.21).

A tribo de Benjamim tinha reputação de bravura e muita habilidade militar. Eram adeptos do manuseio das armas com a mão esquerda, o que, no caso de Eúde, resultou no livramento de Israel das mãos dos moabitas (Jz 3.15ss; 1 Sm 9.1), em cumprimento da profecia de Jacó. Moisés predisse que Deus abençoaria Benjamim e "descansaria em seus braços" (Dt 33.12). A presa seria devorada e o espólio, repartido.

Os benjamitas estabeleceram-se na faixa oriental de terra abaixo das colinas da Judéia — entre Efraim e Judá; incluía cidades importantes, como Jerusalém, Gibeá e Mizpa. Como a história da tribo, entretanto, isso também era uma bênção mista. Gibeá ficou conhecida pelo seu alto índice de homossexualismo (Jz 19.22), e as constantes batalhas sobre Jerusalém marcaram sua história. Durante o reinado de Saul, os benjamitas tiveram sua maior preeminência e a maior parte da tribo permaneceu leal ao rei (veja 1 Cr 12.2-7).

As tribos de Benjamim e Judá mantiveram grande influência entre o povo de Israel depois do retorno da Babilônia, em 537 a.C. (veja Esdras 1 e 2). De acordo com Jeremias 33.12-26, Benjamim e Judá tiveram destaque particular como recipientes das "promessas da graça" de restauração e retorno feitas pelo Senhor.

O apóstolo Paulo era benjamita e usava a si mesmo como exemplo da teologia do "remanescente" (veja Romanos 11.1ss). Apesar da rejeição quase total ao Senhor, por parte de Israel, sempre haveria um remanescente; não por causa da justiça deles, mas porque foram escolhidos pela graça (Rm 11.5) e, como no caso do próprio Paulo, deviam sua continuidade à obra da graça de um Deus salvador (veja Fp 3.4s).

Para nós, hoje, a lição é que mesmo um grande passado, como o da tribo de Benjamim, não garante um excelente futuro, exceto pela misericórdia de Deus. A linhagem de Paulo não tinha nenhum valor para ele, a não ser para entender a maneira pela qual o Senhor conservou um remanescente e enxertou outros ramos (os cristãos gentios; veja Rm 11). Não foi, entretanto, sua herança que o salvou, mas sim a misericórdia de Deus e sua fidelidade em guardar as promessas da aliança (Gn 12.1-3). Em sua defesa diante do rei Agripa, Paulo explicou que Deus o resgatara do seu próprio povo e dos gentios, para depois enviá-lo de volta para abrir os olhos deles (At 26.15ss). Como a tribo de Benjamim, o apóstolo reconheceu que era a atividade redentora do Senhor, o próprio Deus que conservaria um testemunho para si, no meio de um mundo hostil.

2. Nome dado ao bisneto de Benjamim, filho de Bilã (1 Cr 7.10).

3. Membro da tribo de Benjamim que se arrependeu de ter-se casado com uma mulher estrangeira (Ed 10.32). Esdras exortou os judeus que fizeram isso a se apresentar publicamente diante de toda a cidade, para demonstrar arrependimento pelo pecado. Esse pode ser o mesmo Benjamim citado em Neemias 3.23; 12.34, que ajudou na reconstrução do Templo.

S.V.

BENO. Filho de Jaazias e neto de Merari, da tribo de Levi (1 Cr 24.26,27),

BENONI (Heb. "filho da minha tristeza"). Foi o nome que Raquel deu a seu filho, o qual mais tarde Jacó chamou de Benjamim (Gn 35.18). Em sua vida nômade, Israel mudava-se de Betel para Efraim (Belém), quando chegou o momento de Raquel dar à luz. Foi um parto muito difícil e a mãe morreu pouco tempo depois de ver que o bebê era um menino e ter-lhe dado o nome de Benoni. Veja *Benjamim*.

BEN-ZOETE (Heb. "filho de Zoete"). Descendente de Isi, da tribo de Judá (1 Cr 4.20).

BEOR. 1. Pai de Belá, foi o primeiro rei de Edom, o qual reinou antes que a monarquia fosse estabelecida em Israel (Gn 36.32; 1 Cr 1.43).

2. Sempre citado em conexão com seu filho Balaão, o vidente (Nm 22.5; 24.15; Mq 6.9; etc.).

BEQUER. 1. Segundo filho de Benjamim (Gn 46.21; 1 Cr 7.6). Seus descendentes são citados em 1 Crônicas 7.8.

2. Efraimita e líder do clã dos bequeritas (Nm 26.35).

BERA. Um dos cinco reis residentes no vale do Jordão, quando Abraão vivia nas proximidades "dos carvalhais de Manre". Reinava sobre Sodoma (Gn 14.2). Depois de derrotados por uma confederação de reis da Mesopotâmia, eles e suas respectivas cidades foram subjugados por 13 anos, até que finalmente se rebelaram. A rebelião foi punida por quatro reis, liderados por Quedorlaomer (para mais detalhes, veja *Anrafel*).

A derrota deles implicou no cativeiro dos sodomitas; porém Bera conseguiu fugir e salvar sua vida (Gn 14.10). Nessa derrota, Ló, sobrinho de Abraão, foi capturado, o que obrigou nosso patriarca a entrar no conflito. Ele perseguiu e alcançou Quedorlaomer em sua rota para o norte e finalmente o derrotou, recuperou todo o despojo que fora levado da cidade e trouxe de volta Ló. Na volta, Abraão encontrou com Bera, no vale de Savé. O rei de Sodoma propôs que Abraão ficasse com todo o espólio e permitisse apenas que o povo voltasse para casa. Na verdade, os bens recuperados na batalha já lhe pertenciam por direito, mas Abraão devolveu tudo a Bera e disse: "Não tomarei coisa alguma de tudo o que é teu. . . para que não digas: Eu enriqueci a Abrão". Abraão atribuiu sua vitória "ao Senhor, o Deus Altíssimo" (Gn 14.17,21-24).

A intenção do autor era a de estabelecer um claro contraste entre a atitude do rei de Sodoma para com Abraão e o comportamento de Melquisedeque (Gn 14.18-20). Este deu glória a quem merecia, ao "Deus Altíssimo", e louvou ao Senhor por conceder a vitória a Abrão. Bera testemunhara os mesmos eventos, mas não respondeu com louvor a Deus — e sim com egoísmo e arrogância, que se tornariam a marca registrada de Sodoma e culminariam em sua destruição final, nas mãos do mesmo Deus que esse rei se recusava a reconhecer (Ez 16.49).

P.D.G.

BERIAS

BERACA (Heb. "bênção"). Um dos guerreiros da tribo de Benjamim que desertaram do exército de Saul e se uniram a Davi, em Ziclague (1 Cr 12.3). Eles eram ambidestros, hábeis no manuseio do arco e da funda com ambas as mãos.

BERAÍAS (Heb. "o Senhor tem criado"). Citado como filho de Simei, na genealogia que vai de Benjamim a Saul (1 Cr 8.21).

BEREDE. Descendente de Efraim e filho de Sutelá (1 Cr 7.20). Pai de Taate. É também chamado de Bequer, em Números 26.35.

BERENICE. Filha de Herodes Agripa I e irmã de Herodes Agripa II. Em Atos 25.13, lemos que foi a Cesaréia com seu irmão "a saudar Festo". O apóstolo Paulo tinha acabado de ser julgado por este governante romano e apelado para o imperador. Esse interessante caso judicial tornou-se assunto de discussão entre Festo e seus convidados. Conseqüentemente, Agripa pediu para ouvir Paulo, o qual foi trazido à sua presença e de Berenice, bem como de todos os chefes militares e dos principais da cidade (At 25.23). Em sua explanação sobre a fé em Cristo, o apóstolo fez um apelo para que Agripa se tornasse cristão. Depois que se retiraram, concordaram que Paulo nada tinha feito que merecesse sua prisão ou execução (At 25.30,31).

Berenice e Agripa eram aristocratas romanos, mas judeus de nascimento. Eram tidos em alta consideração, tanto por Festo como por Paulo. Com o passar do tempo, o companheirismo muito próximo entre os dois irmãos suscitou boatos sobre um relacionamento incestuoso. Berenice arriscou a própria vida, ao tentar impedir o massacre de judeus pelo procurador romano Géssio Floro, em 66 d.C. Seus soldados quase a mataram e, segundo o historiador Josefo, seu palácio foi queimado na guerra que se seguiu.

P.D.G.

BEREQUIAS / BARAQUIAS. 1. Filho de Ido e pai do profeta Zacarias (Zc 1.1). Seu nome só é citado no livro de Zacarias. Quando os ancestrais deste profeta são mencionados em outros textos, ele é chamado de filho de Ido, pois seu nome é complemente ignorado (Ed 6.14; Ne 12.16).

2. Um dos cinco filhos de Zorobabel, é citado apenas na genealogia de 1 Crônicas 3.20.

3. Levita, cujo filho Asafe foi nomeado pelo rei Davi para um importante serviço no Tabernáculo (1 Cr 6.39; cf. 15.17).

4. Filho de Asa, era um levita citado entre os que retornaram para Judá depois do exílio babilônico (1 Cr 9.16).

5. Filho de Mesilemote, da tribo de Efraim, foi um dos líderes que persuadiram os soldados israelitas a libertar os prisioneiros que fizeram na guerra contra Judá, no tempo do rei Peca (2 Cr 28.12).

6. Filho de Mesezabel, cooperou na construção dos muros de Jerusalém sob a direção de Neemias (Ne 3.4,30). Sua neta casou-se com Joanã, filho de Tobias, um dos que se opuseram ao projeto de reconstrução da cidade santa (Ne 6.17,18).

E.M.

BERI. Filho de Zofá, foi um dos chefes da tribo de Aser (1 Cr 7.36).

BERIAS. 1. Um dos filhos de Aser. Seus filhos foram Héber e Malquiel. Foi o progenitor do clã dos beriitas (Gn 46.17; Nm 26.44,45; 1 Cr 7.30,31).

2. Filho de Efraim (1 Cr 7.23), foi chamado de Berias porque as coisas não iam bem em sua família e o nome tem som semelhante ao da palavra "infortúnio", no hebraico. Dois filhos de Efraim, Ezer e Elade, tentaram roubar o gado dos filisteus de Gate e foram mortos por eles. (1 Cr 7.21).

3. Descendente de Benjamim, filho de Elpaal (1 Cr 8.13). Era um dos líderes das famílias que viviam em Aijalom e receberam o crédito por terem afugentado os moradores de Gate. Seus filhos estão listados no v.16.

4. Um dos filhos de Simei, da tribo de Levi (1 Cr 23.10,11). Pertencia ao clã dos gersonitas. Nem ele nem seu irmão Jeús tiveram filhos e, por isso, nas escalas para o serviço de adoração, eram considerados como uma só família.

BESAI. Seus descendentes estavam entre os servos do Templo que retornaram do exílio babilônico com Neemias (Ed 2.49; Ne 7.52).

BESODÉIAS (Heb. "no conselho secreto do Senhor"). Pai de Mesulão, o qual ajudou a reparar "a Porta da Velha", no muro de Jerusalém, na administração de Neemias (Ne 3.6).

BETUEL. Filho de Naor e Milca; portanto, sobrinho de Abraão. Personagem particularmente significativo, pois foi o pai de Labão e Rebeca, a futura esposa de Isaque (Gn 22.22,23; 24.15,29). Em Gênesis 25.20 e 28.5, o texto chama a atenção especialmente para o fato de que Betuel era de Padã-Arã. Era importante que os filhos de Abraão não se casassem com cananeus; por isso, ele enviou seu servo até Padã-Arã, em busca de uma esposa adequada para o filho Isaque. Na verdade, Labão, irmão de Rebeca, fez o maior empenho em vê-la casada satisfatoriamente com Isaque; mas foi pela descendência de Betuel, por meio de Rebeca, que Deus cumpriu suas promessas feitas a Abraão.

BEZAI. 1. 323 dos seus descendentes retornaram do exílio babilônico com Neemias (Ed 2.17; em Ne 7.23 o número é 324).

2. Um dos líderes que selaram o pacto feito pelo povo de adorar ao Senhor e obedecer à sua Lei, depois do retorno do exílio babilônico (Ne 10.18).

BEZALEL (Heb. "sob a proteção de Deus"). 1. Da tribo de Judá, era filho de Uri e neto de Hur (Êx 31.2; 1 Cr 2.20). Foi indicado pelo Senhor para trabalhar na construção do Tabernáculo. Êxodo 31.2,3 descreve como o próprio Senhor o escolheu especialmente para fazer os desenhos e o trabalho artístico necessários para a Tenda da Congregação (Tabernáculo). Sem dúvida, ele possuía extraordinário talento natural em diferentes áreas, tais como trabalho com metais preciosos, marcenaria e mesmo tapeçaria, mas o Senhor o encheu "do Espírito de Deus, de habilidade, de inteligência, e de conhecimento", para que realizasse o trabalho totalmente para a glória do Senhor e soubesse exatamente o que se requeria dele. Tal plenitude do Espírito Santo era rara nos tempos do AT, pois geralmente se limitava a profetas e reis. O significado espiritual e a importância do trabalho são dessa forma enfatizados. Parte do dom que Deus lhe deu foi a habilidade para ensinar outros, de forma que o trabalho na Tenda da Congregação fosse feito para a glória do Senhor (Êx 35.30—39.31; veja especialmente 36.1,2; 37:1; 38:22; 2 Cr 1.5). Deus também deu a Bezalel um ajudante especial, na pessoa de Aoliabe, da tribo de Dã.

2. Descendente de Paate-Moabe, casara-se com uma mulher estrangeira, no tempo de Esdras (Ed 10.30). P.D.G.

BEZER. Descendente de Aser, filho de Zofá (1 Cr 7.37).

BICRI. Benjamita, foi pai de Seba (2 Sm 20) e provavelmente o líder do clã conhecido como os beritas (v.14). Seba liderou uma rebelião contra o rei Davi (v.1).

BIDCAR. Capitão do exército do rei Jeú e chefe de suas carruagens (2 Rs 9.25), quando este conspirou contra Jorão, rei de Israel. Jeú fora ungido rei de Israel por Eliseu e recebera ordens de destruir a casa de Acabe e Jezabel (vv. 6-10). Num confronto com Jorão, Jeú acertou-o e matou-o com uma flecha, como juízo pelos pecados de idolatria e feitiçaria que foram introduzidos em Israel por Jezabel. Bidcar recebeu ordem de jogar o cadáver no campo de Nabote.

BIGTÁ. Um dos sete eunucos que serviam ao rei Assuero (Xerxes) (Et 1.10). Veja *Vasti*.

BIGTÃ. Um dos dois porteiros que guardavam o portão do palácio do rei Assuero. Ele e seu companheiro Teres "se indignaram e conspiraram para assassinar o rei Assuero" (Et 2.21). A razão para a inclusão deles no relato do livro de Ester foi devido à descoberta do plano secreto e à denúncia feita pelo judeu Mordecai. Hamã tinha feito todos os arranjos para que este fosse enforcado por não se inclinar diante dele. Numa noite de insônia, o rei leu nos registros do reino sobre a denúncia dos dois conspiradores feita por Mordecai e pela manhã ordenou que Hamã lhe prestasse uma série de homenagens. Esse reconhecimento, por parte do rei, tempos mais tarde ajudou na salvação dos judeus dos perversos desígnios de Hamã. Para mais detalhes, veja *Mordecai* e *Ester*.

BIGVAI. 1. Retornou do exílio babilônico com Neemias (Ed 2.2; Ne 7.7).

2. 2.056 de seus descendentes retornaram do exílio com Neemias (Ed 2.14; em Ne 7.19 o número é 2.067).

3. Alguns de seus descendentes subiram para Jerusalém com Esdras, durante o reinado de Artaxerxes (Ed 8.14).

4. Um dos líderes que selaram o pacto feito pelo povo para adorar ao Senhor e obedecer à sua Lei (Ne 10.16).

BILA. Uma jovem serva, dada a Raquel por seu pai no dia do casamento dela (Gn 29.29). Posteriormente tornou-se concubina de Jacó (Gn 30.3-7), pois Raquel era estéril, embora depois Deus tenha ouvido suas orações e lhe tenha concedido dois filhos em Canaã (José e Benjamim). Bila foi a mãe de Dã e Naftali, que se tornaram progenitores de duas importantes tribos em Israel (Gn 35.25; 46.25; 1 Cr 7.13). Ela também teve um relacionamento incestuoso com Rúben, o filho mais velho de Jacó e Lia (Gn 35.22). s.v.

BILÃ. 1. Primeiro filho de Eser, um dos líderes tribais em Seir, onde Esaú se estabeleceu (Gn 36.27; 1 Cr 1.42).

2. Filho de Jediael; portanto, neto de Benjamim. Cada um de seus sete filhos listados em 1 Crônicas 7.10 foi cabeça de uma família.

BILDADE. "Suíta", era um dos três "amigos" de Jó (Jó 2.11). Inicialmente, eles procuraram o patriarca para "condoer-se dele, e consolá-lo". Quando viram os terríveis problemas que Jó enfrentava, sob a provação divina, tornaram-se incapazes de falar por longo tempo. Finalmente, ofereceram-lhe várias formas de conselho.

Bildade foi o segundo a dar seu conselho. Enfatizou a justiça de Deus (Jó 8.1,3). Alinhado com o ensino bíblico, sugeriu que Jó deveria olhar para as gerações passadas e aprender com elas. Se fizesse isso, descobriria que sofreram devido aos seus pecados e às transgressões de suas famílias. Portanto, essa talvez fosse a causa do sofrimento de Jó e ele estaria totalmente errado por negar sua culpa diante de Deus (Jó 8.8-13). O ensino que Bildade acreditava que o patriarca deveria aceitar era que o justo era abençoado universalmente, enquanto os pecadores recebiam sofrimento. Bildade acreditava que, se Jó fosse realmente justo, então as aflições que padecia seriam apenas temporárias, pois Deus agiria rapidamente e traria novamente a alegria (Jó 8.20-22).

Em seu segundo discurso, Bildade demonstrou estar aborrecido e desapontado com as alegações de inocência de Jó

BILGA

(Jó 18.1,2); por isso, enfatizou o castigo de Deus sobre os ímpios e advertiu o patriarca quanto ao perigo de questionar as ações do Senhor (vv. 5-21). No terceiro e último discurso, mais curto, Bildade recitou um hino de louvor ao Deus Criador e faz uma comparação com o pecado da humanidade (Jó 25.1-6).

Todo o livro de Jó revela claramente como a tão repetida explicação religiosa da causa e do efeito (pecado/juízo; justiça/bênção) é simplista demais, quando as pessoas são confrontadas pelo Todo-poderoso, cuja soberania é total. No final, Deus vindicou Jó e ordenou aos seus amigos que fossem a ele, para que o patriarca oferecesse sacrifícios pelos três, a fim de serem perdoados: "O meu servo Jó orará por vós, e aceitarei a sua oração, e não vos tratarei conforme a vossa loucura. Vós não falastes de mim o que era reto, como o meu servo Jó" (Jó 42.8). P.D.G.

BILGA. 1. Sacerdote que viveu durante o reinado de Davi, o qual foi escolhido por sorteio para ser o 15° na ordem em que ministraria (1 Cr 24.14).

2. Um dos sacerdotes que retornaram do exílio babilônico com Zorobabel e Jesua, em Neemias 12.5. Nos dias de Joiaquim, o líder dessa família era Samua (Ne 12.18).

BILGAI. (Heb. "jovialidade"). Um dos sacerdotes que selaram o pacto feito pelo povo de adorar ao Senhor e obedecer à sua Lei (Ne 10.8). Provavelmente é a mesma pessoa mencionada em *Bilga 2*.

BILSÃ. Retornou do exílio com Neemias (Ed 2.2; Ne 7.7).

BIMAL. Um dos filhos de Jaflete, da tribo de Aser (1 Cr 7.33). Foi um dos homens valentes e chefe de clã.

BINEÁ. Descendente do rei Saul, era da tribo de Benjamim e pai de Rafa. Era filho de Moza (1 Cr 8.37; 9.43).

BINUI (Heb. "construir").

1. Pai de Noadias, o qual foi um dos que pesaram a prata e o ouro trazidos de volta da Babilônia com Esdras (Ed 8.33).

2. Descendente de Paate-Moabe, estava entre os judeus culpados de ter-se casado com mulheres estrangeiras (Ed 10.30).

3. Ancestral de alguns dos que foram culpados de ter-se casado com mulheres estrangeiras (Ed 10.38).

4. Filho de Henadade (também chamado de Bavai), era governador da metade do distrito de Queila. Ajudou na reconstrução dos muros de Jerusalém depois do exílio, trabalhando na seção que ia da casa de Azarias até a esquina (Ne 3.18,24). Foi também um dos levitas que selaram o pacto do povo em Neemias 10.9.

5. 648 descendentes de um certo Binui retornaram do exílio com Neemias (Ne 7.15).

6. Um dos levitas que retornaram do exílio com Zorobabel (Ne 12.8). M.P.

BIRSA. Um dos cinco reis residentes no vale do Jordão, quando Abraão vivia perto dos carvalhais de Manre". Era o governante de Gomorra (Gn 14.2). Depois de serem derrotados por uma coalizão de reis procedentes da Mesopotâmia, esses monarcas foram subjugados por 13 anos, até que finalmente se rebelaram. A rebelião foi sufocada pelos quatro monarcas, liderados por Quedorlaomer (para mais detalhes veja *Anrafel*). A derrota envolveu o cativeiro dos sodomitas; Birsa conseguiu fugir e salvar a vida (Gn 14.10). Na conquista de Gomorra, todos os seus bens e provisões foram levados. Ló também foi conduzido cativo; por isso, seu tio Abraão resolveu libertá-lo. Ele perseguiu e alcançou Quedorlaomer bem ao norte e, depois de vencê-lo em batalha, trouxe seu sobrinho de volta e recuperou todo o espólio.

BIRZAVITE. Filho de Malquiel e descendente de Aser (1 Cr 7.31).

BISLÃO. Junto com Mitredate, Tabeel e outros companheiros, escreveu uma carta ao rei Artaxerxes, a fim de fazer acusações contra o povo de Judá (Ed 4.7). Para mais detalhes, veja *Mitredate*.

BITIA (Heb. "filha do Senhor"). Filha de um dos faraós. Casou-se com Merede, da tribo de Judá, por isso seu nome aparece nesta genealogia (1 Cr 4.18). É provável que se tenha convertido à religião israelita.

BIZTA. Um dos sete eunucos que serviam o rei Assuero (Xerxes) (Et 1.10). Veja *Vasti*.

BLASTO. É descrito em algumas traduções como "camareiro de confiança do rei [Herodes Agripa I]" (At 12.20). Quando Herodes viajou para Cesaréia, o povo de Tiro e Sidom, com quem tivera um desentendimento, solicitou uma audiência de reconciliação. Furioso com eles, Herodes mandara suspender todas as exportações de alimento e outros produtos essenciais para as duas cidades. A audiência foi conseguida por meio de Blasto, que provavelmente falou com o rei em favor deles. Ao ouvir o discurso de Herodes, e interessados em conseguir seu favor, os visitantes o ovacionaram como se ele fosse um deus. O rei foi imediatamente ferido por um anjo do Senhor e morreu, "porque não deu glória a Deus" (At 12.23). Um claro contraste é então estabelecido, entre Herodes, que morreu, e a Palavra de Deus, que "crescia e se multiplicava" (At 12.24).

BOÃ. Filho de Rúben, é mencionado somente em conexão com a "pedra de Boã" (Js 15.6; 18.17), um importante marco da fronteira entre Judá e Benjamim. Ele não é citado nas genealogias de Rúben.

BOANERGES. Nome dado por Jesus a Tiago e João, filhos de Zebedeu, quando os chamou para serem seus discípulos.

Marcos traduziu a palavra com o significado de "filhos do trovão". Não está claro por que Jesus lhes deu esse nome, mas existe especulação de que foi devido ao temperamento explosivo dos dois. Veja *Tiago* e *João*.

BOAZ (Heb. "a força está nele"). **1.** Nome encontrado no livro de Rute e nas genealogias em 1 Crônicas, Mateus e Lucas. Boaz foi um proprietário de terras temente a Deus, que viveu em Belém de Judá no período dos Juízes (Rt 1.1). Casou-se com Rute e tornou-se ancestral do rei Davi e de Jesus Cristo.

O primeiro capítulo de Rute termina com Noemi e sua nora moabita, que chegaram a Belém, viúvas e sem nenhum recurso financeiro. Boaz é apresentado em Rute 2.1 como "homem poderoso e rico", parente do marido falecido de Noemi. Ele era o dono das terras nas quais Rute foi "respigar" (no hebraico, era uma maneira zombeteira de expressar dependência da providência divina), quando buscava um campo onde recolher algumas espigas (Rt 2.3). Sua entrada no campo deu a Boaz a oportunidade inicial de tornar-se seu benfeitor e abriu o caminho para que se casasse com ela no sistema de levirato (Rt 3 e 4).

O cenário é estabelecido para o evento na narrativa do livro pela descrição dos laços familiares entre Boaz e Noemi e o caráter exemplar dele. Na Lei de Moisés, os membros da mesma família tinham várias responsabilidades uns com os outros, inclusive apoio financeiro, em alguns casos. A redenção da terra e as variações nos relacionamentos familiares preparam o leitor para a mudança de perspectiva nos versículos finais do livro. Ali, a atenção é tirada de Rute e Boaz e colocada no propósito mais amplo de Deus na história (Rt 4.17-22).

A expressão traduzida como "homem poderoso" em Rute 2.1 é multiforme, tanto em significado como em propósito no livro de Rute. Embora tenha relação com a proeminência de Boaz em Belém (veja também Rt 4.1,2), provavelmente se refere à sua excelência moral e espiritual e talvez até mesmo à sua coragem reconhecida e honra. Em Provérbios 31.10 o equivalente a essa frase é usado para falar da excelência da esposa perfeita. Um termo similar também foi usado com referência aos "valentes de Davi", conhecidos como guerreiros valorosos (2 Sm 23.8-39).

Na narrativa do livro de Rute, a expressão também faz um paralelo bem próximo com a descrição da própria Rute, como "uma mulher virtuosa" (3.11). As diferentes traduções dos termos obscurecem um pouco a idéia, mas as palavras no original hebraico indicam que Boaz (2.1) e Rute (3.11) formavam um par perfeito, tanto do ponto de vista moral como espiritual.

Essa observação é fortalecida pela interação de Boaz e Rute, nos capítulos 2 e 3. Em ambas as cenas ela toma a iniciativa, mas faz as coisas de tal maneira que impressiona Boaz com seu caráter (Rt 2.11,12; 3.10,11). Da mesma maneira, em ambas as cenas ele responde com graça e generosidade muito além da letra da Lei.

Em Rute 4.1-12 foi necessário que Boaz demonstrasse toda sua sabedoria e seu discernimento, para aproveitar a oportunidade de consumar o desejado casamento de levirato com Rute. Ele o fez, quando levou o parente anônimo a renunciar ao direito de ser o remidor de Noemi e Rute (Rt 4.3-10). O casamento de Boaz e Rute, bem como o nascimento do filho deles, Obede, foi motivo de muita alegria em toda a cidade de Belém (Rt 4.11-17).

O nascimento de Obede é também um elo crucial na qualificação de Davi como rei de Israel e de Jesus como o Messias. Devido ao seu papel central nessa linhagem e provavelmente também por causa de seu caráter exemplar, Boaz é honrado com a sétima posição na genealogia real de Davi, em Rute 4.18-22.

Boaz é citado na seqüência da árvore genealógica da família de Davi em 1 Crônicas 2.11,12 e na genealogia messiânica em Lucas 3.32. A versão da linhagem de Cristo em Mateus 1.5 inclui não somente o nome de Rute e do que é colocado na posição de pai de Boaz, Salmom, como também de sua mãe, Raabe. Embora haja probabilidade de que uma ou mais gerações faltem na árvore genealógica nesse ponto, para que a genealogia tenha um formato simétrico (Mt 1.17), é possível que a mãe de Boaz seja Raabe, a prostituta de Jericó (Js 2); isso pode significar que ele teria tanto uma mãe como uma esposa gentia.

2. O nome da coluna do lado esquerdo, construída no Templo de Salomão por Hirão (1 Rs 7.21; 2 Cr 3.17). A da direita chamava-se Jaquim. A razão exata por que elas receberam esses nomes não é clara, embora possa ter algo a ver com o próprio significado dos nomes: Jaquim significa "Deus estabelecerá"; Boaz, "a força está nele". A.B.L.

BOCRU. Da tribo de Benjamim, o segundo dos seis filhos de Azel (1 Cr 8.38; 9.44). Era descendente de Saul.

BOM SAMARITANO. A parábola do Bom Samaritano é exclusiva do evangelho de Lucas (10.25-37). Para apreciar sua profundidade, é importante considerar que, para uma audiência composta por judeus, um samaritano era um réprobo da fé, um tipo de "mestiço" racial, pois tinha um mistura de sangue judeu com gentio e representava uma defecção do Judaísmo (veja *Samaritanos*). O fato de que tal "mestiço" pudesse demonstrar compaixão era uma surpresa na parábola. Quando o doutor da lei respondeu à pergunta de Jesus sobre qual dos três, o sacerdote, o levita ou o samaritano, fora o próximo do homem atacado pelos ladrões, não pôde nem mesmo mencionar o samaritano (v.37). A parábola ensina duas verdades. Primeiro, devemos ser o "próximo" que se preocupa com os outros, como o samaritano procedeu. Em vez de perguntarmos: "E quem é o meu

próximo?", Jesus disse que simplesmente devemos "ser o próximo". Segundo, nosso próximo às vezes surge de lugares surpreendentes. O doutor da lei jamais esperava que um samaritano seria um exemplo, como de fato foi. Jesus ensinou que não devemos discriminar uma pessoa simplesmente por causa de sua raça. Às vezes um bom próximo pode ter raízes surpreendentes.
D.B.

BUNA (Heb. "inteligência"). Filho de Jerameel e irmão de Rão[3] (1 Cr 2.25). Era da tribo de Judá.

BUNI. 1. Levita que ficou em pé, na escada, enquanto a Lei era lida, em Neemias 9.4.

2. Um dos líderes que selaram o pacto feito pelo povo de adorar ao Senhor e obedecer à sua Lei (Ne 10.15).

3. Ancestral de Semaías, um dos levitas que se estabeleceram em Jerusalém depois do exílio (Ne 11.15).

BUQUI. 1. Filho de Jogli, era um dos líderes da tribo de Dã e foi um dos que, conforme instruções do Senhor a Moisés, deveriam repartir a terra (Nm 34.17,22).

2. Pai de Uzi e filho de Abisua, é registrado na lista dos descendentes de Levi em 1 Crônicas 6.5,51. Esdras foi um de seus descendentes (Ed 7.4).

BUQUIAS. Um dos "filhos de Asafe" listado entre os que foram separados para o ministério profético e da música, durante o reinado de Davi. Era filho de Hemã, o vidente do rei (1 Cr 25.4,13).

BUZ. 1. Filho de Milca e Naor; portanto, sobrinho de Abraão. Era irmão de Betuel, pai de Rebeca (Gn 22.21).

2. Um homem da tribo de Gade, pai de Jado (1 Cr 5.14).

BUZI. Sacerdote, pai do profeta Ezequiel. Vivia na Babilônia (Ez 1.3).

---

[1]   Esse verbete foi incluído devido à Versão Contemporânea, que traz as duas variações do nome (Nota do Tradutor).

[2]   Conforme os expositores bíblicos, havia duas cidades com o nome de Jericó: a velha e a nova. Na concepção de Lucas, Jesus saía da velha e aproximava-se da nova e ele só registrou a cura do cego que clamou; já Mateus referiu-se à saída da cidade velha e à cura dos dois cegos que pediam esmola (Nota do Revisor).

[3]   Buna é mencionado no livro original como filho de Rão e Neto de Jerameel; provável erro, pois essa informação não tem base no texto bíblico (NIV em inglês) (Nota do Tradutor).

C

CADMIEL. 1. Levita cujos descendentes estavam entre os judeus que retornaram do exílio na Babilônia para Jerusalém com Zorobabel (Ed 2.40; 3.9; Ne 7.43).

2. Outro levita que viveu na mesma época. Estava entre os que lideraram o povo na adoração e nos cânticos depois da leitura do livro da Lei e no prolongado período de confissão dos pecados. Também uniu-se a Neemias no pacto que foi selado pelo povo de adorar ao Senhor e obedecer à sua Lei (Ne 9.4,5; 10.9; 12.8,24).   P.D.G.

CAIFÁS. Por meio de Josefo, historiador judeu, aprendemos que Caifás sobreviveu na função de sumo sacerdote (cargo político) por quase dezoito anos. Seu sogro Anás, o supremo líder religioso antes dele, provavelmente manteve uma influência considerável, enquanto o genro esteve no cargo. Isso explica a estranha referência em Lucas 3.2, a qual dá a idéia de que ambos ocupavam a posição de sumo sacerdote. Essa relação provavelmente reflete o aspecto político da situação, na qual Anás era considerado o poder por trás do "trono".

Após a ressurreição de Lázaro, as autoridades judaicas se reuniram para resolver o que fazer com Jesus. Diante da possibilidade do poder delas sobre o povo ser ameaçado por Cristo, sentiram que os romanos viriam contra eles e sua religião (Jo 11.48-53; 18.14). Caifás argumentou: "Vós não percebeis que convém que um só homem morra pelo povo, e que não pereça toda a nação". Embora tenha dito isso motivado simplesmente pela autopreservação, esse era precisamente o curso da ação que Deus tinha em mente para Jesus. Assim, João identificou cla-

ramente esse comentário como uma profecia: "Ele não disse isto de si mesmo, mas como sumo sacerdote naquele ano, profetizou que Jesus morreria. E não somente pela nação, mas também para reunir em um só corpo os filhos de Deus que andavam dispersos" (Jo 11.51,52).

A soberania do Senhor, ao levar Jesus até a cruz para morrer como o Cordeiro de Deus pelo pecado do mundo, é um forte tema no evangelho de João (Jo 2.29; etc.) e é novamente enfatizado nesse extraordinário episódio. Daquele momento em diante, Caifás e os líderes planejavam como matar Jesus; foi o próprio Caifás quem presidiu o Sinédrio, quando Cristo foi levado para ser julgado (Mt 26.3,57).

Naquele julgamento, onde as testemunhas não eram coerentes, foi o sumo sacerdote quem finalmente fez a pergunta direta: "És tu o Cristo, o Filho do Deus Bendito?" (Mc 14.61). Jesus respondeu: "Eu sou". Nesse ponto eles condenaram, torturaram e crucificaram o Filho de Deus.

O antagonismo de Caifás para com a fé cristã e sua perseguição aos crentes continuou bem depois da morte de Jesus (At 4.6,21; 6.12,13; etc.). Veja *Anás.*   P.D.G.

CAIM. Primeiro filho de Adão e Eva. Seu nome é relacionado com a exclamação de Eva, de gratidão ao Senhor: "Alcancei do Senhor um homem" (Gn 4.1). Ele foi "lavrador da terra", diferentemente de seu irmão, pastor de ovelhas (vv.2,3). Depois de algum tempo, ambos, Caim e Abel, apresentaram suas ofertas ao Senhor. O primeiro levou alguns frutos da terra e o segundo ofereceu um "dos primogênitos das suas ovelhas, e da sua gordura" (vv.3,4). "Atentou o Senhor para Abel e para sua oferta, mas para Caim e para a sua oferta não atentou" (vv 4,5). O texto não indica por que Deus fez essa distinção entre as duas ofertas. Alguns sugerem que talvez, mesmo naquela época tão remota, o Senhor revelara a Adão e Eva que um sacrifício com sangue seria necessário, a fim de que pudessem chegar diante de Deus; contudo, é melhor olharmos o que o próprio texto enfatiza.

Gênesis 4 examina a atitude de Caim, depois que foi rejeitado por Deus. Ficou irado e deprimido (v.5). O Senhor falou com ele, a fim de confrontá-lo sobre sua reação e destacou que sua oferta seria aceita, se ele "procedesse bem". A implicação do comentário de Deus, ao mencionar que "o pecado jaz à porta... sobre ele deves dominar" (v.7) é que aquele que nos sonda sabia que o coração de Caim era pecaminoso. Suas ações subseqüentes confirmam essa impressão. Ele se irara contra o Senhor e seu irmão. Esse entendimento sobre o problema de Caim tem apoio em Hebreus 11.4, onde o escritor faz uma distinção entre ele e Abel no sentido da fé que o segundo demonstrou.

Caim pediu ao irmão que o acompanhasse ao campo, onde o matou. Quando Deus perguntou-lhe o que acontecera com Abel, ele replicou com a famosa declaração: "Não sei. Acaso sou eu guardador do meu irmão?" (Gn 4.9). Caim foi então condenado pelo Senhor a ser "fugitivo e errante pela terra" (v.12). Para protegê-lo, enquanto vagasse pelo mundo, Deus colocou nele um sinal, para que não fosse morto, talvez pelos descendentes de Abel. Caim foi então para a terra de Node, a leste do Éden.

Caim e sua esposa tiveram um filho e o chamaram de Enoque; ele se tornou o ancestral dos povos nômades, dos que tocavam instrumentos musicais e dos que trabalhavam com bronze e ferro (Gn 4.17-22). O contraste entre esse relato de Caim (Gn 4) e o de Sete (Gn 5) é significativo. Este nasceu a Adão e Eva depois da morte de Abel e foi para eles o substituto do irmão morto (Gn 4.25,26). Os descendentes de Sete permaneceram fiéis a Deus, enquanto os de Caim foram transgressores (veja *Lameque*, *Sete* e *Noé*).

As gerações futuras foram desafiadas a lembrar Caim e aprender do seu pecado, dos seus ciúmes e da sua falta de fé (Hb 11.4; 1 Jo 3.12; Jd 11). P.D.G.

CAINÃ. 1. Filho de Enos, tornou-se pai de Maalaleel aos 70 anos de idade. Pertencia ao antigo grupo de líderes de todo o povo e viveu 910 anos. Listado também na genealogia apresentada por Lucas que vai de Jesus a Adão (Gn 5.9-14; 1 Cr 1.2; Lc 3.37).

2. Pai de Salá e filho de Arfaxade, é citado na genealogia que liga Jesus a Adão, em Lucas 3.36. Seu nome não se encontra na lista de Gênesis 10.

CALAI (Heb. "rápido"). Líder da família sacerdotal de Salai, estava entre os levitas que retornaram com Zorobabel do exílio na Babilônia (Ne 12.20).

CALCOL. 1. Filho de Maol, era famoso por sua sabedoria. O escritor demonstra a grandeza do conhecimento de Salomão, comparando-o com o desses homens; por isso, encontramos Calcol no texto de 1 Reis 4.31. Em resposta ao seu pedido (v.29), Deus deu a Salomão uma sabedoria extraordinária, que ofuscou até mesmo os que eram reconhecidos naqueles dias pelo conhecimento.

2. Em 1 Crônicas 2.6, é citado como um dos filhos de Zerá e descendente de Judá. Provavelmente é a mesma pessoa referida no item 1.

CALDEU. Título dado ao povo que vivia na área conhecida como o reino da Babilônia. Originalmente era o nome de um distrito. A terra original, referida como a dos pântanos, nos dias modernos é freqüentemente associada com os "Árabes dos Pântanos" — o território ao norte do Golfo Pérsico, que agora separa o Irã do Iraque. Antigos textos

CALEBE

cuneiformes babilônios chamam os habitantes dessas "terras do mar" de kaldus. O pai de Abraão era de "Ur dos caldeus" (Gn 11.28-31; 15.7; etc.). Em Daniel, Ezequiel e Esdras, a palavra torna-se sinônimo de babilônios. A tradição da grande cultura deles sobrevive (cf. Dn 1.4; Ed 5.12; Ez 12.13; 23.23).

CALEBE. 1. Calebe, da tribo de Judá, era filho de Jefoné, o quenezeu (Nm 32.12). Moisés o escolheu para representar esta tribo no grupo dos doze homens enviados a espiar Canaã (Nm 13.6). A terra que viram era muito fértil; trouxeram grandes cachos de uva e relataram sobre a riqueza e a prosperidade da região; entretanto, descobriram que a área era também ocupada por povos temíveis — principalmente os descendentes do gigante Enaque, que viviam próximos a Hebrom. Dez dos espias voltaram desapontados e convencidos de que jamais conseguiriam vencer uma batalha contra aqueles povos; por causa disso, voltaram-se contra Moisés. Os israelitas, ao ouvir o relatório, argumentaram que melhor seria se tivessem ficado no Egito (Nm 13.26-29; 13.31 a 14.4).

De todos os espias, somente Calebe e Josué tiveram fé suficiente em Deus para saber que Ele os capacitaria a conquistar Canaã. Primeiro, deram um relatório alternativo a Moisés e então apelaram para o povo. A total confiança deles na soberania do Senhor foi proclamada em voz alta diante de todos, nesse discurso: "A terra pelo meio da qual passamos a espiar é terra muito boa. Se o Senhor se agradar de nós, então nos fará entrar nessa terra, e no-la dará. É uma terra que mana leite e mel. Tão-somente não sejais rebeldes contra o Senhor, e não temais o povo dessa terra, porque como pão os devoraremos. A proteção deles se foi, mas o Senhor está conosco. Não os temais" (Nm 14.7-9).

Como castigo sobre o povo pela falta de fé, toda aquela geração foi impedida

de entrar em Canaã; gastaram o resto da vida "vagando" pelo deserto (Nm 14.22,23). Somente Calebe e Josué viveram o tempo suficiente para entrar na terra e ambos tiveram participação significativa nas batalhas de conquista de Canaã, muito tempo depois (Nm 14.24,30). É importante notar que Calebe, o qual dissera anos antes que o Senhor destruiria os anaquins, foi o líder do ataque na região de Hebrom. Ele liderou pessoalmente as forças que derrotaram os gigantes e tempos mais tarde recebeu aquela área como herança (Js 14.6-15; 15.13,14). Calebe ofereceu sua filha Acsa em casamento ao homem que conquistasse Quiriate-Sefer (Debir; Jz 1.11) para ele. Seu sobrinho Otniel cumpriu a tarefa e casou-se com Acsa (Js 15.16-18). Seus filhos são citados em 1 Crônicas 4.15.

A perseverança "em seguir ao Senhor" de Calebe (Js 14.14; Dt 1.36; etc.) tornou-se um exemplo para as futuras gerações. Essa fé consistia num descanso calmo e prático em Deus, como o Todo-poderoso que jamais falha em suas promessas. Acreditar é uma coisa, mas agir baseado nisso, em face de adversários tão assustadores — essa foi a essência da verdadeira fé que Calebe demonstrou e com a qual todos nós podemos aprender.

2. Outro Calebe[1] foi irmão de Jerameel e filho de Hezrom. Era da tribo de Judá e casou-se com Azuba. Depois que ela morreu, desposou Efrate, com quem gerou Hur. Seus outros filhos foram Messa e Maressa (1 Cr 2.9,18, 19,42,50). Bezalel, neto de Hur, foi o artesão que trabalhou na construção do Tabernáculo (1 Cr 2.20; Êx 31.1). P.D.G.

CAMOS. O deus adorado pelos moabitas. Sacrifícios humanos faziam parte de seu culto (2 Rs 3.27, onde o rei de Moabe ofereceu o próprio filho, numa tentativa de vencer a batalha contra os israelitas). De tempos em tempos o povo de Israel era advertido para não se aproximar dos deuses estrangeiros, e Camos

CÃO

era visto como um dos mais abomináveis (2 Rs 23.13). Maldições são proferidas contra o povo de Moabe e seu deus (Nm 21.29) e, ainda assim, ocasionalmente os israelitas envolviam-se na adoração dessa divindade.

O exemplo mais chocante é encontrado no reinado de Salomão, que começou tão bem, com a demonstração de sua fidelidade ao Senhor. Seus vários casamentos, entretanto, muitos deles provavelmente efetuados com objetivos diplomáticos, pois visavam estabelecer boas relações com as nações vizinhas, levaram suas esposas a fazê-lo desviar-se da adoração a Deus e a cultuar os deuses delas. Quando envelheceu, seu coração já não era mais devotado exclusivamente ao Senhor; chegou até a construir um altar para Camos numa colina a leste de Jerusalém (1 Rs 11.7, onde esse deus é chamado de Quemós). Tal pecado levou o Senhor a trazer punição sobre a nação e posteriormente provocou a divisão do reino (1 Rs 11.29-33).

Somente no reinado de Josias, quando houve uma renovação da aliança com o Senhor, somos informados especificamente que "esses altos" dedicados a Camos foram destruídos (2 Rs 23.13). Mais tarde, o profeta Jeremias advertiu o povo de Moabe sobre o juízo iminente que viria sobre eles e seu deus (Jr 48.7,13,46).

O perigo do sincretismo religioso e da idolatria era um problema constante para os israelitas, quando tentavam conviver pacificamente entre as nações. Por todas as Escrituras existem apelos aos homens e mulheres que têm fé no Senhor para serem "santos", separados de tal prática. Os deuses podem ser diferentes, mas o problema permanece tão grave para o cristianismo moderno quanto era para os israelitas. P.D.G.

CANAÃ. Filho de Cão e neto de Noé (Gn 9,18,22; 10.6). Após a prática de um tipo de pecado sexual particularmente triste e pernicioso, que envolveu o pai embriagado e seu filho Cão, Noé amaldiçoou Canaã, seu neto, e, em contraste, abençoou Sem (Gn 9.25-27). No transcorrer do tempo, foi desta linhagem que vieram Abraão e, finalmente, os israelitas, enquanto os descendentes de Canaã tornaram-se as tribos que causaram muitos problemas a Israel e freqüentemente eram derrotadas em batalha: heteus, jebuseus, amorreus, etc. (Gn 10.15-18). A terra que mais tarde foi chamada de "Canaã" era ocupada por tribos como a dos amorreus, que provavelmente é uma derivação do seu nome.

CANDACE. Título oficial das rainhas ou das rainhas-mães da Etiópia. É citada em Atos 8.27, quando um de seus altos funcionários, ao retornar para casa depois de participar da adoração em Jerusalém, encontrou-se com Filipe. Candace talvez seja Amaniterer, que governou entre 25 e 41 d.C. O discípulo de Cristo falou de Jesus ao etíope, que se converteu e foi imediatamente batizado. Veja *Eunuco Etíope*.

CÃO. Diferentemente de seu irmão Jafé, cuja história segue paralela com a sua até o término do Dilúvio, Cão, por sua reação ao erro de Noé, trouxe a maldição sobre sua própria família (Gn 9.20-25). A ofensa dele foi um comportamento indigno de um filho, que tornou pública a desgraça do pai (v.22). Em vez de amaldiçoar o próprio Cão, Noé lançou a maldição sobre seu neto Canaã; dessa maneira, usava a situação como um espelho: assim como ele [Noé] fora humilhado por Cão, o filho deste o faria sofrer da mesma forma que ele padecia. De acordo com o desenrolar da narrativa bíblica, foi o que aconteceu: Os descendentes de Cão, Mizraim (Egito) e Canaã (Gn 10.6) foram condenados por práticas sexuais abomináveis (Lv 18.3ss). Posteriormente, conforme a história narrada no livro de Josué, os descendentes de Canaã tornaram-se escravos dos filhos de Sem. J.A.M.

CARCAS

CARCAS. Um dos sete eunucos que serviam ao rei Assuero (Xerxes) (Et 1.10). Veja *Vasti*.

CARCEREIRO FILIPENSE, O. Uma das mais extraordinárias conversões narradas no livro de Atos ocorreu na vida de um homem responsável pela guarda de Paulo e Silas na prisão (At 16.16-40). Os dois foram presos durante a primeira visita deles a Filipos. Depois de serem severamente açoitados, foram lançados na prisão e colocados sob os cuidados do carcereiro, que recebeu ordens de guardá-los "com segurança" (v.23). Durante a noite, Paulo e Silas eram ouvidos pelos outros prisioneiros, enquanto cantavam hinos a Deus e oravam. Subitamente um violento terremoto fez com que as correntes de todos os presos se soltassem e todas as portas da prisão se abrissem. O carcereiro acordou e, ciente de que seria responsabilizado pela fuga dos prisioneiros, estava a ponto de se suicidar, quando Paulo gritou: "Não te faças nenhum mal, que todos aqui estamos" (v.28).

O carcereiro entrou trêmulo na cela e, ao contemplar todos os prisioneiros presentes, perguntou a Paulo e Silas o que faria para se salvar. Eles responderam: "Crê no Senhor Jesus Cristo, e serás salvo, tu e a tua casa" (v.31). Os dois missionários então pregaram o Evangelho ao carcereiro e aos seus familiares. O carcereiro cuidou das feridas de ambos e no meio da noite foi batizado, juntamente com sua família. "E na sua crença em Deus alegrou-se com toda a sua casa" (v.34).

A singela e genuína alegria de tornar-se cristão é enfatizada nessa passagem, a qual permanece como um testemunho, através dos séculos, do poder do Evangelho de Cristo para transformar inteiramente uma pessoa, quando esta coloca sua fé nele. P.D.G.

CAREÁ. Pai de Joanã e Jônatas, os quais eram comandantes do exército, sob a liderança de Gedalias (Jr 40.8). Joanã ignorou a profecia de Jeremias que dizia que não deviam ir para o Egito, mas, sim, permanecer em Judá (2 Rs 25.23; Jr 40.8,13,15, etc.; também Jr 41 a 43).

CARITAS. Nome das tropas de mercenários no exército de Jeoiada, embora a derivação do nome seja totalmente obscura. São considerados um clã, exatamente como os heteus, mas não podemos ter certeza sobre a origem deles (2 Rs 11.4,19). Provavelmente esse seja outro nome para os queretitas, os quais, ao que parece, possuíam uma área de terra próxima do mar (Sf 2.6^2; 1 Sm 30.14; veja também 2 Sm 15.18; 20.23; etc.).

CARMI. 1. Um dos filhos de Rúben que foram para o Egito junto com Jacó (Gn 46.9). Foi o líder do clã dos carmitas (Êx 6.14; Nm 26.6; 1 Cr 5.3).

2. Da tribo de Judá, foi o pai de Acã, que desobedeceu a Deus e apossou-se de parte do espólio da batalha em Jericó. O Senhor o puniu com a morte (Js 7.1,18; 1 Cr 2.7; 4.1).

CARSENA. Homem sábio e especialista em assuntos legais, consultado pelo rei Assuero (Et 1.14). Para mais detalhes, veja *Memucã*.

CASTOR E PÓLUX. Conhecidos como "dióscuros" (filhos de Zeus), esses deuses gêmeos, de acordo com a mitologia, eram os padroeiros dos navegadores; por isso, figuravam regularmente nas insígnias dos navios. Em Atos 28.11, lemos que Paulo viajou da ilha de Malta até Roma em uma embarcação alexandrina que trazia na proa a figura desses dois deuses.

CATÃ (Heb. "pequeno"). Pai de Joanã, um dos chefes de família que retornaram da Babilônia para Jerusalém com o profeta Esdras (Ed 8.12).

CEFAS (Aram. "rocha"). Nome dado por Jesus a Simão, filho de João (Jo 1.42). Ele é geralmente citado como Pedro (*Petros* é a tradução grega para Cefas). O apóstolo Paulo ocasionalmente refere-se a ele como Cefas, em vez de Pedro (1 Co 1.12; 3.22; 9.5). Veja *Pedro*.

CENTURIÕES. Eram comandantes militares romanos que tinham sob suas ordens divisões de 100 soldados. Muitos deles são mencionados nos Evangelhos e em Atos.

1. Mateus 8.5-13 e Lucas 7.1-10 mencionam um centurião que pediu a Jesus que curasse seu servo, o qual ficara paralítico. Esse homem confiou em que Cristo podia dar ordens para curar, assim como ele comandava seus soldados. Sua fé ocasionou um milagre de cura, como também um louvor por parte de Jesus. Mateus enfatizou que gentios com tal fé substituiriam os israelitas incrédulos no Reino (Mt 8.11,12). Lucas enfatiza que o homem era digno da ajuda de Cristo, pois amava a nação judaica e ajudara a construir a sinagoga em Cafarnaum (Lc 7.4,5).

2. Um centurião destaca-se proeminentemente na narrativa da crucificação de Jesus. Responsável pela crucificação de Cristo, observou como Ele morreu, e exclamou: "Verdadeiramente este era Filho de Deus" (Mt 27.54; Mc 15.39), ou "Na verdade este homem era justo" (Lc 23.47). Para um pagão, o título "Filho de Deus" naturalmente referia-se a um homem justo, deificado depois da morte. Foi esse mesmo centurião que informou a Pilatos que Jesus estava morto.

3. Em Atos, vários centuriões são citados nos relatos sobre as prisões e os julgamentos de Paulo. No cap. 21.32, eles ajudaram a salvar o apóstolo da turba em Jerusalém. Em 22.25,26, evitaram que Paulo fosse açoitado, ao informar que era cidadão romano. Em 23.17-23, dois centuriões evitaram que um plano para assassinar o apóstolo numa emboscada fosse levado a cabo. Todas essas ações servem ao interesse de Lucas em mostrar como os romanos deram proteção legal ao cristianismo naqueles primeiros anos. Em Atos 24.23, Paulo ficou sob a guarda de um centurião em Cesaréia. Em todo o cap. 27, um centurião do Regimento Imperial (Corte Augusta - 27.1), chamado Júlio, ficou encarregado do apóstolo e de outros prisioneiros, na tumultuada viagem marítima até Roma (veja *Júlio*).

4. Talvez o mais famoso e importante centurião na Bíblia seja Cornélio. Atos 10 conta a história de sua conversão e o cap. 11.1-18 menciona Pedro diante dos judeus cristãos em Jerusalém, para falar desse assunto. Esse evento desempenhou um grande papel na transformação do cristianismo de uma seita exclusivamente judaica para uma religião multirracial. Cornélio era "piedoso e temente a Deus", o que poderia significar que guardava toda a lei de Moisés, exceto a circuncisão. Certa vez, o Senhor lhe revelou por meio de uma visão que precisava falar com o apóstolo, o qual tinha uma mensagem para ele. Simultaneamente, Deus concedeu a Pedro uma visão, cujo significado era que nenhum alimento deveria era considerado "imundo". Quando os enviados de Cornélio chegaram até onde o apóstolo estava hospedado em Jope, este "somou dois mais dois": alimentos puros para pessoas puras (At 10.32), pois os hábitos alimentares dos gentios representavam a maior barreira para a comunhão com os judeus. Assim, Pedro pregou o Evangelho para Cornélio. No meio do sermão, exatamente quando falava sobre o arrependimento, o centurião e seus companheiros falaram em outras línguas. O apóstolo reconheceu o fato como um sinal de que tinham crido e do derramamento do Espírito Santo; por isso, providenciou para que fossem batizados nas águas. A missão cristã entre os gentios tinha definitivamente começado. c.b.

CÉSAR. Nome de uma dinastia de líderes romanos, que se iniciou com a família juliana. O César mais famoso foi Caio

CEVA

Júlio César (102-44 a.C.). Otávio foi seu herdeiro adotado (não teve filhos legítimos). César Augusto é citado em Lucas 2.1 e Tibério César em 3.1. Provavelmente era Tibério quem os discípulos dos fariseus tinham em mente quando perguntaram a Jesus se era certo pagar impostos a César (Mt 22.17,21; Mc 12.14,17; etc.). A resposta de Cristo foi deliberadamente distorcida por seus oponentes, que depois o acusaram de sedição contra o Império Romano (Lc 23.2). A sugestão, por parte dos líderes religiosos, de que Jesus se opunha a César, era uma política determinada para forçar os romanos a matá-lo, ou pelo menos o prenderem, pois desafiar César era opor-se ao Império Romano (Jo 19.12,15).

Quando perseguido pelos judeus e julgado diante de seus tribunais, Paulo apelou para César e foi levado a Roma, a fim de ser julgado (At 25.8,11,12,21; 26.32). O César na época do julgamento do apóstolo provavelmente era Nero, o que em si já seria suficiente para deixar qualquer pessoa temerosa. Um anjo do Senhor, contudo, falou com Paulo, dizendo-lhe que não tivesse medo (At 27.24). É digno de nota que, num estágio relativamente recente da vida da Igreja, o apóstolo já sabia de cristãos que faziam parte "da casa de César" (Fp 4.22). Se eram escravos ou pessoas de posição mais elevada, ou mesmo parentes de César, não sabemos. O que entendemos, contudo, é que Paulo levou o Evangelho ao coração do império e ao próprio imperador (2 Tm 4.16,17).   P.D.G.

CEVA. Mencionado somente em Atos 19.14, Ceva era um sumo sacerdote judeu, pai de sete filhos que viajavam pela região de Éfeso, na tentativa de expelir demônios em nome de Jesus. Ele provavelmente pertenceu a uma família sacerdotal, embora não haja nenhum registro de que ele próprio tenha sido sumo sacerdote. No evento narrado em Atos 19, seus filhos tentaram expelir um demônio,

o qual voltou-se para eles e disse: "Conheço a Jesus, e bem sei quem é Paulo, mas vós quem sois?" (v.15). Nesse momento o homem possesso de demônio saltou sobre os filhos de Ceva, subjugou-os, espancou-os e deixou-os quase mortos. Como resultado desse episódio, caiu temor sobre todos os que habitavam em Éfeso, "tanto judeus como gregos,... e o nome do Senhor Jesus era engrandecido" (v.17). Muitas pessoas que se converteram levaram seus livros de artes mágicas para serem queimados em público, como testemunho do compromisso que assumiram com o Senhor.

Esse incidente demonstra uma verdade que é ensinada em toda a Bíblia, ou seja, Deus é absolutamente soberano e os demônios só operam quando recebem sua permissão. O poder do Senhor Jesus excede qualquer fonte de autoridade alternativa (Rm 8.38,39).   P.D.G.

CIRO. Ciro II, o Grande, rei da Pérsia em 559 a 530 a.C. O Império Persa fundado por ele, depois de vencer os babilônios, continuou por quase 200 anos até que Alexandre, o Grande, o invadiu e subjugou em 330 a.C. Ciro era muito considerado pelos povos que dominou, porque era um governante magnânimo. Isso é visto especialmente no relato bíblico, no qual o Senhor tocou o coração dele de tal maneira que determinou a reconstrução do Templo de Jerusalém e a volta de todos os judeus que estivessem dispersos pelo império e desejassem retornar à Cidade Santa, para ajudar nas atividades locais (2 Cr 36.22,23; Ed 1.1-3). De acordo com Esdras, esse processo foi iniciado pelo Senhor no coração de Ciro, para cumprir sua palavra, dita por meio do profeta Jeremias (Jr 15.11-14). Não há dúvida de que, sob a vontade soberana de Deus, o reinado iluminado de Ciro foi usado para levar os israelitas de volta à sua terra natal, depois de permanecerem 70 anos no exílio.

Não está claro como Ciro soube o que estava escrito a seu respeito nas Escrituras. Muitos sugerem que ele provavelmente ouviu a mensagem por meio de Daniel ou de alguém como ele: uma pessoa que ocupava uma elevada posição no império e portanto tinha acesso ao rei (veja Dn 1.21; 6.28; 10.1). Esta pessoa teria trazido à atenção do imperador as profecias a seu respeito no livro de Isaías, pronunciadas pelo menos 150 anos antes. Aquela mensagem era notável no conteúdo, pois olhava para a frente, o fim do exílio babilônico. O Senhor inclusive diz sobre Ciro: "É meu pastor, e cumprirá tudo o que me apraz" (Is 44.28). Em Isaías 45.1 Deus o chama de seu "ungido", o qual Ele usaria para reconstruir a cidade de Jerusalém e o Templo (v.13).

Os detalhes sobre o decreto de Ciro, o retorno dos israelitas a Jerusalém e o começo da reconstrução do Templo são recontados em Esdras (Ed 3.7; 4.3,5; 5.13-17; 6.3,14). Ainda mais notável é o fato de que Ciro encorajou o trabalho, ao ordenar que fossem dados donativos a quem retornasse e que fossem desenvolvidos os tesouros do Templo retirados quando Jerusalém foi saqueada (Ed 1.7,8).

Há pouca indicação de que Ciro realmente tenha-se tornado um seguidor de *Yahweh*. É provável que sua política iluminada na administração de um império tão vasto significasse que tinha respeito pelas diferentes convicções religiosas dos povos sob seu domínio; contudo, sua chegada ao poder naquele momento particular da História foi sujeita à autoridade de Deus e tal política foi concebida dentro dos propósitos do Senhor, para a proteção e restabelecimento do seu povo.

P.D.G.

CLÁUDIA. Citada entre os amigos de Paulo, que enviam saudações a Timóteo, no final da segunda carta do apóstolo a esse discípulo (2 Tm 4.21). O apóstolo escreveu esta carta da prisão em Roma e menciona Pudente, Lino e "todos os irmãos", como também envia suas saudações. Provavelmente Cláudia era a esposa de Pudente. É altamente debatido se ela, por ser identificada como Cláudia Quintilha, seria esposa de Cláudio Pudente, o qual erigiu um monumento em memória do filho, não muito longe de Roma.

CLÁUDIO. 1. Quarto imperador romano (41 a 54 d.C.). Foi sucessor de Calígula, que o nomeara cônsul. Calígula ofendeu profundamente os judeus, pois mandou colocar uma estátua dele no Templo de Jerusalém. Cláudio, contudo, desenvolveu uma política mais aberta para com as diferentes religiões dos povos do império. Herodes Agripa, por exemplo, foi nomeado governador de uma grande área, em retribuição aos seus favores.

Cláudio é citado duas vezes no NT. Em Atos 11.28, Lucas estabeleceu o cumprimento histórico da profecia de Ágabo sobre um tempo de severa fome no mundo romano, ao citar que o fato ocorreu durante o reinado de Cláudio. Em Atos 18.2 lemos sobre o encontro de Paulo com Priscila e Áqüila, em Corinto. O casal tinha chegado recentemente de Roma, porque "Cláudio tinha mandado que todos os judeus saíssem de Roma". Embora ele fosse favorável aos judeus em qualquer outro lugar, parece que o grande número deles em Roma causara problemas e, em 49 d.C., ou foram expulsos ou proibidos de se reunir.

2. Cláudio Lísias, tribuno romano, comandante do destacamento de Jerusalém na época da prisão de Paulo (At 23.26). Talvez falasse grego e inicialmente parecia não saber nada sobre a disputa entre Paulo e os judeus (At 21.34-38); contudo, permitiu que o apóstolo se dirigisse à multidão, até o momento em que este falou sobre sua comissão de pregar o Evangelho aos gentios e a multidão enfurecida pediu sua morte. Na conversa que se seguiu, Cláudio revelou ter comprado sua cidadania romana, enquanto Paulo a tinha por direito de nascimento. Depois da prisão do apóstolo, alguns judeus planejaram matá-lo, pelo que Cláudio resolveu mandá-lo sob guarda para ser julgado pelo governador Félix, em Cesaréia. A carta que escreveu ao representante romano (At 23.26-30) era sincera e indicava seu desejo de ver a justiça feita de maneira apropriada. P.D.G.

CLEMENTE. Um cristão de Filipos, citado somente em Filipenses 4.3. Era um dos cooperadores de Paulo e, ao que parece, ajudara no estabelecimento da igreja em Filipos.

CLÉOPAS. Citado somente em Lucas 24.18, foi um dos dois discípulos com os quais Jesus falou depois de sua ressurreição, quando os encontrou no caminho de Emaús. Inicialmente os dois ficaram surpresos por aquele homem nada saber sobre os recentes acontecimentos em Jerusalém, onde Jesus fora crucificado. Esses discípulos pareciam muito desapontados. Em Lucas 24.19-21 revelaram seu entendimento limitado sobre Cristo. Tinham-no considerado "profeta, poderoso em obras e palavras diante de Deus e de todo o povo" (v.19), mas não esperavam que morresse daquela maneira. Esperavam que Jesus fosse o Redentor de Israel. Sem dúvida tinham pouco mais do que uma vaga idéia do que exatamente isso significaria, porém provavelmente pensavam mais em termos da libertação do domínio romano.

Jesus então mostrou-lhes as Escrituras, ao descrever como tudo o que acontecera nos dias anteriores era o cumprimento necessário delas. Aqueles discípulos efetivamente ouviram um dos maiores sermões que alguém poderia desejar, repleto de teologia bíblica. Um dos equívocos modernos mais comuns quanto à fé cristã, tanto dentro como fora do cristianismo, é sobre a importância do Antigo Testamento para informar aos cristãos sobre Jesus e seu sacrifício na cruz. Quando falou para os judeus fiéis, o Filho de Deus citou a Lei (Gênesis a Deutero-

nômio) e os profetas, para mostrar que realmente era necessário que o Cristo (o Messias) sofresse e morresse (Lc 24.25-27).

Essa figura do Messias morrendo por seu povo não era a que os judeus esperavam. Jesus mudou deliberadamente as expectativas deles e mostrou que seu papel messiânico estava de acordo com as Escrituras, embora talvez não estivesse de conformidade com o entendimento teológico corrente. A necessidade de Cristo, o Messias, vir e morrer por seu povo e, assim, redimi-lo dos seus pecados, tornou-se a pedra fundamental do cristianismo clássico. Posteriormente o apóstolo Paulo disse que nada sabia "senão a Jesus Cristo, e este crucificado" (1 Co 2.2). A crucificação é a base da redenção e do perdão. Sem dúvida, foi isso que Cléopas aprendeu naquele dia. P.D.G.

CLOÉ (Heb. "grama verde"). Membros da família dessa mulher levaram informações a Paulo sobre a situação da igreja em Corinto (1 Co 1.11). Ela provavelmente era cristã e enviou um de seus escravos ou empregados para falar com Paulo. Certamente havia muitas mulheres ricas no Império Romano que tinham seus negócios e seus próprios empregados. Cloé informou que havia contenda entre os coríntios. Parece que estavam preocupados com a posição social; portanto, alegavam que seguiam diferentes líderes da igreja, para assim formar "panelinhas" e até mesmo causar divisões. Nada é conhecido sobre a própria Cloé.

CLOPAS. Marido de Maria, tia de Jesus (Jo 19.25), que foi uma das mulheres que estiveram presentes na crucificação de Cristo.

COATE. Segundo filho de Levi e neto de Jacó (Gn 46.11; Êx 6.16; Nm 3.17; 26.57; 1 Cr 6.1, 16). Tornou-se progenitor de vários clãs, por intermédio de seus quatro filhos. Durante os anos de peregrinação no deserto, os coatitas eram "responsáveis pelo cuidado do santuário" e ficavam acampados ao sul do Tabernáculo. Seus líderes eram responsáveis pelo cuidado da Arca, da mesa e de vários outros artigos utilizados na ministração no santuário (Êx 6.18; Nm 3.27-32; 26.58; 1 Cr 6.2,18,22,38; 15.5; 23.12). Um dos descendentes de Coate, chamado Coré, fez parte de uma rebelião contra Moisés (Nm 16).

Nos dias de Josué, dez cidades foram dadas aos coatitas, juntamente com as pastagens ao redor (Js 21.20-26). Descendentes posteriores de Coate serviram ao Senhor no trabalho do Tabernáculo durante os dias de Davi, quando os vários descendentes de Levi foram divididos de acordo com as famílias principais para servirem no Santuário e mais tarde no Templo (1 Cr 23.6, 12-20). São mencionados novamente no serviço do Templo nos dias dos reis Salomão e Ezequias (2 Cr 29.12; 34.12).   P.D.G.

COLAÍAS. 1. Da tribo de Benjamim, é mencionado como o pai de Pedaías (Ne 11.7).

2. Pai de Acabe, o falso profeta que constantemente tentava promover uma mensagem popular de boas novas para o povo judeu. Foi condenado por Jeremias. Viveu no tempo do rei Zedequias (Jr 29.21).

COL-HOZÉ. 1. Pai de Salum, o qual reparou a Porta da Fonte durante a reconstrução dos muros de Jerusalém, após o retorno do exílio (Ne 3.15).

2. Ancestral de Maaséias, um dos descendentes de Judá que se estabeleceram em Jerusalém, depois do exílio (Ne 11.5). Provavelmente é a mesma pessoa mencionada no item 1.

CONANIAS. 1. Levita que supervisou as ofertas levadas ao Templo durante o reinado de Ezequias, de Judá. Como resultado do extraordinário avivamento durante seu governo, as ofertas, os presentes e os dízimos eram trazidos ao templo, ocasião em que armazéns especiais foram construídos e uma equipe de homens foi indicada para organizar as doações. Conanias era o líder desse grupo (2 Cr 31.12,13). Seu irmão Simei o ajudou nesta tarefa.

2. Levita (sem dúvida um descendente da pessoa citada no item 1) que, juntamente com seus irmãos Semaías, Natanael e outros líderes, realizou um trabalho bem semelhante na época do rei Josias, durante a celebração da grande Páscoa (2 Cr 35.9). É interessante notar a profusão e a abundância das ofertas que foram trazidas ao Templo em ambos os avivamentos.

CORÉ, LÍDER DE UM CLÃ

O Coré mais conhecido na Bíblia era o filho de Jizar, neto de Levi (Êx 6.21), o qual se tornou líder de um clã em sua tribo (Êx 6.24; 1 Cr 6.22). Junto com Datã e Abirão, pertencentes à tribo de Rubem e mais 250 outros líderes da comunidade de Israel, Coré (também chamado de Corá) liderou uma insurreição contra Moisés e Arão (Nm 16.1,2). O principal motivo da revolta deles contra os líderes escolhidos pelo Senhor baseava-se na inveja do poder que os dois tinham sobre o povo, autoridade esta outorgada por Deus. Não gostavam de que somente Arão e seus filhos fossem autorizados a queimar incenso no Tabernáculo. Os levitas argumentaram que todo o povo de Deus era santo; assim, a separação de Arão e sua família para esta tarefa particular não parecia justa (vv.3,7). Também não estavam contentes com o poder concentrado sobre Moisés e objetaram contra a maneira pela qual "totalmente se assenhoreou deles", depois de tê-los tirado de uma terra "que mana leite e mel" (o Egito) para levá-los àquele deserto (vv.12-14).

CORÉ, LÍDER DE UM CLÃ

Moisés dispôs-se a consultar a Deus sobre esta questão. Portanto, ao convocar todos os levitas na manhã seguinte, disse que levassem seus incensários e os acendessem, para que o Senhor mostrasse quem era seu escolhido (Nm 16.4-7). Datã e Abirão estavam totalmente rebelados e recusaram-se a comparecer. Coré e seus companheiros colocaram-se diante do Tabernáculo, onde a "glória do Senhor apareceu a toda a congregação" (v.19). Deus disse a Moisés e Arão que se colocassem de lado, pois Ele iria destruir todo o acampamento. Os dois irmãos, entretanto, intercederam e impediram o juízo do Senhor sobre todo o povo. Por intermédio de Moisés, Deus deu ordem aos israelitas para que se afastassem das tendas de Coré, Datã e Abirão (vv.20-24).

Moisés chamou os familiares daqueles homens para fora de suas tendas e enfatizou para o povo que aquela demonstração não era idéia dele. Disse que, se aquelas famílias vivessem ainda muitos anos, então ele realmente não era o escolhido de Deus. Se, entretanto, algo totalmente estranho acontecesse, isto é, se a terra se abrisse e engolisse os rebeldes, seus familiares e todos os seus pertences, então os israelitas entenderiam que os tais haviam-se rebelado contra o Senhor.

A terra se abriu e todos os rebeldes e seus familiares foram engolidos vivos. Caiu fogo do céu, consumiu os 250 homens com seus incensários e toda a congregação fugiu do local. Mais tarde, o bronze daqueles objetos foi utilizado para cobrir o altar e serviu para lembrar a todos que somente Arão e seus filhos podiam queimar incenso diante do Senhor (Nm 16.31-40). Apesar de tudo o que aconteceu, já no dia seguinte o povo voltou a murmurar contra Moisés e Arão, desta vez culpando-os pela morte dos rebeldes. Novamente "a glória do Senhor" apareceu e Deus enviou uma praga no meio deles, como castigo pela constante rebelião. Outra vez, foi a intercessão e a oferta de um sacrifício expiatório, feitas por Arão, que salvou o povo, mas não antes que 14.700 pessoas morressem (vv.41-50).

A rebelião de Coré tornou-se notória e permaneceu como um alerta, para as futuras gerações dos israelitas, sobre o perigo da oposição ou rebelião contra os ungidos de Deus. Mais tarde, porém, a Bíblia deixa claro que nem todos os seus descendentes foram sepultados vivos naquele dia (Nm 26.10,11).

Como resultado desta rebelião e da preocupação manifestada com relação às obrigações dos levitas, as várias funções sacerdotais foram detalhadas e distribuídas com maior clareza. O lugar de Arão foi estabelecido, mas os demais levitas receberam áreas específicas de responsabilidade (Nm 17 e 18). As tarefas dos descendentes de Coré envolviam a função de "porteiros" no Tabernáculo e posteriormente no Templo (1 Cr 9.19; 26.19). Seus descendentes também se tornaram excelentes cantores e músicos sacros (1 Cr 6.37; veja as introduções dos salmos 42, 44 a 49, 84, 85, 87 e 88).

A tragédia da rebelião de Coré indica claramente a santidade e a misericórdia de Deus. Devido à bondade do Senhor, o povo aproximou-se dele mediante o sacrifício, mas não simplesmente qualquer sacrifício. Foram realizados holocaustos e intercessões da maneira prescrita por Deus. Quando o povo assim procedeu, demonstrou sua obediência e fé no Senhor e experimentou sua infinita misericórdia no trato com o pecado de rebelião. Quando, porém, alguém julga que pode chegar a Deus à sua própria maneira, simplesmente demonstra a falta de fé nos caminhos determinados pelo Senhor e sua rebeldia contra Ele, suas leis e seus juízos. A despeito disto, a mão misericordiosa de Deus foi estendida, a fim de poupar do juízo milhares de pessoas que mereciam a morte devido à rebelião, porque Arão e Moisés assumiram suas posições, intercederam em favor do povo e o sumo sacerdote ofereceu sacrifício de expiação por eles.

CRESCENTE

Tal sacerdócio, nas Escrituras, prefigura a obra de Cristo na cruz, o qual morreu, embora sem pecado, no lugar do pecador. 1 Pedro 3.18 diz: "Pois Cristo padeceu uma única vez pelos pecados, o justo pelos injustos, para levar-nos a Deus".   P.D.G.

CORÉ (Heb. "calvo").
1. Veja *Coré, líder de um clã*.
2. Filho de Esaú e sua esposa Oolíbama; tornou-se um líder entre o povo edomita. Nasceu em Canaã (Gn 36.5,14,18; 1 Cr 1.35).
3. Líder edomita, era neto de Esaú e sua esposa Ada (mulher cananita) e filho de Elifaz (Gn 36.16).
4. Líder na tribo de Judá e filho de Hebrom (1 Cr 2.43).
5. Um dos descendentes de Coré. Os coraítas eram "porteiros" no Tabernáculo e depois no Templo. Coré é descrito como o pai de Salum, que foi sacerdote nos dias do rei Davi (1 Cr 9.19). Isso significa que várias gerações foram omitidas (1 Cr 26.1).
6. Outro porteiro, filho de Imna, também pertencente ao clã dos coraítas. Era o responsável pelo recebimento das ofertas voluntárias do povo de Deus e a sua distribuição, durante o avivamento ocorrido no reinado de Ezequias (2 Cr 31.14). É interessante notar que, após o povo se voltar verdadeiramente para a adoração, contribui alegremente para a obra do Senhor (veja também 2 Cr 34.9-11).   P.D.G.

CORNÉLIO. Centurião do Regimento Italiano, do exército romano. Foi o primeiro gentio a se converter, conforme está registrado em Atos 10. Para mais detalhes, veja *Centurião*, nº 4.

COSÃ. Está citado na genealogia que vai de Adão até Jesus, registrada no evangelho de Lucas (Lc 3.28). Era filho de Elmadã e pai de Adi.

COSBI. Midianita, filha de um chefe tribal chamado Zur (Nm 25.15,18). Enquanto o povo de Israel estava acampado perto de Sitim, os homens envolveram-se com mulheres estrangeiras, com as quais cometeram imoralidades sexuais. Provavelmente participaram do ritual da fertilidade com elas, pois Números 25.2 diz que eles foram convidados para oferecer sacrifícios ao deus delas, "Baal de Peor". O Senhor irou-se e prometeu castigá-los, a menos que Moisés matasse todos os que se envolveram em tais atividades.

Zinri, filho de Salu, um dos líderes da tribo de Simeão, agravou ainda mais o mal, pois trouxe Cosbi consigo para o acampamento israelita, exatamente "enquanto eles choravam diante da tenda da congregação" (Nm 25.6). Finéias, neto de Arão, determinado a vingar o Senhor e evitar ainda maior juízo, imediatamente pegou uma lança e seguiu Zinri e Cosbi até a tenda deles, onde matou os dois (Nm 25).

A defesa da santidade dos israelitas e sua separação dos outros povos para o serviço exclusivo do Senhor era a própria essência do chamado deles como nação. A preservação de tal santidade, portanto, era vital, se quisessem permanecer fiéis à aliança e ao relacionamento com Deus.
     P.D.G.

COZ. Da tribo de Judá, é listado como um dos filhos de Hela e pai de Anube e Zobeba (1 Cr 4.8).

CRESCENTE (Lat. "crescendo"). Era amigo de Paulo. Encontrara-se com o apóstolo, enquanto ele esteve preso em Roma, já no final de seu ministério. No triste cap. 4, de 2 Timóteo, Paulo descreve como, por uma razão ou outra, foi deixado completamente sozinho para enfrentar seu primeiro julgamento. Alguns, como Demas, foram seduzidos a afastar-se da fé pelo materialismo. Paulo diz simplesmente que Crescente foi para a Galácia (2 Tm 4.10). O apóstolo, entre-

117

CRETENSES

tanto, ainda era capaz de testificar, no meio de sua tristeza: "Mas o Senhor me assistiu e me fortaleceu" (v.17).

CRETENSES. Viviam em Creta, uma grande ilha na costa da Grécia. Um grande número de judeus vivia ali, desde 150 a.C. Por essa razão havia muitos cretenses em Jerusalém para a festa do Pentecostes, quando os apóstolos receberam o Espírito Santo e começaram a pregar. Atos 2.11 registra que cretenses e árabes ouviram "as maravilhas de Deus" proclamadas em sua própria língua. Claramente eles testemunharam um grande milagre, no qual Deus fez com que as palavras dos apóstolos fossem ouvidas e entendidas por todos os presentes, independentemente do dialeto nativo de cada um.

Em Tito 1.12, Paulo disse deles: "Os cretenses são sempre mentirosos, bestas ruins, ventres preguiçosos". Ele fazia referência a Epimenides, um cretense que tinha escrito isso em 600 a.C. No contexto, o apóstolo falava a Tito sobre seu trabalho entre as igrejas em Creta e alertava contra os enganadores. Ele aplicou esse ditado a tais falsos mestres; entretanto, não fez a mesma aplicação generalizada sobre todos os cretenses, como fora a intenção de Epimenides. P.D.G.

CRISPO. Um dos líderes da sinagoga em Corinto, quando Paulo começou sua missão na cidade (At 18). Depois de "discutir" regularmente com os judeus aos sábados sobre a fé em Cristo, o apóstolo foi expulso por eles. No entanto, muitos deles continuaram a ouvir, juntamente com os gentios; "Crispo, principal da sinagoga, creu no Senhor, com toda a sua casa" (At 18.8). O apóstolo posteriormente referiu-se a essa primeira conversão em 1 Coríntios 1.14.

CRISTÃO. Este vocábulo, na verdade, é raro no Novo Testamento. Aparece duas vezes em Atos (11.26; 26.28) e uma 1

Pedro (4.16). Atos 11.26 menciona que os membros da nova comunidade de crentes em Jesus foram chamados de cristãos pela primeira vez em Antioquia. Aparentemente o nome era um apelido, colocado sobre eles pelos moradores da cidade que não faziam parte do grupo. Herodes Agripa conhecia este termo, de acordo com Atos 26.28; fica claro que este vocábulo se espalhou e chegou às mais altas camadas sociais, como um meio de referir-se aos crentes. 1 Pedro indica que ninguém deveria envergonhar-se de sofrer como cristão; pelo contrário, precisava dar louvores a Deus, por ser digno de receber esse nome (cf. At 4.24-31). Assim, fica evidente que este vocábulo era inicialmente um termo pejorativo, que os de fora usavam para aborrecer os crentes, um reflexo da rejeição do mundo a Jesus. A Igreja, porém, reverteu esse uso original e transformou o termo num emblema de honra, já que ser chamado dessa maneira identificava alguém com Jesus, o Cristo. D.B.

CRISTO (Veja o artigo principal em *Jesus* e *Senhor*). O nome "Cristo", quando se refere a Jesus, é usado numerosas vezes no NT. O vocábulo combinado "Jesus Cristo" ocorre apenas cinco vezes nos evangelhos, mas, no restante do NT, torna-se a designação principal usada para o Filho de Deus (127 vezes). Em algumas passagens bíblicas, o termo "Cristo" indica que se tornou pouco mais do que um sobrenome para Jesus. Supor, entretanto, que este nome nunca signifique mais do que isso é perder a maior parte da mensagem do NT sobre o Filho de Deus.

Pano de fundo. O nome Cristo tem seu pano de fundo no AT. O vocábulo grego (*Cristos*), derivado do verbo que significa "ungir", foi usado para traduzir o termo hebraico "*mashiach*", que significa "o ungido". Este vocábulo no hebraico descrevia diferentes pessoas que foram ungidas (normalmente com azeite) para suas ta-

CRISTO

refas. Em Êxodo 28.41, os sacerdotes foram ungidos; o profeta Eliseu foi "ungido" para seu trabalho (1 Rs 19.16). Outros profetas são chamados de "os ungidos" (1 Cr 16.22). Mesmo Ciro, o rei da Pérsia, foi considerado o "ungido do Senhor" (*mashiach*, Is 45.1). Foi o conceito da unção dos reis, entretanto, que deu a base principal para o uso de "Cristo" no NT.

Saul e Davi foram "ungidos" como a escolha de Deus para o reinado (1 Sm 10.1; 16.13); assim, em muitos contextos a expressão "o ungido de Deus" logo tornou-se um sinônimo para os reis (1 Sm 16.13; 24.6,10; 26.9,11,16,23; 2 Cr 6.42; Sl 2.2; 18.50; Dn 9.25,26).

Cristo, o Filho de Davi. Uma das mais importantes declarações no NT sobre a identidade de Jesus é a de que Ele é o filho esperado de Davi, o herdeiro de seu trono: o Cristo (Messias). Embora o AT raramente se refira ao rei vindouro, da linhagem de Davi, como o "Messias", logo os seguidores de Jesus começaram a "somar dois mais dois", quando ouviram seu ensino e viram suas obras. Reconheceram Cristo como alguém nascido na linhagem de Davi e que era realmente "rei dos judeus" (Mt 1.17; 2.2; 27.11,29,37; Mc 15.9,12,26; etc.). A oração dos cristãos, diante da perseguição, reuniu o elemento do pano de fundo do AT, centralizado na promessa que Deus fizera a Davi e seu cumprimento na pessoa de Jesus (At 4.25-27).

Mesmo durante a vida do Filho de Deus, esse elo entre Davi, Jesus e o nome Cristo foi bem estabelecido. O coro celestial cantou sobre isso para os pastores (Lc 2.11). Os reis magos perguntaram onde o "rei dos judeus" nasceria e Herodes então perguntou aos sacerdotes onde havia de nascer o "Cristo" (Mt 2.2,4). Quando as pessoas viram os milagres que Jesus operava e ouviram suas mensagens, identificaram-no como o "Filho de Davi" (Mt 12.23; 20.30; Jo 7.41,42). O próprio Cristo dirigiu seus pensamentos nessa direção (Mt 22.42; Mc 12.35; etc.).

Nos escritos de Paulo, é quase inconcebível que ele não pensasse especificamente nesse pano de fundo em algumas ocasiões quando se referiu a "Cristo" ou "Cristo Jesus". Por exemplo, em Romanos 1.1-4, o apóstolo chamou a si mesmo de "servo de Cristo Jesus" e então estabeleceu o ponto de que Jesus era descendente de Davi (v.3; veja também 2 Tm 2.8).

As expectativas judaicas. As expectativas messiânicas nos dias de Cristo eram diversas, mas o entendimento que o próprio Jesus tinha sobre sua missão messiânica não se harmonizava com as idéias da época. Parece que, com o crescimento do nacionalismo, desde os tempos dos macabeus, muitos judeus almejavam por um rei vitorioso, da estatura de Davi, que viria e derrotaria os dominadores romanos. Outros, porém, provavelmente esperavam um monarca que fosse sábio e demonstrasse a sabedoria do Espírito de Deus sobre si, como Salomão. Outros insistiam na idéia de que ele introduziria os "últimos dias". Todos, entretanto, tinham em comum a idéia de que o Messias teria um reino político, de alguma maneira.

Jesus, o Cristo. Jesus, por outro lado, interpretou o conceito de Messias à sua própria maneira muito especial. Talvez essa seja a razão por que pareceu tão relutante em usar Ele mesmo o nome "Cristo" (embora nunca tenha negado o título). Jesus não queria que seu papel e sua obra fossem confundidos com as idéias dos judeus nacionalistas sobre um Messias que viria como um rei guerreiro. Por isso, freqüentemente usou o termo "Filho do homem", ao referir-se a si mesmo — uma expressão que não tinha tais pretensões políticas e que Ele podia preencher com a mensagem de um Messias que sofreria e morreria. É interessante notar que, imediatamente após a confissão de Pedro em Marcos 8.29, na qual disse a

119

CUSAÍAS

Jesus: "Tu és o Cristo", Jesus "então começou a ensinar-lhes que importava que o Filho do homem sofresse muitas coisas, fosse rejeitado pelos anciãos, pelos principais sacerdotes e pelos escribas, fosse morto e que depois de três dias ressurgisse" (Mc 8.31).

Jesus relutou em falar sobre si mesmo como o Messias até que completasse a obra messiânica. As pessoas reconheceram-no gradualmente como o Messias, à medida que testemunhavam suas palavras e obras, mas, acima de tudo, depois que Ele ressuscitou dentre os mortos.

A fé cristã. Embora o nome "Cristo" aos poucos começasse a ter menos sentido do que o vocábulo Jesus, os cristãos sabem que seu significado original é vital para o pleno entendimento da pessoa do Filho de Deus. Esse tem sido sempre um dos mais importantes princípios da fé cristã: que Jesus cumpriu as promessas do Senhor no Antigo Testamento. Ele é o rei há muito tempo esperado, que governará sobre o trono de Davi para sempre; é o "ungido" de Deus, como o filho de Jessé, e o que conheceria o Espírito e a sabedoria do Senhor em seu domínio e governo. Como o próprio Jesus ensinava sobre essa sua missão, vivendo de acordo com ela, e como essa missão foi confirmada em sua morte, ressurreição e ascensão, ficou claro que seu sofrimento era parte integrante do seu papel messiânico. O único e verdadeiro Messias sofreu e morreu por seu povo, para que, por meio da fé nele, como Rei e Senhor, pudéssemos ser salvos (Is 53; Mc 10.45; Lc 24.46; At 3.18; 17.3).   P.D.G.

CUSAÍAS. Pai de Etã, um levita do clã dos meraritas. É provável que seja outro nome para Quisi (1 Cr 6.44; 15.17).

CUSÃ-RISATAIM. Rei da Mesopotâmia durante o tempo dos Juízes, o qual foi usado por Deus para trazer juízo sobre os israelitas, devido à sua idolatria e falta de fé (Jz 3.8-10). Por oito anos o Senhor permitiu que sofressem sob esta opressão; quando clamaram por ajuda, Deus levantou Otniel para livrá-los. Esse juiz era sobrinho de Calebe. "Veio sobre ele o Espírito do Senhor... saiu à peleja e o Senhor entregou nas suas mãos a Cusã-Risataim, rei da Mesopotâmia, contra o qual prevaleceu" (Jz 3.10). Otniel então tornou-se juiz em Israel e a terra ficou em paz por 40 anos.

Em vários registros da Bíblia a opressão sobre Israel por outro povo é entendida como julgamento de Deus, devido à idolatria. Muitas vezes há o sentido de que o Senhor os entregou ao que eles realmente desejavam. Eles adoravam os deuses daquelas nações e casavam com suas mulheres; portanto, Deus permitia que fossem dominados por tais povos. Quando isso acontecia, eles experimentavam a opressão e a falta de justiça das sociedades pagãs, até que se arrependiam e se voltavam para o Senhor, em busca de livramento. Dessa maneira, o juízo de Deus sobre seu povo sempre era construtivo em seu objetivo final.   P.D.G.

CUSI. 1. Bisavô de Jeudi, o qual viveu no tempo de Jeremias (Jr 36.14).

2. Pai do profeta Sofonias e filho de Gedalias (Sf 1.1).

CUXE 1. Um dos quatro filhos de Cão. Ele mesmo teve pelo menos seis filhos, os quais foram listados como progenitores de diferentes tribos e povos. Assim, Cuxe é tanto uma pessoa como uma nação (cf. Et 1.1). Ele viveu na parte sul de Canaã (Etiópia). Seu filho Ninrode foi um poderoso guerreiro (Gn 10.6-9; 1 Cr 1.8-10).

2. Benjamita, cujo nome aparece na introdução do Salmo 7. Seu antagonismo para com Davi motivou as reflexões deste sobre o Senhor, escritas nesse cântico.

CUZA. Procurador (administrador) de Herodes. Citado na narrativa de Lucas

8.3, por ser marido de Joana, uma das mulheres que ajudavam no sustento de Jesus e seus doze discípulos, "as quais o serviam com os seus bens". Provavelmente ela possuía certa independência financeira, ou seu marido era um simpatizante de Cristo; contudo, sua menção no texto foi para enfatizar que o grupo era composto por mulheres de famílias ricas. Certamente é uma ficção comum em nossos dias acreditar que apenas os pobres eram atraídos pelo ministério de Jesus.

---

[1]   Em 1 Crônicas 2.9 é chamado de Quelubai, que é uma variação do mesmo nome (Nota do Tradutor).

[2]   Nas versões em português a palavra hebraica é traduzida como "pastagens" (Nota do Tradutor).

D

DAGOM (Heb. "grão"). Era uma das divindades dos filisteus. Evidências da adoração desse deus pagão são encontradas em numerosos textos antigos. É mencionado pela primeira vez na Bíblia em Juízes 16.23: depois que os filisteus capturaram Sansão, levaram-no ao templo de Dagom, pois acreditavam que este o tinha entregue em suas mãos. Durante as celebrações diante desse deus, trouxeram o prisioneiro, agora cego, atado com correntes de bronze. No meio da festa, Sansão pediu para ser colocado entre as duas colunas que sustentavam toda a construção, para apoiar-se nelas. A essa altura, grande parte de sua força havia retornado e ele foi capaz, com a ajuda de Deus, de derrubar as duas colunas; todo o templo ruiu sobre ele e os filisteus, de forma que muitos morreram.

Em 1 Samuel 5.2-12, vemos a narrativa da captura da Arca da Aliança pelos filisteus. Ela foi colocada no templo de Dagom, em Asdode. Na manhã seguinte os filisteus encontraram a imagem do deus caída diante da "arca do Senhor" (1 Sm 5.2-12). O mesmo aconteceu no dia seguinte; durante todo o tempo em que a arca permaneceu em poder deles, Deus enviou grandes pragas contra eles.

Havia outro templo de Dagom em Bete-Seã, onde a cabeça do rei Saul foi colocada, após sua derrota na batalha contra os filisteus (1 Sm 31.9,10; 1 Cr 10.10). Eles logo experimentaram o juízo de Deus, quando o seu ungido, o rei Davi, os atacou e derrotou repetidamente, em várias batalhas.

Várias vezes o Senhor aparece na Bíblia como o único Deus verdadeiro e soberano. Não há outros deuses (Dt 6.4; 32.17), e o Senhor demonstrou isso para os povos vizinhos, tanto pelas derrotas que sofriam nas batalhas como em ações simbólicas muito vívidas, como a que ocorreu com a estátua de Dagom, ao cair por terra diante da Arca do Senhor.

P.D.G.

DALFOM. Um dos dez filhos de Hamã, mortos pelos judeus em Susã (Et 9.7).

DALILA. Linda mulher que vivia no vale de Soreque, no território dos filisteus, inimigos do povo de Israel (Jz 16.4). Sansão, após demonstrar grande falta de caráter anteriomente, foi seduzido por ela e ambos casaram-se. Após usar seu poder de sedução e importuná-lo insistentemente, Dalila fez com que ele lhe revelasse o segredo de sua força descomunal e levou-o ao conhecimento dos filisteus; estes o agarraram, furaram-lhe os olhos e o prenderam com correntes de bronze. O que ela finalmente descobriu foi que a força de Sansão dependia do comprimento de seu cabelo. Quando ele adormeceu, cortaram-lhe as sete longas tranças, e isso facilitou sua prisão (Jz 16.6-22). A armadilha de Dalila causou a morte de Sansão, mas não antes que o Senhor o usasse para destruir milhares de filisteus (vv. 26-30). (Veja também *Sansão e Juízes*).

S.V.

DÂMARIS. Uma das poucas pessoas convertidas por meio da pregação de Paulo em Atenas (At 17.34). O fato de seu nome ser um dos poucos citados indica que era uma das "mulheres gregas de alta posição" (v.12).

DÃ (Heb. "juiz" ou "julgamento"). O mais velho dos dois filhos que Jacó teve com Bila, serva de Raquel (Gn 30.5,6). De acordo com o relato sobre seu nascimento,

DANIEL

Raquel comemorou o evento declarando: "Julgou-me Deus" (Heb. *danannî*); "por isso lhe chamou Dã". O nome expressou assim uma situação particular na vida de Raquel e mais tarde também serviu de testemunho do favor de Deus quanto a sua esterilidade.

Dã não é mais citado individualmente, mas a tribo que recebeu seu nome é mencionada com freqüencia, a maioria das vezes de forma negativa. Quando os danitas não conseguiram ocupar a terra que receberam na partilha de Canaã, viajaram bem para o norte, derrotaram e expulsaram a população de Laís e se fixaram ali (próximos da moderna cidade de Tell Dã), onde estabeleceram um culto idólatra (Jz 18). Dã, juntamente com Betel, foi mais tarde escolhida pelo rei Jeroboão como sede de seu novo centro de adoração, para que o povo não subisse a Jerusalém (1 Rs 12.29). Talvez por esse motivo não seja mencionada no livro de Apocalipse, na distribuição das terras entre as tribos, no final dos tempos (Ap 7.5-8).

Ao abençoar os filhos no leito de morte, Jacó disse: "Dã julgará o seu povo". Falou também que "Dã será serpente junto ao caminho" (Gn 49.16,17). Moisés, ao proferir sua bênção sobre os israelitas, não foi muito generoso, ao referir-se a Dã como um "leãozinho; saltará de Basã" (Dt 33.22).

E.M.

DANIEL. (Heb. "meu juiz é Deus"). Três pessoas no Antigo Testamento são chamadas de Daniel: (1) Um filho do rei Davi; (2) um exilado de Judá, que se tornou um oficial do alto escalão nos governos dos impérios babilônico e medo-persa, bem como profeta de Deus; e (3) um líder judeu que retornou da Babilônia com Esdras.

1. Daniel, filho de Davi, é citado apenas em 1 Crônicas 3.1. Era o segundo filho de Davi. Sua mãe era Abigail e ele nasceu durante os sete anos e meio em que seu pai reinou em Hebrom (1 Cr 3.1-

4). Parece que também era chamado de Quileabe, pois este é o nome dado ao segundo filho de Davi e Abigail, nascido em Hebrom, em 2 Samuel 3.3.

2. Daniel, o exilado e profeta, é citado apenas no livro de Daniel (tanto nas partes em hebraico como em aramaico), no AT; e em Mateus 24.15, no NT. Há também a possibilidade de que seja o mesmo nome mencionado no livro de Ezequiel.

Na última parte do século XIX houve considerável ceticismo com respeito aos aspectos históricos da vida de Daniel, principalmente quanto à própria existência de personagens como Belssazar e Dario, o Medo. Além disso, a tendência de menosprezar a possibilidade da previsão profética sobrenatural contribuiu imensamente para uma notável hesitação sobre a confiabilidade do retrato bíblico de Daniel. Novas evidências históricas, entretanto, bem como o estudo mais aprofundado, reforçaram a exatidão histórica do livro; também, em muitos setores da teologia, há uma consideração renovada na viabilidade das profecias bíblicas diante dos fatos.

A reconstrução da seqüência dos fatos na vida de Daniel, partindo do livro que leva seu nome, é um grande desafio. O texto desenvolve-se em tópicos, não ordenados cronologicamente em seus movimentos mais amplos; por exemplo, os episódios citados em Daniel 7 são bem anteriores aos citados nos capítulos 5 e 6. O fato mais notável, entretanto, é a escassez de informações sobre o próprio Daniel, quando tinha de 20 a 25 anos (antes de 600 a.C., v.1), até os incidentes datados em Daniel 5 a 10 (por volta de 553-536 a.C.).

O único evento registrado em que Daniel é visto, durante o período agitado de 50 anos, é sua interpretação da segunda visão do rei Nabucodonosor, no cap. 4. Não é possível estabelecer a data dos eventos deste registro de forma mais precisa; sabe-se apenas que foi em alguma época antes do final do reinado de

DANIEL

Nabucodonosor, em 562 a.C. Assim, tudo o que se sabe de um período de quase meio século da vida de Daniel é a informação reduzida proporcionada por esse capítulo.

O local e a data tanto do nascimento como da morte de Daniel não são citados explicitamente nas Escrituras. Desde que este livro enfoca a invasão inicial de Jerusalém por Nabucodonosor (Dn 1.1,2), ocasião em que este jovem foi levado para a Babilônia (Dn 1.3-6), é muito provável que tenha nascido e crescido em Jerusalém. Além disso, se a invasão aconteceu em 605 a.C., quando foi colocado na categoria de "jovem" que seria educado (Dn 1.4), provavelmente tivesse entre 15 e 20 anos de idade. Isso colocaria a data de seu nascimento por volta de 625 a 620 a.C., pela metade do reinado de Josias, o último rei piedoso que governou Judá (640 a 609 a.C.; 2 Cr 34 e 35).

O último evento datado no livro de Daniel é a revelação dada ao profeta "no terceiro ano de Ciro, rei da Pérsia" (Dn 10.1), às margens do rio Tigre (Dn 10.4). Como o Império Babilônico caiu diante da aliança medo-persa, em 539 a.C., isso significaria que o último evento cronológico no livro de Daniel aconteceu em 537 e 536 a.C. No final da profecia, entretanto, um ser celestial (12.7) disse a Daniel: "vai-te até que chegue o fim" (isto é, até sua morte; 12.13). Isso poderia indicar que o profeta ainda viveria por mais algum tempo. Assim, é quase certo que Daniel viveu bem mais de 80 anos, provavelmente até passou dos 90. Por não ter acompanhado a primeira leva de exilados judeus que retornaram "no primeiro ano de Ciro" (Ed 1.1), parece que Daniel morreu na Pérsia, e passou assim 70 anos (ou mais) de sua vida longe de sua terra natal.

Não é possível determinar mais nenhum dado específico sobre os antecedentes familiares de Daniel, a não ser que estava entre os (Dn 1.6) da "linhagem real e dos nobres" (Dn 1.3). Se ele passou os anos de sua infância na presença da corte real em Jerusalém, seu sentimento com relação à trágica queda de Judá e o exílio na Babilônia seria ainda maior. Sua experiência anterior em tais círculos, contudo, pode ter sido de grande valia nas posições que ocupou mais tarde no governo da Babilônia e da Pérsia.

Quando Daniel iniciou o estudo de três anos, pelo qual passavam os que entravam para o serviço do rei Nabucodonosor (Dn 1.5), recebeu o nome babilônico (assim como aconteceu com seus companheiros) de Beltessazar (v.7), que significa algo como "Bel (um deus babilônico) protege sua vida". O nome não é simplesmente a forma babilônica para Daniel e incorpora especificamente o nome de uma divindade pagã, em lugar do Deus dos judeus (o sufixo "El"); por isso, parece que o novo nome fazia parte de uma orientação sistemática para que os estudantes abraçassem completamente todos os aspectos da nova sociedade da qual faziam parte, o que era compreensível.

Não se sabe com clareza qual a plena natureza do processo educacional no qual Daniel foi colocado ao chegar à Babilônia, embora conheçamos bem seu rigor e sua amplitude. Ele e seus companheiros foram treinados entre os melhores e mais brilhantes jovens do império (Dn 1.4). Capacitados por Deus (Dn 1.17), provaram ser muito superiores não somente aos outros estudantes (1.19), como também a "todos os magos e encantadores que havia em todo o reino" (v. 20).

As matérias estudadas são citadas em Daniel 1.4 como as letras e a língua dos caldeus. O v. 17, entretanto, amplia o quadro e inclui "cultura e sabedoria", a fim de abranger também "todas as visões" e "todos os sonhos". No final dos três árduos anos de treinamento (o primeiro e o último poderiam ser frações, considerados como um ano completo na contagem do tempo daquela cultura) havia um exame oral feito por Nabucodonosor, no qual a sabedoria e o entendimento eram me-

DANIEL

didos e comparados com "todos os magos e encantadores" que já estavam a serviço do rei (Dn 1.20). Essas declarações indicam fortemente que o programa incluía instrução em magia, adivinhação e provavelmente astrologia como parte do estudo da venerada literatura babilônica.

Depois de um furioso decreto feito por Nabucodonosor, que ordenava a execução de "todos os sábios da Babilônia" (Dn 2.12), devido ao fracasso dos conselheiros em detalhar e interpretar o sonho do rei (vv 1-11), Daniel e seus companheiros entraram em cena. Arioque, chefe da guarda real, informou-os sobre o incidente e a ordem de execução (vv. 14-16), na qual eles também estavam incluídos (v. 13); os jovens judeus puseram-se diante de Deus e oraram juntos durante toda a noite (vv.17-23) e "então foi revelado o mistério a Daniel numa visão de noite" (v. 19). A explicação do profeta sobre o sonho e o seu significado não somente salvou a vida dos sábios como também levou o rei Nabucodonosor a louvar ao Deus de Daniel (Dn 2.47) e a elevá-lo, juntamente com seus companheiros, às mais altas posições do governo da Babilônia (v. 48,49).

É extremamente difícil determinar quando esse incidente aconteceu na vida de Daniel. Por um lado, a referência ao segundo ano do reinado de Nabucodonosor (Dn 2.1) colocaria o fato dentro do período inicial dos três anos de treinamento, citados no v. 5. Se assim for, Daniel 2 funcionaria como um tipo de retrospectiva, usada para demonstrar a habilidade especial do profeta para entender as visões e os sonhos (Dn 1.17). Esse entendimento é levemente preferível, embora resulte na conclusão de que Daniel foi nomeado para um alto cargo por Nabucodonosor, antes mesmo de completar seu período de treinamento (Dn 2.48,49). Isso não explicaria melhor, entretanto, a conclusão um tanto exagerada do rei em Daniel 1.20 (considerando-os dez vezes mais doutos do que to-

dos os magos e encantadores) e a descrição do profeta como meramente "um dentre os filhos dos cativos de Judá" (Dn 2.25), em vez de um honrável sábio que já se encontrava a serviço do rei (Dn 1.19,20).

Daniel 3 é o único capítulo do livro em que o profeta não é mencionado, e o cap. 4 começa com Nabucodonosor aparentemente no auge de seu poder. Os eventos que se seguem inferem que o capítulo também registra a elevada influência de Daniel no governo. Depois que o profeta interpreta uma visão que adverte severamente o rei sobre as conseqüências de sua auto-exaltação, em lugar de glorificar o Deus verdadeiro (Dn 4.9-27), Nabucodonosor só é capaz de controlar seu orgulho por um ano (vv. 28-32). Sua auto-exaltação imediatamente resultou no castigo que fora predito: receberia a mente de um animal e viveria como um irracional por "sete tempos" (Dn 4.16, 23,32,33).

O significado dos "sete tempos" não está claro; a forma como o Império Babilônico foi governado durante o período em que o rei permaneceu mentalmente incapacitado é ainda mais obscura! A expressão "sete tempos" pode simplesmente referir-se a um período indefinido ou significar a um ciclo do calendário, como um mês ou um ano. Se o entendimento comum de que "um tempo" era uma estação anual de colheita estiver correto, então o rei ficou impossibilitado de governar por sete anos.

Desde que Daniel fora nomeado conselheiro-chefe da corte real (Dn 2.49), e é chamado de "chefe dos magos" (Dn 4.9), é bem provável que tenha desempenhado um papel fundamental na manutenção da estabilidade do governo enquanto Nabucodonosor esteve afastado de sua função. Mesmo que o período tenha sido de poucas semanas ou meses e embora o império estivesse em paz, seria de se esperar que o vácuo causado pela ausência de uma figura tão inteligente e imponen-

DANIEL

te como Nabucodonosor fosse rapidamente notada. Assim, desde que não existe nenuma indicação de uma luta interna pelo poder ou declínio durante sua ausência, é provável que oficiais altamente respeitáveis, como Daniel, tenham tratado dos assuntos cotidianos do império até que o rei recuperasse a sanidade e voltasse ao trono (Dn 4.34,36,37).

Os próximos eventos registrados da vida de Daniel acontecem no início do reinado de Belsazar, o último monarca (553 a 539 a.C.) do período babilônico. "No primeiro ano de Belsazar, rei de Babilônia" (Dn 7.1), o profeta teve um sonho, que se tornou sua primeira visão registrada no livro. O cap. 8 descreve a segunda visão de Daniel, que ocorreu cerca de dois anos mais tarde, "no terceiro ano do reinado do rei Belsazar" (Dn 8.1). As duas visões descreviam circunstâncias difíceis para o povo de Deus no futuro; por isso, não é de estranhar que o profeta tenha ficado espantado e com o semblante mudado depois da primeira (Dn 7.28) e "enfraquecido e enfermo alguns dias" depois da segunda visão (Dn 8.27).

Durante a década entre a morte de Nabucodonosor (562 a.C.) e o começo do reinado de Belsazar (553 a.C.), Daniel aparentemente perdeu um pouco de sua influência no governo da Babilônia. Certamente, em certo sentido, ele menciona seu retorno aos negócios do rei (Dn 8.27) na conclusão de sua segunda visão, datada por volta de 551 a.C.; entretanto, no bem conhecido episódio da escrita na parede (Dn 5), que ocorreu na ocasião da derrota final da Babilônia pelos medos e persas (Dn 5.30,31; 6.28), em 539 a.C., o rei Belsazar deu a entender que não conhecia Daniel pessoalmente (Dn 5.13-16), ou nem mesmo sabia sobre sua fama como intérprete de sonhos e de homem sábio durante o reinado de Nabucodonosor (Dn 5.11,12).

É algo fantástico, além de indicar a proteção providencial de Deus na transição do poder, que Daniel e o Senhor novamente tenham recebido grande reconhecimento (Dn 5.29; 6.2). Não somente o profeta foi exaltado contra sua vontade para ocupar a terceira posição mais elevada no império, mesmo após ter repreendido o rei por seu orgulho e interpretado a ameaçadora escrita na parede, dirigida a Belsazar (Dn 5.22-29); logo depois da vitória medo-persa sobre a Babilônia, Daniel foi também nomeado como um dos três administradores sobre o reino, pelo novo imperador, Dario, o medo. Foi um papel no qual o profeta rapidamente se destacou (Dn 6.1-3).

Para evitar que Daniel fosse nomeado para o mais importante cargo administrativo por Dario, outros oficiais do governo medo-persa conspiraram contra ele, para tirá-lo do caminho a qualquer custo (Dn 6.4,5). Devido à conduta ética e ao compromisso religioso do profeta, seus companheiros arquitetaram um plano para persuadir o rei a decretar que, por um período de trinta dias, toda oração que não fosse dirigida ao rei seria considerada ilegal, e o culpado, punido com a morte na cova dos leões (Dn 6.6-9).

Por causa de sua disposição de orar três vezes ao dia, mesmo sob risco da própria vida, Daniel foi imediatamente preso e jogado na cova dos leões (Dn 6.10-17). Deus o protegeu durante toda a noite, no meio dos leões. Na manhã seguinte, foi vindicado diante do rei Dario e restaurado à sua posição de autoridade (vv. 18-23,28). Os conspiradores foram então atirados às feras famintas (v.24) e Dario fez um decreto adicional, a fim de ordenar que o povo tremesse e temesse "perante o Deus de Daniel" (v.26).

Durante esse mesmo período (o primeiro ano de Dario; Dn 9.1), Daniel fez uma maravilhosa oração de arrependimento corporativo (Dn 9.3-20), pelo povo judeu. O tempo parece coincidir com a proclamação feita por Ciro, supremo imperador persa (Ed 1.1), quando permitiu que os judeus dispersos pelo império voltassem para Jerusalém e reconstruíssem

DANIEL

o Templo (Ed 1.2-4). Como resultado da oração fervorosa, do jejum e do lamento de Daniel pelos pecados de seu povo (Dn 9.3,20), o velho profeta recebeu uma revelação assombrosamente detalhada das "setenta semanas" (Dn 9.24) decretadas por Deus para o futuro de Israel (Dn 9.24-27). Embora não haja um consenso com relação ao significado e ao cumprimento dessa profecia, parece altamente provável que este período seja um paralelo com o tempo acumulado durante o qual os judeus falharam em observar a lei do "descanso do sábado" ordenada por Deus (2 Cr 36.20,21), referente à utilização da terra.

Uns dois anos mais tarde (Dn 10.1), Daniel novamente lamentou, orou e jejuou, dessa vez por três semanas (Dn 10.2,3). Esse incidente talvez esteja relacionado com os eventos em Jerusalém, onde a reconstrução do Templo foi interrompida pelo medo e desânimo (Ed 4.4,24). A visão que se seguiu é o último evento registrado no livro de Daniel, onde nada mais é registrado nas Escrituras sobre o período final da vida do profeta.

Fora de seu livro, o nome de Daniel aparece três vezes em Ezequiel (14.14,20; 28.3). Embora alguns atribuam tais referências a alguém de renome, que provavelmente viveu no tempo de Noé ou de Jó (14.14,20), é mais provável que se reportem ao Daniel contemporâneo de Ezequiel. Se as ocorrências em Ezequiel podem ser datadas em 592 a.C. (14.14,20; cf. 8.1) e 586 a.C. (28.3; cf. 26.1), haveria tempo suficiente para Daniel ter demonstrado sua justiça (14.14,20) e sabedoria concernente aos mistérios (28.3). Seu reconhecimento como o principal conselheiro na Babilônia e seu sólido compromisso com Deus já se teriam estabelecido solidamente por volta de 600 a.C. (Dn 1 e 2, esp. 2.1).

A única menção do nome de Daniel no NT é em Mateus 24.15. No meio do discurso do monte das Oliveiras (Mt 24 e 25), Jesus faz uma referência à "abomi-nação da desolação, de que falou o profeta Daniel" (Mt 24.15). A maneira como Cristo fala aqui parece autenticar a exatidão histórica dos eventos e das visões registrados no livro de Daniel.

Um tributo adicional à fé demonstrada por Daniel na cova dos leões está registrado em Hebreus 11.33. Seu nome não é citado, mas a falta de outro evento semelhante no AT, bem como o fato da menção estar próxima à referência a "apagar a força do fogo" (Hb 11.34), relacionada com Daniel cap. 3, faz com que a identificação seja quase certa.

Uma avaliação geral das contribuições de Daniel deve incluir o uso de superlativos. Ao recuperar-se do trauma causado pela invasão de seu lar em Judá, Daniel cresceu de forma notável, até ocupar posições nos mais altos escalões da autoridade imperial e ter influência tanto no Império Babilônico como no Medo-Persa, durante uma carreira que durou mais de 60 anos.

Ainda assim, seu legado mais profundo está na esfera espiritual. Daniel foi o veículo da revelação divina, tanto para interpretar como para ter as visões mais detalhadas da profecia bíblica. Desde que essas manifestações ultrapassaram o período do exílio babilônico (geralmente datado de 605 a 539 a.C.), Daniel, mais do que qualquer outro personagem bíblico, demonstrou ser a figura intermediária entre o período do pré e o do pós-exílio, durante a reconstrução de Jerusalém e do Templo. Essa alegação é justificada, apesar de ele ter passado a maior parte da vida distante geograficamente de Judá. Daniel tinha influência por seu acesso aos corredores do poder, bem como por seu exemplo de piedade.

Poucas pessoas na Bíblia exibiram a fé, a coragem, a vida de oração e a sabedoria que podem ser vistas de forma consistente na existência de Daniel. Tanto em seus dias (Ez 14.14,20) como na lembrança dos escritores bíblicos (Hb 11.33), seu estilo de vida como humilde conselheiro governamental, administrador e profeta do Deus verdadeiro é profundamente reverenciado e digno de ser seguido como exemplo.

3. Daniel, líder levita da época do pós-exílio, citado como companheiro de regresso a Judá na leva de Esdras (Ed 8.2). Foi um dos que assinaram o documento de compromisso solene com Deus (Ne 10.6). Era descendente de Itamar.

A.B.L.

DARCOM. "Servo de Salomão", cujos descendentes estavam entre os judeus que retornaram do exílio com Neemias (Ed 2.56; Ne 7.58).

DARDA. 1. Famoso por seu grande conhecimento, era filho de Maol. A sabedoria de Salomão foi enfatizada por meio da comparação com a de outros homens. Por isso, encontramos Darda no texto de 1 Reis 4.31. Em resposta ao seu pedido, Deus deu a Salomão uma sabedoria extraordinária (v.29), que ultrapassava a dos que eram reconhecidos em sua época como sábios.

2. Listado em 1 Crônicas 2.6 (chamado de Dara) como filho de Zerá e descendente de Judá. Provavelmente era a mesma pessoa citada no item anterior (nº 1).

DARIO. 1. Rei da Pérsia. Conhecido como Dario I ou "o Grande", reinou sobre o Império Persa de 522 a 486 a.C. Aparece em Esdras 4 a 6; Ageu 1.1,15; 2.10 e Sofonias 1.1,7; 7.1 como o imperador que permitiu aos judeus reconstruir o Templo.

2. Dario, o Medo, imperador sobre Babilônia nos dias de Daniel. Não deve ser confundido com o rei Dario citado em Daniel 9.1 e outras referências (veja nº 1). Na verdade ele governava sob as ordens de Ciro, o fundador do Império Persa (Dn 6.28). Embora alguns teólogos o identifiquem como o próprio Ciro, é mais provável que fosse um governador descendente dos medos, conhecido como Gubaru (Gr. "Gobryas").

DATÃ. Filho de Eliabe. É sempre mencionado junto com o irmão (veja) *Abirão* (Nm 16.1,12,24,25; etc.).

DAVI

Dados Gerais

Davi é o nome do maior rei de Israel e o ancestral humano do Senhor Jesus. Sua história, suas realizações e seus problemas receberam um tratamento extensivo, de 1 Samuel 16 a 2 Reis 1 e em 1 Crônicas 2 a 29. O significado do nome ainda é incerto. A conexão com a palavra acadiana *dāwidûm* (chefe, comandante) é atraente, embora duvidosa. É mais provável que esteja associado com a raiz hebraica *dwd* (amor), para dar o significado de "amado". Alguns sugerem que Davi seja um cognome real e que seu nome é Elanã (Heb. "Deus é gracioso"), o herói que matou Golias (2 Sm 21.19). Embora essa solução possa resolver a aparente discrepância entre 1 Samuel 17, cujo texto relata que Davi matou Golias, e 2 Samuel 21.19, o qual menciona que foi Elanã quem matou o gigante, cria outro problema: por que então Elanã seria relacionado na lista dos heróis de Davi? Outra sugestão é feita a partir de 1 Crônicas 20.5, que identifica Elanã como o herói que matou Lami, irmão de Golias. Desde que não se tem certeza se foi em 2 Samuel 21.19 ou em 1 Crônicas 20.5 que houve uma corrupção textual, a identificação de Elanã é incerta.

DAVI

Antecedentes

Davi era o mais novo dos oito filhos de Jessé, um efrateu de Belém (1 Sm 17.11,12). Jessé era descendente da tribo de Judá e bisneto de Boaz e Rute, a moabita (Rt 4.18-22; cf. 1 Cr 2.1-15; Mt 1.2-6; Lc 3.31-38).

Na juventude, Davi cuidava dos rebanhos da família. Como pastor, aprendeu a cuidar dos animais, bem como a protegê-los dos predadores. Essa experiência o ensinou a depender do Senhor, conforme afirmou para Saul: "O Senhor que me livrou das garras do leão, e das garras do urso, me livrará da mão deste filisteu" (1 Sm 17.37).

Davi era também um bom músico. Quando Saul sofria de depressão e crises de melancolia, seus servos, conhecendo a reputação desse jovem, mandaram chamá-lo (1 Sm 16.16). Um deles disse: "Vi um filho de Jessé, o belemita, que sabe tocar bem, e é forte e valente, homem de guerra, sisudo em palavras, e de boa aparência. E o Senhor é com ele" (v. 18). Esse texto relaciona várias características de Davi: seu talento musical, sua bravura, eloquência, boa aparência, mas, acima de tudo, a presença do Senhor em sua vida.

Davi eleito por Deus para ser rei

Davi era notável, tanto por seu amor a Deus como por sua aparência física (1 Sm 16.12). Depois que Saul foi rejeitado por seus atos de desobediência (1 Sm 15.26), o Senhor incumbiu Samuel da tarefa de ungir um dos filhos de Jessé. Os mancebos passaram um por vez diante do profeta, mas nenhum deles foi aprovado por Deus. Depois que os sete mais velhos foram apresentados a Samuel, ele não entendeu por que o Senhor o enviara a ungir um rei naquela casa. O profeta procurava um candidato que se qualificasse por sua estatura física. Afinal, anteriormente tinha dito ao povo que Saul preenchia os requisitos, devido à sua bela aparência: "Vedes o homem que o Senhor escolheu? Não há entre o povo nenhum semelhante a ele" (1 Sm 10.24).

Jessé disse a Samuel que seu filho mais novo, chamado Davi, ainda cuidava dos rebanhos. Depois que foi trazido diante do profeta, ele teve certeza que aquele jovem atendia aos padrões de Deus, pois "o Senhor não vê como vê o homem. O homem olha para o que está diante dos olhos, porém o Senhor olha para o coração" (1 Sm 16.7). Davi recebeu duas confirmações de sua eleição: Samuel o ungiu numa cerimônia familiar e o Espírito do Senhor veio sobre ele de maneira poderosa (v.13).

Davi com Saul

Os caps. 16 a 31 de 1 Samuel são uma antologia solta de histórias, que, como coletânea, receberam o título de "A história da exaltação de Davi". O propósito dessas narrativas é defender Davi das acusações de ter agido de maneira subversiva, usurpando o trono da família de Saul, sendo responsável pelas mortes de Saul, Jônatas, Abner e Is-Bosete. Deus operava claramente em todas as circunstâncias da vida de Davi, que o elevaram da posição de pastor de ovelhas a músico no palácio do rei, de lutar contra animais selvagens até suas vitórias sobre os filisteus e de herói nacional a refugiado político.

Primeiro, Davi foi convidado para servir ao rei Saul como músico. Saul sofria de melancolia, porque o Espírito do Senhor o abandonara (1 Sm 16.14). Na corte, Davi agradou ao rei, o qual o nomeou seu escudeiro (v. 21).

Segundo, Deus agiu rapidamente, quando os filisteus atacaram Israel (1 Sm 17). O gigante filisteu, chamado Golias, desafiava Saul e todo o Israel várias vezes por dia,

129

DAVI

por um espaço de 40 dias (1 Sm 17.16). Aconteceu de Davi levar suprimentos para seus irmãos que estavam no acampamento de guerra e teve oportunidade de ouvir o desafio do gigante. Movido por seu zelo pelo Senhor, seu amor pelo povo e pela alta recompensa — riqueza, casamento com a filha do rei Saul e a isenção de pagar impostos — Davi apresentou-se como voluntário para enfrentar Golias naquela batalha. O Senhor estava com ele. Davi triunfou sobre o filisteu, ao matá-lo com uma funda e uma pedra (1 Sm 17.50).

Terceiro, Davi foi convidado para morar no palácio real (1 Sm 18.2). Os membros da família do rei o amavam. "A alma de Jônatas ligou-se com a de Davi, e Jônatas o amou como à sua própria alma" (v. 1). Este filho de Saul chegou ao ponto de fazer uma "aliança" com Davi (v. 3). Como expressão de seu profundo amor e respeito pelo filho de Jessé, deu-lhe suas roupas e armadura (v. 4). Mical também amava Davi (v. 20).

Como sempre acontece, quando muitas coisas boas surgem, a fortuna tornou-se em sina. A fama de Davi cresceu rapidamente. Por toda a nação, as mulheres louvavam seu nome e faziam comparações positivas entre o jovem e o rei: "Saul feriu os seus milhares, porém Davi os seus dez milhares" (1 Sm 18.7). Esse contraste suscitou o ciúme do rei (v. 8). Ele sabia que seus dias como monarca estavam contados e tinha de proteger o trono para sua família. Assim começaram as atitudes de hostilidade explícita contra Davi. O narrador de 1 Samuel escreveu: "Daquele dia em diante, Saul trazia Davi sob suspeita" (v. 9).

O ciúme de Saul deixou-o cego. Foi extremamente desleal, pois voltou atrás em sua promessa de dar a filha mais velha, Merabe, em casamento a Davi (1 Sm 18.17). Exigiu que o jovem enfrentasse os filisteus em batalha, na esperança de que perdesse a vida. Davi, ainda relutante em aceitar casar-se com um membro da família real, procurou imediatamente agradar ao rei. Nesse meio tempo, Merabe foi dada a outro homem (1 Sm 18.19). De maneira vil, Saul desafiou-o a demonstrar sua bravura e seu valor novamente, mediante a matança de 100 filisteus, como um tipo de dote. Estava aborrecido por ser obrigado a dar Mical como esposa para Davi, porque sabia que o Senhor estava com ele e via o amor da filha por Davi como traição contra seu reinado (1 Sm 18.28).

Quarto, por meio de sua amizade com o filho do rei, Davi foi avisado com antecedência do profundo ódio de Saul contra ele, bem como de seus planos de matá-lo. Jônatas amava de verdade o filho de Jessé (1 Sm 19.1) e não se preocupava com suas proezas militares, nem com sua crescente popularidade. Intercedeu em favor dele e o convidou para voltar ao palácio (v. 7), mas gradualmente percebeu que seu pai realmente estava determinado a matá-lo. O rei fez algumas tentativas para eliminar Davi no palácio (v. 10) e até mesmo na própria casa do genro (v. 11). Davi e Jônatas foram obrigados a se separar. O filho do rei sabia que Davi corria risco de vida; compreendia também que Deus tinha um plano especial para a vida do amigo. Os dois fizeram uma aliança para toda a vida e se separaram (1 Sm 20.16,42).

Saul contra Davi

Saul fez tudo para livrar-se de Davi. Expulso da corte, o filho de Jessé buscou refúgio junto a Aquis, rei filisteu de Gate. Temeroso de que a boa vontade do anfitrião mudasse a qualquer momento, foi para Adulão (1 Sm 22). Ali, liderou um bando de foras-da-lei. Trouxe sua família para a segurança de Moabe e retornou, a fim de enfrentar os perigos de sua vida de exilado. Qualquer um que tentasse colaborar com Davi era morto por Saul, como aconteceu com os sacerdotes de Nobe (1 Sm 21 a 22). Para onde quer que ele fosse, o rei ficava sabendo e o perseguia.

DAVI

Enquanto isso, o apoio a Davi crescia cada vez mais. Bandidos, muitos deles guerreiros habilidosos, reuniram-se a ele. Abiatar, um sacerdote que escapou do massacre em Nobe, e o profeta Gade também se uniram a Davi. Este, por suas muitas façanhas, fazia com que as pessoas ficassem em débito para com ele. Reduziu a ameaça dos filisteus, como fez, por exemplo, em Queila (1 Sm 23). Ele e seu homens também tornaram-se defensores dos moradores de Judá que eram constantemente ameaçados por saqueadores estrangeiros e viviam da parte que recebiam das colheitas, rebanhos e do gado que ajudavam a proteger. Nem todos os criadores, porém, estavam dispostos a compartilhar com eles alguma coisa. Nabal, um rico fazendeiro, tinha recebido tal proteção de Davi e seus homens, mas era avarento demais para recompensá-los pelo trabalho (1 Sm 25). O filho de Jessé ficou furioso, mas Abigail, esposa de Nabal, foi ao seu encontro com vários presentes. Depois da morte do marido, ela se tornou esposa de Davi (1 Sm 25.42).

Por duas vezes Davi teve oportunidade de vingar-se de Saul, mas, ao invés de matá-lo, poupou sua vida. Sua existência tornou-se tão opressiva que foi obrigado a buscar refúgio com Aquis, rei de Gate. Recebeu a cidade de Ziclague para morar com seus homens, de onde ajudava Saul a reduzir as forças dos filisteus (1 Sm 27). Aquis tinha tamanha confiança na lealdade de Davi, que o levou consigo como parte de suas tropas numa batalha em Gilboa, contra os israelitas (1 Sm 28). Os filisteus não deveriam ficar apreensivos pelo conflito de interesses; Davi lutaria contra seu próprio povo (1Sm 29). No entanto, ele retornou a Ziclague e descobriu que a cidade fora saqueada e incendiada e a população, levada cativa pelos amalequitas. Enquanto os filisteus esmagavam os israelitas no norte, Davi perseguiu os invasores e colocou um fim em suas hostilidades.

Davi é exaltado ao reino

Saul e Jônatas foram mortos na batalha em Gilboa (2 Sm 1.4). Ao invés de comemorar este acontecimento, Davi chorou pelo rei e por seu amigo (2 Sm 1.19-27). As notícias sobre a morte de Saul correram rápido, mas as reações foram bem diferentes em todo país. As tribos do Norte reconheceram Is-Bosete, filho do rei, como o legítimo representante do trono (2 Sm 2.8,9). A tribo de Judá permaneceu leal a Davi e separou-se da união, ao tornar Hebrom a capital do novo reino (2 Sm 2.3,4).

Não demorou muito para que o povo descobrisse a incompetência de Is-Bosete. Abner, seu comandante militar, junto com outros cidadãos importantes, procurou Davi e abriu negociações com ele, as quais foram interrompidas quando Joabe assassinou Abner, em vingança pela morte de seu irmão. O enfraquecimento do Norte encorajou a morte de Is-Bosete e as tribos voltaram à união sob o reino de Davi (2 Sm 5.1-3).

Esse reino, agora unificado, primeiro teve Hebrom como seu centro. Mas, desejoso de ter uma localização melhor e reconhecedor do problema estratégico gerado pela proximidade dos cananeus, Davi determinou a conquista de Jerusalém. A cidade nunca pertencera aos israelitas e localizava-se num ponto estratégico, em um cruzamento entre o leste e o oeste, o norte e o sul. Joabe, o comandante militar, liderou uma campanha bem-sucedida contra aquela localidade e a conquistou para o rei.

Davi consolidou seu reino, ao fazer de Jerusalém sua capital administrativa. Era uma cidade neutra, pois não tinha qualquer ligação especial nem com as tribos do Norte nem com as do Sul (2 Sm 5.9,10). O crescimento do poderio de Davi não passou despercebido. Hirão, rei de Tiro, enviou seus carpinteiros e pedreiros, a fim de cons-

DAVI

truir um palácio para ele (2 Sm 5.11). Esse ato firmou o relacionamento entre os dois reis. Por incrível que pareça, o fortalecimento da posição do filho de Jessé ameaçou a paz relativa de que Israel gozava. Os filisteus não perturbaram o país durante os dois primeiros anos do reinado de Davi. Com o crescimento de seu poder, entretanto, decidiram acabar com sua grande popularidade. O rei resistiu a cada ataque com sucesso e finalmente definiu a fronteira do reino na planície costeira (2 Sm 5.19-25).

Jerusalém como centro do reino de Davi

A paz estabelecida em Israel encorajou Davi a persuadir as tribos a reconhecer Jerusalém como centro religioso, ao levar para lá a Arca da Aliança, o símbolo central do relacionamento e da aliança do povo com Deus (2 Sm 6). (Veja o verbete *Aliança*.) Após encontrar descanso em Jerusalém, Davi buscou a aprovação do Senhor para providenciar um centro definitivo ao culto e à adoração em Israel, por meio da construção de um Templo (2 Sm 7). Deus modificou a oferta de Davi, pois concedeu a ele uma "casa" (dinastia) e permitiu que seu filho construísse uma "casa" permanente para o Senhor. A promessa de uma dinastia foi incorporada a uma aliança de concessão. A proposta concedia a Davi um lugar perpétuo no reino de Deus, ao colocar sobre ele o privilégio de ser um "filho" de Deus. O Salmo 2 celebra a condição do filho como o que experimenta uma posição privilegiada e recebe autoridade para estabelecer o reino de Deus (veja Sl 72), submeter as nações, quando necessário pela força, e trazer as bênçãos do Senhor sobre todos os fiéis, em todas as partes da Terra. Essas promessas cumprem a aliança que Deus fez com Davi. *O Pacto Davídico é uma administração soberana, feita pela graça, segundo a qual o Senhor ungiu Davi e sua casa para estabelecer seu reino e efetivamente trazer um reinado de paz, glória e bênção.* Jesus e os apóstolos afirmaram que essas promessas encontram seu foco e recebem sua confirmação em Cristo (o "Messias"). Ele é o "ungido" que recebeu autoridade e poder (Mt 28.20; At 2) do alto sobre toda a criação, inclusive a Igreja (Cl 1).

Encorajado pelas promessas de Deus e feliz pela consolidação do destaque de Israel entre as nações, Davi seguiu adiante. Fortaleceu Jerusalém, desenvolveu uma administração de governo centralizada, expulsou as forças invasoras e foi agressivo no estabelecimento da paz em Israel. Subjugou os filisteus, moabitas, edomitas e amonitas (2 Sm 12.29-31). Cobrou impostos dos arameus e das nações que decidiu não subjugar (2 Sm 8;10). Depositou a maior parte dos tributos e espólios no fundo para a construção do Templo (2 Sm 8.11,12). Embora fosse severo em sua justiça para com as nações, o rei foi generoso no trato com Mefibosete, filho de Jônatas. Providenciou-lhe um lugar e garantiu-lhe um sustento vitalício (2 Sm 9). Provavelmente esse período foi marcado por uma severa crise de fome (2 Sm 21.1). A dificuldade era tão grande que Davi pediu uma explicação ao Senhor. Foi-lhe revelado que a escassez de alimento era resultado do juízo de Deus, pelo equivocado zelo de Saul, ao tentar aniquilar os gibeonitas (2 Sm 21.2), povo que buscara e recebera proteção de Israel, na época de Josué (Js 9.15,18-26). A morte de sete descendentes de Saul, sem incluir Mefibosete, satisfez a exigência de justiça feita pelos gibeonitas. Deus graciosamente removeu a maldição e renovou a terra com chuva abundante. Davi levou os ossos de Saul, Jônatas e dos sete que foram mortos e os enterrou na sepultura de Quis (2 Sm 21.14).

DAVI

A queda de Davi

A partir deste ponto, a história de Davi é uma mistura de tragédia e providência divina. Ele se tornou um personagem trágico. Elevado pela graça de Deus a uma posição de imenso poder, desejou ardentemente Bate-Seba, com quem teve relações sexuais; ao saber que estava grávida, tentou encobrir seu pecado, ordenou que Urias, o marido dela, fosse morto no campo de batalha e casou-se com ela legalmente (2 Sm 11). O profeta Natã proferiu um testemunho profético, condenando a concupiscência e a cobiça de Davi e seu comportamento vil (2 Sm 12). O rei confessou seu pecado e recebeu perdão (2 Sm 12.13; cf. Sl 32; 51), mas sofreu as conseqüências de sua perfídia pelo resto da vida. O bebê que nasceu da união com Bate-Seba ficou doente e morreu.

Conseqüentemente, Davi experimentou instabilidade e morte em sua família. Amnom violentou a própria irmã, Tamar, e causou a desgraça dela (2 Sm 13); foi assassinado por Absalão, irmão da jovem. Este fugiu para salvar a vida e permaneceu exilado por dois anos. Davi almejava revê-lo e foi encorajado por Joabe, o qual o enganou, ao forçá-lo a seguiu um conselho que lhe fora dado por uma mulher de Tecoa. Esta, orientada por Joabe, fora ao rei pedindo proteção para o filho que assassinara o irmão. Joabe trouxe Absalão de volta, mas não ao palácio real. Depois de dois anos, o filho do rei voltou ao palácio, conquistou a simpatia do povo e pensou numa maneira de reconquistar o favor do pai (2 Sm 14).

Como resultado, Davi experimentou uma guerra civil dentro do país. Absalão tivera tempo para elaborar planos, a fim de perturbar a ordem. Durante quatro anos, preparara-se cuidadosamente para o momento em que o povo o apoiaria, em detrimento de seu velho pai. Absalão foi coroado rei em Hebrom e rapidamente partiu em direção a Jerusalém (2 Sm 15). Davi saiu da capital com um grupo de seguidores e deixou vários conselheiros de confiança para trás (Abiatar, Zadoque e Husai). Husai dava conselhos equivocados a Absalão e enviava mensageiros a Davi, a fim de informar todos os movimentos dele (2 Sm 17). A guerra trouxe resultados desastrosos para as forças do filho do rei, o qual morreu pendurado em uma árvore pelos cabelos. A vitória foi clara, mas Davi sofreu mais com a perda de Absalão do que sentiu alegria pela vitória.

O rei voltou para Jerusalém com o apoio dos habitantes do Sul do país, os quais anteriormente haviam seguido Absalão. As tribos do Norte sentiram-se traídas pela falta de respeito demonstrada pelos moradores do Sul, pois elas também tinham apoiado o rei e dado a extensão de seu território nas mãos dele; por isso, precisavam ser ouvidas. A tribo de Judá alegou que o rei lhes pertencia e ofendeu os habitantes do Norte com a sua insolente arrogância (2 Sm 19.40-43).

Conseqüentemente, a união entre as tribos ficou enfraquecida ao extremo. A dissidência rapidamente cresceu e culminou em outra guerra civil, sob a liderança de Seba, filho de Bicri, da tribo de Benjamim. Davi enviou Amasa para recrutar guerreiros de Judá, a fim de sufocar a rebelião. Como este demorou muito a retornar, o rei comissionou Abisai para perseguir Seba. (Joabe perdera o favor do rei e o cargo, por ter matado Absalão, e agora estava sob as ordens de Abisai.) Quando Amasa, que se aliara a Seba, e Joabe se encontraram, este o matou e reassumiu o comando das tropas. Perseguiu a Seba até Abel-Bete-Maaca e sitiou a cidade. Uma mulher sábia salvou a cidade, ao comprometer-se a atirar a cabeça de Seba por cima do muro. Joabe retornou a Jerusalém como general, com o crédito de ter acabado com a rebelião (2 Sm 20.23).

133

Os últimos dias de Davi

No término de sua vida, Davi tinha realizado o objetivo de solidificar Israel contra os filisteus, ao sudoeste; os edomitas, ao sudeste; os moabitas e amonitas, ao leste; e os arameus, ao norte. Havia estendido seu reino por todas as áreas da terra que fora prometida a Abraão (Gn 15.18,19). Desenvolveu uma administração eficiente, pela qual era capaz de governar esse vasto império. Um excelente exército era mantido constantemente de prontidão, para assegurar a paz e a estabilidade dentro do reino.

Por causa de seu sucesso, Davi confiou em si mesmo e decidiu fazer um censo. Isso desagradou ao Senhor, que enviou uma praga contra o reino. O próprio rei foi o responsável pela morte de muitos inocentes. Por isso, comprou um campo e ofereceu um sacrifício a Deus, que expressava arrependimento por sua presunção. Esse local, a eira de Araúna, no futuro se tornaria o lugar onde Salomão construiria o Templo (2 Sm 24.1-25).

Davi ordenou que Salomão fosse ungido rei, após ouvir que seu filho Adonias fizera uma tentativa de usurpar o trono (1 Rs 1.1 a 2.12). Preveniu o seu sucessor sobre várias pessoas que poderiam comprometer a estabilidade de seu reinado: Joabe, o comandante, e Simei, o rebelde (1 Rs 2.5,6,8,9). Incumbiu-o de permanecer fiel a Deus, porque no Senhor estava a fonte do poder e a perpetuidade da dinastia.

Conclusão

Davi era humano, mas permaneceu fiel ao Senhor durante toda sua vida. Embora tenha pecado tragicamente contra Deus e o próximo, era um homem humilde. A sua força estava no Senhor, desde o princípio até o fim de seus dias. Os salmos atribuídos a ele falam desta verdade. Tal afirmação sobre sua confiança em Deus é também encontrada no final de 2 Samuel: "O Senhor é a minha rocha, a minha fortaleza e o meu libertador. Meu Deus é a minha rocha, em quem me refugio; o meu escudo, e força da minha salvação. Ele é o meu alto retiro, meu refúgio e meu Salvador — dos homens violentos me salvaste" (2 Sm 22.2,3). Os cânticos compostos por ele também trazem a correlação entre a humildade, a obediência e a bondade de Deus. Conforme Davi escreveu: "Com o puro te mostras puro, mas com o perverso te mostras sagaz. Livras o povo humilde, mas teus olhos são contra os altivos, e tu os abates" (2 Sm 22.27,28). O Senhor não apenas mostrou seu poder para Davi e seus contemporâneos, mas também comprometeu-se a proteger todo o seu povo por meio do ungido, que descenderia do referido rei. Essa é a essência da Aliança Davídica.

Os escritores do NT testemunham sobre a conexão entre Davi e Cristo. A genealogia de Jesus recua até o filho de Jessé (Mt 1.1). Ele é o governante sobre o trono de Davi, cujo reino se estende até os confins da Terra. É o cabeça da Igreja (Cl 1.18) e trará todas as nações ao conhecimento de sua soberania (1 Co 15.25; cf. At 2.35). Ele estabelecerá o reino de Deus sobre a Terra (1 Co 15.27,28) e, por esse motivo, cumpre as promessas em benefício de todo o povo do Senhor, tanto judeus como gentios.

W.A. e V.G.

DEBIR. Rei de Eglom, em Canaã. Atendeu à convocação feita por Adoni-Zedeque, rei de Jerusalém, para juntar-se à coalizão de reis e lutar contra os gibeonitas, os quais fizeram um tratado de paz com Josué e os hebreus. Quando Gibeão foi atacada, os israelitas foram em seu socorro e desfizeram a coalizão, ao matar todos os reis (Js 10.3-16; 12.12).

DÉBORA (Heb. "mel de abelha").

1. Gênesis 35.8 menciona uma Débora que foi "ama de Rebeca", a qual morreu e "foi sepultada ao pé de Betel, debaixo do carvalho que se chamou Alom-Bacute". Ela veio da Mesopotâmia e viveu na casa de Isaque até a morte (Gn 24.59).

2. Débora, profetisa e esposa de Lapidote, tornou-se líder de Israel nos dias dos Juízes. É a única mulher que se destaca naqueles dias. Trabalhou como juíza e "atendia debaixo da palmeira de Débora, entre Ramá e Betel, na região montanhosa de Efraim, e os filhos de Israel subiam a ela a juízo" (Jz 4.4,5). Chegou ao poder durante um tempo em que os israelitas novamente ignoravam a Lei de Deus e viviam sob o domínio opressor do rei cananeu Jabim e seu general Sísera (Jz 4.1,2).

Em seu papel de profetisa, Débora chamou Baraque, da tribo de Naftali, e o informou sobre o desejo de Deus de que atacasse e derrotasse Sísera. Ele se recusou a entrar numa guerra, a menos que Débora fosse junto. Ela concordou, mas destacou que a honra da vitória não seria dele, mas de uma mulher. Realmente, no final, a vitória foi atribuída a Jael, esposa de Héber, que matou Sísera quando este fugia, após ser derrotado na batalha por Débora e Baraque (Jz 4.17-22).

A dedicação de Débora e sua convicção de que o Senhor os levaria à vitória e restauraria a honra de seu nome em Israel excedia muito a de Baraque, que demonstrou um considerável medo de Sísera. Em toda a situação, ela invocou ao Senhor e deu a Ele a glória devida. Seu canto em ação de graças a Deus foi registrado e ficou conhecido como "A Canção de Débora" (Jz 5). Nesse cântico, ela enfatiza a soberania do Todo-poderoso sobre as nações, juntamente com seus reis e deuses. O verso final do louvor reconhece a justiça de Deus diante da impiedade e seu grande amor, ao tratar com os que o amam: "Assim, ó Senhor, pereçam todos os teus inimigos! Porém os que te amam sejam como o sol quando se levanta na sua força" (Jz 5.31). (Veja *Juízes, Baraque, Sísera* e *Jael*). P.D.G.

DEDÃ. 1. Descendente de Cão, através de Cuxe e Raamá; irmão de Sabá (Gn 10.7; 1 Cr 1.9).

2. Filho de Jocsã, neto de Abraão e sua concubina Quetura. Foi o progenitor dos assurins (Gn 25.1-3; 1 Cr 1.32).

DELAÍAS. 1. Um dos filhos de Elioenai, incluído na lista dos descendentes de Jeconias, o cativo (1 Cr 3.17,24)[1].

2. Sacerdote escolhido por meio de sorteio para ser o 23º na ordem do ministério, durante o reinado de Davi (1 Cr 24.5,18).

3. Seus descendentes, juntamente com os de Tobias e Necoda, perfaziam um total de 652 pessoas e estavam entre os judeus que retornaram do exílio; contudo, não puderam provar que suas famílias faziam parte dos descendentes de Israel (Ed 2.60; em Neemias 7.62 o número é 642).

4. Pai de Semaías, a quem Neemias visitou durante o tempo de grande oposição à obra de reconstrução do muro de Jerusalém (Ne 6.10).

5. Um dos oficiais do rei Jeoiaquim, aos quais Micaías transmitiu as palavras do rolo de Jeremias (Jr 36.11,12). Pediu ao rei que não queimasse o texto sagrado, mas o rei não lhe deu ouvidos (Jr 36.25). Para mais detalhes, veja *Micaías*. M.P.

DEMAS. Um dos companheiros de viagem de Paulo e amigo de Lucas (Cl 4.14; Fm 2.4). Bem mais tarde, entretanto,

DEMÉTRIO

quando estava preso em Roma, o apóstolo escreveu a Timóteo que Demas o abandonara. O triste comentário de 2 Timóteo 4.10 deixa claro que o materialismo era uma tentação aos cristãos primitivos, da mesma maneira que o é para muitos que vivem na atualidade: "Porque Demas me abandonou, amando o presente século, e foi para Tessalônica".

DEMÉTRIO (Gr. "pertencente a Demeter").

1. Um ourives que vivia em Éfeso (veja também *Artemis*). Estava entre os numerosos artífices que tinham um negócio lucrativo, pois exploravam a presença em Éfeso de uma das grandes maravilhas do mundo — o templo da deusa Diana, adorada não somente pelo povo da cidade, mas que atraía turistas e peregrinos de todas as partes do mundo romano. Esses ourives faziam imagens e nichos da deusa (At 19.24,38).

Quando Paulo pregou sobre o cristianismo ("o Caminho", At 19.23), na cidade, e o povo começou a entregar-se a Cristo, Demétrio liderou os artífices, que imediatamente reconheceram a ameaça aos negócios e ao seu meio de vida. O apóstolo pregava que "não são deuses os que se fazem com as mãos" (v.26). Eles então organizaram uma passeata, na qual Gaio e Silas, companheiros de Paulo, foram agarrados e arrastados ao teatro da cidade, onde tiveram de ouvir a arenga da multidão por um bom tempo. A afronta do Evangelho contra a divindade de Diana parece que só foi acrescentada depois, como um segundo pensamento (vv. 27,34). Finalmente o escrivão da cidade conseguiu acalmar a multidão e enfatizou que, se Paulo havia desrespeitado a lei, as acusações deveriam ser feitas diante dos tribunais. É particularmente interessante notar que, naquele primeiro estágio do Evangelho em Éfeso (Paulo esteve na cidade durante três anos), seu impacto foi rapidamente sentido em todas as áreas da vida do povo. Livros (rolos de papiros) sobre artes mágicas, que valiam uma fortuna, eram queimados publicamente quando as pessoas tornavam-se cristãs; e, como já vimos, o comércio e os negócios foram também afetados. A pregação de Paulo exigia um compromisso com Cristo que sempre requeria mudanças dramáticas, quando as pessoas eram desafiadas a servir a um novo Mestre.

2. Discípulo mencionado por João, devido ao seu compromisso cristão (3 Jo 12). P.D.G.

DEUEL (Heb. "Deus sabe"). Pai de Eliasafe, líder da tribo de Gade no tempo de Moisés. Seu filho foi famoso, na época da dedicação do Tabernáculo (Nm 1.14; 2.14; 7.47; etc.). Devido à letra "D" no hebraico ser às vezes confundida com a "R", em algumas traduções seu nome é mencionado como Reuel.

DEUS

Introdução

(O leitor deve consultar também os seguintes verbetes: *Cristo, Espírito Santo, Jesus, Senhor.*) O Deus da Bíblia revela-se em sua criação e, acima de tudo, por meio de sua Palavra, as Escrituras Sagradas. De fato, a Bíblia pode ser definida como "a autorevelação de Deus ao seu povo". É importante lembrar que as Escrituras mostram que o conhecimento que podemos ter de Deus é limitado e finito, enquanto o Senhor é infinito, puro e um Espírito vivo e pessoal, ao qual ninguém jamais viu. Freqüentemente a Bíblia usa antropomorfismos (palavras e idéias extraídas da experiência das ativi-

DEUS

dades humanas, emoções, etc.) numa tentativa de nos ajudar a entender melhor Deus. Esse recurso pode ser realmente muito útil, embora o uso de descrições e termos normalmente aplicados aos seres humanos para referir-se ao Senhor eterno e infinito sempre deixe algo a desejar. Alguém já disse que "conhecer a Deus", até o limite de que somos capazes por meio de sua Palavra, é o cerne da fé bíblica. De acordo com as Escrituras, todas as pessoas, durante toda a história, estão de alguma maneira relacionadas com o Senhor, seja numa atitude de rebelião e incredulidade, seja de fé e submissão.

Homens e mulheres existem na Terra graças ao poder criador e sustentador de Deus; a Bíblia ensina que um dia todos estarão face a face com o Senhor, para o julgamento no final dos tempos. A natureza de Deus e seus atributos são, portanto, discutidos de diversas maneiras nas Escrituras Sagradas, de modo que Ele será mais bem conhecido por meio da forma como se relaciona com as pessoas. Por exemplo, aprende-se muito sobre Deus quando age no transcurso da história, em prol do sustento e da defesa de seu povo, e leva juízo sobre os que pecam ou vivem em rebelião contra Ele. Muito sabemos sobre o Senhor por meio dos nomes aplicados a Ele na Bíblia e quando sua criação é examinada e discutida. Acima de tudo, aprendemos de Deus quando estudamos sobre Jesus, o "Emanuel" (Deus conosco).

As seções seguintes proporcionam apenas um resumo do que a Bíblia revela sobre Deus. Uma vida inteira de estudo, fé e compromisso com o Senhor, por intermédio de Cristo, ainda deixaria o crente ansioso por mais, especialmente pelo retorno de Jesus, pois concordamos com a declaração do apóstolo Paulo: "Agora conheço em parte; então conhecerei como também sou conhecido" (1 Co 13.12).

A existência do único Deus

A Bíblia subentende a existência de Deus. Não há discussão alguma sobre isso em suas páginas, pois trata-se de um livro onde o Senhor revela a si mesmo. Somente o "tolo", a pessoa maligna e corrupta, diz "no seu coração: Não há Deus" (Sl 14.1; 53.1; veja *O tolo e o sábio*). A existência de Deus é freqüentemente afirmada nos contextos que advertem contra a idolatria. Sempre é dada uma ênfase especial ao fato de que somente o Senhor é Deus e não existe nenhum outro. Deuteronômio 6.4 declara: "Ouve, ó Israel: O Senhor nosso Deus é o único Senhor". Deuteronômio 32.39 diz: "Vede agora que Eu sou, Eu somente, e não há outro Deus além de mim. Eu causo a morte, e restituo a vida; eu firo, e eu saro, e não há quem possa livrar das minhas mãos". Por essa razão, a idolatria é considerada um grande pecado (cf. 1 Co 8.4). Envolver-se com ela é viver e acreditar na mentira, numa rejeição direta da revelação do único Deus verdadeiro. Esperava-se que o povo de Israel testemunhasse para as nações ao redor que existia apenas um único Senhor e que não havia nenhum outro deus. Isso seria visto especialmente no poder de Deus para proporcionar a eles os meios para vencerem as batalhas contra inimigos mais fortes, no tempo de paz, na extensão das fronteiras (contra o poder de outros assim chamados deuses) e em sua justiça e juízo sobre todos os que se desviavam dele, ou rejeitavam seus caminhos ou seu povo. As nações ao redor precisavam aprender com Israel que os seus deuses eram falsos e que na verdade adoravam demônios (1 Co 10.20).

Os escritores dos Salmos e os profetas também proclamaram que somente o Senhor é Deus e que Ele pré-existe e auto-subsiste. O Salmo 90.2 diz: "Antes que os montes nascessem, ou que formasses a terra e o mundo, de eternidade a eternidade, tu és Deus". Em Isaías, lemos: "Assim diz o Senhor, Rei de Israel, e seu Redentor, o

DEUS

Senhor dos Exércitos: Eu sou o primeiro, e eu sou o último, e fora de mim não há Deus" (Is 44.6). "Eu sou o Senhor, e não há outro; fora de mim não há Deus. Eu te fortalecerei, ainda que não me conheças" (Is 45.5; veja também 45.21; etc.). Jeremias disse: "Mas o Senhor Deus é o verdadeiro Deus; ele mesmo é o Deus vivo, o Rei eterno. Do seu furor treme a terra, e as nações não podem suportar a sua indignação" (Jr 10.10).

No Novo Testamento, novamente a auto-existência eterna de Deus é subentendida: "No princípio era o Verbo, e o Verbo estava com Deus, e o Verbo era Deus. Ele estava no princípio com Deus. Todas as coisas foram feitas por meio dele, e sem ele nada do que foi feito se fez. Nele estava a vida, e a vida era a luz dos homens" (Jo 1.1-4). Paulo argumentou em sua pregação para os atenienses: "Pois nele vivemos, e nos movemos, e existimos" (At 17.28). O apóstolo fez um apelo aos habitantes de Listra, a fim de que reconhecessem a existência do único Deus verdadeiro, pois "não deixou de dar testemunho de si mesmo. Ele mostrou misericórdia, dando-vos chuvas dos céus, e colheita em sua própria estação, enchendo de mantimento e de alegria os vossos corações" (At 14.17). Em Romanos 1.19,20, há o pressuposto de que mesmo os que são maus e rejeitam a Deus podem ser considerados em débito, "visto que o que de Deus se pode conhecer, neles se manifesta, porque Deus lhes manifestou. Pois os atributos invisíveis de Deus, desde a criação do mundo, tanto o seu eterno poder, como a sua divindade, se entendem, e claramente se vêem pelas coisas que foram criadas, de modo que eles são inescusáveis".

Como em João 1, mencionado anteriormente, é no Novo Testamento que aprendemos sobre Jesus e começamos a entender mais sobre o próprio Deus, sua preexistência e sua auto-existência. Colossenses 1.17 descreve a preexistência de Cristo como "a imagem do Deus invisível, o primogênito de toda a criação" (Cl 1.15). Tanto Deus, o Pai, como Jesus são considerados eternos em sua existência: "Eu sou o Alfa e o Ômega, o princípio e o fim, diz o Senhor, aquele que é, que era e que há de vir, o Todo-poderoso" (Ap 1.8; 11.15, 17; 2 Pe 3.8). Hebreus 13.8 também fala de Jesus: "Jesus Cristo é o mesmo ontem, hoje, e eternamente".

O Deus criador

A auto-existência de Deus, bem como sua eternidade, também são sinalizadas na criação, a qual Ele fez do "*ex nihilo*" (a partir do nada; veja Gn 1; Rm 4.17; Hb 11.3). A Bíblia não admite a idéia do *nada* existindo lado a lado com o Senhor através da eternidade. Não há ensino, por exemplo, de que a matéria sempre existiu, ou que o mal sempre permaneceu como uma alternativa ao lado de Deus. O Todo-poderoso sempre existiu e sempre existirá; Ele é o Criador. O que existe traz outras coisas à existência. O racionalismo pode argumentar que, se algo existe, deve ter o poder da auto-existência dentro de si. A Bíblia mostra que o ser que auto-existe é Deus e somente Ele é o Senhor. Porque Deus existe, a vida veio à existência e surgiu a criação. No Senhor há vida e luz. Somente Ele tem a vida em si mesmo e habita na luz e na glória eternamente.

O ato de Deus na criação é descrito em muitos lugares da Bíblia. De maneira notável, Gênesis 1 e 2 descrevem a Palavra de Deus que traz tudo o que conhecemos à existência. Esses capítulos demonstram claramente que o Senhor já existia antes da criação e foi por meio de sua palavra e seu poder que o mundo veio à existência. Também revelam que Deus não iniciou simplesmente o processo e o concluiu, ou ainda não o concluiu, com o que conhecemos neste mundo hoje. Ele interferiu ativa-

DEUS

mente, várias vezes, para criar a luz, o sol, a lua, a água, a vegetação, os peixes, os mamíferos, os pássaros e a humanidade. Em Gênesis 1, essa obra ativa de Deus durante todo o período da criação pode ser notada nas duas frases: "E disse Deus: Haja..." e "E viu Deus que isso era bom". Em Gênesis 2, a obra e as palavras do "Senhor Deus" são mencionadas repetidamente. O Salmo 33.4-9 personaliza a "palavra de Deus" como a que criou e "é reta e verdadeira; todas as suas obras são fiéis... Pela palavra do Senhor foram feitos os céus... Tema toda a terra ao Senhor... Pois ele falou, e tudo se fez; mandou, e logo tudo apareceu". Jeremias afirma: "Pois ele (o Senhor) é o criador de todas as coisas, e Israel é a tribo da sua herança; Senhor dos Exércitos é o seu nome" (Jr 10.16; 51.19; veja também Jó 26.7; Sl 102.25; 104.24; Ne 9.6; etc.).

No NT, o escritor da carta aos Hebreus lembra os crentes que "pela fé entendemos que os mundos foram criados pela palavra de Deus, de maneira que o visível não foi feito do que se vê" (Hb 11.3). Louvor e adoração são devidos a Deus, o Pai, e a Jesus, a Palavra de Deus, pela criação e pelo seu contínuo sustento de todas as coisas criadas. Desde que a criação deriva sua vida e existência do próprio Deus, se o Senhor não a sustentasse, ela deixaria de existir (Ap 4.11; Jo 1.1-3; 1 Co 8.6; Cl 1.16,17; Hb 1.2; 2 Pe 3.5; etc.).

Essa obra da criação, a qual necessita do poder sustentador do Senhor, proporciona a evidência da soberania e do poder de Deus sobre todas as coisas. Ele está presente em todos os lugares, a fim de sustentar e vigiar sua criação, realizar sua justiça, amor e misericórdia, trazer à existência e destruir, de acordo com sua vontade e seus propósitos. A doxologia de Romanos 11.33-36 oferece a resposta adequada do crente na presença do Deus criador, sustentador e que existe por si: "Porque dele e por ele e para ele são todas as coisas. Glória, pois, a ele eternamente. Amém" (v.36).

O Deus pessoal

O Criador do Universo e de todas as coisas, que sustém o mundo e todas as pessoas, revela-se a si mesmo como um "Deus pessoal". A palavra "pessoal" não é aplicada a Ele em nenhum outro lugar da Bíblia e é difícil nossas mentes finitas assimilarem o que essa expressão "pessoal" significa, ao referir-se ao Senhor. Ainda assim, é dessa maneira que Ele é consistentemente revelado. Deus é um ser auto-existente e autoconsciente. Qualidades que indicam um ser pessoal podem ser atribuídas a Deus. Ele é apresentado como possuidor de liberdade, vontade e propósitos. Quando colocamos esses fatores na forma negativa, o Senhor nunca é descrito nas Escrituras da maneira que as pessoas o apresentam hoje, como uma energia ou uma força sempre presente. Deus revela a si mesmo como um ser pessoal no relacionamento entre Pai, Filho e Espírito Santo (veja mais sobre a Trindade neste próprio verbete) e em seu desejo de que seu povo tenha um relacionamento real com o "Deus vivo". Sua "personalidade", é claro, é Espírito e, portanto, não está limitada da mesma maneira que a humana. Porque é pessoal, entretanto, seu povo pode experimentar um relacionamento genuíno e pessoal com Ele. Deus, por ser bom, "ama" seu povo e "fala" com ele. O Senhor dirige os seus e cuida deles. O Salmo 147.10,11 dá alguns sentimentos de Deus, como um ser pessoal: "Não se deleita na força do cavalo, nem se compraz na agilidade do homem. O Senhor se agrada dos que o temem, e dos que esperam no seu constante amor" (veja também Sl 94.9,10). Efésios 1.9-11 mostra como a vontade e os propósitos de Deus são especialmente colocados à disposição dos que Ele "escolheu", aos quais ele "ama". O Senhor é aquele que conhece seu povo (1 Co 8.3) e pode ser chamado de "Pai" pelos que vivem por ele (v.6). A revelação de Deus em Jesus nova-

DEUS

mente mostra como Ele é um Deus "pessoal", tanto no relacionamento de Cristo e do Pai (como o Filho faz a vontade do Pai e fala as suas palavras), como na maneira pela qual o Pai mostrou seu amor pelo mundo, quando deu "o seu Filho unigênito, para que todo aquele que nele crê não pereça, mas tenha a vida eterna" (Jo 3.16; 14.15-31; 15.9,10; etc.).

O Deus providencial

Já que Deus é eterno, auto-existente e o Criador do Universo, não é de admirar que um dos temas mais freqüentes na Bíblia refira-se à soberana providência do Senhor. Deus é visto como o rei do Universo, o que fala e tudo acontece, que julga e as pessoas morrem, que mostra seu amor e traz salvação. Ele é o Senhor (veja *Senhor*) que controla o mundo e exige obediência. Busca os que farão parte de seu povo. É neste cuidado providencial por seu mundo e seu povo que mais freqüentemente descobrimos na Bíblia os grandes atributos divinos de sabedoria, justiça e bondade. Aqui vemos também sua verdade e seu poder. As Escrituras declaram que Deus tem o controle total sobre tudo, ou seja, sobre as pessoas, os governos, etc. Ele é chamado de Rei, pois estabelece reinos sobre a Terra e destrói-os, de acordo com seu desejo. Sua soberania é tão grande, bem como sua providência, em garantir que sua vontade seja realizada, que mesmo o mal pode ser revertido e usado pelo Senhor, para realizar seus bons propósitos.

Os escritores da Bíblia demonstram com convicção que Deus governa sobre toda a criação; assim, os conceitos do *destino* e do *acaso* são banidos. À guisa de exemplo, uma boa colheita não acontece por acaso, mas é providenciada pelo Senhor. É Deus quem promete: "Enquanto a terra durar, não deixará de haver sementeira e ceifa, frio e calor, verão e inverno, dia e noite" (Gn 8.22). Por outro lado, o Senhor mantém tal controle sobre a criação que pode suspender a colheita dos que vivem no pecado ou se rebelam contra Ele (Is 5.10). Nos dias do rei Acabe, de Israel, Deus suspendeu a chuva e o orvalho, por meio de "sua palavra", como castigo sobre o monarca e o povo (1 Rs 17.1). A fome foi extremamente severa, mas a providência particular e amorosa do Senhor por seu povo fez com que suprisse as necessidades do profeta Elias de maneira miraculosa (1 Rs 17 e 18).

A Bíblia preocupa-se muito em mostrar a providência de Deus, que pode ser vista no seu relacionamento com seu povo (veja 2 Cr 16.9). Paulo fala sobre isso quando diz: "Sabemos que todas as coisas concorrem para o bem daqueles que amam a Deus, daqueles que são chamados segundo o seu propósito" (Rm 8.28). Aqui vemos que não somente o cuidado soberano do Senhor sempre é feito segundo a sua vontade e seu propósito, mas também que esse desejo preocupa-se especialmente com seu povo, mediante o cuidado e a proteção. O poder de Deus é tão grande que em *"todas as coisas"* Ele trabalha para atingir seus fins. Tal entendimento da providência do Senhor leva à conclusão inevitável de que mesmo o que começou por meio do mal, ou emanado de nossos próprios desejos pecaminosos, pode ser revertido por Deus, enquanto Ele trabalha incessantemente para completar e realizar sua vontade. Essa fé e confiança no cuidado providencial do Senhor não eram conceitos novos nos dias de Paulo. Quando José foi capturado por seus irmãos e vendido como escravo para o Egito, não foi o acaso que finalmente o levou a ser governador egípcio, num momento em que o povo de Deus precisava ser preservado da fome terrível. Tudo foi parte da vontade do Senhor. Posteriormente, ao discutir o assunto com seus irmãos amedrontados, José disse: "Vós, na verdade, intentastes o mal contra mim, porém Deus o

DEUS

tornou em bem, para fazer como se vê neste dia, para conservar muita gente com vida" (Gn 50.20). O cuidado providencial de Deus por Jó, quando Satanás desejava atacá-lo e destruí-lo, também é uma prova do poder soberano do Senhor, mesmo sobre o mundo dos espíritos, inclusive Satanás (Jó 1 e 2). Deus até mesmo controlou as ações do rei da Pérsia em favor de seu povo (Is 44.28; 45.1-7).

Em nenhum outro contexto o cuidado providencial de Deus pode ser visto com tanta clareza como na provisão da salvação para o seu povo, por meio da morte expiatória de Jesus Cristo. A ação mais perversa de Satanás e o mais terrível de todos os pecados cometidos pelos seres humanos levaram à crucificação do Filho de Deus. Isso, porém, fora determinado pela vontade de Deus, e Ele reverteu aquele ato terrível para proporcionar expiação a todo aquele que se voltar para o Senhor (At 2.23,24). Esse desejo de Deus foi realizado "segundo as Escrituras". Certamente o Senhor freqüentemente é visto agindo de maneira providencial e com poder soberano, de acordo com sua Palavra (Rm 5.6; 1 Co 15.3; 2 Co 5.15).

A providência do Senhor também é vista na maneira como chama as pessoas para si. Toda a Trindade está envolvida nesta obra de atrair e cuidar do povo de Deus (Jo 17.11,12, 24; Ef 1.3-14; Cl 1.12-14; etc.). A reflexão sobre a soberania do Senhor sobre tudo, seu poder total de realizar o que sua vontade determina, sua providência na natureza, na humanidade de modo geral e especialmente em relações aos redimidos, nos leva novamente a louvá-lo e bendizê-lo (Sl 139.13-16; 145.1, 13-16; 1 Pe 5.7; Sl 103).

O Deus justo

A Bíblia mostra-nos um Senhor "justo". Isso faz parte de sua natureza e tem que ver com sua verdade, justiça e bondade. Em termos práticos, o reconhecimento da justiça de Deus nas Escrituras permite que as pessoas confiem em que sua vontade é justa e boa e podem confiar nele para tomar a decisão ou a ação mais justa. Ele é justo como Juiz do mundo e também na demonstração de sua misericórdia. Mais do que isso, sua vontade eterna é inteiramente justa, íntegra e boa. É uma alegria para homens e mulheres pecadores saberem que podem voltar-se para um Deus justo e receber misericórdia. É motivo de temor para os que se rebelam que o justo Juiz julgará e condenará.

O povo de Deus ("o povo justo", formado pelos que foram perdoados por Deus) freqüentemente apela para sua justiça. Por exemplo, o salmista orou, para pedir misericórdia ao Senhor, quando parecia que as pessoas más prevaleciam. Achou estranho que os perversos prosperassem quando o "justo" padecia tanto sofrimento. Portanto, apelou para a justiça de Deus, para uma resposta ao seu dilema: "Tenha fim a malícia dos ímpios, mas estabeleça-se o justo. Pois tu, ó justo Deus, sondas as mentes e os corações" (Sl 7.9, 11). "Responde-me quando clamo, ó Deus da minha retidão. Na angústia dá-me alívio; tem misericórdia de mim e ouve a minha oração" (Sl 4.1; 129.4; 2 Ts 1.6). É mediante sua justiça que Deus mostra misericórdia ao seu povo (Sl 116.4-6; 37.39).

Por vezes, entretanto, o povo de Deus tentou questionar o Senhor, quando parecia que Ele não os ajudava, ou estava do lado de outras nações. A resposta de Deus era que, se o Senhor lhes parecia injusto, é porque eles haviam-se entregado à incredulidade e ao pecado. As ações do Senhor são sempre justas, mesmo quando resultam em juízo sobre seu próprio povo. Veja, por exemplo, Ezequiel 18.25 (também v. 29): "Dizeis, porém: O caminho do Senhor não é justo. Ouvi agora, ó casa de Israel: Não é o meu caminho justo? Não são os vossos caminhos injustos?".

Deus pode ser visto como justo em tudo o que faz. Isso se reflete em sua Lei, a qual é repetidamente definida como "justa" (Sl 119; Rm 7.12). Deuteronômio 32.4 resume

141

DEUS

a justiça do Senhor desta maneira: "Ele é a Rocha, cuja obra é perfeita, e todos os seus caminhos são justiça. Deus é a verdade, e não há nele injustiça. Ele é justo e reto".

Enquanto o povo de Deus ora, vê a justiça divina em seus atos de misericórdia e socorro para com eles e em seu juízo sobre os inimigos; assim, reconhecem que a justiça do Senhor permite que Ele traga disciplina sobre eles, quando pecam. Em 2 Crônicas 12, o rei Roboão e os líderes de Israel finalmente foram obrigados a admitir que, por causa do pecado e da rebelião deles contra Deus, Faraó Sisaque teve permissão para atacar Judá e chegar até Jerusalém. Deus os poupou da destruição somente quando se humilharam e reconheceram: "O Senhor é justo" (v. 6). Na época do exílio babilônico, os líderes tornaram-se particularmente conscientes deste aspecto da justiça de Deus. Daniel expressou dessa maneira: "Por isso, o Senhor vigiou sobre o mal, e o trouxe sobre nós, porque justo é o Senhor, nosso Deus, em todas as obras que faz; contudo, não obedecemos à sua voz" (Dn 9.14; veja também Ed 9.15).

Os profetas olhavam adiante para ver a revelação da justiça de Deus no futuro reino do Messias: "Vêm dias, diz o Senhor, em que levantarei a Davi um Renovo justo, um rei que reinará e prosperará, e praticará o juízo e a justiça na terra" (Jr 23.5; Is 9.7; 11.4; etc. veja Lc 1.75; At 22.14). Paulo falou sobre a obra de Cristo em termos da revelação da justiça de Deus. Na morte de Jesus, pode-se ver o juízo do Senhor sobre o pecado e a manifestação de seu amor e misericórdia sobre os que são perdoados. Deus não comprometeu nem sua justiça que exige a morte pelo pecado, nem sua aliança de amor para com o seu povo, que promete perdão e misericórdia. Desta maneira, o Senhor permanece justo e íntegro na salvação (Rm 1.17; 2.5,6; 3.5, 20-26; etc.).

Ao falar sobre os últimos dias e o retorno de Cristo, quando Deus vindicará seu nome diante de todo o mundo, inclusive os ímpios, será sua justiça que uma vez mais será notada e levará seu povo, que está ansioso por essa revelação, a louvá-lo (Ap 15.3; 16.7).

O Deus amoroso

É justo que haja uma seção separada sobre este atributo, o mais maravilhoso do Senhor da Bíblia, ainda que tradicionalmente o amor de Deus seja visto como um aspecto de sua "bondade". Várias vezes as Escrituras dizem que o Senhor "ama" ou mostra "amor" à sua criação, especialmente para o seu povo. É parte da natureza de Deus, pois ele é "bom" e é "amor". O Senhor faz o que é bom (2 Sm 10.12; 1 Cr 19.13; Sl 119.68), porém, mais do que isso, ele é bom. Em outras palavras, a bondade é tão parte dele e de seu ser que o salmista disse: "Pois o teu nome é bom" (Sl 52.9; 54.6; este vocábulo "nome" refere-se a todo o caráter do próprio Deus). Jesus disse: "Ninguém há bom, senão um, que é Deus" (Lc 18.19). Assim, se alguém deseja saber o que significa bondade e amor, deve olhar para o Senhor. 1 João 4.8,16 diz: " Aquele que não ama não conhece a Deus, porque Deus é amor... E nós conhecemos, e cremos no amor que Deus tem por nós. Deus é amor. Quem está em amor está em Deus, e Deus nele".

Deus é a fonte da bondade. Tiago 1.17 diz: "Toda boa dádiva e todo dom perfeito é do alto, descendo do Pai das luzes, em quem não há mudança nem sombra de variação". O texto não só mostra que o Senhor é a fonte daquilo que é bom, como ensina que Deus é sempre bom. Não existe um lado "sombrio" no Senhor, nenhuma base para a visão oriental de que o bem e o mal existem lado a lado, e *juntos* formam algo chamado "deus".

A bondade de Deus, tão freqüentemente chamada de seu "amor", é vista de muitas maneiras neste mundo. É evidente que no universo é algo generalizado, ou na

142

DEUS

manutenção da própria vida, da justiça, da ordem na criação, ou mesmo na provisão da luz do Sol e da chuva, do tempo de semear e de colher (Sl 33.5; Mt 5.45; At 17.25).

Sua bondade, entretanto, é mais evidente em seu amor e fidelidade para com seu povo, a quem Ele protege, cuida e livra do juízo. Seu amor fiel por seu povo às vezes é chamado de "aliança de amor" ou "amor fiel", pois Deus prometeu amar seu povo para sempre. Os israelitas repetidamente louvavam ao Senhor por seu amor eterno, extraordinário e não merecido, demonstrado através de toda a história de Israel (1 Cr 16.34; 2 Cr 5.13; 7.3; Ed 3.11; Sl 118.1, 29; Jr 33.11). É digno de nota como os vocábulos "bom" e "amor" aparecem juntos de maneira tão freqüente, quando aplicados a Deus.

Os que buscam a Deus experimentam sua bondade e amor, pois encontram sua salvação (Lm 3.25). O seu povo o louva acima de tudo pelo amor demonstrado em sua misericórdia e perdão dos pecados. Foi para a bondade do Senhor que o rei Ezequias apelou, quando pediu perdão pelo povo de Israel, que adorava a Deus sem ter passado pelo ritual da purificação. "Ezequias, porém, orou por eles, dizendo: O Senhor, que é bom, perdoe a todo aquele que dispôs o coração para buscar o Senhor..." (2 Cr 30.18; Nm 14.19). O próprio Deus, ao falar por meio do profeta Oséias, adverte, a respeito da contínua rebelião do povo: "eu não tornarei mais a compadecer-me da casa de Israel, mas tudo lhe tirarei" (Os 1.6).

A salvação de Deus para seu povo é sua mais profunda e fantástica demonstração de bondade e amor. Jesus foi oferecido pelo Pai como sacrifício pelo pecado de todo o que crê. Talvez o mais famoso versículo da Bíblia, João 3.16, expresse o sentimento desse dom de Deus: "Porque Deus amou o mundo de tal maneira que deu o seu Filho unigênito, para que todo aquele que nele crê não pereça, mas tenha a vida eterna". O dom é ainda mais extraordinário, pois "Deus prova o seu amor para conosco, em que Cristo morreu por nós, sendo nós ainda pecadores" (Rm 5.8; Tt 3.4; 1 Jo 3.16). O povo de Deus sabe que não merece este sacrifício. A natureza do amor divino, dado a pessoas que não são merecedoras, freqüentemente é expressa por meio do vocábulo "graça".

O amor de Deus também é visto por seu povo na maneira como Ele dá o seu Espírito Santo, de tal forma que todos possam conhecê-lo e responder-lhe em amor (Rm 5.5). Eles também experimentam o amor divino em seu cuidado providencial. Isso pode significar que o amor será em forma de disciplina (Ap 3.19), mas também representa o fato de que "todas as coisas" cooperam para o bem do povo de Deus, dos que são chamados segundo o seu propósito. Nada poderá separá-los do amor de Deus e de Cristo (Rm 8.28, 35, 39; veja a seção anterior "O Deus providencial"). Ao meditar sobre sua graça a favor de todos, para os levar à salvação, eles o louvam pela maneira como os escolheu e os predestinou para serem filhos de adoção por Jesus Cristo, para si mesmo, segundo o beneplácito da sua vontade (Ef 1.4-6; 1 Jo 3.1). Essa grande obra de salvação é feita "segundo o seu beneplácito que propusera em Cristo" (v. 9).

"Mas Deus, que é riquíssimo em misericórdia, pelo seu muito amor com que nos amou, estando nós ainda mortos em nossos delitos, nos vivificou juntamente com Cristo (pela graça sois salvos)" (Ef 2.4,5). O problema é como uma mente humana pode assimilar a profundidade desse amor, pois "excede todo o entendimento" (Ef 3.18,19).

O Deus salvador

O amor de Deus é visto proeminentemente em sua salvação por meio de Jesus ("Jesus" significa "o Senhor salva"; veja *Jesus*). O Senhor é corretamente descrito como "Deus salvador". A Bíblia ensina que toda a humanidade é pecadora e necessita de redenção, que só é efetivada pela ação salvadora de Deus. O AT refere-se ao Senhor

DEUS

como "Libertador", "Redentor" e "Salvador", tanto da nação como dos indivíduos. Ambos necessitam de perdão, se não querem receber juízo. Uma lição necessária à compreensão de todas as pessoas é que somente Deus é Todo-poderoso, soberano e justo; portanto, o único que pode salvar: "E não há outro Deus senão eu, Deus justo e Salvador não há além de mim" (Is 45.21; 43.11). Às vezes, o povo de Israel voltava-se para outras nações em busca de proteção e salvação; essa atitude, entretanto, invariavelmente falhava, ao passo que o Senhor ensinava que somente Ele era o Salvador (Dt 32.15-24; 1 Cr 16.34-36; Is 17.10).

A promessa que Deus faz ao seu povo é que "quando clamarem ao Senhor, por causa dos opressores, ele lhes enviará um salvador e um defender, que os livrará" (Is 19.20; 43.3; 45.15). Os homens e mulheres fiéis, mencionados no AT, todos conheceram a atividade salvadora e libertadora de Deus, tanto nas batalhas como no perdão dos pecados. O êxodo do Egito tornou-se o grande evento na história de Israel, que ofereceu às gerações futuras um memorial e uma ilustração da salvação e redenção operadas pelo Senhor. Deus redimiu seu povo do Egito porque o amava: "Mas porque o Senhor vos amava, e para guardar o juramento que fizera a vossos pais, o Senhor vos tirou com mão forte, e vos resgatou da casa da servidão, da mão de Faraó, rei do Egito" (Dt 7.8).

Aquele acontecimento histórico proporcionou às gerações futuras uma evidência de que Deus tem o poder para salvar e libertar; essa verdade tornou-se a base em que podiam apelar para o Senhor salvá-los e livrá-los novamente em outras situações adversas (Êx 6.6; Dt 9.26; Sl 106.10). A libertação do Egito, porém, proporcionou também uma advertência, que mostra os acontecimentos no deserto para os que "esqueceram seu Deus": "Pondo-os ele à morte, então o procuravam; voltavam, e de madrugada buscavam a Deus. Lembravam-se de que Deus era a sua rocha, de que o Deus Altíssimo era o seu Redentor" (Sl 78.34,35; veja também 1 Cr 10.1-12). O próprio Deus mostrou a sua obra salvadora, ao levá-los do Egito para Canaã, e esperava fidelidade e serviço do seu povo redimido (Dt 13.5; 15.15; 24.18; Os 13.4).

Assim como precisavam de uma redenção física e libertação, os israelitas necessitavam também de perdão dos pecados; nisto também o Senhor provou ser o Salvador e Redentor do seu povo. Louvavam o seu nome pelo seu perdão e sabiam que podiam submeter-se à justiça de Deus e que Ele os salvaria (Dt 21.8; Sl 31.5; 34.22; 44.26; Is 54.5; 59.20).

Os profetas olhavam para o futuro, para o dia em que um Salvador e Redentor viria para o povo de Deus: "O Redentor virá a Sião e aos que se desviarem da transgressão em Jacó, diz o Senhor" (Is 59.20). Isaías olhava adiante, para o dia do advento do Messias, quando o povo o louvaria: "Graças te dou, ó Senhor. Ainda que te iraste contra mim, a tua ira se retirou, e tu me consolaste. Certamente Deus é a minha salvação; confiarei e não temerei. O Senhor Deus é a minha força e o meu cântico; ele se tornou a minha salvação. Vós com alegria tirareis águas das fontes da salvação" (Is 12.1-3; veja Jr 23.6; Zc 9.9).

Jesus foi o cumprimento de tais promessas. Ele era o Deus Salvador que veio à Terra para salvar e redimir. Quando seu nascimento foi anunciado, sua atividade salvadora e redentora imediatamente dominou as palavras dos anjos, de Zacarias e de Maria. As profecias concernentes à salvação do povo de Deus, com o advento do rei da linhagem de Davi, são anexadas às promessas do perdão de pecados e salvação do juízo de Deus. Toda a "história da salvação", como alguns a têm chamado, chega ao seu grande clímax com o advento daquele que seria chamado de "Jesus, porque ele salvará o seu povo dos pecados deles" (Mt 1.21; Lc 1.46,47, 68-75; 2.11, 30-32, 38; etc.).

144

DEUS

O Deus salvador é revelado plenamente em Jesus. Nele, e em ninguém mais, há salvação (Lc 3.6; 19.9,10; At 4.12; Hb 2.10). De fato, os vocábulos "salvar" e "salvação" referem-se a toda a obra salvadora de Cristo, desde sua encarnação, morte e ressurreição, até sua glorificação. Sua obra salvadora é considerada como um acontecimento realizado em três tempos: passado (na cruz, quando os crentes foram "justificados"; Rm 5.1; 8.24; Ef 2.8; 2 Tm 1.9); presente (com a operação progressiva do Espírito Santo na vida do crente, no processo de *santificação*, 1 Co 1.18; 2 Co 2.15) e futuro (no dia do julgamento, quando os crentes serão salvos da justa ira de Deus e serão *glorificados*; Rm 5.9,10).

A meditação sobre quem é o Senhor sempre tem levado à doxologia; assim, Judas 25 expressa o louvor a Deus como Salvador, por meio de Jesus Cristo: "Ao único Deus, nosso Salvador, por Jesus Cristo nosso Senhor, glória, majestade, domínio e poder, antes de todos os séculos, agora e para todo o sempre. Amém".

O Deus Pai

Conforme já vimos, Deus é bom e é amor; portanto, é também "Pai". Ele é a fonte de todas as coisas e, nesse sentido, é Pai. É o Pai da criação de Israel — o povo da sua aliança e dos cristãos. Acima de tudo, ele é o Pai de seu único Filho Jesus Cristo. Numa época em que muitas vezes se pergunta se o Senhor realmente deveria ser chamado de "Pai", pois isso pode parecer uma postura "machista", é importante notar novamente que Deus é Espírito. Portanto, é totalmente errado descrevê-lo como masculino ou feminino. De fato, lemos sobre o Pai como o Deus "que te gerou" (Dt 32.18) — o que dificilmente seria considerada como uma ação masculina! A paternidade humana deriva de Deus e não vice-versa. Chamar Deus de "Pai" sem dúvida é correto do ponto de vista bíblico e, devidamente entendido, tem muito a dizer para corrigir os muitos abusos que são presenciados atualmente, cometidos pelos pais humanos.

Primeiro, Deus é ocasionalmente referido, num sentido genérico, como Pai de todas as pessoas, pois elas são geradas por Ele (Ml 2.10; At 17.28,29; Hb 12.9). *Segundo*, a paternidade de Deus sobre Israel é mencionada ou subentendida. Como Pai, o Senhor tem o direito de ser obedecido. Deuteronômio 32.5,6 dá alguma indicação desse relacionamento: "Corromperam-se conta ele; já não são seus filhos, e isso é a sua mancha, geração perversa e depravada é. É assim que recompensas ao Senhor, povo louco e ignorante? Não é ele teu Pai, que te adquiriu, que te fez e te estabeleceu?" É o relacionamento pactual com seu povo que está especialmente em destaque aqui. O Senhor toma (cria) Israel, ao fazer dele o seu povo peculiar e ao adotá-lo amorosamente como pai, na esperança de receber de volta amor e obediência (Ml 1.6). Deus adverte Israel de que será rejeitado, se porventura desprezar seu Pai (v. 18). Assim, Israel é o seu "filho primogênito" e, se obedecer, receberá a proteção do Senhor. Por exemplo, Deus exige de Faraó: "Israel é meu filho, meu primogênito. Deixa ir o meu filho" (Êx 4.22,23; Os 11.1).

O fato de Deus apresentar-se como Pai de Israel significa que tem o direito de esperar em resposta uma sincera comunhão com o filho. Lamentavelmente, na maior parte do tempo, encontrou um povo rebelde. Deus diz em Isaías 1.2: "Criei filhos, e os engrandeci, mas eles estão revoltados contra mim". Tanto este profeta como Jeremias, entretanto, olham para o futuro, para um tempo em que o Senhor será o Pai de um filho que corresponde. Deus então mostrará a Israel seu cuidado e seu amor: "Guiá-los-ei aos ribeiros de águas, por caminho reto em que não tropeçarão, porque sou um

DEUS

pai para Israel, e Efraim é o meu primogênito" (Jr 31.9). Um filho humilde admitirá que o Pai tem direitos: "Mas agora, ó Senhor, tu és o nosso Pai. Nós somos o barro, tu és o nosso oleiro; somos todos obra das tuas mãos. Não te enfureças tanto, ó Senhor, nem perpetuamente te lembres da iniqüidade. Olha, nós te pedimos, todos nós somos o teu povo" (Is 64.8,9; veja também 45.10,11; 63.16). Como Pai e Deus da Aliança, quando seu filho chamar, ele responderá: "Ele me invocará, dizendo: Tu és meu pai, meu Deus, a rocha da minha salvação... O meu amor lhe manterei para sempre, e a minha aliança lhe será firme" (Sl 89.26-28).

Deus também é o Pai do rei de Israel, de uma maneira especial, pois ele representa o povo. A aliança que o Senhor fez com o rei Davi estabeleceu que Deus seria o "Pai" dos descendentes dele: "Eu serei seu Pai e ele será meu filho". O salmista destaca esse tema. Por exemplo, o Salmo 2.7 diz: "Proclamarei o decreto do Senhor: Ele me disse: Tu és meu Filho, eu hoje te gerei" (veja também Sl 89.26,27). Posteriormente, essas passagens sobre o filho assumiram um significado messiânico, quando as pessoas olhavam para o futuro, para o advento do rei ungido da linhagem de Davi. De fato, mais tarde foram aplicadas a Jesus Cristo (At 13.33; Hb 1.5).

Deus é "Pai" unicamente de Jesus, o qual é descrito como "o Filho unigênito de Deus" (veja *Jesus*). Esta filiação está relacionada ao seu nascimento virginal (Lc 1.35), mas essa não é a única origem. O Pai anuncia claramente a condição de Jesus, em seu batismo: "Então ouviu-se esta voz dos céus: Tu és o meu Filho amado em quem me comprazo" (Mc 1.11). Isso, porém, serviu apenas para confirmar publicamente o que já era verdade. De fato, o NT indica uma comunhão permanente entre o Deus Pai, como "pai"; e o Deus Filho, como "filho". Esse relacionamento eterno é indicado em João 1.18: "Ninguém nunca viu a Deus, mas o Deus unigênito, que está ao lado do Pai, é quem o revelou". Em João 17 Jesus dirige-se a Deus como "Pai" e olha para o futuro, quando receberá novamente "a glória que me deste, porque me amaste antes da criação do mundo" (vv. 24,25; 1 Jo 4.9).

O acesso a Deus como "Pai" só é possível por meio de Cristo: "Ninguém vem ao Pai, senão por mim", disse Jesus (Jo 14.6). Isso também aponta o caminho para a filiação a Deus para todos os cristãos.

Deus como Pai de todos os cristãos é o complemento de sua paternidade a ser mencionada aqui. O Senhor é o Pai de todo o que tem fé em Cristo. Parte da plenitude da salvação, aplicada aos crentes pelo Espírito Santo, é a condição de "adoção" de filhos (Rm 8.23; Ef 1.5), mediante a qual podem utilizar o nome mais pessoal de "*Aba*" (Papai), ao dirigir-se a Deus (Rm 8.14-17; Gl 4.6). É importante notar que em ambos os textos a "filiação" também está intimamente ligada à herança. Assim como Jesus, o Filho, é herdeiro da glória de Deus, Paulo diz que os filhos adotados são "co-herdeiros de Cristo, se é certo que com ele padecemos, para que também com ele sejamos glorificados" (Rm 8.17). É possível para todo o que crê em Cristo conhecer o Pai (Gl 3.26), pois Jesus lhes revela (Jo 14.6-9). Cristo mostrou o Pai ao mundo: "Não crês tu que eu estou no Pai, e que o Pai está em mim? As palavras que eu vos digo, não as digo por mim mesmo. Antes, é o Pai que está em mim quem faz as obras" (v.10).

Novamente, a única resposta apropriada por parte do cristão, diante da idéia de ser feito filho de Deus, é o louvor: "Vede quão grande amor nos concedeu o Pai, que fôssemos chamados filhos de Deus. E somos mesmo seus filhos! O mundo não nos conhece porque não o conheceu. Amados, agora somos filhos de Deus, e ainda não se manifestou o que havemos de ser. Mas sabemos que, quando ele se manifestar, seremos semelhantes a ele, porque assim como é, o veremos" (1 Jo 3.1,2).

DEUS

Os nomes de Deus

Enquanto nas modernas culturas ocidentais o nome realmente só é usado para distinguir uma pessoa de outra, os registrados na Bíblia são utilizados para representar totalmente a pessoa ou indicar aspectos de seu caráter ou de seu objetivo na vida (veja seção *Os nomes e seus significados* na *Introdução*). Em nenhum outro lugar isso pode ser visto mais claramente do que na expressão "nome do Senhor", que ocorre aproximadamente 100 vezes nas Escrituras. É uma frase que sintetiza o que nunca pode ser totalmente resumido — ou seja, o próprio Deus.

O Nome. Quando Gênesis 4.26 diz: "Foi nesse tempo que os homens começaram a invocar o nome do Senhor", não quer dizer simplesmente que as pessoas aprenderam a usar o nome "Senhor". O texto indica que elas começaram a adorar ao Senhor por tudo o que Ele é. Quando a Lei diz: "Não tomarás o nome do Senhor teu Deus em vão, pois o Senhor não terá por inocente o que tomar o seu nome em vão" (Êx 20.7), claramente tem em mente mais do que as ocasionais expressões irreverentes (embora, é claro, sua proibição esteja incluída no mandamento). A lei afirma que o próprio Senhor não deve ser considerado com desdém. Não pode ser tratado da mesma maneira que os ídolos pagãos, mencionados no mandamento anterior. Jamais deve ser invocado como um poder mágico ou ser referido numa adoração que não é centralizada exclusivamente nele.

Assim, uma referência ao "Nome" do Senhor leva consigo uma indicação da própria natureza de Deus. Em Êxodo 23.20, o "Nome" de Deus está presente no anjo enviado para liderar o povo de Israel. Também é correto concluir que tal ser trata-se de uma "teofania", por meio da qual o Senhor de alguma maneira era experimentado ou visto na presença do anjo (veja *Teofanias*).

Quando a Bíblia fala em "invocar" o nome de Deus, geralmente é num contexto de exortação para se adorar ao Senhor totalmente, em toda a vida e vê-lo como o Deus soberano e transcendente que é: pessoal, amoroso e fiel, que está presente em todas as áreas de seu domínio (2 Rs 5.11; Sl 17.7; Jl 2.32; Sf 3.9).

Fazer alguma coisa no "nome do Senhor" é realizar algo no lugar do próprio Deus ou fazer com todo o endosso de sua presença e em obediência à sua ordem. Dessa maneira, os sacerdotes e levitas ministravam "no nome do Senhor" e os profetas falavam "no nome do Senhor"; não que eles alegassem ser Deus, mas isso significava que falavam e operavam com sua total autoridade e poder por trás deles. Até o mesmo o rei Davi lutou "em nome do Senhor" (Dt 18.17, 22; 21.5; 1 Sm 17.45; 1 Rs 18.24; etc.). Quando os israelitas desejavam afirmar a presença de Deus com a Arca da Aliança, faziam isso mediante a invocação do "Nome do Senhor dos Exércitos" (2 Sm 6.2). Salomão falava em construir um Templo "ao nome do Senhor" (1 Rs 8.20). Dessa maneira, o nome é um meio de descrever a plenitude, a transcendência e a presença do próprio Deus.

É interessante notar que no NT o "nome" pertence a Jesus, para lembrar os textos do AT que se referiam a tudo o que Deus é. Se o nome é de Deus e Jesus é chamado pelo "nome", então tudo o que pertence a Deus está em Jesus e tudo o que Deus é, Cristo também é (compare Joel 2.32 com Atos 2.21; Romanos 10.13). Assim como a autoridade e o poder de Deus são vistos em seu "nome", o mesmo acontece com Jesus. É "no nome de Jesus" que as pessoas são desafiadas ao arrependimento, batismo e a receber perdão. A fé precisa ser "no nome de Jesus" (At 2.38; 3.16; 9.21). É "no nome de Jesus" que os apóstolos curavam e a Igreja orava (At 3.6; Tg 5.14).

Em adição a essa maneira abrangente de referir-se à plenitude de Deus, vários nomes específicos são atribuídos ao Senhor na Bíblia e nos ajudam a entendê-lo me-

147

DEUS

lhor. Diferentemente de todos os "nomes", eles enfatizam aspectos da natureza e do caráter de Deus, a fim de afirmar e enriquecer o que já foi mencionado anteriormente.

El, Elohim. Um nome comum usado para o Senhor e geralmente traduzido como "Deus" (Elohim é a forma plural). A raiz deste vocábulo provavelmente significa "poder". Este termo era utilizado em outras culturas e religiões para descrever uma grande divindade. Na Bíblia, porém, o nome é aplicado ao único Deus — "*El Elohe Israel*", [Deus, o Deus de Israel] (Gn 33.20). Nas Escrituras, Ele é o "Deus do céu e da terra" (Gn 24.3); "o Deus de Abraão, Isaque e Jacó"; o "Deus dos hebreus" (Êx 3.18); o "Deus dos deuses"; "Deus da verdade" (Sl 31.5) e, é claro, "Deus da glória" (Sl 29.3).

A forma plural às vezes refere-se a outros deuses, mas também é usada na Bíblia para o único Deus, embora o termo esteja no plural. A forma plural indica a plenitude do Senhor. Ele é totalmente distinto das pessoas criadas, em seu ser (Nm 23.19).

O vocábulo "El" também aparece em formas como "El Shaddai" (Deus Todo-poderoso"; Gn 17.1; Êx 6.3. Para mais detalhes, veja a seção "O Deus de Abraão", no artigo sobre *Abraão*); "El Elyom" (Deus Altíssimo; Dt 32.8; Dn 7.18, 22; etc.); "El Betel" (Deus de Betel; Gn 35.7); e "El Olam" (Deus Eterno; Gn 21.33; veja também Sl 90.2).

Yahweh (o Senhor). O vocábulo *Yahweh*, que geralmente é traduzido como "Senhor", em nossas versões da Bíblia em Português, tem sido corretamente chamado de "o nome da aliança de Deus". Foi por este título que o Deus de Abraão, Isaque e Jacó escolheu revelar-se a Moisés (Êx 6.3). Sem dúvida, os seguidores fiéis do Senhor já o conheciam por este nome antes da revelação da sarça ardente, mas com Moisés há mais revelações da fidelidade de *Yahweh* à aliança e de sua comunhão íntima com seu povo. O nome em si é derivado do verbo hebraico "ser". Moisés imaginou pessoas que lhe perguntariam pelo nome do Deus que lhe apareceu, quando voltasse para seu povo. O Senhor lhe respondeu: "EU SOU O QUE SOU. Disse mais: Assim dirás aos filhos de Israel: EU SOU me enviou a vós" (Êx 3.14; veja v. 15). *Yahweh*, portanto, significa algo como "Ele é" ou talvez "Ele traz à existência".

Como o nome revelado de Deus, o título "Yahweh" trazia uma declaração da existência contínua do Senhor e sua presença permanente com seu povo. Foi Ele quem se apresentou a Moisés e ao povo de Israel através das gerações como o Deus da aliança, o que sempre seria fiel às suas promessas em favor de seu povo. Foi sob este nome que o povo da aliança adorou a Deus. No NT, os cristãos entenderam que o Senhor da aliança era Jesus Cristo e, assim, idéias e atributos do AT que pertenciam a *Yahweh* foram trazidos e aplicados a Jesus. Para uma discussão mais detalhada do grande significado deste nome, veja *Senhor*.

Adonai (Senhor). Com o significado de "Senhor" ou "Mestre", este termo é aplicado a seres humanos em posição de autoridade. Quando relacionado a Deus, entretanto, geralmente é usado junto com o nome *Yahweh*. Isso apresenta algumas dificuldades na tradução. Não é fácil ler a frase "O senhor senhor"! Assim, geralmente traduz-se como "Senhor Deus" (2 Sm 7.28; Is 28.16; 56.8; etc.).

Rocha. A fidelidade, a confiabilidade e a graça salvadora do Deus da aliança são ocasionalmente descritas por meio do epíteto "Rocha" (Dt 32.4, 15, 18; 2 Sm 22.3, 47; Sl 62.7; Hc 1.12; etc.).

Outros nomes. Embora algumas vezes sejam tomados como nomes, muitos outros termos aplicados a Deus são adjetivos. São usados para descrever o Senhor, atribuir louvor ao seu nome e diferenciá-lo dos deuses pagãos. Juízes 6.24 diz que "o Senhor é paz". Outros textos falam sobre Deus como "o Santo" ou "o Santo de Israel", a fim de estabelecer um elo no AT entre a sua santidade e a necessidade de que o seu povo seja santo (Jó 6.10; Pv 9.10; Is 12.6). Deus também é conhecido como o "Rei" (veja *Rei*), o "Senhor Todo-poderoso", "o Senhor é minha Bandeira", entre outros.

Jeová. Este termo é pouco citado nas modernas versões da Bíblia. Deve, contudo, ser mencionado aqui como um nome que ainda sobrevive em algumas traduções. É suficiente dizer que, em hebraico, o termo YHWH aparece e, na maioria das vezes, é traduzido como Senhor, em nossas versões, ou colocam-se vogais e assim lê-se *Yahweh* (o que alguns colaboradores deste volume têm feito). Jeová deriva de uma leitura equivocada de *Yahweh*. O pano de fundo do problema com o nome "Jeová" é explicado no verbete *Senhor*.

A Trindade

O cristianismo tradicionalmente argumenta que muitas evidências bíblicas revelam Deus em três pessoas distintas. Para alguns, tal definição do Senhor tem causado sérios problemas. A história da Igreja é permeada pelo surgimento de seitas que não reconheciam Jesus Cristo como Deus ou que se recusavam a aceitar a visão trinitária do Senhor; outras não viam um dos componentes da Trindade como totalmente Deus, ou negavam que houvesse distinções entre as três pessoas. Outros grupos estão totalmente fora do ensino bíblico e entram efetivamente no mundo do triteísmo, uma noção negada explicitamente na Bíblia, como, por exemplo, na oração da "*Shema*" (Dt 6.4). Embora o termo "trindade" não seja mencionado nas Escrituras, os cristãos sempre creram que somente ele pode fazer justiça à revelação bíblica da "plenitude" de Deus. Começando com o AT, os cristãos apontam indicações que pressagiam um ensino mais detalhado no NT. Muitas passagens conduzem para a pluralidade relacionada com o que é o "único Deus". Muitos textos sugerem uma identificação do Messias que virá com o próprio Deus. Ele será chamado de Deus Poderoso, governará em completa soberania e será eterno — atributos divinos (Is 9.6,7; Sl 2; etc.). Mas indicações também estão presentes na compreensão da própria criação, no AT. Embora algumas pessoas neguem seu significado, é interessante notar que o Senhor refere-se a si mesmo com o termo plural "elohim" em certas passagens. Em Gênesis 1, é Deus quem cria, por meio de sua Palavra e pelo seu Espírito (Gn 1.1-3). Às vezes essa referência no plural parece ainda mais notável, feita de forma explícita com o uso de verbos e pronomes nas pessoas do plural; por exemplo, "Então disse Deus: Façamos o homem à nossa imagem..." (Gn 1.26; 3.22; 11.7; Is 6.8). Existe também uma personalização da "Palavra de Deus" que criou os céus (Sl 33.6). Algo semelhante ocorre em Provérbios 8, onde a sabedoria do Senhor é personalizada como o próprio Deus que opera no mundo, concede vida e envolve-se com a própria criação (principalmente Pv 8.12-21).

Alguns sugerem que "o anjo do Senhor" também deve ser identificado com Deus e ainda assim é distinto dele (Êx 3.2-6; veja também *Anjo do Senhor*). Em Isaías 63.10-14, o Espírito Santo é identificado como Agente de Deus. Esse tipo de evidência espera por sua interpretação mais completa no NT (veja também *Teofanias*).

No NT, aspectos da doutrina da Trindade surgem primeiro quando os discípulos e seguidores de Jesus reconhecem as obras e as palavras de Deus nas atitudes de Jesus. Realmente, o problema dos líderes religiosos daquela época foi justamente que algumas das coisas que Cristo fazia e dizia só seriam feitas e ditas por Deus; portanto, eles alegavam que Jesus blasfemava, ao tentar passar por Deus. Por exemplo, Cristo perdoou os pecados do paralítico, algo que os escribas acreditavam que somente Deus era capaz de fazer; portanto, era uma blasfêmia. Jesus então demonstrou sua autori-

DEUS

dade divina, ao curar o homem completamente (Mt 9.2-6). João 8 é especialmente esclarecedor sobre essa questão e traz uma série de declarações feitas por Jesus. Sua alegação de pertencer a Deus e ser enviado por Ele (vv. 14, 23), de partir para um lugar desconhecido dos líderes religiosos (v. 14), intimamente combinada com o uso da expressão "Eu Sou" e sua declaração de ter existido antes de Abraão (vv. 24, 28, 58, etc.), tudo isso ocasionou uma acusação de blasfêmia e a tentativa de apedrejamento — a punição para aquela transgressão (v. 59). Jesus aceitou a confissão de Pedro de que Ele era o Cristo (Mc 8.29,30) e alegou ter "todo" poder e autoridade antes de fazer uma das principais declarações trinitárias da Bíblia: "Ide... batizando-os em nome do Pai e do Filho e do Espírito Santo" (Mt 28.18).

Em todo o NT, ambos, o Espírito Santo e Jesus, são apresentados como seres divinos. João 1.1-14 fala de Cristo como preexistente. Romanos 9.5 geralmente é destacado por alguns teólogos, mas provavelmente a leitura deveria ser essa: "Cristo, que é Deus sobre todos, seja louvado..." (veja também Cl 2.9; Hb 1.9,10; etc.). O Espírito Santo também é visto como Deus (veja At 5.3,4; Jo 15.26; Mc 3.29; 2 Co 3.17; etc.).

São também interessantes as passagens do NT onde os escritores apostólicos aplicam a Jesus o nome de *Yahweh* do AT (Senhor). Veja, por exemplo, Romanos 10.9-13, onde a confissão da fé em Cristo é provada como confissão de fé em Deus, por uma referência que aponta para o AT e menciona *Yahweh*. Vários textos merecem um exame cuidadoso, pois trazem o entendimento do AT sobre *Yahweh* ou aplicam declarações concernentes a *Yahweh,* no AT, e a Jesus, no NT. Por exemplo, veja João 12.38-41 (cf. Is 6.10); Atos 2.34-36; 1 Coríntios 1.30,31; 12.3; Filipenses 2.9-11 (cf. Is 45.23), etc.

Em muitas passagens bíblicas, a idéia do Deus trino é no mínimo implícita nos textos do NT, se não explícita. O batismo de Jesus envolveu o Filho, o Pai e o Espírito Santo (Mt 3.13-17). O mencionado em Mateus 28.19 é em nome das três pessoas da Trindade. Jesus referiu-se ao Espírito Santo como "outro Consolador". Assim como o Pai enviou Cristo, Ele mandaria o Espírito Santo (Jo 14.15-23). Veja também a obra do Pai, do Filho e do Espírito Santo na vida do crente (Ef 3.14-19).

As Escrituras revelam uma figura de Deus em três pessoas e a isso nós chamamos de "Trindade". O Pai não é maior do que o Filho e ambos são distintos do Espírito Santo, embora exista um ensino claro tanto no AT como no NT de que Deus é único. Existem três pessoas, mas apenas um Senhor. Tal ensino, quando apresentado em conjunto, implica um modo de existência longe do que nossa mente humana possa entender. É por esta razão que todas as analogias humanas invariavelmente fracassam quando se trata de explicar o que significa a Trindade.

Os cristãos estão convencidos de que negar essa doutrina é renunciar à clara evidência bíblica sobre o próprio Deus. Um escritor resumiu o ensino bíblico dessa maneira: "A doutrina da Trindade não explica plenamente o misterioso caráter de Deus. Pelo contrário, estabelece as fronteiras, fora das quais não devemos andar... Isso exige que sejamos fiéis à revelação bíblica que em um sentido Deus é um e num sentido diferente ele é três" (R. C. Sproul).

Conclusão

O Deus da Bíblia é revelado como Eterno, Majestoso, Transcendente, Onipotente e Onisciente. Também é descrito como o Criador de todo o Universo e das pessoas e, neste contexto, revela a si mesmo em sua Palavra como um Deus pessoal, amoroso e soberano, um Deus justo, verdadeiro e íntegro. Deus é revelado como o Pai, o Filho e o Espírito Santo. É o Deus presente com seu povo (Emanuel, Deus conosco) e atuante

DIÁCONO

em toda a criação, embora de modo algum seja absorvido por ela, como certas religiões orientais ensinam. Embora seja um Deus santo, separado e distinto da criação e das criaturas, não permite que o mundo se perca totalmente em seu pecado, sem nenhuma esperança de redenção; pelo contrário, revela a si mesmo como um Deus de amor que salva e redime todo aquele que o busca. Sua graça salvadora é vista claramente em sua vinda aqui na Terra: Jesus, o Filho de Deus, veio para ser o Salvador e Redentor da humanidade. Esta dádiva é experimentada por meio de sua Palavra (a Bíblia) e da presença do Espírito Santo no coração e na vida daqueles que crêem nele. Quanto mais a Bíblia é lida, fica mais claro que todo o seu povo é exortado repetidamente a cantar louvores ao Deus Todo-poderoso que, embora seja transcendente, está presente, a fim de sustentar, cuidar e salvar. "Ora, àquele que é poderoso para vos guardar de tropeçar, e apresentar-vos jubilosos e imaculados diante da sua glória, ao único Deus, nosso Salvador, por Jesus Cristo nosso Senhor, glória, majestade, domínio e poder, antes de todos os séculos, agora e para todo o sempre. Amém".

P.D.G.

DIABO. Vocábulo usado regularmente no NT para designar Satanás (Ap 12.9). Este termo aparece com maior freqüência nos evangelhos, especialmente para descrever quem tentou Jesus no deserto. Essa sua característica tentadora e enganadora parece ser especialmente descrita na palavra "diabo" (Mt 4.1; Lc 4.2,3; Jo 13.12; At 13.10; etc.). Veja *Satanás*.

DIÁCONO. Muitas pessoas tentam ligar a origem da função de diácono a Atos 6, mas isso não está bem fundamentado. O texto parece referir-se a uma circunstância especial e não à instituição de um cargo específico. Isso quer dizer que apenas dois textos mencionam a função: Filipenses 1.1, que meramente a cita; e 1 Timóteo 3.8-14. O texto em Filipenses mostra que a função formal existia, pois os diáconos faziam parte do grupo de líderes a quem a carta é endereçada, e os líderes aparecem citados separadamente dos santos. Existe outro texto potencial, Romanos 16.1, que menciona Febe como diaconisa. O problema é que o termo usado ali é o mesmo tanto para a função como para referir-se aos servos de modo geral (gr. *Diakonos*). Para apoiar a alternativa de que Romanos 16.1 refere-se ao cargo há o fato de que Paulo faz o tipo de recomendação oficial para que a igreja a

receba, da mesma maneira que recomenda outros obreiros em outras referências (1 Co 4.14-21).

O texto de 1 Timóteo 3 simplesmente menciona qualificações de caráter que um ancião precisa evidenciar. O diácono deve ser digno de respeito, sincero, não dado a muito vinho nem interessado por ganhos desonestos; deve conservar o mistério da fé com a consciência pura. Deve ser marido de uma única mulher e ser capaz de governar seus filhos e sua casa. O requisito mais importante pode encontrar-se em 1 Timóteo 3.10, que diz que ele deve primeiro ser provado e depois nomeado diácono. Isso mostra que um processo de reconhecimento e de "desenvolvimento de liderança" deveria ser levado em conta. A posição social ou a necessidade de preencher uma vaga não deveriam ser razões suficientes para que alguém fosse escolhido.

O que fazem os diáconos? O texto não esclarece. Parece que tinham um papel ministerial sem as responsabilidades totais do ministério pastoral ou da liderança sobre a igreja, como os bispos possuíam. Os compromissos do diácono eram confinados a uma esfera bem específica, em contraste com a responsabilidade total por toda a comunidade. A habilidade que demonstravam no governo da própria família seria vista como um teste de sua

151

qualificação para um ministério mais amplo; por isso, supõe-se que possuíam algumas habilidades "administrativas" para liderar outras pessoas. Um diácono servia como alguém que reconhecidamente contribuía para o crescimento da igreja local, de forma efetiva. 1 Timóteo 3.11 sugere a presença de diaconisas (se, porventura, não se referir às esposas dos diáconos), algo que foi reconhecido até o terceiro século. A idéia de que o texto refere-se a diaconisas é apoiada na ausência da discussão similar sobre a "esposa do bispo", quando estes são mencionados. É bem provável que tivessem a responsabilidade por um ministério especialmente dirigido às viúvas e às mulheres solteiras.

Em resumo, o diácono simplesmente é alguém que se constitui em um servo efetivo e é reconhecido pela igreja para agir desta maneira. A função é o reconhecimento formal, por parte da comunidade, de alguém como um ministro da igreja, no sentido geral do termo.   D.B.

DIBLAIM (Heb. "dois bolos"). Pai de Gômer, a esposa infiel de Oséias (Os 1.3).

DIBRI Um homem da tribo de Dã. Sua filha Selomite casou-se com um egípcio (Lv 24.11). O filho dela "blasfemou o nome do Senhor, e o amaldiçoou", pelo que foi apedrejado fora do acampamento (v. 23).

DICLA (Heb. "palmeira"). Descendente de Sem e filho de Joctã (Gn 10.27; 1 Cr 1.21).

DÍDIMO (Gr. "gêmeo"). Nome sempre associado com Tomé no NT (Jo 11.16; 20.24; 21.2) (veja *Tomé*).

DINÁ (Heb. "justa"). Filha de Lia e Jacó (Gn 30.21; 46.15). Ela saiu de sua casa para visitar outras mulheres da região. Foi vista por Siquém, filho de Hamor, príncipe da terra. Ele a agarrou e forçou-a a ter relações sexuais com ele. Mais tarde, pediu ao pai que adquirisse aquela jovem para ser sua esposa (Gn 34.1-4). Quando os filhos de Jacó retornaram dos campos e souberam o que acontecera, ficaram furiosos e planejaram uma vingança (vv. 7,13). Fingiram concordar com o pedido de Siquém, o qual estava disposto a fazer qualquer coisa para casar-se com Diná (v. 11). Os filhos de Jacó então exigiram que os moradores da cidade do sexo masculino se submetessem ao ritual da circuncisão; todos concordaram (vv. 18,24). "Três dias mais tarde, quando os homens estavam doridos, dois filhos de Jacó, Simeão e Levi, irmãos de Diná, tomaram cada um a sua espada, entraram inesperadamente na cidade, e mataram a todos os homens" (v. 25).

Os eventos relacionados com Diná, Hamor e Siquém demonstram os problemas posteriores que os israelitas teriam com os cananeus que não foram destruídos quando foi conquistada a terra sob a liderança de Josué.   P.D.G.

DIONÍSIO. Um dos que se converteram por meio da pregação de Paulo em Atenas (At 17.34). O fato de seu nome ser mencionado isoladamente provavelmente significa que era um dos homens "de alta posição" (v.12). Era membro do Areópago, que funcionava como a Suprema Corte de Atenas e ficava na Colina de Ares (Marte), onde o apóstolo pregou. Não existem evidências que comprovem a tradição que diz ser Dionísio o primeiro bispo de Atenas e que foi martirizado durante o reinado de Domiciano. Veja também *Dâmaris*.

DIÓTREFES. Mencionado em 3 João 9,10, onde João o recrimina por não receber sua carta nem gostar de acolher os irmãos na fé. Seu pecado era gostar "de exercer a primazia", o que o levou a proferir "palavras maliciosas" contra o apóstolo e seus representantes. Parece que exercia influência perniciosa sobre os membros da igreja, pois era um líder autocrático, o qual expulsava as pessoas que não concordavam com ele e demonstravam disposição para receber pessoas como João.

O apóstolo João faz um contraste deliberado entre Diótrefes e Demétrio, de quem diz que "todos dão testemunho" (3 Jo 12). O problema do primeiro provavelmente seria a questão da autoridade apostólica. Isso se tornou um problema para Paulo em alguns lugares. Seria improvável que um apóstolo ausente fosse tão influente quanto um líder local, mas esperava-se que todos os obreiros das igrejas seguissem o ensino apostólico. Para pessoas como Diótrefes, mais interessadas na promoção pessoal, isso parecia uma ameaça para sua posição, algo que devia ser evitado. P.D.G.

DISÃ (Heb."bode da montanha"). Líder do clã dos horeus e filho de Seir (Gn 36.21; 1 Cr 1.38,42). "Disã" (Gn 36.28) deveria ser lido como "Disom" (filho de Aná; cf. 1 Cr 1.38-42).

DISOM. 1. Um dos filhos de Seir e líder dos horeus (Gn 36.21).
2. Filho de Aná e neto de Seir. Sua irmã era Oolíbama (esposa de Esaú). Seus filhos também estão listados (Gn 36.25,26; 1 Cr 1.41). "Disã" (Gn 36.28) deveria ser lido como "Disom".

DODAI (Heb. "seu amado"). Aoíta, pai de um dos "três heróis" de Davi, Eleazar. O próprio Dodai era também comandante do exército desse rei e ficava de prontidão com seus homens no segundo mês de cada ano (1 Cr 11.12; 27.4). Também era chamado de Dodô (2 Sm 23.9).

DODAVA. Veio de Maressa e era pai do profeta Eliezer, que falou contra o rei Jeosafá, de Judá (2 Cr 20.37), por causa da aliança que fizera com o rei Acazias, de Israel.

DODÔ. 1. Da tribo de Issacar, foi o pai de Puá e avô do juiz Tola, que vivia na região montanhosa de Efraim (Jz 10.1).

2. Natural de Belém, foi o pai de um dos "trinta" de Davi, Elanã, os quais eram guerreiros extremamente leais (2 Sm 23.24; 1 Cr 11.26).

DOEGUE (Heb. "ansioso, temeroso"). Edomita, um dos pastores do rei Saul. Estava presente em Nobe quando Davi chegou com seus homens, procurando comida. Aimeleque deu ao filho de Jessé os pães sagrados, diante de Doegue, que, mais tarde, encontrou-se com Saul, o qual perseguia Davi, determinado a matá-lo. O edomita disse-lhe que vira o filho de Jessé em Nobe (1 Sm 22.9). O rei reuniu todos os sacerdotes de Nobe, liderados por Aimeleque, e ordenou que fossem mortos, por terem colaborado com Davi. Os guardas recusaram-se a levantar a espada contra os ungidos do Senhor; Saul então ordenou que Doegue os matasse. Naquele dia, esse edomita matou 85 sacerdotes e massacrou os habitantes de Nobe (1 Sm 22.18,19). Quando Davi soube o que acontecera, ficou desolado, culpando-se pela morte de todos os sacerdotes (vv. 20-23). Esse massacre é lembrado na dedicação do Salmo 52.

O incidente mostra como Saul estava afastado da adoração ao Senhor. Foi incapaz de ouvir o conselho do sumo sacerdote e chegou ao ponto de matar os representantes de Deus. O contraste é vívido entre esse perverso rei e o jovem Davi, que aguardava pacientemente o momento em que o Senhor o levaria ao trono. P.D.G.

DORCAS. Uma crente fiel que morava em Jope. Após morrer, ressuscitou dentre os mortos, por meio da oração do apóstolo Pedro (At 9.36-39). Veja também *Tabita*.

DRUSILA. Judia, foi a terceira esposa do governador Félix. Provavelmente estava presente com o marido quando Paulo falou com ele sobre a fé em Cristo (At 24.24). Josefo nos dá algumas informações suplementares sobre essa mulher. Era

DUMÁ

a filha mais nova de Herodes Agripa I. Berenice era uma de suas irmãs. Nasceu em 38 d.C. Félix foi seu segundo marido; teve um filho com ele, chamado Agripa, o qual morreu na erupção do vulcão Vesúvio, em 79 d.C. Não há nenhuma indicação de que ela tenha seguido a fé cristã.

DUMÁ. Neto de Abraão, era o sétimo filho de Ismael e o progenitor do povo que viveu em Dumá (Gn 25.14). Era líder tribal. Embora o lugar não esteja claramente identificado, alguns sugerem que ficava próximo a Hebrom, uma localidade chamada Deir ed-Domeh.

---

[1] A versão em inglês traz o nome Jehoiachin no v. 17 (Nota do Tradutor).

E

EBAL. Descendente de Esaú, era filho do líder de um clã dos edomitas, chamado Sobal (Gn 36.23; 1 Cr 1.40).

EBEDE (Heb. "servo").
1. Efraimita, pai de Gaal. Este mudou-se para Siquém, onde instigou uma rebelião contra Abimeleque (Jz 9.28-35).
2. Um dos líderes das famílias que retornaram do exílio babilônico com Esdras. Era descendente de Adim e voltou com 50 homens (Ed 8.6).

EBEDE-MELEQUE. Um dos oficiais da corte de Zedequias. Depois que Jeremias profetizou que os israelitas deviam deixar Jerusalém e ir para o exílio babilônico, se quisessem permanecer vivos, os oficiais pediram permissão ao rei para prender Jeremias, alegando que ele desencorajava os soldados, ao fazê-los desistir da luta. Ebede-Meleque, o etíope, sabedor de que Jeremias fora atirado em uma cisterna sem água, intercedeu em favor dele junto a Zedequias. O rei então ordenou que Ebede-Meleque pegasse 30 homens e tirasse o profeta da cisterna, antes que morresse. Eles jogaram uma corda e içaram Jeremias por meio dela (Jr 38.7-13).

Ao ajudar Jeremias, Ebede-Meleque levava adiante a causa do Senhor. Isso torna claro que confiava em Deus; por isso, o profeta prometeu-lhe que não morreria, quando os babilônios finalmente saqueassem a cidade (Jr 39.16-18). A queda de Jerusalém era iminente. O juízo do Senhor sobre a cidade e sobre Judá estava determinado e não seria evitado por meio da luta armada. A profecia de Jeremias deixou claro que seria uma atitude de desobediência do povo recusar-se a aceitar o exílio. **P.D.G.**

ÉBER (Heb. "através").
1. Pai de Pelegue e de Joctã; era descendente de Sem. Portanto, ancestral de Abraão; entrou na genealogia que vai de Jesus e José até Adão (Gn 10.21-25; 11.14-19; 1 Cr 1.18,19,25; Lc 3.35).
2. Líder de um dos clãs dos gaditas, estabelecido na região de Gileade e Basã (1 Cr 5.13, onde seu nome é Héber).
3. Um dos líderes da tribo da Benjamim e filho de Elpaal (1 Cr 8.12).
4. Outra pessoa da tribo de Benjamim, com o mesmo nome (1 Cr 8.22).
5. Sacerdote que serviu ao Senhor, após o exílio babilônico (Ne 12.20).

S.C.

EBIASAFE. Veja *Abiasafe*.

ÉDEN. Durante o avivamento no reinado de Ezequias, quando o povo voltou-se novamente para Deus, muitos levitas foram designados para tarefas específicas no Templo. Éden, filho de Joá, foi dos que receberam a tarefa de ajudar Coré na distribuição das ofertas do povo pelas cidades dos sacerdotes, "segundo as suas turmas" (2 Cr 29.12; 31.15).

EDER. 1. Um dos filhos de Berias e líder de um clã, o qual aparece na genealogia que parte de Benjamim a Saul (1 Cr 8.15).
2. Filho de Musi, era levita e líder de um clã. Serviu na adoração no Tabernáculo durante o reinado de Davi, depois que a Arca estabeleceu-se em Jerusalém (1 Cr 23.23; 24.30).

EFÁ (Heb. "trevas").
1. Um dos filhos de Midiã e descendente de Abraão e sua esposa Quetura (Gn 25.4; 1 Cr 1.33). Esse nome é também

EFAI

mencionado em Isaías 60.6, onde o profeta olha para um tempo em que glória e riqueza virão para Israel até mesmo de Sabá: "Multidão de camelos cobrirá a tua terra, os dromedários de Midiã e Efá".

2. Uma das concubinas de Calebe. Gerou a Harã, Moza e Gazez (1 Cr 2.46).

3. Um dos seis filhos de Jodai e líder da tribo de Judá (1 Cr 2.47).

EFAI. O netofatita, cujos filhos estavam entre os oficiais do exército que apoiaram Gedalias, nomeado governador de Judá pelo rei Nabudonosor (Jr 40.8), depois que a maioria do povo judeu foi para o exílio babilônico (v. 7). Por um período de tempo, um grupo de israelitas uniu-se a Gedalias, ao qual foi dada uma certa autonomia. Posteriormente, entretanto, ele e todos os que o apoiavam foram assassinados por Ismael, filho de Netanias, num golpe de Estado.

EFER. 1. Um dos filhos de Midiã; portanto, descendente de Abraão e sua esposa Quetura (Gn 25.4; 1 Cr 1.33).

2. Terceiro filho de Ezra, da tribo de Judá (1 Cr 4.17).

3. Líder de um clã e soldado valente da tribo de Manassés. Estava, porém, entre os que foram infiéis ao Senhor e adoraram ídolos pagãos (1 Cr 5.24).

EFLAL. Pai de Obede e filho de Zabade. Era descendente de Judá (1 Cr 2.37).

EFRAIM (Heb. "frutífero"). Embora seja o progenitor de uma das tribos de Israel, ele não era filho de Jacó, mas seu neto. José levou seus filhos Manassés e Efraim diante do patriarca, a fim de que fossem abençoados (Gn 48). Posteriormente, isso resultou na subdivisão de José em duas linhagens que compuseram as doze tribos de Israel (Gn 49.22-26; cf. Dt 33.13-17).

Na narrativa do nascimento dos filhos de José (Gn 41.50-52), o mais velho, Manassés, recebeu esse nome porque,

conforme o pai disse, o Senhor fizera com que esquecesse todos os seus problemas. O filho mais novo foi chamado Efraim, porque Deus o tinha feito prosperar na terra do Egito. Mais tarde, quando apresentou seus filhos a Jacó, para a bênção, José esperava que o mais velho recebesse a bênção de filho primogênito (Gn 48.13), mas, irônica e inesperadamente, o patriarca inverteu os braços, colocou a mão direita na cabeça de Efraim e, dessa maneira, assegurou a ele os direitos da primogenitura (vv. 14,19,20).

Embora Efraim não seja mencionado especificamente na bênção de Gênesis 49, fica claro que Jacó o tinha em mente quando abençoou seu filho amado: "José é um ramo frutífero" (v. 22). "Frutífero" é um jogo de palavras com o próprio nome de Efraim, "o frutífero". Na bênção de Deuteronômio, a idéia da frutificação é novamente destacada, embora não exista nenhuma forma da palavra, exceto o próprio nome Efraim (Dt 33.17). Essas bênçãos proféticas se cumpriram tanto no tamanho como no poderio da tribo de Efraim e também em sua localização privilegiada na região montanhosa, no centro de Canaã. Sua liderança tornou-se evidente no arranjo do acampamento de Israel na marcha do Egito para a Terra Prometida: ela liderava as três tribos que ficavam no lado oeste (Nm 2.18-24). Josué era dessa tribo (Nm 13.8) e sob seu comando ela recebeu e ocupou uma das maiores porções da terra, depois da conquista de Canaã (Js 16.5-10). O Tabernáculo foi erguido no centro religioso de Silo, cidade localizada em Efraim, onde a Arca da Aliança foi colocada no tempo de Josué (Js 18.1; 22.12). O próprio Josué foi sepultado no coração desse território (Js 24.30).

Depois da divisão do reino, Jeroboão colocou um de seus santuários idólatras na cidade de Betel (1 Rs 12.29), em Efraim, e estabeleceu sua capital em Siquém, que, naquela época, estava no distrito administrativo dessa tribo, conforme foi definido por Salomão (v. 25). O próprio Jeroboão, na verdade, era efraimita (1 Rs 11.26), e a partir dessa época o centro da vida política e religiosa do reino do Norte foi Efraim. Isso se tornou tão forte que Israel geralmente era chamado de Efraim, até o tempo de sua queda e deportação pelos assírios em 722 a.C. (cf. Is 7.2,5,8,9,17; Jr 7.15; 31.9; Os 4.17; 5.3,5).   E.M.

EFRATE. Uma das esposas de Calebe. Foi a mãe de Hur. Seu marido, filho de Hezrom, era descendente da tribo de Judá (1 Cr 2.19).

EFROM. Filho de Zoar, heteu. Quando Sara morreu em Hebrom, bem no centro da região que mais tarde seria a nação de Israel, Abraão procurou comprar dos heteus um local para fazer o túmulo dela e de sua família. Eles consideravam Abraão "príncipe de Deus... no meio de nós" (Gn 23.6), mas o patriarca ainda era um nômade. A posse daquela área para fazer um túmulo deu-lhe o direito permanente na terra que o Senhor prometera (Gn 23). Efrom estabeleceu um preço justo para a venda de seu campo, o qual continha um local adequado para sepultamento — a caverna de Macpela.

Tempos mais tarde Abraão também foi sepultado lá, por seus filhos Isaque e Ismael (Gn 25.9). Muitos anos depois o corpo de Jacó, embalsamado, de acordo com o costume egípcio, seguido por uma comitiva liderada por José, foi trazido do Egito e sepultado na mesma caverna, como indicação de que ele também aguardava o tempo em que aquela terra pertenceria legitimamente aos descendentes de Abraão (Gn 49.29,30; 50.13).   P.D.G.

EGLÁ. Uma das esposas do rei Davi. Ela teve um filho chamado Itreão, nascido em Hebrom (2 Sm 3.5; 1 Cr 3.3).

EGLOM. Rei de Moabe durante o tempo dos Juízes. Esse período da história de Israel foi freqüentemente marcado pela anarquia generalizada (veja *Juízes*). Os israelitas, quando adoravam os deuses dos cananeus e das nações vizinhas, recebiam juízo de Deus sobre eles, a fim de que fossem subjugados pelos povos cujos deuses adoravam. Porém, ao arrepender-se, o Senhor levantava um líder que os libertava e tornava-se um juiz na terra. Depois de um período de relativa paz, no tempo de Otniel, os israelitas "tornaram... a fazer o que era mau aos olhos do Senhor" (Jz 3.12), e, assim, Deus permitiu que Eglom invadisse Israel. Ele se aliou com os amalequitas e amonitas e dominou Israel por 18 anos, ao apossar-se de Jericó e da região ao seu redor (Jz 3.12-14). Finalmente a opressão fez com que o povo de Israel clamasse e o Senhor novamente levantou um líder, chamado Eúde. Ele matou Eglom e tornou-se juiz em Israel (vv. 16-30). (Veja também *Eúde*.)

No livro de Juízes, a opressão por parte das nações estrangeiras é vista como castigo de Deus por Israel ter adorado outros deuses e se envolvido com a idolatria, o que era expressamente proibido na Lei de Moisés. O juízo divino, entretanto, levava os israelitas ao arrependimento; a maravilhosa graça e o perdão de Deus brilham através desse livro, todas as vezes que o Senhor levanta um novo líder e juiz para ajudá-los.   P.D.G.

EÍ. Veja *Airã* (Nm 26.38).

ELÁ. 1. Da tribo de Benjamim, era pai de Simei, o qual foi um dos doze governadores distritais do rei Salomão (1 Rs 4.18).

2. Descendente de Esaú, liderou um dos clãs dos edomitas (Gn 36.41; 1 Cr 1.52).

3. Um dos filhos de Calebe; portanto, neto de Jefoné (1 Cr 4.15).

4. O quarto rei de Israel, o reino do Norte. Sucedeu seu pai Baasa no trono e governou em Tirza por dois anos, onde foi morto por Zinri (1 Rs 16.6-14). Devido ao pecado de seu pai, que levou Israel à idolatria, Jeú, filho de Hanani, profetizou que Baasa e sua família seriam aniquilados. O texto de 1 Reis 16.13 diz que Elá cometeu as mesmas transgressões de seu pai e conduziu o povo "aos ídolos vãos"; por esta razão, Zinri fora autorizado pelo Senhor a matar toda sua família. A idolatria dentro da casa real era um dos principais fatores que levavam os israelitas ao mesmo pecado, e por isso Deus sempre castigava severamente. Finalmente, a rebelião contra o Senhor culminaria com o juízo visto na destruição do reino do Norte pelos assírios. O castigo relativamente limitado, administrado por Deus nesse estágio da história de Israel, seria o suficiente para os futuros reis e o povo, especialmente porque havia profetas que repetidamente explicavam-lhes os propósitos das ações do Senhor.

O próprio assassinato revela o estilo de vida com o qual Elá estava acostumado. Foi morto enquanto bebia na casa de Arsa, um de seus mordomos. Zinri então tornou-se rei, mas também foi rapidamente castigado por Deus, por cometer o mesmo tipo de pecado (1 Rs 16.18,19).

5. Pai de Oséias, o último rei de Israel (2 Rs 15.30; 17.1; 18.1,9).

6. Um dos primeiros que retornaram da Babilônia para se estabelecer em Jerusalém, depois do Exílio. Era filho de Uzi (1 Cr 9.8). P.D.G.

ELADE (Heb. "Deus tem testificado"). Descendente de Efraim, juntamente com seu irmão Ezer, foi morto quando tentava roubar o gado dos gatitas (1 Cr 7.20,21). (Veja também *Ezer* e *Berias.*)

ELANÃ (Heb. "graça de Deus").

1. Filho de Jair, da cidade de Belém, foi um dos maiores guerreiros de Davi. Em uma das muitas batalhas contra os filisteus, ele matou Lami, irmão de Golias, o giteu (1 Cr 20.5). Há uma discrepância entre o relato de 1 Crônicas 20 e o de 2 Samuel 21.19, segundo o qual ele matou o próprio Golias, e não seu irmão. Alguns estudiosos sugerem que Elanã simplesmente era outro nome de Davi. Outros interpretam que os relatos são de dois incidentes diferentes e, se ele matou Golias, deve ter existido mais de um filisteu com esse nome. Também é sugerido que a frase "o irmão de" foi omitida no texto de 2 Samuel. Talvez a melhor solução sugerida seja realmente que houve um erro de transcrição do texto em 2 Samuel. O leitor é aconselhado a consultar um bom comentário bíblico.

Em ambos os textos, 2 Samuel 21 e 1 Crônicas 20, numerosas batalhas são listadas. O constante problema que tinha com os filisteus e outros exércitos manteve Davi e seu comandante Joabe unidos por muitos anos. Dessa maneira, o rei de Israel reuniu ao seu redor muitos guerreiros particularmente aptos, os quais Deus preparou, a fim de que os israelitas fossem vitoriosos.

2. Filho de Dodô (ou Dodai), foi outro desses grandes guerreiros e está listado entre o grupo dos "homens valentes", conhecidos como os "trinta heróis de Davi". Também era de Belém (2 Sm 23.24; 1 Cr 11.26). P.D.G.

ELÃO. 1. Gênesis 10.22 e 1 Crônicas 1.17 listam Elão como filho de Sem; portanto, era neto de Noé.

2. Um dos descendentes de Saul (1 Cr 8.24); portanto, da tribo de Benjamim.

3. O quinto filho de Meselemias, o porteiro coraíta, na divisão feita pelo rei Davi nas tarefas do Tabernáculo (1 Cr 26.3).

4. Líder de uma das famílias que retornaram com Zorobabel do exílio babilônico (Ed 2.7; 8.7; 10.2,26; Ne 7.12).

5. Outro líder de uma das famílias que retornaram com Zorobobel do exílio. Voltou com 1.254 parentes (Ed 2.31; Ne 7.34).

6. Quando Neemias dedicou o novo muro construído ao redor de Jerusalém, estava presente como sacerdote do Senhor (Ne 12.42).

7. Estava entre os líderes que assinaram o pacto no qual o povo comprometeu-se a adorar e obedecer somente ao Senhor, na época de Neemias (Ne 10.14).

S.C.

ELASA. 1. Descendente de Pasur, era um dos culpados de ter-se casado com mulheres estrangeiras (Ed 10.22).

2. Filho de Safã, a quem Jeremias confiou uma carta endereçada aos anciãos sobreviventes entre os exilados (Jr 29.3).

EL-BERITE (Heb. "deus da aliança"). Um deus cananeu adorado em Siquém (veja *Baal*). Era também chamado de Baal-Berite. Mencionado apenas em Juízes 8 e 9, é possível que fosse ídolo de uma seita cananita que absorvera algumas idéias da religião israelita. Os cananeus adoravam vários deuses chamados Baal. É no mínimo possível que esse, com sua referência à "aliança", fora criado especialmente para ajudar os israelitas na assimilação da religião dos vizinhos. Dessa maneira, o povo da aliança seria mais facilmente atraído para uma divindade já existente e que se preocupava com as alianças. Certamente, após a morte de Gideão, o povo não perdeu tempo em envolver-se na adoração dessa divindade (Jz 8.33; 9.4,46).

ELCANA (Heb. "Deus tem protegido").

1. Levita, descendente de Coate e um dos filhos de Corá. Foi líder de clã (Êx 6.24).

2. Neto de Corá, listado em 1 Crônicas 6.23. Se uma geração foi omitida ou colocada fora de ordem na genealogia, então essa pessoa provavelmente é a mesma do item nº 1.

3. Dois outros homens com o mesmo nome são listados entre os descendentes de Coate (1 Cr 6.25,26, 35,36). Um terceiro (v. 27) talvez seja o mesmo do item nº 4.

4. Pai de Samuel (1 Cr 6.27,34). Veio de Ramataim-Zofim, da região montanhosa de Efraim, e era filho de Jeroão. Servo fiel ao Senhor, tinha duas esposas: Penina e Ana. Anualmente levava sua família para adorar e fazer sacrifícios em Silo, onde Eli era sacerdote (1 Sm 1.1-4). Amava profundamente a Ana, embora esta fosse estéril. Obviamente preocupava-se muito com ela, a qual sentia-se desprezada e era ridicularizada por Penina. Seu amor e cuidado por Ana é descrito em 1 Samuel 1.8, onde ele a conforta com as palavras: "Por que choras? Por que não comes? Por que está triste o teu coração? Não te sou eu melhor do que dez filhos?". Depois de orar ao Senhor e obter dele a resposta, Ana ficou grávida e nasceu Samuel (1 Sm 1.19,20). Elcana foi gracioso e permitiu que ela o dedicasse ao serviço do Senhor, no santuário em Silo (1 Sm 1.23; 2.11,20). A fidelidade de Ana e Elcana foi recompensada por Deus com mais cinco filhos.

5. Levita, ancestral de um grupo de judeus que regressaram do exílio babilônico e se estabeleceram em Jerusalém. Era o pai de Asa (1 Cr 9.16).

6. Um dos soldados que desertaram do exército de Saul para juntar-se a Davi em Ziclague. Ele fazia parte de um grupo de guerreiros ambidestros no uso do arco e da funda. Era da tribo de Benjamim (1 Cr 12.6).

7. Levita, apontado pelo rei Davi para servir no Tabernáculo e posteriormente no Templo. Era "porteiro da Arca" (1 Cr 15.23).

8. O segundo no comando, no reinado de Maaséias, filho do rei Acaz. Foi morto por Zicri, um guerreiro da tribo de Efraim (2 Cr 28.7).

P.D.G.

ELDA. Filho de Midiã e neto de Abraão e Quetura, cujos filhos tornaram-se todos líderes tribais (Gn 25.4; 1 Cr 1.33).

ELDADE. Mencionado duas vezes junto com Medade, era um dos 70 anciãos nomeados para ajudar Moisés como líderes (Nm 11.26,27). A responsabilidade de

ELEADÁ

conduzir o povo de Israel era claramente maior do que o legislador podia suportar sozinho. Novamente os israelitas murmuraram pela falta de carne e pelas dificuldades da vida no deserto. Estavam com saudade do Egito. Assim, o Senhor capacitou outros homens para ajudarem "a levar o fardo do povo", a fim de que Moisés não o conduzisse sozinho (Nm 11.17). Esses príncipes eram líderes em seus próprios clãs; portanto, tinham demonstrado a habilidade dada por Deus para a liderança. Quando os 70 encontraram-se com Moisés na entrada do Tabernáculo, o "Espírito repousou sobre eles" e "profetizaram" (Nm 11.25).

Tais líderes eram exatamente o que os israelitas necessitavam, pois o desejo que demonstravam de voltar ao Egito revelava um profundo problema espiritual deles — a falta de capacidade de viver pela fé e confiar no Senhor para cada necessidade. Eldade e Medade, por alguma razão, não se reuniram com os 70 no Tabernáculo, mas ficaram no arraial. De qualquer maneira, o Espírito também repousou sobre eles e também profetizaram. Existem vários documentos judaicos que indicam algo do que Eldade e Medade falaram, mas não há indicação das palavras deles nas Escrituras. Josué não ficou satisfeito com isso e pediu a Moisés que os mandasse parar; no entanto, o legislador reconheceu que era obra do Senhor e respondeu: "Tens ciúmes por mim? Oxalá que todo o povo do Senhor fosse profeta, que o Senhor lhes desse o seu Espírito!" (Nm 11.29).

Em numerosos textos das Escrituras percebe-se que Deus nunca intentou que a liderança espiritual ficasse nas mãos de qualquer pessoa. Em 1 Coríntios existe uma ênfase sobre o fato de que o Espírito Santo dá a todos os cristãos vários dons especiais; alguns deles envolvem a liderança da Igreja. As Epístolas Pastorais indicam que a pluralidade de líderes era a norma na maioria das igrejas primitivas.   P.D.G.

ELEADÁ (Heb. "Deus tem adornado"). Descendente de Efraim, filho de Taate (1 Cr 7.20).

ELEASÁ (Heb. "Deus fez").

1. Filho de Helez, está listado na genealogia de Jerameel e era da tribo de Judá (1 Cr 2.39,40).

2. Filho de Rafa, da tribo de Benjamim. Foi pai de Azel e está listado na genealogia dos descendentes do rei Saul (1 Cr 8.37; 9.43).

ELEAZAR (Heb. "Deus tem ajudado"). 1. Um dos filhos de Arão e sua esposa Eliseba (Êx 6.23; Nm 3.2). Tornou-se líder de um clã dos levitas e casou-se com uma das filhas de Putiel; era pai de Finéias (Êx 6.25; 1 Cr 6.3,4,50). Ele foi consagrado sacerdote do Senhor junto com seus três irmãos (Êx 28.1). Teve um papel proeminente nos relatos da peregrinação do povo de Israel pelo deserto. Diferentemente de seus dois irmãos Nadabe e Abiú, que fizeram uma oferta ilegítima ao Senhor e por isso foram mortos (Lv 10.1,2; Nm 3.4), Eleazar permaneceu fiel ao Senhor. Ele e seu irmão Itamar deveriam ser santos diante de Deus, separados especialmente para seu serviço e para fazer as ofertas e sacrifícios ao Senhor. Deveria ser privilégio deles comer partes da carne dos sacrifícios que ofereciam pelo povo (Lv 10.12-20).

Eleazar tornou-se líder dos levitas e ficou responsável por todo o Tabernáculo (Nm 3.32; 4.16). Durante todos os anos no deserto, ofereceu sacrifícios para a adoração congregacional e intercedeu pelo povo, quando este pecava ou se rebelava. Quando seu pai Arão morreu sobre o monte Hor, Moisés deu-lhe as vestes dele, as quais eram o símbolo de sua nova função: sumo sacerdote (Nm 20.25-29; Dt 10.6). Possivelmente, ele exercia também o papel de conselheiro ou juiz porque, como sacerdote, tinha acesso ao Senhor e podia consultar o Urim (Nm 27). Foi um dos líderes do censo ordenado por

Moisés nas planícies de Moabe (Nm 26). Também tomou parte no caso das filhas de Zelofeade e na nomeação de Josué, e deu-lhe conselhos (Nm 27.18-23; Js 17.4). Ajudou-o na divisão da terra de Canaã entre as tribos (Nm 34.17; Js 14.1; 19.51). Outra de suas responsabilidades envolvia a representação dos israelitas diante do Senhor, quando iam para a guerra (Nm 31.6s). Quando morreu, foi sepultado em Gibeá, nas montanhas de Efraim (Js 24.33).

Eleazar seguiu rigorosamente as leis da separação que Deus exigia dos sacerdotes e da nação. Numa época muito importante e extremamente difícil para Israel, foi o mediador entre Deus e o povo e entre a nação e o Senhor. Assim, seu sacerdócio apontou para a necessidade de alguém que estivesse entre o Deus santo e a humanidade e a necessidade do sacrifício para entrar na presença do Senhor. No tempo determinado, a revelação de Deus demonstrou que o sacerdócio de Eleazar era apenas um prenúncio do sumo sacerdócio de Cristo, o qual veio para ser o Mediador, de uma vez por todas, entre a humanidade e o Todo-poderoso e para oferecer o grande sacrifício que jamais precisaria ser repetido.

As gerações posteriores da família de Eleazar tiveram um importante papel na adoração do povo. Quando o rei Davi dividiu as tarefas entre os levitas, uma das incumbências foi entregue à família de Eleazar (1 Cr 24.1-19). Finalmente, é digno de nota que esse fiel homem de Deus devia se orgulhar de seu filho Finéias, o qual entrou para a história devido ao zelo que demonstrava pelo Senhor (Nm 25).

2. Filho de Abinadabe, foi consagrado para guardar a Arca da Aliança, quando foi trazida para a casa de seu pai, numa colina próxima de Quiriate-Jearim (1 Sm 7.1).

3. Filho de Dodô, o aoíta, foi um dos "três heróis de Davi". Era notável por sua habilidade como guerreiro, demonstrada contra os filisteus, especialmente na batalha de Pas-Damim. Quando alguns israelitas começaram a bater em retirada, Eleazar permaneceu em seu posto e lutou bravamente até "lhe cansar a mão e ficar pegada à espada". Quando o Senhor deu a vitória aos israelitas, descobriram que todos os filisteus ao redor dele estavam mortos (2 Sm 23.9,10; 1 Cr 11.12).

4. Filho de Mali, da tribo de Levi. Morreu sem ter filhos, apenas filhas, que mais tarde casaram-se com "os filhos de Quis", primos delas (1 Cr 23.21,22: 24.28).

5. Levita que retornou da Babilônia para Jerusalém com Esdras. Ajudou a pesar os tesouros do Templo quando chegaram (Ed 8.33).

6. Descendente de Parós. Na época do retorno da Babilônia, Secanias confessou a Esdras que muitos homens, inclusive descendentes dos sacerdotes de Judá, tinham-se casado com mulheres de outras tribos e de outros povos. Todos se arrependeram e fizeram um pacto de servir ao Senhor (Ed 10.2). Ele é listado em Esdras 10.25 como um dos que se divorciaram das esposas estrangeiras.

7. Levita que fazia parte do coral que cantou na festa de dedicação do muro de Jerusalém. A muralha, bem como a cidade, foram destruídas pelos babilônios, quando levaram o povo de Judá para o exílio. Sob a direção de Neemias, os muros foram reconstruídos, em meio a muitos louvores a Deus (Ne 12.42).

8. Ancestral de Jesus, mencionado na genealogia de Mateus (Mt 1.15). Era bisavô de José, marido de Maria. P.D.G.

ELI (Heb. "o Senhor é levantado alto"). Descendente de Arão e de Itamar, tornou-se sumo sacerdote no centro de adoração em Silo, no final do período dos Juízes. Combinava a tarefa de sumo sacerdote com a de juiz, pois "havia ele julgado a Israel quarenta anos" (1 Sm 4.18). Estava presente no Tabernáculo quando Ana veio e orou por um filho (1 Sm 1.3-17).

ELIABA

Embora a princípio pensasse que a mulher estivesse embriagada, quando ouviu a verdadeira causa de suas orações, ele a confortou e a despediu com uma bênção (v. 17). Foi ao próprio Eli que Ana e seu marido Elcana retornaram depois que o pequeno Samuel desmamou. Trouxeram uma oferta e deixaram o menino para servir ao Senhor no santuário, junto com o velho sacerdote (1 Sm 1.25; 2.11). Todos os anos, quando o casal voltava para visitar o filho, Eli os abençoava e orava para que Ana tivesse outros filhos no lugar de Samuel, o qual ela dedicara ao serviço do Senhor (1 Sm 2.20).

A despeito da confiança e da fé que Eli tinha no Senhor, ele não foi bem-sucedido na formação de sua família; seus filhos, Hofni e Finéias, abusaram seriamente da posição que ocupavam. Provavelmente a gravidade dos pecados deles só foi descoberta quando Eli já estava com idade bastante avançada. O velho sacerdate soube o que acontecia e tolerou as transgressões deles (para mais detalhes, veja *Hofni* e *Finéias*). Eli era um homem fraco; por isso, perdeu o controle da família e suas advertências caíam em ouvidos surdos (1 Sm 2.22-24). Como resultado, a Palavra do Senhor veio ao jovem Samuel, o qual, em contraste com os filhos de Eli, "crescia em estatura e em graça diante do Senhor e dos homens" (1 Sm 2.26). Essa profecia reforçou uma palavra anterior do Senhor contra Eli e sua família (1 Sm 2.27-36; 3.11-20).

As palavras de condenação contra Eli cumpriram-se em pouco tempo. Os filisteus atacaram e capturaram a Arca da Aliança. Derrotaram os israelitas e mataram Hofni e Finéias. Quando o velho sacerdote recebeu a notícia da captura da Arca e da morte dos dois filhos, caiu da cadeira onde estava sentado e morreu.

Mesmo durante a última parte de sua vida, sua fé era evidente. Quando ouviu a profecia de Samuel, estava preparado para dizer: "É o Senhor; faça o que bem parecer aos seus olhos" (1 Sm 3.18). E quando o mensageiro chegou da batalha, foi mais a notícia da captura da Arca, e não a morte dos filhos, que o fez cair para trás (1 Sm 4.12-18).

A vida de Eli foi trágica em muitos aspectos. Ele conhecia e amava ao Senhor, mas sua fraqueza de caráter e a tolerância que tinha para com o pecado ao seu redor eram atitudes diretamente apostas ao que o Senhor requeria dos líderes do povo (cf Lv 22.1-3). Quando Salomão removeu Abiatar do sacerdócio, a palavra do Senhor contra a casa de Eli cumpriu-se literalmente (1 Rs 2.27). Daquele momento em diante, o sumo sacerdócio foi ocupado pelos descendentes de Eleazar. P.D.G.

ELIABA (Heb. "Deus esconde"). Um dos "trinta" dos "heróis de Davi", que saía para a batalha e liderava o povo de Israel nas guerras. Era um saalbonita (2 Sm 23.32; 1 Cr 11.33).

ELIABE. 1. Filho de Helom e líder da tribo de Zebulom, um dos homens escolhidos para ajudar Moisés e Arão a fazer o recenseamento do povo no Sinai (Nm 1.9; 2.7; 7.24-29; 10.16).

2. Pai de Datã e Abirão, da tribo de Rúben. Seus filhos lideraram uma rebelião contra Moisés e Arão (Nm 16.1,12; 26.8,9; Dt 11.6). Para mais detalhes, veja *Coré*.

3. Ancestral de Samuel, pai de Jeroão e filho de Naate. Era da tribo de Levi (1 Cr 6.27).

4. Filho mais velho de Jessé e irmão de Davi (1 Sm 16.6; 17.13; 1 Cr 2.13). Samuel lamentava a desobediência de Saul quando Deus falou com ele e o enviou para ungir o novo rei de Israel. O profeta seguiu a direção do Senhor e foi para Belém. Quando viu Eliabe, pensou que encontrara o ungido de Deus, pois o rapaz era alto, de boa aparência e o primogênito de Jessé. O Senhor então disse as palavras que são repetidas através dos séculos: "O homem olha para o que está diante dos olhos, porém o Senhor olha para o coração" (1 Sm 16.7). Encontramos Eliabe novamente na história de Davi e Golias. Estava com ciúmes do irmão mais novo; tinha inveja da bondade do coração dele (1 Sm 17.28). Ele e os outros seus irmãos apenas assistiram, enquanto Davi matou o filisteu no nome e para honra do Senhor. A filha de Eliabe, Abiail, casou-se com um dos filhos de Davi (2 Cr 11.18).

5. O terceiro no comando dos gaditas, no exército de Davi, em Ziclague. Esse grupo de soldados havia desertado do exército de Saul (1 Cr 12.9).

6. Um dos levitas que tocaram harpa quando a Arca da Aliança foi levada para Jerusalém, durante o reinado de Davi (1 Cr 15.18,20; 16.5).   s.c.

ELIADA. 1. Filho de Davi, que nasceu em Jerusalém (2 Sm 5.16; 1 Cr 3.8; 14.7).

2. Pai de Rezom, que reinou sobre toda a Síria e foi adversário de Salomão (1 Rs 11.23,25).

3. Comandante valente e líder de 200 mil homens, durante o reinado de Jeosafá (2 Cr 17.17).

ELIÃ (Heb. "povo de Deus"). Também chamado de Amiel. Pai de Bate-Seba, esposa de Urias, o heteu. Davi fez com que o marido dela fosse morto, depois que se envolveu sexualmente com ela e descobriu que ficara grávida. Posteriormente, Bate-Seba tornou-se esposa dele (2 Sm 11.3; 23.34).

ELIAQUIM (Heb. "Deus levanta"). **1.** Filho de Hilquias, ocupava uma posição proeminente na corte do rei Ezequias. Em Isaías 22.22-24 vemos que, para todos os efeitos, era primeiro-ministro. Segurava "a chave da casa de Davi". Fez parte da delegação que saiu para falar com o comandante do exército assírio que sitiara Jerusalém em 701 a.C. (2 Rs 18.18,26,37; 19.2). Não conseguiram chegar a um acordo de paz e, assim, os assírios proferiram um mensagem para o rei Ezequias em hebraico (2 Rs 18.19-25). A palavra declarava que o Senhor estava do lado deles e enfatizava com sarcasmo a posição precária na qual o rei Ezequias se encontrava naquele momento. Tinha confiado no Egito, a quem os assírios agora referiam-se como esse "bordão de cana quebrada,... no qual, se alguém se encostar, entrar-lhe-á pela mão e a trespassará!" (v. 21).

Eliaquim ficou profundamente preocupado com os soldados que estavam sobre os muros da cidade, pois, se entendessem a mensagem proferida em hebraico, ficariam desencorajados. Assim, pediu aos assírios que falassem em aramaico, a linguagem falada na corte. Isso apenas provocou ainda mais o comandante, que gritou mais ameaças, dessa vez dirigidas diretamente às pessoas que estavam na muralha. Apelou especialmente para que não dessem ouvidos às promessas de Ezequias (2 Rs 18.28-35). Eliaquim, Sebna, seu secretário, e os outros oficiais voltaram à presença de Ezequias com grande tristeza e medo. Esse desfecho, entretanto, fez com que o rei se voltasse para o Senhor e buscasse ajuda e direção, algo que já deveria ter feito muito antes. Deus, que sempre estava pronto para ajudar seu povo, quando clamava por Ele, respondeu à oração de Ezequias por livramento (2 Rs 19.14-19) e interveio diretamente, ao matar 185 mil soldados assírios numa única noite, no próprio acampamento deles (vv. 35ss; veja também Isaías 36.1-22; 37.2).

Ezequias aprendeu uma lição que pouquíssimos reis de Israel ou de Judá tiveram o privilégio de entender: a segurança e a fonte da paz estavam na total dependência do Senhor.

2. Filho do rei Josias, de Judá, foi nomeado por Neco, depois que seu pai morreu na batalha contra os egípcios. Esse Faraó mudou seu nome, como um sinal de submissão; foi chamado de Jeoiaquim (2 Rs 23.34; 2 Cr 36.4). Veja *Jeoiaquim.*

ELIAS, O PROFETA

3. Líder de uma família sacerdotal no tempo de Neemias (Ne 12.41). Foi um dos tocadores de trombeta durante o culto de dedicação dos muros da cidade.

4. Na genealogia de Jesus, é listado como o filho de Abiúde e pai de Azor. No evangelho de Mateus a linhagem real de Cristo é estabelecida de várias maneiras, inclusive por meio dessa genealogia, a qual registra vários reis e príncipes, como Zorobabel, até José e finalmente Jesus (Mt 1.13).

5. Citado na genealogia que vai de Jesus até Adão, como pai de Jonã e filho de Meleá (Lc 3.30). P.D.G.

ELIAS, O PROFETA

Elias, que significa "meu Deus é Jeová", reflete seu caráter, um homem totalmente dedicado ao Senhor. Devido a esse compromisso, Deus pôde usá-lo poderosamente. Sua biografia é uma das mais coloridas e excitantes da Bíblia. Sua história é contada no meio dos relatos dos reis de Israel e Judá, entre 1 Reis 17 e 2 Reis 2. Esses capítulos mostram três aspectos essenciais para se entender o papel deste profeta e seu ministério: os milagres, a mensagem e o próprio homem.

Os milagres de Elias

Os milagres que cercaram Elias compõem o mais vívido dos três aspectos de sua vida. Seja diante do filho da viúva, que ressuscitou dentre os mortos, ou do fogo que fez cair do céu, ou ao ser arrebatado para Deus, todos esses são quadros dos quais todas as pessoas se lembram. Por trás dessas maravilhas, entretanto, está a maneira harmoniosa em que o Senhor as utiliza para ensinar sobre a fé. Os milagres representam "sinais", os quais desafiam os que os testemunham para um momento decisivo. Portanto, eles precisam decidir se ficarão a favor ou contra Deus. Isso é muito claro no evento do monte Carmelo (1 Rs 18.16-46). Elias desafiou o povo: "Até quando coxeareis entre dois pensamentos? Se o Senhor é Deus, segui-o; mas se Baal, segui-o" (1 Rs 18.21). A princípio, os israelitas nada responderam. Quando ouviram o desafio do profeta aos sacerdotes de Baal, deram seu consentimento (1 Rs 18.24). Elias trouxe o povo para o seu lado, quando solicitou ajuda para consertar o altar e jogar água sobre a lenha (1 Re 18.30-35). Somente quando o fogo caiu do céu, contudo, foi que todos responderam com a confissão de fé: "O Senhor é Deus! O Senhor é Deus!" (1 Rs 18.39). Todos então participaram na captura dos sacerdotes pagãos. Assim, o sinal miraculoso desafiou o povo a responder com fé. Um milagre semelhante, no qual Elias fez cair fogo do céu para incinerar duas companhias de soldados enviadas para prendê-lo (2 Rs 1.9-12), levou a uma confissão de fé no profeta como "homem de Deus" e a uma súplica por misericórdia por parte do capitão da terceira companhia que foi enviada (2 Rs 1.13,14).

As atitudes demonstradas pela viúva de Sarepta (1 Rs 17.7-24) também revelam que ela confiava plenamente na mensagem do profeta. Quando entregou a Elias seu último punhado de farinha e óleo, recebeu em retorno um suprimento inesgotável, que a manteve viva durante todo o tempo da seca. Quando o profeta restaurou a vida de seu filho, a acusação feita por ela: "Vieste a mim para trazeres à memória a minha iniqüidade e matares a meu filho?" (1 Rs 17.18) transformou-se numa confissão de confiança na missão e no ministério do profeta: "Agora sei que tu és homem de Deus, e que a palavra do Senhor na tua boca é verdade" (1 Rs 17.24).

ELIAS, O PROFETA

Os últimos milagres de Elias ocorreram na companhia de seu sucessor espiritual, Eliseu (2 Rs 2.1-12). O profeta fez o caminho inverso pelo qual os filhos de Israel entraram na Terra Prometida: da região montanhosa de Betel e Ai para a região de Jericó e finalmente para o Jordão. Assim como aquelas águas se dividiram para o povo ocupar a banda ocidental de Canaã, o mesmo aconteceu a fim de que Elias passasse para o lado oriental do rio. Quando Eliseu contemplou aquele grande milagre, rogou ao seu mestre: "Peço-te que haja porção dobrada de teu espírito sobre mim" (2 Rs 2.9). Do outro lado do Jordão, como aconteceu com Moisés antes dele, foi concedida a Elias uma bênção especial, no momento de sua partida desta vida: subiu ao Céu num redemoinho. Seu sucessor então confessou o poder do Deus de Israel: "Meu pai, meu pai, carros de Israel, e seu cavaleiros!" (2 Rs 2.12). Suas atividades posteriores demonstrariam a fé no Senhor de Elias que Eliseu agora possuía (2 Rs 2.14).

A mensagem de Elias

Os milagres de Elias serviram para chamar muitas pessoas em Israel de volta a Deus. Sua mensagem, contudo, teve uma recepção diferente. Enquanto os prodígios inspiravam uma resposta dos israelitas desobedientes e mornos de todas as camadas sociais, a palavra do profeta era dirigida especificamente aos reis (e rainha também, como no caso de Jezabel) de Israel e Judá. Elias advertiu Acazias de que sua consulta a Baal-Zebube, o deus de Ecrom, concernente à doença que tinha no pé, constituía grave pecado, o qual seria punido com sua morte (2 Rs 1.1-17). Acazias morreu sem demonstrar sinais de arrependimento. A única menção de Elias em Crônicas ocorre quando enviou uma mensagem ao rei Jeorão, de Judá (2 Cr 21.12-20). O profeta advertiu o rei de que suas práticas pagãs e assassinas, mais semelhantes às de Acabe do que as dos seus predecessores em Judá, o levariam a uma morte horrível. A notícia de que esse monarca morreu de uma enfermidade extremamente dolorosa nas entranhas e de que seu falecimento não foi lamentado pelos súditos confirmou as palavras de Elias e também demonstrou a falta de arrependimento do rei de Judá.

O relacionamento de Elias com Acabe ilustra a mais significativa mensagem do profeta e a falta de arrependimento de um líder. Nenhum outro rei de Israel recebeu tantas advertências e também nenhum outro governante caiu tão profundamente no pecado. O ministério de Elias começou por meio de um aviso a Acabe, com respeito à seca (1 Rs 17.1). Ainda assim, tudo o que esse rei fez foi enviar patrulhas para tentar capturar o profeta (1 Rs 18.1-14). No final, dirigido por Deus (1 Rs 18.1,2,15-19), Elias escolheu o tempo e o local para os dois se encontrarem. Em sua primeira explicação a Acabe sobre as razões da seca, o profeta deixou claro que era devido aos erros do próprio rei: "Eu não tenho perturbado a Israel, mas tu e a casa de teu pai. Deixastes os mandamentos do Senhor, e seguistes os baalins" (1 Rs 18.18). O milagre no monte Carmelo provou a superioridade de Jeová sobre as falsas divindades. Embora fosse dirigida a todo o povo, Deus usou Elias para dar essa demonstração individual do poder divino para Acabe. Enquanto o rei corria em sua carruagem em direção a Jezreel para comemorar a vinda da chuva, o profeta o ultrapassou (1 Rs 18.45,46). Apesar de tudo, a poderosa demonstração da fé de Elias ao reter e depois liberar as chuvas (Tg 5.17,18) não demoveu Acabe de sua falsa adoração.

A mensagem do profeta não causou nenhuma mudança no comportamento de Acabe. Influenciado por sua esposa Jezabel, que era da cidade de Tiro (1 Rs 21.25), o rei continuou envolvido com a cultura cananita ao seu redor. Cobiçou a plantação de uvas de um súdito, em Jezreel (1 Rs 21). Embora fosse um patrimônio dado à família

ELIAS, O PROFETA

de Nabote pelo próprio Deus, isso pouco significava para Acabe e muito menos para Jezabel, sua esposa. Ela garantiu que o rei teria o que desejava, sem se importar com a aliança entre o Senhor e seu povo. Nabote foi falsamente acusado e condenado à morte. Acabe apossou-se da vinha. Por tudo isso, Deus enviou uma mensagem de condenação transmitida por Elias. O rei em breve morreria. Jezabel também faleceria e os cães lamberiam o sangue de seus cadáveres. Era um julgamento terrível, pois significava que não descansariam com seus ancestrais, mas morreriam sem ser lamentados, além de amaldiçoados por Deus. De todos os reis para os quais Elias proferiu palavras de advertência, somente Acabe respondeu positivamente. Lemos que rasgou suas roupas, vestiu-se de saco e jejuou. Humilhou-se diante de Deus e o Senhor respondeu que retardaria a condenação até o reinado de seu filho (1 Rs 21.27-29). Ainda assim, o castigo viria, conforme o profeta predissera. O rei foi morto e os cães lamberam seu sangue (1 Rs 22.34-38). Jezabel também teve o mesmo destino (2 Rs 9.30-37). Finalmente, toda a dinastia de Acabe foi exterminada por Jeú (2 Rs 10). Exatamente como Deus dissera (1 Rs 19.17), assim aconteceu.

Todas as mensagens de Elias se cumpriram. O verdadeiro propósito delas, entretanto, era mais do que um pronunciamento de condenação. O seu ministério profético levaria o povo ao arrependimento, numa época de apostasia nacional. Seus milagres proporcionaram ajuda visual que desafiava as pessoas, as quais não estavam preparadas para ouvir seus argumentos. A resposta que davam, contudo, contrastava com a recusa e com o coração endurecido da maioria dos líderes que ouviram as mensagens de Elias. As advertências sobre o juízo de Deus eram designadas para produzir arrependimento nos ouvintes e nas gerações posteriores, que lembrariam as palavras do profeta quando suas mensagens se cumprissem (2 Rs 9.36; 10.10,17).

Elias, o homem

A questão da apostasia nacional introduz o terceiro aspecto da vida do profeta, preservado no texto bíblico: o homem Elias. Esse aspecto é dividido em duas partes: a sua solidão e o arquétipo do papel profético que ele desempenhou. O primeiro examina o relacionamento único entre Elias e Deus e entre o profeta e os que foram chamados para ouvir suas mensagens. O arquétipo profético começa com seu sucessor, Eliseu, e termina no Novo Testamento.

A solidão do profeta engloba todas as áreas de sua vida e ministério. Começa com sua origem, pois veio de Gileade, a leste do Jordão (1 Rs 17.1). Assim, na capital e nas cidades principais do reino do Norte, seria considerado um provinciano. Provavelmente era tido por muitas pessoas como um fanático, procedente de uma região subdesenvolvida. Mesmo assim, é de tais lugares desprezíveis que Deus freqüentemente escolhe seus profetas e mensageiros, seja de Gileade seja da Galiléia. Esse exemplo muitas vezes serve de testemunho contra pessoas que se consideram superiores às outras; mas o Senhor não pode encontrar entre elas ninguém com fé suficiente para agir como mensageiro da Palavra de Deus.

No caso de Elias, seu ministério o colocou em contato com os que não tinham nenhuma consideração por sua maneira "simples" de cultuar apenas a Yahweh. Prefeririam a sofisticada religião urbana dos cananeus, que integravam deuses de grandes e ricos centros comerciais, como Tiro. O monte Carmelo provavelmente era um santuário na fronteira entre a Fenícia e Israel. Assim, implicava a introdução de uma divindade pagã entre os israelitas como o deus principal. O chamado de Elias para confrontar essa impiedade foi o exemplo de um ministro solitário, que permaneceu

ELIAS, O PROFETA

firme contra o poder de centenas de oponentes apoiados pelo Estado (1 Rs 18.19). A eficiência de Deus não foi comprometida pela desigualdade dos dois lados. Na verdade, tal disparidade serviu para mostrar de maneira ainda mais vívida o poder da fé em operação. A experiência, entretanto, poderia apenas aumentar o sentimento de solidão que Elias sentia. Esteve escondido por dois anos, sem nenhuma outra companhia a não ser a de uma viúva e seu filho (1 Rs 17.1-24). Ainda que tivesse notícia de outros profetas de Yahweh (1 Rs 18.13), estavam todos escondidos e não lhe deram nenhum apoio. Portanto, não é surpresa quando o profeta, temendo as represálias de Jezabel, fugiu para Horebe, a fim de salvar a própria vida (1 Rs 19.1-8). Seu sustento miraculoso ali, por quarenta dias, evoca a imagem de Moisés em comunhão com Deus (Êx 24.18), mas também confirma a imagem de uma figura solitária separada do meio de um povo pecaminoso. Duas vezes o Senhor perguntou a Elias por que tinha ido ali e duas vezes ele respondeu com as mesmas palavras de ressentimento (1 Rs 19.10,14; cf. Rm 11.2,3): "Tenho sido muito zeloso pelo Senhor Deus dos Exércitos. Os filhos de Israel deixaram a tua aliança, derrubaram os teus altares, e mataram os teus profetas à espada. Só eu fiquei, e agora estão tentando matar-me também".

A solidão de Elias atinge seu clímax nessa cena. Até aquele momento estava acostumado a expressar a presença de Deus por meio da utilização de magníficos milagres de "efeitos especiais". O Senhor, entretanto, mostrou ao profeta que a presença divina não se apóia em tais demonstrações de poder, mas na aparente fraqueza de palavras proferidas com brandura (1 Rs 19.11-13). Dali em diante, seu ministério enfatizaria a palavra, em lugar da ação. Além disso, seu trabalho não seria solitário, mas desempenhado juntamente com outros profetas fiéis.

Tudo começou com a indicação de Eliseu, que levou o ministério adiante após o arrebatamento de Elias e incluiu a unção de Hazael e Jeú como reis da Síria e de Israel, respectivamente (1 Rs 19.15-17). Esse cuidado em lidar com a solidão do profeta é evidente pelos personagens piedosos que surgem nos capítulos que seguem a cena do monte Horebe (1 Rs 19). Diferentemente de 1 Reis 17 e 18, onde Elias trabalhou sozinho, de agora em diante suas atividades são intercaladas com outros eventos e profetas. O primeiro sinal foi o chamado de Eliseu (1 Rs 19.19-21). Aparecem os servos de Deus anônimos que trabalham em 1 Reis 20. Elias reaparece no relato sobre a plantação de Nabote (1 Rs 21.1-29), em consonância com as profecias de Micaías, filho de Inlá (1 Rs 22.1-28), que confirmaram especificamente o que Elias já profetizara sobre a morte de Acabe. Em 2 Reis 1, o profeta reaparece com uma mensagem para Acazias, a qual pronunciou quando estava sozinho; mas, em 2 Reis 2, fazia-se acompanhar por Eliseu e encontrou grupos de profetas em Betel e Jericó. O ministério de Elias é um exemplo do que um indivíduo que obedece à Palavra de Deus pode realizar. Também é um exemplo de como a fé pública de uma pessoa torna-se o elemento catalisador e leva outros a ter a ousadia de também demonstrar publicamente a confiança em Deus.

Já notamos o simbolismo de Elias como sucessor de Moisés, o qual teve um encontro com Deus em Horebe e deixou esta vida de uma maneira especial. Elias também representa Josué e o povo de Israel, que atravessaram o rio Jordão a pé enxuto. Muito mais importante, porém, é o seu papel como um arquétipo profético. Embora já existissem profetas em Israel antes dele, ele desempenhou um papel especial. Seus milagres e sua mensagem foram levados adiante por Eliseu, o qual pediu porção dobrada do poder que Elias possuía e começou seu ministério repetindo o último milagre de seu mestre: a divisão das águas do rio Jordão (2 Rs 2.14). A palavra de juízo de Elias para o reino do Norte foi assimilada pelos profetas Oséias e Amós, que também

167

ELIAS

escreveram suas mensagens para Israel. Um século depois do ministério de Elias, eles proferiram a mesma palavra de juízo pelos pecados do povo e dos governantes. Essa mensagem também foi proferida para o reino do Sul, por figuras como Isaías e Jeremias. Até mesmo o último profeta do AT, Malaquias, prometeu o retorno de "Elias", que ofereceria uma esperança para o arrependimento antes do juízo (Ml 4.5,6).

No NT essa profecia é lembrada e incorporada em parte com a vinda de João Batista (Lc 1.17). Este, também um solitário, chamou o povo ao arrependimento, junto às margens do rio Jordão. João recusaria a identificação (Jo 1.21,25), mas Jesus alegou que ele era o "Elias" que havia de vir (Mt 11.14; 17.10-13; Mc 9.11-13). Posteriormente, algumas pessoas confundiriam Jesus com Elias (Mt 16.14; Mc 6.15; 8.28; Lc 9.8,19). Cristo, no entanto, nunca reivindicaria essa identificação, embora ligasse seu ministério ao desse profeta, como alguém enviado aos que viviam fora de Israel (Lc 4.24-26). O próprio Elias reaparece na Transfiguração, juntamente com Moisés, como representante de todos os profetas que esperaram o advento do Messias (Mt 17.2-9; Mc 9.2-10; Lc 9.28-36). Elias conversaria com Jesus e o animaria a prosseguir no caminho de solidão e auto-sacrifício que o levaria à cruz (Lc 9.31). Assim, fica claro o quanto era equivocado o escárnio dos que na crucificação sugeriram que Ele chamava por Elias e que o profeta poderia livrá-lo (Mt 27.47-49; Mc 15.35,36). O sacrifício redentor de Cristo era o propósito pelo qual Elias realizara seu ministério enquanto esteve na Terra. Era o propósito de seu retorno simbólico, na figura de João Batista. E era também o alvo sobre o qual Elias conversou com Jesus, na Transfiguração. (Veja *Profetas* e *Profecia.*) R.H.

ELIAS 1. Veja Elias, o profeta.

2. Um dos filhos de Jeroão e líder de clã. Era benjamita e vivia em Jerusalém (1 Cr 8.27).

3. Descendente de Harim, um dos que, ao invés de desposar mulheres da própria tribo, casaram-se com estrangeiras (Ed 10.21). Juntou-se aos que se divorciaram de tais mulheres, depois que ouviram o ensino da lei, ministrado por Esdras.

4. Descendente de Elão. Também é mencionado como um dos que se casaram com mulheres estrangeiras (Ed 10.26).

ELIASAFE. 1. Filho de Deuel e líder da tribo de Gade durante o censo dos israelitas no deserto do Sinai. O povo sob seu comando era de 45.650 pessoas (Nm 1.14; 2.14). Como representante tribal, levou sua oferta pacífica quando o Tabernáculo foi dedicado, no deserto (Nm 7.42,47; 10.20).

2. Descendente de Gérson e filho de Lael (Nm 3.24). Os gersonitas, da tribo de Levi, eram responsáveis pelo cuidado da tenda e das cortinas do Tabernáculo. Cada grupo familiar da tribo dos levitas tinha responsabilidades específicas as quais foram descritas neste capítulo de Números.

ELIASIBE (Heb. "Deus restaura"). **1.** Um dos sacerdotes que serviam no Tabernáculo durante o reinado de Davi. Era responsável pelo 13° turno de serviço (1 Cr 24.12).

2. Sumo sacerdote na época de Neemias, dirigiu a reconstrução da Porta das Ovelhas, no novo muro da cidade de Jerusalém. Era filho de Joiaquim. Existe uma indicação da influência que estrangeiros como Tobias tinham em Israel, e mesmo os sumos sacerdotes estavam associados a ele. Eliasibe era responsável pelos depósitos do Templo e cedera uma das câmaras para Tobias. Quando Neemias regressou da visita que fizera ao rei Artaxerxes, expulsou-o daquele lugar sagrado (Ne 3.1,20,21; 12.10,22,23; 13.4,7,28; Ed 10.5,6).

3. Esdras 10.24 lista-o como um dos cantores israelitas que se casaram com mulheres estrangeiras e viviam com elas em Judá, após o retorno do exílio babilônico.

4. Descendente de Zatu, foi um dos que se casaram com mulheres estrangeiras (Ed 10.27).

5. Descendente de Bani, foi outro que se casou com mulher estrangeira (Ed 10.36).

6. Filho de Elioenai, é listado em 1 Crônicas 3.24 como membro da linhagem real de Judá, depois do exílio.   s.c.

ELIATA (Heb. "Deus vem"). Neto de Asafe, foi um dos muitos filhos que vieram como um presente especial para Hemã, seu pai, a fim de que Deus fosse glorificado. Era um dos levitas separados para profetizar e tocar diante do Senhor. Seu pai era "vidente" do rei Davi. As tarefas durante o culto e a adoração eram distribuídas entre as famílias dos levitas, as quais se revezavam em períodos, por sorteio. O turno de Eliata era o vigésimo (1 Cr 25.4,27).

ELICA. Um dos "trinta heróis" de Davi, os quais iam para a batalha e lideravam o povo de Israel na guerra. Era harodita (2 Sm 23.25; não é mencionado na lista de 1 Crônicas 11).

ELIDADE. Filho de Quislom, foi escolhido pelo Senhor e nomeado por Moisés para liderar a tribo de Benjamim. Sua tarefa era organizar a distribuição do território destinado à sua tribo entre os vários clãs e famílias, depois da conquista de Canaã (Nm 34.21).

ELIEL (Heb. "meu Deus é Deus"). **1.** Líder de clã e soldado valente da tribo de Manassés, que foi infiel ao Senhor e adorou deuses pagãos (1 Cr 5.24,25).

2. Mencionado em 1 Crônicas 6.34; coatita, era bisavô de Samuel. Seus descendentes foram listados entre os músicos do Templo.

3. Filho de Simei, listado na genealogia que vai de Benjamim ao rei Saul (1 Cr 8.20).

4. Filho de Sasaque, também listado na genealogia que vai de Benjamim ao rei Saul (1 Cr 8.22,25).

5. Maavita, era um dos "trinta heróis" de Davi, os quais saíam à batalha e lideravam o povo na guerra (1 Cr 11.46).

6. Outro dos "heróis de Davi" (1 Cr 11.47).

7. Um dos famosos gaditas que desertaram de Saul e uniram-se a Davi, quando este estava em Ziclague. Era o sétimo na lista dos soldados descritos de forma vívida como os guerreiros extremamente valentes. Foram comandantes que proporcionaram um grande apoio ao filho de Jessé nas batalhas (1 Cr 12.11). Mais tarde, a mesma passagem sugere que tais homens transferiram a lealdade ao rei, não simplesmente para estar ao lado do vencedor, mas porque o "Espírito" operara entre eles. Quando o exército de Davi cresceu, tornou-se "como o exército de Deus" (v. 22).

8. Descendente de Hebrom e líder de uma família levita, foi nomeado por Davi para ajudar a levar a Arca do Senhor para Jerusalém (1 Cr 15.9,11).

9. Levita, um dos supervisores dos dízimos e ofertas trazidos pelo povo. Como resultado do extraordinário avivamento que ocorreu durante o reinado de Ezequias, trouxeram tantos presentes e ofertas ao Templo, que foi necessário construir armazéns especiais para guardá-los. Ele fazia parte do grupo seleto, para organizar o armazenamento das doações, sob o comando de Conanias e Simei (2 Cr 31.13).   P.D.G.

ELIENAI (Heb. "meus olhos são de Deus"). Filho de Simei, é citado em 1 Crônicas 8.20, na genealogia que vai de Benjamim até o rei Saul.

ELIÉZER. 1. Damasceno, era servo de Abr(a)ão (Gn 15.2). Seria seu provável

ELIFAL

herdeiro, se o patriarca não tivesse filhos. Abraão estava preocupado porque o Senhor não lhe dera um descendente, conforme havia prometido. Deus reafirmou a promessa de que ele teria seu próprio filho com sua esposa Sara e que Eliézer não seria seu herdeiro (vv. 2-5). A convicção de Abraão nesta promessa lhe foi imputada para justiça (v. 6).

2. Neto de Benjamim e filho de Bequer (1 Cr 7.8).

3. Um dos filhos de Moisés e sua esposa Zípora; irmão de Gérson. Recebeu esse nome de Moisés, que disse: "O Deus de meu pai foi minha ajuda, e me livrou da espada de Faraó" (Êx 18.4). O filho de Eliézer chamou-se Reabias, o qual, por sua vez, teve muitos filhos (1 Cr 23.15,17). Um de seus descendentes foi Selomite, o qual, junto com seus parentes, era o responsável pelos tesouros do rei Davi (1 Cr 26.25,26).

4. Sacerdote cuja tarefa era tocar uma trombeta diante da Arca de Deus, quando esta era conduzida para Jerusalém pelo rei Davi (1 Cr 15.24).

5. Filho de Zicri, era oficial da tribo de Rúben durante o reinado de Davi (1 Cr 27.16).

6. Filho de Dodava, natural de Maressa, profetizou contra o rei Jeosafá, de Judá, porque este fizera aliança com o rei Acazias, de Israel. Os dois construíram juntos navios em Eziom-Geber. Essas embarcações posteriormente foram destruídas, porque o Senhor não aprovou tal aliança com um rei perverso (2 Cr 20.37). É um triste comentário sobre Jeosafá, o qual, depois de ter seguido fielmente ao Senhor durante todo seu reinado (v. 32), sucumbiu à tentação de procurar ajuda contra os inimigos nos que não confiavam no mesmo Deus.

7. Líder entre o povo e homem sábio, que se juntou a Esdras no regresso a Jerusalém, depois do exílio. Ajudou o referido sacerdote a encontrar levitas qualificados para acompanhá-los de volta a Judá (Ed 8.16).

8. Descendente de Jesua, estava entre os sacerdotes que se uniram a Esdras e ao povo no arrependimento, depois do regresso da Babilônia para Jerusalém. Muitos homens de Judá se casaram com mulheres de outras tribos e até de outros povos. Fizeram um pacto de servir ao Senhor (Ed 10.2) e divorciaram-se de suas esposas estrangeiras (vv. 18,19).

9. Levita que também se divorciou da esposa estrangeira (Ed 10.23).

10. Descendente de Harim, também se divorciou da esposa estrangeira (Ed 10.31).

11. Ancestral de Jesus, listado na genealogia que vai de Cristo até Adão. Era filho de Jorim e pai de Josué (Lc 3.29).

P.D.G.

ELIFAL (Heb. "Deus tinha julgado"). Filho de Ur (1 Cr 11.35). Pode ser o mesmo Elifelete mencionado em 2 Samuel 23.34. Era um dos "trinta heróis" de Davi, os bravos guerreiros que lideravam o povo de Israel nas guerras.

ELIFAZ (Heb. "Deus é vitorioso"). **1.** Filho primogênito de Esaú e sua esposa hetéia, Ada (Gn 36.4,10,11,15; 1 Cr 1.35,36).

2. O primeiro e o mais velho dos três amigos de Jó. Inicialmente, eles foram até o patriarca, para "condoer-se dele, e consolá-lo" (Jó 2.11). Quando viram os terríveis problemas que Jó enfrentava debaixo da provação de Deus, ficaram incapazes de falar por longo tempo. Depois, ofereceram-lhe vários conselhos (Jó 2.11; 4.1; 15.1; 22.1,42.7,9). Embora fosse o mais sábio, por meio de seus discursos Elifaz demonstrou ser um "instrutor" dogmático, pois proclamou uma visão moralista da salvação. Primeiro, exortou Jó a aceitar as perdas como castigo de Deus por seus pecados (Jó 5.17). Depois, acusou-o de subestimar o Senhor (Jó 15.4) e o advertiu de que "pagaria caro a Deus" por seus pecados. Finalmente, apresentou-lhe vários pecados e concluiu com um apelo, para que se submetesse a Deus, a fim de ser "restaurado" (Jó 22).

Todo o livro de Jó revela de forma muito clara como a tão repetida explicação religiosa da lei de causa e efeito (pecado = juízo; justiça = bênção) é simplista demais quando as pessoas estão diante do Todo-poderoso, cuja soberania é total. No final, Deus vindicou Jó e ordenou aos amigos que o procurassem, para que intercedesse por eles, mediante sacrifícios, a fim de que fossem perdoados: "O meu servo Jó orará por vós, e aceitarei a sua oração, e não vos tratarei conforme a vossa loucura. Vós não falastes de mim o que era reto, como o meu servo Jó" (Jó 42.7-9). S.C. e P.D.G.

ELIFELETE. 1. Um dos filhos de Davi, nascido em Jerusalém (2 Sm 5.16; 1 Cr 3.6,8; 14.7).

2. Um dos "trinta heróis" de Davi (2 Sm 23.34).

3. Filho de Eseque, um dos descendentes de Benjamim, registrado na genealogia de 1 Crônicas 8.39.

4. Um dos descendentes de Adonicão que regressou da Babilônia com Esdras, durante o reinado de Artaxerxes (Ed 8.13).

5. Um dos descendentes de Hasum, listado entre os que se casaram com mulheres estrangeiras (Ed 10.33).

ELIFELEU. Depois que a Arca da Aliança foi levada para Jerusalém, o culto a Deus foi organizado adequadamente pelo rei Davi. Elifeleu foi um dos membros da família dos meraritas, o qual servia como porteiro; seu trabalho específico, entretanto, era de músico, pois tocava harpa e lira juntamente com seus irmãos (1 Cr 15.18,21).

ELIMAS. Um encantador (At 13.8,9). (Para mais detalhes, veja *Bar-Jesus*).

ELIMELEQUE (Heb. "Deus é rei"). Da tribo de Judá, marido de Noemi; tinha dois filhos: Malom e Quiliom. Viviam em Belém, até que a fome na terra fez com que mudassem para Moabe. Ali, Elimeleque morreu. Seus filhos se casaram com moabitas, mas logo depois também morreram e deixaram Noemi sozinha com as duas noras, sem nenhum apoio masculino na família. Uma delas, chamada Rute, decidiu acompanhar a sogra de volta para Belém e adorar ao Senhor, junto com ela. Posteriormente, casou-se com Boaz, parente de Elimeleque, o qual resgatou sua propriedade, em favor de Noemi e Rute (Rt 1.2,3; 2.1,3; 4.3,9). Na providência do Senhor, esta moabita tornou-se bisavó do rei Davi. Para mais detalhes, veja *Rute*, *Boaz* e *Noemi*. P.D.G.

ELIOENAI. 1. Filho de Meselemias, um dos porteiros do Tabernáculo (1 Cr 26.3).

2. Um dos descendentes de Paate-Moabe; voltou da Babilônia com Esdras, acompanhado de duzentos homens, durante o reinado de Artaxerxes (Ed 8.4).

3. Descendente do rei Davi, listado como um dos três filhos de Nearias, em 1 Crônicas 3.23,24. Essa lista proporciona uma linhagem real para o reino de Judá depois do exílio babilônico.

4. Um líder de clã da tribo de Simeão, mencionado em 1 Crônicas 4.36.

5. Neto de Benjamim, filho de Bequer (1 Cr 7.8).

6. Descendente de Pasur, um dos que se casaram com mulheres estrangeiras, no tempo de Esdras (Ed 10.22).

7. Descendente de Zatu, também listado entre os que se casaram com mulheres estrangeiras (Ed 10.27).

8. Mencionado em Neemias 12.41, líder de uma família sacerdotal. Foi um dos tocadores de trombeta durante o culto de dedicação dos muros de Jerusalém. P.D.G.

ELIOREFE. Listado como um dos príncipes de Salomão, era um dos secretários do rei (1 Rs 4.3). Era filho de Sisa e dividia esse trabalho com seu irmão Aías.

ELISÁ

ELISÁ. Filho de Javã e neto de Jafé; foi o progenitor da nação que leva o seu nome (Gn 10.4; 1 Cr 1.7). As "ilhas de Elisá" são mencionadas em Ezequiel 27.7 como o lugar onde os moradores de Tiro obtinham púrpura azul. É possível que o povo dessa localidade se identifique com os gregos ou com os haibitantes do sul da Itália.

ELISAFATE (Heb. "Deus julga"). Um dos comandantes com os quais Joiada fez um pacto. Comandava uma unidade de 100 homens (2 Cr 23.1) e ajudou esse sacerdote a coroar Joás, rei de Judá. Joiada escondera o menino de Atalia, mãe de Acazias, rei de Judá, morto recentemente. Depois de sete anos, Joás foi coroado rei. Atalia foi morta por Elisafate e pelos outros líderes. O príncipe, que claramente era influenciado por Joiada, reformou o Templo e restaurou o culto ao Senhor. Mais tarde, quando o velho sacerdote morreu, Joás se desviou de Deus e lamentavelmente voltou-se para a adoração dos postes-ídolos (Aserá).

ELISAMA (Heb. "meu Deus ouve").
1. Filho de Amiúde e líder da tribo de Efraim durante o censo dos israelitas no deserto do Sinai. Liderava um grupo de 40.500 pessoas (Nm 1.10; 2.18). Como representante de seu povo, levou as ofertas pacíficas quando o Tabernáculo foi dedicado ao Senhor (Nm 7.48,53). A enorme contribuição feita pelos efraimitas foi entregue no sétimo dia. Elisama também liderou sua tribo quando os israelitas partiram do Sinai e prosseguiram a caminhada rumo à Terra Prometida (Nm 10.22).

2. Filho de Davi. Depois que ele conquistou Jerusalém e mudou-se de Hebrom para lá, tomou muitas mulheres como esposas e concubinas. Elisama foi um de seus muitos rebentos (2 Sm 5.16; 1 Cr 3.8; 14.7).

3. Pai de Netanias e avô de Ismael, o assassino de Gedalias (2 Rs 25.25; Jr 41.1).

4. Filho de Jecamias e líder da tribo de Judá; era descendente de Jerameel (1 Cr 2.41).

5. Efraimita, ancestral de Josué. Seu pai foi Amiúde. Era pai de Num; portanto, avô de Josué (1 Cr 7.26,27).

6. Sacerdote, viveu nos dias do rei Jeosafá, de Judá. Nos primeiros anos de seu reinado, esse monarca serviu ao Senhor e enviou vários mestres e levitas para ensinar o povo sobre o Livro da Lei. Elisama foi um desses mestres (2 Cr 17.8).

7. Nos dias do rei Jeoiaquim, de Judá, foi secretário na corte. O rolo onde estavam escritas as profecias de Jeremias, o qual Baruque levou para o monarca, foi guardado na sala de Elisama, antes de ser lido diante do rei por Jeudi (Jr 36.12,20,21).   P.D.G.

ELISEBA (Heb. "meu Deus é meu juramento"). Filha de Aminadabe e irmã de Naassom. Casou-se com Arão e deu à luz Nadabe, Abiú, Eleazar e Itamar (Êx 6.23). Os dois primeiros foram mortos por Deus e o terceiro sucedeu o pai no cargo de sumo sacerdote (Nm 20.28,29).

ELISEU

No meio do século nono a.C., o reino de Israel foi assolado pela apostasia religiosa. A casa real, representada pelo rei Acabe e sua esposa sidônia Jezabel (1 Rs 16.29—2 Rs 10.17), promovia a religião de Canaã, cultuando a Baal, e não hesitava em desarraigar a verdade por meio da força. A queixa de Elias (1 Rs 19.10,14) é um bom resumo da situação: a apostasia nacional ("os filhos de Israel deixaram a tua aliança"), a perseguição religiosa ("derrubaram os teus altares, e mataram os teus profetas à espada") e a determinação de destruir o culto de Yahweh ("só eu fiquei, e agora estão tentando matar-me também").

ELISEU

Nesta situação, Elias e Eliseu (Heb. "meu Deus salva") encabeçaram "a revolta profética" e, quer soubessem disso quer não, originaram a linhagem de grandes profetas que vieram depois deles. Por esta razão, o ministério dos dois foi marcado por notáveis obras sobrenaturais. A Bíblia é bem frugal naquilo que chamamos "milagres". Eles não estão espalhados por todos os lugares das Escrituras: realmente, em sua maior parte a Bíblia concentra-se na providência ordinária de Deus, mais do que nas manifestações especiais ou espetaculares que proclamam sua presença. Grupos de tais eventos, entretanto, sempre marcam novos começos — Moisés, Samuel, Elias e Eliseu, o Senhor Jesus e os apóstolos. Ao operar de forma inquestionável, o Senhor assim sela e sinaliza a natureza especial e única dos tempos e de seus participantes. Isso nos ajuda a ver Eliseu, assim como Elias, como um dos notáveis homens de Deus.

O manto de Elias

As duas primeiras histórias relacionadas com Eliseu (1 Rs 19.15-21; 2 Rs 2.1-17), seu chamado e sua exaltação como profeta do Senhor depois da ascensão de Elias, estão ligadas pelas referências à capa do seu antecessor (1 Rs 19.19; 2 Rs 2.13-15).

Três nomes figuram no comissionamento de Eliseu (1 Rs 19.15-18). Concernente à apostasia nacional, sobre a qual Elias tinha-se lamentado, o instrumento do juízo de Deus (Dt 28.25,32,33) seria Hazael (2 Rs 8.10-13; 10.32; 12.17,18; 13.3-24). A vingança contra a casa real — pela destruição dos altares e pela morte dos profetas do Senhor — seria operada por meio de Jeú (2 Rs 9 a 10); o ministério profético não terminaria com Elias: Eliseu iria sucedê-lo, juntamente com os 7.000 remanescentes garantidos pelo Senhor. Dessa maneira o substituto de Elias entrou em cena com um papel muito significativo: era o início de uma sucessão profética cujo ministério separaria e sustentaria o remanescente fiel do povo de Deus. A escolha de Eliseu foi uma expressão da soberania do Senhor (1 Rs 19.16), mas exigia uma resposta pessoal. Envolvia sacrifício, pois Eliseu pertencia a uma família rica e amorosa, na qual tinha liberdade para fazer o que desejasse (1 Rs 19.19-21); mas o senso do chamado era muito forte. A capa peculiar do profeta (1 Rs 19.19; 2 Rs 1.8; Zc 13.4) o envolveu, separando-o para a função profética, e ele abandonou a posição social e os privilégios, para tornar-se "servo" do homem mais velho (1 Rs 19.21).

Na época de 2 Reis 2, Eliseu já tinha conhecimento de Deus e estatura pessoal suficiente para recusar as ordens de Elias (2 Rs 2.2-6), quando o profeta — acostumado à vida solitária — desejava encontrar-se com o Senhor sozinho. A história então se concentra no pedido de Eliseu (2 Rs 2.9) e como foi atendido (vv. 13-15). Ao pedir uma "porção dobrada" do espírito de Elias, não desejava ser "duas vezes mais" do que Elias! Esta quantidade era o que recebia o filho primogênito na partilha dos bens (Dt 21.17), e o desejo de Eliseu era ser reconhecido e equipado como o sucessor escolhido por Elias. Numa palavra, sua pronta decisão de acompanhar o profeta (1 Rs 19.21) não foi "um fogo de palha". Seguir Elias tornara-se sua prioridade de longo prazo. Deus honrou seu desejo: a capa derrubada pelo profeta que partia caiu sobre o que surgia e Eliseu atravessou novamente o rio Jordão, de volta à Terra Prometida, com a porção dobrada de Elias reconhecidamente sobre si (2 Rs 2.15). Sua autoridade, entretanto, não era baseada no autoritarismo, nem sua liderança simplesmente baseada na tomada de decisões. Em sua imaturidade, o grupo de profetas queria procurar por Elias e, embora Eliseu soubesse que seria tolice e perda de tempo, não reprimiu aquilo que, afinal, era o produto de uma preocupação amorosa (v. 17); quando voltaram, não transformou aquilo num assunto mais grave (v. 18). Esse espírito amável, gentil e ameno sempre foi a característica de Eliseu.

173

ELISEU

A espada de Eliseu

A associação de Eliseu com Hazael e com Jeú obviamente colocou uma espada de juízo em sua mão, e podemos ver o brilho dela no decorrer de seu ministério. Esta arma, entretanto, às vezes tem outra utilidade: é com o toque dela que um monarca transforma um de seus súditos num nobre, e a espada de Eliseu foi utilizada de forma similar — exaltar o pobre e o necessitado para uma vida melhor.

As primeiras duas histórias sobre Eliseu mostram esses usos contrastantes da espada: uma maldição removida (2 Rs 2.19-22) e uma proferida (2 Rs 2.23-25). Ambas registram como ele era reconhecido publicamente como profeta do Senhor, nos dois lados de seu ministério-espada: restaurando e condenando.

Jericó foi o primeiro obstáculo de Israel na possessão de Canaã e, como tal, foi colocada sob uma maldição por Josué (Js 6.26). Não é interessante que justamente nos dias do rei Acabe um homem chamado Hiel achasse que podia ignorar a maldição, apenas para descobrir (1 Rs 16.34) que precisava pagar um horrível preço? A maldição, porém, prevaleceu também contra os que viviam no lugar amaldiçoado: literalmente, "as águas são más, e a terra é estéril" (2 Rs 2.19) — um manancial de água suspeito que espalhava infecção mortal. Eliseu atravessara o Jordão no mesmo local que Josué o fizera e, como ele, propusera um novo começo em Canaã. Chegara o tempo de indicar o favor de Deus em prol da bênção. A "tigela nova" (2 Rs 2.20) indicava que algo estava para acontecer; o "sal" (embora as Escrituras não expliquem a razão) era o símbolo da aliança eterna do Senhor (Lv 2.13; Nm 18.19; 2 Cr 13.5). Simbolicamente, esse ato reverteu a maldição e trouxe a cidade e seus moradores para as novas bênçãos do pacto, embora o poder não estivesse no ritual ou na mágica, mas na palavra do Senhor proferida por Eliseu (2 Rs 2.22).

Betel (1 Rs 12.28-33) estava no centro da religião herética de Israel. Ir até lá exigiu grande determinação por parte de Eliseu, mas, se ele desejava exercer um ministério sem restrições, seria essencial que desde o princípio estabelecesse domínio onde fosse necessário. Semelhantemente, seria estratégico que os sacerdotes de Betel recebessem o primeiro golpe, agora que Elias havia saído de cena e um novo homem, que não fora ainda testado, estava no comando. Assim, quando Eliseu chegou, arranjaram-lhe um "comitê de recepção" de "rapazinhos" — não crianças pequenas, mas, de acordo com o contexto, "rapazinhos estúpidos" (2 Rs 2.23, 24). O significado da zombaria (e sua gravidade) não é bem claro. O certo é que a cabeça de Eliseu deveria estar coberta, de forma que, se ele fosse realmente calvo, isso não poderia ser visto. Pode ser que ele usasse os longos cabelos de um nazireu (Nm 6.5) e os garotos na verdade zombassem de sua consagração. De qualquer maneira, a situação era de confronto e o futuro de seu ministério dependia do seu desfecho. Lutar ou fugir de qualquer maneira significaria perder o dia; entretanto, existe um grande Deus que fica ao lado dos seus servos quando estão acuados; o Senhor ouviu a zombaria, que para Ele pareceu muito grave. A vitória foi de Deus e 2 Reis 2.25 mostra a completa liberdade que Eliseu teve para viajar por toda a terra em seu ministério.

ELISEU

Bondade e severidade

O padrão das histórias restantes de Eliseu mostra a dimensão de seu ministério em graça e poder:

A^1 2 Reis 3.11-20 (os monarcas): Os reis de Israel denunciados (v. 13). Água da vida. Predita a derrota de Moabe (v.18). A ira de Deus contra Israel (v. 27).

B^1 2 Reis 4.1-7, 8-37 (o povo): A viúva pobre (vv. 1-7) e a senhora rica (vv. 8-37). O filho da sunamita ressuscitado (vv. 32-37).

C^1 2 Reis 4.38-41,42-44 (os profetas e os outros): Tirado o veneno da comida (vv. 38-41). Multiplicação dos pães (vv. 42-44).

D 2 Reis 5.1-27 (Naamã e Geazi): a remoção da impureza contraída (vv. 14,27).

C^2 2 Reis 6.1-7,8-23; 6.24—7.20 (os profetas e outros): A perda recuperada (6.1-8). Multiplicação dos pães (6.23; 7.18).

B^2 2 Reis 8.1-6, 7-14 (o povo e os reis): A terra da sunamita restaurada. A de Israel, perdida.

A^2 2 Reis 9.1-13; 13.14-19,20,21 (os monarcas): os reis de Israel destruídos. A derrota da Síria predita. Eliseu, doador de vida.

As pessoas colocadas entre parênteses indicam o alcance do interesse de Eliseu. Ele podia intervir e influenciar o curso da história, pois seu ministério levou-o diante dos soberanos. Na verdade, também ungiu alguns reis — embora devamos notar cuidadosamente em 2 Reis 9.1-10 a diferença entre o que Eliseu mandou o jovem dizer (v. 1) e o que ele insensatamente acrescentou para satisfazer sua suposição pessoal de que possuía o dom profético (vv. 6-10)! Uma mais maiores qualidades do ministério de Eliseu, contudo, era que sabia ser condescendente com as pessoas comuns com amor e poder (B^1, ^{2}), cuidava de seus subordinados (C^1) e identificava-se com seus desejos (C^2). Eliseu representava uma mistura balanceada da "bondade e severidade de Deus" (Rm 11.22): por um lado, ao sustentar os indignos (2 Rs 3.17), suprir as necessidades do pobre ((4.1-7), alimentar o faminto (4.38s), preocupar-se com uma ferramenta perdida (6.1s), chorar diante do sofrimento (8.11s), restaurar uma criança (4.8-37) e a terra (8.1s) e usar o poder dado pelo Senhor, para promover o bem-estar do povo de Deus (6.8s); por outro lado, severo em suas denúncias (3.13s; 2.23-25), resoluto na promoção dos justos juízos de Deus (9.1,2) e na destruição dos inimigos de seu povo (13.14s). A peça central de toda a apresentação — conforme destacado acima, a história de Naamã e Geazi — é um perfeito resumo da vida deste grande homem, sobre quem a "porção dobrada" de Elias veio tão abundantemente.

Quando Naamã obedeceu à ordem de Deus em toda a sua simplicidade, ao subjugar seu orgulho diante da revelação divina e submeter suas necessidades à provisão divina, foi abençoado (2 Rs 5.1-19). Quando Geazi, entretanto, ao cobiçar privilégios (2 Rs 5.20) e contradizer a mente de Deus conforme revelada na atitude de Eliseu (vv. 16,20), corrompeu a doutrina da graça imerecida expressa na recusa do profeta de

175

ELISUA

receber recompensas, mudou a verdade do Senhor numa mentira (vv. 21,22), dissimulou (v. 25) e viu o ministério da graça de Deus como um meio de obter lucro pessoal (v. 26), contraiu a contaminação do mundo com o qual tinha-se identificado (v. 27). Nas mãos de Eliseu, a espada do Espírito, que é a Palavra de Deus (Ef 6.17), tanto enobrecia como destruía, trazendo vida aos obedientes e morte aos desobedientes.

J.A.M.

ELISUA (Heb. "Deus é salvação"). Filho de Davi. Depois que o rei conquistou Jerusalém e mudou-se de Hebrom para lá, tomou muitas mulheres como esposas e concubinas. Elisua era um de seus muitos rebentos (2 Sm 5.15; 1 Cr 3.6; 14.5).

ELIÚ (Heb. "ele é meu Deus"). **1.** Ancestral de Samuel (1 Sm 1.1). Eliel, em 1 Crônicas 6.34; e Eliabe, em 1 Crônicas 6.27, podem referir-se à mesma pessoa.

2. Um dos líderes da tribo de Manassés que desertou para unir-se a Davi em Ziclague (1 Cr 12.20).

3. Descendente de Obede-Edom, com reputação de capacidade e força no serviço do Senhor. Era coraíta, da tribo de Levi (1 Cr 26.7).

4. Um dos irmãos de Davi, Eliú era um oficial na tribo de Judá (1 Cr 27.18). Eliabe, em 1 Samuel 16.6; 17.13,28; 1 Crônicas 2.13; 2 Crônicas 11.18 é a mesma pessoa.

5. Filho de Baraquel, o buzita, da família de Rão, era um dos amigos de Jó que o aconselharam sobre sua doença e as perdas que sofrera. Ele estava furioso com os outros três amigos, pela incapacidade que demonstraram em refutar os argumentos do patriarca e persuadi-lo. Porque era mais jovem, primeiro ouviu os outros, enquanto buscavam explicar a Jó o que estava errado. Eliú não compreendia como o patriarca tinha a capacidade de afirmar sua inocência perante Deus, diante das tragédias que sofrera. Sugeriu como Jó podia demonstrar arrependimento diante do Senhor. Como os outros, entretanto, não via o que Deus

podia ver, ou o que já sabia no fundo do seu coração: algo muito mais sério acontecia. Como os primeiros capítulos do livro revelam, Jó foi apanhado no meio de um desafio celestial. Ao permanecer fiel ao Senhor durante toda sua provação, ele demonstrou em sua própria vida o poder de Deus para guardar seu povo, não importa o que Satanás atire contra eles (Jó 32.2 a 37.24).

S.C. e P.D.G.

ELIÚDE (Heb. "Deus é meu louvor"). Um dos ancestrais de Jesus mencionado na genealogia de Mateus (Mt 1.14,15). Aparece quatro gerações antes de José. Seu pai é listado como Aquim e seu filho como Eleazar.

ELIZAFÃ (Heb. "meu Deus tem protegido"). **1.** Filho de Parnaque, era líder da tribo de Zebulom. Em Números 34.25, foi apontado por Moisés para ocupar o território que seria destinado ao seu povo. O v. 29, nesse mesmo texto, mostra que os homens nomeados para essa tarefa foram escolhidos pelo próprio Deus.

2. Um dos líderes entre os levitas, durante o tempo da peregrinação no deserto. Era o chefe dos coatitas, que incluíam um grande número de clãs familiares. Era filho de Uziel. Números 3.30,31 revela que esse grupo era responsável pela maioria do trabalho dentro do Tabernáculo, ou seja, "a arca, a mesa, o candelabro, os altares, os utensílios do santuário com que ministram, e o reposteiro com todo o seu serviço". Veja também 1 Crônicas 15.8 e 2 Crônicas 29.13.

P.D.G.

ELIZUR (Heb. "meu Deus é uma rocha"). Filho de Sedeur e líder da tribo de Rúben, na época do censo dos israelitas no deserto do Sinai. Liderava um grupo de 46.500 pessoas (Nm 1.5; 2.10). Como representante dos rubenitas, levou sua oferta pacífica quando o Tabernáculo foi dedicado ao Senhor (Nm 7.30,35). A grande contribuição feita por sua tribo foi entregue ao Tabernáculo no quarto dia. Ele também liderou seu povo quando os israelitas deixaram o deserto do Sinai (Nm 10.18).

ELMADÃ. Um dos ancestrais de Jesus (Lc 3.28). Era pai de Cosã e filho de Er. Listado na 15ª geração depois de Davi.

ELNAÃO (Heb. "Deus é deleite"). Pai de Jeribai e de Josavias (1 Cr 11.46). Seus dois filhos são listados entre os "heróis de Davi", como guerreiros de renome.

ELNATÃ (Heb. "Deus tem dado"). **1.** Pai de Neusta, mãe do rei Joaquim (2 Rs 24.8). Provavelmente é a mesma pessoa do item nº 2.

2. Filho de Acbor, um dos líderes enviados ao Egito pelo rei Jeoiaquim em perseguição a Urias (Jr 26.21-23), um profeta fiel ao Senhor. Ele advertira o povo sobre o iminente juízo de Deus e a destruição de Jerusalém pelos caldeus. Foi obrigado a fugir para salvar a vida, mas Elnatã o apanhou e o trouxe de volta para Jerusalém, onde o rei mandou matá-lo. Esse comandante estava entre os oficiais que ouviram a leitura feita por Baruque das profecias de Jeremias e aconselhou os dois a se esconderem. Depois tentou evitar que o rei queimasse o rolo (Jr 36.12,25).

3. Um dos judeus que lideravam o povo. Ele se uniu a Esdras no regresso da Babilônia para Jerusalém. Ajudou o referido sacerdote a encontrar levitas qualificados para acompanhá-los de volta a Judá (Ed 8.16).   P.D.G.

ELOM (Heb. "terebinto").

1. Heteu, pai das esposas de Esaú, Basemate e Ada (Gn 26.34; 36.2). Elas, tomadas por ele das tribos que se encontravam na região onde se estabeleceram, "foram para Isaque e Rebeca uma amargura de espírito" (v. 35). Seus pais desejavam que Esaú se casasse com uma parente, como fez seu irmão Jacó (Gn 27.46 a 28.8).

2. Um dos filhos de Zebulom e líder do clã dos elonitas (Gn 46.14; Nm 26.26).

3. Da tribo de Zebulom, foi um dos Juízes e liderou Israel por dez anos, após a morte de Ibsã (Jz 12.11,12). (Veja *Juízes*).

ELPAAL (Heb. "Deus tem agido"). Descendente de Benjamim e líder tribal, listado na genealogia que leva ao rei Saul. Sua mãe chamava-se Husim; teve um irmão chamado Abitude (1 Cr 8.11,12,18).

ELPELETE. Um dos filhos de Davi, nascido em Jerusalém, depois que o rei "tomou ainda mais mulheres em Jerusalém, e gerou ainda mais filhos e filhas" (1 Cr 14.3,5). O contexto revela que tomar muitas esposas provavelmente era o que se esperava de um rei cujo reino "se tinha exaltado muito" (v. 2).

ELUZAI (Heb. "Deus é minha força"). Um arqueiro da tribo de Benjamim, ambidestro e extremamente hábil. Primeiro lutou no exército do rei Saul, mas depois juntou-se ao grupo do filho de Jessé, em Ziclague (1 Cr 12.5). Foi um dos "trinta heróis" de Davi. Mais tarde, na mesma passagem, a Bíblia dá a idéia de que tais homens não transferiram a lealdade apenas para estar no lado vencedor, mas porque o "Espírito" operou no meio deles   (v. 23).

ELZABADE. 1. O nono na lista dos famosos guerreiros da tribo de Gade que abandonaram o exército de Saul e se

ELZAFÃ

uniram a Davi, quando ele estava em Ziclague. Esses homens são descritos de maneira vívida como guerreiros extremamente valorosos. Foram comandantes que proporcionaram um grande apoio ao filho de Jessé, nas batalhas (1 Cr 12.12).

2. Filho de Semaías, é listado entre os porteiros do Tabernáculo, no tempo do rei Davi (1 Cr 26.7).

ELZAFÃ (Heb. "protegido por Deus"). Filho de Uziel, tio de Arão, da tribo de Levi. Foi líder dos coatitas (Êx 6.22; Lv 10.4). Moisés pediu a ele e a seu irmão Misael que carregassem os cadáveres dos primos Nadabe e Abiú, para serem enterrados fora do acampamento; os dois morreram ao lado do Tabernáculo, por terem oferecido um sacrifício que não estava de acordo com as instruções de Deus.

EMANUEL

Mencionado quatro vezes na Bíblia (Is 7.14; 8.8,10; Mt 1.23). O nome significa "El (Deus) está conosco" e indica que a pessoa demonstrava a presença especial de Deus com seu povo. Nomes similares aparecem pelo menos em duas ocasiões em antigos escritos judaicos extrabíblicos.

Os cristãos acham que Emanuel refere-se ao próprio nome de Cristo. Mateus 1.23 declara que o nascimento virginal de Jesus cumpriu a profecia de Isaías 7.14: "A virgem conceberá, e dará à luz um filho, e será o seu nome Emanuel". Desde os primeiros séculos do cristianismo, entretanto, os judeus têm questionado essa interpretação dos cristãos. Alegam que Isaías referia-se ou ao seu próprio filho ou a Ezequias, sucessor do rei Acaz. Os cristãos, por sua vez, continuam firmes na identificação de Cristo como o Emanuel da referida profecia.

Para entendermos melhor o significado deste título para Jesus, precisamos primeiro olhar para o contexto histórico original da profecia de Isaías. Os eventos registrados nos caps. 7 a 8 aconteceram durante um período de profunda crise, no reinado de Acaz, rei de Judá (732 a 715 a.C.). Em 735/4 a.C., o rei Rezim, da Síria, e Peca, de Israel, atacaram os judeus, a fim de forçá-los a unir-se a eles numa aliança contra o Império Assírio (Is 7.1,2). O Senhor enviou Isaías para dizer a Acaz que Rezim e Peca não consistiam uma ameaça séria (Is 7.3-9). Deus ofereceu ao rei de Judá um sinal do seu cuidado (Is 7.10), mas Acaz, numa atitude hipócrita, recusou o sinal, e preferiu a proteção da Assíria (Is 7.10-12). Em resposta, Isaías anunciou que o Senhor mesmo escolheria um sinal, que seria Emanuel (Is 7.13,14).

É comum os cristãos interpretarem Isaías 7.14 como uma referência direta e exclusiva a Cristo. De acordo com este ponto de vista, o profeta assegurava a Acaz a proteção por meio do Messias. Dessa maneira, Jesus é o cumprimento da profecia e o termo Emanuel refere-se exclusivamente a ele. Essa abordagem tradicional, entretanto, não dá a devida atenção a um contexto mais amplo da profecia.

Vários fatores indicam que essa profecia falava de alguém que vivia nos dias de Isaías, como um tipo ou prefiguração de Cristo:

Primeiro, o profeta disse ao rei Acaz que seus vizinhos do norte deixariam de ameaçá-lo antes que Emanuel soubesse "rejeitar o mal e escolher o bem" (Is 7.15,16). Logo depois do nascimento do menino, Judá seria entregue nas mãos da Assíria, por causa da infidelidade do rei (Is 7.17-25). Essas descrições orientam a profecia inteira para o tempo de Acaz e não para os dias de Jesus, 700 anos mais tarde.

Segundo, Isaías 8.3 registra que o profeta teve um filho, Maer-Salal-Has-Baz ("rápido-despojo-presa-segura"). Paralelamente com a descrição do Emanuel (Is 7.15), Isaías

EN-DOR

anunciou o despojo da Síria e Israel "antes que o menino saiba dizer meu pai ou minha mãe" (Is 8.4). Essas descrições tornam possível que o Emanuel fosse Maer-Salal-Has-Baz. Se for assim, Isaías tornou-se pai dessa criança (depois que sua primeira esposa morreu) com uma segunda esposa cujo nome não é mencionado e que cumpriu o requisito da profecia, porque era virgem no momento em que a predição foi feita.

Terceiro, Isaías falou sobre Emanuel nos dois oráculos que se seguiram ao nascimento de Maer-Salal-Has-Baz (Is 8.8,10). Essa associação próxima entre os dois nomes também pode indicar que se tratava da mesma pessoa.

Deste ponto de vista, o Emanuel original nasceu nos dias de Isaías como uma figura de Cristo. Mateus 1.23 explica que Jesus era a expressão definitiva da presença de Deus no meio de seu povo. Como o Messias, Cristo era tudo o que o filho de Isaías representava, e muito mais.

A presença de Deus conosco é um conceito fundamental em todo o Antigo Testamento. O Senhor é mencionado como o que habita no meio de seu povo pelo menos 89 vezes. Deus estava presente com os indivíduos e com toda a nação (Gn 21.20; 28.15; 31.3; 39.2,3; 46.4; Dt 20.4; Js 1.5,9,22; 6.27; Jz 1.19; 2.18; 1 Sm 3.19; 10.7; 17.37; 18.14,28; 2 Sm 7.9; 2 Rs 18.7; 1 Cr 22.11,16,18; 2 Cr 1.1; Zc 10.5). Num mundo cercado por inimigos, os israelitas fiéis nutriam a presença de Deus. Ele era a única esperança segura que eles tinham de bênção e proteção.

A presença de Deus no meio de seu povo também é um conceito vital no Novo Testamento. Jesus cumpriu Isaías 7.14, porque Ele era a plena demonstração da presença do Senhor no meio de seu povo. Em seu ministério terreno, Cristo tornou-se o Deus encarnado, que viveu entre nós (Jo 1.14). Jamais o Senhor se identificara tão intimamente com o povo da sua aliança. Depois de sua ascensão, Jesus enviou o Espírito Santo para estar com seu povo (Jo 14.16; At 1.8; 2.1-41). Por meio da terceira pessoa da Trindade, Cristo está no meio da Igreja, a fim de protegê-la e abençoá-la (Mt 28.20). Paulo também explicou que os que dormem no Senhor estão com Jesus (2 Co 5.8) e um dia voltarão com Ele (1 Ts 3.13). Finalmente, a grande esperança do Novo Testamento é que, após o julgamento final, Cristo estará no meio de seu povo para sempre, num novo Céu e numa nova Terra (Ap 21.3).   R.P.

ENÃ. Um dos líderes da tribo de Naftali. Só é mencionado em conexão com seu filho Aira, a quem posteriormente Moisés nomeou chefe dos naftalitas (Nm 1.15; 2.29; 7.78; etc.).

EN-DOR, (a feiticeira de). 1 Samuel 28 relata um incidente na vida de Saul, quando o rei consultou uma feiticeira na cidade de En-Dor, para saber sobre o futuro dele. Ele próprio, sem dúvida por orientação de Samuel, expulsara todos os médiuns e adivinhos de Israel (1 Sm 28.3), de acordo com a Lei de Deus (Dt 18.10,11). Depois da morte do velho juiz, por sentir-se cada vez mais ameaçado por Davi e pelos filisteus, Saul dispôs-se a quebrar a Lei, numa tentativa de sobrevivência.

Os filisteus tinham armado acampamento em Suném e Saul levou suas tropas a Gilboa, para a batalha. "Vendo Saul o arraial dos filisteus, temeu e estremeceu muito o seu coração" (1 Sm 28.5). A princípio, o rei consultou ao Senhor por meio dos profetas e do *Urim* e *Tumim* e esperou que Deus lhe falasse por sonhos; o Senhor, porém, não lhe respondeu (vv. 5,6). Saul estava tão afastado de Deus que, para ele, olhar para o Senhor tornara-se apenas uma última tentativa de sobrevivência. Desde que já estava sob juízo,

ENÉIAS

Deus não lhe respondeu; assim, Saul confirmou sua desobediência e falta de confiança no Senhor, e procurou a feiticeira.

Em nenhum lugar a passagem indica que tal utilização do serviço de uma feiticeira seria aceitável sob certas condições. De fato, a verdade é o contrário. A consulta foi o grande ato final da desobediência de Saul, que levou ao pronunciamento de sua morte. A passagem também indica que a própria feiticeira ficou atônita quando um possível demônio disfarçado de Samuel lhe apareceu (1 Sm 28.12,13). Parece que nunca tivera uma experiência como aquela antes. Sem dúvida, toda a seqüência do evento foi permitida pela providência de Deus, a fim de que o seu juízo pudesse ser pronunciado de uma maneira que Saul, a despeito de todo o seu pecado e desobediência, pudesse entender. P.D.G.

ENÉIAS. Mencionado apenas em Atos 9.33-35. Este vocábulo significa "louvor". Enéias vivia em Lida e era paralítico, prostrado em um cama havia oito anos. O apóstolo Pedro repreendeu-lhe a enfermidade e Jesus o curou. O milagre foi instantâneo. Como resultado, muitas pessoas na cidade converteram-se ao Senhor.

ENOQUE. 1. Primeiro filho de Caim, depois que este foi banido por Deus, condenado a vagar pela Terra. Portanto, era neto de Adão e Eva. Seu pai foi o primeiro homicida; seus descendentes, como Lameque, ficaram famosos pelos pecados que cometeram. Caim colocou o nome deste filho na primeira cidade que fundou (Gn 4.17,18,23,24).

2. Num vívido contraste com o filho de Caim, a Bíblia descreve em Gênesis 5 outro Enoque, da linhagem de Sete, filho de Adão e Eva que ocupou o lugar de Abel, morto por Caim (Gn 4.25). A maioria dos seus descendentes permaneceu fiel ao Senhor e o adorava. Enoque, filho de Jarede e pai de Matusalém, foi um homem notável nessa linhagem piedosa

(Gn 5.18,19,21,22; 1 Cr 1.3). Viveu um total de 365 anos e "andou com Deus". Em outras palavras, levou uma vida justa, a serviço do Senhor. Em vez do registro de sua morte, a Bíblia simplesmente diz, "e já não era, porque Deus para si o tomou" (Gn 5.24).

Como membro da linhagem dos descendentes de Adão que permaneceram fiéis ao Senhor, Enoque também aparece como ancestral de Jesus, em Lucas 3.37. O escritor da carta aos Hebreus, ao comentar sobre a fé de alguns dos grandes heróis do passado, diz que Enoque "foi trasladado, para não ver a morte", porque "alcançou testemunho de que agradara a Deus" (Hb 11.5). O escritor vai mais adiante, e destaca que só é possível "agradar a Deus", por meio da fé nele. Assim Enoque foi considerado "justo" perante o Senhor, por sua fé; um ensino que o escritor demonstra ser essencial para o entendimento adequado do cristianismo.

Não há dúvidas de que Enoque foi "trasladado", ou simplesmente removido da Terra para a presença de Deus, sem experimentar o sofrimento ou a dor da morte. Como isso aconteceu ou por que ele em particular foi escolhido para ter esse grande privilégio não é revelado nas Escrituras.

3. Outra referência a Enoque é encontrada em Judas 14, que cita a profecia de um livro do período intertestamentário, atribuído ao Enoque de Gênesis 5. Não há indicação de que Judas considerasse esse texto "inspirado", ou parte de seu conteúdo confiável. No entanto, ele fez uma citação aprovadora, como um livro que continha um conceito com o qual ele concordava: o Senhor retornaria com seus anjos, para julgar todos os maus. P.D.G.

4. Um dos líderes do clã dos midianitas, Enoque era um dos cinco netos de Abraão e de Quetura (Gn 25.4; 1 Cr 1.33).

5. O filho mais velho de Rúben e líder da família que ficou conhecida como o clã dos enoquitas (Gn 46.9; Êx 6.14; Nm 26.5; 1 Cr 5.3).

180

ENOS. Neto de Adão e filho de Sete, viveu 905 anos (Gn 4.26; 5.6-11; 1 Cr 1.1). Em seu tempo, a Bíblia diz que "os homens começaram a invocar o nome do Senhor" (Gn 4.26). A intenção aqui é estabelecer um contraste direto entre os descendentes de Sete e sua obediência ao Senhor e a linhagem de Caim, a qual foi mencionada previamente em Gênesis 4. Enos também é citado na genealogia que vai de Jesus até Adão (Lc 3.38).

EPAFRAS. Foi chamado de "meu companheiro de prisão em Cristo Jesus"; "nosso amado conservo"; e de "servo de Cristo Jesus", por Paulo, com quem trabalhou e foi companheiro de prisão em Roma (Fm 23; Cl 1.7; 4.12). Aprendemos, por meio do apóstolo, em Colossenses 1, que esses irmãos converteram-se ao Cristianismo por meio da pregação de Epafras. Era conhecido pelo seu compromisso com Cristo e sua perseverança na pregação do Evangelho, não só em Colossos, mas também em Hierápolis e Laodicéia (Cl 4.13). Ele tinha "grande zelo" por essas igrejas, talvez por providenciar sustento material para elas, em outras igrejas, ou simplesmente por orar e ensinar. Também levou informações a Paulo sobre os colossenses, para os quais o apóstolo destinou uma carta. Esses irmãos eram conhecidos por sua "fé e amor", pelo "amor no Espírito" e pelas evidências da graça de Deus que operava entre eles.

Além de sua fidelidade na pregação, Epafras também destacava-se como um homem de oração. Era conhecido pela intercessão que fazia pelos que aceitaram a Cristo por meio do seu ministério. Sabia o quanto era importante para os novos convertidos terem um crescimento contínuo na fé, principalmente diante da perspectiva de enfrentarem o falso ensino e até mesmo perseguições. Sua oração era para que os colossenses pudessem conservar-se "firmes, perfeitos e plenamente seguros em toda a vontade de Deus" (Cl 4.12). Seu ministério provavelmente foi caracterizado pelo compromisso total com Cristo e o Evangelho, de uma maneira freqüentemente associada ao próprio Paulo. Talvez por essa razão o apóstolo o tenha chamado de "escravo de Cristo Jesus" (Versão Contemporânea, "servo"), um termo reservado para si mesmo e para Timóteo (uma vez).

EPAFRODITO. Cristão da cidade de Filipos, mencionado somente em Filipenses 2.25-30 e 4.18. Foi enviado pela igreja daquela cidade ("vosso enviado" Fl 2.25), para levar um donativo em apoio ao ministério de Paulo. Ele deu total assistência ao apóstolo, suprindo para com ele o ministério pessoal dos outros irmãos filipenses que não poderiam ir pessoalmente até onde Paulo estava preso (2.30).

Não se sabe ao certo se Epafrodito era um dos líderes da igreja em Filipos ou simplesmente um discípulo comprometido com Cristo, mas é bem evidente que Paulo tinha por ele uma elevada consideração e estima, ao chamá-lo de "meu irmão" (2.25). Ele compartilhava a herança do apóstolo, seus objetivos e seu serviço na família de Deus. Paulo refere-se a ele como "cooperador" (v. 25), ao enfatizar o serviço que fez Epafrodito ficar gravemente enfermo (v. 26). Paulo o chama de "companheiro nos combates", porque o serviço do Evangelho em que ambos estavam envolvidos era uma luta de vida ou morte e Epafrodito estava disposto a chegar "até bem próximo da morte" pela obra de Cristo (v. 30).

A enfermidade de Epafrodito, que o deixou quase à morte, causou grande preocupação para Paulo e os filipenses, e o apóstolo considerou sua recuperação como uma intervenção misericordiosa de Deus (Fl 2.27). Os irmãos ficaram tão angustiados com sua doença que o próprio Epafrodito ficou preocupado. Assim, quando melhorou o suficiente para poder viajar, Paulo o despediu, com as mais altas recomendações, e assegurou aos filipenses que o irmão enviado por eles superara todas as expectativas no cumprimento de seu dever cristão.

O nome Epafras é uma contração de Epafrodito. Ambos eram muito comuns no primeiro século. Não se deve confundir Epafrodito com Epafras, o qual era nativo de Colossos (Cl 4.12,13; Fm 23). Epafrodito é o equivalente grego do nome latino "Venustus", e ambos indicam uma associação familiar com o culto de Afrodite (Vênus). Além de ser a deusa do amor e da beleza, era também a protetora dos jogadores, que invocavam seu nome quando faziam suas apostas e arriscavam suas fortunas. Em Filipenses 2.30, Paulo usa a palavra "arriscar"[1], que não é encontrada em outro texto do Novo Testamento. Na literatura grega extrabíblica ela é usada para descrever as apostas nos jogos. Possivelmente o apóstolo utilizou tal expressão para afirmar poderosamente que Epafrodito (com o nome pagão intacto) arriscou tudo — não por Afrodite, mas pela obra de Cristo. (As palavras "próximo da morte" em Filipenses 2.30 são as mesmas usadas para descrever o auto-sacrifício de Jesus em Filipenses 2.8.)

Correta ou não a conexão do nome Epafrodito com o risco das apostas nos jogos, a relação entre o auto-sacrifício desse discípulo e o de Cristo é certa. A colocação desta recomendação de Epafrodito (e Timóteo) em Filipenses 2.19-30 é difícil de entender à primeira vista (as recomendações e saudações de Paulo geralmente estão no final das cartas). De fato, são ilustrações muito bem colocadas sobre o tipo de sacrifício humilde e a disposição de negar a si mesmo que Cristo produziu em seu povo. Epafrodito era a prova viva de que tal humildade, geradora de unidade, era possível na igreja de Filipos.

A.M.

EPÊNETO. No final da epístola de Paulo aos Romanos, ele é saudado como "meu amado" (Rm 16.5). Provavelmente ocupava um lugar muito especial no coração do apóstolo, pois era o primeiro convertido "da Ásia" e, assim, a primeira evidência da graça de Deus na vida do povo que habitava ali. A área referida provavelmente era Éfeso.

EPICUREUS. Seguidores de uma escola filosófica grega, fundada por Epicuro (341 a 270 a.C.), que existia nos dias da Igreja Primitiva. Paulo encontrou com alguns deles em Atenas (At 17.18). Seus adeptos eram indiferentes aos deuses: acreditavam neles, mas os consideravam muitos distantes para se preocupar com o homem. O epicurismo era um equivalente antigo muito próximo do agnosticismo secular moderno, o qual define a vida com base nas experiências. Ao contrário dos estóicos, os epicureus afirmavam que as sensações, os preconceitos e os sentimentos humanos eram o padrão da verdade. Segundo eles, existem dois estados de sentimento: o prazer e a dor; dois tipos de questão: a concernente às coisas e a relativa às palavras. O objetivo da vida é alcançar e experimentar a felicidade. A morte não deve ser considerada. Nenhum plano deve ser feito com relação ao futuro, pois ninguém sabe o que este lhe reserva. O fim de toda ação é libertar da dor e do medo. Para experimentar o prazer, às vezes é necessário provar a dor. A ausência da dor deve ser desejada e o prazer precisa ser buscado. Por prazer, os epicureus não querem dizer necessariamente o sensual, mas antes o que tira a dor do corpo e os problemas da alma. Assim, o maior bem é a prudência, buscando a base de cada escolha e determinando corretamente o que deve ser evitado. Uma vida de verdadeiro prazer seria uma existência de prudência, honra e justiça. Esse resumo das filosofias dos epicureus reflete a descrição feita por Diógenes Laertius em *A Vida dos Filósofos Eminentes*, Livro 10.

D.B.

EQUER. Um dos netos de Jerameel (1 Cr 2.27).

ER (Heb. "aquele que vigia").

1. Primeiro filho de Judá com sua esposa cananita (filha de Sua) e neto de Jacó (Gn 38.3-7,12; 46.12; Nm 26.19; 1 Cr 2.3). Seu pai arranjou-lhe uma esposa chamada Tamar. A Bíblia nada diz sobre Er, exceto que "era mau aos olhos do Senhor, pelo que o Senhor o matou" (v. 7). Maiores detalhes são dados sobre o pecado de seu irmão Onã, mas parece que a maioria dos membros da família havia rejeitado o Senhor e se envolvido na cultura e religião dos cananeus. Gênesis 38 é um capítulo triste, que registra os pecados de Judá e de sua família.

2. Filho de Sela e pai de Leca; portanto, neto de Judá (1 Cr 4.21). Era o líder dos clãs que trabalhavam com linho e viviam em Bete-Asbéia.

3. Listado na genealogia de Jesus em Lucas, que vai de José a Adão. Era filho de Josué e pai de Elmadã (Lc 3.28).

ERÃ. Um dos netos de Efraim e filho de Sutela. Tornou-se líder do clã dos eranitas.

ERASTO. Um dos "ministros de Deus", sobre o qual Paulo fez menção (Rm 13.6). Era o "tesoureiro da cidade", na colônia romana de Corinto (Rm 16.23), onde o apóstolo escreveu sua carta aos romanos. As tarefas do "tesoureiro da cidade" eram a manutenção das propriedades como ruas e prédios públicos, a coleta da receita e a intermediação legal nos assuntos comerciais, inclusive presidir os litígios financeiros. Numa cidade rica como Corinto, provavelmente ele precisava de grandes recursos financeiros para estabelecer as garantias necessárias a esse cargo cívico honorário.

Para ser eleito, Erasto também precisava ser um cidadão romano. Como o cargo era eletivo, ele talvez fosse uma pessoa bem conhecida, pois tinha a total confiança dos principais cidadãos de Corinto. As campanhas eleitorais exigiam que os candidatos vencedores cumprissem imediatamente suas promessas. Sabemos que um grande pavimento, que media 19 x 19 metros, foi colocado sobre grandes lajes de calcário acrocoríntio, próximo ao teatro. As palavras gravadas em bronze dizem claramente: "Erasto colocou esse pavimento à sua própria custa, em troca do "aedile"". *Aedile* era o equivalente em latim da palavra grega *oikonomos*, ou "tesoureiro, administrador". Corinto era uma colônia romana e no tempo de Paulo sempre se usavam termos latinos para designar os cargos públicos. Sabemos que as leis não faziam restrições quanto às convicções religiosas de quem ocupasse tais funções. Isso significava que judeus, portanto até mesmo cristãos (que Gálio igualou com os judeus em seu discurso em Atos 18.12-15) podiam ser eleitos livremente em Corinto.

Assim, eis aqui um cristão, um cidadão proeminente da cidade, que usava sua riqueza pessoal e influência para ocupar um cargo público honorário. Isso estava de acordo com a ordem dada por Deus, a fim de que seu povo buscasse o bem-estar da cidade (Jr 29.7). Erasto, portanto, era considerado um benfeitor cívico, a quem os governantes provavelmente elogiaram, por ter feito "boas obras". Havia uma bem conhecida convenção, que tinha uma longa história no mundo romano, de se reconhecer publicamente tais boas obras, e Paulo recomenda as benfeitorias feitas pelos cristãos que tinham os recursos para ocupar cargos e realizar tais tarefas cívicas (Rm 13.3-4).

Como outros cooperadores de Paulo, Erasto também estava ativamente engajado no ministério cristão. Como Apolo, foi para Éfeso, a fim de ajudar no importante ministério que se desenvolvia ali. O apóstolo o enviou à Macedônia junto com Timóteo, com o propósito de engajar-se no ministério (At 19.22). A última vez que ouvimos sobre esse importante cristão foi quando ele estava em Corinto (2 Tm 4.20), onde sem dúvida exerceu um importante papel na igreja. Por ser um ci-

ERI

dadão proeminente, sua casa provavelmente fosse grande o suficiente para permitir que os cristãos locais se reunissem nela.

Erasto era um cristão de muitas posses e também cidadão romano. Usava seus recursos num cargo público, que ele próprio criara. Como um servo dedicado, estava sempre disposto a viajar por mar ou terra, para participar de campanhas evangelísticas e do fortalecimento das igrejas. E em seu caso não havia barreira entre a busca do bem-estar material da cidade, no papel tanto de ministro como de servidor público, e o ministério espiritual do Evangelho, na fundação das igrejas. O mundo de Deus não é dividido; ele exercita seu cuidado providencial tanto no nível cívico como espiritual.

B.W.

ERI. É listado como o quinto filho de Gade e entre os que desceram com Jacó para o Egito (Gn 46.16). A passagem dá algumas indicações do grande número de pessoas que acompanharam o patriarca ao Egito. Eri tornou-se o líder do clã dos eritas (Nm 26.16, onde aparece como Heri).

ESAR-HADOM. (Ass. "Asur (um deus) tem dado um irmão"). Filho de Senaqueribe, foi rei da Assíria (681 a 669 a.C.). Seu pai foi morto por seus dois outros filhos, Adrameleque e Sarezer, enquanto adorava seu deus Nisroque (2 Rs 19.37; Is 37.38). A dedicação de Esar-Hadom a seus deuses é registrada em várias inscrições, assim como o fato de que Manassés, rei de Judá, pagou-lhe tributos. Na narrativa bíblica ele é lembrado por sua política de deportar os povos que conquistava. As pessoas que foram colocadas por ele em Judá e na região circunvizinha ainda estavam lá nos dias de Esdras (Ed 4.2). Não foi permitido que ajudassem na obra de reconstrução do Templo, apesar de alegarem que adoravam o Deus israelita desde que chegaram ao país. A prática da deportação e a re-

moção de todo um povo de uma região para outra muitas vezes resultava em que tais pessoas adotavam a adoração do deus local, pois achavam que ele teria mais condições de abençoá-los.

Parte do tributo dos reis vassalos como Manassés era para que aprendessem a obedecer ao rei da Assíria e reconhecessem Asur como seu novo deus. A terrível idolatria que essa prática causou é descrita de forma vívida em 2 Reis 21.

P.D.G.

ESAÚ. Era o que hoje chamaríamos de uma pessoa "acomodada". Adorava a liberdade da vida ao ar livre (Gn 25.27) e não levava nada a sério. Suas atitudes rudes e a maneira como fugia das dificuldades da vida foram a causa de sua trágica queda. Era o filho primogênito dos gêmeos de Isaque e Rebeca (Gn 25.25) e tornou-se o favorito do pai (vv. 27,28). A disputa entre os dois ficou mais inflamada quando o patriarca percebeu que estava às portas da morte (Gn 27.1) e, portanto, era a hora de passar a bênção da família para seu filho primogênito; entretanto, Rebeca e Jacó o enganaram, ao aproveitar o fato de que não podia mais enxergar, de maneira que o mais novo recebeu a bênção no lugar do primeiro (vv. 5-19). Esaú teve uma explosão de genuína tristeza e fúria (Gn 27.34,41), mas sua natureza de pessoa "acomodada" não permitiu que sustentasse muito tempo a animosidade. Assim, quando Jacó retornou temeroso de Padã-Arã, o irmão o recebeu como se nada tivesse acontecido (Gn 32.3-7; 33.1-4).

Infelizmente, seus descendentes edomitas mostraram ser muito mais intratáveis, e a pequena pedra que os dois irmãos atiraram no lago da história fez círculos cada vez maiores (Sl 137.7; Am 1.11; Ob 9 a 14). Esaú, entretanto, nada levava a sério. Quando seus pais reprovaram as esposas que escolhera (Gn 26.34), saiu e casou-se com outra mulher, filha de Ismael (Gn 28.6-9). Para ele, os

ESDRAS

problemas da vida podiam ser resolvidos facilmente! De fato, só foi capaz de ficar zangado com a fraude de Jacó porque não levou a sério a transação que fizeram anteriormente, na qual vendeu seu direito de primogenitura. Ao voltar de uma caçada, cansado e faminto, Esaú encontrou o irmão ocupado na cozinha. O aroma era tentador demais e, numa atitude típica dele, viu tudo de uma maneira exagerada: qual seria a utilidade do direito de primogenitura se morresse de fome? Essa decisão frívola, entretanto, teve conseqüências irreversíveis. O que Esaú considerava como "ter um ponto de vista complacente", a Bíblia chama de "devasso" e "profano" (Hb 12.16) — a atitude de viver como se não existisse vida eterna nem valores absolutos. Para ele, não houve oportunidade para arrependimento (Hb 12.17). J.A.M.

ESBAAL. Um dos filhos de Saul e irmão de Jônatas (1 Cr 8.33; 9.39). Também chamado de Is-Bosete. Depois da morte do rei, Abner tomou-o e tentou fazê-lo sucessor do pai. A tentativa de se criar um reino alternativo para competir com Davi teve vida curta; logo Is-Bosete foi morto, o que entristeceu o filho de Jessé (1 Sm 2 e 4. Veja *Is-Bosete*).

ESBÃ. Um líder entre os horeus. Era filho de Disã e neto de Aná (Gn 36.26; 1 Cr 1.41).

ESBOM. 1. Um dos sete filhos de Gade, listados em Gênesis 46.16, entre os que foram com Jacó para o Egito. Em Números 26.16 é chamado de Ozni e é o fundador do clã dos oznitas.

2. Neto de Benjamim e filho de Belá (1 Cr 7.7).

ESCOL. Um dos três irmãos amorreus (veja também *Manre* e *Aner*) que se aliaram a Abraão, quando perseguiu Quedorlaomer, a fim de resgatar o sobrinho Ló do cativeiro (Gn 14.13-16). O pa-

triarca posteriormente demonstrou-lhes sua gratidão (v. 24). Para mais detalhes sobre o incidente, veja *Anrafel*.

ESDRAS. Este vocábulo deriva de um termo hebraico que significa "ajuda". Provavelmente é uma forma abreviada de Esdraías, "Yahweh ajuda". Os pais davam este nome aos filhos do sexo masculino, como um louvor ao Senhor por sua ajuda em tempos de guerra. Existem três pessoas com esse nome no Antigo Testamento:

1. Veja *Ezra*.

2. Logo após o término do exílio babilônico, um sacerdote chamado Esdras retornou para a Terra Prometida junto com Zorobabel (Ne 12.1,13). Ele é também chamado Azarias em Neemias 10.2. Era um zadoquita, sob a liderança de Josué, o sacerdote naquele tempo.

3. O mais importante personagem com este nome sem dúvida era o escriba que liderou as grandes reformas no meio do povo de Israel após o exílio, uma geração ou duas depois de Zorobabel.

O ministério de Esdras. Os livros de Esdras e Neemias falam muito sobre esse bem conhecido personagem. Ele era descendente de Arão, o primeiro sumo sacerdote de Israel (Ed 7.2-7). Esdras pertencia à família de Seraías, a quem Nabucodonosor matou em Ribla (2 Rs 25.18-21). O filho de Seraías, Jeozadaque, foi o sumo sacerdote exilado para a Babilônia (1 Cr 6.14,15). Embora este não seja mencionado na genealogia de Esdras (Ed 7.2-7), tratava-se de um membro dessa linhagem ou com uma relação muito próxima a ela.

Esdras ocupou uma posição de liderança no exílio, provavelmente devido à sua linhagem sacerdotal. Sua função exata é desconhecida, mas participava dos negócios do governo, em tal posição que Artaxerxes, o imperador persa, deu-lhe sua recomendação pessoal (Ed 7.11,12).

Esdras foi descrito como "escriba" (também traduzido como "mestre" em algumas versões da Bíblia). O rei Artaxerxes

ESDRAS

o designou "o escriba" (Ed 7.6,11), talvez para indicar que sua função seria algo como conselheiro real. A tradição judaica atribuiu esse título a Esdras, devido aos seus conhecimentos especializados na Torá, a Lei de Moisés. De fato, ele teve um papel proeminente na edição e composição das maiores porções do Antigo Testamento.

Esdras liderou uma caravana de exilados da Babilônia para Israel, após o decreto de Artaxerxes (Ed 7.1-12). Recebeu autorização do imperador para arrecadar donativos dos judeus que viviam na capital do Império, para o culto no Templo em Jerusalém (vv. 12-28). Essa jornada aconteceu no "sétimo ano do rei Artaxerxes" (v. 7). Infelizmente, o texto bíblico não deixa claro se esse retorno foi no sétimo ano de Artaxerxes I (458 a.C.) ou Artaxerxes II (397 a.C.). Qualquer que seja o caso, Esdras voltou a Jerusalém pelo menos uma geração depois que Zorobabel estabelecera os primeiros judeus que voltaram e liderara a reconstrução do Templo em 515 a.C..

Quando Esdras chegou a Jerusalém, ficou horrorizado, ao saber que muitos sacerdotes, levitas e líderes civis tinham-se casado com mulheres pagãs (Ed 9). Essas uniões mistas haviam corrompido a moral e a vida religiosa da nação. Em seu desgosto, Esdras chorou humildemente diante do Senhor e conduziu toda a comunidade ao arrependimento (Ed 9 a 10). Muitos judeus divorciaram-se de suas esposas estrangeiras e foram reintegrados no serviço do Senhor. Na Festa dos Tabernáculos, Esdras leu a Lei de Moisés (Ne 7.73 a 8.12). Os líderes do povo estabeleceram uma aliança (Ne 9.38 a 10.39) e prometeram renovar o compromisso de manter a pureza conjugal, observar o sábado e participar dos cultos no Templo.

As circunstâncias da morte de Esdras não são conhecidas. O registro bíblico termina pouco antes do final de seus dias. O seu retrato, tanto nas Escrituras como nas tradições, indica que serviu fielmente junto com Neemias como líder do povo de Deus durante toda sua vida.

A mensagem de Esdras. Ela pode ser resumida em dois tópicos: a despedida das mulheres estrangeiras e a renovação da plena lealdade à Lei de Moisés. Sua insistência na guarda do sábado, na pureza moral e no serviço do Templo não é de surpreender. Essas questões foram defendidas durante toda a história de Israel.

O registro bíblico honra Esdras como um modelo de líder em tempos de reforma. Sua mensagem não é questionada por nenhum dos escritores bíblicos. Pelo contrário, os livros de Esdras e Neemias destacam várias defesas para suas atitudes. Ele tinha o apoio do imperador persa, das pessoas justas de Jerusalém e do Senhor.

É importante notar que a exigência de Esdras quanto ao divórcio não era motivada por questões raciais. Os exemplos de Zípora (Êx 2.21,22), Raabe (Js 6.25) e Rute (Rt 1.4) deixam evidente que a união mista com estrangeiros não era terminantemente proibida no Antigo Testamento. A questão em pauta era o casamento inter-religioso, e não inter-racial. A mesma proibição aparece também no Novo Testamento (2 Co 6.14 a 7.1).

Por que, então, Esdras insistiu para que os casamentos mistos fossem dissolvidos? Sua situação era desesperadora. Essas uniões mistas enfraqueceram toda a comunidade. As mulheres pagãs tinham deixado Israel, que lutava para se manter firme após o exílio, à beira da apostasia total. Todo o programa de restauração corria o risco de fracassar completamente. Em resposta a essa situação crítica, Esdras sabiamente insistiu para que os homens de Judá se divorciassem de suas esposas estrangeiras.

A mensagem de Esdras sobre o divórcio não violou o princípio bíblico da santidade do casamento. Suas instruções estão em harmonia com a sabedoria de Paulo, que instruiu os crentes do Novo Testamento quanto a orar pelos incrédu-

ESPÍRITO SANTO

los, na esperança da conversão deles (1 Co 7.17-24). Pelo contrário, Esdras enfrentou a extrema situação da comunidade restaurada com uma decisão delicada, porém necessária.

Neste sentido, Esdras permanece como um modelo para os crentes em todas as épocas. Seu zelo pelo reino de Deus tinha prioridade sobre todos os outros assuntos. R.P.

ESEQUE. Mencionado em 1 Crônicas 8.39 na genealogia de Saul, da tribo de Benjamim. Seus filhos são listados como Ulão, Jeús e Elifelete.

ESER. 1. Descendente de Esaú, filho de Seir e chefe dos horeus (Gn 36.21, 27, 30; 1 Cr 1.38, 42).

2. Filho de Efraim, foi morto junto com seu irmão quando tentavam roubar o gado dos gatitas (1 Cr 7.21). (Veja *Elade* e *Berias*).

3. Descendente de Hur, pai de Husá, da tribo de Judá (1 Cr 4.4).

4. O chefe de um grupo de guerreiros da tribo de Gade que desertaram do exército do rei Saul e uniram-se a Davi, em Ziclague (1 Cr 12.9). Esses homens foram descritos como extremamente valentes: "seus rostos eram como rostos de leões, e eram ligeiros como corças sobre os montes" (1 Cr 12.8).

5. Maioral da cidade de Mispa, filho de Jesua, ajudou a reparar os muros de Jerusalém sob a direção de Neemias (Ne 3.19; 12.42, onde seu nome é grafado Ezer). Era da tribo de Levi; provavelmente é o mesmo levita que mais tarde fez parte do coral que cantou na reinauguração de Jerusalém. Os muros e a cidade foram destruídos pelos caldeus, quando levaram os israelitas para o cativeiro. P.D.G.

ESLI. Mencionado na genealogia de Lucas, que vai de José a Adão (Lc 3.25). Era pai de Naum e filho de Nagaí.

ESPÍRITO. Veja *Espírito Santo.*

ESPÍRITO SANTO

Em ambas as línguas, tanto no grego como no hebraico, os vocábulos usados para o Espírito Santo enfatizam sua santidade. No AT, o adjetivo *santo* antes do substantivo *espírito* aparece raramente (Sl 51.11; Is 63.10,11). Em contraste, o NT apresenta essa combinação na maioria dos livros, como um nome que ocorre freqüentemente, especialmente no livro de Atos. Isso não significa que a ênfase ao Espírito é menor no Antigo do que no Novo Testamento. As expressões mais freqüentes no AT são o *Espírito de Deus* ou o *Espírito do Senhor*, as quais ocorrem numerosas vezes.

As palavras gregas e hebraicas para "espírito" revelam um significado duplo: espírito e vento. Por exemplo, "o Espírito de Deus pairava sobre a face das águas" (Gn 1.2), mas "Deus fez passar um vento sobre a terra, e as águas abaixaram" (Gn 8.1). Jesus disse a Nicodemos: "O que é nascido do Espírito, é espírito... o vento sopra onde quer (Jo 3.6,8). Outro significado do termo "espírito", nas duas línguas, é sopro, respiração, tanto divina como humana (Jó 4.9; 12.10; 2 Ts 2.8).

Por todas as Escrituras a expressão "espírito" é escrita com letra maiúscula, para referir-se ao Espírito de Deus, ou com letra minúscula, para indicar o espírito humano. Devido ao fato de que os manuscritos antigos não usavam letras maiúsculas, os tradutores e editores às vezes têm muita dificuldade para determinar se o escritor

ESPÍRITO SANTO

tem em mente o espírito de Deus ou o humano (veja por exemplo variações de tradução, em Atos 19.21).

O Espírito no Antigo Testamento

Na criação

A primeira vez que a palavra "espírito" aparece na Bíblia é no relato da criação, em Gênesis. O Espírito de Deus, o qual pairava sobre as águas, é o poder criativo que traz ordem ao caos (Gn 1.2). O salmista faz eco a esse conceito, quando diz: "Pela palavra do Senhor foram feitos os céus, e todo o exército deles pelo sopro da sua boca" (Sl 33.6). Por meio do sopro de Deus, Adão tornou-se uma alma vivente (Gn 2.7). Jó afirma que o Espírito do Senhor o criou e que recebeu vida por meio do sopro do Todo-poderoso (Jó 27.3; 32.8; 33.4; 34.14,15). Quando Deus retira seu sopro dos seres humanos e dos animais, eles morrem e retornam ao pó (Sl 104.29; Ec 3.19,20; 12.7). No vale dos ossos secos, o sopro de Deus entrou nos esqueletos e eles retornaram à vida (Ez 37.1-14).

Como uma Pessoa

A ênfase sobre o monoteísmo, dada pelos escritores do Antigo Testamento, prevalece sobre a doutrina da Trindade. No entanto, os escritores fazem uma distinção entre Deus e o Espírito do Senhor, sem jamais considerar o Espírito como uma mera emanação de Deus. Tome, por exemplo, as referências em Gênesis 1.1,2. Deus criou o céu e a terra, mas o Espírito do Senhor pairava sobre as águas. Deus disse que seu Espírito não contenderia para sempre com o homem (Gn 6.3). Isso significa que os escritores viam duas pessoas divinas distintas; eles entendiam que o Espírito era Deus, o qual exercia funções que os escritores bíblicos expressaram em termos humanos. Isso fica bem claro em algumas passagens. Os levitas oraram: "Deste o teu bom Espírito para os ensinar (os israelitas)" (Ne 9.20). Davi perguntou: "Para onde me irei do teu Espírito? Para onde fugirei da tua face?" (Sl 139.7) e Isaías escreveu que o povo entristeceu o seu Espírito Santo e Deus (o Pai) tornou-se inimigo deles (Is 63.10-12; veja também 48.16).

Na profecia

A manifestação do Espírito é evidente na vida dos profetas, os quais transmitiam ao povo o que o Senhor lhes falava. Tornavam-se porta-vozes de Deus, quando o Espírito descia sobre eles. O profeta Isaías declarou que o Espírito do Senhor Soberano estava sobre ele (Is 61.1), o que foi cumprido plenamente em Jesus (Lc 4.18). Ezequiel revelou que o Espírito o levantou e o levou a lugares e pessoas, numa visão que o mesmo Espírito de Deus lhe dera (Ez 11).

Embora algumas pessoas não tivessem o título de profeta, mesmo assim proferiram mensagens por meio do Espírito Santo. O rei Davi pronunciou seu último testemunho poético antes de morrer, quando disse: "O Espírito do Senhor fala por mim, e a sua palavra está na minha boca" (2 Sm 23.2). Quando José interpretou os sonhos de Faraó, este exclamou que o Espírito de Deus estava sobre o filho de Jacó (Gn 41.38,39). Depois que Samuel ungiu a Saul rei de Israel, o Espírito do Senhor desceu poderosamente sobre ele e profetizou. Deus o transformou numa pessoa diferente, de maneira

ESPÍRITO SANTO

que os israelitas perguntaram: "Está também Saul entre os profetas?" (1 Sm 10.5-13). Essa pergunta foi repetida quando o Espírito do Senhor desceu novamente sobre Saul enquanto perseguia Davi sem trégua. O rei tirou sua túnica e profetizou (1 Sm 19.23,24).

No acampamento de Israel, durante o Êxodo, Deus retirou parte do Espírito que estava sobre Moisés e a colocou sobre 70 anciãos; eles então profetizaram, bem como Eldade e Medade. Quando ouviu sobre isso, o grande legislador disse que seu desejo era que o Senhor colocasse o seu Espírito sobre todo o povo, para que todos profetizassem (Nm 11.25-29). O profeta Miquéias opôs-se aos falsos profetas em seus dias. Disse que estava repleto do Espírito do Senhor, de sua justiça e força, para convencer Israel de seus pecados (Mq 3.8).

Moisés é o protótipo do Messias, pois foi considerado um profeta e revelou o Espírito do Senhor. Ele predisse o advento de Cristo, quando falou ao povo que Deus levantaria um profeta como ele próprio, do meio deles (Dt 18.15,18). Além disso, ele repetidamente introduziu a revelação do Senhor com as palavras "disse o Senhor a Moisés" (Nm 8.1,5,23). O Espírito tomava o controle dos profetas e, por meio deles, revelava a palavra de Deus (Ez 2.2; 13.3,8,13,20; Mq 3.8). Os profetas maiores e, por implicação, também os menores, foram inspirados pelo Espírito do Senhor Deus Todopoderoso (Zc 7.12).

Com poder

O Espírito freqüentemente incitava uma pessoa e a enchia de poder, como aconteceu com Sansão (Jz 13.25). O Espírito do Senhor capacitou Gideão a convocar Israel contra os opressores estrangeiros e vencê-los com 300 homens (veja especialmente Jz 6.34). Elias foi cheio do Espírito de Deus, o qual aparentemente o transportava para vários lugares (1 Rs 18.12; 2 Rs 2.16).

Quando Samuel ungiu o filho de Jessé para ser rei de Israel, "o Espírito do Senhor se apoderou de Davi". Ao mesmo tempo, abandonou Saul; Deus concedeu ao rei um espírito maligno para atormentá-lo (1 Sm 16.13,14). O Espírito abençoou Davi com dons musicais e poéticos, capacitou-o a ser um guerreiro destemido e deu-lhe uma esplêndida capacidade de liderança.

O dom do Espírito não se limitava a líderes e reis em Israel. Na construção do Tabernáculo, Deus separou Bezalel, Aoliabe e outros para realizarem o trabalho. O Espírito do Senhor encheu Bezalel "de habilidade, de inteligência, e de conhecimento, em todo o artifício" (Êx 31.2-4; 35.31). Nos tempos do AT, entretanto, o Espírito não repousava sobre todos os israelitas e os que recebiam seu dom especial o mantinham apenas temporariamente.

Escatologia

A recepção universal do Espírito Santo foi anunciada profeticamente séculos antes do derramamento do Espírito no dia de Pentecostes (veja At 2.17-21). Deus falou por meio do profeta Joel: "E depois derramarei o meu Espírito sobre toda a carne, e os vossos filhos e as vossas filhas profetizarão, os vossos velhos terão sonhos, os vossos jovens terão visões. Até sobre os servos e sobre as servas naqueles dias derramarei o meu Espírito" (Jl 2.28,29). Joel, porém, não estava sozinho na predição do futuro derramamento do Espírito sobre o povo de Deus. Isaías também fez uma ilustração do Senhor derramando correntes de água sobre terras secas e seu Espírito sobre os descendentes de Jacó (Is 44.3). Por meio de Ezequiel, Deus disse aos judeus do exílio que

ESPÍRITO SANTO

o Senhor os tomaria de todas as nações e os reconduziria à sua própria terra. Colocaria seu Espírito sobre eles e os motivaria a obedecer à sua Lei (Ez 36.24-28; 39.29). Deus revelou que o Messias, quando viesse, seria cheio do Espírito (Is 11.2), o qual também seria derramado sobre o povo da aliança (Is 32.15; 59.21; Ez 37.14). E esse Espírito permaneceria com os filhos de Deus (Ag 2.5).

O período intertestamentário

Muito pouco se sabe, concernente ao Espírito, no decorrer do período intertestamentário. No máximo, ouvimos ecos do AT, os quais reforçam o que já foi mencionado. Os livros apócrifos e pseudepígrafos, a assim chamada literatura deuterocanônica, os documentos de Qumrã, e os escritos de Filo e Josefo, nada apresentam de novo. Enfatizam a relação do Espírito com o Messias (1 Enoque 62.2; Sir 48.24) e o pedido pelos dons do Espírito (2 Esdras 14.22). Os escritos revelam a esperança pela vinda de um autêntico profeta (1 Macabeus. 14.41), porque os verdadeiros não existiam mais (1 Macabeus. 9.27).

O Espírito no Novo Testamento

As referências ao Espírito Santo são abundantes no Novo Testamento, especialmente nos escritos de Lucas e Paulo. O ensino do NT sobre o Espírito Santo cumpre as profecias do AT que predisseram seu advento. As alusões ao Espírito Santo no NT cobrem todo o espectro, desde sua sombra que encobriu Maria na concepção de Jesus (Mt 1.18, 20; Lc 1.35), até o chamado do Espírito pelo retorno de Cristo (Ap 22.17). O NT enfatiza o derramamento do Espírito, seus dons, sua obra, inspiração, comunhão e habitação nos corações dos cristãos.

A doutrina da Trindade fica evidente no relato do batismo de Jesus: O Pai revela o Filho, de quem se agrada, e o Espírito Santo desce sobre ele na forma de uma pomba (Mt 3.16,17; Mc 1.10; Lc 3.22). A fórmula batismal trinitária, mostrada na conclusão do evangelho de Mateus, enfatiza essa mesma doutrina (Mt 28.19). No literatura epistolar, os apóstolos ensinaram freqüentemente o princípio trinitariano, tanto no início como na conclusão de suas cartas (veja 2 Co 13.13; Ef 1.2-11; 1 Pe 1.1-3).

Mateus, Marcos e Lucas

Além dos relatos do nascimento, batismo e tentação de Jesus, há poucas alusões ao Espírito nos evangelhos de Mateus e Marcos. Comparativamente, o de Lucas está repleto de passagens que falam sobre o Espírito. Mateus e Lucas relatam ambos a concepção de Jesus como obra do Espírito Santo (Mt 1.18, 20; Lc 1.35). João Batista disse ao povo que ele batizaria com água, mas Jesus os batizaria com o Espírito Santo (Mt 3.11; Mc 1.8; Lc 3.16). Antes de Cristo iniciar seu ministério, o Espírito o levou ao deserto para ser tentado pelo diabo (Mt 4.1; Mc 1.12; Lc 4.1). No evangelho de Mateus, o Espírito do Pai falou por meio dos discípulos (Mt 10.20); em dois relatos de Marcos e Lucas, o Espírito Santo fala por intermédio povo de Deus (Mc 13.11; Lc 12.12). De acordo com os três evangelhos sinópticos, o pecado contra o Espírito Santo jamais será perdoado, nem nesta vida nem na vindoura (Mt 12.31,32; Mc 3.29; Lc 12.10). Quando Jesus interrogou os fariseus a respeito do Cristo, mencionou o Espírito Santo e perguntou: "Como, pois, Davi, pelo Espírito, lhe chama Senhor?" (Mt 22.43; Mc 12.36). Quer dizer, o Espírito Santo inspirou Davi a compor o Salmo 110 e referir-se a Jesus.

ESPÍRITO SANTO

O evangelho de Lucas tem muitas referências ao Espírito Santo. Já nos primeiros dois capítulos, os leitores descobrem que o Espírito encobriu Maria com sua sombra (Lc 1.35) e encheu João Batista, Isabel, Zacarias e Simeão (1.15,17,41,67; 2.25-27). Depois de ser tentado por Satanás, Jesus retornou à Galiléia e recebeu o poder do Espírito Santo, que repousou sobre Ele (Lc 4.14,18). Lucas menciona que Cristo experimentou profunda alegria no Espírito Santo (Lc 10.21) e disse aos seus discípulos que o Pai dá o seu Espírito aos que lhe pedem (11.13). Lucas termina seu relato com a palavra que dirigiu aos discípulos; disse-lhe que permanecessem em Jerusalém até que fossem revestidos do poder de Deus, ou seja, com o Espírito Santo (Lc 24.49).

Atos

Uma nova dispensação começa no NT com o derramamento do Espírito Santo em Pentecostes. As palavras que Jesus disse sobre o Espírito, o qual habitaria no meio de todo o seu povo, foram cumpridas na vida dos apóstolos e continuam a agir na vida de todos os crentes hoje. O Filho de Deus predisse que, dentro de poucos dias após a sua ascensão, o batismo do Espírito Santo faria com que os apóstolos fossem testemunhas dele em Jerusalém, Judéia, Samaria e até os confins da Terra (At 1.5,8). Essa profecia cumpriu-se no dia de Pentecostes, em Jerusalém, para o povo judeu (At 2.4, 33, 38); posteriormente, em Samaria para os samaritanos (8.15-18), e mais tarde em Cesaréia para o centurião romano Cornélio e sua casa (10.44-47; 11.15,16; 15.8). O último grupo de pessoas a receber o derramamento do Espírito foram os seguidores de João Batista que viviam em Éfeso (At 19.1-7).

As palavras "cheio do" ocorrem repetidamente em Atos. Por exemplo, diante do Sinédrio, Pedro foi cheio do Espírito Santo (At 4.8). Quando ele e João foram soltos e voltaram para o meio dos irmãos, o Espírito encheu todos eles (At 4.31). Semelhantemente, os sete diáconos eram cheios do Espírito Santo (At 6.3), entre os quais estava Estêvão (6.5, 10; 7.55). Paulo também foi cheio do Espírito Santo (At 9.17; 13.9), e o mesmo aconteceu com seu companheiro Barnabé (11.24). Os crentes de Antioquia da Pisídia receberam a mesma bênção (At 13.52).

Na Igreja primitiva, o Espírito Santo testificou por meio da Palavra de Deus revelada (At 1.16; 4.25). Falou com Filipe (At 8.29), Pedro (10.19; 11.12), com os líderes da Igreja em Antioquia (13.2) e com Paulo (21.4,11). Além do mais, o Espírito Santo confirmou o testemunho dos apóstolos diante do Sinédrio (At 5.32) e não permitiu que mentissem, tentassem ou resistissem a Ele (5.3, 9; 7.51). Simão, o mágico, não pôde comprar o Espírito Santo (At 8.19). Pelo contrário, o Espírito fortaleceu a Igreja (At 9.31) e aprovou a decisão do Concílio de Jerusalém (15.28). O Espírito enviou a Paulo e Barnabé (At 13.4), mas não permitiu que o apóstolo dos gentios e seus companheiros fossem à Ásia e entrassem na Mísia (16.6,7). Compeliu Paulo a ir para Jerusalém, mas o alertou de que muitos perigos o aguardavam (At 20.22,23); o profeta Ágabo predisse pelo Espírito Santo que o apóstolo seria preso (21.11; veja também 11.28).

As epístolas paulinas

Através de suas muitas cartas, Paulo apresenta uma teologia do Espírito Santo muito mais desenvolvida do que a de qualquer outro escritor do Novo Testamento. Ensina sobre o relacionamento do Espírito Santo com o Pai e com o Senhor Jesus Cristo. Instrui os cristãos sobre a obra, os dons, o poder e a presença do Espírito Santo. Em certos capítulos das epístolas, o apóstolo desenvolve sua teologia do Espírito Santo

ESPÍRITO SANTO

(Rm 8; 1 Co 2; 12; 2 Co 3; Gl 5). Essas seleções, entretanto, devem ser estudadas dentro do contexto das cartas paulinas.

1. *O Espírito de Deus*. Paulo mencionou o Espírito de Deus primeiramente em suas epístolas às igrejas de Corinto e Éfeso. Destacou que o Espírito do Senhor revela sua sabedoria aos crentes, faz com que sejam sensíveis às verdades espirituais e lhes dá a habilidade de ter discernimento espiritual (1 Co 2.10-14). Informou aos seus destinatários que o Espírito Santo habitava neles, porque eram templo de Deus (Rm 8.9, 11; 1 Co 3.16; 6.19). Juntos, formavam uma habitação onde o Espírito do Senhor vivia (Ef 2.22) e, como autênticos cristãos, adoravam a Deus pelo Espírito (Fp 3.3). Foi o próprio Deus quem deu o Espírito ao seu povo (1 Ts 4.8).

Em outra passagem, Paulo disse aos coríntios que eram uma carta de Cristo, escrita não com tinta, mas com o Espírito do Deus vivo. Essa missiva era a tábua do coração dos homens (2 Co 3.3). Pelo poder do Espírito que habitava nele, o apóstolo foi capaz de aconselhar as pessoas sobre problemas conjugais e falar com a confiança que o Espírito lhe dava (1 Co 7.40). Nenhuma pessoa em quem o Espírito de Deus habita pode amaldiçoar a Cristo. O crente confessa que Jesus é o Senhor, por meio do Espírito Santo (1 Co 12.3).

2. *O Espírito e Jesus*. Muitas vezes Paulo não foi claro, ao distinguir entre o Espírito do Senhor Deus e o Espírito do Senhor Jesus Cristo. As palavras "o Espírito do Senhor" podem referir-se tanto ao Pai como ao Filho; Paulo descreveu o Espírito como "o Espírito de Deus", "Espírito do Senhor", "Espírito de Cristo", "Espírito de Jesus", ou simplesmente "o Espírito". O contexto muitas vezes dá ao leitor um entendimento dessas passagens. Para ilustrar, em Romanos 8.9, o apóstolo disse: "Vós, porém, não estais na carne, mas no Espírito, se é que o Espírito de Deus habita em vós. Mas, se alguém não tem o Espírito de Cristo, esse tal não é dele". Paulo declarou que o Espírito de Deus fluiu por meio de Cristo para o povo de Deus e o mesmo Espírito emanava tanto de Deus como de Cristo. Ambos, o Pai e o Filho, fazem com que o Espírito Santo habite no coração e na vida dos crentes.

De maneira similar, Paulo escreveu aos Coríntios: "Ora, o Senhor é o Espírito, e onde está o Espírito do Senhor aí há liberdade" (2 Co 3.17). O contexto desse versículo mostra que Moisés colocou um véu sobre o rosto, para evitar que o povo visse a glória de Deus se desvanecer da sua face (veja Êx 34.33-35). Paulo explicou que ele e os demais crentes refletiam a glória do Senhor, pois eram transformados na imagem de Cristo (2 Co 3.18). Assim, transmitiu a informação de que falava sobre Jesus e que Cristo operava por meio do Espírito.

3. *A obra do Espírito*. Paulo declarou que o Espírito de Deus, que ressuscitou Jesus dos mortos, vivia nos crentes e assegurava-lhes que também ressuscitariam (Rm 8.10,11). O Espírito Santo opera no coração dos cristãos, quando se arrependem das obras pecaminosas; como filhos de Deus, são guiados pelo Espírito. O próprio Espírito afirma o fato de que Deus tem adotado os crentes como seus filhos (Rm 8.13-16).

A obra do Espírito é evidente nos crentes que são chamados as primícias da colheita vindoura (Rm 8.23). Em adição, Paulo disse ao povo de Deus que o Espírito intercede por eles e os ajuda em suas orações. Eles mesmos não sabem como orar adequadamente; por isso, o Espírito intercede pelos santos segundo a vontade de Deus (Rm 8.26,27).

O Espírito Santo é o instrumento por meio do qual os cristãos são abençoados com a justiça, paz e alegria (Rm 14.17; Gl 5.5; 1 Ts 1.6). Ele é a fonte de amor, esperança e poder (Rm 15.13,16,19). Ele os santifica por meio do novo nascimento e da regeneração (Rm 15.16; Tt 3.5), tem comunhão com eles (2 Co 13.13; Fp 2.1), fortalece-lhes a fé (Ef 3.16,17) e os sela em Cristo (Ef 1.13).

ESPÍRITO SANTO

4. *Os dons espirituais.* Paulo freqüentemente enumerava e explicava os dons que o Espírito Santo concede aos crentes. Em sua carta aos Romanos, especificou os dons de profecia, serviço, ensino, exortação, contribuição, administração e misericórdia (Rm 12.6-8). Essa lista não é exaustiva, porque, ao escrever aos coríntios, Paulo variou e acrescentou. Registrou nove dons: sabedoria, conhecimento, fé, cura, operação de milagres, profecia, discernimento de espíritos, línguas e interpretação de línguas (1 Co 12.8-10), os quais podem ser relacionados em três categorias: 1. *Pedagógicos*: sabedoria e conhecimento; 2. *Sobrenaturais*: fé, milagres e cura; 3. *Comunicativos*: profecia, discernimento de espíritos, línguas e sua interpretação. Esse catálogo tem uma variação nos últimos versículos de 1 Coríntios 12. Ali Paulo enumera os dons apontados por Deus: apóstolos, profetas e mestres. Depois destes três, ele menciona os de operar milagres, curar os enfermos, servir, administrar, falar em línguas e interpretá-las (vv.28-30). Em outra epístola, Paulo menciona os dons que são indicados por Cristo: apóstolos, profetas, evangelistas, pastores e mestres (Ef 4.11).

Em vez de mencionar os dons do Espírito, na epístola aos Gálatas Paulo cita as nove virtudes como o fruto do Espírito: amor, gozo, paz, longanimidade, benignidade, bondade, fidelidade, mansidão e domínio próprio (Gl 5.22,23). A diferença entre os dons e o fruto é que um é adquirido por meio de doação e o outro como resultado. Quer dizer, o Espírito Santo atribui um dom específico a um crente, mas a obra do Espírito dentro do cristão produz um resultado na forma de virtudes espirituais.

5. *O Espírito e a Lei.* Em algumas de suas cartas (Rm, 2 Co e Gl), Paulo falou que o Espírito liberta da escravidão da Lei. No contexto, ele dirigia sua mensagem aos judeus convertidos, entre outros, que eram mais influenciados pelos judaizantes. Sua mensagem básica era a liberdade da lei do pecado e morte por meio da obra do Espírito Santo (Rm 8.2, 5-8; 2 Co 3.6, 17; Gl 3.2-5; 5.3-5). Isso não quer dizer que, ao abolir o legalismo, Paulo promovia uma forma de antinomia. Pelo contrário, ensinou que a lei do Espírito de vida é a liberdade (Rm 8.2), que o amor é o cumprimento da lei (Rm 13.8-10; Gl 5.14) e que o crente é guiado pelo Espírito que nele habita (Gl 5.18, 25).

6. *O Espírito e o batismo.* Em 1 Coríntios 12.13, Paulo declarou que "todos nós fomos batizados em um só Espírito, formando um só corpo, quer judeus, quer gregos, quer servos, quer livres; e a todos nós foi dado beber de um só Espírito". O apóstolo enfatizou a palavra *todos*, para indicar que pessoas de todas as áreas, raça ou condição social estão incluídas. Enfatiza a universalidade do corpo de Cristo, isto é, a Igreja. Em ambos os textos e contextos, indicou que falava de maneira figurada sobre o batismo e beber de um só Espírito, sem dar nenhuma indicação de pensar nas ordenanças do *batismo* e da *ceia do Senhor*. Aqui, Paulo não faz uma alusão ao batismo nas águas e à comunhão.

O desenvolvimento de 1 Coríntios 12.13 sugere que ser batizado significa que o indivíduo se torna um membro vivo da Igreja, após a conversão. Quando acontece a regeneração espiritual, a pessoa passa a pertencer ao Corpo de Cristo, isto é, à Igreja. Não é a observância externa do batismo nas águas, mas a transformação interna, por meio do Espírito Santo, que leva o crente à comunhão com Jesus. Além disso, o verbo grego no tempo aoristo, traduzido como "foi dado beber", indica uma ocorrência única. Se esse verbo estivesse relacionado com a Ceia do Senhor, como alguns sugerem, seria algo contrário à instrução de Paulo para manter a observância dela constantemente, até a volta de Cristo (1 Co 11.25,26).

ESPÍRITO SANTO

O Evangelho de João e 1 João

1. *O Evangelho de João*. Em muitos capítulos de seu evangelho, João referiu-se ao Espírito Santo e registrou as palavras de Jesus concernentes a Ele. Mencionou o batismo de Jesus, sobre quem o Espírito pousou na forma de uma pomba. Notou que João Batista, que batizava com água, revelou que Jesus batizaria com o Espírito Santo (Jo 1.32,33). Deus deu o Espírito a Jesus sem medida (Jo 3.34).

Jesus disse a Nicodemos que era necessário nascer de novo antes de se fazer parte do reino de Deus. Cristo afirmou: "Aquele que não nascer da água e do Espírito, não pode entrar no reino de Deus. O que é nascido da carne, é carne, mas o que é nascido do Espírito, é espírito" (Jo 3.5,6). João usou a palavra grega *pneuma* com dois sentidos diferentes: vento e Espírito. O mistério da movimentação do vento é similar a ser nascido de novo do Espírito (Jo 3.8). O Espírito é a fonte de vida (Jo 6.63) e ela é comparada às fontes de água viva que, espiritualmente falando, fluem do interior do crente (7.38,39).

O discurso de despedida de Jesus, proferido no cenáculo, enfatizou o advento do Espírito Santo. Ensinou que Ele seria dado pelo Pai e permaneceria para sempre com o crente. Seria outro Consolador, uma Pessoa que personificaria a verdade (Jo 14.16,17). O Consolador sairia do Pai, seria enviado pelo Filho e testificaria sobre Jesus (Jo 15.26). O Consolador também convenceria o mundo do pecado, da justiça e do juízo (Jo 16.7-11). O Espírito guiaria o crente em toda a verdade, proporcionaria a revelação futura e glorificaria a Jesus Cristo (Jo 16.13-15). Por último, em antecipação ao Pentecostes, Jesus soprou o Espírito Santo sobre os discípulos, para auxiliá-los na tarefa que receberam dele (Jo 20.22).

2. *1 João*. As referências ao Espírito Santo nesta epístola não diferem muito daquelas do evangelho de João. O Espírito dado aos crentes cria nos mesmos uma consciência de que o Pai vive neles, por meio do Filho (1 Jo 3.24; 4.13). Como os cristãos são capazes de reconhecer o Espírito de Deus? Eles o conhecem pelo reconhecimento de que Jesus Cristo veio de Deus em forma humana; eles ouvem a Deus (1 Jo 4.2, 6). O Espírito da verdade testifica que Jesus é o Filho de Deus (1 Jo 5.6-8).

O restante do Novo Testamento

1. *Hebreus*. O escritor da carta aos Hebreus ensinou sobre a doutrina da Trindade especialmente com respeito à revelação de Deus. Embora Davi tenha composto o Salmo 95 e Jeremias tenha registrado uma profecia sobre a nova aliança (Jr 31.31-34), suas palavras foram proferidas pelo Espírito Santo, dirigidas aos leitores da carta aos Hebreus (Hb 3.7; 10.15). No tempo determinado, o Espírito revelou que o perdão dos pecados por meio do sangue de animais terminaria (Hb 9.8, 14). Além disso, o escritor da carta falou sobre os pecados cometidos contra o Espírito Santo (6.4-6; 10.29). Declarou, porém, que o povo de Deus é recipiente dos dons que o Espírito Santo distribui entre eles (2.4).

2. *As cartas de Pedro e Judas*. 1 Pedro tem cinco referências ao Espírito Santo (1 Pe 1.2,11,12; 3.18; 4.14). Juntamente com o Pai e o Filho, o Espírito é o que santifica os eleitos de Deus (1.2). O Espírito predisse os sofrimentos de Cristo e a glória subseqüente (1.11). O Espírito guiou e continua a dirigir os que pregam o Evangelho da salvação (1.12).

Enquanto em outras partes do NT é ensinado que Deus, o Pai, ressuscitou Jesus dos mortos, Pedro, em sua primeira carta, declara que Cristo foi vivificado pelo Espírito (1 Pe 3.18; cf. Rm 8.11). Na verdade, toda Trindade esteve envolvida na ressurreição. Assim como o Espírito estava com Cristo, assim também o Espírito da glória repousa sobre todas as pessoas que sofrem por causa de Jesus (1 Pe 4.14).

2 Pedro tem apenas uma referência ao Espírito (1.21). Pedro escreveu que as pessoas que compuseram as Escrituras foram dirigidas pelo Espírito Santo. Para escrever o AT e o NT, o Espírito usou seres humanos, com seus talentos e percepções, suas características e seu treinamento. Ao fazer isso, o Espírito os guardou do pecado e do erro.

Judas revelou que as pessoas que estavam determinadas a dividir a igreja e eram levadas pelos seus desejos carnais careciam do poder do Espírito Santo dentro delas (Jd 19). Os verdadeiros crentes, contudo, fortalecem a fé, quando oram constantemente no Espírito Santo (v. 20).

3. *Apocalipse.* O último livro do NT tem numerosas passagens que falam sobre o Espírito Santo. Na ilha de Patmos, João estava no Espírito, tanto no dia do Senhor como no momento em que olhou através de uma porta aberta no céu (Ap 1.10; 4.2). Posteriormente, foi conduzido pelo Espírito ao deserto, para uma grande e alta montanha (17.3; 21.10). O Espírito dirigiu-se às sete igrejas na Ásia Menor e todo o que tem ouvidos é exortado a escutar (Ap 2.7,11,17,29; 3.6,13,22). O Espírito Santo acrescentou à bem-aventurança: "Bem-aventurados os mortos que desde agora morrem no Senhor" as palavras : "Sim, descansarão dos seus trabalhos, pois as suas obras os acompanharão" (Ap 14.13). Por último, junto com a Igreja de Jesus, o Espírito Santo dirige-se a Cristo e diz: "Vem" (22.17).

Conclusão

O Espírito Santo desceu sobre Jesus Cristo na forma corpórea de uma pomba (Lc 3.22) e como labaredas de fogo sobre as pessoas reunidas no dia de Pentecostes, em Jerusalém (At 2.3). É o sopro de Deus tanto na criação como na recriação (Sl 33.6; Jo 3.8).

O Espírito Santo trabalhou na formação das Escrituras e agora se empenha em sua aplicação. Ele literalmente levantou os escritores do Antigo e do Novo Testamento e os guiou enquanto escreviam cada palavra das Escrituras (2 Pe 1.20,21). Ele fala com as pessoas por meio das Escrituras (At 28.25; Hb 3.7; 9.8; 10.15). A Palavra de Deus é a espada do Espírito (Ef 6.17).

Para os cristãos, o Espírito é o Consolador que coloca seu selo sobre eles, como sinal de propriedade (2 Co 2.21). Ao mesmo tempo, os crentes têm a certeza de que o Espírito é a primeira prova das bênçãos ainda maiores e melhores esperadas por eles (2 Co 1.22). Ele é como o orvalho que desce invisível sobre a Terra, embora exiba resultados visíveis. Deus abençoa seu povo por meio do Espírito Santo e concede-lhes a bênção trinitária da graça de Cristo, do amor de Deus e da comunhão do Espírito Santo (2 Co 13.13). S.J.K.

ESPOSA DE POTIFAR, A. Para maiores detalhes, veja *Potifar*. Esta mulher, cujo nome não é mencionado, tentou seduzir José, o qual ocupava uma posição de confiança na casa de seu senhor. O jovem recusou-se a deitar-se com ela e a cometer tal pecado contra Deus; a mulher então o acusou falsamente de tentar aproveitar-se dela à força. O marido, ao ouvir essas acusações feitas pela esposa, mandou José para a prisão (Gn 39.6-20).

ESTÁQUIS (Gr. "carro de grãos"). Chamado de "meu amado" por Paulo, para

ESTÉFANAS

significar que se tratava de um amigo muito querido. Vivia em Roma e foi saudado pelo apóstolo em Romanos 16.9. O reconhecimento pessoal de Paulo e o cuidado que tinha com os irmãos de diferentes igrejas é algo que deve ser notado na maioria de suas cartas.

ESTÉFANAS (Gr. "coroa"). Cristão bem conhecido na igreja em Corinto; ele e sua casa foram os primeiros convertidos na província da Acaia (1 Co 16.15) e eram conhecidos pela devoção com que serviam outros cristãos na igreja. Paulo exortou os coríntios a ter estima à família de Estéfanas, que trabalhava tão diligentemente no serviço cristão.

Sabemos que Estéfanas foi batizado por Paulo. Ao que parece, algumas pessoas na igreja em Corinto dividiam-se em grupos em torno das figuras proeminentes. Talvez algumas dessas divisões fossem causadas pelo orgulho que sentiam pelo líder que as batizara. Paulo afirmou que havia batizado apenas três pessoas, entre as quais Estéfanas. O apóstolo argumentou que a unidade cristã estar centralizada no Evangelho do Cristo crucificado e não em quem batizara alguém (1 Co 1.16,17,23).

Estéfanas é mencionado em 1 Coríntios 16.17,18 junto com Fortunato e Acaico. Tais homens eram "dignos de reconhecimento" pelo serviço prestado ao Senhor, principalmente por terem levado notícias da igreja em Corinto a Paulo, quando este se encontrava em Éfeso. Talvez os três tenham sido os portadores da carta dos cristãos coríntios ao apóstolo e, no regresso, os condutores da epístola que conhecemos como 1 Coríntios. O serviço fiel deles era "um refrigério para o espírito" de Paulo. Esse é um aspecto regular em suas cartas: reconhecer os cristãos que tinham um ministério de encorajamento.

P.D.G.

ESTEMOA. 1. Seu pai era Isbá e seus avós eram Merede e Bitia, filha do Faraó (1 Cr 4.17). Era da tribo de Judá.

2. Maacatita, também da tribo de Judá e filho de Hodias (1 Cr 4.19).

ESTER Também conhecida como Hadassa, era uma jovem judia, da tribo de Benjamim, cujos pais morreram na época do exílio babilônico. Foi criada por um primo, chamado Mordecai (Et 2.5-7). Estavam entre os judeus que habitavam na fortaleza de Susã, sob o reinado de Assuero (Xerxes). A vida de Ester mudou quando a rainha recusou-se a mostrar sua beleza durante um banquete oferecido pelo rei. Devido a essa atitude de rebelião, Vasti foi banida da casa real e iniciou-se a procura por uma jovem bonita e virgem, que ocupasse seu lugar. Depois de doze meses de tratamento de beleza e treinamento, Ester foi eleita pelo rei como a mais linda jovem entre todas as que foram apresentadas; escolhida como a nova rainha, não divulgou, contudo, sua origem judaica.

Ester floresceu em sua nova posição, assim como seu primo Mordecai. Sua fé, entretanto, foi realmente provada quando o primo aproximou-se dela e transmitiulhe a sentença de morte de seu povo. Ele descobrira um complô organizado por Hamã, um alto oficial do rei, para aniquilar os judeus e sabia que somente Ester era capaz de ajudar a salvar o povo de Deus. Hamã persuadira Assuero a assinar uma ordem que decretava o massacre dos judeus. Ester seria obrigada a tomar uma decisão. Arriscaria sua própria vida, se procurasse o rei sem ser convidada, ou permaneceria em silêncio e comprometeria a vida de todos os judeus. Mediante a expressão: "Se eu perecer, pereci", tomou a decisão de falar com o rei. Com todos os judeus de Susã unidos em oração e jejum, Ester buscou a ajuda do marido contra Hamã. No final, o inimigo dos judeus foi enforcado por ordem do rei e, embora o decreto original não pudesse ser revogado, Assuero deu uma permissão especial aos judeus para se defenderem contra o iminente massacre. Assim eles fizeram e foram salvos (Et 3 a 9).

O cuidado de Deus, até mesmo no exílio e sob um governo pagão, é visto claramente na maneira como usou Ester e Mordecai para preservar seu povo. Os dois primos prestaram seus serviços ao rei Assuero e a Deus com fidelidade e honra, e conquistaram assim o respeito de todos (veja *Mordecai, Vasti* e *Hamã*).

s.c.

ESTÊVÃO (Gr. "riqueza" ou "coroa"). É um dos personagens mais proeminentes do Novo Testamento. O seu discurso é o mais longo do livro de Atos (At 7.2-53). Sua vida e trabalho são destacados em Atos 6 e 7, embora sua perseguição e morte sejam mencionadas mais tarde em Atos 11.19; 22.20.

Estêvão chegou à proeminência nos primeiros dias da Igreja cristã, quando a comunidade se desenvolvia e experimentava os problemas e as dificuldades constantes. Uma das tensões surgidas foi em conseqüência da acusação de que as viúvas de origem grega eram esquecidas na distribuição diária de alimentos (At 6.1). Como resposta a essa crítica, os doze apóstolos reuniram toda a congregação, apresentaram abertamente o problema e propuseram uma solução razoável: "Escolhei, irmãos, dentre vós, sete homens de boa reputação, cheios do Espírito Santo e de sabedoria, aos quais constituamos sobre este importante negócio. Mas nós perseveraremos na oração e no ministério da palavra" (At 6.3,4). Essa proposta recebeu a aceitação geral de toda a comunidade e foram escolhidos sete homens de reputação irrepreensível para lidar com a situação. Dois dos principais membros deste grupo foram Estêvão e Filipe.

Quando o problema foi contornado, a Igreja em Jerusalém experimentou um crescimento extraordinário: "De sorte que crescia a palavra de Deus, e em Jerusalém se multiplicava rapidamente o número dos discípulos, e grande parte dos sacerdotes obedecia à fé" (At 6.7).

Conforme Lucas esclarece, Estêvão estava profundamente envolvido em todo esse crescimento, especialmente na expansão da Igreja de Jerusalém para Antioquia (At 6.1 a 12.25). Lucas dedica uma considerável atenção ao testemunho de Estêvão (6.8 a 7.60), descrevendo em detalhes sua prisão (6.8-15), sua brilhante "defesa" (7.1-53) e seu martírio (7.54-60).

Estêvão não somente era um homem prático, hábil em lidar com a administração da Igreja e a obra social, mas também interessado na pregação do Evangelho aos outros. Sua mensagem era acompanhada de maravilhosas demonstrações do poder de Deus, que lhe davam condições de operar "prodígios e grandes sinais entre o povo" (At 6.8). Isso dava à sua palavra uma notável credibilidade, mas também suscitava a oposição dos judeus conservadores, preocupados com o novo movimento cristão, e invejosos por causa da evidente popularidade de Estêvão e de seu carisma. A despeito da oposição, seus inimigos não "podiam resistir à sabedoria e ao espírito com que ele falava" (At 6.10). Determinados a atacar e enfraquecer seu trabalho, instigaram uma campanha sub-reptícia, ao fazer graves acusações contra Estêvão e alegar que blasfemava "contra Moisés e contra Deus" (At 6.11). Ao mobilizar as multidões contra ele e usar as alegações de falsas testemunhas, asseguraram que fosse preso, a fim de anular seu radiante testemunho de Cristo e transformá-lo em algo sinistro e hostil à Lei mosaica (6.14). O fato inegável, entretanto, é que Estêvão manteve sua compostura diante do Sinédrio, e seus inimigos reconheceram sua santidade: "...fixando os olhos nele, viram o seu rosto como o rosto de um anjo" (At 6.15).

O discurso de Estêvão diante do Sinédrio é uma memorável recapitulação da história judaica e uma defesa ousada da fé cristã diante de seus acusadores. Foi questionado pelo sumo sacerdote se as acusações feitas contra ele eram verda-

ESTÊVÃO

deiras ou falsas. Tinham afirmado ruidosamente: "Este homem não cessa de proferir blasfêmias contra este santo lugar e a lei. Pois o ouvimos dizer que esse Jesus de Nazaré há de destruir este lugar, e mudar os costumes que Moisés nos deu" (At 6.13,14). A resposta de Estêvão não representava uma tentativa de se livrar da perseguição ou do sofrimento; pelo contrário, foi uma magnífica confissão de sua fé em Cristo contra o pano de fundo do tratamento dispensado por Deus ao povo da Aliança através da história. O sermão realmente nos oferece uma "teologia bíblica" — um exame do Antigo Testamento à luz do advento de Cristo. Mostra um triste quadro de constantes escorregões por parte do povo de Deus e aponta a rejeição deles ao Messias prometido, como o trágico clímax de uma longa história de apostasia e desobediência (7.2-53).

O discurso tem três partes principais: a primeira refere-se aos patriarcas (At 7.2-16); a segunda a Moisés (At 7.17-43); e a terceira ao Tabernáculo e ao Templo (7.44-50). Essa revisão histórica é seguida pela repreensão por manterem a mesma atitude com relação ao advento de Cristo (7.51-53), pela resposta furiosa do povo, ao apedrejá-lo (7.54 a 8.1a) e pela dispersão da Igreja de Jerusalém, em conseqüência da perseguição resultante (8.1b-4).

Depois de pedir que prestassem atenção ao que tinha a dizer (At 7.1; cf. 22.1), Estêvão fez um relato da história sagrada desde Abraão e falou da maneira como Deus lidou com o grande antepassado do povo da aliança (7.2-8). O Todo-poderoso falara com o patriarca e lhe dera direção para ir à terra da promessa (At 7.3; cf. Gn 12.1-3). Abraão, em obediência à voz divina, saiu de Ur e estabeleceu-se em Harã, onde permaneceu até a morte de seu pai (At 7.4; cf. Gn 11.31 a 21.1,5; 15.7). Deus fizera promessas maravilhosas a Abraão, apesar de naquela época ainda não ter um filho (At 7.5; cf. Gn 12.7; 13.15; 15.2,18; 16.1; 17.8; etc.). Deus dis-

se a Abraão: "A tua descendência será peregrina em terra alheia, e a sujeitarão à escravidão, e a maltratarão por quatrocentos anos" (At 7.6). o Senhor, contudo, julgaria seus opressores e levá-los-ia em segurança à Terra Prometida, onde eles o adorariam (At 7.7; cf. Gn 15.13,14; Êx 3.12). Era neste contexto de aliança que o ritual da circuncisão precisava ser entendido (At 7.8; cf. Gn 17.10-14); assim, no tempo determinado "Abraão gerou a Isaque, e o circuncidou ao oitavo dia. Isaque gerou a Jacó, e Jacó aos doze patriarcas" (At 7.8; cf. Gn 21.4).

Semelhantemente, a história de José foi contada para lembrar a providência de Deus ao povo e preparar o cenário para a narrativa do poderoso livramento do Êxodo, sob a liderança de Moisés. Tanto um como o outro foram vítimas de inveja e rejeição nas mãos do povo (At 7.9, 27, 35; cf. Gn 37.11; Êx 2.14; 3.13,14). A despeito disso, Deus usou Moisés como "príncipe e juiz" de seu povo (At 7.35); de fato, a providência divina foi vista em seu nascimento (7.17-22), em seu tempo no deserto (7.23-29), em seu comissionamento (7.30-34) e no livramento do Egito (7.35-38), apesar da idolatria de Israel desde a época do cativeiro (7.39-43).

A parte final da revisão histórica lida com o contraste entre o Tabernáculo e o Templo (At 7.44-50). Estêvão claramente se opôs a uma visão estática da vida de Israel, em favor de uma visão dinâmica do povo de Deus durante a peregrinação. A repreensão no final foi uma tentativa de fazer com que os judeus encarassem sua dureza de coração e a rebelião que mantinham contra o Espírito Santo (7.51-53). Realmente, era um chamado ao arrependimento e à fé, o qual lamentavelmente caiu em ouvidos surdos. Acusou sua audiência de traidores e assassinos do "Justo" (Jesus Cristo). Numa explosão de fúria, eles o atacaram, arrastaram-no para fora da cidade e o apedrejaram até a morte (7.54,58). Estêvão morreu na presença de Saulo de

ESTÓICOS

Tarso, o qual "também... consentia na morte dele" (7.60; 8.1). Posteriormente, Paulo tornou-se cristão (9.1-19; 22.1-21; 26.2-23). A morte de Estêvão provavelmente foi um dos "aguilhões" que o levaram a Cristo (26.14).

Vários aspectos são notados aqui. Primeiro, Estêvão, o "protomártir", agiu como seu Senhor. Falou a verdade em seu julgamento (At 7.51-53; cf. Jo 18.37), perdoou seus agressores (At 7.60; cf. Lc 23.34), clamou em voz alta (Lc 23.46) e entregou seu espírito (At 7.59; cf. Lc 23.46; Sl 31.5). Esta entrega recebeu uma ênfase cristocêntrica em Atos, a qual é particularmente surpreendente: "Senhor Jesus, recebe o meu espírito" (At 7.59). Estêvão viveu, sofreu e morreu por Cristo; no momento da morte, olhou para o Senhor para a vindicação final.

Dois outros elementos também são notados. Um é o testemunho de Estêvão. Em seu primeiro livro, Lucas registrara as palavras de Jesus: "Digo-vos que todo aquele que me confessar diante dos homens também o Filho do homem o confessará diante dos anjos de Deus" (Lc 12.8s; cf. Mt 10.32s). Estêvão, diante de seu martírio, reivindicou ousadamente essa promessa e pediu a Jesus, o Filho do homem, que o reconhecesse no céu, na presença de Deus, como verdadeiro discípulo. Seu pedido foi concedido e ele exclamou: "Olhai! Eu vejo os céus abertos, e o Filho do homem, que está em pé à direita de Deus" (At 7.56). O outro é o fato de que a vida de Estêvão estava claramente sob o total controle do Espírito Santo. Esse papel do Espírito é evidente em sua indicação (At 6.3,5), em seu poderoso testemunho de Cristo (6.9,10), em suas obras poderosas e sinais miraculosos (6.8) e em seu discurso corajoso diante do Sinédrio (7.2-53).

O heroísmo e a coragem de Estêvão diante dos oponentes e sua atitude amorosa para com os inimigos — tudo isso faz dele um modelo digno de um discípulo fiel, um obreiro efetivo e um nobre mártir. Sua história tem grande relevância hoje, quando, no presente século, são martirizados mais cristãos do que em qualquer outra época da era cristã.

A.A.T.

ESTÓICOS. Uma das muitas escolas filosóficas gregas da época de Paulo. O apóstolo encontrou-se com essa tradição em Atos 17.18. O movimento foi fundado por Zenão (340 a 265 a.C.) por volta de 300 a.C. Seus proponentes eram panteístas, os quais falavam da unidade da humanidade e o seu parentesco com o elemento divino. Eram dominados por uma preocupação com a razão e as questões relacionadas com o estado do mundo. Os estóicos dividiam sua filosofia em três partes: a consideração dos objetos físicos, a ética e a lógica. A preocupação deles com a ética também tinha muito que ver sobre as paixões humanas e seus impulsos. O objetivo da vida era viver em harmonia com a natureza e fazer boas ações, isto é, o que a razão nos leva a fazer. A felicidade consistia na virtude e numa disposição de harmonia. Assim, o homem precisa ser prudente, justo, corajoso e temperante. Conforme sua doutrina, a alma tem oito elementos: os cinco sentidos, a fala, o intelecto e o que é gerado por ela própria. A emoção era vista como o resultado de julgamentos anteriores, mas o homem sábio vive sem emoções, não sujeito a julgamentos baseados no calor das circunstâncias. O homem sábio de maneira alguma é vão. Os estóicos honravam os deuses, ofereciam-lhes orações e pediam boas dádivas a eles. Também buscavam a excelência. O amor era expresso em amizades profundas. A vida tinha três dimensões: a contemplativa, a prática e a racional; no entanto, entre as três, a última era a mais importante. Deus era a razão inerente na matéria, de maneira que o mundo era ordenado pela razão e pela providência. Essa filosofia é detalhada no livro de Diógenes Laércio *A vida dos filósofos eminentes*, tomo 7.

D.B.

ESTOM

ESTOM. Um dos líderes da tribo de Judá. Seu pai foi Meir; vivia em Recá, juntamente com sua família (1 Cr 4.11,12).

ETÃ. 1. Um dos descendentes de Judá e pai de Jezreel (1 Cr 4.3)[2].

2. Conhecido como Etã, o ezraíta, era famoso por sua sabedoria. É mencionado numa passagem que engrandece o extraordinário conhecimento dado por Deus ao rei Salomão. Por meio da comparação com a sabedoria de Etã e de outros homens da época, o conhecimento de Salomão foi considerado ainda maior do que o de todos eles juntos(1 Rs 4.31). O Salmo 89 é creditado a ele.

3. Neto de Judá e Tamar e um dos cinco filhos de Zerá. Seu filho chamava-se Azarias (1 Cr 2.6-8).

4. Filho de Zima, da tribo de Levi, serviu no ministério do Tabernáculo no reinado de Davi (1 Cr 6.42).

5. Levita que serviu no Tabernáculo. Era filho de Quisi, membro do clã dos meraritas (1 Cr 6.44). Provavelmente trata-se do filho de Cusaías, um dos indicados por Davi para cantar e tocar os címbalos de bronze quando a Arca da Aliança foi levada para Jerusalém (1 Cr 15.17-19).

ETBAAL (Heb. "com Baal"). Rei de Sidom, uma antiga cidade portuária da Fenícia. Etbaal é mencionado em conexão com Acabe, o qual fez "o que era mau aos olhos do Senhor, mais do que todos os que foram antes dele" (1 Rs 16.30). Esse rei de Israel tornou-se idólatra, devido ao seu casamento com Jezabel, filha de Etbaal, que o levou diretamente à adoração de Baal.

ETNÃ. Filho de Hela, da tribo de Judá (1 Cr 4.7).

ETNI. Levita, pai de Adaías e ancestral de Asafe, um dos líderes musicais do rei Davi (1 Cr 6.41).

ÊUBULO (Gr. "de bom conselho"). Um cristão que esteve com Paulo durante sua segunda prisão em Roma, já próximo do final da vida do apóstolo. Acrescentou suas próprias saudações no final da carta a Timóteo (2 Tm 4.21). É algo digno de nota que Êubulo provavelmente foi um dos poucos irmãos que ainda estavam com Paulo naquele momento, pois no mesmo capítulo o apóstolo declara melancolicamente que "ninguém me assistiu na minha primeira defesa, antes todos me desampararam" (v.16), e acrescenta que "o Senhor me assistiu e me fortaleceu" (v.17).

EÚDE. (Veja também *Juízes*).

1. "Eúde, filho de Gera, benjamita, homem canhoto" (Jz 3.15). Depois da morte de Otniel, os israelitas tornaram-se idólatras novamente. Como acontece com freqüência no livro de Juízes, onde esses eventos são registrados, o pecado do povo provocava o juízo de Deus; esse castigo, entretanto, tinha um propósito restaurador. Nações estrangeiras eram autorizadas a invadir e oprimir o povo, o que levava os israelitas a se arrepender e buscar novamente ao Senhor. Às vezes passavam-se muitos anos até que isso acontecesse. Nesta ocasião, quando transgrediram, Deus permitiu que Eglom, rei dos moabitas, invadisse Israel. Passaram-se 18 anos, até que os israelitas finalmente clamaram ao Senhor. O libertador que o Senhor então lhes deu foi Eúde.

Eúde fez uma espada de dois gumes, a qual escondeu junto à coxa direita, sob as roupas. Levou o tributo do povo ao rei Eglom e pediu para encontrar-se a sós com ele; ao ficarem sozinhos, sacou a espada e o matou. Escapou rapidamente e liderou o povo na batalha, ocasião em que conquistou uma grande vitória. Os papéis se inverteram e Israel subjugou Moabe. A paz foi restaurada e durou 80 anos (Jz 3.16-30). O texto não deixa claro até que ponto a adoração a Deus foi restabelecida em Israel. Na verdade, o Senhor deu-lhes paz durante todo o tempo de vida de Eúde, por sua graça. Assim que ele morreu, começou novamente o ciclo do pecado, da rebelião e do castigo.

2. Um dos sete filhos de Bilã e bisneto de Benjamim. Era líder de clã e está listado em 1 Crônicas 7.10.   P.D.G.

EUNICE. Mãe de Timóteo e filha ou nora de Lóide (2 Tm 1.5). Judia, porém seu marido era grego (At 16.1). Sem dúvida, o fato de seu filho não ter sido circuncidado na infância (At 16.3), devia-se à origem do esposo, mas seu nome, que significa "temente a Deus", provavelmente foi dado pela própria mãe.

É provável que Lóide e Eunice tenham-se convertido durante a primeira visita de Paulo a Listra (At 14.8-20), pois Timóteo aparentemente sabia a respeito da perseguição que o apóstolo sofreu quando esteve lá (2 Tm 3.11; At 16.1). Embora saiba-se pouco sobre Eunice, sua influência sobre Timóteo ao levá-lo a conhecer e amar o Deus das Escrituras era considerável, e ela foi elogiada pelo apóstolo (2 Tm 3.14-16). Foi seu conhecimento da Bíblia que o ajudou a entender a salvação por meio da fé em Cristo, e foi sua formação anterior que o preparou tão bem para o ministério de evangelista, para o qual Deus o chamou por intermédio de Paulo.

Essa é uma das maiores recompensas para os pais cristãos: ver um filho crescer no conhecimento e temor do Senhor e começar a servir a Deus por si mesmo. Foi a alegria experimentada por Eunice, que assumira o desafio de ensinar e treinar o filho nas Escrituras, mesmo sem o apoio do marido. Tal fidelidade a Deus e a bênção decorrente disso devem ser um grande encorajamento para muitos homens e mulheres que se encontram numa situação semelhante hoje, ao criar os filhos sozinhos, sem o cônjuge, ou na companhia de alguém que não compartilha do mesmo compromisso com Cristo e a Palavra de Deus.   P.D.G.

EUNUCO ETÍOPE. Era o superintendente de todo o tesouro real no reinado "de Candace, rainha dos etíopes" (At 8.27). Como oficial da corte da rainha-mãe, provavelmente teria sido castrado (veja *Candace*). Atos 8.26-40 registra uma série de eventos miraculosos que levaram à sua conversão.

Um anjo apareceu a Filipe e disse-lhe que se dirigisse ao sul, para a estrada do deserto, onde trafegava o eunuco, que voltava para seu país numa carruagem, depois de adorar em Jerusalém. Dirigido pelo Espírito Santo, Filipe subiu ao carro e notou que o etíope lia o profeta Isaías. Então perguntou-lhe se entendia algo sobre o que meditava. A passagem era o capítulo 53. O discípulo de Jesus então explicou-lhe o texto, à luz dos sofrimentos e da morte de Cristo, e falou-lhe sobre as boas novas sobre Jesus (At 8.35). O etíope creu em Cristo e, quando passaram por um poço, pediu a Filipe que o batizasse. Depois disso, "o Espírito do Senhor arrebatou a Filipe, e não o viu mais o eunuco, mas jubiloso, continuou o seu caminho" (At 8.39).

Conforme Lucas relata sobre o rápido crescimento do Evangelho em Jerusalém, Judéia, Samaria, até o território dos gentios (At 1.8), esse acontecimento é de grande significado para a Igreja. Em parte, porque é uma evidência adicional da disseminação do Evangelho, embora a conversão de Cornélio seja considerada como o principal início da pregação aos gentios (At 10); a conversão do eunuco, porém, é uma prova de que a Palavra de Deus é para todos os tipos de pessoas, independentemente de sua origem ou condição.

É importante lembrar que Deuteronômio 23.1 e Levítico 21.20 deixam claro que, como eunuco, esse etíope jamais seria admitido na assembléia de Israel, nem poderia oferecer sacrifícios, apesar de ter ido a Jerusalém para adorar. De fato, o texto não deixa claro se era um gentio "temente a Deus" ou se tinha ascendência judaica. De qualquer maneira, o profeta Isaías deixara a porta aberta para os eunucos e estrangeiros que desejassem

ÊUTICO

seguir ao Senhor e sua Aliança, prometendo-lhes acesso ao Senhor e ao seu Templo. Uma profecia em Sofonias 3.10 também olhava adiante, para o dia em que os adoradores de Deus seriam reunidos até mesmo "dalém dos rios da Etiópia" (o alto Nilo; cf. Sl 68.31). Essa estranha conversão cumpriu as profecias do AT e indicou que não haveria membros de segunda classe na assembléia dos que cressem em Cristo. A "boa nova" do Evangelho era que Jesus sofreu, "foi levado como ovelha para o matadouro" e deu sua vida por toda e qualquer pessoa que se voltasse para Ele em fé e confiança.   P.D.G.

ÊUTICO (Gr. "afortunado"). Jovem que pegou no sono durante um discurso particularmente longo, feito numa sala lotada e abafada. Paulo pregara um "extenso discurso", pois sabia que deixaria aquela região no dia seguinte (At 20.9). Êutico pro-

vavelmente estava sentado numa janela, pois, por volta da meia noite, "caiu do terceiro andar... e foi levantado morto". O calor na sala foi ocasionado pelo grande número de pessoas e também pela quantidade de lamparinas usadas para iluminar o local da reunião (v. 8). O apóstolo desceu apressadamente as escadas e levantou o rapaz, o qual, por meio de um milagre, ressuscitou. Paulo voltou ao cenáculo, onde partiu o pão e continuou seu discurso até o amanhecer.

A passagem indica o papel central que a pregação da Palavra de Deus tinha nos cultos da igreja primitiva, mesmo quando se reuniam especificamente para o partir do pão (At 20.7). Essa reunião sem dúvida era a mais importante do mês, pois se realizava "no primeiro dia da semana" (v. 7). Talvez começasse na noite de sábado. Esse "partir do pão" era uma parte integrante de toda a reunião.   P.D.G.

EVA

Eva, a primeira mulher, é uma figura central na história da redenção do homem, tanto durante o seu tempo de vida como além dele. Seu significado pode ser visto nos vários desígnios que lhe foram destinados e as circunstâncias que os cercaram. Ela é primeiro mencionada como parte da noção corporativa de "homem" (*adam*, Gn 1.26-28; 5.2). Isso significa que também compartilhava a imagem de Deus, a fonte de toda a dignidade humana que nos diferencia de todo o restante do reino animal. Nesse sentido, a identidade da mulher derivou diretamente de Deus. Como "mulher" (*isha*, Gn 2.22,23) Eva foi criada a partir de Adão e formada com o propósito de ser "uma adjutora" que lhe correspondesse (Gn 2.18). Nesse sentido, sua identidade era derivativa do primeiro homem. O termo traduzido como "adjutora", não tem em si mesmo a idéia de subordinação. É um vocábulo usado até mesmo com relação a Deus em outros textos (Gn 49.25).

Esse caráter duplo da natureza derivativa de Eva — imagem de Deus tirada do homem — proporciona a base para que todas as mulheres possam entender a si mesmas, desde que Eva foi a progenitora do seu gênero. Sua função com relação a Adão, entretanto, é a base do entendimento sobre o gênero masculino. A intenção de Deus na criação da mulher era que complementasse Adão, o que significa que havia algo de incompleto no primeiro homem sem ela. Em vez de ser uma serva, compartilharia com ele uma reciprocidade baseada tanto nas similaridades como nas desigualdades. Eva era feita à imagem de Deus; portanto, co-recipiente do mandato cultural para encher a terra e dominá-la, por meio da multiplicação dessa imagem (Gn 1.28). A ausência da mulher na criação, na verdade, causou a declaração de Deus de que algo

EVA

não estava bom (Gn 2.18). Quando foi apresentada ao homem, este cantou o primeiro hino encontrado nas Escrituras, a fim de exaltá-la e chamá-la de "mulher" (*isha*, Gn 2.23). Adão viu nela um espelho idêntico, embora oposto: percebeu que era totalmente feita à imagem de Deus e ele não tinha o que somente ela podia proporcionar. Nesse aspecto, a identidade de Adão derivava de Eva.

A caracterização louvável que Eva recebeu de seu marido proporcionou o pano de fundo necessário para sua tentação pela serpente. A leitura de Gênesis 3 sem ter esse contexto em mente produziria uma visão distorcida da mulher. A decisão de Satanás de tentar Eva não parece, de maneira alguma, refletir algo que seja inerente à natureza feminina, a despeito da interpretação tradicional. Se houve qualquer base racional por parte da serpente, seria em seus métodos subversivos. Havia uma forte implicação de hierarquia no relacionamento entre o homem e a mulher e Satanás provavelmente escolheu tentar a mulher a fim de subverter essa estrutura.

Ao ceder à tentação de Satanás, a mulher tomou sobre si o papel de determinar o bem e o mal. A autonomia humana na esfera complementar da verdade e da moral iniciou-se a partir dali. Num esforço para justificar, Eva conseguiu a participação de Adão na rebelião. O retrato da mulher aqui, como suscetível à tentação, estabelece uma dimensão de seu caráter na Bíblia; mas essa imagem deve ser vista dentro do contexto de sua caracterização total.

É digno de nota, nesse ponto, que Adão é visto como praticante de uma falta primária no ato da desobediência. Ele não só foi colocado como cabeça sobre toda a criação, mas também era sua tarefa específica "guardar" o Jardim (Gn 2.15). O verbo hebraico usado aqui, além do sentido de conservar, pode conotar uma proposta militar, de "ficar de guarda", o que é o caso do próximo capítulo (Gn 3.24). Se usarmos como pano de fundo os soldados do templo no Antigo Oriente Médio, Adão deveria guardar o Jardim Santo de Deus da presença do mal ou de intrusos impuros. A presença satânica no Éden, personificada na serpente, foi uma indicação direta do fracasso do homem nesse aspecto. Esse entendimento corrige a noção equivocada de que Eva era mais fraca moralmente e de que ela própria era uma tentadora.

Eva compartilhou totalmente com Adão a vergonha dessa rebelião e sentiu com ele a quebra do que antes fora a cobertura suficiente deles — a glória, o Espírito e a imagem de Deus (Gn 3.7). O Senhor colocou sobre ela a maldição relacionada com a gravidez e o parto, os quais eram talhados para sua identidade e função (Gn 3.16). Essa maldição, entretanto, não é totalmente merecida. Certamente as dores do parto serviriam para lembrar a mulher e seus descendentes do sexo feminino sobre a rebelião daquele dia. Também a lembraria do perigo que seria associado ao nascimento dos filhos. Na maldição, porém, podemos ver a bênção de Deus, pois a habilidade da mulher conceber foi preservada. Eva continuaria a ser uma geradora de vida, a despeito da morte ser o castigo para a rebelião dela e do homem.

Como conseqüência de seu pecado, Eva teria seu desejo natural substituído pelo de seu marido: "O teu desejo será para o teu marido, e ele te dominará" (Gn 3.16 b). Alguns comentaristas encontram aqui a base para a liderança masculina e a submissão feminina, ao atribuir esse arranjo exclusivamente à queda. Não é, contudo, a origem do desejo que se vê aqui, pois com certeza Eva desejava seu marido antes do pecado. Parece que sua vontade se tornaria desproporcional ou distorcida. Assim, seria estabelecida por meio do domínio do homem sobre ela. Isso não quer dizer que não havia hierarquia conjugal antes desse momento, mas, sim, que ela seria modificada de alguma maneira.

A preservação de Eva como fonte de vida, entretanto, não é limitada apenas à esfera biológica. Na maldição sobre a serpente Deus incluiu a promessa da redenção

EVA

humana: "E porei inimizade entre ti e a mulher, e entre a tua descendência e o seu descendente; este te ferirá a cabeça, e tu lhe ferirás o calcanhar" (Gn 3.15). Esta passagem geralmente é chamada de "o primeiro evangelho", porque antecipou a derrota final de Satanás, a qual Cristo, como a semente da mulher, conquistaria. Fica evidente que Adão entendeu a esperança abençoada da esposa, pela resposta que deu à promessa de Deus, quando a chamou "Eva, porque era a mãe de todos os viventes" (Gn 3.20). Essa declaração reflete a relação entre o nome e a palavra hebraica *hayah*, que significa "viver". Não se sabe ao certo se estão ligadas etimologicamente, mas no mínimo Adão fazia um jogo de palavras.

A última caracterização direta de Eva ocorre em sua declaração no nascimento de Caim: "Alcancei do Senhor um homem" (Gn 4.1). Essas palavras revelam a consciência que tinha de Deus, para gerar a vida. Foi a "profissão de fé" pessoal de Eva, a qual expressou uma atitude fundamental de alguém cuja esperança estava na semente prometida.

Eva não é mais mencionada explicitamente no AT. Como veremos posteriormente no NT, entretanto, ela serve como um personagem-modelo em episódios subseqüentes. Eva é o protótipo da mulher que busca sua libertação por meio da geração de filhos. É a mãe das dores do parto. O filho que nasce desse modelo é visto como o resultado direto da intervenção divina em favor da mãe. Visto desta maneira, Sara, Rebeca, Raquel, Ana e Isabel seguem o padrão de Eva, embora ela própria não tenha experimentado a esterilidade. Aquela sobre quem o Senhor demonstra seu favor experimentará a alegria de Eva (Is 54.1).

O NT faz duas referências explícitas a Eva. Em 2 Coríntios 11.3, Paulo citou a maneira como ela foi enganada pela serpente, como uma advertência do que um falso mestre poderia fazer na igreja em Corinto. O ponto da analogia é a astúcia da serpente, comparada com a falsa sabedoria dos que pregavam um evangelho diferente daquele que o apóstolo anunciou. Há uma analogia no casamento de Cristo e a Igreja (2 Co 11.2). O v. 3, se tomado como uma extensão dessa, analogia, lança mais luz sobre o episódio da tentação no Éden. Se o interesse da igreja em Corinto por um falso evangelho é análoga à infidelidade conjugal, então a tentação de Eva pode ser vista dessa maneira. Isso estaria de acordo com uma analogia usada com muita freqüência no AT, a qual descreve a idolatria como uma infidelidade conjugal para com Deus (cf. Ez 16; Oséias).

Efésios 5.22,23, embora não mencione os nomes de Eva ou Adão, cita Gênesis 2.23,24. Este é o primeiro lugar na Bíblia onde a analogia é feita entre Cristo e a Igreja e o casamento. Assim como o propósito de Jesus é santificar a Igreja, o dever do marido para com a esposa é separá-la como objeto exclusivo de seu amor.

A outra referência explícita a Eva no NT é encontrada em 1 Timóteo 2.13. Nos conselhos que Paulo dá a seu filho na fé sobre o cuidado com a igreja em Éfeso, deu instruções particulares para cada gênero de pessoas. O apóstolo exortou a mulher a manter uma postura submissa diante do marido, em duas bases — a ordem da criação e a da tentação. Adão, criado primeiro; Eva, enganada primeiro. Alguns comentaristas declaram que o que Paulo disse não é mais pertinente, de acordo com pelo menos um dos seguintes princípios, ou mesmo com todos eles: (1) vivemos num época em que a redenção já resolveu o problema da queda; (2) as palavras de Paulo foram dirigidas a um problema particular em Éfeso; (3) ele refletia um chauvinismo comum entre os rabinos, com relação a Eva; e (4) o apóstolo falava com base no entendimento cultural comum daquela época. Outros destacam que a ordem da criação é a base para o entendimento de Paulo dos papéis no relacionamento conjugal — e não a queda; e essa hierarquia deve permanecer no mínimo até a consumação deste mundo, quando a redenção será completa.

O aspecto mais relevante desta passagem de 1 Timóteo 2, para o entendimento de Eva, é visto no v. 15. O apelo de Paulo é concluído com a esperança de que a mulher "salvar-se-á, dando à luz filhos". Embora obviamente essa não seja uma garantia automática de que a reprodução biológica resultará em salvação espiritual, é uma reflexão sobre a grande promessa dada a Eva — que ela era a "mãe de todos os viventes".

Apesar de Eva não ser mencionada diretamente como a mãe da semente que destruiria a serpente, provavelmente ela é o modelo em outros contextos do NT. Maria, a mãe de Jesus, é o recipiente da revelação divina de que conceberia um filho, o qual seria o foco central da redenção e lutaria contra as forças do mal (Lc 1.33ss; 2.34,35). Sobre esse aspecto, notemos o fato de que Lucas traçou a genealogia de Jesus até Adão (Lc 3.38). Outra possível alusão a Eva no NT é a mulher que dá à luz em Apocalipse 12. Ali, o descendente dela está associado com a batalha cósmica entre as forças de Deus e as de Satanás.

Em resumo, a menção de Eva é muito limitada na Bíblia; entretanto, a atenção cuidadosa dos meios de caracterização revela muito sobre a fonte e a natureza de sua identidade. Além da menção explícita, ela pode proporcionar o pano de fundo para o entendimento de outros personagens bíblicos, bem como de alguns aspectos da obra redentora de Cristo.

M.J.G.

EVI. Um dos cinco reis de Midiã, os quais Moisés derrotou em batalha (Nm 31.2, 8; Js 13.21), como parte da vingança pelos midianitas terem seduzido os israelitas a se afastarem do Senhor (Nm 25).

EVIL-MERODAQUE (Heb. "homem de Merodaque"; Merodaque = Marduque, deus babilônio). Mencionado em 2 Reis 25.27 e Jeremias 52.31. Um rei da Babilônia do século VI a.C. No 37º ano do exílio dos israelitas na Babilônia, na ascensão de Evil-Merodaque, Joaquim, o rei de Judá que estava preso (2 Rs 24.15), foi solto do cárcere. Aparentemente, tornou-se amigo do rei babilônico, o qual o sustentou com alimentos de sua mesa e deu-lhe uma generosa ajuda financeira.

No contexto do livro de Jeremias, o capítulo final (Jr 53) aponta para o cumprimento da profecia de que os exilados não deveriam temer o rei da Babilônia (Jr 42.11-16). Alguns dentre o povo desejavam fugir para o Egito, mas o Senhor nada lhes garantiu além da morte se fossem para lá. Na Babilônia, contudo, suas vidas seriam poupadas e no final seriam restaurados e voltariam à terra natal. A soberania de Deus sobre todo o juízo do exílio e a restauração final do povo, que voltaria para Judá, é o tema dominante desse período. Evil-Merodaque foi apenas um dos reis usados pelo Senhor, a fim de realizar seus propósitos para com seu povo.

P.D.G.

EVÓDIA. Cristã filipense, uma das "companheiras de jugo" (Fp 4.2,3) de Paulo. O conflito entre Evódia e Síntique ameaçava a unidade da igreja, e o apóstolo as exortou a se reconciliarem. Existem muitas teorias sobre elas: uma das duas ou ambas eram homens, ou diaconisas; eram símbolos dos judeus cristãos e gentios, ou uma das duas na realidade era Lídia (At 16.14). Tais teorias, entretanto, não passam de hipóteses especulativas.

EZBAI. Pai de Naari, o qual foi um dos "heróis" de Davi (1 Cr 11.37).

EZEQUIAS, O REI

Ezequias reinou em Judá por 29 anos (715 a 687 a.C.). Era filho de Acaz e de Abi. Ezequias reinou conjuntamente com seu pai de 729 a 715 a.C. e, com a idade de 25 anos, tornou-se rei absoluto.

A reputação de Ezequias

Ezequias era um rei piedoso, como todos os relatos bíblicos demonstram (2 Rs 18 a 20; 2 Cr 29 a 33; Is 33 a 39). De acordo com o autor dos livros dos Reis, não houve outro como ele, nem antes, nem depois, porque Ezequias confiava no Senhor (2 Rs 18.5). Um testemunho da fidelidade dele também é dado em Jeremias 26.18,19. Miquéias, contemporâneo de Isaías, profetizara que Jerusalém seria destruída (Mq 3.12). A resposta deste rei a tal mensagem foi humilhar-se. Buscou ao Senhor. A calamidade não aconteceu. Cem anos mais tarde, os anciãos, no tempo de Jeremias, estavam familiarizados com a história do livramento de Deus e da fidelidade de Ezequias.

A purificação e a Páscoa

Embora o registro em 2 Reis (18.4,16,22) seja estranhamente breve, 2 Crônicas (29.1 a 33.31) apresenta um relato mais detalhado de suas reformas. Uma grande porção da narrativa do cronista sobre Ezequias é concernente à restauração da adoração ao Senhor e a celebração da Páscoa. Este monarca começou suas reformas imediatamente após ser coroado rei (2 Cr 29.3).

A reforma teve como objetivo principal centralizar a adoração ao Senhor novamente em Jerusalém. Como parte desse programa, o jovem rei ordenou que o Templo fosse reaberto e purificado. A idolatria foi removida da área do Santuário, inclusive a imagem de Neustã, a serpente de bronze que Moisés erigira no deserto, para que o povo não morresse atacado pelas cobras abrasadoras (2 Rs 18.4; Nm 21.6-9). Esta estátua tornara-se objeto de culto e mostra quão facilmente substituímos a verdadeira adoração pela falsa. Embora acreditem que Deus se agrada com este tipo de culto, os adoradores podem muito bem incorrer em sua condenação.

Os sacerdotes e levitas passaram a servir de acordo com as prescrições bíblicas. A música foi reincorporada ao culto, segundo o costume introduzido nos tempos do rei Davi. Ezequias até mesmo incentivou os habitantes do reino do Norte a participar da adoração em Jerusalém. Nessa época, eles não mais possuíam seu centro político. Samaria fora destruída pelos assírios (722 a.C.) e os israelitas que sobreviveram coexistiam com outros povos, os quais Salmaneser mandou instalar na região. Ezequias enviou mensageiros que percorreram toda a região de Judá e Israel, a fim de solicitar ao povo que adorasse ao Senhor. Alguns dos remanescentes no reino do Norte escarneceram dos mensageiros, mas outros se humilharam e foram participar da Páscoa. A maioria do povo de Judá atendeu (2 Cr 30.12).

Uma grande multidão reuniu-se em Jerusalém para celebrar a portentosa festividade. A Festa dos Pães Asmos, que ocorre logo depois da Páscoa, durou sete dias e foi acompanhada com "grande alegria". Tiveram um tempo tão maravilhoso em adoração e louvor ao Senhor, que resolveram estender a festa por mais uma semana! Nada similar a esse acontecimento acontecera desde os dias do rei Salomão (2 Cr 30.26).

EZEQUIAS, O REI

O povo estava muito contente, devido ao tempo maravilhoso que teve durante a festa. Essa empolgação espalhou-se por outras áreas de suas vidas. Um dos resultados foi a destruição de todos os locais ilegítimos usados para adoração em Judá e Israel. Outro resultado foram as ofertas generosas dadas pelo povo, para manter o Templo em pleno funcionamento.

O cronista fecha esta seção enfatizando que Ezequias fez o que era certo, reto e verdadeiro. Viu a necessidade de restaurar o verdadeiro culto ao Senhor e não perdeu tempo para iniciar o projeto. Seu primeiro dia de mandato já trouxe resultados que foram sentidos por toda a terra.

A campanha de Senaqueribe

A situação política de Judá permanecia tensa. Acaz fizera uma aliança com os assírios e por essa razão Ezequias era considerado vassalo deles. Ele conseguiu desenvolver suas reformas internas, sem incorrer na ira de Sargão II, que fizera uma incursão em 714 e 710 a.C., mas não agiu agressivamente contra Jerusalém. Com sua morte em batalha (705 a.C.), Senaqueribe o sucedeu no trono. Era o momento para muitos vassalos, inclusive Ezequias, declararem a independência. Senaqueribe teve que lidar com as insurreições da Babilônia até o Egito e finalmente, em 701 a.C., voltou-se para Judá, para subjugá-la.

Nos preparativos para enfrentar o exército assírio, Ezequias reconstruiu os muros da cidade, ergueu torres e fabricou um grande número de armas e escudos. Também construiu um grande túnel, que conectava o ribeiro de Giom ao poço de Siloé (2 Cr 32.3,4), o qual foi uma verdadeira obra de engenharia. Dois grupos de trabalhadores começaram a cavar nas extremidades opostas por baixo da terra até que se encontraram. O túnel assegurou a capacidade de Jerusalém para resistir ao inimigo por um tempo maior, pois haveria água disponível, mesmo que a cidade fosse sitiada.

A terceira campanha do rei Senaqueribe, da Assíria, foi dirigida contra vários governantes situados nas margens ocidentais do mar Mediterrâneo. Enquanto o rei assírio sitiava Laquis, Ezequias enviou-lhe uma carta, na qual reconhecia seu erro e declarava estar disposto a submeter-se a quaisquer termos que ele estabelecesse. Pagou o tributo exigido de 300 talentos de prata e 30 de ouro, o que seria aproximadamente dez toneladas de prata e uma de ouro.

Ezequias era um rei piedoso e um bom político. Por um lado, tinha grande confiança no poder do Senhor para livrá-lo: "Com ele (Senaqueribe) está o braço de carne, mas conosco o Senhor nosso Deus, para nos ajudar, e para guerrear as nossas guerras" (2 Cr 32.7,8). Por outro lado, conhecia a crueldade dos assírios; quando se aproximaram, tentou pacificá-los com o pagamento do tributo. Provavelmente arrependeu-se por sua rebelião anterior contra eles.

O rei assírio, entretanto, não manteve sua palavra. Enviou Rabsaqué com uma carta e um grande exército a Jerusalém, para exigir a rendição da cidade. Esse comandante assírio tentou desmoralizar os oficiais e os cidadãos judeus, ao falar diretamente com eles em judaico e dizer-lhes que ninguém seria capaz de salvá-los das mãos de Senaqueribe. Portanto, era melhor que eles se rendessem de bom grado ao rei assírio.

Ezequias foi ao Templo orar e colocou a carta diante do Senhor (2 Rs 19.14ss). Em sua oração, reconheceu que somente o Todo-poderoso é Deus sobre os reinos da Terra. Encerrou sua oração implorando que o Senhor os livrasse de Senaqueribe e, dessa forma, mostrasse que era o único Deus verdadeiro.

EZEQUIAS, O REI

Deus enviou sua resposta por meio do profeta Isaías. A arrogância dos assírios estava na presunção deles de que o Senhor desejava a rendição de Judá e na alegação de que todos os deuses eram impotentes diante deles. Por isso, 2 Reis 19.25-28 coloca o rei assírio em seu devido lugar. Essa passagem declara que a arrogância de Senaqueribe chegara aos ouvidos do Senhor e, por essa razão, Deus colocaria anzóis em seu nariz e freio em sua boca. Ironicamente, o rei assírio orgulhara-se porque Asquelom curvara-se sob o seu jugo. Como sua visão era limitada! Não percebeu que servia a um propósito divino. Espalhou sua destruição por toda a região e tornou-se arrogante, ao pensar que construía um império pelo seu próprio poder.

Isaías declarou que Senaqueribe jamais tomaria Jerusalém e teria uma morte cruel. Naquela mesma noite, o anjo do Senhor saiu e matou 185.000 soldados assírios, depois do que o rei levantou acampamento e voltou para casa (2 Rs 19.35). A Bíblia não registra o que aconteceu exatamente, mas é interessante saber sobre as lendas relacionadas com aquela retirada. No relato de Josefo, a fuga é atribuída a uma praga (Ant. 10.2-5). Heródoto registra uma narrativa surpreendente sobre o evento. Diz que pequenos ratos comeram as aljavas, as cordas dos arcos e as correias dos escudos, e deixaram os assírios praticamente desarmados (Livro 1, p. 141)! Senaqueribe foi morto pelos seus filhos Adrameleque e Sarezer, quando se encontrava no templo de seu deus Nisroque, em Nínive.

Aparentemente, a salvação de Jerusalém resultou de um reconhecimento em grande escala de que só o Senhor era Deus. Muitas pessoas levaram ofertas ao Templo (2 Cr 32.23). Ezequias também foi exaltado depois desse incidente. Certamente era um milagre ter o exército assírio ao redor da cidade, pronto para atacar, e de repente vê-los em retirada, deixando para trás 185 mil compatriotas mortos. O Senhor operou uma obra maravilhosa e fez com que as nações ao redor refletissem sobre aquele acontecimento extraordinário.

A doença de Ezequias e a delegação da Babilônia

No mesmo ano, 701 a.C., Ezequias foi acometido por uma doença mortal, com a idade de 39 anos. O rei orou para que o Senhor o curasse. O Todo-poderoso atendeu ao seu pedido e deu-lhe mais quinze anos de vida. Depois que se recuperou, ele recebeu a visita de uma delegação da Babilônia. Levou-os a uma turnê e mostrou-lhes todos os seus tesouros. Deus usou os enviados caldeus como um meio para testar o que Ezequias tinha no coração (2 Cr 32.31). Ao que parece, o rei não foi aprovado no teste, pois as palavras de Isaías registram uma forte repreensão. O profeta declarou que todos aqueles tesouros seriam levados para a Babilônia; até mesmo alguns dos filhos do próprio Ezequias.

Um pista do fracasso de Ezequias é encontrada em 2 Crônicas 32.25. O cronista registra que, após seu tempo de vida ser ampliado, ele não foi grato, mas seu coração se exaltou. Por causa disso, o Senhor declarou que sua ira viria sobre o rei e todo o povo judeu. Ezequias e os moradores de Jerusalém humilharam-se e evitaram dessa maneira a ira de Deus naquela geração (2 Cr 32.26).

Conclusão

O quadro geral da vida de Ezequias é o de um rei dedicado, que servia ao Senhor com todo o coração. Não era perfeito, mas era um homem com um espírito quebrantado, pois sempre se humilhava diante do Senhor. Ele conhecia a Deus e o adorava apropri-

EZEQUIEL

adamente. Foi um precursor fiel do Senhor Jesus. Existem vários paralelos na vida de Ezequias que lembram Cristo: a purificação do Templo, a preocupação com os que viviam fora de Judá, sua atitude para com os que eram impuros e sua experiência de doença/morte/nova vida. A última menção ao rei Ezequias é encontrada, de maneira muito apropriada, na genealogia de Jesus Cristo (Mt 1.9).   W.A.VG.

EZEQUIAS. 1. Veja *Ezequias, o rei.*

2. Mencionado em Sofonias 1.1, era pai de Amarias e um ancestral do profeta Sofonias, o que profetizou no tempo do rei de Josias, de Judá.

3. Citado em conexão com Ater, em Esdras 2.16 e Neemias 7.21; 10.17. Os descendentes de Ater, através de Ezequias, voltaram do exílio na Babilônia com Zorobabel. O próprio Ezequias é listado como um dos líderes dos judeus que retornaram para Judá e assinaram o pacto feito pelo povo de adorar ao Senhor e obedecer às suas leis.

EZEQUIEL

O nome Ezequiel significa "El (Deus) é forte" (Ez 3.14), ou "El fortalece" (Ez 30.25; 34.16), ou ainda "que El fortaleça". Este profeta viveu durante um dos períodos mais difíceis na história judaica — o exílio babilônico — e isso pode indicar a razão de seu nome. Foi um dos 10.000 judeus levados cativos de Jerusalém durante a campanha de Nabucodonosor em 597 a.C. (2 Rs 24.10-17) e muito provavelmente profetizou aos exilados que moravam em Tel-Abibe, próximo ao rio Quebar (Ez 3.15). O local exato de sua moradia, entretanto, tem sido calorosamente debatido, principalmente devido à precisão da descrição do Templo em sua visão (Ez 8 a 11). A proposta é que tinha residências múltiplas, para explicar as descrições detalhadas dos eventos em Jerusalém, bem como no exílio. Talvez a melhor alternativa seja localizar seu ministério na Babilônia, pois seus oráculos para os judeus foram feitos por meio da comunicação indireta, similares aos dirigidos a outras nações, e que a precisão de suas descrições dos eventos em Jerusalém seja causada por ser divinamente transportado ao local num êxtase. De acordo com Ezequiel 29.17, ele profetizou até quase 570 a.C., ou seja, o 27º ano do exílio de Joaquim na Babilônia.

Ezequiel era sacerdote; por isso, conhecia profundamente o Templo de Jerusalém e seus cultos, embora seja duvidoso que tenha servido alguma vez ali. A menção de trinta anos em Ezequiel 1.1 refere-se provavelmente à sua idade, para informar ao leitor que já era adulto; portanto, podia começar seu ministério. A princípio suas mensagens não eram bem recebidas (Ez 3.25), mas posteriormente o povo criou estima pelo profeta e sua mensagem tornou-se respeitada (Ez 8.1; 14.1; 20.1).

O livro parece ser composto por uma série de oráculos com datas determinadas (Ez 1.2; 3.16; 8.1; 20.1; 24.1; 26.1; 29.1, 17; 30.20; 31.1; 32.1, 17; 33.21; 40.1) os quais marcam os pontos de mudança em seu ministério e proporcionam o pano de fundo necessário para cada mensagem. Os oráculos para as nações, entretanto (Ez 25 a 32), provavelmente formam uma unidade à parte, pois não seguem a estrutura cronológica desenvolvida no restante do texto. O livro de Ezequiel pode ser dividido em três seções: (a) os oráculos de juízo contra Judá (Ez 1 a 24); (b) os oráculos contra as nações estrangeiras (25 a 32); e (c) oráculos finais [mensagens de esperança e restau-

EZEQUIEL

ração] (33 a 48). As duas últimas seções, contudo, devem ser vistas juntas, como uma mensagem de esperança para Israel, pois pronunciam a condenação das nações estrangeiras e a possibilidade da restauração dos judeus. Essa estrutura provavelmente está organizada de acordo com a ordem da seqüência dos eventos históricos: primeiro, para anunciar o juízo (em 586 a.C., quando Jerusalém foi destruída pelos caldeus, Ez 24.25-27); segundo, para transmitir a esperança e a restauração (Ez 25 a 48). Existem repetições temáticas em cada uma das seções principais do livro, as quais proporcionam a necessária coesão: (1) o atalaia (Ez 3.17); (2) a glória do Senhor que deixa o Templo (8 a 11); (3) o retorno (43).

O livro começa com uma clara descrição do chamado e da comissão de Ezequiel (Ez 1 a 3), incluindo uma fantástica figura da glória e da transcendência de Deus (1.4-28), bem como uma severa advertência ao atalaia que não avisa o povo sobre o perigo (3.16-21). Essas duas mensagens motivam Ezequiel a executar seu difícil trabalho, mesmo quando aparentemente não lhe concedem a devida atenção. Teólogos modernos chegam a questionar a sanidade do profeta, por causa dos extremos a que chegava para ilustrar suas mensagens. Exemplos: fez um modelo de Jerusalém sob sítio (4.1-3); ficou deitado sobre seu lado esquerdo durante 390 dias e virou-se sobre o lado direito por mais 40 dias (4.4-17); raspou o cabelo e queimou um terço dele; cortou um terço com uma espada e espalhou um terço ao vento (5.1-4). Até mesmo a morte de sua esposa tomou um significado profético (24.16-27). O ministério de Ezequiel foi crucial para os exilados, porque os alertou sobre o juízo iminente. Conforme Ezequiel 2.5: "E eles, quer ouçam quer deixem de ouvir, pois são casa rebelde, hão de saber que esteve no meio deles um profeta". Era incansável em condenar os judeus por sua infidelidade para com Deus. A longa história de rebelião da nação israelita começou logo depois do Êxodo (Ez 16; 20; 23) e continuou até os dias de Ezequiel, com atitudes como a de não guardar o sábado (20.12,24), adorar nos lugares altos (6.13; 20.28) e profanar o santuário (23.37s). A tarefa do profeta era demonstrar-lhes a importância da obediência a Deus e as conseqüências do pecado. Para os que dessem ouvidos às suas palavras e cressem em sua mensagem, haveria "vida"; mas para os outros, o juízo seria certo. O ministério de Ezequiel indicava que, mesmo no meio de severo juízo, Deus ainda falava com o povo; embora fossem castigados, não seriam abandonados. Enquanto o profeta Jeremias proclamava a mensagem do Senhor em Jerusalém, uma voz igualmente poderosa a proclamava na Babilônia, aos exilados, para que estivessem cientes dos propósitos de Deus. Essa seção termina com o anúncio de que Nabucodonosor, rei da Babilônia, sitiara Jerusalém em 588 a.C. e o resultado final seria óbvio: a destruição.

Ezequiel então fala da atitude dos inimigos de Israel quanto à destruição de Jerusalém (Ez 25 a 32): "Visto que bateste com as mãos, e pateaste com os pés, e te alegraste de coração em toda a tua malícia contra a terra de Israel" (25.6). Parte desse juízo sobre as nações era uma demonstração da justiça de Deus, pela participação que tiveram na destruição de Jerusalém, ou por a terem aprovado. Outra parte serviu para vindicar *Yahweh* como o soberano governador sobre as nações (Ez 25.7,11,17). Tanto os israelitas como os outros povos precisavam entender que o julgamento lançado sobre Israel era devido à sua própria impiedade, e não por causa da falta do poder de Deus. As outras nações em breve descobririam, em primeira mão, o poder de *Yahweh*, quando fossem punidas por sua arrogância em atacar Israel. Nos dias de Ezequiel, a vitória de um povo sobre outro era atribuída à superioridade dos deuses do país vencedor. Em breve, todas as nações que acreditavam ser seus deuses superiores seriam derrotadas e então entenderiam que não foi devido à impotência de *Yahweh* que destruíram Israel.

EZEQUIEL

A última seção (Ez 33 a 48) começa com dois oráculos que enfatizam a necessidade da responsabilidade individual, quando cada pessoa será julgada de acordo com suas próprias atitudes. Segue-se então a mensagem devastadora dos fugitivos de Jerusalém de que a cidade havia caído (Ez 33.21). Os ímpios receberam sua punição, tanto os líderes orgulhosos de Jerusalém, como os que se iludiram, ao permanecer na cidade convictos de que eram o remanescente (vv.23-29). Desse ponto em diante, Ezequiel anuncia a esperança e a restauração da nação, a qual Deus realizará de bom grado. O Senhor é descrito como aquele que concederá a vida, restaurará seu povo e assumirá o papel de pastor, cargo de que tanto abusaram os líderes de Israel. Ele purificará Israel, restabelecerá suas fronteiras e trará os judeus de volta do exílio. Um forte contraste é feito, em Ezequiel 33 a 37, entre a infidelidade de Israel e a destruição causada por ela e a fidelidade de *Yahweh* e a restauração que ele estabelecerá. A restauração não é baseada em alguma obrigação ou compromisso para com os judeus, pois eles claramente falharam em manter a aliança; pelo contrário, é estabelecida unicamente na fidelidade de *Yahweh*. Essa restauração incluirá um pastor da linhagem de Davi (34.23 s), que liderará o povo; um novo coração para os judeus, para que lhe obedeçam (36.26s); uma nação unificada (37.17-22) e uma nova aliança de paz (37.26-28). Israel é pintada sob a liderança do descendente de Davi como uma nação purificada, que finalmente cumpre a esperança expressa em Êxodo 6.7: *Yahweh* será o seu Deus e eles serão o seu povo (Ez 37.27). Essa restauração só pode ocorrer depois que o Senhor conceder aos judeus um novo coração, o qual será transformado, a fim de que eles tenham disposição de guardar seus mandamentos; então Deus restabelecerá um relacionamento apropriado, no qual *Yahweh* será o supremo Senhor e governará das montanhas sagradas de Israel. Vistos nesta ótica, Ezequiel 38 e 39 são centrais, pois *Yahweh* destruirá todos os seus inimigos e ficará claro para todos que ele é o Senhor (um título usado mais de 400 vezes em Ezequiel). Os oito capítulos finais são de difícil interpretação; mas, no mínimo, indicam a soberania de Deus sobre Israel e apresentam uma figura clara da santidade que *Yahweh* traz à nação eleita. A seguir, apresentamos as quatro interpretações propostas:

A visão profética: Esses capítulos contêm o esboço do Templo que os exilados construiriam, quando retornassem a Israel.

A visão simbólica do cristianismo: Esses capítulos já foram simbolicamente cumpridos na Igreja cristã, e a figura da Nova Jerusalém no livro de Apocalipse é baseada no padrão de Ezequiel.

A visão dispensacional: Essa passagem, bem como todas as promessas para Israel, será cumprida literalmente no futuro; em outra dispensação, todos os elementos do Antigo Testamento, as festas, os sacrifícios, o sacerdócio e o culto no Templo serão reativados.

A visão apocalíptica: A passagem é interpretada contra o pano de fundo de outros acontecimentos apocalípticos, que usam simbolismo, simetria numérica e visão futurista, para apresentar sua mensagem. É uma maneira de explicar o futuro em termos tangíveis, com base em elementos já familiares aos ouvintes.

Essa interpretação leva em conta o contexto e o tipo de literatura, mais do que as outras três. De acordo com essa visão, o Templo ilustra a proeminência da adoração e a presença de *Yahweh* nessa nova época.

O livro de Ezequiel é parte do cânon hebraico chamado de "Profetas Maiores" (junto com Isaías e Jeremias). Corresponde mais a Jeremias em termos cronológicos e no tipo de mensagem. Na verdade, vários temas aparecem em ambos os livros: por exemplo, oráculos contra as nações (Jr 46 a 51; Ez 25 a 32); a destruição de Jerusalém

EZRA

(Jr 39; 52 ; Ez 24.2; 33.21); a nova aliança (Jr 31.31-33; Ez 36.25-32); o Templo não é uma garantia de proteção (Jr 7; 26.2-9; Ez 8 a 11); etc. A importância fundamental da mensagem de Ezequiel encontra-se no fato de que os exilados na Babilônia não estavam abandonados por Deus, embora a punição que experimentavam fosse determinada por Ele. A grande incerteza que os judeus experimentavam era se teriam qualquer comunhão com *Yahweh*, agora que tinham quebrado a aliança. Teriam perdido a posição especial de povo escolhido de Deus? *Yahweh* toma a iniciativa e confirma que ainda mantém um relacionamento com eles e que os libertará; contudo, deixa muito claro para o povo que a restauração será operada por Ele e não dependerá dos esforços fracassados deles.

Existem vários temas importantes no livro de Ezequiel:

A soberania de Deus: O Senhor está no controle da história; não importa o que aconteça, seus planos prevalecerão. Nem mesmo a desobediência do povo escolhido comprometerá seus planos, os quais Ele fará que dêem frutos no final. Essa idéia, conforme expressa em Ezequiel 1 com a visão de Deus que governa toda a criação, é repetida várias vezes por todo o livro (em Ez 3.23, para confirmar seu ministério; em Ez 9 a 11, antes da destruição de Jerusalém; e em Ez 43 a 46, durante a restauração de Israel).

O Filho do homem: Essa frase é utilizada por Ezequiel aproximadamente 90 vezes e enfatiza o fato de que ele é meramente um mensageiro do Soberano do Universo, que planejou todos os eventos que acontecerão, os quais ninguém pode impedir que se cumpram.

A responsabilidade individual: Essa verdade é enfatizada nos oráculos do atalaia (Ez 3; 33) e na refutação do provérbio das "uvas verdes" (Ez 18). Sempre é mais fácil culpar outrem pelos nossos erros, e Israel não era exceção. Mas Deus proclama que jamais aceitaria a acusação contra as gerações anteriores. Cada uma delas tinha pecado suficientemente para merecer a punição. Foi somente devido à paciência do Senhor que as gerações anteriores não foram castigadas imediatamente. A resposta dos israelitas em Ezequiel 18.19 sugere uma das duas alternativas: ou o povo desejava passar a culpa adiante, indefinidamente, para seus descendentes, para evitar o ajuste de contas; ou estava com o coração tão endurecido, que não se importava com quem receberia a punição, desde que não fossem eles. Tanto a mensagem sobre o "atalaia" como a das "uvas verdes" confirmaram que o atalaia (Ezequiel) e os israelitas seriam responsabilizados por suas ações. Era assim que deveria ser — o Senhor Todo-poderoso declarou. (Veja *Profetas* e *Profecia*.)

P.D.W.

EZRA. Da tribo de Judá e pai de vários filhos, inclusive Merede, que se casou com uma princesa egípcia (1 Cr 4.17,18).

EZRI (Heb. "minha ajuda"). Filho de Quelube, era um dos superintendentes do rei Davi, responsável pelos trabalhadores nas lavouras e nas fazendas do rei (1 Cr 7.26).

---

[1]   As versões em português em geral optaram por "dispor a própria vida", ou "não fazer caso da própria vida". Apenas a Bíblia de Jerusalém traduziu o v. 30 por "arriscando a própria vida" (Nota do Tradutor).

[2]   A Nova Versão Internacional em inglês traduz o v. 3: "Estes foram os filhos de Etam: Jezreel, ..." (Nota do Tradutor).

F

FANUEL (Heb. "a face de Deus"). Pai de Ana, a profetisa da tribo de Aser (Lc 2.36). Ela era uma viúva idosa fiel ao Senhor e teve a oportunidade de ver o menino Jesus ser apresentado no Templo.

FARAÓ. Título comumente utilizado na Bíblia para os reis do Egito, que significa "casa grande". Existem evidências concretas de fontes egípcias de que a palavra "faraó" podia ser usada simplesmente como um título, como é encontrada freqüentemente na Bíblia. Vários faraós são mencionados nas Escrituras e muito raramente são identificados (Neco é identificado em 2 Reis 23.29,33 como o rei do Egito que matou o rei Josias). O primeiro faraó citado foi o encontrado por Abraão quando foi ao Egito e temeu pela própria segurança, por causa da esposa Sara (Gn 12.15,17; etc.). Outro muito proeminente foi o que reinou na época do nascimento de Moisés e tornou a vida dos israelitas insuportável. Nem sempre é possível identificar com certeza um faraó em particular, por meio da lista dos reis do Egito, principalmente porque não existem detalhes suficientes nas Escrituras ou porque os eventos registrados na Bíblia foram tão insignificantes para os egípcios que não foram registrados em seus anais.

P.D.G.

FARISEUS

Uma das três seitas judaicas descritas por Josefo, historiador judeu do século I (as outras duas são os saduceus e os essênios). Provavelmente não mais do que 5 a 10% de todos os judeus pertenciam a esse grupo, o qual era uma mistura de partido político e facção religiosa. É provável que o nome signifique "separatistas" e fosse aplicado a um movimento que cresceu no tempo dos Macabeus, composto de líderes religiosos e estudantes da Lei que tentavam criar uma "cerca" em torno da Torá — um bem elaborado sistema de legislação oral e de interpretações que capacitaria os judeus fiéis a obedecer e aplicar os mandamentos de Deus em todas as áreas da vida. Originalmente reformadores piedosos, eram bem respeitados pelos judeus comuns, menos piedosos, apesar de às vezes os fariseus os criticarem por não serem suficientemente escrupulosos em guardar a Lei. Diferentemente dos saduceus, eles observavam Roma como um governo ilegítimo e opressor que impedia Israel de receber as bênçãos divinamente ordenadas de paz e liberdade na Terra. De maneira alguma eram todos hipócritas, como os cristãos geralmente supõem erroneamente. A tradição talmúdica descrevia sete categorias de fariseus, relacionadas de acordo com a motivação para o comportamento, e somente um grupo dos sete tinha fama de agir sem escrúpulo.

No evangelho de Marcos, alguns fariseus perguntaram a Jesus por que Ele comia com cobradores de impostos e pecadores (Mc 2.16). Alegaram que jejuavam e os discípulos de Cristo não faziam isso (2.18), acusaram Jesus de não respeitar o sábado (2.24), começaram a tramar a morte dele (3.6), questionaram por que Ele não seguia as tradições do ritual da purificação (7.1,3,5) e exigiram um sinal sobrenatural que autenticasse seu ministério (8.11). Os ensinos deles foram comparados a uma força

FARISEUS

maligna e insidiosa (8.15); prepararam uma armadilha para Jesus, quando pediram sua opinião sobre o divórcio (10.2) e os impostos (12.13).

Mateus repete todas essas referências, mas reforça a animosidade, pois acrescenta vários outros eventos e mantém sua posição de antagonismo para com os líderes judaicos. Os fariseus que estavam presentes questionaram o ministério e o batismo de João Batista (Mt 3.7). Jesus declarou que a justiça de seus discípulos precisava exceder a dos fariseus (5.20). Eles o acusaram de que só expulsava os espíritos imundos pelo poder de Belzebu, príncipe dos demônios (9.34; 12.24) e identificaram-se com os lavradores ímpios da parábola (21.45). Um deles, doutor da lei, questionou Jesus sobre qual era o maior mandamento (22.34,35). Cristo os acusou de toda sorte de hipocrisia, em seu mais longo discurso de acusação nos evangelhos (Mt 23), e eles solicitaram a Pilatos que lhes desse autorização para colocar guardas no túmulo de Jesus (27.52).

Lucas difere de Mateus e Marcos em várias passagens. Algumas de suas referências aos fariseus são também negativas. Contrapuseram-se à afirmação de Jesus de ter poder para perdoar pecados (Lc 5.21); "rejeitaram o conselho de Deus" (7.30), murmuraram por causa da associação de Cristo com os impenitentes (15.2), rejeitaram o ensino de Jesus sobre a mordomia porque "eram avarentos" (16.14) e disseram a Cristo que repreendesse seus seguidores, quando o aclamaram rei (19.39). A parábola de Jesus sobre o fariseu e o publicano chocou a audiência, porque o popular líder judeu não foi justificado e sim o notório empregado do governo imperialista romano (18.10-14). Por outro lado, Lucas foi o único evangelista que incluiu numerosos textos que retratam os fariseus de forma mais positiva, muitas vezes no contexto da comunhão com Jesus. Simão convidou Cristo para jantar em sua casa, mas foi Jesus quem usou a ocasião para criticar sua hospitalidade (7.36-50). Lucas 11.37-53 e 14.1-24 descrevem duas festas semelhantes nas quais os fariseus agiram em favor de Cristo, o qual os criticou por algum aspecto comportamental. Em Lucas 13.31 advertiram Jesus contra a fúria do rei Herodes e pareceram genuinamente preocupados com seu bem-estar. Em Lucas 17.20,21, os fariseus perguntaram sobre o advento do reino de Deus e criaram uma oportunidade para que Jesus declarasse que o reino já estava entre eles, em sua própria pessoa e ministério.

João assemelha-se mais a Mateus, pois retrata os fariseus como extremamente hostis a Jesus. Ele enviaram os guardas do Templo numa tentativa fracassada de prendê-lo (Jo 7.32-46). Alegaram que o testemunho de Cristo não tinha validade, pois falava a seu próprio favor (8.13). Investigaram a cura de um cego, rejeitando as declarações dele sobre Jesus e revelando no processo a sua própria cegueira espiritual (9.13-41). Formaram um concílio no qual decidiram prender Cristo e tentar matá-lo em segredo (11.45-57); lamentaram o fato de "todo o mundo" ir após Jesus, quando o Filho de Deus entrou triunfalmente em Jerusalém (12.19) e fizeram parte do grupo que foi ao Jardim Getsêmani para prendê-lo (18.3). O medo em relação aos fariseus impediu alguns judeus que creram em Jesus de confessar isso publicamente (12.42). Por outro lado, pelo menos um dos mais proeminentes deles apareceu sob uma perspectiva mais positiva — Nicodemos (3.1), que, apesar de inicialmente não entender a afirmação de Cristo sobre o novo nascimento (vv. 3,4), tempos depois levantou-se em defesa de Jesus (7.50,51) e ajudou José de Arimatéia a sepultar Cristo (19.39). Há também outros textos mais brandos que envolvem os fariseus, como a discussão sobre a identidade do Batista (1.24) e o registro de que Jesus batizava mais pessoas do que João (4.1).

Como no evangelho de Lucas, o livro de Atos alterna referências positivas e negativas. Um importante membro da suprema corte judaica, Gamaliel, saiu em defesa

FÉLIX

dos apóstolos. Alguns fariseus tornaram-se cristãos, mas erroneamente pensavam que os novos convertidos entre os gentios eram obrigados a obedecer à Lei mosaica (At 15.5). Em sua audiência diante do Sinédrio, Paulo causou uma divisão entre seus membros; alinhou-se com os fariseus contra os saduceus, ao alegar que era julgado porque cria na ressurreição. Novamente em Atos 26.5, quando se defendia diante do rei Agripa, o apóstolo referiu-se ao seu passado como membro da seita dos fariseus. Filipenses 3.5 registra esse mesmo testemunho, mas nos dois contextos Paulo também deixou claro que, como cristão, muitas de suas convicções fundamentais mudaram.

C.B.

FEBE. Uma cristã bem conhecida, que tinha um ministério na igreja em Cencréia, cidade portuária a alguns quilômetros a leste de Corinto. Paulo a chama de "irmã" e "serva", e usa o mesmo termo do qual deriva a palavra "diaconisa" (Rm 16.1). Não está claro se é uma alusão a uma função específica (Fp 1.1; 1 Tm 3.8, 12) ou uma designação mais ampla para descrever alguém que estava envolvido efetivamente no trabalho da igreja local (Ef 3.7; Cl 1.7). De qualquer maneira, é certo que Paulo tinha alta consideração pelo trabalho de Febe para o Senhor. Sabemos com certeza que existia uma ordem de diaconisas no século II d.C., mas a única referência possível no Novo Testamento para tal posição é em 1 Timóteo 3.11. O apóstolo pede aos irmãos de Roma que Febe seja auxiliada de todas as maneiras possíveis. Evidentemente ela tinha um trabalho específico a desempenhar ali e a igreja deveria dar-lhe toda a ajuda necessária.

D.B.

FÉLIX (Lat. "feliz"). O "governador Félix" era o procurador romano da Judéia de 52 a 58 d.C. Chama nossa atenção Atos 23.23 a 24.27, pois foi diante dele, em Cesaréia, que Paulo enfrentou seu primeiro julgamento, por causa da fé cristã que o apóstolo defendia. Félix fora nomeado pelo imperador Cláudio e mais tarde foi chamado a Roma por Nero.

Esta provação de Paulo começou em Atos 21, quando voltava de Éfeso para Jerusalém. Logo foi acossado por alguns judeus procedentes da Ásia, que o acusaram de suscitar antagonismo contra o judaísmo. Criou-se um tumulto, durante o qual o apóstolo foi capturado pela multidão, que ameaçava matá-lo (At 21.31). O destacamento romano na cidade interferiu e os soldados protegeram Paulo. Atos 22 então narra como o apóstolo foi autorizado pelo comandante romano a dirigir-se à multidão e falar sobre a fé cristã. O povo ouviu em silêncio até que ele mencionou sua missão de pregar o Evangelho aos gentios (At 22.22). Isso fazia parte da acusação contra ele, que estava pronto a levar os "incircuncisos" para dentro do Templo (At 21.28). A fim de protegê-lo, o comandante romano, chamado Cláudio Lísias (At 23.26), levou-o preso sob custódia.

Paulo apelou para sua cidadania romana, o que o protegeu de ser açoitado e também deu-lhe direito a uma proteção adicional, quando foi levado para ser julgado pelo Sinédrio (At 23). Depois dessa audiência, alguns judeus planejaram matar o apóstolo, quando fosse levado novamente diante do Supremo Tribunal. O comandante romano então decidiu enviá-lo para Cesaréia, para ser julgado diante de Félix.

O sumo sacerdote e mais alguns judeus levaram suas acusações contra Paulo diante de Félix, o qual permitiu que ele fizesse sua própria defesa. O julgamento durou vários dias. A Bíblia diz que Félix "era bem informado acerca do Caminho" (At 24.22). Ele ouviu, juntamen-

FESTO

te com sua esposa judia Drusila, enquanto o apóstolo falava sobre a fé em Cristo, "discorrendo ele sobre a justiça, o domínio próprio e juízo vindouro" (24.25). Félix ficou "apavorado", talvez devido à idéia do juízo vindouro. Retardou ao máximo o julgamento, na esperança de receber algum suborno para liberar Paulo (24.26).

Esse menosprezo pela lei talvez fosse uma característica de Félix, mencionado tanto por Josefo como por Tácito, que o consideravam um governador abominável e extremamente cruel. Manteve Paulo em algum tipo de prisão domiciliar por dois anos, embora aparentemente as condições de vida do apóstolo fossem bem favoráveis. Durante esse tempo, o apóstolo e Félix tiveram conversas regulares (At 24.26,27). Paulo ainda estava preso quando Félix foi substituído por Pórcio Festo (At 24.27).

Esse tempo de prisão sob o governo de Félix aparentemente trouxe pouquíssimo benefício na continuação do ministério de Paulo. Foi, entretanto, o primeiro estágio nos procedimentos legais que no final permitiriam que testemunhasse de Cristo na própria cidade de Roma. Fica muito claro, nestes capítulos, que tudo isso era parte do plano de Deus (cf. At 21.11; 27.24).   P.D.G.

FESTO. O procurador romano da Judéia que sucedeu Félix em 58 d.C. (At 24.27). Fora do Novo Testamento, é mencionado apenas por Josefo, que o considerava um nobre líder, o qual tentou restaurar um pouco da ordem legal e administrativa na região, depois da fraquíssima administração de Félix. No Novo Testamento, Festo aparece como o governador romano que se encarregou dos procedimentos legais contra Paulo, os quais ficaram parados por mais de dois anos sob o governo de Félix, que esperava receber algum tipo de suborno antes de pronunciar a inocência do apóstolo das acusações que os judeus faziam contra ele.

Festo rapidamente tomou as rédeas da liderança e "três dias depois de entrar na província, subiu de Cesaréia a Jerusalém" (At 25.1). Ali ele ouviu dos líderes judeus as acusações contra Paulo, os quais pediam que fosse reconduzido a Jerusalém para ser julgado. A intenção deles era fazer uma emboscada e matar o prisioneiro. Festo convidou os líderes para o acompanharem a Cesaréia, onde apresentariam suas acusações contra o apóstolo. Paulo então apelou para César, a fim de não ser levado a Jerusalém, onde seria morto (At 25.2-12). Por ele ser cidadão romano, Festo atendeu a tal apelo e o manteve em Cesaréia até o seu envio a Roma, para ser julgado.

Alguns dias depois, Agripa II, acompanhado de sua irmã Berenice, chegou à cidade e teve um encontro com Festo, quando, demonstrando claramente ser bons amigos, discutiram juntos sobre o caso de Paulo. O apóstolo foi convocado para falar diante do rei. Paulo então aproveitou a oportunidade para proclamar o Evangelho aos dois descendentes de Herodes, o Grande, que claramente eram simpatizantes do judaísmo, pois também eram judeus.

Quando Paulo chegou ao ponto da descrição da morte e ressurreição de Cristo, Festo demonstrou seus princípios religiosos romanos, ao dizer que o apóstolo estava "louco" (At 26.24). Paulo replicou, ao apelar para o conhecimento de Agripa sobre os recentes acontecimentos que envolviam os judeus e o entendimento dele sobre os profetas. O rei sensibilizou-se e disse a Paulo: "Pensas que em tão pouco tempo podes persuadir-me a fazer-me cristão?" (At 26.28). O apóstolo então respondeu ser o seu desejo que todos os que estavam presentes se tornassem cristãos, como ele.

Agripa e Festo desejaram libertá-lo, mas o apelo para César precisava ser obedecido; assim, Paulo, o prisioneiro, foi colocado num navio e conduzido a Roma

FILEMOM

(At 26.32). O plano de Deus era que o apóstolo testemunhasse dele na capital do Império Romano (cf. At 21.11; 27.24).

P.D.G.

FICOL. Comandante do exército do rei Abimeleque, nos dias de Abraão. Acompanhou seu senhor, um líder filisteu, quando este fez um tratado com Abraão em Berseba (Gn 21.22, 32). Tempos mais tarde, quando o patriarca já havia falecido e houve fome na terra, Isaque foi ao encontro de Abimeleque em Gerar, em busca de ajuda e alimentos. Permaneceu lá por algum tempo, onde se tornou um homem poderoso e uma ameaça para os filisteus, os quais pediram que se retirasse. Depois de várias disputas por causa dos poços de água, Isaque retornou a Berseba. Quando lá estava, Abimeleque e Ficol novamente se encontraram com ele, a fim de firmar um acordo de paz (Gn 26.26). Não se sabe ao certo se foi o mesmo líder filisteu que antes fizera uma aliança com Abraão. É possível que tanto Abimeleque como Ficol fossem títulos filisteus para seus líderes; desta maneira, dois homens diferentes talvez estejam envolvidos nos dois eventos.

P.D.G.

FIGELO (Gr. "fugitivo"). Mencionado junto com Hermógenes na segunda carta de Paulo a Timóteo: "Bem sabes isto, que todos os que estão na Ásia me abandonaram, entre eles Figelo e Hermógenes" (2 Tm 1.15). Evidentemente o apóstolo não desejava dizer que todos os cristãos de todas as igrejas da província da Ásia, tais como Éfeso, Colossos e Laodicéia, o tinham abandonado. Provavelmente referia-se ao tempo de sua segunda prisão em Roma (v. 17) e tinha em mente o fato de os cristãos não terem ficado ao seu lado no julgamento. Os que se afastaram seriam todos os provenientes da Ásia que viviam em Roma, tais como Hermógenes e Figelo, de quem Paulo esperava uma atitude melhor.

Paulo estabeleceu um contraste entre esse tipo de comportamento, sem dúvida motivado pelo medo que alguns cristãos tinham das autoridades romanas, e a atitude de Onesíforo, de quem disse: "Porque muitas vezes ele me recreou, e não se envergonhou das minhas algemas" (v. 16). O apóstolo mencionou esses exemplos, a fim de encorajar Timóteo a ser forte "na graça que há em Cristo Jesus" (2 Tm 2.1). Da mesma maneira que os cristãos enfrentam dificuldades para permanecer firmes em Cristo em muitas sociedades modernas, o problema estava presente também na Igreja primitiva; eles estavam expostos às perseguições ou simplesmente eram "ridicularizados" por serem cristãos.

P.D.G.

FILEMOM. Um dos cooperadores de Paulo, amigo querido e cristão fiel. Provavelmente converteu-se por meio do ministério do apóstolo (Fl 1,5,19). Uma igreja domiciliar reunia-se em sua casa, e alguns membros do grupo ou de sua residência também foram mencionados no início da carta que o apóstolo lhe escreveu. O amor de Filemom "pelos santos" (outros irmãos e irmãs cristãos) era bem conhecido, pois tinha reanimado o coração dos cristãos (vv. 5,7). Uma das orações de Paulo por ele era para que sempre fosse ativo na proclamação do Evangelho de Cristo às outras pessoas. Isso talvez indique uma certa timidez de sua parte, ao falar sobre Jesus em seus contatos diários com os pagãos (v. 6).

Por meio de uma cuidadosa comparação com a carta de Paulo aos colossenses, é possível afirmar-se que a casa de Filemom era parte da igreja em Colossos. Nessa epístola, Onésimo — o motivo da carta do apóstolo a Filemom — é mencionado como "um de vós" (Cl 4.9). Este era um escravo que pertencia a Filemom, mas que havia fugido, possivelmente com uma elevada soma de dinheiro; ou então fora enviado para ajudar Paulo e não voltou no prazo determinado. Qualquer que seja a situação (veja *Onésimo*), supõe-se que um proprietário

FILETO

de escravos e possuidor de uma casa grande o suficiente para reunir uma igreja provavelmente fosse muito rico e de elevada posição social.

A carta de Paulo a Filemom é a mais curta das que o apóstolo escreveu. É uma nota pessoal na qual solicita que o companheiro aceite de volta seu antigo escravo como "irmão" (v. 16). Repetidamente o apóstolo enfatizou o valor que Onésimo tinha para ele. O rapaz se tornara seu filho na fé enquanto Paulo estava preso por causa do Evangelho. A carta do apóstolo começa com um comentário sobre como Filemom reanimara o coração dos santos e conclui com o pedido de que ele mande Onésimo de volta, reanimando-lhe o coração em Cristo (vv. 7,20). Paulo também refere-se ao cuidado de Filemom para com os santos e conclui a carta com o pedido de que lhe fosse preparada uma pousada (vv. 5,22).

Discute-se muito se Paulo estava ou não na prisão quando escreveu esta carta. Alguns sugerem que a redigiu quando esteve preso em Cesaréia (veja At 25); outros defendem um cativeiro em Éfeso, de onde teria escrito a epístola, ainda que o mais provável seja que o apóstolo se encontrasse detido em Roma. É provável que Onésimo tenha tentado escapar e manter-se escondido no meio da multidão de uma grande cidade como Roma. Provavelmente enquanto estava lá teve a oportunidade de conhecer Paulo, de quem ouviu sobre o Evangelho; talvez estivesse também preso e por um tempo tenha compartilhado a mesma cela com o apóstolo. Tais informações, entretanto, são apenas hipóteses.

A carta de Filemom é muito estudada, com o intuito de se aprender sobre as possíveis atitudes dos cristãos com relação à escravidão. Esta epístola diz pouco sobre o assunto e pressupõe que era correto Onésimo voltar ao seu senhor e reassumir sua posição como escravo; entretanto, a sucessão de eventos finalmen-

te levou os cristãos a acreditar que a escravidão era uma prática errada, e certamente assumiram esta postura após o tratamento de Paulo para com Onésimo. O apóstolo disse que era "pai" daquele escravo. Disse que Onésimo era um "irmão" realmente valioso e confiou nele como cooperador numa missão em Colossos. O apóstolo o enviou de volta a Filemom "não já como escravo, antes, mais do escravo, como irmão amado" (Fm 16). O cristianismo claramente fazia com que a relação entre senhores e escravos fosse reexaminada. Infelizmente a Bíblia não registra qual foi a reação de Filemom a esse desafio à sua maneira de pensar. P.D.G.

FILETO (Gr. "amado"). Herege, associado a Himeneu e provavelmente também a Alexandre (2 Tm 2.17; 1 Tm 1.20). Sua heresia se espalhava como uma "gangrena" e era uma distorção das Escrituras. Seu ensino de que a ressurreição já havia ocorrido era particularmente nocivo (2 Tm 2.18). Talvez Fileto e seus companheiros acreditassem que a ressurreição fosse apenas a descrição de uma experiência espiritual, e não necessariamente o ressurgimento literal do corpo — um ensino fundamental da fé cristã (veja 1 Co 15.16-19). Tais heresias são comuns através da história da Igreja, e os cristãos, desejosos de seguir o exemplo de Paulo, freqüentemente enfrentam essas questões com uma forte ênfase sobre a ressurreição do corpo. P.D.G.

FILHA DE FARAÓ, A. 1. A mulher mais conhecida na Bíblia como "a filha de Faraó" é mencionada no relato sobre o nascimento e a infância de Moisés (Êx 2.1-10). Estabeleceu-se um decreto real que ordenava que todos os bebês do sexo masculino que nascessem entre as mulheres israelitas fossem mortos; uma mãe escondeu e salvou seu filho e, após três meses, colocou-o na correnteza do rio Nilo, dentro de um cesto feito de juncos.

FILHOS NA BÍBLIA

Miriã, a irmã mais velha do bebê, vigiava, escondida no meio da vegetação. A filha de Faraó banhava-se no rio, ouviu o choro do bebê e mandou retirá-lo do cesto. Percebeu então que se tratava de uma criança israelita. Miriã aproximou-se e ofereceu-se para encontrar uma mulher que pudesse cuidar do bebê e amamentá-lo. A proposta foi aceita e ela procurou a própria mãe. Quando o menino cresceu, foi recebido pela filha de Faraó e tornou-se oficialmente seu filho. "Ela lhe pôs o nome de Moisés, e disse: Das águas o tirei" (v. 10).

A providência de Deus é claramente vista no retrospecto desses eventos, pela escolha de Moisés para liderar os israelitas e ser a própria voz do Todo-poderoso diante de Faraó. Devido à sua formação, ele conhecia as formalidades da corte e tinha um acesso ao rei que provavelmente era negado à maioria dos escravos hebreus. Veja também Atos 7.21 e Hebreus 11.24.

2. O rei Salomão se casou com uma certa "filha de Faraó", para quem construiu um palácio especial, a fim de que ela não vivesse no palácio de Davi, "porque santos são os lugares nos quais entrou a arca do Senhor" (1 Rs 7.8; 9.24; 11.1; 2 Cr 8.11). O casamento de Salomão com esta e outras mulheres estrangeiras posteriormente foi a causa de sua ruína. Tais uniões eram proibidas pela Lei de Deus e as esposas pagãs gradualmente "perverteram o coração para seguir a outros deuses" (1 Rs 11.4-6).

3. Veja *Bitia*, filha de um Faraó que se tornou esposa de Merede (1 Cr 4.18).

P.D.G.

FILHOS NA BÍBLIA

Os filhos freqüentemente são citados na Bíblia e constituem um elemento importante no quadro bíblico da família temente a Deus e do povo do Senhor como uma unidade maior. A perspectiva dos escritores bíblicos, entretanto, não é idêntica à da sociedade ocidental contemporânea.

Em geral, no antigo Israel, assim como na maioria das sociedades, os filhos eram vistos como altamente desejáveis, principalmente em se tratando do sexo masculino. Muitas pessoas viam o nascimento e o crescimento dos filhos como uma garantia da formação de uma equipe de trabalho e de proteção contra os que estavam fora da unidade familiar. Em Israel, os filhos geralmente eram vistos como bênção do Senhor (Gn 15.2-5; Sl 127.3-5; 128.2,3). Representavam o cumprimento da promessa de Deus sobre a aliança com seu povo e ao mesmo tempo o cumprimento da responsabilidade humana de frutificar e multiplicar-se, encher a terra e sujeitá-la (Gn 1.28). Infanticídio e aborto, embora fossem praticados por outros povos, não eram aprovados pela Bíblia.

A bênção de Deus não era vista apenas no nascimento dos filhos, mas na manutenção dos descendentes piedosos de uma geração para a outra. A bênção do Senhor não é limitada pelas mudanças dos eventos no correr da história. Sua promessa estende-se para os filhos dos filhos (Sl 103.17). A bênção divina é uma maneira pela qual o governo de Deus estende-se através da história. O passar do tempo não enfraquece a obra do Senhor em abençoar seu povo. Deus continua a nos chamar ao arrependimento e ao serviço amoroso e promete que seu Espírito e sua Palavra não se apartarão das gerações futuras, que ainda nem nasceram (Is 59.21).

No antigo Israel, os filhos participavam do culto desde a mais tenra idade. O primogênito era oferecido a Deus de maneira especial, mas, na verdade, todos eles

FILHOS NA BÍBLIA

eram dedicados ao Senhor. Freqüentemente, os filhos recebiam nomes que destacavam o cuidado do Senhor pela família ou pelo seu chefe. Abias (1 Sm 8.2) significa "O Senhor meu pai"; Abiúde (1 Cr 8.3), "Meu pai de louvor"; Aimeleque, "meu irmão (Deus), um rei" (1 Sm 21.1). (Veja também Gn 29.32,35; etc.). Os meninos eram circuncidados ao oitavo dia de vida (Gn 17.12); esse ritual simbolizava sua entrada na comunidade de Israel, o povo de Deus. Alguns deles eram dedicados pelos pais ao serviço particular de Deus (1 Sm 1.11; Lc 1.76-79).

A promessa da bênção de Deus não era feita no vazio. Vinha acompanhada de mandamentos para criar os filhos nos caminhos do Senhor (Pv 22.6). Porque Deus é o Criador de todas as coisas e seus estatutos para o seu povo envolviam todas as áreas da vida, não havia distinção entre o secular e o sagrado no treinamento dos filhos. Educação no temor do Senhor envolvia todos os aspectos da vida.

Os pais eram responsáveis pela educação dos filhos. Deviam ensinar-hes sobre os atos poderosos de Deus, por meio dos quais foram tirados do Egito e chamados para receber sua Palavra no monte Sinai (Dt 4.9-10). Enquanto Deus abençoava seu povo, a história da fidelidade do Senhor à sua aliança cresceu e a questão da educação dos filhos assumiu novas dimensões (Js 4.21-24; 2 Tm 3.15).

O ensino aos filhos não era meramente didático. Os pais fortaleciam-nos, ao incluí-los na adoração a Deus (1 Sm 1.4,22-24). Desde pequenos, eles observavam a participação nos rituais do Templo.

A educação dos filhos, contudo, ia além do ensino e do exemplo. As crianças também eram disciplinadas. Não existia o otimismo tolo que via as crianças como inocentes por natureza. "Porque a imaginação do coração do homem é má desde a sua meninice" (Gn 8.21). "Desviam-se os ímpios desde a madre; andam errados desde que nascem, proferindo mentiras" (Sl 58.3). O AT narra histórias de filhos egoístas que não tiveram respeito pelos pais (2 Rs 2.23). A Bíblia apresenta um quadro muito realista dos filhos. Eles precisam de disciplina; e os genitores são chamados para ministrar esse ensino. "A estultícia está ligada ao coração do menino, mas a vara da disciplina a afugentará dele" (Pv 22.15). Os filhos nem sempre obedecem à lei de Deus. Exigências muito elevadas são colocadas sobre eles. "Honra a teu pai e a tua mãe" (Êx 20.12; Ef 6.1-3; Cl 3.20). Eles não podem, entretanto, cumprir automaticamente todas essas obrigações. Precisam de disciplina.

Os filhos, contudo, não precisam de uma "mão de ferro", ou seja, de uma disciplina desprovida de amor. A Bíblia diz claramente aos pais que não provoquem a ira dos filhos (Ef 6.4), nem os irritem (Cl 3.21). Pelo contrário, espera-se que os genitores dêem boas dádivas aos filhos (Mt 7.11).

Em tudo isso, os filhos são vistos como pessoas, não como propriedade; são presentes do Senhor que devem ser cuidados e dedicados ao seu serviço. São membros do povo de Deus. Ninguém poderia deixar essa verdade mais clara do que Jesus em Marcos 10.14: "Deixai vir a mim as criancinhas, e não as impeçais, pois das tais é o reino de Deus". É amplamente reconhecido que Cristo usava as crianças para fazer a aplicação teológica de que seus discípulos devem receber o Reino de Deus e viver uns com os outros em bondade e humildade, alegrando-se na graça do Senhor. Ninguém deve esquecer, contudo, que Jesus realmente recebeu as crianças. As que descansam nos braços de Cristo são membros (não apenas potenciais) do Reino de Deus. Semelhantemente, em Mateus 21.15,16, logo após sua entrada triunfal em Jerusalém, quando Jesus estava no Templo, somente as crianças o louvavam e diziam: "Hosana ao Filho de Davi".

Já que os meninos judeus eram circuncidados, como sinal de que eram componentes da aliança, e os filhos dos judeus prosélitos eram batizados, muitos enten-

220

FILHOS NA BÍBLIA

dem que as crianças estavam incluídas nos batismos familiares (significando que eram membros da comunidade da nova aliança) da igreja primitiva (At 16.15,33; 1 Co 1.16).

Para enfatizar ainda mais que as crianças são membros do Reino de Deus, textos como Marcos 10.14 introduzem a nuança de que as crianças são fracas e dependentes. Estão entre os grupos da sociedade sobre os quais outros podem facilmente tirar vantagem. Elas não controlam o próprio destino. Por isso, às vezes, são descritas junto com as mães como "viúvas e órfãos" (Is 1.23; 10.2; Sl 94.6). Sem um pai para cuidar delas e protegê-las, ficam indefesas e à mercê dos outros. Na sociedade patriarcal do antigo mundo mediterrâneo, não havia garantia de cuidado e provisão para as crianças, exceto por meio do pai. A injustiça era uma ameaça diária para um órfão. Por esse motivo, Deus, em sua graça, declara-se "pai dos órfãos" (Sl 68.5). Da mesma maneira, os que professam a religião pura são descritos como os que visitam "os órfãos e as viúvas nas suas aflições" (Tg 1.27). Não apenas o Senhor mas também o seu povo cuidam das crianças que não têm quem as proteja ou sustente na sociedade.

Os termos "criança" e "filho" são também usados metaforicamente na Bíblia. Os habitantes de Jerusalém são referidos como seus "filhos" (Mt 23.37; Gl 4.25). Nesse sentido, "filhos" têm um significado similar nas expressões intercambiáveis: "filhos de Abraão" (Jo 8.39; Gl 3.7), "descendentes de Abraão" (Jo 8.37; Gl 3.16) e "filhos de Israel" (Dt 1.3). Infelizmente, alguns tradutores desviam a atenção da referência aos "filhos" nesses versículos.

Apenas um pequeno passo separa esse uso e a descrição da comunidade como uma família, com Deus e não Abraão como pai. No NT esse uso é muito mais desenvolvido do que no AT. Não somente o Senhor é o Pai, mas Jesus é o Filho de Deus e os que crêem nele também são filhos do Senhor (Jo 1.12). A igreja é o lar (ou a casa) de Deus (1 Tm 3.15). Os cristãos são "irmãos" em Cristo.

Como "filhos de Deus", confessamos nossa fraqueza e humilde dependência do Pai para todas as necessidades e descansamos confiadamente em sua provisão amorosa e sua proteção (Mt 6.26,32; 7.11; 10.29,32,33). Ser filho de Deus implica fazer a sua vontade (Mt 12.48-50; 5.44-48; 7.21) e viver em comunhão com os nossos irmãos, a fim de demonstrarmos os traços da família, em humildade, amor e cuidado (Ef 5.1ss). Os filhos refletem o Pai.

A metáfora "filhos" é usada com uma conotação negativa em expressões como "filhos da transgressão, descendência da falsidade" (Is 57.4), "filhos do ira" (Ef 2.3) e "filhos do diabo" (1 Jo 3.10).

Os termos "filho meu" e "filhinhos" são usados pelos mestres e escritores, quando se dirigem aos estudantes e leitores. O livro de Provérbios faz um uso extensivo da figura na expressão "Filho meu" (veja os primeiros versículos dos caps. 2 a 7). Em 1 João 2.1 o termo afetuoso "meus filhinhos" é usado com esse mesmo sentido. Paulo (Fl 10), o escritor de Eclesiastes (Ec 12.12) e Jesus (Mc 2.5), utilizam todos expressões similares.. A.M.

FILIAÇÃO

Filiação é uma idéia com muitas facetas na Bíblia. Inclui os filhos vinculados literalmente à família e os usos metafóricos tais como o que se refere aos habitantes de Jerusalém como seus "filhos". Mais importante são as referências nas quais Deus é considerado nosso Pai e um indivíduo ou um grupo são chamados seus filhos (as variações de termos relacionados com a expressão "filhos de Deus" estão baseadas mais em estilística do que em variações teológicas).

FILHOS NA BÍBLIA

Numa expressão típica dos povos do Mediterrâneo, a Bíblia ocasionalmente refere-se aos seres angelicais como "filhos de Deus" (Jó 1.6; 2.1; 38.7; Sl 89.6; não é o caso, porém, de Gn 6.4). Devido ao fato de Deus ser o criador e tais seres estarem sob sua autoridade, são também chamados de "filhos de Deus". Similarmente, os seres humanos são chamados de "geração de Deus" (At 17.28,29) porque Ele é o criador. Esse uso, entretanto, é muito raro.

Filiação redentora

O tema dominante que está no cerne da revelação bíblica é que Deus é Pai, em virtude da redenção. Até mesmo os textos que usam a linguagem da criação ou geração (como Dt 32.6 e Ml 2.10) fazem isso por meio de metáfora, mas não se referem nem à geração biológica da humanidade por Deus (como nas religiões pagãs) nem à criação, e sim, pelo contrário, à formação de Israel como filho de Deus, escolhido e retirado do Egito, no Êxodo (Os 11.1).

Em Isaías 63.16, o profeta clama: "Mas tu és o nosso Pai, ainda que Abraão não nos conhece, e Israel não nos reconhece; tu, ó Senhor, és o nosso Pai, nosso Redentor desde a antiguidade é o teu nome". Deus redimiu Israel e, assim, é o Pai da nação israelita. Pelo fato de que o rei de Israel representava a nação, também era considerado filho de Deus (2 Sm 7.14; 1 Cr 17.13). Ele era servo e filho (Sl 89.20,26) adotivo de Deus (Sl 2.7). No período entre os dois testamentos essa idéia levou ao uso da frase "filho de Deus" como um título messiânico (4 Q Florilégio 1.11-13; 4 Q ps Dn A 1.7-2.1)[1].

Filiação escatológica

A expressão "Filho de Deus" como título messiânico não é surpresa na Bíblia, mas também não é o único uso escatológico do tema filiação. A confiança de Israel de que Deus viria e supriria suas necessidades era expressa pelos profetas em linguagem familiar (Is 63.16; 64.8; Jr 3.19; Os 1.10). No meio da opressão, o povo de Deus olhava para adiante, para o dia da bênção, quando seriam chamados "filhos de Deus".

Filiação em Cristo

Jesus, o Messias, freqüentemente é chamado de Filho de Deus, no Novo Testamento. Às vezes, a frase é usada apenas como um título messiânico (Lc 4.41; Jo 1.49). Em outras ocasiões, o identifica como o Filho de Deus único e preexistente (Gl 4.4; Mt 22.41-46 — veja *Jesus*). Outras pessoas tornam-se filhas de Deus quando crêem em Jesus Cristo, o Filho de Deus (Jo 1.12). A adoção delas na família de Deus é por meio de Jesus Cristo (Ef 3.5; veja também Mt 11.27; Rm 8.14-19; Hb 2.5-13). Mais especificamente, foi por meio de seus sofrimentos que o Filho de Deus trouxe outros membros para a família de Deus. Hebreus 1 e 2 desenvolve o tema da supremacia de Jesus como Filho. Hebreus 2.10-18 mostra como Cristo trouxe "muitos filhos à glória". Claramente (2.11,14,17,18), os seus sofrimentos e a sua morte foram os meios pelos quais o Filho libertou os que estavam "sujeitos à escravidão" (2.15) e trouxe os filhos de Deus, os irmãos de Jesus, à glória (2.10,11). O advento de Cristo, o filho messiânico de Deus, é o elemento central da provisão de Deus para as bênçãos familiares escatológicas de seu povo. Portanto, a bênção familiar do povo de Deus está especificamente relacionada com Jesus, porque Ele é o Filho messiânico de Deus. Como Mes-

FILHOS NA BÍBLIA

sias, realiza as esperanças dos profetas. Esta realização inclui não somente os filhos de Deus, mas também as filhas de Deus (Is 43.6; 2 Co 6.18). A afirmação bem conhecida "não há macho, nem fêmea" é a explicação de Paulo para a declaração "Todos vós sois filhos de Deus" (Gl 3.26-28). Portanto, na linguagem bíblica, a expressão "filhos de Deus" não deve ser entendida como se referindo apenas ao gênero masculino, pois é uma expressão genérica.

O chamado amoroso do Pai

Nem todos são filhos de Deus. Em João 8.44, Jesus disse aos judeus: "Vós pertenceis ao vosso pai, o diabo". Semelhantemente, o lindo quadro do cuidado paternal de Deus no Salmo 68.5,6 é seguido pela clara advertência no v. 6 de que nem todos são filhos de Deus: "Pai de órfãos e juiz de viúvas é Deus no seu santo lugar. Deus faz que o solitário viva em família, e liberta aqueles que estão presos em grilhões; mas os rebeldes habitam em terra seca". Desde que nem todos são filhos de Deus, os que desejam ver o Reino de Deus, precisam "nascer de novo" (Jo 3.3,7).

A solução para a triste situação do que não é filho de Deus começa com a graça do Pai. Ninguém pode reconhecer Jesus como o Filho, a menos que o Pai o revele (Mt 16.16,17), e a boa notícia do Evangelho é que o Pai sempre toma a iniciativa (Jo 6.37, 44,45, 65). Como alguém pode aproximar-se de Deus? Por meio de Jesus, pois seu Pai "é misericordioso" (Lc 6.36), e se seu Pai celestial também o perdoar (Mt 6.14). O Pai é gracioso e perdoador. Sua misericórdia e seu amor são a raiz da filiação de seu povo (Jr 31.9, 20; 1 Pe 1.3).

A ênfase do apóstolo Paulo sobre esse assunto é encontrada em Efésios 1.3-14. Dois dos maiores temas dessa doxologia são a adoção de filhos de Deus e a vontade e o propósito de Deus. Este segundo é expresso numa variedade de palavras: "vontade" (Ef 1.5,9,11), "propósito" (v. 11), "conselho" (v. 11), "beneplácito" (vv. 5,9), "predestinados" (vv. 5,11) e eleitos (v.4). O efeito cumulativo é a ênfase no fato de que a adoção na família de Deus é construída nada mais nada menos que sobre o fundamento da própria pessoa do Pai (o significado básico da palavra "adoção" enfatiza a escolha do Pai que adota).

Adoção e regeneração

Duas metáforas são utilizadas nos textos bíblicos para descrever como a escolha amorosa do Pai se realiza e a pessoa que ainda não é filha de Deus une-se a Cristo e transforma-se num membro da família de Deus: adoção e regeneração. O termo "adoção", que não aparece no Antigo Testamento e apenas cinco vezes no Novo Testamento (sempre nos escritos de Paulo, Rm 8.15,23; 9.4; Gl 4.5; Ef 1.5), é tomado do contexto social e legal do mundo greco-romano. O vocábulo "regeneração", que aparece primariamente nos escritos de João, é uma metáfora biológica.

A despeito das variações distintivas, ambos os termos deixam claro que a mudança envolvida é radical em toda a orientação da vida. A velha existência termina e começa uma nova vida. Da mesma maneira, as duas metáforas enfatizam que a mudança não é apenas radical — é também imediata. Nem o novo nascimento nem a adoção na família de Deus constituem um processo. Uma terceira característica comum da adoção e da regeneração é que a mudança que ocorre é divina. As pessoas tornam-se filhas de Deus, "por Deus" (Gl 4.7). São nascidas de Deus (1 Jo 3.9; 4.7; 5.1,4,18). Especificamente, adoção e regeneração estão ligadas à obra do Espírito Santo (Jo 3.5; Gl 4.6).

223

FILHOS NA BÍBLIA

Os resultados da filiação

Um dos aspectos mais impressionantes do uso bíblico da noção de filiação é a gama de resultados associados com ela. Isso é compreensível, pois a filiação atinge o centro da existência humana e estende-se a todas as áreas da vida.

1. Confiança no cuidado do Pai. O filho de Deus descansa na onisciência (Mt 10.29,30), na onipotência (Mc 14.36) e na misericórdia (Jo 16.26-28) do Pai. Estas três virtudes paternas são essenciais para a segurança do filho. Mateus 6.19-34 trata com várias perspectivas da relação dos filhos de Deus com os "cuidados" deste mundo: dinheiro, alimentos e vestimenta. Os vv. 25-34 focalizam o problema da preocupação com as necessidades básicas de (1) sustento e (2) proteção. Em ambas as instâncias o clímax é "vosso Pai celestial" (Mt 6.26,32). O filho de Deus descansa na promessa de um Pai que conhece e se preocupa com suas necessidades e tem o poder para supri-las (veja também Jr 31.8,9; Sl 68.5).

O fato de que os filhos de Deus chegam a essa condição "em Cristo" significa que sua vida presente envolve sofrimento no caminho da glória. "Somos... herdeiros de Deus e co-herdeiros (em virtude da filiação) de Cristo, se é certo que com ele padecemos, para que também com ele sejamos glorificados" (Rm 8.17). Este sofrimento atual acontece sob o controle amoroso do Pai. Tal padecimento leva os filhos de Deus à glória, em conformidade com a imagem de Cristo, o Filho primogênito (Rm 8.18-30).

De fato, os sofrimentos da vida estão longe de ser sinais do abandono de Deus; freqüentemente, representam dons para nossa disciplina e fortalecimento, dados pelo Pai que molda e edifica os filhos os quais ama. Isto está enfatizado em Provérbios 3.11,12, Deuteronômio 8.1-5 e principalmente Hebreus 12.3-11. Um dos resultados da filiação é a disciplina do Pai, "para nosso proveito" (Hb 12.10), para o "bem" (Rm 8.28) dos que são chamados para "serem conformes à imagem de seu Filho" (Rm 8.29,30).

A confiança do filho em seu Pai para provisão, proteção e disciplina significa que ele não se preocupa, mas entrega-se a Deus. Esse tipo de fé, entretanto, não deve ser confundido com autoconfiança arrogante. Os filhos de Deus aprendem a lição do Salmo 103.13,14. O Pai celestial se compadece de seus filhos e lembra-se que "são pó". O filho de Deus pensa a mesma coisa, reconhece sua fraqueza e confia no Senhor.

O corolário da confiança é a perseverança. O filho de Deus é chamado para trabalhar duro e jamais desistir (Hb 12.5-13; Rm 8.24,25). A confiança no Senhor resulta em serviço alegre, abnegado e perseverante ao Pai celestial (2 Co 1.2-5; Dt 1.29-31; Mt 5.9).

2. Intimidade. O filho de Deus é uma criatura chamada para um relacionamento íntimo e pessoal de abertura, interesse e afeição com o amoroso Pai celestial. Essa intimidade é vista de muitas maneiras na Bíblia, mas uma das mais significativas está relacionada com a oração.

(a) *Oração ao Pai.* O relacionamento íntimo do próprio Jesus com Deus expressava-se na maneira característica como se dirigia a Deus em oração como "Pai" (Lc 10.21; 22.42; 23.34,46 — **Nota:** maneira *característica*, mas não *única*. Estudos teológicos recentes deixam de lado a antiga alegação de que a referência de Jesus a Deus como "Pai" era léxica ou sintaticamente única). Na "Oração do Senhor", Jesus ensina os outros filhos de Deus a orar: "Pai nosso" (Mt 6.9). Eles foram adotados na família de Deus (Gl 4.5), e o Senhor enviou o Espírito de seu Filho aos seus corações (Gl 4.6); por isso, por meio do Espírito Santo, também podem orar a Deus, e chamá-lo de "Pai" (Gl 4.6; Rm 8.15).

FILHOS NA BÍBLIA

Esse tipo de relacionamento íntimo com o Pai celestial em oração representava (para Jesus) a antítese das fórmulas rituais impessoais da magia pagã (Mt 6.7). Oração não é uma arma de coação sobre os poderes do Universo. Oração é chegar à presença pessoal de Deus. A oração do filho de Deus também é a antítese da oração hipócrita dos religiosos que buscam seus próprios interesses (Mt 6.1-6). Jesus declara a onisciência do Pai e diz que o filho de Deus, o qual está seguro no Pai, não busca o louvor e a honra em outros. A cura para a oração hipócrita (e a hipocrisia em geral) é o fortalecimento da intimidade com o Pai celestial.

(b) *Santidade familiar*. A intimidade bíblica com o Pai celestial é uma comunhão segura e confortadora. Não é, entretanto, um relacionamento simples ou desprovido de desafios. A filiação bíblica traz não apenas bênçãos, mas também exigências. Em Deuteronômio 14.1, lemos: "Vós sois filhos do Senhor vosso Deus. Não fareis incisão alguma no vosso corpo, nem rapareis o cabelo em honra de algum morto". Os israelitas tornaram-se filhos de Deus; por essa razão não podiam adotar os costumes religiosos de seus vizinhos pagãos. A família de Deus tem um estilo de vida diferente (Dt 32.5,6; Ml 1.6; Is 63.16; 64.8,9).

Semelhantemente, o Novo Testamento desenvolve as responsabilidades éticas dos cristãos no contexto da família de Deus. O Pai é o santo juiz que no futuro decidirá o destino eterno da humanidade (Mt 18.35; Mc 8.38; Lc 9.26). O chamado para a presente santidade está também enquadrado na linguagem da família de Deus: "Fazei todas as coisas sem murmurações nem contendas, para que sejais irrepreensíveis e sinceros, filhos de Deus" (Fp 2.14-15). Em Hebreus 2.11-17, a união com Cristo e a condição de filho são desenvolvidas em conexão com a santificação; em 1 João 2.29 a 3.2, o filho de Deus é chamado para se purificar. Desta maneira, o modelo bíblico de filiação era radicalmente adverso das religiões helenistas ao redor, nas quais o termo filiação era um lugar comum, mas nunca estava associado a qualquer ética moral da mesma maneira que a Bíblia faz. As Escrituras enfatizam repetidamente que ser membro da família implica assumir responsabilidades familiares. "Sede, pois, imitadores de Deus, como filhos amados" (Ef 5.1). "Sede vós, pois, perfeitos, como perfeito é o vosso Pai que está nos céus" (Mt 5.48). A intimidade com o Deus da Bíblia proporciona segurança e exige santidade.

3. A liberdade dos filhos. A condição de filho é contrastada com a do escravo, para enfatizar a liberdade dos filhos de Deus. "Assim que já não és mais escravo, mas filho" (Gl 4.7; também Rm 8.21). A antiga vida era de cativeiro; a nova é de libertação. Assim como Israel foi solto do cativeiro para a filiação nacional, da mesma forma o cristão tornou-se livre para a condição de filho. Essa libertação é descrita particularmente como a libertação do medo. "Pois não recebestes o espírito de escravidão para outra vez estardes em temor, mas recebestes o espírito de adoção, pelo qual clamamos: Aba, Pai!" (Rm 8.15). Adoção produz confiança — e não medo. O filho de Deus é liberto do medo da morte (Rm 8.12-15; Hb 2.11-17). Hebreus 9.15 deixa claro que a razão por que o filho de Deus tem certeza de sua herança eterna como filho de Deus é a libertação do pecado. O medo da culpa foi tirado. O filho de Deus também é liberto de uma vida sem direção. A obra de Jesus (e do Pai), que liberta os filhos da escravidão e os torna filhos de Deus (Jo 8.31-37), é também a que determina o novo rumo em suas vidas (vv. 37,47,55). A liberdade dos filhos é a libertação do pecado e da morte e a liberdade da vida da família de Deus.

4. A família de Deus. Ser filho de Deus é tornar-se membro da casa de Deus (1 Tm 3.15). Para os escritores bíblicos, a condição da liberdade de filhos não é a idéia ocidental moderna de autonomia. É uma liberdade encontrada somente num relacio-

FILIPE

namento com os outros membros da família de Deus, que significa uma casa unida, onde não existe lugar para o orgulho, intolerância e egoísmo. As barreiras raciais, culturais e sociais devem dar lugar à humildade, ao amor e ao interesse mútuo (Ef 2.18,19). Os "filhos de Deus pela fé" são os que são "batizados em Cristo" (Gl 3.26,27) e, assim, foram incorporados à Igreja de Deus.

Com exceção de Judas, todos os cristãos do Novo Testamento referem-se uns aos outros como "irmãos". Paulo o faz 133 vezes. "Irmão" é uma palavra que expressa profunda afeição pessoal e denota amizade, amor e comunhão na obra de Cristo (1 Co 8.11; 1 Pe 5.9; 19 vezes em Tessalonicenses). O povo de Deus foi tirado do meio do paganismo, para viver separado, amar os irmãos (1 Pe 2.17) e, nesse amor fraterno, ter uma amostra do que é o banquete eterno (Jr 3.19; Lc 20.34, 36; Rm 8.23; Ap 19.9).

A.M.

FILIPE. Quatro diferentes pessoas são conhecidas por esse nome no Novo Testamento. É importante fazer uma distinção entre Filipe, um dos doze apóstolos, e o diácono, às vezes chamado de "o evangelista", o qual foi muito dedicado à obra de Deus na Igreja primitiva (At 6.5).

1. Filipe, o apóstolo. Mencionado nos evangelhos e em Atos. Em Mateus 10.3, Marcos 3.18 e Lucas 6.14 aparece na lista dos doze apóstolos. Sabe-se muito pouco sobre ele além do que está escrito no evangelho de João. Era da mesma cidade de Pedro e André, ou seja, Betsaida, na Galiléia (Jo 1.44). Era uma localidade principalmente dedicada à pesca, situada a nordeste do ponto onde o rio Jordão desaguava no mar da Galiléia. Existe certa discussão sobre sua localização exata. Filipe, o tetrarca, aproximadamente 30 anos antes reconstruíra essa cidade e a chamou de "Júlias", em homenagem à filha do imperador romano. A associação que a localidade tinha com o tetrarca talvez explique o nome do apóstolo: os pais com certeza colocaram o nome de Filipe em homenagem ao governante.

De acordo com o evangelho de João, provavelmente Filipe foi o quarto apóstolo a ser escolhido por Jesus (Jo 1.43). Nas listas dos evangelhos sinóticos ele sempre aparece em quinto lugar, talvez porque os dois irmãos Tiago e João eram sempre mencionados juntos. É no evangelho de João que ele recebe maior atenção. Fica claro em sua resposta imediata à ordem de Cristo "segue-me" que ele rapidamente creu ser Jesus o cumprimento do que Moisés escrevera no Antigo Testamento. Seu entusiasmo fica evidente pela maneira como apresentou Natanael ao Filho de Deus (1.46).

Três pontos são dignos de menção aqui. Primeiro, Filipe, assim como Pedro e André, é um bom exemplo daquelas pessoas que "receberam" a Jesus rápida e entusiasticamente, numa época em que a maioria dos "seus não o receberam" (Jo 1.11). Segundo, embora existam indicações de que ele era tímido e fraco na fé (veja adiante), imediatamente testemunhou de Jesus, quando falou sobre Ele a Natanael. Esse tema do testemunho sobre Cristo, um mandamento dirigido a todos os cristãos, é desenvolvido extensivamente no evangelho de João (veja especialmente Jo 5.31-46). João Batista já havia dado testemunho sobre Jesus (1.7s), bem como André e seu irmão Pedro (1.41). Posteriormente, o testemunho do Antigo Testamento sobre Jesus é mencionado (5.39), assim como o da samaritana (4.39-42), o do Espírito Santo (15.26) e, é claro, o dos apóstolos (15.27). Terceiro, o conteúdo desse testemunho torna-se evidente quando Filipe testemunhou não somente sobre um homem surpreendente, mas sobre o que

FILIPE

estava escrito na Lei de Moisés a respeito de Jesus. Talvez Filipe pensasse em Cristo como "o profeta" (Dt 18.19, um versículo ao qual João 1.21 faz alusão). Ele cria que as Escrituras se cumpriam, um ponto que João estava determinado a estabelecer em todo seu evangelho.

Filipe é mencionado novamente em João 6. Jesus voltou-se para ele para testá-lo, ao perguntar-lhe onde comprariam pão para alimentar 5.000 pessoas (6.5,6). Não sabemos se Cristo desejava testar particularmente a fé de Filipe ou se ele era a pessoa mais indicada para responder a tal pergunta, por conhecer aquela região do grande "mar da Galiléia" (6.1; talvez estivessem próximos de Betsaida). Jesus, entretanto, lançou o desafio, embora já tivesse seus próprios planos de operar um milagre. Filipe não teve fé e tampouco o entendimento para imaginar qualquer solução que não custasse uma fortuna em dinheiro para alimentar aquela multidão. Essa falta de compreensão foi vista também nos demais discípulos, em várias ocasiões; ficou patente em Filipe (Jo 14.8), quando pediu a Jesus que lhe "mostrasse o Pai". Isso, segundo ele, "seria suficiente". A resposta de Cristo teve um tom profundamente triste. Filipe e os outros estiveram com Jesus por muito tempo. Viram-no em ação e ouviram seus ensinos. Mesmo assim, não perceberam que, ao contemplar Jesus, viam o próprio Pai. Enfaticamente Cristo lhe perguntou como fazia tal pergunta depois de tanto tempo em sua presença. A resposta era que Filipe e seus companheiros ainda não tinham seus olhos espirituais abertos adequadamente para entender essas coisas. Essa seria a tarefa do Espírito Santo logo mais — abrir totalmente seu entendimento (14.25,26). Ao relatar incidentes como esse aos seus leitores, João demonstrava a profundidade dos ensinos de Jesus e destacava sua importância. A unidade do Pai e do Filho estava firmemente estabelecida na resposta dada por Cristo à pergunta de Filipe.

Em João 12.21,22 alguns gregos aproximaram-se de Filipe e solicitaram uma audiência com Jesus. Talvez o tenham procurado porque tinha nome grego. Esses homens certamente são significativos nesse ponto do evangelho, pois indicaram que havia outras pessoas interessadas em Jesus e apontaram para adiante, ao tempo em que outras ovelhas seriam acrescentadas ao rebanho do Senhor, as que não pertenciam ao povo de Israel (10.15,16). Antes que isso acontecesse, Jesus já teria morrido. Portanto, foi apropriado que em João 12.23 a resposta de Cristo apontasse para adiante, para sua própria morte e ressurreição. Não está claro se Filipe promoveu ou não o encontro dos gregos com Jesus. A última menção ao seu nome é em Atos 1.13, entre os discípulos reunidos no Cenáculo.

2. Filipe, o evangelista. Às vezes também chamado de diácono, é mencionado pela primeira vez em Atos 6.5. Os apóstolos perceberam que o trabalho de administração da Igreja em Jerusalém era muito pesado; portanto, precisavam de ajuda. Muitas pessoas convertiam-se ao Evangelho. Os cristãos de origem grega reclamaram que suas viúvas eram desprezadas na distribuição diária de alimentos. Os apóstolos observaram que perdiam muito tempo na solução desse tipo de problema (At 6.2) e negligenciavam o ministério da Palavra de Deus. Portanto, sete homens foram indicados e escolhidos entre os que eram "cheios do Espírito Santo e de sabedoria". Os apóstolos oraram e impuseram as mãos sobre eles e os nomearam para o serviço social da Igreja.

Este incidente é uma interessante indicação de quão cedo na vida da Igreja houve um reconhecimento de que Deus dá diferentes "ministérios" e "dons" a diversas pessoas. Este fato reflete também o reconhecimento pela Igreja de que os que são chamados para o ministério da palavra de Deus" (v. 2) jamais devem ter outras preocupações. O v. 7 indica o sucesso dessa divisão de tarefas: "De sorte

FILIPE

que crescia a palavra de Deus, e em Jerusalém se multiplicava rapidamente o número dos discípulos...".

Quando começaram as primeiras perseguições contra os cristãos em Jerusalém (na época em que Estêvão foi martirizado), Filipe dirigiu-se para Samaria, onde rapidamente tornou-se um importante missionário. Perto do final do livro de Atos, Paulo e Lucas o visitaram em Cesaréia, onde vivia e era conhecido como "evangelista" (At 21.8).

Atos 8 concede-nos uma idéia do tipo de trabalho no qual Filipe esteve envolvido em Samaria. Proclamou o Evangelho, operou milagres e desenvolveu um ministério que mais parecia o de um apóstolo do que de um cooperador ou administrador. Seu trabalho naquela localidade foi especialmente importante para a mensagem do livro de Atos. Lucas mostra como a Grande Comissão foi cumprida, sob a direção do Espírito Santo. Atos 1.8 registra o mandamento de Jesus para os discípulos, a fim de que fossem testemunhas em Jerusalém, Judéia, Samaria e até os confins da Terra. Por meio de Filipe, esse testemunho chegou a Samaria. Muitas pessoas se converteram por meio de sua mensagem e foram batizadas (8.12). Posteriormente, os apóstolos Pedro e João foram até lá e confirmaram que o Evangelho era aceito de bom grado pelos gentios e samaritanos.

Enquanto esteve em Samaria, Filipe enfrentou um problema com um mágico chamado Simão, o qual, quando viu os milagres operados por ele, creu e batizou-se. Não se sabe ao certo se sua conversão foi genuína, pois mais tarde ele é duramente repreendido por Pedro (8.20-24).

Filipe também teve oportunidade de pregar para um eunuco etíope. Provavelmente foi por meio deste homem que mais tarde o Evangelho se espalhou por toda a Etiópia, pois aquele cidadão era um importante oficial do governo e estava a caminho de sua casa (8.27,28). O fato de que Filipe era realmente um homem "cheio do Espírito Santo" é visto na maneira como o Espírito o levou a falar com o eunuco, que viajava em sua carruagem. Ele lhe expôs as Escrituras do Antigo Testamento à luz do advento de Cristo; o eunuco creu e foi batizado. A referência a Filipe como "o evangelista" em Atos 21.8 indica claramente que bem mais tarde em sua vida ainda era amplamente reconhecido por seu zelo missionário.

3. Filipe, o filho de Herodes, o Grande. Em Marcos 6.17 (veja Mt 14.3; Lc 3.19) a morte de João Batista é lembrada quando as pessoas sugeriram que talvez Jesus fosse João, o qual revivera. Ao mencionar esse incidente, Marcos referiu-se ao casamento de Herodes com Herodias, a qual fora esposa de seu irmão Filipe. As referências a esse governante, cuja esposa posteriormente foi tomada por Herodes, proporciona o pano de fundo histórico para a repreensão de João Batista a Herodes: o Batista o repreendeu por causa de seu casamento ilegal; como resultado, foi decapitado (Mt 14.3-12).

A pressuposição geral é que este só pode ser Herodes Filipe, o tetrarca (veja abaixo), filho de Herodes, o Grande, e Cleópatra. Josefo, entretanto, identificou o primeiro marido de Herodias como Herodes, filho de Herodes, o Grande, e Mariane. Herodes, é claro, era o nome de família. Josefo contudo não menciona o segundo nome de seu filho. Certamente é possível que o primeiro marido de Herodias fosse Herodes Filipe, o que justificaria sua designação por Marcos como "Filipe". Isso significa que dois filhos de Herodes, o Grande, foram chamados de Filipe, pois tal coisa seria possível, desde que houvesse duas mães envolvidas.

4. Filipe, tetrarca da Ituréia e Traconites. Esse governante, conhecido como Filipe Herodes, era filho de Herodes, o Grande, e Cleópatra, de Jerusalém. Lucas 3.1 descreve seu governo sobre a Ituréia e Traconites. É impossível determinar onde eram os limites de seu território, mas Josefo declara que incluía

FILISTEUS, OS

Auranites, Gaulanites e Batanéia. Portanto, esta área estendia-se do oeste da parte norte do rio Jordão, incluindo uma região considerável a leste do rio e norte de Decápolis. O lago Hulé e a cidade conhecida como Cesaréia de Filipe também estavam dentro desse território. Filipe governou nessa região do ano 4 d.C. até sua morte em 33 d.C. Durante esse período foi responsável pela reconstrução de Cesaréia de Filipe (anteriormente conhecida como Peneiom) e a cidade pesqueira de Betsaida, no extremo norte do mar da Galiléia. Era considerado pela população como o melhor e mais justo de todos os Herodes. P.D.G.

FILISTEUS, OS. Esse nome vem do hebraico *Filistia* e *Filisteu*. A palavra grega *Palaistinei* deu origem ao nome moderno Palestina, a região que fazia uma fronteira acidentada com Israel e Judá, no Antigo Testamento. Nos textos acadianos a região é referida como *Palastu*, *Pilistu* ou *Pilista*. Os filisteus são mencionados proeminentemente nos documentos do Novo Reino Egípcio (1200 a 1100 a.C.) como um elemento dos nefandos "povos do mar" que tentaram sem sucesso invadir o Egito, através do mar Mediterrâneo e da Líbia, durante os reinados de Ramsés III e seus sucessores imediatos. Esses textos chamam os filisteus de *Peleset*, um nome bem próximo da pronúncia hebraica.

O termo "povos do mar" descreve adequadamente os filisteus e seus aliados, pois tanto o Antigo Testamento como os documentos extrabíblicos estabelecem sua origem nas ilhas e regiões costeiras próximas da Grécia e Creta. Gênesis 10.14 faz um elo entre os filisteus e os caftorins, e quase todos os especialistas identificam Caftor como Creta. A mesma identificação é feita em antigos textos acadianos que descrevem pessoas de Creta como *kaptaru*. Deuteronômio sugere que os caftorins estabeleceram-se na costa do mar Mediterrâneo, em Gaza e arredores,

onde subjugaram a população nativa dos aveus (Dt 2.23). Esta, é claro, é a própria área constantemente associada com as cidades dos filisteus no Antigo Testamento. A ligação fica completa com a observação de Jeremias de que os filisteus eram o remanescente da ilha de Caftor (Jr 47.4). Amós acrescenta a informação de que o Senhor trouxera os filisteus para a Palestina de Caftor, tão certo como conduzira os filhos de Israel do Egito a Canaã (Am 9.7).

A maioria dos historiadores data a chegada dos filisteus ao leste do Mediterrâneo em torno de 1200 a.C., uma conclusão que suscita várias dificuldades à luz das referências a eles no Antigo Testamento, em épocas muito anteriores. A evidência mais notável é o contato que Abraão e Isaque tiveram com os filisteus antes de 2000 a.C. (Gn 21.32, 34; 26.1, 8). Aparecem novamente no relato do Êxodo, quando Deus levou os israelitas para longe da rota costeira, até Canaã, porque era "o caminho da terra dos filisteus" (Êx 13.17). Se aceitamos a data tradicional para o Êxodo, ou seja 1440 a.C., nesta narrativa os filisteus precederam a ocupação de Canaã pelos "povos do mar" em mais de dois séculos.

Talvez os filisteus tenham chegado a Canaã em grande número em 1200 a.C. ou posteriormente. O próprio Antigo Testamento testifica sobre isso, pois foi somente nos dias de Samuel e Sansão (1120 a.C.) que ficaram suficientemente numerosos para causar algum tipo de problema para Israel (1 Sm 4 a 6; Jz 10.7,8; 13 a 16). Isso, entretanto, não elimina a possibilidade da existência de filisteus anterior a essa data, exatamente de acordo com as passagens de Gênesis e Êxodo e com a referência em Deuteronômio da substituição dos aveus pelos caftorins, um evento passado sobre o qual Moisés teve notícia (Dt 2.23). As abundantes referências aos caftorins (*kaptara* ou algo assim) em textos anteriores a 2000 a.C. são suficientes para permitir a possibilidade de

FILÓLOGO

sua existência na região costeira de Canaã, nos tempos anteriores ao Êxodo.

Qualquer que seja sua origem exata e seu estabelecimento cronológico, por volta do século XII a.C., os filisteus estavam solidamente estabelecidos na costa mais baixa do Mediterrâneo, concentrados em cinco cidades: Gaza, Ascalom, Asdode, Gate e Ecrom. É costume geral referir-se à sua estrutura política como uma pentápolis ("cinco cidades"), cada uma governada não por um rei, mas por um oficial denominado em hebraico de *seren,* palavra que talvez signifique "senhor" (Js 13.3; Jz 3.3; 16.5,8,18,23,27; etc.). Sua tradução na Septuaginta como "tirano" apóia a origem dos filisteus do mar Egeu. A pentápolis demonstrava ser uma coalizão de cidades com direitos iguais, as quais exerciam uma certa autonomia (o rei Aquis tratou independentemente com Davi: 1 Sm 27.5-7), mas que, diante de uma emergência nacional, trabalhavam em conjunto e submetiam-se às decisões da maioria (a dispensa de Davi da batalha contra Saul: 1 Sm 29).

Escavações arqueológicas recentes revelam que os filisteus introduziram e experimentaram um elevado nível de cultura e tecnologia. Desenhos bem conservados encontrados em *Medinet Habu,* no Egito, mostram suas roupas, seus armamentos e artefatos de túmulos; outros sítios arqueológicos em Canaã incluem impressionantes amostras de potes de barro, adagas, selos e sofisticados desenhos de arquitetura. Um dos maiores progressos dos filisteus foi a utilização do ferro, uma inovação bem avançada em relação ao seu uso em Israel. Na época do rei Saul (1050 a 1010 a.C.), se um israelita quisesse afiar ou consertar um equipamento feito de ferro, procurava um filisteu, o qual tinha o monopólio das habilidades necessárias para tal função (1 Sm 13.19-21).

O Antigo Testamento, contudo, não enfatiza as realizações culturais dos filisteus; pelo contrário, focaliza o impacto negativo que tinham sobre Israel. Extremamente belicosos, provaram ser inimigos implacáveis dos israelitas até o início da monarquia, pois conquistaram repetidamente os territórios pertencentes a Israel, até que Samuel (1 Sm 7.12-14) e Davi (2 Sm 5.22-25) deram um paradeiro em suas incursões. Suas práticas religiosas, entretanto, eram ainda mais nocivas; tinham como figura principal uma divindade meio peixe e meio homem, chamada Dagom (1 Sm 5.1-5). Esse deus (cf. *Dagan* e *Mari* cananeu) e a existência de outros, tais como Baal-Zebube (2 Rs 1.2) e Astarote/Astarte (1 Sm 31.8-13), ambos semitícos, mostram claramente que os filisteus tinham assimilado o culto nativo e original dos cananeus.

Teologicamente, os filisteus tipificam as influências perigosas e mortais às quais Israel precisava resistir como povo escolhido do Senhor. A referência freqüente a eles como "incircuncisos" (Jz 15.18; 1 Sm 14.6; 17.26; 31.4; 2 Sm 1.20) deixa claro que não pertenciam ao povo da aliança; portanto, eram estritamente evitados como um mal que podia contaminar.
E.M.

FILÓLOGO (Gr. "amante do aprendizado"). Cristão que vivia em Roma e foi saudado por Paulo em sua carta, junto com Júlia, Nereu, sua irmã e Olimpas (Rm 16.15). É provável que, por encabeçar a lista, Filólogo fosse o líder de uma igreja domiciliar e Júlia fosse sua esposa. O reconhecimento pessoal do apóstolo e o cuidado que demonstrava pelas pessoas em diferentes congregações é algo digno de nota em suas epístolas.

FINÉIAS. 1. Filho de Eleazar e neto de Arão; foi um dos maiores homens de todo Israel. Sua mãe foi "uma das filhas de Putiel" (Êx 6.25). Seu filho chamava-se Abisua (1 Cr 6.4, 50). Na época do retorno dos judeus do exílio na Babilônia, o próprio Esdras e outros levitas traçaram sua linhagem familiar até Finéias (Ed 7.5;

FINÉIAS

8.2). 1 Crônicas 9.20 indica que uma de suas principais tarefas era a de ser "porteiro" no Tabernáculo.

Sua fama foi estabelecida principalmente por seu "zelo" em defender o Senhor Deus em face da idolatria. Números 25 registra que, quando os israelitas estavam acampados em Sitim, "o povo se entregou à prostituição com as filhas de Moabe. Estas convidaram o povo aos sacrifícios dos seus deuses, e o povo comia, e se prostrava diante deles" — Baal-Peor (vv.1-3). A ira do Senhor diante de tal comportamento ocasionou um juízo imediato. Todos os líderes que se envolveram na imoralidade e idolatria foram mortos; exatamente quando isso ocorria, Zinri, filho de Salu, da tribo de Simeão, trouxe uma mulher midianita, chamada Cosbi, a qual levou para sua tenda diante de toda a congregação, com a intenção de ter relações sexuais com ela. Finéias seguiu-os e matou-os com apenas um golpe de sua lança, para indicar claramente que os apanhara em pleno ato de imoralidade e adultério (vv. 7,8). A praga enviada por Deus sobre o acampamento foi interrompida por essa ação rápida, mas 24.000 israelitas já tinham morrido.

Deus falou a respeito de Finéias: "Finéias, filho de Eleazar, filho de Arão, o sacerdote, desviou a minha ira de sobre os filhos de Israel, pois foi tomado de zelo por mim no meio deles; por isso, no meu zelo, não consumi os filhos de Israel. Portanto, dize: Dou-lhe a minha aliança de paz. Ele, e a sua semente depois dele, terá a aliança do sacerdócio perpétuo, porque foi zeloso pela honra de seu Deus, e fez propiciação pelos filhos de Israel" (vv. 11-13). Com exceção de um curto período no sacerdócio de Eli, os descendentes de Finéias continuaram seu ministério sacerdotal e também ocuparam o sumo sacerdócio. O próprio Finéias anos mais tarde serviu diante da Arca da Aliança em Betel, onde novamente seu zelo pelo Senhor foi demonstrado, quando transmitiu a palavra de Deus ao povo

concernente à vingança pelo pecado dos benjamitas (Jz 20.28).

Finéias é mencionado novamente no relato de Números 31.6, quando saiu com os soldados israelitas para a batalha contra os midianitas numa vingança pelo incidente em Baal-Peor. Levou consigo alguns utensílios do santuário e trombetas, para serem utilizados como sinalização.

Em Josué 22, Finéias liderou uma delegação enviada ao encontro das tribos de Rúben, Gade e Manassés, as quais tinham erigido um altar perto do rio Jordão. A adoração e sacrifícios só eram permitidos no Tabernáculo, de maneira que quando as outras tribos souberam o que as três fizeram, temeram que novo julgamento de Deus caísse sobre eles. Finéias e os representantes das tribos (vv. 13,14) foram enviados para falar com os líderes, antes que todo o Israel se envolvesse em guerra. As três tribos explicaram que o altar seria usado apenas como um testemunho de que a adoração só seria feita no Tabernáculo e nunca seria utilizado para o oferecimento de holocaustos (v. 26). Serviria como um memorial para todos os israelitas que se estabelecessem no lado oriental do rio Jordão, para jamais se esquecerem de que faziam parte de Israel e adoravam o mesmo Deus. Finéias e toda a delegação retornaram louvando a Deus (vv. 30-34).

Tal dedicação ao Senhor e às suas leis tornou-se um modelo de como todos os israelitas, especialmente seus líderes, deveriam viver. O zelo de Finéias é mencionado no Salmo 106.30.

2. Sacerdote em Siló, era um dos filhos do sumo sacerdote Eli (1 Sm 1.3; 14.3). Seu irmão chamava-se Hofni. Eles se tornaram totalmente corruptos e tiravam vantagem da posição privilegiada que ocupavam. "Não conheciam ao Senhor" (1 Sm 2.12). Finalmente morreram sob o juízo de Deus. Para mais detalhes, veja *Hofni*.

3. Pai de Eleazar, um dos sacerdotes que retornaram do exílio na Babilônia, o

FLEGONTE

qual ajudou a pesar e registrar todo o ouro e prata que levaram de volta com eles para o Templo em Jerusalém (Ed 8.33).

P.D.G.

FLEGONTE (Gr. "queimando"). Segundo nome de uma lista de cristãos romanos saudados por Paulo em sua epístola (Rm 16.14). O reconhecimento pessoal do apóstolo e o cuidado que demonstrava pelas pessoas em diferentes congregações é algo digno de nota em suas cartas.

FORTUNATO (Lat. abençoado). É mencionado em 1 Coríntios 16.17, juntamente com Estéfanas e Acaico. No final do século, Clemente mencionou um homem com este nome em sua epístola aos Coríntios, mas provavelmente não se trata da mesma pessoa. Veja *Estéfanas*.

---

[1] Escritos da literatura judaica do período intertestamentário; 4 Q refere-se a Caverna nº 4 de Qumran, onde foram encontrados os documentos, e ps Dn é a abreviatura de pseudo-Daniel (Nota do Revisor).

G

GAAL (Hebr. "repugnante"). Filho de Ebede, mudou-se para Siquém depois que o filho de Gideão, Abimeleque, iniciou seu reinado ali. Como castigo pela maneira como este matou todos os outros filhos de Gideão, "enviou Deus um espírito mau entre Abimeleque e os cidadãos de Siquém, os quais procederam aleivosamente contra Abimeleque" (Jz 9.23). Durante um festival num dos templos pagãos da cidade, Gaal aproveitou-se do clima de revolta e encorajou seus moradores a se armarem contra o filho de Gideão (vv. 26-29). Abimeleque foi informado da rebelião por meio de Zebul, governador de Siquém. Invadiu a cidade e expulsou Gaal e sua família (vv. 30-41). No dia seguinte, ele atacou e destruiu Siquém, numa ação que foi vista como juízo de Deus sobre seus moradores por terem sido coniventes com a morte dos filhos de Gideão (vv. 23, 24, 57). Para mais detalhes, veja *Abimeleque*, *Zebul* e *Jotão*.

P.D.G.

GAÃ. Filho de Naor, irmão de Abraão, e sua concubina Reumá (Gn 22.24).

GAAR. Seus descendentes estavam entre os que serviam no Templo, os quais regressaram do exílio babilônico com Neemias (Ed 2.47; Ne 7.49).

GABAI. Seguidor de Salu, que se estabeleceu em Jerusalém depois do exílio babilônico (Ne 11.8).

GABRIEL (Heb. "homem de Deus" ou "força de Deus"). Nome de um mensageiro celestial enviado por Deus a Daniel, Zacarias e Maria (Dn 8.16; 9.21; Lc 1.19,26). É um dos dois anjos mencionados pelo nome na Bíblia (veja também *Miguel*).

Na visão apocalíptica de Daniel, Gabriel apareceu e providenciou a interpretação: "Aquele carneiro que viste com dois chifres são os reis da Média e da Pérsia. Mas o bode peludo é o rei da Grécia..." (Dn 8.20,21). Enquanto o profeta orava e confessava seu pecado, Gabriel aproximou-se e deu-lhe "entendimento" sobre o tempo entre a ordem para reconstruir o Templo e o advento do "Ungido", o Messias (Dn 9.20-27).

No período intertestamentário, a literatura judaica descrevia Gabriel como um dos arcanjos ou "anjos da presença", tidos como permanentes diante de Deus, para servi-lo e apresentar as "orações dos santos" (Jubileus 2.2; Tobias 12.15; 1 QH 6.13).

Segundo o relato da natividade, no evangelho de Lucas, Gabriel apresentou-se a Zacarias no Templo, para predizer o nascimento de João Batista, e depois apareceu em Nazaré, a fim de anunciar o nascimento de Jesus a Maria (Lc 1.19,26). Veja também *Anjos*.

A.A.T.

GADE (Heb. "afortunado").

1. Sétimo filho de Jacó, nascido de Zilpa, a serva de Léia. Portanto, considerado como descendente da primeira esposa de Israel (Gn 30.11; 35.26). Estava entre os que desceram ao Egito com seu pai e muitos irmãos (Gn 46.16). Em sua bênção para cada um dos filhos, Jacó profetizou que Gade seria atacado por guerrilheiros, mas contra-atacaria (Gn 49.19).

Tornou-se líder de uma das doze tribos de Israel, que levou o seu nome. Quando Canaã finalmente foi conquistada (Nm 32), seus descendentes receberam como herança uma região ao leste do Jordão. Na época da saída dos hebreus do Egito, a tribo de Gade contava com

46.650 homens em idade militar (Nm 1.25). Os gaditas são novamente citados em Ezequiel 48 e Apocalipse 7.5, em textos que olham adiante para os últimos dias e o cumprimento dos propósitos divinos para o reino do Senhor.

2. "Vidente" ou profeta que viveu durante o reinado de Davi. Trouxe a palavra de Deus para este monarca em quatro ocasiões especiais. A primeira quando ele era perseguido pelo rei Saul, antes de chegar ao trono. Gade o incentivou a abandonar seus acampamentos nas cavernas de Adulão e a regressar para Judá (1 Sm 22.5).

Na segunda ocasião, anos mais tarde, quando Davi já estava bem estabelecido como rei, Gade o procurou para pronunciar o juízo de Deus sobre ele, por causa do censo que Davi mandara fazer. Contrariando a Lei, o rei queria saber o número de seus soldados e, ao ignorar o conselho de Joabe, o comandante do exército ordenou que suas tropas fossem contadas (2 Sm 24.3,4). Assim que o censo foi realizado, Davi reconheceu que tinha pecado e, com sua contrição peculiar, pediu perdão ao Senhor (2 Sm 24.10). Embora seu pecado fosse perdoado, ele ainda teria de enfrentar as conseqüências. Gade lhe deu três alternativas: lª) três anos de fome na terra; 2ª) fugir de seus inimigos durante três meses; 3ª) três dias de praga sobre a terra (2 Sm 24.11-14). Com profunda tristeza, Davi disse a Gade que preferia deixar a questão nas mãos dos Senhor, "porque muitas são as suas misericórdias" (v. 14). Uma praga veio sobre a terra e espalhou-se por Jerusalém, mas o Senhor a interrompeu, na eira de Araúna, o jebuseu (v. 16).

Na terceira vez, Gade apresentou-se a Davi no dia em que a praga cessou. Ordenou ao rei que construísse um altar ao Senhor sobre a eira, o que Davi fez imediatamente (2 Sm 24.18,19; 1 Cr 21.3-23). O escritor das crônicas dá uma ênfase especial ao humilde arrependimento do rei e sua obediência imediata à palavra do Senhor, proferida por intermédio do profeta Gade (cf. 1 Cr 21.19).

Em quarto lugar, Gade ajudou o rei a dividir os levitas e os sacerdotes em grupos e a determinar as diferentes tarefas na realização dos cultos. A Bíblia diz que Ezequias seguiu as mesmas orientações, "conforme a ordem de Davi e de Gade, o vidente do rei, e do profeta Natã" (2 Cr 29.25). Aparentemente este profeta também escreveu um livro sobre a vida de Davi (1 Cr 29.29).   P.D.G.

GADI (Heb. "minha fortuna").

1. Pai de Menaém, que matou Salum em Samaria e tornou-se rei de Israel em seu lugar. Reinou por dez anos (2 Rs 15.14-17).

2. Um dos doze enviados por Moisés do deserto de Parã à terra de Canaã, para espiá-la (Nm 13.11). Foi escolhido um representante de cada tribo e Gadi, filho de Susi, foi indicado pela de Manassés. Para mais detalhes sobre a missão deles, veja *Samua*.

GADIEL. Um dos doze enviados por Moisés do deserto de Parã à terra de Canaã, para espiá-la (Nm 13.10). Foi escolhido um representante de cada tribo e Gadiel, filho de Sodi, foi indicado pela de Zebulom. Para mais detalhes sobre a missão deles, veja *Samua*.

GAETÃ. Líder edomita, neto de Esaú e Ada (mulher cananita) e filho de Elifaz (Gn 36.11, 16; 1 Cr 1.36).

GAIO. 1. Natural da Macedônia, foi um dos "companheiros de viagem" do apóstolo Paulo. Em Atos 19.29, juntamente com Aristarco, foi agarrado pelos moradores de Éfeso — os quais eram na maioria violentamente antagônicos ao Evangelho — e levado ao teatro da cidade, onde se realizou uma manifestação anticristã. Muito tempo depois a multidão finalmente se acalmou e os dois foram soltos. A fé de Gaio e o seu compromisso com Cristo eram muito fortes. No tumulto em Éfeso, ele e Aristarco foram presos no lugar de Paulo (veja *Alexandre*). Homens como este, que exibiam tamanha fé cristã em tempos de perseguição, tornaram-se exemplos para todos os cristãos, nas épocas em que a perseguição se manifestava.

2. Natural de Derbe, é mencionado em Atos 20.4 como um dos que saíram antes de Paulo de Filipos e foram esperá-lo em Trôade (v. 5). Provavelmente foi um dos escolhidos pelas igrejas locais para acompanhar o apóstolo até Jerusalém, quando levou o dinheiro que havia coletado para os pobres daquela cidade. (Se um texto grego variante for adotado, Derbe é substituída por Doberus, uma cidade da Macedônia. Isso significaria que este Gaio talvez seja o mesmo personagem do item nº 1. Desde que Aristarco é mencionado nos dois textos, isso é bem possível. Gaio, entretanto, era um nome popular; portanto, tal hipótese não é muito confiável.)

3. Natural de Corinto, é citado na saudação de Romanos 16.23. Paulo hospedou-se em sua casa, enquanto viveu nesta cidade, de onde escreveu a carta aos irmãos de Roma. O fato do apóstolo dizer "meu hospedeiro, e de toda a igreja" sugere que uma das congregações provavelmente se reunia na casa de Gaio. É quase certo que se tratava do mesmo personagem que Paulo batizou, após iniciar a pregação do Evangelho em Corinto (1 Co 1.14). Obviamente, tal batismo foi um fato muito raro, pois o apóstolo preocupava-se mais em pregar do que em batizar. Paulo não desejava que alguém se sentisse como se lhe "pertencesse", simplesmente por ter sido batizado por ele. O único desejo do apóstolo era que o nome de Cristo fosse glorificado. A tradição diz que esse Gaio posteriormente tornou-se bispo de Tessalônica.

4. Em 3 João 1, Gaio era um ancião da igreja para a qual o apóstolo escreveu e um amigo muito querido. João demonstra claramente que o tinha em alta consideração (vv. 2,3). Provavelmente converteu-se por meio do ministério do apóstolo, pois este o classifica como um de seus filhos (v. 4). Gaio permanece como um exemplo para a igreja, através dos séculos, pois destacou-se como alguém que anda na verdade. Foi recomendado por sua hospitalidade para com os outros e ainda é incentivado nesta prática por João.

P.D.G.

GALAL. 1. Um dos levitas que se restabeleceram em Jerusalém após o exílio babilônico (1 Cr 9.15).

2. Seu descendente, Obadias, foi um dos levitas que se restabeleceram em Jerusalém após o exílio babilônico (1 Cr 9.16).

3. Seu descendente, Abda, foi um dos levitas que se restabeleceram em Jerusalém após o exílio babilônico (Ne 11.17).

GÁLIO. Nascido em Córdoba, na Espanha, era irmão do filósofo Sêneca. Tornou-se procônsul da Acaia em 52 d.C. e governava Corinto na época da primeira visita de Paulo à cidade, em sua segunda viagem missionária (At 18.12-17). Morreu tempos mais tarde em Roma, onde participou de um complô para matar o imperador Nero.

Paulo começara seu trabalho na cidade, como era seu costume, pregando na sinagoga para os judeus locais. Quando, porém, eles se tornaram demasiadamente "ofensivos" à mensagem (At 18.6), o apóstolo os deixou, entrou na casa ao lado e começou a pregar mais especificamente aos gentios, na residência de Tito Justo, um homem temente a Deus. Alguns judeus, como Crispo, o líder da sinagoga, tinham crido em Cristo e, à medida que mais e mais pessoas tornavam-se cristãs, o antagonismo dos judeus crescia cada vez mais, até que culminou num "ataque unido". Os judeus levaram Paulo diante de Gálio e acusaram-no de pregar coisas contrárias à lei (judaica) (At 18.13).

GAMALIEL

Gálio, entretanto, não se envolveu no que considerou uma questão interna entre os judeus, concernente a assuntos da religião deles. Embora a lei romana protegesse o direito dos povos de professarem a própria religião deles, não permitia no entanto a extensão dessa ordem aos cidadãos de Roma. O incidente lança uma luz interessante sobre como o cristianismo era considerado entre os governantes gentios naqueles dias. Era visto como uma facção do judaísmo; por isso Gálio não quis intervir, pois estava satisfeito em permitir que as cortes judaicas tratassem de tais assuntos; não interveio nem mesmo quando os judeus agarraram seu próprio líder, Sóstenes, e o espancaram diante do tribunal (At 8.14-17).   P.D.G.

GAMALIEL (Heb. "Deus é minha recompensa").

1. Filho de Pedazur e líder da tribo de Manassés na época do censo dos israelitas, no deserto do Sinai. Seus liderados somavam 32.200 pessoas[1] (Nm 1.10,34,35; 2.20). Como representante de seu povo, Gamaliel também foi encarregado de levar a oferta pacífica, quando o Tabernáculo foi dedicado ao Senhor no deserto (Nm 7.54, 59). A enorme contribuição dedicada por sua tribo foi levada no oitavo dia. Ele também liderou a tribo de Manassés quando os israelitas finalmente saíram do Sinai e prosseguiram a viagem (Nm 10.23).

2. Citado em Atos 5.34, era um fariseu altamente educado e um mestre respeitado. Na literatura rabínica, é chamado de "Gamaliel, o Ancião", para fazer distinção de Gamaliel II, seu neto. Provavelmente era neto do rabino Hillel, fundador de uma das ramificações do fariseísmo.

Quando Pedro e outros apóstolos foram presos e levados para o julgamento diante do Sinédrio, Gamaliel levantou-se, pediu que os apóstolos fossem retirados da sala e então argumentou, em termos pragmáticos, que seria melhor libertá-los

do que persegui-los, pois a nova seita desapareceria rapidamente, a menos que realmente fosse algo de Deus (At 5.34-39). Tal discurso estava totalmente em harmonia com a posição que os grupos fariseus mais liberais adotariam. Foi bem-sucedido em seu apelo: os apóstolos foram trazidos de volta, açoitados e libertados. Seguiram então alegremente seu caminho, a proclamar as boas novas de que Jesus é o Cristo (At 5.40-42). Nenhuma perseguição pode desviar os seguidores de Cristo de seu maior alvo: ver homens e mulheres libertos para Jesus.

Foi este mesmo Gamaliel que teve participação ativa na educação de Saulo, o fariseu que tornou-se Paulo, o apóstolo. Ao debater o Evangelho de Cristo com a multidão em Jerusalém, depois de sua prisão, Paulo apelou para suas credenciais como um dos que eram zelosos pela Lei de Deus, e "instruído conforme a verdade da lei", aos pés de Gamaliel (At 22.3; veja também Gl 1.14; Fp 3.4-6).   P.D.G.

GAMUL. Da tribo de Levi, era o líder da 22ª divisão de sacerdotes designados pelo rei Davi para o serviço no Tabernáculo (1 Cr 24.17).

GAREBE. Itrita, um dos "trinta" heróis de Davi, os quais foram guerreiros valorosos que lutaram ao lado dele (2 Sm 23.38; 1 Cr 11.40). Os itritas eram um clã que vivia em Quiriate-Jearim (1 Cr 2.53).

GAZÃO. Seus descendentes estavam entre os serviçais do Templo que regressaram do exílio babilônico com Neemias (Ed 2.48; Ne 7.51).

GAZEZ (Heb. "tosquiador de ovelha"). Harã, Moza e Gazez eram filhos de Calebe e sua concubina Efá. Mais tarde, Harã também teve um filho chamado Gazez (1 Cr 2.46).

GEAZI (Heb. "vale da visão"). Servo de Eliseu, é mencionado em três incidentes narrados em 2 Reis 4 a 8. O primeiro é relacionado com a visita do profeta Eliseu à cidade de Suném, onde conheceu uma mulher rica, que insistiu em hospedá-los e alimentá-los. O profeta quis compensá-la pela generosidade e hospitalidade demonstradas; por intermédio de Geazi, descobriu que aquela senhora não tinha filho. Eliseu então prometeu que ela teria um bebê, o que realmente aconteceu no ano seguinte. Algum tempo depois o menino ficou doente e morreu; a mãe, cheia de desgosto, procurou o profeta e lançou-se aos seus pés (2 Rs 4.18-37). Geazi tentou afastá-la, mas Eliseu demonstrou amor e compaixão por ela. Enviou seu servo (Geazi) à casa dela com a instrução de colocar o cajado no rosto do menino. A criança não se recuperou e por isso Eliseu foi até lá pessoalmente, onde Deus operou o milagre e o menino ressuscitou. Apesar do seu desejo excessivo de proteger seu senhor, Geazi era um servo obediente e bem disposto.

O segundo incidente envolveu a cura de Naamã, o comandante do exército sírio. Este general ofereceu uma recompensa a Eliseu. O profeta recusou o presente; entretanto, depois que Naamã partiu, Geazi correu atrás dele, com a intenção de tirar algum proveito da situação, pois não compreendeu a atitude de seu senhor Eliseu. Geazi mentiu para Naamã, pois disse-lhe que o homem de Deus precisava de algum dinheiro para ajudar dois jovens profetas; mais tarde, mentiu novamente, quando Eliseu lhe perguntou onde tinha ido. O profeta disse a Geazi que seu espírito estivera com ele, quando Naamã lhe deu a sacola com prata e as duas peças de roupas. O castigo de Geazi foi que a lepra, a qual saíra de Naamã, recaiu sobre ele (2 Rs 5.27).

A ambição de Geazi foi castigada imediatamente, por causa do impacto negativo que causaria ao ministério de Eliseu e ao nome do Senhor entre os estrangeiros. Naamã e seu povo saberiam rapidamente da história; o profeta seria acusado de cobiça e eles chegariam à conclusão de que o favor do Senhor às vezes é comprado.

A terceira menção do nome de Geazi encontra-se em 2 Reis 8.1-6. Eliseu dissera à mulher sunamita que deixasse o país, pois haveria sete anos de fome na região. Ela foi com a família para a terra dos filisteus. Quando voltaram, a rica mulher procurou Jeorão, para recuperar suas propriedades. Na chegada, descobriu que Geazi contava ao rei sobre as proezas de Eliseu e ouviu justamente o episódio da ressurreição do filho dela. O servo do profeta relatara o acontecimento fielmente e mostrou ao rei o menino que fora restaurado à vida; Jeorão deu ordens para que a mulher recebesse de volta todos os seus bens. Ao que parece, Geazi aprendera a lição, pois continuou a servir a Eliseu.

A soberania de Deus nos eventos da vida de Eliseu e na das pessoas com quem convivera é vista repetidamente. Geazi provavelmente percebeu isso, não somente na maneira como ele descobriu seu pecado, mas também no modo como o Senhor cuidou da sunamita, mesmo quando Eliseu estava ausente.   P.D.G.

GEBER. Filho de Uri, era um dos doze governadores distritais do rei Salomão (1 Rs 4.19). Era intendente na região de Gileade, "a terra de Siom, rei dos amorreus, e de Ogue, rei de Basã". O texto chama a atenção para o fato de que era o único governador daquela imensa região. Veja também *Ben-Hur.*

GEDALIAS (Heb. "o Senhor é grande").
1. Um dos filhos de Jedutum, listado entre os levitas que foram separados para o ministério da profecia e da música durante o reinado de Davi. Jedutum, junto com Asafe e Hemã, estavam sob a supervisão direita do rei. Gedalias era o líder do segundo grupo de levitas, músicos e componentes do coral, que ministrava no Tabernáculo (1 Cr 25.3, 9).

GEDOLIM

2. Filho de Aicão, foi nomeado governador de Judá pelo rei Nabucodonosor, depois da destruição de Jerusalém em 587 a.C. (2 Re 25.22). O rei da Babilônia deixara para trás somente o povo mais pobre e sem profissão, que não seria de grande proveito na Caldéia (Jr 39.10; 40.7). Ordenou ao seu comandante Nebuzaradão que cuidasse de Jeremias quando Jerusalém fosse tomada e, assim, o profeta foi entregue aos cuidados de Gedalias (Jr 39.14; 40.5,6). Quando os oficiais do exército que conseguiram fugir ouviram que Gedalias fora nomeado governador, juntaram-se a ele em sua base em Mispa, alguns quilômetros a noroeste de Jerusalém. Gedalias demonstrou ser um bom governador. Seguindo as repetidas declarações de Jeremias de que seriam abençoados, se aceitassem as ordens dos caldeus, Gedalias incentivou o povo a aceitar o bom relacionamento com os dominadores. Também reuniu os que estavam dispersos e os encorajou a se estabelecer e voltar a cuidar da terra e das lavouras (2 Rs 25; Jr 40.8-12).

Gedalias era um homem generoso e foi incapaz de acreditar que alguém pudesse matá-lo. Essa, porém, foi a mensagem que o oficial do exército Joanã, filho de Careá, lhe transmitiu. Baalis, rei dos amonitas, mandara Ismael, filho de Netanias, para assassiná-lo. Em virtude de Ismael ter sangue real (2 Rs 25.25), é provável que o rei dos amonitas, com seus sonhos de expansão, encontrasse um cúmplice preparado em alguém que fora desprezado pelos caldeus. Joanã pediu para ir e matar o filho de Netanias antes do ataque, mas foi impedido por Gedalias, o qual mais tarde foi morto por Ismael, junto com vários outros oficiais, enquanto faziam uma refeição.

O resultado desse assassinato foi definitivamente o final da permanência de qualquer líder judeu na terra de Judá. Os aliados de Gedalias, temendo as represálias por parte dos caldeus, fugiram para o Egito, contra a vontade de Jeremias (Jr 40.13-41.18; 42 e 43). O profeta foi com eles e nada mais se sabe sobre o que lhes aconteceu. Somente depois do retorno do exílio babilônico, Deus novamente levantou um líder do próprio povo para governar Judá.

3. Descendente de Jesua, estava entre os sacerdotes que se uniram a Esdras e ao povo no arrependimento, depois do regresso da Babilônia para Jerusalém. Muitos homens de Judá haviam-se casado com mulheres de outras tribos e mesmo de outras nações. Fizeram então um pacto com o Senhor (Ed 10.2) de se divorciarem das esposas estrangeiras (Ed 10.18,19).

4. Filho de Pasur, era um dos líderes em Jerusalém nos últimos dias antes da cidade ser destruída pelos caldeus. Estava entre os homens que ouviram os pronunciamentos de Jeremias, o qual encorajou os moradores da cidade a aceitarem a invasão da Babilônia. Gedalias achou que tais pronunciamentos eram um ato de traição e por isso fez de tudo para que o profeta fosse morto (Jr 38.1, 4).

5. Avô do profeta Sofonias (Sf 1.1).

P.D.G.

GEDOLIM. Pai de Zabdiel, superintendente sobre 128 homens que se estabeleceram em Jerusalém depois do exílio babilônico (Ne 11.14).

GEDOR. 1. Da tribo de Benjamim, era um dos filhos de Jeiel e sua esposa Maaca (1 Cr 8.31; 9.37). É listado na genealogia que vai de Benjamim ao rei Saul.

2. Da tribo de Judá, era filho de Penuel e descendente de Hur (1 Cr 4.4, 18). Como, porém, no versículo 18 é listado junto com Socó e Zanoa, esse nome talvez se refira a um lugar, e não uma pessoa.

GEMALI. Pai do espião Amiel, representante da tribo de Dã. Ele foi um dos doze homens enviados por Moisés a Canaã para espiá-la, quando os israelitas estavam no deserto de Parã (Nm 13.12).

GEMARIAS (Heb. "o Senhor tem cumprido"). **1**. Filho de Safã, o secretário. Era um dos oficiais da corte de Judá. Sua sala ficava num lugar privilegiado, "no átrio superior, à entrada da Porta Nova da casa do Senhor" (Jr 36.10). Baruque decidiu ler naquela sala as profecias sobre o juízo de Deus que Jeremias lhe dera, para que todo o povo ouvisse. Daquela posição, podia dirigir-se a todas as pessoas que entravam no Templo. O filho de Gemarias, Micaías, ouviu as palavras do Senhor contidas no rolo e foi contar aos oficiais da corte, no palácio real (Jr 36.11). Sabedores de que tais palavras de julgamento provenientes do Senhor não seriam aceitas pelo rei, os oficiais sugeriram que Jeremias e Baruque se escondessem. Quando finalmente as profecias foram lidas diante de Jeoiaquim, este reagiu como fora previsto. Durante a leitura, tomou o rolo de Jeudi, que lia o texto, cortou-o, folha por folha, e atirou tudo no fogo. Gemarias estava presente e disse ao rei que não o queimasse, mas que ouvisse a mensagem. Ao invés disso, Jeoiaquim deu ordens para que Jeremias e Baruque fossem presos. Gemarias era um dos poucos oficiais que estavam dispostos a ouvir o que Deus tinha a dizer e obedecer às recomendações do profeta (Jr 36.19-26).

2. Filho de Hilquias, esteve em Jerusalém com Jeremias, depois que boa parte do povo fora para a Babilônia. Agiu como emissário do rei Zedequias, diante de Nabucodonosor. Quando Jeremias escreveu uma carta profética para os anciãos e os sacerdotes que estavam na Babilônia, escolheu Elasa e Gemarias para a levarem aos exilados (Jr 29.3). P.D.G.

GENEALOGIAS BÍBLICAS

As Escrituras apresentam repetidamente as listas dos ancestrais e descendentes de vários personagens judeus. Essas genealogias servem para propósitos variados: (i) mostrar a sucessão hereditária de certa tribo, servindo assim para legitimar reivindicações de herança ou de uma função em particular; (ii) demonstrar a bênção ou o juízo de Deus sobre uma família em particular; (iii) preencher as lacunas entre um período histórico e outro; (iv) mostrar os padrões da atividade de Deus na história humana; e (v) distinguir os verdadeiros judeus dos gentios. É comum que nomes de pessoas relativamente sem importância sejam deixados fora de tais listas, para que as genealogias sejam organizadas sistematicamente. As palavras traduzidas como "filho" e "pai" podem muitas vezes significar "descendente" e "ancestral", respectivamente. Os ancestrais eram normalmente traçados a partir dos membros do sexo masculino na árvore genealógica da família; a inclusão de nomes de mulheres geralmente servia para algum propósito especial. A longevidade dos patriarcas antediluvianos deixa muitas pessoas perplexas em nossos dias; mas, na realidade, é até modesta, quando comparada com os paralelos mesopotâmicos; a diminuição da expectativa de vida através do tempo provavelmente indica os efeitos crescentes da *queda*.

As principais listas genealógicas do Antigo Testamento incluem os descendentes (i) de Caim e o desenvolvimento tecnológico associado a muitos deles (Gn 4.17-22); (ii) de Adão, por meio de Sete, para traçar a herança patriarcal através do filho mais piedoso de Adão (Gn 5.3-22); (iii) de Noé (Gn 10, freqüentemente chamado de Tabela das Nações, pois o repovoamento da Terra começou por meio dos três filhos de Noé); (iv) de Sem, a fim de destacar Abraão e preparar o caminho para a família particular que Deus chamaria para receber sua aliança e suas bênçãos (Gn 11.10-32); (v) de Ló, para mostrar a origem dos moabitas e amonitas (Gn 19.37,38); (vi) de Naor, irmão de

GENTIOS

Abraão, para enfatizar a esterilidade de Sara, esposa de Abraão (Gn 22.20.24); (vii) de Abraão, por meio de Quetura, a esposa posterior, para mostrar a origem dos outros povos do Oriente Médio, além dos israelitas (Gn 25.1-4); (viii) de Ismael, o filho de Abraão com Hagar, pela mesma razão e para ilustrar como diferentes nações se originaram de Abraão (Gn 25.12-18); (ix) de Jacó, através de cada uma das quatro mulheres, a fim de chamar particular atenção para a fundação das doze tribos de Israel, junto com os descendentes de cada um dos seus doze filhos (Gn 46.8-27; cf. Nm 26.5-62); (x) uma lista detalhada de pessoas, entre Adão e Saul, para enfatizar a pureza racial através dos tempos pós-exílicos e demonstrar a graça e a soberania da eleição de Deus (1 Cr 1 a 9); (xi) vários levitas, durante o período do reinado de Davi (1 Cr 15.5-24), Ezequias (2 Cr 29.12-14), Josias (2 Cr 34.12,13) e Zorobabel (Ne 12.1-24), os quais por meio das genealogias validaram seu direito de oficiar o culto de adoração.

Listas semelhantes, as quais, embora não se tratando essencialmente de genealogias, muitas vezes incluíam referências aos ancestrais de certas pessoas, como, por exemplo, os registros militares dos israelitas no deserto (Nm 1.5-16), os heróis de Davi (2 Sm 23.8-39), líderes tribais (1 Cr 27.16-22), oficiais administrativos (1 Cr 27.25-31), israelitas repatriados no tempo de Neemias e Esdras (Ne 7.7-63), os que ajudaram na reconstrução dos muros de Jerusalém (Ne 3), os que se casaram com mulheres estrangeiras (Ed 10.18-43), os que assinaram o pacto de dedicação ao Senhor Deus de Israel (Ne 10.1-27) e os que passaram a residir em Jerusalém (Ne 11.14-19).

Duas genealogias significativas aparecem no Novo Testamento, ambas relacionadas com Jesus. Mateus 1.1-17 traça sua linhagem a partir de Abraão, em três grupos de 14 gerações, a fim de apresentar Cristo como filho de Davi e restaurador das esperanças que foram destruídas no tempo da deportação para a Babilônia. Quatro mulheres figuram de forma significativa na lista: Tamar, Raabe, Rute e a esposa de Urias. Todas eram gentias e cada uma delas foi mencionada provavelmente devido à suspeita de terem gerado filhos ilegítimos. A mesma suspeita cercou Maria, a mãe de Jesus, o quinto nome de mulher na lista. Mateus enfatiza que Cristo tinha todas as credenciais judaicas apropriadas para ser o Messias e Rei, mas que veio para salvar também os párias.

Lucas 3.23-37 começa com Jesus e retrocede até Adão e finalmente até Deus, para enfatizar o alcance universal da missão do Messias. As discrepâncias entre os nomes das duas listas geralmente são atribuídas à suposição de que Mateus preserva a linhagem legal de Jesus e Lucas, sua linhagem biológica; ou então que Mateus traça a descendência a partir de José, o pai adotivo de Cristo, enquanto Lucas o faz através de Maria. Ambas as genealogias implicam a concepção virginal de Jesus (Mt 1.16; Lc 3.23).

C.B.

GENTIOS. Este conceito aparece freqüentemente na Bíblia. No AT, é muitas vezes traduzido como "gentio" e significa simplesmente "pagão", "povo" ou "nação". Também é a maneira de referir-se a todos os que não são israelitas e, assim, torna-se um termo que designa "os de fora". No AT, as relações com os gentios às vezes eram hostis (de acordo com os residentes em Canaã: Êx 34.10-16; Js 4.24), ou amigáveis (como na história de Rute). Para Israel, era proibido qualquer envolvimento com a religião dos gentios e, quando isso ocorria, acarretava castigo e repreensão. Os profetas faziam paralelos com esse quadro. Às vezes, prediziam juízo severo sobre as nações, por causa da idolatria (Is 17.12-14; 34.1-14), enquanto anunciavam também a esperança de que um dia as nações participariam da adoração ao Senhor (Is 2.1-4). Até mesmo predisseram a futura honra da Galiléia dos gentios (Is 9.1), um texto que Mateus 4.15 cita com referência ao ministério de Jesus.

No NT, o conceito também tem uma ampla utilização. Em muitos casos, o termo traduzido como "gentio" pode também ser compreendido como "nação". Em geral, este vocábulo refere-se aos não israelitas, da mesma maneira que no A.T. Às vezes refere-se a uma região que não faz parte de Israel (Mt 4.15). Freqüentemente é usado como um termo de contraste étnico e cultural. Se os gentios fazem algo, é uma maneira de dizer que o mundo realiza aquilo também (Mt 5.47; 6.7, 32; Lc 12.30). Muitas vezes, quando este vocábulo é usado dessa maneira, é como exemplo negativo ou uma observação de que tal comportamento não é comum nem recomendável. O termo pode ter também a força de designar alguém que não faz parte da Igreja (Mt 18.17). Às vezes descreve os que ajudaram na execução de Jesus ou opuseram-se ao seu ministério (Mt 20.19; Lc 18.32; At 4.25-27). Às vezes também os gentios se uniram aos judeus em oposição à Igreja (At 14.5).

Além disso, como um termo de contraste, é usado de maneira positiva, para mostrar a abrangência do Evangelho, que claramente inclui todas as nações (Mt 28.19; At 10.35, 45). Paulo foi um apóstolo chamado especificamente para incluir os gentios em seu ministério (At 13.46-48; 18.6; 22.21; 26.23; 28.28; Rm 1.5, 13; 11.13; Gl 1.16; 1 Tm 2.7; 4.17). Cristo, como o Messias, é chamado para governar as nações e ministrar a elas (Rm 15.11,12). Assim, os gentios têm acesso à presença de Jesus entre eles (Cl 1.27) e igualmente são herdeiros da provisão de Deus para a salvação (Ef 3.6). Assim, não são mais estrangeiros, mas iguais em Cristo (Ef 2.11-22). Como tais, os gentios ilus-

tram a reconciliação que Jesus traz à criação. Dessa maneira, a promessa que o Senhor fez a Abraão, de que ele seria pai de muitas nações, é cumprida (Rm 4.18). Assim Deus é tanto o Senhor dos judeus como dos gentios (Rm 3.29). Na verdade, a inclusão dos povos torna-se o meio pelo qual Deus fará com que Israel fique com ciúmes e seja trazido de volta à bênção (Rm 11.11-32).

Cornélio é uma figura que ilustra o relacionamento dos gentios com Deus (At 10 e 11). Esse centurião é apresentado como a pessoa escolhida para revelar a verdade de que o Senhor agora alcança pessoas de todas as nações e que as barreiras étnicas foram derrubadas, por meio de Jesus. Assim, a quebra dos obstáculos culturais é a ação à qual Lucas constantemente se refere em Atos, ou seja, a maneira como a Igreja trata da incorporação dos judeus e gentios na nova comunidade que Cristo tinha formado (At 15.7-12). Ao trazer a salvação aos gentios, Deus levou sua mensagem até os confins da Terra (At 13.47). D.B.

GENUBATE. Filho de Hadade, o edomita. Joabe, comandante do exército de Davi, destruiu quase todos os homens de Edom; Hadade, porém, ainda muito jovem, conseguiu fugir para o Egito, onde conquistou a simpatia do Faraó. A irmã de Tafnes, esposa do monarca egípcio, foi dada a Hadade em casamento. Genubate foi o filho deste casamento. Assim, foi criado como membro da casa real do Egito (1 Rs 11.19 e 20).

GERA. 1. O quarto dos dez filhos de Benjamim. Este nome tornou-se o título de um clã dos benjamitas (Gn 46.21).

2. Pai de Eúde, da tribo de Benjamim (Jz 3.15), um dos libertadores e juízes levantados por Deus; libertou Israel da opressão de Eglom, rei dos moabitas.

3. Pai de Simei, também da tribo de Benjamim, da região de Baurim, do mesmo clã que a família do rei Saul. Simei

GÉRSON

amaldiçoou Davi, quando este fugia de Absalão, embora mais tarde tenha-se arrependido dessa atitude (2 Sm 16.5; 19.16; 1 Rs 2.8).

4. Um dos filhos de Bela e neto de Benjamim, mencionado em 1 Crônicas 8.3,5. Provavelmente é o mesmo personagem mencionado no v. 7.

GÉRSON (Heb. "exilado").

1. Um dos filhos de Moisés com sua esposa Zípora. Irmão de Eliezer, recebeu este nome de seu pai, que disse: "Peregrino sou em terra estranha" (Êx 2.22; 18.3; 1 Cr 23.15,16). Seu filho chamava-se Jônatas e tornou-se sacerdote idólatra dos danitas (Jz 18.30). Um dos descendentes de Gérson foi Sebuel, o qual, assim como os descendentes de Eliezer, era chefe dos tesouros do rei Davi (1 Cr 23.16; 26.24).

2. Um dos líderes das famílias que regressaram para Jerusalém com Esdras, do exílio babilônico. Era descendente de Finéias (Ed 8.2).

3. Um dos filhos de Levi; seus irmãos eram Coate e Merari (Gn 46.11; Êx 6.16; Nm 3.17; 1 Cr 6.1; etc.). Foi o fundador do clã dos gersonitas, que incluía a liderança de seus próprios filhos: Libni (libinitas) e Simei (simeítas) (Êx 6.17; Nm 3.21; 26.57; 1 Cr 6.17). Josué 21.6 menciona a divisão da terra de Canaã feita por Josué, filho de Num, e por Eleazar, o sacerdote. Naquela ocasião, conforme fora prometido por Moisés, os gersonitas, descendentes de Levi, receberam 13 cidades das tribos de Aser, Issacar, Naftali e da meia tribo de Manassés. Como levitas, os gersonitas também tinham responsabilidades no Tabernáculo (a tenda da congregação). Havia 2.630 homens entre os que ajudavam a carregar os muitos tipos de cortinas que pertenciam ao Tabernáculo e cuidavam "de todos os utensílios usados no seu serviço" (Nm 4.24-28).

Joel era o líder do contingente de sacerdotes e levitas que faziam parte do clã dos gersonitas, no tempo de Davi; junto com mais 130 homens, ele ajudou a levar a Arca da Aliança para Jerusalém. Posteriormente, quando o rei organizou o culto no Tabernáculo, os levitas foram divididos em grupos que correspondiam, em suas divisões principais, aos gersonitas, coatitas e meraritas (1 Cr 23.6). Asafe foi um dos gersonitas mais famosos, pois era o responsável pela parte musical (1 Cr 16.4,5). A família continuou no serviço do Templo por muitos anos e é mencionada até mesmo bem mais tarde, nos dias do avivamento no reinado de Ezequias, quando seus membros estiveram envolvidos na purificação do Templo, o qual havia caído num estado de total decadência (2 Cr 29.12).   P.D.G.

GESÃ. Um dos filhos de Jodai e descendente de Judá e Calebe (1 Cr 2.47).

GESÉM. Junto com Sambalate e Tobias, zombou de Neemias quando ouviu que este tencionava reconstruir os muros de Jerusalém, depois do exílio babilônico. Quando o trabalho foi concluído, Gesém e Sambalate enviaram uma mensagem a Neemias, pedindo para encontrar-se com eles. O homem de Deus, porém, recusou-se a ir. Gesém acusou os judeus de estarem tramando uma revolta, mas Neemias negou a acusação (Ne 2.19; 6.1, 2, 6). Para mais detalhes, veja *Sambalate*.

GÉTER. Um dos quatro filhos de Arã, listados em Gênesis 10.23 e 1 Crônicas 1.17. Arã era filho de Sem. Os melhores manuscritos hebraicos, no texto de 1 Crônicas 1.17, não fazem distinção entre os filhos do próprio Sem e os de Arã.

GIBAR (Heb. "herói"). 95 de seus descendentes regressaram do exílio babilônico para Judá com Neemias e Zorobabel (Ed 2.20).

GIBEÁ. Um dos netos de Calebe e sua concubina Maaca; era da tribo de Judá e seu pai chamava-se Seva (1 Cr 2.49).

GIDALTI. Um dos descendentes de Asafe, listado entre os que foram separados para o ministério da profecia e da música durante o reinado de Davi. Era filho de Hemã, o vidente do rei (1 Cr 25.4, 29).

GIDEÃO (Heb. "batedor, lenhador"). Também chamado de Jerubaal (Jz 6.32; etc.), cujo nome significa "que Baal contenda" ou "que Baal lute", e Jurubesete (2 Sm 11.21), no qual o abominável nome de Baal foi substituído pela palavra "vergonha". Era o filho mais novo de Joás, da obscura família de Abiezer, da tribo de Manassés, e vivia em Ofra. Posteriormente, Gideão tornou-se juiz em Israel e livrou o povo da opressão dos midianitas, um bando de saqueadores que vinham do deserto oriental (Jz 6.1 a 8.35).

Os israelitas tinham-se desviado do Senhor e adoravam a Baal; por esse motivo, Deus permitiu que fossem atacados pelos bandos de saqueadores midianitas por sete anos. O povo clamou em desespero ao Senhor, pedindo ajuda, e Deus levantou Gideão como libertador. Ele foi chamado enquanto malhava o trigo para escondê-los dos midianitas. Sua primeira comissão foi derrubar o poste-ídolo de seu pai e o altar de Baal, e depois construir outro em seu lugar, o qual foi dedicado ao Senhor. Gideão obedeceu e sua atitude enfureceu os homens da cidade, que decidiram matá-lo, por ter cometido tal afronta contra o deus deles; o raciocínio rápido de Joás salvou a vida de seu filho.

Aparentemente, esse evento teve um profundo impacto na vida de Gideão, conforme indica o nome Jerubaal ou "Baal contenda".

Gideão estabeleceu uma vitória decisiva sobre os midianitas, durante a noite, com 300 guerreiros que tocavam trombetas e carregavam tochas acesas na outra mão. Os inimigos ficaram tão desorientados que começaram a matar uns aos outros e então fugiram aterrorizados. Essa vitória posteriormente adquiriu uma condição proverbial, como um exemplo do livramento divino sem a ajuda do homem (cf. Is 9.4). Em resposta à vitória conquistada por Gideão, os israelitas lhe ofereceram a oportunidade de iniciar uma monarquia hereditária, a qual ele recusou, quando disse: "Não dominarei sobre vós, nem tampouco meu filho dominará sobre vós; o Senhor sobre vós dominará" (Jz 8.23). Aceitou, contudo, alguns brincos de ouro como espólio da batalha. Com o ouro, Gideão fez uma estola sacerdotal (o propósito é incerto — provavelmente para exercer funções sacerdotais ou uma imagem de Yahweh) e a colocou em sua própria cidade. Assim, embora Gideão obedecesse à Lei, ao recusar ser feito rei, tomou o ouro oferecido e agiu como monarca (cf. Dt 17.17). A estola tempos mais tarde tornou-se uma fonte de idolatria para Gideão e sua casa (Jz 8.27).

Gideão é descrito como um homem tímido e humilde, o qual Deus usou poderosamente devido à sua fé. Encontra-se com outros grandes heróis da fé em Hebreus 11.32.   P.D.W.

GIDEL. 1. Seus descendentes estavam entre os serviçais do Templo que retornaram do exílio babilônico com Neemias (Ed 2.47; Ne 7.49).

2. Servo de Salomão, cujos descendentes retornaram do exílio babilônico com Neemias (Ed 2.56; Ne 7.58).

GIDEONI. Um dos líderes da tribo de Benjamim e pai de Abidã (Nm 1.11; 2.22; 7.60,65; 10.24), líder dos benjamitas escolhidos para ajudar no recenseamento de Israel, sob a liderança de Moisés, durante a peregrinação no deserto. Permaneceu como chefe de sua tribo durante vários eventos importantes. Veja *Abidã*.

GILALAI. Um dos parentes de Zacarias, o qual tomou parte nas festividades da dedicação dos muros de Jerusalém lideradas por Neemias (Ne 12.36).

GILEADE

GILEADE (Heb. "banco de rochas"). **1.** Neto de Manassés e filho de Maquir, tornou-se o líder do clã dos gileaditas (Nm 26.29,30; 27.1; 1 Cr 2.21-23). Seu nome foi dado a uma região a leste do rio Jordão. A distribuição dessa terra é registrada em Josué 17.

2. Pai de Jefté, um dos juízes de Israel: "O seu pai era Giileade; a sua mãe era uma prostituta" (Jz 11.1). Os filhos de Gileade com sua esposa legítima mais tarde expulsaram Jefté de casa, a fim de que não recebesse nenhuma herança do pai. O fato de ele também ser descrito como gileadita (ou seja, vivia na região de Gileade) tem levado alguns teólogos a questionar se Gileade era realmente um nome ou simplesmente um patronímico. O contexto, entretanto, sugere que realmente trata-se de um nome próprio.

3. Pai de Jaroa e filho de Micael, era um gadita que vivia em Basã, na região de Gileade. Novamente é possível que, em razão de sua família viver em Gileade, possa se considerar outro patronímico. O contexto do nome, entretanto, que aparece bem no meio de uma genealogia, torna essa possibilidade mais improvável (1 Cr 5.14-16).   P.D.G.

GINATE. Pai de Tibni, que fez uma breve tentativa para tornar-se rei de Israel, logo depois da morte de Zinri. Israel dividiu-se em duas facções, uma das quais apoiou Tibni e a outra seguiu Onri, o comandante militar. Este liderava a facção mais forte e por isso tornou-se rei, enquanto Tibni foi morto (1 Rs 16.21,22).

GINETOM. 1. Um dos sacerdotes que selaram o pacto feito pelo povo de adorar ao Senhor e obedecer às suas Leis (Ne 10.6).

2. Um dos sacerdotes que retornaram do exílio com Zorobabel. Mesulão era o líder dessa família sacerdotal nos dias do rei Joiaquim (Ne 12.4, 16).

GISPA. Ele e Zia eram os líderes dos serviçais do Templo que viviam nas colinas de Ofel, depois do retorno do exílio babilônico (Ne 11.21).

GOGUE. 1. Descendente de Joel e filho de Semaías, da tribo de Rúben (1 Cr 5.4).

2. Príncipe e chefe de Meseque e Tubal, contra o qual Ezequiel profetizou (Ez 38 e 39). Reinará na terra de Magogue e será líder das tropas do extremo norte (Ez 38.6), as quais o profeta previu que atacarão Israel durante a Grande Tribulação (vv. 14ss). Essas tropas saquearão e pilharão cada nação em seu caminho. Quando, porém, Gogue estiver a ponto de atacar Israel, o próprio Deus intervirá, segundo a profecia. Surgirão grandes abalos sísmicos, irmãos lutarão contra irmãos, como juízo total e devastador sobre o povo liderado por Gogue. "Contenderei com ele por meio da peste e do sangue; chuva inundante, grandes pedras de saraiva, fogo e enxofre farei cair sobre ele, sobre as suas tropas e sobre os muitos povos que estiverem com ele. Assim eu me engrandecerei e me santificarei, e me darei a conhecer aos olhos de muitas nações. Então saberão que eu sou o Senhor" (Ez 38.22,23).

Gogue é identificado por alguns teólogos como Giges, rei da Lídia, com Gugu, uma divindade babilônica, e com várias outras figuras. Embora Ezequiel provavelmente tivesse um líder em particular em mente, o significado está não tanto na pessoa, mas no fato de que nos últimos dias o Deus soberano destruirá todos os inimigos de seu povo. Haverá uma última tentativa desesperada de destruir Israel, mas fracassará. Nos últimos dias todo o poder e a glória do Senhor serão vistos tanto por Israel (que será trazido de volta do exílio por Deus) como por todas as nações ao redor. A mensagem de Deus, por meio do profeta Ezequiel para aquela geração vindoura, é: "Já não esconderei deles a minha face, pois eu derramarei o meu Espírito sobre a casa de Israel, diz o Senhor Deus" (Ez 39.29).

3. Depois da profecia de Ezequiel, "Gogue e Magogue" tornaram-se nomes simbólicos para todos os que tentarão destruir o povo de Deus no término do reino milenar. Apocalipse 20.7-10 descreve a derrota final de Satanás. Naquela batalha, todos os que foram maus e lutaram contra os eleitos também serão destruídos. Gogue e Magogue representam aquelas tropas que se colocam contra o reino de Cristo.   P.D.G.

GOLIAS. Um gigante guerreiro, representante dos filisteus, contra quem Davi lutou e que ele matou com apenas uma pedra em uma funda, na última parte do reinado de Saul (1 Sm 17). Era chamado de "guerreiro... de Gate". Sua altura é registrada como de "seis côvados e um palmo" (cerca de três metros, de acordo com a medida de um côvado). Provavelmente era contratado pelos filisteus, e talvez fosse descendente dos refains ou enaquins (veja *Anaque*). O texto descreve o peso de sua armadura em detalhes e diz que sua lança "era como o eixo de um tear", para enfatizar ainda mais a estatura e a força do gigante (1 Sm 17.5-7).

Os exércitos de Israel e dos filisteus estavam posicionados frente a frente no vale de Elá. Todos os dias Golias saía do meio das tropas, ia até o vale e gritava, a fim de desafiar os israelitas. Se alguém conseguisse vencê-lo em combate, os filisteus se submeteriam aos hebreus. Se Golias, no entanto, ganhasse, os israelitas se tornariam vassalos deles. Desafios desse tipo representavam um método comum, bastante usado nas batalhas naqueles dias.

Davi chegou ao campo de batalha enviado por seu pai para levar comida aos irmãos dele, alistados no exército de Israel. Ouviu o desafio e perguntou o que significava aquilo e quem tomaria uma providência ou faria algo. Na verdade, Saul e seus soldados estavam todos amedrontados diante do desafio de Golias. Davi ficou horrorizado por conhecer um "incircunciso filisteu" que desafiava "os exércitos do Deus vivo" (1 Sm 17.25,26). Assim, apresentou-se como voluntário para aceitar o desafio. Levaram-no diante do rei, que achou a idéia daquele jovem franzino enfrentar o gigante Golias um verdadeiro absurdo. Davi mencionou fatos em sua vida que mostraram sua coragem, como pastor das ovelhas de seu pai. O mais impressionante, porém, no argumento do filho de Jessé era que o Senhor estaria com ele, pois fora Deus que o ajudara antes.

Saul finalmente concordou, mas insistiu em que Davi vestisse a armadura, a qual era muito grande. Davi tirou aquela indumentária de querra, pegou cinco pedras lisas em um córrego e saiu para enfrentar Golias com sua funda e as pedras em seu alforje de pastor (1 Sm 17.40). O guerreiro filisteu sentiu-se ofendido por terem mandado um garoto para enfrentá-lo e começou a lançar impropérios e ameaças contra o filho de Jessé. A resposta de Davi foi de grande significado e serviu como um sinal do tipo de rei que ele um dia se tornaria. Argumentou que, enquanto Golias vinha contra ele com espada e lança, ele ia "no nome do Senhor dos exércitos, o Deus dos exércitos de Israel" (1 Sm 17.45). O Senhor é que entregaria Golias em suas mãos; mas não só os filisteus aprenderiam sobre o poder de Deus — os israelitas também, pois Davi continuou: "Saberá toda esta congregação que o Senhor salva, não com espada, nem com lança; pois do Senhor é a guerra, e ele vos entregará nas nossas mãos" (1 Sm 17.47).

Golias foi morto com uma pedra, atirada com força e extrema pontaria por Davi, que atingiu o gigante bem na testa. O filho de Jessé então cortou a cabeça de Golias com a própria espada do gigante. Os filisteus foram perseguidos e derrotados pelos israelitas. Depois dessa vitória a reputação de Davi foi estabelecida, e logo depois o rei Saul começou a vê-lo como uma ameaça (1 Sm 18).

GÔMER

Na narrativa desse episódio, fica claro que o autor quis mostrar o desenvolvimento de três relacionamentos diferentes: entre Davi e Golias, o qual representava os filisteus; entre Davi e Saul com seus exércitos; e entre Davi e o Senhor Deus. O filho de Jessé tinha muita confiança no Todo-poderoso e sabia que podia aceitar o desafio do filisteu "incircunciso", com convicção. Para Davi, os filisteus representavam uma nação em rebelião contra Deus. Qualquer um que se levantasse contra o Senhor seria julgado por ele, e Davi antecipou bem o resultado, por sua fé. O filho de Jessé também encontrou-se em desacordo com a atitude geral dos israelitas, que não demonstravam a mesma confiança. Parece que Saul concordou quase com relutância, ao dizer a Davi: "Vai-te, e o Senhor seja contigo" (1 Sm 17.37). Mais tarde, a reação do rei torna-se evidente, quando considerou a morte de Golias como sinal de que Deus estava com Davi, mas não com ele próprio (1 Sm 18.12). De fato, foi a raiva e o ciúme de Saul para com o sucesso do filho de Jessé que causaram a vinda de "um espírito maligno da parte de Deus" sobre ele (1 Sm 18.10).

A confiança de Davi no Senhor indicava a profundidade de sua fé e o relacionamento que tinha com Deus. O Senhor o abençoou e daquele momento em diante o filho de Jessé tornou-se o centro da narrativa bíblica, enquanto a bênção de Deus sobre ele tornava-se cada vez mais abundante. Golias, o gigante fortíssimo, foi derrotado pelo Todo-poderoso, que operou por meio daquele que era jovem e fraco. Posteriormente, a espada de Golias foi levada para a cidade de Nobe, onde foi escondida pelo sacerdote Aimeleque e devolvida a Davi, quando este precisou dela (1 Sm 21.9,10).

P.D.G.

GÔMER. 1. O primeiro filho de Jafé e neto de Noé (Gn 10.2,3; 1 Cr 1.5,6). É mencionado novamente em Ezequiel 38.6.

Ali, o profeta diz que "Gômer e todas as suas tropas" se unirão a Gogue num ataque contra Israel, mas serão destruídos pelo povo de Deus, ao lado de quem o Senhor estará lutando. Veja *Gogue*.

2. Esposa de Oséias e filha de Diblaim. Esse profeta viveu no século VIII a.C. Deus o chamou e ordenou que se casasse com Gômer, uma prostituta. Embora ele a tenha tirado do prostíbulo, rapidamente ela voltou em busca de vários amantes. Finalmente, tornou-se escrava de um de seus homens. Oséias a deixou, mas depois recebeu ordem de Deus para comprá-la pelo preço que normalmente era pago por um escravo (Os 1.2,3; 3.1-3). Gômer teve filhos, aos quais foram dados nomes simbólicos: Jezreel (porque em breve Deus puniria a casa de Jeú; Os 1.4); Lo-Ruama (porque Deus não mostraria mais amor por Israel; v. 6) e Lo-Ami ("porque vós não sois meu povo, nem eu serei vosso Deus", v. 9).

Oséias, mediante o chamado divino, deveria mostrar em seu próprio casamento o relacionamento que era tão típico entre o Senhor e o seu povo. Deus tinha chamado Israel, que deixara de ser "ninguém", para ser "alguém" e ser amado por Ele. Ainda assim, o povo rebelara-se repetidamente, em busca de outros deuses: uma ação freqüentemente mencionada como um ato de adultério. Muitas vezes o Senhor trouxera seu povo de volta para si, embora tenha havido épocas em que afastou-se totalmente dos israelitas, como parte do castigo deles.

A história de Oséias é profundamente triste: ele tinha uma esposa a quem amava e que mesmo assim envolvia-se continuamente com outros homens. Era uma profecia viva da profunda "tristeza" experimentada por Deus com tanta freqüência, quando seu povo era atraído por outros deuses. Mesmo assim, o amor pactual do Senhor por seu povo permanece e o afeto de Oséias por Gômer continua como uma vívida ilustração de que Deus não deixará de amar o seu povo, mas ficará fiel às suas promessas. No final o Senhor iria redimi-los com o altíssimo preço do sangue de seu único Filho, que morreu por seu povo e pagou o preço pelos pecados de todos (Is 49.7; Lc 1.68; 24.21).   P.D.G.

GREGO / GREGOS. Esse termo, na Bíblia, é primariamente racial, embora possa referir-se a grupos levemente diferentes, dependendo do contexto onde se encontra. No AT, aparece pouco e ainda depende da maneira como foi traduzido (na Versão Contemporânea encontra-se em Joel 3.6; em algumas traduções, aparece em Ezequiel 27.19). Provavelmente refere-se ao povo da Grécia, com quem os israelitas negociavam.

Às vezes o termo simplesmente descreve uma pessoa de origem grega (Mc 7.25; At 16.1; Gl 2.3; Timóteo, Tito.) Em outros contextos menciona os que faziam parte da cultura helenística — quer dizer, judeus cuja formação cultural era primariamente grega e não semítica (At 6.1; 9.29, de acordo com o termo grego *hellenistes*). Em outras passagens, refere-se aos gregos "tementes a Deus" que se associavam ao judaísmo (Jo 12.20; At 14.1, de acordo com o termo grego *hellen*). Na última parte do livro de Atos, refere-se aos que não eram judeus (At 17.4, 12; 18.4; 19.10, 17; 20.21). A inclusão deles na fé era algo polêmico para os judeus, que queriam excluir os gentios de qualquer participação igualitária em relação a Deus; a falsa acusação feita contra Paulo de ter profanado o Templo com a presença de gentios deixa isso bem claro (At 21.28). O uso predominante do termo no Novo Testamento, entretanto, é num contraste com os judeus e refere-se à abrangência racial do Evangelho, que incluía também os que estavam fora de Israel. Freqüentemente nota-se que é nos mesmos termos que tanto judeus como gregos necessitam de Cristo e ambos entram e compartilham do Evangelho (Rm 1.14, 16; 2.9,10; 3.9; 10.12; 1 Co 1.24; 10.32; 12.13; Gl 3.28; Cl 3.11). Dessa maneira, o termo muitas vezes significa o alcance da graça de Deus, que inclui todas as etnias.   D.B.

GÜEL. Um dos doze homens enviados por Moisés a Canaã para espiar a terra, quando os israelitas estavam no deserto de Parã (Nm 13.11). Filho de Maqui, foi escolhido como representante da tribo de Gade. Para mais detalhes sobre a missão deles, veja *Samua*.

GUNI. 1. Um dos filhos de Naftali e neto de Jacó; tornou-se líder do clã dos gunitas (Gn 46.24; Nm 26.48; 1 Cr 7.13).

2. Um dos gaditas que viviam em Basã. Filho de Abdiel, era um líder de clã (1 Cr 5.15).

---

[1]   O autor coloca o nº como sendo 46.500, mas tal informação não encontra fundamentos nos textos de referência (Nota do Tradutor).

H

HAASTARI. Citado em 1 Crônicas 4.6, foi um dos filhos de Naará, descendente de Asur, da tribo de Judá.

HABACUQUE (Heb. "abraço"). Muito pouco ou nada se sabe explicitamente sobre Habacuque, embora se possa inferir alguns dados. Primeiro, ele não só era profeta, como também um poeta talentoso. Na verdade seu livro compõe-se de uma série de oráculos (Hc 1, 2) e uma oração (Hc 3), do tipo que pode ser comparado aos Salmos 4,6 e 7 (cf. Hc 3.19). Além disso, existem indicações de que ele provavelmente estivesse envolvido em algum ministério no Templo e fosse levita. Além das alusões aos instrumentos musicais e aos diretores de música (Hc 3.19) — ambos elementos centrais na adoração do Templo — o livro fala sobre *Yahweh* estar no Templo (Hc 2.20) e também emprega o termo litúrgico *Selah* (Hc 3.3,9,13).

O que se sabe com certeza é que Habacuque viveu e desenvolveu seu ministério nos primórdios do surgimento da Babilônia no poder central do Oriente Próximo. *Yahweh* diz que está suscitando os caldeus (Hc 1.6), onde o tempo verbal aparece numa forma que sugere algo que já está a caminho. O primeiro sinal inequívoco disto aconteceu em 626 a.C., com a inauguração do reinado de Nabopolassar sobre a Babilônia. Por volta de 605 a.C. ele e seu filho Nabucodonosor já tinham eliminado completamente os assírios da História e estabelecido o poderoso Império Caldeu. Habacuque testemunhou todos esses eventos com seus próprios olhos, aparentemente depois que o poderio babilônio já estava consolidado (Hc 1.7-11). A possível data de seu ministério está entre 620 a 612 a. C., à luz de todas essas evidências.

A vinda iminente da Babilônia contra Judá levanta uma das maiores questões teológicas do livro, ou seja, como o ímpio (i.e., os caldeus) pode prosperar e o justo (i.e., Judá) sofrer, se Deus é justo (Hc 1.2-4). Este mesmo problema ocupa grande parte dos debates no livro de Jó. A resposta para esta questão encontra-se no caráter de Deus, o qual, a seu tempo, vindicará sua justiça. Enquanto isso, o Senhor declara ao profeta que "o justo pela sua fé viverá" (Hc 2.4), uma resolução teológica destacada por Paulo (Rm 1.17; Gl 3.11), a qual constitui o coração e a base da salvação. O que parece injusto à luz do aqui e agora encontra a compensação perfeita no tempo da reconciliação final de Deus.   E.M.

HABAÍAS (Heb. "o Senhor tem escondido"). Seus descendentes estavam entre os sacerdotes que retornaram do exílio na Babilônia com Neemias (Ed 2.61; Ne 7.63). Eles não puderam comprovar sua genealogia e por isso foram proibidos de exercer as atividades sacerdotais.

HABAZINIAS. Avô de Jaazanias e membro da família dos recabitas (Jr 35.3). Para mais detalhes sobre essa passagem, veja *Jaazanias*.

HACALIAS. Pai de Neemias (Ne 1.1; 10.1). Veja *Neemias*.

HACMONI. Pai de Jeíel (1 Cr 27.32), um dos administradores de Davi, que "assistia aos filhos do rei".

HACOZ. 1. Um dos sacerdotes indicados para ministrar no Templo. O turno de serviço foi decidido por meio de sorteio e ele ficou responsável pelo sétimo turno (1 Cr 24.10).

2. Seus descendentes voltaram do exílio com Neemias, mas não localizaram os registros da família; por esse motivo, foram excluídos do sacerdócio (Ed 2.61; Ne 7.63).

3. Seu neto Meremote reparou uma seção do muro de Jerusalém perto da Porta do Peixe, depois do exílio babilônico (Ne 3.4); também trabalhou num trecho da muralha que ia da entrada até a extremidade da casa de Eliasibe (Ne 3.21). Talvez fosse a mesma pessoa do item nº 2.

HACUFA. Seus descendentes estavam entre os serviçais do Templo que retornaram com Neemias para Jerusalém, depois do exílio babilônico (Ed 2.51; Ne 7.53).

HADADE. 1. Filho de Ismael e neto de Abraão e Hagar; era o líder do seu clã (Gn 25.15; 1 Cr 1.30).

2. Filho de Bedade, tornou-se rei de Edom depois da morte de Husão (Gn 36.35,36; 1 Cr 1.46,47). Ficou famoso por sua vitória sobre os midianitas, na região de Moabe. Vivia na cidade de Avite e depois de sua morte seu sucessor no trono foi Samlá. Reinou na época anterior à monarquia em Israel (Gn 36.31).

3. Rei de Edom, sucedeu Baal-Hanã. Sua cidade chamava-se Pau e sua esposa era Meetabel, filha de Matrede (Gn 36.39 — onde é chamado de Hadar: 1 Cr 1.50,51).

4. Edomita, "da estirpe real de Edom", foi levantado pelo Senhor como adversário do rei Salomão (1 Rs 11.14), que experimentou grande prosperidade e tinha extraordinária sabedoria enquanto manteve uma atitude de total confiança no Senhor, no início de seu reinado. Quando, porém, tornou-se muito influente no mundo, foi tentado a estabelecer laços com outras famílias reais, por meio de casamentos, sem dúvida por razões políticas. Cada esposa levou para Jerusalém seus próprios deuses. Assim, Salomão não só quebrou a lei de Deus, ao casar-se com mulheres estrangeiras, mas também permitiu a introdução de divindades estrangeiras na cidade santa (veja Js 23.12,13; Dt 7.3). Os seus casamentos com mulheres estrangeiras causaram a ira de Deus. Gradualmente, suas esposas "lhe perverteram o coração para seguir a outros deuses" (1 Rs 11.4-6). Claramente criou uma ruptura na aliança que fizera com o Senhor, após a construção do Templo (1 Rs 9.6-9).

Na época do rei Davi, os edomitas foram destruídos pelo exército de Israel. Hadade, que na época era apenas um jovem, fugiu para o Egito, onde foi bem recebido e casou-se com a própria cunhada do Faraó, irmã de Tafnes, rainha do Egito. Seu filho, Genubate, foi criado na corte real egípcia. Quando Hadade soube que Davi estava morto, retornou para lutar contra Salomão, o que efetivamente fez, e sempre manteve uma guerrilha contra Israel. Como o escritor de 1 Reis estava interessado somente em mostrar como Salomão estava sendo punido por Deus, nada mais se sabe sobre Hadade; provavelmente se estabeleceu em Edom e continuou a lutar contra Salomão até o final de seu reinado (1 Rs 11.14-25).   P.D.G.

HADADEZER. Filho de Reobe, foi governante de Zobá e contemporâneo do rei Davi. Aparentemente seu domínio estendia-se desde a região próxima ao rio Eufrates até Amom, sendo, portanto, um dos reinos arameus (da Síria). Em várias ocasiões lutou contra Davi. A primeira batalha é mencionada numa longa lista de vitórias conquistadas pelo filho de Jessé, no início de seu reinado. Hadadezer viajara para o Norte, a fim de recuperar o controle sobre uma região ao longo do rio Eufrates. Davi o atacou e quase destruiu seu exército. Quando os sírios foram em socorro de Hadadezer, o exército israelita os atacou e derrotou também muitas das cidades deles (2 Sm 8.3-14; 1 Cr 18.3-10). Davi dedicou ao Senhor todo o ouro e prata que capturou. Quando outros reis ouviram que Hadadezer fora derrotado, ficaram atemorizados e também pagaram tributo a Davi.

Outro relato da derrota de Hadadezer encontra-se em 2 Samuel 10.15-19. Ele tentou novamente fazer aliança com os sírios contra Davi, mas as forças combinadas deles foram derrotadas de tal maneira que os reis que eram vassalos de Hadadezer foram até Davi para fazer um tratado de paz com ele (1 Cr 19.19).

P.D.G.

HADASSA. Era o nome hebraico (que significa "murta"[1]) de Ester (Et 2.7), uma judia órfã, criada pelo primo Mordecai, descrita como uma jovem "esbelta e formosa". Veja *Ester*, *Hegai* e *Mordecai*.

HADLAI. Pai de Amasa, um dos líderes da tribo de Efraim durante o reinado de Peca, em Israel (2 Cr 28.12). Amasa é mencionado na Bíblia, porque foi um dos líderes que saíram ao encontro das tropas do rei Peca que retornavam para o Norte, depois de vencerem uma batalha contra Judá (o reino do Sul). Esses homens transmitiram uma mensagem do Senhor, por meio do profeta Odede, de que o reino do Norte era culpado de pecar diante de Deus e os soldados deveriam libertar os prisioneiros trazidos junto com a tropa (vv. 9-15).

HADORÃO. 1. Descendente de Sem, filho de Joctã (Gn 10.27; 1 Cr 1.21).
2. Filho de Toú, rei de Hamate. Quando Davi derrotou Hadadezer, Toú enviou Hadorão "a Davi, para o saudar, e para o felicitar por haver pelejado contra Hadadezer e por tê-lo destruído". Hadorão levou consigo muitos presentes de metais preciosos (1 Cr 18.10). Numa atitude de profunda fé e gratidão ao Senhor pelas muitas vitórias que tinha conquistado, Davi dedicou a Deus todos os presentes que ganhou. Essa passagem narra várias batalhas e lembra aos leitores que as vitórias de Davi eram parte das bênçãos do Senhor (v. 13).

HAGABA. Seus descendentes estavam entre os serviçais do Templo que retornaram do exílio babilônico com Zorobabel e Neemias (Ne 7.48).

HAGABÁ. Mencionado em Esdras 2.45, era o mesmo Hagaba de Neemias 7.48.

HAGABE. Seus descendentes estavam entre os judeus que retornaram do exílio babilônico com Neemias e Zorobabel, listados em Esdras (Ed 2.46).

HAGAR. De acordo com as normas legais da época, Sara, por ser estéril, propôs ao marido Abraão que tomasse uma segunda esposa, por meio da qual ela [Sara] pudesse "constituir uma família" (Gn 16.1,2). Embora fosse legalmente permitido, essa proposta foi desastrosa, do ponto de vista espiritual, pois contrariava a fé obediente e paciente nas promessas de Deus (Gn 15.3,4). As conseqüências foram trágicas — para Hagar (Gn 16.6; 21.14-16); para Abraão (Gn 21.11ss; cf. 17.18), o qual amava o filho; e também para Sara que, a partir desse acontecimento, alimentou um espírito amargurado e extremamente ciumento (Gn 16.5s; 21.10). O Senhor, porém, vai ao encontro do quebrantado de coração: ouve nossa miséria (Gn 16.11; 21.17), supre nossas necessidades (Gn 21.19) e garante nosso futuro (Gn 21.20). Hagar recebeu uma bênção especial: uma revelação pessoal de Deus, numa atitude de graça maravilhosa (Gn 16.13). J.A.M.

HAGI. Um dos filhos de Gade, estava entre os que desceram com Jacó para o Egito, listados em Gênesis 46.16. Seus descendentes foram chamados de hagitas (Nm 26.15).

HAGIAS (Heb. "a festa do Senhor"). Filho de Siméias, da tribo de Levi (1 Cr 6.30). Era descendente da família de Merari.

HAGITE (Heb. "festivo"). Uma das esposas de Davi, mãe de Adonias (2 Sm 3.4; 1

Rs 1.5, 11; 2.13; 1 Cr 3.2), o quarto filho do rei, que nasceu enquanto a corte de Davi estava em Hebrom. Posteriormente, Adonias tentou usurpar o trono.

HAGRI. Avô de Igal, um dos "trinta heróis" de Davi (2 Sm 23.36²). Também era pai de Mibar, listado entre os "heróis" de Davi (1 Cr 11.38).

HALOÉS (Heb. "sussurrador").
1. Seu filho Salum governou sobre metade de um distrito de Jerusalém nos dias de Neemias e reparou uma seção do muro da cidade (Ne 3.12).
2. Um dos líderes do povo que se uniu a Neemias quando foi feito um pacto de adorar ao Senhor e obedecer às suas leis (Ne 10.24). Talvez seja a mesma pessoa do item nº 1.

HAMÃ. Filho de Hamedata, tinha um alto cargo político no reinado de Assuero (Xerxes), na Pérsia (Et 3 a 7). Quando Mordecai recusou-se a ajoelhar-se, em sinal de respeito a Hamã, este ficou extremamente irado e tramou a morte dele e a de seu povo. Persuadiu o rei a assinar um decreto que ordenasse a total destruição dos judeus, acusados de não obedecerem às leis do império medo-persa. Mordecai soube do complô e pediu ajuda à rainha Ester, sua prima. Ela, no entanto, nunca confessara ser da descendência judaica e sabia que tal comunicação talvez significasse sua morte. Mesmo assim, decidiu ajudar o povo de Deus. A rainha convidou o rei Assuero e Hamã para um banquete, o qual este supôs que seria em sua honra. Pelo contrário, Ester denunciou o complô dele contra seu povo e pediu ao rei que poupasse os judeus do extermínio. Furioso, Assuero levantou-se da mesa e foi para o jardim, enquanto Hamã lançava-se aos pés de Ester e implorava misericórdia. O rei voltou e pensou que ele desejasse molestar sua esposa; ordenou então que Hamã fosse morto imediatamente, numa forca que prepara-

ra para Mordecai (Et 7). O rei então atendeu ao pedido de Ester e assinou um decreto paralelo, pelo qual os judeus recebiam autorização para se defenderem (Et 9). Eles sobreviveram e agradeceram por aquele dia e pela vitória sobre Hamã numa festa chamada Purim. A esposa de Hamã chamava-se Zeres e seus filhos mais tarde foram todos mortos pelos judeus. s.c.

HAMEDATA (Persa: "dado pela lua"). Pai de Hamã (Et 3.1,10, etc.). Era "agagita" (Et 8.5). Seu filho tentou aniquilar todos os judeus durante o reinado de Assuero, no tempo da rainha Ester. Deus usou Ester e seu primo Mordecai para impedir tais planos.

HAMOLEQUETE. Irmã de Gileade e filha de Maquir. Ela teve três filhos: Is-Dode, Abiezer e Maalá. Pertencia à tribo de Manassés (1 Cr 7.18).

HAMOR. Defensor de Siquém, seu perverso filho (Gn 34). Era heveu e governava a área em que Jacó habitava (v. 2). Aparece pela primeira vez em Gênesis 33.19, quando nosso patriarca comprou de seus filhos um pedaço de terra para fazer um túmulo. O campo é mencionado posteriormente em Josué 24.32, quando os ossos de José foram trazidos do Egito e enterrados ali (veja At 7.16).

Siquém violentou Diná, filha de Jacó, e depois pediu ao pai dele que negociasse seu casamento com ela. Os irmãos da jovem ficaram furiosos, quando ouviram falar sobre o ocorrido. Não somente o estupro era um algo muito sério, como também o casamento misto com um cananeu dificilmente seria aceito! De fato, os irmãos concordaram com a proposta de que todos os homens de Siquém fossem circuncidados. A condição foi aceita. Eles foram operados e três dias depois, "quando os homens estavam doridos" (Gn 34.25), dois filhos de Jacó, Simeão e Levi, atacaram a cidade e mataram todos os habitantes do sexo mas-

HAMUEL

culino. Hamor e Siquém também foram assassinados (v. 26).

Os "homens de Hamor", mencionados em Juízes 9.28, eram os que viviam em Siquém e naquela ocasião foram totalmente derrotados por Abimeleque.

Os eventos narrados concernentes a Hamor, seu filho e os moradores de Siquém demonstram os problemas contínuos que os israelitas tiveram com os cananeus, aos quais não destruíram totalmente quando entraram em Canaã.

P.D.G.

HAMUEL. Filho de Misma, da tribo de Simeão (1 Cr 4.26).

HAMUL. Um dos netos de Judá, através de seu quarto filho Perez (Gn 46.12; 1 Cr 2.5). Tornou-se o líder do clã dos hamulitas (Nm 26.21). Ele é listado entre os que desceram ao Egito com Jacó.

HAMUTAL. Filha de Jeremias, de Libna (2 Rs 23.31), tornou-se esposa do rei Josias, de Judá, e mãe de Jeoacaz, que reinou apenas três meses em Jerusalém. Era também a mãe do rei Zedequias, que governou por onze anos (2 Rs 24.18; Jr 52.1).

HANÃ. 1. Filho de Sasaque, registrado na genealogia de Saul (1 Cr 8.23).

2. Um dos filhos de Azel, registrado na genealogia de Saul (1 Cr 8.38).

3. Filho de Maaca e um dos heróis de Davi (1 Cr 11.43).

4. Seus descendentes estavam entre os serviçais do Templo que retornaram para Jerusalém com Neemias depois do exílio babilônico (Ed 2.46; Ne 7.49).

5. Um dos levitas responsáveis por instruir o povo no Livro da Lei (Ne 8.7).

6. Um dos levitas que se uniram a Neemias no pacto de adoração ao Senhor e obediência às suas leis (Ne 10.10).

7. Um dos líderes que selaram o pacto feito pelo povo (Ne 10.22).

8. Outro líder que também selou o pacto (Ne 10.26).

9. Um dos assistentes de Selemias, Zadoque e Pedaías, os quais Neemias colocou como responsáveis pelos depósitos (Ne 13.13).

10. Filho de Jigdalias, é mencionado como "homem de Deus". Os filhos de Hanã tinham uma sala no Templo, onde o profeta Jeremias convidou os membros da família dos recabitas para beberem um pouco de vinho (Jr 35.4). Veja *Recabe*.

M.P.

HANANEEL. Primo de Jeremias e filho de Salum. Enquanto Jerusalém era sitiada pelos caldeus, o profeta falou que a cidade seria conquistada por Nabucodonosor e o povo, conduzido ao exílio. Zedequias objetou fortemente contra uma mensagem tão pessimista. O Senhor, porém, disse a Jeremias que comprasse um campo que pertencia a Hananeel em Anatote, na região de Benjamim (Jr 32). O profeta obedeceu, pagou ao primo um preço adequado pela terra e fecharam um acordo formal (vv. 9 e 12). Quando Jeremias orou sobre a precariedade da situação em que se encontravam, Deus falou com ele e lhe mostrou que era sua vontade castigar o povo por causa do pecado, mas também era seu desejo, no futuro, reunir os judeus na terra, onde novamente comprariam e venderiam campos e viveriam em paz. A transação da compra do terreno, dessa maneira, tornou-se uma ilustração da confiança de Jeremias na palavra do Senhor e no futuro sinalizado pela promessa do próprio Deus (vv. 15, 37-44). P.D.G.

HANANI. 1. Pai de Jeú, o qual proferiu a Palavra do Senhor contra o rei Baasa, de Israel (1 Rs 16.1, 7); falou também com Jeosafá, rei de Judá, e advertiu-o sobre a ira de Deus (2 Cr 19.2). Jeú também registrou os acontecimentos no reinado de Jeosafá (2 Cr 20.34).

2. Filho de Hemã, o qual desempenhava o ministério profético com o acompanhamento de harpas, liras e címbalos

(1 Cr 25.4). O 18º turno foi designado a Hanani, seus filhos e outros parentes (1 Cr 25.25).

3. Um vidente que falou com Asa e o repreendeu, por não confiar no Senhor. Em resposta, o rei mandou prendê-lo (2 Cr 16.7).

4. Seus descendentes estavam entre os que se casaram com mulheres estrangeiras (Ed 10.20).

5. Irmão de Neemias, procurou-o na Babilônia e deu-lhe detalhes sobre os que retornaram a Judá (Ne 1.2). Neemias o colocou na liderança da cidade de Jerusalém, enquanto os muros eram reconstruídos (Ne 7.2).

6. Um dos membros do grupo de Zacarias, que tocou instrumentos durante a dedicação dos muros de Jerusalém (Ne 12.36).

HANANIAS (Heb. "o Senhor mostra graça ao favor").

1. Filho de Zorobabel, líder dos judeus depois do exílio babilônico; só é mencionado em 1 Crônicas 3.19, 21.

2. Descendente de Benjamim, mencionado apenas em 1 Crônicas 8.24, na genealogia do rei Saul.

3. Filho de Hemã, mencionado em 1 Crônicas 25.4,23. Fazia parte do ministério profético com acompanhamento musical, durante o reinado de Davi. Para mais detalhes, veja *Hemã*.

4. Um dos príncipes do rei (oficial da corte) Uzias, mencionado apenas em 2 Crônicas 26.11.

5. Falso profeta, é mencionado oito vezes em Jeremias 28. Era filho de Azur, de Gibeom. Na presença do homem de Deus e de vários sacerdotes, Hananias profetizou que o domínio dos caldeus seria rápido. Tal mensagem foi muito bem aceita, por ser muito popular, mas era falsa. Jeremias mostrou o mal que Hananias causava por fazer o povo acreditar numa mentira e predisse a morte dele no decorrer de um ano (Jr 28.15-17). Sete meses depois ele morreu.

6. Pai de um oficial judeu chamado Zedequias, na época do profeta Jeremias. Mencionado apenas em Jeremias 36.12.

7. Avô do capitão da guarda em Jerusalém na época do profeta Jeremias. Mencionado apenas em Jeremias 37.13.

8. Um dos companheiros de Daniel (Dn 1.6,19; 2.17). Embora seu nome não seja citado explicitamente, sua atitude de fé, ao desobedecer ao rei Nabucodonosor e sobreviver à fornalha de fogo (Dn 3) é homenageada no NT, em Hebreus 11.34. Veja *Sadraque*.

9. Um dos culpados de ter-se casado com mulheres estrangeiras, no tempo de Esdras, depois do exílio. Mencionado apenas em Esdras 10.28.

10. Um fabricante de perfume que ajudou na reconstrução dos muros de Jerusalém, no tempo de Neemias (Ne 3.8).

11. Possivelmente a mesma pessoa do item nº 10, ajudou na reconstrução dos muros e era responsável pela parte acima da Porta dos Cavalos (Ne 3.28,30).

12. Mencionado em Neemias 7.2, era "maioral" da cidade de Jerusalém, "homem fiel e temente a Deus, mais do que muitos". Neemias o nomeou governador da cidade, juntamente com seu irmão Hanani.

13. Líder dos judeus e um dos que selaram o pacto no tempo de Neemias (Ne 10.23).

14. Líder de uma família sacerdotal no tempo de Neemias (Ne 12.12,41). Foi um dos tocadores de trombeta durante o culto de dedicação dos muros de Jerusalém. Possivelmente era descendente do personagem registrado no item nº 3.

A.B.L. e P.D.G.

HANIEL (Heb. "graça de Deus").

1. Filho de Éfode. O Senhor determinou que Moisés escolhesse um representante de cada tribo para ajudarem na divisão da terra de Canaã e Haniel foi o escolhido para representar a tribo de Manassés (Nm 34.23).

HANUM

2. Filho de Ula, da tribo de Aser, Haniel foi um grande guerreiro e líder de sua família (1 Cr 7.39).

HANUM. 1. Filho de Naás, rei dos amonitas para quem Davi enviou uma mensagem de consolo. Hanum ordenou que os súditos do rei de Israel fossem presos, tivessem metade da barba cortada, bem como metade das roupas, e os despediu (2 Sm 10.1-4). Depois alugou carruagens e soldados por mil talentos de prata, para proteger-se de Davi e de Joabe. O Senhor, entretanto, deu a vitória ao seu povo (vv. 13-15; 1 Cr 19.2-6).
2. Consertou o Portão do Vale, em Jerusalém, bem como 457 metros de muro (Ne 3.13), depois do retorno do exílio babilônico.
3. Sexto filho de Zalafe, reparou outra seção do muro (Ne 3.30).

HAPISEZ. Um dos sacerdotes escolhidos para oficiar no santuário, "de acordo com as últimas instruções de Davi". Uma seleção imparcial foi feita, entre os descendentes de Eleazar e Itamar, por meio de sorteio. O 18º turno saiu para Hapisez, e esta seria a ordem na qual ministraria, quando entrasse no santuário (1 Cr 24.15).

HARÃ. 1. Filho de Terá, irmão de Abraão e Naor; era o pai de Ló. Suas filhas foram Milca e Iscá. Viveu e morreu em Ur dos caldeus (Gn 11.26-31). Naor mais tarde casou-se com Milca. Terá, Abrão e Ló posteriormente estabeleceram-se numa cidade chamada Harã. Não fica claro se foi Terá quem lhe deu esse nome, mas a cidade ficou conhecida e tornou-se figura proeminente na narrativa bíblica posterior e sobrevive até hoje como uma pequena vila árabe.
2. Um dos líderes da tribo de Judá, era filho de Calebe e de sua concubina Efá. É o pai de Gazez (1 Cr 2.46).
3. Um dos filhos de Simei, levita da família dos gersonitas e um dos líderes do clã de Ladã (1 Cr 23.9). Listado entre

os que receberam tarefas específicas do rei Davi.

HARAÍAS. Pai de Uziel, o ourives que reparou parte dos muros de Jerusalém, depois do exílio na Babilônia (Ne 3.8).

HARÁS. Mencionado em conexão com a profetisa Hulda, consultada sobre a mensagem lida no livro da Lei, no reinado de Josias. O referido texto fora encontrado recentemente e sua mensagem parecia conter advertências sobre o iminente juízo de Deus sobre Judá. Harás, "o guarda das roupas", era o pai de Ticvá e avô de Salum, marido de Hulda (2 Rs 22.14). Na passagem paralela em 2 Crônicas 34.22 é chamado de Hasrás. Veja *Hasrás*.

HARBONA. Um dos sete eunucos que serviam o rei Assuero (Xerxes) (Et 1.10; 7.9). Veja *Vasti*.

HAREFE. "Pai de Bete-Gader", ou seja, mencionado como fundador desta cidade. Era filho de Ur, um dos descendentes de Calebe e líder da tribo de Judá (1 Cr 2.51).

HARIFE. Líder de uma família que retornou com seus descendentes para Jerusalém, depois do exílio na Babilônia. Sob a direção de Neemias, assinou o pacto feito pelo povo, comprometendo-se a obedecer ao Senhor e adorar somente a Deus (Ne 7.24; 10.19).

HARIM. 1. Um dos sacerdotes escolhidos para oficiar no santuário, "de acordo com as últimas instruções de Davi". Foi feita uma seleção imparcial entre os descendentes de Eleazar e Itamar, por meio de sorteio. O terceiro turno saiu para Harim, e esta era a ordem na qual ele ministrava ao entrar no santuário (1 Cr 24.8).
2. Os descendentes de Harim, em número de 320, estavam entre os que não pertenciam às famílias sacerdotais que

retornaram do exílio na Babilônia. Alguns deles uniram-se a Neemias no pacto para servir ao Senhor (Ed 10.2; Ne 7.35; 10.27) e concordaram em se divorciar de suas esposas estrangeiras (Ed 2.32; 10.31).

3. Em Neemias 7.42 e Esdras 2.39, é mencionada outra família de descendentes de um certo Harim. Ela se compunha de 1.017 pessoas, que retornaram da Babilônia. Os homens também divorciaram-se das esposas estrangeiras e colocaram o selo no pacto (Ed 10.21; Ne 10.5).

4. Malquias, "filho de Harim", é mencionado em Neemias 3.11. Foi um dos que repararam os muros de Jerusalém quando o povo de Judá retornou do exílio na Babilônia. Provavelmente era um daqueles mencionados no item 1 ou 2 acima.

P.D.G.

HARNEFER. Filho de Zofá e líder da tribo de Aser (1 Cr 7.36).

HAROÉ (Heb. "o vidente"). Descendente de Sobal, da tribo de Judá (1 Cr 2.52).

HARSA. Seus descendentes estavam entre os serviçais do Templo que retornaram do exílio na Babilônia com Neemias (Ed 2.52; Ne 7.54).

HARUM. Um dos líderes da tribo de Judá, era filho de Hela e pai de Aarel (1 Cr 4.8).

HARUMAFE. Seu filho Jedaías reparou a parte do muro de Jerusalém que ficava em frente à sua casa, depois do exílio na Babilônia (Ne 3.10).

HARUR. Seus descendentes estavam entre os serviçais do Templo que voltaram do exílio na Babilônia com Neemias (Ed 2.51; Ne 7.53).

HARUZ. Pai de Mesulemete, a mãe do rei Amom, de Judá, o qual "fez o que era mau aos olhos do Senhor". "Andou em todo o caminho em que andara seu pai

(rei Manassés), e serviu os ídolos que ele tinha servido, e os adorou". Provavelmente toda a família manteve um comportamento perverso diante do Senhor e em conseqüência tal transgressão levou-a ao castigo de morte (2 Rs 21.19).

HASABIAS (Heb. "o Senhor tem considerado").

1. Seu descendente, Etã, serviu como músico no Templo sob o reinado de Davi. Era um levita do clã dos meraritas (1 Cr 6.45).

2. Um dos descendentes de Semaías que viveu em Jerusalém depois do exílio na Babilônia (1 Cr 9.14; Ne 11.15).

3. Um dos filhos de Jedutum que profetizava, ao usar a harpa, louvar e dar graças a Deus. O décimo primeiro, de acordo com o sorteio para determinar o ministério no Tabernáculo, na época do rei Davi (1 Cr 25.3,19).

4. Hasabias e seus parentes, 1.700 hebronitas, ficaram encarregados do trabalho do Senhor e dos negócios do rei a oeste do rio Jordão (1 Cr 26.30).

5. Oficial da tribo de Levi, na época do rei Davi. Era filho de Quemuel (1 Cr 27.17).

6. Líder dos levitas que providenciaram cinco mil cordeiros e cabritos e quinhentos novilhos para serem sacrificados durante a grande celebração da Páscoa que aconteceu no avivamento durante o reinado de Josias (2 Cr 35.9).

7. Um dos judeus que retornaram do exílio na Babilônia com Esdras, ficou encarregado das ofertas de ouro e prata, que seriam levadas ao Templo em Jerusalém, no regresso a Judá (Ed 8.19, 24; Ne 12.21).

8. Ajudou a reparar os muros de Jerusalém e governou sobre a metade do distrito de Queila. Foi um dos levitas que selaram o pacto feito pelo povo, juntamente com Neemias, para obedecer à lei de Deus (Ne 3.17; 10.11).

9. Descendente de Uzi, era superintendente dos levitas em Jerusalém, depois

HASABNÉIAS

do retorno do exílio na Babilônia (Ne 11.22).

10. Líder dos levitas e músicos no Templo, no tempo do rei Joiaquim (Ne 12.24). Possivelmente seja o mesmo do item 8. M.P.

HASABNÉIAS. 1. Pai de Hatus, trabalhou no reparo dos muros de Jerusalém depois do exílio (Ne 3.10).

2. Um dos levitas que se dirigiram ao povo depois que assinaram um pacto de adorar apenas ao Senhor e obedecer à sua lei (Ne 9.5).

HASADIAS (Heb. "Deus é amor"). Citado na lista em 1 Crônicas 3.20, que menciona a linhagem real depois do exílio na Babilônia. Era um dos filhos de Zorobabel.

HASBADANA. Mencionado apenas em Neemias 8.4, ficou ao lado de Esdras enquanto o livro da Lei era lido para os homens e mulheres de Jerusalém e Judá, depois do retorno do exílio na Babilônia.

HASÉM. "Os filhos de Hasém" estavam no meio dos grandes guerreiros listados entre os "heróis" de Davi. Chamado de gizonita (1 Cr 11.34)[3].

HASRÁS. Mencionado em conexão com a profetisa Hulda, consultada sobre a mensagem lida no livro da Lei, durante o reinado de Josias. O referido texto fora encontrado recentemente e sua mensagem parecia conter advertências sobre o juízo iminente de Deus sobre Judá. Hasrás, o "guarda das vestimentas", era pai de Tocate e avô de Salum, marido de Hulda (2 Cr 34.22). Na passagem paralela em 2 Reis 22.14, é chamado de Harás. Veja *Harás*.

HASSABNÁ. Um dos líderes do povo que selaram o pacto feito por Esdras depois do exílio. Concordaram em adorar somente ao Senhor e obedecer à sua lei (Ne 10.25). M.P.

HASSENAÁ. Seus filhos reconstruíram a Porta do Peixe, em Jerusalém, depois do exílio (Ne 3.3).

HASSENUÁ. 1. Um benjamita, cujos descendentes se restabeleceram em Jerusalém, junto com Salu, depois do exílio na Babilônia (1 Cr 9.7).

2. Seu filho Judá era superintendente do Segundo Distrito da cidade de Jerusalém, depois do exílio na Babilônia (Ne 11.9)[4].

HASSUBE (Heb. "considerar").

1. Seu filho Semaías, da tribo de Levi, restabeleceu-se em Jerusalém depois do exílio na Babilônia (1 Cr 9.14; Ne 11.15).

2. Filho de Paate-Moabe, reparou uma seção do muro de Jerusalém e a Torre dos Fornos, depois do exílio na Babilônia (Ne 3.11).

3. Um dos líderes que assinaram o pacto feito pelo povo depois do exílio de adorar somente ao Senhor e obedecer à sua lei (Ne 10.23).

4. Ajudou a reparar a parte do muro que ficava defronte de sua casa, em Jerusalém, nos dias de Neemias (Ne 3.23).

HASUBÁ (Heb. "consideração"). Mencio-nado na lista de 1 Crônicas 3.20, que cita a linhagem real depois do exílio na Babilônia. Era um dos filhos de Zorobabel.

HASUFA. Seus descendentes estavam entre os serviçais do Templo que retornaram do exílio na Babilônia com Neemias (Ed 2.43; Ne 7.46).

HASUM. 1. Seus descendentes, em número de 223, estavam entre os judeus que retornaram do exílio na Babilônia com Neemias (Ed 2.19). Em Neemias 7.22 o número é 328. Alguns deles são listados entre os que foram acusados de se casar com mulheres estrangeiras, em Esdras 10.33.

2. Um dos levitas que ficaram ao lado de Esdras no púlpito, durante a leitura do livro da Lei (Ed 8.4).

3. Um dos líderes que selaram o pacto feito pelo povo depois do exílio (Ne 10.18).

HATÁ. Um dos eunucos da corte do rei Assuero (Xerxes), quando Ester era rainha. Agiu como intermediário entre sua senhora e o primo e pai adotivo dela (Et 4.5,6,9). Quando Hamã, o "agagita", tentou exterminar todos os judeus no Império Persa, Deus usou a rainha e Mordecai para impedir tais planos. Ela soube do complô para matar seu povo, quando viu seu pai adotivo vestido com "pano de saco" (sinal de profunda tristeza), clamando diante do portão do palácio real. Ester então enviou Hatá para descobrir o que acontecia com seu primo. Quando ouviu as notícias sobre a iminente aniquilação dos judeus, achou que nada poderia fazer, pois não tinha permissão para ir à presença do rei, a menos que ele a convidasse. Mordecai enviou-lhe a seguinte mensagem: "Quem sabe se não foi para tal tempo como este que chegaste ao reino?" (Et 4.14). Por todo o livro de Ester, que não menciona a nome de Deus, pode-se subentender a idéia de que o Senhor, em sua soberania, possui o controle de todos os assuntos dos homens e das mulheres. P.D.G.

HATATE. Um dos filhos de Otniel e neto de Quenaz, da tribo de Judá (1 Cr 4.13).

HATIFA (Heb. "um cativo"). Seus descendentes estavam entre os servidores do Templo que retornaram do exílio na Babilônia com Neemias (Ed 2.54; Ne 7.56).

HATIL. Um dos servos de Salomão cujos descendentes estavam entre os judeus que retornaram do exílio na Babilônia com Neemias (Ed 2.57; Ne 7.59).

HATITA. Seus descendentes estavam entre os porteiros do Templo que retornaram do exílio na Babilônia com Neemias (Ed 2.42; Ne 7.45).

HATUS. 1. Um dos filhos de Semaías, descendente de Secanias, listado na linhagem real de Jeoiaquim (1 Cr 3.22). Era um dos líderes de família que retornaram com Esdras para Judá, durante o reinado de Artaxerxes (Ed 8.2).

2. Filho de Hasabnéias, ajudou a reparar o muro de Jerusalém (Ne 3.10).

3. Um dos sacerdotes que selaram o pacto feito pelo povo de adorar somente ao Senhor, depois do retorno do exílio na Babilônia (Ne 10.4).

4. Um dos sacerdotes que retornaram do exílio na Babilônia com Zorobabel e Jesua (Ne 12.2). Possivelmente seja o mesmo citado no item 3.

HAVILÁ. 1. Segundo filho de Cuxe, mencionado em Gênesis 10.7 e 1 Crônicas 1.9. Era neto de Cão.

2. Descendente de Sem, filho de Joctã (Gn 10.29; 1 Cr 1.23). Os semitas tornaram-se líderes de clãs na Arábia.

HAZAEL. Ungido para ser rei da Síria, sob a ordem específica do Senhor (1 Rs 19.15). Ele e Jeú foram escolhidos por Deus como instrumentos de juízo contra Israel e a casa de Acabe, o qual era extremamente perverso e idólatra. Hazael era um oficial do exército sírio. Certa vez, Ben-Hadade, o rei da Síria, enviou-o ao encontro do profeta Eliseu, que se dirigia a Damasco, para saber se ficaria bom de certa enfermidade. O profeta então chorou, ao contemplar o sofrimento de seu povo Israel nas mãos de Hazael, e disse que o senhor dele morreria. Aquele oficial então retornou ao seu país e matou Ben-Hadade (2 Rs 8.8-15), para se tornar rei da Síria, de 843 a 798 a.C.

Logo depois que Hazael chegou ao poder, Jorão, filho de Acabe, e Acazias, rei de Judá, fizeram uma aliança e saíram para fazer guerra contra ele; Jorão, porém, foi ferido na batalha (2 Rs 8.25-

HAZAÍAS

29; 2 Cr 22.5,6). Posteriormente, como castigo de Deus contra a idolatria de Acabe, seu pai, Jor1ão foi morto por Jeú, que se tornou rei de Israel (2 Rs 9.14,15). O Senhor então enviou mais castigo contra seu povo, devido à infidelidade religiosa e ao pecado, ao permitir que Hazael capturasse grandes extensões de terra dos israelitas (2 Rs 10.32). Quando o referido rei sírio dirigiu-se ao sul de Israel, conquistou grande parte do território de Efraim e voltou-se para atacar o reino de Judá e a cidade de Jerusalém (2 Rs 12.17,18). O rei Joás então enviou os tesouros do Templo como tributo, de maneira que Hazael desistiu de atacar a santa cidade.

Por vários anos Deus permitiu que Hazael oprimisse seu povo, até que finalmente o rei Jeoacaz, de Israel, voltou-se para o Senhor e Deus ouviu sua oração (2 Rs 13.3-5). Quando começaram a orar, "o Senhor teve misericórdia deles, e se compadeceu deles, e tornou para eles, por amor da sua aliança com Abraão, Isaque e Jacó" (2 Rs 13.23). Hazael morreu e Jeoás, filho de Jeoacaz, rei de Israel, lutou contra seu filho, Ben-Hadade, e reconquistou grande parte do território israelita (2 Rs 13.3,22,24,25).

O profeta Amós também falou contra a família de Hazael, por todo o mal que cometera ao atacar Israel, e disse que seus palácios seriam destruídos (Am 1.4). Embora o Senhor tenha permitido que o rei sírio vencesse muitas batalhas, porque era sua vontade levar Israel ao arrependimento e à verdadeira adoração, Hazael, no entanto, era responsável pelas muitas atrocidades que cometera contra o povo de Deus.   P.D.G.

HAZAÍAS. Seu descendente, Maaséias, da tribo de Judá, foi um dos que se estabeleceram em Jerusalém, depois do exílio na Babilônia (Ne 11.5).

HAZARMAVÉ (Heb. "tribunal da morte"). Listado tanto em Gênesis 10.26 como em 1 Crônicas 1.20 como um descendente de Sem. Seu pai chamava-se Joctã.

HAZELELPONI. Listada entre os descendentes de Judá, era filha de Etã e irmã de Jezreel, Isma e Idbas (1 Cr 4.3).

HAZIEL. Um dos filhos de Simei, era levita da família dos gersonitas, líder de um dos clãs de Ladã (1 Cr 23.9). Listado entre os que receberam tarefas específicas do rei Davi.

HAZO. Filho de Naor e Milca; portanto, sobrinho de Abraão (Gn 22.22). Veja também *Betuel*.

HÉBER. 1. Filho de Berias, listado como membro da tribo de Aser; estava entre os que desceram com Jacó para o Egito. Fundou o clã dos heberitas (Gn 46.17; Nm 26.45; 1 Cr 7.31,32).

2. Marido de Jael, a mulher que matou o comandante Sísera (Jz 4.11, 17, 21; 5.24). Veja *Jael*.

3. Filho de Merede com sua esposa israelita, foi um dos líderes da tribo de Judá e o pai de Socó [talvez isso signifique que fundou uma colônia ali] (1 Cr 4.18).

4. Benjamita, filho de Elpaal, listado na genealogia do rei Saul (1 Cr 8.17).
                                         S.C.

HEBREU (S). 1. No AT, este vocábulo aparece pela primeira vez em Gênesis 14.13, onde Abrão é chamado de "o hebreu". Certamente essa identificação o separava dos moradores da região, mas o sentido exato da palavra permanece incerto. Alguns, no entanto, acham que deriva do nome próprio Éber (bisneto de Sem, Gn 10.24). Provavelmente é uma derivação de outro termo que quer dizer "atravessar por cima" ou "passar além". Isso significaria que mais tarde os israelitas, ao serem chamados de "hebreus", dariam a entender que eram peregrinos, procedentes de longe.

O vocábulo *hebreus* às vezes é usado no sentido pejorativo, para designar os israelitas. Por exemplo: a esposa de Potifar, ao referir-se a José, usou esse termo (Gn 39.14,17; 43.32); os filisteus também se expressaram assim (1 Sm 4.6; 13.19; 14.11). Esse sentido pejorativo, entretanto, não é o uso comum; geralmente, o termo é utilizado com um sentido neutro, como um sinônimo de israelita(s) (Êx 1.15-19). Os egípcios consideravam os hebreus uma raça separada, que tinha seu próprio Deus (Êx 3.18; 5.3; etc.). Os israelitas às vezes se referiam à própria raça usando o termo *hebreus* (Dt 15.12; Jr 34.9, 14; Jn 1.9). O idioma dos israelitas também era conhecido como "hebraico" e foi a principal linguagem usada pelos escritores do AT. A própria língua é mencionada em várias passagens nas Escrituras (2 Rs 18.28; 2 Cr 32.18; Is 36.11-13). P.D.G.

2. No NT, o uso desse termo étnico para referir-se aos judeus ou a um subgrupo dentro do judaísmo é bem raro, pois o Novo Testamento prefere o vocábulo judeu/judeus para referir-se a esse grupo. Em Atos 6.1, o termo refere-se aos membros da Igreja, cuja influência cultural dominante ainda tinha características semíticas, a fim de opor-se à cultura helenista. Provavelmente ainda falavam o aramaico. Paulo usava freqüentemente esse vocábulo para referir-se a si mesmo como integrante de Israel (2 Co 11.22). De fato, o apóstolo foi um membro exemplar enquanto seguiu fielmente a Lei (Fl 3.5).

Esse termo também é empregado para referir-se ao aramaico como um "dialeto hebreu", outra maneira de referir-se à principal linguagem do primeiro século, na Palestina (At 21.40; 22.2; 26.14). Há outras referências relacionadas ao idioma (Jo 5.2; 19.13, 17, 20; Ap 9.11; 16.16). Nesta última lista, a língua em vista é o próprio hebraico. D.B.

HEBROM. 1. Um dos quatro filhos de Coate e neto de Levi (1 Cr 6.2, 18;

23.12,13). Foi um dos líderes de clã entre os coatitas (Nm 3.19).[5]

2. Filho de Maressa e neto de Calebe (1 Cr 2.42).

HEFER. 1. Chefe da tribo de Manassés, descendente de Gileade; tornou-se líder do clã dos heferitas. Era pai de Zelofeade (Nm 26.32,33; 27.1). Josué 17.2,3 registra que seu clã recebeu sua porção da terra de Canaã.

2. Um dos líderes da tribo de Judá, filho de Asur (1 Cr 4.6). Sua mãe chamava-se Naará.

3. Hefer, o mequeratita (1 Cr 11.36) foi um dos guerreiros valentes de Davi, "um homem poderoso" na batalha.

HEFZIBÁ (Heb. "meu prazer está nela"). Mãe do rei Manassés, de Judá (2 Rs 21.1). Veja também Isaías 62.4.

HEGAI. Um dos eunucos de Assuero, responsável pelo harém real (Et 2.8). Quando Vasti desobedeceu à ordem do rei, Hegai foi encarregado de encontrar uma mulher que a substituiria como rainha. Ele reuniu "moças virgens e formosas" de toda as partes do Império e as levou para a fortaleza de Susã, onde receberiam tratamentos de beleza e seriam preparadas para serem apresentadas ao soberano (Et 2.3). Entre aquelas jovens, estava Ester. Logo tornou-se a preferida de Hegai (v. 9). Ele lhe deu alimentação e tratamentos de beleza especiais, de modo que, no final, ao ser apresentada ao rei, foi considerada a mais linda, e Assuero a constituiu sua esposa. O conselho de Hegai sobre o que ela vestiria e o que levaria consigo quando fosse à presença do rei foi um dos fatores decisivos que a tornaram rainha (v. 15).

O escritor do livro de Ester deixa bem claro que até esse ponto ela não havia revelado sua procedência judaica, nem para Hegai nem tampouco para o rei. Mordecai, seu primo e pai adotivo, a tinha advertido para tomar cuidado quan-

HELA

to a essa questão. Com o trabalho deste seu parente nos bastidores e o Senhor Deus no controle da situação, a fim de que ela conquistasse o favor de Hegai, Ester encontrava-se no lugar e no momento certo, para evitar a destruição do povo judeu. Veja *Ester*. P.D.G.

HELA. Uma das duas esposas de Asur. Seus filhos foram Zerete, Zoar, Etnã e Coz, os quais foram líderes na tribo de Judá (1 Cr 4.5,7).

HELCAI (Hebr. "o Senhor é minha porção"). Líder da família sacerdotal de Meraiote, durante os dias de Joiaquim, depois do exílio na Babilônia (Ne 12.15).

HELDAI. 1. Mencionado apenas em Zacarias 6.10, como um dos judeus que retornaram da Babilônia e que contribuíram com prata e ouro para que fossem feitas coroas para o sumo sacerdote Josué. Na Versão Siríaca, no v. 14 lê-se Heldai no lugar de "Helém".
2. Netofatita, era um descendente de Otniel que comandava a 12ª divisão do exército de Davi e estava de prontidão no 12º mês. Sua divisão era composta por 24.000 homens (1 Cr 27.15).

HELEBE. Filho de Baaná, netofatita (2 Sm 23.29; 1 Cr 11.30, onde é chamado de Helede). Era um dos "trinta heróis" de Davi, os quais saíam com ele para as batalhas e lideravam o povo de Israel na guerra.

HELÉM (Heb. "força").
1. Provavelmente nome referente a Heldai (Zc 6.14; cf. v. 10), um dos que fizeram contribuições de metais preciosos, os quais foram usados na confecção de coroas para o sumo sacerdote Josué, no período pós-exílico. A Versão Septuaginta sugere que "Helém" é um nome descritivo de "Heldai", ou seja, "(Heldai), o forte".
2. Irmão de Semer, descendente de Aser e um dos líderes de sua tribo (1 Cr 7.35).

HELEQUE (Heb. "porção"). Descendente de José e herdeiro da tribo de Manassés, através de Gileade. Era o líder do clã dos helequitas (Nm 26.30; Js 17.2).

HELEZ. 1. Helez, o paltita, ou pelonita, era da tribo de Efraim e um dos "trinta" guerreiros valentes de Davi. Como comandante do exército, estava de prontidão com seus homens no sétimo mês de cada ano e tinha 24.000 homens sob seu comando (2 Sm 23.26; 1 Cr 11.27; 27.10).
2. Pertencente ao clã dos jerameelitas, da tribo de Judá, filho de Azarias e pai de Eleasá (1 Cr 2.39).

HELI. Mencionado na genealogia do evangelho de Lucas, que vai de Jesus a Adão, é o pai de José, marido de Maria (Lc 3.23).

HELOM (Heb. "poder"). Pai de Eliabe e líder da tribo de Zebulom, no tempo de Moisés (Nm 1.9; 2.7; 7.24, 29; 10.16). Veja *Eliabe*.

HEM (Heb. "graça, favor"). Filho de Sofonias, provavelmente é o mesmo Josias (Zc 6.14; cf. v. 10). Talvez a palavra "hem" seja um substantivo, cuja tradução é: "o filho de Sofonias como um favor", ou algo assim. Foi um dos que levaram prata e ouro da Babilônia, os quais foram usados para fazer as coroas para o sumo sacerdote Josué.

HEMÃ (Heb. "fiel").
1. Da tribo de Levi e do clã dos coatitas, era músico, filho de Joel e neto do profeta Samuel (1 Cr 6.33). Era parceiro de Asafe, outro famoso líder dos musicistas no último período do reinado de Davi, primeiro no Tabernáculo e depois, no governo de Salomão, no Templo, após sua construção e inauguração (1 Cr 6.32). Quando a Arca da Aliança foi levada para Jerusalém, ao lugar preparado especialmente para ela, Davi ordenou que os levitas nomeassem cantores para can-

HERMES

tarem com alegria (1 Cr 15.16). Hemã foi um dos que tocavam os címbalos (vv. 17-19). Ele também foi separado pelo rei para o "ministério da profecia" e ficou conhecido como "vidente". Estava sob as ordens diretas de Davi. Foi abençoado com 14 filhos e 3 filhas, os quais lhe foram dados em cumprimento das promessas que o Senhor lhe fizera, e seu trabalho era "exaltar a Deus" (1 Cr 25.1,4-6). Quando a Arca finalmente foi levada para o Templo, no reinado de Salomão, Hemã e seus companheiros lideraram o grande louvor e ações de graças ao Senhor (2 Cr 5.12,13). Muito tempo depois, no período do avivamento que aconteceu no reinado de Ezequias, é interessante ver que os descendentes dele ainda estavam entre os primeiros levitas que se envolveram na purificação e reconsagração do Templo (2 Cr 29.14,15). Mais tarde ainda, quando o rei Josias encontrou o livro da Lei e reiniciou o culto no Templo, depois de um período de perversidade e idolatria, novamente foram os descendentes de Hemã e de Asafe os primeiros a liderar a música no Templo.

O fato daquela família ser tão proeminente por ocasião da chegada da Arca a Jerusalém, quando ela foi levada ao Templo recém-construído, na nova dedicação do Santuário, no reinado do rei Ezequias, e novamente no governo de Josias talvez seja uma boa indicação de que permaneceram fiéis ao Senhor, mesmo durante os terríveis tempos de idolatria que Judá experimentou, após a morte de Salomão. Também é particularmente interessante notar que, numa época em que a música alegre novamente faz parte do culto e da adoração, Hemã e seus descendentes tiveram participação direta nesse ministério, pois cantavam harmoniosamente e tocavam os instrumentos diante do Senhor. Era um dom de família e um chamado especial de Deus, reconhecido através das gerações pelos que estavam ao redor deles.

2. Mencionado em 1 Crônicas 2.6, era filho de Zerá e neto de Judá e Tamar.

3. Famoso por sua sabedoria, é mencionado numa passagem que exalta a extraordinária sabedoria dada por Deus a Salomão. Comparada com a de Hemã e de outros homens, a do filho de Davi ultrapassava a todas (1 Rs 4.31). Provavelmente é o ezraíta mencionado na introdução do Salmo 88. Alguns dizem que é o mesmo do item nº 2.   P.D.G.

HENADADE. Seus filhos e netos, levitas, estavam entre os que supervisionaram o trabalho nos muros de Jerusalém e na casa de Deus, depois do exílio na Babilônia (Ed 3.9).

Seu filho Bibui era superintendente da metade do distrito de Queila e foi um dos que assinaram o pacto feito pelo povo (Ne 3.18 — onde é chamado de Bavai; 3.24; 10.9).

HENDÃ. Um dos líderes entre os horeus, filho de Disã e neto de Aná (Gn 36.26; 1 Cr 1.41, onde é chamado de Hanrão).

HERES. Um levita mencionado em 1 Crônicas 9.15 como descendente de Asafe. Foi um dos primeiros a retornar do exílio na Babilônia, no tempo de Zorobabel.

HERMAS. O quinto nome de um grupo de cristãos de Roma, saudados por Paulo em sua carta aos Romanos (Rm 16.14). O cuidado pessoal e a preocupação pastoral que o apóstolo tinha pelos seguidores de Cristo, que se refletiam em suas saudações, é algo digno de atenção. Esse personagem não deve ser confundido com o escritor do livro apócrifo conhecido como *O Pastor de Hermas*, que surgiu no meio cristão em cerca de 150 d.C.

HERMES. 1. O terceiro nome de um grupo de cristãos de Roma, saudados por Paulo em sua carta aos Romanos (16.14). O cuidado pessoal e a preocupação pastoral que o apóstolo tinha pelos seguidores de Cristo, que se refletiam em suas saudações, é algo digno de atenção.

261

HERMÓGENES

2. Divindade grega, que se supunha ser filho de Zeus, considerado um mensageiro divino e o deus da oratória. Os romanos chamavam-no de Mercúrio. Essa relação entre Zeus e Hermes explica por que, em Atos 14.12, os moradores de Listra, maravilhados com um grande milagre operado por Paulo, ao crerem que se tratava de um deus, chamaram-no de Hermes e a Barnabé, de Zeus (Júpiter). Pensaram que o apóstolo dos gentios era um mensageiro dos deuses e por isso o sacerdote de Júpiter veio de seu templo, a fim de oferecer-lhes sacrifícios (v. 13). Atônito com tal blasfêmia e falta de entendimento, Paulo dirigiu-se à multidão, dizendo: "Senhores, por que fazeis essas coisas? Nós também somos homens como vós, sujeitos às mesmas paixões, e vos anunciamos que vos convertais dessas vaidades ao Deus vivo, que fez o céu, a terra, o mar e tudo o que neles há" (v. 15). A seguir, mostrou como o Senhor que anunciava não deixou de dar testemunho de sua bondade e graça, ao proporcionar-lhes chuvas, colheitas e alimentos. Embora essas palavras tenham pelo menos impedido os sacrifícios, a Bíblia não diz se ele teve chance de prosseguir na exposição de Cristo e ver essas pessoas experimentar a salvação.

O fato de Paulo apelar para a revelação geral de Deus a todas as pessoas, antes de dar os detalhes sobre o Evangelho de Cristo, é um excelente exemplo tanto de sua convicção de que a revelação geral podia ser vista por todos, como do seu método de falar e pregar, que freqüentemente começava com aquilo com que sua audiência tivesse afinidade.   P.D.G.

HERMÓGENES (Gr. "nascido de Hermes"). Citado, junto com Figelo, na segunda carta de Paulo a Timóteo, entre todos os que estavam na província da Ásia, os quais abandonaram o apóstolo (2 Tm 1.15). Paulo não queria dizer que todos os cristãos das igrejas na Ásia, tais como Éfeso, Colossos e Laodicéia, o desprezaram. Provavelmente ele se referia ao período de sua segunda prisão em Roma (v. 17), quando alguns cristãos não o apoiaram durante seu julgamento. Entre os que não o assistiram estavam os provenientes da província da Ásia que viviam em Roma, tais como Hermógenes e Figelo, de quem Paulo esperava uma atitude melhor.

Paulo estabeleceu um contraste entre esse tipo de comportamento, com certeza resultante do medo das autoridades romanas, e a conduta de Onesíforo, o qual, segundo o apóstolo, "muitas vezes me recreou e não se envergonhou das minhas algemas" (2 Tm 1.16). Paulo referiu-se a esses exemplos, a fim de encorajar Timóteo a "fortalecer-se na graça que há em Cristo Jesus" (2 Tm 2.1). Da mesma maneira que os cristãos enfrentam toda sorte de dificuldades para permanecerem firmes e fortes em Cristo nas sociedades modernas, o problema também estava presente na Igreja primitiva, onde os cristãos enfrentavam perseguições ou simplesmente eram "envergonhados", se falassem sobre Cristo.   P.D.G.

HERODES. Quatro gerações diferentes de pessoas, todas com o título da dinastia Herodes, aparecem nos Evangelhos e em Atos.

1. *Herodes, o Grande*, da Iduméia, foi o primeiro grande rei-vassalo de Israel, depois do domínio romano. Reinou de 37 a 4 a.C., mediante a imposição de pesadas taxas sobre os judeus, a exigência do trabalho forçado e a construção de grandes edifícios públicos. Paranóico quanto à possibilidade de seu trono ser usurpado, executou muitos membros da própria família e alguns de seus colaboradores. A história sobre sua inquietação, quando soube a respeito do nascimento de Jesus, e sua subseqüente ordem do "massacre dos inocentes" (Mt 2.1-20) encaixa-se muito bem em seu padrão de comportamento.

2. *Antipas.* Depois da morte de Herodes, o Grande, seus domínios foram divididos entre seus três filhos: Arquelau (Mt 2.22), Filipe (Mc 6.17) e Antipas, o Herodes que aparece durante a idade adulta de Jesus, quando este exercia seu ministério. Como tetrarca da Galiléia (Lc 3.1; At 13.1; Mc 8.15), Herodes Antipas governou de 4 a 39 d.C. Ele mandou decapitar João Batista (Mt 14.3-12; Mc 6.17-19; Lc 3.19,20) e posteriormente teve dúvidas sobre se Jesus era João que voltara à vida (Mt 14.1,2; Mc 6.14-16; Lc 9.7-9). Lucas mostra certo interesse pela família herodiana, pois é o único evangelista que situa sua narrativa dentro dos eventos da história do império. Joana, a esposa de um dos oficiais de Antipas, tornou-se seguidora de Cristo (Lc 8.3). Jesus repreendeu Herodes "à revelia", ao chamá-lo de "aquela raposa" (Lc 13.31-33) e foi levado à presença dele quando Pilatos tentou sem sucesso evitar a exigência dos líderes judeus pela crucificação de Cristo (Lc 23.6-16).

3. *Agripa I.* Filho de outro irmão de Antipas, chamado Aristóbulo; portanto, neto de Herodes, o Grande. Foi o governante da Galiléia até 44 d.C. Foi ele quem mandou executar Tiago, o filho de Zebedeu, e determinou a prisão de Pedro, em Atos 12; logo depois foi ferido mortalmente por um anjo do Senhor e morreu comido pelos vermes (vv. 19b-23).

4. *Agripa II.* Filho de Agripa I, foi o governante que ouviu a defesa de Paulo quando este encontrava-se preso em Cesaréia, entre 57 e 59 d.C. (At 25.13 a 26.1-32). C.B.

HERODIANOS. Um grupo de líderes judeus muito influente, mencionado em três lugares nos evangelhos, relacionado com dois episódios diferentes de confronto com Jesus. Marcos cita duas ocasiões em que eles se uniram aos fariseus, para tramar contra o Filho de Deus (Mc 3.6; 12.13). Mateus também registra o segundo dos dois episódios, relacionado com os fariseus e suas tentativas de apanhar Jesus em alguma armadilha, por meio de perguntas (Mt 22.16).

O nome do grupo indica que seus seguidores talvez tenham apoiado a dinastia herodiana; portanto, são pessoas de certa posição e influência na comunidade. Ao apoiar a família de Herodes, indiretamente estariam a favor do domínio romano, o que lhes permitiria uma certa autonomia. Não é possível relacionar esse grupo com os saduceus, embora provavelmente as convicções de ambos fossem bem semelhantes. A princípio, pode parecer estranho que uma comunidade como esta pudesse unir-se aos fariseus para fazer oposição a Jesus, pois os fariseus eram contrários à ocupação romana bem como opunham-se fortemente à dinastia herodiana e a qualquer grupo que se alinhasse em termos religiosos com os dominadores pagãos. Temos uma idéia da diferente visão religiosa dos fariseus e saduceus em Atos 23.6ss (cf. Mt 12.18) e provavelmente essas mesmas diferenças eram vistas entre os fariseus e os herodianos. Ambos os grupos, entretanto, estariam profundamente desgostosos com a mensagem de Jesus, embora, na verdade, por diferentes razões. Nenhum deles aprovaria alguém que ensinasse sobre o Reino de Deus e arregimentasse pessoas em torno de sua mensagem.

Os dois grupos tentavam desacreditar Jesus, por meio de perguntas capciosas, a fim de demonstrar sua educação precária, a incoerência de sua mensagem e sua falta de habilidade para liderar um movimento popular. As perguntas feitas a Cristo em Jerusalém, registradas em Mateus 22.16 e Marcos 12.13ss, centralizavam-se na questão da legalidade de pagar impostos a César. Jesus respondeu "conhecendo a hipocrisia deles". Ambos os grupos acharam excelente acusar Cristo de rebelião contra os romanos, embora nenhum deles apreciasse realmente o pagamento dos impostos a Roma. Embora tentassem muito pegar Cristo numa armadilha, sempre eram superados. Na

HERODIÃO

verdade, argumentavam contra o Messias há muito esperado, aquele sobre quem Isaías profetizou: "Repousará sobre ele o Espírito do Senhor, o Espírito de sabedoria e de inteligência, o Espírito de conselho e de fortaleza, o Espírito de conhecimento e de temor do Senhor" (Is 11.2).

P.D.G.

HERODIÃO. No final de sua carta aos cristãos de Roma, Paulo demonstrou seu cuidado pastoral pelas pessoas, numa lista de saudações individuais. Em Romanos 16.11 ele diz: "Saudai a Herodião, meu parente". Não está claro, de acordo com o texto grego, se o apóstolo referia-se a um parente de sangue ou um companheiro judeu entre os muitos gentios cristãos. A primeira alternativa é a mais provável, de acordo com o contexto, desde que outros nomes judaicos são mencionados na lista. O nome Herodião pode indicar que esse homem fora um escravo da casa de Herodes.

HERODIAS. Famosa nas Escrituras por seu desejo de ver a morte de João Batista, essa mulher era a esposa de Herodes Antipas e filha de Berenice e Aristóbulo (Mt 14.3-12; Mc 6.17-29). Casara-se com Herodes Filipe, mas separou-se dele para ficar com seu meio-irmão Herodes Antipas, depois que este se separou de uma princesa, filha de um rei nabateu.

O conflito entre João Batista e Herodias começou quando o homem de Deus iniciou suas pregações sobre o arrependimento e a iminência do advento de Cristo. Tal pregação provocou duas reações. Algumas pessoas responderam com entusiasmo e perguntavam a João o que fariam, a fim de se prepararem para este acontecimento (Lc 3.10,12,14). Quando, porém, Herodes soube que o profeta apontava para pecados específicos, inclusive o seu relacionamento com Herodias, Lucas diz que "acrescentou a todas as outras (maldades) ainda esta, a de lançar João no cárcere" (Lc 3.19,20).

As transgressões neste caso eram que Herodes casara-se com sua sobrinha e, para tanto, divorciara-se. A razão de Herodias ficar tão furiosa com João é porque ele havia apontado o pecado dela também, por ter passado de um irmão para o outro.

Certo dia, a filha de Herodias, Salomé, dançou para Herodes e seus convidados; agradou tanto ao rei que este lhe ofereceu uma grande recompensa, à sua escolha. Herodias disse à filha que exigisse a cabeça de João Batista. Com certa relutância, Herodes cedeu e João foi decapitado (Mt 14.9; cf. também o v. 5). O juízo finalmente veio sobre Herodias, quando sua ambição foi longe demais: Agripa I foi feito tetrarca pelo imperador romano e ela foi banida, para passar o resto de seus dias no exílio.

A natureza exigente do Evangelho é claramente demonstrada nesses incidentes. Lucas especialmente mostra que, diante da mensagem da Palavra de Deus, em particular quando confrontadas por Cristo, as pessoas precisam dar uma resposta. A natureza da resposta, seja de fé e obediência seja de rejeição e rebelião, determinará a salvação ou o castigo eterno.

P.D.G.

HEZIOM. Avô de Ben-Hadade, rei sírio no tempo de Asa, rei de Judá. Ben-Hadade fizera uma aliança com Baasa, rei de Israel (o reino do Norte). Tal pacto assustou Asa, pois traria um inimigo formidável à sua fronteira. Asa tomou toda a prata e o ouro do Templo e os tesouros do palácio e ofereceu como presente a Ben-Hadade, em troca de uma aliança. O rei sírio então atacou Israel e Asa tomou algumas cidades que ficavam no sul do reino do Norte [Israel] (1 Rs 15.18).

HEZIR. 1. Um dos sacerdotes escolhidos para oficiar no santuário, "de acordo com as últimas instruções de Davi". Uma seleção imparcial foi feita entre os descendentes de Eleazar e de Itamar, por

HILQUIAS

meio de sorteio. O 17º turno saiu para Hezir e esta era a ordem na qual ministrava quando entrava no santuário (1 Cr 24.15).

2. Um dos líderes dos judeus que assinaram a aliança de Esdras (Ne 10.20).

HEZRO. Conhecido como "o carmelita", é mencionado em 2 Samuel 23.35 (onde é chamado de Hezrai) e 1 Crônicas 11.37. Era um dos "trinta heróis" de Davi, os quais saíam com ele para as batalhas e lideravam o povo de Israel na guerra.

HEZROM. 1. Terceiro filho de Rúben e líder da família que ficou conhecida como o clã dos hezronitas (Gn 46.9; Êx 6.14; Nm 26.6; 1 Cr 5.3).

2. Neto de Judá e filho de Perez, era um dos líderes de sua tribo e tornou-se cabeça do seu próprio clã hezronita. Por meio de sua esposa Abia, tornou-se pai de Asur (Gn 46.12; Nm 26.21; 1 Cr 2.5,9,18,21,24,25; 4.1). Um de seus descendentes foi Boaz, que se casou com Rute; portanto, é um ancestral direto do rei Davi (Rt 4.18,19) e do Senhor Jesus Cristo (Mt 1.3; Lc 3.33).

HIDAI. Também chamado de Hurai, em 1 Crônicas 11.32, era "do ribeiro de Gaás" (2 Sm 23.30). Um dos "trinta heróis" de Davi, guerreiros valorosos que saíam com ele para as batalhas e lideravam o povo de Israel na guerra.

HIEL. Um homem de Betel, mencionado como o reconstrutor da cidade de Jericó, no tempo do rei Acabe, de Israel (1 Rs 16.34). Seus filhos Abirão e Segube morreram em decorrência dessa reconstrução. Josué pronunciou uma maldição sobre qualquer um que reedificasse Jericó, que fora destruída pelo poder de Deus (Js 6.26). 1 Reis 16.34 mostra como essa maldição se cumpriu. Esse perverso ato de desobediência à ordem do Senhor foi apenas mais um, no meio de tantas maldades feitas nos dias de Acabe. O tex-

to sugere que um rei mais piedoso jamais permitiria que tal obra fosse feita. O incidente proporciona evidências do juízo de Deus sobre os que se rebelam contra sua Palavra. P.D.G.

HILEL. Pai de Abdom, que liderou Israel durante oito anos no tempo dos Juízes. Depois de sua morte, Abdom foi sepultado em Piratom, na região montanhosa de Efraim (Jz 12.13-15).

HILQUIAS (Heb. "o Senhor é a minha porção"). **1.** Líder da família dos meraritas, da tribo de Levi. Ancestral dos que foram encarregados da música, na casa do Senhor, designados pelo rei Davi (1 Cr 6.45).

2. Segundo filho de Hosa, também era da família dos meraritas e serviu no Tabernáculo no reinado de Davi (1 Cr 26.10,11).

3. Pai de Eliaquim, o administrador do palácio durante o reinado de Ezequias (2 Rs 18.18, 26,37; Is 22.20; 36.3,22).

4. Pai do profeta Jeremias e sacerdote em Anatote (Jr 1.1).

5. Pai de Gemarias, um dos mensageiros enviados pelo rei Zedequias a Nabucodonosor, rei da Babilônia (Jr 29.3).

6. Sumo sacerdote durante o reinado de Josias, encontrou o livro da Lei durante as reformas no Templo e o entregou ao rei. Participou das reformas religiosas e do avivamento que aconteceram depois da leitura dos preceitos divinos. Liderou a delegação enviada pelo rei Josias à profetisa Hulda, para "inquirir ao Senhor". Era filho de Salum (2 Rs 22.4-14; 1 Cr 6.13; 2 Cr 34.9-22; 35.8).

7. Sacerdote que estava entre os judeus que retornaram para Jerusalém com Zorobabel, depois do exílio na Babilônia (Ne 12.7).

8. Neemias 8.4 registra Hilquias como um dos judeus que ficaram ao lado de Esdras durante a leitura pública da Lei. Pode ser o mesmo do item nº 7. S.C.

HIMENEU. Provavelmente é a mesma pessoa mencionada em 1 Timóteo 1.20 e 2 Timóteo 2.17. Líder herético, relacionado com Alexandre e com Fileto (veja *Alexandre*). A heresia pregada por eles espalhava-se como "câncer" e era caracterizada pela distorção das Escrituras. O ensino deles de que a ressurreição já tinha ocorrido era particularmente nocivo (2 Tm 2.18). Talvez acreditassem que tal fato era simplesmente a descrição de uma experiência espiritual e não o ressurgimento do corpo — ensino fundamental da fé cristã (veja 1 Co 15.16-19). Tais heresias são constantes na história; os cristãos devem seguir o exemplo de Paulo e confrontar essa questão com uma forte insistência sobre a realidade da ressurreição do corpo.   P.D.G.

HIRA. Adulamita, amigo de Judá (Gn 38.1,12). Enquanto estava na companhia de Hira, Judá conheceu uma mulher de Canaã, filha de um homem chamado Sua[6], a qual lhe deu vários filhos.

HIRÃO. 1. Rei de Tiro na época em que Davi iniciou a construção de seu palácio em Jerusalém. Seu reinado prosseguiu durante o governo de Salomão. Ambos, pai e filho, o procuraram para providenciar o suprimento de madeira para a construção do palácio e, posteriormente, do Templo. Hirão não somente exportava o famoso cedro do Líbano, mas também a tecnologia especializada e os artesãos necessários para as obras de carpintaria e de construção com pedras. Um tratado foi firmado entre Salomão e Hirão e um grande comércio foi estabelecido, com o compromisso de Israel enviar trigo e óleo de oliva para Tiro (2 Sm 5.11; 1 Rs 5.1-18; 1 Cr 14.1; 2 Cr 2.11,12).

Assim que o Palácio e o Templo foram construídos, Salomão deu a Hirão vinte cidades na região norte da Galiléia; mas ele, que dera grandes quantidades de cedro e ouro para Salomão, não ficou satisfeito (1 Rs 9.11-14; 2 Cr 8.2). As relações, entretanto, superaram a esse desastre diplomático, pois Hirão enviou marinheiros experientes para comandar os navios de Salomão no mar Vermelho. Essas embarcações, juntamente com as de Hirão, trabalharam juntas e trouxeram tesouros para Salomão de vários lugares diferentes (1 Rs 9.27; 10.22; 2 Cr 8.18; 9.10).

2. "Hirão... era cheio de sabedoria, de entendimento e de ciência para fazer toda sorte de obras de bronze" (1 Rs 7.13,14). Vivia em Tiro, no tempo do rei Salomão, quando o Templo estava em construção. Sua reputação como artesão provavelmente se espalhou entre o povo, pois o filho de Davi ordenou que ele especificamente fosse contratado para trabalhar nos pilares e outros artefatos de bronze do Templo. O tamanho extraordinário e o brilho dos pilares e dos outros itens que fez dão uma indicação tanto das proporções do Templo como de sua riqueza e beleza. "Não se averiguou o peso do bronze" (1 Rs 7.47). A importância de Hirão no trabalho do Templo também é percebida no espaço dedicado a ele pelo escritor do livro (vv. 13-47).

A mãe desse Hirão era uma viúva da tribo de Naftali, mas seu pai era de Tiro e também fora um grande artesão (v. 14). Sua descendência israelita provavelmente foi o que lhe permitiu trabalhar no Templo. No relato sobre seu trabalho em 2 Crônicas 4.11-18, também é chamado de Hirão-Abi (v. 16), provavelmente como sinal de respeito.   P.D.G.

HIRÃO-ABI. Artesão, contratado para trabalhar na construção do Templo de Jerusalém. Foi enviado a Salomão pelo rei de Tiro, com esse propósito, depois que o filho de Davi escreveu-lhe uma carta, pedindo o envio de matéria-prima (2 Cr 2.13; 4.16). Para mais detalhes, veja *Hirão*, item nº 2.

HIZQUI (Heb. "forte"). Um dos filhos de Elpaal, listado na genealogia do tribo de Benjamim que vai até Saul (1 Cr 8.17).

HIZQUIÁ (Heb. "força do Senhor"). Descendente do rei Davi, listado como um dos três filhos de Nearias (1 Cr 3.23 – algumas versões apresentam a grafia de Ezequias). Essa lista proporciona a linhagem real do reino de Judá depois do exílio.

HOBABE. Nos dois textos onde seu nome aparece, não fica totalmente claro se era sogro ou cunhado de Moisés (Nm 10.29; Jz 4.11). Certamente também é possível, embora um pouco improvável, que os textos se refiram a dois homens diferentes. Na primeira passagem parece ser um midianita, enquanto na segunda é visto como o progenitor dos queneus (embora em Juízes 1.16 o sogro, não mencionado pelo nome, seja chamado de queneu). Em outras passagens, o sogro de Moisés é chamado de Jetro.

A razão para se mencionar Hobabe, em Números 10.29, é que ele era bem familiarizado com as áreas do deserto por onde Moisés e os israelitas viajariam, depois que deixassem o Sinai. Embora a princípio estivesse relutante, Moisés o convenceu a unir-se a eles, e os israelitas iniciaram a marcha rumo à Terra Prometida. P.D.G.

HODAVIAS. 1. Um dos filhos de Elioenai, na linhagem real dos descendentes de Jeoiaquim, o cativo (1 Cr 3.24).

2. Líder de sua família, entre o grupo de bravos guerreiros da tribo de Manassés. Apesar de tudo, esses valentes não foram fiéis ao Senhor (1 Cr 5.24).

3. Seu neto Salu estava entre os primeiros judeus da tribo de Benjamim a se restabelecer em Israel depois do exílio na Babilônia (1 Cr 9.7).

4. Descendentes de sua linhagem estavam entre os levitas que retornaram do exílio com Neemias (Ed 2.40; Ne 7.43).

5. Entre seus descendentes está Cadmiel, que ajudou na reconstrução do Templo depois do exílio na Babilônia (Ed 3.9). Pode ser o mesmo do item nº 4.

HODE (Heb. "majestade"). Mencionado em 1 Crônicas 7.37 como descendente de Aser e filho de Zofá.

HODES (Heb. "lua nova"). Uma das esposas do benjamita Saarim, depois que se divorciou de suas outras mulheres Husim e Baara. Enquanto viviam em Moabe, Hodes deu-lhe sete filhos, e cada um deles tornou-se líder de seu próprio clã (1 Cr 8.9).

HODIAS (Heb. "esplendor do Senhor").

1. Um dos levitas que instruíram o povo sobre a Lei, quando Esdras a leu publicamente, e lideraram os judeus na oração, quando todos confessaram seus pecados (Ne 8.7; 9.5).

2. Um dos levitas que, depois do exílio na Babilônia, assinaram o pacto feito pelo povo de adorar somente ao Senhor (Ne 10.10).

3. Outro levita que também assinou o pacto (Ne 10.13).

4. Outro líder que também assinou o pacto feito pelo povo (Ne 10.18).

HOFNI. Irmão de Finéias, era um dos filhos de Eli e sacerdote de Israel em Silo (1 Sm 1.3). Os filhos desse sumo sacerdote tornaram-se totalmente corruptos e tiravam vantagem da posição que ocupavam. Não tinham consideração pelo Senhor (1 Sm 2.12). Tiravam da carne que as pessoas levavam para sacrificar e, ao invés de esperar até que a gordura fosse queimada, como ordenava a Lei (Lv 3.3-5; 7.29-34), insistiam em tirar sua parte antes do sacrifício. Dessa maneira, "desprezavam a oferta do Senhor" (1 Sm 2.15-17). Os dois sacerdotes também eram culpados de manter relações sexuais ilegítimas com as mulheres que serviam na porta do Tabernáculo (v. 22). No meio de toda essa sujeira e maldade, o Senhor, entretanto, atentou para a oração de Ana e nasceu o profeta Samuel.

Era da competência de Eli assumir a responsabilidade de disciplinar seus filhos e assegurar a ordem apropriada e a obediência da Lei em Silo. Parece, contudo, que era fraco e indeciso, que apontava o pecado dos filhos (1 Sm 2.23-25), mas não tinha autoridade suficiente para colocar um paradeiro nas atitudes deles. Eles simplesmente "não deram ouvidos à voz de seu pai" (v. 25). Por duas vezes Deus advertiu Eli que mandaria juízo sobre sua família. A primeira oportunidade foi por meio de "um homem de Deus", cujo nome não é mencionado (vv. 27-36). Apesar da mensagem ser de juízo, o Senhor prometeu também que, pelo bem de Israel, seu povo, um dia levantaria "um sacerdote fiel", o qual faria o que era reto diante dele e andaria sempre diante do ungido do Senhor (v. 35). A promessa de Deus, feita nessa ocasião, lembrava aos israelitas que a aliança do Senhor com eles permaneceria firme e apontava indiretamente para o tempo da vinda de Cristo.

A segunda advertência veio a Eli por meio do menino Samuel (1 Sm 3.11-18), com quem Deus falou numa noite (vv. 1-10). Uma indicação de como, lamentavelmente, o sacerdócio se afastara para longe da obediência ao Senhor é a maneira como o cap. 3 começa com as palavras: "Naqueles dias a palavra do Senhor era muito rara; as visões não eram freqüentes". A mensagem desta vez foi que, a despeito da advertência anterior, não houve arrependimento (v. 13) e, por isso, o juízo viria sobre a família de Eli. Tal fato aconteceu (1 Sm 4) quando, na batalha contra os filisteus em Afeque, a Arca foi capturada. Hofni e Finéias foram mortos (1 Sm 4.11) e o sumo sacerdote, ao ouvir a notícia do que acontecera, caiu de onde estava sentado e também faleceu (v. 18).

Por toda a Bíblia, a responsabilidade colocada sobre os que são chamados para servir ao Senhor é formidável. Não somente devem desempenhar suas tarefas de trabalhar, ensinar etc., como foi ordenado pelo Senhor, mas também precisam ter um estilo de vida que reflita o chamado divino. Mesmo no NT, os que lideram o povo de Deus, como pastores e bispos, devem ter uma vida exemplar (Ml 2.7-9; 1 Tm 3). Portanto, não é surpresa que Tiago faça a seguinte advertência: "Meus irmãos, não sejais muitos de vós mestres, sabendo que receberemos um juízo mais severo" (Tg 3.1). O episódio com Eli e seus filhos, contudo, lembra aos líderes que eles, mais do que todas as pessoas, devem saber que Deus é misericordioso e os perdoará, se eles se arrependerem de seus pecados. P.D.G.

HOFRA. Faraó que governou o Egito entre 589 a 570 a.C. É mencionado apenas uma vez na Bíblia (Jr 44.30). Há muito tempo Jeremias profetizara que os judeus deviam permanecer em sua terra e viver sob o domínio dos caldeus. Tratava-se do juízo de Deus sobre eles; mas, se obedecessem à sua palavra e ficassem na terra, sobreviveriam. Quando, porém, Ismael matou Gedalias, Joanã e outros líderes de Judá fugiram para o Egito, ocasião em que levaram Jeremias com eles. Deus então declarou que não estavam seguros, pois os egípcios também seriam subjugados. Ezequiel também profetizou a queda desse Faraó (Ez 29.1-16; etc.). No final, Hofra foi morto, durante uma revolta contra ele no Egito. Nabucodonosor invadiu esse país em 568 a.C. P.D.G.

HOGLA. Uma das cinco filhas de Zelofeade, as quais casaram-se com os primos por parte do pai delas, membros da tribo de Manassés (Nm 26.33; 27.1; 36.1-12; Js 17.3). Elas enfrentaram uma situação embaraçosa com respeito à herança, pois normalmente as terras eram herdadas pelos filhos homens.

Elas procuraram Moisés na entrada do Tabernáculo para obter solução sobre esse problema e pediram-lhe a permissão para que tomassem posse da propriedade que seria do pai, pois não era justo que seu nome fosse apagado da memória do povo. Moisés consultou ao Senhor sobre a questão e, como resultado, uma nova lei foi promulgada, a qual permitia que as filhas herdassem as terras do pai delas. Posteriormente, alguns líderes da tribo de Manassés apelaram a Moisés sobre o caso e alegaram que, se aquelas mulheres se casassem com homens de outras tribos, a terra não pertenceria mais a Manassés para sempre. Então a regra que foi estabelecida definia a lei da herança, a qual determinava que as mulheres deveriam casar com membros da mesma tribo de seu pai, ou então perderiam o direito à herança (Nm 36). Dessa maneira, as filhas de Zelofeade casaram-se com primos, filhos dos irmãos do pai delas, para que se cumprisse o requisito da Lei.

Quando os israelitas finalmente entraram em Canaã e a terra foi dividida entre as tribos, as filhas de Zelofeade receberam a parte delas (Js 17.3,4). P.D.G.

HOMÃ. Um dos descendentes de Esaú, através de Seir, o horeu. Seu pai foi Lotã (1 Cr 1.39; cf. Gn 36.22, onde é chamado de Hemã).

HORÃO. 1. Rei amorreu, de Hebrom. Respondeu à convocação de Adoni-Zedeque, rei de Jerusalém, para formar uma confederação de reinos para guerrear contra os gibeonitas, que tinham feito um tratado de paz com os israelitas. Quando Gibeom foi atacada, Israel foi em seu socorro e derrotou a coalizão. Os reis fugiram para uma caverna em Maquedá. Quando Josué os encontrou escondidos, mandou que os soldados rolassem grandes pedras para a entrada do túnel e colocou guardas, para que não escapassem. Quando retornou da batalha, mandou tirá-los da caverna e os matou (Js 10.3-28; 12.10).

2. Rei de Gezer, sul de Canaã, na época em que a terra foi conquistada por Josué. Quando os israelitas sitiaram a cidade de Laquis, Horão subiu para salvá-la, mas ele próprio foi derrotado por Israel (Js 10.33).

HORI. 1. Um dos descendentes de Esaú, pela linhagem de Seir, o horeu. Era líder entre seu povo. Seu pai foi Lotã (Gn 36.22; 1 Cr 1.39).

2. Da tribo de Simeão, pai de Safate, um dos doze homens enviados por Moisés para espiar a terra de Canaã (Nm 13.5).

HOSA. Quando a Arca da Aliança foi levada a Jerusalém, o rei Davi nomeou Hosa como "porteiro", para guardar a entrada da tenda na qual ela seria colocada (1 Cr 16.38). Era um levita do clã dos meraritas. Posteriormente, ele e sua família tornaram-se porteiros na Porta Ocidental e na Porta Salequete, na área do Templo (1 Cr 26.10,11,16).

HOSAÍAS. 1. Liderou um dos maiores corais ao longo dos muros de Jerusalém, quando foram dedicados por Neemias. Foi acompanhado pela metade dos líderes de Judá (Ne 12.32).

2. Seu filho Jezarias, oficial do exército de Israel, e outros líderes procuraram Jeremias, a fim de pedir orientação se deveriam ou não abandonar a terra (Jr 42.1). O grupo, porém, não reagiu favoravelmente ao conselho do profeta (Jr 43.2). Para mais detalhes, veja *Jezanias*.

HOSAMA (Heb. "o Senhor tem ouvido"). Listado entre os descendentes da linhagem real, após o exílio. Era descendente do rei Davi e filho de Jeconias (em algumas traduções é chamado de Jeoiaquim), o rei cativo (1 Cr 3.18).

HOTÃO. 1. Neto de Aser e líder daquela tribo. Era filho de Héber (1 Cr 7.32).

2. Aroerita, pai de Sama e Jeiel, que estavam entre os guerreiros poderosos de Davi e lutaram ao seu lado, na liderança dos valentes soldados nos campos de batalha (1 Cr 11.44).

HOTIR. Um dos filhos de Asafe, listado entre os que foram separados para o ministério da profecia e da música, durante

HUFÃ

o reinado de Davi. Era filho de Hemã, o vidente do rei (1 Cr 25.4,28).

HUFÃ. Um dos filhos de Benjamim, que liderou o clã dos hufamitas (Nm 26.39). Chamado de Hupim, em Gênesis 46.21. Veja *Hupim.*

HUL. Um dos quatro filhos de Arã, mencionados em Gênesis 10.23 e 1 Crônicas 1.17. Arã era filho de Sem e neto de Noé. Os melhores manuscritos hebraicos de 1 Crônicas 1.17 não separam os filhos de Sem dos filhos de Arã.

HULDA. Quando o rei Josias descobriu o livro da Lei, que estava perdido, seus conselheiros buscaram a ajuda da profetisa Hulda, esposa de Salum, para a interpretação do texto. Ela vivia em Jerusalém e profetizou dois eventos: (1) a destruição de Judá por causa da idolatria, exatamente como previa o livro da Lei, e (2) a paz durante a vida de Josias, pois "o seu coração se enterneceu" e ele se arrependeu e voltou-se para o Senhor (2 Rs 22.14-20; 2 Cr 34.22-28).

HUPÁ (Heb. "proteção"). Um dos sacerdotes escolhidos para oficiar no santuário, "de acordo com as últimas instruções do rei Davi". Uma seleção imparcial foi feita entre os descendentes de Eleazar e de Itamar, por meio de sorteio. O 13º turno saiu para Hupá e era nesta ordem que ele ministrava, ao entrar no santuário (1 Cr 24.13).

HUPIM. Um dos filhos de Benjamim listado entre os que desceram com Jacó para o Egito (Gn 46.21). Em Números 26.39 é chamado de Hufã, de onde surge o nome do clã dos hufamitas. Veja *Hufã.*

HUR. 1. Um dos líderes durante o êxodo dos israelitas. Ajudou a sustentar as mãos de Moisés, enquanto este orava pela batalha de Josué contra os amalequitas. O ato de manter as mãos do grande legislador erguidas foi uma importante ilustração da necessidade dos israelitas de depender totalmente do Senhor. Quando suas mãos abaixavam, os amalequitas prevaleciam; a vitória foi conquistada, porém, porque as mãos de Moisés foram mantidas erguidas em oração por Arão e Hur (Êx 17.10,12). Este pertencia à tribo de Judá e parece que formava um par com aquele em termos de autoridade. Moisés deixou os dois na liderança quando subiu ao monte Sinai (Êx 24.14). Provavelmente é o mesmo Hur filho de Calebe e sua esposa Efrate e pai de Uri. Seu neto Bezaleel mais tarde foi escolhido pelo Senhor para fazer o trabalho artístico na construção do Tabernáculo. Bezaleel recebeu uma unção especial do Espírito Santo para realizar esse trabalho (Êx 31.2,3; 35.30; 38.22; 1 Cr 2.19,20, 50; 4.1, 4; 2 Cr 1.5).

2. Um dos cinco reis de Midiã, os quais Moisés derrotou em batalha como parte da vingança do Senhor sobre os midianitas, por terem seduzido os israelitas, levandoos a distanciar-se de Deus (Nm 31.2,8; Js 13.21; veja Nm 25). Eram aliados de Siom (veja *Siom* para mais detalhes). A terra deles foi dada à tribo de Rúben.

3. Pai de Refaías, um dos líderes em Jerusalém depois do exílio (Ne 3.9). P.D.G.

HURAI (Também conhecido como Hidai, na passagem paralela de 2 Samuel 23.30.) Nascido na região próxima do "ribeiro de Gaás" (1 Cr 11.32), era um dos "trinta" guerreiros poderosos de Davi, os quais lutavam ao seu lado nas batalhas e lideravam o povo de Israel na guerra.

HURÃO (Heb. "meu irmão é exaltado").
1. Neto de Benjamim e filho de Bela, mencionado em 1 Crônicas 8.5 na genealogia que vai de Benjamim ao rei Saul.
2. Veja *Hirão*, item nº 2.

HURI. Pai de Abiail. Um dos líderes da tribo de Gade e filho de Jaroa (1 Cr 5.14).

HUSÁ. Filho de Ezer, da tribo de Judá e descendente de Hur. O sentido, entretanto, não está totalmente claro, pois é provável que este nome indique um lugar onde Ezer se estabeleceu (1 Cr 4.4; veja 2 Sm 23.27).

HUSAI. 1. Amigo particular e de confiança do rei Davi, chamado de "Husai, o arquita", natural de uma região que ficava a oeste de Betel (2 Sm 15.32; 16.16; 17.5; etc.). A lealdade de Husai a Davi é vista claramente durante a rebelião de Absalão, quando este cuidadosamente cultivara a lealdade e o respeito de muitos israelitas, ao reunir-se com eles e prometer a solução de seus problemas. Finalmente, Absalão organizou suas tropas e foi para Hebrom, onde se declarou rei de Israel (2 Sm 15.9,10). Davi fugiu de Jerusalém, mas pediu a Husai que ficasse e se tornasse um agente secreto, fingindo ser aliado de Absalão. Ele teria à sua disposição os filhos dos sacerdotes Zadoque e Abiatar, para enviar mensagens ao rei sobre o que Absalão e seu conselheiro Aitofel planejassem (2 Sm 15.3-36).

Husai seguiu estritamente o plano, conquistou a confiança de Absalão e ofereceu-lhe conselhos contrários aos de Aitofel. O filho rebelde aceitou a proposta de não atacar o pai imediatamente, mas primeiro reunir todos os israelitas em Jerusalém (2 Sm 17.1-14). Husai enviou essa mensagem ao rei, o que lhe deu tempo para se preparar. Os homens de Davi planejaram um ataque de surpresa sobre as tropas de Absalão e venceram a batalha (2

Sm 18), o que finalmente ocasionou a morte do filho do rei. Aitofel suicidou-se.

Na narrativa desses acontecimentos, o escritor de 2 Samuel deixa bem claro que Husai era usado pelo Senhor, para assegurar a restauração de Davi ao trono e garantir a destruição de Absalão (2 Sm 17.14). Os planos de Deus para a dinastia de Davi, que finalmente culminariam com o advento do Messias, não podiam ser atrapalhados. A fidelidade de Husai para com o rei garantiu que seu nome entrasse para a história como "Husai, o amigo do rei" (1 Cr 27.33).

2. Mencionado em 1 Reis 4.16 como pai de Baaná, um dos doze governadores distritais no reinado de Salomão.   P.D.G.

HUSÃO (Heb. "rapidez"). Descendente de Esaú, mencionado na lista dos reis de Edom na época anterior à monarquia em Israel. Sucedeu Jobabe e reinou antes de Hadade, filho de Bedade. Natural da terra dos temanitas (Gn 36.34,35; 1 Cr 1.45,46).

HUSIM. 1. Um dos filhos de Dã e líder de clã, viajou com Jacó para o Egito (Gn 46.23). Em Números 26.42, é chamado de Suã (devido a uma troca na ordem das consoantes, no hebraico).

2. Uma das esposas de Saaraim, um líder da tribo de Benjamim que vivia em Moabe. Posteriormente divorciou-se dela e de sua outra esposa Baara. Ele é mencionado na genealogia que leva ao rei Saul (1 Cr 8.8,11).

---

[1] Murta: "Pequeno arbusto, da família das mirtáceas, de origem mediterrânea, cultivado para compor cercas vivas" (Nota do Tradutor).

[2] A Nova Versão Internacional em inglês traduz este versículo: "Igal, filho de Nathan de Zobá, o filho de Hagri (ou Haggadi)". Nenhuma versão em Português traz o nome de Hagri nesta passagem (Nota do Tradutor).

[3] As versões da Bíblia em português trazem o nome "Ben-Hasém" ou "Benê-Hasém". A NIV em inglês traduz esse nome como "Os filhos de Hasém" (Nota do Tradutor).

[4] Na versão em português seu nome aparece como "Senua", sendo o "segundo sobre a cidade" (Nota do Tradutor).

[5] O livro original acrescenta aqui informações equivocadas sobre Hebrom, como marido de Joquebede e pai de Arão, Moisés e Miriã. Os textos bíblicos mostram claramente que *Anrão* foi pai de Moisés (Nota do Tradutor).

[6] O livro original coloca o nome da mulher como "Sua", mas o texto bíblico é claro ao indicar que este era o nome do seu pai (Nota do Tradutor).

I

IBAR (Heb. "Deus escolhe"). Um dos filhos do rei Davi. Depois que conquistou Jerusalém e mudou-se de Hebrom para lá, ele tomou muitas esposas e concubinas. Ibar foi um dos seus muitos filhos (2 Sm 5.15; 1 Cr 3.6; 14.5).

IBINÉIAS (Heb. "o Senhor edifica"). Mencionado em 1 Crônicas 9.8 como filho de Jeroão, da tribo de Benjamim. Depois do exílio, estava entre os primeiros judeus que retornaram para Jerusalém.

IBNIAS (Heb. "o Senhor edifica"). Mencionado em 1 Crônicas 9.8 como pai de Reuel. Depois do exílio na Babilônia, seu bisneto Mesulão estava entre os primeiros judeus da tribo de Benjamim que retornaram para Jerusalém.

IBRI. Encontrado na lista de 1 Crônicas 24.27, era filho de Jaazias e neto de Merari, da tribo de Levi.

IBSÃ. Tornou-se o décimo juiz (veja *Juízes*) de Israel e veio de Belém, onde também foi sepultado (Jz 12.8-10). É provável que esta cidade estivesse na região de Zebulom (veja Jz 19.15,16). Sucedeu Jefté e governou por sete anos. Pouco se sabe sobre ele, exceto que tinha trinta filhos e trinta filhas; todos eles se casaram com pessoas de fora de seu clã; dessa maneira, sem dúvida ele estendeu sua influência por todo o Israel.

IBSÃO (Heb. "fragrante"). Neto de Issacar e filho de Tola, era líder de uma família e um soldado valente (1 Cr 7.2).

ICABODE (Heb. "sem glória"). Filho de Finéias e neto do sumo sacerdote Eli. Sua mãe morreu no momento em que ele nasceu, num parto prematuro. Seu pai e seu tio Hofni (veja *Hofni*) eram os perversos sacerdotes de Israel em Silo. Quando chegou a notícia de que ambos tinham morrido na guerra contra os filisteus e a Arca fora capturada, Eli caiu da cadeira e morreu e a esposa de Finéias entrou em trabalho de parto. Num momento de desespero, ela chamou profeticamente o bebê de "Icabode, dizendo: Foi-se a glória de Israel" (1 Sm 4.21).

IDBAS. Um dos filhos de Etã, listado entre os descendentes de Judá, era um dos líderes da referida tribo (1 Cr 4.3).

IDO (Heb. "no tempo").

1. O mencionado em Zacarias 1.1 não deve ser confundido com muitos outros personagens cujos nomes são traduzidos como Ido, mas representam formas diferentes no hebraico. O de Zacarias 1.1,7 é o pai de Baraquias, ou do próprio Zacarias (Ed 5.1; 6.14). Também identificado em Neemias 12.16. Esta passagem sugere que Ido era o líder de uma família de sacerdotes, após o exílio.

2. Pai de Ainadabe, um dos doze governadores distritais de Salomão (1 Rs 4.14).

3. Filho de Joá, gersonita, líder de um dos clãs dos levitas (1 Cr 6.21).

4. Filho de Zacarias, era capitão sobre a meia tribo de Manassés em Gileade, durante o reinado de Davi (1 Cr 27.21). Este Zacarias claramente não se trata do profeta.

5. Ido, o vidente, foi profeta nos dias de Roboão, rei de Judá, e de Jeroboão I, rei de Israel. Entre outras coisas, era o responsável pela manutenção dos registros genealógicos (2 Cr 12.15; 13.22).

6. Servidor do Templo, era um líder judeu em Casifia, na Pérsia, no tempo de

Esdras (Ed 8.17). Alguns fatores, como coincidências nas genealogias, identificam-no com o mesmo Ido de Neemias 12.4, ancestral do profeta Zacarias (Ne 12.16; Ed 5.1; 6.14).   E.M.

IFDÉIAS (Heb. "o Senhor redime"). Filho de Sasaque, da tribo de Benjamim, mencionado na genealogia que leva ao rei Saul (1 Cr 8.25).

IGAL. 1. Um dos "trinta" guerreiros valentes de Davi, os quais lutavam ao seu lado. Era filho de Natã, procedente da região de Zobá (2 Sm 23.36).

2. Mencionado em 1 Crônicas 3.22 como descendente de Secanias e filho de Semaías. Pertencia à linhagem real de Jeoiaquim, depois do exílio na Babilônia.

ILAI. Aoíta, foi dos guerreiros valentes de Davi (1 Cr 11.29).

IMER. 1. Um dos sacerdotes escolhidos para oficiar no santuário "de acordo com as últimas instruções de Davi". Uma seleção imparcial foi feita, entre os descendentes de Eleazar e de Itamar, por meio de sorteio. O 16º turno saiu para Imer e esta era a ordem em que ele ministrava quando entrava no santuário (1 Cr 24.14).

2. Pai de Mesilemite, é listado em 1 Crônicas 9.12; Neemias 7.40; 11.13; Esdras 2.37, como membro de uma das seis famílias de sacerdotes que retornaram para Jerusalém depois do exílio na Babilônia.

3. Pai do sacerdote Zadoque, o qual fez reparos no muro de Jerusalém, quando os israelitas retornaram do exílio na Babilônia (Ne 3.29).

4. Mencionado como pai de Pasur (Jr 20), o qual mandou que Jeremias fosse espancado e depois amarrado num cepo.   S.C.

IMNA. 1. Filho de Helém, era um líder tribal, descendente de Aser (1 Cr 7.35).

2. Um dos filhos de Aser. Foi o progenitor do clã dos imnaítas (Gn 46.17; Nm 26.44; 1 Cr 7.30).

3. Um dos levitas no tempo da restauração do culto ao Senhor, no reinado de Ezequias. Era pai de Coré (2 Cr 31.14).

INLÁ. Pai do profeta Micaías, que viveu durante o reinado de Acabe, o perverso rei de Israel, o qual o odiava, pois nunca profetizava algo de bom para ele. Na verdade, Micaías era um autêntico profeta de Deus, pois previu corretamente a morte de Acabe (1 Rs 22.8,9; 2 Cr 18.7,8).

INRA. Mencionado em 1 Crônicas 7.36 como filho de Zofá, um dos líderes da tribo de Aser.

INRI. 1. Da tribo de Judá, seu descendente Utai estava entre os primeiros judeus que retornaram do exílio na Babilônia (1 Cr 9.4).

2. Seu filho Zacur ajudou a reconstruir os muros de Jerusalém, depois do exílio na Babilônia (Ne 3.2).

IQUES (Heb. "encurvado, torto"). De Tecoa, pai de Ira, um dos "trinta" heróis de Davi. Como comandante de exército, estava de prontidão com seus homens no sexto mês de cada ano e tinha 24.000 soldados sob suas ordens (2 Sm 23.26; 1 Cr 11.28; 27.9).

IR. Mencionado em 1 Crônicas 7.12, provavelmente trata-se do mesmo nome citado no v. 7. Veja *Iri*.

IRA. 1. O jairita, mencionado junto com Zadoque e Abiatar em 2 Samuel 20.26 como "ministro de Davi". Os jairitas eram da tribo de Manassés (Nm 32.41). Isso pode significar que os que não pertenciam à tribo de Levi foram autorizados a exercer algumas funções sacerdotais durante o reinado de Davi.

2. Filho de Iques, de Tecoa, era um dos "trinta" guerreiros valentes de Davi.

IRADE

Como comandante do exército do rei, estava de prontidão com seus homens todo sexto mês de cada ano e tinha 24.000 soldados sob suas ordens (2 Sm 23.26; 1 Cr 11.28; 27.9).

3. O itrita, outro dos guerreiros valentes de Davi (2 Sm 23.38; 1 Cr 11.40).

IRADE. Filho de Enoque e neto de Caim. Mencionado em Gênesis 4.18, uma passagem que mostra como os caimitas se espalharam pelo mundo depois do juízo de Deus sobre Caim.

IRÃ. Um dos chefes de Edom, mencionado em conexão com Magdiel, descendente de Esaú (Gn 36.43; 1 Cr 1.54).

IRI. Neto de Benjamim e filho de Belá (1 Cr 7.7).

IRU. Mencionado em 1 Crônicas 4.15 como o filho mais velho de Calebe, filho de Jefoné. Foi um dos líderes da tribo de Judá.

ISABEL (Heb. "Deus é meu juramento"). Somente mencionada em Lucas 1. Era descendente de Arão e esposa de Zacarias, o sacerdote que foi visitado pelo anjo Gabriel (Lc 1.5,11). Ela era também parente de Maria e foi a mãe de João Batista.

Enquanto Zacarias ministrava no Templo do Senhor, o anjo Gabriel apareceulhe e disse que sua esposa Isabel lhe daria um filho (Lc 1.13). Ela era estéril e, como o marido, já estava em idade avançada. Por isso, Zacarias questionou a possibilidade de tal evento acontecer, e sua incredulidade custou-lhe a capacidade de se expressar (Lc 1.18). Só voltaria a falar quando a criança nascesse (Lc 1.19,20).

Deus mostrou esse favor à Isabel na velhice dela, para remover a vergonha e a desgraça de não poder ter filhos. Fica claro que sua esterilidade não era conseqüência do pecado, pois tanto ela como o marido "eram ambos justos perante Deus" (Lc 1.6). O Senhor, porém, operava seus propósitos muito maiores na vida de Isabel e seu plano era perfeito.

Assim, no tempo determinado, Deus finalmente a abençoou com um filho incomum. Ele seria o precursor de Cristo e o mundo o conheceria para sempre como João Batista. Sua mãe, Isabel, não seria tão conhecida quanto ele. Não há dúvida, contudo, de que na sombra desse santo homem estava uma mãe piedosa, que o criou no temor do Senhor. A influência de Isabel na vida do filho não deve ser ignorada nem subestimada.

Após Isabel descobrir que estava grávida, permaneceu recolhida em casa por cinco meses. O texto não revela o motivo pelo qual fez isso; provavelmente escondeu-se, a fim de consagrar-se ao Senhor, numa atitude de gratidão.

Quando Isabel estava no sexto mês de gravidez, Maria recebeu a visita do anjo Gabriel, que lhe anunciou que, por obra e graça do Espírito Santo, ela conceberia e daria à luz o Messias, o Filho de Deus. O anjo lhe disse que Isabel, sua parente, também esperava um filho (Lc 1.36-40). Não se sabe qual era o grau de parentesco entre as duas.

Assim que Maria ouviu as boas novas sobre Isabel, imediatamente foi visitá-la nas colinas da Judéia. Quando a criança dentro do ventre da mãe ouviu a voz de Maria, pulou de alegria. Isabel ficou cheia do Espírito Santo e, sobrenaturalmente, entendeu que sua parente estava grávida. Soube também qual a identidade daquele menino e sua origem divina.

Cheia de alegria, Isabel abençoou Maria e seu filho em voz alta. Em sua bênção, humildemente reconheceu a criança como seu Senhor e demonstrou sua disposição de ser obediente a ele. Sua mensagem também ressalta a notável fé demonstrada por Maria, a qual creu que o Senhor faria tudo conforme prometera (Lc 1.39-45).

Alegria e gratidão são observadas em todo o relato sobre Isabel. Ela sabia que

Deus fazia algo novo e alegrava-se por ser participante de seus planos. O Senhor confiou-lhe o precursor de seu Filho Unigênito e ela respondeu alegre e fielmente, em completa devoção.

Quando chegou o dia de Isabel dar à luz, os vizinhos e parentes reuniram-se em volta para o feliz evento. O menino recebeu seu nome no oitavo dia de vida, na cerimônia da circuncisão. Não se sabe por que esperaram tanto para dar-lhe um nome, especialmente porque o anjo já instruíra Zacarias quanto a isso antes de o menino ser concebido (Lc 1.13). Talvez tenham seguido o costume helenista de esperar uma semana antes de oficializar o nome do recém-nascido.

De acordo com o costume judaico, entretanto, a criança deveria ser chamada Zacarias, nome do pai. Mas Isabel fez objeção e insistiu que o nome seria João. Ao desprezar seu pedido (provavelmente porque era mulher), voltaram-se para Zacarias e perguntaram-lhe como o menino seria chamado. Ele escreveu numa tábua que ele se chamaria João e, naquele momento, sua língua soltou-se. O pai, então, cheio do Espírito Santo, profetizou sobre o futuro de seu filho (Lc 1.57-64,67-79).

Esses eventos causaram alvoroço entre os judeus e todos ficaram assombrados. Sentiam que Deus estava com aquela nova família e perguntavam-se o que aconteceria a seguir (Lc 1.65,66). O Senhor começava a trazer seu povo de volta para si.

Isabel era uma mulher reverente, que se dedicava ao Senhor com alegria. Deus é glorificado em sua vida e a divina presença do Senhor é claramente vista nessa passagem bíblica. O milagre dessa serva piedosa ter concebido um filho com idade avançada lembra o leitor de outras mulheres famosas nas Escrituras em cujas vidas o Senhor interveio de maneira semelhante — Sara (Gn 17.15), Raquel (Gn 30.22-24) e Ana (1 Sm 1). Em todos os casos, a obra de Deus culminou com o nascimento de filhos que se tornaram grandes líderes do povo. João Batista foi o maior de todos (Mt 11.11). K.MCR.

ISAÍAS

Provavelmente, o profeta Isaías nasceu e foi educado em Jerusalém. Exceto pelo nome de seu pai, Amoz, sua genealogia é desconhecida. Alguns supõem que fosse parente do rei Uzias (791 a 740 a.C.) porque tinha acesso à corte e preocupava-se muito com a questão da liderança. Não é possível provar que pertencia à linhagem real, embora sua forma de escrever revele uma pessoa extremamente talentosa, com excelente formação acadêmica.

O profeta é incomparável em sua expressão literária, conforme o livro de Isaías demonstra, com sua forma de expressão, seus artifícios retóricos e imagens literárias. Seu estilo demonstra um vocabulário rico e imaginativo, com palavras e expressões exclusivas. O livro também revela brilhantismo em seu uso das expressões retóricas: a guerra (Is 63.1-6), os problemas sociais (3.1-17) e a vida rural (5.1-7). Ele também personifica a criação: o sol e a lua (24.23), o deserto (35.1), as montanhas e as árvores (44.23; 55.12). Emprega zombarias (14.4-23), expressões apocalípticas (Is 24 a 27), sarcasmo (44.9-20), personificações, metáforas, jogos de palavras, aliterações e assonâncias.

Isaías era um pregador extremamente talentoso, que empregava plenamente toda a riqueza da língua hebraica. Sua imaginação poética e sua mensagem provocam uma reação. Sua profecia não foi escrita para que se concordasse com ela, mas para gerar uma resposta. O piedoso respondia com temor e adoração, enquanto o ímpio endurecia o coração contra o Senhor.

ISAÍAS

A posição fundamentalista é a favor da unidade de Isaías (Is 1 a 66), com base na similaridade e na repetição dos temas e no vocabulário empregado por todo o livro. Os críticos tiveram de reconhecer que os antigos argumentos da coleção de passagens isoladas e a divisão do livro em diferentes seções não são mais defensáveis. Isso não significa que tenham aceito a unidade do livro; pelo contrário, apenas reconheceram a similaridade dos temas. A mensagem unificada de julgamento e salvação é um dos temas prevalecentes.

Isaías era casado com uma "profetisa" (Is 8.3). Não se sabe se este era realmente seu ministério ou se era chamada assim por ser esposa do profeta. Por meio desta união, tiveram dois filhos, cujos nomes simbólicos refletiam toda a mensagem do livro. O primeiro recebeu o nome de Sear-Jasube, que significa "(somente) um remanescente voltará" (Is 7.3; veja adiante). O segundo chamou-se Maer-Salal-Has-Baz, que significa "rápido-despojo-presa-segura" (Is 8.1; veja adiante).

Isaías ministrou ao povo de Deus durante uma época de grande instabilidade política (740 a 686 a.C.). Seu ministério está dividido em cinco períodos: (1) o da crítica social (caps. 1 a 5), 740 a 734 a.C.; (2) o da guerra siro-efraimita (caps. 7 a 9), 734 a 732 a.C.; (3) o da rebelião anti-Assíria (caps. 10 a 23), 713 a 711 a.C.; (4) o da rebelião anti-Assíria e do cerco de Jerusalém (caps. 28 a 32; 36 a 39), 705 a 701 a.C.; (5) e o dos últimos dias de Ezequias e possivelmente início do reinado de Manassés (caps. 56 a 66), 701 a 686 a.C. Esses períodos correspondem aos reis mencionados na introdução: "Visão de Isaías, filho de Amoz, a qual ele viu a respeito de Judá e Jerusalém, nos dias de Uzias, Jotão, Acaz e Ezequias, reis de Judá" (Is 1.1). Veja *Profetas e Profecia*.

Uzias (Is 6)

O início do ministério de Isaías é datado pela referência à morte do rei Uzias (Is 6.1), por volta de 740 a.C. Sob esse reinado, Judá alcançara notável progresso econômico (2 Cr 26.6-15) e fizera uma tentativa de se restabelecer como potência política. O ano da morte de Uzias é mencionado em conexão com a extraordinária visão que Isaías experimentou (6.1), a qual também marcou o início de um ministério profético que se estendeu por um período de 40 anos. De acordo com alguns teólogos, a visão não constituiu o chamado *original*, mas significou uma renovação do chamado *profético*.

A visão de Deus transformou Isaías em um servo do Senhor com uma mensagem única. Trata-se de um texto com um contraste radical. Por um lado, apresenta o Senhor em sua exaltação como Rei e em sua perfeição como Santo e glorioso. Pelo outro, apresenta o povo no estado de impureza e debaixo da condenação de Deus. A mensagem de Isaías engloba três ênfases, que emanam da experiência dessa visão: (1) somente Deus é exaltado e santo; (2) como o Rei glorioso de toda a criação, Ele julga a humanidade pecadora; e (3) manterá um remanescente, que planeja consagrar para si e com o qual compartilhará sua glória. Essas ênfases são características do texto como um todo e são discutidas nos primeiros capítulos do livro (veja a seguir).

Jotão: O período da crítica social (Is 1 a 5)

Jotão reinou sobre Judá de 750 a 731 a.C., primeiro como co-regente com o pai Uzias e depois com seu próprio filho, Acaz. Ele herdou um reino materialmente forte, mas corrupto em seus valores e totalmente apóstata. Isaías protestou contra o poder, a ganância e a injustiça em Israel e Judá, antes de falar sobre o que aconteceria no panorama político do Antigo Oriente Médio. A Assíria, sob o reinado de Tiglate-Pileser III (745 a 727 a.C., chamado de "Pul" em 2 Reis 15.19), subjugara as cidades ao longo da rota de Nínive até Damasco, inclusive a própria capital da Síria (732 a.C.). Quando Jotão morreu, nuvens negras, como prenúncio de uma grande tempestade, formavam-se no horizonte de Judá e logo o reino foi lançado no meio de uma torrente de eventos internacionais que o reduziriam a um estado vassalo do Império Assírio. Durante este período, o profeta criticou a religiosidade do povo (Is 1.10-16), a insensibilidade e injustiça dos líderes (1.21ss), o orgulho (2.6ss) e a vida de licenciosidade moral que haviam abraçado (Is 3, 5).

A mensagem de Isaías 1 a 5 antecipou e preparou a visão de Deus que o profeta teve (Is 6). Ele apresenta a exaltação e a glória do Senhor em contraste com o orgulho humano, o estilo de vida vigente (na religião, na política, na legislação e na economia) que virtualmente excluía Deus. Por um lado, esse modo de existência às vezes é extremamente religioso, como era o caso do povo de Judá. Iam ao Templo, faziam seus sacrifícios, comemoravam os dias santos e oravam (Is 1.10-15), mas não encontravam o favor do Senhor. Por outro lado, estruturavam a vida a partir de uma complexa trama, por meio da qual buscavam a segurança para se proteger de qualquer adversidade possível. O profeta, porém, declarou que essa segurança seria derrubada no dia do julgamento, a fim de que somente Deus fosse exaltado: "Os olhos do homem arrogante serão abatidos, e o orgulho dos homens será humilhado; só o Senhor será exaltado naquele dia" (2.11).

Santidade e esperança. O ensino sobre a santidade de Deus serve como base para estabelecer toda a diferença entre o Senhor e os seres humanos. Deus é diferente de nós em sua natureza e em suas conexões. Ele é santo, ou seja, separado de toda a existência criada. Como soberano sobre a criação, exige que todo aquele com quem, em sua graça, Ele estabelece uma comunhão se aproxime dele, mediante a negação de qualquer dependência das estruturas criadas que moldam a existência humana e a busca de significado para a vida. O ensino sobre a santidade de Deus tem duas implicações. Primeiro, ela é a base para a esperança. Porque Deus é santo, Ele estabelece seu governo pela manutenção da justiça (imparcialidade) e pela criação da ordem. Em oposição aos julgamentos arbitrários dos líderes humanos e à anarquia social, o profeta projetou o reino de Deus como caracterizado pela justiça e pela integridade. Justiça é a qualidade da imparcialidade por meio da qual o Senhor trata com seus súditos. Ele governa de modo a fazer da maneira certa o que os líderes humanos fazem de forma desonesta, para pronunciar julgamentos baseados em sua vontade, e não em sentimentos ou resultados pragmáticos, e para manter as normas que incentivam a vida, ao invés de reprimi-la. Os juízos de Deus trazem resultados positivos, porque Ele faz o que é justo e vindica aquele que pratica a justiça. O resultado do seu domínio é a ordem, enquanto o governo do homem freqüentemente gera a desordem. O profeta, portanto, encorajava o necessitado que clamava por ajuda com o conforto da esperança de que haveria restauração da ordem neste mundo: "Dizei aos justos que bem lhes irá, pois comerão do fruto das suas obras" (Is 3.10).

Santidade e condenação. Segundo, a santidade de Deus é a base para a condenação: "Mas o Senhor dos Exércitos será exaltado por sua justiça, e Deus, o Santo, será santificado por sua retidão" (Is 5.16). O profeta viu que só o Senhor é o Rei verdadeiro e fiel, cuja soberania se estenderá a toda a humanidade. Nenhum poder na Terra pode comparar-se ao seu domínio. Esse contraste absoluto entre Deus e o homem, que prevalece por toda a mensagem, originou-se na visão do Senhor. O profeta tivera uma

ISAÍAS

visão de Deus como o grande Rei, no ano em que Uzias, um rei humano, morrera: "No ano em que morreu o rei Uzias, eu vi o Senhor assentado sobre um alto e sublime trono, e as orlas do seu manto enchiam o templo" (Is 6.1). Desde que a glória do Senhor enchia toda a Terra (6.3), excluía qualquer glória vã dos reis humanos, os quais estavam condenados em sua presença (3.8), porque não tinham tratado de forma apropriada seus semelhantes. Não haviam mantido a ordem. Pelo contrário, os efeitos do seu egoísmo e ganância tinham gerado a anarquia: "Esperou que exercessem justiça, mas viu opressão; retidão, mas ouviu clamor" (5.7). Exaltado em santidade e imparcial em seus julgamentos, o Senhor tem contas a acertar com os líderes, por causa das ações deles: "O Senhor se levanta para pleitear; sai a julgar os povos. O Senhor vem em juízo contra os anciãos do seu povo, e contra os seus príncipes: Sois vós os que consumistes esta vinha; o espólio do pobre está em vossas casas" (3.13,14).

O remanescente. Terceiro, o Senhor reservará um remanescente para si. Esse tema reforça a ênfase bíblica na fidelidade de Deus. O Senhor se manterá fiel às suas alianças e às promessas que fez aos patriarcas. Esse remanescente será lavado, purificado e restaurado à comunhão com o Deus santo (Is 4.3,4). Verão sua glória (4.2; cf. 40.6) e experimentarão a bênção de sua proteção (4.5,6).

O profeta projetou o governo glorioso de Deus na imagem dupla de uma alta montanha (Is 2.2-4) e de um povo santo e glorioso sob sua proteção especial (4.2-6). Na segunda, encorajou o remanescente dos judeus com um futuro além do exílio. Na primeira, Isaías projetou a inclusão dos gentios, os quais se submeteriam à Lei de Deus e o adorariam. Esses também experimentariam sua proteção. A mensagem de Isaías era uma preparação para o Evangelho do Senhor Jesus, na maneira como profetizou sobre a plena inclusão dos gentios na aliança e nas promessas de Deus.

Acaz (Jeoacaz): A guerra siro-efraimita (Is 7 a 9)

Acaz reinou sobre Judá no período de 735 a 715 a.C. e era extremamente corrupto (2 Rs 16.3). O cronista relaciona as práticas idolátricas instituídas por ele e explica que essa foi a causa dos seus problemas internacionais (2 Cr 28.2-4). Acaz era um homem insolente, que confiava em soluções políticas e não nas promessas de Deus. Quando enfrentou a aliança do rei Rezim, da Síria, com Peca, rei de Israel, e o avanço expansionista da Assíria, quis agir por conta própria, independentemente de *Yahweh*. Respondeu, entretanto, com grande temor quando a Síria e Israel vieram contra ele, com o propósito de destroná-lo e levantar outro rei que fosse simpático aos esquemas políticos deles (2 Rs 16.5; Is 7.6). Neste contexto, Isaías o desafiou a não temer o poder dos inimigos (Is 7.4), mas, ao invés disso, olhar para a presença de Deus em Jerusalém, como o poderio de Judá (Is 7.7; 8.10). Acaz, entretanto, ignorou a mensagem do profeta, e pediu ajuda a Tiglate-Pileser, rei da Assíria (2 Rs 16.7). Este, reagindo rapidamente diante da ameaça da aliança siro-efraimita na frente ocidental, marchou através da Fenícia até a Filistia (734 a.C.), destruiu Damasco (732 a.C.) e subjugou Israel. Também reduziu Judá a um estado vassalo (2 Rs 15.29; 16.7-9; 2 Cr 28.19; Is 8.7,8).

Quando o rei Oséias, de Israel, recusou pagar tributo à Assíria, Salmaneser (727 a 722 a.C.) fez uma campanha contra Samaria, derrotou a cidade e exilou toda a população (722 a.C.). Acaz não se voltou para o Senhor, porque seus olhos estavam fixos em seu próprio reino e nas mudanças que ocorriam na configuração política sob os reinados de Salmaneser V e de Sargão II.

Durante esse período, o profeta desafiou Acaz a ser um homem de fé (Is 7.9) e olhar para o "Emanuel" (Deus conosco) como o sinal da proteção divina sobre seu

ISAÍAS

povo. Também profetizou que Ele se tornaria rei (uma clara rejeição à liderança de Acaz!). O governo do Emanuel traria paz e seria caracterizado pela justiça e imparcialidade (Is 9.6,7). De fato, seu governo correspondia ao domínio de Deus, de maneira que, como resultado, traria o reino do Senhor à Terra.

A mensagem do livro é reafirmada no contexto dos eventos históricos que cercavam o futuro de Judá. Também é reiterado nos nomes de Isaías e nos de seus filhos. Esta era a intenção profética que surge em Isaías 8.18: "Eis-me aqui, com os filhos que me deu o Senhor. Somos sinais e maravilhas em Israel da parte do Senhor dos Exércitos, que habita no monte de Sião". Esses nomes confirmavam o aspecto duplo de salvação e juízo.

O nome Isaías ("*Yahweh* é salvação") carrega o tema da exaltação do Senhor. Toda a profecia coloca diante do leitor a ênfase distinta de que devemos confiar somente em Deus. Só os seus caminhos devem moldar a vida de seu povo, porque o Senhor exige fé exclusiva nele, como o único Deus e Salvador. Para Isaías, a fé é a confiança absoluta no Senhor como o único Redentor e a total lealdade em fazer a sua vontade. Esse duplo aspecto expressa-se nestas palavras: "Ata o testemunho, e sela a lei entre os meus discípulos. Esperarei no Senhor, que esconde o seu rosto da casa de Jacó, e a ele aguardarei" (Is 8.16,17).

O nome do segundo filho de Isaías, Maer-Salal-Has-Baz (rápido-despojo-presa-segura: Is 8.1,3), amplia a mensagem da soberania de Deus no juízo. Quando seu povo recusava a fazer sua vontade, rejeitava o Santo: "Deixaram ao Senhor, blasfemaram do Santo de Israel, voltaram para trás" (Is 1.4). As nações também farão uma tentativa de estabelecer uma "nova ordem", mas no final o vontade de Deus prevalecerá (Is 8.10).

O nome do primeiro filho do profeta, Sear-Jasube ("um remanescente voltará": Is 7.3) traz uma dimensão tanto negativa como positiva. Negativamente, haverá apenas um remanescente, depois que Deus lançar seu juízo (Is 6.13). Positivamente, nem todos serão destruídos. Pelo menos alguns serão poupados, com os quais o Senhor renovará seu compromisso (Is 1.9; 4.2-4). Esse remanescente seria caracterizado pela confiança no Senhor: "Naquele dia os restantes de Israel, e os que tiverem escapado da casa de Jacó, nunca mais se estribarão sobre aquele que os feriu, mas se estribarão lealmente sobre o Senhor, o Santo de Israel" (Is 10.20).

Ezequias: a rebelião anti-Assíria e o cerco de Jerusalém: 705 a 701 a.C.

Ezequias (729 a 686 a.C.) foi um rei piedoso, que buscou o conselho do profeta Isaías nos períodos de dificuldade, tanto pessoal como nacional. Reinou independentemente de qualquer jugo, de 715 até sua morte em 686 a.C. Liderou Judá numa série de reformas (2 Rs 18.4,22), que chegaram ao clímax com a celebração da festa da Páscoa (2 Cr 30); enfrentou a difícil tarefa de ajustar-se à presença assíria; encarou a política expansionista de Sargão II (722 a 705 a.C.), o qual se envolvera em campanhas militares e subjugara as nações ao leste (Elão, Babilônia), oeste (região da Síria e Efraim) e também mais ao sul, até Wadi-el-Arish, na fronteira sudoeste de Judá (715 a.C.).

Na providência de Deus, Ezequias foi capaz de fazer exatamente isso! Tratou de desenvolver os interesses do Senhor, ao convidar o remanescente do reino do Norte para a festa da Páscoa e liderar a nação numa verdadeira reforma. A reação de Sargão veio em 711 a.C., quando voltou da campanha na qual subjugou a Filístia e exigiu que Ezequias lhe pagasse tributo. Naquele ano, o Senhor comissionou o profeta a andar com os pés descalços e a tirar o pano de saco que usava (Is 20.2). Essa aparência

ISAÍAS

incomum do profeta deveria atrair a curiosidade do povo e serviria como ilustração prática que ensinaria sobre a certeza da derrota do Egito. Assim como o profeta andou despido e descalço, da mesma maneira os egípcios seriam despojados no exílio e serviriam à Assíria. Além disso, os israelitas descobririam que eram verdadeiros tolos, porque Judá resistira ao Santo de Israel e confiara no Egito para receber apoio político. Deus falou sobre eles: "Ai dos que descem ao Egito a buscar socorro, que se estribam em cavalos, e têm confiança em carros, porque são muitos, e nos cavaleiros, porque são poderosíssimos, mas não atentam para o Santo de Israel, nem buscam ao Senhor" (Is 31.1).

Com a morte de Sargão (705 a.C.), seu sucessor Senaqueribe (705 a 681 a.C.) enfrentou uma coalizão composta por Egito, Filístia e Judá (2 Rs 18.7). Suas tropas seguiram através de Judá (701 a.C.) e conquistaram mais de 46 cidades (algumas das quais provavelmente estejam relacionadas em Is 10.28-32 e Mq 1.10-16). Senaqueribe registrou sua vitória em seus anais: "Quanto a Ezequias, o judeu, que não se inclinou em submissão sob o meu jugo, quarenta e seis de suas cidades fortes e muradas, e inumeráveis vilas menores em sua vizinhança, sitiei e conquistei, fazendo rampas de terra e então pressionando por meio do ataque de soldados a pé, fazendo brechas no muro, cavando túneis e enfraquecendo suas defesas. Obriguei 200.150 pessoas a saírem das cidades: jovens e velhos, homens e mulheres, inumeráveis cavalos, mulas, jumentos, camelos, gado grande e miúdo, considerando tudo como espólio de guerra".

Finalmente, Senaqueribe sitiou Jerusalém. Ezequias ficou preso na cidade, cercado pelas tropas assírias. Estava bem preparado para o cerco, mas o inimigo tinha tempo e paciência para esperar a rendição de Jerusalém (701 a.C.). Senaqueribe descreveu a situação da seguinte maneira: "Ele próprio eu tranquei dentro de Jerusalém, sua cidade real, como um pássaro numa gaiola. Coloquei postos de observação ao redor de toda a cidade e lancei o desastre sobre todos aqueles que tentaram sair pelo portão".

O Senhor foi fiel à sua promessa de livrar seu povo e enviou seu anjo. Senaqueribe bateu em retirada com uma vitória vazia, enquanto os judeus celebravam o livramento miraculoso de um tirano cruel que praticamente destruíra Judá (2 Rs 19.35,36). Essa situação desesperadora está retratada em Isaías 1.5-9.

Na mesma época, Ezequias adoeceu, mas foi curado por meio de um milagre e recebeu mais 15 anos de vida (2 Rs 20.1-19; 2 Cr 32.24-26; Is 38.1-22). Durante esse tempo, o Senhor fez com que ele prosperasse e realizasse muitas obras para fortalecer Jerusalém e Judá contra um futuro ataque assírio (2 Cr 32.27-29). Esses anos de vida, entretanto, tornaram-se uma bênção parcial. Numa atitude arrogante, Ezequias mostrou todos seus tesouros e fortificações aos enviados do rei da Babilônia, Merodaque-Baladã (bab. Marduque-apla-iddina). Por isso, a condenação de Deus assombraria Judá por mais um século: "Certamente virão dias em que tudo o que houver em tua casa, e tudo o que entesouraram os teus pais até ao dia de hoje, será levado para Babilônia. Não ficará coisa alguma, diz o Senhor" (Is 39.6). Essas palavras estabeleceram o pano de fundo para a interpretação dos oráculos de Isaías sobre o livramento da Babilônia (Is 40 a 48).

A mensagem final

A mensagem, que pode ser datada no período final do ministério do profeta, é notavelmente coerente com os capítulos iniciais:

1. O profeta projetou uma modalidade diferente de liderança. Ezequias era o representante desse tipo de líder, pois era fiel ao Senhor e fez tudo para levar o povo de

ISAQUE

volta a Deus. Ainda assim, ele também falhou. O ideal "messiânico" é bem retratado em Isaías 11. O Messias é um descendente de Davi que, ungido pelo Espírito de Deus, é uma pessoa de integridade, julga com imparcialidade, estabelece a ordem e traz paz à Terra. Seu reino inclui judeus e gentios justos, mas não tem lugar para pecadores: "Não se fará mal nem dano algum em todo o monte da minha santidade, pois a terra se encherá do conhecimento do Senhor, como as águas cobrem o mar" (Is 11.9).

2. O julgamento de Deus repousa sobre todas as nações, porque o Senhor é Todo-poderoso sobre toda a Criação (Is 13.1 a 27.13).

3. O Senhor abrirá um novo tempo de salvação (Is 25.1 a 27.13). Ambos os temas (*juízo* e *salvação*) encontram um desenvolvimento adicional em Isaías 28.1 a 35.10 e foram ilustrados na vida de Ezequias (Is 36 a 39). O significado da nova ordem de salvação recebeu uma elaboração profética em Isaías 40 a 55. Esta seção começa com a nota de conforto (Is 40.1) e termina com um convite para experimentar livremente a salvação de Deus, comparada com o pão e o vinho (Is 55.1-3). Dentro desses capítulos o profeta elaborou o tema do servo, que inclui o bem conhecido Servo Sofredor (Is 52.13 a 53.12), o que sofre em favor de outros, embora Ele próprio seja inocente. A combinação desse tema com a profecia messiânica de Isaías 11 nos dão a base do ensino apostólico de que o Messias, descendente de Davi, primeiramente sofreria para depois assentar-se na glória.

Na última parte do livro, Isaías desafia o piedoso a perseverar na piedade, enquanto aguarda a salvação de Deus (Is 56 a 66). O profeta enfatizou cuidadosamente a salvação do Senhor, a fim de equilibrar a soberania de Deus e a responsabilidade humana. Por um lado, dosou as promessas de Deus com um modo de vida comprometido com a responsabilidade social (Is 56.9 a 58.14). Também equilibrou a realidade da demora com a perspectiva do poder de Deus e do futuro glorioso preparado para o remanescente (Is 59.1 a 62.12). Isaías afirmou o juízo universal do Senhor (Is 63 e 66), enquanto abria a porta para os judeus e gentios participarem da nova obra de Deus: a criação de um novo céu e uma nova terra (Is 65.13-25). A mensagem profética antecipa o futuro, a fim de revelar o plano de Deus no ministério do Senhor Jesus e na mensagem dos apóstolos. W.A.VG.

ISAQUE. "Os que somente se sentam e esperam também ajudam." Esse ditado aplica-se bem a Isaque. Teve uma vida longa (Gn 35.28), mas nunca se afastou da mesma região (Gn 35.27; cf. 13.18; 24.62; 25.11). Quando comparado com os solenes incidentes que marcaram a vida de Abraão e a atividade frenética de Jacó, ele praticamente nada fez. Ainda assim, juntamente com os nomes aparentemente mais expressivos de Abraão e Jacó, Isaque é um dos patriarcas de grande influência no meio do povo de Deus — um dos membros do trio para quem os descendentes foram prometidos (Dt 9.27; etc.); para os quais a terra foi garantida (Gn 50.24; Êx 33.1; etc.); com quem a aliança foi feita (Êx 2.24; Sl 105.9; etc.); cujos nomes são parte da identificação do próprio Deus (Êx 3.6, 15,16); a quem o Senhor garante a segurança dos descendentes (Êx 32.32; Dt 29.13) e eles próprios têm um lugar de destaque no reino sobre o qual Jesus pregou (Mt 8.11; Lc 13.28); que são usados por Cristo como uma prova do céu (Mt 22.32); e cujo Deus ressuscitou Jesus dos mortos (At 3.13). A importância, do ponto de vista do Senhor, não está em "fazer", mas em "ser".

Embora a Bíblia coloque Isaque diante de nós, ela nada explica sobre ele. Existem coisas, porém, que chamam a aten-

ISAQUE

ção quando se tenta montar um quadro coerente desse personagem. Assim, ele precisava de uma esposa a quem amasse, para confortá-lo depois da morte de sua querida mãe (Gn 24.67); ficava satisfeito em permanecer quieto (1 Ts 4.11); experimentava as alegrias do casamento (Gn 26.6); sonhava em ter filhos (Gn 25.21); alegrava-se com a paternidade e com os simples prazeres de uma boa comida (Gn 25.28); gostava de viver sem a agitação das viagens e das novidades (veja acima); queria ficar na lembrança dos filhos como um homem que conhecia e temia ao Senhor. Deus se revelaria a Jacó como "o Deus do teu pai Isaque" e fez isso em duas ocasiões nas quais seu filho tinha boas razões para estar nervoso, diante de um futuro desconhecido (Gn 28.13; 46.1-3; cf. 32.9). Era como se o maior conforto que receberia do Céu fosse a mensagem: "Lembre-se do Deus que seu pai adorava e sobre o qual falava". Duas vezes, também Jacó falou sobre "o temor de Isaque" (Gn 31.42, 53). Que título fantástico para Deus! De alguma maneira a imagem que este filho tinha na memória era que como seu pai falava sobre o Senhor como aquele que podia confortar diante da incerteza do futuro, mas que, ao mesmo tempo era tão digno de reverência que "Temor", de certa forma, era seu segundo nome. Além do mais, a Bíblia somente menciona Beer-Laai-Roi em conexão com Isaque (onde o anjo apareceu a Hagar; Gn 24.62; cap. 35; cf. 16.13,14). Qual seria o significado disso? Diferentemente de Abraão e Jacó, o Senhor nunca "apareceu" a Isaque: almejaria ele passar por tal experiência e especialmente por uma semelhante a de Hagar, quando Deus apareceu para uma pessoa abatida, a fim de confortar e dar esperança? Finalmente, Hebreus 11.20 faz seu comentário sobre a fé de Isaque, que "abençoou a Jacó e a Esaú, no tocante às coisas futuras". O que foi que produziu esse homem submisso, de vida pacata? O que o levou a falar de Deus de forma tão pessoal e com tanta

reverência? Por que tinha tanta esperança de encontrar o anjo bondoso que apareceu a Hagar? Por que possuía tamanha convicção quanto ao futuro?

Isaque é a única pessoa em toda a Bíblia que foi amarrada e colocada sobre um altar; o único que viu um cutelo prestes a matá-lo, mas ouviu a voz do anjo do Senhor, a fim de impedir o sacrifício. Naquele momento doloroso, soube que Deus cuidava dele e o preservou; o futuro prometido, portanto, viria; com igual intensidade, sabia que o Senhor, o qual preservara a vida dele, era digno de toda reverência. Após ouvir a voz do anjo (Gn 22.11), será que almejava escutá-la novamente — em Beer-Laai-Roi? (Gn 16.7-14). Por outro lado, será que tal experiência — que hoje seria chamada de "trauma" — não teria produzido um temperamento submisso e uma grande necessidade de amor, tanto humano como divino? Tudo isso, também, era parte de Isaque.

A história de Isaque em si mesma é simples. Nascido quando seus pais eram humanamente incapazes de gerar filhos (Gn 17.17; 18.9-14; 21.1-7) era proeminentemente o filho da promessa (Gl 4.28) e, por uma direção divina complementar, foi destinado como tal (Gn 21.9-12; Rm 9.17). Com a idade de 40 anos — note-se que por iniciativa de seu pai e após o falecimento de sua mãe (Gn 24.1-3 ss, 67) — casou-se com a prima Rebeca, por quem apaixonou-se à primeira vista. Eles compartilhavam uma profunda espiritualidade (Gn 25.21-23), mas falharam como pais. Primeiro, cada um deles demonstrava uma nítida preferência por um dos dois gêmeos (Gn 25.28); segundo, não levaram os filhos ao conhecimento da palavra de Deus que precedeu o nascimento deles. Seria bem mais fácil se tivessem compartilhado com eles, quando ainda eram adolescentes, que, embora Esaú fosse tecnicamente o "primogênito", Deus já tinha determinado de outra maneira. Os filhos teriam absorvido essa informação, que ficaria gravada em suas consciências, sem efeitos negativos; isso moldaria a estrutura famíliar e o relacionamento entre os irmãos. A palavra de Deus, entretanto, foi negligenciada e posteriormente gerou todos os lamentáveis eventos que abalaram a família (Gn 27.41): levou Esaú a envolver-se em outro casamento (Gn 26.34,35; 28.6), separou Rebeca para sempre de seu filho querido e impôs sobre Jacó um exílio de 25 anos. Ainda mais lamentável foi que, quando deixaram de compartilhar a palavra do Senhor com os filhos, Isaque e Rebeca esqueceram-se dela também, de maneira que o patriarca, quando chegou o momento de passar adiante a bênção de Deus, seguiu a lógica e voltou-se para Esaú, embora o Senhor já tivesse dito que escolhera Jacó; e Rebeca, após esquecer-se de que Deus já decidira o que aconteceria, sentiu que tinha a obrigação de usurpar a bênção para Jacó.

O casamento de Isaque começou cheio de esperanças, mas na velhice o casal não se comunicava, nem descansava na palavra de Deus, nem muito menos um no outro. Este incidente é a única nota dissonante dentro da música — orquestrada por Deus no concerto patriarcal — da vida de Isaque. Viveu até os 180 anos de idade e morreu na presença dos dois filhos, que o colocaram para descansar naquele local cheio de túmulos memoráveis, a caverna de Macpela (Gn 35.28).

J.A.M.

ISBÁ. Pai de Estemoa e filho de Merede, era neto de Esdras e um dos líderes na tribo de Judá (1 Cr 4.17).

ISBI-BENOBE. Um gigante que lutou, provavelmente como mercenário, ao lado dos filisteus durante o reinado de Davi. Era descendente de Rafa, uma das tribos originais que habitavam a terra de Canaã, conhecida pela grande estatura de seus homens. Ao perceber que o rei de Israel estava cansado, no final de uma batalha, Isbi-Benobe tentou matá-lo. Abisai, um dos companheiros mais leais de Davi, matou o gigante e salvou a vida do rei. A descrição do tamanho da lança de bronze e da espada do gigante dá uma idéia de como parecia ameaçador para os israelitas (2 Sm 21.15-17). Era um dos quatro valentes de Gate (v. 22).

IS-BOSETE (Heb. "homem de vergonha"). É bem possível que seu nome original fosse Is-Baal (homem de Baal), mas, devido aos ritos e às práticas indecentes que acompanhavam a adoração de Baal, os escribas posteriores relutaram em usar o nome de Baal e por isso substituíram pela palavra "vergonha" (cf. 1 Cr 8.33). Era filho de Saul e foi feito seu sucessor por Abner, o comandante do exército, em Maanaim (2 Sm 2.8-10), depois da morte do rei no monte Gilboa (1 Sm 31.1-6). Durante os dois anos seguintes a casa de Davi se fortaleceu grandemente, enquanto a de Saul se enfraqueceu. A derrocada final aconteceu quando Is-Bosete acusou Abner de cometer algum tipo de indecência com relação às viúvas de seu pai. Esse comandante ficou furioso e iniciou uma intriga com Davi, mas foi morto por Joabe antes de completar as negociações. Dois dos capitães do próprio Is-Bosete o mataram (2 Sm 4.5-7) e a nação de Israel aclamou Davi como seu rei.

P.D.W.

ISCÁ. Filha de Harã (irmão de Abraão) e irmã de Milca, esposa de Naor (Gn 11.29). Aparece na genealogia dos descendentes de Sem, que vai até Terá, através de Abraão.

ISCARIOTES. Veja *Judas Iscariotes*.

IS-DODE. Filho da irmã de Gileade, Hamolequete. Pertencia à tribo de Manassés (1 Cr 7.18).

ISI (Heb. "salutar").
1. Pai de Sesã e filho de Apaim, está listado entre os descendentes de Jerameel, da tribo de Judá (1 Cr 2.31).

ISMAEL

2. Outro líder da tribo de Judá, mas descendente de Calebe (1 Cr 4.20).

3. Pai dos quatro líderes de parte da tribo de Simeão que finalmente mataram os amalequitas, no tempo do rei Ezequias (1 Cr 4.42).

4. Um dos líderes de clã e um valente soldado da tribo de Manassés (1 Cr 5.24).

ISMA. Filho de Etã. Um dos líderes da tribo de Judá e irmão de Jezreel e Idbas. Sua irmã chamava-se Hazelelponi (1 Cr 4.3).

ISMAEL. Vários indivíduos têm este nome nas Escrituras:

1. Filho de Abraão e Hagar, serva egípcia de Sara. As informações bíblicas sobre sua vida encontram-se primariamente em Gênesis 16; 17.18-27; 21:9-21; 25.12-18. Seu nome deriva do verbo "mael" (ouvir, dar atenção) e do sufixo "El", que significa "Deus". Hagar lhe deu este nome devido à visitação do anjo do Senhor (Gn 16.11). Tal vocábulo reflete as circunstâncias nas quais a serva se encontrava. Abraão e Sara esperaram um longo tempo pelo cumprimento da promessa de que teriam um herdeiro para efetivar as bênçãos da aliança de Deus (Gn 12.1-3; 15.1-6). Depois de longa espera, de acordo com o costume bem conhecido na época, Sara ofereceu sua serva egípcia a Abraão, para que tivesse um filho com ela. Ele aceitou a oferta e o objetivo foi alcançado (Gn 16.2-4).

Sara enciumou-se — uma atitude que provavelmente foi exacerbada pela falta de respeito demonstrada por Hagar — e exigiu que Abraão excluísse a serva do clã (Gn 16.4,5). Ele deixou o assunto nas mãos da esposa, o que ocasionou a fuga da escrava, devido ao severo tratamento que começou a receber (v. 6). Perdida no deserto, totalmente sem recursos, Hagar foi confortada pelo anjo do Senhor (vv. 7-12), inclusive com a promessa de uma grande posteridade (v. 10). Deus ordenou que ela retornasse para casa e pedisse desculpas a Sara. Neste contexto, o nome "Ismael" transmite plenamente o significado dessa experiência e da revelação divina.

Nesse episódio, vemos alguns aspectos do caráter de Ismael serem revelados antes mesmo de seu nascimento: "Ele será como um jumento selvagem entre os homens; a sua mão será contra todos e a mão de todos contra ele, e habitará diante de todos os seus irmãos" (Gn 16.12). Dada essa ampla generalização e o fato de que sua habitação seria "a leste de todos os seus irmãos"[1] (v. 12), um amplo propósito é visto aqui. Não se trata apenas da caracterização de um indivíduo, mas de uma etiologia étnica por meio da qual os israelitas entenderiam a natureza dos ismaelitas, os descendentes de Ismael, e seu relacionamento com eles. A resposta de Hagar a essa revelação divina (Gn 16.13,14) e a circuncisão do menino, a fim de representar sua inclusão na comunidade da aliança num sentido mais amplo (Gn 17.25), colocou os ismaelitas numa proximidade contínua muito maior com a bênção dos descendentes de Abraão do que com a maldição dos cananeus idólatras. Os ismaelitas compartilhariam alguns dos benefícios, devido a essa conexão histórica com o Deus de Abraão, embora não fossem totalmente herdeiros das promessas.

Essa condição é confirmada explicitamente e reafirmada nas promessas de Gênesis 21.9-21. Tais eventos ocorreram após o nascimento de Isaque, quando a rivalidade entre Sara e Hagar estendeu-se também aos filhos delas. Sara flagrou Ismael "zombando" de Isaque. O verbo usado é o mesmo do qual o próprio nome "Isaque" deriva, possivelmente para indicar algum tipo de jogo de palavras, com o qual Ismael tentava usurpar o lugar do filho de Sara. Isso reforçaria a preocupação da esposa de Abraão de que Ismael pudesse competir com Isaque pelo direito à condição de herdeiro.

Qualquer que fosse a natureza da ofensa, o resultado estava claro. Abraão, seguindo instruções de Sara, enviou mãe e filho pela segunda vez ao deserto (Gn 21.14). Deus reiterou a decisão de Sara (v. 12) sobre a questão e repetiu a promessa da bênção sobre Hagar e Ismael (v. 13). Quando terminaram as provisões da escrava e esta achava-se desesperada quanto à sua vida e à do filho, o anjo do Senhor novamente lhe apareceu, com palavras de conforto e de esperança (vv. 17,18). Essa mensagem foi seguida pela descoberta miraculosa de uma fonte de água, como testemunho de sua veracidade (v. 19). O resto da vida de Ismael é resumido em Gênesis 21.20,21, para indicar que experimentou a bênção divina, tornou-se exímio arqueiro e habitou nos desertos (vv. 20,21).

Os descendentes de Ismael são mencionados de uma forma coerente com a caracterização de seu epônimo — quanto ao lugar onde viviam (Gn 25.12-16) e à natureza deles (v. 18). Às vezes os midianitas são incluídos entre eles (Jz 8.24; cf. Gn 37.25-28,36; 39.1).

A vida de Ismael demonstra três princípios importantes. *Primeiro*, a etiologia étnica para a audiência original dos judeus retém alguma utilidade para a audiência atual dos árabes, na qual vemos a possessão de algumas bênçãos, como o monoteísmo ético professado pelo Islamismo. Essas dádivas, entretanto, não representam a plenitude dos benefícios redentores dos herdeiros da promessa abraâmica. *Segundo*, o nascimento de Ismael mostra como a impaciência humana pode comprometer o plano de Deus. Esperar no Senhor pelo cumprimento de suas promessas é um elemento vital para a vida de fé. A analogia de Paulo sobre Isaque/Ismael para a existência respectivamente pela fé e pelas obras desenvolve esse princípio (Gl 4.21ss). *Terceiro*, vemos a bondade de Deus operando para o bem, a despeito dos desvios humanos.   M.J.G.

2. Terceiro filho de Azel, da tribo de Benjamim (1 Cr 8.38; 9.44). Era descendente de Saul.

3. Um dos líderes da tribo de Judá, pai de Zebadias, o qual viveu durante o reinado de Jeosafá, rei de Judá. O monarca nomeou um grupo de levitas, sacerdotes e líderes para administrar a justiça e fiscalizar a obediência à lei do Senhor em Judá. Zebadias era o responsável por todas as questões e negócios concernentes ao rei (2 Cr 19.11).

4. Filho de Jeoanã, foi um dos comandantes militares com quem Jeoiada fez aliança. Comandava uma unidade de 100 homens (2 Cr 23.1). Ajudou o sumo sacerdote a coroar o garoto Joás como rei. Jeoiada protegera a vida do menino de Atalia, a mãe de Acazias, rei de Judá morto recentemente. Sete anos depois, Joás foi feito rei. Atalia, sua avó, foi morta, e ele, que era claramente influenciado por Jeoiada, reformou a Templo e restaurou o culto ao Senhor. Posteriormente, depois da morte do sumo sacerdote, Joás se desviou e, lamentavelmente, tanto ele como o povo voltaram a adorar Astarote.

5. Descendente de Pasur, foi um dos judeus, no tempo de Esdras, que se casaram com mulheres estrangeiras; posteriormente divorciou-se (Ed 10.22).

6. "Ismael, filho de Netanias, filho de Elisama, da descendência real", um dos oficiais do exército que se uniram a Gedalias em Mispa, perto de Jerusalém, quando este foi nomeado governador de Judá, após os judeus irem para o exílio na Babilônia (2 Rs 25.23-25). Gedalias tentou convencer esses oficiais a permanecer na terra e não temer os caldeus (v. 24). Alguns meses mais tarde Ismael voltou a Mispa com dez homens e assassinou Gedalias, outros judeus que estavam com ele, bem como alguns caldeus (v. 25). Mais detalhes sobre os acontecimentos subseqüentes são fornecidos em Jeremias 40.8 a 41.18. Lemos que um grupo de 80 homens passaram por Mispa, em seu caminho para a casa do Senhor, onde fariam uma oferta. Ismael os atraiu para a cidade, onde os matou, exceto dez que escaparam, ao oferecer-lhe tesouros que

ISMAÍAS

supostamente esconderam no campo. Ismael e seus renegados, então, atravessaram o Jordão, para a terra dos amonitas, com muitos prisioneiros (Jr 41.10). Quando Joanã, filho de Careá, ouviu sobre isso, ele e um grupo de oficiais do exército perseguiram Ismael, ocasião em que libertaram os cativos e mataram alguns dos inimigos. Ismael conseguiu escapar. Joanã e seu grupo, entretanto, ao voltar para Mispa, tiveram medo de Nabudonosor por causa da morte dos caldeus e fugiram para o Egito. Levaram com eles Jeremias e outras pessoas (Jr 41.16 a 43.7). O profeta advertiu que aquela fuga era contra a vontade de Deus, mas eles insistiram em ir.   P.D.G.

ISMAÍAS (Heb. "o Senhor ouve").

1. Um dos guerreiros da tribo de Benjamim que desertaram de Saul e uniram-se a Davi em Ziclague. Era ambidestro, tanto no uso do arco como da funda. Ismaías foi um guerreiro valente, contado entre os "trinta" famosos de Davi (1 Cr 12.3).

2. Administrador e líder da tribo de Zebulom, durante o reinado de Davi. Seu pai era Obadias (1 Cr 27.19).

ISMAQUIAS (Heb. "o Senhor sustenta"). Um dos levitas que supervisionaram os dízimos e ofertas oferecidos pelos judeus. Como resultado do extraordinário avivamento no reinado de Ezequias, o povo levou tantas ofertas e dízimos ao Templo que tiveram de preparar depósitos especiais. Ismaquias foi um dos levitas escolhidos para organizar o armazenamento dos donativos, sob a liderança de Conanias e Simei (2 Cr 31.13).

ISMERAI (Heb. "Deus preserva"). Um dos filhos de Elpaal e líder da tribo de Benjamim. Vivia em Jerusalém (1 Cr 8.18).

ISPA. Filho de Berias e líder da tribo de Benjamim. Vivia em Aijalom (1 Cr 8.16).

ISPÃ. 1 Crônicas 8.22 lista Ispã como um líder de uma família da tribo de Benjamim e filho de Sasaque. Seu nome aparece na genealogia do rei Saul.

ISRAEL. Nome dado a Jacó depois que "lutou com Deus" em Peniel (Gn 32.28,31). Veja *Jacó*.

ISSACAR (Heb. "há recompensa" ou "homem contratado").

1. Quinto filho de Jacó com sua esposa Lia, nasceu depois que ela, após cessar de conceber (Gn 29.35), comeu algumas mandrágoras, pois imaginava que tinham poderes de tornar uma mulher fértil (Gn 30.14-18). Issacar aparece na bênção de Jacó como "jumento forte, deitado entre dois fardos. Viu ele que o descanso era bom, e que a terra era deliciosa e baixou o ombro à carga, e sujeitou-se ao trabalho servil" (Gn 49.14,15). Essa predição claramente relaciona-se com o segundo significado do nome, mencionado acima. Moisés profetizou que Issacar, junto com Zebulom, como tribos, participariam da indústria marítima e serviriam como local para a adoração pública (Dt 33.18,19). Onde e como isso foi realizado não se pode determinar com certeza.

Por outro lado, Issacar como indivíduo é raramente mencionado, pois limita-se apenas a ser o fundador da tribo que leva seu nome. No arranjo do acampamento dos israelitas no deserto, sua tribo era colocada a leste, junto com as de Judá e Zebulom (Nm 2.3-9), descendentes respectivamente do irmão mais velho e do mais novo de Issacar (Gn 29.35; 30.20).

2. Sétimo filho de Obede-Edom, descendente de Coré; responsável pelos portões do Tabernáculo, na administração do rei Davi (1 Cr 26.5).   E.M.

ISSIAS. 1. Um dos descendentes de Harim que estavam entre os judeus acusados de ter-se casado com mulheres estrangeiras (Ed 10.31).

ITMA

2. Neto de Uzi e um dos cinco filhos de Izraías, era um dos líderes da tribo de Issacar (1 Cr 7.3). Junto com seus filhos e suas esposas e outros membros da família, conseguiram proporcionar um grande número de soldados a Israel. Durante o reinado de Davi, os descendentes de Issacar foram capazes de reunir 87.000 guerreiros.

3. Um dos guerreiros da tribo de Benjamim que desertaram de Saul e se uniram a Davi em Ziclague. Todos eram ambidestros, tanto no uso do arco como da funda (1 Cr 12.6).

4. Levita, filho do quarto filho de Coate, Uziel (1 Cr 23.20; 24.25). Mencionado numa seção que trata da divisão do trabalho dos levitas no Tabernáculo, durante o reinado de Davi.

5. Outro levita que viveu na época do rei Davi, mencionado somente como líder de uma família e descendente de Reabias (1 Cr 24.21).

ISVÁ. O segundo dos quatro filhos de Aser. Como seu clã não é mencionado em Números 26.44, possivelmente não deixou descendentes (Gn 46.17; 1 Cr 7.30).

ISVI. 1. Terceiro filho de Aser e um dos que desceram para o Egito com Jacó. Foi o progenitor do clã dos isvitas (Gn 46.17; Nm 26.44; 1 Cr 7.30).

2. Mencionado em 1 Samuel 14.49, era um dos filhos do rei Saul e irmão de Jônatas e Malquisua.

ITAI. 1. "Filho de Ribai, de Gibeá, dos filhos de Benjamim", foi um dos "trinta" guerreiros de Davi (2 Sm 23.29; 1 Cr 11.31).

2. O "giteu", convidou 600 homens de Gate para se unir a Davi, quando este fugia de Absalão. O rei maravilhou-se com tal demonstração de lealdade por parte de um estrangeiro e generosamente sugeriu que Itai voltasse para Absalão, mas ele se recusou. Davi então permitiu que ele e seus homens, acompanhados por suas famílias, o seguissem (2 Sm 15.19-22). Posteriormente, o rei enviou

três grupos de guerreiros para lutar contra as tropas de Absalão. Os líderes foram Joabe, Abisai e Itai (2 Sm 18.2, 5, 12). Davi deu-lhes ordem para que, se encontrassem Absalão, o protegessem.

ITAMAR (Heb. "ilha das palmas"). Filho de Arão e sua esposa Eliseba (Êx 6.23; Nm 3.2; 26.20; 1 Cr 6.3; 24.1,2). Dois de seus irmãos, Nadabe e Abiú, ofereceram um sacrifício ilegítimo ao Senhor e morreram por causa disso; de sorte que apenas Itamar e Eleazar sobreviveram para servir como sacerdotes durante o tempo de vida do sumo sacerdote Arão, pai deles (Nm 3.4; Êx 28.1). Itamar era o líder dos levitas, durante o tempo de construção do Tabernáculo, no deserto (Êx 38.21). Em Levítico, no estabelecimento das regras para o comportamento dos levitas, ambos, Eleazar e Itamar, foram destacados (Lv 10.6,12). Os serviços do clã dos gersonitas na Tenda da Congregação e os dos meraritas foram colocados sob a liderança de Itamar.

Posteriormente, quando o rei Davi resolveu organizar o serviço no Tabernáculo e colocar em ordem o culto visando ao futuro Templo, Aimeleque, um dos descendentes de Itamar, destacou-se como uma figura proeminente, e os demais foram distribuídos em oito grupos (1 Cr 24.3-6). Seus descendentes também estavam entre os judeus que retornaram do exílio na Babilônia e reconstruíram Jerusalém (Ed 8.2). P.D.G.

ITIEL. 1. Seu descendente, Salu, estava entre os primeiros judeus da tribo de Benjamim que retornaram do exílio na Babilônia (Ne 11.7).

2. Mencionado em Provérbios 30.1, nos discursos de Agur, onde é mencionado que um homem declarou as palavras para Itiel. Para mais detalhes, veja *Ucal*.

ITMA. Um dos "trinta" grandes guerreiros de Davi, que veio de Moabe (1 Cr 11.46). Não está claro se era realmente

ITRÃ

um moabita (portanto, membro de uma nação que se opunha a Israel) ou alguém que se casara com uma moabita e resolvera retornar para ajudar o rei.

ITRÃ. 1. Líder entre os horeus, filho de Disom e neto de Aná (Gn 36.26; 1 Cr 1.41).
2. Filho de Zofá e um dos líderes da tribo de Aser (1 Cr 7.37).

ITREÃO. O último dos seis filhos de Davi nascidos enquanto ele estava em Hebrom. Sua mãe era Eglá (2 Sm 3.5; 1 Cr 3.3).

IZIAS. Descendente de Parós, estava entre os judeus acusados de ter-se casado com mulheres estrangeiras (Ed 10.25).

IZLIAS. Um dos filhos de Elpaal e líder da tribo de Benjamim; vivia em Jerusalém (1 Cr 8.18).

IZRAÍAS (Heb. "o Senhor aparece"). Filho de Uzi e neto de Tola. Foi um dos líderes da tribo de Issacar (1 Cr 7.3). Ele, com seus cinco filhos e suas esposas e demais membros da família proporcionaram um grande número de soldados a Israel. Durante o reinado de Davi, os descendentes de Issacar reuniam 87.000 homens para a guerra.

IZRI. Líder do quarto grupo de músicos levitas e do coral que ministrava no Templo (1 Cr 25.11).

---

[1] "A leste", variação de tradução da expressão "diante dos seus irmãos", de acordo com o hebraico (Nota do Tradutor).

J

JAACOBÁ (Heb. "proteção"). Líder de um clã da tribo de Simeão, mencionado em 1 Crônicas 4.36.

JAALA. Um dos servos de Salomão cujos descendentes retornaram do exílio na Babilônia em companhia de Zorobabel (Ed 2.56; Ne 7.58).

JAANAI (Heb. "ele respondeu"). Líder de um dos clãs da tribo de Gade, que vivia em Basã (1 Cr 5.12).

JAARÉ-OREGIM. Pai de Elanã, mencionado como o que matou "Golias, o giteu". Era de Belém (2 Sm 21.19). Para tomar ciência de que este gigante era o mesmo que foi morto por Davi, veja *Elanã*.

JAARESIAS. Um dos filhos de Jeroão e líder de clã. Era da tribo de Benjamim e vivia em Jerusalém (1 Cr 8.27).

JAASAI. Um dos descendentes de Bani. Após o retorno do exílio na Babilônia, Secanias confessou a Esdras que muitos homens da tribo de Judá, inclusive descendentes dos sacerdotes, tinham-se casado com mulheres de outras tribos e até estrangeiras. Esdras e o povo se arrependeram e fizeram um pacto de servir ao Senhor (Ed 10.2). Jaasai é listado como um dos judeus que se divorciaram de esposas gentias (Ed 10.37).

JAASIEL (Heb. "feito por Deus"). **1.** Listado em 1 Crônicas 11.47 como um "mezobaíta", era um dos famosos "heróis" de Davi, os quais foram valentes guerreiros.
2. Administrador do território dos benjamitas e um líder da tribo durante o reinado de Davi. Seu pai chamava-se Abner (1 Cr 27.21). Pode tratar-se da mesma pessoa do item nº 1.

JAATE (Heb. "Deus agarrará").
1. Filho de Reaías e pai de Aumai e Laade, do clã dos zoratitas, da tribo de Judá. Era bisneto de Judá e um líder entre seu povo (1 Cr 4.2).
2. Neto de Levi (1 Cr 6.43). Listado como um dos ancestrais de Asafe, o líder da música no Tabernáculo nos últimos dias do rei Davi. Seu nome tornou-se comum entre as famílias levitas.
3. Bisneto de Levi (1 Cr 6.20). Provavelmente é a mesma pessoa do item nº 2, pois supõe-se que a frase "Libni, seu filho", foi omitida no v. 43.
4. Filho de Simei e neto de Gérson, mencionado em 1 Crônicas 23.10,11 na passagem que descreve a distribuição das turmas de sacerdotes e levitas para o trabalho no Templo, nos últimos dias do rei Davi.
5. Um dos filhos de Selomote, do clã dos izaritas, da tribo de Levi, que serviu no Tabernáculo durante o reinado de Davi (1 Cr 24.22).
6. Do clã dos meraritas, da tribo de Levi, era um músico talentoso e fiscalizou as reformas no Templo durante o reinado de Josias, de Judá (2 Cr 34.12, onde é chamado de Joate).
7. Neto de Gérson descendente de Levi, líder de um clã. Seu pai chamava-se Libni (1 Cr 6.20).

JAAZANIAS (Heb. "Deus ouve").
1. Ele e sua família foram testados pelo profeta Jeremias, que os levou a uma câmara do Templo e ofereceu-lhes vinho. Eles se recusaram a fazê-lo, mediante a alegação de que o ancestral deles, Jonadabe, filho de Recabe, tinha ordenado que jamais

JAAZIAS

bebessem vinho e sempre habitassem em tendas. Segundo eles, isso traria bênçãos para a família. A obediência deles ao antepassado, demonstrada na recusa de beber vinho, foi usada por Jeremias como uma ilustração da desobediência dos habitantes de Judá e de Jerusalém, na época da invasão dos caldeus. Enquanto os recabitas proporcionavam um exemplo de obediência de longo prazo, os judeus não acreditaram nas mensagens dos profetas e desobedeceram ao Senhor; por isso, estavam sob juízo. Por outro lado, os recabitas receberam a promessa do Senhor de que "nunca faltará homem a Jonadabe, filho de Recabe, que assista perante a minha face todos os dias" (Jr 35.3,19).

2. Um comandante do exército, maacatita, que se uniu a outros oficiais em Mispa, ao ouvir que Gedalias fora nomeado governador pelo rei Nabucodonosor, da Babilônia (2 Rs 25.23; Jr 40.8). Eles apoiaram Gedalias, que, infelizmente, foi assassinado por Ismael.

3. Filho de Safã, era um dos 70 anciãos de Israel vistos pelo profeta Ezequiel em uma visão. Cada um deles tinha um incensário na mão, do qual subia uma nuvem de incenso (Ez 8.11). Provavelmente Jaazanias era o mais importante deles, pois é o único mencionado pelo nome. Esses anciãos estavam envolvidos em graves práticas idolátricas no Templo, "cada um nas suas câmaras pintadas de imagens" (v. 12). A visão foi dada pelo Senhor, para que o profeta entendesse a profundidade do pecado e da idolatria pelos quais Judá seria julgado (vv. 17,18). O juízo de Deus, desta maneira, é considerado justo, pois é enviado sobre os que se rebelam e adoram outros deuses.

4. Filho de Azur, mencionado em Ezequiel 11.1, era um dos líderes do povo. O Senhor mostrou ao profeta Ezequiel que este líder, junto com outros 25, seria julgado e condenado, por fazer o povo desviar-se por meio de falsas profecias e conselhos perversos dados aos moradores de Jerusalém. Além do temível juízo que é sempre prometido nas Escrituras para os falsos profetas, que levam o povo a desviar-se da vontade de Deus, o juízo sobre Jaazanias era merecido porque fez "conforme os juízos das nações" que estavam ao redor (v. 12).   P.D.G.

JAAZIAS (Heb. "o Senhor fortalece"). Um dos filhos de Merari, líder de um clã da tribo de Levi, cujos descendentes são listados como servidores no Tabernáculo durante o reinado de Davi (1 Cr 24.26,27).

JAAZIEL (Heb. "Deus fortalece").

1. Depois que a Arca da Aliança foi levada para Jerusalém, o culto a Deus foi adequadamente organizado pelo rei Davi. Jaaziel foi um dos membros do clã dos meraritas, da tribo de Levi, colocados como porteiros. A tarefa particular que recebeu, juntamente com seus irmãos, foi a de tocar harpas e liras enquanto a Arca era trazida para a capital (1 Cr 15.18,20; no v. 20 é chamado de Aziel).

2. Arqueiro ambidestro e extremamente hábil, da tribo de Benjamim, que primeiro lutou no exército de Saul e depois transferiu-se para o grupo de Davi, quando este se encontrava em Ziclague (1 Cr 12.4). Foi contado como um dos "trinta" guerreiros mais valorosos de Davi. Mais adiante, na mesma passagem, parece que tais homens uniram-se ao rei de Israel, não apenas para estarem do lado vencedor, mas porque "o Espírito de Deus" operara nos corações deles (v. 23).

3. Um dos sacerdotes indicados pelo rei Davi para liderar a adoração, quando a Arca da Aliança foi levada para Jerusalém. Deveria tocar a trombeta continuamente diante da Arca, como parte do louvor do povo a Deus (1 Cr 16.6).

4. Levita, descendente de Coate, era o terceiro filho de Hebrom; participou do trabalho dos coatitas no Templo (1 Cr 23.19; 24.23).

5. Levita do clã de Asafe, era filho de Zacarias e neto de Benaia. Ficou famoso pelo fato de o Espírito do Senhor vir sobre ele, num tempo de crise em Judá, durante o reinado de Jeosafá (2 Cr 20.14). Um exército de moabitas e amonitas invadira Judá, procedente de Edom. Jeosafá e seu povo estavam assustados, mas o rei buscou ao Senhor em oração e convocou a nação a unir-se a ele num jejum, enquanto esperavam a resposta de Deus. Jeosafá liderou o povo numa grande oração de fé (2 Cr 20.1-12). Como o Senhor sempre prometera, ouviu os rogos de seu povo e respondeu por meio de Jaaziel, o qual lembrou ao povo e ao rei que a batalha dependia do Senhor e não deles (v. 15). Portanto, deveriam assumir suas posições na entrada do vale e simplesmente observar Deus fazer sua obra. Todo o povo louvou ao Senhor, liderado pelos sacerdotes. Quando os judeus foram para a batalha, clamavam e cantavam: "Rendei graças ao Senhor, pois o seu amor dura para sempre". O próprio Deus colocou emboscadas contra o inimigo, então eles lutaram uns contra os outros e destruíram-se.

O impacto deste capítulo está claramente na evidência que proporciona, como tantas vezes é demonstrado na Bíblia, que, quando o rei e seu povo buscaram sinceramente ao Senhor e colocaram a fé nele, Deus os levou à vitória (2 Cr 20.13-28). Outras nações ouviram sobre o poder do Senhor e, assim, Jeosafá tranqüilizou-se (v. 30).

6. Mencionado em Esdras 8.5, este Jaaziel era o pai de Secanias e está listado entre os judeus que retornaram do exílio para Jerusalém.   P.D.G.

JABAL. Primogênito de Lameque e de sua esposa Ada (Gn 4.20). Foi o primeiro nômade mencionado na Bíblia: "Este foi o pai dos que habitam em tendas e possuem gado".

JABES (Heb. "seco"). No término do reino do Norte, Salum matou o rei Zacarias e usurpou o trono pela força. Ele mesmo, por sua vez, foi assassinado por Menaém,

depois de apenas um mês de reinado em Samaria (2 Rs 15.10,13,14). A expressão "Salum, filho de Jabes" (v. 10) talvez indique a cidade de onde ele era natural.

JABEZ. A tribo de Judá dava seqüência à sua existência através das gerações (1 Cr 4.1-8), inconscientemente abrindo caminho para a coroa de sua sobrevivência (Hb 7.14), quando um homem se destaca, ao fazer uma oração a Deus (1 Cr 4.9,10). Jabez descobriu que as necessidades pessoais, ordinárias, pertinentes à vida diária devem ser levadas diante do Senhor: ele "clamou ao Deus de Israel" e "Deus lhe concedeu o que lhe tinha pedido". Freqüentemente na Bíblia os nomes devem ser encarados com respeito, pois, quando são dados às pessoas com seriedade (como neste caso, onde reflete as circunstâncias do nascimento) ou conscientemente, tornam-se referências sobre a pessoa em questão. "Jabez" significa "dor, tristeza" e parece que ele vivia com o receio de que seu nome fosse profético e o futuro pudesse lançar sua sombra sobre ele. Assim, orou sobre a questão e o Senhor atendeu o seu pedido. Tratava-se de um problema herdado, mas Deus concedeu uma solução. Jabez também estava consciente de suas necessidades materiais: por alguma razão, precisava de mais espaço e a oração resolveu isso também: "Deus lhe concedeu o que lhe tinha pedido". Todas as nossas necessidades — inclusive as materiais — são do interesse do Senhor. Além disso, Jabez desejava que Deus estivesse com ele e orou: "Seja a tua mão comigo" — a presença pessoal do Senhor em poder — e isso também "Deus lhe concedeu". "Não temos porque não pedimos" (Tg 4.2). J.A.M.

JABIM (Heb. "inteligente, com discernimento"). Este nome pode representar um título real (semelhante a Faraó, usado no Egito).

1. Rei de Hazor, a maior cidade do norte da Palestina, o qual liderou uma aliança

JACÃ

de príncipes contra Josué (Js 11.1-12). O Senhor, porém, mostrou a seu servo como atacar a coalizão e Jabim foi derrotado nas águas de Merom. Sua cidade foi capturada e queimada e ele próprio foi morto.

2. Outro rei de Hazor (chamado de "rei de Canaã", em Jz 4.2), que "oprimiu duramente os filhos de Israel" por vinte anos, na época dos Juízes, por causa da idolatria do povo (veja *Juízes*). Débora e Baraque derrotaram Sísera, general de Jabim, e libertaram Israel da tirania dele (Jz 4.2-24). Débora então cantou louvores a Deus por essa grande vitória (Jz 5), mencionada também no Salmo 83.9.

P.D.W.

JACÃ. Líder de sete clãs da tribo de Gade estabelecidos na região de Gileade e Basã (1 Cr 5.13).

JACÓ

Seu nascimento (*Gn 25.21-34; 27.1-45*)

Jacó nasceu como resposta da oração de sua mãe (Gn 25.21), nas asas de uma promessa (vv. 22,23). Será que Isaque e Rebeca compartilharam os termos da bênção com os filhos gêmeos, enquanto eles cresciam? Contaram logo no início que, de acordo com a vontade de Deus, "o mais velho serviria o mais novo"? Deveriam ter contado, mas as evidências indicam que não o fizeram. De acordo com o que aconteceu, o modo como Jacó nasceu ("agarrado", Gn 25.26) e o nome que lhe deram (Jacó, "suplantador"), por muito tempo a marca registrada de seu caráter foi o oportunismo, a luta para tirar vantagem a qualquer preço e desonestamente. Além disso, a própria Rebeca, diante da possibilidade de que Esaú alcançasse a preeminência, não apelou para a confiança na promessa divina, e sim para seu próprio oportunismo inescrupuloso (Gn 25.5-17), — ou seja, sendo de "tal mãe, tal filho".

Esaú era um indivíduo rude e despreocupado, que não levava nada muito a sério e que dava um valor exagerado aos prazeres passageiros. Jacó percebeu que essa era sua chance. Certo dia, Esaú voltou faminto de uma caçada e encontrou a casa imersa no aroma de uma apetitosa refeição preparada por Jacó. Esaú não teve dúvidas em trocar seu direito de primogenitura por um prato de comida e podemos imaginar um sorriso de maliciosa satisfação nos lábios de Jacó pelo negócio bem-sucedido! (Gn 25.27-34).

A família patriarcal era a administradora da bênção do Senhor para o mundo (veja *Abraão*, Gn 12.2,3), e a experiência traumática de Gênesis 22.1-18 deve ter gravado essa promessa em Isaque. Quando, porém, ele sentiu a aproximação da morte (Gn 27.1,2) — de maneira totalmente equivocada, o que não é raro nos idosos (Gn 35.27-29) —, percebeu que era uma questão de extrema importância assegurar a transmissão da bênção. Quantas tragédias seriam evitadas se vivêssemos plenamente conscientes das promessas e da Palavra de Deus! Rebeca achava que era sua obrigação providenciar o cumprimento da promessa feita no nascimento dos gêmeos; Isaque esqueceu totalmente a mensagem. Uma terrível fraude foi praticada, e Rebeca corrompeu aquela sua característica positiva, que era parte de seu charme durante a juventude (Gn 24.57); e Jacó, por sua vez, temeu ser descoberto, em lugar de arrepender-se do pecado que praticava (Gn 27.12). As conseqüências foram a inimizade entre os irmãos (Gn 27.41), a separação entre Rebeca e seu querido Jacó (Gn 25.28; 27 a 45), o qual de fato ela nunca mais viu, e, para Jacó, a troca da segurança do lar por um futuro incerto e desconhecido (Gn 28.1,2,10).

JACÓ

Um encontro com Deus (*Gn 28.1-22*)

Logo depois que Jacó sentiu a desolação que trouxera sobre si mesmo, o Senhor apareceu a ele e concedeu-lhe uma viva esperança. Embora ele desejasse conquistar a promessa de Deus por meio de suas próprias manobras enganadoras, o Senhor não abandonou seu propósito declarado. A maior parte do restante da história gira em torno dessa tensão entre o desejo de Deus em abençoar e a determinação de Jacó de conseguir sucesso por meio da astúcia. Gênesis 28.13, que diz: "Por cima dela estava o Senhor", tem uma variação de tradução que seria mais apropriada: "Perto dele estava o Senhor", pois a bênção de Betel foi: "Estou contigo, e te guardarei por onde quer que fores" (v. 15). Tudo isso sugere que a escada é uma ilustração do Senhor, que desce a fim de estar com o homem a quem faz as promessas (vv. 13,14). Numa atitude típica, Jacó tenta transformar a bênção de Deus numa barganha e literalmente coloca o Senhor à prova (vv. 20-22), ao reter o compromisso pessoal da fé até que Deus tivesse provado que manteria sua palavra. Quão maravilhosa é a graça do Senhor, que permanece em silêncio e busca o cumprimento de suas promessas, mesmo quando são lançadas de volta em sua face! Oportunistas, entretanto, não fazem investimentos sem um retorno garantido do capital! Jacó precisava trilhar um duro caminho, até aprender a confiar.

A história dentro da história (*Gn 29 a 31*)

Gênesis 29 a 31 conta a chegada de Jacó à casa de seus parentes, em Padã-Hadã, no extremo norte, onde Palestina e Mesopotâmia se encontram, separadas pelo rio Eufrates (29.1); registra seu encontro com Raquel e sua apresentação aos familiares da mãe dele (29.2-14); menciona como foi enganado e obrigado a casar-se com Lia e Raquel (29.14-30), formou uma numerosa família (29.31 a 30.24), trabalhou como empregado para o sogro Labão (30.25 a 31.1) e finalmente voltou para Canaã (31.2-55). É uma história fascinante — o oportunista, suplantador e autoconfiante Jacó e o astuto Labão. Seu tio tramou com sucesso para casar a filha Lia, que não tinha pretendentes (Gn 29.17) — interessante, aquele que alcançou a condição de primogênito por meio do ardil (25.29ss) foi enganado na mesma área, no tocante à primogenitura (29.26)! "Deus não se deixa escarnecer" (Gl 6.7) — mas, depois disso, embora as coisas fossem difíceis (Gn 31.38-41), Jacó sempre foi bem-sucedido. Ele sabia como "passar Labão para trás". O sogro decidia qual parte do rebanho seria dada a Jacó como pagamento e tomava as medidas para garantir a sua vantagem no acordo (30.34-36), mas o filho de Isaque sempre tinha um ou dois truques "escondidos na manga" — simplesmente tirando a casca de alguns galhos, de acordo com a orientação divina!

Dentro da narrativa dos galhos descascados, havia uma outra história e Jacó começou a aprender e a responder a ela. O Senhor prometera cuidar dele (Gn 28.15) e cumpriu sua palavra. Sem dúvida, Jacó estava satisfeito com o resultado dos galhos, mas uma visão de Deus colocou as coisas às claras (Gn 31.3,10-13). Não foi a eugenia supersticiosa de Jacó, mas o cuidado fiel de Deus que produziu rebanhos para benefício dele. Posteriormente ele reconheceu esse fato, quando Labão o perseguiu furioso por todo a caminho até Mispa, já na fronteira com Canaã (Gn 31.38-42). Ao que parece, entretanto, o aprendizado de Jacó não foi muito além da capacidade de falar a coisa certa.

A oração de Jacó (*Gn 32.1-21*)

Seria uma crítica injusta dizer que Jacó ainda não havia aprendido a confiar no cuidado divino, em vez de confiar no esforço humano? Duas outras questões indicam que

JACÓ

essa avaliação é correta: por que, encontrando-se em companhia dos anjos do Senhor (Gn 32.1), Jacó estava com medo de Esaú e seus 400 homens (vv. 6,7)? E por que, quando fez uma oração tão magnífica (Gn 32.9-12), voltou a confiar nos presentes que enviaria ao irmão (vv. 13-21)? Foi uma oração exemplar, de gratidão pelas promessas divinas (v. 9), reconhecendo que não era digno da bênção (v. 10), específica em seu pedido (v. 11), e retornando ao princípio, para novamente descansar na promessa de Deus (v. 12). Seria difícil encontrar oração como esta na Bíblia. Jacó esperava a resposta de Deus, mas, sabedor de que Esaú já fora comprado uma vez por uma boa refeição (Gn 25.29ss), tratou de negociar novamente com o irmão. Ele ainda se encontrava naquele estado de manter todas as alternativas à disposição: um pouco de oração e um pouco de presentes. Estava, contudo, prestes a encontrar-se consigo mesmo.

Bênção na desesperança (*Gn 32.22-31*)

Uma cena resume tudo o que Jacó era: enviou toda sua família para o outro lado do ribeiro Jaboque, mas algo o reteve para trás. "Jacó, porém, ficou só, e lutou com ele um homem até o romper do dia" (Gn 32.24). Na verdade sempre foi assim: "Jacó sozinho" — usurpando o direito de primogenitura, apropriando indevidamente da bênção, medindo forças com Labão, fugindo de volta para casa, negociando (Gn 31.44-55) uma esfera segura de influência para si próprio —, entretanto, é claro, ninguém negociaria a posse de Canaã! O Senhor não permitiria isso. Portanto, veio pessoalmente opor-se a Jacó, com uma alternativa implícita muito clara: ou você segue adiante dentro dos meus termos, ou fica aqui sozinho. Jacó não estava disposto a abrir mão facilmente de sua independência, e a disputa seguiu por toda a noite (Gn 32.24). Se ele tivesse se submetido, em qualquer momento da luta, teria terminado a batalha inteiro, mas o seu espírito arrogante e individualista o impeliu adiante até que, com a facilidade consumada de quem é Todo-poderoso, um simples toque de dedo deslocou a coxa de Jacó (v. 25). Que agonia! Que desespero! Que humilhação saber que só conseguia manter-se em pé porque os braços fortes do Senhor o amparavam!

Até mesmo o oportunismo, entretanto, pode ser santificado! O desesperado Jacó clamou: "Não te deixarei ir, se não me abençoares" (v. 26) e o grito do desesperado pela bênção transformou Jacó num novo homem, com um novo nome (v. 28). Ele de fato tinha "prevalecido", pois essa é a maneira de agir do Deus infinito em misericórdia: ele não pode ser derrotado pela nossa força, mas sempre é vencido pelo nosso clamor. E, assim, o Jacó sem esperança saiu mancando, agora como Israel, pois tinha "visto a face de Deus" (v. 30).

O homem com uma bênção para compartilhar (*Gn 33.1 a 50.13*)

Quando, porém, o relato da vida de Jacó prossegue, vemos que as coisas velhas não passaram totalmente, nem todas tornaram-se novas. O mesmo homem que "viu Deus face a face" (Gn 32.30) encontrou Esaú sorrindo para ele e toda a hipocrisia aflorou novamente: "Porque vi o teu rosto, como se tivesse visto o rosto de Deus" (Gn 33.10)! O homem que fora honesto (pelo menos) com Deus (Gn 32.26) ainda era desonesto com as pessoas, pois prometeu seguir Esaú até Edom (33.13,14 - Seir) e não cumpriu a promessa; de fato, não planejara fazê-lo (33.17). Por outro lado, estava espiritualmente vivo e cumpriu fielmente a promessa que tinha feito ao declarar o Senhor de Betel (28.20,21) como seu Deus (33.20), ansioso para cumprir seu voto na íntegra (35.1-4) e trazer sua família ao mesmo nível de compromisso espiritual. Em seu retorno à Canaã, o Senhor lhe apareceu, a fim de dar-lhe esperança e reafirmar as promessas: confirmou seu novo nome (35.9,10) e repetiu a bênção da

JAEL

posteridade e possessão (vv. 11-15). A grande misericórdia de Deus marcou esse novo começo, pois Jacó precisaria de toda essa segurança nos próximos eventos: a morte de Raquel (Gn 35.16-19), a imoralidade e deslealdade de Rúben (v. 21), a morte de Isaque (vv. 27-29) e aquele período de anos perdidos e desolados, piores do que a própria morte, quando José também se foi (Gn 37-45). A disciplina de Deus, porém, educa e santifica (Hb 12.1-11) e Jacó emergiu dela com uma vida gloriosa: a cada vez que o encontramos, é como um homem que tem uma bênção para compartilhar — abençoou o Faraó (Gn 47.7,10), abençoou José e seus dois filhos (Gn 48.15-20) e abençoou toda a família, reunida ao redor do seu leito de morte (Gn 49). Agora, seu testemunho também é sem nenhuma pretensão: foi Deus quem o sustentou, o anjo o livrou (Gn 48.15). O antigo Jacó teria dito: "Estou para morrer e não posso imaginar o que será de vocês, sem a minha ajuda e sem as minhas artimanhas". "Israel", porém, o homem para quem Deus dera um novo nome, disse para José: "Eis que eu morro, mas Deus será convosco" (Gn 48.21). Um homem transformado, uma lição aprendida.

J.A.M.

JADA (Heb. "o Senhor cuida"). Filho de Onã, da tribo de Judá. Mencionado em 1 Crônicas 2.28,32 como neto de Jerameel e de sua esposa Atara.

JADAI (Heb. "amado"). Descendente de Nebo, Jadai estava entre os judeus que se casaram com mulheres estrangeiras, no tempo de Esdras, após o exílio na Babilônia. Posteriormente, divorciou-se (Ed 10.43).

JADIEL (Heb. "Deus dá júbilo"). Cabeça de um clã e um soldado valente, da tribo de Manassés (1 Cr 5.24).

JADO (Heb. "o Senhor se alegra"). Filho de Buz e líder de um clã da tribo de Gade, o qual se estabeleceu na região de Basã e Gileade (1 Cr 5.14).

JADOM. Homem de Meronote, ajudou na reconstrução dos muros de Jerusalém sob a liderança de Neemias, depois do retorno do exílio na Babilônia (Ne 3.7).

JADUA. 1. Um dos líderes dos judeus que retornaram do exílio na Babilônia, Jadua foi um dos que assinaram o pacto feito pelo povo, sob a liderança de Neemias, de fidelidade ao Senhor e à sua lei (Ne 10.21).

2. Descendente de Jesua, foi um dos levitas que retornaram do exílio na Babilônia com Zorobabel. Era filho de um certo Jônatas. Foi líder de sua família e sumo sacerdote nos dias do rei Dario, da Pérsia (Ne 12.11, 22).

JAEL (Heb. "cabra selvagem ou da montanha", cf. Sl 104.18). Esposa de Héber, o queneu. Ela matou o general do rei Jabim, de Hazor (Jz 4.17-22). Os israelitas, liderados por Débora e Baraque, derrotaram Sísera e seu exército em "Taanaque, junto às águas de Megido" (Jz 5.19), mas o comandante cananeu conseguiu fugir a pé. Chegou ao lugar onde Héber vivia com sua família e resolveu aceitar a hospitalidade oferecida por Jael, pois havia uma aliança entre os queneus e o rei Jabim. Sísera, exausto da batalha, caiu no sono, escondido debaixo de uma coberta, na tenda da esposa de Héber. Enquanto dormia, Jael pegou uma estaca de fixar a tenda e cravou-a em sua têmpora — uma atitude muito corajosa, pois os israelitas não tinham dominado totalmente aquela região, de sorte que poderiam sofrer retaliações por parte de Jabim. Essa batalha foi o ponto culminante no livramento do povo de Israel da opressão dos cananeus. Débora imortalizou o ato de

JAERÁ

bravura de Jael em sua canção de vitória (Jz 5.24-27). P.D.W.

JAERÁ. Descendente do rei Saul, da tribo de Benjamim. Seu pai chamava-se Acaz (1 Cr 9.42).

JAFÉ. Terceiro filho de Noé (Gn 5.32), nasceu no meio de uma sociedade pecaminosa, já sob o juízo de Deus (6.5-7). No entanto, por ser filho do homem que "achou graça aos olhos do Senhor" (6.8), foi incluído na Aliança de Deus com Noé, experimentou a salvação divina e tornou-se um dos progenitores da nova geração da humanidade (7.13; 9.18,19; 10.2-4). Por sua reação ao lapso do pai (9.20-23), foi recompensado com a bênção divina (9.27). Até onde seus descendentes podem ser identificados, sabe-se que viviam a uma certa distância de Israel, principalmente no extremo norte. J.A.M.

JAFIA. 1. Governante de Laquis, respondeu à convocação de Adoni-Zedeque para fazer parte de uma coalizão de reis que lutariam contra os gibeonitas, os quais haviam feito um tratado de paz com os israelitas. Quando Gibeom foi atacada, Israel prestou ajuda e derrotou a coalizão. Os reis fugiram para a caverna de Maquedá. Quando Josué os encontrou, mandou que a entrada do túnel fosse fechada com grandes pedras, deixou alguns guardas e prosseguiu na batalha. Quando os israelitas retornaram, o comandante hebreu ordenou que os reis fossem todos mortos (Js 10.3-28; 12.10-12). O Senhor encorajou Josué nas batalhas, a fim de demonstrar que os israelitas jamais deviam temer os inimigos (Js 10.8; veja 1.4-9).

2. Um dos filhos do rei Davi. Depois que conquistou Jerusalém e a tornou a capital de seu reino, Davi mudou-se de Hebrom para lá e tomou muitas esposas e concubinas. Teve muitos filhos, entre os quais Jafia (2 Sm 5.15; 1 Cr 3.7; 14.6). P.D.G.

JAFLETE. Filho de Héber e líder de um dos clãs da tribo de Aser. Teve três filhos e foi um bravo guerreiro e um líder excelente: (1 Cr 7.32,33, 40).

JAIR (Heb. "que ele brilhe" ou "ele ilumina" cf. Sl 105.39).

1. Descendente de Manassés, tomou várias cidades na fronteira de Basã e Gileade e as chamou de Havote-Jair, na conquista das terras a leste do rio Jordão sob a liderança de Moisés (Nm 32.41; Dt 3.14; Js 13.30; 1 Rs 4.13; 1 Cr 2.22).

2. Foi juiz em Israel por 22 anos. A Bíblia diz que tinha trinta filhos que cavalgavam trinta jumentos e foram colocados como governadores de trinta cidades na região de Gileade, chamadas de Havote-Jair (Jz 10.3-5). Sucedeu Tola como juiz. Nada mais se sabe sobre ele. Veja *Juízes*.

3. Pai de Mordecai (Et 2.5).

4. Pai de Elanã, o qual matou Lami, irmão do gigante Golias (1 Cr 20.5). Na passagem paralela, seu nome é Jaaré-Oregim (2 Sm 21.19), talvez para significar "entrelaçar", ou foi inserido por um engano do copista. P.D.W.

JAIRO. Líder de uma sinagoga na região do mar da Galiléia, é apresentado pelos evangelistas Marcos e Lucas como um homem de grande fé (Mc 5.22,23,35-43; Lc 8.40-42, 49-56; e também Mt 9.18,19, 23-26, onde não é mencionado pelo nome). Existem pequenas variações nos detalhes entre os relatos, mas a linha principal dos eventos é bem clara.

Jairo insistiu para que Jesus fosse à sua casa para ver sua filha, que estava gravemente enferma Cristo pôs-se a caminho, mas sua jornada foi interrompida por uma mulher enferma que precisava de uma cura e por uma grande multidão que dificultava sua caminhada. Antes que chegassem à casa do líder da sinagoga, alguns empregados vieram ao encontro de Jairo e de Jesus, com a notícia de que a menina tinha morrido. Cristo respondeu: "Não te-

296

mas; crê somente" (Mc 5.36). A despeito da zombaria por parte daqueles que estavam perto, Jesus entrou na casa acompanhado por Pedro, Tiago e João, tomou a menina de doze anos pela mão e ela foi restaurada à vida (vv. 40-42; etc.).

De maneira significativa, dada a grande oposição que Jesus sofria por parte dos líderes religiosos, esse relato indica que muitos deles estavam prontos para ouvir e ter fé em Cristo. Em todos os registros há uma ênfase na maneira como Jairo, o líder da sinagoga, "adorou" (Mt 9.18), ou "prostrou-se" aos pés de Jesus (Mc 5.22; Lc 8.41). Tal fé em Cristo e seus resultados, evidentes diante de todos os presentes, deixaram a multidão maravilhada. A maneira como Jairo foi a Jesus, em busca de ajuda somente nele, tornou-se um claro exemplo de como todas as pessoas devem responder a Cristo. P.D.G.

JALÃO (Heb. "jovem"). Segundo filho de Esaú e de sua esposa Oolíbama, o qual tornou-se líder do povo edomita (Gn 36.5, 14, 18; 1 Cr 1.35).

JALEEL (Heb. "espera pelo Senhor"). Um dos filhos de Zebulom e líder do clã dos jaleelitas (Gn 46.14; Nm 26.26).

JALOM. Quarto filho de Ezra, da tribo de Judá (1 Cr 4.17).

JAMAI (Heb. "que o Senhor proteja"). Filho de Tola e neto de Issacar, era líder de uma família e um soldado valente (1 Cr 7.2).

JAMBRES. Mencionado junto com Janes, supostamente era um dos magos do Egito, na corte de Faraó, que se opuseram a Moisés, quando este desejava tirar os israelitas da escravidão e do cativeiro egípcio, a fim de levá-los à terra prometida por Deus, Canaã (2 Tm 3.8). Para mais detalhes, veja *Janes*.

JAMIM. 1. Segundo filho de Simeão, listado entre os que desceram com Jacó para o Egito. Líder do clã dos jaminitas (Gn 46.10; Êx 6.15; Nm 26.12; 1 Cr 4.24).

2. Mencionado em 1 Crônicas 2.27, como filho de Rão e neto de Jerameel, da tribo de Judá.

3. Logo depois de os israelitas se restabelecerem nas cidades ao redor de Jerusalém, pediram a Esdras que lesse para eles o livro da Lei. Jamim foi um dos sacerdotes que estavam presentes e instruíram o povo sobre o significado do que fora lido sobre a Lei (Ne 8.7). O povo ouviu, entendeu e começou a chorar. Jamim e os outros levitas incentivaram os judeus a não chorar, pois aquele dia era "consagrado" ao Senhor. Todos deviam adorar a Deus, "pois a alegria do Senhor era a força deles" (v. 10). Quanto mais entendiam a Lei, mais se alegravam. Celebraram a Festa dos Tabernáculos. Então, começaram a confessar seus pecados como nação (Ne 9). A boa instrução é vital para que o povo cultue a Deus da maneira apropriada. Antes do exílio, os levitas e os líderes foram severamente castigados por não fazerem isso (cf. Jr 23). Porém, depois do retorno da Babilônia, fizeram o que era correto e o Senhor os abençoou grandemente. P.D.G.

JANAI. Mencionado na genealogia que vai de Adão a Jesus, como pai de Melqui e filho de José (Lc 3.24).

JANES. Mencionado junto com Jambres somente em 2 Timóteo 3.8. Eram mágicos egípcios da corte do Faraó, que se opuseram a Moisés quando este tentava tirar o povo de Israel da escravidão e do cativeiro do Egito e levá-lo para Canaã, a terra prometida por Deus.

No relato sobre o confronto de Moisés com Faraó, o rei pediu aos seus próprios mágicos que repetissem os milagres que o homem de Deus e seu irmão faziam. Assim os embusteiros fizeram. Quando Arão lançou sua vara ao chão, ela se transformou numa serpente. Os mágicos fizeram o mesmo (Êx 7.10-12). Quando o irmão

JANLEQUE

de Moisés tocou no rio Nilo com a ponta da vara, as águas transformaram-se em sangue e os peixes morreram. Os embusteiros, porém, conseguiram imitar o milagre (vv. 20-24). O fato dos mágicos conseguirem repetir as obras de Arão contribuiu para que Faraó endurecesse ainda mais seu coração contra o Senhor e seu servo Moisés. O registro, porém, de que faziam mera imitação é demonstrado quando a Bíblia diz que o cajado/serpente de Arão engoliu as varas dos mágicos (v. 12). A imitação deles continuou em Êxodo 8.

O fato de o apóstolo Paulo mencionar esses nomes sem muitas explicações adicionais indica, além de seu próprio conhecimento sobre as tradições judaicas, também sua convicção de que seus leitores saberiam sobre quem falava. Os nomes aparecem igualmene em vários textos extrabíblicos, mas nenhum deles é particularmente antigo. Não são encontrados nem nos registros de Josefo, nem nos de Filo. No Targum de Jônatas sobre Êxodo 7.11, entretanto, e posteriormente nas tradições do Talmude, seus nomes aparecem como os mágicos da corte de Faraó.

O significado desses mágicos para o apóstolo dos gentios, em 2 Timóteo 3.8, é bem claro. Ao falar sobre os problemas que a fé cristã enfrentaria "nos últimos dias", Paulo enfatiza o perigo, para o verdadeiro cristianismo, dos que teriam uma aparência religiosa, mas sem possuir o poder. Tais pessoas fariam uma oposição tão forte à fé, que, mesmo ensinadas, "jamais poderiam chegar ao conhecimento da verdade" (v. 7). O apóstolo advertiu que essa obstinação diante da verdade de Cristo e das existências vividas para sua glória tornar-se-ia o perfil da sociedade na qual os cristãos seriam chamados a testemunhar. Assim, porém, como o poder de Deus demonstrou ser muito maior do que os dos mágicos egípcios e assim como tais embusteiros foram feitos de tolos na revelação do poder do Senhor, assim acontecerá com os que se levantarem contra a verdade nos últimos dias. O poder

de Deus e a salvação de fato serão vitoriosos, e a loucura dos que se opuseram será vista por todos (cf. 2 Tm 4.1, 8).

Já perto do final de sua vida, Paulo assim estabelece o contexto da missão da Igreja. Os cristãos e o ensino da Palavra enfrentariam dificuldades, assim como os mágicos se opuseram a Moisés. A oposição pareceria extremamente poderosa, mas os cristãos não deveriam temer, pois a vitória estaria assegurada, já que se encontra nas mãos do mesmo Deus que revelou o fracasso das obras e das palavras de Janes e Jambres. P.D.G.

JANLEQUE (Heb. "o Senhor dá o domínio"). Mencionado em 1 Crônicas 4.34, líder de um dos clãs da tribo de Simeão, na época do rei Ezequias.

JAQUÉ. Pessoa mencionada em Provérbios 30.1 como pai de Agur, o escritor de vários Provérbios destinados a Itiel e a Ucal.

JAQUIM (Heb. "Deus estabelecerá").
1. Mencionado em 1 Crônicas 8.19 na genealogia que parte de Benjamim até o rei Saul. Era filho de Simei.
2. Um dos sacerdotes escolhidos para oficiar no santuário, "de acordo com as últimas instruções de Davi". Uma seleção imparcial foi feita entre os descendentes de Eleazar e Itamar, por meio de sorteio. O 12º turno saiu para Jaquim, e esta era a ordem na qual ele ministrava, quando entrava no santuário (1 Cr 24.12).
3. O quarto filho de Simeão, listado entre os que foram com Jacó para o Egito. Era líder do clã dos jaquinitas (Gn 46.10; Êx 6.15; Nm 26.12).
4. Um dos sacerdotes escolhidos para oficiar no santuário, "de acordo com as últimas instruções de Davi". Uma seleção imparcial foi feita entre os descendentes de Eleazar e de Itamar, por meio de sorteio. O 21º turno saiu para Jaquim, e esta era a ordem na qual ministrava, quando entrava no santuário (1 Cr 9.10; 24.17).

JARDIM DO ÉDEN E A CRIAÇÃO

5. Um sacerdote, provavelmente descendente do que está registrado no item nº 2, o qual viveu em Jerusalém depois do retorno do exílio na Babilônia e serviu sob a liderança de Neemias (Ne 11.10).

6. Nome da coluna do lado direito, erigida no Templo de Salomão por Hirão (1 Rs 7.21; 2 Cr 3.17). A que ficava no lado esquerdo era chamada de Boaz. Não fica claro por que receberam esses nomes, embora isso possa ter relação com o significado de cada um: Jaquim – "Deus estabelecerá" e Boaz – "força". P.D.G.

JARÁ. Servo egípcio de Sesã, o qual é listado como descendente de Jerameel, da tribo de Judá; teve somente filhas e, para continuar sua linhagem, deu uma delas como esposa a Jará. Os dois tiveram um filho chamado Atai (1 Cr 2.34,35).

JARDIM DO ÉDEN E A CRIAÇÃO

Que tipo de pessoas nós somos e em que mundo vivemos? Essas são perguntas extremamente importantes, as quais têm as respostas em Gênesis 1 a 3. Empreguemos uma ilustração absurda: usamos produtos anticongelantes no motor do carro, mas não o utilizamos em um bebê, embora este também precise de proteção contra o frio. Por quê? Porque são diferentes e requerem tratamentos diferenciados. Em outras palavras, cada coisa precisa ser "definida" segundo sua natureza individual. Se tratamos de um bebê como se fosse um automóvel, vamos matá-lo; se cuidamos de um carro como se fosse um ser humano, ele nunca vai andar. Assim, a pergunta "O que é o homem?" de maneira alguma é irrelevante. Precisamos chegar a uma definição correta de nós mesmos, se queremos descobrir como devemos viver e nos desenvolver adequadamente.

A mesma questão aplica-se também ao mundo. Vemos regiões arruinadas por refugos industriais, com paisagens devastadas e rios poluídos; temos notícias de florestas que são derrubadas desordenadamente, atitude esta que causará a esterilidade do solo e mudanças climáticas; ouvimos sobre buracos na camada de ozônio na atmosfera — tudo porque os precursores da revolução industrial e seus sucessores gananciosos e ávidos por lucros "definiram" o meio ambiente como uma presa que podia ser explorada à vontade. E, conforme veremos, há também uma dimensão adicional (a qual chamaremos de "vitalidade moral") na definição plena do nosso mundo. A questão, porém, é clara: sem uma definição correta, não podemos alcançar a realização pessoal ou a prosperidade ambiental.

Não queremos dizer que outras questões de Gênesis 1 a 3 não sejam importantes, mas como o primeiro capítulo da Bíblia relaciona-se com a cosmogonia e a teoria da evolução? O fato de que os relatos de Gênesis 1 a 3 existem primariamente para responder a outras questões não quer dizer que nada tenham a falar sobre esses assuntos. Eis aqui outra ilustração: suponha que um terremoto ocorrido em 2020 d.C. tenha reduzido Londres a escombros e feito o rio Tâmisa correr para o mar 50 quilômetros ao sul, na cidade de Brighton, em vez de seguir seu curso normal para o leste. No ano de 5020 um arqueólogo descobre um documento que mostra estatísticas sobre a mortalidade infantil na antiga capital da Inglaterra e proporciona tabelas comparativas no sentido norte—sul do curso do rio. Assim, tal descoberta responde primariamente a uma questão sociológica, mas incidentalmente responde também à pergunta: "Qual era o sentido do curso do rio Tâmisa?". É isso que acontece com Gênesis 1 a 3. Embora questões sobre a origem do Universo, da evolução etc. não sejam seu obje-

JARDIM DO ÉDEN E A CRIAÇÃO

tivo primário, o texto tem revelação divina para oferecer também sobre essas questões, e tomaremos nota delas.

O registro da criação

É muito comum alguém considerar Gênesis 1.1-23 e 2.4-25 como relatos separados da criação de Deus — diferentes no estilo literário e contraditórios na ordem dos eventos que registram: Gênesis 1, por exemplo, coloca a criação do homem em último lugar e Gênesis 2, em primeiro. Essa visão dos dois textos origina-se literalmente do menosprezo pela declaração que serve de elo de ligação, em Gênesis 2.4: "Estas são as origens dos céus e da terra, quando foram criados". Esta fórmula ocorre dez vezes em Gênesis (6.9; 11.10,27; 25.19; etc.) e sempre com o mesmo significado. O vocábulo "origem" (ou geração) é um termo que designa "nascimento", ou seja, uma coisa que emerge de outra — os descendentes são originários de um ancestral e a história se origina de um certo início. Assim acontece aqui. Uma "situação" foi estabelecida em Gênesis 1.1-2.3 e estamos prestes a ser informados (Gn 2.4ss) sobre o que "emergiu" disso, ou seja, o que aquela situação gerou. Isso explica a diferença de estilo literário dos dois textos e também por que, à primeira vista, eles parecem diferentes também em outros aspectos. Gênesis 1.1 a 2.3 é uma declaração centralizada em Deus, sobre a obra divina da criação como procedente de sua vontade (Gn 1.3,6,9,11,14,20,24,26), a fim de determinar seu desígnio (vv. 7,9,11,15,24) e estabelecer seus valores (vv. 10,12,21,25,31). Por outro lado, Gênesis 2.4-25 é um relato centralizado no homem. É claro que Deus ainda está acima de tudo e a entrada do ser humano em cena não diminuiu sua soberania. Agora, porém, pela vontade do Senhor, o homem tem o domínio, trabalha sobre a Terra, concede os nomes aos animais e estabelece seu lar: um mundo para ele, ao qual Deus vem como se atendesse a um chamado (Gn 3.8). Gênesis 1 cria o teatro, prepara o palco e reúne o elenco; Gênesis 2 é o Ato I, Cena I; Gênesis 1 é uma declaração; Gênesis 2 é uma história; Gênesis 1 conta como o homem surgiu; Gênesis 2 registra a história da vida.

Deus, o Criador

O verbo "criar". Gênesis 1.1 não diz como "os céus e a terra" vieram à existência. Somente divulga que Deus é anterior ao Universo e este existe por seu ato de criação. Diferentemente de outras literaturas que usam "criar" como a capacidade do homem, bem como de Deus, de fazer coisas, o Antigo Testamento faz do "criar" uma atividade exclusivamente divina. O verbo é usado para designar coisas que por sua grandeza ou novidade (ou ambos) só são explicadas como um ato de Deus. Em Gênesis 1.1 a 2.3, o princípio de todas as coisas representava tal ato e mostra que no hebraico "criar" inclui a idéia da criação *ex nihilo* (a partir do nada), pois o primeiro "passo" na criação foi trazer à existência o substrato físico, ou a "matéria" do Universo (Gn 1.1). Não havia nenhuma substância preexistente; ela foi chamada à existência por Deus. O verbo "criar" surge na próxima vez naquele momento significativo quando a vida animal, orgânica, apareceu pela primeira vez (Gn 1.20-22); ele então se apresenta numa ocorrência tripla no auge da criação, quando no homem a vida orgânica surge "à imagem de Deus". Finalmente, o verbo é usado retrospectivamente em Gênesis 2.3.

JARDIM DO ÉDEN E A CRIAÇÃO

Criar e fazer. O estado inicial das coisas era "sem forma e vazio". Isso quer dizer (cf. Jr 4.23-26) que não havia nenhuma evidência de estabilidade, vida, ordem nem nenhuma indicação de que essas coisas estavam potencialmente lá. Desta maneira, Gênesis 1 pinta o Criador como um escultor que, ao pegar um bloco de pedra sem forma e sem nenhum significado, começou a dar-lhe forma, beleza, significado e vitalidade, de maneira que o que começou "sem forma e vazio" (Gn 1.1) terminou iluminado (vv. 3-5), organizado e fértil (vv. 6-13), com um movimento regular (vv. 14-19), com vida abundante (vv. 20-25), coroado com a presença do homem (vv. 26-30), "muito bom" (v. 31) e completo (Gn 2.1).

Somente um Deus. O pequeno detalhe de que os arbustos (Gn 1.12) "eram plantas produtoras de sementes" e que os frutos "tinham sementes neles" é parte do testemunho de Gênesis 1 de que todas as coisas podem ser traçadas de volta até o único Criador. Na religião de Canaã, Baal era o deus da fertilidade. Nenhuma árvore daria fruto ou reproduziria — nem nenhum animal ou pessoa — a não ser que Baal se dignasse a conceder-lhe essa graça. De fato, em todo o mundo antigo havia uma divindade para cada aspecto da vida. A resposta bíblica é bem diferente: as árvores são frutíferas porque no princípio o único Deus verdadeiro as fez assim. As genealogias também têm esse aspecto como parte de sua função (Gn 5, 10 etc.): toda a humanidade é traçada até o ato inicial do Criador: não um deus para cada tribo, que gera seus "filhos" por meio de procedimentos quase-sexuais, mas um único Deus, que criou o primeiro casal com uma capacidade inerente de se reproduzir (Gn 1.26-28). O mais notável de tudo é que Gênesis 1 registra o combate pré-criação que ocorreu entre o Criador e a oposição das "forças espirituais" do caos. Esse era o tema principal da cosmogonia babilônica, onde Marduque não teve liberdade para criar até que venceu Tiamat, o monstro das profundezas. Em Gênesis existe apenas um único Deus, o qual faz o que lhe agrada e tem prazer naquilo que faz.

Um obra perfeita. A obra da criação de Deus levou seis dias de atividade e foi coroada com um sétimo dia de descanso satisfeito. Que período pode ser entendido no termo "dia"? Não precisamos dizer que, se o Criador decidiu assim, toda a criação teria sido feita em um período de 24 horas e na ordem prescrita em Gênesis. Nesse sentido, os antigos escritores estavam certos quando diziam que a Bíblia espera o final dos processos científicos de pesquisa para então alcançá-los. Esse ponto de vista serviria bem à simplicidade, mas o uso do termo "bíblico" é fluido demais. O vocábulo "dia" é usado no sentido do período da luz diária (Dt 9.18), no período de 24 horas (Nm 20.29), um período indefinido de tempo (Sl 20.1) e um período marcado por alguma atividade significativa (Sl 110.3, 5) — sendo que é neste último sentido que Gênesis 2.4 (literalmente, "no dia em que o Senhor fez...") descreve todo o processo da criação, a partir de um determinado "dia". Se, porém, o tempo/significado de "dias" é aberto, sua seqüência e o equilíbrio delicado pelo qual a obra do Criador é completa e perfeita são plenos — uma plenitude encontrada também na narrativa básica em Gênesis 2.4-25.

JARDIM DO ÉDEN E A CRIAÇÃO

Gênesis 1.1 a 2.3
A obra da Criação

Gênesis 2.4-25
A vida

	(1)	(2)	(3)			
Mundo Físico	Luz	Águas	Terra Vegetação	*Situação:* Terra não cultivada	*Provisão:* Adão, o agricultor	*Lei:* A lei do Jardim
	vv. 3-5	vv. 6-8	vv. 9-13	vv. 4-6	vv. 7-15	vv. 16,17
	(4)	(5)	(6)			
Mundo Animal	Luzes	Peixes	Animais Homem	Somente o homem	Mulher	A lei do casamento
	vv. 14-19	vv. 20-23	vv. 24-31	v. 18	vv. 19-23	vv. 24,25

O homem como criatura

Nessa criação perfeita e bem ordenada, o homem tanto é sua coroa como a *criatura por excelência*. Somente o ser humano recebe a referência tripla "criou... criou... criou" (Gn 1.27). O verbo usado exclusivamente por Deus refere-se unicamente ao homem; a medida dessa exclusividade é que "Deus criou o homem à sua própria imagem", uma idéia que não é definida em nenhum lugar no relato de Gênesis, mas que proporciona amplas pistas. Essa idéia indica principalmente que não encontraremos a "imagem de Deus" em alguma característica particular, mas na totalidade da natureza humana.

Primeiro, as palavras "imagem" (1 Sm 6.5) e "semelhança" (2 Rs 16.10) referem-se à forma exterior ou à aparência e apontam em primeira instância para a forma física com a qual Deus criou o homem. A Bíblia, é claro, insiste em que Deus é Espírito e invisível em sua essência. De qualquer modo, igualmente insistente é a idéia que, quando Ele assim decide, pode cobrir-se de visibilidade. Moisés viu "a semelhança do Senhor" (Nm 12.8; cf. Dt 4.12). Foi com essa "semelhança" que Deus criou o homem, a forma externa e visível apropriada para a natureza divina.

Segundo, a imagem de Deus no homem é matrimonial. A criação da mulher (Gn 2.21-23), do ponto de vista de Adão, representou a perda da plenitude. O Senhor tirou algo do homem para depois entregar-lhe de volta na figura da mulher. Assim, no casamento, o homem recupera sua plenitude e a mulher volta para seu lugar original. Gênesis 5.1,2 associa essa unidade-em-diversidade com a imagem de Deus: existe diversidade, a criação distinta do homem e da mulher, mas há também a unidade (literalmente, "chamou o nome deles homem") — e, neste aspecto, segundo Gênesis, está a imagem de Deus.

Terceiro, homem e mulher juntos recebem o domínio. Os imperativos em Gênesis 1.28 estão no plural e referem-se ao casal recém-criado. Assim como deviam "crescer e multiplicar-se" juntos, da mesma maneira precisavam "sujeitar e dominar" a Terra também juntos. Sabemos que os antigos reis colocavam suas imagens em todos os lugares que dominavam. A realidade, entretanto, excede a ilustração, pois uma estátua pode apenas registrar a alegação da soberania em favor de alguém, enquanto o homem e a mulher são a "imagem viva" de Deus, que não somente registra sua declaração de soberania, mas exerce o domínio em seu favor.

JARDIM DO ÉDEN E A CRIAÇÃO

Quarto, é somente ao homem e à mulher que o Criador se dirige pessoalmente. Em Gênesis 1.22, Ele pronuncia sua bênção sobre a criação animal: "Os abençoou, dizendo..."; no versículo 28, entretanto, "Os abençoou e lhes disse...". Os seres humanos são ouvintes conscientes da Palavra de Deus, com uma dimensão espiritual de sua natureza, por meio da qual podem ouvir quando o Senhor fala.

Isso nos leva ao quinto aspecto da imagem de Deus em nós, ou seja, o fator moral. Em toda a criação, apenas o homem vive conscientemente sob as leis de Deus. O diagrama que apresentamos acima deixa claro: a obra da criação tratou com as esferas física e animal e com a história primitiva da vida humana sobre a Terra, a fim de estabelecer o homem dentro de cada um dos departamentos naquele que agora é o seu meio ambiente (Gn 2.4-17, 18-25); em cada departamento (o Éden e seu lar), Deus impõe ao homem sua lei de vida. Adão não compartilha da existência instintiva dos animais; o homem vive numa situação em que pode dizer sim/não, uma vida de escolhas morais conscientes, o reconhecimento ou a rejeição da Palavra de Deus.

Finalmente, Gênesis revela o homem como possuidor da racionalidade, pois tem condições de pensar a respeito do mundo ao seu redor. Em Gênesis 2.18, Deus nota a solidão de Adão e trata de prepará-lo para a providência que seria tomada. Primeiro, é permitido que ele exercite seus poderes de avaliação sobre os animais que estão diante dele; ele é capaz de formar os pares, segundo as espécies, e dar nomes apropriados ao que vê. Dessa maneira, não somente exercita seu senhorio sobre os animais; também demonstra seu poder de definir, estabelecer categorias e descrever, uma tarefa verdadeiramente científica. No final, também percebe sua própria solidão, pois "para o homem não se achava adjutora que lhe correspondesse" (Gn 2.20). Posteriormente, contudo, ele desperta do sono, para encontrar a que é "seu par perfeito" (o sentido central da expressão "adjutora que correspondesse"), e ele, que é *Ish*", a chama de "*Isha*", sua igual e exata equivalente feminina. Tanto a mente como as emoções são envolvidas na glória daquele momento, em que o homem reconhece que não estava mais sozinho.

A experiência no Éden

A criação do homem à imagem do Criador, com todas as suas características distintas, de modo algum comprometeu a soberania de Deus. O Todo-poderoso, que em Gênesis 1 "falou, e tudo se fez" (Sl 33.6,9), continua sua obra em Gênesis 2, ao organizar o mundo, criar a Terra, formar Adão, planejar o Jardim do Éden, dirigir o trabalho do homem, perceber a solidão dele, providenciar-lhe uma esposa, estabelecer suas leis. Deus continua o mesmo Deus.

Onde? A pergunta sobre a localização do Jardim do Éden é razoável; mas, de acordo com as evidências apresentadas em Gênesis, é impossível de ser respondida. Fica claro, pelas informações topográficas e geológicas de Gênesis 2.10-14, que a intenção era demonstrar um lugar específico; entretanto, para poder usar tais informações, precisamos estar certos quanto à identificação dos nomes e também supor que os rios, embora possam ser identificados, ainda correm na mesma direção e no mesmo leito, como antes do Dilúvio. Devemos evitar a especulação inútil e considerar os fatos que a história confirma.

Benevolência, abundância e obediência. Em Gênesis 1, Deus é soberano na obra da criação; no cap. 3 (a despeito da grande rebelião), Ele continua soberano, mas

JARDIM DO ÉDEN E A CRIAÇÃO

mediante a manifestação do juízo; no cap. 2.4-25, Ele é soberano na benevolência, pois proporciona um meio ambiente perfeito (vv. 4-9), liberdade e abundância (vv. 15-17), companheirismo, amor e casamento (vv. 18-25) para o seu querido vice-regente da Terra. Esse é o tema da história: uma abundância exuberante, que estabelece provisão para todas as necessidades da vida — e tudo pode ser experimentado mediante a única condição de um mínimo de obediência. A história proporciona um bom exemplo de como a Bíblia relaciona amor e lei em uma mão e obediência e bênção na outra. Primeiro, o amor de Deus apresenta a lei do Senhor. Do ponto de vista divino, a lei não é uma imposição desagradável, mas a chave que abre a porta da plenitude da vida. Segundo, do ponto de vista humano, a lei não é uma escada para se subir, a fim de alcançar o favor de Deus, mas a forma de vida que é dada a alguém que já alcançou o favor divino. Não é uma restrição cruel da liberdade e plenitude, mas a condição mediante a qual elas são experimentadas. Posteriormente, no relato bíblico, depois que o pecado redesenhou o mapa do relacionamento entre Deus e o homem, o papel fundamental permanece o mesmo: o Senhor dá sua lei (Êx 20), não para que as pessoas possam subir a escada do comportamento adequado até o livro da vida, mas porque Ele já as redimiu (Êx 6.6), trouxe-as para si (Êx 19.4-6), libertou-as do cativeiro (Êx 20.2) e deseja que se alegrem com a vida, liberdade e abundância (Dt 6.1-3).

As traduções mais antigas da Bíblia captaram o espírito generoso da história: "De toda árvore do jardim comerás livremente" (Gn 2.16). A bandeira que tremulava sobre aquele lugar tão agradável trazia a expressão "Liberdade e Abundância". Depois da criação de Eva, foi acrescentada a frase "Realização e Amor". E o custo era mínimo, pois toda a lei de Deus resumia-se em um único preceito negativo e um positivo: manter-se afastado da árvore do conhecimento do bem e do mal e "unir-se à sua esposa" (Gn 2.16,17, 24,25). O desafio diante de Adão e Eva era transformar inocência em santidade, por meio da escolha moral. Não sabemos o que aconteceria se tivessem permanecido obedientes, e seria muita ousadia fazer algo mais do que simplesmente questionar. Quando eles começaram a vida no Éden, o Senhor revelou-lhes tudo o que precisavam saber inicialmente. Se tivessem passado pela primeira prova, imposta pela árvore do conhecimento, será que encarariam mais revelações da vontade de Deus, com provas adicionais? E qual seria o objetivo final? Certamente, serem semelhantes ao Senhor, coparticipantes da natureza divina! Embora seja difícil ver nesse tempo primitivo o tratamento que Deus dispensou a essa questão mais tarde, essa é a verdade fundamental, pois escolha moral ainda é o cerne do progresso espiritual (At 5.32), a revelação divina ainda é o meio de seguir adiante (2 Tm 3.16,17), e o objetivo é que sejamos "participantes da sua santidade" (Hb 12.10). Se Adão e Eva tivessem permanecido no caminho, teriam encarado a vida do ponto de vista de uma experiência crescente do bem, com o mal conhecido apenas por meio do contraste e como um agente externo. Ao tomar do fruto do conhecimento, o primeiro casal buscou a sabedoria sem revelação divina e mudou sua própria natureza no caminho inverso: a partir daquele momento, homem e mulher conheceriam progressivamente o mal por meio da experiência pessoal e o bem só seria conhecido pelo contraste, como um agente externo.

O Jardim perdido

A serpente. A escolha em si mesma deveria ocasionar prontamente a resposta desdenhosa "de maneira nenhuma", pois era uma decisão entre a vida e a morte: de um lado a alegre liberdade da árvore da vida; do outro, a mortal árvore do conhecimento do bem e do mal! E quanto à forma pela qual a tentação se apresentou? Uma cobra

JARDIM DO ÉDEN E A CRIAÇÃO

falante! — não apenas algo absurdo, que teria causado gargalhadas, em vez de credulidade, mas para Adão, que recentemente exercera seu senhorio sobre as feras (Gn 2.19,20), certamente uma subversão extremamente óbvia da ordem estabelecida! Uma indicação clara do cuidado divino é que todos os fatores apontavam para a recusa. O pecado ainda não residia na natureza humana; por isso, não havia meio pelo qual a tentação atingisse a humanidade internamente. Precisava ser uma voz externa e a Bíblia diz que foi isso o que aconteceu.

O tentador abordou a mulher com uma dúvida e uma negação: dúvida se realmente a palavra de Deus queria dizer o que fora dito (Gn 3.1) e a negação de que o castigo seria estabelecido (v. 4). Por adotar esse curso de ação, entretanto, a serpente encontrou uma porta já aberta. Adão e Eva já haviam corrompido a palavra de Deus — não pela subtração, mas pela adição. O Senhor disse: "dela não comerás" (Gn 2.17); eles acrescentaram: "nem nele tocareis" e deram a uma palavra humana a condição de mandamento divino (Gn 3.3). Estariam muito mais seguros se tivessem exercitado a obediência a uma simples palavra e parassem por aí!

Escolha e conseqüências. A simples palavra proibitiva era toda a lei de Deus. Não havia outros mandamentos ou exigências; isso foi tudo o que o Senhor determinou. Quando, porém, Eva olhou para a árvore, suas emoções se voltaram para o desejo do que Deus proibira ("boa para se comer, e agradável aos olhos", Gn 3.6a); sua mente se opôs à do Senhor, pois Ele revelara que, embora o nome da árvore apontasse para o conhecimento, seu efeito seria morte. Eva, entretanto, avaliou a situação dentro de sua própria lógica — afinal, se a árvore era do conhecimento, que mais faria além de proporcionar entendimento? (v.6b); sua vontade desobedeceu: "tomou do fruto, e comeu" (v.6c). Assim, a natureza humana — emoções, mente e vontade — quebrou a lei de Deus.

Conseqüências terríveis se seguiram:

Primeiro, a sociedade foi fragmentada: o casal vivia anteriormente numa agradável abertura um para com o outro (Gn 2.25), mas agora os dois descobriram que o principal produto do pecado é o individualismo patológico e cheio de segredos, que fez com que se escondessem um do outro (Gn 3.7).

Segundo, a boa consciência foi perdida e junto com ela a antiga e fácil comunhão com Deus (vv. 7-10). De fato, as coisas eram muito mais sérias do que o casal pensara; por um tempo se manteriam alegremente escondidos no Éden (v. 8); mas Deus percebe o perigo do homem pecador tornar-se imortal (v. 22). Eles não podem mais ficar no Jardim (v. 23), nem jamais podem encontrar o caminho de volta (v. 24).

Terceiro, o casamento foi corrompido. O homem, que estava feliz por unir-se à sua mulher (Gn 2.24), prontamente a abandonou (Gn 3.12) e dali em diante só a aceitaria mediante o domínio dele (Gn 3.16) — uma triste degeneração da alegre unidade de Gênesis 2.23. Essa ruína do casamento é sinalizada por uma mudança do nome da mulher (Gn 3.20). Ela não é mais "*isha*", o título pessoal da parceira que representa o "par perfeito" (Gn 2.23, veja anteriormente), mas Eva, "a mãe de todos os viventes", uma funcionária, uma "máquina de gerar filhos"!

Quarto, a base econômica da vida estava destruída: a abundância do Jardim do Éden deu lugar a uma sobrevivência alcançada a duras penas (Gn 3.17,18), com um solo hostil e relutante na provisão do sustento. Esta é a vitalidade moral do meio ambiente: o próprio mundo ao redor é inimigo do pecador e o homem no pecado jamais encontra facilidade econômica.

JAREDE

Surpreendidos pela misericórdia. A voz da lei disse: "No dia em que dela comeres, certamente morrerás" (Gn 2.17), mas, surpreendentemente, quando o Senhor chega, não somente impõe soberanamente sua maldição, mas, da mesma forma, fala ao casal digno de morte sobre a continuação da vida (Gn 3.15) e cobre sua condição pecaminosa, ao providenciar-lhes uma cobertura adequada (Gn 3.21; cf. v. 7). Não sabemos (infelizmente) o que o Senhor disse, quando sacrificou os animais e vestiu os pecadores. Teria explicado que o salário do pecado era a morte e que ela seria executada sobre uma figura inocente, em lugar do culpado? Será que entrou em detalhes sobre a semente da mulher que esmagaria a cabeça da serpente (Gn 3.15)? No contexto, isso só pode ser o que chamamos de promessa messiânica, pois os termos da história da *queda* exigem que entendamos isso: a ferida mortal eliminará a usurpação da serpente e trará o Éden de volta. A semente da mulher será o segundo Adão. Veja *Adão* e *Eva*. J.A.M.

JAREDE (Heb. "descer"). Filho de Maalaleel, Jarede tornou-se pai de Enoque, com a idade de 162 anos. Foi um dos antigos líderes de todo um povo que vivia até os 962 anos. Listado também na genealogia de Lucas, que vai de Jesus até Adão (Gn 5.15-20; 1 Cr 1.2; Lc 3.37).

JARIBE. 1. Um dos filhos de Simeão, listado entre os que desceram com Jacó para o Egito (1 Cr 4.24; o mesmo Jaquim mencionado em Gn 46.10; Êx 6.15; Nm 26.12).

2. Um dos judeus, líderes entre o povo, que se uniram a Esdras no retorno do exílio na Babilônia para Jerusalém. Ajudou Esdras a encontrar levitas aptos para acompanhá-los de volta a Judá (Ed 8.16).

3. Descendente de Jesua, estava entre os sacerdotes que se uniram a Esdras e ao povo num ato de arrependimento, após o retorno do exílio. Muitos homens da tribo de Judá haviam-se casado com mulheres de outras tribos e até de outras nações. Fizeram então um pacto de servir ao Senhor e divorciaram-se das esposas estrangeiras (Ed 10.2, 18,19). P.D.G.

JAROA. Filho de Gileade e descendente de Buz, líder de um clã na tribo de Gade que se estabeleceu na região de Basã e Gileade (1 Cr 5.14).

JASAR. Mencionado apenas em 2 Samuel 1.18, o "Livro de Jasar" (também chamado de "O Livro dos Justos", em Js 10.13) era uma antiga fonte literária que os escritores de Josué e 2 Samuel consultaram como referência. Não se sabe quem ou o que foi Jasar, embora a palavra signifique "justo"; pode ser, portanto, uma coleção de poemas sobre homens e mulheres "justos" do passado.

JASEÍAS (Heb. "o Senhor vê"). Filho de Ticvá, foi um dos pouquíssimos líderes em Judá que se recusaram a unir-se a Esdras e ao povo, no arrependimento por ter-se casado com mulheres estrangeiras (Ed 10.15). Depois do retorno do exílio na Babilônia, Esdras liderou o povo na busca pelo restabelecimento da obediência à lei do Senhor. Insistiu com os judeus para que se divorciassem das mulheres estrangeiras, mas Jaseías se opôs a essa medida.

JÁSEN. Os "filhos de Jásen"[1] estão listados entre os "trinta" guerreiros valentes de Davi, os quais saíam com ele para as batalhas e lideravam o povo de Israel na guerra (2 Sm 23.32). A passagem paralela em 1 Crônicas 11.33 refere-se aos "filhos de Hasém"[2]. Provavelmente era pai de mais de um desses guerreiros.

JASIEL. Mencionado em Gênesis 46.24 e 1 Crônicas 7.13. Veja *Jazeel*.

JASOBEÃO. 1. Quando Davi tornou-se rei de Israel, rapidamente tratou de conquistar Jerusalém. Em tudo o que fazia, a Bíblia diz que "o Senhor dos Exércitos era com ele" (1 Cr 11.9). Enquanto Davi se fortalecia cada vez mais, três guerreiros poderosos lhe deram apoio e Jasobeão foi um deles. Nomeado o "principal dos oficiais", ficou famoso por ter matado 300 homens em uma única batalha (1 Cr 11.11). A passagem paralela em 2 Samuel 23.8 fala sobre Josebe-Bassebete, filho de Taquemoni, o qual matou 800 homens. Não se sabe ao certo se os textos referem-se à mesma pessoa.

2. Um dos guerreiros da tribo de Benjamim que desertaram de Saul e se uniram ao grupo de Davi, quando este estava em Ziclague. Todos eram ambidestros, tanto no uso do arco como da funda. O grupo de Jasobeão é chamado de "coraítas" (1 Cr 12.6).

3. Descendente de Perez e filho de Zabdiel (1 Cr 27.2). Era um dos comandantes do exército de Davi e estava de prontidão com seus homens no primeiro mês de cada ano. Não se sabe ao certo se se trata da mesma pessoa mencionada no nº 1 ou 2 acima. P.D.G.

JASOM (Gr. "cura").

1. Este Jasom, que pode ser o mesmo do item nº 2 a seguir, foi anfitrião de Paulo e Silas quando visitaram Tessalônica (At 17.6). Após o apóstolo dos gentios pregar na sinagoga, alguns judeus "creram e ajuntaram-se com Paulo e Silas, e também grande multidão de gregos devotos" (v. 4). Como acontecia freqüentemente no ministério de Paulo, isso causou sério antagonismo por parte de certos grupos de judeus. Esses homens saíram e, reunindo "alguns homens perversos dentre os vadios", criaram um pequeno tumulto na cidade. Foram à casa de Jasom, à procura de Paulo e Silas. Não os encontrando, agarraram Jasom e outros cris-

tãos que estavam presentes e os levaram diante das autoridades da cidade, sob a acusação de serem perturbadores da ordem e desafiarem as leis de César, ao reconhecer outro rei chamado Jesus.

Jasom e os outros pagaram uma fiança e foram soltos. Mais tarde, naquele mesmo dia, Paulo e Silas entregaram a recém-fundada igreja nas mãos de homens como Jasom (At 17.7-9) e deixaram a cidade. Este é um testemunho interessante da profundidade da fé que era encontrada naqueles cristãos que, apesar de serem recém-convertidos, estavam prontos para enfrentar a prisão e as perseguições, por causa da verdade. Isso aconteceu em várias cidades onde Paulo pregou; tal fé, preparada para aceitar a perseguição, tornou-se um exemplo para muitos cristãos, de todas as gerações, os quais têm enfrentado situações semelhantes por causa do Evangelho de Cristo.

2. Companheiro judeu e parente de sangue de Paulo e um dos que estavam com ele quando escreveu sua carta aos cristãos romanos (Rm 16.21). Juntamente com o apóstolo, Timóteo, Lúcio e outros, enviou suas saudações aos romanos. É provável que tenha visitado Roma, tanto a negócios como na condição de pregador itinerante. P.D.G.

JASUBE. (Heb. "ele volta").

1. Terceiro filho de Issacar, fundador do clã dos jasubitas. Listado entre os que desceram com Jacó para o Egito (Gn 46.13; Nm 26.24; 1 Cr 7.1).

2. Listado entre os descendentes de Bani. Na época do retorno do exílio na Babilônia, Secanias confessou a Esdras que muitos homens da tribo de Judá, inclusive descendentes de sacerdotes, haviam-se casado com mulheres de outras tribos e até mesmo de outras nações. Esdras liderou o povo numa atitude de arrependimento e todos juntos fizeram um pacto de servir ao Senhor (Ed 10.2). Jasube é mencionado como um dos que se divorciaram das esposas estrangeiras (10.29).

JATNIEL. Levita, do clã dos coraítas, listado como um dos "porteiros" do santuário. Foi nomeado na última parte do reinado de Davi e era o quarto filho de Meselemias (1 Cr 26.2).

JAVÃ. Quarto filho de Jafé e neto de Noé (Gn 10.2, 4; 1 Cr 1.5, 7). Acredita-se que foi o ancestral dos "gregos" ou do povo que vivia na ilha de Chipre. Algumas versões da Bíblia substituem "gregos" ou "Grécia" por "javanitas" ou "filhos de Javã" em vários textos do AT. Os javanitas eram vistos como inimigos dos israelitas (veja Zc 9.13; Jl 3.6).

JAZEEL (Heb. "o Senhor distribui"). Primeiro filho de Naftali e líder do clã dos jazeelitas (Nm 26.48). Em 1 Crônicas 7.13 aparece como Jasiel. Listado entre os que foram para o Egito com Jacó (Gn 46.24).

JAZERA. Levita, listado como ancestral de Masai, o qual serviu entre os sacerdotes que viviam em Jerusalém, depois do retorno do exílio na Babilônia (1 Cr 9.12). Provavelmente trata-se do mesmo Azai mencionado em Neemias 11.13.

JAZIZ. Hagrita, um dos administradores dos bens do rei Davi. Jaziz era responsável pelo gado miúdo (1 Cr 27.31).

JEALELEL (Heb. "louvando ao Senhor").
1. Descendente de Calebe, filho de Jefoné, da tribo de Judá (1 Cr 4.16).
2. Levita, da família dos meraritas, cujo descendente, chamado Azarias, ajudou a organizar o culto no Templo durante o avivamento no reinado de Ezequias (2 Cr 29.12).

JEATERAI. Descendente de Gérson, líder de um dos clãs dos levitas. Era filho de Zerá (1 Cr 6.21).

JEBEREQUIAS (Heb. "o Senhor abençoa"). Pai de Zacarias, o qual era colega do profeta Isaías (Is 8.2). Ele e o sacerdote Urias foram testemunhas das profecias de Isaías de que a Assíria invadiria e conquistaria a Síria e a Samaria.

JEBUSEUS. Este nome refere-se aos habitantes da cidade de Jebus (Jz 19.10,11; 1 Cr 11.4,5), mais conhecida no AT como Jerusalém. Embora já fosse chamada por este nome (ou algum outro similar como Urasalim) muito tempo antes da Bíblia referir-se a ela como Jebus, não se pode argumentar que seu nome tenha-se tornado Jerusalém. Por outro lado, fica claro também que não houve uma mudança de Jerusalém para Jebus. A melhor explicação para o uso contemporâneo dos dois nomes para a mesma cidade é que, no tempo dos Juízes, o próprio povo da cidade (isto é, os jebuseus) a chamava de Jebus, enquanto os outros, inclusive os israelitas, a denominavam Jerusalém.

A Bíblia identifica os jebuseus como um dos povos de Canaã (Gn 10.16; 15.21; Êx 3.8, 17) que viviam na região montanhosa, junto com os amorreus (Nm 13.29). Na época da conquista de Canaã, a tribo de Judá não conseguiu expulsá-los de Jerusalém, a maior cidade deles (Js 15.63). De fato, a narrativa declara que, embora Judá tivesse conquistado e queimado Jerusalém (Jz 1.8), ela foi rapidamente repovoada pelos jebuseus, os quais os benjamitas não foram capazes de expulsar até a época em que o livro foi escrito (Jz 1.21). Durante todo o tempo dos Juízes (cf. Jz 19.11) e até o início da monarquia e o reinado de Davi (aproximadamente 1.000 a.C.), a cidade continuava em poder dos jebuseus, independente de Israel.

Quando Davi tornou-se rei de todo o Israel, resolveu transformar Jerusalém na capital do país, devido à sua localização central e estratégica. Infelizmente os jebuseus recusaram-se a render-se, mas, depois de uma manobra inteligente, a cidade foi finalmente conquistada (2 Sm 5.6-9). Ao que parece, Davi não somente poupou-a da destruição total como também permitiu que seus habitantes continuassem vivos. Já no término de seu reinado, Davi comprou uma área adjacente à antiga cidade, que posteriormente foi o local onde Salomão construiu o Templo. O proprietário era um jebuseu chamado Araúna (2 Sm 24.16) ou Ornã (1 Cr 21.15, em algumas versões); esta incerteza quanto ao nome sugere sua linhagem estrangeira (talvez não-semita). Essa transação amigável indica a coexistência dos jebuseus em Israel, que durou até o retorno do exílio na Babilônia (2 Cr 8.7; Ed 9.1; Ne 9.8).

E.M.

JECAMEÃO. Quarto filho de Hebrom, da tribo de Levi, do clã dos coatitas (1 Cr 23.19; 24.23).

JECAMIAS (Heb. "que o Senhor estabeleça").

1. Filho de Salum e líder na tribo de Judá; era descendente de Jerameel.

2. Listado entre os descendentes do rei Jeoiaquim; portanto, como membro da linhagem real de Davi, retornou a Judá depois do exílio na Babilônia (1 Cr 3.18).

JECOLIAS. Uma mulher de Jerusalém, que se tornou a mãe do rei Uzias (Azarias), de Judá (2 Rs 15.2; 2 Cr 26.3). Era esposa do rei Amazias.

JECONIAS. Mencionado em Mateus 1.11,12, Jeconias é uma forma alternativa do nome Jeoiaquim, rei de Judá durante o exílio na Babilônia. É listado como descendente de Josias, na genealogia que estabelece a linhagem real de Jesus.

JECUTIEL (Heb. "Deus sustenta"). Descendente de Ezra e líder na tribo de Judá, era filho de Merede e de sua esposa judia. Foi pai de Zanoa (1 Cr 4.18).

JEDAÍAS (Heb. "o Senhor conhece").

1. Junto com Heldai e Tobias, era dono do ouro e da prata dados para que se fizessem coroas ao sumo sacerdote Josué,

no período após o exílio na Babilônia (Zc 6.10,14).

2. Filho de Sinri, da tribo de Simeão, esteve envolvido em atividades militares contra os meunitas, na época do rei Ezequias (1 Cr 4.37).

3. Um dos sacerdotes que retornaram para Judá, procedentes da Babilônia (1 Cr 9.10; Ne 12.7).

4. Líder da segunda divisão de sacerdotes, na administração do rei Davi (1 Cr 24.7; cf. Ed 2.36; Ne 7.39).

5. Filho de Harumafe, foi um dos líderes da reconstrução dos muros de Jerusalém, sob a supervisão de Neemias (Ne 3.10).

6. Filho de Joiaribe, foi um dos sacerdotes que se estabeleceram em Jerusalém nos dias de Neemias (Ne 11.10; cf 12.6).

E.M.

JEDEÍAS. 1. Filho de Subael, descendente de Levi, trabalhou no serviço do Tabernáculo no tempo do rei Davi (1 Cr 24.20).

2. Meronotita, foi um dos administradores dos bens do rei Davi, responsável pelos jumentos (1 Cr 27.30; chamado de Jedias).

JEDIAEL. 1. Terceiro filho de Benjamim, tornou-se líder de um clã (1 Cr 7.6). Seu filho Bilã e vários de seus netos também foram líderes de clã (1 Cr 7.10,11).

2. Filho de Sinri, foi um dos "trinta" heróis valentes de Davi, os quais lutaram ao seu lado (1 Cr 11.45). Foi um dos grandes guerreiros da tribo de Manassés que desertaram do exército de Saul e uniramse a Davi em Ziclague. O texto de 1 Crônicas 12 deixa claro que a deserção gradual dos guerreiros de várias tribos foi dirigida pelo Espírito de Deus. O último versículo da seção (v. 22) diz: "Dia a dia vinham a Davi para o ajudar, até que se fez um grande exército, como o exército de Deus".

3. Um levita, do clã dos coraítas, listado como um dos "porteiros" do san-

JEDIDA

tuário. Foi nomeado na última parte do reinado de Davi e era o segundo filho de Meselemias (1 Cr 26.2).   P.D.G.

JEDIDA (Heb. "amada"). Mãe do rei Josias, de Judá. Era filha de Adaías, da região de Bozcate (2 Rs 22.1).

JEDIDIAS. O nome dado ao segundo filho de Davi e Bate-Seba, o qual sobreviveu (2 Sm 12.25). O primeiro morreu como punição pelo assassinato e adultério cometidos pelo rei de Israel, em seu desejo de possuir Bate-Seba. Depois da morte do menino, Davi a "consolou". Ela em seguida concebeu e deu à luz Salomão (v. 24). "E porque o Senhor o amou, mandou, por intermédio do profeta Natã, dar-lhe o nome de Jedidias" (v. 25), que significa "amado do Senhor". Veja *Salomão*.

JEDUTUM (Heb. "louvor"). Levita, habitante das aldeias dos netofatitas (1 Cr 9.16), Jedutum era músico e foi contemporâneo de Asafe (25.1,3,6). Quando a Arca da Aliança foi levada para Jerusalém, por ordem do rei Davi, a fim de ser colocada num lugar preparado especialmente para ela, Jedutum era um dos sacerdotes que tocavam as trombetas e os címbalos (16.41,42).

Também foi separado por Davi para o "ministério da profecia" e ficou conhecido como "vidente". Estava sob as ordens diretas do rei. Foi abençoado com seis filhos (1 Cr 25.1,3,6). Quando a Arca finalmente foi levada para o Templo construído por Salomão, Jedutum e seus companheiros lideraram os cânticos de louvor e ações de graças (2 Cr 5.12,13). No avivamento que houve no tempo de Ezequias, é interessante notar que os descendentes de Jedutum estavam entre os primeiros levitas a se envolver na purificação e na nova consagração do Templo (2 Cr 29.14,15). Mais tarde, seus descendentes também estavam presentes no avivamento que houve no reinado de Josias, em Judá (35.15). Outros descendentes

também foram listados entre os primeiros levitas que retornaram a Jerusalém após o exílio (Ne 11.17).

Seus filhos foram porteiros no Tabernáculo e depois no Templo (1 Cr 16.38). Alguns dos salmos de Davi provavelmente foram escritos por Jedutum e seus músicos (Sl 39; 62; 77). Este homem era o líder de uma família de levitas, os quais, através dos anos, provaram uma contínua fidelidade ao Senhor e ao seu serviço. Obviamente a música era um dom na família, o qual era utilizado com alegria no louvor a Deus.   P.D.G.

JEEZQUEL (Heb. "o Senhor fortalece"). Um dos sacerdotes escolhidos para oficiar no santuário, "de acordo com as últimas instruções de Davi". Uma seleção imparcial foi feita, por meio de sorteio, entre os descendentes de Eleazar e Itamar. O 20º turno saiu para Jeezquel e esta era a ordem na qual ministrava, quando entrava no santuário (1 Cr 24.16).

JEFONÉ. 1. Mencionado pela primeira vez no livro de Números, como pai de Calebe, o grande guerreiro e homem de fé (Nm 13.6; 14.6,30,38; 26.65; 32.12; Dt 1.36; Js 14.6; etc.). Os netos de Jefoné estão listados em 1 Crônicas 4.15 e parte de suas terras, próximas a Hebrom, são mencionadas em 1 Crônicas 6.56. Veja *Calebe*.

2. Da tribo de Aser, era um dos filhos de Jeter, mencionado como líder na tribo e grande guerreiro (1 Cr 7.38,40).

JEFTÉ. Filho de Gileade com uma mulher prostituta; "era Jefté, o gileadita, valente e valoroso". Seu pai tinha outros filhos legítimos, os quais o expulsaram, de sorte que não teve parte na herança (Jz 11.1-3). Ao fugir para a terra de Tobe, reuniu ao redor de si um grupo de homens guerreiros e aventureiros. Quando os amonitas declararam guerra a Israel, os anciãos de Gileade o procuraram e pediram sua ajuda. Embora lhe prometessem que, mediante a vitória, seria o líder do povo, Jefté estava relutante em ajudar os que um dia o expulsaram de casa. Em sua discussão com os gileaditas, no princípio falou sobre o Senhor, entregando os amonitas em suas mãos (v. 9). Antes de aceitar a tarefa, orou a Deus "e repetiu todas as palavras" dos anciãos (v. 11).

Jefté era um líder inteligente e prático. Primeiro tentou negociar e evitar a batalha. Apresentou um histórico da terra que era disputada pelos amonitas, mas tudo em vão. Quanto mais se aproximava o momento da batalha, mais ele parecia confiar no Senhor. Finalmente, disse ao rei de Amom: "Eu não pequei contra ti, mas tu fazes mal em pelejar contra mim. O Senhor, que é juiz, julgue hoje entre os filhos de Israel e os filhos de Amom" (v. 27). "Então o Espírito do Senhor veio sobre Jefté...E Jefté fez um voto ao Senhor: Se totalmente entregares os filhos de Amom nas minhas mãos, qualquer que, saindo da porta da minha casa, me vier ao encontro, voltando eu vitorioso dos filhos de Amom, esse será do Senhor, e o oferecerei em holocausto" (vv. 29-31). Com a ajuda do Senhor, ele venceu a batalha (v. 32); ao retornar para casa, a primeira pessoa que viu foi sua única filha saindo ao seu encontro, tocando instrumentos e dançando (v. 34).

Um voto significava um sinal de submissão a Deus pela fé. Esta, porém, não era a natureza do que fez Jefté. Para ele, constituía-se em uma barganha com o Senhor. Não era um voto de submissão, mas uma disposição de sofrer inutilmente, o que foi provado pelo fato de Deus lhe conceder a vitória. A tristeza que Jefté experimentou, ao ver a filha (v. 35), é uma indicação clara do que aconteceu a seguir. As ofertas sempre eram dedicadas ao Senhor com alegria, mas não foi este o caso. Jefté ainda possuía um entendimento errado sobre Deus, adquirido na sociedade pagã na qual vivera. Por seu amor e graça, *Yahweh* livrou os israelitas dos inimigos pelas mãos de Jefté, mas não por

causa do voto. Ele achou que era possível comprar a misericórdia do Senhor.

Há discussão sobre se Jefté realmente queimou a própria filha em holocausto. O fato de que sua virgindade foi especialmente lamentada, portanto jamais teria filhos, indica que foi banida da comunidade dos israelitas e obrigada a viver no deserto, ou talvez tenha-se tornado um das mulheres dedicadas ao serviço do Senhor, no Tabernáculo.

Depois deste incidente Jefté guerreou contra os efraimitas, e Deus novamente lhe deu a vitória. Julgou Israel por seis anos, até a morte, e foi sepultado em Gileade (Jz 12.1-7). Como tantos outros antigos heróis da fé, Jefté possuía uma confiança genuína no Senhor e mesmo assim pecou profundamente. No final de sua vida, Samuel lembrou como Deus usara Jefté em favor do seu povo (1 Sm 12.11); no Novo Testamento, o escritor aos Hebreus menciona Jefté entre os grandes homens e mulheres do passado cuja fé deveria ser imitada (Hb 11.32). P.D.G.

JEÍAS (Heb. "o Senhor vive"). Um dos porteiros da Arca da Aliança, quando foi levada para Jerusalém pelo rei Davi (1 Cr 15.24).

JEIEL (Heb. "que o Senhor viva").

1. Após a Arca da Aliança encontrar-se em Jerusalém, o culto ao Senhor foi devidamente organizado pelo rei Davi. Jeiel foi escolhido como um dos músicos e tocou lira enquanto a Arca era conduzida (1 Cr 15.18,20; 16.5).

2. Filho de Ladã, do clã dos gersonitas, da tribo de Levi; as tarefas dessa família foram determinadas pelo rei Davi, já no final de seu reinado, antecipando a preparação para a construção do Templo. Esse Jeiel cuidaria das pedras preciosas que seriam levadas como oferta ao tesouro do Tabernáculo (1 Cr 23.8; 29.8).

3. Mencionado em 1 Crônicas 27.32, era filho de Hacmoni. Foi assistente dos filhos do rei.

JEIEL

4. Um dos filhos do rei Jeosafá, de Judá. Era irmão de Jorão, o qual sucedeu Jeosafá no trono (2 Cr 21.2). Jorão estabeleceu seu trono e então mandou matar todos os seus irmãos (v. 4).

5. Mencionado em 2 Crônicas 29.14, era um dos filhos de Hemã e serviu no Templo durante o avivamento que houve no reinado de Ezequias (para mais detalhes, veja *Hemã*). Provavelmente era descendente do personagem registrado no item 2, pois também foi responsável pelas ofertas entregues ao tesouro do Templo (2 Cr 31.13).

6. Provavelmente esse Jeiel era descendente do personagem registrado no item 2 ou 5. Durante o avivamento que houve no reinado de Josias, o rei providenciou ovelhas e outros animais para os sacrifícios. Jeiel, da tribo de Levi, juntamente com outros "chefes da casa de Deus", também deram voluntariamente muitos animais para os sacrifícios do povo (2 Cr 35.8).

7. Um dos judeus que retornaram com Esdras a Jerusalém, depois do exílio na Babilônia. Era pai de Obadias (Ed 8.9).

8. Pai de Secanias, descendente de Elão. Secanias confessou a Esdras que muitos homens de Judá tinham-se casado com mulheres de outras tribos e até de outras nações. Esdras levou o povo ao arrependimento e fizeram um pacto de servir ao Senhor (Ed 10.2). Provavelmente é o mesmo Jeiel "dos filhos de Elão", mencionado no v. 26, como ele próprio possuidor de uma esposa estrangeira.

9. Esse Jeiel era descendente de Harim e um dos judeus que tinham-se casado com mulheres estrangeiras, no tempo de Esdras (Ed 10.21). P.D.G.

10. Líder de um clã da tribo de Rúben. Vivia em Aroer. Durante o reinado de Saul, sua família foi responsável pela derrota dos hagarenos, dos quais tomou o território e habitou nele, bem como das terras a leste de Gileade, até perto do rio Eufrates, "porque o seu gado se tinha multiplicado na terra de Gileade" (1 Cr 5.7-10).

11. Um dos ancestrais do rei Saul, na genealogia da tribo de Benjamim. Vivia em Gibeom, ou tinha um filho chamado Gibeom, ou era o líder da região com este nome. Sua esposa chamava-se Maaca e seu primeiro filho foi Abdom (1 Cr 8.29; 9.35).

12. Ele e seu irmão Sama, ambos filhos de Hotão, o aroerita, pertenciam ao grupo dos "trinta" guerreiros valentes de Davi, os quais iam com ele para a batalha e lideravam o povo de Israel na guerra (1 Cr 11.44). O fato de Aroer ser mencionada talvez indique uma ligação familiar com o item 2.

13. Um dos membros do clã dos meraritas, da tribo de Levi, os quais eram porteiros. Depois que a Arca da Aliança estabeleceu-se em Jerusalém, o culto a Deus foi adequadamente organizado pelo rei Davi. Enquanto a Arca era conduzida, Jeiel e seus irmãos foram encarregados de tocar harpas e liras diante dela (1 Cr 15.18,21; 16.5).

14. Levita, do clã de Asafe e ancestral de Jaaziel (2 Cr 20.14), o qual ficou conhecido pelo fato de o Espírito do Senhor repousar sobre ele, durante a crise em Judá no reinado de Josafá.

15. Secretário do rei Uzias, mantinha um registro de todos os "homens destros nas armas" e organizava-os em divisões nas batalhas (2 Cr 26.11).

16. Levita, descendente de Elisafã, mencionado na lista dos que ajudaram a purificar o Templo durante o avivamento no reinado de Ezequias (2 Cr 29.13).

17. Durante o avivamento que houve no reinado de Josias, o rei providenciou ovelhas e outros animais para ser sacrificados pelo povo. Jeiel, um dos líderes dos levitas, junto com outros comandantes, também ofereceu voluntariamente muitos animais para os sacrifícios (2 Cr 35.9). Pode tratar-se do mesmo Jeiel mencionado no v. 8.

18. Descendente de Nebo, foi um dos judeus que se casaram com mulheres estrangeiras no tempo de Esdras (Ed 10.43).

P.D.G.

JEIELI (Heb. "que meu Deus viva"). Descendente de Ladã, pertencente ao clã dos gersonitas. Essa família era responsável pelos tesouros do Templo, quando o rei Davi dividiu as tarefas dos levitas (1 Cr 26.21,22).

JEIZQUIAS. Filho de Salum, da tribo de Efraim, foi um dos homens que persuadiram os israelitas, nos dias do rei Peca, de Israel, a libertar os homens de Judá que tinham levado cativos depois de uma batalha (2 Cr 28.12).

JEMIMA. No final de sua vida, depois de todas as tragédias e provações que enfrentou, Jó foi novamente abençoado por Deus. Além dos filhos que lhe nasceram, como parte da bênção, teve também três filhas, entre as quais Jemima, a primeira (Jó 42.14). Era considerada de extraordinária beleza, bem como suas duas irmãs, e recebeu parte da herança do pai (v. 15).

JEMUEL. Primeiro filho de Simeão, listado entre os que desceram com Jacó para o Egito (Gn 46.10; Êx 6.15). Chamado de Nemuel em Números 26.12 e 1 Crônicas 4.24. Foi líder do clã dos nemuelitas.

JEOACAZ (Heb. "o Senhor possuirá").
1. Em 2 Crônicas 21.17 e em pelo menos dois outros lugares na Bíblia, Acazias, o sexto rei de Judá, é chamado de Jeoacaz. Algumas versões mais modernas não usam esse nome, para evitar as confusões; empregam apenas o nome de Acazias. Veja *Acazias,* item 2.
2. Filho de Jeú, tornou-se o 11º rei de Israel, o reino do Norte. Governou em Samaria por 17 anos, inclusive como co-regente junto com o pai pelos três primeiros anos (814 a 797 a.C.). Herdou o reino numa situação desesperadora (2 Rs 10.32,35, onde é chamado de Joacaz; 13.1,4,7). Hazael, rei da Síria, oprimia Israel há anos. Tal situação fora permitida por Deus como juízo sobre a infidelidade religiosa do povo para com *Yahweh,*

ao voltar-se para os deuses pagãos (2 Rs 13.3,22). O próprio Jeoacaz também "fez o que era mau aos olhos do Senhor", até que percebeu o quanto sua situação era séria e "então suplicou diante da face do Senhor, e o Senhor o ouviu" (v. 4). Deus então providenciou um salvador a Israel, na forma de um ataque assírio sobre a Síria (v. 5). Somente quando o filho de Jeoacaz, Jeoás, assumiu ao trono, o Senhor permitiu que Israel assumisse a ofensiva e reconquistasse o território tomado por Hazael (v. 25). Quando morreu, Jeoacaz foi sepultado em Samaria (vv. 8-10).
3. Outro rei Jeoacaz, filho do rei Josias. Tinha 23 anos de idade quando começou a reinar em Jerusalém, mas permaneceu no trono apenas três meses (609 a.C.). Sua mãe chamava-se Hamutal, filha de Jeremias de Libna (2 Rs 23.30,31). Seu pai, Josias, insensatamente tentara opor-se a Faraó-Neco, em sua marcha rumo ao Norte para fazer guerra contra os caldeus; Josias foi morto pelo rei egípcio na batalha de Megido. Jeoacaz "fez o que era mau aos olhos do Senhor" e foi capturado por Faraó-Neco e levado acorrentado para o Egito, sem dúvida como castigo de Deus (v. 32). O rei egípcio impôs um pesado tributo sobre Judá e colocou Eliaquim, outro filho de Josias, no trono, mudando-lhe o nome para Jeoaquim. Tempos depois, Jeoacaz morreu no Egito (2 Rs 23.34; 2 Cr 36.2-4). Esses últimos anos de Judá, o reino do Sul, foram tão lamentáveis quanto os últimos de Israel, o reino do Norte. Repetidamente os escritores dos livros de Reis e Crônicas nos lembram o motivo de tudo isso: os reis e o povo não se arrependeram nem confiaram no Senhor, apesar dos profetas terem alertado sobre tais acontecimentos. Causadores de uma brecha na aliança, Deus não mais lhes ofereceu proteção contra os inimigos e até mesmo usou os adversários como parte de seu juízo sobre o povo (2 Cr 36.15-23).

P.D.G.

JEOADA

JEOADA. Filho de Acaz e pai de Alemete (1 Cr 8.36). Era da tribo de Benjamim, descendente do rei Saul.

JEOÁS. Filho do rei Jeoacaz (*Jeoacaz*, item 2), tornou-se o 12º rei de Israel, o reino do Norte, em 797 a.C. Reinou 16 anos em Samaria (2 Rs 13.9,10). (Em algumas versões seu nome é traduzido como Joás. O original hebraico usa ambos os nomes, porém as versões mais modernas simplificam a questão e dão mais coerência ao relato. É algo muito interessante, pois o reinado de Jeoás, de Israel, é simultâneo ao de "Joás", de Judá!)

Hazael, rei da Síria, subjugava Israel há vários anos. Tinha capturado praticamente todo o território do reino; embora no governo de Jeoacaz Deus tivesse impedido a destruição final da nação, somente quando Jeoás subiu ao trono o Senhor suspendeu seu juízo e permitiu que Israel assumisse a ofensiva, reconquistando parte do território. Hazael morreu e seu filho Ben-Hadade o sucedeu no trono. Nesse meio tempo, a Síria foi atacada e quase totalmente destruída pela Assíria. Dessa maneira Deus tirou a pressão que ela fazia sobre Israel. Nessa época, o profeta Eliseu já estava no final de sua vida. O rei Jeoás o procurou, a fim de implorar pela nação: "Meu pai, meu pai, carros de Israel, e seus cavaleiros!" (2 Rs 13.14). Provavelmente Jeoás estava mais preocupado com a perda do homem de Deus, com seus poderes miraculosos, do que com o Deus de Eliseu. O profeta mandou que o rei atirasse uma flecha pela janela aberta e lhe disse que as armas de Israel derrotariam os sírios. Então mandou que o rei atirasse as flechas para o solo. Jeoás atirou apenas três, como indicação de certa relutância e falta de fé em Eliseu, em suas palavras e no Senhor. O profeta então lhe disse que venceria os sírios apenas três vezes (2 Rs 13.15-19). Posteriormente Jeoás reconquistou muitas cidades de Israel dominadas pelos sírios e venceu três grandes batalhas contra eles (v. 25).

Lamentavelmente, durante o reinado de Jeoás, o rei Amazias, de Judá, atacou Israel. Este iniciara seu reinado desejoso de servir ao Senhor e fora abençoado, ao derrotar muitos de seus inimigos nas fronteiras do país; tornou-se, contudo, arrogante, e esqueceu-se da fé, inclusive levando para Judá alguns dos deuses dos povos que conquistara. Embora os profetas o alertassem sobre os perigos de suas ações, ele os ignorou. Furioso por saber que mercenários de Israel faziam incursões e saqueavam as cidades na fronteira, Amazias declarou guerra contra Israel. Jeoás não desejava o confronto, mas foi obrigado a lutar e venceu facilmente, ocasião em que marchou até Jerusalém e derrubou grande parte dos muros da cidade (2 Rs 14.1-14; 2 Cr 25.5-24).

Jeoás reinou com certo sucesso, embora tenha feito muitas maldades. Foi vitorioso em muitas batalhas e finalmente morreu, sendo sepultado em Samaria. Seu filho, Jeroboão II, reinou em seu lugar (2 Rs 13.11-13; 14.16,17). Seu nome é mencionado em Oséias 1.1 e Amós 1.1, pois esses dois profetas foram contemporâneos de seu filho Jeroboão II. P.D.G.

JEOIADA (Heb. "o Senhor conhece").

1. Pai de Benaia, o qual foi um dos companheiros de Davi e grande guerreiro; uniu-se ao filho de Jessé depois de desertar do exército de Saul. Permaneceu fiel ao rei Davi por toda sua vida (2 Sm 8.18; 20.23; 23.20, 22; 1 Rs 1.8,26,32; etc.). Benaia também lutou no exército do rei Salomão (1 Rs 2.29,34, etc.; veja também 1 Cr 11.22,24; 18.17).

2. Depois da morte de Aitofel, o sacerdote Jeoiada, filho de Benaia, tornou-se um dos conselheiros mais íntimos de Davi (1 Cr 27.34).

3. O mais famoso Jeoiada foi um sacerdote que viveu durante os reinados de Acazias, Atalia e Joás, em Judá. Ele permaneceu fiel ao Senhor num dos períodos mais difíceis da história do reino do Sul. O rei Acazias fora morto por Jeú, como parte do cumprimento do juízo de Deus sobre a casa de Acabe (1 Rs 21.21,22). Quando sua mãe, a rainha Atalia, recebeu essa notícia, tomou posse do trono de Judá e matou sistematicamente todos os netos. O povo de Judá ficou furioso com as ações dela. No sétimo ano de seu reinado, Jeoiada, como sumo sacerdote, liderou uma rebelião dos comandantes do exército contra Atalia e apresentou-lhes um dos filhos de Acazias, chamado Joás, o qual ele escondera no Templo para que não fosse morto pela rainha. Os comandantes fizeram uma aliança com Jeoiada e coroaram Joás rei de Judá (2 Rs 11.9; 2 Cr 23).

O menino fora levado a Jeoiada pela esposa dele, Jeoseba (também chamada de Jeosebeate), filha do rei Jorão, irmã de Acazias, e foi criado pelos dois nas dependências do Templo (2 Cr 22.11).

Quando Jeoiada apresentou o garoto publicamente, os comandantes e todo o povo o proclamaram rei, com grande alegria (2 Cr 23.11,12). Atalia rapidamente fugiu para o Templo, mas foi agarrada, levada para fora e executada (vv. 13-19). Joás, colocado no trono sob a tutela de um sumo sacerdote sábio e fiel ao Senhor, fez com que Jeoiada liderasse os judeus numa nova consagração a Deus, numa cerimônia de renovação da aliança. O povo saiu, derrubou o templo de Baal e destruiu os altares pagãos (2 Cr 22.17,18). Seguindo as instruções de Jeoiada e andando nos caminhos do Senhor, "fez Joás o que era reto aos olhos do Senhor, todos os dias do sacerdote Jeoiada" (2 Cr 24.2). Joás então ordenou que Jeoiada fizesse uma reforma no Templo (vv. 4-14).

O relato de 2 Crônicas 23 enfatiza a participação de Jeoiada na restauração das atividades dos sacerdotes e levitas no Templo e na nação. Sua vida é resumida, com muita honra, na declaração: "E continuamente ofereceram holocaustos na casa do Senhor, todos os dias de Jeoiada" (2 Cr 24.14). Seu filho Zacarias também foi fiel ao Senhor e o espírito de Deus estava sobre ele (v. 20).   P.D.G.

JEOIAQUIM (Heb. "o Senhor estabelece"). Um dos reis de Judá. Depois da morte do bom rei Josias, numa batalha, um de seus quatro filhos, Jeoacaz, o sucedeu no trono (2 Rs 23.30) e reinou por apenas três meses (v. 31). Jeoacaz foi rapidamente capturado por Faraó-Neco, rei do Egito, o mesmo que derrotara e matara seu pai. Nessa época (609 a.C.) o Egito dominava a Palestina; depois da batalha de Carquemis, entretanto, o poderoso Império Babilônico expulsou os egípcios e ocupou a Palestina, inclusive Judá.

Enquanto isso, Jeoiaquim, um dos irmãos mais velhos de Jeoacaz, sentou-se no trono de Davi (2 Rs 23.36). Originalmente chamado de Eliaquim, Jeoiaquim recebeu o nome pelo qual é mais conhecido, de Faraó-Neco; o motivo da mudança de nome não é claro, mas tornou-se assunto para especulações (v. 34). Por vários anos, Jeoiaquim e Judá mantiveram-se relativamente livres de interferência externa. Mas depois da derrota de Faraó-Neco diante de Nabucodonosor, em 605 a.C., o rei da Babilônia anexou Judá ao seu império e tornou Jeoiaquim um rei-vassalo (2 Rs 24.1). Jeoiaquim submeteu-se por três anos, mas nos últimos oito anos de seu reinado rebelou-se sistematicamente contra a Babilônia, às vezes impunemente e outras ocasiões com sérias retaliações (2 Cr 36.5-8). Morreu "por causas naturais", pelo menos de acordo com o registro de 2 Reis 24.6 e de 2 Crônicas 36.8, o que era raro em sua época. Jeremias, porém, sugere um final muito trágico para o perverso rei. Embora não descreva explicitamente a morte de Jeoiaquim, declara que "em sepultura de jumento o sepultarão, arrastando-o e lançando-o para bem longe, fora das portas de Jerusalém" (Jr 22.19). Seja ou não a indicação de assassinato ou de outro tipo de morte violenta, certamente indica o destino humilhante de um soberano, da linhagem de Davi, o qual, por sua impiedade contra o Senhor, estaria destinado

JEOIARIBE

a ser sepultado fora da cidade santa (cf. 2 Rs 21.18,26).   E.M.

JEOIARIBE. Um dos sacerdotes escolhidos para oficiar no santuário, "de acordo com as últimas instruções de Davi". Um seleção imparcial foi feita, por meio de sorteio, entre os descendentes de Eleazar e de Itamar. O primeiro turno saiu para Jeoiaribe, e esta era a ordem na qual ministrava, quando entrava no santuário (1 Cr 24.7). Sua família é mencionada entre os primeiros judeus que retornaram do exílio na Babilônia e se estabeleceram em Jerusalém (1 Cr 9.10).

JEORÃO (Heb. "o Senhor é exaltado").
1. Rei de Judá, o qual não deve ser confundido com o rei Jorão de Israel, de quem foi parente e contemporâneo. É também chamado de Jorão em algumas versões bíblicas.

Jeorão foi sucessor do pai Josafá no trono de Judá, em 848 a.C., e reinou por oito anos, até 841 a.C. (1 Rs 22.50; 2 Re 8.16,17; 2 Cr 21). O veredito dos escritores é que foi um mau rei, incapaz de representar a dinastia de Davi (2 Rs 8.18). Não há dúvida de que o seu casamento com Atalia, filha dos perversos Acabe e Jezabel, de Israel, foi um dos fatores que contribuíram para isso (2 Rs 8.18,26,27). O resultado de tal matrimônio foi o parentesco de Jeorão, rei de Judá, com Jorão, filho de Acabe e seu sucessor no trono de Israel, de quem tornou-se cunhado. É interessante notar, entretanto, que o Senhor permaneceu fiel à sua aliança com Davi (2 Sm 7.12-14) e não destruiu o reino de Judá, a despeito da perversidade desse rei (2 Rs 8.19; 2 Cr 21.7).

Depois de uma série de desastres, especialmente a revolta de Edom contra o controle de Judá, Jeorão morreu relativamente jovem, com 40 anos de idade. Seu epitáfio, lamentavelmente, declara: "Andou no caminho dos reis de Israel" (2 Rs 8.18). Seu filho Acazias prosseguiu com o reinado de perversidade (vv. 25-27). A filha de Jeorão, entretanto, chamada Jeoseba, esposa do sacerdote Jeoiada, ajudou o marido a restaurar o trono a um rei fiel ao Senhor: Joás (2 Rs 11.12; 2 Cr 22.11).   E.M.

JEOSEBA. Filha do rei Jeorão, de Judá, e esposa do sacerdote Jeoiada (2 Rs 11.2; 2 Cr 22.11, chamada de Jeosebeate). Seu irmão Acazias foi morto por Jeú, em sua tentativa de fazer uma reforma em Israel e Judá e acabar com a adoração a deuses pagãos. Atalia, mãe do rei Acazias, adoradora de Baal, ficou particularmente furiosa. Quando Jeú morreu, ela decidiu assassinar toda a família real. Jeoseba, entretanto, pegou o filho mais novo de Acazias, chamado Joás, "e o furtou dentre os filhos do rei, aos quais matavam, e pôs a ele e à sua ama, numa recâmara, e o escondeu de Atalia, de sorte que não foi morto". A própria Atalia esteve no poder por seis anos e durante esse tempo o menino foi mantido escondido no Templo (2 Rs 11.3). Quando Joás estava com sete anos de idade, Jeoiada o levou ao pátio, fortemente protegido por guardas; o povo, juntamente com os oficiais do exército, o proclamaram rei. Imediatamente, Jeoiada e as tropas saíram e derrubaram os altares e estátuas de Baal. Criado no Templo por Jeoseba e seu marido, Joás posteriormente ordenou a reforma do Santuário e durante seu reinado muitas coisas positivas foram feitas para restaurar a adoração ao Senhor (2 Rs 12).   P.D.G.

JEOZADAQUE (Heb. "o Senhor é justo"). Pai de Josué, o sumo sacerdote que viveu no período após o exílio na Babilônia (Ag 1.1,12,14; 2.2,4; Zc 6.11); ele próprio era um sacerdote, na época do exílio (1 Cr 6.14,15). Era filho do sumo sacerdote Seraías.

JERÁ (Heb. "lua"). Listado em Gênesis 10.26 e 1 Crônicas 1.20 como descendente de Sem; seu pai foi Joctão.

JERAMEEL (Heb. "Deus terá misericórdia").

1. Primeiro filho de Hezrom e bisneto de Judá. Foi um antigo líder da tribo judaica (1 Cr 2.9,25,27,33,42). Sua esposa chamava-se Atara (v. 26). Seus descendentes eram conhecidos como jerameelitas, mencionados tanto nas genealogias de 1 Crônicas como nos dias de Davi, quando houve uma menção ao "sul dos jerameelitas", para indicar a extensão de terra que lhes pertencia (1 Sm 27.10).

2. Um dos descendentes de Merari, da tribo de Levi. Era filho de Quis e líder de um clã. Serviu no Tabernáculo na época do rei Davi (1 Cr 24.29).

3. Oficial militar que serviu sob as ordens do rei Jeoiaquim, com quem possivelmente tinha algum parentesco (609 a 598 a.C.), na época de Jeremias. Jerameel recebeu ordem do rei para prender o profeta e seu escrivão Baruque (Jr 36.26). Jeoiaquim estava com um rolo o qual continha as profecias de Jeremias concernentes ao futuro do reino e de Jerusalém. Jeremias previa que os caldeus conquistá-los-ia e o exílio viria logo depois. O rei rejeitou as profecias, pois considerou-as perigosas para o ânimo e a confiança que tentava transmitir ao povo. Quando Jerameel e os outros oficiais saíram para prender Jeremias e Baruque, não os encontraram, pois a Bíblia diz que "o Senhor os havia escondido" (v. 26).

O juízo que viria sobre Judá já fora predito muitas vezes por Deus e seria ocasionado pela rebelião contínua do povo contra o Senhor. O exílio estava prestes a acontecer e a simples prisão do profeta não mudaria os eventos que estavam determinados. Jeremias foi escondido por Deus porque ainda tinha muito o que fazer no sentido de ajudar a nação a entender o que acontecia. P.D.G.

JEREDE. Descendente de Ezra e líder na tribo de Judá; filho de Merede e de sua esposa judia. Era pai de Gedor (1 Cr 4.18).

JEREMAI. Descendente de Hasum, viveu no tempo de Neemias (Ed 10.33). Depois que Secanias confessou a Esdras que muitos homens da tribo de Judá tinham-se casado com mulheres de outras tribos e de outras nações, esse sacerdote levou o povo ao arrependimento e todos fizeram um pacto de servir ao Senhor (Ed 10.2). Jeremai foi um dos judeus que se divorciaram das esposas estrangeiras.

JEREMIAS, O PROFETA

O ministério de Jeremias

O AT fala bastante sobre a vida e o ministério do profeta Jeremias. Nasceu em Anatote (Jr 1.1), uma pequena vila cerca de 5 quilômetros ao norte de Jerusalém. Seu pai chamava-se Hilquias, um sacerdote (não confunda com o Hilquias que serviu no tempo do rei Josias: 1 Rs 22.8), provavelmente descendente do sumo sacerdote Abiatar, a quem o rei Salomão baniu para Anatote (1 Rs 2.26). Jeremias nunca se casou (Jr 16.1,2) e dedicou toda sua vida adulta ao ministério profético. Seu trabalho estendeu-se por quatro décadas e passou por muitas situações diferentes. É conveniente dividir seu longo ministério em quatro estágios principais.

O primeiro estágio do ministério de Jeremias foi durante o governo de Josias (639 a 609 a.C.). Ele viveu aproximadamente na mesma época do referido rei e entrou no ministério profético no 13º ano desse reinado (Jr 1.2). Seu trabalho começou quatro anos antes de as reformas atingirem seu ponto culminante, em 622 (2 Rs 22.3 a 23.23).

JEREMIAS, O PROFETA

2 Crônicas 35.25 menciona que Jeremias lamentou a morte do rei. Concluímos, portanto, que o profeta provavelmente teve o apoio e o compromisso desse monarca na reforma religiosa. Durante o reinado de Josias, o profeta condenou abertamente a injustiça e a idolatria da nação e advertiu contra a falsa segurança (Jr 1 a 20). Concordou com sua colega e contemporânea, a profetisa Hulda (2 Rs 22.15-20), que Judá e Jerusalém seriam destruídos por causa dos pecados de seus moradores.

A morte prematura de Josias, em 609 a.C., levou ao segundo estágio do ministério de Jeremias. Jeoacaz (chamado de Salum em Jeremias 22.11), filho de Josias, tornou-se rei, mas governou somente três meses. Faraó-Neco, rei do Egito, o removeu do trono por recusar-se a pagar tributo, levou-o para o Egito e em seu lugar instalou Jeoiaquim (609—598 a.C.) como seu vassalo em Jerusalém (2 Rs 23.31-35). Nesse período, Jeremias predisse que Jeoacaz não retornaria do Egito (Jr 22.11,12), condenou os pecados e injustiças do reinado de Jeoiaquim (Jr 22.18-23) e também predisse que Joaquim, o próximo rei na linhagem de Davi, seria levado cativo para a Babilônia (Jr 22.24-30, chamado de Jeonias). Os reis, oficiais da corte e inúmeras pessoas entre o povo se opunham a Jeremias, pois consideravam sua mensagem muito negativa.

O quarto ano do reinado de Jeoiaquim (605 a.C.) foi um tempo particularmente importante para Jeremias. Nabucodonosor derrotou os egípcios em Carquemis, depois assumiu o controle de Judá e removeu todos os membros da nobreza para Babilônia. O profeta anunciou que esses eventos eram o início de um exílio que duraria 70 anos (Jr 25.1-14). Jeremias então elaborou um registro escrito de suas predições, com a ajuda do seu secretário Baruque (Jr 36.1-8). O conteúdo do rolo deixou o rei Jeoiaquim tão furioso que ele o queimou (Jr 36.9-26), mas o profeta corajosamente escreveu tudo novamente, e ainda acrescentou mais palavras de condenação contra o rei (Jr 36.27-32).

O terceiro estágio do ministério de Jeremias foi durante o reinado de Zedequias (597—586 a.C.), o último rei de Judá. Os caldeus o instalaram no trono como vassalo deles e levaram Joaquim para a Babilônia (2 Rs 24.17,18). Seus conselheiros, entretanto, o aconselharam a se rebelar contra Nabucodonosor (Jr 34.1-7). Os falsos profetas Hananias (Jr 28.1-4) e Semaías (Jr 29.24-28) também proclamaram que os caldeus não constituíam ameaça. Jeremias, porém, insistia em que Judá deveria submeter-se a eles (Jr 21.1-7; 27.17-21; 38.7-28). Zedequias rejeitou o conselho de profeta e rebelou-se contra os caldeus em 589 a.C. Como resultado, Nabucodonosor sitiou Jerusalém. Durante esse terrível cerco, os oficiais de Jerusalém prenderam Jeremias (Jr 37.11-21); o profeta foi salvo da morte graças à bondade de um eunuco etíope, chamado Ebede-Meleque (Jr 38.1-13). Em 586 a.C. os caldeus invadiram Jerusalém e destruíram o Templo, conforme Jeremias havia predito.

O quarto estágio do ministério de Jeremias aconteceu depois da destruição de Jerusalém. O profeta encontrou o favor dos oficiais caldeus e decidiu ficar em Jerusalém. O rei Nabucodonosor nomeou Gedalias como governador de Judá (Jr 40.1-6), mas ele logo depois foi assassinado por um grupo de judeus. Temendo represálias, os rebeldes fugiram para o Egito e levaram Jeremias com eles, como refém (Jr 42). O profeta insistiu para que ficassem em Judá, mas eles se recusaram e foram para Tafnes, no Egito. Pouco se sabe sobre o final da vida de Jeremias. O último oráculo registrado em seu livro foi feito no Egito (Jr 44.1-30). É provável que tenha morrido ali, sem jamais retornar à sua terra natal.

JEREMIAS, O PROFETA

A mensagem de Jeremias

O Senhor chamou Jeremias para proclamar duas mensagens: "Vê, ponho-te hoje sobre as nações, e sobre os reinos, para arrancares e derrubares, para destruíres e arruinares, e para edificares e plantares" (Jr 1.10). Conforme esta comissão indica, o ministério do profeta era tanto de destruição como de edificação. Jeremias falou sobre as nações ao redor de Israel (Jr 46 a 51), mas a ênfase central de seu chamado foi o reino do Sul. Ele falou primariamente sobre a queda de Judá e sua posterior restauração.

Jeremias proferiu mensagens diferentes, para diversas épocas, mas seu padrão básico permaneceu com a mesma consistência, pois se baseava fortemente na teologia da aliança de Deuteronômio. Sem dúvida o profeta tinha familiaridade com as leis de Moisés, as quais tiveram um importante papel nas reformas do rei Josias (2 Rs 22.8). Ele formulou a ênfase e a estrutura de sua teologia, de acordo com aquelas normas.

O livro de Deuteronômio descreve o relacionamento entre Deus e seu povo e usa a analogia dos tratados e alianças internacionais do Antigo Oriente Médio. O Todo-poderoso era o supremo senhor feudal, ou imperador, e Israel era seu vassalo, ou nação serva. A benevolência divina formava a base do relacionamento da aliança. Deus tinha tirado o povo de Israel do Egito (Cf. Dt 4.20), deu-lhe a Lei (Dt 4.5-13) e o levou à terra de Canaã (Dt 4.14). Em resposta a essas bênçãos, os israelitas deviam demonstrar gratidão, por meio de um compromisso exclusivo com o Senhor e suas Leis (Dt 6.1-8). Esse relacionamento não era um arranjo de salvação pelas boas obras, pois Israel não merecera o livramento do Egito. Pelo contrário, a obediência tinha de ser o resultado da apreciação das bênçãos já recebidas, pela graça. Além disso, a aliança de Deuteronômio oferecia dádivas adicionais para os que obedecessem à Lei e maldições para os que deliberadamente desobedecessem (Dt 27—2). A obediência fortalecia o relacionamento; a desobediência refletia ingratidão e violava a aliança. Esse padrão de bênçãos e maldições da aliança formou a estrutura fundamental das várias mensagens de Jeremias.

Deuteronômio 4.25-31 resume convenientemente o duplo aspecto da mensagem de Jeremias. Primeiro, Moisés advertiu que maldições seriam lançadas contra Israel quando as futuras gerações provocassem a ira do Senhor (Dt 4.25). Não experimentariam paz na terra (Dt 4.26), mas seriam levados para o exílio (Dt 4.27,28). Alinhado com essas perspectivas, Jeremias gastou muito tempo, a fim de insistir que a aliança de Israel era condicional. Os falsos profetas tinham popularizado a idéia que a aliança de Deus com os israelitas assegurava-lhes total segurança (Jr 28.1-17). Jerusalém nunca seria destruída; o Senhor protegeria seu Templo da devastação (Jr 7.1-29). Por outro lado, o profeta freqüentemente apontava os graves pecados cometidos pelo povo, principalmente a idolatria (cf. Jr 16.10-13,20; 22.9; 32.29; 44.2,3). Anunciou que a devastação de Jerusalém e o exílio eram inevitáveis, porque o povo violava continuamente a aliança (Jr 6.1-30; 13.15-27; 25.1-14). Jeremias viveu para ver suas predições sobre o juízo de Deus tornar-se realidade, quando os caldeus destruíram Jerusalém, em 586 a.C.

Segundo, a aliança de Deuteronômio mantinha a esperança para o povo de Deus, mesmo depois que sofresse o castigo do exílio. Moisés prometeu que Deus perdoaria e levaria Israel de volta à Canaã, se os exilados retornassem ao Senhor em arrependimento (Dt 4.29,30). Deus não esqueceria as promessas feitas aos antepassados; seria misericordioso mais uma vez (Dt 4.31). Por esta razão, Jeremias também proclamou

319

JEREMIAS, O PROFETA

esperança para Israel, no futuro. Garantiu ao povo que o Senhor algum dia estabeleceria uma nova dispensação (Jr 30.1 a 33.26). O Todo-poderoso levaria ambos, Israel e Judá, de volta à terra da promessa (Jr 30.3,4). O profeta comprou um terreno em sua cidade natal para demonstrar a certeza que tinha no futuro (Jr 32.1-44). Anunciou uma renovação da aliança (Jr 31.31-34) e a restauração do trono de Davi (Jr 33.15). Da perspectiva de Jeremias, o retorno final era tão certo como as leis fixas que governam o dia e a noite (Jr 33.25,26).

A mensagem de restauração de Jeremias era especialmente importante para os escritores do Novo Testamento. Três vezes a "nova aliança" (ou a "aliança renovada", como pode ser traduzida) de Jeremias 31.31 é identificada como a nova aliança em Cristo (2 Co 3.3; Hb 8.8-12; 10.16). As palavras do profeta muitas vezes são mal interpretadas, como uma predição de que Jesus traria algo inteiramente novo ou diferente da aliança prévia de Israel com o Senhor. O contexto de Jeremias 31.31-34, entretanto, aponta numa direção diferente. A nova aliança será diferente daquela feita no passado porque a realizada com Moisés se degenerou e tornou-se uma fachada de religião exterior, graças à desobediência (Jr 31.32,33). A nova aliança, por outro lado, seria uma restauração ao padrão original de Deuteronômio de devoção do coração (Dt 6.4; 30.11-14). Os escritores do Novo Testamento ensinaram que esta renovação da aliança aconteceu entre os seguidores de Cristo, o qual é o Mediador de um novo e melhor pacto.

O caráter de Jeremias

Sabemos mais a respeito do caráter de Jeremias do que sobre a maioria dos outros profetas na Bíblia. Dois aspectos de sua personalidade se destacam nos registros do livro. Por um lado, muitas de suas profecias e as narrativas sobre sua vida revelam a força de sua devoção ao Senhor. Os pronunciamentos de condenação feitos por ele encontraram muita resistência no reino do Sul. Sua pregação nunca foi popular. A despeito destas dificuldades, o profeta continuou a anunciar ousadamente que os pecados de Judá tinham condenado Jerusalém à destruição e sua população iria para o exílio.

Por outro lado, entretanto, o livro de Jeremias apresenta um quadro de um homem com profundas lutas interiores. Ele era atormentado pelo complexo de inferioridade, depressão, dúvida e falta de esperança. Numerosas passagens (freqüentemente chamadas de "confissões de Jeremias") revelam graves conflitos interiores. O profeta lamentava a traição de seus amigos e familiares (Jr 11.18 a 12.6). Perguntava-se sobre o propósito de seu ministério (Jr 15.10-21). Ficava impaciente, no aguardo do cumprimento da palavra de Deus (Jr 17.12-18). Orou pela vingança do Senhor contra seus oponentes (Jr 18.18-23). Em sua última lamentação registrada (Jr 20.7-18), clamou ao Todo-poderoso: "Iludiste-me, ó Senhor; iludido fiquei" (Jr 20.7) e amaldiçoou o dia de seu nascimento (Jr 20.14-18).

Essas revelações demonstram importantes dimensões do caráter de Jeremias. Ele lutava contra o desânimo por um ministério que não tinha boa aceitação por parte do povo. Várias vezes sofreu por causa da mensagem e poucas vezes recebeu incentivo. Em todas as suas provações, entretanto, ele encarava sua miséria com uma honestidade admirável. Não tratava suas dificuldades superficialmente, mas sentia e expressava profundamente seu desencorajamento. De qualquer maneira, Jeremias demonstrou ser um homem de fé, e levou suas perguntas e perplexidades diante do Senhor em oração. Buscou consolo no Deus que o havia chamado para pregar. Veja *Profetas e Profecia.*

R.P.

JEREMIAS. Nome comum nos tempos bíblicos, embora seu significado não seja claro. Os teólogos têm sugerido: "o Senhor estabelece"; "o Senhor exalta"; "o Senhor solta" e "o Senhor arremessa". Qualquer que seja o caso, Jeremias era um nome que expressava louvor ao Deus de Israel. Conforme os registros, nove pessoas possuíram esse nome no Antigo Testamento:

1. Veja *Jeremias, o profeta.*

2. Líder de um clã e soldado valente da tribo de Manassés (1 Cr 5.24). Ele e seu povo, entretanto, "foram infiéis ao Deus de seus pais, e se prostituíram, seguindo os deuses dos povos da terra, os quais Deus destruíra diante deles" (v. 25). Como castigo, o Senhor lançou juízo sobre a tribo, por meio do rei da Assíria (v. 26).

3. Um soldado ambidestro, da tribo de Benjamim, perito no manejo do arco. Lutou primeiro no exército de Saul e depois uniu-se ao filho de Jessé em Ziclague (1 Cr 12.4). Foi relacionado entre os "trinta" guerreiros poderosos de Davi. Mais tarde, na mesma passagem, a Bíblia dá a impressão de que tais homens transferiram sua lealdade a Davi não simplesmente para estar no lado vencedor, mas porque o Espírito de Deus operava entre eles (v. 18).

4. Mencionado em 1 Crônicas 12.10, foi o quinto entre vários guerreiros da tribo de Gade que desertaram das tropas de Saul e se uniram ao filho de Jessé em Ziclague. Esses homens foram descritos como os melhores guerreiros, mais fortes do que cem homens. "Seus rostos eram como rostos de leões, e eram ligeiros como corças sobre os montes" (v. 8). O v. 22 deixa claro que a adição de homens como aqueles no exército de Davi era vista como obra de Deus. Os valentes do rei aumentaram, "até que se fez um grande exército, como o exército de Deus".

5. Mencionado como o 10º guerreiro da tribo de Gade, na mesma lista do item 3.

6. Pai de Hamutal, mãe do rei Jeoacaz, de Judá, e esposa do rei Josias. Também era mãe de Zedequias, o qual, tempos depois, tornou-se rei (2 Rs 23.31; 24.18).

7. Pai de Jaazanias e filho de Habazinias, da família dos recabitas. Para mais detalhes, veja *Recabe* e *Jaazanias,* item 1.

8. Um dos judeus que retornaram do exílio na Babilônia com Neemias e que se uniram para assinar um pacto de adoração exclusiva ao Senhor e obediência à sua lei. Provavelmente, era um dos "líderes de Judá" e tomou parte na dedicação dos muros de Jerusalém (Ne 10.2; 12.34).

9. Um dos líderes dos sacerdotes que retornaram do exílio na Babilônia com Zorobabel (Ne 12.1). P.D.G.

JEREMOTE. 1. Filho de Bequer e neto de Benjamim (1 Cr 7.8).

2. Um dos filhos de Berias e líder na tribo de Benjamim, vivia em Jerusalém e está listado na genealogia do rei Saul (1 Cr 8.14).

3. Listado entre os descendentes de Bani. Após o retorno do exílio na Babilônia, Secanias confessou a Esdras que muitos homens, inclusive descendentes dos sacerdotes de Judá, tinham-se casado com mulheres de outras tribos e até de outras nações. Esdras levou o povo ao arrependimento e fizeram um pacto de servir ao Senhor (Ed 10.2). Jeremote é mencionado em Esdras 10.29 como um dos que se divorciaram das esposas estrangeiras.

4. Descendente de Elão, também mencionado entre os judeus que se divorciaram das esposas estrangeiras (Ed 10.26).

5. Descendente de Zatu, também mencionado como um dos judeus que se divorciaram de esposas estrangeiras (Ed 10.27).

6. Descendente de Bani, também mencionado como um dos judeus que se divorciaram de esposas estrangeiras (Ed 10.29). P.D.G.

JERIAS (Heb. "o Senhor vê").

1. Descendente de Coré, da tribo de Levi, primeiro filho de Hebrom; tomou

JERIBAI

parte nas tarefas dos coraítas no Tabernáculo e posteriormente no Templo (1 Cr 23.19; 24.23). Na última parte do reinado de Davi foi feita uma pesquisa nos registros genealógicos, para estabelecer as famílias dos sacerdotes que ministrariam no Templo. Descobriu-se que Jerias era o principal de seu clã e tinha 2.700 parentes que eram líderes de famílias. Esse clã recebeu a responsabilidade de fiscalizar o culto a Deus e os negócios do rei entre as tribos de Rúben, Gade e Manassés (1 Cr 26.31,32).

2. Filho de Selemias, capitão da guarda, o responsável pela prisão de Jeremias, quando este se encontrava na Porta de Benjamim, na época da invasão dos caldeus. O profeta foi preso sob suspeita de tentar fugir para unir-se aos invasores (Jr 37.13,14).

JERIBAI. Ele e seu irmão Josavias, filhos de Elnaão, pertenciam ao grupo dos "trinta" guerreiros valentes de Davi, os quais saíam com ele para a batalha e lideravam os filhos de Israel na guerra (1 Cr 11.46).

JERIEL (Heb. "Deus tem guardado"). Um dos filhos de Tola e neto de Issacar; era líder de família e um soldado valente (1 Cr 7.2).

JERIMOTE. 1. Filho de Belá e neto de Benjamim (1 Cr 7.7).

2. Guerreiro da tribo de Benjamim, ambidestro e perito no manejo do arco e flecha; lutou primeiro no exército de Saul e depois uniu-se ao filho de Jessé em Ziclague (1 Cr 12.5). Fez parte do grupo dos "trinta" guerreiros valentes de Davi. Mais adiante, na mesma passagem, a Bíblia dá a impressão de que tais homens uniram-se ao novo rei não apenas para estarem do lado vencedor, mas porque "o Espírito de Deus" operava no coração deles (v. 18).

3. Um dos filhos de Musi, da tribo de Levi. Era líder de uma família. Serviu no Tabernáculo durante o reinado de Davi, quando a Arca da Aliança foi levada para Jerusalém e colocada num local permanente (1 Cr 23.23; 24.30).

4. Um dos filhos de Hemã, listado entre os que foram separados para o ministério da profecia e da música, no reinado de Davi. Hemã era o "vidente" do rei. Jerimote e seus parentes receberam o 15º turno de serviço no santuário (1 Cr 25.4,13).

5. Filho de Azriel, foi um oficial militar sobre a tribo de Naftali, durante o reinado de Davi (1 Cr 27.19).

6. Filho de Davi e de sua esposa Abiail. O rei Roboão, de Judá, casou-se com sua filha Maalate (2 Cr 11.18).

7. Mencionado em 2 Crônicas 31.13, trabalhou no Templo durante o avivamento no reinado de Ezequias (para mais detalhe, veja *Hemã*). Ajudou na administração dos tesouros do Templo.   P.D.G.

JERIOTE. Da tribo de Judá, era uma das duas esposas de Calebe, filho de Hezrom (1 Cr 2.18). A outra chamava-se Azuba.

JEROÃO. 1. Da tribo de Efraim, pai de Elcana e avô de Samuel (1 Sm 1.1). Jeroão, entretanto, é listado na genealogia da tribo de Levi, em 1 Crônicas 6.27,34. Isso pode significar que simplesmente vivia na região de Efraim ou que o período dos Juízes foi marcado por muitos casamentos entre pessoas de tribos diferentes, o que gerava muitas confusões. Provavelmente era um levita que jamais exerceu qualquer atividade sacerdotal.

2. Da tribo de Benjamim, foi um líder de clã, cujos filhos viviam em Jerusalém. Seu nome aparece na genealogia do rei Saul (1 Cr 8.27).

3. Pai de Ibnéias, mencionado em 1 Crônicas 9.8. Depois do exílio, Ibnéias estava entre os primeiros judeus da tribo de Benjamim que retornaram a Jerusalém.

4. Pai de Adaías, um sacerdote mencionado em 1 Crônicas 9.12 e Neemias 11.12. Adaías serviu no Templo após o retorno do exílio na Babilônia, nos dias de Neemias.

5. Pai de Joela e Zabadias, este Jeroão era de Gedor e da tribo de Benjamim (1 Cr 12.7). Seus dois filhos estavam entre os guerreiros que desertaram de Saul e uniram-se a Davi em Ziclague. Todos eram ambidestros e peritos no uso do arco e da funda.

6. Pai de Azarel, o qual foi administrador do território da tribo de Dã e líder na tribo durante o reinado de Davi (1 Cr 27.22).

7. Pai de Azarias, o qual viveu no tempo do sacerdote Jeoiada (2 Cr 23.1). Azarias foi um dos comandantes do exército que obedeceu à convocação de Jeoiada e ajudou a depor a rainha Atalia. Em seu lugar, colocaram no trono Joás, que tinha sete anos de idade e que posteriormente serviu ao Senhor e fez uma reforma no Templo (2 Cr 24.1-16).

P.D.G.

JEROBOÃO. Dois reis de Israel tinham este nome:

1. *Jeroboão I* (930-909 a.C.). Os registros sobre Jeroboão aparecem em 1 Reis 11.26 a 14.20 e 2 Crônicas 10.1 a 13.20. Era um homem proeminente da tribo de Efraim, a quem o rei Salomão colocou como supervisor de todo o trabalho forçado. Essa nomeação real colocou Jeroboão no centro de um conflito político entre as tribos do Norte e as do Sul. As esposas estrangeiras de Salomão o levaram a adorar falsos deuses (1 Rs 11.1-13) e o Senhor levantou muitos adversários contra ele (vv. 14-25). Jeroboão foi o maior deles. O profeta Aías anunciou que Deus dividiria o reino e daria a este súdito dez das doze tribos (vv. 26-39). Essa divisão foi adiada, entretanto, quando Salomão tentou matar Jeroboão, o qual fugiu para o Egito (v. 40).

Depois da morte de Salomão, Jeroboão se uniu a outros representantes das tribos do Norte, os quais pediram a Roboão (sucessor do rei Salomão) que aliviasse a severa política dos trabalhos forçados de seu pai (1 Rs 12.1-24). Depois de três dias de discussão, Roboão recusou o pedido e insensatamente ameaçou seus trabalhadores com condições ainda piores. Como resultado, Jeroboão liderou uma rebelião contra a casa de Davi e tornou-se rei sobre as dez tribos do Norte.

A Bíblia não condena Jeroboão por essa rebelião. Na verdade, o relato bíblico indica que ele tinha motivos, devido às ameaças de Roboão de acrescentar mais dificuldades aos trabalhadores. O trono de Jerusalém tinha violado tão profundamente suas prerrogativas que se tornara um governo ilegítimo. Em duas ocasiões o Senhor aprovou explicitamente Jeroboão como rei das tribos do Norte. Prometeu-lhe especificamente uma dinastia tão duradoura quanto a da linhagem de Davi, desde que permanecesse fiel (1 Rs 11.38). Além disso, quando Roboão reuniu suas tropas e preparou-se para atacar Jeroboão, o profeta Semaías ordenou em nome do Senhor que voltassem (1 Rs 12.24).

Mesmo assim, os problemas logo surgiram para Jeroboão. Ficou preocupado com a possibilidade de seu povo voltar-se para a casa de Davi, se freqüentasse o Templo em Jerusalém para adorar ao Senhor (1 Rs 12.26,27). Por essa razão, inaugurou dois centros de culto alternativo, um em Betel, alguns quilômetros ao norte de Jerusalém, e o outro no extremo norte de Israel, na região de Dã. Essa atitude não foi simplesmente contra Roboão, mas também um desafio contra o Senhor, que estabelecera o Templo em Jerusalém como o lugar de sua presença especial e o único local de adoração (1 Rs 8.27-30).

Além disso, Jeroboão misturou a adoração a Deus com o culto a Baal. Erigiu bezerros de ouro em Betel e Dã e pronunciou essas palavras, reminescentes de Arão (Êx 32.4,5): "Vês aqui teus deuses, ó Israel, que te fizeram subir da terra do Egito" (1 Rs 12.28). Ele também construiu altares em vários lugares altos por todo seu reino. Nomeou seus sacerdotes e criou suas próprias festas de adoração (1 Rs 12.31-33).

A falsa religião criada por Jeroboão suscitou a ira de Deus contra ele. Um profeta anônimo anunciou que um rei chamado Josias um dia destruiria o altar de Betel (1 Rs 13.2,3). Essa predição se cumpriu quando este monarca estendeu sua reforma religiosa também a Israel, o reino do Norte (2 Rs 23.15). Além disso, o próprio profeta Aías, que proferira boas palavras a Jeroboão (1 Rs 11.29-39), anunciou que as ações do rei traiam desastre sobre sua dinastia (1 Rs 14.1-16). Essa profecia cumpriu-se quando Baasa assassinou o filho de Jeroboão, Nadabe, e o resto de sua família (1 Rs 15.27,28).

A idolatria do rei Jeroboão tornou-se um padrão pelo qual o escritor dos livros dos Reis comparou todos os demais governantes do Norte. Freqüentemente mencionava que o rei "andou em todos os caminhos de Jeroboão" (1 Rs 16.26; 2 Rs 14.24). Assim como Davi era o modelo do rei íntegro, Jeroboão era o modelo do monarca ímpio. Essa lembrança constante de seu pecado indica a maneira como o Senhor tratou contra a idolatria durante a história de Israel.

2. *Jeroboão II* (793 a 752 a.C.). Filho de Jeoás, foi o quarto rei da dinastia de Jeú. Seu longo reinado sobre Israel (quarenta e um anos) recebeu uma atenção relativamente pequena nos registros de 2 Reis (2 Rs 14.23-29), mas foi alvo de muitas profecias nos livros de Amós e Oséias.

Jeroboão II liderou Israel numa época de prosperidade sem precedentes. A Assíria havia enfraquecido a Síria, que dessa maneira não representava mais uma ameaça para Israel. Os próprios assírios estavam preocupados com a guerra na Armênia. Conseqüentemente, Jeroboão teve liberdade para executar uma agressiva expansão de seu território. O profeta Jonas predissera que ele restauraria as fronteiras dos dias de Salomão e realmente o rei alcançou esse objetivo (2 Rs

14.25). O Senhor usou esse governante para salvar Israel de anos de dificuldades e problemas (2 Rs 14.27).

A prosperidade do reino de Jeroboão, entretanto, levou a muitos males. Amós condenou a grande lacuna que havia entre os ricos e os pobres (Am 2.6,7); denunciou os rituais religiosos vazios (Am 5.21-24) e a falsa segurança (Am 6.1-8). Esses e outros pecados levaram o profeta a predizer a queda de Israel (Am 6.8-14). Jeroboão e seu povo recusaram-se a dar ouvidos às palavras de Amós (Am 7.10-17) e em 722 a.C. Samaria caiu diante do exército assírio.

O reinado de Jeroboão II é uma advertência sobre quão facilmente a prosperidade leva à corrupção. Embora Deus tivesse abençoado a nação de muitas maneiras, a bênção do Senhor tornou-se ocasião para a desobediência e a destruição decorrente dela. R.P.

JERUBAAL. Veja *Gideão*. O nome significa "que Baal contenda". Foi dado a Gideão por seu pai Joás e pelos homens da vila de Ofra (Jz 6.32), quando este servo de Deus quebrou os altares de Baal e lutou contra a idolatria dos israelitas (Jz 6 a 8). Posteriormente, quando o ataque de Gideão ao paganismo estava amplamente semeado no país e havia muita "vergonha" ligada ao nome de Baal, o nome "Jerubesete", o qual significa "que a vergonha contenda", começou a ser usado (2 Sm 11.21; veja também 1 Sm 12.11).

JERUBESETE. Veja *Gideão* e *Jerubaal*. "Jerubaal" foi o nome dado a Gideão quando destruiu os ídolos de Baal. Este termo significa "que Baal contenda". Posteriormente, quando os israelitas perceberam muita "vergonha" no nome Baal, referiram-se a Gideão como "Jerubesete", o qual significa "que a vergonha contenda" (2 Sm 11.21).

JERUSA (Heb. "possessão" ou "herança"). Filha de Zadoque e mãe do rei Jotão,

JESSÉ

de Judá. Era esposa do rei Uzias. Seu filho tinha 25 anos de idade quando subiu ao trono (2 Rs 15.33; 2 Cr 27.1). Seguiu o pai e "fez o que era reto aos olhos do Senhor" (2 Rs 15.34). Veja *Jotão*.

JESAÍAS. 1. Um dos dois filhos de Hananias, descendente do rei Davi e de Zorobabel. Era da tribo de Judá e só é mencionado na genealogia de 1 Crônicas 3.21.

2. Um dos filhos de Jedutum, listado entre os que foram separados para o ministério da profecia e da música, durante o reinado de Davi. Jedutum, Asafe e Hamã estavam sob a supervisão direta do rei (1 Cr 25.3, 6). Jesaías era o líder do oitavo grupo de músicos levitas e componentes do coral que ministravam no Tabernáculo (1 Cr 25.15).

3. Descendente de Eliezer, da tribo de Levi e membro de uma família que tinha responsabilidade pelos tesouros do Templo (1 Cr 26.25). Era pai de Jorão.

4. Filho de Atalias, retornou do exílio na Babilônia com Esdras (Ed 8.7). Era descendente de Elão.

5. Levita, descendente de Merari. Esdras estava preocupado, pois não havia levitas no grupo que retornava a Jerusalém, após o exílio na Babilônia. Jesaías e outros levitas apresentaram-se para ir com eles e Esdras viu isso como "a boa mão de Deus" sobre eles (Ed 8.19). Veja *Serebias*.

6. Pai de Itiel, da tribo de Benjamim. Mencionado em Neemias 11.7; seus descendentes se estabeleceram em Jerusalém após o exílio na Babilônia. P.D.G.

JESARELA. Líder do sétimo grupo de músicos levitas e do coral que ministravam no Templo (1 Cr 25.14).

JESEBEABE. Um dos sacerdotes escolhidos para ministrar no santuário, "de acordo com as últimas instruções do rei Davi". Uma seleção imparcial foi feita, por meio de sorteio, entre os descendentes de Eleazar e Itamar. O 14º turno saiu para Jesebeabe, e esta era a ordem na qual ministrava quando entrava no santuário (1 Cr 24.13).

JESER. Filho de Calebe e de sua esposa Azuba, na genealogia da tribo de Judá (1 Cr 2.18).

JESIMIEL. (Heb. "Deus estabeleça"). Líder de um clã da tribo de Simeão, mencionado em 1 Crônicas 4.36.

JESISAI (Heb. "Um filho idoso"). Neto de Buz e líder de um clã da tribo de Gade, o qual estava estabelecido na região de Basã e Gileade (1 Cr 5.14).

JESOAÍAS. Líder de um clã da tribo de Simeão, mencionado em 1 Crônicas 4.36.

JESSÉ. Filho de Obede e neto de Boaz e Rute; era o pai de Davi, o qual cuidava das ovelhas (Rt 4.17,22). Pertencia à tribo de Judá e vivia na cidade de Belém (1 Sm 16.1). Quando Deus ordenou a Samuel que fosse à casa de Jessé, para ungir o próximo rei de Israel, o profeta supôs que o mais velho fosse o escolhido do Senhor. Passaram os sete primeiros filhos de Jessé, um por um, diante de Samuel, mas o Senhor declarou que havia rejeitado todos; Davi foi trazido diante do profeta e, segundo orientação divina, foi ungido rei (1 Sm 16.3-13). Samuel e o povo de Israel aprenderiam que "o homem olha para o que está diante dos olhos, porém o Senhor olha para o coração" (v. 7). Jessé tornou-se um grande amigo de Saul, quando Davi foi chamado para tocar harpa na presença do rei (vv. 18-20). O monarca até mesmo pediu permissão ao belemita para manter o filho dele consigo no palácio, para acalmá-lo quando o espírito maligno viesse sobre ele (vv. 21-23). Em outra ocasião, Jessé enviou Davi para levar alguns víveres aos outros filhos que estavam na guerra contra os filisteus. Foi por ocasião desta viagem que

JESUA

Davi enfrentou e matou o gigante Golias (1 Sm 17). Posteriormente, quando Saul ficava furioso com o jovem harpista, chamava-o simplesmente de "filho de Jessé" (1 Sm 20.27, 30,31; 22; etc. veja também 1 Cr 10.14; 12.18; 29.26; etc).

O profeta Isaías, ao contemplar o futuro, quando um novo rei sentar-se-ia no trono de Davi, falou profeticamente que "do tronco de Jessé brotará um rebento, e das suas raízes um renovo frutificará... naquele dia as nações perguntarão pela raiz de Jessé" (Is 11.1,10). Essa profecia foi tomada por Paulo e aplicada a Jesus em Romanos 15.12. Por ser pai do rei Davi, é claro que Jessé também é mencionado nas genealogias de Cristo, em Mateus 1.5 e Lucas 3.32.   P.D.G.

JESUA (Heb. "o Senhor salva").

1. Sacerdote que serviu no Tabernáculo durante o reinado de Davi. Era o responsável pelo 9º turno de serviço (1 Cr 24.11).

2. Durante o avivamento que houve no decorrer do reinado de Ezequias, o povo voltou-se novamente para o Senhor e muitos levitas assumiram tarefas específicas no Templo. Jesua foi um dos que receberam a tarefa de ajudar Coré, filho de Imna, na distribuição das ofertas dadas pelo povo pelas cidades dos sacerdotes, "segundo as suas turmas" (2 Cr 31.15).

3. Um dos líderes dos israelitas que retornaram com Zorobabel para Jerusalém, depois do exílio na Babilônia (Ed 2.2; Ne 7.7).

4. Descendente de Paate-Moabe, alguns de seus familiares retornaram do exílio na Babilônia (Ed 2.6, onde é chamado de Jesua-Joabe: Ne 7.11).

5. Ancestral de uma família de sacerdotes que retornou do exílio na Babilônia com Zorobabel e outros (Es 2.36; Ne 7.39).

6. Levita cujos descendentes também retornaram do exílio na Babilônia (Ed 2.40; Ne 7.43).

7. Filho de Jozadaque, era um sacerdote que retornou com Zorobabel do exí-lio na Babilônia. Estava entre os primeiros que regressaram e construíram um altar para os sacrifícios (Ed 3.2). Também ajudou na reconstrução do Templo (Ed 3.8,9; 5.2). Sua posição de liderança na comunidade é vista no fato de estar entre os que confrontaram os opositores do projeto de reconstrução (Ed 4.3; 12.7). Alguns membros de sua família se casaram com mulheres estrangeiras e tiveram de se divorciar (Ed 10.18). Chamado de Josua, em Ageu 1.14; 2.2; etc. Neemias 12.10,26 provavelmente refere-se a ele.

8. Pai de Ezer, o qual foi um dos que ajudaram na reconstrução dos muros de Jerusalém, após o exílio na Babilônia (Ne 3.19).

9. Logo depois que os israelitas se estabeleceram nas cidades ao redor de Jerusalém, após o exílio na Babilônia, pediram a Esdras que lesse para eles o livro da Lei. Jesua era um dos levitas presentes e que mais tarde "instruiu" o povo sobre o significado da Lei, ao interpretá-la para eles (Ne 8.7). Todos ouviram e começaram a chorar, à medida que escutavam a mensagem. Jesua e os outros levitas disseram para que não chorassem, pois aquele dia "era consagrado" ao Senhor. Deviam adorar a Deus, "pois a alegria do Senhor é a vossa força" (v. 10). Quanto mais entendiam a Lei, mais se alegravam. Liderados pelos levitas, comemoraram a Festa dos Tabernáculos. Então confessaram seus pecados como nação (Ne 9.4,5). A boa instrução para o povo era vital, para que todos pudessem adorar conforme o Senhor requeria. Antes do exílio, os levitas e os líderes foram severamente castigados por Deus, por não ensinar ao povo (cf. Jr 23). Mas agora faziam o que deveriam ter realizado sempre e o Senhor trouxe grande bênção sobre eles. Provavelmente este Jesua é o filho de Azanias, o qual foi um dos que assinaram o pacto feito pelo povo de adorar somente ao Senhor e obedecer à sua lei (Ne 10.9). Veja também Neemias 12.8,10,24, que provavelmente também se referem a este mesmo Jesua.   P.D.G.

JESURUM (Heb. "honrado"). Nome simbólico usado para o povo e a nação judaica. Utilizado somente em passagens poéticas e em contextos nos quais Deus confronta Israel como o Senhor da aliança, a fim de alertar quanto ao juízo ou prometer bênçãos para o povo escolhido (Dt 32.15; 33.5,26; Is 44.2).

JESUS (CRISTO, O SENHOR)

O nome de Jesus

Jesus é a forma grega do termo hebraico "Josué", que significa "Yahweh (o Senhor) salva". Sem dúvida o nome Josué era bem popular nos dias de Jesus e isso explica o uso ocasional da expressão "Jesus de Nazaré" (para diferenciá-lo de outros com o mesmo nome; veja Mt 26.71 e mais 15 referências). Jesus (de Nazaré) é a figura principal dos evangelhos (Mateus, Marcos, Lucas e João) e, em muitos aspectos, também do restante do Novo Testamento. Quando os cristãos estudam o NT, observam que Jesus representa também o cumprimento de tudo aquilo para o qual o AT apontava. Jesus, também chamado de Cristo, ou Jesus Cristo, é visto como o Messias há muito esperado e também é considerado o "filho de Davi" (veja *Cristo* e *Senhor*).

Podemos ler sobre o significado desse nome em Mateus 1.21; um anjo apareceu a José para anunciar o nascimento e disse: "E lhe porás o nome de Jesus, porque ele salvará o seu povo dos pecados deles". Pode parecer, entretanto, que as pessoas raramente se dirigiam a Jesus como "Salvador". Em sua canção de gratidão pelo nascimento de Jesus, Maria disse: "E o meu espírito se alegra em Deus meu Salvador" (Lc 1.47); mas, com essas palavras, provavelmente referia-se de maneira geral à obra de Deus, que enviou Jesus para salvar. Os anjos disseram especificamente aos pastores: "Na cidade de Davi vos nasceu hoje o Salvador, que é Cristo, o Senhor" (Lc 2.11); os samaritanos, os quais creram que Jesus era o Messias, reconheceram: "Este é verdadeiramente o Salvador do mundo" (Jo 4.42). Esta denominação, contudo, refletiu-se sobre a vida de Jesus, sua morte e ressurreição, suas palavras e ações, e levou os discípulos, guiados pelo Espírito Santo, a entender que Jesus verdadeiramente era o Salvador que seu nome, dado por Deus, indicava. Este artigo pode apenas elaborar um quadro muito limitado de Jesus, mas traz luz sobre alguns aspectos muito importantes, ou seja, *quem ele é*, sua vida e missão.

A vida de Jesus

Existem poucas evidências da vida de Jesus fora do registro bíblico. O historiador romano Tácito menciona os cristãos que foram chamados desta maneira por seguirem a Cristo, o qual foi morto por Pôncio Pilatos, na época do imperador Tibério (veja Lc 3.1). Seutonio mencionou alguns judeus que discutiam e criavam tumulto em Roma, instigados por um certo Crestos. Sua referência muito provavelmente era sobre Cristo e os cristãos. Essas discussões, segundo ele, ocasionaram a expulsão dos judeus de Roma (veja At 18.2). Existem numerosas alusões a Jesus feitas por rabinos que viveram em períodos posteriores, alguns dos quais dizem que se tratava de um mágico ou feiticeiro. Uma referência feita por Josefo, o historiador judeu que escreveu para os romanos, fala que Jesus realizou "obras maravilhosas" e que era "o Cristo"; foi morto por Pilatos e apareceu no terceiro dia depois de sua morte para os que

JESUS (CRISTO, O SENHOR)

o amavam. Josefo vai além e diz que até agora, "a raça dos cristãos" ainda não morreu. Alguns suscitam dúvidas se esta seção dos escritos de Josefo é realmente genuína ou se foi acrescentada depois por historiadores cristãos. Qualquer que seja a conclusão, entretanto, sobre quais partes são ou não genuínas, certamente existem evidências suficientes em outras fontes que comprovam ser Jesus realmente o Cristo e que os efeitos de seu ministério se espalharam, desagradaram seus oponentes e foi morto por ordem de Pôncio Pilatos. O Novo Testamento, todavia, é sem dúvida a principal fonte de informação. Os autores dos evangelhos dão muita ênfase aos eventos concernentes à vida de Jesus, na forma de uma explicação cuidadosa, dirigida aos que desejam conhecer melhor o Filho de Deus.

O nascimento e a infância de Jesus

Os evangelhos falam muito pouco sobre a infância de Jesus. Mateus e Lucas relatam certos eventos sobrenaturais que anunciaram e acompanharam seu nascimento. Um anjo apareceu a Maria e ao seu esposo em diferentes ocasiões. Foi dito a José para que continuasse com sua esposa, embora ela estivesse grávida e ele não fosse o pai. O menino Jesus nasceria da virgem Maria, "porque o que nela foi gerado é do Espírito Santo" (Mt 1.20). Lucas relaciona essa concepção ao poder do Espírito, pelo fato de Jesus ser chamado de "Filho de Deus" (Lc 1.35). Por meio de Jesus, o Senhor fazia algo novo para a salvação do mundo. A humanidade era incapaz de alcançar a própria redenção. Todos pecaram e aguardavam o juízo, mas a intervenção divina proporcionou perdão e salvação. Maria demonstrou captar essa verdade, ao proferir palavras as quais enfatizavam que a salvação em Jesus era inteiramente obra de Deus. A salvação de Jesus era "misericórdia" para os pecadores e não um direito há muito merecido pelas pessoas justas (Lc 1.46-50,68,71,72; 2.29-32).

O fato de que Jesus era também o Messias esperado ou o filho de Davi "ungido", o qual herdaria o trono, é enfatizado em todos os registros de sua infância, principalmente no evangelho de Mateus. Os reis magos, ou "sábios", vieram do Oriente para encontrar "aquele que é nascido rei dos judeus". Aqueles homens, os quais não eram israelitas, foram visitá-lo, dirigidos por Deus por meio de uma estrela, a fim de mostrar que a salvação de Jesus e seu reinado teriam um alcance muito além das fronteiras do povo judeu. O fato de Herodes ter ordenado a morte de todos as crianças na área de Belém, numa tentativa de evitar a competição pelo trono, demonstra como as autoridades levaram a sério o nascimento de Jesus (Mt 2.1-17; também Lc 1.32,33; 2.11).

O anjo também indicou a divindade de Jesus, quando disse que Ele seria chamado "Emanuel" — que significa "Deus conosco" (Mt 1.23). João 1.1-4,14 mostra que Jesus era verdadeiramente humano e ainda assim preexistente e divino.

De acordo com a tradição, Jesus foi apresentado no Templo quando era bebê. Novamente é importante notar que este incidente é narrado não simplesmente como a história de uma infância agradável, mas devido ao seu significado para a identificação de Jesus como Salvador e Redentor e devido ao que foi falado na ocasião sobre seu chamado e sua missão. Simeão identificou Jesus como a "salvação" de Deus e "luz para iluminar os gentios", enquanto a idosa Ana viu o menino e falou da redenção que tinha chegado a Jerusalém (Lc 2.29-32,36-38). Quando Jesus cresceu, a Bíblia diz que "se fortalecia, enchendo-se de sabedoria; e a graça de Deus estava sobre ele" (v. 40).

O único evento mencionado sobre a infância de Jesus refere-se à visita anual que seus pais faziam a Jerusalém e ao Templo e a uma clara indicação da consciência que Ele tinha de que era "o Filho de Deus", com uma missão específica. Quando estava

JESUS (CRISTO, O SENHOR)

com doze anos de idade, Jesus foi com seus pais ao Templo, mas na volta eles o perderam. Encontraram-no no Templo, dias depois, diante dos líderes religiosos, surpreendendo a todos com sua sabedoria e as perguntas que fazia. Ao responder às interrogações preocupadas dos pais, disse: "Por que é que me procuráveis? Não sabeis que me convém tratar dos negócios de meu Pai?" (Lc 2.41-51).

A vida adulta de Jesus

Podemos especular que Jesus cresceu e trabalhou como carpinteiro junto com seu pai adotivo (Mc 6.3). Os escritores dos evangelhos demonstram maior interesse em seu ministério público, que começou quando foi batizado por João Batista (na verdade é onde Marcos inicia seu evangelho). Ao submeter-se ao batismo, Jesus identificou-se com os homens e mulheres pecadores e comprometeu-se publicamente numa aliança de fidelidade e obediência ao Pai. Foi ungido publicamente pelo Espírito Santo, o qual desceu sobre ele como uma pomba, acompanhado de um pronunciamento público do céu: "Tu és o meu Filho amado em quem me comprazo" (Mc 1.10,11). Aqui, um verso sobre o Messias, no Salmo 2.7, une-se com uma parte de Isaías 42.1, que é uma profecia sobre o servo de Deus que viria. Assim, exatamente no início de seu ministério, a missão de Jesus foi enfatizada pelo Pai, pois seria o caminho do rei e também a trilha da obediência e do serviço a Deus que culminaria com a morte na cruz pelo pecado da humanidade.

"Imediatamente" depois do batismo, o Espírito conduziu Jesus ao deserto, onde foi tentado por Satanás, de uma maneira semelhante à tentação dos israelitas no deserto, na época de Moisés. Onde os hebreus fracassaram tantas vezes, Jesus, que acabara de se identificar com seu povo, venceu, pois não pecou. Rejeitou a tentação de aceitar o reino do Messias nos termos definidos por Satanás. Anulou a tentação de fazer as coisas "da maneira mais fácil". Para Jesus, ser o Messias significava seguir a vontade do Pai e foi a palavra de Deus na Bíblia que Ele usou para refutar Satanás (Mt 4.1-11 etc.). Sua total submissão às palavras e à vontade do Pai seria o caminho escolhido por Ele, mesmo que no final o levasse à cruz.

Após a tentação, o ministério de Jesus inicia-se. Primeiramente, com uma breve manifestação na Judéia, mas, depois da prisão de João Batista, Mateus, Marcos e Lucas registram que Ele se dirigiu ao Norte, para a região da Galiléia. Marcos resumiu a mensagem de Jesus: "O tempo está cumprido, e o reino de Deus está próximo. Arrependei-vos e crede no evangelho" (Mc 1.15). Durante esse período de proclamação, os evangelistas construíram um quadro das atividades de Jesus. Envolvia uma seqüência quase incessante de pregações, conversas, curas e expulsões de demônios. Foi também durante esse período que Ele escolheu seus discípulos, os quais o acompanhariam durante todo seu ministério (Mc 1.16-45; Lc 5; etc.). Uma vez que o número de discípulos estava completo, ou seja, doze, Jesus os designou "apóstolos" (Lc 6.12-16). No meio de tanta atividade, era muito difícil não se encontrar sempre cercado de pessoas, mas Ele insistia em ter um tempo a sós com o Pai, para orar. Muitas vezes só podia fazer isso quando saía no meio da noite para algum lugar onde não fosse perturbado. Mesmo assim, freqüentemente os discípulos saiam à sua procura e o traziam de volta ao trabalho, pois afirmavam que muitos o esperavam por causa de suas obras miraculosas (Mc 1.35-37).

As obras e as palavras de Jesus provocavam uma resposta imediata por parte de muitos, onde quer que Ele fosse. As pessoas ficavam maravilhadas e mesmo assim muitas vezes não sabiam como responder. O povo de Nazaré, a cidade onde Jesus fora

JESUS (CRISTO, O SENHOR)

criado, rapidamente o rejeitou quando Ele leu um texto de Isaías e declarou que aquela profecia se cumpria diante deles (Lc 4.16-30). Enquanto viajava, as multidões o acompanhavam, ansiosas pela realização de muitos milagres. Os líderes religiosos ficavam cada vez mais preocupados, pois viam o povo seguir Jesus em número cada vez maior e percebiam o desafio fundamental que o Filho de Deus fazia às tradições defendidas por eles. Por exemplo, perguntavam por que Ele curava as pessoas no sábado (Mc 3.1-6, 20-30; Mt 12.1-8). Os discípulos e até mesmo a própria família de Jesus demonstravam o quão pouco entendiam sobre tudo o que acontecia (Mc 3.31-34; 4.10-20; 7.17-23; 7.1-13).

O empenho de Jesus, nessa época, não se limitava apenas ao povo judeu. No evangelho de João, observamos um incidente ocorrido bem no início de seu ministério, provavelmente quando se dirigiu ao Norte, para a Galiléia, depois do batismo, ocasião em que pregou para os samaritanos. Depois de ouvir a mensagem de Jesus, muitos deles ficaram maravilhados com seu ensino e responderam com um entendimento que não era visto entre os próprios judeus: "Agora nós mesmos o ouvimos falar, e sabemos que este é verdadeiramente o Salvador do mundo" (Jo 4.42; veja *Mulher Samaritana*). Mais tarde, durante o ministério na Galiléia, quando cresceram as pressões contra ele por parte dos líderes religiosos, Jesus partiu para a região de Tiro, no território dos gentios. Seu encontro com a mulher siro-fenícia, durante essa curta viagem, é especialmente significativo. Ela tinha uma filha possuída por demônios. Embora fosse gentia, implorou para que Jesus expelisse os espíritos imundos daquela criança. A resposta de Jesus deu a entender que sua missão era exclusiva ao povo de Israel. A mulher, entretanto, insistiu, e demonstrou um notável nível de fé e de entendimento sobre a missão e o poder de Jesus. Ele curou sua filha e revelou novamente que, embora sua atual missão fosse com o povo de Israel, as boas novas do Reino de Deus e da salvação de fato seriam para todas as pessoas, e não somente para uma raça.

Enquanto sua vida prosseguia, Mateus, Marcos e Lucas registram o próximo ponto importante no ministério de Jesus. Em suas viagens, Ele chegou também à cidade de Cesaréia de Filipe. Nessas alturas, os discípulos já tinham recebido uma boa dosagem de ensino e visto muitos sinais operados por Ele. Assim, Jesus lhes perguntou: "Quem dizem os homens que eu sou? Responderam eles: João Batista; outros: Elias; e ainda outros: Um dos profetas. Então lhes perguntou: Mas vós quem dizeis que eu sou? Respondendo Pedro, lhe disse: Tu és o Cristo" (Mc 8.27-29). Mateus 16.17 registra a resposta de Jesus a Pedro: "Bem-aventurado és tu, Simão Barjonas, pois não foi carne e sangue quem to revelou, mas meu Pai que está nos céus". Os discípulos pelo menos entenderam algo sobre a verdadeira posição de Jesus. Daquele momento em diante, os escritores dos evangelhos nos dizem que Ele começou a caminhar em direção a Jerusalém e a ensinar que era necessário sofrer e morrer. Em outras palavras, após ouvir a resposta certa de Pedro (Jesus é o Cristo ou o Messias), tratou de redefinir aquele entendimento contemporâneo sobre como deveria ser o Messias. Pedro foi totalmente incapaz de aceitar a explicação e objetou fortemente. Sofreu uma repreensão extremamente severa do Senhor: "Para trás de mim, Satanás! Tu me serves de pedra de tropeço; não compreendes as coisas que são de Deus, e, sim, as que são dos homens" (Mt 16.23).

A diferença entre o entendimento que Jesus tinha sobre seu chamado para ser o Messias e a opinião geral, tornou-se mais e mais pronunciada à medida que Ele se dirigia a Jerusalém. Ao entrar na capital, foi saudado como o Messias pela mesma multidão que poucos dias depois desejava a sua morte. Os discípulos fiéis fugiram e o abandonaram, quando o sofrimento e a perseguição atingiram o grande clímax duran-

JESUS (CRISTO, O SENHOR)

te suas últimas horas de vida. No final, Jesus cumpriria sua missão — todo o propósito de sua vida adulta — totalmente sozinho na cruz, e carregaria sobre si todo o castigo dos homens pecadores, quando até mesmo seu Pai celestial pareceu abandoná-lo.

O ensino de Jesus

O ensino de Jesus cobriu quase todas as áreas da existência humana. Alguns deles foram dirigidos somente aos discípulos e outros, ao povo em geral. Alguns foram proferidos num ambiente de confronto com os líderes religiosos da época e outros foram ministrados a título de interpretação dos milagres que operava. Jesus ensinou por meio de palavras e de ações. A seguir, citamos brevemente quatro das áreas mais importantes de seu ensino e mencionamos o uso que fazia das parábolas.

Sobre si mesmo

O ensino de Jesus sobre si mesmo era dado por meio de palavras e ações. Desde o início, Ele estava consciente de sua missão e seu propósito na vida e na morte. Rapidamente demonstrou um relacionamento único com Deus. Do incidente aos doze anos de idade, onde revelou muita sabedoria e a necessidade de estar "na casa do seu Pai", até a insistência em que as palavras que proferia e as obras que fazia eram as palavras e obras do Pai (Jo 14.10; etc.), tudo o que disse apontava para sua posição única como "o Filho de Deus". O Senhor era seu Pai celestial, de quem tinha um conhecimento íntimo e pessoal. Sua grande oração pelos discípulos e por todos os que posteriormente creriam nele, registrada em João 17, novamente demonstra a profundidade de seu relacionamento com o Pai e a unidade de propósito e de vontade entre ambos. A posição de Jesus como Filho de Deus também é vista na grande autoridade que revelava. Tinha poder para expelir demônios e tratar com o mundo dos espíritos malignos simplesmente mediante a fala. Antes que as multidões entendessem, os demônios reconheceram que Jesus era o Filho de Deus, com poder sobre eles (Mc 3.11; 5.7). Ele também controlou a tempestade violenta com um simples comando e mostrou sua autoridade sobre o mundo da criação (Mt 8.24-27).

Enquanto revelava esse relacionamento com o Pai, Jesus ensinou seus discípulos mais profundamente sobre quem Ele era. Os apóstolos precisavam aprender que em Cristo podiam conhecer Deus. Em uma ocasião, Ele se voltou para Filipe e disse: "Há tanto tempo estou convosco e não me conheces, Filipe? Quem me vê, vê o Pai. Como dizes tu: Mostra-nos o Pai? (Jo 14.9). Depois continuou e disse: "Não crês tu que eu estou no Pai, e que o Pai está em mim? As palavras que eu vos digo, não as digo por mim mesmo. Antes, é o Pai que está em mim quem faz as obras" (v. 10).

Jesus nunca demonstrou orgulho pelo fato de ser Deus; mas quando seu ensino sobre si mesmo é examinado e os versículos como os mencionados acima são vistos no contexto, a conclusão de que Ele ensinou ser o próprio Deus em suas palavras e obras parece inevitável (pelo menos para os que confiam nele e aceitam a palavra dos apóstolos e a interpretação deles sobre esses eventos). A ênfase sobre ser o "Filho de Deus", "enviado" por Deus e possuidor da autoridade como "filho de Davi", sua aceitação do título de "Cristo" dado por Pedro, seu ensino em João 14 a 17 sobre seu relacio-namento íntimo (e preexistente; Jo 17.5, 24) com o Pai, tudo isso proporciona um acúmulo de evidências de que Jesus ensinava sobre sua divindade, pelo menos no círculo mais íntimo de amigos e discípulos.

JESUS (CRISTO, O SENHOR)

A reação dos líderes religiosos, entretanto, indicava que também começavam a assimilar algo das extraordinárias alegações de Jesus sobre si mesmo, quando em várias ocasiões o acusaram de blasfêmia. Por exemplo, João relata o seguinte confronto: "Jesus lhes disse: Meu Pai trabalha até agora, e eu trabalho também. Por este motivo, os judeus ainda mais procuravam matá-lo; não só quebrava o sábado, mas também dizia que Deus era seu próprio Pai, fazendo-se igual a Deus" (Jo 5.17,18). A resposta de Jesus tinha o objetivo de levar o ensino sobre si mesmo mais adiante. Ao referir-se a si mesmo como "o Filho", disse que nada fazia por conta própria, "mas somente o que via o Pai fazendo". Falou sobre o amor do Pai pelo Filho e como Deus podia ressuscitá-lo dos mortos e que o Filho também podia dar a vida a quem quisesse (vv. 12-21). Jesus atribuía a si mesmo prerrogativas divinas e prosseguiu, incluindo junto com elas o fato de que o Pai lhe dera o direito do julgamento: "Para que todos honrem o Filho, como honram o Pai" (v. 23).

Uma das expressões mais claras dessa alegação da divindade são as assim chamadas declarações "Eu Sou". Quando Jesus declarou que existia antes de Abraão e disse "antes que Abraão nascesse, eu sou!", referia-se a si mesmo como Yahweh ("EU SOU O QUE SOU", Êx 3.14). Os líderes religiosos novamente viram isso como uma blasfêmia e tentaram apedrejá-lo.

Jesus também fez com que as pessoas pensassem nele como o Messias. Desde sua pregação sobre o cumprimento da profecia de Isaías, na sinagoga, até a realização de milagres maravilhosos, tudo fazia com que o povo judeu comum o encarasse como uma figura messiânica; entretanto, passo a passo, Ele também ensinou que o entendimento geral de que o Messias seria um guerreiro político que derrotaria os romanos e governaria em Jerusalém não era parte de seu chamado. Em suas conversas com os discípulos, concentrou-se em revelar-se como o servo sofredor de seu povo. Alguns estudiosos sugerem que sua preferência por referir-se a si mesmo como "o Filho do homem" foi deliberada, pois podia usá-la como sua própria definição de seu papel como o Messias que sofreria e morreria. Depois da confissão de Pedro, de ser Jesus o Cristo, lemos em Marcos 8.31: "Então começou a ensinar-lhes que importava que o Filho do homem sofresse muitas coisas, fosse rejeitado pelos anciãos, pelos principais sacerdotes e pelos escribas, fosse morto e que depois de três dias ressurgisse" (veja também 10.45). O uso da expressão "Filho do homem" por Jesus, contudo, também carregava em si a grande autoridade celestial que nos faz lembrar do Filho do homem que esteve na presença de Deus na profecia de Daniel (Dn 7.13). Talvez fosse aquele quadro que Jesus tinha em mente quando disse aos líderes judeus, no seu julgamento: "Mas de agora em diante o Filho do homem se assentará à direita do Deus Todo-poderoso" (Lc 22.69).

Quando Jesus demonstrava e falava sobre sua autoridade, sempre era a do tipo mais elevado possível. Seja falando sobre a autoridade que o Pai lhe dera para julgar o mundo (Jo 5.27), seja tratando de sua autoridade sobre os demônios (Mc 1.27) e a criação (Lc 7.8) que demonstrava possuir nas obras miraculosas que operava entre o povo, Ele claramente provava que nenhum outro homem a possuía, pois originava-se apenas no céu.

Quanto mais o ensino de Jesus sobre si é examinado, mais inevitável se torna a conclusão de que se tratava de um homem perfeito que também era Deus. A fé e a confiança em Jesus, Deus e Homem, em suas palavras, obras e ensinamentos, tornam-se a base do cristianismo.

JESUS (CRISTO, O SENHOR)

Sobre Deus, o Pai

Temos visto como Jesus falou sobre sua comunhão íntima com o Pai; mas Ele ensinou muito mais sobre o próprio Deus. O Pai é o criador do mundo (Mc 13.19), o qual continua, em sua Providência, a sustentar e cuidar de todas as coisas (Mt 10.29). A vontade do Pai é soberana e deve ser obedecida por todos, inclusive pelo próprio Jesus (Mt 26.39). Somente o Pai conhece o dia do retorno de Cristo (Mt 24.36). Jesus, porém, ensinou sobre a paternidade de Deus sobre indivíduos e não somente em um sentido geral como o Pai do povo de Israel. Os hebreus certamente entenderam a paternidade de Deus neste último sentido, mas a insistência de Jesus sobre a possibilidade de uma comunhão individual com o Pai foi bem enfatizada. Isso, claro, é bem expresso na primeira frase da oração do Senhor: "Pai nosso que estás nos céus" (Mt 6.9).

Mediante o que Jesus ensinou foi possível conhecer o Pai, por meio do conhecimento de Cristo (Jo 14.6,7). Quando falou com Maria, depois da ressurreição, Ele se referiu ao "meu Pai e vosso Pai" (Jo 20.17). O cuidado direto de Deus pelo crente individualmente foi ensinado por Jesus em várias ocasiões. O Pai tem tanto interesse pelas necessidades de seus filhos, até mesmo na questão de comida e bebida, que Jesus os incentivou a não se preocupar com o dia de amanhã (Mt 6.31-34).

Jesus também ensinou que existe uma relação especial entre o Senhor como "Pai" e o reinado de Deus. O Pai, que preparou o reino para os discípulos de Jesus "desde a criação do mundo", cumprirá esta promessa. Os justos entrarão nesse reinado e herdarão suas bênçãos (Mt 13.43; 25.34; Lc 12.31,32).

Sobre o Reino

O ensino de Jesus sobre o reino de seu Pai, o reino de Deus, tem provocado debates consideráveis entre os estudiosos, embora ninguém duvide da extrema importância do assunto (Mt 4.17; Mc 1.15; Lc 4.43). Os referir-se tanto ao "reino dos céus" (no evangelho de Mateus) como ao "reino de Deus", Jesus ensinou que esse reinado estava presente, "próximo" e diretamente relacionado com o seu advento: "Mas, se eu expulso os demônios pelo Espírito de Deus, certamente é chegado a vós o reino de Deus" (Mt 4.7; 12.28; 21.31; Mc 1.14,15; Lc 11.20; 17.20,21; etc.); entretanto, Jesus também ensinou que seria um evento futuro e que o reino seria herdado pelos seus discípulos (Mt 25.34; Lc 11.2; 22.18).

O "reino de Deus" é primariamente uma descrição do governo dinâmico de Deus sobre este mundo, visto especialmente nas boas novas do advento do Redentor, isto é, Jesus. Na vida e no ministério de Cristo, esse governo foi diretamente experimentado e revelado para os que tiveram olhos para ver quem era Jesus. Nem todas as pessoas foram capazes de ver a verdade do reino. De fato, o uso que Cristo fez das parábolas para ensinar sobre o reino deixa claro que o entendimento veio por meio da revelação (Mc 4.10-12). Jesus, o rei, esteve presente entre os judeus e gentios e ensinou que tinha *toda* autoridade e poder até mesmo sobre os demônios.

A entrada e a possessão do reino, entretanto, e o direito a todas as suas bênçãos são limitados aos que reconhecem Jesus como Senhor, pedem perdão a Deus pelos pecados e se comprometem a servi-lo de todo o coração. Cristo deixou isso bem claro para os líderes religiosos da época, quando lhes disse: "Em verdade vos digo que os cobradores de impostos e as meretrizes entram adiante de vós no reino de Deus. Pois João veio a vós a fim de vos mostrar o caminho da justiça, e não crestes nele, mas os cobradores de impostos e as meretrizes creram. Vós, porém, mesmo vendo isto não

JESUS (CRISTO, O SENHOR)

vos arrependestes para crerdes nele" (Mt 21.31,32). Então transmite uma parábola a qual mostra como os líderes rejeitavam o Rei que havia chegado, exatamente como seus ancestrais tinham rejeitado os profetas.

A natureza "presente" do reino é tal que opera em silêncio entre os homens, quando as pessoas chegam a reconhecer o Redentor. Ao mesmo tempo, entretanto, Jesus olhava adiante em seu ensino. Um dia, esse governo de Deus seria revelado a todos os homens.

É importante notar aqui que Jesus nunca reduz a soberania plena de Deus sobre todas as pessoas, quer reconheçam a Cristo como Senhor quer não; entretanto, a "participação" no reino e a oportunidade de experimentar a bênção de ser membro dele, por meio da fé em Cristo, é limitada ao povo de Deus. No começo da "era vindoura", entretanto, que começará quando Cristo voltar, como diz o apóstolo Paulo: "Ao nome de Jesus se dobre todo joelho dos que estão nos céus, na terra e debaixo da terra" (Fp 2.10). Naquele tempo, quando Cristo se revelar totalmente para todas as pessoas, será visto como um Rei fiel ao seu povo e julgará os ímpios com a condenação eterna. Os que tiverem rejeitado a oferta do reino por meio do advento de Jesus Cristo e virado as costas para o amor de Deus que lhes foi oferecido ficarão debaixo do juízo do Rei.

Repetidamente, quando Jesus ensinava sobre o reino, advertia quanto ao dia do futuro julgamento e à diferença entre a experiência do justo, naquele dia, e a daqueles que nunca se voltaram para Cristo (Mt 13.37-43; 25.34, 41; etc.). O Antigo Testamento olhava para a frente, para o tempo em que Deus estabeleceria seu governo sobre a Terra. Seria um governo perfeito, que determinaria uma ordem totalmente nova. O Senhor redimiria seu povo Israel e castigaria toda a maldade. Jesus ensinou que o Todo-poderoso agia como o Deus Salvador e Redentor, pois a era messiânica havia chegado para eles. Ele era o Messias. Jesus convidou as pessoas a aceitar o Rei e seu reino, quando as chamou ao arrependimento dos pecados e à volta para Deus. A consumação final daquele reino e a herança plena de todas as suas bênçãos estariam reservadas somente para o retorno de Cristo em glória (Mt 24.30,31). Os seguidores de Cristo orarão: "Venha o teu reino" (Mt 6.10), pois olham adiante, para o retorno do Rei, para o dia em que Ele se revelará totalmente a todas as pessoas. Anseiam pela revelação plena da glória de Cristo, pela herança das promessas da vida eterna, mas também pela total libertação do mal e do pecado.

O ensino de Jesus sobre o reino de Deus não se limitou apenas a longas sessões didáticas ou parábolas onde essa frase era utilizada, mas também evidenciava-se nas obras que fazia, em seus milagres, na maneira como expelia demônios e, acima de tudo, em sua autoridade para perdoar pecados (Lc 7.48 a 8.1; 6.20,24-26; etc.).

Sobre o Espírito Santo

A obra do Espírito Santo é claramente vista por toda a vida de Jesus. Foi concebido pelo Espírito (Lc 1.15); o Espírito veio sobre Ele publicamente no batismo (Lc 3.22); o Espírito o levou ao deserto, onde foi tentado pelo diabo (Lc 4.1); o Espírito ungiu-o para pregar as boas novas (Lc 4.18); e o Espírito deu-lhe poder para expelir os demônios (Mt 12.28). Jesus, porém, ensinou mais sobre o Espírito Santo.

Três dos Evangelhos relatam uma ocasião em que Jesus foi acusado de expelir demônios pelo poder de Belzebu (Mt 12.22-32; Mc 3.22-30; Lc 11.14-23). A seguir Cristo declarou que a blasfêmia contra o Espírito Santo era um pecado imperdoável. O pronunciamento específico de Jesus está diretamente ligado à expulsão dos demônios. Sua obra de estabelecer o governo de Deus, vista tão claramente no poder que

JESUS (CRISTO, O SENHOR)

tinha sobre os demônios, é mostrada aqui como a manifestação do Espírito Santo ("Se eu expulso os demônios pelo Espírito de Deus, certamente é chegado a vós o reino de Deus", Mt 12.28). De fato, a obra do Espírito é essencial para o reino de Deus. É pelo poder do Espírito Santo que os espíritos malignos e os demônios são derrotados e a obra de Cristo segue adiante.

Jesus também ensinou que o Espírito Santo opera a regeneração na vida do crente, a fim de que possa entrar no reino de Deus (Jo 3.5). Ensinou que o Espírito ajuda o cristão a adorar adequadamente, em espírito e em verdade (Jo 4.24). O Espírito também inspira as Escrituras (Mc 12.36) e capacita o cristão a falar ousadamente sobre sua fé (Mt 10.19,20). Jesus também ensinou que os crentes receberiam o Espírito Santo individualmente, depois que Ele fosse glorificado (Jo 7.38,39). Havia, portanto, uma distinção entre a maneira como o Espírito Santo estava presente no ministério de Jesus e na proclamação do reino de Deus e como estaria presente depois que Cristo voltasse para a glória. Em João 14 a 16, Jesus refere-se a Ele como "o Espírito da verdade" e o "Consolador". O Espírito é o "outro Consolador" e vive para sempre (cf. Jo 14.15-17). Desta maneira, o Espírito é o que convence o mundo dia após dia e ainda permanece com o cristão, na liderança e na proteção da verdade e interpretando as Escrituras (Jo 16.8-13). Jesus ensina que será prerrogativa do Espírito Santo glorificar a Cristo e fazê-lo conhecido nas futuras gerações das pessoas que não terão visto Jesus em carne e osso (Jo 16.12-16).

Fica claro, pelo ensino de Jesus, que em todas as suas várias obras o Espírito Santo testemunhará sobre Jesus e glorificá-lo-á. Fará isso por meio do novo nascimento, a fim de testificar e explicar sobre a verdade de Cristo (Jo 14.26) e conceder poder aos cristãos para testemunhar de Jesus (15.26,27). O Espírito Santo seria concedido pelo Filho (15.26; 16.7) e pelo Pai (14.16,26).

O uso das parábolas por Jesus

Jesus usou as parábolas em aproximadamente um terço de seu ensino nos evangelhos. Fosse diante das multidões, com seus discípulos ou com os líderes religiosos, esta forma de instrução era utilizada regularmente (Mt 13.34). Trata-se de histórias tiradas da vida normal, as quais eram aplicadas para apresentar verdades espirituais. Muitas parábolas que Jesus contou mencionavam aspectos da vida local que atraíam a atenção de sua audiência. Por exemplo, quando Jesus contou a parábola do semeador, a figura seria um lugar comum; de fato talvez houvesse algum agricultor que trabalhasse num campo próximo ao local onde estavam (Mt 13.3-13). As parábolas raramente eram alegorias. Os detalhes das histórias não eram significativos, pois elas enfatizavam apenas um ou dois pontos principais. Embora sem dúvida a intenção fosse captar o interesse das pessoas no que era dito, as parábolas de Jesus não serviam para que todos entendessem imediatamente o que Ele ensinava.

Em Mateus 13.10-17 (também Mc 4.10-12; Lc 8.9,10) Jesus faz alguns comentários notáveis sobre a inteligibilidade de seu ensino. Depois da *Parábola do Semeador*, ficou claro que a mensagem não fora captada nem mesmo pelos discípulos. Perguntaram-lhe por que usava parábolas e Jesus respondeu: "Porque a vós é dado conhecer os mistérios do reino dos céus, mas a eles não lhes é dado. Ao que tem, se lhe dará, e terá em abundância. Ao que não tem, até aquilo que tem lhe será tirado. Por isso lhes falo por parábolas: Porque eles, vendo, não vêem: ouvindo, não ouvem nem compreendem. E neles se cumpre a profecia de Isaías: Certamente ouvireis, mas não compreendereis. Certamente vereis, mas não percebereis. Pois o coração deste povo

335

JESUS (CRISTO, O SENHOR)

está endurecido, e ouviram de mau grado com seus ouvidos, e fecharam seus olhos, para que não vejam com os olhos, ouçam com os ouvidos, compreendam com o coração, se convertam e eu os cure".

Esses estranhos comentários devem ser vistos à luz do ensino de Jesus sobre o reino de Deus. Muitas parábolas na verdade eram usadas para ensinar sobre um aspecto da natureza desse reinado. O problema com a compreensão das parábolas não estava tanto no caso de as histórias serem ilustrações boas ou ruins, mas sim na verdade que Jesus ensinava. Os segredos do reino de Deus, agora revelados pela própria pessoa de Cristo, por seus ensinamentos e suas obras, exigiam uma resposta e uma mente aberta para ver, crer e comprometer-se com este "mistério" revelado. Para os que não respondiam adequadamente, as parábolas serviam apenas para obscurecer ainda mais a natureza do reino de Deus.

Desta maneira, existe um senso de urgência nas parábolas, que requer uma resposta da audiência. Os ouvintes precisam decidir e abraçar esse reinado com sua alegria e suas bênçãos, pois o reino de Deus é como um tesouro enterrado ou como uma pérola de grande valor, a qual é tão valiosa que vale a pena vender tudo o que se tem para obtê-la (Mt 13.44-46). Mais do que isto, entretanto, o reino breve virá em toda a sua plenitude, no "final dos tempos". Quando isso ocorrer, será como uma rede de pesca, que apanha toda espécie de peixes, quando é trazida à superfície; os bons serão separados dos maus e uma "fornalha de fogo" aguarda os perversos (Mt 13.47-50). Assim, Jesus apresenta uma situação de crise. O governo de Deus, manifestado em Cristo e em seu ministério, aparentemente é pequeno no momento, mas crescerá dramaticamente, como indicou a *Parábola da Semente de Mostarda* (Mt 13.31-32; etc.). Em parábolas como essas, Jesus revela sua convicção pessoal no sucesso de seu ministério, apesar de o caminho para a realização total necessariamente passar pela cruz.

A maior dificuldade para os judeus dos dias de Jesus não era compreender que o reino de Deus viria em poder. Há muito tempo acreditavam nisso e esperavam. Pelo contrário, o problema deles residia nesta revelação do "mistério" do reino: era a vontade de Deus que esse reinado se manifestasse no advento do Senhor Jesus Cristo, não em poder, mas para servir e sacrificar sua vida. A obra de Cristo, com um começo aparentemente tão pequeno e insignificante, que parecia terminar no sofrimento e na vergonha da cruz, era, na verdade, a precursora essencial da revelação completa do reino em todo o seu poder e plenitude, que ocorreria numa data posterior (o dia da volta de Cristo).

Abraçar o reino, portanto, significava adotar um entendimento totalmente novo dos propósitos do Senhor para este mundo. O governo de Deus não seria imposto sobre ninguém, mas era oferecido ao mundo, na pessoa de Cristo. Tornar-se "filho do reino" (Mt 13.38) envolve crer na revelação de Deus em Jesus e receber a direção do seu reinado em humildade e confiança, "como uma criança" (Mc 10.15; veja também Mt 5.3-10).

As obras de Jesus

Os milagres

Os milagres de Jesus também revelavam muito sobre quem Ele era e a natureza de seu reinado. Podemos ver o operador de maravilhas, o homem de grande amor e compaixão, o homem que veio de Deus e cumpriu o desejo de seu Pai. Aqui também é reve-

JESUS (CRISTO, O SENHOR)

lada a autoridade e o senhorio de Jesus: sua autoridade sobre as enfermidades, nos milagres de cura (Mt 8.1-4); sua autoridade sobre os gentios (Mt 8.5-13); sua autoridade sobre o restante da criação, como, por exemplo, sua capacidade para acalmar a tempestade (Mt 8.23-27); sua autoridade sobre o mundo espiritual, na maneira como era capaz de expelir demônios com apenas uma palavra (Mt 8.28-34); e, mais surpreendente de tudo, sua autoridade sobre a vida e a morte (Mt 9.18-26).

Tal autoridade não deixa dúvidas sobre a divindade de Jesus, mas também demonstra novamente que o reino de Deus havia chegado. Os que presenciaram e experimentaram os milagres estavam diante do que "é maior do que Jonas" (Lc 11.32) e, como no caso das parábolas, encontravam-se diante da necessidade de dar uma resposta. Eles viram a mão de Deus no que era feito e responderam com fé? Contemplaram a "glória" de Jesus? Perceberam que os milagres eram "sinais" (uma palavra usada especialmente no evangelho de João), que apontavam para o reino e o Rei? Praticamente em todas as manifestações vemos exemplos de diferentes respostas. Depois do primeiro milagre, quando as águas se transformaram em vinho, no casamento em Caná, a Bíblia diz que o sinal revelou a glória de Jesus "e seus discípulos creram nele" (Jo 2.11).

Alguns indivíduos demonstravam fé em Jesus antes da realização do milagre (Mt 8.5-13); em algumas ocasiões, mostravam depois (Jo 2.11); outras vezes simplesmente não demonstravam qualquer tipo de fé (Mt 13.53-58). Muitos consideravam Jesus como um operador de milagres, mas mesmo assim não procuravam olhar mais profundamente, para aprender sobre Ele e crer nele. É interessante que mesmo os próprios irmãos de Jesus gostavam da idéia de que fosse um operador de milagres (Jo 7.3,4), embora a Bíblia diga que "até os seus irmãos não criam nele" (Jo 7.5).

A resposta de fé e confiança aos milagres era, na verdade, uma aceitação do reino de Deus entre eles. Os milagres eram uma parte do advento do reinado, e representavam as obras do Rei, o próprio Messias. Daí a revelação da "glória" mencionada em João 2.11 e o relato sobre os milagres feitos por Cristo, a fim de que "creiais que Jesus é o Cristo, o filho de Deus, e para que, crendo, tenhais vida em seu nome" (Jo 20.31). Quando Pedro creu em Jesus e andou em sua direção sobre a água, mesmo com uma fé muito deficiente, reconheceu no andar do próprio Cristo sobre a água que estava na presença do "Filho de Deus" (Mt 14.33).

A resposta oposta era uma indicação direta da relação entre os milagres e o reino. Quando Jesus olhou para cidades como Corazim e Betsaida, nas quais realizara muitos milagres, viu a falta de arrependimento. Então comparou-as com Sodoma e as advertiu sobre o horror que as esperava no dia do juízo (Mt 11.20-24).

A obediência de Jesus ao Pai

Enviado pelo Pai (Jo 3.34; etc.), amado pelo Pai (5.20; etc.) e dependente do Pai (14.28) — os evangelhos mostram que a obra de Cristo envolveu a revelação da mente e da vontade do Pai que estava no céu. Somente o próprio Jesus conhecia perfeitamente a mente do Pai e cumpria perfeitamente a vontade dele (Mt 11.25-27; Mc 1.11; Jo 5.30; 10.18). As mensagens que proferiu eram somente as palavras que o Pai lhe dera e estavam diretamente ligadas às obras que fazia, as quais também lhe foram dadas para realizar pelo Pai: "Não crês tu que eu estou no Pai, e que o Pai está em mim? As palavras que eu vos digo, não as digo por mim mesmo. Antes, é o Pai que está em mim quem faz as obras" (Jo 14.10).

As obras que Jesus fez e as palavras proferidas por Ele eram aquelas que cumpriam os propósitos do Pai (Jo 15.15); por isso suas mensagens podiam ser identificadas

JESUS (CRISTO, O SENHOR)

com as palavras do Pai (Jo 14.24). Mesmo quando estava no Jardim Getsêmani, pouco antes de ser preso e crucificado, Jesus orou: "Meu Pai, se possível, passe de mim este cálice! Todavia, não seja como eu quero, mas como tu queres" (Mt 26.39). Jesus, o Filho eterno, sabia que sua missão fora dada pelo Pai e entendia que sua tarefa era cumprir esta missão, que envolvia sua vinda para "buscar e salvar o que se havia perdido" (Lc 19.10) e o levaria à cruz.

A caminhada de Jesus em direção à cruz

Jesus revelou muito sobre si mesmo por meio de seu ensino, suas obras miraculosas e sua obediência ao Pai. Seu ministério, entretanto, bem como suas obras, revelaram muitas vezes como Ele entendia qual seria o final, desde o princípio. Ele viera "para salvar o seu povo dos pecados deles" (Mt 1.21). Todas as pessoas precisam da salvação, ou enfrentarão a ira de Deus, no julgamento do pecado. Em muitas ocasiões, Jesus chamou a atenção do povo para a necessidade do perdão. Perdoou o pecado com autoridade (Lc 7.47,48); Mt 16.24,25). Advertiu os que não respondiam aos milagres e ao seu ensino. A maior, porém, de todas as suas obras, a da salvação, aconteceria quando Ele sofresse e morresse na cruz. Tudo o que fez de uma maneira ou outra ajudou em sua caminhada em direção à cruz.

Jesus considerava esta missão como o cumprimento das Escrituras (Mc 9.12; Mt 26.24; Lc 24.25-27). Gentilmente, e diante de alguma oposição, mesmo por parte dos discípulos, Ele ensinou que aquele que reconheciam como o Messias teria de sofrer e morrer (Mc 8.29-33). Seis dias depois de Pedro ter confessado que Jesus era o Cristo, aconteceu a Transfiguração. O Filho de Deus foi revelado em sua glória, conversando com Elias e Moisés (Mc 9.2-12). Lucas registrou que o assunto da conversa, na presença de Pedro, Tiago e João, foi a morte iminente de Jesus em Jerusalém (Lc 9.31). Quando Cristo soube que já era o tempo, de acordo com a vontade do Pai, encaminhou-se resolutamente para Jerusalém, onde sabia que o aguardavam muitas provações (Lc 9.51; 17.11). Explicou essa jornada aos discípulos em termos de cumprimento das Escrituras (Lc 18.31-33). Quando chegou perto da cidade santa, novamente a natureza deliberada da missão de Jesus foi vista, quando mandou trazer um jumentinho, sobre o qual entrou em Jerusalém (Lc 19.28-44). Mateus 21.5 mostra esse evento como o cumprimento das Escrituras. O ato de expulsar os cambistas e outros vendedores do Templo também era uma ação destinada a determinar a diferença entre o Evangelho de Cristo e as práticas dos judeus, consideradas aceitáveis naqueles dias. Nada mais provocaria uma reação tão clara (Mt 21.12-17, 23-27).

A obra de Jesus Cristo só estaria completa quando ele fosse levantado na cruz, o peso do pecado, lançado sobre seus ombros, o preço, pago e a salvação, efetivada. Assim, suas palavras "está consumado" eram mais do que uma simples aceitação da morte; eram também um reconhecimento de que aquela parte do trabalho estava concluída e Ele realizara a vontade do Pai até o final (Jo 19.30).

A morte de Jesus

A grande obra de Jesus na cruz precisa ser examinada, se desejamos saber mais sobre quem é Ele e o que tem feito pelos que confiam nele. Conforme disse o apóstolo Paulo: "mas nós pregamos a Cristo crucificado"(1 Co 1.23). E essa obra permanece como o coração do compromisso cristão e da fé em Jesus; é na cruz que os propósitos de Deus para a salvação são realizados e onde verdadeiramente vemos Jesus como o "Salvador".

JESUS (CRISTO, O SENHOR)

A crucificação

Os romanos condenaram Jesus a morrer crucificado, um evento registrado em todos os evangelhos (Mt 27.35-37; etc.). Esta morte extremamente desagradável e dolorosa era amplamente usada naqueles dias e foi executada após Jesus ser severamente espancado e torturado (Mt 27.28-31). Os procedimentos iniciais contra ele foram conduzidos pelos judeus. Estavam com medo de seu poder e autoridade sobre o povo e também temerosos de seus ensinamentos, os quais desafiavam totalmente a abordagem deles sobre Deus, em praticamente todos os pontos. Depois de uma audiência diante do Sinédrio, na qual a acusação principal era a de blasfêmia, que exigia a pena de morte (Mt 26.57-68), Jesus foi levado diante da corte romana, presidida pelo governador Pôncio Pilatos (Mt 27.11-31). Ali, as acusações mudaram. Sem dúvida, para conseguir a pena de morte, os judeus acusaram Jesus de ter-se proclamado "rei dos judeus", em nítida rebelião contra Roma. Jesus não negou essa acusação (vv. 11-14). Finalmente, devido à enorme pressão feita pelos líderes religiosos e pela multidão que se juntara a eles para apoiá-los, e aparentemente contra a julgamento pessoal de Pilatos, Jesus foi condenado à morte.

Como já vimos anteriormente, Jesus sabia que iria morrer. O relato dos evangelhos sobre a crucificação enfatiza a *voluntariedade* da morte de Cristo (Ele foi para a cruz por vontade própria e deu sua vida por seu amigos, Jo 10.18; 15.13) e a *necessidade* de seu padecimento, dentro dos planos de Deus. Por exemplo, quando Pedro sacou a espada e feriu um dos homens que foram prendê-lo, Jesus o lembrou de que, se quisesse, teria pedido ao Pai celestial que enviasse legiões de anjos em sua defesa; mas as Escrituras precisavam cumprir-se, mediante a sua morte (Mt 26.53,54; veja também Jo 19.28; etc.).

Jesus morreu entre dois criminosos. Durante todo o longo e doloroso tempo em que permaneceu na cruz, até sua morte, a multidão o insultava (Mt 27.41-44); ainda assim, Cristo demonstrou sua prerrogativa divina, ao conceder o perdão a um dos ladrões ao seu lado, que demonstrou sincero arrependimento (Lc 23.39-43).

Um sacrifício pelos pecados

A morte de Jesus na cruz foi sacrificial, um fato que ficou evidente, de acordo com o evangelista João, logo no começo do ministério de Cristo, quando o Batista referiu-se a Ele como "o Cordeiro de Deus, que tira o pecado do mundo" (Jo 1.29). A evidência mais clara de que Jesus encarava sua própria morte com naturalidade está no relato da última Ceia. Ali, Cristo estabeleceu um pano de fundo do Antigo Testamento, quando passou o pão e o vinho ao redor: "Enquanto comiam, Jesus tomou o pão e, abençoando-o, partiu-o e o deu aos discípulos, dizendo: Tomai, comei; isto é o meu corpo. Então ele tomou o cálice, e, tendo dado graças, deu-o aos discípulos, dizendo: Bebei dele todos. Isto é o meu sangue, o sangue da nova aliança, que é derramado por muitos, para remissão de pecados" (Mt 26.26-28). No AT, o sangue dos animais sacrificados era derramado quando se faziam alianças entre Deus e o seu povo ou quando eram renovadas (Gn 15; Êx 24; etc.). Na morte de Jesus, para a qual o pão e o vinho apontavam, uma nova aliança foi estabelecida entre o Senhor e seu povo, pela qual todos conheceriam a Lei interiormente e experimentariam a presença de Deus com eles de uma maneira nova e mais pessoal (Jr 31.31; Hb 8).

A relação entre a morte de Jesus e a remoção dos pecados leva a um entendimento de um sistema sacrificial do AT, no qual diferentes sacrifícios eram feitos para diver-

JESUS (CRISTO, O SENHOR)

sas necessidades; os escritos apostólicos consideravam a obra redentora de Cristo na cruz como o cumprimento de todo esse sistema sacrificial (Rm 6.10; Hb 7.27; 9.12; 1 Pe 3.18; etc.). Jesus morreu como um sacrifício de expiação, feito de uma vez por todas (Rm 3.25). Trouxe reconciliação entre o homem pecador e o Pai (Rm 5.11; 2 Co 5.18,19). Na cruz, o Rei Jesus, como representante de seu povo, morreu para trazer salvação (Gl 2.20). Em sua morte, Cristo colocou-se no lugar do homem pecador, como Redentor (Mc 10.45). Cumpriu o julgamento legal sobre o pecado para todos os que têm fé nele. Devemos notar aqui que Lucas refere-se a Jesus morrendo "num madeiro". Provavelmente usou essa palavra deliberadamente, para lembrar aos leitores que Jesus, dessa maneira, morrera sob a maldição da lei (At 5.30; 10.39; 13.29; veja Dt 21.23). Esse argumento também é usado por Paulo, o qual ensinou que, sobre a cruz, Jesus morreu "fazendo-se maldição por nós", para nos "resgatar da maldição da Lei" (Gl 3.13).

Para considerar o sacrifício de Cristo o cumprimento de toda a lei sacrificial do Antigo Testamento, o tempo de sua morte não deve ser ignorado. Jesus morreu durante a Páscoa, sugerindo que Ele também é considerado a realização do sacrifício pascoal (Lc 22.15). Provavelmente era isso que João Batista tinha em mente (Jo 1.29) e também, com certeza, o que Paulo pensava em 1 Coríntios 5.7: "Pois Cristo, nossa páscoa, foi sacrificado por nós".

Vitória sobre a morte e Satanás

A vitória sobre Satanás e suas forças demoníacas é claramente demonstrada na paixão e morte de Cristo. Ele reconheceu isso quando se dirigiu aos que foram enviados para prendê-lo e disse: "Esta, porém, é a vossa hora e o poder das trevas" (Lc 22.53). Jesus, porém, também sabia que sua crucificação ocasionaria a queda de Satanás: "Agora é o tempo do juízo deste mundo; agora será expulso o príncipe deste mundo" (Jo 12.31). Ao tomar sobre si mesmo o juízo de Deus sobre o pecado, Cristo removeu o medo do julgamento e da condenação eterna de todo o que se submete à sua autoridade. Essas pessoas estão assim livres da "escravidão" causada pelo "medo da morte" (Hb 2.15). De fato, como ser humano, Jesus compartilhou as experiências de todos nós, "para que pela morte aniquilasse o que tinha o império da morte, isto é, o diabo" (v. 14).

A morte entrou no mundo como castigo de Deus sobre os que seguem a Satanás. Desta maneira, ela é a evidência mais clara da pecaminosidade do homem e também torna-se uma clara evidência do poder do diabo. A remoção do juízo da morte e do medo que a acompanha nos dá uma prova clara da derrota de Satanás. Ao tomar a morte sobre si, em seu auto-sacrifício, Jesus morreu no lugar dos que mereciam a condenação. Porém, os que confiam nele e o servem não precisam mais temer a morte, pois reconhecem que o poder de Satanás foi quebrado de uma vez por todas na cruz. A morte não podia reter Jesus. Por isso, o Pai o ressuscitou dentre os mortos e o exaltou em glória. Como diz o apóstolo Paulo: "E, tendo despojado os principados e as potestades, os expôs publicamente ao desprezo, e deles triunfou na cruz" (Cl 2.15). Para todo o que crê em Cristo, ocorreu uma transferência: "(O pai) nos tirou do poder das trevas, e nos transportou para o reino do Filho do seu amor" (Cl 1.13).

A ressurreição de Jesus

A Bíblia também ensina que Jesus ressuscitou dentre os mortos por Deus Pai. Os evangelhos nos dizem que o milagre da ressurreição aconteceu "no terceiro dia", isto é, depois da crucificação, cedo, na manhã do primeiro dia da semana, que agora

JESUS (CRISTO, O SENHOR)

chamamos de domingo. Não há nenhuma descrição da maneira como Jesus ressuscitou. De fato, embora a pedra que fechava o túmulo tenha sido removida por um anjo do Senhor (Mt 28.2), ele apenas revelou que a ressureição já havia ocorrido. Os soldados romanos que guardavam o sepulcro, para que o corpo não fosse roubado, "tremeram de medo dele, e ficaram como mortos" (v. 4). Às mulheres que foram ao sepulcro, logo ao amanhecer do dia, simplesmente foi dito: "Ele não está aqui; já ressurgiu... e vai adiante de vós para a Galiléia" (v. 6). Quando retornavam, para contar aos discípulos, Jesus saiu-lhes ao encontro e elas o adoraram (Mt 28.4-9). Cada um dos evangelhos relata eventos diferentes ocorridos naquela manhã. Muitas tentativas foram feitas para reuni-los e explicar a ordem exata dos acontecimentos. Não se sabe, porém, se isso seria possível ou não, com as informações limitadas dadas pelos escritores. Cada um deles, entretanto, conta o fato da ressureição. Jesus fora sepultado, mas depois foi visto vivo novamente (veja também Mc 16; Lc 24; Jo 20).

O assombroso fato da ressureição deixou muitas dúvidas na mente dos discípulos. O próprio Jesus explicou a dois deles, que se dirigiam para Emaús, que sua morte fora necessária. Cristo explicou que tudo ocorrera daquela maneira para que as Escrituras se cumprissem. Ao que parece, os olhos deles estavam deliberadamente fechados; por isso, não reconheceram o Senhor até que este orou com eles e partiu o pão; naquele momento, então, "ele desapareceu de diante deles" (Lc 24.13-35).

O corpo de Jesus, após a ressureição, era suficientemente real; mas, mesmo assim, era diferente daquele que fora tirado da cruz. As marcas dos pregos ainda estavam lá e o Cristo ressurreto movimentava-se à vontade, aparentemente por todas as partes, sem ser visto, pois andava de um lugar para outro (Jo 20.27). João sugere isso, ao descrever que no cenáculo onde os temerosos discípulos estavam escondidos, com medo dos judeus, Jesus simplesmente chegou e pôs-se no meio deles (v. 19). Talvez seja a mesma ocasião em que Lucas descreveu: "Jesus se apresentou no meio deles, e...eles, espantados e atemorizados, pensavam que viam um espírito" (Lc 24.36,37). Cristo mostrou-lhes suas cicatrizes, para que entendessem ser Ele mesmo, o Mestre que eles tanto estimavam. A natureza extraordinária deste milagre também é vista nas dúvidas demonstradas por Tomé, o qual recusou-se a acreditar até que viu por si mesmo as cicatrizes. Quando contemplou Jesus e o reconheceu, a resposta dele manifestou o enorme impacto que tivera em toda a sua maneira de pensar. Simplesmente olhou para Cristo, atribuiu-lhe a divindade e disse: "Senhor meu e Deus meu!" (Jo 20.28).

Embora estivesse noutro estágio, a ponto de ser reconhecido como Deus, Jesus ainda era humano e possuía um corpo material, pois podia ser tocado (Lc 24.39; 1 Jo 1.1, 3), ouvido, e comeu junto com eles (Lc 24.41,42; Jo 21.12). Em várias ocasiões Cristo aparece, para enfatizar que a ressureição aconteceu segundo as Escrituras.

As testemunhas da ressurreição

Os escritores dos evangelhos demonstram claramente o interesse que têm em estabelecer a veracidade histórica da ressureição. Falam sobre muitas testemunhas. O testemunho das mulheres que primeiro foram ao túmulo, cedo de manhã, é relatado com pouquíssimas variações nos detalhes nos quatro evangelhos. Havia testemunhas de que o túmulo estava vazio entre os discípulos, como Pedro e João, e entre os soldados romanos que ficaram aterrorizados e temeram pela própria vida (Mt 28.11-15); testemunhas ouviram as palavras do anjo; viram Jesus conversar no caminho de Emaús; contemplaram-no no cenáculo, entre os discípulos; presenciaram-no comer com os

341

JESUS (CRISTO, O SENHOR)

discípulos na praia da Galiléia (Jo 21.10-14), e muitas outras. O apóstolo Paulo menciona, posteriormente, sobre a importância dessas testemunhas oculares para esse evento que transformou o mundo, em 1 Coríntios 15.5-8, e cita que em uma ocasião Jesus apareceu para mais de 500 pessoas ao mesmo tempo.

O significado da ressurreição

A ressurreição de Jesus vindicou toda a missão que o levara a "se fazer carne" (Jo 1.14), viver, sofrer e morrer em obediência ao Pai, para a salvação da humanidade. O Messias sofredor, o que morreu pelo pecado, foi revelado como vitorioso sobre a morte e os poderes do maligno. A ressurreição também mostrou a aceitação de Deus do sacrifício expiatório de Cristo e atestou o cumprimento de muitas promessas do Antigo Testamento (Rm 6.8-10; Ap 1.18; etc.).

A ressurreição física de Jesus tornou-se o centro da pregação do cristianismo, por todas as razões já mencionadas e também porque assegura a salvação e o perdão dos pecados, por meio da fé: "Logo, muito mais agora, sendo justificados pelo seu sangue, seremos por ele salvos da ira. Pois se nós, quando éramos inimigos, fomos reconciliados com Deus pela morte de seu Filho, muito mais, estando já reconciliados, seremos salvos pela sua vida" (Rm 5.9,10). Além disso, a ressurreição tornou-se a garantia de que também os cristãos, por meio da fé em Cristo, um dia ressuscitarão no corpo e receberão a vida eterna (At 4.2; 26.23; 1 Co 15.12-34; etc.).

A glorificação de Jesus

O vocábulo "glorificação" é usado corretamente para descrever toda a obra da salvação alcançada por Jesus por meio da cruz, ressurreição, ascensão e do envio do Espírito Santo. Parece que o apóstolo João falou sobre a glória de Cristo de uma maneira inclusiva (Jo 12.16, 23, 28; 13.31; 17.1). Essa glorificação, entretanto, descreve mais especificamente sua ascensão ao Céu e sua exaltação (Jo 17.5; 1 Pe 1.21).

Depois de um período em que Jesus viveu sobre a terra e muitas pessoas testemunharam que Ele havia ressuscitado, Cristo finalmente retornou ao céu. A ascensão, que aconteceu perto de Betânia, é registrada em Lucas 24.50-53 e Atos 1.9-11. Esse acontecimento descreve o retorno de Jesus à glória (para a presença do Pai no céu) e sua exaltação por Deus. O fato de que foi encoberto por uma "nuvem" (At 1.9) provavelmente também indique esta "glória", pois no Antigo Testamento Deus revelava sua "glória" numa nuvem (Êx 16.10; 24.16). A ascensão também cumpriu parcialmente a oração de Jesus em João 17.5,24, na qual pediu que os discípulos vissem sua glória.

Essa glória foi vista primariamente na exaltação de Jesus em sua posição de suprema autoridade, à mão direita do Pai, onde foi coroado como Rei dos reis (Fp 2.9-11; Cl 3.1; Ap 17.14; 19.16). Do céu, Cristo governa não somente a Igreja, mas todos os povos e nações. Também será de lá que Ele um dia voltará para julgar (At 1.11; Hb 9.28; 2 Co 5.10; 2 Tm 4.1; Ap 1.5; etc.). A ascensão de Jesus, porém, não significa simplesmente que Ele se tornou Rei dos reis, mas também o qualificou para cumprir seu único papel como sumo sacerdote. Isso significa que Ele, como as primícias da ressurreição, teve acesso ao céu para todos os crentes (1 Co 15.20) e pôde enviar o Espírito Santo, a fim de estar com seu povo (Jo 7.39; At 2.33).

342

JESUS (CRISTO, O SENHOR)

A obra contínua de Jesus

A Bíblia ensina que Jesus está vivo, hoje, no céu, onde exerce uma soberania plena, como Rei dos reis e Senhor dos senhores. Ele vigia as nações, seu povo e todo o cosmos. Como Senhor exaltado, que subiu aos céus na presença de seus discípulos, Ele distribui as bênçãos do seu Reino, que podem ser resumidas na palavra "vida" (2 Tm 1.1,10). Jesus também cumpre seu papel de Sumo Sacerdote. Como Mediador entre Deus e os homens, Ele entrou nos céus, e levou consigo todos os pecadores arrependidos à presença do Senhor. Ele se encontra no Santo dos Santos, na presença do Pai. De lá do trono de Deus, Cristo intercede em nosso favor; como ser humano na presença do Senhor, Ele permanece como representante da humanidade na glória. Ao fazer isso, completa a obra da redenção que se inicia naqueles que crêem (Rm 8.34; Hb 6.19,20; 9.24). Jesus intercede por seu povo, com base no sacrifício feito de uma vez por todas pela humanidade, capacitando-a assim ao recebimento do perdão.

Embora entronizado no céu como Senhor da glória, Jesus também continua a operar no meio de seu povo na terra, por meio do Espírito Santo. Os que pertencem a Ele pela fé são controlados pela terceira pessoa da Trindade, que se constitui em sinal dos que pertencem a Cristo: "Mas, se alguém não tem o Espírito de Cristo, esse tal não é dele" (Rm 8.9; veja *Espírito Santo*).

Conclusões

Acima, mencionamos alguns dos ensinos da Bíblia sobre Jesus. Quanto mais estudamos as evidências bíblicas, mais fica claro que os autores do NT observavam todo o AT cumprir-se no nascimento, vida, morte, ressurreição e exaltação do Senhor Jesus Cristo. Portanto, em Cristo Deus veio a este mundo, verdadeiramente humano mas sem pecado. Jesus é visto como Deus, embora tenha temporariamente colocado de lado algumas de suas prerrogativas, a fim de ser o Mediador do grande amor e da misericórdia do Senhor para com o homem pecador. Em sua vida, sua incrível autoridade como Filho de Deus foi vista quando curou, expeliu espíritos malignos, anunciou o reino de Deus e fez com que até mesmo a natureza lhe obedecesse. Sua capacidade de perdoar pecados, de ver o coração de uma pessoa e conhecer sua mente, de confrontar a hipocrisia e a falta de entendimento dos líderes religiosos da época, tudo isso levou muitos a considerar quem realmente era Jesus. No final, tudo isso foi demais para eles. Sentiram-se ameaçados e foram incapazes de ver que Cristo era o caminho, a verdade e a vida, e por isso pediram sua crucificação. Nesse ato, entretanto, residia o último cumprimento do grande e eterno plano de Deus: a salvação pela graça. Jesus ofereceu o sacrifício definitivo pelo pecado, ao morrer na cruz; assim, completou a obra da salvação e redenção de todo o que tem fé nele. Sua ressurreição demonstrou que Deus aceitou tal sacrifício e, a seguir, sua verdadeira condição de Rei dos reis e Senhor dos senhores foi revelada em sua exaltação à destra do Pai. Conforme os cristãos primitivos entenderam rapidamente, a única resposta apropriada é o louvor a Cristo: "Proclamando com grande voz: Digno é o Cordeiro, que foi morto, de receber poder, e riqueza, e sabedoria, e força, e honra, e glória, e louvor" (Ap 5.12).

P.D.G.

JESUS JUSTO

JESUS JUSTO. Veja *Justo*.

JETER (Heb. "abundância").

1. Filho primogênito de Gideão, recebeu ordem do pai para matar os reis Zeba e Zalmuna à espada. Ambos os monarcas eram midianitas, capturados pelos israelitas liderados por Gideão. Jeter, entretanto, teve medo, pois era apenas um garoto. O próprio Gideão então os matou (Jz 8.20).

2. Pai de Amasa, um ismaelita a quem Absalão nomeou comandante de seu exército no lugar de Joabe. Jeter casou-se com Abigail, irmã de Davi (2 Sm 17.25, onde é chamado de Itra; veja também 1 Cr 2.17). Posteriormente, Amasa foi morto por Joabe, contra a vontade do rei, o qual o alertou de que o Senhor o castigaria por aquele sangue derramado desnecessariamente (1 Rs 2.5,32).

3. Filho de Jada, da tribo de Judá, e descendente de Jerameel (1 Cr 2.32).

4. Primeiro filho de Ezra, da tribo de Judá (1 Cr 4.17).

5. Da tribo de Aser, foi um bravo guerreiro e um excelente líder. Teve três filhos (1 Cr 7.38). P.D.G.

JETETE. Descendente de Esaú, era líder de clã entre os edomitas (Gn 36.40; 1 Cr 1.51).

JETRO (Heb. "excelência"). Sogro de Moisés. Era "sacerdote de Midiã" e também conhecido como Reuel. Moisés, depois que fugiu para o deserto, ajudou as sete filhas dele a dar água aos seus rebanhos e tornou-se um amigo chegado da família. Jetro deu-lhe sua filha Zípora em casamento. Moisés permaneceu muitos anos com os midianitas e trabalhou como pastor de ovelhas, até que finalmente retornou ao Egito, para enfrentar Faraó (Êx 2.15-22; 4.18).

Quando finalmente os israelitas saíram do Egito, atravessaram o mar Vermelho e seguiram pelo deserto, Jetro levou Zípora e os filhos dela ao encontro de Moisés (Êx 18.1-27). Ele foi encorajado pelo que ouviu sobre o que o Senhor fizera em favor dos israelitas; claramente, sua fé em *Yahweh* cresceu, pois disse: "Agora sei que o Senhor é maior que todos os deuses, pois fez isto aos que trataram a Israel com arrogância" (Êx 18.11).

É particularmente interessante notar que Jetro era realmente um sacerdote de *Yahweh*. Num ato de gratidão, no qual muitos hebreus estavam presentes, Jetro ofereceu o sacrifício e depois o próprio Arão e os demais líderes do povo comeram pão com ele (v. 12).

Durante sua permanência no acampamento dos israelitas, Jetro preocupou-se com a sobrecarga de Moisés. Temeu que o genro não agüentasse por muito tempo. Numa grande demonstração de sabedoria, ele aconselhou que seu genro estabelecesse uma liderança compartilhada, na qual Moisés ficaria com a tarefa principal de ir diante de Deus, enquanto outros líderes "capazes", tementes ao Senhor e confiáveis, seriam selecionados para julgar as pequenas causas entre o povo. Somente os casos mais graves e difíceis seriam levados a Moisés (vv.17-26).

Este homem sábio e piedoso reconheceu a grande fidelidade do Senhor e ajudou o povo de Deus a aprender a governar mediante uma liderança descentralizada. P.D.G.

JETUR. Filho de Ismael e neto de Abraão e Hagar (Gn 25.15; 1 Cr 1.31). O nome ocorre novamente como membro da família dos hagarenos (descendentes de Hagar e de Ismael), os quais foram derrotados por uma coalizão militar das tribos de Rúben, Gade e Manassés (1 Cr 5.19).

JEÚ (Heb. "do Senhor").

1. Filho de Hanani, foi profeta em Israel, o reino do Norte. Falou contra Baasa, devido ao seu comportamento perverso e idólatra. Previu a destruição da família desse rei, o que se cumpriu posteriormen-

JEUDI

te no massacre executado por Zinri (1 Rs 16.1,7,12). Ele também profetizou nos dias do rei Josafá, de Judá, condenando-o por ter feito uma aliança com o rei Acabe, de Israel (2 Cr 19.2). Presume-se que também fazia registros sobre os reis de Israel (2 Cr 20.34).

2. Pai de Azarias e filho de Obede, foi um líder na tribo de Judá (1 Cr 2.38).

3. Filho de Josibias, era líder de um clã da tribo de Simeão (1 Cr 4.35).

4. Anatotita, foi um dos guerreiros da tribo de Benjamim que desertaram do exército de Saul e uniram-se a Davi em Ziclague. Todos eram ambidestros e peritos no uso do arco e da funda (1 Cr 12.3)

5. Filho de Ninsi, foi o 10º rei de Israel e governou por 28 anos (842 a 814 a.C.). Deus dissera a Elias, o profeta, que ungisse Jeú, um comandante do exército, rei sobre Israel (1 Rs 19.16,17). Sua primeira tarefa, indicada por Deus, seria matar Acabe e sua família, pela perseguição que infligiram aos verdadeiros adoradores do Senhor. A unção de Jeú finalmente foi realizada pelo profeta Eliseu, o qual enviou um de seus auxiliares a cumprir a tarefa (2 Rs 9.2, 5-15). Quando os outros oficiais do exército, colegas de Jeú, viram o que o profeta fizera, apressaram-se e o proclamaram rei. Jeú então conspirou contra Jorão, que, ferido numa batalha contra os sírios, recuperava-se em Jezreel, onde Acazias, rei de Judá, foi encontrar-se com ele. Jeú foi até lá e encontrou os dois monarcas, ocasião em que matou Jorão (2 Rs 9.17-26). Os homens de Jeú perseguiram Acazias e também o feriram gravemente, o que provocou a sua morte logo depois (2 Rs 9.27-29; 2 Cr 22.7-9).

Jeú retornou a Jezreel e ordenou a morte de Jezabel, esposa de Acabe. Os cães lamberam o sangue dela, exatamente como Elias profetizara anos antes (2 Rs 9.34-37). Em várias ocasiões, o escritor do livro de 2 Reis deixa bem claro que tudo o que o novo rei fazia naquele momento era o cumprimento dos mandamentos do Senhor e das profecias contra a maldades feitas durante o reinado de Acabe e Jezabel. Nenhum sobrevivente foi deixado com vida naquela dinastia (2 Rs 10.11,17). Jeú deliberadamente contrastava sua fidelidade aos mandamentos do Senhor com as maldades dos dias de Acabe (vv.16-19). Convocou uma grande cerimônia em homenagem a Baal, certificou-se de que não havia nenhum seguidor do Senhor presente e então ordenou que todos fossem mortos (vv. 20-28). Essa fidelidade foi recompensada pelo Senhor, por meio da promessa feita a Jeú de que seus descendentes ocupariam o trono de Israel até a quarta geração (2 Rs 10.30; 15.12).

Quase imediatamente, entretanto, Jeú desviou-se do Senhor (2 Rs 10.31). Como resultado, a Síria se fortaleceu e o tamanho do território de Israel gradualmente diminuía à medida que Hazael prevalecia sobre Jeú. Quando Jeú morreu, foi sepultado em Samaria (vv. 32-36). Seu filho Jeoacaz reinou em seu lugar (2 Rs 13.1).

Lamentavelmente, o reinado de Jeú não terminou como começara. Possivelmente o poder que adquiriu ou a força dos invasores que estavam ao redor fizeram com que se desviasse de seu zelo para com o Senhor. Sob o reinado de Jeú, Israel foi poupado do juízo pelos pecados de Acabe e de Jezabel, mas o povo e seus líderes não se arrependeram totalmente nem abandonaram as práticas pagãs.　　P.D.G.

JEUBÁ. Mencionado como um dos filhos de Semer, um guerreiro valente e "chefe de príncipes", na tribo de Aser (1 Cr 7.34).

JEUDI. Filho de Netanias, foi enviado pelos oficiais de Jerusalém a Baruque, a fim de trazer o rolo com as profecias de Jeremias, para que pudessem examiná-las (Jr 36.14). Mais tarde, Jeoiaquim pediu que levassem o referido texto até ele. Quando Jeudi o leu, o rei o queimou totalmente, pedaço por pedaço (vv. 21,23).

JEUEL

JEUEL. 1. Mencionado em 1 Crônicas 9.6 como líder dos zeraítas. Depois do exílio na Babilônia, Jeuel estava entre os primeiros membros da tribo de Judá que retornaram para Jerusalém.

2. Retornou do exílio com Esdras (Ed 8.13; chamado de Jeiel). Era descendente de Adonicão e retornou com mais sessenta homens.

JEÚS (Heb. "que ele proteja").

1. Primeiro filho de Esaú e sua esposa Oolíbama. Nasceu em Canaã e tornou-se líder entre os edomitas (Gn 36.5, 14, 18; 1 Cr 1.35).

2. Bisneto de Benjamim e filho de Bilã (1 Cr 7.10).

3. Segundo filho de Eseque, listado entre os descendentes de Benjamim e do rei Saul (1 Cr 8.39).

4. Mencionado em 1 Crônicas 23.10,11 como filho de Simei, da tribo de Levi. Pertencia ao clã dos gersonitas. Nem ele nem seu irmão Berias tiveram filhos e, por isso, nas escalas para o serviço na adoração, eram contados como uma só família.

5. Filho do rei Roboão e sua esposa Maalate (2 Cr 11.19).

JEUZ. Listado na genealogia de Benjamim, que vai até o rei Saul; era filho de Saaraim com sua esposa Hodes e líder de uma família. Nasceu em Moabe (1 Cr 8.10).

JEZABEL. Filha de Etbaal, rei de Tiro e Sidom. Foi esposa do rei Acabe de Israel [874 a 853 a.C.] (1 Rs 16.31). No hebraico bíblico seu nome significa "não há nobreza". Este nome provavelmente é uma distorção intencional do seu verdadeiro significado, "onde está o príncipe (Baal)" ou "o príncipe (Baal) existe", a fim de louvar o deus dela, o Baal fenício. O escritor dos livros dos Reis distorceu o nome de Jezabel, para mostrar seu desprezo por sua ação e religião. Desta maneira, caracterizou a rainha como inteiramente perversa.

Jezabel devotou-se à implantação da adoração a Baal e a sua deusa consorte Aserá (ou Astarte) em Israel. Contratou 450 profetas de Baal e 400 profetisas de Aserá (1 Rs 18.19; onde Aserá é traduzida como poste-ídolo) e perseguiu os profetas do Senhor, inclusive Elias (1 Rs 19.1-9). Também expandiu sua religião e violou o conceito de Israel de limitar o poder da monarquia (Dt 17.14-20). Quando Nabote recusou-se a vender ao rei Acabe a herança que lhe fora dada por Deus (1 Rs 21.3), Jezabel tramou para que fosse executado, ao contratar alguns homens que o acusaram falsamente de blasfêmia (1 Rs 21.8-16).

A atitude desafiadora de Jezabel para com Deus levou Elias a profetizar que o corpo dela seria devorado pelos cães (1 Rs 21.23). Embora tenha vivido pelo menos dez anos depois da morte de Acabe, ela morreu conforme o profeta havia predito, quando Jeú ordenou que fosse atirada por uma janela (2 Rs 9.32,33). Os cães a devoraram na rua, e deixaram apenas seu crânio, os pés e as palmas das mãos (2 Rs 9.34-37).

O caráter e as ações de Jezabel ganham um significado simbólico no Novo Testamento. Apocalipse 2.20 refere-se a uma falsa crente na igreja de Tiatira como "Jezabel, mulher que se diz profetisa", para indicar que a ira de Deus seria contra ela, por seus falsos ensinos e suas imoralidades. R.P.

JEZANIAS (Heb. "o Senhor ouve"). Um dos oficiais do exército que foram deixados em Jerusalém nos últimos dias do cerco dos caldeus. Era filho de Hosaías. Os judeus estavam a ponto de ir para o Egito, a fim de escapar da morte que já consideravam certa, às mãos dos caldeus. Num ato final e desesperado, pediram a Jeremias que intercedesse a Deus em favor deles e inquirisse o Senhor sobre o que deveriam fazer (Jr 42.1). O profeta saiu e consultou a Deus, o qual lhe disse que persuadisse o povo a permanecer em Jerusalém, onde todos seriam protegidos pelo Senhor. Se fossem para o Egito, entretanto, todos iriam morrer "à espada, à fome, e de peste" (v. 17).

Os oficiais não aceitaram as palavras de Jeremias, da mesma maneira que todos os membros da corte e os reis as rejeitaram ao longo dos anos. "Em desobediência à voz do Senhor", foram para o Egito (Jr 43.7). A fuga dos judeus, entretanto, teve curta duração. Em Tafnes, para onde Jeremias também fora levado, Deus lhe mostrou que os caldeus invadiriam o Egito e destruiriam tanto os egípcios como os israelitas que lá estivessem (Jr 44).

O juízo de Deus já estava determinado e não havia lugar para onde pudessem escapar. Em vez de aceitarem o castigo como disciplina do Senhor para seu povo, se arrependerem e voltarem para Deus, adoraram os deuses egípcios (Jr 44.17,18). Desta maneira, suas ações confirmaram o juízo divino e levaram às conseqüências inevitáveis.

Veja também *Jaazanias*, item 2, o qual jurou lealdade a Gedalias; provavelmente trata-se da mesma pessoa.   P.D.G.

JEZER. 1. Terceiro filho de Naftali, líder do clã dos jezeritas (Nm 26.49; 1 Cr 7.13). Listado entre os que desceram com Jacó para o Egito (Gn 46.24).

2. Forma diminutiva de Abiezer. Membro da tribo de Manassés, descendente de Gileade, foi o progenitor de um dos clãs da tribo (jezeritas) (Nm 26.30).

JEZIEL. Um arqueiro ambidestro e habilidoso da tribo de Benjamim, que primeiro lutou no exército de Saul e depois transferiu-se para o grupo do filho de Jessé, em Ziclague, junto com seu irmão Pelete (1 Cr 12.3). Foi um dos "trinta" guerreiros valentes de Davi; era filho de Azmavete. Na mesma passagem, mais adiante, a Bíblia dá a entender que tais homens transferiram sua lealdade ao novo rei, não apenas para estarem do lado vencedor, mas porque o Espírito de Deus operara no coração deles.

JEZRAÍAS. Levita, participou do coral que cantou durante a festa de dedicação da muralha de Jerusalém. A cidade e seus muros foram destruídos pelos caldeus, quando levaram os judeus para o exílio, na Babilônia. Sob a direção de Neemias, a muralha foi reconstruída, no meio de muitos louvores a Deus (Ne 12.42).

JEZREEL (Heb. "Deus planta").

1. Primeiro filho de Oséias com sua esposa adúltera Gômer (Os 1.4). O nome foi dado ao menino por Deus e referia-se à terrível destruição da casa de Acabe, efetuada por Jeú, na cidade de Jezreel (2 Rs 10.11). O Senhor disse a Oséias: "Põe-lhe o nome de Jezreel, porque daqui a pouco visitarei o sangue de Jezreel sobre a casa de Jeú, e farei cessar o reino da casa de Israel. Naquele dia quebrarei o arco de Israel no vale de Jezreel" (Os 1.4,5). Ainda assim, a esperança pairava no horizonte, porque o Senhor permaneceria fiel às suas promessas. Essa esperança é contemplada no v. 11, onde há um jogo de palavras com o significado literal de "Jezreel". Deus uma vez mais "plantará". Depois do juízo sobre Israel, o Senhor fará com que novamente haja frutificação (Os 2.21-23).

Como acontecia freqüentemente entre os profetas do Antigo Testamento, Oséias foi chamado para pronunciar o juízo de Deus, mas também para lembrar os israelitas da necessidade do arrependimento, bem como e da fidelidade do Senhor à aliança de seu amor pelo povo. Essa mensagem foi vivida por Oséias na parábola de sua própria vida. Os nomes de seus filhos ajudaram a ilustrar a mensagem profética. Veja também *Lo-Ami* e *Lo-Ruama*.

2. Um dos filhos de Etã, da tribo de Judá. Líder de seu povo e irmão de Isma e Idbas. Sua irmã chamava-se Hazelelponi (1 Cr 4.3).   P.D.G.

JIDLAFE (Heb. "choro"). Filho de Naor e Milca; portanto, era sobrinho de Abraão (Gn 22.22). Veja *Betuel*.

JIGDALIAS (Heb. "o Senhor é grande"). Pai de Hanã, o homem de Deus que tinha câmaras na área do Templo em Jerusalém (Jr 35.4). Tais localidades posteriormente foram usadas por Jeremias.

JIGEAL. Um dos doze homens enviados por Moisés, do deserto de Parã, para espiar a terra de Canaã (Nm 13.7). Foi escolhido um representante de cada tribo e Jigeal, filho de José, representou a de Issacar. Para mais detalhes sobre a missão deles, veja *Samua*.

JISBAQUE. Um dos filhos de Abraão com sua esposa Quetura (Gn 25.2). Aparece numa lista dos descendentes de Abraão, formando um elo de ligação, na narrativa de Gênesis 24 e 25, entre a morte de Sara e a de Abraão (também em 1 Cr 1.32).

JIZAR. Filho de Coate e neto de Levi (Êx 6.18; 1 Cr 6.2,18,38; 23.12). Era um líder de clã entre os coatitas (Nm 3.19). Seus filhos foram Corá, Nefegue e Zicri (Êx 6.21; Nm 16.1). O primeiro liderou uma rebelião contra Moisés. Em 1 Crônicas 23.18, Selomote é mencionado como o primogênito de Jizar.

JÓ

Este é o nome do personagem central do livro de Jó, o qual conta suas experiências em meio aos problemas e sofrimentos mais terríveis da existência humana. Quem ele era, quando viveu ou mesmo a época em que foi escrito tem sido alvo de muito debate e até o momento ainda não se chegou a um consenso. Alguns argumentam que a descrição de Jó como um homem rico, que possuía milhares de ovelhas, camelos etc. e grande número de servos sugere um tempo na história próximo ao período em que Abraão viveu. Outros, entretanto, situam Jó numa época bem posterior, no tempo do rei Salomão, durante o período do exílio ou ainda mais tarde, talvez no século IV a.C.

O próprio Jó é considerado um homem justo. Ele conhecia o Senhor como seu Deus, a quem adorava fielmente e sabia que finalmente seria vindicado. Oferecia sacrifícios regularmente por seus pecados e até mesmo demonstrava certa preocupação com a vida espiritual dos filhos, pois oferecia constantemente sacrifícios em favor deles, ao pensar que talvez tivessem "pecado, e blasfemado contra Deus no seu coração" (Jó 1.4,5). A integridade de Jó era tanta que tornou-se assunto de discussão entre o Senhor e Satanás. O Todo-poderoso o descreveu como "homem íntegro e reto, que teme a Deus e se desvia do mal" (v. 8). Satanás argumentou que, se Jó perdesse todas as suas bênçãos, amaldiçoaria a Deus. O Senhor concedeu ao diabo uma certa liberdade para testar sua teoria.

Satanás lançou contra Jó uma calamidade após outra. Seus filhos e filhas foram mortos quando a casa onde estavam reunidos caiu sobre eles e todas as suas posses foram destruídas ou roubadas por saqueadores. Tudo o que Jó possuía foi-lhe tirado e ainda assim não blasfemou, de maneira que Satanás atacou o próprio Jó, com feridas e enfermidades. A despeito da sugestão da própria esposa, para que amaldiçoasse a Deus e morresse, vemos que sua resposta foi a de um homem cuja confiança permaneceu no Senhor: "Em tudo isso não pecou Jó com os seus lábios" (Jó 2.10).

Em meio a tal tragédia, a maior parte do livro descreve a maneira como Jó lidou com sua vida e sua interação com três amigos, os quais buscavam confortá-lo de diversas maneiras diferentes (para mais detalhes sobre as diferentes respostas deles aos argumentos de Jó, veja *Elifaz*, *Bildade* e *Zofar*).

JÓ

Dois aspectos da reação de Jó à sua situação são vistos em detalhes nos capítulos seguintes. Por um lado, ele defendeu a si mesmo das alegações dos amigos, ao considerar-se "inocente". Enquanto seus companheiros raciocinavam dentro da equação simplista de que tal calamidade provavelmente era o castigo de Deus sobre Jó, este sabia que não pecara de tal maneira que merecesse aquele sofrimento. Sabia que fora fiel ao Senhor. Por outro lado, ele também objetava com Deus sobre o que acontecia em sua vida. Sabia que as respostas dadas pelos amigos eram simplistas demais e inadequadas, embora não soubesse o que sucedia. Sua honestidade e sinceridade diante do Todo-poderoso proporcionam um exemplo comovente de um homem íntegro que discute sobre sua vida, seus temores e mesmo sua raiva com seu Deus.

O grande dilema para Jó era a questão do sofrimento. Como Deus poderia ser soberanamente bom, diante do sofrimento de pessoas aparentemente inocentes e da prosperidade dos perversos? Gradualmente ele aprendeu que na verdade era sua obrigação servir ao Senhor. Reconheceu sua indignidade na presença de um Deus tão grandioso, embora ainda se recusasse a aceitar a equação simples de que o sofrimento é sempre conseqüência do pecado individual (Jó 29 a 31). Aprendeu que precisava aceitar Deus como Ele é e sabia que, embora sempre pudesse abrir seu coração para o Senhor, não podia responder ou argumentar com Ele (Jó 40.1-3).

No livro, Deus fala diretamente com Jó (Jó 38 a 41). Primeiro, o Senhor lhe mostrou que realmente é difícil o homem compreender os caminhos de Deus. O grande poder e sabedoria do Todo-poderoso, manifestados na criação, são suficientes para expor a falta de entendimento do homem. Segundo, o Senhor mostrou que, em última análise, continuava no controle de todas as coisas, até mesmo sobre as criaturas mais temíveis, como o Leviatã, que enchem a humanidade de terror (Jó 41). A este discurso de Deus, Jó novamente respondeu em fé e submissão à sua soberania.

Jó não tinha idéia sobre o desafio entre Deus e Satanás que acontecia no céu. Não conhecia o propósito supremo do Todo-poderoso no que se realizava em sua vida: por meio de seu sofrimento, revelar-se-ia que Satanás estava errado e seria desonrado e humilhado. No final do livro, Jó foi colocado no lugar em que estava no princípio. Ao passar por uma crise inimaginável, chegou a uma posição onde podia expressar confiança na soberania divina e arrependimento por ter ousado questionar as ações de Deus: "Eu sei que tudo podes; nenhum dos teus planos pode ser impedido. Quem é aquele, perguntaste, que sem conhecimento encobre o conselho? Certamente falei do que não entendia, coisas maravilhosas demais para mim, e que eu não compreendia. Por isso me abomino, e me arrependo no pó e na cinza" (Jó 42.2,3,6).

O livro termina com a bênção de Deus novamente sobre Jó, mas também com a proposta de castigo sobre os três amigos do patriarca, pelo entendimento errado que tinham das obras do Senhor. No entanto, recebem ordem para pedir a Jó que orasse e fizesse sacrifícios em favor deles; a Bíblia diz que "o Senhor aceitou a oração de Jó" (Jó 42.9).

Numa época em que as pessoas buscam respostas simples sobre Deus e querem responder a todas as questões concernentes às suas vidas, especialmente no que diz respeito a saúde e prosperidade, é bom lembrar que o Senhor é Deus e o Todo-poderoso; seu povo precisa ser sincero e honesto diante dele em seus pedidos e questionamentos; ainda assim, devemos saber também que muitas vezes não alcançamos as respostas facilmente, pois a humanidade jamais conhecerá totalmente a mente de Deus. A despeito de tudo isto, uma pessoa íntegra, que olha para o Senhor em fé e oração, pode confiar nele, sabedora de que Ele fará o que é justo e trabalhará em seus propósitos para o bem dos que o amam e são chamados segundo seu propósito (Rm 8.28).

P.D.G.

JOA

JOA. 1. Um dos filhos de Berias e líder benjamita, mencionado na genealogia de Benjamim que vai até o rei Saul (1 Cr 8.16).

2. Filho de Sinri, um tizita da tribo de Manassés; era um dos "trinta heróis" de Davi, um grupo de guerreiros valentes que lutavam ao lado do rei (1 Cr 11.45). Fazia parte dos guerreiros valentes que desertaram do exército de Saul e uniram-se ao grupo de Davi, em Ziclague. A passagem em 1 Crônicas 12 deixa claro que a deserção gradual de tais guerreiros, provenientes de várias tribos, foi dirigida pelo Espírito de Deus. O último versículo do texto (22) diz: "Dia a dia vinham a Davi para o ajudar, até que se fez um grande exército, como o exército de Deus".

JOÁ (Heb. "o irmão do Senhor").

1. No confronto entre o rei Ezequias, de Judá, e o rei da Assíria, Joá, filho do cronista Asafe, saiu junto com outros líderes da corte para se encontrar com o comandante das tropas assírias (2 Rs 18.18,26,37; Is 36.3,11). Eles ouviram enquanto o general assírio desafiava o rei Ezequias e tentava destruir a confiança do povo no Senhor. A uma certa altura, Joá e seus companheiros pediram ao comandante que falasse em aramaico e não em hebraico, para que os judeus que estavam sobre os muros não entendessem. Essas palavras incitaram o comandante a falar ainda mais alto em hebraico. A mensagem da iminente destruição foi levada ao rei Ezequias por Joá e os demais membros da delegação.

Ao ouvir as ameaças, Ezequias orou ao Senhor (2 Rs 19.14-19); por meio de uma profecia, pronunciada por Isaías, Deus prometeu que Jerusalém não seria tomada (vv. 20-34). O Senhor então causou uma terrível destruição no acampamento assírio (vv. 35,36).

2. Terceiro filho de Obede-Edom, da tribo de Levi; era descendente de Coré, responsável pelo atendimento nos portões do Tabernáculo, na administração do rei Davi (1 Cr 26.4).

3. Filho de Zima e pai de Ido e de Éden, da tribo de Levi; descendente de Gérson, era líder de um dos clãs dos levitas e ajudou na purificação do Templo nos dias do rei Ezequias (1 Cr 6.21; 2 Cr 29.12). Provavelmente é um descendente do personagem do item 2.

4. Filho de Joacaz, era "cronista" nos dias do rei Josias. Foi comissionado a ajudar nos reparos feitos no Templo em Jerusalém (2 Cr 34.8). P.D.G.

JOABE (Heb. "o Senhor é seu pai").

1. Filho da irmã de Davi, Zeruia, e comandante do exército. Junto com seus dois irmãos, Abisai e Asael, era um poderoso guerreiro e por muito anos permaneceu fiel ao novo rei de Israel (1 Cr 2.16). Tornou-se comandante logo no início do reinado de Davi, quando este decidiu atacar Jerusalém e tomá-la dos jebuseus. O rei prometeu que quem liderasse o ataque seria nomeado comandante e chefe do exército (1 Cr 11.6; 2 Sm 8.16).

Joabe é mencionado novamente quando enfrentou Abner, comandante das tropas de Is-Bosete, o qual, como descendente do rei Saul, reivindicava o trono que fora de seu pai. Abner, após ser derrotado pelas tropas de Davi (2 Sm 2), rendeu-se e pediu a paz, ocasião em que sua vida foi poupada. Em seguida, ele se desentendeu com Is-Bosete, procurou Davi em Hebrom e fez um tratado com o novo rei. Quando Joabe voltou para Hebrom e descobriu que seu tio não capturara Abner, mas o deixara ir embora em paz, ficou furioso: chamou aquele comandante de volta e o matou traiçoeiramente (2 Sm 3). Davi ficou desgostoso com essa atitude e maldiçoou a família de Joabe (2 Sm 3.29). O rei também acompanhou o funeral de Abner. Sem dúvida, essa foi uma ação com objetivos políticos, pois o rei queria assegurar que as nações do Norte vissem que ele nada tivera que ver com a morte de Abner; além disso, Davi pre-

JOADÃ

tendia demonstrar a grande diferença que havia entre ele e Joabe e que se evidenciaria também nos futuros eventos. Joabe sempre desejava a vingança e buscava a morte de qualquer inimigo. Ficava exasperado por ver que Davi, seu tio, sempre estava disposto a perdoar e ficava profundamente triste quando seus adversários eram mortos.

A habilidade de Joabe como comandante das tropas era notável; além da destreza, era temente ao Senhor e buscava a ajuda de Deus antes das guerras. 2 Samuel 10 descreve uma famosa batalha, na qual Joabe viu-se cercado entre os amonitas e seus aliados, os sírios. Ele enviou seu irmão Abisai, com uma parte dos soldados contra os amonitas, e, após escolher alguns dos melhores homens, enfrentou os sírios. Joabe confiava que o Senhor daria a vitória aos israelitas: "Sê forte e sejamos corajosos pelo nosso povo, e pelas cidades de nosso Deus. Faça o Senhor o que bem parecer aos seus olhos" (2 Sm 10.12). Os israelitas, liderados por Joabe, alcançaram uma vitória memorável, mesmo contra as probabilidades.

Após Absalão matar seu próprio irmão Amnom e fugir da presença de Davi, Joabe lutou para promover uma reconciliação entre pai e filho. Por meios fraudulentos, conseguiu pelo menos parte de seu objetivo e Absalão foi autorizado a voltar para Jerusalém; contudo, estava proibido de comparecer perante o rei, seu pai. Absalão convidou Joabe para visitá-lo, mas este se recusou. Ele então ordenou que seus servos ateassem fogo nas plantações de seu primo, a fim de obrigá-lo a vir. Novamente Joabe foi enviado ao rei, em busca de uma restauração total em favor de Absalão. Davi aceitou o filho de volta, mas imediatamente Absalão conspirou contra o pai, até que finalmente o rei teve de fugir de Jerusalém para salvar sua vida (2 Sm 14 e 15). Joabe o acompanhou e liderou a batalha contra os rebeldes. A despeito da ordem do rei de que seu filho fosse poupado, Joabe deliberadamente matou Absalão (2 Sm 18).

Novamente, Joabe não entendeu a generosidade de Davi e sua tristeza pela morte de alguém que lhe causara tantos problemas. Enquanto o rei lamentava a morte de Absalão, Joabe o repreendeu severamente (2 Sm 18.33 a 19.7). Talvez devido a essa atitude rude para com Davi, ou à sua falta de compreensão para com o rei, quando este retornou a Jerusalém, tirou Joabe do comando do exército e colocou Abisai em seu lugar.

Joabe sentiu-se humilhado e uniu-se a Adonias e aos seus seguidores, quando Davi envelheceu e ficou impossibilitado de reinar. A instrução clara do rei foi que Salomão seria o herdeiro do trono. Davi já tinha alertado este filho a respeito de Joabe e da maneira como ele havia matado Abner e Amasa (1 Rs 2.5). Quando a rebelião de Adonias finalmente foi sufocada, Benaia perseguiu Joabe e o matou, por sua deslealdade para com Davi, seu tio.

Joabe era uma mistura de grande guerreiro, bom estrategista e, às vezes, um servo fiel do Senhor. Era também um homem intensamente passional, vingativo e amargo. Essas características contrastavam profundamente com o interesse que Davi demonstrava pelos inimigos, algo que Joabe considerava uma fraqueza em um rei.

2. Descendente de Paate-Moabe; muitos dos seus próprios familiares retornaram do exílio na Babilônia com Zorobabel e outros líderes (Ed 2.6, chamado de Jesua-Joabe; 8.9; Ne 7.11).

3. Filho de Seraías, da tribo de Judá, este Joabe era artífice (1 Cr 4.14).   P.D.G.

JOACAZ (Heb. "seguro pelo Senhor"). Pai de Joá, o qual era "cronista" no reinado de Josias, de Judá. Joá foi enviado para ajudar nos reparos feitos no templo do Senhor (2 Cr 34.8).

JOADÃ. Esposa do rei Joás e mãe do rei Amazias, de Judá. Era de Jerusalém (2 Rs 14.2; 2 Cr 25.1).

JOANA

JOANA. Esposa de Cuza, procurador do rei Herodes; foi curada por Jesus. Juntamente com outras mulheres, todas discípulas de Cristo, ajudava no sustento financeiro de Jesus e seus discípulos (Lc 8.2,3). Provavelmente acompanhou Cristo da Galiléia a Jerusalém, no final do ministério terreno do Filho de Deus. Sem dúvida era uma das que estavam presentes quando Jesus foi sepultado (Lc 23.55,56) e que visitaram o túmulo no domingo da ressurreição. No sepulcro, foram confrontadas por dois anjos, os quais lhes disseram que Cristo havia ressuscitado dentre os mortos. Joana e as outras foram e contaram aos apóstolos o que tinham visto (Lc 24.10). P.D.G

JOANÃ (Heb. "o Senhor é gracioso").
1. Sexto filho de Meselemias, do clã dos coraítas, da tribo de Levi. Listado como um dos "porteiros" do santuário. Foi nomeado no último período do reinado de Davi (1 Cr 26.3).

2. Da tribo de Judá, um dos oficiais do exército do rei Jeosafá. Tinha 280.000 homens sob suas ordens (2 Cr 17.15). Provavelmente era o mesmo Joanã mencionado como pai de Ismael, o qual ajudou o sacerdote Jeoiada a colocar Joás no trono de Judá, quando a rainha Atalia foi morta (2 Cr 23.1 - chamado de Jeoanã).

3. Pai de Azarias, um dos homens da tribo de Efraim que aconselharam o rei Peca e seus soldados a libertar os cativos judeus que foram levados por eles de Judá (2 Cr 28.12). Para mais detalhes, veja *Berequias,* item 5.

4. Filho de Eliasibe, proprietário da casa para onde Esdras se retirou para um tempo de oração e jejum e onde chorou pela falta de fidelidade dos judeus que retornaram do exílio na Babilônia. Esdras estava especialmente preocupado pela maneira como tantos judeus haviam-se casado com mulheres estrangeiras (Ed 10.6). Talvez seja o mesmo sacerdote Joanã mencionado em Neemias 12.22.

5. Um dos descendentes de Bebai. Depois do retorno do exílio na Babilônia,

Secanias confessou a Esdras que muitos homens de Judá, inclusive alguns descendentes dos sacerdotes, tinham-se casado com mulheres de outras tribos e até mesmo de outras nações. Esdras levou o povo ao arrependimento e todos fizeram um pacto de servir ao Senhor (Ed 10.2). Joanã está listado em Esdras 10.28 como um dos judeus que se casaram com mulheres estrangeiras.

6. Filho de Tobias, que se casou com a filha de Mesulão, filho de Berequias. Tobias, amonita, tentou sistematicamente atrapalhar os planos de Neemias de reconstruir os muros de Jerusalém (Ne 6.18).

7. Um dos sacerdotes de Judá nos dias de Joiaquim, na época da reconstrução de Jerusalém, depois do exílio na Babilônia. Era o líder da família de Amarias (Ne 12.13).

8. Levita que tomou parte do coral que cantou na festa de dedicação dos muros de Jerusalém. A referida muralha fora destruída pelos caldeus, quando levaram os judeus para o exílio na Babilônia. Sob a liderança de Neemias, os muros foram finalmente inaugurados, em meio a muitos louvores a Deus (Ne 12.42). P.D.G.

9. Um dos ancestrais de Jesus, listado na genealogia que vai de Cristo a Adão. Ele provavelmente era avô de Zorobabel, embora não seja mencionado no Antigo Testamento (Lc 3.27).

10. Filho de Careá (Jr 40.8,13,15,16; 2 Rs 25.23), viveu no tempo do profeta Jeremias, quando Gedalias governava sobre Judá, como governador indicado pelos caldeus. Joanã estava entre os oficiais do exército que, ao tomar conhecimento da indicação de Gedalias, uniram-se a ele em Mispa, onde o alertaram que Baalis, rei dos amonitas, enviara Ismael, filho de Netanias, para assassiná-lo. Gedalias não acreditou em Joanã, o qual apresentou-se como voluntário para ir ao encontro de Ismael e matá-lo, a fim de evitar que o governador fosse assassinado; sua proposta, porém, não foi aceita (Jr 40) e realmente Gedalias foi morto por Ismael (Jr 41).

Joanã e os outros oficiais ouviram que Gedalias fora assassinado e Ismael voltara para o território de Amom com muitos cativos. Então reuniram suas tropas e foram em perseguição do assassino; alcançaram-no "ao pé das muitas águas que há em Gibeom" (Jr 41.12). Resgataram os prisioneiros, mas Ismael fugiu com mais oito homens (v. 15). Joanã, os oficiais e os prisioneiros soltos foram para Gerute-Quimã, perto de Belém, com o objetivo de seguir dali para o Egito, a fim de escapar dos caldeus. Ali, perguntaram a Jeremias o que Deus planejara para eles (Jr 42.1-6). Prometeram obedecer ao que o Senhor lhes dissesse. Quando, porém, Deus lhes falou, por meio do profeta, que permanecessem em Judá (Jr 42.7-22), disseram que Jeremias havia mentido e foram para o Egito, levando o profeta com eles (Jr 43.2,4-7). O epitáfio de Joanã, filho de Careá, foi: "Não obedeceu Joanã, filho de Careá, nem nenhum de todos os oficiais dos exércitos, nem todo o povo, à voz do Senhor, para ficarem na terra de Judá" (v. 4).

11. Listado entre os descendentes de Davi. Filho mais velho do rei Josias (1 Cr 3.15). Aparentemente não foi o sucessor do pai no trono, a não ser que se chamasse também Jeoacaz (2 Rs 23.30,31).

12. Um dos sete filhos de Elioenai, fazia parte da linhagem real de Judá de-pois do exílio; portanto, descendente do rei Davi (1 Cr 3.24).

13. Filho de Azarias, da tribo de Levi; ele também teve um filho chamado Azarias (1 Cr 6.9,10), o qual serviu como sacerdote no Templo de Salomão.

14. Arqueiro ambidestro e habilidoso, da tribo de Benjamim, primeiro lutou no exército de Saul e depois transferiu-se para o grupo de Davi, em Ziclague (1 Cr 12.4). Foi contado entre os "trinta" valentes do novo rei de Israel. Na mesma passagem, a Bíblia dá a idéia de que tais homens uniram-se a Davi não somente para estar no lado vencedor, mas porque "o Espírito de Deus" operou no coração deles.

15. Famoso soldado da tribo de Gade que desertou do exército do rei Saul e uniu-se a Davi, em Ziclague. É o oitavo nome numa lista que descreve um grupo de soldados de maneira vívida como guerreiros muito valorosos. Foram comandantes que deram um notável apoio a Davi em suas batalhas (1 Cr 12.12).

16. Filho de Catã, foi um dos líderes de família que retornaram da Babilônia para Jerusalém com o profeta Esdras. Levou consigo 110 homens (Ed 8.12).

17. Filho de Eliasibe, foi um proeminente levita, líder de família, no tempo de Neemias, durante o reinado de Dario, o persa (Ne 12.22,23).   P.D.G.

JOÃO, O APÓSTOLO

João, filho de Zebedeu e irmão de Tiago, foi um dos doze discípulos escolhidos por Jesus, que posteriormente foram chamados de apóstolos (Mt 10.2-4). Quase com certeza é a mesma pessoa mencionada no evangelho de João como "o discípulo a quem Jesus amava" (Jo 13.23; etc.); mencionado freqüentemente nos evangelhos junto com o irmão Tiago. Os dois, por sua vez, são mencionados junto com Pedro. Os três já se conheciam antes de se tornarem discípulos de Jesus, pois eram companheiros de profissão (Lc 5.10; etc.). O pai deles possuía um barco, no qual João e Tiago estavam quando foram chamados por Jesus para serem seus discípulos (Mt 4.18-22). Provavelmente sua mãe era Salomé, a qual uniu-se a outras mulheres para levar ungüentos ao túmulo de Cristo, depois da crucificação (compare Mc 16.1 e Mt 27.56). Jesus apelidou Tiago e João de "Boanerges", que significa "filhos do trovão" (Mc 3.17). Não está

JOÃO, O APÓSTOLO

bem claro por que os chamava assim, mas é provável que o nome reflita o temperamento impulsivo que tinham ou o compromisso zeloso que possuíam para com Cristo.

O relacionamento profundo e pessoal entre Jesus e João é observado em várias passagens nos evangelhos. João fazia parte do círculo mais íntimo dos discípulos que acompanhavam Cristo em numerosas ocasiões. A profundidade da comunhão de Jesus com ele, entretanto, é vista mais claramente na cruz. Foi a João que Cristo dirigiu-se de maneira mais destacada e disse: "Eis a tua mãe". Então a Bíblia diz: "Dessa hora em diante o discípulo a recebeu (Maria) em sua casa" (Jo 19.27).

João e Jesus

João obedeceu imediatamente quando Jesus o chamou para segui-lo como discípulo e é destacado especialmente como integrante do pequeno grupo composto por ele próprio, Pedro e Tiago, os quais foram separados por Cristo para estar presentes com Ele em numerosas situações muito significativas. A formação do grupo já era vista em Marcos 1.29, quando Tiago e João foram com Jesus na visita à sogra de Pedro, que estava enferma. Cristo a curou e imediatamente a mulher levantou-se e começou a servi-los (Mc 1.29-31). Em outra ocasião, Jesus foi chamado à casa do líder da sinagoga, chamado Jairo, para curar sua filha. Antes de chegar lá, os amigos de Jairo foram ao encontro do grupo para informar que a menina havia morrido. Cristo prosseguiu até a casa, acompanhado apenas por Pedro, Tiago e João. Uma vez lá, ressuscitou a menina dentre os mortos (Mc 5.37-43; Lc 8.51).

O terceiro e mais importante evento testemunhado por João, juntamente com Pedro e Tiago, foi a Transfiguração. Nesta extraordinária ocasião, Jesus e os três discípulos subiram "a um alto monte", onde Cristo "foi transfigurado diante deles". Três evangelhos registram este evento (Mt 17.1-9; Mc 9.2-13; Lc 9.28-36). Não se sabe com certeza qual a localização da montanha, mas acredita-se que seja o monte Hermom. Jesus subira àquele local com eles, a fim de orar (Lc 9.28). Sem dúvida, ao afastar-se tanto das cidades mais próximas, buscavam um pouco de sossego, a fim de não serem importunados pelas multidões. Enquanto oravam, a face de Jesus mudou "e suas vestes ficaram brancas e resplandecentes". Então apareceram Moisés e Elias, em glorioso esplendor e "falavam da sua morte (de Jesus), a qual havia de cumprir-se em Jerusalém" (vv. 29-31). Todos os escritores enfatizaram a intensa brancura e a glória daquela manifestação. Esta breve presença do poder de Deus em Jesus e o fato de que Moisés e Elias foram vistos ao lado dele levaram Pedro a precipitar-se e dizer que talvez fosse bom construir um tipo de habitação onde tal glória fosse preservada de alguma maneira. Rapidamente, porém, uma nuvem envolveu toda a cena. Tudo, portanto, era uma evidência da presença gloriosa do próprio Deus (Êx 16.10; 24.16). Quando foram envolvidos, João e os outros ouviram a voz do Senhor que disse: "Este é o meu amado Filho; a ele ouvi" (v. 35).

Para entender melhor o que aconteceu na Transfiguração, é importante notar que os três evangelhos relataram a confissão de Pedro de que Jesus era "o Messias (o Cristo)". Esta declaração, sem dúvida, também dirigida a João e aos demais discípulos, significava mais um avanço no entendimento deles sobre quem era Cristo. Jesus, entretanto, imediatamente aproveitou a oportunidade — para o desapontamento de Pedro — a fim de mostrar que sofreria e finalmente morreria. O caminho deste Messias não seria o esperado pelos judeus, ou seja, ser glorificado pela nação ou tornar-se o rei de Israel. A Transfiguração, portanto, ensinou a João e aos outros dois discípulos uma importante lição: embora não parecesse correto ter um Messias que caminhava para a morte, o Messias seria glorificado por meio daquele evento. Jesus preparava

JOÃO, O APÓSTOLO

seus discípulos para seu sofrimento e morte, e mostrava que seria apenas por um curto tempo que sua verdadeira glória se esconderia do mundo. Eles testemunharam uma revelação da glória de Cristo e agora sabiam que, embora tivesse de experimentar a morte, Ele era superior em glória e autoridade a Moisés, o legislador, e ao profeta Elias. A voz do Senhor novamente assegurou a todos os que a ouviram, como acontecera no batismo de Jesus, que ali estava de fato o verdadeiro filho de Deus, que seria ouvido, pois seguia um caminho determinado. Tal revelação de Cristo em sua glória sem dúvida ajudou João em seus escritos posteriores, nos quais colocou muita ênfase na "glória" de Jesus Cristo (Jo 1.14; 2.11; 11.40; cap. 17; etc.).

A despeito de sua posição privilegiada naquele círculo mais íntimo, havia muitas coisas que João não compreendia com relação à missão de Jesus. Certa vez ele informou a Cristo que descobrira certa pessoa que usava seu nome para expelir demônios e ordenara que parasse, "porque não nos segue" (Mc 9.38). Este incidente é relatado logo após a discussão dos discípulos sobre quem seria o maior no reino de Deus! Jesus, é claro, respondeu que tal pessoa não devia ser proibida, pois trabalhava em nome de Cristo e "quem não é contra nós, é por nós" (v. 40).

Numa outra atitude igualmente impetuosa, João e seu irmão Tiago, talvez instigados pela mãe, pediram a Jesus que, após a chegada do reino, recebessem lugares de honra, ou seja, posições privilegiadas (Mc 10.35). Talvez por se lembrarem da Transfiguração, o pedido deles referiu-se à "glória" de Jesus: "Concede-nos que na tua glória nos assentemos, um à tua direita, e o outro à tua esquerda". Novamente Jesus ensinou que seu reino não era desse tipo. O Filho do Homem veio para servir, e tal domínio sobre outras pessoas não correspondia de maneira alguma à natureza do reino de Cristo. A Bíblia diz que os outros discípulos ficaram indignados quando souberam do pedido dos dois irmãos (Mc 10.35-45).

Lucas também relata que Jesus, ao passar por uma aldeia de samaritanos, em seu caminho para Jerusalém, não foi bem aceito. João e Tiago disseram: "Senhor, queres que mandemos que desça fogo do céu e os consuma, assim como fez Elias?" (Lc 9.54). Cristo, naturalmente, não desejava isso, mas talvez esse incidente indicasse duas coisas que aconteceram depois da Transfiguração. Por um lado, a fé de João e de seu irmão Tiago em Jesus e em sua glória aumentou consideravelmente. Criam que, como discípulos de Jesus, podiam ordenar que caísse fogo do céu e sabiam que haveria uma glória, da qual eles próprios seriam participantes. Por outro lado, juntamente com isso, havia também uma arrogância pecaminosa e uma surpreendente incapacidade de se alinhar com a visão do sofrimento e da atitude de servo.

A comunhão que havia entre João e Jesus é vista também em outras ocasiões. Marcos 13.3 registra a presença do discípulo amado numa conversa com Cristo sobre os sinais do fim do mundo. Lucas 22.8 menciona que Pedro e João receberam instruções para o preparo da Páscoa, no final do ministério de Cristo. Se a suposição de que João era "o discípulo a quem Jesus amava" estiver correta, então foi Ele quem se reclinou sobre o ombro de Jesus durante a última refeição e perguntou-lhe qual seria o traidor (Jo 13.23,24). Pouco tempo depois, Pedro, Tiago e João é que foram separados para acompanhar Jesus ao Jardim Getsêmani, e foi a eles que Jesus revelou a profundidade de sua angústia e o pavor que experimentou antes da prisão e crucificação (Mc 14.33).

João no livro de Atos

É interessante notar que no livro de Atos é João, e não Tiago, quem assume uma figura proeminente, juntamente com Pedro. É listado depois de Pedro quando os discípulos

JOÃO, O APÓSTOLO

se reuniram no Cenáculo, em Atos 1.13. Depois do dia de Pentecostes, foram os dois que mais se destacaram na operação dos milagres (At 3.1-5, 11). Assim, eles também tornaram-se alvo do antagonismo das autoridades judaicas e foram presos (At 4). Os líderes do Sinédrio ficaram especialmente impressionados com os dois apóstolos: "informados de que eram homens sem letras e indoutos, se maravilharam, e tinham conhecimento de que eles haviam estado com Jesus" (At 4.13). Esse testemunho constante de Cristo, mesmo diante das perseguições, rapidamente tornou-se a marca do ministério apostólico e a força da fé que o apóstolo João demonstrou (At 4.19, 21-23).

João e Pedro também foram enviados juntos para ver o que se passava entre os samaritanos que se converteram a Cristo. Ambos impuseram as mãos sobre aqueles novos convertidos, de maneira que os que tinham fé em Jesus receberam o Espírito Santo, exatamente como os judeus convertidos em Jerusalém experimentaram no dia de Pentecostes (At 8.14,17,25).

Os escritos de João

Há constantes debates sobre quais livros do Novo Testamento foram escritos pelo apóstolo João. Tradicionalmente, contudo, o evangelho e as epístolas joaninas são atribuídas a ele. O maior debate é quanto ao Apocalipse, pois alguns acham que foi escrito por outro João. Adotamos aqui a suposição de que o apóstolo foi o responsável por esse livro. É importante destacar, embora bem rapidamente, alguns de seus escritos.

O evangelho

O evangelho de João é surpreendentemente diferente dos sinóticos (Mateus, Marcos e Lucas). Por exemplo, só este livro dá a entender que Jesus teve um ministério de aproximadamente três anos. Ele registra longas discussões entre Cristo e os judeus da época, com detalhes que não são vistos nos sinóticos. João não menciona as expulsões de demônios e, embora em seu evangelho observemos que Jesus usava os milagres como parábolas, por meio das quais ensinava lições, não há menção das narrativas curtas e objetivas como as parábolas do reino de Deus em Mateus 13. O prólogo, em João 1, não encontra paralelos nos sinóticos. Entretanto, este livro menciona outros incidentes e oferece análises profundas e reflexões sobre o ensino de Cristo. Para muitos especialistas, as diferenças entre João e os outros três evangelhos, a reflexão aparentemente mais profunda sobre quem é Jesus e alguns dos temas particulares que o apóstolo desenvolve têm levado a crer que o seu evangelho foi escrito bem mais tarde, depois de 90 d.C. Outros estudiosos, entretanto, discordam e sugerem uma data anterior.

Embora não possamos entrar nesta discussão aqui, existem boas razões para supor que foi o apóstolo quem escreveu este evangelho, o qual demonstra evidências da mão de uma testemunha ocular e de alguém que conhecia muito bem os costumes judaicos, bem como as práticas e a geografia da Palestina.

Vários motivos são sugeridos sobre por que razão João escreveu este evangelho, mas o cap. 20.31 proporciona uma indicação claríssima sobre o que o apóstolo tinha em mente: "Estes (sinais), porém, foram escritos para que creiais que Jesus é o Cristo, o filho de Deus, e para que, crendo, tenhais vida em seu nome". O evangelho enfatiza os numerosos "sinais". Estes milagres foram especialmente selecionados por João,

356

JOÃO, O APÓSTOLO

por causa do que ensinavam sobre Jesus. Às vezes eram acompanhados por um "discurso", no qual Cristo utilizava o milagre como base do ensino. Por exemplo, a cura do homem no tanque de Betesda, no cap. 5, levou ao ensino de que Jesus fazia as mesmas obras que o Pai realizava (vv. 17,19-23). A mensagem final foi sobre a necessidade de crer na palavra de Jesus e no Pai que o enviou para receber a vida eterna (vv. 24-30).

A alimentação de quase 5.000 pessoas, por meio da multiplicação miraculosa dos pães, no cap. 6, levou ao ensino de que Jesus é "o pão da vida" (v. 35). Este tema é desenvolvido amplamente, a fim de mostrar às pessoas que elas precisam ir a Jesus e responder a Ele pela fé. Os que fazem isto receberão a "vida eterna" (veja abaixo). As palavras de Cristo, bem como seus ensinos, são "pão" e "espírito vivificante" (vv. 33,63). No cap. 9, a cura do homem cego levou à discussão do problema da cegueira espiritual. Os fariseus objetaram veementemente contra o claro ensino de Jesus de que eles eram as pessoas espiritualmente cegas, pois se recusaram a crer nele (vv.35-41). Provavelmente João tencionava dizer que a ressurreição foi o ponto culminante em sua lista de "sinais". Seu maior desejo era que as pessoas tivessem fé em Jesus, o Messias, experimentassem o perdão dos pecados e tivessem a vida eterna. João 20.31 provavelmente traz a seguinte mensagem: "estes (sinais) foram escritos para que vocês possam crer que Jesus é o Cristo" ou "estes (sinais) foram escritos para que vocês continuem crendo que Jesus é o Cristo"; ambas demonstram que o interesse do apóstolo era que as pessoas saibam quem é Jesus, creiam nele e recebam a vida eterna.

O evangelho de João também contrasta a verdadeira fé com o que é chamado de sabedoria humana. Em várias ocasiões as pessoas colocaram Jesus num nível material e literal, quando Ele falava em níveis mais profundos e espirituais. Ao fazer este contraste, João demonstra a necessidade da mudança no coração e o desejo da operação do Espírito Santo na regeneração, para que um indivíduo entenda e reconheça a verdade. Por exemplo, em João 3, Jesus ensinou que Nicodemos precisava nascer de novo, a fim de dizer que o Espírito Santo precisava operar em sua vida. Aquele mestre achava que a pessoa necessitava retornar ao ventre materno (vv. 3,4)! A mulher samaritana ouviu quando Jesus lhe ofereceu a "água viva", a qual, quando experimentada por uma pessoa, esta jamais teria sede. Ela imediatamente desejou tal água, para que não caminhasse mais até o poço. Cristo, no entanto, falava-lhe sobre a água que levava à "vida eterna" (vv. 13-15). Mesmo quando Jesus expressou-se sobre o pão da vida em João 6, como Nicodemos em João 3, os líderes judeus só conseguiam interpretar literalmente. Lembravam-se do milagre da provisão de pão que aconteceu na época de Moisés, no deserto, mas Jesus falava sobre o pão na forma de palavras que levavam à vida eterna (veja Dt 8.3).

O evangelho de João também chama a atenção para a oração de Jesus, no final de seu ministério terreno, registrada no cap. 17; nela, aprendemos sobre os que aceitariam as boas novas, nas futuras gerações. A preocupação de Cristo, conforme orou, era que eles também conhecessem a glória dele e a sua relação com o Pai.

Este é apenas parte do conteúdo deste evangelho (veja "o ensino de João", a seguir), o qual provoca sérias reflexões sobre quem é Jesus, a natureza da vida eterna e, acima de tudo, a necessidade da fé.

As Epístolas

Existem três epístolas escritas por João. Embora ele nunca se identifique claramente, na segunda e na terceira ele se refere a si mesmo como "o presbítero". Alguns especialistas, portanto, sugerem que este João não era o apóstolo, mas outro, cognominado

JOÃO, O APÓSTOLO

de "João, o presbítero". Desde os tempos primitivos da Igreja, entretanto, as pessoas concordam que o autor das epístolas é o apóstolo. Provavelmente 1 João foi escrita para uma audiência mista de judeus e gentios convertidos. Pode ser que, se ele viveu em Éfeso no final de sua vida, como os antigos escritores cristãos sugerem, então esta epístola teria circulado entre as igrejas daquela região. 1 João incentivava a comunhão e a alegria na igreja e buscava encorajar a congregação a ter segurança na fé. João, entretanto, também tratou do problema de certos ensinos falsos que surgiram entre os crentes. Dois temas-chave que são discutidos na epístola provavelmente indicam as duas áreas nas quais o falso ensino se baseava. João ensinou sobre quem é Jesus. Enfatizou que havia *visto* Cristo e testemunhado os eventos que são a base da mensagem do Evangelho (1 Jo 1.1-4). Afirmou que Jesus é o Filho de Deus (1 Jo 1.3; 2.22; 5.5, 11) e lembrou seus leitores de que Cristo é preexistente (vivia eternamente com Deus antes de vir à Terra, 1 Jo 2.13,14). João também ensinou que Jesus voltará, que Ele é justo e perfeito e que realmente manifestou-se em forma humana. Em segundo lugar, enfatizou a ética, ou seja, como os cristãos devem comportar-se, pois possuem um Senhor maravilhoso. Os cristãos devem viver com integridade (1 Jo 1.6 a 2.6,15-17; 3.4-10). Precisam amar uns aos outros como Cristo os amou (1 Jo 4.19; 2.7-11; etc.). As outras duas epístolas de João desenvolvem temas similares, com uma grande ênfase no amor fraterno, e apresentam a verdade como a única resposta adequada para os falsos mestres. 3 João provavelmente foi dirigida a uma disputa eclesiástica particular e, ainda assim, a ênfase é sobre a verdade (3 Jo 3,4,12); a falta de amor também é destacada (vv. 9,10).

O livro de Apocalipse

O livro de Apocalipse é um dos mais lindos da Bíblia; poucos também têm causado tanta polêmica, pois as pessoas lutam para entender as figuras utilizadas na maior parte de seus escritos. Este livro claramente foi redigido já perto do final da vida do apóstolo, durante um período de intensa perseguição; alguns especialistas sugerem o tempo em que os cristãos foram perseguidos pelo imperador Nero (54 a 68 d.C.). Outros acreditam que provavelmente foi escrito na época de Domiciano (81 a 96 d.C.). Não importa o quão difíceis sejam alguns conceitos e ensinamentos do livro, existe um claro sentimento, por todo o texto, de um pastor que escreve para um povo sofredor, por causa das muitas perseguições e da infiltração do falso ensino. A despeito das circunstâncias, João não demonstrava pessimismo com relação ao mundo. Para ele, a vitória já estava ganha no Cordeiro (Jesus) que foi morto como sacrifício pelos pecados e que já derrotou a Satanás (Ap 5). A vitória de Cristo na cruz agora atuava no mundo por intermédio da Igreja. Pode-se encontrar vitória até mesmo no martírio, desde que tal testemunho da verdade de Cristo (que tem autoridade e já se manifestou) demonstra a vitória de Deus (Ap 12.11). Parte do estilo do livro é chamado de apocalíptico, mas é importante perceber que ele foi escrito de maneira similar às profecias do Antigo Testamento. Existe uma autoridade no ensino de João que é distintamente profética e apostólica. O livro descreve a maldade de Satanás e suas forças e o poder que têm neste mundo, mas registra também a confiança que João tinha na soberania de Deus, a qual leva inexoravelmente para o grande dia da volta de Cristo, quando novo céu e nova terra serão estabelecidos e Satanás e o mal serão banidos para sempre. Naquele tempo a morte e o choro, o sofrimento e a dor desaparecerão e Deus estará no meio de seu povo (Ap 21.3,4).

JOÃO, O APÓSTOLO

O ensino de João

Só podemos resumir aqui alguns dos aspectos mais importantes do ensino de João. Sua reflexão, sob a direção do Espírito Santo, sobre quem é Jesus e o relacionamento do crente com este mundo, com Cristo e com o resto da Igreja cristã é ampla e detalhada.

Sobre Jesus

O primeiro capítulo do evangelho de João fala bastante do pensamento do escritor sobre Jesus. Ele reconhecia Cristo como Deus. João 1.14 resume bem o que o autor queria dizer: "O Verbo se fez carne, e habitou entre nós. Vimos a sua glória, a glória como do unigênito do Pai, cheio de graça e de verdade". Ao utilizar a figura do Tabernáculo no Antigo Testamento, na qual a glória de Deus era vista simbolicamente no meio do povo na forma da coluna de fogo e da nuvem, João diz que o Verbo (Jesus) veio e "armou seu tabernáculo" entre nós. Jesus tornou-se homem e, assim, foi possível ver nele a glória que pertencia unicamente a Deus (veja Êx 40.34; Nm 16.42; Jo 12.41; etc.). João ensina que Cristo leva as pessoas à adoração do Senhor, quando lhes revela a glória do Pai, mas esta majestade pertence também ao Filho (Jo 8.50-54; 11.4,40-42; 14.13; etc.). Jesus já possuía a glória do Pai antes de nascer e recebeu novamente a plenitude da majestade, quando subiu ao Céu e foi exaltado à direita de Deus (Jo 17.5, 24). João também ensina que, assim como Cristo honrou o Pai e tem sua própria glória, o Espírito viria e glorificaria o Filho (Jo 16.14).

Provavelmente a preexistência de Jesus é mais claramente ensinada nos escritos de João do que em qualquer outro lugar do Novo Testamento. Ele existia desde a eternidade e não simplesmente a partir do momento em que encarnou (Jo 1.1,4,14; 3.17; 17.5,24; 1 Jo 3.8; 4.9). Também esteve diretamente envolvido na própria criação, pois "todas as coisas foram feitas por meio dele... nele estava a vida" (Jo 1.3,4). Jesus "se manifestou" (1 Jo 1.2) e foi "enviado" por Deus Pai, com quem mantinha uma comunhão muito especial com o Senhor (Jo 8.42; 11.42; 1 Jo 4.14).

Esta condição de "Filho de Deus" também é um tema importante no evangelho de João, por meio do qual a comunhão entre o Pai e o Filho é demonstrada em destaque. Na verdade, o próprio objetivo do evangelho, segundo João (Jo 20.31), é "que creiais que Jesus é o Cristo, o filho de Deus, e para que, crendo, tenhais vida em seu nome". O autor afirma que o que Jesus disse destacava sua condição única de "Filho de Deus". Por meio da insistência de Cristo de que as palavras que proferia e as obras que realizava eram provenientes do Pai (Jo 14.10; etc.) e em sua oração (Jo 17) vemos repetidamente sua comunhão com o Pai e a importância deste relacionamento no nosso entendimento sobre quem Ele é. É João quem relata a ocasião em que Jesus voltou-se para Filipe e disse: "Há tanto tempo estou convosco e não me conheces, Filipe? Quem me vê, vê o Pai. Como dizes tu: Mostra-nos o Pai?" (Jo 14.9). Cristo prosseguiu: "Não crês tu que eu estou no Pai, e que o Pai está em mim? As palavras que eu vos digo, nas as digo por mim mesmo. Antes, é o Pai que está em mim quem faz as obras" (v. 10).

Era importante para João que seus leitores aceitassem a deidade de Jesus. A ênfase na autoridade de Cristo, como "Filho de Deus", no fato de ter sido "enviado" por Deus e ser o Messias (Jo 1.41; 4.29; 20.31; etc.), seu ensino em João 14 a 17 sobre sua comunhão preexistente com o Pai, tudo isso proporciona um acúmulo de evidências de que Jesus é Deus. Para João, este ensino é resumido em declarações como as que

JOÃO, O APÓSTOLO

são encontradas em João 1.14 e 20.31. O autor também chamou a atenção para as numerosas ocasiões em que Jesus fez declarações relativamente explícitas de que era Deus, as quais imediatamente fizeram com que os líderes religiosos o acusassem de blasfêmia. As mais importantes destas afirmações incluíam o uso da expressão "Eu sou" em certos contextos que o identificaram como *Yahweh*, o Deus "EU SOU" (veja Êx 3.14). Por exemplo, em João 8.58, lemos: "Respondeu Jesus: Em verdade, em verdade vos digo que antes que Abraão nascesse, eu sou!". Essa parece ser tanto uma declaração de preexistência como de divindade, pois assume o nome de Deus.

O ensino mais distinto de João sobre Jesus é a descrição dele como "o Verbo" (gr. *Logos*). Embora haja debate sobre o pano de fundo do qual o autor extraiu esta descrição de Cristo, alguns pontos podem ser estabelecidos. No cap.1, "o Verbo" estava com Deus, era Deus e criou todas as coisas. Em Gênesis 1 Deus falou e o mundo foi criado. No Salmo 33.6 diz que "pela palavra do Senhor foram feitos os céus". A palavra de Deus é ativa no AT. Quando o Senhor fala, algo acontece. Certamente este pano de fundo do Antigo Testamento está por trás de parte do que João ensinou, ao chamar Jesus de "o Verbo" (ou "a Palavra"). Talvez ele também pensasse num contraste entre Cristo e a Lei do AT, a qual é chamada de "a Palavra" de Deus. Esta comparação é feita em João 1.17, no final da seção na qual Jesus, "o Verbo", é apresentado. O interesse principal de João era que seus leitores conhecessem Jesus como a Palavra criadora e reveladora, que veio da glória no Céu, tornou-se completa e genuinamente humana e viveu neste mundo. O Deus verdadeiro, Criador e preexistente tornou-se homem, pôde sentir fome como qualquer outro ser humano e experimentou genuinamente o sofrimento. Este Jesus, tão glorioso em toda a sua verdade e perfeição, pôde ser visto, tocado e ouvido (1 Jo 1.1). Por meio da fé nele e somente nele, é possível, segundo o ensino de João, que todas as pessoas recebam o perdão dos pecados e a vida eterna. Jesus, o sacrifício pelos pecados, trouxe salvação e libertação, a fim de que ninguém "pereça" sob o juízo de Deus (Jo 3.16,17). Qual maior amor pode haver, pergunta João, do que este demonstrado por Deus, que enviou seu único Filho como "propiciação" pelos nossos pecados? (1 Jo 4.9,10).

Sobre o pecado e o mundo

Isso nos leva à visão de João sobre este mundo e o pecado. O termo "mundo" pode referir-se ao mundo geográfico ou a todas as pessoas do mundo; entretanto, é usada freqüentemente por João para descrever as pessoas que não reconhecem Jesus como o Filho de Deus e estão em rebelião contra Ele (Jo 1.10; 14.17; 1 Jo 2.15-17; Ap 12.9; etc.). Cristo "é a luz que resplandece nas trevas, e as trevas não prevaleceram sobre ela" (Jo 1.5). Satanás é descrito como "o príncipe deste mundo" (Jo 12.31), que está cheio de trangressão e um dia será julgado. Os falsos profetas são apenas um sinal da grande extensão do pecado (1 Jo 4.1-6). Jesus precisou vir para trazer salvação ao mundo que estava sob o juízo de Deus e João mostrou que de fato Cristo venceu (1 Jo 2.13; 5.4; Ap 17.14; etc.). Sua vitória sobre o pecado, sobre o mundo e sobre Satanás foi conquistada na cruz e será finalmente revelada em sua segunda vinda (Ap 21; etc.).

Sobre o Espírito Santo

João também escreveu bastante sobre o ensino de Jesus concernente ao Espírito Santo. A terceira pessoa da Trindade desceu sobre Cristo no momento em que Ele foi

JOÃO, O APÓSTOLO

batizado pelo Batista. Somente João, entre os escritores dos evangelhos, relaciona este batismo com o fato de que o próprio Jesus não batizará somente com água, mas com o Espírito Santo (Jo 1.31-34; veja Lc 3.16). Provavelmente João olhava tanto para o dia de Pentecostes como para a experiência no Cenáculo, após a ressurreição, quando Jesus surgiu entre os discípulos e disse: "Recebei o Espírito Santo. Aqueles aos quais perdoardes os pecados, são-lhes perdoados; aqueles aos quais não perdoardes, ser-lhes-ão retidos" (Jo 20.22; veja também 7.39).

Em João 3, o escritor fala sobre o encontro de Jesus com Nicodemos. A obra do Espírito Santo na salvação e na provisão da vida eterna é enfatizada, quando Cristo mostrou ao mestre de Israel que ele precisava "nascer de novo" e "nascer do Espírito". A completa liberdade que o Espírito Santo exercita nesta obra de regeneração também foi evidenciada (Jo 3.3,6,8).

O ensino mais interessante sobre o Espírito Santo nos escritos de João, e também o mais amplo, ocorre em João 14 a 16. Em cinco ocasiões o Espírito é chamado pelo termo grego "Paracleto" (o Consolador). Este vocábulo significa "aquele que fica ao lado", mas também inclui a idéia de um representante legal ou advogado que argumenta em favor de alguém. Em João 14.16,17 "o Espírito da verdade" é chamado de "outro Consolador". Ele viria para as pessoas quando o atual conselheiro, Jesus Cristo, fosse glorificado, ou seja, depois que retornasse ao céu. Sua presença permanente seria conhecida por todos os discípulos e pelos crentes e, assim, o próprio Jesus continuaria presente entre seu povo, por intermédio do Espírito. Além da obra do Espírito Santo como Deus presente entre seu povo, Ele também ensina sobre Jesus. Provavelmente, numa referência direta ao ministério apostólico de interpretar a vida, morte e ressurreição de Cristo para o mundo, Jesus disse aos discípulos: "Mas o Consolador, o Espírito Santo, que o Pai enviará em meu nome, vos ensinará todas as coisas e vos fará lembrar de tudo o que vos tenho dito" (Jo 14.26). Sem dúvida esta declaração teve uma importância particular para João, que mais tarde escreveu para muitos, em diversas ocasiões, a fim de explicar que Jesus era o caminho da salvação, também porque, durante a vida de Jesus, conforme já vimos antes, ele não compreendeu plenamente qual era a missão de Cristo.

João destacou, além disso, o ensino de Jesus de que o Espírito Santo daria poder aos crentes para serem testemunhas (Jo 15.26,27). Mais do que isso, entretanto, esses versículos destacam que, em tudo o que o Espírito Santo faz, Ele testifica sobre Jesus e o glorifica. Em João 16.5-11 a obra do Espírito é mais detalhada. Sua atuação trará convicção de pecado ao mundo e a advertência quanto ao julgamento de Deus e lembrará as pessoas da vitória de Cristo sobre Satanás. Novamente, a obra do Espírito é vista como uma continuação da do próprio Cristo; entretanto, também se desenvolverá a partir do que Jesus foi capaz de ensinar aos discípulos. O Espírito iria "guiá-los em toda a verdade" e também revelaria mais sobre a verdade sobre Jesus, para a glória de Cristo (Jo 16.12-15).

João ensinou que o Espírito Santo está intimamente envolvido na obra de evangelização. Convence as pessoas do pecado, opera dentro delas para que possam nascer de novo, revela a verdade de Cristo e permanecerá com os convertidos até a volta de Jesus. Sua obra revela Cristo para as pessoas e as leva até Ele.

Sobre a vida eterna

A vida eterna é um tema importante no evangelho de João. Enquanto Mateus, Marcos e Lucas ensinam sobre o reino de Deus (ou do céu), ele usa a expressão "vida eterna",

JOÃO BATISTA

a qual ocorre 22 vezes em seu evangelho e em 1 João. Para o apóstolo do amor, a vida eterna resume todas as bênçãos herdadas pelos que crêem e são salvos por Cristo. O conceito surge do ensino de que em Jesus há vida, que começa em João 1 (Jo 1.4; 5.21, 26; etc.). As pessoas podem permanecer nas trevas e sob o juízo ou podem crer em Jesus e no Pai e receber a vida eterna. Aquele que aceita a mensagem do Evangelho "passou da morte para a vida" (Jo 5.24; 8.12; 1 Jo 5.13). Quando os judeus pensaram que possuíam vida eterna por meio da obediência às Escrituras, Jesus demonstrou que a Palavra de Deus apontava para Ele próprio, em quem havia vida (Jo 5.39,40; 1 Jo 5.11, 20). Intimamente ligado a este ensino sobre a vida eterna está o fato de que Cristo morreu como um sacrifício em favor de outros. Ele renunciou à sua vida para que os que cressem pudessem viver eternamente (Jo 10.10-18, 28). Assim, a vida eterna é um dom de Deus recebido pelos que nascem de novo pelo Espírito (Ap 22.17).

Existem muitas bênçãos e alegrias presentes, relacionadas ao ensino de João sobre a vida eterna. Embora todas as satisfações aguardem a plena realização na volta de Cristo, de qualquer maneira a experiência presente da vida eterna é suficientemente real. O medo da morte e do juízo não mais permanece sobre o crente, pois o verdadeiro amor de Deus já opera em nós (Jo 3.16,17, 36). Há alegria em compartilhar a vida eterna com outros e em conhecer a Cristo, que é a vida (Jo 4.36; 5.24). Há a alegria de conhecer o Deus Pai e o Deus Filho (Jo 17.3, 6,7) e existe o grande conforto de receber a unção do Espírito Santo, que habita no crente (1 Jo 2.25-27).

Finalmente, o mais importante para João é que o propósito da vida eterna redundará na presença dos crentes num novo céu e numa nova terra, diante de Deus eternamente. A vida eterna, que começa agora por meio da obra do Espírito Santo nos corações, leva a este glorioso ápice, quando "eles serão o seu povo, e o próprio Deus estará com eles, e será o seu Deus" (Ap 21.3). Naquele último dia, embora sejam perseguidos no presente, os cristãos receberão "a coroa da vida" (Ap 2.10). Embora tão pressionados neste mundo, serão "vestidos de vestes brancas" e seus nomes jamais serão riscados do livro da vida (Ap 3.5, etc.).

Conclusão

O mais impressionante do ensino de João é o seu compromisso com Jesus. Seja durante o período da vida de Cristo, seja logo depois do Pentecostes, durante as perseguições, seja posteriormente, quando escreveu seu evangelho, suas epístolas e o Apocalipse, seu desejo mais premente era ver as pessoas crendo em Jesus e seguindo a Cristo por toda a vida. Desejava ver todos conhecendo ao Jesus que ele próprio conheceu, ouviu e tocou. Não é de estranhar que tanto o seu evangelho como o livro de Apocalipse terminem com um apelo à fé: "Estes, porém, foram escritos para que creiais que Jesus é o Cristo, o filho de Deus, e para que, crendo, tenhais vida em seu nome" (Jo 20.31). "O Espírito e a noiva dizem: Vem. Quem ouve, diga: Vem. Quem tem sede, venha; e quem quiser, tome de graça da água da vida" (Ap 22.17).   P.D.G.

JOÃO BATISTA

De acordo com o primeiro capítulo do evangelho de Lucas, o nascimento de João Batista — que aconteceu cerca de três meses antes do de Jesus — foi resultado da intervenção divina direta e assinalou um importante evento na história da redenção humana. Um sacerdote chamado Zacarias e sua esposa Isabel, a qual era estéril, vivi-

JOÃO BATISTA

am na região montanhosa ao sul de Jerusalém. Eram ambos bem idosos e tinham uma vida devotada aos mandamentos de Deus. Durante uma das semanas nas quais Zacarias ministrava em Jerusalém, recebeu o raro privilégio de oferecer incenso no Templo, um ato que simbolizava as orações do povo judeu.

Enquanto Zacarias cumpria sua tarefa, um anjo lhe apareceu e anunciou que suas orações haviam sido respondidas, pois Isabel teria um filho. O texto não diz explicitamente que o casal pedia um filho, embora seja razoável pensar que sim. Lucas, entretanto, menciona que o povo do lado de fora do Templo orava, e sabemos que um dos elementos mais importantes na oração do povo judeu era a esperança de que Deus lhes enviaria a salvação.

As palavras que o anjo proferiu a seguir deixaram claro que Deus estava prestes a atender a ambos os pedidos. Com efeito, seria mediante um filho dado a Zacarias e a Isabel que o estágio final do plano da salvação seria colocado em andamento. Quando o anjo explicou que o menino converteria o coração dos pais aos filhos e prepararia ao Senhor um povo bem disposto, indicou que, por meio do ministério de João, a última profecia do Antigo Testamento estava prestes a se cumprir (Ml 4).

Esta verdade foi reforçada pouco tempo depois do nascimento do menino, no momento de sua circuncisão. Zacarias, que não fora capaz de falar desde o momento em que recebera a visão (Lc 1.20), subitamente ficou liberto daquela aflição e, no poder do Espírito Santo, louvou a Deus por trazer a salvação ao seu povo. O Senhor se lembrara de sua aliança com Abraão e João iria adiante de Deus, a fim de dar ao seu povo "conhecimento da salvação, na remissão dos seus pecados" (Lc 1.67-79). O primeiro capítulo de Lucas termina dizendo que: João Batista "viveu nos desertos até o dia em que havia de mostrar-se a Israel" (v. 80).

O ministério de João Batista é descrito brevemente nos quatro evangelhos. A narrativa dos chamados sinóticos é bem similar, pois apresenta João como um pregador do arrependimento, que utilizou como lema as palavras de Isaías 40.3: "Voz do que clama no deserto: Preparai o caminho do Senhor; endireitai no ermo vereda a nosso Deus" (veja Mt 3.1-3; Mc 1.2-4; Lc 3.3-6). Por esta passagem ter desempenhado um importante papel na comunidade que preservou os rolos do mar Morto (isto é, em Qunrã, que ficava próximo ao local onde João ministrava), alguns teólogos especulam que João foi membro deste grupo, os chamados essênios.

É claro que não é possível provar ou descartar esta teoria, embora duvidemos de que João tenha tido qualquer familiaridade com este grupo. O que sabemos, entretanto, é que os pontos característicos de sua mensagem eram totalmente diferentes dos que foram encontrados entre os escritos da comunidade de Qunrã. O uso de Isaías 40.3 refletia a separação deles da nação de Israel, a qual consideravam apóstata. De fato, preparavam o caminho do Senhor mediante a rejeição da nação e a ida para o deserto, a fim de formar o que consideravam um novo Israel.

Em contraste — talvez numa oposição direta aos membros da comunidade de Qunrã — João utilizou Isaías 40.3 com um propósito evangelístico. Com certeza, ele falou severamente para aqueles cujo comportamento era repreensível e pensavam que nada precisavam temer, simplesmente porque eram descendentes de Abraão. Para tais pessoas, o ministério de João — simbolizado pela figura de um machado dirigido à raiz da árvore que está prestes a ser cortada — era um prenúncio de juízo (Mt 3.7-10; Lc 3.7-9). Ainda assim, mesmo para essas pessoas, ele pregou sobre arrependimento e a promessa de perdão e restauração.

A confissão dos pecados, feita pelo povo, bem como o arrependimento e o perdão eram ratificados pelo batismo. O uso do ritual da água era comum no judaísmo (in-

JOÃO BATISTA

clusive na comunidade de Qunrã). A limpeza das impurezas do pecado certamente era uma das idéias incluídas nesta cerimônia. Por meio das associações com o Dilúvio nos dias de Noé e a destruição dos egípcios no mar Vermelho, o batismo de João também tencionava lembrar ao povo que o pecado merece um castigo (cf. 1 Pe 3.20,21; veja também a conexão entre o batismo e o ritual sangrento da circuncisão em Cl 2.11-15, o qual destaca que o juízo foi recebido por Cristo).

O próprio João Batista entendeu e deixou claro que sua pregação e seu batismo tinham como objetivo preparar o caminho para o Senhor: "Eu vos batizo com água, para arrependimento. Mas após mim vem aquele que é mais poderoso do que eu, cujas sandálias não sou digno de levar. Ele vos batizará com o Espírito Santo e com fogo" (Mt 3.11; cf. Mc 1.7,8; Lc 3.16). Cristo, aquele que foi chamado para carregar sobre si os sofrimentos do povo, submeteu-se ao batismo de João, quando uma voz do céu e a descida do Espírito Santo deixaram claro que Jesus era aquele para quem o caminho era preparado (Mt 3.13-17; Mc 1.9-11; Lc 3.21,22).

João Batista anunciou o advento do Messias, enfatizado especialmente pelo evangelista João (veja especialmente Jo 1.19-34). Quando foi questionado sobre se ele mesmo era o Messias, negou veementemente; pelo contrário, apontou Jesus para as pessoas, a quem descreveu como "o Cordeiro de Deus, que tira o pecado do mundo" (v. 29). Mais tarde, no mesmo evangelho, menciona a seguinte frase sobre Cristo: "É necessário que ele cresça, e que eu diminua" (Jo 3.30). Em outras palavras, a aparição pública do Senhor, para quem havia preparado o caminho, marcava o estágio final do ministério de João. Este ponto deve ser bem enfatizado. O período de serviço do Batista é bem curto, e este fato nos ajuda a entender o significado teológico de seu ministério (como o texto a seguir indica).

Logo depois do batismo de Jesus, João foi preso por ter repreendido Herodes Antipas, governador da Judéia e Peréia (Mt 4.12; Mc 1.14; Lc 3.19,20). Algum tempo depois, as notícias sobre o progresso no ministério de Jesus chegaram a João, o qual enviou dois de seus discípulos a Cristo, com a seguinte pergunta: "És tu aquele que havia de vir, ou devemos esperar outro?" (Mt 11.3; Lc 7.18,19). Alguns leitores querem complicar demais a aparente dúvida que João Batista expressou com relação a Jesus. Estava desanimado ou atravessava algum tipo de crise espiritual? O texto nada diz a respeito, mas uma explicação razoável seria que João havia esperado um Messias que pegasse o machado, o qual já estava posto na raiz da árvore, e trouxesse o juízo sobre os perversos. Desde que Jesus nada fazia quanto a isso, João precisava de uma garantia, ou pelo menos um esclarecimento sobre o papel do Messias.

A resposta de Jesus, com efeito, demonstrou como as obras do Messias eram realizadas, conforme foram preditas em Isaías 61.1 (Mt 11.4-6; Lc 7.21-23). O que nos interessa aqui, entretanto, é a seqüência do incidente, pois Cristo aproveitou a oportunidade para falar sobre o significado do trabalho de João Batista (Mt 11.7-19; Lc 7.24-35). Por meio de uma série de questões retóricas, Jesus demonstrou que João não era um homem delicado ou que pudesse ser intimidado com facilidade, nem era do tipo que estava interessado em cair nas boas graças dos poderosos. Pelo contrário. João era um profeta — de fato, seu ministério tinha um significado muito maior do que o dos demais profetas, pois era o "Elias" que fora prometido em Malaquias 3.1, o mensageiro que prepararia o caminho do Senhor.

Foi neste contexto que Jesus fez o comentário memorável: "Em verdade vos digo que, entre os que de mulher têm nascido, não apareceu alguém maior do que João Batista; contudo, o menor no reino dos céus é maior do que ele" (Mt 11.11; Lc 7.28, onde diz "no reino de Deus"). Naturalmente Cristo não estava insinuando que João

364

JOÃO

Batista não entraria no céu. O ponto era que ele, que anunciara o advento do Reino, não teve a oportunidade de experimentá-lo, porque pertencia a uma era anterior. Por outro lado, os que receberam as boas novas do Messias e dessa forma tornaram-se participantes, pela fé, das bênçãos trazidas por Cristo, pertencem a uma nova e diferente dispensação.

Mateus nos ajuda a entender que as palavras de Jesus têm um significado "escatológico" (quer dizer, referem-se ao cumprimento das promessas do Antigo Testamento na pessoa do Messias, no final dos tempos), quando registra outra declaração: "Desde os dias de João Batista até agora, faz-se violência ao reino dos céus, e pela força apoderam-se dele. Pois todos os profetas e a lei profetizaram até João" (Mt 11.12,13; Lucas registra o mesmo conteúdo básico, mas de uma forma diferente: "A lei e os profetas duraram até João. Desde então é anunciado o reino de Deus, e todo homem emprega força para entrar nele": Lc 16.16).

Embora seja uma declaração muito difícil, e os teólogos não concordem quanto a alguns detalhes importantes, a idéia central é suficientemente clara. João Batista ocupa uma posição única na história da redenção humana. É o último dos profetas do Antigo Testamento e como tal pavimenta o caminho para uma nova dispensação, ou seja, o tempo do cumprimento do Reino. Portanto, não devemos ficar surpresos se o ministério de Jesus parece bem diferente do de João Batista (Mt 11.18,19).

Em outro contexto, perguntaram a Jesus por que seus discípulos não jejuavam, embora os seguidores de João (e dos fariseus) o fizessem. A resposta de Cristo incluiu uma comparação interessante: "Ninguém põe remendo de pano novo em vestido velho, pois semelhante remendo rompe o vestido, e faz-se maior a rotura. Nem se põe vinho novo em odres velhos. Do contrário, rompem-se os odres, entorna-se o vinho e os odres se estragam. Mas põe-se vinho novo em odres novos, e ambos se conservam" (Mt 9.16,17; Mc 2.21,22; Lc 5.36-39). Novamente, nestes textos, Jesus deixa claro que, em comparação com a obra de João Batista, sua obra distinguia-se pela sua novidade.

Seria um grande erro rejeitar o ministério de Jesus com base no fato de que era diferente do de João Batista. Afinal, João não era a verdadeira luz, mas apenas uma testemunha dela (Jo 1.8). Por outro lado, não podemos diminuir o significado de seu ministério profético. Não é de surpreender que a influência de João tenha-se estendido além do tempo de sua morte (sua infame decapitação, para atender ao pedido de Salomé, é relatada em Mateus 14.3-12; Mc 6.14-29). Esta influência não se limitou apenas à Palestina. De acordo com Atos 19.1-7, havia em Éfeso, por volta do ano 50 d.C., um grupo de 12 homens que se consideravam discípulos de João Batista. Quando receberam, por meio do apóstolo Paulo, a instrução apropriada sobre o ministério distinto de Cristo, foram batizados em nome de Jesus e receberam o Espírito Santo. Aquele incidente marcou, de maneira dramática, o cumprimento do desejo de João: "É necessário que ele cresça, e que eu diminua" (Jo 3.30). M.S.

JOÃO. 1. Veja *João, o apóstolo*.

2. Veja *João Batista*.

3. Pai de Simão Pedro e de André (chamado de Jonas em algumas traduções: Mt 16.17). Era um pescador que vivia na região da Galiléia. É interessante notar que as três ocasiões registradas nos evangelhos em que Jesus chamou Pedro pelo nome completo, "Simão filho de João (ou Jonas)", foram momentos que marcaram pontos cruciais na vida desse apóstolo. Na primeira ocasião, André apresentou seu irmão Simão ao "Messias", Jesus. Cristo olhou para Simão e anunciou profeticamente: "Tu és Simão, filho de João. Tu serás chamado Cefas [que quer dizer

JOÃO MARCOS

Pedro]" (Jo 1.42). Daquele momento em diante, Simão Pedro passou a seguir a Cristo. Na segunda ocasião em que o nome inteiro dele foi usado, ele havia acabado de responder uma pergunta de Jesus, dizendo: "Tu és o Cristo, o Filho do Deus vivo" (Mt 16.16). O significado desta identificação de Jesus como o Cristo era tão grande que Jesus disse: "Bem-aventurado és tu, Simão Barjonas, pois não foi carne e sangue quem to revelou, mas meu Pai que está nos céus" (Mt 16.17). A última ocasião foi depois da ressurreição, quando Cristo testou o amor de Pedro por Ele e o comissionou com as palavras: "Simão, filho de João,. . . Apascenta os meus cordeiros" (Jo 21.15-17).

4. João, um parente do sumo sacerdote Anás; é mencionado apenas em Atos 4.6. Era um dos anciãos e líderes diante dos quais os apóstolos Pedro e João foram levados para serem interrogados. A pregação deles começava a aborrecer profundamente os líderes e por isso tentaram silenciá-los. Os apóstolos disseram que eram obrigados a obedecer a Deus e não aos homens (v. 19). Finalmente, sentindo o peso da opinião pública, os anciãos decidiram libertar os dois. P.D.G.

JOÃO MARCOS. Veja Marcos, João.

JOAQUIM (Heb. "o Senhor sustenta"). Joaquim, também conhecido como Jeconias (1 Cr 3.16) ou Conias (Jr 22.24, apenas em algumas versões), era filho de Jeoiaquim e neto de Josias (2 Rs 24.6; cf. 23.34; 1 Cr 3.15,16), ambos reis de Judá. Joaquim sucedeu seu perverso pai no trono de Davi em 597 a.C., com a idade de 18 anos, e governou apenas três meses (2 Rs 24.8). Também foi mau e, por causa de seu pecado e da transgressão do povo, foi capturado pelos caldeus e levado cativo para Babilônia, como prisioneiro de guerra. De 597 até 560 a.C., permaneceu em prisão domiciliar. Quando, porém, Evil-Merodaque começou a reinar sobre a Babilônia, Joaquim foi colocado em liberdade, recebendo uma generosa pensão do rei e até mesmo uma certa autoridade (2 Rs 25.27-30; cf. Jr 52.31-34). Depois disso não se sabe qual foi seu destino, embora seja provável que tenha morrido na Babilônia.

O que se sabe com certeza é que, embora Joaquim tivesse filhos (1 Cr 3.17), nenhum deles o sucedeu no trono. Assim, ele foi considerado "sem herdeiros", no sentido de que o reino de Davi não passou por ele, mas, ao que parece, por um de seus irmãos (Jr 22.24-30). Comparações entre várias genealogias bíblicas (1 Cr 3.16-19; Ed 3.2; Mt 1.12; Lc 3.27) sugerem que Sealtiel provavelmente era um filho adotivo de Joaquim, de modo que o sucessor davídico Zorobabel, filho de Sealtiel, não seria um descendente físico de Joaquim, mas descendente de outro ancestral da linhagem real.

A rejeição de Joaquim pelo Senhor não interrompeu a linhagem messiânica entre Davi e Jesus Cristo, pois a linha apenas desviou-se dele, embora continuasse ininterrupta. Desta maneira, é possível demonstrar o princípio teológico de que os propósitos de Deus são estabelecidos, embora os meios humanos para alcançá-los ocasionalmente sejam colocados de lado. E.M.

JOÁS (Heb. "o Senhor tem dado").
1. Filho de Bequer e neto de Benjamim (1 Cr 7.8).
2. Mencionado em 1 Crônicas 4.22, como líder na tribo de Judá. Junto com outros, é listado como membro do grupo de oleiros que viviam em Moabe.
3. O abiezrita. Um anjo apareceu a Gideão, seu filho, quando este trabalhava no lagar, perto do "carvalho que está em Ofra" (Jz 6.11). Ali, o referido jovem foi desafiado a liderar os israelitas na vitória contra os midianitas. Joás interviu a favor do filho, quando Gideão destruiu um altar dedicado a Baal. Obviamente ele era um homem que permanecera fiel ao Senhor e ficou atônito, quando presen-

JOÁS

ciou os homens de Belial no propósito de matar seu filho, por desejar obedecer a *Yahweh* (vv. 20-31). A fé demonstrada em sua resposta à multidão hostil é impressionante: "Contendereis vós por Baal? Livrá-lo-eis vós? Qualquer que por ele contender, ainda esta manhã será morto. Se é deus, por si mesmo contenda quando alguém lhe derrube o seu altar" (v. 31). Gideão prosseguiu em sua missão, até que finalmente tornou-se um dos maiores juízes de Israel.

4. Arqueiro hábil e ambidestro, da tribo de Benjamim; filho de Semaá. Primeiro lutou no exército de Saul e depois uniu-se a Davi em Ziclague (1 Cr 12.3).

5. Um dos superintendentes durante o reinado de Davi. Era responsável pelos depósitos de azeite (1 Cr 27.28).

6. Rei de Judá, tinha sete anos de idade quando chegou ao trono, em 835 a.C. Era filho do rei Acazias e sua mãe chamava-se Zibia (2 Rs 11.2; 12.1). Quando seu pai foi morto por Jeú, Atalia, sua avó, usurpou o poder. Mandou matar todos os descendentes da família real; Jeoseba, porém, tia do garoto, o escondeu no Templo, onde seu marido Jeoiada era o sumo sacerdote. Naquele local, o menino foi bem criado e conheceu a Lei do Senhor, até que Jeoiada decidiu que já tinha idade suficiente para ser apresentado ao povo e assumir o trono, com o apoio de alguns oficiais do exército (2 Cr 24.1-3).

"Então Jeoiada fez aliança entre o Senhor e o rei e o povo, que seriam o povo do Senhor. Fez também aliança entre o rei e o povo" (2 Rs 11.17). Os judeus então derrubaram o templo dedicado a Baal. Enquanto Joás crescia e governava a nação, o escritor dos livros de Reis comenta: "Fez Joás o que era reto aos olhos do Senhor todos os dias em que o sacerdote Jeoiada o dirigia" (2 Rs 12.2). Durante o tempo em que foi influenciado pelo sumo sacerdote, Joás ordenou que o Templo fosse reformado. Decidiu estabelecer um imposto para este propósito, como Moisés fizera no deserto (2 Cr 24.9), mas os levitas não implementaram o projeto imediatamente (2 Rs 12.7; 2 Cr 24.4-6). Posteriormente, muito dinheiro e diversos tesouros foram doados pelo povo e o Templo foi totalmente reformado e remobiliado. Enquanto Jeoiada viveu, os sacrifícios foram oferecidos regularmente no Templo do Senhor (2 Cr 24.13-16).

Durante esse período Joás casou-se com duas mulheres e teve vários filhos (2 Cr 24.3). Lamentavelmente, assim que o fiel sacerdote Jeoiada morreu, o rei foi influenciado por outros líderes e não pelos sacerdotes e, como seus antecessores, envolveu-se com os cultos pagãos (2 Cr 24.17,18). O Senhor enviou profetas para adverti-lo sobre os perigos de seus atos, mas ele não deu atenção. Um desses mensageiros foi Zacarias, filho do sacerdote Jeoiada. O Espírito do Senhor desceu sobre ele, o qual falou aos judeus, a fim de advertir que o povo e o rei desobedeciam aos mandamentos de Deus. Por isso, o Senhor os abandonaria, (2 Cr 24.20). Ao invés de se arrependerem, apedrejaram Zacarias até a morte, no próprio átrio do Templo; o rei Joás foi responsabilizado ele mesmo por esta ação (vv. 21,22). Conforme registra o escritor de Crônicas: "Porque Judá havia deixado o Senhor, Deus de seu pais. Assim executaram os sírios os juízos de Deus contra Joás" (2 Cr 24.24). Dentro de um ano os sírios invadiram Judá. Durante algum tempo o rei manteve-se fora de um conflito direto, pois enviou diversos presentes ao rei da Síria (2 Rs 12.17,18), mas finalmente foi morto por um grupo de oficiais de Jerusalém, depois que muitos tesouros foram mandados para Damasco. Os oficiais o mataram porque havia ordenado a morte do profeta Zacarias (2 Cr 24).

Talvez mais do que com qualquer outro rei, a influência de um sacerdote fiel ao Senhor sobre a nação e seus governantes foi revelada nos primeiros anos do reinado de Joás. Jeoiada cumpriu tudo o que Deus esperava dele como sumo sacerdote. Instruiu fielmente o jo-

JOBABE

vem rei nos caminhos do Senhor e liderou a nação, dos bastidores, numa adoração fiel a Deus. Esta deveria ser a função contínua dos sacerdotes; mas, assim como os reis, eram falíveis e, após a morte de Jeoiada, parece que não havia ninguém que o substituísse, em termos de influência espiritual na corte real. Joás era facilmente influenciável. Talvez fosse demasiadamente dependente de Jeoiada, e foi colocado no trono ainda muito criança. Ou talvez sua fé nunca tenha sido baseada num compromisso pessoal com o Senhor. Sem um rei ou um sacerdote fiel, o juízo de Deus sobre a nação veio rapidamente. As últimas palavras de Zacarias, antes de morrer, "O Senhor o verá, e o requererá" (2 Cr 24.22) foram proféticas e se cumpriram logo depois. Após um reinado de 40 anos, Joás morreu de forma ignominiosa em 796 a.C.

7. Em algumas versões da Bíblia o 12º rei de Israel (Jeoás) é também chamado de Joás. Para mais detalhes, veja *Jeoás*.

8. Filho do rei Acabe, de Israel; foi o responsável pelo local onde o profeta Micaías ficou preso (1 Rs 22.26; 2 Cr 18.25).   P.D.G.

JOBABE. 1. Descendente de Sem e filho de Joctã (Gn 10.29; 1 Cr 1.23). Muitos semitas tornaram-se líderes de clãs na Arábia.

2. Filho de Zerá, o qual vivia em Bozra, tornou-se rei de Edom, no lugar de Belá (Gn 36.33,34; 1 Cr 1.44,45). Viveu e reinou num período anterior à monarquia em Israel (Gn 36.31).

3. Um dos reis do norte de Canaã, derrotado por Josué quando os israelitas invadiram a terra (Js 11.1). Reinava na cidade de Madom e juntou-se à coalizão de monarcas cananeus, liderados por Jabim, rei de Hazor. O Senhor prometeu a Josué uma grande vitória, a qual realmente foi conquistada em combate; todos os cananeus envolvidos foram mortos (vv. 6-15).

4. Filho de Saarim e de sua esposa Hodes, da tribo de Benjamim, era líder de uma família. Nasceu em Moabe e é listado na genealogia que leva ao rei Saul (1 Cr 8.9,10).

5. Mencionado em 1 Crônicas 8.18, era filho de Etpaal e líder benjamita. Vivia em Jerusalém e surge na genealogia de Benjamim que leva ao rei Saul (1 Cr 8.18, 28).   P.D.G.

JOCSÃ. Um dos filhos de Abraão com sua esposa Quetura (Gn 25.2,3). Mencionado numa lista dos descendentes de Abraão que aparece como elo, na narrativa de Gênesis 24 e 25, entre a morte de Sara e a de Abraão (veja 1 Cr 1.32). Seus filhos foram Sabá e Dedã.

JOCTÃ. Filho de Éber, descendente de Sem. Pai de 13 filhos, cujos nomes foram dados a vários clãs que habitaram "nas montanhas do oriente" (Gn 10.25,26,29; 1 Cr 1.19,20,23). Posteriormente, esses grupos tornaram-se tribos árabes.

JODÁ. Um dos ancestrais de Jesus, mencionado na genealogia que vai de Adão até Jesus. Ao que parece, era bisneto de Zorobabel, embora não seja citado no Antigo Testamento (Lc 3.26).

JODAI (Heb. "o Senhor guia"). Descendente de Calebe, da tribo de Judá, mencionado em 1 Crônicas 2.47.

JOEDE (Heb. "o Senhor é testemunha"). Da tribo de Benjamim, pai de Mesulão. Mencionado em Neemias 11.7, como ancestral de um grupo de judeus que se estabeleceu em Jerusalém depois do exílio na Babilônia.

JOEL. 1. Além de sua identificação como "filho de Petuel" (Jl 1.1), nada mais se sabe sobre este profeta, nem mesmo sua genealogia. Diferente da maior parte dos outros homens de Deus, ele não vincula seu ministério ao governo de nenhum rei; só se faz algum julgamento sobre sua proveniência com base em evi-

368

dências internas e muito subjetivas. Portanto, alguns teólogos consideram Joel como um dos profetas mais antigos; uns dizem que ele viveu antes de 800 a.C., embora outros apontem algumas provas de que surgiu após o exílio na Babilônia. Felizmente, a data afeta muito pouco os grandes assuntos abordados por Joel.

Se a data é incerta, a audiência primária não é: Joel dirige sua mensagem a Judá, o reino do Sul, conforme registram muitas referências (Jl 1.14; 2.1,15,23,32; 3.1,2,6,14-17, 19-21). É provável, portanto, que ele seja natural de Judá, independentemente da época em que ministrou.

Sua mensagem é dura, de ira e juízo iminentes, o que constantemente descreve como "o dia do Senhor" (Jl 1.15; 2.1,11,31; 3.14). Este termo, encontrado também em outros livros proféticos, embora bem mais raramente (Is 13.6, 9; Ez 30.3; Am 5.18, 20; Ob 15; Sf 1.7, 14; Zc 14.1), refere-se particularmente à guerra, como atestam as ocorrências do mesmo nome em outros idiomas do Antigo Oriente Médio. Quando o Senhor se manifestar "naquele dia", virá como guerreiro e juiz, para derrubar os governos da Terra e estabelecer seu próprio reino. Isto sugere que "o dia do Senhor" tem também um aspecto brilhante, pois a derrota do mal torna possível o triunfo da justiça. Portanto, será também um dia de renovação e alegria, pois o Espírito de Deus se manifestará abundantemente sobre todos os seus remidos (Jl 2.28-32); a Terra também se tornará luxuriante e produtiva (2.21-25) e o povo estará bem alimentado (v. 26). Ironicamente, o dia, que é caracterizado pela guerra e pelo derramamento de sangue (Jl 2.3-11; 3.1-3, 12,13), levará a um período de paz sem precedentes na história da humanidade (Jl 3.9-11,17-21).

O "dia do Senhor" mencionado por Joel foi interpretado por Pedro como o cumprimento em parte do que aconteceu no dia de Pentecostes, em Jerusalém, quando os discípulos de Jesus foram cheios do Espírito Santo (At 2.17-21; cf. Jl 2.28-32).

Por outro lado, o Novo Testamento usa o sentido mais comum do Antigo Testamento, de ira e juízo (Ap 9.2-9; cf. Jl 2.2-10; Ap 14.15; 18.20; 19.15; cf. Jl 3.13).

2. Um dos dois filhos do profeta Samuel mencionados pelo nome; serviram como juízes, mas eram corruptos e não contavam com o apoio e a simpatia do povo (1 Sm 8.2-5; 1 Cr 6.28, 33; 15.17). É lamentável que neste aspecto Samuel tenha seguido pelo menos parcialmente o exemplo de Eli, pois não controlou seus filhos (veja *Hofni* e *Finéias*). A desobediência de Joel e a maneira como perverteu a justiça foram as causas de os "anciãos" de Israel se precipitarem e exigirem que Samuel lhes constituísse um rei.

3. Líder de um dos clãs da tribo de Simeão, tomou parte nas campanhas militares nos dias do rei Ezequias (1 Cr 4.35, 41).

4. Descendente de Rúben, conhecido apenas como o pai de Semaías (1 Cr 5.4), ou Sema (v. 8).

5. Um dos líderes da tribo de Gade; provavelmente viveu no século IX a.C. (1 Cr 5.12, 17),

6. Ancestral de Hemã, do clã dos coatitas, da tribo de Levi, listado entre os músicos do Templo. Identificado somente como pai de um certo Elcana (1 Cr 6.36; cf. v.33).

7. Descendente de Issacar, através de Tola e Uzi; era líder de uma família (1 Cr 7.2,3).

8. Um dos chamados "guerreiros valentes" do rei Davi; era irmão de um certo Natã (1 Cr 11.38).

9. Líder de um clã dos descendentes de Gérson, da tribo de Levi, no tempo do rei Davi. Foi indicado para ajudar a levar a Arca da Aliança para Jerusalém (1 Cr 15.7, 11,12; cf. 23.8; 26.22); não deve ser confundido com o levita Joel mencionado em 1 Crônicas 6.36 (item 6).

10. Oficial do exército de Davi, comandante das tropas da meia tribo de Manassés; descrito apenas como filho de Pedaías (1 Cr 27.20).

JOELA

11. Levita do clã dos coatitas, filho de Azarias, fez parte do grupo incumbido de purificar o Templo, no reinado de Ezequias (2 Cr 29.12).

12. Descendente de Nebo, foi um dos judeus que se casaram com mulheres estrangeiras, após o exílio, e foram forçados por Esdras a se separar delas (Ed 10.43).

13. Líder de uma província, na época de Neemias, responsável por um grupo de 928 pessoas da tribo de Benjamim, após o retorno do exílio na Babilônia (Ne 11.9).   E.M.

JOELA. Um dos guerreiros da tribo de Benjamim que desertaram do exército do rei Saul e se uniram a Davi, em Ziclague. Eram ambidestros no uso do arco e da funda. Joela foi um "homem valente", contado entre os famosos "trinta heróis" de Davi, os quais eram guerreiros poderosos (1 Cr 12.7).

JOEZER. Um dos guerreiros da tribo de Benjamim que desertaram do exército do rei Saul e se uniram a Davi, em Ziclague. Eram ambidestros no uso do arco e da funda. Joezer foi um "homem valente", contado entre os famosos "trinta heróis" de Davi, os quais eram guerreiros poderosos (1 Cr 12.6).

JOGLI. Pai de Buqui, mencionado em Números 34.22, líder da tribo de Dã e escolhido por Deus para ajudar Moisés a distribuir a terra de Canaã entre as tribos de Israel.

JOIADA (Heb. "o Senhor sabe").
1. Filho de Paseá, foi um dos judeus que retornaram do exílio na Babilônia e ajudaram a reconstruir os muros de Jerusalém. Com outros companheiros, reparou a Porta Velha (Ne 3.6).
2. Filho de Eliasibe e pai de Jônatas. Eliasibe foi um dos sumos sacerdotes nos dias de Neemias. Neemias foi obrigado a afastar um dos filhos de Joiada de perto de si, por ele ser este era genro de Sambalate (Ne 12.10,11,22; 13.28).

JOIAQUIM (Heb. "o Senhor eleva"). Tornou-se sumo sacerdote depois da reconstrução do Templo, no período após o exílio na Babilônia. Era o pai do sumo sacerdote Eliasibe e filho de Jesua (Ne 12.10,12,26).

JOIARIBE (Heb. "o Senhor contende").
1. Líder entre seu povo e homem sábio, foi um dos judeus que retornaram para Jerusalém com Esdras, depois do exílio na Babilônia. Ajudou Esdras a encontrar levitas capacitados para acompanhá-los de volta a Judá (Ed 8.16).
2. Pai de Adaías e filho de Zacarias, era descendente de Perez, da tribo de Judá. Seus familiares se estabeleceram em Jerusalém depois do retorno do exílio na Babilônia (Ne 11.5).
3. Pai de Jedaías, este Joiaribe era um sacerdote, cujo filho também retornou para Jerusalém depois do exílio na Babilônia (Ne 11.10; 12.6).

JONADABE (Heb. "o Senhor é generoso").
1. Filho de Siméa e sobrinho de Davi. "Era... homem muito sagaz" (2 Sm 13.3, 5). Ajudou Amnom a convencer Tamar a ir ao seu quarto, onde a estuprou. Tempos mais tarde, quando Absalão assassinou o irmão, o rei Davi pensou logo no pior. Jonadabe, entretanto, assegurou ao rei que só um fora morto e não "todos os príncipes" (vv. 32,35).
2. Filho de Recabe, era líder do clã dos recabitas. Mencionado em Jeremias 35.6,8,10 etc. Apoiou Jeú em sua luta contra Acabe. Ao demonstrar grande zelo pelo Senhor, ambos mataram todos os profetas de Baal (2 Rs 10.15,16,23-28) e fizeram muito em prol da verdadeira adoração em Israel. Para mais detalhes sobre seus descendentes, o estilo de vida rígido que levavam e o respeito que tinham pela Lei, veja *Recabe,* item 3. Por causa do compromisso dos descendentes de Jonadabe com uma vida piedosa e do exemplo que deram para Judá, Jeremias transmitiu a eles uma palavra do Senhor:

"Nunca faltará homem a Jonadabe, filho de Recabe, que assista perante a minha face todos os dias" (Jr 35.19).   P.D.G.

JONÁ. Mencionado na genealogia que vai de Jesus até Adão, como pai de José e filho de Eliaquim (Lc 3.30).

JONAS, O PROFETA

Com o significado de "pomba", no hebraico, o nome de Jonas parece ser singularmente irônico, por um lado, à luz da teimosia e do espírito recalcitrante do profeta, e, por outro, a dureza de sua mensagem para os habitantes de Nínive. O nome pode refletir o desejo dos pais para que fosse uma criança dócil e pacífica, ou talvez seja um epíteto aplicado a ele mais tarde, devido ao seu chamado para levar a mensagem do Senhor a uma terra distante.

Identificado como "filho de Amitai" (Jn 1.1), Jonas era natural da pequena vila de Gate-Hefer (2 Rs 14.25) no distrito da tribo de Zebulom (Js 19.13), alguns quilômetros ao norte da região da Galiléia; a área era conhecida desde os tempos anteriores ao cristianismo, por sua grande população de diversas nações (Is 9.1). Talvez esta seja uma das razões pelas quais Deus o chamou para ministrar na cidade pagã de Nínive, pois se houvesse um profeta qualificado para tal tarefa, seria um já familiarizado com o pensamento e os costumes estrangeiros.

Embora geralmente se pense que o ministério de Jonas em Nínive foi um fracasso, pelo menos em termos da maneira como respondeu ao chamado e foi moldado por ele, é importante notar que o profeta foi um instrumento importante no processo de expansão das fronteiras de Israel nos dias do rei Jeroboão II (793 a 753 a.C.), um fato mencionado em 2 Reis 14.25. Ao que parece, foi por meio de suas palavras de incentivo que Jeroboão recuperou os territórios perdidos anteriormente para os sírios (cf 2 Rs 10.32,33) e trouxe de volta um pouco da glória dos dias dos reis Davi e Salomão (cf. 1 Rs 8.65).

A relação de Jonas com Jeroboão II proporciona no mínimo uma estrutura cronológica geral para o seu ministério. A abrangência se limita um pouco quando as datas da regência única de Jeroboão (782 a 753 a.C.) são consideradas. Uma data mais ou menos no meio de seu governo seria 768 a.C., compatível com a situação descrita no livro de Jonas e em documentos do Antigo Oriente Médio. Mais especificamente, a narrativa fala da resposta favorável que o povo de Nínive deu à mensagem do profeta, a qual se manifestou na forma de um arrependimento total, desde o rei até o cidadão mais humilde (Jn 3.5-9). Independentemente da natureza do arrependimento — se era genuíno ou apenas superficial — ou de seus efeitos a longo prazo, ele claramente seguiu algum tipo de predição anterior e refletiu de alguma maneira nos acontecimentos da época.

De todos os documentos relevantes daquele período (isto é, de 782 a 753 a.C.), as Listas Assírias são os mais esclarecedores no que concerne a este assunto. Esses textos consistem em listas de todos os anos do Império Neo-Assírio, de 892 a 648 a.C., as quais mencionam o oficial cujo nome é dado ao ano e geralmente cita algum evento significativo. É interessante observar que a Assíria foi abalada por revoltas e pragas em cada ano, de 763 a 758 a.C. Este período foi durante o reinado do rei Assur-dã III (773 a 756 a.C.), um tempo de tamanha instabilidade que dificilmente algum documento seria preservado para atestar qualquer sucesso. É tentador, portanto, visualizar o ministério de Jonas contra este pano de fundo sócio-político.

JONAS

Independentemente das evidências históricas, costuma-se dizer que o relato de Jonas e a existência do próprio profeta são fictícios. Na melhor das hipóteses, alguns teólogos argumentam, o livro é uma alegoria ou uma parábola destinada a ensinar algumas lições, talvez que o Deus de Israel é o Senhor de todos os povos, ou que Israel, como Jonas, fora engolido pelas nações e depois foi regurgitado como uma nação mais quebrantada e disposta a servir ao Senhor. Este não parece ser o ponto de vista do próprio livro, pois além da falta de qualquer pista mais concreta que confirme esta visão, o Novo Testamento deixa claro que Jesus entendeu ser este livro historicamente verídico. Ao falar antecipadamente sobre sua morte e ressurreição, Cristo disse: "Pois como Jonas esteve três dias e três noites no ventre do grande peixe, assim estará o Filho do homem três dias e três noites no seio da terra" (Mt 12.40). Também referiu-se à atitude dos ninivitas como um incentivo ao arrependimento do povo de sua própria época (v. 41) e, de maneira mais notável, mencionou o próprio Jonas como um sinal para Nínive (Mt 12.39; cf. Lc 11.30). Tudo isto sugere que a tradição do Novo Testamento pelo menos considerava esta narrativa historicamente verídica.

Jonas, como um "sinal", pode implicar mais do que meramente a natureza sobrenatural da sua salvação do mar e, finalmente, sua chegada à praia. Pode refletir também antigas lendas assírias, como a fundação da cidade de Nínive por Oannes, a forma grega para o nome acadiano Ea. Ele é descrito em textos antigos como metade homem e metade peixe; de fato, o sinal cuneiforme para o nome Nínive (Ninua ou Nina, em assírio) consiste numa combinação de dois sinais: KU ("peixe") e ES ("casa" ou "lugar"). Isto daria a "Nínive" um significado como "lugar do peixe" ou algo semelhante. É claro que a conexão de Jonas com um grande peixe não passaria despercebida pelos moradores de Nínive que conheciam as lendas concernentes à fundação da cidade. De qualquer maneira, Jesus mencionou Jonas como um sinal para a conversão de Nínive e então disse aos seus críticos que não teriam um sinal diferente daquele, ou seja, sua própria morte, sepultamento e ressurreição. Lamentavelmente, porém, Jesus antecipou que aquele sinal não seria efetivo em incentivar a fé naqueles que não estavam dispostos a crer (Mt 12.41; cf. Lc 16.31).

A despeito do aparente sucesso de sua missão, Jonas falhou como homem de Deus, pelo menos no que diz respeito ao relato canônico. Pregou uma mensagem de juízo (Jn 3.4), mas ficou amargamente desapontado quando os destinatários da mensagem se arrependeram e foram poupados da ira divina (Jn 3.10 a 4.2). Na verdade, chegou a implorar a Deus que permitisse sua morte. O embaraço por ter proferido uma palavra que depois foi suplantada pela intervenção divina em graça e misericórdia, era mais do que o profeta podia tolerar (Jn 4.3,8).

O "fracasso" de Jonas representava o sucesso de Deus, pois a conversão de uma cidade pagã demonstrava a verdade teológica central do livro — e de fato, de toda a Bíblia — de que o Senhor é um Deus de infinito amor, que não deseja que ninguém pereça, mas encontre nele o perdão e a vida (Jn 4.11).

E.M.

JONAS. 1. Veja *Jonas, o profeta*.

2. Jonas, filho de Amitai, o profeta de Gate-Hefer, é mencionado apenas uma vez na Bíblia em 2 Reis 14.25. Creditado como o que predisse, no reinado de Jeroboão II, a devolução das fronteiras de Israel pelos sírios. Gate-Hefer ficava no território de Zebulom e supõe-se que a profecia foi proferida no início do século VIII a.C.

3. Jonas, o pai de Simão Pedro (Mt 16.17, onde em nossas versões é chamado de Barjonas); também chamado de João. Jonas é a forma hebraica para o nome. Era pai de Simão Pedro e de André. Veja *João*, item 3.

JÔNATAS

JÔNATAS (Heb. "o Senhor tem dado"). **1.** O primeiro Jônatas mencionado na Bíblia é o jovem levita de Juízes 17 e 18 que, durante aqueles dias em que "não havia rei em Israel; cada qual fazia o que parecia direito aos seus olhos" (Jz 17.6), deixou sua residência em Belém, aparentemente em busca de pastos mais verdes, onde pudesse exercer sua profissão (Jz 17.7,8). Inicialmente foi empregado de um homem da tribo de Efraim chamado Mica, serviu como seu sacerdote pessoal e ministrou no santuário feito em sua casa (Jz 17.4,5,10-13). Ele, entretanto, logo encontrou uma chance de trair seu patrão, quando se uniu a um grupo de homens da tribo de Dã que migravam em direção ao norte, para Laís, e roubaram os ídolos da casa de Mica (Jz 18.14-20). Quando a cidade de Laís, pacífica e desprevenida, foi tomada e seu nome foi mudado para Dã, os danitas não perderam tempo em instalar seus ídolos e colocar o jovem levita como sacerdote (Jz 18.27-31). Somente neste ponto da narrativa bíblica o nome do levita é mencionado: "Jônatas, filho de Gérson, filho de Manassés" (Jz 18.30).

2. O segundo Jônatas mencionado na Bíblia é sem dúvida o mais conhecido, ou seja, o filho do rei Saul e o amigo mais leal de Davi. Nada sabemos sobre sua infância; quando aparece pela primeira vez já é um adulto com capacidade para comandar tropas militares, em 1 Sm 13, onde lemos como incitou uma guerra entre Israel e os filisteus e atacou a guarnição deles em Geba (1 Sm 13.3). Esta ação acionou uma convocação geral e uma reunião pré-arranjada entre Saul e Samuel, em Gilgal (cf .1 Sm 10.7,8). A falha de Saul em esperar a chegada de Samuel causou uma ruptura entre o rei e o profeta e deixou Israel sem direção divina para a batalha que se aproximava (1 Sm 13.7-15). O monopólio que os filisteus exerciam sobre a manufatura do ferro deu-lhes uma vantagem tecnológica (vv.19-23). Nesta situação terrível, no-

vamente foi Jônatas quem tomou a iniciativa: acompanhado somente por seu leal escudeiro, escalou uma perigosa encosta de montanha, para surpreender um posto avançado dos filisteus. O ousado assalto do filho do rei foi tão bem-sucedido que o pânico se espalhou desde aquele local até o principal acampamento (1 Sm 14.1-15), e quando Saul entrou em cena os filisteus estavam tão confusos e aterrorizados que mataram uns aos outros (v. 20).

Assim, nessas primeiras aparições, Jônatas já se destacou como um herói e um homem de fé (1 Sm 14.6) e conquistou grandes vitórias; esta impressão inicial de maneira alguma diminui no transcorrer de sua história e na sua interação com Davi. Em numerosos pontos e de várias maneiras, as qualidades de Jônatas, sua fé e seu caráter contrastam com a falta destas virtudes em seu pai. Enquanto Saul, depois de sua rejeição final como rei em 1 Samuel 15, virtualmente ficou louco, ao tentar obstruir o decreto divino de acordo com o qual seria substituído por um homem escolhido por Deus ("O Senhor já buscou para si um homem segundo o seu coração, e já lhe ordenou que seja príncipe sobre o seu povo": 1 Sm 13.14), Jônatas, o segundo na linha de sucessão, espontaneamente transferiu a Davi o direito ao trono (1 Sm 18.1-4). Embora o texto não faça nenhuma declaração explícita, provavelmente foi a submissão dele à rejeição divina da casa de Saul que causou sua falta de envolvimento diante da ameaça dos filisteus (1 Sm 17), o que contrasta com suas ousadas façanhas mencionadas anteriormente em 1 Samuel 13 e 14.

Quando foi obrigado a escolher entre o pai ou Davi, Jônatas ficou ao lado do amigo, o qual reconhecia como o escolhido do Senhor (1 Sm 23.17). Apesar disto, estava disposto, como um filho leal, a acompanhar o pai ao monte Gilboa para uma batalha final e desastrosa contra os filisteus. Ali, juntamente com seus irmãos, perdeu a vida nas mãos do inimi-

JÔNATAS

go, enquanto o rei Saul, gravemente ferido, tirou a própria existência, quando se jogou sobre sua espada (1 Sm 31.1-6). No início de 2 Samuel, Davi elogia a bravura de Saul e de Jônatas, mas reserva as palavras finais para expressar sua tristeza pela perda do companheiro, ao qual chama de "meu irmão", e para enaltecer a qualidade altruísta do amor e da fidelidade do amigo (2 Sm 1.26). Posteriormente, Jônatas foi sepultado no túmulo de seu avô em Zela, na região de Benjamim (2 Sm 21.14).

3. O terceiro Jônatas era o filho de Abiatar, sumo sacerdote durante o reinado de Davi. Na época da revolta de Absalão, depois de fugir de Jerusalém, o rei enviou Abiatar e Zadoque de volta à cidade para obter informações. Os respectivos filhos deles, Aimaás e Jônatas, os acompanharam como mensageiros (2 Sm 15.27,35,36). Mais tarde, este mesmo Jônatas levou a notícia da coroação de Adonias para Salomão, e terminou assim com o complô do primeiro para usurpar o trono (1 Rs 1.42-50).

4. "Filho de Siméia, irmão de Davi" (2 Sm 21.21; 1 Cr 20.7). Lutou ao lado de seu tio contra os filisteus; em uma batalha matou um gigante, descendente de Rafa, o qual tinha seis dedos em cada mão e seis artelhos em cada pé. É possível que seja a mesma pessoa do item 5.

5. Um dos "trinta" guerreiros valentes de Davi, o qual lutou ao seu lado. Era filho de Samá (Sage, em 1 Crônicas), o hararita (2 Sm 23.32,33; 1 Cr 11.34).

6. Filho de Jada e pai de Pelete e Zaza, da tribo de Judá, e descendente de Jerameel (1 Cr 2.32).

7. Filho de Uzias, era superintendente durante o reinado de Davi, responsável pelos "tesouros dos campos, das cidades, das aldeias, das torres" (1 Cr 27.25).

8. Tio de Davi, "era do conselho, homem prudente e escriba". Provavelmente era responsável pela educação dos filhos do rei. Veja *Jeíel* (1 Cr 27.32).

9. Descendente de Adim e pai de Ebede, o qual era um dos líderes de família que retornaram do exílio na Babilônia com Esdras. Cinqüenta parentes seus voltaram com ele (Ed 8.6).

10. Filho de Asael, um dos pouquíssimos líderes dos judeus que se recusaram a ouvir Esdras quanto ao arrependimento pelo pecado do casamento com mulheres estrangeiras (Ed 10.15). Depois do retorno do exílio na Babilônia, Esdras liderou o povo na busca pelo restabelecimento da obediência à Lei de Deus. Insistiu para que os culpados se divorciassem de tais mulheres, mas Jônatas se opôs a esta decisão.

11. Filho de Joiada e pai de Jadua, era levita e descendente de Jesua; retornou com Neemias e Zorobabel do exílio na Babilônia (Ne 12.11).

12. Líder da família sacerdotal de Maluque, nos dias de Joiaquim e Neemias, depois do retorno dos judeus para Jerusalém, após o exílio na Babilônia (Ne 12.14).

13. Pai de Zacarias, sacerdote que ajudou com a música, na adoração, durante a festa de dedicação dos muros de Jerusalém, quando foram reconstruídos, nos dias de Neemias, depois do exílio na Babilônia (Ne 12.35).

14. Secretário em Jerusalém nos dias de Jeremias. Foi em sua casa que o profeta foi preso pela primeira vez, acusado falsamente de desertor (Jr 37.14,15). Jeremias predissera, para desgosto dos líderes de Jerusalém, que o Senhor traria juízo sobre a cidade por causa do pecado do povo (vv. 6-10). Tratava-se de uma prisão particularmente cruel e severa, pois, quando o profeta foi levado à presença do rei Zedequias, implorou para não retornar à casa de Jônatas, ou morreria ali (Jr 37.20; 38.26).

15. Um dos filhos de Careá (Jr 40.8), viveu na época de Jeremias, quando Gedalias governava Jerusalém, controlado pelos caldeus. Estava entre os oficiais do exército que, ao ouvir falar sobre a nomeação de Gedalias, uniram-se a ele em Mispa. Para mais detalhes, veja *Joanã*.

P.D.G.

16. Da tribo de Levi, viveu nos dias do rei Jeosafá, de Judá, que, durante os primeiros anos de seu reinado, serviu ao Senhor e enviou sacerdotes e mestres para ensinar os judeus sobre o Livro da Lei. Jônatas foi um desses mestres (2 Cr 17.8).

17. Líder da família de Semaías, ajudou no serviço do Templo, na época de Neemias (Ne 12.19).

JOQUEBEDE (Heb. "o Senhor é glória"). Descendente de Levi, nasceu na época em que os israelitas estavam no Egito. Foi esposa de Anrão e mãe de Miriã, Arão e Moisés (Êx 6.20). Seu filho caçula nasceu na época em que Faraó decretara a morte de todas as crianças israelitas do sexo masculino (Êx 2). Ela guardou o filho por quase três meses, até que ele ficou muito grande e não tinha mais onde escondê-lo em casa. Joquebede então adquiriu um cesto feito de juncos, o qual calafetou com betume e piche; colocou o menino dentro, levou o cesto à margem do rio Nilo e depositou-o entre a vegetação.

A filha do Faraó desceu ao rio para banhar-se e encontrou o bebê; ao perceber que se tratava de um hebreu, ficou com pena dele (Êx 2.5,6). Miriã, irmã de Moisés, recebera instrução para vigiar o cesto; ciente do que acontecia, correu até a princesa e apresentou-lhe Joquebede, a própria mãe do menino, para cuidar dele e amamentá-lo! "Sendo o menino já grande, ela o trouxe à filha de Faraó, a qual o adotou. Ela lhe pôs o nome de Moisés, e disse: Das águas o tirei" (Êx 2.10).   P.D.G.

JOQUIM (Heb. "o Senhor exalta"). Mencionado em 1 Crônicas 4.22. Líder na tribo de Judá e filho de Selá. Junto com outros, é listado no grupo de oleiros que moravam em Moabe.

JORA. Líder de família, cujos descendentes foram contados entre os judeus que, no tempo de Esdras, retornaram do exílio na Babilônia com Zorobabel e Neemias. O grupo era composto por 112 pessoas (Ed 2.18).

JORAI. Líder de clã; portanto, o cabeça de um dos sete grupos da tribo de Gade que se estabeleceram na região de Gileade e Basã (1 Cr 5.13).

JORÃO (Heb. "o Senhor é exaltado").

1. Descendente de Eliezer, da tribo de Levi e membro de uma família responsável pelos tesouros do Templo (1 Cr 26.25). Era pai de Zicri.

2. Filho de Toú, rei de Hamate. Quando Davi derrotou Hadadezer, Toú enviou o filho Jorão (chamado de Hadorão em 1 Cr 18.10) "para o saudar, e para o felicitar por haver pelejado contra Hadadezer e por tê-lo destruído". Jorão levou muitos presentes de metais preciosos (2 Sm 8.10). Davi, coerente com sua profunda fé e sua gratidão pelas várias vitórias que conquistara, dedicou todos os presentes ao Senhor.

3. O nono rei de Israel, filho de Acabe e Jezabel (em algumas versões da Bíblia seu nome é traduzido como Jeorão). Reinou em Samaria por doze anos, de 852 a 841 a.C. (2 Rs 1.17; 3.1). Foi sucessor de seu irmão Acazias no trono (2 Rs 1.17). Acabe subjugara os moabitas e obrigou-os a pagar tributo. Mas quando Jorão subiu ao trono, aproveitaram a oportunidade para se rebelar. Ele mobilizou todas as suas tropas e chamou os reis de Edom e Josafá, de Judá, para o ajudar. Os três marcharam juntos através do deserto e atacaram Mesa, rei de Moabe. Ficaram sem água e apelaram para Eliseu, a fim de que orasse ao Senhor em favor deles. O profeta concordou, mas disse que só o faria devido à presença do rei Josafá. O pecado e o paganismo de Jorão, o qual seguia os mesmos passos de Acabe, seu pai, levaram Eliseu a declarar que nada faria em seu favor. Um grande milagre aconteceu. O profeta ordenou que se cavassem várias covas e no dia seguinte o vale estava cheio d"água. Os moabitas foram derrotados em batalha, mas os ali-

JORIM

ados não conseguiram manter a vitória e posteriormente fugiram (2 Rs 3).

Durante o reinado de Jorão, Eliseu profetizou e trouxe a palavra do Senhor para o rei e a nação. 2 Reis 6 registra alguns dos milagres operados pelo profeta e como ele freqüentemente informava ao monarca de Israel sobre os planos do rei da Síria, de maneira que Jorão sempre conseguia a vitória. É quase inacreditável que este monarca tenha testemunhado as obras maravilhosas de Deus em seu favor e ainda assim permanecesse nos caminhos da idolatria. Sua contínua rebelião contra o Senhor finalmente causou sua ruína. A Síria invadiu Israel, sitiou Samaria e criou uma situação tão grave na cidade, de fome e miséria, que chegou o momento no qual as mães matavam os próprios filhos para comer. Embora o Senhor tenha terminado com o cerco de uma maneira miraculosa, a nação continuou na idolatria (2 Rs 7).

Alguns anos mais tarde, Jorão envolveu-se em outra aliança com o rei de Judá, que na época era Acazias. Desta vez fizeram guerra contra Hazael, rei da Síria, em Ramote-Gileade. Nesta batalha, Jorão, ferido, foi recuperar-se em Jezreel (2 Rs 8.28,29; 2 Cr 22.5-7). Acazias foi até lá encontrar-se com ele.

Como parte do juízo de Deus sobre Israel, Acazias e Judá, Eliseu ungiu a Jeú como rei de Israel. Este então liderou uma conspiração contra Jorão e foi a Jezreel para vê-lo. Acazias e Jorão subiram em suas carruagens para ir ao encontro de Jeú. Jorão perguntou-lhe se a visita era de paz, ao que o comandante replicou: "Que paz, enquanto as prostituições da tua mãe Jezabel e as suas feitiçarias são tantas?" (2 Rs 9.22). Jeú atingiu Jorão com uma flecha e o matou.

O juízo de Deus contra Jorão demonstrava a severidade com que o Senhor desejava tratar com a feitiçaria e a idolatria. Também foi o cumprimento da profecia de Elias sobre a casa de Acabe, que se seguiu ao terrível pecado que este rei cometera contra Nabote (1 Rs 21.19).   P.D.G.

4. Sacerdote, viveu nos dias do rei Josafá, de Judá. Durante os primeiros anos de seu reinado, Josafá serviu ao Senhor e mandou vários sacerdotes e mestres para ensinar ao povo de Judá sobre o Livro da Lei. Jorão foi um dos enviados (2 Cr 17.8).

JORIM. Mencionado na genealogia que vai de Jesus até Adão; pai de Eliézer e filho de Matã (Lc 3.29).

JORQUEÃO. Filho de Raão, descendente de Calebe, da tribo de Judá (1 Cr 2.44).

JOSA (Heb. "presente do Senhor"). Filho de Amazias, mencionado em 1 Crônicas 4.34; líder de um dos clãs da tribo de Simeão durante o reinado de Ezequias, de Judá.

JOSAFÁ (Heb. "o Senhor tem julgado"). **1.** Rei de Judá. Descrito como o que "fez o que era reto aos olhos do Senhor" (1 Rs 22.43,; 2 Cr 20.32; também era chamado de Jeosafá), sucedeu seu pai Asa no trono de Davi, em 870 a.C., depois de três anos de vice-regência (1 Rs 15.24; cf. vv. 9,10). Sua reputação, entretanto, não foi totalmente irrepreensível, pois foi contemporâneo do perverso Acabe, rei de Israel (874 a 853 a.C.), e várias vezes fez alianças profanas com ele (1 Rs 22.44). Um dos resultados lamentáveis dessa fraternidade foi o casamento da filha de Acabe, Atalia, com Jeorão, filho de Josafá (2 Rs 8.18,26,27), um relacionamento que trouxe terríveis conseqüências para a vida espiritual, social e política do reino de Judá (2 Rs 8.27; 9.27; 10.14; 11.1-20; cf. 2 Cr 22.2,3). Provavelmente foi uma dessas alianças entre os dois reinos que impediu Josafá de acabar totalmente com todos os vestígios da idolatria que foram deixados por seu pai Asa (1 Rs 22.43; cf. 15.14).

Esses detalhes, entretanto, não comprometem a imagem geral de Josafá, que emerge do registro sagrado, especialmente de 2 Crônicas 17 a 20, como um homem piedoso e dedicado aos propósitos da aliança do Senhor. "Não buscou aos baalins. Antes buscou ao Deus de seu pai, e andou nos seus mandamentos, e não segundo as obras de Israel" (2 Cr 17.3,4).O resultado foi a bênção pessoal e nacional, na forma de riqueza, honra e poder (vv. 5,11-13). Preocupado não somente com Judá, mas também com Israel, estabeleceu juízes por toda a terra (2 Cr 19.4-7) e também deu instruções aos levitas e sacerdotes para ouvir o povo e julgar as questões concernentes ao Senhor, isto é, que estivessem relacionadas com o culto e com as causas civis (vv. 8-11).

Provavelmente o melhor momento de Josafá seja o da questão da campanha militar de Israel e Judá contra os sírios, em Ramote-Gileade (1 Rs 22.1-36; 2 Cr 18.1-34). Embora posteriormente fosse repreendido por buscar amizade com Acabe, considerado um inimigo de Deus (2 Cr 19.2), Josafá insistiu que nenhuma ação fosse feita antes que o Senhor fosse consultado (2 Cr 18.4). Quando Acabe trouxe seus próprios profetas contratados para proferir suas mensagens, o rei Josafá recusou-se ouvi-los e insistiu em que um verdadeiro homem de Deus fosse trazido. Seu pedido foi atendido, com a apresentação do corajoso profeta Micaías (2 Cr 18.6,8). Satisfeito de que o Senhor pelo menos tivesse falado, Josafá seguiu adiante e, a despeito da derrota da coalizão, foi preservado milagrosamente por Deus (v. 31). A história parece sugerir uma fraqueza em relação ao conformismo, mas também revela uma convicção interior

inabalável, que chegou ao ponto de levar a uma decisão radical.

2. Filho de Ailude, foi um "cronista", na administração do rei Davi (2 Sm 8.16; 20.24; 1 Cr 18.15) e na do rei Salomão (1 Rs 4.3). O trabalho, ao que parece, relacionava-se com o registro oficial dos eventos de interesse nacional.

3. Filho de Paruá, foi superintendente de uma província no distrito de Issacar, responsável pela provisão de alimentos para o governo central de Salomão, durante um mês a cada ano (1 Rs 4.17).

4. Filho de Ninsi, era mais conhecido como o pai do rei Jeú, de Israel (2 Rs 9.2,14), embora geralmente Jeú seja mencionado como "filho de Ninsi"; portanto, é omitido o nome de Josafá (2 Rs 9.20; cf. 1 Rs 19.16). E.M.

5. Mitnita, era um dos "trinta" guerreiros valentes de Davi, que lutavam ao seu lado (1 Cr 11.43).

6. Sacerdote cuja tarefa era tocar trombeta diante da Arca da Aliança, quando foi levada para Jerusalém pelo rei Davi (1 Cr 15.24).

JOSAVIAS (Heb. "o Senhor tem estabelecido"). Um dos filhos de Elnaão, foi um dos "trinta" guerreiros valentes de Davi, que lutaram ao seu lado (1 Cr 11.46).

JOSBECASA. Um dos filhos de Hemã, o vidente do rei, listado entre os levitas que foram separados para o ministério da profecia e da música durante o reinado do rei Davi (1 Cr 25.4). Líder do 17º grupo de músicos e componentes do coral que ministravam no Templo (1 Cr 25.24).

JOSÉ, O FILHO DE JACÓ

José, cujo nome provavelmente significa "que Deus acrescente", era o décimo primeiro filho do patriarca Jacó. Seu nome reflete o papel de sua vida na nação de Israel: foi o agente de Deus na preservação e na prosperidade de seu povo no Egito, durante o período de fome na terra de Canaã. Essa prosperidade levou os hebreus à condição de nação, 400 anos mais tarde, no Êxodo.

JOSÉ, O FILHO DE JACÓ

O nascimento e a escravidão de José

O nascimento de José é narrado em Gênesis 30.22-24. Nasceu na época em que Jacó ainda trabalhava para Labão, seu sogro. Foi o primeiro filho de Raquel, como prova do fim da esterilidade dela. O nome que sua mãe lhe deu refere-se, no contexto imediato, ao desejo dela de ter outro filho, o que aconteceu no nascimento de Benjamim (Gn 35.17). O nome, entretanto, também prefigurava o amplo papel que o filho desempenharia no progresso da futura nação.

O texto que trata da vida de José é Gênesis 37 a 50, que abrange cerca de um terço do livro. A história começa com ele aos dezessete anos de idade, revelando atitudes que contribuíam muito para uma amarga rivalidade entre ele e os dez irmãos mais velhos. Costumava contar para o pai as coisas erradas que eles faziam (Gn 37.2). Em uma ocasião, contou aos familiares dois sonhos que tivera, os quais prediziam que um dia seu pai e seus irmãos se inclinariam diante dele (vv. 5-10). Todos ficaram ressentidos com a atitude de José e profundamente enciumados pelo tratamento preferencial que recebia do pai (v. 4). Quando Jacó enviou-o para supervisionar o trabalho dos irmãos, sem dúvida eles se lembraram dos incidentes anteriores e conspiraram contra ele (vv. 18ss). Determinaram matá-lo, mas foram dissuadidos por Rúben, o mais velho, que chegara após a decisão tomada (vv.21,22). Ele convenceu os irmãos a jogar José numa cisterna vazia, pois tencionava resgatá-lo mais tarde.

Os irmãos arrancaram de José o símbolo do favoritismo do pai, uma túnica multicolorida (Gn 37.23) e, sem o conhecimento de Rúben, venderam o rapaz para uma caravana de comerciantes de escravos (vv. 25-28). Numa mudança irônica, a vestimenta que representava o favoritismo de Jacó por José foi embebida com o sangue de um cabrito e apresentada ao patriarca como sinal de que seu filho amado fora morto por animais selvagens. A ironia maior é que os próprios irmãos agiram como animais ferozes, ao conspirar para assassinar José e sentando-se para satisfazer seus apetites, enquanto o garoto permanecia prostrado, despido e sedento na cisterna (vv. 24,25).

A narrativa continua em Gênesis 39, depois da injustiça de Judá para com Tamar, sua nora. Neste episódio, as palavras hebraicas para "mão" (*yod*) e "prosperar" (*tsalach*) são utilizadas numa relação sutil para projetar o tema mais amplo da história de José. Potifar comprou-o das "mãos" dos comerciantes de escravos (Gn 39.1). O Senhor "estava" com José (v. 2), de maneira que aquele egípcio percebeu a prosperidade alcançada por meio dele (v. 3). Como resultado, Potifar colocou tudo o que possuía sob o controle de José (literalmente, "nas mãos dele", v. 4). Sob esse arranjo, seu senhor prosperou dramaticamente.

Depois de reiterar o fato de que todas as coisas estavam nas "mãos" de José (Gn 39.6), a narrativa descreve a tentativa feita pela esposa de Potifar para seduzi-lo. O jovem recusou suas insinuações, na base da confiança que seu senhor depositara nele (literalmente, "nas minhas mãos", v. 8). José via a concretização de tal ato como uma quebra de confiança e um pecado contra Deus (v. 9). Esta atitude indica que considerava sua mordomia sobre as responsabilidades terrenas como uma função religiosa. As tentativas de sedução continuaram e chegaram ao clímax num dia em que não havia ninguém na casa além de José e a esposa de Potifar, o que provavelmente significa que ela própria providenciou para que todos os demais empregados saíssem, a fim de conseguir seus propósitos. José resistiu e fugiu; ao fazê-lo, ela o agarrou pelas roupas; depois, chamou testemunhas e mostrou a vestimenta do rapaz, primeiro para os empregados e depois para o próprio Potifar, quando este voltou para casa,

378

JOSÉ, O FILHO DE JACÓ

como uma evidência de que José tentara seduzi-la. Novamente uma peça de roupa daquele jovem foi utilizada como testemunho contra ele — na primeira, testemunhou que estava morto e na segunda, testemunhou que "estaria melhor morto" (Veja *Potifar* e *Esposa de Potifar*).

José então encontrou-se numa circunstância similar, ou até pior, à que se encontrava no início do episódio. Novamente era prisioneiro, quando Potifar ordenou que fosse lançado no cárcere (Gn 39.20). O uso da frase "o Senhor era com ele" (v. 21), repetição de "O Senhor estava com José" (v. 2), indica a bênção de Deus sobre o jovem, de maneira que encontrou favor com o novo senhor (v. 21; cf. v. 4). José conquistou a confiança do carcereiro de tal maneira que todas as tarefas da prisão ficaram em "nas mãos" dele (v. 22). O texto novamente nos diz que o Senhor fez com que ele prosperasse (v. 23; cf. vv. 2,3).

Neste único episódio, vemos o tema dominante da vida de José demonstrado de forma vívida — Deus providencialmente preservava sua vida, a despeito das tribulações e injustiças que enfrentava e por meio delas. Não importava em que "mãos" sua vida estava colocada; no final era a mão de Deus que o livrava e o fazia prosperar. Portanto, a providência divina estava por trás de todos os eventos que levaram à elevação de José para a posição de autoridade e influência como conselheiro de confiança do Faraó.

Neste ponto, notemos que muitos comentaristas crêem que o conteúdo de Gênesis 38 está fora de lugar, bem no meio da história de José. Depois de uma leitura superficial, esse relato do tratamento injusto que Judá dispensou à sua nora Tamar parece fora de posição. Este episódio, entretanto, serve a duas funções importantes. Primeiro, relata a origem da história da tribo de Judá. Segundo e mais relevante para o estudo de José, proporciona um agudo contraste entre os dois irmãos. Enquanto Judá abandonou a família e a terra natal por escolha (Gn 38.1), José foi deportado contra sua vontade. Enquanto Judá voluntariamente se associou a uma mulher não israelita, José resistiu a tal tentação. Judá envolveu-se em imoralidade sexual, vitimou uma mulher indefesa e, por isso, incorreu no juízo de Deus. José resistiu à tentação e foi vítima de uma mulher influente; como resultado, no final o Senhor preservou seus interesses. Judá foi acusado com justiça por uma mulher, enquanto José foi acusado falsamente. Em ambos os casos, um artigo pessoal — um cajado e uma peça de roupa, respectivamente — foi apresentado como testemunho contra eles. Esses extensos contrastes/paralelos servem para estabelecer a diferença entre o caráter de Judá e o de José. Desta maneira, o mais novo dos dois é apresentado dramaticamente como um homem de virtude, o qual olhava para Deus que governava soberanamente seu destino. O relato de Gênesis 38 é essencial para estabelecer todos esses contrastes.

A elevação de José ao poder

A elevação de José ao poder foi o resultado de sua habilidade especial que o levou tanto a ter benefícios como a enfrentar diversos problemas — a capacidade concedida por Deus de interpretar sonhos. A manifestação inicial desta habilidade gerou ciúmes por parte de seus irmãos (Gn 37.5ss). Quando se encontrou numa prisão egípcia, a habilidade tornou-se sua importante aliada, que facilitaria a sua libertação do cárcere. Dois funcionários do Faraó, o copeiro-chefe e o padeiro-chefe, estavam na mesma prisão (Gn 40.3). Não eram apenas empregados da cozinha do Faraó, mas conselheiros do rei que, por algum motivo, caíram em desgraça. As interpretações dos sonhos do padeiro e do copeiro cumpriram-se dentro do prazo determinado por José (Gn 40.21,22).

379

JOSÉ, O FILHO DE JACÓ

Dois anos mais tarde, Faraó teve dois sonhos que o angustiaram muito. O copeiro-chefe, então, lembrou-se de José, o qual foi convocado para interpretá-los (Gn 40.14,23). Exatamente como falara aos homens na prisão, José disse ao Faraó que a habilidade de interpretação vinha de Deus (Gn 40.8; 41.16). O jovem hebreu interpretou corretamente os sonhos, ao falar ao rei que viriam sete anos de abundância, seguidos por mais sete de fome (Gn 41.29ss). Acrescentou à interpretação um sábio conselho (v. 33): Faraó deveria preparar-se para os anos de fome, mediante a nomeação de superintendentes que armazenassem alimentos durante os anos de abundância, para que o Egito pudesse suportar os anos de escassez de alimentos. O rei, impressionado com a sabedoria com a qual Deus investira José, o nomeou como superintendente sobre todo o reino (v. 39ss). Numa reviravolta completa de sua sorte, o jovem hebreu descobriu que todo o reino do Egito estava em suas mãos, o que era evidenciado pelo anel que passou a usar, dado pelo próprio Faraó (v. 42). No espaço de 13 anos (cf. Gn 41.46; 37.2), José passou da posição de prisioneiro para a de primeiro-ministro e teve um sucesso espetacular na administração dos negócios egípcios (Gn 41.47-57).

A partir deste ponto, o que resta da história de José é o encontro com seus irmãos (Gn 42 a 47) e as bênçãos variadas que Jacó proferiu sobre seus doze filhos (Gn 48 a 50). Em busca de alívio para a fome que assolava também a região de Canaã, Jacó enviou dez dos seus filhos ao Egito para comprar grãos (Gn 42.1,2). Somente Benjamim, o mais novo e agora o mais querido (pois o patriarca pensava que José estivesse morto), ficou em casa com o pai (v. 4). Eles, naturalmente, negociaram com o novo governante do Egito, o qual não reconheceram, pois não esperavam encontrá-lo novamente após tantos anos (v. 8). A partir daí, José dedicou-se a usar uma série de subterfúgios, com os quais não tencionava enganar seus irmãos, mas sim testar o caráter deles (vv. 15,19), fazer com que sentissem convicção pela violência que cometeram contra ele (v. 21) e iniciar o processo para a migração deles para o Egito (quando pediu que Benjamim fosse levado a ele, v. 20). Esta louvável intenção é revelada na reação que teve em particular devido ao dilema deles (v. 24). Quando regressaram para Canaã, Simeão foi mantido como prisioneiro, para garantir que os outros nove cumpririam as determinações do governador egípcio.

Jacó não permitiu que levassem Benjamim (Gn 42.38), mas, quando terminou o estoque de alimentos, cedeu (Gn 43.13). Ironicamente, os presentes que instruiu os filhos a levar incluíam itens que provavelmente foram usados como pagamento na venda de José aos ismaelitas (cf. Gn 37.25; 43.11). O profundo amor que o governador tinha pelo seu único irmão por parte de mãe foi revelado tanto na exigência que fez aos dez de que no retorno ao Egito o trouxessem junto, como por sua reação quando o viu (Gn 43.30). Ele demonstrou bondade e hospitalidade durante o banquete que ofereceu, não somente para com Benjamim, mas para com todos os irmãos. Percebeu em cada atitude deles o temor de Deus e o desejo de agir com honestidade para com ele, o que preparou o cenário para a revelação de sua identidade.

José, por meio de angústias pelas quais fez com que passassem, elevou o drama do reencontro e o tornou um momento alegre, de alívio, depois da profunda tristeza que sentiram pelo que fizeram com ele anos antes. Quando o governador revelou sua identidade, mostrou também seu caráter, pois confortou os irmãos, ao explicar-lhes os propósitos soberanos de Deus, que estavam acima das atitudes erradas deles — fora levado ao Egito para salvar a vida de toda a família (Gn 45.5-8). Obedientemente, os irmãos foram buscar Jacó e toda sua casa e os levaram para o Egito, onde foram preservados da fome.

Os irmãos não estavam totalmente convencidos das intenções de José, pois, quando do Jacó morreu, tinham certeza de que ele então se vingaria deles (Gn 50.15). Mas o caráter forjado na prisão do Egito era da melhor qualidade e José repetiu a certeza que o sustentou durante os anos mais tenebrosos: "Vós, na verdade, intentastes o mal contra mim, porém Deus o tornou em bem, para fazer como se vê neste dia, para conservar muita gente com vida" (Gn 50.20).

O efeito desta migração da família de Jacó ao Egito não seria simplesmente para que suas vidas fossem poupadas da fome. O patriarca, em Gênesis 46.3, reconheceu que se tratava de uma jornada divinamente ordenada e que, no final, Israel tornar-se-ia uma grande nação em terra egípcia. Além disso, teriam a presença divina no meio deles, a qual constituía a essência da aliança abraâmica (Gn 15.1; 28.15). Deus usou José como o agente primário no cumprimento desta promessa.

A tribo de José

Enquanto os filhos de Jacó proporcionaram o patronímico para dez das doze tribos que herdaram Canaã (a de Levi é contada separadamente, pois é a tribo sacerdotal), dois filhos de José tornaram-se os progenitores das duas restantes — Efraim e Manassés. Jacó fez uma reivindicação especial, pois eles nasceram no Egito antes de ele próprio mudar para lá (Gn 48.5). A herança desses dois foi concedida diretamente pelo avô (Gn 48.9ss). De fato, o patriarca deu a José uma porção dobrada da herança, que era reservada apenas ao filho primogênito (v. 22). O significado desta atitude é ainda mais profundo quando o cronista, de sua perspectiva do período pós-exílico, levou este fato em conta, ao relatar a constituição da nação de Israel (1 Cr 5.1,2).

Os eventos na vida de José mostraram sua força de maneira vívida. Tal capacidade, entretanto, derivava da confiança na providência divina; fosse ela agradável ou não, estava na raiz de todas as ações dos homens e tinha como propósito final o bem dos filhos de Deus. Em nenhum outro lugar isto é descrito de maneira tão bela quanto nas palavras proferidas por Jacó em seu leito de morte: "José é um ramo frutífero, ramo frutífero junto à fonte, cujos galhos se estendem sobre o muro. Os flecheiros lhe deram amargura, e o flecharam e perseguiram. O seu arco, porém, permanece firme e os seus braços foram fortalecidos pelas mãos do Poderoso de Jacó, o Pastor, o Rochedo de Israel" (Gn 49.22-24). José constitui uma das figuras principais da história da redenção identificadas por Estêvão em Atos 7. Na visão do primeiro mártir do cristianismo, este filho de Jacó foi uma das primeiras ilustrações da sua mensagem de oposição aos fariseus. Ao argumentar contra a falsa noção de que a bênção e a presença de Deus estavam relacionadas com o Templo, de maneira irrevogável, Estêvão estabeleceu o princípio do "Emanuel", quando falou que Deus estava presente com seu povo muito tempo antes da construção do Santuário. Neste contexto, simplesmente disse sobre José: "Mas Deus era com ele" (At 7.9). Veja *Emanuel, Jacó* etc.

M.G.

JOSÉ DE NAZARÉ

Esposo de Maria, mãe de Jesus; portanto, o pai adotivo de Cristo. Seu nome só é mencionado nas narrativas sobre o nascimento de Jesus, em Mateus 1 e 2 e Lucas 1 e 2, bem como na árvore genealógica, em Lucas 3.23.

Muito pouco se sabe sobre a vida de José, esposo de Maria. Inquestionavelmente, pertencia à "casa e família de Davi" (Lc 2.4), a linhagem do Messias (2 Sm 7.12,16). Não está totalmente claro, entretanto, qual das duas genealogias de Cristo apresentadas nos evangelhos (Mt 1.1-16; Lc 3.23-38) traça sua família. A possibilidade mais

JOSÉ DE NAZARÉ

provável é que a de Mateus se relacione com José, pois parece estabelecer uma genealogia estilizada, que garante o direito legal de Jesus ser Rei.

José não é o pai biológico de Jesus (Mt 1.22-25); apenas tornou-se o pai adotivo do Salvador. Nesta condição, era seu pai legal, o que colocava Cristo na linhagem dos descendentes de José e sua família, bem como na de Maria (a qual, ao que parece, está relacionada em Lucas 3.23-38).

Alguns teólogos alegam que esta linhagem dupla foi necessária devido à maldição imposta a Jeoiaquim, o último rei da casa de Davi, em Judá, no início do exílio na Babilônia (Jr 22.30). Se esta sentença for interpretada no sentido futuro, que "nenhum da sua linhagem prosperará, para se assentar no trono de Davi, ou reinar de novo em Judá" (v. 30), ambas as genealogias são essenciais. A árvore genealógica de Mateus ainda provaria o direito legal de Jesus ao trono de Davi, embora, devido à maldição, sua capacidade para "sentar" e "reinar" (Jr 22.30) viesse pela descendência alternativa de Davi (por meio de outro filho, Natã; Lc 3.31), vista na genealogia apresentada por Lucas.

Além de sua árvore genealógica, os únicos outros aspectos conhecidos da vida de José são o seu casamento com Maria, sua residência e profissão. Embora fosse da tribo de Judá, não residia na região da Judéia (Lc 2.4). Pelo contrário, era de Nazaré, na Galiléia (v. 4). Naquela cidade, trabalhava como carpinteiro (Mt 13.55), um ofício que aparentemente ensinou a Jesus (Mc 6.3).

Não há como saber a idade de José, comparando-se com a de Maria, ou as circunstâncias específicas em que se conheceram e ficaram noivos. A ausência do seu nome em Mateus 13.55 e João 2.1, passagens onde se esperaria que estivesse presente, se estivesse vivo, implica que ele era bem mais velho do que ela e já havia falecido quando Jesus iniciou seu ministério público (ou logo depois, Lc 3.23). De acordo com a cultura de Israel, o noivado e o casamento de José e Maria provavelmente foram arranjados pelos pais, embora a soberania de Deus dirigisse as escolhas de todos os envolvidos, conforme indicado pelas árvores genealógicas e pelos sonhos de José, em Mateus 1 e 2.

O foco da narrativa do nascimento de Jesus em Lucas 1 e 2 concentra-se em Maria, enquanto a seção paralela em Mateus 1 e 2 proporciona o vasto escopo de informações que refletem o caráter de José e seu papel no nascimento e nos primeiros anos de vida de Cristo. Lucas 2, entretanto, proporciona alguns detalhes adicionais sobre as ações de José relacionadas com a infância de Jesus, bem como alguns vislumbres dos eventos durante o período no qual Cristo crescia na companhia de José e Maria.

Em termos de caráter pessoal, Mateus afirma que José era "justo" (v. 19) e compassivo. Sua integridade sem dúvida tinha que ver com o cumprimento da Lei, mas pelo menos em parte também à sua obediência diretamente ao Senhor (v. 24). Sua compaixão é demonstrada ao descobrir que Maria estava grávida (v. 18): decidiu divorciar-se dela em segredo, ao invés de expô-la à condenação pública, conforme a Lei lhe permitia (Dt 22.23,24; 24.1).

Uma notável seqüência de sonhos marcou o papel inicial de José como pai adotivo do Filho de Deus. Inicialmente foi instruído a não divorciar-se de Maria, "porque o que nela foi gerado é do Espírito Santo" (v. 20). Conforme o costume daquela sociedade, José recebeu a incumbência de colocar o nome no menino: Jesus (v. 21). Ao acordar, ele obedeceu ao Senhor (vv. 24,25).

Logo depois do nascimento de Cristo, José teve um segundo sonho, no qual foi orientado a pegar Jesus e Maria e ir com eles para o Egito, para protegê-los de Herodes, o Grande, que planejava matar o Messias (Mt 2.13). Novamente, ele fez conforme o Senhor lhe ordenara (v. 14).

JOSÉ

O terceiro sonho de José, quando estava no Egito, o enviou de volta a Israel, junto com sua família, depois da morte de Herodes (vv. 19,20). Em seguida, foi instruído num último sonho a se estabelecer em Nazaré e não na Judéia (v. 21), o que ele fez (v. 23). Em todos os casos, de acordo com a vontade do Senhor, José agia em total obediência.

José também é visto diante das revelações concernentes a Jesus, proporcionadas por Deus por meio de outras pessoas. Na ocasião da circuncisão de Cristo, ele e Maria ouviram as profecias de Simeão (Lc 2.28-32, 34,35) e de Ana (v. 38). Também se maravilharam com as palavras do próprio Jesus, ditas no Templo quando tinha doze anos de idade (vv. 48-50).

Depois que a família regressou a Nazaré, após a celebração da Páscoa (v. 51), não há mais nenhuma menção explícita de José no Novo Testamento. O nome "José" em Mateus 13.55 e Marcos 6.3, usado em relação à família de Jesus, refere-se a um filho mais novo do casal, que aparentemente recebeu o mesmo nome do pai.

Não há como sabermos quando ou como José morreu, ou quais foram as circunstâncias. O fato de que Jesus é mencionado como "o carpinteiro", em Marcos 6.3, pode significar que Ele assumiu o lugar do pai adotivo, após a morte de José, até o início de seu ministério público. Por outro lado, talvez queira dizer apenas que Jesus aprendeu o ofício e trabalhava junto com o pai como carpinteiro.

Levando-se em conta que José em nenhum aspecto é considerado um líder entre o povo de Deus, ele demonstra ser uma das figuras mais piedosas mostradas nas Escrituras. De tudo que se sabe sobre ele, é um homem que obedecia ao Senhor. Era também um marido e pai exemplar. Além de sua consideração sobre a possibilidade de divorciar-se de Maria antes de receber a direção de Deus no sonho e sua aparente confusão diante do ensino de Jesus no Templo, quando tinha doze anos, não há nenhuma indicação de um comportamento que não estivesse de acordo com a vontade de Deus.

José realmente era um homem "justo" (Mt 1.19) e foi bem escolhido, na soberania de Deus, para ser o marido de Maria e pai adotivo de Jesus. Neste papel, aparentemente foi muito bom para o Deus-homem. Assim, sobre Cristo, há muito mais aspectos significativos na vida do Salvador do que seu direito legal ao trono de seu antepassado, o rei Davi (v. 16). A.B.L.

JOSÉ. 1. Veja *José, o filho de Jacó*.

2. Veja *José de Nazaré*.

3. José, o pai de Jigeal, da tribo de Issacar. Jigeal foi um dos doze homens enviados por Moisés do deserto de Parã para espiar a terra de Canaã (Nm 13.7).

4. Mencionado em 1 Crônicas 25.2, era um dos filhos de Asafe. Imediatamente abaixo da liderança de seu pai e sob as ordens diretas do rei Davi (v. 1), estava entre os levitas que profetizavam e lideravam o ministério da música nos cultos no Templo. Foi o líder do primeiro grupo de músicos levitas e compo-nentes do coral que ministrou no Templo (v. 9).

5. Um dos descendentes de Bani. Após o exílio na Babilônia, Secanias confessou a Esdras que muitos homens da tribo de Judá, até mesmo descendentes dos sacerdotes, tinham-se casado com mulheres de outras nações. Esdras levou o povo ao arrependimento e fez com os judeus um pacto de obedecer e servir ao Senhor (Ed 10.2). José é mencionado em Esdras 10.42 como um dos que se divorciaram das esposas estrangeiras.

383

6. Líder da casa de Sebanias, uma família sacerdotal do tempo de Neemias (Ne 12.14).

7. Ancestral de Jesus, listado na genealogia que vai de Jesus até Adão. Era filho de Matatias e pai de Janai (Lc 3.24).

8. Outro ancestral de Jesus, listado na mesma genealogia. Era filho de Jonã e pai de Judá (Lc 3.30).

9. Um dos irmãos de Jesus, é mencionado pelo nome em Marcos 6.3 e na passagem paralela em Mateus 13.55. Na narrativa, Cristo havia chegado a Nazaré e começado a ensinar na sinagoga. Ambos os evangelhos registram a surpresa da multidão diante da sabedoria demonstrada por Jesus. As pessoas estavam particularmente atônitas porque todos conheciam sua família, que até aquele momento ainda estava entre eles. Então perguntaram: "Não é este o filho do carpinteiro? E não se chama sua mãe Maria, e seus irmãos Tiago, José, Simão e Judas? Não estão entre nós todas as suas irmãs? Donde, pois, lhe veio tudo isto? E escandalizavam-se nele" (Mt 13.55-57). Lamentavelmente, devido à falta de fé deles, Jesus não fez muitos milagres na cidade e declarou que o profeta não tem honra no meio de seu povo. Para mais detalhes sobre os irmãos de Cristo, veja *Simão*. P.D.G.

10. José de Arimatéia era um membro do Sinédrio que se tornou discípulo de Jesus. Depois que Cristo foi crucificado, ajudou a tirar seu corpo da cruz e permitiu que fosse sepultado num túmulo de sua propriedade. Todos os evangelhos mencionam o seu nome apenas uma vez, nas passagens referentes ao sepultamento de Jesus.

Ele era da cidade de Arimatéia, na Judéia (Lc 23.51). Além de ser rico (Mt 27.57), era também um membro influente do concílio de líderes judaicos (Mc 15.43); entretanto, desejava o Reino de Deus (v.43) e opôs-se ao veredito do Sinédrio contra Jesus (Lc 23.51).

Este "homem bom e justo" (Lc 23.50) superou seu medo (Jo 19.38), declarou-se publicamente discípulo de Jesus Cristo e pediu seu corpo a Pôncio Pilatos; generosamente, preparou-o para o sepultamento (vv. 39,40) e então o colocou num túmulo recentemente aberto num jardim (vv. 41,42), de sua propriedade. Essas circunstâncias cumpriram a profecia de que o Messias estaria "com o rico na sua morte" (Is 53.9). A.B.L.

11. "José, chamado Barsabás, que tinha por sobrenome o Justo". Candidato à vaga de Judas Iscariotes entre os apóstolos; perdeu para Matias (At 1.23). Veja também *Justo*.

12. Veja *Barnabé*. José era um levita de Chipre, geralmente chamado de Barnabé, nome que lhe foi dado pelos apóstolos. Chamado de José somente em Atos 4.36.

13. Mencionado somente em conexão com sua mãe Maria, a qual estava presente na crucificação e no sepultamento de Jesus. Era irmão de Tiago, o menor (Mt 27.56; Mc 15.40, 47).

14. Mencionado na genealogia que vai de Jesus até Adão, como pai de Semei e filho de Jodá (Lc 3.26).

JOSEBE-BASSEBETE. Quando Davi tornou-se rei de Israel, rapidamente mudou-se para Jerusalém. Quando se fez mais e mais poderoso, três homens valentes o apoiaram de maneira especial, e Josebe-Bassebete, filho de Taquemoni, foi um deles. Apontado como "líder dos três", ficou famoso por ter matado 800 inimigos em uma única batalha (2 Sm 23.8). A passagem paralela em 1 Crônicas 11.11 fala sobre Jasobeão, que provavelmente tratava-se da mesma pessoa.

JOSIAS, REI DE JUDÁ

Josias (Heb. "o Senhor o sustenta") foi o rei de Judá no período de 640 a 609 a.C. (2 Rs 22 e 23; 2 Cr 34 e 35). Seu avô, o perverso rei Manassés, reinara por 55 anos; perseguiu as pessoas piedosas e reprimiu a verdadeira religião em Judá. Seu pai, Amom, governou apenas 2 anos (2 Rs 21.19-26; 2 Cr 33.21-25) e deu continuidade às práticas malignas de Manassés; seu reinado foi interrompido por intrigas na corte que culminaram com seu assassinato (2 Rs 21.24). Nessa época difícil, Josias chegou ao trono, com apenas 8 anos de idade. Sua mãe era Jedida, filha de Adaías, de Bozcate (2 Rs 22.1).

Judá e Assíria

O reinado de Josias concedeu a Judá um certo alívio da pressão assíria, que durante um século controlou a política, a religião e a vida social dos judeus. No final do século VII, o extenso Império Assírio foi ameaçado pelos caldeus, quando Nínive não teve forças para enfrentar Nabopolassar, rei da Babilônia (625 a 605 a.C.). Por isso, entrou em colapso após a queda de sua principal cidade, Nínive (612 a.C.).

O vácuo político foi preenchido pela elevação de Judá, sob o reinado de Josias, e do Egito, sob o governo de Faraó-Neco. A rivalidade entre essas duas potências levou Josias a tentar impedir o avanço egípcio, na batalha de Megido, onde perdeu a vida em 609 a.C.

Reformas religiosas

A perspectiva da situação sócio-política não explica totalmente as transformações religiosas iniciadas por Josias. De acordo com 2 Reis, ele era igual a Davi, no sentido de que "fez o que era reto aos olhos do Senhor, e andou em todo o caminho de Davi, seu pai, e não se apartou dele nem para a direita nem para a esquerda" (2 Rs 22.2). 2 Crônicas vai além e explica que "começou a buscar o Deus de Davi, seu pai" (2 Cr 34.3). A busca a Deus por parte do jovem rei era evidência da obra do Espírito Santo em sua vida. Quando tinha 16 anos de idade (632 a.C.), erradicou sistematicamente o paganismo, em todas as suas formas sincréticas, começando por Jerusalém e Judá, e estendeu suas reformas até o território do reino do Norte.

Aos 20 anos (628 a.C.), acabou com a profanação da terra e a purificou, quando destruiu os lugares altos, os postes-ídolos (imagens de Aserá), as imagens de escultura e de fundição. Os túmulos dos sacerdotes idólatras foram profanados e seus ossos, queimados sobre os altares pagãos (2 Cr 34.3-7; cf. 1 Rs 13.2).

Josias nos livros dos Reis

No coração dos livros dos Reis está a Lei. O autor está preocupado com a obediência do rei — ou a falta dela — à Lei (especialmente Deuteronômio). O autor destes livros avalia cada rei como íntegro ou ímpio, baseado em sua fidelidade para com as leis de Deuteronômio. Josias era um rei íntegro; por isso, o escritor enfatiza o fato de que o livro da Lei foi encontrado como elemento motivador de todas as reformas.

Com 26 anos de idade (622 a.C.), Josias levou a cabo seu plano de purificar a terra por meio da restauração do Templo, sob a direção de Safã, Maaséias, Joá e Hilquias, o sumo sacerdote. Deram autoridade aos levitas para que supervisionassem a obra e

JOSIAS, REI DE JUDÁ

pagassem os trabalhadores com os recursos financeiros do Santuário. Durante a limpeza do Templo, o sumo sacerdote Hilquias encontrou um livro, o qual entregou a Safã, o secretário. Este o levou ao rei, quando compareceu diante dele, a fim de fazer o relatório sobre a obra de reconstrução, e o leu diante de Josias. Ao ouvir as palavras da Lei de Deus, o rei rasgou suas vestes, como uma expressão pública de profundo pesar. Ficou com o coração dilacerado pela história de rebelião do povo de Israel contra o Senhor e pelo iminente juízo mencionado na Lei.

Uma vez que o livro da Lei fora encontrado, o rei Josias buscou uma palavra do Senhor, por meio da profetisa Hulda. Ela condenou a idolatria de Judá e profetizou sobre o exílio que se aproximava, enquanto falava sobre o graça de Deus, que se estenderia pelo reinado de Josias. Isso encorajou o rei a realizar a grande reforma. Renovou a aliança, destruiu os centros do culto pagão, reinstituiu a festa da Páscoa em Jerusalém e expurgou a terra do paganismo (2 Rs 23.4-20). Embora a reforma tenha sido um grande sucesso, o verdadeiro teste chegou com o falecimento do rei. Depois de sua morte, nas mãos de Faraó-Neco, o povo voltou aos seus caminhos idolátricos e pagãos.

Josias nos livro das Crônicas

A ênfase nos livros das Crônicas é diferente do registro nos dos Reis. Enquanto estes se preocupam principalmente com a Lei e a fidelidade do rei a ela, aqueles interessam-se pelo ideal messiânico e a relação de Josias com este Rei. A referida reforma teve três estágios. No oitavo ano de seu reinado, Josias "começou a buscar o Deus de Davi, seu pai". No 12º ano, começou a expurgar Jerusalém e Judá dos lugares altos e dos falsos ídolos. Finalmente, no seu 18º ano como rei, ordenou que o Templo fosse reformado. Durante os reparos, o livro da Lei foi encontrado e apresentado a ele. Depois de ler o texto, Josias buscou uma palavra do Senhor. Enviou mensageiros à profetisa Hulda, a qual o informou de que Deus amaldiçoaria Judá "com todas as maldições do livro", por causa do pecado de idolatria, mas pouparia a nação durante o tempo de vida do rei. Depois dessa advertência profética, Josias continuou as reformas com vigor redobrado. Leu a Lei para todo o povo de Israel e todos renovaram a aliança com Deus. Estendeu o expurgo das atividades idolátricas até regiões que pertenciam a Israel, o reino do Norte. O povo reuniu-se em Jerusalém, junto com os sacerdotes e levitas. A Lei foi lida publicamente e, sob a piedosa liderança de Josias, o povo se comprometeu a renovar o compromisso de fidelidade à aliança de Deus com Israel. Como uma expressão concreta da união de todos na aliança do Senhor, o rei decretou uma celebração da Páscoa em Jerusalém. Deu atenção cuidadosa a cada detalhe estabelecido na Lei de Moisés (2 Cr 35.6,12), bem como às tradições associadas a Davi e Salomão (v. 4). Os sacerdotes e levitas oficiaram e, juntos com os auxiliares, foram bem supridos. O rei e seus oficiais contribuíram voluntariamente com 37.600 ovelhas e cabritos e 3.800 cabeças de gado. O total de animais sacrificados foi tão grande que quase dobrou o número utilizado na grande celebração da Páscoa feita pelo rei Ezequias (2 Cr 30.24). O envolvimento do povo, dos sacerdotes e levitas também foi tão grande que a festividade foi comparada favoravelmente com as que eram realizadas na época do profeta Samuel (v. 18).

O livro da Lei

Os autores de Reis e Crônicas não especificam muito bem a natureza do livro da Lei. Conteria todo o Pentateuco, ou apenas parte dele? Seria o livro de Deuteronômio

JOSIAS, REI DE JUDÁ

completo, ou apenas uma parte dele? Parece provável que se tratava de todo o livro de Deuteronômio, devido às especificações do lugar central de adoração, a destruição de todos os lugares altos (Dt 12), maldições resultantes da desobediência (Dt 27 e 28), a celebração da Páscoa (Dt 16) e a cerimônia da renovação da aliança (Dt 27; 31; cf. 2 Cr 34.30-32; 2 Rs 23.2).

A vida de Josias é cuidadosamente padronizada de acordo com dois outros reis. Primeiro, o autor de Crônicas inclui atividades e eventos similares na vida de Ezequias e Josias. Ambos destruíram os lugares altos onde eram realizados cultos pagãos em Judá e em Israel (2 Cr 31.1,2; 34.3-7). Ambos instituíram a Páscoa depois de anos de negligência (2 Cr 30.13ss; 35.1ss). Segundo, as vidas tanto de Ezequias como de Josias insinuam que ambos eram semelhantes ao seu "pai" Davi (2 Cr 34.2,3). Como Davi, Josias recolocou a Arca da Aliança no Templo (2 Cr 35.3). Além disso, determinou que os músicos, descendentes de Asafe, voltassem ao Templo, "segundo o mandado de Davi" (2 Cr 35.15). O propósito para este padrão distinto é claro. Crônicas ajuda o leitor a identificar Josias com o ideal messiânico. Ezequias foi apresentado como um novo Davi; mas morreu, e a perspectiva passou para o perverso Manassés. Josias é apresentado como um rei similar tanto a Ezequias como a Davi; mas, apesar de todos os seus esforços, também faleceu na guerra e seu povo finalmente foi para o exílio.

Após ser elevado a tão alto nível nas expectativas do leitor, Josias demonstrou que não era o Messias, pois morreu devido às suas ambições políticas. Quando Faraó-Neco atravessou Canaã em seu caminho para lutar ao lado da Assíria contra a Babilônia, Josias o interceptou em Megido (2 Cr 35.22). Faraó-Neco o advertiu de que aquela interferência resultaria em juízo de Deus contra ele (v. 21). Ele, entretanto, recusou-se a dar ouvidos. Numa cena que lembra a morte do rei Acabe (1 Rs 22.30-34), Josias entrou na batalha disfarçado, mas foi atingido pelos arqueiros e morreu em Jerusalém.

Os últimos dias

Não está claro o que aconteceu entre a celebração da Páscoa (622 a.C.) e a morte de Josias em Megido (609 a.C.). A queda de Nínive (612 a.C.) sem dúvida encorajou Josias a despontar no cenário internacional. Suas ambições políticas, entretanto, também o arruinaram. Quando Faraó-Neco passou por Judá com o intuito de enfrentar os caldeus em Carquemis, Josias marchou com seus exércitos para encontrar-se com ele em batalha. Não se sabe ao certo por que fez isso. Talvez desejasse assegurar a independência de Judá entre as nações. Se tivesse permitido que os egípcios passassem, com certeza seria considerado um colaborador na luta contra os caldeus.

Faraó-Neco ficou aborrecido com a recusa de Josias. Enviou uma mensagem a ele, com uma conotação religiosa. Disse que fora instruído por Deus para marchar rapidamente, que as ações hostis do rei de Judá eram uma ameaça para a realização da vontade do Senhor e que ele seria punido por isso. Como Acabe fez antes dele, Josias disfarçou-se e enfrentou o inimigo no campo de batalha; foi atingido por uma flecha atirada ao acaso e foi retirado da luta. Ele não morreu em combate; mas, levado às pressas, faleceu em Jerusalém (2 Cr 35.20-24). Sua morte foi uma grande perda para Judá. O profeta Jeremias liderou o povo num lamento (2 Cr 35.25). Além disso, repreendeu o filho de Josias, chamado Jeoacaz (Salum), ao comparar suas ambições com as de seu pai, o qual "exercitou o juízo e a justiça. Por isso lhe sucedeu bem. Julgou a causa do aflito e do necessitado, e por isso lhe sucedeu bem" (Jr 22.15,16). Daí em diante, Judá afastou-se cada vez mais do Senhor e envolveu-se na tentativa de sobreviver nas rápidas mudanças do jogo de poder no Oriente Médio. W.A.VG.

JOSIAS

JOSIAS. 1. Veja *Josias, rei de Judá*.

2. Um dos judeus que, depois do exílio na Babilônia, contribuíram com ouro e prata para as coroas do sacerdote Josué. Identificado como filho de Sofonias em Zacarias 6.10; provavelmente é o mesmo "Hem, filho de Sofonias", do v. 14.

JOSIBIAS (Heb. "o Senhor estabelece"). Filho de Seraías e pai de Jeú, da tribo de Simeão, o qual, nos dias do rei Ezequias, envolveu-se em atividades militares contra os cananeus e os meunitas (1 Cr 4.37).

JOSIFIAS (Heb. "que o Senhor acrescente"). Um dos líderes de família que retor-naram para Jerusalém depois do exílio na Babilônia, com Esdras. Era descendente de Bani e pai de Selomite; retornou com um grupo de 160 homens (Ed 8.10).

JOSUÉ, FILHO DE NUM

Embora Josué, filho de Num, seja o personagem central do livro que leva seu nome, era conhecido por Moisés muito antes de ser escolhido como seu sucessor. Num certo momento, o grande legislador determinou um homem da tribo de Efraim, cujo nome era Oséias. Mudou seu nome para Josué (Nm 13.16; cf. Dt 32.44). Oséias significa "Salva!"; Josué quer dizer "Yahweh é salvação". Este ato refletiu o discernimento de Moisés em reconhecer em seu sucessor a figura cujas habilidades militares seriam o símbolo da libertação que *Yahweh* (o Senhor Deus) daria a Israel quando lutassem contra os inimigos em Canaã.

O nome Josué aparece pela primeira vez num contexto militar. Foi numa batalha travada pelos hebreus depois que saíram do Egito. Os amalequitas ameaçavam os israelitas. O filho de Num foi o guerreiro que levou o povo à vitória, quando lutou em favor de Moisés (Êx 17.8-13). Ele selecionou o exército, batalhou e venceu o inimigo. Representava todo o Israel, quando liderava o povo na batalha. De fato, o exército em si é mencionado apenas uma vez (Êx 17.11). Como "servidor" de Moisés, subiu com ele ao monte Sinai (Êx 24.13) e alertou o legislador sobre o alarido que vinha do acampamento (Nm 32.17). Foi-lhe dado um lugar na Tenda da Congregação. Sua preocupação quanto ao bem-estar de Moisés o manteve afastado dos conflitos movidos por ciúmes e inveja que cercaram o grande legislador durante os anos no deserto. Em Números 11.28 essa preocupação fez com ele protestasse contra alguns israelitas que profetizavam sem o reconhecimento de Moisés.

Josué foi um dos doze espias enviados para conhecer Canaã (Nm 13.16). Dez deles voltaram com um relatório negativo, de acordo com o qual seria impossível o povo conquistar a terra. Somente Josué e Calebe disseram que o lugar era bom e possível de ser conquistado. Uma praga ceifou a vida dos dez espias incrédulos. Josué e Calebe foram os únicos, de toda aquela geração de israelitas, que receberam uma promessa de entrar na terra e receber uma herança ali (Nm 14.6,30,38). Esta bênção, bem como a associação prévia com Moisés, proporcionaram o pano de fundo para as referências remanescentes de Josué no Pentateuco. Tudo isso enfatiza o papel dele, como sucessor de Moisés, na liderança do povo na Terra Prometida.

Essa sucessão foi comissionada oficialmente em Números 27.18-23, onde Moisés impôs publicamente as mãos sobre Josué. As responsabilidades dele determinavam a sua permanência diante do sumo sacerdote Eleazar, o qual discerniria a vontade de Deus por meio do uso do Urim. Incluíam também a liderança do povo e o comando das forças militares. Juntos, Josué e Eleazar receberam instruções concernentes à

JOSUÉ, FILHO DE NUM

distribuição das terras do lado oriental do Jordão, entre as tribos (Nm 32). Esse evento proporcionou um exemplo de como ele agiria como sucessor de Moisés na distribuição de toda a terra a oeste do rio entre as tribos (Nm 34.17). Deus deu ordens a Moisés para "fortalecer" Josué (Dt 1.38) e "encorajá-lo" (Dt 3.28). Estes dois verbos, "esforçar-se" e "animar-se", formam a substância da responsabilidade que Moisés e Deus entregaram a Josué, repetida três vezes para aumentar a ênfase (Dt 31.6,7,23).

Os papéis desempenhados por Josué

Contra este pano de fundo, os papéis desempenhados por Josué tornam-se claros. Era o guerreiro que lideraria os israelitas na vitória contra seus inimigos. Era o representante do povo diante de Deus e do sumo sacerdote Eleazar. Josué supervisionou a distribuição dos territórios às tribos. Era o sucessor de Moisés. Nenhuma outra figura na Bíblia teve este papel especial. Para cumpri-lo, ele dirigiria o povo como Moisés fizera e os israelitas teriam experiências similares às que obtiveram sob a liderança de Moisés.

Líder espiritual e militar

Como líder espiritual e militar do povo, Deus falou diretamente com ele, com as mesmas palavras que Moisés lhe dissera: "Esforça-te, e tem bom ânimo" (três vezes: Js 1.6-9). Liderou o povo na travessia do rio Jordão (Js 3 e 4), executou a circuncisão e celebrou a Páscoa (Js 5), liderou o exército na conquista de Jericó (Js 6), identificou e puniu o pecado de Acã (Js 7), liderou a vitória sobre Ai (Js 8), sobre a coalizão do sul (Js 10) e do norte (Js 11).

Representante dos israelitas

Como representante do povo diante de Deus, somente Josué recebeu as instruções divinas para a organização do povo (Js 1.1-9), a travessia do rio Jordão (Js 3.7,8; 4.1-3,15,16), a conquista de Jericó (Js 6.2-5), a identificação da culpa de Acã (Js 7.10-15), a conquista de Ai (Js 8.1,2, 18), a derrota da coalizão do norte (Js 11.6), a distribuição da terra (Js 13.1-7) e a designação das cidades de refúgio (Js 20.1-6). As cerimônias religiosas concernentes à travessia, à circuncisão e à Páscoa já foram mencionadas. Além disso, Josué liderou o povo na aliança de dedicação (Js 8.30-35) e na renovação da aliança (Js 24). Também representou o povo diante do sumo sacerdote Eleazar em pelo menos dois incidentes. O primeiro foi quando determinaram qual pecado acarretara a derrota no primeiro assalto contra Ai (Js 7.14-18). Eleazar não é mencionado no texto; entretanto, o uso do Urim era o único método aprovado para determinar a vontade de Deus. Portanto, é provável que Josué tenha recorrido ao sumo sacerdote. O segundo incidente relaciona-se com a distribuição das terras entre as tribos. As que receberam as glebas a leste do Jordão estavam satisfeitas. As terras a oeste do Jordão foram determinadas por meio de sorteio, de acordo com a direção de Josué e Eleazar (Js 14.1,2; 15.1; 16.1; 17.1; 18.1-11; 19.1,10,17,24,32,40,49).

O sucessor de Moisés

Foi o papel de Josué como sucessor de Moisés que melhor ilustrou o caráter do homem como um servo fiel de Deus. Como seu antecessor, ele teve um começo incerto. Enquanto Moisés preocupava-se com sua habilidade para falar em público, Josué

JOSUÉ, FILHO DE NUM

pensava em como assumir o lugar deixado por uma pessoa de tão elevada estatura, o servo do Senhor (Êx 3 e 4; Js 1). Muitas das instruções iniciais de Deus para Josué tinham o propósito de dar-lhe segurança nesta questão. Na época da travessia do rio Jordão, o Senhor lhe disse em particular: "Hoje começarei a engrandecer-te perante os olhos de todo o Israel, para que saibam que, assim como fui com Moisés, assim serei contigo" (Js 3.7). Isto cumpriu-se conforme o registro de Josué 4.14. Como Moisés, ele começou sua liderança com uma estafante luta por reconhecimento. Como Moisés, Deus interferiu e confirmou sua escolha.

Muitas das atividades que Josué desempenhou seriam encaradas como imagens num espelho das ações anteriores do grande legislador. Como Moisés, ele enviou "espias" para investigar a terra prometida (Nm 13; Js 2). Como Moisés, liderou o povo através de uma imponente corrente de água, que se abriu miraculosamente diante deles (Êx 13.17 a 15.21; Js 3 e 4). Como Moisés, testemunhou a circuncisão de todos os israelitas do sexo masculino que estavam com ele (Êx 4.24-26; Js 5.2-9) e celebrou a Páscoa com Israel (Êx 12; Nm 9.1-4; Js 5.10-12). Como aconteceu com Moisés, uma figura aproximou-se dele, quando estava sozinho, e deu ordem para que tirasse o calçado, em reverência à terra santa em que se encontrava (Êx 3.1-5; Js 5.13-15). Como Moisés, liderou o povo em importantes conquistas militares (Êx 14 e 15; Nm 21; 31 e 32; Dt 2.26 a 3.11; Js 6; 8; 10 a 12) e identificou as impurezas entre o povo (Êx 32; Nm 15.32-36; 16; 25; Js 7). Como Moisés, construiu um altar, escreveu as palavras da Lei de Deus e deu-as ao povo como uma aliança entre eles e o Senhor (Êx 24.3-18; Js 8.30-35). Como Moisés, permitiu que os estrangeiros fizessem parte da comunidade da aliança (Êx 12.38; Js 6.22-25; 9). Assim como Moisés começou, Josué completou a tarefa de distribuir a terra de Canaã como herança para as tribos de Israel (Nm 32; Dt 3.12-20; Js 13 a 19), ao conceder uma propriedade a Calebe (Nm 14.24; Dt 1.36; Js 14.6-15), confirmar as heranças das filhas de Zelofeade (Nm 27.1-11; 36.1-12; Js 17.3-6), estabelecer as cidades de refúgio, dar aos levitas suas cidades (Nm 35; Js 20 e 21) e confirmar a continuidade do relacionamento entre as tribos de ambos os lados do rio Jordão (Nm 32; Js 22). Moisés apresentou um discurso de despedida para o povo e Josué fez o mesmo (Dt 1; Js 23). Moisés renovou a aliança de Deus com o povo e Josué também fez isso (Dt 29; Js 24). Embora as mortes de ambos serem diferentes, a menção da passagem dos dois é feita em detalhes (Dt 32.48-52; 34; Js 24.29-31).

O líder da aliança

O discurso final de Josué, em Siquém, é de grande interesse. No cap. 24, ele revê a aliança entre Deus e os israelitas. Josué prossegue descrevendo a necessidade da obediência ao Senhor e chama testemunhas para ouvir a declaração de lealdade para com Deus por parte do povo. Em muitas formas, este pacto encontra paralelos com o que Moisés fez com o povo em Deuteronômio. Ambos começam com uma recapitulação da história de Israel e com a maneira pela qual o Senhor providenciou a provisão para cada necessidade e fez com que eles tivessem sucesso nas batalhas (Dt 1 a 3; Js 24.2-13). Ambos então desafiaram o povo a servir somente a Deus. Em Deuteronômio, estas declarações preenchem a maior parte do livro (isto é, Dt 4 a 30). Em Josué 24, ocupam apenas os vv.14,15. As bênçãos para a obediência e as maldições para a desobediência, que aparecem em Deuteronômio 28, são encontradas como advertências em Josué 24.19,20. Em Deuteronômio 30.19, o céu e a terra são chamados como testemunhas da aliança entre Israel e seu Deus. Em Josué 24.22 o povo concordou em testemunhar contra ele próprio. Nos vv. 26,27 Josué também erigiu uma pedra em

JOSUÉ, FILHO DE NUM

Siquém, e declarou que ela serviria como testemunha contra a nação. As diferenças na seleção das testemunhas refletem o papel adverso que o povo desempenhava em Siquém. Em Deuteronômio não houve resposta por parte do povo à aliança. Em vez disso, os israelitas foram instruídos para recitar as bênçãos e as maldições de Deuteronômio 27.12-26 sobre os montes Ebal e Gerizim, quando entrassem na Terra Prometida. Josué supervisionou esta atividade (Js 8.30-35). O povo completaria as tarefas ordenadas por Moisés. Quando terminasse, responderia à aliança oferecida a eles por Deus. Assim, o compromisso deles com o Senhor, em resposta à aliança (Js 24.16-24), formava uma conclusão do relacionamento que Deus estabeleceria com a geração da conquista. Como a geração do Êxodo, a aliança foi-lhes oferecida — e eles a aceitaram (Êx 24). Lamentavelmente, como a geração anterior, logo transgrediram (Êx 32; Jz 3.5,6).

Josué, entretanto, não estava mais vivo para ver esse triste final das promessas do pacto que o povo fizera. Aparentemente, o testemunho dele e dos anciãos seus contemporâneos era forte o suficiente para evitar o pecado durante o tempo em que viveram, mas não nos anos seguintes (Jz 2.6-13). O texto indica que este proceder foi um dos maiores atos de Deus. Josué, como Moisés antes dele, liderara o povo na direção do Senhor. Espiritualmente, a experiência da travessia do Jordão e da consagração havia removido de sobre eles "o opróbrio do Egito", o qual os israelitas carregaram consigo devido à rebelião dos pais e ao pecado de Baal-Peor (Nm 25; Js 5.9). Politicamente, Deus usara Josué, a fim de colocar Israel numa posição ideal para a segurança e o crescimento. Um grande temor do Deus de Israel caíra sobre todos os habitantes de Canaã (Js 2.9; 5.1; 9.24; 10.2). Este medo surgiu devido às vitórias que os israelitas conquistaram desde a saída do Egito, inclusive a derrota de Ogue e Siom, a leste do rio Jordão. A conquista fora alcançada graças a este medo, o qual preparou o caminho para que os cananeus ficassem inseguros quanto à própria capacidade de enfrentar o inimigo comum e duvidassem da proteção de seus deuses. Josué testemunhara isto, bem como vira a mão de Deus agir e colocar abaixo os muros de Jericó (Js 6), bem como realizar os maravilhosos milagres nos céus, quando o sol e a lua foram usados pelo Senhor como um sinal contra os inimigos (Js 10.12-14). O que os cananeus cultuavam como divindades, por meio da oração de Josué, tornou-se adversário dos devotos. Até mesmo Baal, o deus das tempestades, não pôde protegê-los contra a chuva de saraiva que o Deus de Israel lançou contra eles do céu (Js 10.11). Desta maneira, os milagres divinos cooperaram com as fiéis ações de Josué e de todo o Israel, com o propósito de derrotar os inimigos.

No AT, Josué só é mencionado novamente em 1 Reis 16.34, quando uma maldição, pronunciada por ele contra qualquer pessoa que tentasse reconstruir Jericó, teve seu efeito. No NT, é citado em Atos 7.45 e Hebreus 4.8. Sua fé é mencionada no capítulo sobre os maravilhosos exemplos das pessoas que confiaram em Deus: "Pela fé caíram os muros de Jericó, depois de rodeados por sete dias" (Hb 11.30). Josué foi lembrado como o exemplo formidável de um líder escolhido por Deus e que exercitou a fé de acordo com a vontade do Senhor. Como tal, pôde representar o povo diante de Deus e liderar os israelitas numa nova terra e na aliança renovada. É bom observarmos que Jesus é o equivalente grego do nome hebraico Josué. No sentido de um líder que mostrou ao seu povo o caminho da fé e o levou à aliança com Deus, a vida de Josué foi uma prefiguração da do Filho de Deus. R.H.

JOSUÉ

JOSUÉ. 1. Veja *Josué, Filho de Num.*

2. Josué, filho de Jeozadaque. Era o sumo sacerdote em Judá depois do exílio na Babilônia; junto com Zorobabel, foi o responsável pelo restabelecimento do Templo e do culto, de 538 a 516 a.C. (Ag 1.1,12,14; 2.4; Zc 3.1,3,6, 8,9; 6.11). Seu nome é dado como Jesua em Esdras 3.2 e Neemias 12.1,8.

3. Cidadão de Bete-Semes, cidade que tomou conta da Arca da Aliança depois que foi tomada pelos filisteus e posteriormente devolvida, nos dias de Samuel (1 Sm 6.14,18).

4. Prefeito da cidade de Jerusalém. Oficial da corte no tempo das reformas do rei Josias, no final do século VII a.C. (2 Rs 23.8). E.M.

JOTÃO (Heb. "o Senhor é perfeito").

1. Filho do rei Uzias e sua esposa Jerusa. Tinha 25 anos de idade quando começou a reinar e governou de 740 a 736 a.C. (2 Rs 15.33; 2 Cr 27.1). Seguiu o pai, ao fazer "o que era reto aos olhos do Senhor" (2 Rs 15.34); mas, mesmo assim, não erradicou completamente o culto pagão realizado nos "lugares altos". Talvez achasse que não seria bom politicamente acabar com a adoração pagã, tão popular entre o povo.

"Jotão se tornou poderoso, porque dirigiu os seus caminhos na presença do Senhor seu Deus" (2 Cr 27.6); subjugou os amonitas e recebeu altas taxas e tributos deles durante os primeiros anos de seu reinado (v. 5). Governou em Jerusalém por 16 anos. Construiu um "portão superior" no Templo e várias defesas ao redor do reino (2 Cr 27.3,4). Lamentavelmente, seu filho Acaz afastou-se do Senhor e seguiu as práticas dos reis de Israel. Assim como abençoara Jotão por sua obediência e fidelidade, da mesma maneira o Senhor castigou Acaz e todo o povo de Judá, por causa de seu pecado (2 Cr 28; veja Is 7.1).

Os profetas Isaías, Miquéias e Oséias desenvolveram seus ministérios durante o reinado de Jotão (Is 1.1; Os 1.1; Mq 1.1). Foi ancestral de Jesus, mencionado na genealogia que demonstra sua linhagem real, em Mateus 1.9.

2. Filho de Jodai e descendente de Judá e de Calebe, mencionado em 1 Crônicas 2.47.

3. Filho mais novo de Jerubaal (Gideão), mencionado em Juízes 9.5,7,21. Foi o único que escapou do massacre da família praticado pelos homens de Siquém. Assim que Gideão morreu, os israelitas voltaram à prática da adoração a Baal e recusaram-se a demonstrar qualquer generosidade para com família dele e seus descendentes (Jz 8.34,35). Abimeleque, filho de Gideão com uma concubina, foi para Siquém e conseguiu apoio para si. Com o dinheiro que lhe deram, contratou um grupo de bandidos, os quais sob suas ordens mataram todos os filhos de seu pai. Jotão escapou e subiu ao monte Gerizim, próximo de Siquém, e de lá transmitiu uma parábola para os habitantes da cidade. A narrativa falava sobre várias árvores que queriam ungir um rei sobre elas; as árvores úteis, contudo, recusaram a honra. Finalmente, o espinheiro aceitou. Jotão relacionou Abimeleque com aquele espinheiro, a fim de claramente indicar que no futuro ele se tornaria uma maldição para os habitantes de Siquém. Abimeleque governou aquela cidade por três anos (Jz 9.22); depois, porém, "enviou Deus um espírito mau entre Abimeleque e os cidadãos de Siquém, os quais procederam aleivo-samente contra Abimeleque, para que a violência praticada contra os setenta filhos de Jerubaal, como também o sangue deles, recaíssem sobre Abimeleque" (vv. 23,24). A parábola de Jotão se cumpriu. P.D.G.

JOZABADE (Heb. "o Senhor tem dado").

1. Listado como um dos guerreiros que se uniram a Davi, em Ziclague (1 Cr 12.4).

2. Da tribo de Manassés, também listado entre os guerreiros que se uniram a Davi, em Ziclague (1 Cr 12.20).

JUDÁ

3. Descendente de Manassés, serviu como um dos guerreiros de Davi, em Ziclague (1 Cr 12.20).

4. Serviu como supervisor nos depósitos do Templo durante o reinado de Ezequias (2 Cr 31.13).

5. Líder na tribo de Levi, fez parte do grupo dos que fizeram doações generosas de animais para serem sacrificados durante a grande celebração da Páscoa, no reinado de Josias (2 Cr 35.7-9).

6. Um dos líderes dos levitas, presidiu o trabalho externo no Templo, no período após o exílio na Babilônia (Ne 11.16). Provavelmente, trata-se da mesma pessoa mencionada em Esdras 8.33.

7. Descendente de Pasur, foi um dos sacerdotes que se casaram com mulheres estrangeiras, depois do retorno do exílio na Babilônia (Ed 10.22,23). s.c.

8. Servo do rei Joás, de Judá. Foi um dos homens envolvidos na morte deste monarca. Posteriormente foi morto por Amazias, filho de Joás e seu sucessor no trono, por ter tomado parte nesse complô (2 Rs 12.21; 2 Cr 24.26; 25.3).

9. Segundo filho de Obede-Edom, descendente de Coré, responsável pelo trabalho nos portões do Tabernáculo, na administração de Davi (1 Cr 26.4, chamado de Jeozabade).

10. Da tribo de Benjamim, era um dos principais oficiais do exército do rei Josafá. Tinha 180.000 homens sob suas ordens (2 Cr 17.18).

JOZADAQUE. Pai de Jesua, o qual, como sacerdote no tempo de Zorobabel, teve um papel importante no restabelecimento do culto entre os judeus que retornaram para Judá depois do exílio na Babilônia. Alguns de seus descendentes casaram-se com mulheres estrangeiras (Ed 3.2,8; 5.2; 10.18; Ne 12.26). Talvez seja o mesmo *Jeozadaque.*

JUBAL. Segundo filho de Lameque e sua esposa Ada (Gn 4.21). Foi o primeiro músico mencionado na Bíblia: "Este foi o pai de todos os que tocam harpa e flauta".

JUCAL (Heb. "o Senhor é poderoso"). Filho de Selemias, foi enviado pelo rei Zedequias, junto com o sacerdote Sofonias, a Jeremias. O monarca queria que o profeta intercedesse pelo povo de Jerusalém, para que fosse salvo do exército dos caldeus (Jr 37.3). O rei fez este pedido, a despeito de não ouvir as profecias de Jeremias! (v. 2). Jucal era um dos oficiais de Zedequias, mencionados em Jeremias 38.1, que ouviram a mensagem do profeta de que os que permanecessem em Jerusalém seriam destruídos e os que fossem para o exílio na Babilônia viveriam. Os oficiais informaram ao rei sobre essa mensagem e argumentaram que ela desanimaria os soldados e os obrigaria a desertar. Zedequias então permitiu que eles prendessem Jeremias e o colocassem dentro de uma cisterna sem água, no pátio da casa da guarda. Não sabemos ao certo se Jucal teve participação ativa nessa ação contra o profeta. É claro que a mensagem de Jeremias era realmente a palavra do Senhor e posteriormente provou estar correta. P.D.G.

JUDÁ. 1. Nascido em Padã-Arã, era o quarto filho de Jacó e Lia (Gn 29.35; 35.23). Tornou-se o progenitor de uma das doze tribos de Israel. Pouco se sabe sobre ele; quando os irmãos decidiram matar José, Judá falou com eles e recusou-se a participar do assassinato de alguém de sua própria carne e sangue; sugeriu que o vendessem como escravo para os mercadores midianitas (Gn 37.26,27).

Em certa ocasião, Judá saiu para passar uns dias com seu amigo Hira, em Adulão, onde conheceu e casou-se com uma mulher filha de um cananeu chamado Sua. Teve vários filhos com ela (Gn 38.1-11). Um deles, chamado Er, era ímpio e foi morto pelo Senhor (v. 7). A esposa dele, cujo nome era Tamar, foi dada a seu irmão Onã, o qual recusou-se a ter filhos com ela. Ele também foi morto, por não obedecer ao Senhor nesta questão. Em vez de dá-la ao seu terceiro

JUDAS ISCARIOTES

filho, Judá mandou-a para a casa de seu pai e lhe disse que levasse uma vida de viúva. Algum tempo depois, a esposa de Judá morreu e ele foi novamente visitar seu amigo Hira. Tamar, usando de um estratagema, seduziu o próprio sogro e engravidou. Quando soube de tudo, Judá reconheceu que não a tratara com justiça; por ser viúva, levou-a para sua casa, onde cuidou dela. Quando deu à luz, Tamar teve gêmeos: Perez e Zerá (Gn 38.26-30; 46.12).

Há um grande contraste entre o pecado sexual de Judá, ao aproximar-se de uma mulher que se fazia passar por prostituta (Gn 38), e a fidelidade de José, o qual recusou-se a deitar com a esposa de Potifar. Todo o relato sobre Judá é narrado pelo escritor bem no meio da história do sofrimento de José, na prisão, devido ao seu comportamento íntegro (Gn 37; 39 e 40).

Judá aparece novamente em cena quando os irmãos viajaram pela segunda vez ao Egito, a fim de comprar alimentos, durante a fome que assolava a humanidade. Ele lembrou ao pai que o primeiro-ministro do Egito avisara que não os receberia a menos que levassem o irmão mais novo, Benjamim, junto com eles (ainda não sabiam que era José, desejoso de ver o irmão). Judá prometeu ao pai que ele próprio se ofereceria como refém para que Benjamim regressasse do Egito em segurança. Sem dúvida, tanto Jacó como Judá percebiam que havia possibilidade de perderem mais um membro da família (Gn 43.8). Parece que ele se tornou o líder dos irmãos, nos contatos que tiveram com José (Gn 44.14-34). Finalmente, o governador revelou sua identidade e trouxe todos eles, inclusive Jacó, para viver no Egito. Judá levou todos os familiares para a terra de Gósen (Gn 46.28).

Quando estava próximo da morte, Jacó abençoou seus filhos e profetizou que Judá seria a maior de todas as tribos. Predisse que o cetro (símbolo da realeza) jamais se apartaria de sua mão (Gn 49.8-10).

Quando a terra de Canaã foi distribuída entre as tribos, no tempo de Moisés e de Josué, Judá recebeu como herança a região ao redor de Hebrom, ao sul de Jerusalém. A bênção de Jacó sobre este filho provou ser correta e duradoura. Judá permaneceu a tribo abençoada por Deus e, depois da invasão de Israel pelos assírios, tornou-se o reino abençoado por Deus. O rei Davi era descendente de Judá e entre os seus filhos, no futuro, estaria o Salvador Jesus. Desta maneira, o cetro seria estabelecido para sempre entre os descendentes de Judá (Lc 3.33).

2. Um dos levitas que se casaram com mulheres estrangeiras depois do retorno do exílio na Babilônia (Ed 10.23).

3. Filho de Senua, da tribo da Benjamim, foi colocado como segundo superintendente da cidade de Jerusalém, após o exílio na Babilônia (Ne 11.9).

4. Um dos levitas que ajudaram no ministério da música no Templo, após o retorno do exílio na Babilônia (Ne 12.8).

5. Um dos líderes da tribo de Judá que participaram do culto de dedicação dos muros de Jerusalém, quando a obra de reconstrução foi concluída, na época de Neemias (Ne 12.34).

6. Outro envolvido na celebração da festa de dedicação dos muros de Jerusalém, sob a liderança de Neemias (Ne 12.36). P.D.G.

JUDAS ISCARIOTES

Judas Iscariotes foi um dos doze apóstolos de Cristo, mas praticamente nada se sabe sobre ele, exceto que traiu e entregou o Filho de Deus às autoridades. Até mesmo o significado do nome "Iscariotes" é incerto. Alguns comentaristas o relacionam com a

JUDAS ISCARIOTES

palavra "sicário", ou seja "o homem da adaga", a fim de especular que provavelmente fez parte do partido revolucionário dos *zelotes*. Outros propõem significados como "o falso", "aquele que livra", "homem da cidade" (isto é, Jerusalém) etc. Uma interpretação mais antiga e a mais amplamente aceita é "o homem de Queriote", que tanto se refere a uma cidade na região de Moabe, como a uma pequena vila no sul da Judéia; entretanto, mesmo essa proposta é totalmente incerta.

Os três evangelhos sinóticos apresentam basicamente o mesmo proceder de Judas. O de Marcos, considerado o mais antigo, registra a descrição mais simples. Ele é mencionado pela primeira vez na lista dos apóstolos (Mc 3.19), onde é citado como "Judas Iscariotes, que o traiu". Todas as outras referências estão no capítulo 14, no relato sobre a traição: Judas fez um acerto com os chefes dos sacerdotes, os quais concordaram em dar-lhe dinheiro (vv. 10,11); Jesus referiu-se a ele indiretamente durante a Última Ceia (vv. 18-21); imediatamente depois da agonia de Cristo, no Jardim Getsêmani, Judas chegou com uma multidão, deu-lhe um beijo (o sinal combinado), e Jesus foi preso (vv. 43-46).

Todo este relato tem um paralelo nos evangelhos de Mateus e Lucas. Cada um deles, entretanto, reflete uma perspectiva distinta, às vezes com a inclusão de outras informações. Mateus, por exemplo, acrescenta o detalhe de que os chefes dos sacerdotes pagaram a Judas 30 moedas de prata (Mt 26.15). Não é uma quantia muito grande de dinheiro; por isso, alguns comentaristas especulam que se tratava apenas de um sinal, ou seja, parte do pagamento. Outros argumentam que este detalhe não é histórico, mas apenas o resultado do desenvolvimento redacional. Mateus também é o único evangelista que menciona o remorso de Judas, o qual o levou a cometer suicídio (Mt 27.3-5). Além disso, acrescenta que os sacerdotes recolheram o dinheiro que foi devolvido por Judas e compraram um campo destinado à construção do cemitério para estrangeiros; este evento confirma o cumprimento das Escrituras (Mt 27.6,7, com citação de Zc 11.12,13).

Lucas, por sua vez, distingue-se por fazer um comentário inicial de que Judas fez um acordo com os sacerdotes, porque Satanás entrara nele (Lc 22.3). Também relata de forma um pouco diferente a referência indireta que Jesus fez a Judas durante a Última Ceia (Lc 22.21-23) e abrevia a narrativa da própria traição (Lc 22.47,48). No livro de Atos, entretanto, Lucas registra algumas informações inéditas. Pedro, ao falar aos crentes algum tempo depois da morte e ressurreição de Jesus, destacou que a traição e a morte de Judas cumpriram as palavras de Davi (At 1.15-20; Sl 69.25; 109.8). A passagem de Atos inclui um relato das circunstâncias que cercaram a morte de Judas que difere da narrativa de Mateus. Várias sugestões são apresentadas sobre a possível harmonização das duas passagens; mas é difícil a reconstituição dos detalhes com certeza.

Em contraste com os sinóticos, o evangelho de João destaca-se por enfatizar as características negativas de Judas em vários pontos da narrativa. É interessante notar que, no relato da própria traição, João não registra nenhuma interação entre Jesus e Judas (não faz menção ao beijo, em particular). No capítulo 6, entretanto, no contexto de uma discussão sobre o verdadeiro e o falso discípulo, João registra as palavras de Jesus: "Não vos escolhi eu aos doze? Contudo, um de vós é um diabo" (Jo 6.70). No versículo seguinte, João explica que Jesus se referia a Judas, que logo depois o traiu. Desta maneira, o autor levanta explicitamente um problema teológico que cada leitor dos evangelhos enfrenta: como Judas foi escolhido por Jesus, para em seguida ser o traidor?

O retrato negativo que João faz de Judas também é óbvio no relato sobre a unção de Jesus, feita por Maria (Jo 12.1-8). Devido ao fato de ela derramar um perfume caríssimo nos pés de Cristo, Judas reclamou que o perfume era valioso e, se vendido,

JUDAS ISCARIOTES

o dinheiro seria útil aos pobres. João, então, comenta: "Ele disse isso, não pelo cuidado que tivesse dos pobres, mas porque era ladrão; tendo a bolsa, tirava o que nela se lançava" (v. 6). Os evangelhos sinóticos não fazem nenhum comentário deste tipo sobre Judas e por isso a autenticidade histórica desses relatos é questionada por alguns comentaristas, mas sem razão suficiente (mesmo os teólogos mais céticos reconhecem que o evangelho de João preserva tradições históricas não registradas nos sinóticos).

Nos evangelhos sinóticos, o relato da predição de Jesus sobre a traição de Judas, durante a Última Ceia, é semelhante; contudo, é expandida em João 13. Logo no início da passagem, a Bíblia diz: "Durante a ceia, tendo já o diabo posto no coração de Judas Iscariotes, filho de Simão, que o traísse..." (v. 2). No v.18, João levanta novamente o problema teológico que envolvia a escolha de Judas: "Não falo de todos vós; eu conheço os que escolhi. Mas isto é para que cumpra a Escritura: O que come o pão comigo, levantou contra mim o seu calcanhar" (citação do Sl 41.9). Somente João vai adiante e diz que "tendo Jesus dito isso, perturbou-se em espírito, e afirmou: Em verdade, em verdade vos digo que um de vós me trairá" (v. 21). Cristo identificou o traidor como aquele para quem desse um pedaço de pão: "Então, molhando o pedaço de pão, deu-o a Judas Iscariotes, filho de Simão. Assim que Judas tomou o pão, entrou nele Satanás" (vv. 26,27). João também relata que Jesus disse a Judas: "O que estás prestes a fazer, faze-o depressa" (v. 27) e depois disso Judas saiu da sala. O parágrafo termina com as palavras sugestivas: "E era noite" (v. 30).

Finalmente e mais significativo, João relata que no contexto da assim chamada oração sacerdotal, Jesus referiu-se à traição de Judas: "Estando eu com eles no mundo, guardei-os no nome que me deste. Nenhum deles se perdeu, senão o filho da perdição, para que se cumprisse a Escritura" (Jo 17.12). Aqui, o enigma sobre Judas torna-se ainda mais complicado, porque relaciona-se com a proteção de Jesus sobre os discípulos. Como seria possível que alguém, escolhido por Cristo para fazer parte do grupo dos doze, fosse destruído? A questão talvez seja vista de outro ângulo: como Jesus o escolheu, ciente de que ele seria destruído? A resposta dada na própria passagem soa das profundezas dos mistérios divinos: de acordo com as Escrituras, Judas destinava-se à destruição.

Para a mente moderna, tal resposta de maneira alguma proporciona uma solução. De fato, através dos séculos a figura de Judas tem fascinado muitos pensadores, os quais tentam dar um explicação para o seu comportamento. A abordagem mais comum é a sugestão de que ele foi compelido pelo amor ao dinheiro. Essa proposta parece ter algum apoio nos comentários de João 12.6; mas é interessante notar que este evangelho não faz menção do arranjo financeiro feito entre Judas e os sacerdotes. Além disso, a quantia de dinheiro, considerada relativamente pequena, dificilmente motivaria uma ação de tal magnitude.

Pelo fato de o texto bíblico não proporcionar nenhuma outra informação, qualquer tentativa adicional para explicar o comportamento de Judas envolve muita especulação: inveja dos outros discípulos, amargura por ver suas esperanças materiais se desvanecerem, medo das repercussões políticas etc. Uma teoria que conseguiu atrair atenção sugere que Judas tentava forçar os acontecimentos. Em outras palavras, por meio da traição, Jesus seria coagido a assumir seu papel messiânico e entrar em ação (alguns vêem aqui até mesmo um reflexo da tentação de Cristo, onde o diabo desejava que Ele demonstrasse seu poder de forma inadequada; veja Mt 4.1-11; Lc 4.1-13; cf. Jo 6.14,15).

Dificilmente alguém conseguirá provar que qualquer uma dessas hipóteses esteja certa ou errada, embora seja possível que alguns desses fatores tenham influenciado

JUDAS

o pensamento de Judas. Nenhum deles, entretanto, proporciona base suficientemente forte para justificar uma atitude tão hedionda como trair o próprio Filho de Deus. Por esta razão o evangelho de João é de especial valor, quando pensamos nesta questão.

João, o último a escrever seu evangelho, freqüentemente proporciona reflexões teológicas diretas sobre uma variedade de temas, os quais os sinóticos tratam apenas de forma descritiva, mas que levantam questões nas mentes dos leitores atentos. Um destes temas é a soberania do Senhor na obra da salvação. A tensão aparente que existe entre o poder de Deus e a vontade humana é como uma corrente submersa na maioria das narrativas bíblicas, a qual vem à tona em numerosas passagens. Note, por exemplo, a declaração de Jesus de que Deus ocultou sua sabedoria de algumas pessoas e revelou-a a outras (Mt 11.25-27 e textos paralelos), ou sua garantia de que a salvação é impossível aos homens, mas não para o Senhor (Mt 19.26 e textos paralelos).

É algo geralmente reconhecido que o evangelho de João destaca a verdade da incapacidade humana, portanto nossa dependência da vontade e do poder de Deus para a salvação (cf. Jo 1.12,13; 3.3-9; 6.44). Em vista desta ênfase, não é de surpreender que o quarto evangelho dê uma atenção especial ao enigma de Judas. Com efeito, o traidor personifica, de maneira dramática, o que geralmente consideramos "o problema do mal". Se o evangelho, entretanto, não ignora o problema, tampouco proporciona o que seria considerado uma solução "racional", isto é, respostas que satisfaçam nossas mentes; antes, apenas minimiza um pólo ou outro do paradoxo (ou seja, "Deus faz tudo o que lhe apraz, portanto Judas não era responsável pela traição" ou "Judas era responsável, portanto Deus apenas previu, mas não predeterminou a traição").

A narrativa bíblica não deixa sombra de dúvida de que Judas era um agente humano responsável — o que ele fez, fez porque quis, e não pelo fato de ter sido impelido a fazê-lo, mesmo contra sua vontade. Por outro lado, João 17.12 deixa claro que explicações psicológicas não atingirão a raiz do ato da traição. A própria vontade de Deus engloba toda a história, que inclui até mesmo o pior pecado da humanidade (At 2.23). Com absoluta certeza, Deus não é o autor do pecado — aqui reside o mistério que envolve o problema do mal — mas seus propósitos nunca são frustrados (Pv 19.21; Is 46.10). A figura de Judas serve como um lembrete de que o pecado é algo terrível, mas a morte de Cristo é o poder de Deus para efetuar a salvação de seu povo.

M.S.

JUDAS. 1. Veja *Judas Iscariotes*.

2. Filho de Tiago, é mencionado em Lucas 6.16 e Atos 1.13 como um dos doze discípulos escolhidos por Jesus para serem apóstolos. Nas listas de Mateus 10.3 e Marcos 3.18, no lugar do nome Judas, encontra-se Tadeu. Talvez trate de outro termo para a mesma pessoa, a fim de não ser confundido com o Judas que traiu Jesus. João 14.22 provavelmente refere-se a ele.

3. O meio irmão de Jesus (Mt 13.55; Mc 6.3). Provavelmente não fazia parte do grupo dos apóstolos, pois João 7.5 diz que os irmãos de Cristo "não criam nele". Posteriormente, entretanto, creram que Jesus era o Filho de Deus e estavam presentes no Cenáculo, depois da ressurreição, no grupo de irmãos que "perseveravam unanimemente em oração", ao lado dos apóstolos e algumas das mulheres que estiveram com Cristo (At 1.14). Na epístola de Judas (v. 1), ele se intitula o "irmão de Tiago" e é muito provável que o autor da epístola na verdade fosse este Judas, irmão de Jesus.

Geralmente é aceito que o mencionado em Judas 1 era o irmão de Tiago [meio

JUDEU/JUDEUS

irmão de Jesus] (veja Mc 6.3). Existe pouca informação na carta que possa indicar quando Judas a escreveu, mas 90 d.C. seria a data ideal. Nesta carta, o autor encoraja seus destinatários, ao enfatizar a graça de Deus e sua fidelidade em guardar seus filhos da queda (Jd 1,24). Também desafia os cristãos a batalhar pela fé (v. 3). Ele demonstrou, por meio das Escrituras, que os problemas e as maldades que os cristãos enfrentavam na sociedade não eram novos. No passado, Deus julgou sistematicamente os que ensinaram o mal e faria isso novamente. O grande consolo para todos os cristãos que enfrentam as heresias é que o Senhor cuida dos seus e com certeza os guardará.

P.D.G.

4. "Judas, o galileu", mencionado em Atos 5.37 pelo rabino Gamaliel. Foi um judeu zeloso e patriota que se rebelou contra o censo ordenado pelo imperador Quirino. Ao sugerir a libertação dos apóstolos recentemente presos pelos saduceus, Gamaliel argumentou que outros homens surgiram no passado aparentemente como líderes do povo. Se tais pessoas fossem realmente dirigidas por Deus, o trabalho delas sobreviveria; se não, terminaria como o de Judas, o galileu, que "levou muito povo após si. Mas também este pereceu, e todos os que lhe deram ouvidos foram dispersos".

5. Cristão procurado por Saulo (Paulo) após sua experiência na estrada de Damasco. Ananias foi instruído por Deus a visitar a casa de Judas, na rua Direita, em Damasco, para conversar com Saulo sobre sua recente conversão à fé e orar por ele (At 9.11). Veja *Ananias*.

6. Judas Barsabás, um dos cristãos mais respeitáveis presentes no assim chamado "Concílio de Jerusalém", em Atos 15. Nesta assembléia dos líderes da Igreja recém-formada, numerosas questões teológicas foram discutidas, a maioria das quais surgidas na igreja de Antioquia. A questão principal era referente à relação entre os novos convertidos ao cristianis-

mo, procedentes do judaísmo, e os convertidos entre os gentios. Estes deviam adotar a circuncisão? Deviam guardar a Lei de Moisés? (At 15.5,19,20). Quando os líderes decidiram qual curso de ação seria adotado, ou seja, que os gentios fossem reconhecidos como cristãos completos, sem necessidade da circuncisão, enviaram uma carta com detalhes sobre a decisão para a igreja de Antioquia. Judas e Silas, "homens distintos entre os irmãos" (At 15.22), receberam a tarefa de levar aquela correspondência.

Os cristãos de Antioquia ficaram animados com o conteúdo da carta e com a explicação e a confirmação do que fora escrito, dadas por Judas e Silas. Ambos eram profetas e encorajaram e fortaleceram os irmãos (vv. 27,32). P.D.G.

JUDEU/JUDEUS. Este termo étnico tornou-se um meio muito comum de se referir aos israelitas que faziam parte do reino do Sul de Israel, durante o período do exílio na Babilônia. Sua primeira menção é em 2 Reis 16.6 e 25.25, em associação com a permanência do povo de Deus na Caldéia. Servia também para descrever qualquer israelita, no período após o exílio, em contraste com os gentios. Aparece freqüentemente com esse sentido em Esdras, Ester e Jeremias e um pouco mais raramente em Daniel e Zacarias. Ester, Mordecai, Sadraque, Mesaque e Abede-Nego são personagens proeminentes, identificados explicitamente como judeus no Antigo Testamento (livro de Ester; Dn 3.12). O contexto cultural misto de suas histórias torna o uso do termo bastante adequado. Este também é um termo religioso, para se referir a quem aderiu à religião dos hebreus.

Os judeus que viviam na Palestina preferiam referir-se a si mesmos como membros de Israel. Para muitos israelitas, "judeu" era o meio pelo qual os de fora se dirigiam a eles. O contraste entre os líderes judaicos que escarneciam de Jesus, quando o chamaram de "Rei de Israel", e o título zombeteiro dado a ele pelos romanos, "Rei dos judeus", ilustra essa diferença de perspectiva (Mc 15.32; cf. vv. 2,9,12,18,26).

Esse senso de "eles" também surge no Novo Testamento, mas de maneira diferente. Os judeus são vistos como um grupo que se opõe a Jesus, a fim de questionar a sua doutrina, ou cujas práticas diferem das dos cristãos com respeito a coisas como alimentos puros ou impuros ou a guarda do sábado (Mt 28.15; Mc 7.3; Jo 2.18,20; 5.10,16,18; 7.1; 9.22; 10.31; 19.38; At 9.23; 12.3; 14.19; 17.5; 18.12). Às vezes, o termo é uma descrição neutra daqueles que pedem um favor a Jesus ou estão entre os que respondem a Ele (Lc 7.3; Jo 11.31-33, 45; 12.11; At 13.43; 14.1; 21.20). Assim, este nome não é usado unicamente de forma hostil. Em João 4.9, Cristo é identificado como judeu, em contraste com os samaritanos. O mesmo aconteceu com Paulo e seus companheiros (At 16.20; 22.3,12), bem como com os crentes Áqüila, Apolo e Ananias (At 18.2,24). Assim, os cristãos de descendência judaica são chamados de judeus e ao mesmo tempo são distintos deles. Paulo é destacado como alvo da oposição deles (At 18.12; 21.27; 22.30; 23.12, 27; 24.9; 26.7; 2 Co 11.24).

Nas epístolas, o termo aparece mais freqüentemente nas cartas do apóstolo Paulo, na maioria das vezes para estabelecer um contraste étnico com os gentios ou gregos (Rm 1.16; 2.9,10; 10.12; 1 Co 1.24; 10.32; 12.13; Gl 2.14,15; 3.28; Cl 3.11; o único uso fora das cartas de Paulo é em Apocalipse 2.9; 3.9). Em alguns desses contextos, há uma hostilidade implícita para com as práticas judaicas, quando comparadas com as cristãs (Gl 2.13,14). Na relação judeu-gentio, o argumento geralmente reflete um desejo de mostrar o alcance da salvação que é oferecida a todas as raças.   D.B.

JUDITE. Filha de Beeri, o heteu, casou-se com Esaú, filho de Isaque, quando ele tinha 40 anos de idade. Provavelmente devido à sua procedência cananita, a Bíblia diz que tanto ela como a outra esposa dele (Basmate), também de Canaã, "foram para Isaque e Rebeca uma amargura de espírito" (Gn 26.34,35). Esses casamentos foram outra demonstração na vida de Esaú de sua negligência para com o Senhor e sua disposição para associar-se com os povos pagãos. Há um grande contraste nesse aspecto entre ele e Jacó, o qual viajou até a Mesopotâmia (Padã-Arã) para tomar uma esposa, em vez de casar-se com as mulheres cananitas (Gn 28.6-8).

JUÍZES

O período dos juízes veio após a conquista de Canaã sob a liderança de Josué, o que trouxe relativa paz e estabilidade para os israelitas (Js 21.43-45). A geração seguinte, entretanto, fracassou em assegurar as bênçãos de Deus e falhou em expulsar as nações remanescentes em Canaã. A conseqüência deste fracasso foi um enfraquecimento crescente na vida de Israel, marcado por conflitos entre as tribos, sincretismo religioso e a derrota diante das nações estrangeiras. A resposta de Deus para a desobediência e a idolatria de Israel foi o juízo sobre a nação, ao permitir que sofressem derrotas nas mãos de uma sucessão de inimigos (Jz 2.12-15) — sírios (3.8), moabitas (3.12), filisteus (3.31; 13.1), cananeus (4.2), midianitas (6.1) e amonitas (10.9). Os juízes eram homens levantados pelo Senhor (Jz 2.16) para livrar a nação da opressão estrangeira e restaurar a adoração a Deus. Em todos os casos, entretanto, depois do livramento conquistado pelo juiz, o período que se seguia à sua morte resultava numa deterioração ainda maior do compromisso do povo com o Senhor (Jz 2.19).

JUÍZES

Características dos juízes

O título "juiz" vem de Juízes 2.16: "Então levantou o Senhor juízes, que os livraram das mãos dos que os despojavam". Este termo, entretanto, carrega mais do que uma conotação meramente judicial. Durante o Êxodo, Moisés nomeou juízes, que funcionavam como seus delegados, com autoridade para aplicar a Palavra de Deus em situações que requeriam um julgamento legal (Êx 18.13-27); o papel judicial deles continuaria depois que o povo se estabelecesse em Canaã (Dt 16.18). Nos tempos de opressão nacional, entretanto, a função dos juízes era a de ser os instrumentos usados por Deus no livramento do povo. Num tempo de apostasia, eram capacitados pelo Todo-poderoso de maneira sobrenatural para libertar Israel, no nome do Senhor (Jz 3.10, 28; 7.15; etc.), enquanto nas épocas de paz aparentemente exerciam o papel de líderes (Jz 12.8-13).

O caráter daqueles homens levantados pelo Senhor para livrar Israel era variado. Otniel, sobrinho de Calebe, apresenta-se como um juiz exemplar. Chamado por Deus, recebeu o poder sobrenatural do Espírito Santo, derrotou o opressor de Israel em batalha e trouxe um período de paz (Jz 3.9,10). Cada juiz que se seguiu, entretanto, foi marcado por ambigüidades deliberadas de caráter. Eúde, o canhoto, triunfou por meio do engano e do assassinato (Jz 3.15-26). Baraque relutou em obedecer ao Senhor, ao insistir em que Débora [a juíza] o acompanhasse (Jz 4.8); desta maneira, a honra pela morte do general inimigo foi de uma mulher, Jael, esposa de Héber, o queneu (v. 21). Gideão precisou de repetidas garantias para acreditar que o Senhor estava com ele (Jz 6.15, 27,36-40; 7.10) e, no final de sua vida, levou Israel de volta à idolatria (Jz 8.27). O passado duvidoso de Jefté, filho de uma prostituta, foi confirmado pela insensatez do voto que fez (Jz 11.30,31), numa tentativa de manipular a vontade do Senhor. Sansão quebrou repetidamente a Lei de Deus, ao tocar e comer coisas proibidas a um nazireu (Jz 14.8ss; veja 13.7) e em envolvimentos sexuais ilícitos (Jz 14.2,3; 16.1,4ss). Este padrão persistiu no livro de 1 Samuel. Eli, chamado de juiz (1 Sm 4.18), honrou os filhos rebeldes mais do que ao Senhor (1 Sm 2.29). Até mesmo Samuel, que combinou as funções de profeta, sacerdote e juiz (1 Sm 7.15-17), teve filhos desobedientes (1 Sm 8.5).

Em cada um dos casos, os juízes apresentavam muitos dos defeitos que eram típicos da nação naquela época. Funcionavam como uma figura de Israel, ou seja, israelitas típicos equipados para o serviço do Senhor unicamente por sua graça. A implicação do livro é que o Senhor é o verdadeiro Juiz (Jz 11.27), e os instrumentos humanos da salvação são chamados e preparados de forma sobrenatural, usados em sua graça para aliviar o sofrimento de seu povo. Os juízes prefiguravam a Igreja: imperfeitos no caráter, mas mesmo assim comissionados pelo Senhor para levar sua mensagem a um povo rebelde. Por isto, Hebreus 11.32 menciona vários juízes pelo nome, como exemplos de fé.

No sentido de que Deus é quem levanta os governantes de seu povo, o período dos juízes marcou mais o governo imediato do Senhor do que o tempo da monarquia que se seguiu (1 Sm 8.7,8; Is 1.26). Assim, as intervenções miraculosas de Deus durante este período estavam associadas aos juízes, ao passo que, no decorrer da monarquia, os profetas eram o foco desses sinais.

Características do povo

Israel foi obediente ao Senhor, sob a liderança de Josué, e obteve muitas vitórias diante dos inimigos, conforme Deus prometera (Js 21.43-45). A questão subentendida

JUÍZES

no livro de Juízes é o não cumprimento da promessa do Senhor aos patriarcas de dar toda a terra de Canaã a Israel. Juízes 1 registra a continuação da campanha de Josué contra os cananeus, inicialmente com sucesso (Jz 1.4-20). A total confiança no Senhor, entretanto, deu lugar a alianças com os moradores da terra (Jz 1.23-26), as quais foram proibidas por Deus (Êx 23.32); as campanhas seguintes não foram finalizadas (Jz 1.27-33) ou fracassaram (v. 34). O cumprimento da promessa era visto como condicionado à obediência de Israel aos mandamentos de Deus. O Senhor permitiu que alguns cananeus sobrevivessem, para testar o nível do compromisso de Israel com Ele (Jz 2.21 a 3.4), devido à desobediência da geração que se levantou após Josué.

A desobediência nas campanhas militares estava associada com a persistente apostasia do povo. Aparentemente, depois de se estabelecer na terra, os israelitas iniciaram um sincretismo religioso, pois adoravam o Senhor e também os deuses locais da fertilidade (Jz 2.11-13). A amplitude desta apostasia é indicada pelo fato de o pai de Gideão ser um sacerdote de Baal e de Aserá (poste-ídolo) (Jz 6.25) e pela idolatria aberta mencionada em Juízes 17, a qual envolveu um sacerdote levita, e a aparente mistura da adoração de Baal e do Senhor da Aliança de Israel, na criação da adoração a Baal-Berite (literalmente, "Baal da Aliança), em Juízes 8.33. Esta apostasia provocou o juízo de Deus contra seu povo (Jz 2.12-15; 3.7; 6.10), a fim de trazê-lo de volta para si.

A repetida desobediência e a apostasia proporcionam o padrão da narrativa da maior parte do livro de Juízes. Há um padrão comum que se repete:

1. Israel faz o que é mau (Jz 2.11; 3.7, 12; 4.1; 6.1; 10.6; 13.1).

2. O Senhor entrega o povo na mão dos inimigos (Jz 2.14; 3.8, 12; 4.2; 6.1; 10.9; 13.1).

3. Israel clama ao Senhor (Jz 2.18; 3.9,15; 4.3; 6.6; 10.10; significativamente, isso não ocorre no episódio de Sansão).

4. O Senhor envia um libertador (Jz 2.16; 3.9,15; implícito em 4.4; de maneira significativa, entretanto, um profeta é enviado primeiro em 6.8; inicialmente, Deus recusou-se a salvar o povo em 10.13; e o resgate tinha "apenas começado" com Sansão em 13.5).

5. O resultado é vitória e paz (Jz 3.10, 30; 4.23; 8.28; 11.33; contudo, não há declaração de paz depois de Jefté nem de vitória depois de Sansão).

As mudanças no padrão da narrativa refletem a declaração de Juízes 2.19 de que, depois da opressão de um inimigo e da libertação providenciada por Deus, o povo voltava para um estado pior do que o anterior. A desobediência e apostasia seguiam uma espiral descendente e não simplesmente a repetição de um fracasso. Portanto, este período apresenta similaridades com a época anterior ao Dilúvio (antes de Noé), quando o Senhor permitiu que as conseqüências do pecado do homem crescessem. Aqui, a permissão de Deus na multiplicação da maldade é compensada pela sua obra de libertação pela graça, à luz do arrependimento do povo, mas Juízes 6.8 e 10.13 demonstram que a contrição não era genuína. Esta apostasia crescente estabeleceu o pano de fundo para a próxima grande revelação da história da salvação associada com os reis e profetas de Israel.

As conseqüências práticas da desobediência e da apostasia de Israel são ilustradas no término do livro. Juízes 17 e 18 falam sobre a idolatria aceita entre o povo (17): uma das tribos de Israel adotou um sacerdócio idólatra (18.1-26) e abandonou a território que Deus lhe entregara, para se apossar de maneira violenta de outra área (18.27-31). Juízes 19 a 21 registram a degeneração moral de Israel, o pecado dos benjamitas, mais sério que a transgressão de Sodoma (19). O esforço para reparar este erro quase

401

JUÍZES

levou à aniquilação de uma tribo (20) e a uma série de decisões extremamente duvidosas, na tentativa de corrigir o erro (21). A desunião entre as tribos era um problema constante (Jz 5.17; 8.1ss; 12.1ss; 21); a unidade do povo da aliança, pela qual Deus os levou à Canaã, estava ameaçada, porque eles se afastaram do Senhor. A desobediência e a apostasia levaram a uma deterioração da moral e ao aumento da violência, juntamente com uma avaliação distorcida — baseada na vontade humana e não na de Deus — no estabelecimento do certo e do errado (Jz 17.6; 21.25). Contra este pano de fundo, o governo de um rei foi antecipado (Jz 19.1; 21.25) como o ponto central para a responsabilidade da obediência de Israel à aliança.

Características de Deus

A verdade repetida em todo o livro é o direito soberano do Senhor e seu poder para executar juízo sobre o povo da aliança. A justiça de Deus é vista na sua ira causada pelo pecado (Jz 2.14). A transgressão é vista como desobediência à aliança (v. 20). O Senhor é revelado como aquele que não tolera a quebra do compromisso para com Ele; por isso, disciplina continuamente seu povo, para levá-lo ao arrependimento.

Juntamente com o tema da justiça de Deus está a revelação de sua misericórdia para com seu povo, quando está sob juízo. Ao levantar os juízes para resgatar Israel, o Senhor demonstra seu amor e fidelidade à aliança. Quando o Todo-poderoso levava o povo de volta à dependência dele, respondia com amor, o qual, entretanto, vai além do desejo do homem por salvação; em Juízes 10.16, depois de ameaçar não mais salvá-los, "o Senhor não pôde mais suportar a angústia de Israel". Em Juízes 13 a 16, aparentemente não há clamor ao Senhor por livramento da opressão dos filisteus. É como se a nação não desejasse mais a liberdade; mesmo assim, Deus tomou a iniciativa e enviou Sansão como juiz.

O quadro da espiral descendente do pecado reflete a corrupção total do homem e a urgência da obediência de todo o coração ao Senhor, por parte de seu povo; entretanto, ao levantar os juízes, apesar do corrupção deles, Deus demonstrava sua soberania sobre o pecado e como, em sua providência, fazia o bem a partir do mal.

Finalmente, este período da história israelita revela a dependência que o povo de Deus precisava ter de seu Senhor, para cumprir as promessas. A santidade de Deus não admite a apostasia, embora o seu amor nunca cesse de prover o caminho da salvação para seu povo. Por trás dos juízes humanos, estava o verdadeiro Juiz (Jz 11.27), o Senhor Soberano, que levanta nações para disciplinar seu povo, o Deus cujo poder capacita um homem a derrotar mil (Jz 15.15). A história dos juízes revela o Senhor de toda a História, o qual permite que seu povo experimente a derrota para levá-lo ao arrependimento, mas que sempre proporciona o caminho da salvação aos que se voltam para Ele.

O período dos juízes é uma triste espiral do pecado, a despeito do privilégio do povo de ter o próprio Deus como governante por meio de seus servos. O fracasso desse período, entretanto, em produzir obediência à aliança, apontava para além, a uma nova revelação dos propósitos salvadores do Senhor, não por intermédio dos juízes, mas por meio da responsabilidade do Rei escolhido por Deus. O fracasso dos juízes estava no fato do povo não considerar a autoridade divina deles, atitude observada na rapidez com que rejeitavam ao Senhor depois da morte do libertador; o rei seria um símbolo permanente do direito que Deus tem de governar e aponta para a única esperança de salvação: o advento do rei humano-divino, Jesus Cristo.   R.M.

JUSTO

JÚLIA. Uma cristã que vivia em Roma e recebeu uma saudação do apóstolo Paulo (Rm 16.15). Seu nome está ligado ao de Filólogo. Provavelmente eram parentes, mas não se tem certeza quanto a isso. O reconhecimento e o cuidado pessoal de Paulo por muitos indivíduos, em diferentes localidades, é algo que se observa na maioria de suas epístolas.

JÚLIO. Centurião romano, foi encarregado de escoltar Paulo de Cesaréia até Roma, onde seria julgado pelo imperador. Pertencia à "corte augusta" e demonstrou uma clara simpatia pelo apóstolo (At 27.1,3). Quando aportaram em Sidom, ele permitiu que Paulo fosse ao encontro de seus amigos, os quais o confortaram e supriram com alimentos. O centurião, entretanto, não deu atenção ao apóstolo quando este o advertiu de que não deveriam navegar pelo mar Mediterrâneo naquela época do ano. Durante uma terrível tempestade, Paulo assegurou a Júlio que todos se salvariam, pois era a vontade de Deus que ele chegasse a Roma para o julgamento. Naufragaram perto de Malta, mas todos sobreviveram; finalmente, o apóstolo chegou são e salvo à capital do império.

O controle de Deus é visto durante todo o tempo em que Paulo esteve com Júlio, o qual passou a confiar no apóstolo. Em certa ocasião, o centurião impediu que os soldados matassem Paulo e os demais prisioneiros (At 27.42,43). Era a vontade de Deus que o apóstolo testemunhasse de Cristo em Roma, diante de César (At 23.11), e Júlio foi usado pelo Senhor para a realização deste propósito (At 27.23,24; 28.28-30). P.D.G.

JÚNIA. Saudada por Paulo em Romanos 16.7. Houve algumas sugestões, ao longo dos séculos, de que Júnia provavelmente era uma mulher. Trata-se de um termo latino e pode ser a contração do nome masculino Junianus ou do feminino Júnia. Andrônico e Júnia são mencionados por Paulo como "meus parentes", o que pode significar que realmente eram parentes de sangue do apóstolo ou apenas identificados por ele como judeus. Converteram-se ao cristianismo antes de Paulo e eram seus "companheiros de prisão". O apóstolo disse que eram "bem conceituados entre os apóstolos". Isto significa que tinham uma boa reputação entre os discípulos ou eram considerados por eles próprios como apóstolos; neste caso, o termo "apóstolo" seria usado aqui no sentido mais amplo, correspondente ao que hoje chamamos de "missionário" (veja 1 Co 15.7; também sobre Barnabé em At 14.14). Se este for o caso, então a maneira como são citados juntos pode significar que eram marido e mulher (veja Priscila e Áqüila, 1 Co 16.19). P.D.G.

JUSABE-HESEDE (Heb. "que o amor (ou a aliança) constante retorne"). Um dos vários filhos de Zorobabel, descendente do rei Davi. Pertencia à tribo de Judá e é mencionado apenas na genealogia de 1 Crônicas 3.20.

JUSTO. 1. Sobrenome de José Barsabás. Foi indicado, juntamente com Matias, para substituir Judas Iscariotes no colégio apostólico (At 1.23). Foi discípulo de Jesus durante todo o seu ministério público, desde o tempo de João Batista. Também testemunhou a ressurreição e a ascensão; portanto, possuía as qualificações necessárias para ser um apóstolo (vv. 21,22). Depois de orarem em busca da direção divina, Matias foi o escolhido, por meio de sorteio (vv. 24-26).

2. Tito Justo, morador de Corinto, mencionado em Atos 18.7 como "homem temente a Deus", em cuja casa Paulo se hospedou depois de ser proibido de pregar na sinagoga, que ficava exatamente ao lado de sua casa. O abrigo que ele concedeu ao apóstolo provocou consideravelmente os judeus. Como de costume, a abordagem de Paulo visava primeiramente aos israelitas e, em seguida, aos genti-

JUSTO

os, quando os judeus não queriam mais ouvir. Tito Justo provavelmente era um cidadão romano e começou a adorar a Deus sob a influência do ensino judaico. Sua hospitalidade proporcionou a Paulo um local relativamente seguro, de onde pôde prosseguir com seu ministério na cidade.

3. Jesus Justo uniu-se a Paulo na saudação aos colossenses (Cl 4.11). Foi um dos amigos pessoais do apóstolo durante sua primeira prisão em Roma. Paulo chama a atenção para o fato de que ele era um judeu convertido, o que lhe proporcionava um conforto especial em meio à tribulação. P.D.G.

---

[1]   Nas versões da Bíblia em português esta expressão, "filhos de Jásen", foi traduzida como nome próprio, "Bene-Jásen" (Nota do Tradutor).
[2]   Idem.

L

LAADE (Heb. "lento"). Filho de Jaate, era um dos descendentes de Judá. Junto com seu irmão Aumai, formou o clã dos zoratitas (1 Cr 4.2).

LABÃO. Citado várias vezes nas narrativas dos casamentos de Isaque e Jacó (Gn 24.29; 25.5-29). O motivo da inclusão de seu nome na Bíblia é o conflito entre o oportunista e inescrupuloso filho de Isaque (Gn 25.27-34; 27.19) e alguém ainda pior do que ele (29.22-27; 30.31-36). Embora Jacó se iludisse, pois achava que passara o sogro para trás (Gn 30.37-43), descobriu apenas que era o Senhor, sempre vigilante, quem intervinha e guardava seus interesses (31.6-12). Labão fundamentalmente fazia tudo por dinheiro (Gn 24.30,31) e é evidente que sua filha Raquel aprendeu com ele a manter os olhos sempre abertos para as oportunidades (31.19), pois os "ídolos do lar" possivelmente tinham algum significado na questão da herança. O único envolvimento de Labão com a religião foi demonstrado numa aliança que firmou com Jacó, para proteger sua "esfera de interesses" (Gn 31.51-54).

J.A.M.

LADA. Mencionado em 1 Crônicas 4.21, pai de Maressa e neto de Judá. Era líder do clã dos homens que trabalhavam com linho e viviam em Bete-Asbéia.

LADÃ. 1. Filho de Taã e pai de Amiúde, pertencia à tribo de Efraim e era ancestral de Josué (1 Cr 7.26).

2. Levita do clã dos gersonitas; as tarefas deste grupo foram determinadas pelo rei Davi no término de seu reinado, a fim de antecipar a organização do serviço no Templo a ser construído. Seus descendentes eram responsáveis pelo recebimento das pedras preciosas dadas como oferta e seu armazenamento no tesouro do Santuário (1 Cr 23.7-9; 26.21).

LAEL. Pai de Eliasafe, da tribo de Levi, nomeado líder do clã dos gersonitas (Nm 3.24), os responsáveis pelo cuidado de parte do Tabernáculo.

LAÍS. Pai de Palti (também chamado de Paltiel), natural da cidade de Galim. Mical, filha do rei Saul, foi entregue a Palti, embora fosse casada com Davi. Posteriormente, Is-Bosete devolveu-a ao seu primeiro marido, o que muito angustiou Palti (1 Sm 25.44; 2 Sm 3.15,16).

LAMEQUE. Dois homens muito diferentes um do outro são chamados de Lameque: um deles (Gn 4.18-24) oferece uma prova da presença e da abrangência do pecado; o outro (Gn 5.25-30; 1 Cr 1.3) é um profeta que traz palavras de conforto e de esperança.

1. Lameque, filho de Metusael. Gênesis 4 desenvolve a história da queda do homem (Gn 3) e mostra algumas de suas conseqüências. O relato sobre Lameque mostra o pecado como o destruidor da ordem estabelecida por Deus para a sociedade, insaciável em suas exigências. É o primeiro polígamo mencionado na Bíblia. Um dos resultados do pecado foi um desentendimento (Gn 3.12) entre o primeiro casal e a corrupção fundamental do próprio casamento (Gn 3.16-20). A poligamia de Lameque revela uma espiral descendente constante, cada vez mais distante do ideal divino. Além de seu domínio sexual sobre a mulher, Lameque demonstra também um espírito selvagem de arrogante egocentrismo, a principal

LAMI

característica do pecado: por tão pouco como um "ferimento" e um "pisão" decretou a morte de dois homens e anunciou que uma vingança multiplicada por sete seria a lei de sua vida. Um dia, porém, a lei da vingança do pecador seria sobrepujada pela medida da lei do perdão exercida pelos pecadores remidos (Mt 18.22).

2. Lameque, pai de Noé. A queda destruiu a base econômica da vida (Gn 3.17-19). Ninguém mais iria "comer livremente de toda árvore do jardim"; pelo contrário, haveria uma batalha interminável entre o homem e o meio ambiente, unicamente pela sobrevivência. Parece que Lameque ansiava pelo dia em que essa maldição teria fim; confiante em que esse dia já estava próximo, chamou seu filho de "Noé", um nome relacionado com o verbo "descansar". Por intermédio dele, realmente um "novo mundo" teve início (Gn 8.15), sob a bênção divina (Gn 9.1) e o sinal de uma aliança (9.17); mas Noé não era o "filho" de que o mundo carregado de maldição precisava (9.20). Essa tarefa seria realizada por um Filho imensamente maior! J.A.M.

LAMI (Heb. "guerreiro"). Irmão do gigante Golias, o giteu; ele mesmo era muito alto, e sempre carregava uma lança "cuja haste era como o eixo do tear" (1 Cr 20.5). Um dos grandes guerreiros de Davi, chamado Elanã, o matou numa batalha entre israelitas e filisteus. Veja *Elanã*.

LAPIDOTE (Heb. "tochas"). Marido da profetisa Débora, líder em Israel durante o período dos juízes (Jz 4.4). Mencionado apenas uma vez. Alguns julgam que Lapidote era o lugar onde ela nascera ou residira. Veja *Débora*.

LÁZARO. 1. Em Lucas 16.19-31, Lázaro é o nome de um mendigo, numa parábola contada por Jesus. Foi o único personagem mencionado pelo nome, provavelmente porque "Lázaro" é uma abreviação da expressão hebraica "aquele que Deus

ajuda", justamente a idéia enfatizada nesta narrativa.

Na parábola, a situação calamitosa de Lázaro, de pobreza, enfermidade e fome é claramente contrastada com a vida opulenta do homem rico, que vivia na fartura e no luxo, em cuja porta mendigava o pobre. Depois da morte, porém, revelou-se que Lázaro era um genuíno membro do povo da aliança, quando foi recebido pelos anjos num lugar de honra ao lado de Abraão, num banquete no céu. O homem rico morreu e, na agonia do juízo de Deus, percebeu as conseqüências da falta de arrependimento; suplicou então ao seu ancestral Abraão que enviasse Lázaro para aliviar seu sofrimento, mas depois da morte o juízo era definitivo e o contato, impossível. O homem rico então pediu que ele fosse enviado para advertir seus irmãos ainda vivos da realidade eterna que os aguardava; porém a rejeição deles à Palavra de Deus proferida por meio de Moisés e dos profetas indicava que nem mesmo a ressurreição de um morto os persuadiria ao arrependimento.

A parábola ensina, por meio do exemplo de Lázaro, que a humilhação terrena pode ser a promessa da glorificação eterna para os que são fiéis à Palavra de Deus; os que fracassam em praticar as responsabilidades da aliança de exercer a misericórdia e o amor enfrentarão a punição eterna. A referência à ressurreição era uma antecipação irônica da reação cética que o ressurgimento de Jesus provocaria nos fariseus a quem dirigiu a parábola (Lc 16.14).

2. Lázaro, em João 11.1 a 12.19, era o irmão de Maria e Marta, os quais viviam em Betânia. Jesus muitas vezes hospedou-se na casa deles (Lc 10.38-42) e tinha uma profunda afeição pelos três irmãos (Jo 11.3,5,33,35).

Lázaro ficou gravemente enfermo, e suas irmãs enviaram uma mensagem a Jesus, a fim de que Ele viesse curá-lo. Ao receber a notícia, Cristo falou que aquela enfermidade não resultaria na morte de

LEGIÃO

Lázaro, mas sim na revelação da glória de Deus (Jo 11.4). Assim, apesar de sua preocupação, Jesus, em obediência à vontade do Senhor, retardou a ida para Betânia por dois dias. Ciente de que Lázaro estava morto, Cristo anunciou sua intenção de retornar a Betânia, para "despertar" o amigo (v. 11), apesar de saber que na Judéia correria risco de vida. Seus discípulos não o compreenderam (vv. 12,13), mas Jesus antecipou que a ressurreição de Lázaro os levaria a uma genuína fé nele (v. 15).

Depois de uma longa jornada (Jo 11.17), Jesus foi recebido por Marta quatro dias após o sepultamento de Lázaro. Sua confiança no Mestre, apesar de acreditar que, se Ele estivesse presente, seu irmão não teria morrido, ocasionou a auto-revelação de Jesus: "Eu sou a ressurreição e a vida" (v. 25). Isso confirmou para Marta sua identidade messiânica (v. 27). Depois que Maria foi chamada e encontrou-se com Cristo, este, ao vê-la chorar, ficou profundamente angustiado (v. 33 — implica também ira, e não apenas empatia) com o efeito do pecado e da morte no mundo. Jesus dirigiu-se ao túmulo e ordenou que a pedra que selava a entrada fosse removida. Pela fé, apesar do mau cheiro, obedeceram, e Cristo orou em voz alta para que a ressurreição miraculosa de Lázaro inspirasse a fé nas pessoas. Com uma palavra de comando, dirigida para dentro do túmulo, Lázaro retornou à vida e saiu do túmulo.

O milagre de Jesus inspirou a fé em algumas pessoas (Jo 11.45), mas a notícia provocou um complô no Sinédrio para matar o Filho de Deus (v. 53), bem como Lázaro (Jo 12.10). A plena recuperação do irmão de Marta e Maria é enfatizada pelo fato de que Jesus jantou na companhia dele (Jo 12.2); uma grande multidão foi atraída pela curiosidade (v. 9), a qual aumentou a especulação popular sobre se Jesus era realmente o Messias (vv. 12-15,17).

No ressurgimento de Lázaro, Jesus demonstrou seu poder divino de dar a vida e prefigurou sua autoridade sobre a promessa geral da ressurreição. Lázaro, entretanto, ressuscitou apenas para uma nova vida física, enquanto a posterior ressurreição de Cristo formou o protótipo da ressurreição que os cristãos aguardam. R.M.

LEBANA (Heb. "branco"). Líder de uma das famílias de serviçais do Templo. Seus descendentes retornaram do exílio na Babilônia nos dias de Esdras e voltaram a servir no Santuário (Ne 7.48). Em Esdras 2.45, seu nome é pronunciado Lebaná.

LEBANÁ. Encontrado em Esdras 2.45. Veja *Lebana,* acima.

LECA. Mencionado em 1 Crônicas 4.21, filho de Er e neto de Judá. Era líder de um clã especialista no trabalho com linho que vivia em Bete-Asbéia.

LEGIÃO. Nome geralmente aplicado a uma tropa militar romana, composta por 4.000 a 5.000 soldados. No Novo Testamento, significava hostes de seres espirituais (Mt 26.53). Em Marcos 5.9 e Lucas 8.30 Jesus depara com um homem possesso de uma legião de demônios. Marcos 5.15 refere-se ao geraseno como "o endemoninhado, o que tivera a legião". Este termo, portanto, significava o grande número de demônios que ele possuía.

Com vívidos detalhes, Marcos 5 descreve o incidente no qual Jesus curou o endemoninhado, ao expelir dele a legião de demônios. Ele tinha um comportamento totalmente selvagem e vivia entre os sepulcros, na província dos gerasenos. As pessoas tentavam acorrentá-lo, mas ele simplesmente quebrava as correntes, pois demonstrava uma força física anormal. Os demônios que o possuíam identificaram Jesus como "o Filho do Deus Altíssimo" e, de maneira implícita, reconheceram o direito que Cristo tinha de julgá-los. Jesus os expulsou, mas permitiu que entrassem numa manada de porcos, os quais correram e se precipitaram no lago, onde todos se afogaram. Isto fez com que os moradores da região pedissem a Cristo que se retirasse do meio deles. Jesus disse ao homem que fosse para casa e contasse à família como o Senhor tivera misericórdia dele.

Neste incidente, novamente o direito do Filho de Deus de julgar e seu poder sobre as forças espirituais manifestaram-se diante dos que estavam presentes. Fica claro que os demônios eram reais, pela habilidade deles em discernir quem era Jesus, algo que as pessoas em juízo perfeito ainda não tinham assimilado. Uma vez curado, o ex-endemoninhado proclamou a obra do Senhor na região de Decápolis "e todos se maravilhavam" (Mc 5.20).   P.D.G.

LEMUEL (Heb. "dedicado a Deus"). Autor de Provérbios 31.1-9. Alguns eruditos identificam-no como o próprio Salomão, mas isto é muito improvável. É chamado de "rei de Massá", no v. 1, talvez para significar que era um rei árabe. Os provérbios foram ensinados a ele por sua mãe e relacionam-se com advertências sobre os perigos de gastar tempo e energias com bebidas e mulheres. Também é aconselhado a defender a justiça e os direitos dos menos favorecidos. Não se sabe com certeza se o restante do capítulo, o qual descreve a esposa ideal, também foi escrito por ele.

LEPRA. Doença que ataca a pele das pessoas; embora seja curável em nossos dias, é uma moléstia grave e apresenta-se em diferentes formas. Nos tempos bíblicos, não havia tratamento disponível para esta enfermidade, que causava sérias desfigurações no físico dos infectados. Geralmente os sinais da doença apareciam primeiro no rosto. No Antigo Testamento, os leprosos eram isolados. Levítico 13 oferece descrições detalhadas de alguns dos sintomas das enfermidades consideradas "impurezas cerimoniais". De acordo com os sintomas, a pessoa ficava isolada da comunidade por um determinado período de tempo. Às vezes esse isolamento durava alguns anos. Se os sintomas desaparecessem com o tempo, a pessoa voltava à vida normal, mas somente depois da verificação do sacerdote, o qual dava a palavra final nesta questão.

No Novo Testamento, vários leprosos encontraram-se com Jesus. Assim como fazia com outros grupos marginalizados, Cristo os aceitava, conversava com eles e os curava (Mt 8.2,3; 17.2; 26.6; Mc 14.3; Lc 7.22; etc.). O único leproso citado pelo nome foi Simão (Mc 14.3), o qual proporciona um interessante exemplo de como Cristo era inteiramente capaz de aceitar as pessoas socialmente desprezadas. Mateus e Marcos registram que Jesus jantou na casa dele (Mt 26.6,7; Mc 14.3). Veja *Simão, o leproso*.   P.D.G.

LEVI. 1. Terceiro filho de Jacó com sua esposa Lia. Os teólogos discordam quanto à sua etimologia, pois sugerem ser uma derivação do nome da mãe (o qual significa "vaca selvagem") ou do termo "reivindicar". Entretanto, seu significado fica claro no relato de seu nascimento. Quando ele nasceu, Lia proclamou: "Agora esta vez se unirá meu marido comigo" (Gn 29.34). Ao formar um jogo de palavras, baseado no verbo "unir-se", declarou o nome do filho. No contexto imediato, este termo refletia a rivalidade contínua entre ela e sua irmã Raquel (cf. v. 30). Como epônimo da tribo dos levitas, o nome de Levi tem uma conotação com Israel, a audiência original, pois eles desempenharam um papel significativo na preservação da unidade (aliança) entre Deus e a nação.

Somente dois episódios nas Escrituras citam o nome de Levi explicitamente. O primeiro, em Gênesis 34, relata como ele e seu irmão Simeão vingaram o estupro da única irmã deles, Diná. Depois de convencer os moradores de Siquém a se circuncidar, como parte dos arranjos para que Siquém, filho de Hamor, pudesse casar-se com ela, os dois irmãos atacaram a cidade enquanto os homens se recuperavam da operação e massacraram todos os moradores do sexo masculino. Embora o ato fosse condenado por Jacó (Gn 34.30) e tenha-se tornado a razão por que ele os reprovou na bênção patriarcal (Gn 49.5), ainda assim existe algo positivo nisso. Esse ato de vingança foi similar ao zelo mortal demonstrado pelos levitas (Êx 32.25-29; Nm 25.6-13). Com relação aos moradores de Siquém, um bom resultado foi alcançado — os habitantes de Canaã passaram a temê-los e os deixaram em paz (Gn 35.5). Para a audiência original, essa ação teria inspirado um pouco de medo dos levitas, os quais eram encarregados de guardar o Tabernáculo e os utensílios sagrados e inspirar a santidade entre o povo.

A última menção de Levi, filho de Jacó, foi na "bênção" que recebeu junto com Simeão, quando o pai deles estava no leito de morte (Gn 49.5-7). Israel demonstrou seu desagrado com o ato de vingança dos dois, que demonstrou mais interesse pessoal do que preocupação com a justiça divina (cf. Gn 35.30). Esta interpretação é reforçada pela possibilidade de que os "touros" referidos em Gênesis 49.6 (em algumas versões no singular) representem o próprio Jacó. O zelo de Levi e Simeão "jarretou", ou seja, colocou a vida do patriarca em risco. Veja também *Levitas*.

2. Mencionado na genealogia apresentada por Lucas, que vai de Jesus até Adão (Lc 3.24). Era filho de Melqui e pai de Matã, provavelmente avô de José.

3. Outro nome citado na genealogia apresentada por Lucas. Era filho de Simeão e pai de outro Matã (Lc 3.29).

4. Nome dado em algumas ocasiões ao apóstolo Mateus (Mc 2.14). Depois de ouvir o chamado de Jesus para segui-lo, Levi deixou seu trabalho e obedeceu. Logo depois ofereceu um grande banquete aos colegas cobradores de impostos, a fim de apresentar-lhes o Cristo (Lc 5.27-29). Para mais detalhes, veja *Mateus*. P.D.G.

LEVITAS E SACERDOTES

Os levitas descendiam de Levi, terceiro filho de Jacó e progenitor de uma das doze tribos da nação de Israel. O nome deles, como o do epônimo, dava a idéia de unir ou aderir. Em Números 18.2, Moisés fez um jogo de palavras com o verbo "unir" em suas instruções aos levitas. De acordo com o texto, deveriam se juntar ao serviço de Arão, o qual era também levita, para a administração do Tabernáculo (Nm 18.6; Êx 38.21). No compromisso inicial deles, de preservar a santidade no acampamento, eram vistos como o epônimo, no zelo para com Deus (Êx 32.27,28; veja Gn 34.25-30; 49.5).

Assim como Deus reivindicou todos os primogênitos em seu juízo sobre o Egito, na noite da Páscoa, solicitou todos os primogênitos de Israel para seu serviço (Êx 13.2). O meio, entretanto, para se efetivar o desejo divino, foi a escolha de toda uma tribo para esse fim (Nm 3.12ss). Por isso, os levitas não receberam herança tribal, pois o Senhor seria a herança deles (Dt 10.9). Pelo contrário, por meio do sustento dos dízimos e das cidades que receberam em toda a nação, sobreviveriam, sustentados diretamente pelas mãos de Deus (Lv 27.32ss; Nm 18.21,24; 35.1-8).

O significado desta substituição era que os levitas não agiriam estritamente como uma classe clerical profissional, mas como representantes de cada família de Israel. Embora tivessem certas funções que lhes eram restritas, os leigos deveriam buscar meios de imitar as funções dos levitas em suas próprias áreas de responsabilidade.

LEVITAS E SACERDOTES

Havia três classes distintas entre os levitas. A identidade mais ampla pertencia aos designados "levitas". Inicialmente, constituía-se de todos os membros da tribo, e suas responsabilidades gerais relacionavam-se ao Tabernáculo (Nm 3.6ss). Depois da construção do Templo, suas obrigações foram adaptadas para atender aos cultos no Santuário (1 Cr 23.24 ss). Dentro da tribo havia os descendentes de Arão, denominados "sacerdotes" (Êx 28.1; 30.30; 40.15). Suas obrigações relacionavam-se com a oferta dos sacrifícios e com o próprio serviço no santuário — isto é, o lugar santo (Lv 1 a 7). Este privilégio, entretanto, não era reservado perpétua nem automaticamente para a família de Arão, como se observa quando Ezequiel promoveu os descendentes de Zadoque a essa condição (Ez 44.15,16), devido à infidelidade implícita dos descendentes dele.

Dentre os sacerdotes, havia o "sumo sacerdote". Devia ser descendente de Finéias, neto de Arão, e exercia o cargo de forma vitalícia (Nm 25.10-14). Eles vestiam os trajes de Arão (Êx 28), os quais eram um padrão do Tabernáculo, para significar que o próprio sacerdote era uma morada sagrada de Deus. Desempenhavam a função especial de fazer a oferta expiatória anual no Santíssimo Lugar, no Dia da Expiação (Lv 16).

Os levitas exerciam seu ministério em duas direções. Em alguns aspectos, representavam o povo diante de Deus; em outros, eram os representantes do Senhor diante do povo. A primeira posição é ilustrada na cerimônia das ofertas e a segunda na determinação das restrições para preservação da santidade ao redor do Tabernáculo. Ambas as dimensões do trabalho dos levitas estavam relacionadas com a função primária deles — promover a santidade do povo. Tinham de cumprir as implicações da determinação de Deus de que o povo devia ser santo como Ele próprio é santo (Lv 11.44,45).

O trabalho dos levitas também é visto em termos das similaridades e diferenças com o povo de modo geral. Eram diferentes em termos da posição única que ocupavam e das funções peculiares que exerciam, isto é, o trabalho no Tabernáculo/Templo, e a oferta dos sacrifícios, respectivamente. Também tinham de cumprir elevadas exigências de perfeição pessoal (Lv 21.18-23). Precisavam guardar a presença santa, mediante a manutenção dos leigos afastados (Nm 1.53; 3.10). Neste último aspecto, tinham a função bem conhecida no antigo Oriente Médio de sacerdote/soldado que guardava o templo/palácio dos deuses. Em seu papel único, os levitas serviam para lembrar a Israel que Deus é santo.

Os levitas, porém, eram semelhantes ao povo no sentido de que Israel devia ser um reino de sacerdotes e uma nação santa (Êx 19.5,6). Suas funções sacerdotais eram um paradigma para as pessoas comuns imitar. Por exemplo, assim como os levitas desfaziam qualquer presença impura nas imediações do Tabernáculo, da mesma forma o povo de Israel devia impedir qualquer presença impura na esfera de ação deles — a nação como um todo (exemplo, os falsos profetas em Dt 13.5 ou a guerra santa em geral). Este princípio de imitação é simbolizado na maneira como as pessoas usavam um cordão azul na roupa (Nm 15.38), como um lembrete de sua função paralela à do sumo sacerdote (Êx 28.31).

Em suas responsabilidades mais amplas, os levitas também eram encarregados do ensino (Dt 32.10; Ml 2.5-7), das questões judiciais (2 Cr 19.8,11) e do discernimento (Dt 33.8; 1 Sm 23.6-12). Tudo isso com o objetivo de que Israel fosse uma nação distinta e separada, ou seja, santa, como povo de Deus, não só na vida religiosa, mas em todos os aspectos da conduta nacional.

No Novo Testamento, particularmente no livro de Hebreus, vemos os crentes em Cristo atingir a condição plena do reino sacerdotal (Ap 1.6; 5.10), por meio de Jesus, nosso Sumo Sacerdote (Hb 7 e 8). O que o sacerdócio levítico nunca faria (Hb 10.4), embora tudo apontasse para Cristo (Hb 9.8,9), Jesus realizou de uma vez por todas e para toda a humanidade (Hb 9.11,12).

M.G.

LIA. Eclipsada pela irmã (Gn 29.17), casada por meio de uma fraude (29.22-26), desprezada pelo marido, até mesmo sua morte e sepultamento foram mencionados por acaso muito tempo depois (49.31). Consciente de sua posição desfavorável (29.30-33), Lia é uma das figuras mais tristes da história bíblica. Deus, porém, em sua graça, deu-lhe compensações e, embora conhecesse as indignidades concernentes à poligamia (30.14-16), ela encontrou realização na maternidade (30.13) e ocupou um lugar único nos propósitos divinos, como a principal fundadora do povo de Deus (Rt 4.11). Algumas versões registram Léia.   J.A.M.

LIBNI. 1. Filho de Gérson e irmão de Simei. Foi líder do clã dos libnitas. Era neto de Levi (Êx 6.17; Nm 3.18, 21; 26.58; 1 Cr 6.17, 20).
2. Levita, descendente de Merari, era filho de Mali (1 Cr 6.29).

LÍDIA. As duas referências a essa mulher piedosa estão em Atos 16.14,40. Descrita como uma cristã temente a Deus, foi a primeira a aceitar a mensagem de Paulo, assim que ele chegou à Macedônia. Era da cidade de Tiatira; fabricava e vendia roupas feitas de púrpura, uma ocupação que sugere que sua clientela pertencia à alta sociedade. Foi um exemplo de hospitalidade, pois recebeu o apóstolo Paulo em sua casa logo após o batismo dela. Mais tarde, hospedou-o novamente, durante outra de suas viagens missionárias.

LINO. Um dos amigos de Paulo que enviaram saudações a Timóteo, no final da segunda carta do apóstolo a este discípulo (2 Tm 4.21). Paulo a escreveu da prisão em Roma e menciona Pudente, Cláudia, Êubulo e "todos os irmãos", os quais também mandaram lembranças a Timóteo. Irineu e Euzébio disseram que Lino tornou-se o primeiro bispo de Roma, depois da morte do apóstolo Paulo.

LIQUI. Líder na tribo de Manassés e um dos filhos de Semida (1 Cr 7.19).

LISÂNIAS. Mencionado em Lucas 3.1 como parte do contexto histórico e político da época do nascimento de João Batista. Era "tetrarca de Abilene". Veja também *Herodes* e *Filipe*.

LÍSIAS. Veja *Cláudio Lísias*. Este tribuno romano comandava o destacamento de Jerusalém na época em que Paulo foi preso (At 23.26). Mais tarde, durante o julgamento do apóstolo perante Félix, as audiências foram adiadas até que Lísias chegasse (At 24.22).

LÓ. Como órfão (Gn 11.27,28), primeiro fez parte da família do avô (11.31) e depois (12.5) acompanhou o tio Abraão em sua jornada para Canaã. Por esta época, ele já possuía sua própria família e propriedades (Gn 13.5) e, numa terra já demasiadamente povoada (13.7), o convívio entre os dois grandes grupos tornou-se impossível, surgindo conflitos inevitáveis. Por sugestão de Abraão, Ló fez uma escolha decisiva e fatal (v. 8). Em essência, foi a escolha da prosperidade (v. 10), com o risco da perda dos valores morais e do favor divino (v. 13). Depois disto, a história de Ló segue um gráfico descendente: "até Sodoma" (Gn 13.12)...; "habitava em Sodoma" (Gn 14.12)...; "sentado à porta de Sodoma" (Gn 19.1). Da separação do povo de Deus (Gn 12.4,5) até o estabelecimento em Sodoma foram três estágios. O apóstolo Pedro diz que Ló encontrava-se em constante conflito de consciência (2 Pe 2.7,8), porque vivia sempre situações comprometedoras, que o envolviam rapidamente (Gn 19.8); sabia o que era certo diante de Deus (2 Pe 2.7,8), mas, mesmo sob a ameaça de juízo, apegava-se a Sodoma (Gn 19.16); tinha-se identificado demais com a cidade escolhida, a fim de dar um testemunho efetivo ali (vv. 9,14); tinha deixado sua fé sem uso por tanto tempo que não podia

LO-AMI

exercitá-la quando precisou (vv. 18-20); sua família não o apoiava mais nas coisas concernentes a Deus (vv. 26,30-36). O coração de sua esposa estava em Sodoma e suas filhas tinham apenas o modelo do mundo para seguir (v. 31) — mas conheciam o próprio pai suficientemente para tramar contra seus valores morais com a confiança de que ele havia perdido seu caráter de tal maneira que não resistiria.

Ló, entretanto, não foi esquecido pelo Senhor (Gn 19.29; 2 Pe 2.9). Na época do juízo contra Sodoma, dois anjos foram enviados à cidade condenada para tirá-lo de lá, junto com qualquer parente que o acompanhasse. A corrupção moral daquele lugar foi evidenciada (Gn 19.5) pela atitude dos moradores, determinados a sujeitar os recém-chegados a práticas sexuais; a degeneração pessoal de Ló também foi demonstrada em sua disposição de sacrificar as próprias filhas, para proteger seus hóspedes (vv. 6-8). Não é de estranhar que seus concidadãos e os futuros genros (vv. 9,14) o viam apenas como um intrometido e uma piada sem graça! O envolvimento, no qual entraram com tanta facilidade, trouxe consigo a perda do caráter pessoal e da influência. Ainda assim, mesmo para um candidato tão relutante à salvação (v. 16), a misericórdia soberana prevaleceu e o incidente permanece como um exemplo brilhante da graça de Deus. O fato de que "Deus lembrou-se de Abraão, e tirou a Ló do meio da destruição" (v. 29) demonstra o princípio de que a família permanece no centro da operação da aliança divina.   J.A.M.

LO-AMI (Heb. "não meu povo"). Nome cheio de significado profético fornecido pelo Senhor, para que Oséias colocasse em seu terceiro filho com sua esposa Gômer (Os 1.9). O primeiro deles, um menino, recebera o nome de Jezreel, pois o Senhor disse: "Põe-lhe o nome de Jezreel, porque daqui a pouco visitarei o sangue de Jezreel sobre a casa de Jeú, e farei cessar o reino da casa de Israel. Na-

quele dia quebrarei o arco de Israel no vale de Jezreel" (vv. 4,5). O segundo filho do casal, uma menina, foi chamada de Lo-Ruama (Heb. "desfavorecida"). Por meio das palavras do profeta e das circunstâncias de sua vida familiar, Deus mostrava a Israel que uma vez após a outra o povo fora infiel a Ele. Por isso, castigá-lo-ia em breve. A desobediência do povo faria com que o Senhor não mostrasse mais misericórdia a Israel, o reino do Norte, e nem mais perdoasse (Os 1.6). O Senhor então ordenou que Oséias chamasse seu terceiro filho, um menino, de Lo-Ami: "porque vós não sois meu povo, nem eu serei vosso Deus" (v. 9).

Apesar dessas duras advertências, Oséias também proporcionou ao povo a promessa da futura restauração: "No lugar onde se lhes dizia: Vós não sois meu povo, se lhes dirá: Vós sois filhos do Deus vivo" (v. 10). Esta foi a bênção mencionada pelo apóstolo Paulo em Romanos 9.25,26. Ali, ele aplicou a promessa de esperança à sua própria época e ao advento do Evangelho de Cristo aos judeus e gentios que tivessem fé. O cumprimento da mensagem de Oséias, portanto, foi visto no vinda de Jesus como Salvador. Cristo trouxe a misericórdia e o perdão de Deus e fez para si mesmo um povo que seria chamado "filhos do Deus vivo".

P.D.G.

LÓIDE. Avó de Timóteo (2 Tm 1.5). Provavelmente Lóide e Eunice, a mãe deste jovem, converteram-se ao cristianismo na primeira visita de Paulo a Listra (At 14.8-20), pois Timóteo demonstrava estar a par das perseguições que Paulo sofreu quando esteve lá (2 Tm 3.11; At 16.1). Embora se saiba muito pouco tanto sobre Lóide como sobre Eunice, a influência das duas, ao levar Timóteo a conhecer e amar ao Senhor das Escrituras, era considerável e foi elogiada pelo apóstolo Paulo (2 Tm 3.14-16). O conhecimento das Escrituras levou Timóteo ao entendimento da salvação por meio da fé em Cristo e serviu como a base que o preparou tão bem para o ministério de evangelista, para o qual o Senhor o chamara por meio de Paulo.

Numa época em que a idéia sobre a família quase não existe mais na maioria dos países ocidentais, é extremamente importante observar como uma avó e uma mãe crentes conseguem influenciar a vida de uma criança, ao vê-la crescer e tornar-se um cristão sincero. Tal encorajamento à fé, através das gerações, é freqüentemente visto na Bíblia. O fato de que certamente Timóteo tinha um pai não-cristão serve de esperança e consolo para os que se encontram em situação semelhante hoje. Avós cristãos que vêem os netos crescer sem receber um ensino bíblico devem reconhecer o impacto de tal acontecimento. Por isso, devem ensinar-lhes a Palavra de Deus. P.D.G.

LO-RUAMA (Heb. "desfavorecida"). Filha do profeta Oséias com sua esposa Gômer, recebeu este nome do Senhor. Veja também como são chamados os outros filhos do casal: Lo-Ami e Jezreel. O termo Lo-Ruama estava cheio de significado profético. O Senhor disse que ela seria chamada assim, "porque eu não tornarei mais a compadecer-me da casa de Israel, mas tudo lhe tirarei" (Os 1.6,8). Os nomes dos filhos de Oséias demonstrariam o quadro da rejeição da aliança por parte do povo de Israel, em vista da contínua rebelião e desobediência. Deus estava prestes a suspender seu amor e sua misericórdia. O primeiro filho do casal, um menino, foi chamado pelo Senhor de Jezreel, "porque daqui a pouco visitarei o sangue de Jezreel sobre a casa de Jeú, e farei cessar o reino da casa de Israel. Naquele dia quebrarei o arco de Israel no vale de Jezreel" (vv. 4,5). O terceiro filho, também menino, foi chamado de Lo-Ami, que significa (não meu povo), "porque vós não sois meu povo, nem eu serei vosso Deus" (v. 9).

LOTÃ. Filho de Seir, o horeu, e chefe entre seu povo, que vivia em Edom (Gn 36.20, 29; 1 Cr 1.38). Sua irmã chamava-se Timna; seus filhos foram Hori e Hemã (Gn 36.22; 1 Cr 1.39).

LUCAS

Lucas, que talvez seja um apelido carinhoso para o nome Lúcio, foi um dos líderes da Igreja primitiva e acompanhou Paulo em várias viagens missionárias (note o pronome "nós" em Atos 16.10-17; 20.5 a 21.18; 27.1 a 28.16). Ambos eram amigos, e o apoio de Lucas foi um encorajamento para o apóstolo. Tradicionalmente, Lucas é considerado o "médico amado" (Cl 4.14), e algumas faculdades católicas de medicina o homenageiam nas comemorações do dia de São Lucas.

Existem, entretanto, apenas três referências específicas a Lucas no Novo Testamento. Ao escrever para Filemom, Paulo claramente o mencionou, junto com Marcos, Aristarco e Demas, como "meus cooperadores" (Fm 24). De acordo com 2 Timóteo, o apóstolo mencionou com uma atitude de apreciação a presença de Lucas, quando disse: "Só Lucas está comigo" (2 Tm 4.11). Desde que seu nome é mencionado numa passagem de Colossenses depois de todos os obreiros judeus, geralmente se conclui que era gentio (Cl 4.10-14).

O Prólogo Antimarcionita declarava que Lucas era nativo de Antioquia da Síria, que jamais se casou e morreu em Boeotia (um distrito da Grécia antiga), com 84 anos de idade. Alguns reforçam esta hipótese, ao mencionar suas referências detalhadas sobre Antioquia em Atos 6.5; 11.19-27; 13.1; 14.26; 15.22-35. Qualquer que seja o caso, Lucas era um discípulo dedicado e demonstrou grande interesse pela formação e pelo desenvolvimento da Igreja.

LUCAS

Embora pouco se saiba sobre o passado de Lucas, descobre-se muitas coisas sobre seus interesses e preocupações quando se lê os dois livros do NT de sua autoria — o Evangelho de Lucas e o livro de Atos. Os dois juntos constituem cerca de 27% do Novo Testamento. Certamente a perspectiva de Lucas sobre a vida de Cristo e a origem do cristianismo é extremamente importante para a boa compreensão da mensagem do NT. Destacamos nove aspectos dessa perspectiva.

Lucas, o historiador

Deve-se prestar uma atenção especial ao prefácio do evangelho de Lucas (Lc 1.1-4). Ele, ao seguir as convenções dos historiadores gregos de sua época, resume seu método histórico: (1) reconhece que outras pessoas tentaram estabelecer a origem histórica do cristianismo antes dele; (2) reconhece o valor do uso das evidências proporcionadas pelas testemunhas oculares originais e pelos ministros da Palavra; (3) acredita que existia a necessidade de uma "descrição ordenada" das origens do cristianismo, as quais ele podia providenciar; (4) declara que investigara todas as coisas cuidadosamente desde o princípio; (5) menciona Teófilo como o destinatário de sua obra (cf. At 1.1); e (6) apresenta seu material para que seus leitores (Teófilo e outras pessoas interessadas) tivessem "plena certeza" das coisas nas quais foram ensinados.

Em outras palavras, Lucas tencionava apresentar um relato das origens históricas do cristianismo que tivesse um elevado grau de credibilidade (note seu uso do termo grego *tekmeria*, que significa "provas infalíveis", em At 1.3). Desta maneira, deu cuidadosa atenção à confiabilidade histórica e é considerado o historiador por excelência do Novo Testamento. Deixou claro que o cristianismo deve ser compreendido contra o pano de fundo tanto da história judaica como romana (Lc 2.1; 3.1,2; At 10.1; 11.19; 26.26).

Lucas, o artista literário

Felizmente, a preocupação de Lucas quanto ao método histórico, sadio e preciso não foi satisfeita à custa de um bom estilo literário. Em seu evangelho, fez vívidas descrições de Zacarias, Maria, Isabel, Ana, Herodes Antipas, o centurião romano presente na cena da crucificação e o lamento das mulheres de Jerusalém. Semelhantemente, em Atos, há relatos comoventes de Ananias e Safira, Estêvão, Filipe, o eunuco etíope, Êutico, Lídia, Barnabé, Elimas, Pedro e Paulo. Lucas usou com vantagem seu talento para fazer uma descrição convincente em ambos os livros.

Essa maneira leve de apresentação não estava limitada apenas à narrativa histórica. Era evidente também nas parábolas contadas por Jesus. A maioria das narrativas mais conhecidas chegaram a nós por meio de Lucas: "o rico insensato" (Lc 12.16-21), "a figueira estéril" (13.6-9), "a grande ceia" (14.16-24), "o mordomo infiel" (16.1-9) e "os servos inúteis" (17.1-10). Alguns exemplos encontrados exclusivamente em Lucas são inesquecíveis, como as parábolas do "bom samaritano" e do "filho pródigo" (10.25-37; 15.11-32).

Lucas era um poderoso comunicador e seus relatos de acontecimentos arrepiantes, livramentos no meio da noite, intervenções sobrenaturais e memoráveis fugas da prisão tornam a leitura cativante. Usa uma variedade de materiais, como registros históricos, tradições orais, parábolas, pregações de antigos cristãos e lembranças de testemunhas oculares para compartilhar sua mensagem sobre Cristo e o surgimento da comunidade cristã. Fez isto de maneira tão atraente que seu evangelho é considerado por alguns eruditos como "o mais belo livro do mundo".

LUCAS

Lucas e o uso do louvor e dos cânticos espirituais

Intimamente relacionado com o talento artístico de Lucas está o uso que fazia dos hinos. Em seus escritos, registrou as origens da hinologia na Igreja primitiva. Seu relato da natividade é particularmente rico, pois nos dá a "canção de Maria" (*Magnificat*, Lc 1.46-55), a "canção de Zacarias" (*Benedictus*, Lc 1.68-79), a "canção das hostes angelicais" (*Gloria in Excelsis*, Lc 2.14) e a "canção de Simeão" (*Nunc Dimittis*, Lc 2.28-32).

O louvor a Deus era claramente importante para Lucas e é um aspecto proeminente tanto no seu evangelho com em Atos (Lc 2.13,30; 18.43; 24.53; At 2.47; 3.8,9). O "glória a Deus" cantado pelos anjos foi repetido pelos discípulos na entrada triunfal de Jesus em Jerusalém: "Toda a multidão dos discípulos, regozijando-se, começou a dar louvores a Deus em alta voz, por todas as maravilhas que tinham visto" (Lc 19.37). Semelhantemente, em Atos, Lucas notou que, depois da cura miraculosa do mendigo coxo, "todos glorificavam a Deus pelo que acontecera" (At 4.21). Um dos exemplos mais notáveis de louvor ocorreu quando Paulo e Silas oravam e cantavam hinos tarde da noite, na prisão em Filipos (At 16.25).

A ênfase de Lucas na alegria

Este tema já fora sugerido nas canções que marcam a história da natividade. O anjo que anunciou o nascimento de João Batista disse que ele seria motivo de "prazer e alegria" para seus pais e muitas pessoas se alegrariam no seu nascimento (Lc 1.14). Da mesma maneira, o anjo que anunciou o nascimento de Jesus disse: "Eu vos trago novas de grande alegria, que o será para todo o povo" (Lc 2.10). O advento de Cristo como Salvador e Senhor foi associado à alegria.

Este tema repete-se por todo o seu evangelho e no livro de Atos (Lc 8.13; 10.17,21; 24.41,52; At 13.52; 15.3). É impressionante como freqüentemente ele usa o verbo "alegrar-se" (*chairo*), para descrever a diferença que Jesus fazia na vida de seus seguidores (Lc 6.23; 10.20; 13.17; 15.5,32; 19.6). Lucas acreditava que a fé cristã tencionava trazer não somente o perdão dos pecados, mas também a alegria e o regozijo à vida diária. A condição necessária para alcançar isto era o arrependimento — uma tristeza genuína pelo pecado e uma volta honesta para Deus, em busca do perdão e purificação (Lc 13.3,5; At 2.38; 3.19; 17.30). Portanto, não é de surpreender que Lucas citasse as palavras de Jesus na conclusão da parábola da ovelha perdida: "Digo-vos que do mesmo jeito haverá alegria no céu por um pecador que se arrepende, mais do que por noventa e nove justos que não necessitam de arrependimento" (Lc 15.7; cf. v.10; 10.17-20).

Em Atos, a recepção do Evangelho de Cristo também era acompanhada pela alegria. Isto ficou evidente quando Filipe proclamou a Jesus e teve uma resposta favorável em Samaria: "Havia grande alegria naquela cidade" (At 8.8). Da mesma maneira, o eunuco etíope, depois de sua conversão e seu batismo, "jubiloso, continuou o seu caminho" (At 8.39). Outro exemplo tocante é o carcereiro de Filipos, cuja conversão trouxe uma nova vida: "E na sua crença em Deus alegrou-se com toda a sua casa" (At 16.34). A alegria dessa nova vida em Cristo capacita os crentes a enfrentar as experiências difíceis de maneira vitoriosa. Assim, quando os apóstolos foram severamente repreendidos e receberam ordem para não falar mais no nome de Jesus, "retiraram-se da presença do Sinédrio regozijando-se, porque tinham sido julgados dignos de padecer afronta pelo nome de Jesus" (At 5.41). Uma fé ousada e alegre não poderia ser silenciada por meio de ameaças e intimidações.

LUCAS

A ênfase de Lucas na oração

Lucas é chamado de "o evangelista da oração". Embora todos os evangelhos revelem Jesus como um homem de oração e afirmem a função que ela exerce, Lucas demonstra com maior ênfase a importância da oração na vida de Cristo e na Igreja cristã. Isso fica claro tanto no rico vocabulário empregado para a oração (utiliza pelo menos nove termos diferentes) como pelo grande número de incidentes que envolvem as súplicas registradas em seu evangelho e no livro de Atos.

No evangelho de Lucas, Jesus orou em cada decisão importante e em todo momento decisivo de sua vida. Orou no batismo (Lc 3.21), antes de escolher os discípulos (6.12), em Cesaréia de Filipe (9.18), no monte da Transfiguração (9.28,29), no jardim do Getsêmani (22.39-46) e na cruz (23.34,46). Lucas apresenta o ensino de Jesus sobre oração na "Oração-Modelo" (Lc 11.1-4; cf. Mt 6.9-13) e também inclui várias parábolas sobre o assunto (Lc 11.5-8; 18.1-14). Jesus foi transfigurado, enquanto orava (Lc 9.29), e Lucas ensinou aos discípulos cristãos que a oração faria uma grande diferença também em suas vidas. Esta dimensão fica clara em seu relato sobre o jardim Getsêmani, onde menciona a admoestação de Jesus aos discípulos para que orassem; a oração é colocada como o meio divinamente estabelecido para escapar de "cair em tentação" (Lc 22.40,46).

Lucas mantém seu interesse pela oração, no livro de Atos, onde encontramos muitos elementos da súplica, inclusive adoração (27.35; 28.15), confissão de pecado (19.18), petição (9.11,13-16; 10.31; 22.10) e intercessão (7.60; 12.5; 27.23-25; 28.8). De fato, Atos contém cerca de 25 exemplos específicos de oração. O nascimento da Igreja foi resposta da oração (Lc 24.49; At 1.4,5; 2.1-13). A escolha de Matias, como substituto de Judas Iscariotes, foi feita depois de intensa oração (At 1.12-26). Os novos crentes "perseveravam na doutrina dos apóstolos, na comunhão, no partir do pão e nas orações" (2.42; cf. 1.14). Portanto, a oração tinha parte ativa na vida da Igreja (14.23; 20.36; 21.5). Quando surgiram os tempos difíceis, eram enfrentados com oração unida, freqüentemente seguida por demonstrações convincentes do poder de Deus (4.24-31; 6.1-7; 16.25-34). Lucas era enfático em insistir sobre a importância da oração no ministério de Jesus e na comunidade cristã. Em sua visão, Deus usava a súplica fiel de seu povo para estabelecer seu reino na Terra.

O interesse de Lucas pelo Espírito Santo

O Espírito Santo ocupa uma posição proeminente nos escritos de Lucas. Em seu evangelho, Ele tem parte ativa na concepção de Cristo (Lc 1.35), durante todo seu ministério e no período após sua ressurreição, quando prometeu aos discípulos que receberiam o Espírito para executar o serviço com poder (Lc 24.49; At 1.8). Jesus foi revestido com o Espírito (Lc 3.22), testado pelo Espírito (4.1), ungido pelo Espírito (4.14,18) e ensinou aos discípulos sobre sua importância (Lc 11.13; cf. Mt 7.11). Semelhantemente, vários outros personagens no evangelho de Lucas foram recipientes do Espírito Santo, inclusive João Batista (Lc 1.15), Maria (1.35), Isabel (1.41), Zacarias (1.67) e Simeão (2.25-27). Jesus não somente se alegrou no Espírito, mas também instruiu seus discípulos sobre a ajuda do Espírito em situações de crise (Lc 10.21; 12.12). Embora fosse possível receber perdão por palavras proferidas contra o Filho do homem, "ao que blasfemar contra o Espírito Santo, não lhe será perdoado"(Lc 12.10; cf. Mt 12.31).

Muito mais é dito sobre o Espírito Santo no livro de Atos, onde seu poder é enfatizado (At 2.1-4; 4.31) e sua personalidade é reconhecida (5.3,9,32; 15.28), bem

LUCAS

como sua direção (10.19; 11.12; 13.2,4; 16.6,7). Em Atos, uma grande ênfase é dada ao testemunho externo do Espírito Santo. Os sinais e maravilhas operados pelos apóstolos e seus cooperadores eram uma expressão desse testemunho. Pedro e João, no poder do Espírito Santo, curaram o coxo (At 3.1-10; 4.22; cf. 5.12), e obras maravilhosas foram realizadas por Estêvão (6.8), Filipe (8.6,7,13), Pedro (9.33-42) e Paulo (19.11,12). Outra forma desse testemunho inspirado pelo Espírito era a ousadia da pregação apostólica. O Espírito tomou aqueles que anteriormente foram fracos e sem poder e deu-lhes "ousadia" para falar corajosamente sobre Jesus. Isso foi verdade com relação a Pedro e João (At 2.29; 4.9,10,13), Estêvão (6.10), Filipe (8.30-35), Barnabé e Paulo (13.46; 14.3) e os apóstolos em geral (4.33; cf. vv. 29s). Lucas enfatizou a importância do Espírito Santo no seu evangelho e no livro de Atos de uma maneira inquestionável.

A convicção universal de Lucas

Lucas tinha uma forte convicção de que a mensagem do cristianismo não deveria limitar-se apenas a um povo ou a uma região. Isso o levou a enfatizar a natureza universal do Evangelho de Cristo. Ele acreditava que era uma mensagem para as pessoas de todas as raças. Expressou essa convicção em seus dois livros.

No seu evangelho, Lucas teve o cuidado de incluir a vida de Cristo no contexto mais amplo do império (Lc 2.1-3; 3.1,2). Viu a salvação divinamente preparada como algo que Deus providenciara "perante a face de todos os povos", inclusive os gentios (Lc 2.31,32). Embora outros evangelistas também citassem Isaías, somente Lucas incluiu as palavras: "E toda a humanidade verá a salvação de Deus" (Lc 3.4-6; cf. Is 40.3-5; Mc 1.2,3; Mt 3.3). Outras indicações dessa perspectiva mais ampla incluem o samaritano agradecido (Lc 17.15,16), a condenação da parcialidade e do preconceito (9.50), a posição contrária à discriminação étnica (10.33-37) e o destaque na resposta pessoal, em vez do privilégio nacional (13.28-30). Lucas referiu-se favoravelmente à fé do centurião romano e ao comentário notável de Jesus: "Digo-vos que nem ainda em Israel achei tanta fé" (Lc 7.9; Mt 8.10).

O mesmo interesse universal, por todas as pessoas, é encontrado em Atos. Jesus visualizara um ministério mundial (At 1.8). Quando o Espírito foi derramado no dia de Pentecostes, os convertidos naturalmente levariam a mensagem do cristianismo para seus países de origem (cf. 2.5). O curso dos eventos registrados em Atos indica a expansão gradual do Evangelho às regiões dos gentios. A perseguição que se levantou contra a Igreja após a morte de Estêvão serviu para dispersar os crentes por toda Judéia e Samaria (At 8.1). Filipe levou a mensagem do Evangelho para Samaria (vv. 4-8); o eunuco a levou para a Etiópia (vv. 26-39).

A conversão de Saulo é contada três vezes em Atos, para enfatizar a importância de seu papel na disseminação do Evangelho. Deus disse ao cético Ananias: "Este é para mim um vaso escolhido, para levar o meu nome perante os gentios, os reis e os filhos de Israel" (At 9.15; cf. 22.21; 26.17). O caminho do cristianismo está aberto para todos: "Todos os que nele crêem receberão o perdão dos pecados pelo seu nome" (At 10.43; cf. 4.12). Assim, Paulo pôde dizer ao carcereiro filipense: "Crê no Senhor Jesus Cristo, e serás salvo, tu e a tua casa" (At 16.31). A Igreja espalhou-se rapidamente para Antioquia, Chipre, Ásia Menor, Macedônia, Acaia e Itália, e alcançou desde a capital religiosa dos judeus (Jerusalém) até a capital política dos gentios (Roma). O Evangelho destinava-se a todas as pessoas, e Lucas tinha prazer em apresentá-lo como uma mensagem para todos os povos, independentemente de raça ou língua.

417

LUCAS

A compaixão de Lucas

Intimamente relacionada com a preocupação de Lucas por todos os santos e todas as classes estava sua compaixão. Via Jesus de Nazaré como um homem profundamente preocupado com os desfavorecidos, os explorados e os marginalizados. No quadro que apresenta de Cristo, observa-se uma janela para o próprio coração do evangelista. Jesus era sensível aos problemas dos pobres (Lc 6.20-25), dos leprosos (5.12-14), das viúvas (7.11-16), dos enfermos (5.17-26; 14.1-4) e das crianças (18.15-17). Como seu Senhor, Lucas demonstrava uma preocupação especial para com as mulheres (7.36-50; 8.1-3; 10.38-42: 13.10-17; 21.2-4). Seu evangelho expressa a compaixão e a bondade de Deus de forma notável. Não é surpresa que tenha descrito tantas cenas de banquete, pois a mesa da refeição era a expressão perfeita do amor e da aceitação (Lc 7.36-50; 10.38-42; 11.37-54; 14.1-14; 19.1-10).

Semelhantemente, Atos mostra a mensagem do cristianismo que alcança os samaritanos (At 8.25), as mulheres (5.14; 8.3,12; 13.50; 16.1, 13,14; 17.4,12,34), os explorados (16.16-21; cf. 19.23-27), os oficiais romanos, como o centurião Cornélio, o procônsul Sérgio Paulo (At 10 e 11; 13.6,7,12) e as pessoas imorais de uma cidade portuária como Corinto (18.1-11; cf. 1 Co 6.9-11). Lucas acreditava que havia "uma amplitude na misericórdia de Deus", e esta dimensão se refletia em sua graça e misericórdia que alcançariam todos os que respondessem a elas.

A ênfase de Lucas em Cristo como Salvador e Redentor

Finalmente, há uma grande ênfase na salvação, nos escritos de Lucas. Jesus foi anunciado pelo anjo, na natividade, como o Salvador prometido e identificado como "Cristo, o Senhor" (Lc 2.11). Foi reconhecido pela profetisa Ana, no Templo, como a criança da promessa "a todos os que esperavam a redenção de Jerusalém" (2.38). Esta redenção não se restringiria apenas ao povo judeu, pois abrangeria toda a família humana (3.6). O advento de Cristo desafiou as pessoas a se arrepender, se quisessem experimentar o perdão (5.32); Jesus, como o filho do homem, declarou ter a autoridade para proclamar esse perdão (5.20-26). Se os homens não desejassem o arrependimento, pereceriam (13.1-5). A salvação pela graça de Deus não seria tratada levianamente, pois os que a rejeitassem seriam "lançados fora" (Lc 13.28). Por outro lado, "há alegria diante dos anjos de Deus por um pecador que se arrepende" (Lc 15.10). Assim, quando Zaqueu se arrependeu, Jesus lhe disse: "Hoje veio a salvação a esta casa, porque também este é filho de Abraão" (Lc 19.9). A mensagem "cristocêntrica" proclamada por Lucas é resumida de forma muito bela no final do seu evangelho (Lc 24.45,46).

Atos anunciou poderosamente esta mensagem de redenção, que é repetida várias vezes na pregação apostólica dos grande sermões de Atos (At 2 e 3; 7; 10; 13; 17; 22; 26). Pedro, por exemplo, declarou: "Em nenhum outro há salvação, pois também debaixo do céu nenhum outro nome há, dado entre os homens, pelo qual devamos ser salvos" (At 4.12; cf. 2.36). Os apóstolos e seus cooperadores estavam ocupados "anunciando a paz por Jesus Cristo (este é o Senhor de todos)" (At 10.36). Esta mensagem foi levada, em círculos cada vez mais amplos, até os confins da Terra, e as pessoas se convertiam das trevas para a luz, "e do poder de Satanás a Deus" (At 26.18). Esta oferta maravilhosa de nova vida foi extensiva aos gentios e muitos responderam a ela com fé e obediência (At 11.18, 21; 15.19).

LUDE

Os dois livros escritos por Lucas abordam muitos temas. Além de excelente escritor e historiador fiel, ele era também um bom teólogo, que percebeu o plano e o propósito de Deus e tentou deixar isso claro aos seus leitores. Cumpriu essa tarefa muito bem.

A.A.T.

LÚCIO. 1. Lúcio de Cirene é mencionado como um dos "profetas e mestres" que participavam da igreja em Antioquia da Síria (At 13.1). Depois de um período de jejum e oração, o Espírito Santo revelou aos líderes da igreja que separassem Saulo e Barnabé à obra para a qual o Senhor os chamava (vv. 1-3). Os dois partiram para Chipre, onde pregaram o Evangelho. A igreja de Antioquia, da qual Lúcio fazia parte, é descrita em Atos 11. Ele provavelmente esteve entre os cristãos judeus de origem grega que foram espalhados pela perseguição e, ao chegar àquela cidade, pregaram aos gregos as boas novas sobre Jesus Cristo (At 11.20). Quando Barnabé foi enviado para Antioquia pelos líderes da igreja em Jerusalém, para ver o que acontecia, "viu a graça de Deus" operando ali (v. 23).

2. Provavelmente um companheiro judeu ou parente de sangue de Paulo; foi um dos que estavam com ele quando escreveu sua carta aos Romanos (Rm 16.21). Lúcio enviou saudações aos irmãos juntamente com Paulo, Timóteo e outros. Provavelmente visitara os cristãos em Roma quando ali esteve numa viagem de negócios ou como um pregador itinerante. É bem possível que seja a mesma pessoa registrada no item 1.

P.D.G.

LUDE. Um dos filhos de Sem e neto de Noé (Gn 10.22; 1 Cr 1.17). Ancestral do povo que habitou no país que possuía seu nome. É possível que esteja relacionado com a Lídia, uma nação que ficava na região oeste da Ásia Menor. Lude é mencionado em Isaías 66.19, junto com Tubal e Javã, as quais tornam tal identificação correta. Outros eruditos, porém, sugerem que se refere a uma nação situada no norte da África. Em algumas traduções, também é identificado em Ezequiel 27.10 (no lugar de "lídios").

M

MAACA. 1. Filho de Naor (irmão de Abraão) e sua concubina Reumá (Gn 22.24).

2. Mãe de um dos filhos do rei Davi nascidos em Hebrom, chamado Absalão. Era filha do rei Talmai, de Gesur (2 Sm 3.3; 1 Cr 3.2).

3. Pai do filisteu Áquis, rei de Gate (1 Rs 2.39).

4. Filha de Absalão, foi esposa do rei Roboão, de Judá, e tornou-se a mãe de seu sucessor, Abias (1 Rs 15.2). Roboão amava Maaca mais do que suas outras esposas. Por esta razão, nomeou Abias príncipe, preparou-o para a sucessão e enviou todos os outros filhos para outras cidades (2 Cr 11.20-23; 13.2). Abias rapidamente tornou-se um rei perverso, que não se devotava ao "Senhor seu Deus" (1 Rs 15.3). Obviamente, Maaca seguia o filho na idolatria. Quando seu neto, Asa, chegou ao trono, foi um bom rei e dedicou-se ao Senhor; devido à sua idolatria, Maaca foi destituída de sua posição de rainha-mãe (1 Rs 15.10,13; 2 Cr 15.16).

5. Concubina de Calebe, filho de Hezrom. Deu-lhe quatro filhos (1 Cr 2.18, 48).

6. Mencionada em 1 Crônicas 7.15,16 entre os descendentes de Manassés. Seu marido foi Maquir, embora seja mencionado que ele era seu irmão no v. 15 (em algumas traduções). Teve um filho chamado Perez.

7. Esposa de Jeiel, o qual viveu em Gibeom e é listado na genealogia que parte de Benjamim ao rei Saul (1 Cr 8.29; 9.35).

8. Pai de Hanã, o qual era um dos "guerreiros valentes" do rei Davi (1 Cr 11.43).

9. Pai de Sefatias, o qual foi oficial na tribo de Simeão durante o reinado de Davi (1 Cr 27.16). P.D.G.

MAADAI. Descendente de Bani, viveu na época de Neemias (Ed 10.34). Depois que Secanias confessou a Esdras que muitos homens da tribo de Judá tinham-se casado com mulheres de outras tribos e de diversas nações, Esdras levou o povo ao arrependimento e ao pacto de servir ao Senhor (Ez 10.2). Maadai foi um dos que se casaram com mulheres estrangeiras.

MAADIAS (Heb. "o Senhor promete"). Levita, líder dos sacerdotes que retornaram para Jerusalém junto com Jesua e Zorobabel, depois do exílio na Babilônia (Ne 12.5).

MAAI. Líder de Judá e sacerdote, tocou instrumentos musicais na dedicação dos muros de Jerusalém, depois que foram reconstruídos sob a liderança de Neemias (Ne 12.36).

MAALÁ. 1. Uma das cinco filhas de Zelofeade, da tribo de Manassés, o qual não teve filhos. Elas se casaram com primos, da mesma tribo do pai (Nm 26.33; 27.1; 36.1-12; Js 17.3). Maalá e suas irmãs tiveram de lutar em prol de sua herança, pois normalmente a posse da terra passava para os filhos homens.

Pediram orientação a Moisés sobre a questão, na porta do Tabernáculo, e solicitaram-lhe que interviesse, para que tivessem permissão de tomar posse da terra que seria do pai, pois não era justo que o nome dele fosse apagado da memória de seu povo. Moisés consultou a Deus sobre a situação e uma nova lei foi promulgada, a qual permitia que as filhas herdassem a terra do pai. Posteriormente, os líderes da tribo apelaram para Moisés sobre o caso, mediante a alegação de que, se tais mulheres decidissem

420

MAASÉIAS

casar-se com homens de outras tribos, a terra delas não seria mais considerada como parte de Manassés. Uma emenda foi acrescentada à lei, a fim de ordenar que as mulheres herdeiras se casassem com homens da mesma tribo que o pai, ou perderiam o direito à herança (Nm 36). Desta maneira, as filhas de Zelofeade se casaram com primos, a fim de cumprir a lei do Senhor.

Quando finalmente os israelitas entraram em Canaã e o território foi dividido entre as tribos, as mulheres receberam a parte que lhes cabia (Js 17.3,4).

2. Filho da irmã de Gileade, Hamolequete. Pertencia à tribo de Manassés (1 Cr 7.18).
P.D.G

MAALALEEL. 1. Filho de Cainã, era um dos antigos líderes do princípio da humanidade; viveu 895 anos. Foi pai de Jarede. Também é listado na genealogia apresentada por Lucas, que vai de Jesus a Adão (Gn 5.12-17; 1 Cr 1.2; Lc 3.37).

2. Ancestral de Ataías, um líder de província que viveu em Jerusalém no tempo de Neemias. Pertencia à tribo de Judá e era descendente de Perez (Ne 11.4).

MAALATE. 1. Uma das esposas de Esaú, o qual se casara com mulheres cananitas contra a vontade expressa de Isaque e Rebeca. Quando viu que o irmão Jacó obedecera ao pai e viajara para Padã-Arã, na Mesopotâmia, em busca de uma esposa, Esaú decidiu casar-se com uma mulher com quem tivesse parentesco, com o propósito de reconquistar a aprovação de Isaque. Casou-se com Maalate, filha de Ismael, filho de Abraão, e irmã de Nebaiote. O casamento de Esaú com as mulheres cananitas foi um desvio da promessa que Eliézer fizera a Abraão de que procuraria uma esposa entre os parentes de seu senhor, na Mesopotâmia, para Isaque. Esse criado assim procedeu e trouxe Rebeca para ser esposa do filho de seu amo (Gn 24). Isso servia como um memorial de que Canaã era a "terra pro-

metida" e de que Abraão e seus descendentes não deveriam associar-se com os povos pagãos que estavam sob o juízo de Deus por meio do casamento.

2. Filha de Jerimote, filho de Davi. Casou-se com o rei Roboão (2 Cr 11.18).
P.D.G.

MAALI. 1. Um dos filhos de Merari; portanto, neto de Levi. Tornou-se o líder do clã dos malitas (Êx 6.19; Nm 3.20; 26.58; 1 Cr 6.19, 29, 47; 24.26, 28). O grupo dos meraritas, do qual seu próprio clã fazia parte, era responsável pelo transporte dos objetos do Tabernáculo: as tábuas, os varais, as estacas, as cordas etc. (Nm 4.29-33). Os descendentes de Maali tinham responsabilidades no Tabernáculo nos dias do rei Davi e, posteriormente, durante o reinado de Salomão, serviram no Templo (1 Cr 23.21).

2. Levita, um dos três filhos de Musi e neto de Merari, da tribo de Levi (1 Cr 6.47; 23.23; 24.30).

MAARAI. Netofatita, era um dos "trinta" guerreiros do rei Davi. Como comandante do exército, ficava de prontidão com seus homens no 10° mês de cada ano; tinha 24.000 homens sob suas ordens (2 Sm 23.28; 1 Cr 11.30; 27.13).

MAASÉIAS (Heb. "a obra do Senhor").

1. Depois que a Arca da Aliança foi levada para Jerusalém, o culto ao Senhor foi adequadamente organizado pelo rei Davi. Maaséias foi um dos porteiros, pertencentes ao clã dos meraritas, da tribo de Levi. Excelentes músicos, ele e seu irmãos receberam a incumbência de tocar harpas e liras adiante da Arca, quando ela foi levada para a cidade santa (1 Cr 15.18,20).

2. Um dos comandantes do exército, com quem o sumo sacerdote Jeoiada fez aliança. Comandava uma unidade de 100 homens (2 Cr 23.1). Líder militar de grande influência, ajudou Jeoiada a colocar Joás no trono, como rei. O sumo sacerdo-

MAATE

te, juntamente com sua esposa, escondera o filho de Acazias no Templo, para evitar que fosse morto por Atalia (mãe de Acazias, que se apossara do trono). Quando o menino estava com oito anos, foi apresentado ao povo e coroado rei. Maaséias e os outros comandantes se encarregaram de matar Atalia. Joás, que claramente foi influenciado por Jeoiada em seu reinado, reformou o Templo e restabeleceu o culto ao Senhor.

3. Um dos oficiais da corte do rei Uzias. Era responsável, sob a direção de Hananias, pelo planejamento e a organização do exército (2 Cr 26.11).

4. Filho do rei Acaz, de Judá; foi morto numa guerra entre seu país e uma aliança formada por Israel e a Síria (2 Cr 28.7).

5. Governador da cidade de Jerusalém durante o reinado de Josias. Foi incumbido pelo rei de começar a fazer a reforma do Templo, junto com outros oficiais (2 Cr 34.8).

6. Pai do sacerdote Sofonias, o qual foi uma figura proeminente nos dias do profeta Jeremias. Era filho de Salum e tinha um importante compartimento na área do Templo (Jr 21.1; 29.25; 35.4; 37.3).

7. Pai de Zedequias, o qual também viveu nos dias de Jeremias. Zedequias foi condenado pelo profeta Jeremias, por profetizar mentiras ao povo (Jr 29.21).

8. Descendente de Jesua, este Maaséias estava entre os sacerdotes que se uniram a Esdras e ao povo no arrependimento por terem-se casado com mulheres de outras tribos e nações. Fizeram um pacto de servir ao Senhor (Ed 10.2) e os culpados divorciaram-se de suas esposas estrangeiras (v. 18).

9. Descendente de Harim, também se casara com uma mulher estrangeira e aceitou o divórcio (Ed 10.21).

10. Descendente de Pasur, também se divorciou da esposa estrangeira, no tempo de Esdras (Ed 10.22).

11. Descendente de Paate-Moabe, também se divorciou da esposa estrangeira, nos dias de Esdras (Ed 10.30).

12. Pai de Azarias, o qual colaborou na reconstrução dos muros de Jerusalém, nos dias de Neemias (Ne 3.23).

13. Um dos levitas que ficaram à direita de Esdras sobre um púlpito, quando o livro da Lei foi lido publicamente para a multidão. Depois da leitura, o povo adorou ao Senhor, confessou seus pecados e reafirmou o compromisso de dedicação a Deus (Ne 8.4).

14. Outro levita que se casara com uma mulher estrangeira. Depois do retorno do exílio na Babilônia, mediante a orientação de Esdras, decidiu divorciar-se. Também ajudou a ensinar a Lei de Deus e selou o pacto do povo de servir ao Senhor e obedecer à sua Palavra (Ne 8.7; 10.25).

15. Filho de Baruque, da tribo de Judá; estava entre os primeiros judeus que se restabeleceram em Jerusalém depois do exílio na Babilônia (Ne 11.5).

16. Pai de Colaías, da tribo de Benjamim, era ancestral de uma família que retornou do exílio na Babilônia e estabeleceu-se em Jerusalém (Ne 11.7).

17. Líder de uma família de levitas nos dias de Neemias (Ne 12.41). Tocou trombeta durante o culto de dedicação dos muros de Jerusalém, após sua reconstrução.

18. Levita, fez parte do coral que cantou durante o culto de dedicação dos muros de Jerusalém. A cidade e os muros foram destruídos pelos caldeus, e os israelitas, conduzidos ao exílio na Babilônia. Sob a direção de Neemias, os muros foram restaurados e, após a conclusão da obra, houve um grande culto de louvor a Deus (Ne 12.42).   P.D.G.

19. Avô de Baruque, o escriba, e de Seraías, oficial da corte. Ambos ajudaram o profeta Jeremias, pouco antes da queda de Judá, o reino do Sul (Jr 32.12; 51.59). O filho de Maaséias chamava-se Nerias.

MAATE. 1. Líder do clã dos coatitas, da tribo de Levi, listado na genealogia dos sacerdotes que trabalharam como músicos no tempo do rei Davi. Era pai de Elcana e filho de Amasai (1 Cr 6.35).

2. Também pertencente ao clã dos coatitas, da tribo de Levi. Filho de Amasai. Ajudou no trabalho de purificação do Templo durante o avivamento que houve no reinado de Ezequias (2 Cr 29.12). Também trabalhou sob a supervisão de Conanías e de Simei na preparação dos depósitos especiais para guardar as ofertas dadas pelo povo (2 Cr 31.13).

3. Mencionado na genealogia apresentada por Lucas, que vai de Jesus a Adão (Lc 3.26). Era pai de Nagaí e filho de Matatias.

MAAZ. Mencionado em 1 Crônicas 2.27, era filho de Rão e neto de Jerameel, da tribo de Judá.

MAAZIAS. 1. Um dos sacerdotes escolhidos para oficiar no Templo, "de acordo com as últimas instruções de Davi". Uma seleção imparcial foi feita entre os descendentes de Eleazar e de Itamar, por meio de sorteio. O 24º turno saiu para Maazias e esta era a ordem na qual ministrava quando entrava no santuário (1 Cr 24.18).

2. Um dos sacerdotes que selaram o pacto com Neemias de adorar somente ao Senhor e obedecer à sua lei (Ne 10.8).

MAAZIOTE. Um dos filhos de Hemã. Listado entre os levitas que foram separados para o ministério da profecia e da música durante o reinado de Davi. Hemã era o vidente do rei. Maaziote e seus companheiros foram indicados para o 23º turno de serviço no santuário (1 Cr 25.4,30).

MACBANAI. Mencionado em 1 Crônicas 12.13, ocupava o 11º nome numa lista dos valentes da tribo de Gade que desertaram das tropas do rei Saul e se uniram a Davi, quando este estava na cidade de Ziclague. Tais soldados foram descritos como grandes guerreiros, mais fortes do que cem homens e "ligeiros como corças sobre os montes".

MACBENA. Neto de Calebe e sua concubina Maaca. Seu pai chamava-se Seva, da tribo de Judá (1 Cr 2.49).

MACNADBAI. Descendente de Bani. Logo depois do retorno do exílio na Babilônia, Secanias confessou a Esdras que muitos homens da tribo de Judá, inclusive descendentes de sacerdotes, tinham-se casado com mulheres de outras tribos e de diversas nações. Esdras levou o povo ao arrependimento e ao pacto de servir ao Senhor e obedecer à sua lei (Ed 10.2). Macnadbai é listado entre os judeus que se divorciaram das esposas estrangeiras (v. 40).

MADAI. Terceiro filho de Jafé; portanto, neto de Noé (Gn 10.2; 1 Cr 1.5). Tradicionalmente é considerado como o progenitor dos médios (também chamados medos).

MADALENA. Veja *Maria*.

MADMANA. Neto de Calebe e sua concubina Maaca. Pertencia à tribo de Judá e seu pai chamava-se Saafe (1 Cr 2.49).

MAER-SALAL-HAS-BAZ (Heb. "Rápido despojo, presa segura"). Nome simbólico dado a um dos filhos do profeta Isaías (Is 8.1,3). Esta expressão apontava para a iminente destruição do rei Peca, de Israel, e do rei Rezim, da Síria, que cairiam nas mãos do rei da Assíria, quando Deus trouxesse juízo sobre Israel, o reino do Norte. Inicialmente o termo foi escrito num grande rolo, na presença de duas testemunhas fiéis, ou seja, Urias, o sacerdote, e Zacarias. Isso foi feito antes mesmo da criança ser concebida. Quando a destruição finalmente chegasse, aquele rolo seria o testemunho da verdade das palavras do profeta e do pecado de Acaz, rei

MAGDIEL

de Judá, e dos outros que se recusavam a ouvir as palavras do Senhor, por meio daquela profecia. P.D.G.

MAGDIEL. Descendente de Esaú, era um dos príncipes de Edom, mencionado em conexão com Irã (Gn 36.43; 1 Cr 1.54).

MAGOGUE. 1. Segundo filho de Jafé e neto de Noé (Gn 10.2; 1 Cr 1.5). Ele e seus descendentes eram conhecidos como guerreiros valentes, provavelmente para justificar o uso do nome conforme mencionado no item 2 abaixo.

2. Mencionado em Apocalipse 20.8 como líder simbólico das forças reunidas para a batalha contra Cristo. Em Ezequiel 38 e 39 é o nome da terra governada por Gogue. Para mais detalhes, veja *Gogue*.

MAGOR-MISSABIBE (Heb. "terror por todos os lados"). Nome dado por Jeremias a Pasur [filho de Imer] (Jr 20.3). Quando este ouviu uma das mensagens do profeta, achou que o povo ficaria desanimado com aquelas palavras de juízo e de derrota; mandou então que Jeremias fosse espancado e preso num cepo na área do Templo (v. 2). No dia seguinte, acreditando que Jeremias havia aprendido a lição, mandou que fosse solto. O profeta então lhe disse: "O Senhor não chama o teu nome Pasur, mas Magor-Missabibe". O termo significa "terror por todos os lados" e era um jogo de palavras com o nome daquele líder judeu (vv. 3-6). Especificamente, o profeta anunciou que a própria família de Pasur seria levada para o exílio, onde ele morreria. Para mais detalhes, veja *Pasur*, item 1.

MAGOS, OS. Transliteração do vocábulo grego *magoi*, provavelmente melhor traduzido como "homens sábios". Mencio-nados na Bíblia apenas em Mateus 2.1-12. Desde que tudo o que as Escrituras dizem sobre os magos é que viajaram "do Oriente" à procura do rei dos judeus recém-nascido (vv. 1,2), é impossível saber com certeza qual a origem

deles. Provavelmente fossem da Arábia, embora a Pérsia também seja uma forte possibilidade. É razoável supor que houve uma linha de transmissão das profecias mes-siânicas desde os tempos de Daniel, onde se sabia que havia "homens sábios" na área geográfica (Dn 2.12,13), bem como verdades bíblicas disponíveis por meio dos judeus exilados na Babilônia.

Muitos desses homens sábios eram também astrólogos; desta maneira, o fato de que seguiam uma estrela (Mt 2.2) aponta na direção de pelo menos uma fonte astrológica parcial, embora a transmissão das profecias bíblicas jamais deva ser ignorada, especialmente à luz da mensagem de Balaão, em Números 24.17. Qualquer que seja a fonte de informação deles, era claramente limitada em seu escopo. Os magos pediram orientação em Jerusalém (Mt 2.1,2). Suas perguntas quase permitiram que Herodes, o Grande, determinasse com exatidão o local onde estava o bebê. Os magos, entretanto, foram advertidos pelo Senhor, por meio de um sonho, a não retornar ao palácio real (vv. 7,8,12). Essa atitude resultou na furiosa decisão do rei de matar todos os meninos com menos de dois anos, na cidade de Belém e nos arredores (vv.16-18).

Depois que os magos saíram da presença de Herodes, foram guiados pela estrela até Belém, onde encontraram José, Maria e o menino Jesus (Mt 2.9,10). Eles o adoraram e lhe deram estranhos presentes para um rei (v. 11). A referência aos objetos (ouro, incenso e mirra) leva-nos à conclusão geral de que eram três magos. Não há, entretanto, uma base concreta para determinar quantos eram eles e muito menos para afirmar se eram reis. Por meio da generosidade que demonstraram, contudo, certamente foram os benfeitores que financiaram a fuga da família para o Egito e a permanência de Jesus lá (vv. 13-15). A.B.L.

MAGPIAS. Um dos líderes entre os judeus (Ne 10.20). Sob a liderança de

MALAQUIAS

Neemias, assinou o pacto feito pelo povo de obedecer à Lei do Senhor e adorar somente a Deus.

MALAQUIAS (Heb. "meu mensageiro"). O nome desse último profeta do Antigo Testamento é objeto de discussão, pois muitos eruditos sugerem que se trata apenas do epíteto de um profeta anônimo; outros dizem que de fato é um nome próprio. Freqüentemente, sabe-se que pais humanos não chamariam o filho de "meu mensageiro"; porém, se o nome fosse uma forma abreviada da frase hebraica "mensageiro de Yah [o Senhor]", ou algo parecido, a dificuldade desapareceria. Desta maneira, o nome provavelmente significasse "mensageiro de Yahweh" e somente depos foi vocalizado para "meu mensageiro".

A data em que o profeta viveu e escreveu seu livro também é incerta. O que parece claro é que muitas das questões tratadas no livro, tais como a corrupção no sacerdócio (Ml 1.6-14), o divórcio leviano de esposas israelitas (Ml 2.10-16) e o casamento misto com mulheres pagãs, também foram abordadas por Esdras (Ed 9.1-4; 10.1-4) e Neemias (Ne 10.28-31; 13.10-14, 23-37). Isso quer dizer que Esdras e Neemias foram precedidos por Malaquias e não este por aqueles; se não fosse assim, alguém descreveria as reformas de Esdras e Neemias como um fracasso total e completo. A chegada de Esdras a Jerusalém em 458 a.C. colocaria o ministério de Malaquias um pouco antes disso, talvez em 470 a.C.

As preocupações de Malaquias, conforme já mencionamos, centralizavam-se nos pecados da religião e da vida social, os quais permearam a vida da comunidade de Jerusalém e de Judá no período após o exílio. Embora os exilados tenham sido castigados e totalmente purgados de qualquer inclinação para a idolatria, seus líderes e eles próprios voltaram para a terra natal com o desejo ardente de reformas também em outras áreas. O Templo

fora reconstruído meio século antes da data provável do ministério de Malaquias; seus sacerdotes, porém, já haviam corrompido os serviços, com o intuito de obter vantagem da função sagrada. O povo leigo também era culpado, pois cada um buscava seus próprios interesses, maltratando e prejudicando uns aos outros. A avaliação de Malaquias da situação como um todo é que tudo constituía violação da Aliança de Yahweh (Ml 2.8, 10), um pecado que atrairia as inevitáveis maldições atadas àquelas transgressões (Ml 2.2; 3.9).

Malaquias pediu ao povo que se arrependesse (Ml 3.7; 4.2, 4), especialmente à luz do advento do mensageiro de Deus (3.1), aquele que precederia e anunciaria a vinda do Senhor e seu juízo (3.1; 4.1-6). Esse mensageiro, segundo o Novo Testamento, foi João Batista, precursor e anunciador de Jesus Cristo, o Senhor (Mt 11.9-14). Desta maneira o livro de Malaquias, o último profeta do Antigo Testamento, forma uma ponte muito apropriada entre a esterilidade da vida e do culto no AT, realizado apenas *pro forma,* e o Messias do NT, cujo advento tornou possível uma nova vida e um novo relacionamento com o Senhor por meio do Espírito Santo (Jo 4.24).

A mensagem do livro de Malaquias apresentava a flagrante incoerência entre a identidade da comunidade judaica como o povo de Deus e a prática de tudo o que essa condição exigia deles. Eles não precisavam reconstruir o Templo e a cidade santa, pois tudo já estava pronto; pelo contrário, o problema deles era a questão da vida santa e do serviço sagrado, no final de todas as realizações externas. Malaquias, apesar de morto, ainda fala ao mundo moderno sobre a necessidade de manter o desempenho alinhado com a convicção. Sua mensagem, portanto, é atual, especialmente à luz do advento daquele sobre quem o profeta falou tão eloqüentemente. E.M.

MALCÃ

MALCÃ. Filho de Saaraim e de sua esposa Hodes, da tribo de Benjamim. Era líder de uma família e está listado na genealogia que vai de Benjamim até o rei Saul (1 Cr 8.9).

MALCO. Mencionado em João 18.10, era servo do sumo sacerdote, na época em que Jesus foi traído e preso. Numa atitude desesperada para proteger o Mestre, no momento da prisão do Filho de Deus, Pedro tirou a espada da bainha e cortou a orelha de Malco. Jesus imediatamente o repreendeu e, de acordo com o texto de Lucas 22.50, curou aquele servo. Cristo não se manifestou como o Messias que muitas pessoas esperavam, ou seja, um rei que viera para conquistar (veja Lc 22.52). Pelo contrário, apresentou-se como uma ovelha sendo levada ao matadouro (Is 53.7), que se dirigiu à morte deliberadamente, para cumprir a vontade do Pai e salvar seu povo do pecado. Mais tarde, outro servo do sumo sacerdote, um parente de Malco, confrontou Pedro e perguntou-lhe se não estivera com Jesus no Jardim das Oliveiras. Pedro, pela terceira vez naquela noite, negou conhecer a Cristo. P.D.G.

MALOM. Filho de Elimeleque e Noemi e irmão de Quiliom. Viveu nos dias dos juízes. Devido a uma grave fome em Judá, seu pai deixou sua cidade, Belém, e estabeleceu-se com toda família em Moabe (Rt 1.1,2). Depois da morte de Elimeleque, os dois filhos cuidaram de Noemi. Tempos depois, eles morreram, embora o livro de Rute não registre o motivo. Os dois, entretanto, eram casados com mulheres moabitas, as quais permaneceram na companhia de Noemi para ajudá-la (Rt 1.3-5). A esposa de Quiliom chamava-se Orfa. Rute, a esposa de Malom, decidiu morar com a sogra e posteriormente veio com ela para Belém, onde conheceu Boaz e casou-se com ele. Como parente remidor, ele comprou de Noemi tudo o que pertencia aos falecidos (Rt 4.9,10). P.D.G.

MALOTI. Um dos filhos de Hemã, o vidente do rei, da tribo de Levi; listado entre os que foram separados para o ministério da profecia e da música, durante o reinado de Davi (1 Cr 25.4). Era líder do 19º grupo de músicos que ministravam no Tabernáculo (1 Cr 25.26).

MALQUIAS. 1. Ancestral de Asafe (1 Cr 6.40).

2. Um dos sacerdotes escolhidos para oficiar no Templo, "de acordo com as últimas instruções de Davi". Uma seleção imparcial foi feita entre os descendentes de Eleazar e de Itamar, por meio de sorteio. O 5º turno saiu para Malquias e esta era a ordem na qual ministrava quando entrava no Santuário (1 Cr 24.9).

3. Ancestral de um sacerdote chamado Adaías, o qual estava entre os primeiros membros das famílias sacerdotais a voltar e se estabelecer em Jerusalém, após o exílio na Babilônia (1 Cr 9.12).

4. Filho do rei Zedequias, dono da cisterna sem água, porém, com muita lama, na qual Jeremias foi colocado por seus inimigos. "Jeremias se atolou na lama" (Jr 38.6). Foi colocado ali pelos oficiais da corte, porque se recusaram a aceitar sua profecia de que os caldeus venceriam a guerra contra Judá. Achavam que suas palavras eram ameaçadoras e desencorajariam os soldados e o povo em geral; por isso, queriam matá-lo.

5. Pai de Pasur, o qual era servo do rei Zedequias (Jr 21.1; 38.1); foi enviado a Jeremias para perguntar sobre os planos de Deus (Jr 21). O profeta falou que o povo de Judá em breve seria levado para o exílio e punido de acordo com suas obras. Em Jeremias 38.1-6, Pasur e seus amigos buscavam um meio para matar Jeremias.

6. Um dos sacerdotes que selaram o pacto feito por Neemias e o povo de servir ao Senhor e obedecer à sua Lei (Ne 10.3).

MALUQUE

7. Dois descendentes de Parós são chamados de Malquias, embora o nome provavelmente seja duplicado e se refira apenas a uma pessoa. Estavam entre os judeus que se divorciaram das esposas estrangeiras, em obediência à Lei de Deus e à orientação de Esdras (Ed 10.25).

8. Descendente de Harim, também se divorciou da esposa estrangeira, em obediência à orientação de Esdras. Provavelmente trata-se do mesmo homem que colaborou na reconstrução de uma seção do muro de Jerusalém (Ed 10.31; Ne 3.11).

9. Filho de Recabe, trabalhou na reconstrução da parte do muro de Jerusalém onde ficava a Porta do Monturo. Era maioral do distrito de Bete-Haquerém (Ne 3.14).

10. Filho de um ourives; também colaborou no trabalho de reconstrução dos muros de Jerusalém, "até a casa dos servidores do Templo e dos mercadores, defronte da Porta da Guarda, e até a câmara superior da esquina" (Ne 3.31).

11. Estava entre os que se colocaram à direita de Esdras, sobre o púlpito de madeira, quando a livro da Lei foi lido publicamente para todo o povo. Após o término da leitura, todos confessaram seus pecados, adoraram ao Senhor e fizeram um novo compromisso de consagração ao seu serviço (Ne 8.4). Provavelmente é a mesma pessoa do item 9 ou 10 acima.

12. Ancestral de Adaías, o qual era o líder de uma família de sacerdotes que trabalhou na reconstrução dos muros de Jerusalém, no tempo de Neemias (Ne 11.12).

13. Levita que fez parte do coral que cantou durante a festa de dedicação dos muros de Jerusalém. A cidade fora destruída pelos caldeus, quando invadiram Judá e levaram o povo para a Babilônia. Sob a liderança de Neemias, os que retornaram do exílio reconstruíram os muros e no final fizeram um culto em ação de graças ao Senhor (Ne 12.42). P.D.G.

MALQUIEL (Heb. "Deus é rei"). Neto de Aser e filho de Berias, foi líder do clã dos malquielitas; estava entre os que desceram com Jacó para o Egito (Gn 46.17; Nm 26.45). Era o pai de Birzavite (1 Cr 7.31).

MALQUIRÃO (Heb. "meu rei é exaltado"). Listado entre os descendentes do rei Jeoiaquim; portanto, fazia parte da linhagem real de Davi que retornou do exílio na Babilônia (1 Cr 3.18).

MALQUISUA. Mencionado em 1 Samuel 14.49, era um dos filhos do rei Saul, portanto irmão de Jônatas e de Isvi (1 Cr 8.33; 9.39). Posteriormente, foi morto pelos filisteus, juntamente com o pai e Jônatas, numa terrível batalha travada no monte Gilboa (1 Sm 31.2; 1 Cr 10.2).

MALUQUE. 1. Pai de Abdi e filho de Hasabias; foi ancestral de Etã, um levita músico que viveu no tempo do rei Davi (1 Cr 6.44).

2. Descendente de Bani. Na época do retorno da Babilônia para Jerusalém, após o exílio, Secanias confessou a Esdras que muitos homens da tribo de Judá, inclusive descendentes dos sacerdotes, tinham-se casado com mulheres de outras tribos e de diversas nações. Esdras levou o povo ao arrependimento e ao pacto de servir ao Senhor (Ed 10.2). Maluque é mencionado entre os que se divorciaram das esposas estrangeiras (v. 29).

3. Estava entre os descendentes de Harim. Também listado entre os que se divorciaram das esposas estrangeiras (Ed 10.32).

4. Um dos sacerdotes que retornaram do exílio na Babilônia para Jerusalém e selaram um pacto com Neemias para adorar somente ao Senhor e obedecer à sua Lei (Ne 10.4; 12.2, 14).

5. Líder do povo que também assinou o pacto com Neemias (Ne 10.27). P.D.G.

MANAATE

MANAATE. Descendente de Esaú, filho de Sobal, o qual era um líder de um clã entre os edomitas (Gn 36.23; 1 Cr 1.40).

MANAÉM. Mencionado como um dos "profetas e mestres" da igreja em Antioquia (At 13.1). Fora criado junto com Herodes, o tetrarca. Depois de um período de jejum e oração, o Espírito Santo revelou aos líderes da igreja que separassem Saulo e Barnabé para o campo missionário (vv. 1-3). Os dois partiram para Chipre, onde pregaram o Evangelho. A igreja em Antioquia, da qual Manaém fazia parte, está descrita em Atos 11. Ele provavelmente esteve entre os cristãos judeus de origem grega que foram espalhados pela perseguição e, ao chegar a Antioquia, pregaram aos gregos as boas novas sobre Jesus Cristo (At 11.20). Quando Barnabé foi enviado para lá pelos líderes da igreja em Jerusalém, a fim de observar o que se passava, "viu a graça de Deus" em plena operação ali (v. 23).   P.D.G.

MANASSÉS (Heb. "fazendo esquecer"). **1.** Filho de José, portanto neto de Jacó. Depois de ser honrado com um elevado posto na corte egípcia, José casou-se com Asenate, filha do sacerdote de Om, com quem teve dois filhos (Gn 41.50). Chamou o primogênito de Manassés, pois havia esquecido as trágicas circunstâncias que o levaram ao Egito. Chamou o segundo filho de Efraim, que quer dizer "frutífero", pois o Senhor não apenas o livrara dos perigos, mas o fizera prosperar além da medida (Gn 41.51,52).

Quando Jacó estava às portas da morte, José pediu-lhe que compartilhasse com seus dois filhos a bênção patriarcal. Ao apresentá-los ao pai, de acordo com a ordem da primogenitura, José colocou a mão direita de Jacó na cabeça de Manassés e a esquerda, na de Efraim. O patriarca, teimosa e deliberadamente, inverteu a posição das mãos. Desta maneira, concedeu os direitos de primo-

genitura a Efraim e não a Manassés (Gn 48). Esse ato alinhava-se com um tema comum na Bíblia: Deus, em sua graça, escolhe para a salvação e para seu serviço os que de acordo com a tradição humana são desprezados (cf. Gn 25.23; Rm 9.6-12).

Efraim, portanto, foi abençoado e tornou-se progenitor de uma tribo que dominou Israel, no reino do norte (veja *Efraim*). Manassés, entretanto, de maneira alguma foi ignorado. De fato, a tribo que fundou dividiu-se posteriormente em duas partes: uma delas ocupou um vasto território na Transjordânia (Nm 32.33-42; Js 12.1-6) e a outra uma importante região ao norte de Efraim, que se estendia do mar Mediterrâneo até o rio Jordão (Js 17.1-13). Essa prosperidade refletiu a bênção pronunciada por Jacó para as tribos, quando falou sobre Efraim e Manassés na pessoa de José (Gn 49.22-26). Semelhantemente, Moisés descreveu a bênção dos dois em termos de prosperidade e poder (Dt 33.13-17).

2. Pai de Gérson, é mencionado apenas em Juízes 18.30; provavelmente, trata-se de uma substituição feita posteriormente por um escriba, pois talvez o nome original fosse "Moisés". O propósito da mudança aparentemente foi salvaguardar Moisés de ser lembrado como avô de Jônatas, o primeiro sacerdote do culto apóstata de Dã.

3. Filho de Paate-Moabe, foi um dos judeus que retornaram do exílio na Babilônia para Jerusalém e se casaram com mulheres estrangeiras (Ed 10.30).

4. Descendente de Hasum, foi também um dos judeus que se casaram com mulheres estrangeiras, após o retorno do exílio na Babilônia (Ed 10.33).

5. Rei de Judá. Governou durante 55 anos (696 a 642 a.C.). Subiu ao trono com 12 anos de idade, após a morte de Ezequias, seu pai. Sua mãe chamava-se Hefzibá. O relato de seu reinado encontra-se em 2 Reis 21.1-18 e 2 Crônicas 33.1-20. Lamentavelmente, seu governo não começou da mesma maneira que o reinado do pai, com um grande avivamento. 2 Reis 21.2 afirma: "Fez o que era mau aos olhos do Senhor". Essa maldade incluía idolatria e práticas pagãs, aprendidas com outras nações. Manassés não se limitou simplesmente a deixar a nação desviar-se, mas desempenhou um papel ativo na restauração dos cultos pagãos, abolidos no início do reinado de seu pai (2 Cr 33.3). Erigiu altares pagãos na área do Templo e chegou a sacrificar um dos filhos no fogo (v. 6). Adorava as estrelas e envolveu-se com a feitiçaria, numa afronta direta às leis de Deus. Recusou-se terminantemente a dar ouvidos aos profetas enviados pelo Senhor, os quais o alertavam de que Deus enviaria uma terrível devastação sobre Jerusalém, por sua causa (vv. 10-15).

Tanto a Bíblia como as inscrições assírias revelam que, durante a maior parte do tempo de seu reinado, Manassés esteve subjugado ao poder esmagador dos assírios. Finalmente, como juízo sobre ele, Deus permitiu que a Assíria invadisse novamente Judá. "Pelo que o Senhor trouxe sobre eles os comandantes do exército do rei da Assíria, os quais prenderam a Manassés, colocaram um gancho no seu nariz, amarraram-no com cadeias de bronze e o levaram para Babilônia" (2 Cr 33.11). A partir deste ponto, o cronista registra que Manassés se arrependeu, o Senhor ouviu seu clamor e o reconduziu a Jerusalém, para o seu reino. "Então conheceu Manassés que o Senhor era Deus" (2 Cr 33.12,13). Depois que retornou à cidade santa, destruiu os altares pagãos e os ídolos e insistiu com o povo para adorar somente ao Senhor (vv. 15-17). O relato de Crônicas indica a profundidade da graça de Deus, ao perdoar um homem tão ímpio como Manassés, quando se arrependeu sinceramente de seus pecados.

A tradição diz que Isaías foi morto no reinado de Manassés. Certamente ele profetizou nos dias de Ezequias; por isso, provavelmente tornou-se mártir por ter protestado contra o paganismo de Manassés, no início de seu reinado. Depois de tudo isso, esse rei voltou para os caminhos de Deus e levou o povo consigo. Não sabemos com clareza o que realmente mudou na nação e quanto tempo Manassés viveu após seu retorno do exílio. Provavelmente ele experimentou apenas um arrependimento superficial, pois seu filho Amom também foi um rei ímpio (v. 22) e, quando Josias subiu ao trono, apenas alguns anos mais tarde, havia pouquíssima adoração ao Senhor no país.

P.D.G.

MANOÁ (Heb. "lugar de descanso"). Da tribo de Dã, morava na cidade de Zorá. Viveu na época dos juízes e tornou-se pai de um dos mais famosos libertadores e líderes de Israel — Sansão. Sua esposa era estéril, mas um anjo apareceu a ela e lhe disse que daria à luz um filho (Jz 13.2,3). O menino seria nazireu, ou seja, uma pessoa consagrada ao serviço do Senhor; geralmente muitos faziam um voto de consagração, para dedicar-se por um período determinado de tempo. Sansão, contudo, seria nazireu por toda sua vida, a serviço de Deus; deveria obedecer às normas e regulamentos aplicáveis aos consagrados ao Senhor. Essas regras incluíam não raspar ou cortar os cabelos, não beber bebida alcoólica e seguir algumas leis cerimoniais de purificação dos sacerdotes (veja *Nazireu*; também Nm 6).

O anjo também disse à mulher que o menino livraria os israelitas da opressão dos filisteus (Jz 13.5). Ela contou ao marido o que acontecera e a resposta dele mostra sua fé em Deus: orou para que o Senhor enviasse novamente seu mensageiro, desta vez para ensiná-los a criar o menino corretamente. Quando o anjo apareceu pela segunda vez, Manoá conversou com ele e tomou conhecimento de tudo (v. 12). Ofereceu uma refeição ao mensageiro de Deus, que não a aceitou, mas pediu que oferecessem um holocausto ao Senhor. Ao que parece, Manoá pensava que o anjo fosse um homem, talvez um profeta, e por isso per-

MANRE

guntou seu nome (v. 17). Quando o sacrifício era oferecido, o mensageiro do céu subiu na labareda. Diante disso, Manoá percebeu que estava diante de um anjo e inclinou-se, em adoração. No tempo determinado, Sansão nasceu e "o Espírito do Senhor começou a incitá-lo" (vv. 24,25). Após sua morte, foi sepultado no túmulo de Manoá, entre Zorá e Estaol (Jz 16.31).

Esta obra de Deus ocorreu no tempo em que os israelitas faziam "o que era mau aos olhos do Senhor" e estavam debaixo do domínio filisteu (Jz 13.1). Numerosos juízes não mencionados pelo nome governaram sobre partes limitadas do território de Israel antes desses acontecimentos; mas o pecado do povo e sua rebelião contra Deus eram muito grandes. Portanto, foi pela intervenção do Senhor, somente por meio de sua graça, que os israelitas foram restaurados das conseqüências de seus pecados. A história de Sansão mostra que Deus jamais permite que seu povo seja destruído ou subjugado para sempre pelos inimigos. O Senhor permaneceu fiel às promessas de sua aliança, feitas a Abraão e Moisés, e fez com que nascesse alguém que um dia resgataria seu povo das mãos dos filisteus. A confiança de Manoá provavelmente mostra que algumas pessoas em Israel ainda permaneciam fiéis a Deus. O fato de que a esterilidade de sua esposa era conhecida também mostra a soberania do Todo-poderoso no que concerne ao seu povo. Como aconteceu com Sara, esposa de Abraão, e com Isabel, mãe de João Batista, a esterilidade dessa mulher serviu para mostrar a mão de Deus em ação para a salvação dos judeus. P.D.G.

MANRE. Amigo de Abraão que o ajudou quando este enfrentou os reis da Mesopotâmia. Nosso patriarca havia estabelecido seu acampamento próximo a Manre, que era amorreu e vivia perto de Hebrom. Seus irmãos, Escol e Aner, também são mencionados. Abraão apreciou muito a ajuda deles na batalha e as-

segurou-lhes que seriam recompensados com os espólios conquistados na guerra (Gn 14.13,24).

Provavelmente ele emprestou seu nome não apenas aos "carvalhais de Manre", onde Abraão se estabeleceu, mas também a toda a área ao redor (Gn 13.18; 18.1; 23.17). P.D.G.

MAOL (Heb. "dança"). Pai dos sábios Hemã, Calcol e Darda. Quando a Bíblia descreve a sabedoria de Salomão, diz que era mais entendido que todos eles. Alguns teólogos sugerem que o termo "Maol" aqui tem que ver com as pessoas que compõem uma orquestra. Ao que parece tais homens eram considerados extremamente sábios e sem dúvida tomaram parte nas contribuições musicais dos cultos (1 Rs 4.31).

MAOM (Heb. "habitação"). Citado em 1 Crônicas 2.45, era filho de Samai e "pai de Bete-Zur". Esta última frase significa que ele foi o fundador da cidade ou que seus descendentes viviam ali. Juízes 10.12 menciona um povo chamado de "maonitas", embora não seja provável que tivessem alguma relação com este Maom, descendente de Moabe.

MAOQUE. Mencionado em 1 Samuel 27.2, era pai de Áquis, rei de Gate, na época em que Davi era perseguido por Saul e refugiou-se por um tempo com ele. Provavelmente trata-se da mesma pessoa chamada de Maaca em 1 Reis 2.39. Veja *Áquis*.

MAQUI. Pai de Güel, da tribo de Gade, um dos doze homens enviados por Moisés do deserto de Parã para espiar Canaã (Nm 13.15). Foi escolhido um representante de cada uma das doze tribos de Israel. Para mais detalhes sobre a missão deles, veja *Samua*.

MAQUIR (Heb. "valoroso")
1. Mencionado pela primeira vez na Bíblia em Gênesis 50.23, quando seus fi-

lhos foram abençoados por José, e este já estava bem idoso.

Era filho de Manassés e sua concubina síria; foi progenitor do clã dos maquiritas (Nm 26.29; 1 Cr 7.14). Sua esposa era irmã de Hupim e Supim (1 Cr 7.15). Seu filho, Gileade, também se tornou líder de um clã (Nm 27.1; 1 Cr 7.17). Seus descendentes conquistaram a terra que ficou conhecida como Gileade, de onde expulsaram os amorreus (Nm 32.39). Os maquiritas eram "grandes guerreiros", e os gileaditas receberam oficialmente a terra quando foi feita a distribuição de Canaã por Moisés e Josué (Js 17.1; 13.31; Jz 5.14; Dt 3.15; 1 Cr 2.21-23). Os descendentes de Maquir envolveram-se numa interessante questão sobre os direitos legais da herança de uma família onde havia somente filhas mulheres. Um bisneto de Maquir (veja *Zelofeade*) tinha somente filhas e Moisés consultou a Deus, a fim de resolver aquela questão da herança da terra (Js 17.3; etc.).

2. Filho de Amiel, vivia na região de Gileade e provavelmente recebeu o mesmo nome do líder tribal mencionado acima. Hospedou em sua casa o filho aleijado de Saul, Mefibosete, quando Davi subiu ao trono. O novo rei informou-se com seus oficiais se havia algum descendente da casa de Saul a quem pudesse demonstrar favor e cumprir a aliança que fizera com Jônatas; falaram-lhe sobre Maquir de Lo-Debar (2 Sm 9.4,5). Posteriormente este teve oportunidade de ajudar o próprio Davi, quando este rei fugia do filho Absalão. Providenciou camas, vasilhas de barro e alimentos variados para o rei e seus homens (2 Sm 17.27). Vê-se claramente que se tratava de um homem honrado e compassivo que foi usado por Deus para que Mefibosete fosse amparado, Davi e seus homens sobrevivessem e o rei fosse restituído ao trono. P.D.G.

MARA. Nome pelo qual Noemi pediu para ser chamada ao retornar à cidade de Belém, depois de suas experiências em Moabe (Rt 1.20). O nome significa "amarga". A vida dela, até aquele ponto, de fato fora marcada pela tragédia. Ela e o marido Elimeleque saíram de Israel e foram para Moabe, com o intuito de fugir da fome que assolava a terra. Naquele país, seus dois filhos casaram-se com mulheres moabitas. Primeiro Elimeleque morreu e logo depois os dois filhos também faleceram, deixando-a viúva, numa terra estranha e sem família para suportá-la. Voltou para Belém junto com Rute, uma das noras; por tudo isso, pediu para ser chamada de Mara, que era o oposto de Noemi (heb. "agradável").

É digno de nota que este nome não foi dado como uma descrição de como ela se sentia, mas sim como uma narrativa dos acontecimentos em sua vida. De fato, Noemi não estava amargurada, a despeito das circunstâncias amargas pelas quais passara. Confiou no Senhor no meio de todas as adversidades e sua fé finalmente demonstrou estar bem firmada, na maneira como Deus a preservou e a levou de volta a Belém, onde viveu sob a proteção de Rute e de Boaz P.D.G.

MARCOS, JOÃO

Referências no Novo Testamento

A primeira referência a este Marcos no Novo Testamento aparece no relato da libertação miraculosa de Pedro da prisão em Jerusalém, onde fora colocado por ordem de Herodes Agripa (44 d.C.; At 12.6-11). Após ser liberto pelo anjo, este apóstolo dirigiu-se "à casa de Maria, mãe de João, que tinha por sobrenome Marcos" (v. 12). Como

MARCOS, JOÃO

muitos outros judeus daquela época (como Saulo, também chamado de Paulo; At 13.9), ele tinha um nome hebraico (João, que significa "Deus é gracioso") e um romano (Marcos, que significa "grande martelo"). O fato de seu pai não ser mencionado em conexão com a família e a casa provavelmente significa dizer que já havia falecido. Sua residência possivelmente era um local de reuniões regulares da Igreja. Por isso, Pedro dirigiu-se até lá assim que foi solto pelo Senhor. Tratava-se também de uma casa de considerável importância na comunidade.

A seguir, Marcos é associado com Barnabé e Paulo, os quais levaram uma ajuda financeira da igreja em Antioquia para os cristãos da Judéia que passavam necessidades devido à fome na região (46 d.C.; At 11.29,30). De acordo com Colossenses 4.10, Marcos era sobrinho de Barnabé. Sem maiores detalhes, a narrativa de Atos registra: "Barnabé e Saulo, havendo terminado aquele serviço, voltaram de Jerusalém, levando consigo a João, que tem por sobrenome Marcos" (At 12.25).

Em Antioquia, outra missão foi confiada aos três. Barnabé e Saulo foram designados pela Igreja a realizar uma viagem missionária (47 d.C.), a qual começou em Chipre, onde Barnabé havia morado (At 4.36). Eles, porém, levaram Marcos na companhia deles. "Chegados a Salamina, anunciavam a palavra de Deus nas sinagogas dos judeus, e tinham a João como auxiliar" (At 13.5). A palavra "auxiliar", usada para descrever o papel de Marcos na missão, é usada por Lucas em outros textos, para referir-se aos que eram "ministros da palavra" (Lc 1.2). O termo é aplicado também ao assistente na sinagoga judaica (Lc 4.20), cujo trabalho incluía o ensino das crianças. Embora João Marcos fosse um assistente de trabalhos gerais, provavelmente um dos aspectos de sua contribuição na equipe missionária era a participação em alguma forma de ensino.

Sua participação, entretanto, nessa primeira viagem missionária aparentemente teve curta duração. Depois de ministrar em Chipre, os três navegaram para Perge da Panfília (At 13.13). Quando chegaram lá, João Marcos decidiu abandonar a equipe. O relato de Atos não informa o motivo de sua decisão. O nome dele é mencionado novamente quando Paulo e Barnabé planejaram uma segunda viagem para visitar todas as igrejas fundadas na primeira viagem (At 15.36). Barnabé queria incluir João Marcos novamente, "mas a Paulo não parecia razoável que levassem aquele que desde Panfília se tinha apartado deles e não os acompanhou naquela obra" (v. 38). A disputa sobre a questão causou a separação dos dois, e Paulo escolheu Silas como companheiro para a segunda viagem (48 d.C.; v. 40). Barnabé, por sua vez, "levando consigo a Marcos, navegou para Chipre" (v. 39), a área onde seu sobrinho servira tão bem na vez anterior.

Alguém talvez julgue que a firmeza de Paulo em não permitir a participação de João Marcos na segunda viagem missionária significaria o fim de qualquer ministério juntos no futuro. O caso, porém, não foi esse. Em duas de suas cartas (60 a 62 d.C.), provavelmente escritas enquanto aguardava o primeiro julgamento em Roma, depois de completar sua terceira viagem missionária, o apóstolo refere-se a ele de forma apreciativa. Na carta aos Colossenses, Marcos é mencionado com outros cooperadores de Paulo como alguém que fora "uma consolação" para ele (Cl 4.10,11). Na carta a Filemom, novamente é descrito (junto com Lucas e outros) como "cooperador" (Fm 24). Finalmente, em sua última carta, escrita a Timóteo (c. 64 d.C.), Paulo lhe dá instruções: "Toma a Marcos, e traze-o contigo, porque me é muito útil para o ministério" (2 Tm 4.11).

A referência final a João Marcos no Novo Testamento ocorre numa das cartas de Pedro. Ele foi mencionado pela primeira vez em conexão com a libertação deste apóstolo da prisão em Jerusalém. Pedro encontrava-se em "Babilônia" [não se sabe ao

MARCOS, JOÃO

certo se era uma região ou uma cidade] (64 d.C.) e Marcos estava com ele. A proximidade da comunhão entre ambos é indicada pelo tratamento do apóstolo: "meu filho" (1 Pe 5.13).

De acordo com Papias de Hierápolis (130 d.C.; citado por Eusébio na *História Eclesiástica* 3.39.15), Marcos prosseguiu no ministério com Pedro em "Babilônia", como seu "intérprete" e compilador de seu ensino sobre "as coisas ditas e feitas pelo Senhor". Esta última frase é uma descrição resumida do evangelho de Marcos. O testemunho de Papias serve para validar a utilidade e a autoridade do relato de Marcos para a Igreja primitiva.

Marcos também está relacionado com o estabelecimento de igrejas em Alexandria (Eusébio, *H.E.*, 2.16.1). Segundo a tradição, foi martirizado lá (*A Crônica Pascal*), e seus restos mortais posteriormente foram transportados para Veneza, Itália.

Características e teologia do evangelho de Marcos

Embora todos os evangelhos compartilhem um propósito similar, ou seja, proporcionar aos leitores um relato sobre o ensino e o ministério de Jesus, os escritores que escreveram cada evangelho também trouxeram à obra conceitos e pontos de vista particulares, tanto pastorais como teológicos. Neste aspecto o relato sobre a vida e obra de Cristo é como um quadro pintado, que não somente reproduz o modelo, mas também revela algo sobre a pessoa que o compôs. Lido com isso em mente, algumas das características do evangelho de Marcos são entendidas à luz do breve esboço de sua vida, proporcionado pelas referências a ele no Novo Testamento (citadas acima).

O fracasso dos discípulos

Embora os evangelhos, cada um à sua maneira, relatem a luta dos discípulos com o entendimento da mensagem e do ministério de Jesus, o retrato de Marcos do fracasso e da falta de entendimento demonstrada constantemente pelos seguidores de Cristo é pintado de maneira mais contundente do que os outros. Ele mostra que os discípulos invariavelmente não entendiam as parábolas de Jesus (Mc 4.13; 7.18), suas declarações (10.10) e suas predições sobre sua morte iminente (9.10,32). Falharam em entender o significado de suas obras poderosas, como acalmar o mar (4.40,41), andar sobre a água (6.49-52) e finalmente o abandonaram em sua maior angústia e dor (14.50).

Marcos inclusive concluiu seu evangelho com uma nota de fracasso. As mulheres que foram ao túmulo de Jesus e o encontraram vazio receberam a seguinte instrução: "Mas ide, dizei a seus discípulos, e a Pedro, que ele vai adiante de vós para a Galiléia" (Mc 16.7). Marcos, porém, escreveu: "Tremendo e assombradas, as mulheres saíram, e fugiram do sepulcro. Nada disseram a ninguém, porque temiam" (v. 8). Esse estranho final levou os copistas posteriores a providenciar uma conclusão mais semelhante aos outros evangelhos (isto é, vv. 9-20); mas a abrupta conclusão de Marcos é coerente com o triste quadro dos seguidores de Jesus que caracterizou toda sua apresentação do evangelho.

Em parte, a ênfase de Marcos serve como um lembrete salutar de que os propósitos de Deus são realizados por pessoas falíveis. O próprio evangelista decepcionou na primeira viagem missionária, ao deixar Paulo e Barnabé sozinhos na Panfília. Embora não se saiba o motivo, a indisposição de Paulo em levá-lo novamente sugere que no mínimo considerava a atitude de Marcos indesculpável. Mesmo assim, as referências

433

MARCOS, JOÃO

posteriores do apóstolo sobre ele demonstram que houve uma reconciliação e que Paulo não só aceitou seu envolvimento no ministério como o solicitou.

O avanço do reino

Marcos resumiu a mensagem de Jesus no início de seu evangelho: "O tempo está cumprido, e o reino de Deus está próximo. Arrependei-vos e crede no evangelho" (Mc 1.15). Como os outros evangelistas, ele mostra que o reino tem ambos os aspectos, tanto presente como futuro, correspondentes às suas dimensões espiritual e universal. A salvação e a soberania de Deus são experimentadas por todos os que respondem à mensagem de Cristo. O Evangelho e o Reino são comparados a sementes que são espalhadas sobre a terra (Mc 4.14, 26). Seu início dificilmente é observado, mas seu final é incomparavelmente notório (4.30-32). A consumação do século está ligada à futura vinda de Jesus "com grande poder e glória" (13.26) e à antecipação da comunhão com Ele no Reino de Deus (14.25).

Marcos foi testemunha do início da Igreja primitiva, desde seu nascimento em Jerusalém, quando se reunia em sua própria casa, até a extensão dos empreendimentos missionários que alcançaram todo o território do Império Romano. Anos mais tarde, como companheiro de Paulo e Pedro, observou o notável crescimento que resultou da ampla proclamação do Evangelho. Ainda assim, sempre lembrava a seus leitores que isso era obra de Deus. Quando os discípulos perguntaram a Jesus: "Então quem poderá salvar-se?" (Mc 10.26), a resposta foi: "Para os homens é impossível, mas não para Deus; para Deus todas as coisas são possíveis" (v. 27).

O auto-sacrifício de Jesus e sua vindicação

Marcos não deixa dúvidas aos leitores sobre o principal assunto de seu evangelho, quando declara na primeira linha de seus escritos: "Princípio do evangelho de Jesus Cristo, Filho de Deus" (Mc 1.1). No curso de seu livro, entretanto, demonstra como o entendimento do significado dessas declarações sobre Jesus diferiam dramaticamente da expectativa popular. Muitos judeus esperavam o advento do Messias que libertaria o povo de Deus de seus opressores. Os discípulos compartilhavam esta esperança e discordavam das declarações de Jesus de que a missão para a qual Deus o chamara o levaria à morte (Mc 8.31; 9.31; 10.23). Quando Pedro tentou dissuadi-lo, Jesus lhe disse: "Não pensas nas coisas de Deus, mas, sim, nas dos homens" (Mc 8.33).

O padrão da vida de Jesus que Marcos coloca diante dos discípulos foi resumido desta maneira: "Pois o Filho do homem não veio para ser servido, mas para servir e dar a sua vida em resgate por muitos" (Mc 10.45). Cristo, na condição de Filho de Deus, mostrou a vitalidade desse relacionamento, quando seguiu o caminho da obediência que o levou até a cruz. Sua oração submissa a Deus foi: "Não seja, porém, o que eu quero, e, sim, o que tu queres" (Mc 14.36). Da mesma maneira, os discípulos são chamados para tomar a cruz e seguir após Ele (8.34).

Marcos revela que este era o plano de Deus para Jesus por meio da confissão do centurião que estava presente na crucificação: "Verdadeiramente este homem era o filho de Deus!" (Mc 15.39). O relato da ressurreição (16.1-8) torna-se a base para a promessa do retorno glorioso de Cristo (8.38; 13.26; 14.62) e a vindicação à vida de abnegação para a qual os discípulos também são chamados (10.28,29).   D.K.L.

MARIA, MÃE DE JESUS

MARESSA (Heb. "topo da colina").
1. Um dos filhos de Calebe, sobrinho de Jerameel. Foi pai de Hebrom (1 Cr 2.42).

2. Mencionado em 1 Crônicas 4.21, era filho de Lada e neto de Leca, da tribo de Judá. Era líder do clã dos homens que trabalhavam com linho e viviam em Bete-Asbéia.

MARIA, MÃE DE JESUS

Maria, mãe de Jesus, é uma das figuras mais proeminentes da Bíblia. Sua vida foi caracterizada pela fé, humildade e obediência à vontade de Deus. Ela também ocupa uma posição única na história humana, como a mulher escolhida pelo Senhor para conceber Jesus, o Salvador do mundo. Esta jovem é quase tão bem conhecida hoje como a criança divina que nasceu dela. É amada e admirada por milhões de pessoas em todo o mundo.

Maria era descendente do rei Davi. Muitos eruditos argumentam que a genealogia de Lucas 3.23-37 é dela e a de Mateus 1.1-16 é de José. É claro, portanto, que Jesus era descendente de Davi e herdeiro legítimo do trono. Quando a apóstolo Paulo fala sobre Cristo ser a semente deste rei (Rm 1.3; 2 Tm 2.8), provavelmente refere-se à linhagem de Maria.

Maria vivia numa vila chamada Nazaré, localizada nas planícies do sul da Baixa Galiléia. Era noiva de José, um homem fiel e temente a Deus. Ele também vivia em Nazaré (Mt 1.18). O anjo Gabriel apareceu àquela jovem e anunciou que ela conceberia e daria à luz um filho. Essa criança seria chamada de Filho de Deus e receberia o trono de Davi, seu pai (Lc 1.26-33).

Maria, por ser virgem, questionou Gabriel sobre como isso aconteceria. O anjo lhe disse que o Espírito Santo viria sobre ela e realizaria a concepção de forma sobrenatural. Assegurou-lhe que para Deus nada era impossível. Gabriel revelou também que Isabel, uma parente dela já bem idosa, estava grávida. Maria, então, numa surpreendente demonstração de fé, afirmou ser uma serva do Senhor e humildemente submeteu-se à sua vontade (Lc 1.34-38).

Maria foi imediatamente visitar Isabel, a futura mãe de João Batista. Assim que aquela prima ouviu sua voz, o bebê em seu ventre pulou de alegria. Isabel louvou o Deus de Israel porque lhe fora divinamente revelado que Maria daria à luz o Salvador do mundo. Ela era a bem-aventurada, escolhida para ser a mãe do Filho unigênito de Deus (Lc 1.39-45).

Naquele momento, uma canção de louvor e ações de graças brotou no coração de Maria (Lc 1.46-55). Este belo hino, conhecido como "O Magnificat", é semelhante em muitos aspectos a antigos cânticos hebraicos encontrados no Antigo Testamento (como a oração de Ana, 1 Sm 2.1-10, e a canção de Davi, 2 Sm 22.1-51).

O louvor e exaltação a Deus (Lc 1.46-49), seu cuidado providencial para com os que o temem (v. 50) e os temas da guerra (vv. 51,52) são apenas alguns dos aspectos que este hino tem em comum com seus predecessores. A canção é messiânica no sentido de que Maria vê na chegada de seu Filho a preocupação de Deus para com Israel e sua misericórdia, conforme prometera ao ancestral deles, Abraão (vv. 54,55).

Maria ficou três meses com Isabel e depois voltou para Nazaré (Lc 1.56). Quando José, seu noivo, descobriu sua gravidez, planejou divorciar-se dela em segredo, para não humilhá-la (nos dias de Cristo, os judeus consideravam noivado e casamento a mesma coisa). O Senhor, porém, revelou-lhe por meio de um sonho que aquela crian-

MARIA, MÃE DE JESUS

ça fora concebida pelo Espírito Santo e o exortou a tomar Maria como sua esposa. José, um homem íntegro, obedeceu a Deus e casou-se com ela (Mt 1.18-25).

Quando César Augusto ordenou que se fizesse um recenseamento em todo o mundo romano, José e Maria dirigiram-se a Belém da Judéia. Ambos pertenciam à linhagem de Davi e precisavam comparecer na cidade onde nasceram (Lc 2.1-5). Enquanto estavam lá, chegou o momento de Maria dar à luz. Não havia lugar para eles na estalagem; por isso ela teve seu filho primogênito, Jesus, numa estrebaria e o colocou dentro de uma manjedoura [tabuleiro onde se põe comida para os animais] (Lc 2.6,7).

A despeito de seu nascimento humilde, a presença desse novo Rei não seria mantida em segredo. Um grupo de pastores, os quais foram visitados por uma hoste celestial que lhes falou sobre o nascimento de Cristo, procurou-o para adorá-lo. Espalharam as boas notícias da presença do Salvador por toda a terra, e Maria guardava todas essas coisas no coração (Lc 2.8-20).

No oitavo dia após o nascimento de Jesus, Maria e José o circuncidaram. De acordo com a Lei de Moisés, 33 dias após a circuncisão do menino eles subiram ao Templo para a cerimônia de purificação de Maria e a apresentação de Cristo a Deus (Lv 12.1-8; Nm 18.15; Lc 2.21-24). Enquanto estavam lá, um homem justo e dedicado ao Senhor, chamado Simeão, falou profeticamente sobre o futuro de Jesus como o Messias (Lc 2.25-32).

Simeão também dirigiu uma advertência especial a Maria, pois disse que ela também teria seu coração trespassado por causa de seu filho (Lc 2.34,35). Ela estava atônita pelas coisas que eram ditas sobre Ele. No princípio, nem mesmo ela entendera plenamente o destino do Filho de Deus. A profetisa Ana também falou sobre a redenção de Israel, que seria efetuada por meio dele (Lc 2.36-38).

Depois que se cumpriram todas as exigências no Templo, José e Maria voltaram para casa. Os magos do Oriente, que viram um sinal nos céus, saíram para encontrar o menino Jesus e adorá-lo. Primeiro foram a Jerusalém, e perguntaram onde o Rei dos judeus havia nascido (Mt 2.1,2).

Quando o rei Herodes soube da chegada deles e das perguntas que faziam, ficou profundamente perturbado. Pediu que os magos procurassem o menino e o avisassem quando o localizassem. Eles seguiram a "estrela" (um sinal no céu), a qual finalmente os levou até o destino procurado (Mt 2.3-10).

Quando chegaram à casa onde estavam Maria e José, adoraram o menino Jesus e ofereceram-lhe presentes. Advertidos num sonho sobre as intenções malignas de Herodes, os magos não o procuraram mais. Pelo contrário, voltaram imediatamente para o Oriente, seguindo outro caminho (Mt 2.11,12).

José também teve um sonho, no qual foi alertado que Herodes planejava matar Jesus. Ele tomou Maria e o bebê e foi para o Egito, onde permaneceu até a morte desse perverso rei (Mt 2.13-15). Existe um debate entre os teólogos sobre a data certa da morte de Herodes; a maioria, porém, concorda que ele faleceu no ano 4 a.C. Isso significa dizer que José e Maria ficaram pelo menos um ano no Egito.

Depois da morte de Herodes, José recebeu outra mensagem, por meio de um sonho, para que voltasse a Israel. Quando chegaram à Palestina, descobriram que Arquelau, filho de Herodes, reinava na Judéia. Alertado sobre isso em outro sonho, José estabeleceu-se em Nazaré, na Galiléia, juntamente com a esposa e o menino Jesus (Mt 2.19-23; Lc 2.39).

José e Maria subiam anualmente a Jerusalém, para participar da Festa da Páscoa. Numa dessas ocasiões, quando voltavam para casa, descobriram que Jesus, que completara doze anos de idade, não estava no grupo de parentes. Voltaram a Jerusalém e o encontraram no Templo.

MARIA

Ansiosamente, Maria questionou o filho sobre seu comportamento e Ele respondeu que precisava ocupar-se com os negócios de seu Pai. Ela não entendeu o recado, mas guardou o incidente no coração. Este é outro exemplo de sua fé inabalável e de sua submissão e entendimento da vontade de Deus (Lc 2.41-52).

A próxima vez que encontramos Maria é durante o ministério de Jesus, que começou quando ele tinha cerca de 30 anos de idade (Lc 3.23). Foi nessa ocasião que ficou realmente claro que Maria não havia entendido por completo a identidade ou a missão do filho. Como aconteceu com os discípulos, sua pessoa e propósito só foram revelados plenamente a ela depois da ressurreição.

Houve um casamento em Caná, na Galiléia, e Maria estava na festa, junto com Jesus. Acabou o vinho e ela, desejosa de poupar a família que promovia a festa da vergonha de não ter mais vinho para os convidados, falou com o filho sobre o assunto (Jo 2.1-10). Maria sabia que Jesus faria algo para salvar a situação; mas, ainda assim, não entendia totalmente a extensão do poder de salvar que Ele possuía.

Em outra ocasião, quando Jesus ministrava para uma grande multidão, Maria e os outros filhos foram questioná-lo, pois pensavam que Ele ficara louco (Mc 3.20,21,31,32). Embora este incidente novamente demonstre a falta de entendimento deles quanto à missão de Cristo, mostra também o cuidado e a preocupação que tinham para com Ele. Parece que Maria e os filhos temiam que a sobrecarga de trabalho pudesse afetar a capacidade mental de Jesus.

Maria também estava presente durante o sofrimento e a crucificação de Jesus (Jo 19.25). Ficou bem perto da cruz e observou dolorosamente a angústia e a tortura do filho. Cristo notou a presença dela e a colocou sob os cuidados de João, seu discípulo amado (Jo 19.26,27). Ao que parece, José já havia morrido e não havia ninguém para tomar conta dela.

A última referência a Maria na Bíblia encontra-se depois da ressurreição de Cristo. Ela, seus outros filhos, os apóstolos e muitos discípulos (aproximadamente 120 pessoas) estavam todos reunidos no cenáculo, numa reunião de oração (At 1.14). Aquela que carregou Jesus nos braços e cuidou dele como sua mãe agora estava pronta para servi-lo como seu Senhor e Salvador. K.MCR.

MARIA. 1. Veja *Maria, mãe de Jesus.*

2. Maria, mãe de Tiago e de José. Provavelmente era irmã da outra Maria, mãe de Jesus, e esposa de Clopas (Jo 19.25; veja *Clopas*). Foi testemunha da crucificação de Cristo (Mt 27.56; Mc 15.40, 47) e estava presente no túmulo, na manhã depois da ressurreição. Junto com outras mulheres, levou a notícia da ressurreição para os discípulos (Mt 28.1; Mc 16.1; Lc 24.10). K.MCR.

3. Maria Madalena, discípula de Jesus Cristo. Não se sabe se "Madalena" era seu nome de família, ou se representava sua cidade natal (Maria, de Magdala). A segunda possibilidade é mais provável.

Jesus expeliu sete demônios dela (Mc 16.9; Lc 8.2). Durante o ministério terreno de Cristo, Maria, junto com outras mulheres, também o seguia e cuidava de suas necessidades (Mt 27.55; Mc 15.41). Acompanhou o julgamento e os sofrimentos de Cristo (Mt 27.45-56) e estava perto dele na hora de sua morte na cruz (Jo 19.25). Também foi a primeira a vê-lo depois da ressurreição (Jo 20.15,16).

A devoção de Maria Madalena pelo Senhor fica evidente pelo serviço constante dedicado a Ele. Cuidou de Jesus até mesmo depois da morte. Enquanto os discípulos fugiam e se escondiam, ficou para trás para observar onde José de Arimatéia o sepultaria. Depois do descanso do sá-

MARIA

bado, planejava voltar ao túmulo, para ungir o corpo de Cristo com especiarias e perfumes (Lc 23.56).

No terceiro dia após a crucificação, Maria e as outras mulheres retornaram ao local onde Jesus fora sepultado e ficaram surpresas, ao ver que a pedra, a qual bloqueava a entrada da gruta, estava distante (Jo 20.1). Madalena e as outras correram de volta para a cidade, a fim de contar aos discípulos (Jo 20.2).

Maria Madalena voltou sozinha ao túmulo e chorou pelo Senhor. Dois anjos apareceram e lhe perguntaram qual a razão das lágrimas (Jo 20.11-13). Subitamente, no momento de seu maior desespero, Cristo apareceu, mas ela não foi capaz de reconhecê-lo. Ao pensar que se tratava do jardineiro, perguntou-lhe sobre o corpo de Jesus (Jo 20.14,15). Cristo, então, gentilmente chamou-a pelo nome e Madalena o reconheceu (Jo 20.16). Ela voltou aos discípulos e confirmou o que tinha visto: "Vi o Senhor" (Jo 20.18).

Maria Madalena era uma mulher extraordinária, amável e dedicada ao Senhor em sua vida, morte e ressurreição.

K.MCR.

4. Maria, a mãe de João Marcos, é mencionada pelo nome apenas em Atos 12.12. Pedro fora lançado na prisão por Herodes, mas um anjo do Senhor interveio e o libertou miraculosamente. O apóstolo então dirigiu-se à casa dessa irmã em Cristo. O fato de que havia um bom número de cristãos reunidos ali que oravam pela libertação de Pedro e de que foi o primeiro lugar para onde ele se dirigiu depois que foi solto sugere que provavelmente tratava-se de uma casa espaçosa, que possivelmente era o local de reuniões regulares de uma das "igrejas" em Jerusalém. A soberania de Deus, ao cuidar de Pedro e protegê-lo daquela maneira, com certeza foi motivo de muita alegria. Esta casa pertencia a Maria, o que talvez indique que nem todos os cristãos aderiram ao movimento depois do Pentecostes de vender os bens e ter tudo em comum (At 2.44,45). Por outro lado, essa senhora de família rica (seus servos são mencionados no v. 13) colocara sua residência à disposição dos irmãos, a despeito do grande perigo que ela e sua família corriam, por causa das autoridades (Veja também *Marcos, João* e *Rode*).

5. Maria, de Betânia, era irmã de Marta e Lázaro (Jo 11.1). Os três irmãos estavam entre os amigos mais próximos de Jesus. A Bíblia descreve três eventos nos quais ela esteve envolvida. O primeiro encontra-se em Lucas 10.38-42. Maria e Marta receberam Cristo em sua casa e a Bíblia diz que Maria, "assentando-se aos pés de Jesus, ouvia a sua palavra" (v. 39). Isso deixou sua irmã preocupada, pois Marta encarregara-se sozinha de todo o trabalho na cozinha e dos preparativos para receber os hóspedes. Quando ela sugeriu a Cristo que mandasse Maria ajudá-la no trabalho doméstico, Ele respondeu: "Marta, Marta, estás ansiosa e preocupada com muitas coisas, mas uma só é necessária. Maria escolheu a boa parte, a qual não lhe será tirada" (vv. 41,42). Essa forte declaração do direito da mulher de ouvir o ensino do Senhor e de interessar-se por assuntos espirituais dá uma clara indicação de que o Reino de Deus pertence a todo o que ouve e crê em Jesus. O evangelho de Lucas freqüentemente menciona que pessoas de todos os tipos e de diferentes origens — inclusive grupos minoritários — precisavam ouvir o Evangelho do Reino de Deus. Aqui está uma das mais claras declarações de que Cristo tencionava que as mulheres também recebessem de seu ensino e senhorio.

O segundo incidente é narrado em João 11.1-47. Lázaro, irmão de Maria, ficou gravemente enfermo e as duas irmãs enviaram uma mensagem a Jesus para que fosse a Betânia, a fim de curá-lo. Cristo então declarou que a enfermidade de Lázaro era "para a glória de Deus, para que o Filho de Deus seja por ela glorificado" (v. 4).

Os mensageiros com certeza retornaram sozinhos, pois Jesus ainda esperou dois dias antes de se dirigir a Betânia. No caminho, disse aos discípulos: "Lázaro está morto, e me alegro, por vossa causa, de que lá não estivesse, para que possais crer" (v. 14). Os líderes religiosos daquela região buscavam um pretexto para matar Jesus e por isso Tomé respondeu ironicamente: "Vamos nós também para morrer com ele" (v. 16). Jesus e os discípulos chegaram a Betânia e descobriram que Lázaro já estava morto há quatro dias. Maria saiu para encontrar-se com Ele e lançou-se aos seus pés, para adorá-lo. Demonstrou sua fé, quando disse que, se Jesus estivesse presente, seu irmão não teria morrido. Obviamente ela e seus irmãos eram queridos e respeitados na comunidade, pois havia "muitos judeus" presentes, com o propósito de confortar a família. Todos choravam e a Bíblia diz que "Jesus chorou" (v. 35).

Jesus foi ao túmulo e ordenou que removessem a pedra. Houve algumas objeções, pois determinadas pessoas alegaram que o corpo já estava em estado de decomposição. A pedra, entretanto, foi removida, e Jesus orou ao Pai celestial para que as pessoas que estavam presentes cressem. Então ele disse: "Lázaro, vem para fora!" (v. 43) e "o morto saiu, tendo as mãos e os pés enfaixados, e o rosto envolto num lenço. Disse Jesus: Desatai-o e deixai-o ir" (v. 44). A oração de Cristo foi respondida, de maneira que "muitos dos judeus que tinham ido visitar a Maria, e tinham visto o que Jesus fizera, creram nele" (v. 45).

Pouco tempo depois deste grande milagre, o evangelho de João conta outro incidente que envolveu Maria de Betânia. Um jantar foi oferecido em homenagem a Cristo, ocasião em que Marta o servia; Lázaro estava à mesa com Jesus. "Então Maria tomou uma libra de um nardo puro, um perfume muito caro, ungiu os pés de Jesus e os enxugou com os seus cabelos. E toda a casa se encheu com a fragrância do perfume" (Jo 12.1-3; cf. 11.2). A despeito da crítica feita por Judas sobre o desperdício de dinheiro, Cristo calmamente recebeu o gesto de bondade e o identificou como um sinal de sua morte iminente na cruz, quando seu corpo seria ungido com perfumes e colocado no túmulo. De fato, a passagem termina com a menção de que os judeus buscavam não somente a morte de Jesus, mas também a de Lázaro, pois acreditavam que por sua influência muitas pessoas acreditavam em Cristo (vv. 7-11).

Maria é descrita na Bíblia como uma mulher muito dedicada ao ministério de Jesus, que sem dúvida era um amigo muito chegado de sua família. Era também uma discípula com uma profunda fé no Senhor. Embora seja mencionada apenas nesses três incidentes, é vista como uma ouvinte atenta dos ensinos de Cristo e que se prostrou a seus pés em adoração, em duas ocasiões. Jesus afirmou que seu ensino e trabalho eram dirigidos a pessoas como Maria, que criam e confiavam nele. Veja também *Marta* e *Lázaro*.

6. Às vezes conhecida como Maria de Roma, foi saudada por Paulo no final de sua carta aos Romanos. O apóstolo declarou: "Saudai a Maria, que trabalhou muito por nós" (Rm 16.6), talvez a fim de indicar que ela trabalhava fora de Roma pela causa do Evangelho. P.D.G.

MARSENA. Um homem sábio e versado em legislação, consultado pelo rei Assuero (Et 1.14). Para mais detalhes, veja *Memucã*.

MARTA. Mencionada nos evangelhos de Lucas e de João. Era uma discípula e seguidora fiel de Cristo, muito estimada por Ele (Jo 11.5).

Marta vivia com seus dois irmãos, Maria e Lázaro, na pequena vila chamada Betânia (Jo 11.1), localizada nas encostas ao leste do monte das Oliveiras; Jesus os visitava freqüentemente, quando estava em Jerusalém (Lc 10.38). De fato, esteve com eles na semana antes de ser preso e crucificado (Mt 21.17).

Marta é bem conhecida como aquela que estava sempre envolvida e sobrecarregada com os afazeres diários. É por isso que muitas pessoas se identificam com ela. Quando recebia Jesus em sua casa, ficava tão atarefada com os trabalhos domésticos que perdia os bons momentos de comunhão com Ele que seus dois irmãos desfrutavam (Lc 10.39-42; Jo 12.2).

Apesar disto, Marta não deve ser criticada por seu comportamento. Suas atitudes revelavam sua lealdade para com o Senhor Jesus. Seu caráter sincero é demonstrado por sua fé honesta e firme. Quando seu irmão ficou gravemente enfermo, ela e a irmã enviaram uma mensagem a Cristo, para que viesse à casa deles com urgência (Jo 11.3). Jesus, entretanto, não atendeu de imediato ao pedido e Lázaro morreu (vv. 6-15).

Quando o Senhor finalmente chegou a Betânia, Marta foi honesta com Ele, ao dizer-lhe que, se tivesse vindo imediatamente, seu irmão estaria vivo; mas também exercitou uma fé extraordinária, ao identificar Cristo como o Filho de Deus e crer que Ele tinha grande poder (vv. 21-27). Jesus honrou sua fé e ressuscitou Lázaro, a fim de manifestar desta maneira a glória de Deus (38-44).

Marta era uma seguidora leal de Jesus, cria nele e o servia com devoção e zelo. K.MCR.

MASAI. Filho de Adiel, foi um dos primeiros sacerdotes a se restabelecer em Jerusalém após o exílio na Babilônia (1 Cr 9.12).

MASSÁ. Neto de Abraão, filho de Ismael; foi um líder tribal (Gn 25.14; 1 Cr 1.30).

MATÃ (Heb. "presente").

1. Sacerdote de Baal, em Judá, no tempo de Jeoiada. Após o paganismo praticado pela rainha Atalia, o sumo sacerdote [Jeoiada] iniciou a restauração do culto ao Senhor. Orientou o príncipe Joás nos caminhos do Senhor e o colocou no trono de Judá. Liderou os judeus na renovação da aliança com Deus. Como resultado, destruíram o templo de Baal e assassinaram Matã (2 Rs 11.18; 2 Cr 23.17). No reinado de Joás, iniciou-se uma reforma no Templo (2 Rs 12).

2. Pai de Sefatias, um dos oficiais, durante o reinado de Zedequias, que rejeitaram as palavras de Jeremias de que os caldeus invadiriam e destruiriam Judá e Jerusalém, mediante a alegação de que tal mensagem desencorajaria os soldados (Jr 38.1).

3. Um dos ancestrais de Cristo, mencionado na genealogia apresentada por Mateus (Mt 1.15). Foi avô de José, marido de Maria. Listado também em Lucas 3.24.

4. Ancestral de Cristo, listado na genealogia apresentada por Lucas, que vai de Jesus até Adão. Era filho de Levi e pai de Jorim (Lc 3.29).

MATANIAS (Heb. "o presente do Senhor").

1. Um dos filhos de Hemã, listado entre os levitas que foram separados para o ministério da profecia e da música, durante o reinado de Davi. Hemã era o vidente do rei. Matanias e seus companheiros eram responsáveis pelo 9º turno de serviço no Santuário (1 Cr 25.4,16).

2. Levita, descendente de Asafe, mencionado na lista dos que ajudaram a purificar o Templo durante o avivamento no reinado de Ezequias (2 Cr 29.13).

3. Terceiro filho do rei Josias, de Judá. Matanias era o nome original do príncipe que foi coroado por Nabucodonosor, rei da Babilônia, cujo nome mudou para Zedequias (2 Rs 24.17; 1 Cr 3.15). Tinha 21 anos de idade quando foi nomeado rei em lugar do sobrinho Joaquim, levado cativo para a Babilônia. Veja *Zedequias*.

MATENAI (MATNAI)

4. Levita mencionado em 1 Crônicas 9.15 como descendente de Asafe e filho de Mica. Estava entre os primeiros judeus que retornaram do exílio na Babilônia, no tempo de Zorobabel. Este Matanias é mencionado também como ancestral de Jaaziel, o homem sobre quem o Espírito de Deus desceu numa época de crise em Judá, no reinado de Jeosafá (2 Cr 20.14).

Ele era uma figura proeminente entre os homens que ajudavam no ministério da música no Templo, e foi o responsável pelos cânticos de ações de graças (Ne 11.17, 22; 12.8). Suas outras funções provavelmente incluíam o cuidado pelos depósitos do Templo (Ne 12.25).

5. Listado em Esdras 10.26 entre os descendentes de Elão. Logo depois do retorno do exílio na Babilônia, Secanias confessou a Esdras que muitos judeus, inclusive descendentes dos sacerdotes, tinham-se casado com mulheres de outras tribos e de diversas nações. Esdras levou o povo ao arrependimento e ao pacto de servir ao Senhor (Ed 10.2). Matanias é mencionado como um dos que se casaram com mulheres estrangeiras.

6. Descendente de Zatu, também se casou com mulher estrangeira (Ed 10.27).

7. Descendente de Paate-Moabe, também casou-se com mulher estrangeira (Ed 10.30).

8. Descendente de Bani, também se casou com mulher estrangeira, no tempo de Esdras (Ed 10.37).

9. Filho de Micaías e ancestral de um certo sacerdote chamado Zacarias, o qual recebeu a tarefa de tocar trombeta na festa de dedicação dos muros de Jerusalém, na época de Neemias (Ne 12.35).

10. Levita, avô de Hanã, considerado muito fiel, era o responsável pelos depósitos e pela distribuição de suprimentos aos levitas (Ne 13.13). P.D.G.

MATATÁ. 1. Um dos ancestrais de Cristo, listado na genealogia apresentada por Lucas, que vai de Jesus a Adão. Era neto do rei Davi e filho de Natã (Lc 3.31).

2. Descendente de Hasum, viveu no tempo de Neemias (Ed 10.33). Depois que Secanias confessou que muitos homens de Judá tinham-se casado com mulheres de outras tribos e de diversas nações, Esdras levou o povo ao arrependimento e ao pacto de servir ao Senhor (Ed 10.2). Matatá está listado entre os judeus que se casaram com mulheres estrangeiras.

MATATIAS (Heb. "um presente de Deus").

1. Ancestral de Cristo, listado na genealogia apresentada por Lucas, que vai de Jesus a Adão. Era pai de José e filho de Amós, na sétima geração antes de Cristo (Lc 3.25).

2. Outro ancestral de Jesus Cristo, listado na mesma genealogia. Era filho de Semei e pai de Maate (Lc 3.26).

MATENAI [MATNAI] (Heb. "presente").

1. Descendente de Hasum, que viveu no tempo de Neemias (Ed 10.33). Depois que Secanias confessou que muitos homens de Judá tinham-se casado com mulheres de outras tribos e de diversas nações, Esdras levou o povo ao arrependimento e ao pacto de servir ao Senhor (Ed 10.2). Matnai está listado entre os que se casaram com mulheres estrangeiras.

2. Descendente de Bani, também listado entre os judeus que se casaram com mulheres estrangeiras; posteriormente, divorciou-se (Ed 10.37).

3. Líder da família de Joiaribe, ajudou no serviço do Templo na época de Neemias, no período em que Joiaquim foi sumo sacerdote (Ne 12.19). P.D.G.

MATEUS

MATEUS

O apóstolo

Um dos doze apóstolos escolhidos por Jesus, ex-coletor de impostos. Mateus 9.9-13 descreve a maneira pela qual ele foi chamado e a reação que causou nas pessoas. Cristo o viu quando ele estava em seu local de trabalho, "assentado na coletoria" (Lc 5.27), na periferia de Cafarnaum, onde recebia as taxas ou impostos comerciais dos mercadores que chegavam de fora, provavelmente passageiros dos barcos que trafegavam através do mar da Galiléia. Como a maioria dos outros discípulos, Mateus obedeceu imediatamente quando Jesus o chamou para segui-lo. Logo depois, ele ofereceu um jantar para Cristo e convidou vários dos seus "queridos" amigos e colegas de trabalho, marginalizados por causa do serviço que prestavam para o governo romano. Os líderes judeus se ofenderam devido a essa intimidade com os párias da sociedade, mas Jesus defendeu sua ação com o famoso provérbio: "Não necessitam de médico os sãos, mas, sim, os doentes" (Mt 9.12). Disse que viera não para chamar os que se consideravam justos, mas os que reconheciam ser pecadores (v. 13).

Marcos e Lucas descrevem essencialmente o mesmo chamado e a mesma resposta, mas referem-se a Mateus como Levi (Mc 2.14; Lc 5.25,27). Naquela época, era comum os judeus terem dois ou até três nomes. "Levi" relaciona-se ao nome do terceiro filho de Jacó (Gn 29.34), enquanto "Mateus" deriva do aramaico para "presente de Deus". Provavelmente ele era mais conhecido no meio cristão pelo nome de Mateus, isto é, durante seu próprio ministério depois da morte e ressurreição de Jesus Cristo. Marcos 2.14 acrescenta que ele era filho de Alfeu, o qual aparentemente não era o mesmo pai de Tiago, o menor (veja *Tiago, filho de Alfeu*). Mateus é mencionado nas quatro listas dos doze apóstolos (Mt 10.2-4; Mc 3.18; Lc 6.15; At 1.13), sempre colocado junto com Tomé ou Bartolomeu.

Cobrador de impostos, Mateus era relativamente próspero para os padrões da época. Não se sabe se seguia a prática comum de muitos da sua profissão de cobrar mais do que era exigido legalmente, para ter um pequeno lucro adicional; contudo, é razoável supor que também utilizava tal expediente. Portanto, deixar tudo para acompanhar Jesus numa vida de discipulado itinerante provavelmente exigiu mais sacrifício para Mateus do que para alguns dos outros discípulos. Somente algumas tradições mencionam algo sobre sua vida e seu ministério depois da ressurreição de Cristo. Nenhuma delas está autenticada com algum grau significativo de acurácia, exceto sua associação com a composição do evangelho que leva seu nome.

O Evangelho

Seus antecedentes

De acordo com Papias, um escritor cristão que viveu em c. 150 anos d.C., citado por Eusébio, "Mateus compôs seu evangelho na língua hebraica e todos o traduziram da maneira em que foram capazes". Não existe, entretanto, nenhuma cópia antiga do evangelho de Mateus em hebraico ou aramaico. Seu texto mostra sinais de dependência do de Marcos e um estilo grego melhor do que o seu predecessor. Muitos eruditos modernos, portanto, não consideram o testemunho de Papias. Não é algo inconcebível, porém, que Mateus tenha elaborado um "primeiro esboço" do seu evangelho, mediante o uso de uma língua semítica, e mais tarde ele próprio ou outra pessoa o

MATEUS

tenha traduzido e/ou expandido para formar a edição que conhecemos hoje, a partir do evangelho de Marcos. É muito pouco provável que esse primeiro esboço de Mateus estivesse de alguma forma alinhado com as linhas de "Q" (a fonte de material dos discursos comuns a Mateus e Lucas reconstituída). Outros sugerem que as palavras de Papias deveriam ser interpretadas como "Mateus compôs seu evangelho num *estilo* hebraico", o que seria correto com relação a certas porções, principalmente onde cita as palavras e ensinos de Jesus; entretanto, a tradição de que Mateus escreveu alguns textos numa língua semítica era bem difundida entre os antigos escritores cristãos, de modo que um ou dois evangelhos apócrifos, atribuídos ao meio judaico-cristão, parecem ser pouco mais do que revisões e corrupções da narrativa de Mateus.

Os estudiosos modernos freqüentemente perguntam se a associação tradicional deste evangelho com o apóstolo Mateus é justificada. Hoje em dia há uma concordância bem difundida de que o autor do livro era um judeu cristão com um certo nível de conhecimento da literatura grega, e isso encaixa-se na possibilidade de um judeu coletor de impostos de uma região cosmopolita como a Galiléia; mas por que um apóstolo tomaria como base o evangelho de Marcos, que não foi escrito por um dos doze discípulos? Uma resposta plausível seria que o próprio Marcos, conforme sugerem as antigas tradições, coletou a maior parte de suas informações de Pedro. Dada a autoridade deste apóstolo na Igreja primitiva e sua participação em certos eventos (junto com Tiago e João), nos quais os outros nove discípulos não estiveram presentes (por exemplo, a Transfiguração e o Getsêmani), é inteiramente compreensível que Mateus desejasse obter uma narrativa do ministério de Jesus do ponto de vista de Pedro e segui-la onde fosse apropriado para seus propósitos.

Os propósitos do Evangelho

Os propósitos provavelmente estejam ligados com a comunidade formada pela maioria de judeus cristãos para a qual Mateus dirigiu seu evangelho. Entre várias alternativas, o destinatário mais provável seria uma congregação recém-formada, que se tinha desligado da sinagoga há pouco tempo e ainda estava em vigoroso debate com ela. Os antigos escritores muitas vezes sugerem que esta igreja localizava-se na Palestina; eruditos modernos acham que ela ficava em Antioquia da Síria, abrigando um grande número de judeus e posteriormente de judeus cristãos. A verdade é que não sabemos com certeza. A natureza da comunidade, entretanto, é mais importante do que sua localização. A hipótese de uma congregação que, devido a uma ruptura, apresentava feridas que ainda não haviam cicatrizado" e ainda mantinha a discussão e até mesmo a polêmica com "a sinagoga do outro lado da rua", da qual havia se separado, justifica a mistura de particularismo e universalismo nesse evangelho.

Mateus, o judaísmo e o mundo

Em outras palavras, Mateus combina de forma única um intenso interesse pelas questões pertinentes aos judeus com uma igual ênfase na hostilidade de Jesus para com os líderes judaicos. Assim, Mateus é o único evangelho o qual menciona a proibição que Cristo fez aos discípulos de sair fora dos limites de Israel durante o ministério inicial deles (Mt 10.5,6), mas também é o único documento que registra a famosa Grande Comissão de Jesus, depois de sua ressurreição, quando ordenou aos discípulos que fossem por todo o mundo e pregassem o Evangelho a todos os grupos étnicos (28.16-20). Somente em Mateus há a menção de que o próprio Cristo inicialmente recusou-

MATEUS

se a curar a filha da mulher fenícia, porque ela não era israelita (15.24); porém, apenas Mateus inclui, na parábola dos lavradores maus, as palavras de Jesus que sugerem que o Reino seria tomado de Israel e dado a uma igreja multirracial (21.43). Somente Mateus preserva o lembrete de Cristo da constante necessidade de evangelizar os judeus (10.23), ainda que somente Mateus também antecipe o juízo de todas as nações do mundo com base na resposta que deram aos mensageiros de Jesus (25.31-46).

Mateus e o Antigo Testamento

Assim, Mateus é também o evangelho com duas vezes mais citações do Antigo Testamento do que qualquer outro e com o maior interesse na relação de Jesus com a Lei; mesmo assim, quando vemos o relacionamento de Cristo com a Lei neste evangelho, percebe-se que é uma relação mais de contraste do que de continuidade (cf. Mt 5.17-48, texto clássico). Mateus é extremamente severo em sua polêmica contra os líderes judaicos; Mateus 23 chega mais perto de um anti-semitismo do que talvez qualquer outra porção dos evangelhos, embora pare um pouco antes de chegar nesse extremo (cf. também 27.25). Mateus claramente desejava convencer sua comunidade (e ajudá-la a convencer aqueles com quem estava em debate) que Jesus era o cumprimento de todas as esperanças de Israel, a despeito da crescente rejeição que demonstraram a Cristo durante sua vida.

Mateus e Jesus

A perspectiva distinta de Mateus sobre Jesus o apresenta como impecável em suas credenciais judaicas — é um verdadeiro filho de Davi e de Abraão e, portanto, qualificado para ser o Messias (Mt 1.1). Entretanto, recebeu adoração dos magos gentios e não dos governantes judeus (2.1-12), para prefigurar a aceitação maior que teria entre os povos, após sua morte e ressurreição. Sua genealogia inclui cinco mulheres, todas elas, justa ou injustamente, suspeitas de conceber filhos ilegítimos (1.1-17), a fim de antecipar o ministério do Messias aos marginalizados pela sociedade, os quais os judeus ortodoxos rejeitavam. Mateus revela Cristo como essencialmente um Mestre, particularmente por meio de longos blocos de sermões (Mt 5 a 7; 10; 13; 18; 23 a 25). Alguns têm visto nisto o desejo de Mateus de pintar Jesus como um novo Moisés, a fim de interpretar com autoridade, mas também transcender, o significado das Leis do que chamamos de Antigo Testamento. Alguns estudiosos até mesmo fazem um paralelo entre os cinco principais sermões de Jesus e os cinco livros de Moisés, a Torá.

Para Mateus, Jesus é também o Filho de Deus, de acordo com os textos-chave da narrativa (Mt 2.15; 4.3,6; 14.33; 16.16; 26.63; 27.40,43), ou, mais especificamente, o "Emanuel" — Deus conosco (1.23; 28.20). É a personificação da Sabedoria, o qual dará ao seu povo um jugo mais suave e descanso para as almas cansadas (11.25-30). Ele é o Senhor — mestre e Deus, digno de adoração, capaz de operar milagres que só a divindade pode efetuar (Mt 8.2,6,25; 9.28). É o Rei dos judeus (27.1), mas não no sentido nacionalista ou militarista. Ele é o Filho do homem (veja especialmente 26.64), mas, a despeito das interpretações distorcidas, este termo não se refere primariamente à sua humanidade, e sim à sua condição exaltada de Messias, alguém que um dia retornará entre as nuvens do céu (cf. Dn 7.13,14).

444

MATEUS

Mateus e a Igreja

Além de tudo isso, Mateus é único que se preocupa com a natureza da comunidade cristã — o discipulado e a Igreja. É o único evangelista que usa a palavra "igreja" — três vezes (Mt 16.18; 18.17, duas vezes). A maior parte do ensino de Jesus em Mateus consiste em instruções dadas aos discípulos sobre como se relacionariam com a comunidade depois de sua partida. Visualiza os sábios, profetas e escribas cristãos (10.40-42) e adverte contra os falsos mestres e profetas, principalmente os de natureza antinomiana, que posteriormente se infiltrariam na comunidade cristã (7.15-23). Mateus descreve os discípulos de maneira mais positiva do que Marcos (cf. 8.26 com Mc 4.40), embora eles ainda sejam caracterizados como "homens de pequena fé" (Mt 8.26; 14.31; 16.8). Mateus inclui cinco referências a Pedro nos capítulos centrais de seu evangelho que não encontram paralelos nos outros (Mt 14.28-31; 15.15,16; 16.16-23; 17.24-27; 18.21,22). Tradicionalmente, essas passagens — principalmente 16.16-20 — são tomadas como base para a primazia de Pedro e para uma crescente institucionalização da Igreja ajustando-se às linhas do catolicismo emergente. Mateus, entretanto, em outros textos oferece pouquíssimas evidências de uma comunidade institucionalizada e as circunstâncias embaraçosas nas quais Pedro é mencionado (principalmente 16.21-23) sugerem que este evangelista tentava justamente desmistificar uma visão exaltada demais de Pedro, já corrente no cristianismo daqueles dias.

Data

Um consenso de eruditos atualmente data o evangelho de Mateus em uma das décadas entre 70 e 100 d.C. No início do século II, escritores como Inácio e obras como a *Didaquê* começavam a citar Mateus, de forma que esse livro provavelmente foi concluído naquela época. Alguns vêem o rompimento com o judaísmo, implícito nesse evangelho, como um indicador de que provavelmente ele foi escrito depois de 85 d.C., quando as relações dos judeus com os cristãos tornaram muito difícil para qualquer pessoa que cresse em Jesus freqüentar as sinagogas. É nesse período que muitos datam a *birkath ha-minim*, uma maldição sobre todos os hereges que se introduziram na liturgia judaica. Por outro lado, é cada vez mais questionado se qualquer edito imperial baniu os cristãos das casas de adoração judaicas. Desde 40 d.C., o livro de Atos mostra Paulo expulso sistematicamente das sinagogas por causa do seu ensino "inflamado", de maneira que tais tensões não se restringiram ao final do século I. Outros eruditos vêem em textos como Mateus 22.6,7 uma clara referência à destruição de Jerusalém pelos exércitos romanos em 70 d.C., por isso datam o evangelho de Mateus pelo menos depois daquele ano. Este argumento, porém, só funciona se Jesus não pudesse predizer genuinamente eventos futuros ou se assumirmos que esses versículos realmente se referem à queda de Jerusalém. A linguagem utilizada de fato é reminescente de muitas descrições judaicas do julgamento de Deus sobre seus inimigos e não corresponde na realidade aos eventos ocorridos em 70 d.C. (na maior parte somente o Templo foi queimado e não toda a cidade), de modo que é muito difícil colocar tanto peso sobre um argumento para a data deste evangelho baseado unicamente nesses versículos.

O antigo escritor do século II, Irineu, atribui a composição do evangelho de Mateus ao período "em que Paulo pregou o evangelho e organizou a igreja em Roma", o que sugere uma data no começo dos anos 60. Se Marcos, entretanto, é datado no meio

MATEUS

desta referida década, como muitos dizem, talvez devêssemos imaginar uma data apenas levemente mais adiante. Certas referências — às taxas do Templo (Mt 17.24-27), às ofertas de sacrifícios (5.23,24) e aos rituais do culto (23.16-22) reforçam essa identificação, já que depois da destruição do Templo, em 70 d.C., tais fatos não foram mais praticados ou deixaram de ser relevantes.

Um resumo do conteúdo

Os propósitos de Mateus eram a instrução, a orientação pastoral e a apologia. Seu estilo é biográfico, de acordo com as convenções da boa literatura judaica e greco-romana daqueles dias. A despeito do freqüente cepticismo em certos círculos, sua confiabilidade histórica é aceitável. O plano de sua narrativa apresenta-se em três estágios: Mateus 1.1 a 4.16 proporciona uma introdução ao ministério de Jesus. Mateus 4.17 a 16.20 descreve o desenvolvimento desse ministério, por meio de amostras da pregação de Cristo (Mt 5 a 7) e dos milagres de cura (8.1 a 9.34), a fim de predizer e ilustrar a oposição ao seu ministério (9.35 a 12.50), e explicar e narrar a polarização progressiva da resposta positiva e negativa à sua obra (13.1 a 16.20). A terceira seção, o clímax, traça a jornada de Jesus, literal e figuradamente, para a cruz e além dela (16.21 a 28.20). Nesta seção, Mateus enfatiza primeiro o ensino de Cristo sobre sua morte iminente, bem como suas implicações para o discipulado e a Igreja (16.21 a 18.35). Jesus então concentra-se em sua jornada final e fatídica para Jerusalém e prediz o juízo sobre todos os que o rejeitassem (Mt 19 a 25). Finalmente, este evangelho encerra com a narrativa do sofrimento e da morte de Cristo. Ainda assim, o final não é trágico, mas triunfal, quando Deus o ressuscita dentre os mortos, vindicando seu ministério e suas declarações, dando poder a Ele e aos seus seguidores para a evangelização mundial (Mt 28).

Pode-se estabelecer uma subdivisão mais detalhada de cada uma dessas seções. Nos capítulos introdutórios, aprendemos sobre as origens de Jesus (Mt 1 e 2), por meio de um cabeçalho (1.1), a genealogia (1.2-17) e cinco citações do Antigo Testamento que se cumpriram (1.18 a 2.23). Mateus então pula para o início do ministério adulto de Cristo, começa com a pregação do seu precursor, João Batista (3.1-12), move-se para o batismo do próprio Jesus (3.13-17), continua com a tentação (4.1-11) e culmina com seu estabelecimento em Cafarnaum (4.12-16).

Mateus 4.17-25 inaugura o grande ministério de Jesus na Galiléia. O Sermão do Monte começa com as bem-aventuranças e os conselhos relacionados (5.1-16); mantém como base a justiça maior exigida dos seguidores de Jesus (5.17-48); ilustra essa tese sob três tópicos adicionais: verdade versus hipocrisia (6.1-18), riqueza e ansiedade (6.19-34) e como tratar as outras pessoas (7.1-12). A conclusão desafia a audiência de Jesus a aceitá-lo, ao invés de rejeitá-lo (7.13-27). Mateus 8 e 9 ilustra a autoridade de Cristo sobre as enfermidades físicas em três ciclos de tríades de milagres (8.1-17; 8.23 a 9.8; 9.18-23), entre as quais são interpostas as implicações resultantes do discipulado (8.18-22; 9.9-17).

O sermão de Jesus sobre a missão dos discípulos (Mt 10.5-42) é introduzido com uma declaração sobre a necessidade de mais trabalhadores e a lista dos doze apóstolos (9.36,37; 10.4). O sermão em si divide-se em duas partes principais: a tarefa imediata (10.5-16) e as perspectivas futuras que olham adiante, para a missão dos discípulos depois da morte de Jesus (10.17-42). Os caps. 11 e 12 também se subdividem em duas partes: oposição implícita (11) e explícita (12). Mateus 13.1-52 explica a polarização progressiva da resposta à mensagem de Jesus por meio de suas parábolas.

MATITIAS

Os que demonstram receptividade à sua pessoa e à sua mensagem recebem maior iluminação; os outros são simplesmente deixados de lado. Mateus 13.53 a 16.20 ilustra essa polarização quando Cristo (como João) não é compreendido em Israel, o que provoca um conflito crescente com os líderes judeus (13.53 a 15.24), ao mesmo tempo em que é cada vez mais aceito pelos gentios durante sua jornada principal pelo território deles, sendo identificado corretamente por Pedro como o Cristo, o Filho do Deus vivo, o qual falava em nome de seus seguidores mais próximos (15.25 a 16.20).

Mateus 16.21 a 17.27 inicia a terceira e última seção deste evangelho interpondo as predições sobre o sofrimento de Jesus no meio do ensino que corrige o entendimento errado sobre a natureza da missão do Messias. Mateus 18 freqüentemente é chamado de Discurso da Comunidade, pois concede aos doze apóstolos instruções sobre como deveriam viver como uma igreja e enfatiza principalmente temas como a humildade (vv. 1-14) e o perdão (vv. 15-35). Alguém intitula Mateus 19.1 a 22.46 como "verdadeiro discipulado versus condenação mais severa para os líderes judeus". Esta seção inclui instruções adicionais aos discípulos e respostas às perguntas feitas pela multidão, quando Jesus viajava para a Judéia (19.1 a 20.34), bem como o juízo sobre o Templo em Jerusalém e sobre os líderes de Israel em parábolas expressas por meio de ações (21.1-22) e em ensinos controvertidos (21.23 a 22.46). Mateus 23 a 25 apresenta o último bloco de discursos de Jesus, com suas advertências contra a hipocrisia de vários escribas e fariseus (23) e suas predições sobre a destruição do Templo, seu próprio retorno e o julgamento de todas as nações (24 e 25).

A narrativa da paixão é descrita em Mateus com cenas sucessivas da Última Ceia, a traição, a prisão e o julgamento conduzidos pelos judeus (Mt 26), a audiência diante do governador romano, Pilatos, a subseqüente crucificação (Mt 27) e a gloriosa seqüência de sua morte ignominiosa — sua ressurreição e a comissão final aos discípulos (Mt 28).

C.B.

MATIAS. 12° apóstolo, colocado no lugar de Judas Iscariotes (At 1.23,26). Embora muitas pessoas argumentem que na verdade Paulo é o autêntico substituto, não existe nenhuma indicação disto no livro de Atos, desde que a única vez em que ele é chamado de apóstolo é junto com Barnabé (At 14.4,14), onde o termo tem um significado menos técnico, ou seja, uma pessoa "oficialmente comissionada". De fato, a escolha de Matias, conforme registra Lucas em Atos, foi mediante oração e exposição das Escrituras e quando os discípulos obedientemente aguardavam a descida do Espírito Santo, em Jerusalém, conforme Jesus ordenara. Como a maioria dos doze discípulos, sabemos muito pouco sobre ele, além de sua eleição. Veja também *Justo*.

D.B.

MATITIAS (Heb. "presente do Senhor").

1. Após o estabelecimento da Arca da Aliança em Jerusalém, o culto a Deus foi adequadamente organizado pelo rei Davi. Matitias era membro da família dos meraritas, da tribo de Levi, os quais eram porteiros. Quando a Arca foi conduzida a Jerusalém, eles atuaram como músicos, tocando harpas e liras adiante dela. Matitias era filho de Jedutum e posteriormente tornou-se líder do 14º grupo de músicos levitas que ministravam no Templo (1 Cr 15.18,21; 16.5; 25.3,24).

2. Levita do clã dos coatitas e primeiro filho de Salum. Sua função no Templo, depois do retorno do exílio na Babilônia, era fazer pão para as ofertas (1 Cr 9.31).

3. Um dos líderes mencionados em Esdras como culpados pela efetuação de

MATREDE

casamentos mistos com mulheres estrangeiras (Ed 10.43).

4. Levita, estava entre os homens que ficaram ao lado de Esdras, sobre o púlpito, quando o livro da Lei foi lido publicamente perante a multidão. Depois da leitura, o povo confessou os pecados, adorou ao Senhor e fez um novo pacto de dedicação a Deus (Ne 8.4).   P.D.G.

MATREDE. Filha de Me-Zaabe, era a mãe de Meetabel, esposa do rei Hadar, de Edom (Gn 36.39; 1 Cr 1.50).

MATUSALÉM (Heb. possivelmente "o homem da lança"). Filho de Enoque, ficou famoso por ser o homem registrado na Bíblia que mais viveu sobre a face da Terra: 969 anos. Tornou-se pai de Lameque quando tinha 187 anos e depois avô de Noé (Gn 5.21-27; 1 Cr 1.3). Mencionado na genealogia que vai de Jesus a Adão, em Lucas 3.37.

MEBUNAI. Um dos "trinta" guerreiros valentes de Davi; era husatita (2 Sm 23.27). Veja também *Sibecai*, que provavelmente era a mesma pessoa; talvez a similaridade dos dois nomes em hebraico tenha causado confusão para os escribas.

MEDADE. Mencionado em Números 11.26-29. Veja *Eldade*.

MEDÃ. Terceiro filho de Abraão e sua esposa Quetura (Gn 25.2). Aparece na lista dos descendentes deste patriarca e faz uma ligação, na narrativa de Gênesis 24 e 25, entre a morte de Sara e a de Abraão (1 Cr 1.32).

MEDOS. Antigo povo que vivia no moderno Azerbaijão e no noroeste do Irã. No século VII a.C. foram absorvidos pela expansão do Império Persa. A referência bíblica a esta nação ocorre durante o tempo em que os impérios assírio e babilônico sucessivamente invadiram Israel. Na dispersão do reino do Norte, pelos assírios,

alguns israelitas foram estabelecidos em cidades dos medos (2 Rs 17.6; 18.11). O profeta Isaías previu o dia em que o Senhor usaria os medos e outros povos para derrubar o Império Babilônico (Is 13.17); Jeremias predisse a mesma coisa (Jr 51. 11,28). Essas nações seriam usadas como parte dos planos de Deus para destruir os que levaram seu povo ao cativeiro. As profecias se cumpriram quando o poder combinado dos medos e dos persas subjugou o Império Babilônico.

Desta maneira, os medos são também conhecidos na Bíblia pela frase "medos e persas", que aparece quatro vezes no livro de Daniel (Dn 5.28; 6.8,12,15). Esta interessante expressão revela a influência das leis dos medos mesmo nos dias do Império Persa. Aparentemente tais leis, uma vez promulgadas, não podiam ser revogadas (Dn 6.12).

Há uma referência em Atos 2.9 aos "medos" entre os milhares de pessoas que ouviram o evangelho em sua própria língua, no dia de Pentecostes.   P.D.G.

MEETABEL (Heb. "Deus faz o bem").

1. Esposa do rei Hadar, de Edom, e filha de Matrede (Gn 36.39; 1 Cr 1.50).

2. Avô de Samaías e pai de Delaías (Ne 6.10). Semaías era um falso profeta que viveu no tempo de Neemias e foi usado por Sambalate numa tentativa de assustar o homem de Deus e os judeus que trabalhavam com ele na reconstrução dos muros de Jerusalém.

MEFIBOSETE. Há um grande debate no que diz respeito tanto ao significado como à derivação desse nome. A opinião majoritária é que o elemento "*bosete*" (que significa "vergonha") é uma distorção intencional do original "baal" (que significa "senhor"; note que o filho de Jônatas, que na maioria dos textos aparece como Mefibosete, é chamado de Meribe-Baal em 1 Cr 8.34; 9.40). Por esse raciocínio, o nome Mefibosete provavelmente significa algo como "da boca da vergonha". Outros nomes que exibem a substituição de Baal por "vergonha" incluem Is-Bosete (2 Sm 2.8; cf. *Esbaal* em 1 Cr 8.33) e Jurubesete (2 Sm 11.21; cf. *Jerubaal* em Jz 6.32). É interessante notar que a Septuaginta traduz "profetas da vergonha" onde se lê "profetas de Baal" (1 Rs 18.19,25). Uma opinião minoritária sustenta que "bosete" originalmente dava a idéia de algo como "potência (sexual)" e assim foi substituído por Baal, o deus cananeu da fertilidade, e somente mais tarde significou "vergonha". Na Bíblia há dois indivíduos com este nome:

1. O mais conhecido dos dois é o filho de Jônatas e neto do rei Saul. Na época da morte do avô e do pai, Mefibosete tinha cinco anos de idade. Sua ama ouviu a trágica notícia e, ao tentar fugir, o derrubou, o que lhe causou um grave problema nos pés que o levou a mancar até quando adulto (2 Sm 4.4). Posteriormente, Davi tratou-o com bondade, ao cumprir o juramento que fizera a Jônatas: levou-o para a corte, onde foi tratado como "um dos filhos do rei" (2 Sm 9.1-11). Na época da rebelião de Absalão, o administrador de Mefibosete, chamado Ziba, acusou-o de traição contra o rei Davi (2 Sm 16.1-4).

Tempos depois, Mefibosete foi pelo menos parcialmente vindicado (2 Sm 19.24-30), embora a decisão do rei de "dividir os campos" entre esse filho de Jônatas e Ziba (2 Sm 19.29) sugira uma certa incerteza por parte de Davi sobre em qual dos dois confiava.

2. Filho de Saul com sua concubina Rispa (2 Sm 21.8), foi entregue por Davi aos gibeonitas, que exigiram uma restituição, pois o rei anterior, ao quebrar o juramento feito pelos israelitas no tempo de Josué, tentou massacrá-los. Houve um período de três anos de fome em Israel e Deus falou que a causa era a traição que

Saul cometera contra os gibeonitas, o que levou Davi a agir. Mefibosete, junto com outros seis descendentes de Saul, todos do sexo masculino, foram executados pelos gibeonitas e expostos diante do Senhor em Gibeá de Saul. Deus somente respondeu as orações e agiu em favor da terra depois que Davi mandou recolher os corpos das sete vítimas, bem como os ossos de Saul e de Jônatas, e deu-lhes um sepultamento adequado (2 Sm 21.1-14). Veja também *Rispa*. P.L.

MEÍDA. Líder de uma família de servicais do Templo, cujos descendentes retornaram do exílio na Babilônia nos dias de Esdras e voltaram a trabalhar no Santuário em Jerusalém (Ed 2.52; Ne 7.54).

MEIR. Filho de Quelube e pai de Estom (1 Cr 4.11). Pertencia à tribo de Judá.

MELATIAS (Heb. "o Senhor livra"). Um dos homens de Gibeom que ajudaram na reconstrução dos muros de Jerusalém, sob a liderança de Neemias (Ne 3.7).

MELEÁ. Um dos ancestrais de Jesus, listado na genealogia de Lucas, que vai de Cristo a Adão. Era pai de Eliaquim e filho de Mená (Lc 3.31).

MELEQUE (Heb. "rei"). Segundo filho de Mica, da tribo de Benjamim; portanto, um dos descendentes do rei Saul (1 Cr 8.35; 9.41).

MELQUI. 1. Ancestral de Jesus, listado na genealogia de Lucas, que vai de Cristo até Adão. Era pai de Neri e filho de Adi (Lc 3.28).

2. Outro ancestral de Jesus, listado na mesma genealogia. Era pai de Levi e filho de Janai (Lc 3.24).

MELQUISEDEQUE

MELQUISEDEQUE

Em hebraico, seu nome significa "rei de justiça" ou "meu rei é justo"; no texto grego do Novo Testamento, foi apenas transliterado. Este vocábulo aparece numa seção histórica (Gn 14), num texto poético (Sl 110) e na parte doutrinária de uma epístola do Novo Testamento (Hb 5 a 7). A primeira menção deste termo está datada em aproximadamente dois milênios antes de Cristo, a segunda em aproximadamente um milênio e a terceira na segunda metade do século I depois do nascimento de Cristo (Gn 14.18; Sl 104.4; Hb 5.6, 10; 6.20; 7.1,10,11,15,17).

Abraão e Melquisedeque (Gn 14.17-20)

Quedorlaomer, rei de Elão (moderno Irã), e mais três aliados declararam guerra contra cinco reis que governavam os territórios próximos do mar Morto. A confederação estrangeira venceu a guerra. Seus soldados saquearam as cidades de Sodoma e Gomorra e levaram os moradores como prisioneiros. Entre os cativos encontrava-se também Ló, sobrinho de Abraão, e sua família (Gn 14.1-12). O patriarca, com 318 homens bem treinados, perseguiu, atacou e derrotou as forças invasoras, resgatou Ló e seus parentes e apossou-se de todos os bens que foram levados (vv. 13-16). Quando Abraão retornou da batalha, foi saudado pelo rei de Sodoma (v. 17), o qual lhe ofereceu os espólios recuperados. O patriarca recusou-se a tomar qualquer objeto que fosse do espólio, para que o rei não dissesse depois que o enriquecera. Abraão fez um juramento em nome do Deus Altíssimo, Criador do céu e da terra (vv. 22-24) e, assim, se separou da adoração politeísta praticada pelos reis que viviam na área do mar Morto. De Melquisedeque, entretanto, recebeu pão e vinho e uma bênção no nome do Senhor, Criador do céu e da terra. Este homem era rei de Salém (Jerusalém, veja Sl 76.2) e sacerdote do Deus Altíssimo; Abraão deu-lhe o dízimo de tudo (Gn 14.18-20).

Melquisedeque conhecia a Deus por meio de uma tradição que se espalhou após o Dilúvio ou devido a uma revelação sobrenatural. Percebeu que Abraão servia ao mesmo Senhor (v. 22). O patriarca, por sua vez, reconheceu Melquisedeque como sacerdote de Deus, digno de receber seu dízimo (v. 20). Embora a referência ao rei de Salém em Gênesis seja breve, aparece num contexto que o retrata como uma figura histórica.

Um documento encontrado em Qunrã considerava Melquisedeque um ser angelical que ministrava o juízo de Deus. Nos primeiros séculos da Igreja cristã, era comum ser descrito como um anjo encarnado, no tempo de Orígenes, Jerônimo e Agostinho. Outros o têm relacionado com Sem, filho de Noé, e até mesmo com o Messias. Todas essas teorias, porém, são especulativas. O escritor da epístola aos Hebreus, entretanto, contrastou o sacerdócio permanente de Melquisedeque com o serviço sacerdotal da ordem dos levitas, o qual era constantemente interrompido pela morte dos oficiantes. Descreveu Melquisedeque como contemporâneo de Abraão, e sabemos que ambos estão fundamentados na História.

O escrito de Davi sobre Melquisedeque (Sl 110.4)

Aproximadamente um milênio depois de Abraão, Davi compôs um Salmo no qual retratou seu "Senhor" como rei e sacerdote. No primeiro verso do Salmo o SENHOR convidou o Senhor de Davi a sentar-se à sua destra em esplendor real. No quarto verso, o SENHOR fez um juramento e disse ao Senhor de Davi: "Tu és sacerdote eterno, segundo a ordem de Melquisedeque". O juramento é irrevogável, porque o SENHOR

MELQUISEDEQUE

jamais muda de idéia. A pessoa mencionada neste salmo torna-se rei e sacerdote. No Templo, ele nunca cumpriria as funções sacerdotais reservadas apenas aos descendentes de Levi. Ainda assim, de acordo com o modelo de Melquisedeque, desempenharia tanto as funções reais como as sacerdotais. Davi falou profeticamente sobre um sacerdócio que era mais elevado do que o de Arão e seus sucessores.

Jesus esclareceu as palavras do Salmo 110.1, ao identificar o Senhor de Davi como o Messias (Mt 22.41-46), o qual funcionava como rei. Ao aplicar esse salmo a si mesmo, ensinou que a referência "meu Senhor" falava sobre alguém superior a Davi. De qualquer maneira, Cristo não fez qualquer alusão ao sacerdócio de Melquisedeque, mencionado na segunda parte do Salmo 110.

Hebreus e Melquisedeque (Hb 5.6,10; 6.20; 7.1,10,11,15,17)

O escritor da epístola aos Hebreus é o único autor do cânon do Novo Testamento que estabelece a doutrina do sacerdócio de Cristo. Paulo fez uma referência indireta a esse assunto (Rm 8.34). Escreveu que Jesus está sentado à direita de Deus (como rei), e intercede por seu povo (como sacerdote). O escritor aos Hebreus, por outro lado, devotou quase toda a epístola para falar sobre o sacerdócio do Filho de Deus. Cristo purifica seu povo dos pecados (Hb 1.3). É o Sumo Sacerdote misericordioso e fiel, que faz expiação pelos pecados do povo (2.17). Foi designado por Deus como intercessor segundo a ordem de Melquisedeque (5.10; 6.20) e tornou-se sacerdote por meio do juramento do Senhor (7.21). Jesus entrou no Santíssimo Lugar de uma vez por todas (9.12,24,26) e sentou-se à direita de Deus, após oferecer um sacrifício definitivo pelos pecados (10.12).

O escritor aos Hebreus expõe a superioridade do sacerdócio da ordem de Melquisedeque sobre o sacerdócio levítico especialmente no capítulo 7. Melquisedeque era o governante de Salém e sacerdote do Deus Altíssimo (v. 1), o que significa ser rei da justiça (zedeque) e da paz (Salém). Além de governar como monarca, Melquisedeque era um sacerdote sem genealogia. As palavras "sem pai, sem mãe" (v. 3) significam que não tinha linhagem com a qual identificar-se. Não existem referências ao seu parentesco, nascimento ou morte. Enquanto os descendentes de Levi precisavam mostrar sua linhagem para servir no Tabernáculo e, posteriormente, no Templo, por um período relativamente curto de suas vidas, Melquisedeque, mesmo sem linhagem, tem um sacerdócio que permanece para sempre (v. 3). O escritor aos Hebreus declara que não é o Filho de Deus que se assemelha a Melquisedeque, mas sim Melquisedeque que é semelhante ao Filho de Deus, o qual é eterno (v. 3). Assim, esse sacerdote real serviu como uma figura de Cristo e prefigurou a justiça e a paz, que são as características do Messias.

Da passagem de Gênesis, o escritor aos Hebreus demonstrou que Melquisedeque, o sacerdote de Deus, era superior a Abraão, o pai dos crentes. O patriarca deu o dízimo ao rei de Salém e recebeu dele uma bênção espiritual. O senso comum ensina que a pessoa que recebe o dízimo e abençoa o que o dá é o maior dos dois. Assim, Melquisedeque é superior a Abraão, pois recebeu o dízimo até mesmo de Levi, representado figuradamente pelo patriarca (Hb 7.4-10). Isso deixa claro que o sacerdócio da ordem de Melquisedeque é superior ao sacerdócio levítico. Ao estabelecer as normas, Deus limitou o serviço sacerdotal aos levitas e excluiu todas as demais tribos de Israel. Essa lei em nada aperfeiçoava e foi, portanto, anulada. O Senhor, entretanto, confirmou o sacerdócio de Melquisedeque por meio de um juramento que garantiu sua eternidade. Portanto, por causa desse juramento, Jesus é sacerdote para sempre, na ordem de Melquisedeque (vv. 11-22).

S.J.K.

MEMUCÃ

MEMUCÃ. Aparentemente o líder de um grupo de "sete príncipes dos persas", os mais chegados ao rei Assuero (Et 1.14-21). Depois que a rainha Vasti recusou-se a obedecer à ordem do rei para comparecer diante dele, esses homens sábios e conhecedores das leis foram consultados. Memucã disse que, para que todas as mulheres continuassem a obedecer e respeitar seus maridos, o rei deveria banir a rainha de sua presença. O conselho foi acolhido e, sob a providência de Deus, levou à introdução de Ester na corte real, quando os oficiais procuraram uma moça formosa para substituir Vasti. P.D.G.

MENÁ. Ancestral de Jesus, listado na genealogia de Lucas, que vai de Cristo a Adão. Era filho de Matatá e pai de Meleá (Lc 3.31).

MENAÉM (Heb. "conforto"). Filho de Gadi, tornou-se monarca de Israel (o reino do Norte), depois de assassinar o rei Salum e usurpar seu lugar; reinou na mesma época de Azarias, rei de Judá (2 Rs 15.14). Governou em Samaria por dez anos (v. 17). Sua crueldade é descrita em detalhes no v. 16.

Foi um rei perverso durante todo o tempo de seu reinado. Levou toda a nação à apostasia e jamais voltou-se para Deus. Conforme a profecia, o Senhor permitiu que a Assíria invadisse Israel, como julgamento por causa do pecado. Manaém evitou o desastre total, ao pagar grandes somas de dinheiro ao rei Tiglate-Pileser (chamado de Pul, no v. 19). Deu aos assírios 1.000 talentos de prata (quase 40 toneladas); levantou essa quantia ao impor pesados impostos sobre seu próprio povo. Quando morreu, foi sucedido pelo filho Pecaías (v. 22). P.D.G.

MEONOTAI. Um dos filhos de Otniel e neto de Quenaz, da tribo de Judá. Foi pai de Ofra (1 Cr 4.13,14).

MERABE. Filha mais velha do rei Saul e sua esposa Ainoã (1 Sm 14.49). Quando Davi estava no auge da popularidade, depois que derrotou o gigante Golias e conquistou várias vitórias contra os filisteus, Saul ofereceu-a a ele como esposa (1 Sm 17.25; 18.17). Davi, porém, questionou que não era digno de casar-se com alguém da família real (1 Sm 18.18, 23). Sem dúvida em parte devido a essa atitude, mas principalmente por causa da inveja que Saul tinha da projeção de Davi diante do povo, Merabe foi dada a outro homem, a Adriel, o meolatita (v. 19).

Muitos anos depois, quando Davi já era rei, os gibeonitas exigiram vingança contra a casa de Saul, o qual matara muitos deles, quebrando o juramento feito pelos israelitas no tempo de Josué. Entre os homens descendentes de Saul que Davi entregou aos gibeonitas estavam cinco filhos de Merabe e seu marido Adriel (2 Sm 21.8). P.D.G.

MERAÍAS. Nos dias do sumo sacerdote Joiaquim, Meraías era o líder da família de Seraías e ajudou no serviço do Templo depois do retorno do exílio na Babilônia (Ne 12.12).

MERAIOTE. 1. Filho de Zeraías e pai de Amarias, mencionado na lista dos descendentes de Levi em 1 Crônicas 6.6,7,52. Foi ancestral de Esdras (Ed 7.3).

2. Filho de Aitube e pai de Zadoque. Aitube era um dos oficiais do Templo. Meraiote foi ancestral de Azarias, o qual estava entre os sacerdotes que se restabeleceram em Jerusalém na época de Neemias (1 Cr 9.11; Ne 11.11).

MERARI. Um dos filhos de Levi, tornou-se líder do clã dos meraritas. Seus filhos foram Maali e Musi (Gn 46.11; Êx 6.16,19; Nm 3.17,20,33,35; 1 Cr 6.1,19,29; 23.21; 24.26). O clã dos meraritas foi indicado por Moisés para ter a seu cuidado "as tábuas do tabernáculo, os seus varais, as suas colunas, as suas bases, todos os seus utensílios com todo o seu serviço" (Nm 3.36; 4.29-33; 10.17). Naquela época, o número de meraritas que trabalhavam no

MERODAQUE-BALADÃ

serviço da Tenda da Congregação era de 3.200 homens (Nm 4.43-45). Todos serviam sob as ordens de Arão, mas o líder direto deles era Zuriel. As doze cidades entregues aos meraritas ficavam nos territórios das tribos de Rúben, Gade e Zebulom (Js 21.7,34-40; 1 Cr 6.63,77).

As funções dos meraritas foram definidas novamente no tempo do rei Davi (1 Cr 6.44-46), e os descendentes de Merari são mencionados em numerosas ocasiões em relação ao trabalho que faziam no Tabernáculo ou no Templo (1 Cr 9.14; 15.6; 17; 26.10,19; 2 Cr 29.12; 34.12; Ed 8.19).

P.D.G.

MEREDE (Heb. "rebelião"). Segundo filho de Ezra, da tribo de Judá (1 Cr 4.17). Casou-se com a filha de um dos faraós, chamada Bitia, e teve muitos filhos, entre eles Miriã, Samai e Isbá (1 Cr 4.17,18). Teve também uma esposa israelita.

MEREMOTE. 1. Filho do sacerdote Urias, retornou do exílio na Babilônia com Esdras. Foi o responsável pela condução dos artigos sagrados de prata e de ouro, que pertenciam ao Templo, da Babilônia para Jerusalém. Também ajudou na reconstrução dos muros de Jerusalém (Ed 8.33; Ne 3.4,21).

2. Um dos sacerdotes que selaram o pacto feito pelo povo, sob a liderança de Neemias, de servir somente ao Senhor e obedecer às suas Leis (Ne 10.5). Provavelmente é a mesma pessoa relacionada no item 1.

3. Descendente de Bani, viveu no tempo de Neemias (Ed 10.36). Após Secanias confessar que muitos homens de Judá tinham-se casado com mulheres de outras tribos e de diversas nações, Esdras levou o povo ao arrependimento e ao pacto para servir ao Senhor (Ed 10.2). Meremote foi listado entre os que se casaram com mulheres estrangeiras.

4. Sacerdote, listado entre os judeus que retornaram do exílio na Babilônia com Zorobabel (Ne 12.3). P.D.G.

MERES. Homem sábio e versado em leis, consultado pelo rei Assuero (Et 1.14). Para mais detalhes, veja *Memucã*.

MERIBE-BAAL (Heb. "Baal contende"). Mefibosete, neto do rei Saul, originalmente chamava-se Meribe-Baal. Era filho de Jônatas e pai de Mica (1 Cr 8.34; 9.40). É provável que "bosete" ("vergonha") tenha sido colocado no lugar de "Baal" pelos escribas, para não pronunciarem o nome da divindade cananita. Veja *Mefibosete*.

MERODAQUE (MARDUQUE). Um dos deuses da Babilônia, mencionado nas Escrituras apenas em Jeremias 50.2. Nesse texto, o profeta proclama aos judeus que viram parentes e amigos ser levados como prisioneiros pelos caldeus que um dia Deus destruiria a Babilônia e suas divindades. O povo de Israel então retornaria a Judá e adoraria o Senhor, Criador do céu e da terra (v. 4). A passagem reforça o monoteísmo e afirma que o Deus da aliança de Israel era mais poderoso do que todos os das outras nações. O texto declara também os propósitos do Senhor para com seu povo, que voltaria arrependido a Canaã e novamente adoraria a Deus (vv. 4-7).

O Código de Hamurabi informa que Merodaque foi considerado o Deus criador, o principal do panteão babilônico.

P.D.G.

MERODAQUE-BALADÃ (Heb. "Merodaque tem dado um filho"). Filho de Baladã, rei da Babilônia, o qual reinou na mesma época de Ezequias (703 a.C.). Astutamente, teve acesso ao Templo e aos depósitos do palácio em Jerusalém, ao enviar cartas e presentes ao rei de Judá, que estava doente (2 Rs 20.12; Is 39.1). Isaías repreendeu severamente a Ezequias por conceder aos estrangeiros acesso aos tesouros do Senhor e predisse que um dia os caldeus levariam todos aqueles objetos para Babilônia (Is 39.3-7). O Senhor esperava que os reis e seu povo confias-

453

MESA (OU MESSA)

sem exclusivamente nele para proteção e cuidado. Ezequias, ao receber os estrangeiros e tentar obter o favor deles, propiciou uma brecha nos propósitos de Deus para Israel. P.D.G.

MESA (OU MESSA). (Heb. "salvação").
1. Mesa, rei de Moabe, é mencionado em 2 Reis 3.4. Em 2 Samuel 8.2 lemos que, no reinado de Davi, os moabitas foram conquistados e pagaram tributos a Israel. Depois da divisão dos reinos de Israel e de Judá, eles tentaram rebelar-se; mas, no reinado de Acabe, rei de Israel, Mesa sujeitou-se novamente. Quando Jorão [filho de Acabe] subiu ao trono, os moabitas imaginaram que era possível rebelar-se e ser bem-sucedidos. Em 2 Reis 3.4 vemos o grande tributo que eram obrigados a pagar a Israel. Incluía cem mil cordeiros e cem mil carneiros com a lã. Jorão pediu ajuda ao reis de Edom e de Judá, para sufocar a rebelião (v. 7).

Os três reis, junto com suas tropas, fizeram um caminho mais longo. Deram a volta pelo deserto, para não serem detectados e, assim, surpreender os moabitas; entretanto, ficaram sem água. Jeosafá sugeriu que encontrassem um profeta. Procuraram Eliseu, o qual lhes disse que a única razão para ajudá-los era a presença do rei de Judá [Jeosafá]. Jorão era um rei perverso, que não seguia os caminhos do Senhor, v. 3. Por meio de uma intervenção divina, Deus deu-lhes água no deserto e uma grande vitória sobre os moabitas. Mesa ficou tão perturbado que sacrificou o próprio filho numa tentativa de conquistar o favor dos deuses que adorava (v. 27).

Existem algumas evidências externas dessa guerra, como o registro na famosa "Pedra Moabita". Nesta inscrição, alguns dos lugares que Mesa capturou estão listados, embora não haja registro dessa vitória de Jorão.

2. Primeiro filho de Calebe e pai de Zife (1 Cr 2.42; chamado de "Messa").
3. Nascido na terra de Moabe, filho de Saaraim e sua esposa Hodes, da tribo de Benjamim (1 Cr 8.9; também chamado de Messa). Listado na genealogia do rei Saul. P.D.G.

MESAQUE. O nome significa algo como "quem é como Aku?" (Aku, deus da Lua). Foi o nome dado ao amigo de Daniel, Misael, pelo chefe dos eunucos do rei Nabucodonosor. Este vocábulo é encontrado 14 vezes em Daniel 1 a 3.

Mesaque, assim como Daniel, Hananias e Azarias, fora levado cativo pelos caldeus. Enquanto eram preparados para aparecer na corte real, recusaram-se a participar da refeição real e alimentaram-se apenas com legumes e, como líquido, somente com água (Dn 1.12). O Senhor honrou a determinação deles em não comer o considerado alimento impuro pelos judeus. No final, a aparência deles estava mais saudável do que a dos outros jovens. Deus deu a Mesaque e aos outros "o conhecimento e a inteligência em toda cultura e sabedoria" (Dn 1.17). O rei não encontrou outros que possuíssem as mesmas qualidades dos quatro jovens, os quais logo foram promovidos a posições de autoridade e de influência, sob a liderança de Daniel.

Mais tarde, quando Mesaque e seus dois amigos recusaram-se a inclinar-se diante da estátua de ouro que o rei Nabucodonosor erigira na planície de Dura, foi lançado numa fornalha, junto com Hananias e Azarias. Os três tinham tal confiança no Senhor, que disseram ao rei: "O nosso Deus, a quem nós servimos, pode livrar-nos dela" (Dn 3.17). Quando foram jogados no fogo, o Senhor interferiu e Nabucodonosor viu os três totalmente ilesos no meio da fornalha. Uma quarta figura estava presente, a qual o rei disse que tinha o aspecto "semelhante ao filho dos deuses" (v. 25). Parece que ocorreu um tipo de teofania. Imediatamente Nabucodonosor ordenou que os três jovens fossem retirados da fornalha, restituiu-lhes os cargos e adorou o Deus verdadeiro, o qual "enviou o seu anjo, e livrou os seus servos, que confiaram nele" (v. 28). O

MESULÃO

rei, impressionado com o poder salvador do Deus dos hebreus, decretou que todos os seus súditos o reverenciassem.

Mesaque e seus companheiros possuíam uma fé inabalável em Deus, por isso livraram-se de tão grande perigo. Tal confiança foi testemunhada diante dos pagãos da forma mais convincente possível. Essa fé, citada em Hebreus 11.34, torna-se um exemplo para os cristãos de todas as épocas que confiam no Deus de Mesaque.　　　　　　A.B.L. e P.D.G.

MESELEMIAS (Heb. "o Senhor retribui"). Pai de Zacarias, o qual foi porteiro da Tenda da Congregação nos dias do rei Davi. Pertencia ao clã dos coatitas, da tribo de Levi (1 Cr 9.21; 26.1,2, 9).

MESEQUE (Heb."alto").

1. Sexto filho de Jafé, portanto, neto de Noé (Gn 10.2; 1 Cr 1.5). Acredita-se que foi o fundador de um país na Ásia Menor, mencionado junto com Tubal e Javã (ou Grécia) em Ezequiel 27.13; 32.26. Essas nações eram consideradas o epítome das forças do mal reunidas contra o povo de Deus em Israel (Ez 38.2,3; 39.1; Sl 120.5-7).

2. Um dos quatro filhos semitas de Arã, listados em Gênesis 10.23 (chamado de Más) e 1 Crônicas 1.17. Arã era filho de Sem, portanto, neto de Noé. Os melhores manuscritos hebraicos de 1 Crônicas 1.17 não separam os filhos de Sem dos de Arã.

MESEZABEL (Heb. "Deus salva").

1. Avô de Mesulão, o qual colaborou na reconstrução dos muros de Jerusalém depois do retorno da Babilônia (Ne 3.4).

2. Pai de Petaías, agente intermediário do rei da Pérsia depois do retorno dos exilados para Jerusalém. Pertencia à tribo de Judá (Ne 11.24).

3. Um dos "chefes do povo", assinou o pacto que os judeus fizeram com Neemias de obedecer ao Senhor e seguir suas Leis (Ne 10.21).

MESILEMITE. Mencionado em 1 Crônicas 9.12. Veja *Mesilemote*.

MESILEMOTE. 1. Pai de Berequias, um dos homens da tribo de Efraim que, durante o reinado de Peca, persuadiram os soldados israelitas a libertar os cativos levados de Judá, após vencerem uma batalha (2 Cr 28.12).

2. Ancestral de uma das famílias da tribo de Levi que se estabeleceram em Jerusalém após o exílio na Babilônia. Era pai de Azai e filho de Imer (Ne 11.13). Em 1 Crônicas 9.12, o nome Mesilemite parece referir-se à mesma pessoa.

MESOBABE. Mencionado em 1 Crônicas 4.34 como líder de um dos clãs da tribo de Simeão durante o reinado de Ezequias. Esses grupos encontraram pastos para seus rebanhos na região de Gedor (v. 39).

MESSIAS. Veja *Cristo*.

MESULÃO. 1. Avô de Safã, o secretário do rei Josias (2 Rs 22.3).

2. Filho de Zorobabel, listado como membro da linhagem real de Judá depois do exílio na Babilônia (1 Cr 3.19).

3. Membro da tribo de Gade que vivia em Basã (1 Cr 5.13).

4. Filho de Elpaal, listado entre os descendentes de Saul, da tribo de Benjamim (1 Cr 8.12-17).

5. Pai de Salu, benjamita, o qual estava entre os primeiros membros de sua tribo que se restabeleceram em Jerusalém depois do exílio na Babilônia (1 Cr 9.7; Ne 11.7).

6. Filho de Sefatias, também benjamita, o qual se estabeleceu em Jerusalém depois do exílio (1 Cr 9.8).

7. Filho de Zadoque e pai de Hilquias, listado em 1 Crônicas 9.11 como membro de uma família de sacerdotes da tribo de Levi (Ne 11.11).

8. Listado em 1 Crônicas como filho de Mesilemite; portanto, membro de uma

455

MESULEMETE

família sacerdotal da tribo de Levi (1 Cr 9.10-13).

9. Levita e músico talentoso, ajudou na supervisão dos trabalhadores na reforma do Templo no reinado de Josias (2 Cr 34.12,13).

10. Líder entre os judeus que retornaram com Esdras do exílio para Jerusalém. Ajudou a encontrar levitas para o serviço no Templo (Ed 8.16).

11. Juntou-se a Jônatas e a Jaseías na oposição contra a determinação de Esdras de que os homens casados com mulheres estrangeiras deviam divorciar-se (Ed 10.15).

12. Descendente de Bani, viveu no tempo de Neemias (Ed 10.29). Depois que Secanias confessou que muitos homens da tribo de Judá tinham-se casado com mulheres de outras tribos e de diversas nações, Esdras levou o povo ao arrependimento e ao pacto de servir ao Senhor (Ez 10.2). Mesulão foi um dos que tinham-se casado com mulheres estrangeiras.

13. Filho de Berequias, foi um dos israelitas que ajudaram na reconstrução dos muros de Jerusalém depois do exílio na Babilônia, nas reformas realizadas por Neemias (Ne 3.4,30).

14. Filho de Besodéias, trabalhou na reconstrução dos muros de Jerusalém, na seção perto da Porta Velha (Ne 3.6).

15. Ficou ao lado de Esdras durante a leitura do livro da Lei (Ne 8.4). Provavelmente é um dos citados nesta lista.

16. Um dos sacerdotes que selaram o pacto feito pelo povo, de servir a Deus, depois do retorno da Babilônia (Ne 10.7).

17. Outro chefe do povo que também colocou seu selo sobre o pacto dos judeus de servir ao Senhor (Ne 10.20).

18. Nos dias do sumo sacerdote Joiaquim, era o chefe da família sacerdotal de Esdras (Ne 12.13).

19. Chefe da família sacerdotal de Ginetom, no tempo do sumo sacerdote Joiaquim (Ne 12.16).

20. Um dos porteiros que guardavam os depósitos do Templo, na época do sumo sacerdote Joiaquim (Ne 12.25).

21. Participou da celebração na dedicação dos muros de Jerusalém, quando os trabalhos de reforma foram concluídos (Ne 12.33). s.c.

MESULEMETE. Mencionada em 2 Reis 21.19, era esposa do rei Manassés, de Judá, e mãe de Amom, o sucessor no trono. Era filha de Haruz, proveniente de um lugar chamado Jotbá.

METUSAEL. Um dos descendentes de Caim, filho de Meujael e pai de Lameque. Mencionado em Gênesis 4.18, uma passagem que mostra como os descendentes de Caim se espalharam pelo mundo depois que o juízo de Deus caiu sobre ele. Alguns teólogos acreditam que seja outro nome para o personagem Matusalém; mas isso é pouco provável, dadas as diferenças nas genealogias de ambos.

MEUJAEL (Heb. "ferido por Deus"). Neto de Enoque e bisneto de Caim. Seu pai chamava-se Irade. Mencionado em Gênesis 4.18, uma passagem que mostra como os descendentes de Caim se espalharam por todo o mundo, depois do juízo de Deus sobre ele.

MEUMÃ. Um dos sete eunucos que serviam ao rei Assuero (Xerxes) (Et 1.10). Veja *Vasti*.

MEUNIM. Líder de uma das famílias de serviçais do Templo cujos descendentes retornaram do exílio na Babilônia nos dias de Esdras e também trabalharam no Santuário (Ed 2.50; Ne 7.52).

ME-ZAABE (Heb. "águas de ouro"). Pai de Matrede, a qual foi mãe de Meetabel, que por sua vez foi a esposa de Hadar, rei de Edom (Gn 36.39; 1 Cr 1.50).

MIAMIM. 1. Sacerdote que serviu no Tabernáculo durante o reinado de Davi. Era responsável pelo 6º turno de serviço (1 Cr 24.9).

2. Descendente de Parós, foi um dos judeus que se casaram com mulheres estrangeiras nos dias de Esdras (Ed 10.25).

3. Um dos sacerdotes que selaram o pacto feito pelo povo e por Neemias de adorar somente ao Senhor e obedecer à sua Lei (Ne 10.8).

4. Levita e um dos líderes dos sacerdotes que retornaram do exílio na Babilônia com Jesua e Zorobabel (Ne 12.5). Possivelmente é o mesmo relacionado no item 3.

MIBAR. Um dos "trinta" guerreiros valentes de Davi, cujo pai é listado como Hagri (1 Cr 11.38). Na passagem paralela em 2 Samuel 23.36, seu nome não é mencionado.

MIBSÃO. 1. Quarto filho de Ismael, deu seu nome a uma tribo árabe (Gn 25.13; 1 Cr 1.29).

2. Mencionado em 1 Crônicas 4.25, era filho de Salum e pai de Misma. Pertencia à tribo de Simeão.

MIBZAR. Descendente de Esaú, foi líder de um clã dos edomitas (Gn 36.42; 1 Cr 1.53).

MICA. 1. 2 Samuel 9.12 menciona um filho de Mefibosete [Meribe-Baal], cujo nome era Mica. Também citado em 1 Cr 8.34.

2. Levita, pai de Matanias e descendente de Asafe (1 Cr 9.15; Ne 11.17, 22).

3. Um dos levitas que se uniram a Neemias, depois do exílio na Babilônia, como testemunhas de uma aliança solene feita pelo povo, o qual prometeu adorar e obedecer ao Senhor (Ne 10.11). P.D.G.

4. Efraimita, foi a figura principal na história de migração da tribo de Dã de seu território original para um local ao norte do mar da Galiléia (Jz 17.1 a 18.31). Ele abraçara abertamente a idolatria. Roubou dinheiro da própria mãe, a qual, sem saber, amaldiçoou o ladrão. Por isso, Mica devolveu tudo e a mãe o abençoou; ela consagrou o dinheiro ao Senhor (Jz 17.3), mas separou 200 peças de prata com as quais fez uma imagem e deu-a ao filho, para que a colocasse em sua casa, junto com uma estola sacerdotal (vv. 4,5). Mica desejava ter seu próprio sacerdote para ministrar diante dos seus deuses domésticos. Deparou com um levita de Belém, que vagava pelas montanhas (17.9), contratou-o e levou-o para sua casa. Um grupo de danitas passou pela residência de Mica e, por meio de ameaças e ofertas tentadoras, levaram o levita com eles para sua nova colônia (18.25-27). Ironicamente, o sacerdote de Mica não era outro senão o próprio neto de Moisés [algumas versões escrevem Manassés], chamado Jônatas (18.30).

5. Filho de Simei. Descendente de Rúben por meio de Joel, Semaías e Gogue. Era líder de um clã (1 Cr 5.3-5).

6. Membro do clã dos coatitas, da tribo de Levi; portanto, descendente do quarto filho de Coate, Iziel (1 Cr 23.20; 24.24,25).

7. Pai de Abdom. Cidadão de Judá, cujo filho [Abdom] ajudou o rei Josias a interpretar o significado do rolo encontrado no Templo (2 Cr 34.20-22). Provavelmente trata-se da mesma pessoa mencionada em 2 Reis 22.12 como Micaías.

E.M.

MICAEL. (Heb. "quem é como Deus?").

1. Pai de Setur, um dos homens enviados por Moisés para espiar a terra de Canaã (Nm 13.13).

2. Líder de clã, foi chefe de um dos sete grupos da tribo de Gade que se estabeleceram na região de Gileade e Basã (1 Cr 5.13).

3. Ancestral do personagem registrado no item 2 acima, filho de Jesisai (1 Cr 5.14).

4. Filho de Baeséias, da tribo de Levi; foi ancestral de Asafe (1 Cr 6.40).

5. Um dos filhos de Izraías, da tribo de Issacar, na qual foi um dos chefes (1 Cr 7.3).

MICAÍAS

6. Um dos filhos de Berias; portanto, um dos líderes na tribo de Benjamim. Vivia em Aijalom e está listado na genealogia do rei Saul (1 Cr 8.16).

7. Listado como um dos guerreiros de Davi em Ziclague, pertencia à tribo de Manassés (1 Cr 12.20).

8. Pai de Onri, um dos oficiais da tribo de Issacar, durante o reinado de Davi (1 Cr 27.18).

9. Um dos filhos do rei Jeosafá, de Judá. Era irmão de Jeorão, o qual, ao suceder o pai no trono (2 Cr 21.2), mandou matar todos os irmãos (v. 4).

10. Pai de um certo Zebadias, o qual retornou do exílio na Babilônia com 80 membros de sua família, junto com Esdras (Ed 8.8).   P.D.G.

MICAÍAS (Heb. "quem é como o Senhor?").
1. Filho de Inlá, transmitiu a palavra do Senhor para os reinos de Israel e Judá durante o reinado de Acabe e Jeosafá (1 Rs 22.8-28; 2 Cr 18.7-27). Provavelmente era a mesma pessoa mencionada em 2 Crônicas 17.7, enviada pelo rei Jeosafá, junto com um grupo de levitas, para ensinar o povo de Judá sobre o Senhor. Enquanto isso, no reino de Israel, Acabe "fez muito mais para provocar à ira o Senhor Deus de Israel do que todos os reis de Israel que foram antes dele" (1 Rs 16.33). Portanto, não deve ser surpresa que um verdadeiro profeta de Deus condenasse e criticasse seu governo. Acabe sabia disso e preferia não consultar Micaías, porque só recebia mensagens negativas (1 Rs 22.8).

A profecia narrada na Bíblia demonstra claramente a existência de verdadeiros e falsos profetas em Israel, os quais conviviam lado a lado, mesmo nos dias de Acabe. O rei decidira reconquistar parte de seu território, tomado pela Síria. Apelou para Jeosafá, rei de Judá, para que se unisse a ele numa expedição contra os sírios. Este concordou, mas queria primeiro consultar ao Senhor. Todos os profetas de Acabe concordaram que seria uma boa campanha, sem dúvida cientes de que era isso que o rei desejava ouvir. Jeosafá, entretanto, percebeu a diferença entre aqueles profetas e os verdadeiros e perguntou se não havia "algum profeta do Senhor" (1 Rs 22.7). A resposta do rei Acabe demonstra o quanto Israel se afastara da adoração de Deus. Ao falar sobre Micaías, ele disse: "Ainda há um homem por quem podemos consultar ao Senhor; porém eu o odeio, porque nunca profetiza o bem a meu respeito, mas somente o mal" (v. 8). Micaías foi consultado. Primeiro, disse a Acabe o que ele queria ouvir; mas o rei, ao perceber seu sarcasmo, pediu-lhe que dissesse a verdade (vv. 14-16). O profeta então falou: "Vi todo o Israel disperso pelos montes, como ovelhas que não têm pastor, e disse o Senhor: Estes não têm senhor. Torne cada um em paz para sua casa" (1 Rs 22.17).

Micaías prosseguiu e descreveu uma cena na qual, no céu, o Senhor perguntou quem faria Acabe ir a guerra. Finalmente, "saiu um espírito, e se apresentou" e disse que induziria aquele rei, pois colocaria um "espírito mentiroso" na boca de seus profetas.

Por essas palavras, Micaías foi lançado na prisão. Apelou para a lei dos profetas. Se sua palavra não se cumprisse, o Senhor não teria falado por intermédio dele (1 Rs 22.28; veja Dt 18.22). A mensagem do profeta, entretanto, se cumpriu e o rei Acabe foi morto em Ramote-Gileade (1 Rs 22.34-37).

A atuação dos profetas que diziam às pessoas o que elas desejavam ouvir continuou tanto em Israel como em Judá e representava um sintoma de como o povo se afastara do Deus verdadeiro. O problema, entretanto, permaneceu até mesmo na Igreja do Novo Testamento. Paulo alertou Timóteo sobre os mestres que diriam às pessoas o que elas teriam "coceira nos ouvidos" para ouvir (2 Tm 4.3). O perigo para o povo de Deus, através dos séculos, é que freqüentemente muitos não gostam de ouvir advertências ou desafios por parte do Senhor.

2. Pai de Acbor, um dos oficiais da corte do rei Josias (2 Rs 22.12).

3. Filho de Gemarias, ouviu a profecia de Jeremias quando Baruque leu o rolo (Jr 36.11). A mensagem advertia sobre o iminente julgamento de Deus sobre Judá, por causa dos pecados que o povo cometia (Jr 35). Micaías ordenou que o rolo fosse lido para os outros líderes de Judá (Jr 36.13).

4. Filho de Zacur e ancestral de um certo sacerdote chamado Zacarias, recebeu a tarefa de tocar a trombeta na festa de dedicação dos muros de Jerusalém, nos dias de Neemias (Ne 12.35).

5. Chefe de uma família sacerdotal, no tempo de Neemias (Ne 12.41). Também tocou a trombeta durante a festa de dedicação dos muros da cidade.   P.D.G.

MICAL. Apresentada em 1 Samuel 14.49 como a filha mais nova do rei Saul, Mical — cujo nome provavelmente seja uma forma abreviada de Micael (que significa "quem é como Deus?") — tornou-se esposa de Davi (1 Sm 18.27). Não era, porém, a primeira a ser oferecida ao filho de Jessé. Para cumprir a promessa de que daria sua filha ao homem que matasse o gigante Golias (1 Sm 17.25), Saul primeiro ofereceu a Davi a mais velha, Merabe, sob a condição de que continuasse a lutar contra os inimigos do rei. Na verdade, tinha esperança de que os filisteus o matassem, livrando-o assim de alguém que ele começava a ver como um rival perigoso (1 Sm 18.17; talvez o "melhor do que tu" em 1 Sm 15.28). Quando Davi declarou-se indigno de casar com a filha do rei, Saul não perdeu tempo em dar Merabe para outro homem (1 Sm 18.18,19). Posteriormente, o rei soube do amor de Mical por Davi e viu isso como uma segunda oportunidade para preparar uma armadilha ao seu suposto rival (1 Sm 18.20,21). Desta vez, o rei exigiu um dote exorbitante, estipulado em vidas humanas (1 Sm 17.25). Provavelmente raciocinou que a hesitação de Davi em aceitar Merabe o tinha isentado de cumprir sua promessa. O sucesso de Davi, ao pagar o dobro do preço estabelecido, além da contínua afeição que Mical tinha por ele, confirmaram as suspeitas de Saul de que "o Senhor era com Davi". Por isso, aumentou seu medo e sua animosidade para com ele (1 Sm 18.29).

Como seu irmão Jônatas, Mical teve chance de proteger Davi dos atentados de Saul contra a vida dele. Em 1 Samuel 19, ela alertou seu esposo de que o pai dela enviara alguns homens para matá-lo e o ajudou a escapar através de uma pequena janela. Atrasou os perseguidores, ao colocar uma estátua com um pedaço de pele de cabra na cabeça debaixo das cobertas, a fim de parecer que Davi estava deitado — doente, segundo ela. Quando Saul descobriu a fraude, Mical justificou-se, ao dizer que Davi a ameaçara, caso não o ajudasse. Durante a longa ausência de seu esposo, causada pela contínua perseguição de Saul, Mical foi dada em casamento a outro homem, Palti, filho de Laís (1 Sm 25.44). Depois da morte do rei Saul, Abner, seu antigo general, era o único homem realmente com poder no reino enfraquecido de Is-Bosete, filho de Saul. Este comandante aproximou-se de Davi com a proposta de entregar-lhe as dez tribos do norte; como primeira condição para o acordo, o novo rei exigiu que Mical lhe fosse restituída (2 Sm 3.13,14). Para desgosto de Palti, Is-Bosete concordou com a exigência de Davi.

Não se sabe ao certo se tal exigência foi motivada pelo afeto de Davi por Mical ou por razões políticas; de qualquer maneira, a união de ambos trouxe pouca alegria. Na época em que a Arca da Aliança foi conduzida para Jerusalém, Mical presenciou Davi "saltando e dançando diante do Senhor" (2 Sm 6.16). Como demonstração de que pouco considerava a Arca, como seu pai fizera durante seu reinado (veja 1 Cr 13.3), Mical desprezou Davi em seu coração e aproveitou a primeira oportunidade que surgiu para dizer-lhe o que pensava. Quando o rei voltou para casa, ela o saudou com sarcasmo: "Quão honrado foi o rei de Israel, descobrindo-se hoje aos olhos das servas de seus servos, como sem pejo se descobre um vadio qualquer" (2 Sm 6.20). Davi não tinha esse mesmo espírito crítico e insistiu que "foi perante o Senhor" que celebrara aquela festa (2 Sm 6.21). De fato, expressou disposição para "ainda mais se envilecer" (ou seja, traduzindo literalmente, "vou humilhar-me, considerar-me ainda menor do que isso": 2 Sm 6.22). Diferentemente de Eli e seus filhos (1 Sm 2.29,30) e do próprio pai de Mical (1 Sm 15.12, 30), o rei estava disposto a se diminuir, para que o Senhor recebesse a honra devida a Ele. A atitude de Mical sugere que ela, como seu pai, não tinha muita simpatia por esse espírito de humildade e de submissão que Davi demonstrava. Entretanto, era exatamente isto que o Senhor requeria dos reis de Israel (Dt 17.18-20; 1 Sm 12.13-15; 13.13). Ao concluir sua resposta à repreensão de Mical, Davi repetiu as mesmas palavras sarcásticas (2 Sm 6.20), mas com outro sentido: "Quanto às servas, de quem falaste, delas serei honrado". A noção de que, se ele se humilhasse aos seus próprios olhos, seria honrado por aquelas pessoas com mais discernimento do que Mical está de acordo com o ensino bíblico de que na economia de Deus "o humilde será exaltado e o que se exalta será humilhado" (Ez 21.26; cf. 1 Sm 2.7,8; Mt 23.12; Lc 14.10,11; 18.14).

O episódio acima termina com a sombria notícia: "E Mical, filha de Saul, não teve filhos, até o dia da sua morte" (2 Sm 6.23). O texto não responde à questão se a esterilidade dela foi resultado de uma decisão de Davi ou um castigo de Deus, embora a segunda alternativa seja a mais provável; em 1 Crônicas 26.4,5 os oito filhos de Obede-Edom são mencionados como um sinal da bênção de Deus sobre o homem que recebeu a Arca com honra.

P.L.

MICLOTE. 1. Líder dos homens de Dodai, comandante do exército de Davi que ficava de prontidão com seus soldados no segundo mês de cada ano (1 Cr 27.4).

2. Um dos filhos de Jeiel e sua esposa Maaca; foi ancestral de Quis, pai de Saul (1 Cr 8.32; 9.37,38). Pertencia à tribo de Benjamim; viveu perto de Jerusalém e foi pai de Siméia.

MICNÉIAS (Heb. "o Senhor possui"). Após a Arca da Aliança ser levada para Jerusalém, o culto ao Senhor foi adequadamente organizado pelo rei Davi. Micnéias foi um dos porteiros, pertencentes ao clã dos meraritas, da tribo de Levi. Excelentes músicos, ele e seu irmãos receberam a tarefa de tocar harpas e liras diante da Arca, quando foi conduzida para a capital (1 Cr 15.18,21).

MICRI. Mencionado em 1 Crônicas 9.8 como avô de Elá e pai de Uzi. Depois do exílio na Babilônia, Elá estava entre os primeiros judeus da tribo de Benjamim que retornaram a Judá.

MIDIÃ. Quarto filho de Abraão com sua esposa Quetura (Gn 25.2). Aparece numa lista de descendentes deste patriarca que, na narrativa de Gênesis 24 e 25, faz uma ligação entre a morte de Sara e a de Abraão (também 1 Cr 1.32). Foi pai dos bem conhecidos midianitas.

MIGUEL (MICAEL). Nome dado a um arcanjo que tem um cuidado especial pela nação de Israel. É chamado de "um dos primeiros príncipes" e "o grande príncipe que protege os filhos do teu povo" (Dn 10.13,21; 12.1). Na visão de Daniel, Miguel é revelado como o que fazia guerra em favor do povo de Deus contra as forças satânicas em operação na Pérsia e, mais tarde, na Grécia. Agia em nome do Senhor, para proteger todo aquele cujo nome se achar escrito no livro" e observava o trabalho das nações, a fim de que os propósitos de Deus para seu povo fossem realizados na história humana (12.1).

MIQUÉIAS

É mencionado novamente em Judas 9 e Apocalipse 12.7, onde luta especificamente com Satanás. Na primeira referência, Miguel "disputava a respeito do corpo de Moisés" com o diabo. Não está claro a que exatamente isso se refere, mas é mencionado numa passagem que fala sobre pessoas blasfemadoras, que difamam os seres celestiais. Moisés era líder do povo de Deus; portanto, era objeto de ataques diretos de Satanás. A despeito de seu poder, Miguel é visto como o que se subordina ao Senhor, e no final julgará o diabo. De acordo com Apocalipse 12.7, este arcanjo e suas forças lutaram contra Satanás no céu e o lançaram na terra, de maneira que ele não pode mais acusar o povo de Deus diante de seu trono. P.D.G.

MILALAI. Sacerdote e líder de Judá, tocou um instrumento musical na festa de dedicação dos muros de Jerusalém, depois que foram reconstruídos (Ne 12.36).

MILCA. 1. Filha de Arã, irmão de Abraão; casou-se com Naor (Gn 11.29; 22.20). Teve muitos filhos e tornou-se avó de Rebeca (Gn 22.23; 24.15,25,47).

2. Uma das cinco filhas de Zelofeade, da tribo de Manassés, o qual não teve filhos. Elas se casaram com primos, da mesma tribo do pai (Nm 26.33; 27.1; 36.1-12; Js 17.3). Milca e suas irmãs enfrentaram uma grande dificuldade com relação à herança, pois normalmente a posse da terra passava para os filhos homens.

Elas procuraram Moisés, na porta do Tabernáculo, e pediram-lhe que interviesse, para que tivessem permissão de tomar posse da terra que seria do pai, pois não era justo que o nome dele fosse apagado da memória de seu povo. O grande legislador consultou a Deus sobre o assunto e, mediante a resposta do Senhor, uma nova lei foi promulgada, a qual permitia que as filhas herdassem a terra do pai. Posteriormente, os líderes da tribo de Manassés também procuraram Moisés e disseram-lhe que, se tais mulheres se ca-

sassem com homens de outras tribos, a terra delas não seria mais considerada como parte de Manassés. Uma emenda foi acrescentada à lei, a fim de determinar que as herdeiras deveriam casar-se com jovens da mesma tribo que o pai, ou perderiam o direito à herança (Nm 36). Desta maneira, as filhas de Zelofeade se casaram com primos do lado paterno, a fim de cumprir a lei do Senhor.

Quando finalmente os israelitas entraram na terra de Canaã e o território foi dividido entre as tribos, as mulheres receberam a parte que lhes cabia (Js 17.3,4).
P.D.G.

MINIAMIM (Heb. "afortunado").

1. Durante o avivamento no reinado de Ezequias, muitos levitas receberam tarefas específicas no Templo. Miniamim foi um dos que receberam a tarefa de ajudar Coré na distribuição das ofertas do povo entre as cidades dos sacerdotes, "segundo as suas turmas" (2 Cr 31.14,15).

2. Chefe de uma família de sacerdotes, mencionado em Neemias 12.41. Foi um dos tocadores de trombeta durante a festa de dedicação dos muros de Jerusalém.

MIQUÉIAS, o profeta. Seu nome, em hebraico, significa "Quem é como Yahweh?". Um nome semelhante é Micael: "Quem é como Elohim?". O nome é adequado para o homem que perguntou: "Quem, ó Deus, é semelhante a ti, que perdoas a iniqüidade, e te esqueces da transgressão do restante da tua herança?" (Mq 7.18). O Deus de Israel é incomparável, e essa idéia proporciona a base para o pensamento e a proclamação do profeta em todo seu livro.

Existem poucas informações remanescentes sobre Miquéias. Além da pequena introdução do livro (Mq 1.1), só é mencionado em Jeremias 26.18, onde certos anciãos citaram Miquéias 3.12, uma palavra de julgamento contra Jerusalém nos dias do rei Ezequias. Um sécu-

MIQUÉIAS

lo mais tarde, ao mencionar o arrependimento que ocorreu em Judá depois da advertência de Miquéias, pediam aos próprios contemporâneos que ouvissem as palavras do Senhor proferidas por intermédio de Jeremias.

Jeremias e a introdução de Miquéias o descrevem como "morastita", ou seja, cidadão de Moresete, localidade que ficava alguns quilômetros a sudoeste de Jerusalém. Ao fazer um jogo de palavras com o nome de sua cidade natal, o profeta prediz que a derrotada Laquis concederá um presente a Moresete-Gate, cuja raiz significa "possessão" ou "presente" (*morasa*). As referências a Laquis e Moresete-Gate ajudam na localização cronológica do ministério de Miquéias. Ele próprio indica que recebeu seu chamado durante os reinados de Jotão (750 a 731 a.C.), Acaz (735 a 715) e Ezequias (729 a 686), reis de Judá, de maneira que seu ministério foi exercido entre 735 e 715 a.C. Isso, é claro, o torna contemporâneo de Isaías (740 a 681?); uma leitura cuidadosa dos respectivos livros deixa claro que se conheciam mutuamente e havia uma dependência entre eles (Mq 4.1-3; cf. Is 2.2-4,12; 4.7; 5.6; 7.18; cf. Is 37.32). A antecipação da conquista de Laquis e outras cidades pelos assírios (Mq 1.10-16) exige uma data anterior a 701 a.C., quando Senaqueribe realmente varreu toda a região numa campanha violenta de destruição e pilhagem (cf. Is 36.1). Samaria, contudo, ainda permanecia intacta na época do primeiro oráculo de Miquéias (Mq 1.1,5-8), de maneira que provavelmente ele ocorreu antes de 722 a.C., data em que os assírios capturaram Samaria. A referência a Laquis e a outras cidades significa uma revelação profética e/ou simples interpretação do resultado final dos sinais dos tempos.

A despeito de Miquéias referir-se a si mesmo como morastita, ele parece estar bem familiarizado com a política, a cultura e a religião de Jerusalém (Mq 1.9; 3.9-12; 4.9—5.1; 6.6-16). Em nenhum outro lugar isso fica tão claro como nos assim chamados "textos de advertência", aquelas passagens onde *Yahweh* diz que iniciou um processo judicial contra seu povo, por causa da desobediência dele à aliança (Mq 1.2-7; 3.1, 9; 6.1-5). Isaías e Jeremias também utilizam essa forma legal e ambos, é claro, residiam em Jerusalém, local onde ficava a suprema corte da nação, onde as ações judiciais eram realizadas. De fato, Miquéias demonstra tanta familiaridade com a linguagem e os procedimentos relacionados com tais ações judiciais que alguns eruditos acreditam que provavelmente ele pertenceu a um dos círculos de anciãos referidos em Jeremias 26.17,18. Embora não haja nenhuma forma objetiva de provar isso, a reação geralmente forte que Miquéias tinha diante da injustiça pode oferecer certo apoio a essa hipótese (cf. Mq 2.1,2; 3.1-3,5-12; 6.6-8,10-12).

O desânimo de Miquéias quanto à liderança de Israel e Judá não é sem esperança, pois ele antecipa o dia quando o tão esperado descendente de Davi virá de Belém, um insignificante vilarejo naqueles dias (Mq 5.2; cf. Mt 2.6). Ele seria o meio da efetuação da paz entre o Senhor e seu povo (Mq 5.5). Deus, que naquele momento estava prestes a trazer o julgamento, traria, no dia da salvação, a renovação da aliança e o cumprimento de todas as promessas feitas na antiguidade aos patriarcas (Mq 7.18-20). Desta maneira, Miquéias faz uma ponte de ligação entre o pessimismo compreensível de sua época e o glorioso futuro da redenção e reconciliação por meio do Messias. E.M.

MIRIÃ. 1. Irmã de Moisés e Arão, filha de Anrão e Joquebede (Nm 26.59; 1 Cr 6.3). Era profetisa e tornou-se também líder do povo de Israel. Embora não seja mencionada pelo nome, ajudou a proteger Moisés do massacre dos meninos, no Egito. Vigiou o bebê, após ele ser colocado no rio Nilo, dentro de um cesto de junco. Depois que a filha de Faraó o encontrou, ela correu e foi chamar sua própria mãe, para amamentar o menino, contratada pela princesa egípcia (Êx 2.4,7).

É mencionada pela primeira vez pelo nome quando, tocando seu tamborim e dançando, liderou as mulheres de Israel no louvor ao Senhor depois da travessia do mar Vermelho (Êx 15.20,21; veja Mq 6.4). O fato de ser chamada "profetisa" pode indicar que compôs parte do hino de louvor encontrado em Êxodo 15. Seu dom profético provavelmente é mencionado novamente em Números 12.1-4, quando, junto com Arão, questionou Moisés por seu comportamento, ao decidir casar-se com uma mulher etíope. Os dois enfatizaram que o Senhor também falava por meio deles e destacaram seu dom profético. Parece que houve certa inveja por parte dela, devido à posição privilegiada de Moisés. O Senhor, contudo, deixou bem claro que, embora ela e Arão ouvissem a voz de Deus, na condição de profetas, com Moisés Ele falava "boca a boca, às claras, e não por figuras" (v. 8). O castigo do Senhor sobre a arrogância de Miriã, ao falar asperamente com Moisés, foi o de ficar leprosa por sete dias (Nm 12.10-15; veja Dt 24.9). Ela morreu em Cades, perto do deserto de Zim (Nm 20.1).

2. Miriã, filha de Merede, da tribo de Judá (1 Cr 4.17). P.D.G.

MIRMA. Listado na genealogia que vai de Benjamim até o rei Saul, era chefe de família e filho de Saaraim e de sua esposa Hodes. Nasceu em Moabe (1 Cr 8.10).

MISAEL (Heb. "quem é o que o Senhor é?").

1. Chefe de um dos clãs da tribo de Levi, na época do Êxodo (Êx 6.22). Em Levítico 10.4 está registrado como primo de Arão.

2. Um dos companheiros de Daniel (Dn 1.6,19; 2.17). Embora não seja mencionado pelo nome, sua atitude de fé, ao desobedecer ao rei Nabucodonosor, é honrada no Novo Testamento em Hebreus 11.34. Para mais detalhes, veja *Mesaque*.

3. Mencionado apenas em Neemias 8.4, esteve ao lado de Esdras no púlpito, na Porta das Águas, em Jerusalém. A.B.L.

MISÃ. Um dos filhos de Elpaal e líder na tribo de Benjamim. Viveu em Aijalom e ajudou na construção das cidades de Ono e Lode (1 Cr 8.12).

MISMA. 1. Um dos filhos de Ismael, foi líder tribal (Gn 25.14; 1 Cr 1.30).

2. Descendente de Simeão, filho de Mibsão (1 Cr 4.25,26).

MISMANA. Um dos famosos guerreiros da tribo de Gade que desertaram das tropas do rei Saul e se uniram a Davi em Ziclague. Mencionado em 4º lugar numa lista em que cada componente é descrito assim: "Seus rostos eram como rostos de leões, e eram ligeiros como corças sobre os montes". (1 Cr 12.8). Eram comandantes e deram um grande apoio a Davi nas batalhas. Na mesma passagem, a Bíblia dá a idéia de que tais homens não se transferiram para a tropa de Davi apenas para estarem do lado vencedor, mas porque o Espírito de Deus operava entre eles. O novo exército de Israel cresceu e tornou-se "como o exército de Deus" (v. 22).

MISPAR. Um dos líderes dos israelitas que retornaram do exílio na Babilônia com Zorobabel, para Jerusalém (Ed 2.2).

MISPERETE. Um dos israelitas que retornaram para Jerusalém com Neemias e Zorobabel, depois do exílio na babilônia (Ne 7.7). Provavelmente é o mesmo Mispar (Ed 2.2).

MITREDATE (Persa, "presente de Mitra").

1. Nome persa relacionado com dois homens no livro de Esdras. O primeiro, mencionado em 1.8, era tesoureiro do rei Ciro, da Pérsia, durante os 12 meses iniciais de seu reinado. Naquele ano, esse governante fez um edito que permitia que os homens de Judá e Benjamim retornassem para a Palestina. Também informou aos judeus que Deus o havia comissionado para reconstruir o Templo em Jerusalém. O Senhor preparou o coração dos líderes dos judeus para retornarem e dirigirem a reconstrução do Santuário. Quando estavam prontos para partir, muitos vizinhos lhes deram presentes. O próprio rei Ciro convocou o tesoureiro e ordenou que encontrasse os utensílios do Templo que foram tirados de Jerusalém e devolvesse tudo para Sesbazar, príncipe de Judá. Esse capítulo inicial de Esdras não deixa dúvidas para o leitor de que os propósitos de Deus para seu povo realizavam-se literalmente, mesmo por intermédio de um rei pagão. Todo o episódio do início do retorno era o cumprimento de uma profecia de Jeremias (Ed 1.1; veja Jr 30 a 33, especialmente 33.7-11; também Is 44 e 45). Deus moveu o coração do rei Ciro, preparou seu povo para retornar e fez com que muitos voltassem (Ed 1.1-11).

2. Juntamente com Bislão e Tabeel, este Mitredate escreveu uma carta ao rei Artaxerxes, a fim de acusar o povo judeu envolvido na reconstrução do Templo, depois do exílio na Babilônia (Ed 4.7). Provavelmente, esses três homens eram oficiais persas que viviam em Samaria. Temiam que a nova Jerusalém se tornasse uma base poderosa para os judeus e posteriormente fosse usada para quebrar completamente a supremacia persa na região. Sem dúvida, estavam preocupados também com o dinheiro que ganhavam com a arrecadação de impostos (v. 13). A denúncia deles ocasionou a interrupção das obras no Templo até que Dario subiu ao trono (v. 24).   P.D.G.

MIZÁ. Neto de Esaú e Basemate, era filho de Reuel e chefe de um clã edomita (Gn 36.13, 17; 1 Cr 1.37).

MIZRAIM. Um dos quatro filhos de Cão. Ele teve no mínimo sete filhos, a maioria dos quais estão listados como progenitores de diferentes tribos e povos. Mizraim é o termo hebraico usado geralmente para o Egito; os egípcios, portanto, são considerados descendentes de Cão (Gn 10.6, 13; 50.11; 1 Cr 1.8,11).

MNASOM. Natural de Chipre, foi um dos "discípulos antigos" de Jerusalém. Isso pode significar que se converteu no dia de Pentecostes, ou naquelas primeiras semanas. Portanto, provavelmente é um dos que proporcionaram a Lucas muitas informações sobre os primeiros dias do cristianismo, as quais foram registradas no livro de Atos.

Quando Paulo e outros discípulos de Cesaréia chegaram a Jerusalém, hospedaram-se na casa dele. O propósito deles era o de entregar aos crentes pobres da Judéia a oferta que coletaram em outras igrejas (At 21.16). É possível que Mnasom seja um dos cristãos mais influentes em Jerusalém naqueles dias. No livro de Atos e na maioria dos escritos do Novo Testamento, há uma grande ênfase à hospitalidade, a qual era considerada uma marca registrada do amor cristão e do serviço ao Senhor.   P.D.G.

MOABE (Heb. "do meu pai"). Tornou-se progenitor dos moabitas. Era filho de Ló com sua filha mais velha (Gn 19.37). Depois da destruição de Sodoma, à qual somente três pessoas sobreviveram, as duas moças ficaram preocupadas com a continuidade do nome da família; por isso, embebedaram o próprio pai, tiveram relações sexuais com ele e ambas ficaram grávidas. Parece significativo que elas, que relutaram em sair de Sodoma, continuassem a manifestar sérios problemas na área sexual, pelos quais, ao que tudo indica, Sodoma era famosa. Certamente,

MOISÉS

apesar de estar fora daquela cidade, não houve um novo começo para Ló. Ele e as filhas foram salvos por Deus unicamente devido ao parentesco que tinham com Abraão, com quem o Senhor fizera sua aliança (Gn 19.29).   P.D.G.

MOISÉS

Moisés era filho de Anrão (da tribo de Levi) e Joquebede; era irmão de Arão e Miriã. Nasceu durante os terríveis anos em que os egípcios decretaram que todos os bebês do sexo masculino fossem mortos ao nascer. Seus pais o esconderam em casa e depois o colocaram no meio da vegetação, na margem do rio Nilo, dentro de um cesto de junco. A descoberta daquela criança pela princesa, filha de Faraó, foi providencial e ela salvou a vida do menino. Seu nome, que significa "aquele que tira" é um lembrete desse começo obscuro, quando sua mãe adotiva lhe disse: "Eu o tirei das águas".

Mais tarde, o Senhor o chamou para ser líder, por meio do qual falaria com Faraó, tiraria seu povo do Egito e o levaria à Terra Prometida. No processo desses eventos, Israel sofreu uma transformação, pois deixou de ser escravo de Faraó para ser o povo de Deus. Os israelitas formaram uma comunidade, mais conhecida como o povo da aliança, estabelecida pela graça e pela soberania de Deus (veja *Aliança*).

O Antigo Testamento associa Moisés com a aliança, a teocracia e a revelação no monte Sinai. O grande legislador foi o mediador da aliança mosaica [do Sinai] (Êx 19.3-8; 20.18,19). Esse pacto foi uma administração da graça e das promessas, pelas quais o Senhor consagrou um povo a si mesmo por meio da promulgação da Lei divina. Deus tratou com seu povo com graça, deu suas promessas a todos que confiavam nele e os consagrou, para viverem suas vidas de acordo com sua santa Lei. A administração da aliança era uma expressão concreta do reino de Deus. O Senhor estava presente com seu povo e estendeu seu governo especial sobre ele. A essência da aliança é a promessa: "Eu serei o vosso Deus e vós sereis o meu povo" (Êx 6.7; Dt 29.13; Ez 11.20).

Moisés foi exaltado por meio de sua comunhão especial com o Senhor (Nm 12.6-8; Dt 34.10-12). Quando Arão e Miriã reclamaram contra a posição privilegiada que ele ocupava, como mediador entre *Yahweh* e *Israel*, ele nada respondeu às acusações (Nm 12.3). Pelo contrário, foi o Senhor quem se empenhou em defender seu servo (Nm 12.6-8).

O Senhor confirmou a autoridade de Moisés como seu escolhido, um veículo de comunicação: "A ele me farei conhecer... falarei com ele..." (v. 6; veja Dt 18.18). Separou-o como "seu servo" (Êx 14.31; Dt 34.5; Js 1.1,2) — uma comunhão de grande confiança e amizade entre um superior e um subalterno. Moisés, de maneira sublime, permaneceu como servo de Deus, mesmo depois de sua morte; serviu como "cabeça" da administração da aliança até o advento da Nova aliança no Senhor Jesus Cristo (Nm 12.7; veja Hb 3.2, 5). De acordo com este epitáfio profético de seu ministério, Moisés ocupou um lugar único como amigo de Deus. Experimentou o privilégio da comunhão íntima com o Senhor: "E o Senhor falava com Moisés" (Êx 33.9).

A diferença fundamental entre Moisés e os outros profetas que vieram depois dele está na maneira direta pela qual Deus falava com este seu servo. Ele foi o primeiro a receber, escrever e ensinar a revelação do Senhor. Essa mensagem estendeu-se por todos os aspectos da vida, inclusive as leis sobre santidade, pureza, rituais, vida familiar, trabalho e sociedade. Por meio de Moisés, o Senhor planejou moldar Israel numa

MOISÉS

"comunidade separada". A revelação de Deus os tornaria imunes às práticas detestáveis dos povos pagãos, inclusive a adivinhação e a magia. Esta palavra, dada pelo poder do Espírito, transformaria Israel num filho maduro.

A posição e a revelação de Moisés prefiguravam a posição única de Jesus. O grande legislador serviu ao reino de Deus como um "servo fiel" (Hb 3.2,5), enquanto Cristo é "o Filho de Deus" encarnado: "Mas Cristo, como Filho, sobre a sua própria casa" (Hb 3.6). Moisés, como o Senhor Jesus, confirmou a revelação de Deus por meio de sinais e maravilhas (Dt 34.12; veja também Êx 7.14 a 11.8; 14.5 a 15.21).

Embora Moisés ainda não conhecesse a revelação de Deus em Cristo, viu a "glória" do Senhor (Êx 34.29-35). O apóstolo Paulo confirmou a graça de Deus na aliança mosaica quando escreveu à igreja em Roma: "São israelitas. Pertencem-lhes a adoção de filhos, a glória, as alianças, a lei, o culto e as promessas. Deles são os patriarcas, e deles descende Cristo segundo a carne, o qual é sobre todos, Deus bendito eternamente. Amém" (Rm 9.4,5)

Moisés, o maior de todos os profetas antes da encarnação de Jesus, falou sobre o ministério de outro profeta (Dt 18.15-22). Foi testemunha de Deus para Israel de que um cumprimento ainda maior os aguardava: "Moisés, na verdade, foi fiel em toda a casa de Deus, como servo, para testemunho das coisas que se haviam de anunciar" (Hb 3.5). A natureza desse futuro não era nada menos do que o resto que viria (Hb 4.1-13) em Cristo, por causa de quem Moisés também sofreu (Hb 11.26).

A esperança escatológica da revelação mosaica não é nada menos do que a presença de Deus no meio de seu povo. A escatologia de Israel começa com as alianças do Senhor com Abraão e Israel. Moisés — o servo de Deus, o intercessor, o mediador da aliança — apontava para além de sua administração, para uma época de descanso. Ele falou sobre este direito e ordenou que todos os membros da comunidade da aliança ansiassem pelo descanso vindouro na celebração do sábado (heb. "descanso"), o sinal da aliança (Êx 31.14-17) e da consagração de Israel a uma missão sagrada (Êx 31.13), a fim de serem abençoados com todos os dons de Deus na criação (Dt 26.18,19; 28.3-14).

Moisés percebeu dolorosamente que o povo não entraria naquele descanso, devido à sua desobediência e rebelião (Dt 4.21-25). Ainda assim, falou sobre uma nova dispensação, aberta pela graça de Deus, da liberdade e da fidelidade (Dt 4.29-31; 30.5-10: 32.39-43). Ele olhou para o futuro, para uma época de paz, tranqüilidade e plena alegria na presença de Deus, de bênção e proteção na Terra Prometida (Dt 12.9,10; 25.19; Êx 33.14; Js 1.13).

Essa esperança, fundamentada na fidelidade de Deus (Dt 4.31), é expressa mais claramente no testemunho final de Moisés, "o Hino do Testemunho" (Dt 32). Nele, o grande legislador recitou os atos do amor de Deus em favor de Israel (vv.1-14), advertiu contra a rebelião e o sofrimento que isso acarretaria (vv.15-35) e confortou os piedosos com a esperança da vingança do Senhor sobre os inimigos e o livramento do remanescente de Israel e das nações (vv. 36-43). Fez até uma alusão à grandeza do amor de Deus pelos gentios! (vv. 36-43; Rm 15.10).

O significado escatológico do Hino de Moisés reverbera nas mensagens proféticas de juízo e de esperança, justiça e misericórdia, exclusão e inclusão, vingança e livramento. A administração mosaica, portanto, nunca tencionou ser um fim em si mesma. Era apenas um estágio na progressão do cumprimento da promessa, aliás, um estágio importantíssimo!

Como precursor da tradição profética, Moisés viu mais da revelação da glória de Deus do que qualquer outro homem no Antigo testamento (Êx 33.18; 34.29-35). Falou sob a autoridade de Deus. Qualquer um que o questionasse desafiava a autoridade do

466

MORDECAI

Senhor. Israel encontrava conforto, graça e bênção, porque em Moisés se reuniam os papéis de mediador da aliança e intercessor (Êx 32.1 a 34.10; Nm 14.13-25). Ele orou por Israel, falou ousadamente como seu advogado diante do Senhor e encorajou o povo a olhar além dele, próprio, para Deus (veja *Profetas* e *Profecias*).   W.A.VG.

MOLIDE. Filho de Abisur e sua esposa Abiail; era líder na tribo de Judá (1 Cr 2.29).

MOLOQUE. Um deus pagão, cujo nome anteriormente significava "rei", embora não haja certeza entre os estudiosos. Normalmente, está relacionado com os amonitas (1 Rs 11.5,7 — também chamado de Milcom). Pelas advertências que foram feitas aos israelitas quanto à proibição de adorarem esse deus, acredita-se que seu culto envolvia sacrifícios humanos, principalmnte de crianças (Lv 18.21; 20.2-5). Devido ao fato da Lei de Deus ser tão severa na condenação dessa religião pagã, era algo particularmente grave quando os próprios reis de Israel adotavam esse culto. Os últimos anos do reinado de Salomão foram muito diferentes dos primeiros, quando o rei e o povo seguiam ao Senhor Deus em todos os seus caminhos. Posteriormente, desviaram-se em direção a outros deuses e não obedeceram mais à Lei. Por causa dessa apostasia, quando até Moloque foi adorado, a nação dividiu-se e dez tribos se separaram de Judá, formando o reino do Norte (1 Rs 11.33).

Quando Josias subiu ao trono de Judá, como ficou conhecido o reino do Sul, voltou para o Senhor e profanou o altar de Moloque em Tofete, a fim de que não fosse mais usado para sacrifícios humanos (2 Rs 23.10,13). Jeremias referiu-se a essa perversa adoração, realizada no vale de Ben-Hinon (Jr 32.35; veja também 49.1-3; Is 57.9). O profeta Sofonias também alertou o povo sobre o dia do Senhor, quando o juízo viria sobre os que tentavam adorar a Deus e a Moloque ao mesmo tempo (Sf 1.5 — chamado de Milcom). O culto a esse deus tornou-se

tão notório que foi usado por Estêvão como exemplo de rebelião e pecado, quando pregou o Evangelho às multidões em Jerusalém (At 7.43).

Além da seriedade da adoração a uma divindade pagã, é claro que um culto tão brutal, que envolvia sacrifícios de crianças, era especialmente abominável a Deus e aos israelitas. Não é de estranhar, portanto, que tenha permanecido como um exemplo da abominação do culto pagão, mesmo no tempo do Novo Testamento.

P.D.G.

MORDECAI. 1. Listado em Esdras 2.2 e Neemias 7.7 como um dos israelitas que retornaram para Jerusalém com Neemias depois do exílio na Babilônia.

2. Da tribo de Benjamim, filho de Jair, pai adotivo de Ester, também é chamado de Mardoqueu em algumas versões bíblicas (veja *Ester*). Vivia na fortaleza de Susã durante o exílio do povo judeu, no reinado de Assuero (Xerxes), onde criou aquela linda jovem como se fosse sua própria filha. Depois de uma série de acontecimentos, Ester tornou-se rainha e Mordecai distinguiu-se, quando denunciou um complô preparado para assassinar o rei. As dificuldades começaram para ele quando se recusou a inclinar-se diante de Hamã, o mais alto oficial da corte, o qual ficou furioso e desenvolveu um plano para matar todos os judeus do mundo. Com a ajuda da rainha Ester, Hamã foi denunciado ao rei e morto, e Mordecai recebeu o cargo mais elevado no serviço do rei. Por meio de um decreto, os judeus puderam defender-se e todos foram salvos.

A fidelidade de Mordecai para com seu próprio povo e seu compromisso com a soberania de Deus nas questões

MOZA

de seu povo são vistas claramente na resposta que deu a Ester, ao tentar persuadi-la a ir diante do rei para interceder pelos judeus: "Pois se de todo te calares agora, socorro e livramento doutra parte virá para os judeus, mas tu e a casa de teu pai perecereis. E quem sabe se não foi para tal tempo como este que chegaste ao reino?" (Et 4.14). S.C.

MOZA. 1. Mencionado em 1 Crônicas 2.46, era filho de Calebe e sua concubina Efá, da tribo de Judá. Parece que teve dois irmãos por parte de pai e mãe, chamados Harã e Gazez.

2. Filho de Zinri, da tribo de Benjamim, descendente do rei Saul; foi pai de Bineá (1 Cr 8.36,37; 9.42,43).

MULHER SAMARITANA

O relato sobre a samaritana junto ao poço de Jacó somente é encontrado no evangelho de João. O encontro de Cristo com esta mulher estrangeira é parte integrante do propósito fundamental dos escritos deste apóstolo: provar que Jesus é de fato o Filho de Deus e que a fé nele leva à vida eterna. A procedência da mulher e a conversa que ambos tiveram mostra a habilidade sobrenatural de Cristo de perscrutar os corações. O encontro também confirma sua missão, ou seja, receber e salvar todo o que crê nele (Jo 1.12).

Não foi por acaso que João colocou o encontro de Jesus com a samaritana exatamente após a conversa noturna com o respeitável fariseu Nicodemos. Cristo dissera ao distinto líder religioso que Deus amou ao mundo de tal maneira que deu seu Filho unigênito (Jo 3.16). Assim, o apóstolo mostra aos leitores gentios que este "mundo" incluía também os samaritanos, um povo odiado pelos judeus, os quais os evitavam de todas as maneiras possíveis. Para mais detalhes, veja *Samaritanos*.

Portanto, é suficientemente significativo que Jesus tenha optado por viajar através da Samaria, em vez de escolher a rota alternativa "aconselhável", ao longo do rio Jordão. Entretanto, falar com uma samaritana (nenhum rabino conversava abertamente com uma mulher) significava ultrapassar todos os limites! Seu comportamento excêntrico certamente deixou seus discípulos chocados e confusos (Jo 4.27).

Aquela mulher, porém, precisava ouvir a mensagem transformadora do Salvador. Quando entendeu as boas novas, ela creu e imediatamente colheu os benefícios celestiais. Talvez nunca imaginasse que o caminho que a conduzia até o poço de Jacó um dia a levaria às portas do Reino de Deus. A rotina diária de apanhar água transformou-se no agente pelo qual sua vida foi totalmente mudada.

Ela era de Sicar, uma pequena vila perto de Siquém. O poço de Jacó ficava a aproximadamente quinhentos metros de sua casa. Era costume das mulheres da vila irem todas juntas ao poço, diariamente, a uma certa hora. Ela, entretanto, foi sozinha, num horário que não era usual (a "hora sexta", quase meio-dia).

Quando a mulher chegou ao poço, encontrou Jesus sentado junto ao mesmo. Sem dúvida, ficou surpresa por ver um judeu em território samaritano. Cristo enviara os discípulos para comprar comida, de modo que os dois estavam sozinhos. Ironicamente, foram necessidades físicas (sede e falta de descanso, Jo 4.4-8) que colocaram o Filho de Deus e a mulher samaritana no mesmo lugar. Esse encontro serve como uma bela ilustração da encarnação. A divindade e a humanidade juntas para suprir a necessidade humana.

Jesus pediu água à mulher. Sua resposta frívola revela claramente a tensão que existia entre judeus e samaritanos (v. 9). Cristo, por sua vez, ofereceu-lhe "água viva"

MULHER SAMARITANA

(v. 10). Tal oferta surpreendeu a mulher, ao perceber que Ele não tinha meios para tirar água do poço.

Suas mãos vazias e a oferta generosa fizeram com que ela questionasse sua identidade. Ela lhe perguntou se Ele era maior do que o patriarca Jacó (o qual ela chamou de "nosso pai", talvez para reconhecer os ancestrais de ambos os povos), que cavara o poço e bebera ele mesmo de sua água (vv. 11,12).

A réplica de Cristo foi ainda mais intrigante. A água viva que oferecia saciaria a sede dela para sempre. De fato, a sua água, de natureza espiritual, flui de dentro da pessoa para a vida eterna. Ela não precisaria trabalhar por essa água, pois ela correria livremente em seu interior (vv. 13,14).

Naturalmente, a mulher não entendeu que esse dom da água viva nada tinha que ver com o material, mas sim o espiritual. Ela pensava apenas em termos de sua sede física. Isso está evidente em sua resposta. Queria a água viva para não ter mais sede nem precisar mais caminhar até o poço (v. 15).

Jesus então lhe fez um pedido igualmente peculiar. Solicitou-lhe que voltasse à cidade e chamasse seu marido (v. 16). Provavelmente, fez isso por duas razões. Primeiro, era apropriado que um homem conversasse com uma mulher ao lado do marido dela. Segundo, esse pedido exporia a condição espiritual da mulher e suas mais profundas necessidades. Isso também daria a Jesus uma oportunidade de revelar sua verdadeira identidade como o Messias, o Salvador do mundo.

A samaritana prontamente informou a Jesus que não tinha marido. O Senhor reconheceu que tal declaração era verdadeira e, de maneira sobrenatural, revelou a sórdida história pessoal dela. Falou sobre seus relacionamentos anteriores fracassados e seu atual estado de adultério (vv. 17,18). Essa referência ao seu passado vergonhoso, feita pelo Salvador, certamente fez com que ela enrubescesse.

Jesus não tinha intenção de ser grosseiro ou desdenhoso. Apenas mostrava a necessidade dela da verdadeira água viva. A samaritana tinha uma sede que era muito mais intensa do que a física e somente Ele tinha os meios de aliviar tal anseio. Obviamente, ela estava carente de amor, mas tinha visto seus desejos se despedaçar sobre as rochas dos relacionamentos quebrados. Cristo lhe oferecia um novo começo, por meio da água viva da existência eterna.

Apoiado no argumento fundamental de seu livro (Jo 20.31), João mostra que o Messias tinha a habilidade sobrenatural de sondar o coração das pessoas, a fim de expor-lhes seus pecados e suas necessidades. O apóstolo também demonstrou que Cristo tem os meios e a autoridade para conceder a vida eterna.

A samaritana ficou tão perturbada pela revelação de sua vida que até mudou de assunto! Aparentemente, tentava desviar a atenção de Jesus de sua vida pessoal e entrou no assunto da religião. Por isso, perguntou sobre o lugar certo da adoração.

Os judeus insistiam que a adoração era no Templo de Salomão, em Jerusalém. Os samaritanos, por outro lado, afirmavam que o verdadeiro centro de louvor era no monte Gerizim (o poço de Jacó estava localizado no sopé desta montanha). Os samaritanos apoiavam essa pressuposição num mandamento que Moisés dera ao povo de Israel antes de entrar na Terra Prometida.

Depois que atravessassem o rio Jordão, seis tribos ficariam ao pé do monte Gerizim para abençoar o povo. As outras seis ficariam no monte Ebal, para pronunciar maldições (Dt 27.12,13). Os samaritanos concluíram que este evento estabeleceu o monte Gerizim como o local da adoração a Deus. Judeus e samaritanos constantemente viviam em discórdia por causa dessa questão.

MUPIM

Jesus, entretanto, não entrou em tal debate. Pelo contrário, revelou à samaritana uma verdade profunda sobre a natureza de Deus. O Senhor — que é Espírito e não está confinado a um lugar — não pode ser adorado apenas em um determinado local. Em vez disso, deseja que seus verdadeiros adoradores tenham uma atitude determinada. Devem adorá-lo em espírito e em verdade (Jo 4.21-24). Os verdadeiros adoradores, sejam judeus ou samaritanos, devem ser abertos e honestos para com Deus.

De acordo com Jesus, a verdadeira adoração vem do coração. Deus exige honestidade e transparência por parte do adorador. Até esse ponto, a mulher samaritana escondia seu coração de Deus. Nesse momento, ela responde a essas profundas verdades com uma outra declaração teológica. Disse a Jesus que o "Cristo" estava próximo a chegar, e então ensinaria todas as coisas (v. 25).

Com uma afirmação simples, Jesus revelou que era o Cristo, o qual ela esperava (v. 26). A resposta imediata da mulher a essa revelação não é registrada, mas suas ações mostram que fora profundamente tocada. Deixou o jarro de água, correu de volta para a cidade e contou aos amigos sobre o encontro que teve com Cristo (v. 28).

É interessante notar o que ela disse ao povo, quando voltou à cidade. Ela recebera muitas verdades espirituais em seu encontro com Jesus: a verdadeira natureza de Deus, a verdadeira natureza da adoração e a identidade de Jesus como o Messias. O que ela proclamou para todos na cidade, entretanto, foi a verdade sobre si mesma.

A samaritana implorou para que fossem ao poço e vissem o homem que lhe dissera tudo sobre sua vida. Depois, falou sobre a identidade dele como o Cristo (v. 29). Parece que a habilidade de Jesus de sondar o coração dela foi o que causou a impressão mais duradoura. Por meio de seu encontro com Cristo, ela percebeu suas próprias necessidades. Este foi seu testemunho, o qual impeliu os samaritanos a ir ao encontro do Senhor (v. 30).

Os samaritanos insistiram para que Jesus ficasse mais tempo e Cristo permaneceu com eles por mais dois dias. Inicialmente, as pessoas creram nele por causa do testemunho da mulher. Mas, quando ouviram suas palavras, muitos creram que Ele era o Salvador do mundo (vv. 39-42).

O ponto principal do evangelho de João, no relato sobre a mulher samaritana, tem dois aspectos: 1) o Messias, que é o Salvador do mundo, possui a habilidade divina de sondar o coração humano e revelar a verdade de Deus; 2) os que adoram ao Senhor, independentemente do grupo étnico a que pertencem, devem fazê-lo em espírito e em verdade, exigências que apóiam todo o propósito fundamental de João: provar que Jesus é o Filho de Deus e que a vida eterna é alcançada por meio da fé nele.   K.MC.R.

MUPIM. Oitavo filho de Benjamim, desceu para o Egito com Jacó e tornou-se líder de um clã (Gn 46.21). Provavelmente trata-se da mesma pessoa chamada Sufã, em Números 26.39, e Sefufã, em 1 Crônicas 8.5.

MUSI. Um dos filhos de Merari, portanto, neto de Levi. Tornou-se líder do clã dos musitas (Êx 6.19; Nm 3.20; 26.58; 1 Cr 6.19, 47; 24.26, 30). No tempo de Moisés os meraritas, grupo do qual seu clã fazia parte, eram responsáveis pelo transporte dos componentes do Tabernáculo, as colunas, os varais etc. (Nm 4.29-33). Os descendentes de Musi receberam funções no Tabernáculo nos dias do rei Davi e mais tarde no Templo, durante o reinado de Salomão (1 Cr 23.21,23).

N

NAAMÁ (Heb. "agradável").

1. Irmã de Tubal-Caim, filha de Lameque e Zilá (Gn 4.22).

2. Amonita, casou-se com o rei Salomão. Foi a mãe de Roboão, o qual se tornou rei de Judá (1 Rs 14.21, 31; 2 Cr 12.13).

NAAMÃ. 1. Filho de Benjamim e neto de Jacó e Raquel, fundou o clã dos naamanitas; desceu com o avô para o Egito (Gn 46.21; Nm 26.40; 1 Cr 8.4). Em Números e 1 Crônicas é listado como filho de Bela e neto de Benjamim. Embora seja possível que se trate de duas pessoas com o mesmo nome em duas gerações sucessivas, a similaridade do que ocorre com outros nomes sugere que a referência de Gênesis omitiu uma geração, como freqüentemente ocorre nas genealogias hebraicas.

2. Descendente de Eúde, da tribo de Benjamim, o qual foi chefe de uma família em Geba (1 Cr 8.7).

3. Comandante do exército da Síria (Arã) que era leproso. 2 Reis 5 relata que esse grande líder entre seu povo conquistara uma vitória concedida pelo Senhor (v. 1). Sua lepra, entretanto, o separara da comunidade e ele desejava muito livrar-se daquela enfermidade. Sua esposa tinha uma serva israelita, capturada numa incursão feita pelos sírios em Israel. A garota sugeriu que Naamã visitasse o profeta Eliseu em Samaria. O rei da Síria, que provavelmente era Ben-Hadade (2 Rs 8.7), concordou e permitiu que o seu comandante viajasse para Israel. Quando Naamã chegou com uma carta de recomendação de seu governante para o rei Jorão (2 Rs 3.1), este acreditou que se tratava de uma provocação de guerra, pois a lepra era uma doença incurável (2 Rs 5.7).

Eliseu pediu que o sírio fosse enviado até ele. Quando o comandante chegou à casa do profeta com sua comitiva, Eliseu simplesmente enviou um mensageiro o qual lhe disse que fosse e se lavasse sete vezes no rio Jordão. Naamã ficou profundamente ofendido devido a esse tratamento, mas seus servos o persuadiram a fazer o que o profeta dissera; assim, ele mergulhou sete vezes nas águas do rio Jordão e ficou totalmente curado da lepra.

A resposta de Naamã a essa cura teve um significado profundo: "Agora conheço que em toda a terra não há Deus senão em Israel... pois nunca mais oferecerá este teu servo holocausto nem sacrifício a outros deuses, senão ao Senhor" (vv. 15,17). Sua afirmação do poder e da misericórdia de *Yahweh* (o Senhor) levou-o não só a adorar ao Senhor, mas também a pedir-lhe perdão. No v.18, ele pediu perdão por ser obrigado a acompanhar o rei da Síria ao templo de Rimom e ajoelhar-se com ele diante da imagem, pois o rei apoiava-se em seu braço. Percebera, portanto, que o certo era adorar apenas o único Deus verdadeiro. A resposta de Eliseu foi: "Vai-te em paz" (v. 19).

O fato de Deus curar alguém que não era israelita e esta pessoa reconhecer que *Yahweh* era o Senhor que devia ser adorado também na Síria chama a atenção para alguns ensinamentos básicos na Bíblia. Primeiro, há apenas um Deus verdadeiro no mundo. Segundo, somente Ele pode salvar e perdoar, algo que até os próprios israelitas às vezes esqueciam. Terceiro, o Senhor é livre para operar segundo sua vontade. Quarto, o Todo-poderoso é misericordioso e perdoa qualquer um que se volta para Ele, sem se importar com sua nacionalidade ou seus antecedentes.

A passagem também dá uma indicação da atitude que deve ter o que deseja receber misericórdia e perdão. Nesta passagem Naamã experimentou uma grande transformação: de um comandante arrogante, venerado por muitas pessoas em seu próprio país e incapaz de considerar a possibilidade de lavar-se nas águas sujas de um rio estrangeiro, tornou-se um homem humilde diante do Senhor, a fim de obter ajuda e perdão. Voltou ao seu país não somente curado da lepra, mas com a paz do Senhor sobre ele.

A importância desta passagem no entendimento de que Deus oferece salvação e perdão segundo sua vontade é tão grande que Jesus referiu-se a ela bem no início de seu ministério público, em Lucas 4.27. Quando pregou na sinagoga de Nazaré, expôs Isaías 61.1,2, a fim de revelar sua própria presença entre eles. Ciente de que rejeitariam sua mensagem e seria um "profeta sem honra" entre seu próprio povo, Cristo "colocou sal na ferida deles", ao informar que o Evangelho seria dado a outros povos. Assim como muitos leprosos em Israel no tempo de Naamã não foram curados, e sim um estrangeiro, da mesma forma o povo veria a misericórdia e o perdão de Deus oferecidos a outros por meio do Evangelho. Os que desejassem receber essas coisas seriam colocados diante de um Senhor soberano que mostraria misericórdia sem acepção de pessoas. A multidão ficou "furiosa ao ouvir isso" e demonstrou sua rejeição a Jesus e à sua mensagem, ao tentar matá-lo. Entender a liberdade que Deus tem para levar misericórdia, amor e perdão a todos os pecadores é fundamental para um entendimento bíblico da própria natureza do Senhor.

Veja também o artigo sobre *Geazi*, o qual extorquiu um pagamento de Naamã, após o profeta Eliseu recusar-se a receber uma oferta desse comandante. Em conseqüência disso, Geazi foi atacado pela mesma moléstia que tanto afligira o general sírio.

P.D.G.

NAAMANI (Heb. "o Senhor conforta"). Um dos israelitas que retornaram para Jerusalém com Neemias e Zorobabel, após o exílio na Babilônia (Ne 7.7).

NAÃ (Heb."conforto").
1. Mencionado em 1 Crônicas 4.15, como o terceiro filho de Calebe, filho de Jefoné, da tribo de Judá, na qual era um dos líderes.
2. Irmão da esposa de Hodias, um dos líderes da tribo de Judá (1 Cr 4.19).

NAARÁ. Uma das duas esposas de Asur. Seus filhos Auzão, Hefer, Temeni e Haastari foram líderes na tribo de Judá (1 Cr 4.5,6).

NAARAI. Mencionado em 2 Samuel 23.37 e 1 Crônicas 11.39, foi um dos "trinta" guerreiros valentes de Davi, que lutaram ao seu lado. Naarai é mencionado particularmente como o escudeiro de Joabe, comandante do exército de Israel.

NAARI. Filho de Ezbai, pertencia ao grupo dos "trinta" guerreiros valentes de Davi, os quais saíam com ele para a batalha e lideravam o povo de Israel na guerra (1 Cr 11.37). Na passagem paralela, provavelmente é chamado de Paarai, o arbita (2 Sm 23.35).

NAÁS (Heb. "serpente").
1. Líder amonita que tentou conquistar e subjugar os israelitas, ao levá-los a exigir um rei. Essa exigência era proibida, pois somente o Senhor atuava como soberano sobre eles (veja 1 Sm 8.6,7; 12.12). O ataque de Naás contra a cidade de Jabes-Gileade na verdade serviu para que Saul fosse confirmado como rei de Israel (1 Sm 11). Quando Naás sitiou a cidade, os moradores de Jabes-Gileade tentaram fazer um acordo de paz. O amonita estava disposto a aceitar o trato desde que todos os homens da cidade furassem o olho direito. Os líderes pediram um prazo de sete dias para tomar

uma decisão e aproveitaram para enviar mensageiros por todo o Israel em busca de ajuda. Saul ouviu a notícia quando acabava de voltar do campo onde trabalhara com seus bois. Imediatamente "o Espírito de Deus se apoderou de Saul... e acendeu-se sobremodo a sua ira" (1 Sm 11.6). Convocou 330.000 homens, atacou os amonitas e matou praticamente todos eles.

Quando Saul foi nomeado rei publicamente (1 Sm 10), algumas pessoas fizeram objeção quanto ao seu direito de ocupar o trono e ele claramente não tentou se impor, mas continuou o seu trabalho normalmente em sua casa. Esta vitória valeu como uma afirmação pública do seu reinado, em Gilgal (1 Sm 11.5). Nesse primeiro estágio de seu governo, Saul buscava ao Senhor e teve sucesso nas batalhas. Agradeceu a Deus pela vitória sobre os amonitas, quando disse: "Hoje ninguém será morto, pois neste dia o Senhor operou um livramento em Israel" (v. 13). Lamentavelmente, tempos mais tarde ele se afastou completamente do Senhor e o Espírito de Deus o abandonou (1 Sm 16.14).

Mais tarde, em 2 Samuel 10.1,2, lemos sobre a morte de Naás (também em 1 Cr 19.1,2). Fica claro por este texto que Davi relacionava-se melhor com os amonitas do que Saul. Posteriormente, o novo rei de Israel quis demonstrar bondade para com o filho de Naás, chamado Hanum. Tal gentileza foi rejeitada e deflagrou-se a guerra, a qual o povo de Deus venceu. Em outra ocasião, outro filho de Naás, chamado Sobi, demonstrou bondade para com Davi, quando este fugia de Absalão (2 Sm 17.27).

2. Pai de Abigail, a qual se casou com Jeter. Ela é identificada como a irmã de Zeruia, mãe de Joabe. Jeter era pai de Amasa, comandante das tropas de Absalão (2 Sm 17.25). Em 1 Crônicas 2.16,17, as duas mulheres são identificadas como irmãs de Davi, mas o pai dele era Jessé e não Naás. Provavelmen-

te este foi o primeiro marido da mãe de Davi; portanto, essas mulheres seriam irmãs dele somente pelo lado materno.

P.D.G.

NAASSOM. Filho de Aminadabe e pai de Salmom, ancestral de Boaz e do rei Davi; portanto, mencionado na genealogia de Jesus Cristo, no Novo Testamento (Rt 4.20; 1 Cr 2.10,11; Mt 1.4; Lc 3.32). Era líder do povo de Judá na época de Moisés e foi o representante da tribo no censo (Nm 1.7). Quando os israelitas receberam instruções a respeito da posição em que cada tribo devia acampar em volta do Tabernáculo (a Tenda da Congregação), Judá foi designada a ficar a leste, com Naassom à frente de uma divisão de 74.600 pessoas (Nm 2.3,4). Na época da dedicação do Tabernáculo, ele levou as ofertas de Judá, no primeiro dia da celebração (Nm 7.12,17). Quando os israelitas afinal partiram do monte Sinai, Naassom novamente estava à frente de sua tribo (Nm 10.14). Sua irmã Eliseba casou-se com Arão (Êx 6.23). P.D.G.

NAATE. 1. Neto de Esaú e Basemate, era filho de Reuel; foi chefe de um clã do povo edomita (Gn 36.13, 17; 1 Cr 1.37).

2. Descendente de Coate, da tribo de Levi. Era filho de Zofai e pai de Eliabe. Ancestral do profeta Samuel (1 Cr 6.26).

3. Um dos levitas encarregados da supervisão dos dízimos e das ofertas dadas pelos judeus. Como resultado do extraordinário avivamento que aconteceu durante o reinado de Ezequias, o povo levou tantas ofertas ao Templo que foi necessário construir armazéns especiais. Naate foi um dos levitas escolhidos para organizar o estoque das doações, sob a liderança de Conanias e Simei (2 Cr 31.13).

NABAL (Heb. "tolo"). O significado do seu nome (1 Sm 25.25) era particularmente adequado, dada sua tola recusa em tratar Davi, o futuro rei de Israel, com o devido

NABI

respeito. Era descendente de Calebe, mas demonstrou muito pouco da disciplina ou sabedoria do ancestral (1 Sm 25.3,36).

O relato sobre a insensatez de Nabal em 1 Samuel 25 é temperado com a sabedoria de Abigail, que mostrou a cortesia e a bondade devidas aos homens de Davi. Nabal não teve qualquer lealdade para com o futuro rei e nada sabia sobre o Senhor (vv. 10,11). Recusou-se a ajudar Davi e seus companheiros, a despeito de ser um homem extremamente rico (v. 2). Por outro lado, Abigail evidentemente tinha um fé genuína no Senhor e agiu com sabedoria (vv. 26-34). O futuro rei preparava-se para marchar contra Nabal com 400 homens, mas sua fúria foi aplacada pela hospitalidade de Abigail. A morte de Nabal, de um ataque cardíaco ocorrido após ouvir o que a esposa fizera, ilustra o fato de que o fim do pecado é a morte. A última insensatez de Nabal foi a de não reconhecer que a esposa Abigail agiu mais sabiamente e com mais graça do que ele. Somente ela pedira perdão a Davi e reconhecera a presença do Senhor em tudo o que ele fazia (vv. 28-31).   s.v.

NABI. Um dos doze homens enviados por Moisés do deserto de Parã para espiar a terra de Canaã (Nm 13.14). O grande legislador escolheu um representante de cada tribo de Israel e Nabi, filho de Vofsi, foi o escolhido de Naftali. Para mais detalhes sobre a missão deles, veja *Samua*.

NABOTE. Viveu no tempo do rei Acabe, de Israel (874 a 852 a.C.). O relato de sua morte está registrado em 1 Reis 21. Nabo-te, proveniente da região de Jezreel, possuía uma plantação de uvas próxima ao palácio real. O monarca fez uma proposta para trocá-la por uma maior em outro local. Nabote recusou, ao alegar que a vinha fazia parte da herança de sua família. Seu apelo para o Senhor (v. 3) provavelmente demonstra que tinha em mente a proibição de tais transações de venda pela Lei de Deus (Lv

25.23-28). Quando Jezabel, a esposa do rei, viu que seu marido estava aborrecido devido a esse incidente, idealizou um plano perverso para que o rei conseguisse a vinha. Organizou uma festa e fez com que Nabote se sentasse num lugar de honra. Duas testemunhas falsas estavam assentadas ao lado dele e o acusaram de ter amaldiçoado a Deus e ao rei. Nabote foi levado para fora da cidade e apedrejado até a morte, junto com os filhos (1 Rs 21.13,14; 2 Rs 9.26).

Depois da morte de Nabote, Jezabel incentivou Acabe a tomar posse da plantação. Ao chegar à vinha, encontrou-se com Elias, enviado pelo Senhor. O profeta então falou: "Assim diz o Senhor: No lugar em que os cães lamberam o sangue de Nabote, lamberão o teu sangue, o teu mesmo" (1 Rs 21.19). Elias também predisse a destruição total de Acabe e sua casa. Como resultado disso, o rei humilhou-se (v. 29) e o Senhor abrandou sua ira, prometendo que o desastre seria postergado. A palavra do Senhor se cumpriu quando Acabe foi morto na batalha em Ramote-Gileade (1 Rs 22.34-38) e seu corpo foi levado de volta para Samaria onde "os cães lamberam-lhe o sangue" (v. 38). Posteriormente, Jeú matou Jorão, filho de Acabe, e levou seu corpo para a vinha de Nabote, a fim de se cumprir mais uma parte da profecia contra o rei e sua família (2 Rs 9.26). Ele também foi ao palácio e matou Jezabel, ordenando que fosse atirada por uma das janelas. Quando foram enterrá-la, os cães a tinham devorado, de maneira que os homens disseram: "Esta é a palavra do Senhor, a qual falou por intermédio de Elias, o tisbita, seu servo: No campo de Jezreel os cães comerão a carne de Jezabel" (v. 36).

A natureza do juízo de Deus sobre os que quebram sua Lei ou matam seus servos pode ser vista em vários lugares nas Escrituras, mas em poucos lugares os detalhes do cumprimento do juízo divino são tão explícitos como neste triste episódio. O relato serve como um lem-

NABUCODONOSOR

brete para os israelitas sobre o juízo do Senhor, ou seja, sua defesa dos direitos do pobre e do humilde e, acima de tudo, da permanência e da verdade de sua palavra, que sempre se cumpre.   P.D.G.

NABUCODONOSOR (Aram. e Heb. "Oh Nabu (divindade babilônica), proteja meu filho (ou minha fronteira)"). Foi o segundo e o maior rei do Império Babilônico. Seu nome é encontrado na Bíblia nos livros de 2 Reis, 2 Crônicas, Esdras, Je-remias, Ezequiel e Daniel. Era filho de Nabopolassar (cujo nome não é mencionado nas Escrituras), fundador da dinastia babilônica que eclipsou o Império Assírio, em 612 a.C. Nabucodonosor foi coroado príncipe e comandante do exército caldeu que derrotou as forças de Faraó-Neco, do Egito. Em 605 a.C., na época em que seu exército invadiu Judá, quando capturou Jerusalém, tornou-se rei, após a morte de seu pai. Provavelmente governou como príncipe regente antes desse período.

Como rei, Nabucodonosor governou até 562 a.C., por mais da metade do período de domínio babilônico (612 a 539 a.C.). Era um grande administrador, e muito do esplendor da cidade de Babilônia devia-se a ele, inclusive os Jardins Suspensos, uma das sete maravilhas do mundo antigo. Depois de sua morte, o poder do Império Babilônico declinou, até que finalmente foi derrotado pela aliança medo-persa em 539 a.C.

As referências ao nome de Nabucodonosor nas histórias paralelas em 2 Reis 24 e 25 e 2 Crônicas 36 relacionam-se com as várias fases da conquista e destruição de Judá (605, 597, 586 a.C.). A descrição do ataque final menciona que os utensílios do Templo foram saqueados e levados para a Babilônia e o próprio Santuário foi queimado (2 Cr 36.18,19). Exceto os que morreram, a maioria dos judeus foi deportada para a Babilônia (v. 20).

O nome de Nabucodonosor aparece duas vezes no livro de Jeremias (25.9-11; 27.6) em profecias sobre o exílio de Judá na Babilônia; sua duração específica é determinada: 70 anos (25.9). O nome também aparece em Jeremias 39, que fala sobre a decisão de Nabucodonosor de deixá-lo em Jerusalém (vv. 1,5,11). Todas as referências a Nabucodonosor em Ezequiel têm que ver com as profecias das suas vitórias sobre Tiro (Ez 26.7; 29.18) e o Egito (29.19; 30.10). Em todas essas utilizações históricas e proféticas, está claro que mesmo um governante como Nabucodonosor foi usado para cumprir os propósitos soberanos do Senhor Deus na História, especialmente seu juízo.

A ilustração bíblica mais clara da personalidade de Nabucodonosor e sua resposta ao Senhor é vista no livro de Daniel. Somente as narrativas dos caps. 1 a 4 ocorrem durante a vida dele, embora haja referências posteriores em Daniel 4 e 5. O quadro que surge é de um monarca extremamente inteligente e sofisticado (1.18-20), mas igualmente um tirano iracundo (2.12; 3.13), cujo ego era tão enorme quanto seu poder (4.30).

Provavelmente Nabucodonosor tornou-se crente no Senhor Deus no final de sua vida. A promoção de Daniel e seus amigos, Hananias Misael e Azarias, foi seguida por louvores a Deus como o "revelador dos mistérios" (Dn 2.47). Depois do episódio da fornalha ardente, o rei novamente expressou louvores ao Senhor e decretou que ninguém devia falar contra o Deus dos judeus (Dn 3.29). Finalmente, após ser acometido por um acesso de loucura por causa de seu orgulho (Dn 4.32), Nabucodonosor foi restaurado (v. 34), reconheceu que o Senhor era o Rei sobre o céu e a terra e o glorificou (vv. 35-37). Se esta progressão não representa uma conversão, pelo menos contrasta nitidamente com o orgulho e a cegueira espiritual do último rei da Babilônia, Belsazar (Dn 5.18-23).

Na seqüência histórica, a última referência a Nabucodonosor é em Esdras 5.12. Nesse texto, uma carta do governador medo-persa refere-se a "Nabucodonosor, rei de Babilônia, o caldeu". O termo "caldeu" provavelmente refere-se à origem geográfica de sua família, no sul do Mesopotâmia (isto é, a Caldéia; veja Gn 11.28). A.B.L.

NACOM (Heb. "correto"). Proprietário de uma eira pela qual a Arca da Aliança passou quando era conduzida de Baalim para Jerusalém. Os bois que puxavam a carroça que conduzia a Arca tropeçaram (2 Sm 6.6). Uzá, um dos dois filhos de Abinadabe que dirigiam a carroça, estendeu a mão para ampará-la e tocou nela, algo que era terminantemente proibido. Como resultado, "Deus o feriu ali por esta irreverência, e morreu ali junto à arca de Deus" (v. 7).

NADABE (Heb. "disposto").
1. Primeiro filho de Arão e sua esposa Eliseba; seus irmãos foram Abiú, Eleazar e Itamar (Êx 6.23; Nm 3.2; 26.60; 1 Cr 6.3; 24.1,2). Na época da confirmação da Aliança do Senhor com Israel, Nadabe estava entre os 70 anciãos que "viram o Deus de Israel", quando acompanharam Moisés parte do caminho até o monte Sinai (somente Moisés aproximou-se do Senhor: Êx 24.1, 9; etc.). Juntamente com o pai Arão e seus irmãos, foi apontado como sacerdote para servir ao Senhor e recebeu trajes especiais para esse fim (Êx 28.1,2). Como oficiante, devia ser santo e separado para esse serviço.

Freqüentemente, na organização do sacerdócio, a "santidade" era enfatizada como a essência da adoração israelita. Deus era "santo", portanto as pessoas não podiam aproximar-se dele. Qualquer culto ao Senhor era realizado em resposta aos seus mandamentos e como cumprimento dos requisitos de santidade. Lamentavelmente, tempos mais tarde Nadabe e Abiú morreram por terem oferecido "fogo estranho perante a face do Senhor, o que ele não lhes ordenara" (Lv 10.1; Nm 26.61). A penalidade por comprometer a santidade de Deus era a morte. Como nenhum dos dois tinha filhos, "somente Eleazar e Itamar exerceram o sacerdócio diante de Arão, seu pai" (Nm 3.4).

2. Filho de Jeroboão I, rei de Israel, governou apenas dois anos (1 Rs 15.25), antes de ser assassinado por Baasa (910 a.C.). Foi o segundo governante do reino do Norte depois da divisão da monarquia; tão mau quanto seu pai, andou no mesmo caminho de idolatria (v. 26). Baasa atacou e matou Nadabe quando este liderava os israelitas num cerco a uma cidade chamada Gibetom, dos filisteus (vv. 27,28). Embora o Senhor o usasse para cumprir seu juízo sobre a casa de Jeroboão, por causa da pavorosa idolatria e dos pecados que praticavam, mesmo assim Baasa não seguiu a Deus, mas fez o que era "mau aos olhos do Senhor, e andou no caminho de Jeroboão e no seu pecado com que tinha feito Israel pecar" (v. 34).

3. Um dos filhos de Samai e irmão de Abisur. Pertencia à tribo de Judá e é mencionado na genealogia de Jerameel. Seus filhos foram Selede e Apaim (1 Cr 2.28,30).

4. Mencionado em 1 Crônicas 8.30 e 9.36, era um dos filhos de Jeiel e sua esposa Maaca, da tribo de Benjamim. Listado na genealogia que parte de Benjamim até Saul. P.D.G.

NAFIS. Filho de Ismael, portanto neto de Abraão e Hagar; foi líder de um clã (Gn 25.15; 1 Cr 1.31). Este nome também foi dado a um dos membros da família dos hagarenos (descendentes de Hagar e de Ismael), os quais foram derrotados por uma coalizão das tribos de Rúben, Gade e Manassés (1 Cr 5.19).

NAFTALI (Heb. "minha luta"). Segundo filho de Jacó e Bila, serva de Raquel. De acordo com a narrativa bíblica (Gn 30.8), ele recebeu este nome porque Raquel viu em seu nascimento um sinal de que Deus lhe dera uma vantagem em sua luta com a rival, sua irmã Lia. Depois do nascimento de Naftali, Raquel concebeu e deu à luz seus próprios filhos José e Benjamim.

Naftali nunca mais foi mencionado, exceto nas bênçãos proferidas por Jacó e Moisés e só como patronímico da tribo que recebeu seu nome. Israel, de uma maneira um tanto obscura, refere-se a ele como "uma gazela solta" (Gn 49.21), enquanto Moisés, ao falar da prosperidade e do favor que a tribo experimentaria, especifica que sua localização territorial seria ao "sul do lago" (Dt 33.23). A herança que a tribo recebeu posteriormente indica que o lago em questão era o da Galiléia, onde Naftali se estabelecera ao norte e noroeste dele.

Isaías, em uma de suas mais gloriosas profecias messiânicas, olhou para um tempo quando o desânimo e a tristeza seriam substituídos pela luz radiante das boas novas da salvação (Is 9.1-7). A terra de Zebulom e de Naftali seriam especialmente beneficiadas e não se pode ignorar o significado da vida e do trabalho de Cristo naquela região como cumprimento da esperança profética (cf Mt 4.12-16). E.M.

NAGAÍ. Ancestral de Jesus, listado na genealogia que vai de Cristo até Adão. Era filho de Maate e pai de Esli (Lc 3.25).

NÃO-AMADA. Veja *Lo-Ruama*. Esta é a tradução (não se encontra na Versão Contemporânea) do nome Lo-Ruama (Os 1.6,8; 2.23), traduzido como "desfavorecida" em outras versões em português.

NÃO-MEU-POVO Veja *Lo-Ami* (Os 1.9,10; 2.23; Rm 9.25,26).

NAOR. 1. Filho de Serugue. Com 29 anos de idade, tornou-se pai de Terá; portanto, era avô de Abraão (Gn 11.22-26; 1 Cr 1.26). Nenhuma informação adicional é dada sobre ele, mas seu nome aparece novamente na genealogia apresentada por Lucas 3.34, que vai de Jesus e José até Adão.

2. Irmão de Abraão, era neto de Naor (Gn 11.27). Muito pouco se sabe sobre ele, exceto que se casou com Milca (v. 29) e viveu na Mesopotâmia, onde seus filhos nasceram (Gn 22.20-24; 24.10). Tinha também uma concubina chamada Reumá. Abraão e Naor aparentemente sempre se comunicavam (Gn 22.20-24), pois no tempo oportuno o servo de Abraão procurou uma esposa para Isaque, na família de Naor (ou seja, Rebeca, 24.15,24) e posteriormente Jacó fez o mesmo (Raquel e Lia, Gn 29.5). Gênesis 31.53 sugere que Naor compartilhava com Abraão a mesma fé no Deus verdadeiro. J.A.M.

NARCISO. Cidadão romano mencionado por Paulo em Rm 16.11, onde sua família recebe uma saudação do apóstolo. O fato de que ele mesmo não é saudado individualmente talvez informe que somente outros membros da família ou até mesmo alguns escravos eram cristãos.

NATÃ, O PROFETA

O profeta Natã serviu ao Senhor durante o reinado de Davi e faleceu durante o governo de Salomão. Teve uma participação proeminente em três eventos importantes na vida de Davi.

Na primeira passagem (2 Sm 7; veja também 1 Cr 17), Davi acabara de construir seu palácio. Fora grandemente abençoado por Deus e decidiu que a Arca da Aliança, a qual se encontrava numa tenda, teria uma casa permanente. O rei consultou Natã, o qual concordou que o Senhor estava com ele; por isso, Davi faria o que desejasse. Talvez Natã estivesse acostumado a ver a bênção de Deus em tudo o que o rei fazia. No entanto, na noite seguinte a essa conversa, o Senhor lhe falou que Davi não era a

NATÃ, O PROFETA

pessoa indicada para construir o Templo e que jamais pedira tal construção (2 Sm 7.5-7). A mesma profecia, entretanto, trouxe ao rei a declaração da aliança de amor de Deus com ele, na qual o Senhor lhe prometeu que seu nome seria grande (v. 9), seu povo teria paz e seu filho edificaria "uma casa ao meu nome". O trono e o reino de Davi e de seu filho seriam estabelecidos perpetuamente (v. 13). No v. 14 o Senhor disse: "Eu lhe serei por pai, e ele me será por filho". Deus também disse que seu amor permaneceria sobre a casa de Davi e seu reino para sempre (vv. 15,16).

Esta mensagem finalmente se tornou a base da expectativa messiânica e é conhecida como "aliança davídica". As gerações posteriores aguardaram o advento de um rei cujo trono seria estabelecido para sempre (veja, por exemplo, Is 9.6,7; 11.1-3; Jr 23.5,6; etc.). Finalmente, o cumprimento desta promessa foi visto nas Escrituras com o advento de Jesus como o Messias e "o Filho de Davi" (Mt 1.1; 12.23; 22.42; Mc 12.35; Rm 1.3; Ap 5.5; 22.16; etc.). Para Davi, que não poderia ver nem parte da glória que estava reservada, ainda assim a promessa parecia esmagadora, e sua oração de gratidão e louvor pela mensagem levada pelo profeta Natã está registrada em 2 Samuel 7.18-29.

Lamentavelmente, o próximo encontro registrado entre Davi e Natã não foi tão agradável (2 Sm 12). Recentemente, o rei havia adulterado com Bate-Seba e providenciado a morte do marido dela, Urias. Natã foi enviado pelo Senhor até Davi, com a seguinte parábola: Um homem pobre possuía apenas uma ovelha. Um rico tinha um grande rebanho de ovelhas. Um viajante chegou à casa do poderoso, o qual mandou que pegassem a ovelha do pobre e preparassem uma refeição para o amigo que chegara de viagem. O rei ouviu a história e depois disse a Natã: "Tão certo como vive o Senhor, digno de morte é o homem que fez isso" (v. 5). "Então disse Natã a Davi: Tu és esse homem" (v. 7). O julgamento de Deus sobre o rei, pronunciado por Natã, foi que suas esposas seriam tomadas por outro homem e a criança que nasceria de sua união com Bate-Seba morreria. Além disso, a casa de Davi enfrentaria guerras constantes. O rei reconheceu a lição da parábola: a despeito de tudo o que possuía, tirara a esposa de um homem que tinha tão pouco. Arrependeu-se de seu pecado (2 Sm 12.13; veja Sl 51). O Senhor o perdoou (2 Sm 12.13), mas, como conseqüência de sua transgressão, a criança que Bate-Seba dera à luz morreu (v. 15). O sinal de que Davi foi perdoado veio mais tarde, quando teve outro filho com a mesma mulher, o qual recebeu o nome de Salomão e tornou-se herdeiro das promessas de 2 Samuel 7. Natã trouxe uma palavra do Senhor que o menino seria chamado Jedidias (2 Sm 12.25), porque o Senhor o amava.

A terceira vez que Natã teve outro papel importante foi no final da vida de Davi (1 Rs 1). Deus deixara claro que Salomão seria o sucessor de Davi no trono de Israel. Quando Adonias, outro filho do rei, tentou usurpar o trono, Natã apoiou Salomão. Informou Bate-Seba sobre o complô (vv. 8,11) e a aconselhou sobre o que fazer, para assegurar a Salomão o direito à sucessão (vv. 12-14). Natã foi chamado à presença de Davi e instruído para ungir Salomão como rei. Ele assim fez e o ato foi proclamado diante do povo (vv. 22-45).

Outra informação que temos sobre o profeta é que mantinha os registros dos eventos nos reinados de Davi e Salomão (1 Cr 29.29; 2 Cr 9.29) e provavelmente deu algumas instruções concernentes à música no culto, no Templo (2 Cr 29.25).

NATANAEL

NATÃ (Heb. "presente").

1. Veja *Natã, o profeta*.

2. Filho do rei Davi, nascido em Jerusalém. Sua mãe foi Bate-Sua, filha de Amiel (2 Sm 5.14; 1 Cr 3.5; 14.4). Ele é mencionado novamente numa passagem messiânica em Zacarias 12.12, a qual revela o dia em que os descendentes de Davi e de Natã, chorando, buscarão o perdão do Senhor pela maneira como o trespassaram. Natã também é listado como filho de Davi na genealogia apresentada por Lucas, que vai de Jesus até Adão (Lc 3.31).

3. Natã, de Zobá, pai de Igal, um dos "trinta" guerreiros valentes de Davi (2 Sm 23.36).

4. Provavelmente é o mesmo relacionado no item 2. Era irmão de Joel, um dos "trinta" guerreiros valentes de Davi (1 Cr 11.38).

5. Pai de dois importantes oficiais da corte de Salomão: Azarias, chefe dos intendentes distritais; e Zabude, ministro e amigo do rei (1 Rs 4.5). Esta lista de oficiais enfatiza a estabilidade e a grandeza de Israel sob o reinado de Salomão.

6. Mencionado em 1 Crônicas 2.36, era pai de Zabade e filho de Atai. Pertencia à tribo de Judá.

7. Um dos judeus, chefe entre o povo, que se uniu a Esdras no retorno do exílio na Babilônia para Jerusalém e ajudou a encontrar levitas qualificados para acompanhá-los até Judá (Ed 8.16).

8. Mencionado entre os descendentes de Binui. Na época do retorno do exílio, na Babilônia, Secanias confessou a Esdras que muitos homens de Judá, inclusive descendentes de sacerdotes, haviam-se casado com mulheres de outras tribos e de diversas nações. Esdras levou o povo ao arrependimento e ao pacto de servir ao Senhor (Ed 10.2). Natã está listado em Esdras 10.39 como um dos judeus que se divorciaram das esposas estrangeiras.   P.D.G.

NATÃ-MELEQUE (Heb., "o rei dá"). Oficial da corte no reinado de Josias, de Judá.

Tinha uma câmara perto da entrada do Templo (2 Rs 23.11). Durante o avivamento e o retorno da verdadeira adoração, o rei Josias mandou remover e queimar as estátuas de cavalos e carruagens que foram dedicadas ao Sol pelos perversos reis que o antecederam. Tais imagens foram colocadas próximas à câmara de Natã-Meleque.

NATANAEL (Heb. "presente de Deus").

1. Mencionado somente no evangelho de João, foi um dos discípulos que seguiram Jesus desde o início de seu ministério público. João 21.2 diz que era proveniente de Caná da Galiléia e o menciona entre as testemunhas da ressurreição de Cristo. João 1.45-49 narra como foi levado a Jesus por Filipe. A primeira reação dele, ao saber qual era a cidade natal de Cristo, foi perguntar se alguma coisa boa viria de Nazaré. Quando Jesus o viu, disse: "Aqui está um verdadeiro israelita, em quem não há nada falso" (v. 47). Imediatamente Natanael percebeu que Jesus o conhecia e perguntou-lhe como foi possível isto. Jesus lhe respondeu: "Antes que Filipe te chamasse, te vi quando estavas debaixo da figueira" (v. 48). A cena que se segue é surpreendente devido à sua falta de explicação ou de detalhes. A resposta de Natanael foi extraordinária: "Rabi, tu és o Filho de Deus, tu és o Rei de Israel!" (v. 49).

A breve explicação dada para esta demonstração de sua fé em Cristo é encontrada em João 1.50. Jesus disse: "Porque te disse que te vi debaixo da figueira, crês? Coisas maiores do que esta verás". Não temos informações sobre a experiência de Natanael debaixo da figueira ou por que o conhecimento de Jesus sobre isso teve um impacto tão forte sobre ele. Alguns sugerem que Cristo falou sobre uma passagem messiânica das Escrituras ou mesmo sobre a história de Jacó e a escada com os anjos, uma referência que Jesus utilizou no v. 51. Mas talvez seja uma combinação — saber que Jesus ti-

NAUM

nha um conhecimento sobrenatural sobre ele como pessoa e a apresentação de Filipe: "Achamos aquele de quem Moisés escreveu na lei, e a quem se referiram os profetas: Jesus de Nazaré, filho de José". Ou talvez houvesse mais elementos envolvidos em sua conversão do que somos informados. Qualquer que seja o motivo ou os antecedentes desta declaração explícita de fé, feita por Natanael, o escritor do evangelho a utiliza como um exemplo claro do tipo de confissão que desejava que todos os seus leitores conhecessem. Por todo seu evangelho, João enfatiza a necessidade da verdadeira fé em Jesus, a qual envolve compromisso para com Ele, como "o Filho de Deus" (veja Jo 20.31, onde João declara sua razão para escrever o evangelho; também 11.27). Natanael é a primeira pessoa que a Bíblia diz que "creu" e a segunda a chamar Jesus de "Filho de Deus" (a primeira foi João Batista, Jo 1.34); desta maneira, tornou-se o exemplo da resposta que se esperava de um judeu devoto, confrontado com seu Rei Messias.

Tentativas de identificar Natanael como um dos doze discípulos, conhecido em outros lugares por um nome diferente, são, na melhor das hipóteses, simples especulação. P.D.G.

2. Filho de Zuar e líder de Issacar, no tempo de Moisés; portanto, o representante da tribo durante o censo (Nm 1.8). Quando foram dadas as instruções sobre como e onde cada grupo tribal acamparia, em relação ao Tabernáculo (a Tenda da Congregação), Issacar foi estabelecido ao leste, perto da tribo de Judá, com Natanael à frente de 54.400 pessoas (Nm 2.5,6). Na festa da dedicação do Tabernáculo, ele levou as ofertas de sua tribo no segundo dia de celebração (7.18, 23). Quando os israelitas finalmente partiram do Sinai, novamente Natanael estava à frente de seu povo (10.15).

3. Quarto filho de Jessé (1 Cr 2.14). Quando Samuel foi ungir o novo rei, o velho belemita fez com que todos os seus

filhos se apresentassem diante do profeta, a partir do primogênito, em ordem de idade. Davi foi o sétimo.

4. Sacerdote cuja tarefa foi a de tocar trombeta adiante da Arca da Aliança, quando foi levada para Jerusalém pelo rei Davi (1 Cr 15.24 – também chamado de Netaneel).

5. Levita, pai do escrivão Semaías (1 Cr 24.6), o qual registrava o nome e a função dos sacerdotes e levitas, após o rei Davi organizar a adoração na Tenda da Congregação.

6. Quinto filho de Obede-Edom, descendente de Coré, responsável pelo atendimento nos portões do Tabernáculo, na administração do rei Davi (1 Cr 26.4). Possivelmente é o mesmo identificado no item 4.

7. Um dos oficiais do rei Jeosafá, enviado no terceiro ano de seu reinado para ensinar o povo das cidades de Judá sobre o Senhor e sua Lei (2 Cr 17.7).

8. Durante o avivamento espiritual, o rei Josias doou ovelhas e outros animais para os sacrifícios oferecidos pelo povo. Este Natanael foi um dos líderes dos levitas que, junto com outros companheiros, também doaram voluntariamente muitos animais para os holocaustos (2 Cr 35.9).

9. Descendente de Pasur, foi um dos judeus que se casaram com mulheres estrangeiras na época de Esdras (Ed 10.22).

10. Líder da família sacerdotal de Jedaías, estava entre os judeus que retornaram do exílio na Babilônia com Zorobabel (Ne 12.21 – também chamado de Netaneel).

11. Provavelmente o mesmo relacionado no item 9, era um líder na tribo de Judá e sacerdote que tocou instrumentos musicais na festa de dedicação dos muros de Jerusalém (Ne 12.36 – também chamado de Netanel). P.D.G.

NAUM. 1. O nome vem do vocábulo hebraico "conforto, confortador", que deriva do verbo "arrepender-se". Este ho-

NAZARENO

mem de Deus, quase desconhecido, exceto por meio do testemunho da composição literária que traz o seu nome, é descrito como "o elcosita" (Na 1.1), ou seja, um nativo da vila de Elcos. Infelizmente, a despeito de várias hipóteses quanto à identificação do local, não foi possível descobrir com certeza esse lugar. Parece razoável presumir que a cidade ficava na região de Judá, pois o profeta demonstra conhecer bem Judá (e Jerusalém), o que indica uma certa proximidade dos locais (Na 1.12,13,15).

Naum identifica-se com Jonas, pois seu oráculo não foi dirigido diretamente a Israel ou Judá, mas a Nínive (Na 1.1,11; 2.1; 3.1). Entretanto, não há indicação de que ele tenha viajado até lá, para transmitir seu oráculo de juízo. A Bíblia não relata como sua mensagem chegou até os moradores de Nínive (se, de fato, isso aconteceu). Talvez o propósito maior fosse a assimilação do povo local, para imprimir no coração do profeta e dos leitores que o Senhor *Yahweh* é soberano sobre todas as nações, mesmo as que são poderosas e ameaçadoras.

Embora a data do ministério de Naum seja muito discutida, algumas evidências no próprio livro sugerem o período dos anos 663 a 612 a.C. Nínive claramente ainda existia no tempo de Naum, embora sua destruição estivesse próxima (cf. Na 1.15; 2.1,3-13). A cidade caiu nas mãos dos caldeus em 612 a.C.; assim, se o livro for visto como profético, Naum com certeza escreveu antes dessa data. Por outro lado, o profeta refere-se à conquista de Nô-Amom (Tebas) pelos assírios como um exemplo do destino que aguardava a própria cidade de Nínive (Na 3.8). Esse fato ocorreu em 663 a.C. e talvez tenha sucedido num tempo bem distante da época do profeta. Uma data entre 615 e 612 a.C. parece provável.

Outra diferença entre a mensagem para Nínive ou concernente a ela por Jonas e Naum, respectivamente, é que essa cidade arrependeu-se na época do primeiro profeta (Jn 3.5-10), mas não houve arrependimento por meio da pregação do segundo. De fato, não existe indicação de que tal fato aconteceu, pois o livro termina com uma nota sombria de que a condição de Nínive era irremediável e sem esperança (Na 3.18,19). Em ambos os casos, entretanto, o Senhor mostrou seu domínio sobre as nações da Terra, tanto em sua submissão como em sua transgressão e conseqüente destruição.

E.M.

2. Mencionado na genealogia de Jesus Cristo, apresentada em Lucas 3.25. Era filho de Esli e pai de Amós.

NAZARENO. Este nome aparece três vezes nos evangelhos e refere-se a Jesus (Mt 2.23; Mc 14.67; 16.6). Em Atos 24.5 foi usado pelo orador Tértulo, no julgamento de Paulo diante do governador Félix, a fim de descrever a seita que o apóstolo supostamente liderava, ou seja, para apresentar o próprio cristianismo.

A origem da palavra continua em debate. Provavelmente a resposta é bem simples, porque Jesus era conhecido como proveniente da cidade de Nazaré. A expressão "de Nazaré", para se referir a Cristo ocorre com maior freqüência (17 vezes nos evangelhos e Atos). O fato de que Nazaré era uma cidade um tanto desprezada naquela época talvez indique o desdém que se vinculou à palavra no final do ministério de Jesus, no seu uso, por exemplo, em Marcos 16.6. Provavelmente isso ajuda a explicar o uso deste termo em Mateus 2.23, onde o evangelista diz que cumpriram-se as Escrituras no sentido de que Jesus seria chamado "Nazareno".

Mateus descreve a maneira como Jesus foi desprezado pelas pessoas que o cercavam (Mt 11.16-19; 12.14, 24; 15.7,8). A associação com Nazaré, o lugar desprezado onde Cristo fora criado, provavelmente ajudou esse escritor a ver mais profundamente o cumprimento de todas as profecias que sugeriam um Messias des-

481

NAZIREU

prezado e rejeitado (por exemplo, Is 49.7; 53.3; Sl 22.6,7; etc.). Ainda com relação ao cumprimento das mensagens proféticas, não é que necessariamente os profetas dissessem que o Messias viria de Nazaré, mas, sim, que seria desprezado, como acontecia com as pessoas provenientes de Nazaré nos dias de Mateus.

P.D.G.

NAZIREU (Heb. "consagrado"). Termo aplicado a um homem ou uma mulher que assumia alguns votos particulares "de separação ao Senhor". Números 6.1-21 descreve tais propósitos com alguns detalhes. A pessoa precisava abster-se de bebidas alcoólicas e de qualquer alimento derivado da uva. Nenhuma navalha podia tocar sua cabeça e seus cabelos deviam crescer livremente, como testemunho de sua separação ao Senhor. O nazireu não podia aproximar-se nem tocar em algum cadáver. Também havia regulamentos para que, se ele se contaminasse acidentalmente, soubesse o que precisava oferecer como propiciação. Um nazireu só dedicava ofertas especiais na Tenda da Congregação (no Tabernáculo). Quando terminava seu período de dedicação, apresentava novamente uma oferta especial e tosquiava o cabelo de forma cerimonial, quando oferecia o próprio cabelo cortado. Depois dessa cerimônia, o nazireu estava livre para tomar bebida alcoólica novamente.

O propósito do voto sem dúvida era oferecer um serviço mais sério e comprometido ao Senhor por um período determinado de tempo, talvez como parte da apresentação de um pedido a Deus ou parte de uma oferta de ações de graças por suas bênçãos. De qualquer maneira, o voto sempre estava relacionado com a busca da bênção de Deus sobre o indivíduo ou a comunidade.

Não há muitas referências aos nazireus no Antigo Testamento. O melhor exemplo de todos foi Sansão, designado por Deus para ser separado desde o nascimento. É interessante notar que a presença do Espírito do Senhor sobre ele estava diretamente relacionada à sua obediência às regras do voto (Jz 13.5,7,25; 16.17). Só foi capturado pelos filisteus após eles cortarem suas sete tranças. Posteriormente, quando seu cabelo cresceu novamente e Sansão orou ao Senhor, sua força voltou (Jz 16.22,28).

O profeta Amós olhou para os nazireus como grandes homens levantados por Deus, porém pervertidos pelos israelitas, que os forçaram a beber vinho. Em outras palavras, a perda dos nazireus e a perversão de seus valores e de seu compromisso tornaram-se sintomas da rejeição de Israel por parte de Deus (Am 2.11,12).

Embora a palavra "nazireu" não seja usada com relação a Samuel, ao que parece ele também, como Sansão, foi dedicado pela mãe para ser separado por toda a vida (1 Sm 1.11). Embora não identificado como nazireu, João Batista provavelmente também foi oferecido por seus pais, pela maneira em que vivia; como tal, seu comportamento contrastava vivamente com o de Jesus, que bebia vinho livremente (Mt 11.18,19). O apóstolo Paulo provavelmente terminava um voto de nazireu, quando cortou os cabelos em Cencréia (At 18.18).

P.D.G.

NEARIAS. 1. Mencionado em 1 Crônicas 3.22,23 como descendente de Secanias e filho de Semaías. Pertencia à linhagem real que viveu depois do exílio na Babilônia. Teve três filhos: Elioenai, Ezequias e Azricão.

2. Filho de Isi, da tribo de Simeão, viveu no tempo do rei Ezequias, de Judá. Participou de uma invasão na região montanhosa de Seir (a leste do mar Morto), onde os remanescentes dos amalequitas foram mortos. Depois disso, seu povo estabeleceu-se naquela região (1 Cr 4.42,43).

NEBAI. Líder de uma família que retornou com seus descendentes para Jerusalém, depois do exílio na Babilônia. Sob a direção de Neemias, foi um dos que assinaram o pacto feito pelo povo de obedecer à Lei de Deus e adorar somente ao Senhor (Ne 10.19).

NEBAIOTE. Filho primogênito de Ismael e líder tribal (Gn 25.13; 1 Cr 1.29). Uma de suas irmãs, chamada Maalate, casou-se com Esaú (Gn 28.9; veja também 36.3). Na profecia de Isaías sobre o futuro glorioso do povo de Deus (Is 60.7), as ovelhas e os carneiros de Quedar e Nebaiote, filhos de Ismael, seriam levados para o serviço do Senhor como ofertas, em cumprimento às antigas profecias de que os descendentes de Ismael serviriam aos de Isaque.

NEBATE. Pai de Jeroboão I, seu nome aparece várias vezes em 1 e 2 Reis e 2 Crônicas, por meio da expressão "Jeroboão, filho de Nebate", provavelmente usada para distinguir Jeroboão I (primeiro rei de Israel depois da divisão do reino) de Jeroboão II, filho de Joás e o 13º rei de Israel.

NEBO. 1. Um dos dois deuses mais importantes da Babilônia nos dias do profeta Isaías e posteriormente na época da invasão de Judá pelos caldeus. Fora também deus dos assírios e era considerado como a divindade da sabedoria e da literatura. Em Isaías 46.1, o profeta refere-se à imagem de Nebo "abaixando-se", a fim de utilizar essa expressão como figura da futura queda do Império Babilônico.

2. Seus descendentes estavam entre os judeus que retornaram do exílio, na Babilônia. Alguns deles haviam-se casado com mulheres estrangeiras e, sob a direção de Esdras, decidiram divorciar-se (Ed 10.43).

NEBUSAZBÃ (Heb. "Nabu [divindade babilônia] me livra"). Um dos oficiais do rei Nabucodonosor, da Babilônia. Estava entre os oficiais caldeus que entraram na cidade de Jerusalém quando, finalmente, foi feita uma brecha no muro e os babilônios invadiram a cidade. Juntamente com seus companheiros, recebeu instruções do rei para assegurar a idoneidade física do profeta Jeremias. Por isso, os oficiais o colocaram sob os cuidados do governador Gedalias (Jr 39.13).

NEBUZARADÃ (Heb. "Nabu tem dado descendentes"). Comandante da guarda imperial sob o governo do rei Nabucodonosor, da Babilônia (2 Rs 25.8). Foi encarregado da destruição final de Jerusalém, ocasião em que queimou o Templo, as casas e derrubou os muros da cidade. Depois deportou a maior parte dos habitantes para a Babilônia. Levou-os à presença do rei Nabucodonosor em Ribla (vv. 9,12,20). O relato sobre a queda de Jerusalém e a participação de Nebuzaradã também é mencionado em Jeremias 39.8-13 e 52.12-27. Uma das suas tarefas foi assegurar a proteção do profeta Jeremias. Colocou-o sob a custódia de Gedalias, o governador de Judá nomeado pelo rei da Babilônia (Jr 39.13,14).

Jeremias 40 registra que Nebuzaradã encontrou Jeremias acorrentado e o libertou. O tratamento dado ao profeta foi notável, talvez devido ao fato de que profetizara sobre o que aconteceria e advertira o povo a aceitar a deportação para a Babilônia (Jr 38.17-28). Os eventos, entretanto, revelam também a soberania de Deus pela maneira como usou os caldeus não somente para castigar seu povo, mas também para preservar seu profeta da morte. Talvez o próprio Nebuzaradã percebesse que o Senhor escolhera a ele e a seu exército para esse fim (Jr 40.2-5).

Nessa primeira investida de Nebuzaradã em Jerusalém, os mais pobres entre o povo foram deixados na terra para cuidar dos campos e das vinhas (39.10). Quatro anos mais tarde ele voltou e levou mais 745 pessoas para Babilônia (Jr 52.30). P.D.G.

NECO

NECO. Faraó-Neco, rei do Egito, é mencionado na Bíblia em 2 Reis 23 e na passagem paralela em 2 Crônicas 35 e 36. Foi o 2º rei da 26ª dinastia.

Em 609 a.C. a extensão da influência de Neco no Norte, a partir do Egito, era considerável. 2 Reis 23.29 registra que ele fez uma jornada por todo o caminho até o rio Eufrates, a fim de ajudar o rei da Assíria a vencer os caldeus. Foi nesta viagem que o rei Josias, de Judá, liderou suas tropas para impedir a passagem de Neco em Megido. O cronista registra que este faraó não desejava lutar contra Josias e disse ao rei de Judá que não o atrapalhasse, pois, conforme julgava, estava ali a serviço de Deus (2 Cr 35.21,22). Josias não atendeu ao seu apelo e foi morto na batalha que se seguiu. Jeoacaz, seu filho, foi coroado rei. Diferentemente de seu pai, que serviu ao Senhor "de todo o coração" (2 Rs 23.25), Jeoacaz "fez o que era mau aos olhos do Senhor" e, como castigo da parte de Deus, foi feito prisioneiro e levado para o Egito, onde morreu (vv. 31-35). Neco tomou outro dos filhos de Josias, Eliaquim (Jeoiaquim), e o fez rei-vassalo, exigindo dele pesados impostos sobre Jerusalém e Judá.

Em 605 a.C., Nabucodonosor, rei da Babilônia, derrotou Neco em Carquemis, no rio Eufrates. Este incidente é mencionado em Jeremias 46.2, no início de uma profecia contra o Egito na qual o profeta previu a derrota de faraó nas mãos dos caldeus. Depois disso, Jeoiaquim passou a pagar tributos a Nabucodonosor e não mais ao Egito (2 Rs 24.1). Em sua profecia concernente ao juízo de Deus sobre os filisteus, Jeremias também referiu-se ao ataque de Faraó-Neco contra Gaza e Ascalom (Jr 47.1-6).   P.D.G.

NECODA. 1. Líder de uma das famílias dos serviçais do Templo cujos descendentes retornaram do exílio na Babilônia nos dias de Esdras e voltaram a trabalhar no Templo (Ed 2.48; Ne 7.50).

2. Os descendentes de Necoda estão listados em Esdras 2.60 e Neemias 7.62 entre os judeus que retornaram para Jerusalém com Neemias e Zorobabel, depois do exílio na Babilônia; entretanto, não puderam provar que suas famílias eram de origem israelita.

NEDABIAS (Hebr. "o Senhor tem sido generoso"). Listado entre os descendentes do rei Jeoiaquim; portanto, faz parte da linhagem real de Davi. Ao que parece, retornou para Judá depois do exílio na Babilônia (1 Cr 3.18).

NEEMIAS. (Heb."Yahweh [o Senhor] tem compaixão"). Antigamente, em Israel, os pais colocavam este nome nos filhos, para louvar ao Senhor por sua misericórdia em suas vidas. Três personagens no Antigo Testamento tiveram esse nome.

1. A referência mais antiga sobre Neemias identifica um homem que retornou do exílio na Babilônia com Sesbazar (Ed 2.2; Ne 7.7).

2. Neemias, filho de Azbuque, foi maioral da metade do distrito de Bete-Zur e colaborou na reconstrução dos muros de Jerusalém.

3. O mais importante dos Neemias na Bíblia foi o governador de Judá após o exílio na Babilônia. Era filho de Hacalias (Ne 1.1) e irmão de Hanani (Ne 1.2; 7.2), e foi nomeado governador em Jerusalém.

O próprio Neemias ocupou posições elevadas durante o reinado do imperador persa Artaxerxes (464 a 424 a.C.). Era chamado de "copeiro do rei" (1.11), cargo de confiança que envolvia a tarefa de provar o vinho antes do rei beber, para garantir o seu não-envenenamento. Geralmente os copeiros eram eunucos, embora não se tenha certeza se este era o caso de Neemias. De qualquer maneira, estava numa posição suficientemente próxima do rei, o que lhe garantia falar livremente com ele quando precisava (2.1-10). Como resultado de seu relacionamento com Artaxerxes, Neemias tor-

NEEMIAS

nou-se o instrumento em prol da reconstrução dos muros de Jerusalém e da reforma civil, no período pós-exílico.

O programa de reconstrução. O trabalho de Neemias em Jerusalém começou logo após seu irmão Hanani visitá-lo na fortaleza de Susã. O homem de Deus perguntou sobre as condições dos judeus que retornaram; soube então que as pessoas estavam com problemas e os muros da cidade encontravam-se em ruína. Depois de orar e jejuar, aproximou-se do rei e pediu permissão para reconstruir a muralha de Jerusalém. A permissão foi concedida e Neemias viajou com os decretos reais que autorizavam a obra (Ne 1.1 a 2.10).

Neemias enfrentou muita oposição no trabalho de reconstrução dos muros de Jerusalém. A resistência surgiu das nações vizinhas, de dentro da própria comunidade judaica e novamente dos povos que viviam ao redor. Primeiro foram os governadores das províncias adjacentes que causaram problemas a Neemias. Sambalate, governador de Samaria, e Tobias, de Amom, zombaram do homem de Deus e de seus trabalhadores. Também levantaram a acusação politicamente grave de que Neemias se rebelara contra Artaxerxes (Ne 2.10,19,20). O servo do Senhor resistiu aos esforços deles para desanimá-lo por meio da oração e do trabalho cada vez mais árduo (4.4-6). Depois que os ataques verbais falharam, Sambalate e Tobias planejaram utilizar a força (4.8). Mesmo assim, Neemias orou e preparou seus trabalhadores para se defender.

A segunda onda de resistência veio de dentro da comunidade judaica. Muitas pessoas reclamaram que eram maltratadas pelos ricos. A usura era um hábito muito difundido em Judá. Neemias acabou com essa prática (Ne 5.1-13) e demonstrou grande generosidade para com os pobres. Conseguiu o favor do povo e a reconstrução continuou (vv. 14-19).

Mais uma oposição à reconstrução veio novamente por parte de Sambalate.

Ele, Gesém, o árabe, e outros inimigos tentaram enganar Neemias e tirá-lo de Jerusalém (Ne 6.2), mas este se recusou a ir. Gesém então o acusou de traição (v. 6), mas Neemias resistiu a tal acusação (v. 8). O livro menciona também Noadias e outros profetas que tentaram intimidar Neemias, o qual, entretanto, superou todas as suas tentativas (v. 14). Como resultado da persistência, Neemias e seus trabalhadores terminaram a obra (Ne 6.15 a 7.3). Jerusalém estava novamente segura contra os inimigos.

A devoção de Neemias à obra de reconstrução dos muros de Jerusalém permanece como um exemplo para os crentes de todas as épocas. Ele conseguiu unir de maneira consistente oração diligente e trabalho duro. Totalmente consciente de suas limitações diante da obra grandiosa, Neemias voltou-se repetidamente ao Senhor e pediu ajuda. Consciente também de sua responsabilidade humana, implementou um programa prático que culminou com a finalização do projeto.

As reformas. Neemias não se preocupou apenas com a reconstrução dos muros de Jerusalém; devotou-se também às reformas religiosas de Judá. Com a assistência do escriba Esdras, renovou o compromisso da comunidade pós-exílica para com o Senhor.

As reformas aconteceram em várias áreas. Neemias nomeou oficiais para liderar o povo. Providenciou para que todos fossem ensinados na Lei de Moisés. Supervisionou a leitura da Palavra de Deus durante a Festa dos Tabernáculos, quando o povo prometeu não se envolver mais com casamentos mistos, guardar o sábado e apoiar os serviços do Templo (Ne 8 a 10).

Em 433 a.C., Neemias retornou à Pérsia, onde permaneceu por um ano (Ne 13.6). Ao regressar a Jerusalém, descobriu que Tobias, seu antigo adversário amonita, alcançara o favor do sumo sacerdote Eliasibe e morava no Templo.

Neemias o expulsou da província. Além disso, foi informado de que muitos judeus tinham-se casado novamente com mulheres estrangeiras, com o intuito de preparar o cenário para a apostasia (vv. 23 a 27). Em resposta, Neemias repreendeu severamente os infratores (vv. 4-7).

Em todas essas reformas Neemias mostrou ser muito mais do que um político competente. Reconhecia que a conformidade externa com as leis de Deus não era suficiente. A reconstrução dos muros de Jerusalém precisava ser acompanhada por uma reforma no estilo de vida. Desta maneira, ele lembra a todos que a verdadeira devoção ao Senhor atinge não apenas o exterior, mas principalmente o coração de seu povo. R.P.

NEFEGUE (Heb. "broto").

1. Um dos filhos de Jizar e neto de Coate. Era bisneto de Levi (Êx 6.21). Seu irmão Coré liderou uma rebelião contra Moisés.

2. Filho de Davi. Depois que conquistou Jerusalém e mudou-se de Hebrom para lá, o novo rei tomou muitas esposas e concubinas. Nefegue foi um dos seus muitos filhos (2 Sm 5.15; 1 Cr 3.7; 14.6).

NEFILIM. Esse povo só é mencionado em Gênesis 6.4 e Números 13.33 (na maioria das versões em português aparecem como "gigantes"). A origem da palavra não é muito clara, mas ao que parece era um povo antigo, de grande estatura. Em Números 13.33, quando os doze espias retornaram a Moisés, após espiar a terra de Canaã, relataram que haviam visto os nefilins. Um parêntese no texto explica que os descendentes de Enaque pertenciam a esse povo. Os enaquins, por sua vez, eram considerados gigantes. Certamente a estatura deles apavorou dez dos espias. Somente Calebe e Josué, ao demonstrar grande fé no Senhor, creram que tal povo seria facilmente derrotado (Nm 14.9).

NEFUSIM. Líder de uma das famílias de servidores do Templo cujos descendentes retornaram do exílio na Babilônia nos dias de Esdras e voltaram a trabalhar no Santuário (Ed 2.50; Ne 7.52).

NEMUEL. 1. Primeiro filho de Eliabe, listado em Números 26.9. Era descendente de Rúben e irmão de Datã e Abirão, os quais se rebelaram contra Moisés e Arão e participaram da revolta de Coré.

2. Um dos filhos de Simeão e fundador do clã dos nemuelitas (Nm 26.12; 1 Cr 4.24). Talvez seja outro nome para Jemuel, filho primogênito de Simeão e um dos que desceram com Jacó para o Egito (Gn 46.10; Êx 6.15).

NER (Heb. "lâmpada"). Pai de Abner, da tribo de Benjamim, o comandante do exército de Saul. Era filho de Abiel; portanto, irmão de Quis, pai de Saul (1 Sm 14.50,51). Mencionado em numerosas passagens, geralmente em conexão com o filho Abner (1 Sm 26.5, 14; 2 Sm 2.8, 12; 3.23; etc.). Em 1 Crônicas Ner é listado na genealogia de Saul, o que demonstra certa confusão com relação ao relato de 1 Samuel. Em 1 Crônicas 8.30 e 9.36 Ner é mencionado como filho ou descendente de Jeiel e vivia perto de Jerusalém. Em 8.33 e 9.39 a Bíblia diz que Ner era o pai de Quis. Até o presente momento essa contradição não foi resolvida. É possível que uma ou outra genealogia tenha simplesmente omitido um nome ou uma geração, mas os esforços para harmonizar os textos ainda envolvem muita especulação.

NEREU. Um cristão que vivia em Roma e foi saudado pelo apóstolo Paulo junto com sua irmã (Rm 16.15). O reconhecimento pessoal e o cuidado de Paulo por tantas pessoas de diferentes congregações é algo constante na maioria de suas cartas.

NERGAL. Uma divindade adorada pelo povo de Cuta, na região noroeste da

Babilônia (2 Rs 17.30). Esse foi um dos vários grupos étnicos colocados em Samaria pelos assírios. Cada etnia tinha seus próprios deuses (v. 30). Acreditava-se que esta fosse a divindade das doenças e das catástrofes.

NERGAL-SAREZER (Bab. "Nergal preserve o rei"). Um alto oficial de Nabucodonosor, rei da Babilônia. Estava entre os comandantes que entraram em Jerusalém quando finalmente se abriu uma brecha nos muros e as tropas dos caldeus invadiram a cidade (Jr 39.3). Junto com seus companheiros, posicionou-se na Porta do Meio e recebeu instruções do rei Nabucodonosor para que nenhum mal fosse feito ao profeta Jeremias. Por isso, os oficiais o colocaram sob os cuidados do governador Gedalias (Jr 39.13). O texto hebraico não é muito claro com relação aos nomes dos oficiais; por isso, existem variações em diferentes versões da Bíblia.

NERI. Mencionado na genealogia apresentada por Lucas que vai de Jesus e José até Adão (Lc 3.27). Era pai de Salatiel e filho de Melqui.

NERIAS (Heb. "o Senhor é luz"). Filho de Maaséias (Jr 32.12; 51.59). Ficou conhecido por ser o pai de Baruque e Seraías, ambos servos do profeta Jeremias durante os últimos anos do reino de Judá e no decorrer da queda de Jerusalém, quando da invasão dos caldeus (Jr 32.16; 36.4, 8, 14, 32; 43.3, 6; 45.1).

NETANIAS (Heb. "o Senhor tem dado").
1. Mencionado em 1 Crônicas 25.2, era um dos filhos de Asafe. Sob a direção direta do pai e do rei Davi (v. 1), estava entre os que profetizavam e lideravam o ministério da música na adoração. Era líder do 5º grupo de músicos levitas e membro do coral que atuava no Tabernáculo (v. 12).
2. Levita, viveu no tempo do rei Jeosafá, de Judá. Durante os primeiros anos de seu reinado, este monarca serviu ao Senhor e enviou vários mestres e levitas para ensinar o povo das cidades de Judá sobre o livro da Lei. Netanias foi um destes mestres (2 Cr 17.8).
3. Pai de Jeudi, um dos oficiais da corte nos dias do rei Jeoiaquim, de Judá (Jr 36.14).
4. Pai de Ismael, um oficial do exército e descendente da linhagem real que serviu sob a liderança de Gedalias, governador de Judá. Posteriormente ele se envolveu no assassinato de Gedalias (2 Rs 25.23,25; Jr 40.8, 14; 41:1,2, 6-18).

P.D.G.

NEUM. Um dos israelitas que retornaram para Jerusalém com Neemias e Zorobabel depois do exílio na Babilônia (Ne 7.7).

NEUSTA (Heb. "serpente"). Filha de Elnatã, de Jerusalém, foi esposa ou concubina do rei Jeoiaquim, de Judá (2 Rs 24.8). Junto com seu filho Joaquim, rendeu-se ao rei Nabucodonosor, quando este sitiou Jerusalém; foi deportada com Joaquim e seus oficiais para a Babilônia (vv. 12-15).

NEZIÁ. Líder de uma família de servidores do Templo cujos descendentes retornaram do exílio na Babilônia nos dias de Esdras e voltaram a trabalhar no Santuário (Ed 2.54; Ne 7.56).

NIBAZ. Depois que os assírios invadiram Israel, o reino do Norte, os israelitas foram dispersos para outras regiões do império. Outros grupos étnicos foram estabelecidos em Israel e Samaria, ocasião em que levaram com eles seus próprios deuses. 2 Reis 17.24-41 registra esse movimento de pessoas e a introdução de divindades estranhas em Israel. A Bíblia diz que os aveus foram os responsáveis pela introdução de Nibaz e de Tartaque, dois nomes que talvez representem seus deuses. A passagem bíblica descreve como esses povos e seus descendentes tentaram ado-

NICANOR

rar suas próprias divindades e aquele que perceberam ser o Deus de seu novo país — *Yahweh* (v. 32). Tal adoração certamente ia contra a Lei do Senhor, a aliança e a verdade do monoteísmo, tão fundamental para a fé de Israel (vv. 34-41).   P.D.G.

NICANOR ("conquistador"). Um dos sete diáconos indicados para ajudar os apóstolos, que julgaram o trabalho administrativo da Igreja primitiva em Jerusalém um fardo muito pesado (At 6.5). Muitas pessoas convertiam-se ao Evangelho. Os novos cristãos de origem greco-judaica reclamaram que suas viúvas eram desprezadas pelos judeus na hora da distribuição diária dos alimentos. Os apóstolos perceberam que gastavam tempo demasiado na solução desse tipo de problema (v. 2) e negligenciavam o ministério da Palavra de Deus. Portanto, sete homens foram indicados e escolhidos entre aqueles reconhecidos como "cheios do Espírito Santo e de sabedoria". Os apóstolos oraram e impuseram as mãos sobre eles, encarregando-os das questões do dia-a-dia da igreja.

Este incidente é uma interessante indicação de quão cedo na vida da Igreja houve um reconhecimento de que Deus dá diferentes "ministérios" e diversos dons para muitas pessoas. Este fato reflete também a posição da igreja de que os que são chamados para o ministério da Palavra de Deus (v. 2) não devem ter outras preocupações. O v. 7 indica o sucesso dessa divisão de tarefas: "De sorte que crescia a palavra de Deus, e em Jerusalém se multiplicava rapidamente o número dos discípulos...".   P.D.G.

NICODEMOS ("conquistador do povo"). Mencionado somente no evangelho de João, Nicodemos era fariseu e membro do concílio de líderes judaicos (Jo 3.1). Seu encontro com Jesus é registrado detalhadamente em João 3. Claramente interessado no que ouvira a respeito de Cristo, Nicodemos resolveu procurá-lo para conversar a sós com Ele e foi ao seu encontro em segredo durante a noite — provavelmente, para evitar os comentários dos colegas. Começou a conversa com uma demonstração de grande respeito e consideração por Jesus, cujos milagres comprovavam seus ensinos, reconhecendo-o como procedente da parte de Deus (v. 2). Cristo respondeu que os que desejavam "ver o reino de Deus" precisavam "nascer de novo" (ou nascer "do alto"). Nico-demos interpretou a mensagem literalmente e não conseguiu entender como se processa um segundo nascimento. Jesus então lhe explicou sobre a necessidade da operação do Espírito Santo na vida do indivíduo que deseja ver o reino de Deus. Essas palavras contrastariam com a crença judaica de que o nascimento físico era de grande importância — o fato de ser descendente de Abraão. Nicodemos estava perplexo pelas coisas que ouvia e Jesus destacou, ironicamente, que ele, apesar de ser líder em Israel, não era capaz de entender aqueles ensinamentos. A verdadeira pedra de tropeço para ele não viria pelas coisas que são entendidas ("coisas terrenas"), mas sim pelas "coisas espirituais". Quão difícil seria para Nicodemos crer no Filho de Deus, em sua crucificação e sua morte! (Jo 3.13,14).

O texto não esclarece se Nicodemos creu em Cristo, embora posteriormente o tenha defendido. Quando alguns dos fariseus procuravam um meio para condenar Jesus, ele perguntou: "Condena a nossa lei alguém sem primeiro ouvi-lo para descobrir o que faz?" (Jo 7.50,51). Após a morte de Cristo, Nicodemos uniu-se a José de Arimatéia e ajudou a tirar o corpo do Filho de Deus da cruz e colocá-lo no sepulcro. Providenciou perfumes caros, como indicação de que era um homem rico (19.39). Esta última referência talvez indique que ele se tenha tornado secretamente um crente em Jesus. Como Nicodemos, que foi ao encontro de Cristo protegido pela noite (v. 39), José de Arimatéia era "discípulo de Jesus, mas em oculto, por temer os judeus"

NICOLAÍTAS, OS

(19.38). Talvez os dois se identificassem na fé e no medo dos judeus.

João usa o encontro de Nicodemos com Jesus para desenvolver outros temas importantíssimos sobre o Filho de Deus. Primeiro, existe a questão do relacionamento dos judeus com Cristo. São vistos como pessoas que não entenderam qual era realmente a mensagem de Jesus ou quem Ele realmente era. Segundo, a imagem do novo nascimento em João 3 é apenas uma das várias instâncias no evangelho em que as pessoas não entendem as palavras de Cristo, a fim de interpretar literalmente o que Ele tencionava que fosse tomado num nível espiritual mais profundo. Em João 4, a mulher samaritana primeiro interpretou literalmente a promessa de Cristo de proporcionar uma água que acabaria definitivamente com a sede dela. Em João 6, as pessoas procuraram um pão literal, quando Jesus oferecia um que acabaria definitivamente com a fome espiritual. Em todos os casos Cristo referia-se à necessidade essencial de uma operação do Espírito Santo na vida de cada um deles (Jo 3.5-8; 4.23,24; 6.63; 7.37-39; etc.). Terceiro, João demonstra ser essencial "crer" em Jesus, e muitos não creram; por isso, não verão o reino de Deus nem herdarão a vida eterna. Os temas da vida eterna e da fé são claramente destacados nesta passagem (3.12-15).

Provavelmente é algo significativo para João que Nicodemos, o qual procurou Jesus na calada da noite, veio também em trevas de entendimento. A ênfase sobre Jesus como "luz" nos versículos seguintes e o contraste com os que amam a escuridão é explícita (3.19). João, porém, mostra como as trevas espirituais podem ser remediadas — por meio da fé em Cristo, a luz que veio ao mundo (Jo 3.16-21; 1.6-9; 8.12; 9.5). P.D.G.

NICOLAÍTAS, OS. Grupo herético que entrou em íntimo contato com algumas das igrejas da Ásia Menor no final da Era Apostólica. Essa seita é mencionada diretamente na Bíblia apenas em Apocalipse 2.6,15.

As tentativas para determinar o significado do nome "nicolaíta" não são frutíferas e constituem apenas especulações. Existe uma tradição persistente que relaciona a origem do grupo com Nicolau, um dos sete diáconos escolhidos para ajudar os apóstolos em Atos 6.5. Se isso for verdade, o cenário provável envolveria sua transferência para a Ásia Menor, provavelmente com João, o escritor do Apocalipse (Ap 1.4). Em algum ponto, Nicolau se desviou da fé cristã ortodoxa, conforme é indicado pela ira de Deus contra as obras do grupo (Ap 2.6).

Pouco se sabe exatamente sobre as convicções e as práticas dos nicolaítas. Se a heresia deles (Ap 2.15) for conectada "com a doutrina de Balaão" (v. 14), na vizinha igreja de Pérgamo, com certeza eles estariam envolvidos com elementos de idolatria e imoralidade sexual. Alguns declaram que tais práticas dos "seguidores de Jezabel" na igreja de Tiatira (v. 20) indicam que também eram nicolaítas.

Qualquer que seja a natureza da heresia, era desprezada pelo Senhor. Embora Cristo repreenda a igreja de Éfeso por ter abandonado o primeiro amor, o que provavelmente significa o mandamento duplo de amar ao Senhor e ao próximo (Mt 22.36-39) — especialmente outros cristãos (Gl 5.13,14), o Senhor a elogia por sua perspectiva com relação aos nicolaítas (Ap 2.6). Parece que, a despeito da séria queda espiritual e da necessidade de arrependimento daquela igreja (v. 5), seu erro não era nem de perto tão grave quanto os pontos de vista e o comportamento dos nicolaítas (v. 6).

A situação é similar na igreja de Pérgamo. Novamente, o Senhor glorificado elogia a firme posição daqueles irmãos para com Ele e a firmeza deles em face dos sofrimentos causados por Satanás (2.13). Ainda assim, havia uma infiltração significativa do ensino nicolaíta na congregação (v. 15). A ordem de Cristo

NICOLAU

para que se arrependessem demonstra o quão sério era para Ele tal envolvimento, mesmo por parte de uma minoria na igreja local (v. 16).

Um fascinante elemento adicional dessas duas referências claras ao ensino nicolaíta tem que ver com o aparente contraste entre a heresia e a promessa de Cristo para os que "vencessem". A falsa doutrina é mencionada bem próxima da promessa (Ap 2.6,7,15,17), mas parece que há um deliberado jogo de palavras entre "nicolaíta" (gr."*Nikolaites*) e "vencer" (gr."*Nikaw*").

Deste ponto de vista, parece que a posição nicolaíta é praticamente a antítese da fé e do comportamento cristão ortodoxo. Certamente não é demais acrescentar que os que sucumbem ao ensino herético ou tomam parte em práticas idolátricas ou de imoralidade sexual são tudo, menos os "vencedores" que Cristo determina que seu povo seja.   A.B.L.

NICOLAU ("conquistador do povo"). Um dos sete diáconos indicados para ajudar os apóstolos, os quais julgaram que o trabalho administrativo da igreja primitiva em Jerusalém tornara-se um fardo muito pesado (At 6.5). Diariamente as pessoas aceitavam a Cristo. Os novos convertidos de origem greco-judaica reclamaram que suas viúvas eram desprezadas pelos judeus cristãos na hora da distribuição diária dos alimentos. Os apóstolos perceberam que gastavam tempo demasiado na solução desse tipo de problema (v. 2) e negligenciavam o ministério da Palavra de Deus. Portanto, sete homens foram indicados e escolhidos entre os reconhecidos como "cheios do Espírito Santo e de sabedoria". Os apóstolos oraram e impuseram as mãos sobre eles e os nomearam para cuidar dos problemas sociais do dia-a-dia da Igreja. Dado o conflito particular que ocorria na comunidade, é interessante notar como uma atenção especial foi dada ao fato de que Nicolau era "prosélito de Antioquia", ou seja, já pertencia ao judaísmo. Parece que a igreja deliberadamente tentou escolher representantes dos dois grupos. Tais homens, "cheios do Espírito Santo", seriam capazes de unir os dois lados por meio do serviço ao Senhor. O v. 7 indica o sucesso dessa divisão de tarefas: "De sorte que crescia a palavra de Deus, e em Jerusalém se multiplicava rapidamente o número dos discípulos...".   P.D.G.

NÍGER. Profeta e mestre na igreja em Antioquia (At 13.1). Veja *Simeão*.

NINFA. Pessoa saudada pelo apóstolo Paulo em Cl 4.15, em cuja casa uma igreja se reunia para os cultos. Supõe-se que se tratava de uma mulher, embora não se possa determinar com certeza.

NINRODE. Filho de Cuxe, descendente de Cão e conhecido como "poderoso caçador" (Gn 10.8,9; 1 Cr 1.10). Sua perícia como caçador gerou um ditado: "Como Ninrode, poderoso caçador diante do Senhor" (Gn 10.9). Gênesis 10.10,11 descreve com alguns detalhes como seus descendentes e seu governo se estenderam através da Babilônia até a Assíria. O profeta Miquéias igualou a terra de Ninrode à dos assírios e, numa passagem messiânica, advertiu-os de que um dia Israel ficaria livre de toda e qualquer invasão (Mq 5.6).

NINSI. Pai de Josafá e avô de Jeú, o qual se tornou rei de Israel, mencionado somente em conexão com os dois (1 Rs 19.16; 2 Rs 9.2, 14, 20; 2 Cr 22.7). Dado ao fato de que Jeú em alguns textos é referido como "filho de Ninsi", provavelmente seria certo supor que a expressão signifique simplesmente "descendente de".

NISROQUE. Nome do deus que o rei Senaqueribe da Assíria adorava em Nínive, quando foi assassinado por dois de seus filhos (2 Rs 19.37; Is 37.38). Sua morte foi atribuída à obra do Senhor, o qual prometera ao rei Ezequias, de Judá, que os assírios não invadiriam Jerusalém (2 Rs 19.32-34). Nenhuma identificação positiva sobre esse deus foi feita por meio de outras fontes.

NOA. Uma das cinco filhas de Zelofeade, da tribo de Manassés, o qual não teve filhos. Elas se casaram com primos, da mesma linhagem do pai (Nm 26.33; 27.1; 36.1-12; Js 17.3). Noa e suas irmãs enfrentaram a questão com relação à herança, pois normalmente a posse da terra passava para os filhos homens.

Procuraram Moisés para tratar da questão, na porta do Tabernáculo, e pediram-lhe que interviesse, para que tivessem permissão de apossar-se da terra que seria do pai, pois não era justo que o nome dele fosse apagado da memória de seu povo. Moisés consultou a Deus sobre esta situação e, como resultado, uma nova lei foi promulgada, a qual permitia que as filhas herdassem a terra do pai. Posteriormente, os líderes da tribo de Manassés trataram com Moisés sobre este caso, e afirmaram que, se tais mulheres se casassem com homens de outras tribos, a terra delas não seria mais considerada como parte de Manassés. Uma emenda foi acrescentada à lei, a fim de ordenar que as mulheres herdeiras se casassem com homens da tribo do próprio pai, ou perderiam o direito à herança (Nm 36). Desta maneira, as filhas de Zelofeade se casaram com primos paternos, em cumprimento à lei do Senhor.

Quando finalmente os israelitas entraram na terra de Canaã e o território foi dividido entre as tribos, essas mulheres receberam a parte que lhes cabia (Js 17.3,4).   P.D.G.

NOÁ (Heb."descanso"). Quarto filho de Benjamim, o qual tornou-se um líder em sua tribo (1 Cr 8.2). Seu nome é omitido na lista dos filhos de Benjamim, em Gênesis 46.21.

NOADIAS (Heb. "encontro com o Senhor").
1. Filho de Binui, da tribo de Levi, retornou da Babilônia com Esdras. Ajudou a pesar e conferir os tesouros do Templo quando chegaram a Jerusalém (Ed 8.33).
2. Profetisa que liderou um grupo de profetas que tentaram atrapalhar o trabalho de Neemias e do povo de Judá na reconstrução dos muros de Jerusalém. Uniu-se a Sambalate e Tobias na tentativa de intimidar os homens que trabalhavam na reconstrução (Ne 6.14).

NOBA. Pertencente à tribo de Manassés, foi creditado como o conquistador da cidade de Quenate, à qual deu seu próprio nome, Noba (Nm 32.42). Esta localidade é mencionada em Juízes 8.11 e ficava na região de Gileade (a região da Transjordânia, ao norte do mar Morto).

NODABE. Um dos nomes das famílias dos hagarenos (descendentes de Hagar e de Ismael), os quais foram derrotados por uma coalizão formada pelas tribos de Rúben, Gade e Manassés (1 Cr 5.19).

NOÉ, O FILHO DE LAMEQUE

A história de Noé (Gn 6.5 a 9.28) tem um prólogo (6.5-8) que estabelece o pano de fundo; a narrativa principal, que conta sobre a arca (6.9 a 8.18) e a aliança (8.19 a 9.17); e um epílogo (9.18-28) de degradação e morte. O prólogo menciona como Noé tornou-se um homem de destaque; a narrativa principal revela o resultado dessa distinção; e o epílogo mostra que não ele era suficientemente diferente dos demais.

NOÉ, O FILHO DE LAMEQUE

Graça

Três verdades de abrangência universal são mencionadas na primeira referência a Noé: "... a maldade do homem... arrependeu-se o Senhor de haver feito o homem... destruirei... o homem que criei..." (Gn 6.5-7). Essas verdades não admitem exceções. O "homem" engloba todos os seres humanos: todos os indivíduos são igualmente ímpios (v. 5), a causa da tristeza divina (v. 6) e o alvo da destruição total (v. 7). O Novo Testamento (Mt 24.37ss; Lc 17.26ss) usa esses versículos para descrever o mundo para o qual o Senhor Jesus um dia voltará. Nesta época, como aconteceu nos dias de Noé, não haverá salvação por nenhum outro meio a não ser pela graça. A tradução de Gênesis 6.8 é exata: "Noé, porém" (isto é, ao contrário do que seria de se esperar, pois todos os homens mereciam condenação), achou graça/favor". A frase ocorre 40 vezes no Antigo Testamento. Às vezes nada mais indica senão uma gentileza (1 Sm 20.29), mas mesmo em tais casos implica um favor imerecido ou que poderia ser suspenso. Quando, porém, é usada de maneira mais distinta (Rt 2.2,10,13) e certamente onde o homem e Deus estão envolvidos (Jz 6.17), enfatiza um ato de pura graça, não merecida nem provocada. Assim aconteceu com Noé. A tradução "Noé achou graça" é exata, mas o verdadeiro significado é expresso pela ordem inversa: "A graça achou Noé". Numa situação de juízo total, o Senhor agiu com uma livre manifestação de graça imerecida.

A arca

Gênesis 6.9 diz: "São estas as gerações de Nóe". O termo "gerações" significa "aquilo que emerge de": eventos anteriores "gerando" fatos posteriores. No livro de Gênesis, essa fórmula marca um novo começo. Estamos prestes a aprender sobre a vida distintiva que "emergiu/nasceu" da obra inicial da graça (Gn 6.8). Noé tinha três características (v. 9): no caráter, era justo; entre as pessoas do seu tempo, íntegro; e tinha comunhão com Deus. Entretanto, uma característica da vida da graça é destacada de maneira particular: a obediência detalhada e imediata à palavra do Senhor — ao receber a ordem para construir a arca (Gn 6.14-16), "assim fez Noé conforme a tudo o que Deus lhe mandou" (6.22; cf. 7.5,9,16). Não entrou na arca enquanto o Senhor não ordenou (7.1) nem saiu dela enquanto Deus não determinou (8.15,16) [embora soubesse que o Dilúvio já havia terminado]. Esta é a característica de Noé destacada em Hebreus 11.7: "avisado" significa "tendo recebido uma palavra divina" (Mt 2.12,22; Lc 2.26; At 10.22); "sendo temente a Deus" significa "sensibilidade espiritual à Palavra de Deus" (Lc 2.25; At 22.12; Hb 5.7) — em outras palavras, aceitação reverente das Escrituras, seguida pela obediência da fé.

A aliança

Gênesis 9.11 diz (literalmente): "Estabeleço convosco a minha aliança". A promessa retorna ao passado, para Gênesis 6.8. O Senhor tomou uma iniciativa de graça para com Noé. Em conseqüência, considerava-se preso por uma "aliança", uma promessa incondicional, dada voluntariamente, de maneira que, quando o justo castigo chegasse, o patriarca seria preservado na segurança da arca. Não estaria imune ao castigo, mas este viria de tal maneira que literalmente o levaria à salvação — exatamente a nossa posição em Cristo, simbolizada pelo batismo (1 Pe 3.20,21). Depois do Dilúvio, a aliança do Senhor com Noé foi elaborada em três formas que anteciparam o desen-

NUM

volvimento dos pactos com Abraão e, Moisés e posteriormente, a Nova aliança. Primeiro, houve uma consagração responsiva (Gn 8.18-20). Numa atitude de gratidão pela salvação mediante a graça, Noé consagrou-se sem reservas (cf. Gn 22.2,12) a Deus. Segundo, ao homem que fora salvo pela graça, o Senhor estabeleceu as leis para uma "vida obediente" (Gn 9.1-7). Terceiro (Gn 9.8-17), a continuidade do relacionamento do Senhor com Noé foi confirmada por um sinal da aliança. Se antes do Dilúvio houvesse algo semelhante ao arco-íris, o Senhor então teria tomado a figura familiar e lhe dado um novo significado — como mais tarde faria com o pão e o vinho. A palavra traduzida "arco-íris" de fato é "arco" — a arma. É como se Deus dissesse: "Vejam, acabou a guerra; vou pendurar meu arco". Dali em diante, sempre que surgisse uma ameaça, Noé veria também o "sinal" de que nenhuma ameaça o atingiria novamente: o Senhor prometera.

O homem inadequado

Por meio de Noé, a humanidade teve um novo início, uma segunda chance. Por isso, Gênesis 9.1,7 introduz reminiscências do Jardim do Éden (cf. Gn 1.28). Lamentavelmente, entretanto, apesar da graça, Noé continuava pecador; embora fosse o fundador de uma nova humanidade, como seu antepassado Adão, seria capaz de gerar somente filhos à sua própria imagem (5.3). Essa situação permaneceria até que um homem maior nos restaurasse e reconquistasse seu trono de alegria (Is 9.1-17; Ap 22.1-5).

J.A.M.

NOEMI. Tradicionalmente conhecida como a sogra de Rute (Rt 1). Era casada com Elimeleque, com quem teve dois filhos: Malom e Quiliom. Durante um período de fome em Judá, seu esposo levou a família para morar em Moabe, a fim de sobreviver. Com a morte de Elimeleque, Noemi e os dois filhos permaneceram em Moabe, onde os jovens se casaram com duas moabitas, chamadas Rute e Orfa. Depois de viver em Moabe por cerca de dez anos, Malom e Quiliom também morreram; Noemi ficou só, sem marido e filhos. Não conseguiu vislumbrar nenhuma esperança de felicidade adiante dela; por isso, decidiu voltar para Judá. Seu desejo foi que as duas noras, Rute e Orfa, voltassem para as casas de seus pais, mas a primeira não aceitou tal plano. Pelo contrário, apegou-se a Noemi, e fez esta sublime declaração que já ouvimos tantas vezes: "Não me instes para que te deixe, e me obrigues a não seguir-te. Aonde quer que fores irei, e onde quer que pousares,

ali pousarei. O teu povo será o meu povo, e o teu Deus será o meu Deus" (Rt 1.16). Noemi aceitou a devoção de Rute e imediatamente as duas partiram para Judá, ao campo de Boaz, com quem mais tarde esta moabita se casou. Boaz "redimiu" a herança à qual Noemi tinha direito e Rute deu à luz um filho que se tornou o pai de Jessé e avô de Davi. Noemi na verdade teve esperança e Deus foi fiel. Veja Rute 1 a 4. Veja também *Maria*, *Rute* e *Boaz*.

NOGÁ (Heb."brilho"). Um dos filhos de Davi. Depois que conquistou Jerusalém e mudou-se de Hebrom para lá, o novo rei tomou muitas esposas e concubinas. Nogá foi um de seus muitos filhos (1 Cr 3.7; 14.6).

NUM (Heb."peixe"). Membro da tribo de Efraim e pai de Josué (o qual também é chamado de Oséias; Nm 13.8, 16; 1 Cr 7.27). Seu nome sempre aparece na expressão "filho de Num" (Êx 33.11; Nm 14.6, 30; Ne 8.17; etc.).

O

OADE. Terceiro filho de Simeão, listado no grupo de pessoas que desceram com Jacó para o Egito (Gn 46.10; Êx 6.15).

OBADIAS (Heb. "servo do Senhor").

1. Obadias, o profeta. Escritor do livro mais curto do Antigo Testamento, tem em comum com outros dois profetas (Jonas e Naum) o fato de enviar sua mensagem não para Israel nem para Judá, mas exclusivamente para uma nação estrangeira (ou a respeito dela). Neste caso, Obadias fala sobre o julgamento vindouro sobre Edom, a nação situada ao leste e ao sul do mar Morto e que teve suas origens em Esaú, irmão de Jacó (Ob 6, 8-10, 18,19, 21; cf. Gn 36.1-8).

A razão para a ameaça da ruína de Edom é sua violência contra seu irmão Jacó (v. 10); devido ao fato de que a relação dessa nação com Israel foi caracterizada pela violência por quase todo o período do Antigo Testamento, é impossível especificar a que acontecimento Obadias se refere e, portanto, determinar a data de seu ministério. Além disso, ele nada fala sobre sua família, sua residência ou onde escreveu seu livro. Talvez a referência a Sarepta (v. 20) favoreça uma data relativamente recente, especialmente se essa cidade relacionar-se a Sardes, na região da Média.

O principal ponto teológico que pode destacar-se com relação a Obadias e seu ministério é o interesse universal do Senhor para com todos os povos, tanto para salvação como para julgamento, e sua soberania absoluta sobre toda a família das nações (v. 21).

2. Contemporâneo do profeta Elias, mordomo do palácio do rei Acabe. Era um homem muito temente ao Senhor e salvou 100 profetas de Deus das perseguições de Acabe (1 Rs 18.3-16). Não deve ser confundido com o relacionado no item 1.

3. Um dos membros da linhagem real de Davi que viveu depois do exílio na Babilônia. Sua origem foi traçada através de Hananias, Zorobabel e Jeoiaquim (1 Cr 3.21).

4. Filho de Izraías, da tribo de Issacar. Descendente de Tola e Uzi (1 Cr 7.3).

5. Filho de Azel, da tribo de Benjamim. Descendia do rei Saul, através de seu filho Jônatas e de Meribe-Baal [Mefibosete] (1 Cr 8.38; 9.44).

6. Filho de Semaías, foi líder da comunidade de levitas em Jerusalém, após o exílio na Babilônia. Pertencia ao clã dos meraritas. Provavelmente esteve entre os porteiros do Templo e os guardas dos depósitos nos dias de Neemias (Ne 12.25).

7. Um dos chefes da tribo de Gade que se tornou o segundo no comando das tropas de Davi, enquanto este ainda vivia em Ziclague (1 Cr 12.9).

8. Seu filho, Ismaías, liderou a tribo de Zebulom durante o reinado de Davi (1 Cr 27.19).

9. Um dos chefes da tribo de Judá enviado pelo rei Jeosafá junto com os levitas para ensinar o povo das cidades de Judá sobre a Lei do Senhor (2 Cr 17.7).

10. Levita do clã dos meraritas, supervisionou as obras no Templo durante as reformas do rei Josias (2 Cr 34.12). Não deve ser confundido com o relacionado no item 6.

11. Líder de uma família que retornou a Jerusalém com Esdras, após o exílio na Babilônia (Ed 8.9). Talvez seja o mesmo que assinou o pacto de renovação feito pelo povo no tempo de Neemias (Ne 10.5).   E.M.

OFIR

OBAL. Listado tanto em Gênesis 10.28 como em 1 Crônicas 1.22 como descendente de Sem. Seu pai foi Joctã.

OBEDE. (Heb. "adorador").
1. Filho de Boaz e Rute e pai de Jessé (Rt 4.17,21,22; 1 Cr 2.12). Posteriormente, é mencionado nos relatos dos evangelhos (Mt 1.5; Lc 3.32).
2. Listado entre os filhos de Judá (1 Cr 2.37,38).
3. Guerreiro valente de Davi. Seu nome está registrado em 1 Crônicas 11.26-47.
4. Um dos filhos de Semaías, da tribo de Levi, pertencia ao clã dos coraítas; era porteiro do Templo nos dias do rei Salomão (1 Cr 26.7).
5. Pai de Azarias (2 Cr 23.1), comandante do exército que ajudou o profeta Jeoiada na remoção de Atalia do trono de Judá. S.C.
6. Pai de Azarias, profeta durante o reinado de Asa; o Espírito de Deus veio sobre ele (2 Cr 15.1) e proclamou ao rei Asa: "O Senhor está convosco, quando vós estais com ele. Se o buscardes, o achareis; porém, se o deixardes, ele vos deixará" (v. 2). Algumas versões dão a impressão de que o próprio Obede era o profeta, embora o contexto demonstre claramente que isso é impossível.

OBEDE-EDOM. 1. Depois que Uzá foi morto, por ter tocado na arca da Aliança, Davi ficou com medo de levá-la para Jerusalém; preferiu deixá-la na casa de Obede-Edom, o geteu. Este a guardou durante três meses e foi abençoado por Deus, quando o rei finalmente decidiu concluir seu traslado (2 Sm 6.10-12; 1 Cr 13.12-14; 15.23-39).
2. Um dos levitas escolhidos para ministrar diante da arca da Aliança, tocando trombeta (1 Cr 15.24).
3. Chefe de uma família da tribo de Levi, líder de 62 homens do clã dos coatitas, os quais eram porteiros e trabalhadores diligentes durante o reinado de Davi (1 Cr 26.4).

4. Servo de Deus, cuidou do ouro, da prata e dos demais artigos encontrados no Templo quando Jeoás, rei de Israel, derrotou Amazias na guerra contra Judá e invadiu Jerusalém, levando todo o saque para Samaria (2 Cr 25.24). S.C.

OBIL (Heb. "condutor de camelo"). Descendente de Ismael, era responsável por todos os camelos do rei durante o reinado de Davi (1 Cr 27.30).

OCRÃ (Heb. "problema"). Pai de Pagiel, líder da tribo de Aser, composta de 41.500 pessoas, na época do censo, quando os israelitas estavam no deserto do Sinai (Nm 1.13; 2.27). Como representante de seu povo, Pagiel levou as ofertas na festa de dedicação do Tabernáculo (Nm 7.72,77). Liderou a tribo quando os israelitas finalmente partiram do Sinai (Nm 10.26).

ODEDE (Heb. "restaurador"). Profeta que ministrou nos dias do rei Acaz, de Judá, e Peca, rei de Israel (2 Cr 28.9). Acaz "andou nos caminhos dos reis de Israel"; portanto, não procedeu como Davi (v. 2). O Senhor, por causa disto, permitiu que os sírios e o reino do Norte [Israel] derrotassem Judá na guerra (vv. 5,6). Quando os israelitas voltaram para Samaria, com o saque e os prisioneiros judeus, Odede saiu ao encontro dos soldados. Mostrou a eles que cometiam um grande pecado; portanto, deviam libertar os cativos de Judá. Os soldados ouviram a mensagem e soltaram os prisioneiros (vv. 12-15). P.D.G.

OEL (Heb. "tenda"). Um dos vários filhos de Zorobabel, portanto descendente do rei Davi. Pertencia à tribo de Judá e só é mencionado na genealogia de 1 Crônicas 3.20.

OFIR. Listado em Gênesis 10.29 e em 1 Crônicas 1.23 como descendente de Sem; seu pai foi Joctã. Possivelmente foi o primeiro habitante de Ofir, uma região que

OFRA

ficou famosa por suas reservas de ouro, localizada na parte sudoeste da Arábia.

OFRA (Heb. "corça"). Filho de Meonotai e um dos líderes na tribo de Judá (1 Cr 4.14).

OGUE. Nome do rei amorreu de Basã, que habitava em Astarote (Dt 1.4; 4.47). Quando os israelitas caminhavam, após sair do deserto do Sinai, através da *estrada do rei* até Canaã, pediram permissão para atravessar o território dos amorreus, a leste do mar Morto. Eles não permitiram; o rei Seom e seus soldados foram derrotados na batalha que se seguiu (para mais detalhes, veja *Seom*). Os próximos adversários de Israel eram liderados por Ogue, rei de Basã, o qual também saiu com suas tropas e enfrentou Israel em Edrei (Nm 21.33-35; Dt 3.1-13; 29.7,8). Assim como o Senhor auxiliara o povo na batalha contra Seom, novamente disse aos israelitas que não temessem, pois entregaria também Ogue em suas mãos. Na batalha que se seguiu, o referido rei foi morto, bem como seus filhos e todas as suas tropas. Posteriormente, seu território foi dividido entre as tribos de Gade, Rúben e Manassés (Nm 32.33; Js 13.12, 30,31; 1 Rs 4.19).

O relato em Deuteronômio 3.11 diz que Ogue era descendente dos refains, a fim de informar que era um homem de grande estatura (considerado "gigante"; veja Js 12.4). Sua enorme cama ficou famosa e sem dúvida foi conservada como suvenir!

As notícias sobre essas vitórias espalharam-se rapidamente e o medo tomou conta dos corações dos moradores de Canaã. Raabe, a prostituta de Jericó, estava convencida de que o Senhor tinha poder para destruir até mesmo cidades fortificadas, porque tinha ouvido falar das vitórias dos israelitas sobre Seom e Ogue (Js 2.10; veja também 9.9,10). Moisés usou as vitórias para encorajar os israelitas, quando os entregou aos cuidados de

Josué, já prestes a entrar na Terra Prometida (Dt 31.4). A demonstração da fidelidade de Deus para com seu povo, ao derrotar Seom e Ogue, foi mencionada nos louvores ao Senhor por muitas gerações (Ne 9.22; Sl 135.11; 136.20).   P.D.G.

OLIMPAS. Cristão que vivia em Roma e foi saudado pelo apóstolo Paulo junto com Filólogo, Júlia, Nereu e sua irmã (Rm 16.15). O reconhecimento pessoal e o cuidado que o apóstolo demonstrava a muitos cristãos em diferentes congregações é algo notório em suas cartas.

OM (Heb. "força"). Filho de Pelete, da tribo de Rúben. Junto com Datã, Abirão e Coré, instigou a rebelião contra Moisés, ao liderar um grupo de 250 pessoas que desafiaram a autoridade do homem de Deus (Nm 16). Esse desafio a Moisés e Arão representou um insulto aos líderes escolhidos por Deus, portanto um desrespeito à própria santidade de Deus. Embora Om não esteja mencionado, supomos que também foi destruído pelo Senhor junto com Datã e Abirão, quando a terra se abriu e os "tragou... e todos os seus bens" (Nm 16.23-35). Posteriormente, esse julgamento de Deus serviu como memorial para os filhos de Israel de que deviam amar ao Senhor e guardar seus mandamentos (Dt 11.6; Sl 106.17).

OMAR. Líder edomita, neto de Esaú e sua esposa Ada (mulher cananita); era filho de Elifaz (Gn 36.11,15; 1 Cr 1.36).

ONÃ (Heb. "forte").
1. Descendente de Esaú, era filho de Sobal e líder de um dos clãs dos edomitas (Gn 36.23; 1 Cr 1.40).
2. Filho de Jerameel e sua esposa Atara, da tribo de Judá. Foi pai de Samai e Jada (1 Cr 2.26, 28).
3. Segundo filho de Judá com a filha de um cananeu chamado Sua (Gn 38.4; Nm 26.19; 1 Cr 2.3). O irmão mais velho

ONÉSIMO

de Onã, chamado Er, casou-se com Tamar. Ele morreu por causa de sua iniqüidade diante do Senhor e Judá ordenou que Onã tomasse a cunhada como sua esposa. Essa forma de casamento, conhecida como levirato, tinha como propósito permitir que a linhagem e a herança do falecido tivessem continuidade. O primeiro filho da viúva seria considerado como pertencente ao irmão falecido, a fim de preservar sua herança. Onã sabia que, se Tamar ficasse grávida "a descendência não seria dele" (Gn 38.9); por isso, todas as vezes que tinha relações sexuais com ela "derramava o sêmen na terra para não dar descendência a seu irmão" (v. 9). "O que ele fazia era mau aos olhos do Senhor, pelo que também o matou" (v. 10; Gn 46.12).

Antigamente, essa história era usada para mostrar que a masturbação era uma prática errada aos olhos de Deus. Essa, entretanto, de maneira alguma é a questão tratada no texto. Na verdade, Onã praticava algo chamado de *coitus interruptus* — na esperança de que fosse um método contraceptivo eficiente. Dado o contexto particular e o propósito do levirato, esse de fato era um pecado gravíssimo.

ONESÍFORO (Gr."aquele que traz lucro"). Este cristão freqüentemente demonstrou bondade para com Paulo em sua segunda prisão em Roma e foi quem o procurou diligentemente para descobrir onde estava preso (2 Tm 1.16-18). Também ofereceu uma grande ajuda, quando o apóstolo esteve em Éfeso. Paulo destacou como Onesíforo demonstrou claramente sua coragem, pois foi um dos poucos que não se envergonharam de suas algemas. A oração pessoal do apóstolo por este discípulo no v. 18 é realmente de ações de graças a Deus pelo que Onesíforo fizera e para que seu serviço fosse reconhecido pelo Senhor no dia do julgamento. O fato de que não estava na companhia de Paulo quando a carta foi escrita e que somente "sua casa" foi saudada em 2

Timóteo 4.19 provavelmente indica que Onesíforo se encontrava em viagem por outras partes do império. Não há razão para crer, como alguns dizem, que estivesse morto; portanto, 2 Timóteo 1.18 não é um antigo exemplo de oração pelos mortos. A principal razão de Paulo, ao chamar a atenção para este fiel companheiro, era proporcionar um exemplo de fé aos outros cristãos.   P.D.G.

ONÉSIMO (Gr."útil"). Escravo que se tornou conhecido no meio cristão por causa da carta de Paulo a Filemom, um dos cooperadores do apóstolo e um companheiro fiel (Fm 1,5). Por meio desta correspondência, fica evidente que Onésimo fugira de sua posição de servo e encontrara-se com Paulo durante o período em que este encontrava-se preso, provavelmente em Roma (embora alguns sustentem que foi durante sua prisão em Éfeso). Existe alguma indicação de que esse escravo tenha fugido de seu senhor e talvez até levado algum dinheiro consigo. Paulo disse a Filemom que, se Onésimo tivesse causado algum prejuízo, que fosse colocado em sua conta [de Paulo] (v. 18). Pode ser, entretanto, que esse escravo simplesmente tenha sido enviado por Filemom para ajudar Paulo e permanecido ausente mais tempo do que haviam planejado originalmente.

Enquanto esteve em contato com Paulo, Onésimo converteu-se a Cristo e tornou-se "um irmão no Senhor" (v. 16). Especialmente muito útil ao apóstolo, fica claro que Paulo o desejava de volta para continuar seu trabalho. O apóstolo até mesmo fez um trocadilho com o nome de Onésimo, a fim de dizer que outrora fora "inútil", mas agora era "útil" para ambos, como sugerindo que Filemom o enviasse de volta para ele (vv. 11,13). O apelo de Paulo para que Onésimo não fosse tratado com severidade, mas como um irmão em Cristo (vv. 16,17), é uma obra-prima da exortação pastoral.

Onésimo também é mencionado em Colossenses 4.9, onde é descrito como

ONRI

companheiro de Tíquico, numa viagem à cidade de Colossos, a fim de levar as últimas notícias sobre a prisão de Paulo. Novamente a recomendação do apóstolo acerca o ex-escravo foi efusiva: "Amado e fiel irmão, que é um de vós". Este último comentário indica que Onésimo era natural de Colossos.

A carta a Filemom continua muito estudada, sempre em relação às possíveis atitudes dos cristãos com respeito à escravidão. Ela diz pouco sobre o assunto e pressupõe que era correto Onésimo voltar para seu senhor e reassumir sua posição como escravo; entretanto, a cadeia de eventos finalmente levou os cristãos a acreditar que a escravidão era uma prática errada, de acordo com o tratamento de Paulo para com Onésimo. O apóstolo disse que era "pai" do escravo. Disse que ele era um "irmão" realmente valioso e confiou nele como cooperador numa missão a Colossos. Paulo o enviou de volta a Filemom "não já como escravo, antes, mais do que escravo, como irmão amado" (Fm 16). O cristianismo claramente fazia com que a relação entre senhores e escravos fosse reexaminada.

Não existem evidências concretas sobre o que aconteceu com Onésimo depois disso, exceto que aproximadamente 50 anos mais tarde Inácio escreveu sobre alguém com o seu nome que era bispo em Éfeso. É bem possível que se tratasse do jovem escravo, agora idoso, com cerca de 70 anos; no entanto, não podemos ter certeza absoluta. P.D.G.

ONRI. 1. Sexto rei de Israel (reino do Norte), o qual governou por 12 anos, de 885 a 873 a.C. As principais informações sobre seu reinado encontram-se em 1 Reis 16.15-28. Chegou ao trono numa época de instabilidade em Israel. Tirza era a capital do reino do Norte, onde Elá, filho de Baasa, reinara por apenas dois anos. Ao que parece, este tinha reputação de bêbado (v. 9) e talvez isso o tenha levado à deposição por um de seus oficiais —

Zinri (v. 10), que usurpou o trono e matou toda a família de Baasa, em cumprimento da palavra do Senhor por todos os seus pecados (vv. 12,13). Onri, o comandante do exército de Israel, encontrava-se com suas tropas perto de Gibetom, uma cidade dos filisteus; sem dúvida preparava-se para atacá-la quando ouviu as notícias de que Zinri assassinara Elá e assumira o trono. Os oficiais do exército proclamaram Onri como rei, voltaram e sitiaram Tirza. Após sete dias como governante (v. 15), Zinri suicidou-se e Onri tornou-se o rei.

Parece, entretanto, que nem todos os israelitas seguiram imediatamente a Onri: metade do povo apoiou Tibni como rei (v. 21). As tropas de Onri, porém, eram mais fortes — Tibni foi morto e Onri então reinou absoluto sobre todo o Israel, quando restaurou parcialmente a lei e a ordem e acalmou a nação.

Onri comprou a colina de Samaria, de Semer (para mais detalhes veja *Semer*), e ali construiu a capital do país, onde mais tarde foi sepultado (vv. 24,28). A força das fortificações da cidade era legendária e exigiu três anos para ser conquistada pelos assírios. Pouco se sabe sobre esse rei, exceto que foi mais perverso "aos olhos do Senhor" do que todos os que foram antes dele, até mesmo Jeroboão, filho de Nebate. Adorava e encorajava a adoração de ídolos, um ponto que foi lembrado na profecia de Miquéias (6.16). A má influência dessa dinastia afetou até mesmo o reino do Sul. Acazias, de Judá, era filho de Atalia, neta de Onri. Sob a influência da mãe, ele também "fez o que era mau aos olhos do Senhor" (2 Cr 22.2-4; 2 Rs 8.26). Finalmente, Onri morreu e seu filho Acabe o sucedeu no trono de Israel (1 Rs 16.28-30). Esta dinastia durou quase 50 anos.

2. Filho de Bequer e neto de Benjamim (1 Cr 7.6,8)

3. Mencionado em 1 Crônicas 9.4 como filho de Inri e pai de Amiúde, portanto, descendente de Perez. Depois do exílio na Babilônia, estava entre os primeiros membros da tribo de Judá que retornaram para Jerusalém.

4. Filho de Micael, foi administrador na tribo de Issacar durante o reinado de Davi (1 Cr 27.18). P.D.G.

OOLÁ. Nome simbólico usado por Ezequiel para descrever a cidade de Samaria (Ez 23.4,5,36,44). Era a irmã mais velha de Oolibá, que representava Jerusalém. A alegoria era parte da mensagem de Ezequiel, destinada a levar os israelitas dos seus dias ao arrependimento. O profeta também procurava explicar por que Deus lançara juízo tanto sobre Israel como sobre Judá.

A alegoria de Ezequiel 23 começa com as duas irmãs como "filhas de uma mesma mãe", as quais rapidamente tornaram-se prostitutas no Egito. Com imagens sexuais muito vívidas, Ezequiel descreve a maneira como se prostituíam com outros deuses, embora pertencessem ao Senhor. Oolá "enamorou-se dos seus amantes, os assírios" (v. 5) e deu prosseguimento ao que começa no Egito. Por causa dessa idolatria, Deus lançou juízo sobre ela e a entregou nas mãos dos assírios — uma referência à invasão de Israel pela Assíria e à dispersão dos israelitas [reino do Norte] (vv. 9,10).

Após Deus castigar o reino do Norte, Oolibá ainda se prostituiu, primeiro com as assírios e depois com os babilônios. Também se envolveu com a idolatria, fez tratados com os caldeus e finalmente estes invadiram Jerusalém (vv.14-17). Tudo isso culminou com o pronunciamento de Ezequiel quanto ao julgamento do Senhor sobre Jerusalém, quando todos os seus amantes voltar-se-iam contra ela e a invadiriam. Eles seriam usados por Deus para punir Oolibá. Da mesma maneira como Oolá fora levada, assim aconteceria com Oolibá, quando Deus derramasse seu juízo também sobre ela (vv. 32-35,46-49). P.D.G.

OOLIBÁ. Nome simbólico usado por Ezequiel para descrever a cidade de Jerusalém (Ez 23.4,11,22,36,44). Para mais detalhes sobre esta alegoria, veja *Oolá*.

OOLÍBAMA (Heb."tenda do lugar elevado").

1. Uma das esposas cananitas de Esaú, filha de Aná e neta de Zibeão, o heveu. Foi mãe de Jeús, Jalão e Coré, os quais nasceram em Canaã. Cada um de seus filhos tornou-se chefe de uma tribo edomita (Gn 36.2,5,14,18,25).

2. Descendente de Esaú, foi líder de um clã dos edomitas (Gn 36.41; 1 Cr 1.52).

OREBE. Um dos dois líderes midianitas derrotados pelos israelitas liderados por Gideão. Numa extraordinária demonstração de confiança na obediência a Deus, ele atacou o acampamento desses inimigos com apenas 300 homens (Jz 7). Os midianitas fugiram na escuridão e Gideão convocou os homens de várias tribos de Israel para persegui-los. Orebe foi capturado e morto numa rocha que recebeu seu nome, provavelmente chamada assim para comemorar a vitória (v. 25). O líder de Israel estava consciente de que uma conquista daquela magnitude era obra de Deus (Jz 8.3). As gerações posteriores contemplaram esta vitória como uma indicação do que o Senhor faz em favor do povo que confia plenamente em seu poder (Sl 83.11; Is 10.26).

ORÉM. Terceiro filho de Jerameel e líder na tribo de Judá (1 Cr 2.25).

ORFA. Ela e sua patrícia moabita Rute eram casadas respectivamente com Quiliom e Malom, filhos dos judeus Elimeleque e Noemi (Rt 1.1-3). Quando os maridos das três morreram, as duas noras resolveram acompanhar a sogra para Judá, mas ela insistiu em que voltassem para suas próprias cidades. Rute permaneceu com Noemi e veio com ela para Belém, mas Orfa ficou em Moabe.

OSÉIAS

OSÉIAS (Heb. "ajuda" ou "salvação").

1. Provavelmente o nome trata-se de um hipocorístico para Y^ehoshua (Josué), que significa "Yahweh é salvação". Oséias, o profeta, é a única pessoa no Antigo Testamento com esse nome em particular, embora muitos outros personagens tenham nomes com o termo "ysh" (salvação).

Pouquíssimo se sabe sobre os ancestrais do profeta, a não ser que era filho de Beeri (Os 1.1). Profetizou nos dias de Uzias (790 a 739 a.C.), Jotão (750 a 731), Acaz (735 a 715) e Ezequias (729 a 686), todos reis de Judá, e no reinado de Jeroboão II, rei de Israel (793 a 753). Seu ministério público, assim, cobriu o espaço no mínimo de 755 a 715 a.C. Isso torna Oséias contemporâneo de Isaías (739 a 680) e possivelmente também de Amós (765 a 755) e Miquéias (735 a 700). Como Amós, Oséias dirigiu sua mensagem primeiramente ao reino do Norte, Israel; provavelmente, a maior parte de seu trabalho terminou antes de 722 a.C., o ano da queda de Samaria diante dos assírios.

Talvez Oséias fosse cidadão de Israel e não de Judá, devido ao profundo sentimento e conhecimento concernente ao reino do Norte. Sua mensagem é repleta de referências a lugares e eventos que somente alguém que pertencesse a Israel conheceria (cf. Os 6.8), ou daria atenção a eles (7.1; 8.5,6; 9.15; 10.5; 12.5, 12; 14.1). Dirigiu-se quase exclusivamente a Israel (2.1,2; 4.1,15; 5.1,8; 6.1,4; 9.1,5,7; 10.9,12; 11.8; 12.9; 13.4,9-13; 14.1,8) e demonstrou relativamente pouca preocupação para com o reino do Sul (6.4,11). A referência aos quatro reis de Judá, seus contemporâneos, foi somente para demonstrar sua convicção na legitimidade da dinastia davídica e confirmar sua sucessão contínua. Como um verdadeiro profeta, mesmo do reino do Norte, tal posição não deveria ser surpresa.

Uma característica quase única de Oséias é o uso que faz do drama para transmitir sua mensagem profética. Seu sofrimento, porém, não se tratava de mera encenação, pois envolvia seu casamento e sua vida familiar nos mais íntimos e elevados termos emocionais. Uma das metáforas mais comuns para descrever o relacionamento de aliança de *Yahweh* com Israel é o casamento. De fato, quando Deus escolheu os israelitas como parceiros da aliança, celebrou com eles um "casamento" (cf. Ez 16.6-14) e, quando Israel provou ser desobediente, a Bíblia diz que agiu como prostituta e cometeu adultério (Ez 23.3,5,11,37,45; cf. Jr 3.9).

O tema central da mensagem de Oséias é a infidelidade de Israel à aliança, descrita como adultério (Os 4.10; 9.1). A reação humana normal a tal infidelidade por parte de uma esposa é o divórcio, uma medida sancionada pela própria Lei, por ser uma transgressão tão séria (Dt 24.1-4; cf. Mt 19.7-9). O próprio *Yahweh* ameaçou separar-se do Israel infiel e tomar um novo povo, uma nova noiva, como sua "esposa" (Êx 32.7-14; Dt 9.14, 25-29; Os 9.14-17). Entretanto, sua promessa aos patriarcas de fazer uma aliança perpétua com eles e com seus descendentes tornou tal atitude impossível e, assim, o Senhor graciosamente perdoaria a nação perversa e com paciência a restauraria para si (Os 11.8-11). O que a restauração falhou em realizar na história foi prometido para uma época escatológica, quando Israel seria o povo de Deus, redimido e restaurado (Rm 11. 25-32).

Para que a mensagem de Oséias sobre o adultério de Israel e a graça restauradora de Deus tivesse o máximo de impacto, o profeta recebeu ordem do Senhor para casar-se com "uma mulher de prostituições" e ter "filhos de prostituição" (Os 1.2). A questão moral de Deus ter pedido ao profeta para envolver-se num relacionamento tão maculado leva muitos teólogos a interpretar a ordem (e todo o relato do casamento e do nascimento dos filhos em Os 1 a 3) como uma alegoria ou parábola. Não existe, porém, nenhuma

OSÉIAS

pista literária ou contextual para apoiar tal decisão. Uma leitura objetiva e minuciosa da história não deixa dúvidas de que Oséias realmente casou-se com tal mulher e teve as crianças mencionadas.

O dilema moral, entretanto, permanece, pois suscita a hipótese de que Gômer, a esposa de Oséias, somente revelou sua infidelidade depois do casamento. O profeta então escreve de forma proléptica, depois do evento, mas como se ainda não tivesse acontecido. Ela era adúltera no sentido de que era isso o que aconteceria mais tarde. Segue-se então que "os filhos de prostituição" são assim porque foram fruto de um adultério. O que deve ser destacado, porém, são os nomes dos filhos, cada um deles com um significado profético e teológico. O primeiro, um menino, recebeu o nome de Jezreel ("Deus planta"), chamado dessa maneira porque o juízo de Deus sobre a dinastia de Jeú, pelo massacre em Jezreel (2 Rs 10.1-14), estava prestes a acontecer (Os 1.4,5) e realmente se cumpriu com a morte do rei Zacarias, em 753/52 a.C. (2 Rs 15.8-12). Jezreel também fala da colheita abundante que Deus traria no final dos tempos (Os 2.21-23). O nome da filha foi Lo-Ruama ("não amada"), pois o Senhor não amaria mais Israel (isto é, não demonstraria mais o favor da aliança, Os 1.6). O segundo filho foi Lo-Ami ("não meu povo"), pois os pecados de Israel o tinham removido desse relacionamento.

Depois de casar-se com Gômer e ter filhos com ela, Oséias testemunhou sua infidelidade, quando ela saiu para envolver-se com os amantes (Os 3.1). Deus então desafiou o profeta a fazer algo ainda mais difícil: trazê-la de volta para si, redimir e perdoá-la (Os 3.1-3). O profeta assim fez e, ao realizar isso, deu um exemplo do amor e da graça do Senhor, que foram tão efetivos em favor de Israel que Lo-Ruama ("não amada") tornou-se Ruama ("amada") e Lo-Ami ("não meu povo") tornou-se Ami ("meu povo") (Os 2.1).

A mensagem da graça redentora está no coração do livro de Oséias (Os 4 a 14). O Novo Testamento também destaca esse tema e cita os textos que esclarecem o significado do Evangelho. Tanto Paulo como Pedro falam dos gentios como o "não povo" que se torna o povo de Deus e encontra a misericórdia salvadora (1 Pe 2.10; Rm 9.25,26; cf. Os 1.6,9; 2.1,23). Mateus estabeleceu um elo entre a visita do menino Jesus ao Egito e o Êxodo de Israel, um ato que demonstrou o amor de Deus (Mt 2.15; cf. Os 11.1). Finalmente, Paulo comparou a ressurreição dos santos com a renovação do Israel do Antigo Testamento, uma restauração da morte para a vida (1 Co 15.55; cf. Os 13.14). Desta maneira, Oséias fez sua parte e a realizou muito bem, pois, por palavras e obras, demonstrou a mensagem da graça divina que transforma as vidas.   E.M.

2. Filho de Num, foi chamado de Josué por Moisés, ao ser enviado para espiar a terra de Canaã como representante da tribo de Efraim (Nm 13.8, 16; Dt 32.44). Veja *Josué*.

3. Filho de Elá, conspirou contra Peca, filho de Remalias, assassinou-o e tornou-se rei de Israel (2 Rs 15.30; 17.1). Peca declarou guerra contra a Assíria e em conseqüência perdeu parte do território de Israel para o rei Tiglate-Pileser. Provavelmente foi devido ao declínio do poder da nação sob sua liderança que a rebelião aconteceu, mas é provável que Oséias tenha obtido o apoio dos assírios. Ele reinou em Samaria por nove anos, e chegou ao trono em 732 a.C. (2 Rs 17.1). Praticamente a única parte do reino do Norte, Israel, que não fora conquistada naquele momento era a própria capital Samaria e parte de Efraim; porém, mesmo assim, Oséias não era mais do que um vassalo do rei assírio. Tinha de pagar pesadas taxas ao sucessor de Tiglate-Pileser, Salmaneser, que subira ao trono da Assíria em 727 a.C. (2 Rs 17.3).

Oséias declarou a independência do país, deixou de pagar as taxas e pediu aju-

OTNI

da ao Egito. Quando Salmaneser soube, invadiu a terra novamente e sitiou Samaria por três anos. Oséias foi capturado e, finalmente, em 722 a.C., a cidade caiu e os israelitas foram deportados para a Assíria (2 Rs 17.4).

O escritor de 2 Reis deixa bem claro que a destruição final do reino do Norte foi decorrente do juízo de Deus sobre a nação, por causa da idolatria e do pecado (2 Rs 17.7-23; 18.10). Muitos profetas predisseram a queda da nação, se continuassem a adorar deuses pagãos (2 Rs 17.13; veja Os 7.11-16), mas o povo não se arrependeu e o juízo de Deus finalmente veio. Tinham quebrado a aliança (2 Rs 17.15; 18.12) e, assim, as maldições do pacto caíram sobre eles, exatamente da maneira que o Senhor prometera que aconteceria.

4. Durante o reinado de Davi, Oséias, filho de Azazias, era um oficial na tribo de Efraim (1 Cr 27.20).

5. Líder dos judeus e um dos que, no tempo de Neemias, assinaram um pacto feito pelo povo de adorar ao Senhor e obedecer às suas leis (Ne 10.23).   P.D.G.

OTNI. Filho de Semaías, listado entre os porteiros do Tabernáculo no tempo do rei Davi (1 Cr 26.7).

OTNIEL. Filho de Quenaz, o qual era o irmão mais novo de Calebe, filho de Jefoné, da tribo de Judá (Js 15.17; Jz 1.13). Viveu em um tempo de transição na história de Israel e participou da conquista de Canaã, sob a liderança de Josué e de seu tio Calebe; com muito pesar, testemunhou os primeiros sinais da quebra da aliança do povo com Deus.

Otniel destacou-se como líder na batalha para capturar Quiriate-Sefer (chamada posteriormente de Debir), uma cidade localizada no sul de Judá, na extremidade do Neguebe (Js 15.15-17; Jz 1.11-13). Como recompensa por sua vitória, recebeu a filha de Calebe, Acsa, como esposa. Suas ações e seu casamento enfatizaram que ele

era um israelita fiel, o qual seguia o exemplo de Josué.

Otniel sobreviveu à geração que liderou os israelitas na conquista da terra de Canaã e viu a quebra da aliança por causa da desunião entre as tribos, do sincretismo religioso e da falha na execução da erradicação completa dos povos cananeus que estavam sob o juízo de Deus. A resposta do Senhor a essas atitudes de rebelião foi trazer juízo sobre seu próprio povo. Juízes 3.7-11 registra como o rei da Mesopotâmia, Cusã-Risataim, derrotou e subjugou os israelitas por oito anos. Otniel liderou seu povo contra essa opressão estrangeira; cheio do Espírito de Deus, derrotou o inimigo, libertando os israelitas e tornando-se um líder em Israel, ou seja, o primeiro "juiz".

Seu mais importante papel foi o de ser apresentado como modelo de um autêntico juiz. Sua posição como um verdadeiro israelita era bem definida e, diante da opressão de seu povo, levantou-se e assumiu a liderança (Jz 3.9). Recebeu a unção do Espírito Santo tanto para liderar como para lutar contra os mesopotâmios, sobre os quais saiu vitorioso (v. 10). Prevaleceu sobre os inimigos e estabeleceu um período de paz (v. 11), recebido como uma grande bênção do Senhor sobre seu povo. Todos os seus sucessores fracassaram em seguir de maneira significativa este modelo de como um juiz devia proceder, tanto por fraqueza de caráter, como pelos métodos duvidosos ou desobediência.

Otniel personificou um ideal, pois foi um líder escolhido por Deus e mediante o qual o Senhor governou seu povo. A instituição dos juízes, entretanto, fracassou devido à constante desobediência dos israelitas. Tal forma de governo foi substituída pelo direito do Senhor governar, ou seja, mediante a instituição da monarquia. Otniel foi um modelo também para os reis. Era fiel na liderança, dirigido pelo Espírito e guiado pelo

Senhor para liderar e salvar seu povo. Veja também *Juízes*.   R.M.

OZÉM. 1. Quarto filho de Jerameel e líder na tribo de Judá (1 Cr 2.25).

2. Sexto filho de Jessé, portanto irmão do rei Davi (1 Cr 2.15).

OZNI. Fundador do clã dos oznitas (Nm 26.16). Em Gênesis 46.16 é chamado de Esbom e listado como quinto filho de Gade, neto de Jacó e Zilpa; fez parte do grupo que desceu com Jacó para o Egito.

P

PAARAI. Um dos "trinta" guerreiros valentes de Davi, os quais lutavam ao seu lado. Mencionado como um dos "arbitas" (2 Sm 23.35), possivelmente trata-se do mesmo Naari filho de Ezbai de 1 Crônicas 11.37.

PAATE-MOABE. Chefe de uma família cujos descendentes foram contados entre os judeus que retornaram do exílio na Babilônia com Zorobabel e Neemias. Formavam um grupo de 2.812 pessoas (Ed 2.6; 8.4; Ne 7.11). Provavelmente foi ele ou um de seus descendentes com o mesmo nome que selou o pacto feito pelo povo, sob a liderança de Neemias, de servir ao Senhor e obedecer às suas Leis (Ne 10.14). Alguns de seus descendentes são mencionados na lista dos judeus que se casaram com mulheres estrangeiras; um de seus familiares colaborou na reconstrução dos muros de Jerusalém (Ed 10.30; Ne 3.11).

PADOM. Líder de uma das famílias de servidores do Templo cujos descendentes retornaram do exílio na Babilônia nos dias de Esdras e voltaram a trabalhar no Santuário (Ed 2.44; Ne 7.47).

PAGIEL. Filho de Ocrã, da tribo de Aser, da qual foi líder nos dias de Moisés; representou seu povo durante o censo (Nm 1.13). Quando os israelitas receberam instruções sobre o local em que cada tribo acamparia ao lado do Tabernáculo (a Tenda da Congregação), Aser foi estabelecida no norte, ao lado da tribo de Dã, com Pagiel na liderança de 41.500 pessoas (Nm 2.27,28). Na festa da dedicação do Tabernáculo, ele levou as ofertas de seu povo no 11º dia de celebração (7.72,77). Quando os israelitas finalmente partiram do Sinai, Pagiel novamente estava à frente de sua tribo (10.26).

PALAL (Heb. "juiz"). Filho de Uzai, foi um dos trabalhadores que colaboraram na reconstrução dos muros de Jerusalém, depois do retorno do exílio na Babilônia (Ne 3.25).

PALTI (Heb. "o Senhor livra"). Filho de Rafu, um dos homens enviados por Moisés do deserto de Parã para espiar a terra de Canaã (Nm 13.9). Designou-se um representante de cada tribo de Israel e Palti foi o escolhido de Benjamim. Para mais detalhes sobre a missão deles, veja *Samua*.

PALTIEL (Heb. "livramento de Deus").
1. Filho de Azã, era líder entre os descendentes de Issacar. O Senhor disse a Moisés que escolhesse homens de cada uma das tribos de Israel para ajudá-lo na divisão da terra de Canaã e Paltiel foi o representante de seu povo (Nm 34.26).
2. Filho de Laís, da cidade de Galim, foi marido de Mical, filha de Saul (1 Sm 25.44 – em algumas versões é chamado de Palti). O rei prometera dá-la em casamento a Davi, caso ele pagasse o dote exigido (a morte de 100 filisteus); embora o filho de Jessé houvesse pago o combinado, em sua fúria e inveja, Saul tomou-a e deu-a a Paltiel. Posteriormente, após tornar-se rei de Israel, Davi pediu que Is-Bosete lhe devolvesse Mical. Quando isso foi feito, seu marido, que aparentemente não teve participação na intriga de Saul, "partiu com ela e a seguiu chorando até Baurim", quando o comandante lhe disse que voltasse para casa (2 Sm 3.15,16). P.D.G.

504

PALU. Segundo filho de Rúben e chefe de uma família que ficou conhecida como o clã dos paluítas. Seu filho foi Eliabe (Gn 46.9; Êx 6.14; Nm 26.5, 8; 1 Cr 5.3).

PARMASTA. Mencionado em Ester 9.9 como um dos filhos de Hamã mortos pelos judeus na fortaleza de Susã. (Algumas versões escrevem *Farmasta*.)

PARMENAS. Um dos sete diáconos indicados para ajudar os apóstolos, os quais consideraram o trabalho administrativo da igreja primitiva em Jerusalém um fardo muito pesado (At 6.5). A cada dia, muitas pessoas tornavam-se cristãs. Os novos convertidos de origem grega reclamaram que suas viúvas eram desprezadas pelos judeus cristãos na hora da distribuição diária dos alimentos. Os apóstolos perceberam que gastavam tempo demasiado na solução desse problema (v. 2); por isso, negligenciavam o ministério da Palavra de Deus. Portanto, sete homens foram indicados e escolhidos entre os reconhecidos como "cheios do Espírito Santo e de sabedoria". Oraram, impuseram as mãos sobre os sete e os nomearam para lidar com as questões do dia-a-dia da Igreja.

Este incidente é uma interessante indicação de que muito cedo na vida da Igreja houve um reconhecimento de que Deus dá diferentes "ministérios" e dons para diversas pessoas. Este fato reflete também a certeza de que os chamados para o ministério da Palavra de Deus (v. 2) não devem ter outras ocupações. O v. 7 indica o sucesso dessa divisão de tarefas: "De sorte que crescia a palavra de Deus, e em Jerusalém se multiplicava rapidamente o número dos discípulos...".

P.D.G.

PARNAQUE. Pai de Elizafã (Nm 34.25), o escolhido por Moisés como líder da tribo de Zebulom que ajudou na distribuição do território herdado por seu povo entre as suas famílias.

PARÓS. Líder de uma família cujos descendentes foram contados entre os judeus que retornaram do exílio na Babilônia com Zorobabel e Neemias. Formaram um grupo de 2.172 pessoas (Ed 2.3; 8.3; Ne 7.8). Provavelmente foi ele ou um descendente com o mesmo nome que selou o pacto feito pelo povo, sob a orientação de Neemias, de servir somente ao Senhor e obedecer às suas leis (Ne 10.14). Alguns de seus familiares também se casaram com mulheres estrangeiras; um deles, chamado Pedaías, estava entre os judeus que ajudaram na reconstrução dos muros de Jerusalém (Ed 10.25; Ne 3.25).

PARSANDATA. Mencionado em Ester 9.7 como um dos filhos de Hamã mortos pelos judeus na fortaleza de Susã.

PARUÁ. Da tribo de Issacar, pai de Josafá, o qual foi governador distrital de sua região na época do rei Salomão e tinha a responsabilidade de suprir as necessidades do palácio real por um mês, anualmente (1 Rs 4.17).

PASAQUE. Mencionado em 1 Crônicas 7.33 como filho de Jaflete, da tribo de Aser. Foi um bravo guerreiro e chefe de uma família.

PASEÁ (Heb. "súplica").
1. Um dos líderes da tribo de Judá. Seu pai foi Estom; ele e sua família viviam em Recá (1 Cr 4.12).
2. Líder de uma das famílias de servidores do Templo cujos descendentes retornaram do exílio na Babilônia nos dias de Esdras e voltaram a trabalhar no Santuário (Ed 2.49; Ne 7.51).
3. Pai de Joiada, o qual ajudou no reparo dos portões da cidade de Jerusalém na época de Neemias, depois do exílio na Babilônia (Ne 3.6).

PASUR. 1. Filho de Imer, o sacerdote "presidente da casa do Senhor" no tempo em que Jeremias pronunciou o julgamento de Deus sobre Jerusalém (Jr 20.1). Quando Pasur ouviu a mensagem do profeta, achou que o povo ficaria desmoralizado com tais palavras; por isso, ordenou que Jeremias fosse castigado e amarrado num cepo, no pátio do Templo (v. 2). No dia seguinte, ciente de que o profeta já havia aprendido a lição, ele o libertou. Jeremias então lhe disse: "O Senhor não chama o teu nome Pasur, mas Magor-Missabibe". Esse nome significa "terror por todos os lados" (vv. 3-6). Especificamente, o profeta falou que a família de Pasur iria para o exílio e ele próprio morreria lá. Junto com ele faleceriam todos os seus amigos, para os quais falara mentiras, ou seja, que as coisas não estavam tão más para os judeus, quando a vida em Judá e Jerusalém ia de mal a pior. No momento em que os caldeus invadiram Jerusalém e deportaram a maior parte de seus habitantes, sem dúvida Pasur e sua família também foram levados para o exílio na Babilônia.

2. Filho de Malquias [não é o mesmo do item anterior] (Jr 21.1). Foi enviado a Jeremias pelo rei Zedequias numa época em que parecia ser apenas uma questão de dias a chegada do momento em que Jerusalém seria totalmente arrasada pelo rei Nabucodonosor. Inutilmente alguns ainda tinham esperanças de que o Senhor operasse as maravilhas que fazia nos tempos passados (v. 2). A resposta do profeta foi que o juízo era inevitável e o próprio Deus lutaria contra eles (vv. 5,6). Posteriormente, em Jeremias 38.1, lemos novamente sobre este mesmo Pasur, o qual tentou silenciar o que considerava palavras de desencorajamento por parte de Jeremias. O profeta foi preso e lançado dentro de uma cisterna, de onde depois foi resgatado. Quando finalmente chegou aquele momento, o juízo de Deus foi terrível e aterrador para Zedequias e os demais oficiais. Os caldeus invadiram e tomaram Jerusalém e, ao que parece, Pasur foi levado junto com os outros moradores para Babilônia. Um descendente de "Pasur, filho de Malquias" é listado entre os primeiros sacerdotes que se estabeleceram em Jerusalém depois do retorno do exílio: trata-se de Adaías, que colaborou na reconstrução do Templo (Ne 11.12; 1 Cr 9.12) e era descendente de Imer e líder de uma família.

3. Ancestral de uma das famílias de sacerdotes que retornaram do exílio com Zorobabel e se estabeleceram em Jerusalém. Talvez seja o mesmo relacionado no item 2. Um grupo de 1.247 descendentes de Pasur retornaram da Babilônia. Alguns deles foram culpados por terem-se casado com mulheres estrangeiras; depois, sob a orientação de Esdras, divorciaram-se dessas esposas (Ed 2.38; 10.22; Ne 7.41).

4. Participou do pacto solene feito pelo povo em Jerusalém de obedecer às Leis de Deus (Ne 10.3).

5. Pai de Gedalias, foi um dos príncipes de Judá que se uniram a Pasur, filho de Malquias, para prender o profeta Jeremias (Jr 38.1). P.D.G.

PÁTROBAS. Quarto nome de um grupo de cristãos de Roma saudados por Paulo em sua epístola aos Romanos (16.14). O cuidado pessoal e a preocupação pastoral pelos crentes, demonstrados nas cartas deste apóstolo, é algo digno de nota.

PAULO

Introdução e antecedentes

Judeu, fariseu, encontrado pela primeira vez no livro de Atos com seu nome hebraico — Saulo (At 7.58; 13.9). Nasceu em Tarso, Cilícia, cidade localizada na Ásia Menor (atualmente sul da Turquia). Provavelmente nasceu uns dez anos depois de Cristo,

PAULO

pois é mencionado como "um jovem", na ocasião do apedrejamento de Estêvão (At 7.58). Seu pai sem dúvida era judeu, mas comprou ou recebeu cidadania romana. Por essa razão, Paulo mais tarde utilizou-se desse direito por nascimento. Por isso, apelou para ser julgado em Roma pelo próprio imperador César (At 22.25). A despeito de sua cidadania, ele foi criado numa família judaica devotada, da tribo de Benjamim. Recebeu uma instrução cuidadosa na lei judaica e tornou-se fariseu. Também descreveu a si mesmo como "hebreu de hebreus". Foi criado de acordo com a judaísmo e circuncidado no oitavo dia de vida; portanto, era zeloso na obediência de cada ponto da lei mosaica (Fp 3.5,6).

Paulo era tão zeloso da Lei e de sua fé que, em certa época de sua vida, provavelmente no início da adolescência, viajou para Jerusalém, onde foi aluno do mais famoso rabino de sua época. Posteriormente, disse aos líderes judeus: "E nesta cidade criado aos pés de Gamaliel, instruído conforme a verdade da lei de nossos pais, zeloso de Deus, como todos vós hoje sois" (At 22.3).

Todos os mestres judaicos exerciam determinada função para sobreviver; por isso, não é de admirar que esse líder religioso altamente educado aprendesse também uma profissão com seu pai. Paulo era fabricante de tendas (At 18.3) e ocasionalmente a Bíblia menciona como exerceu essa função para se sustentar (1 Co 4.12; 2 Ts 3.8; etc.). Existem amplas evidências nessas e em outras passagens de que ele trabalhava, para não impor um jugo sobre as pessoas entre as quais desejava proclamar o Evangelho de Cristo (1 Co 9.16-19). Além disso, dada a maneira como os professores itinerantes e filósofos esperavam ser sustentados pelas pessoas com alimentos e finanças, Paulo provavelmente não desejava ser considerado mais um aventureiro (1 Ts 2.3-6).

A vida e as viagens de Paulo

Com a educação que possuía e a profissão de aceitação universal, é bem provável que Paulo já tivesse viajado bastante antes de se tornar cristão. Com certeza era fluente nas línguas grega, hebraica, latina e aramaica. É mencionado pela primeira vez em Atos, como responsável pelas vestes das multidões que apedrejaram Estêvão até à morte por causa da sua fé e seu compromisso com Cristo e o desejo de promover o Evangelho. "Também Saulo consentia na morte dele" (At 8.1).

Perseguidor dos cristãos. A partir da morte de Estêvão, uma grande perseguição se levantou contra os seguidores de Cristo. As atividades zelosas de Saulo, como judeu, levaram-no a unir-se aos perseguidores. Não precisou ser forçado, mas ofereceu voluntariamente seus serviços aos líderes judaicos de Jerusalém. Sua perseguição foi tão violenta que a Bíblia diz: "Saulo assolava a igreja, entrando pelas casas e, arrastando homens e mulheres, os encerrava na prisão" (At 8.3; 1 Co 15.9; Fp 3.6). Em Atos 9.1, lemos que: "Saulo, respirando ainda ameaças e mortes contra os discípulos do Senhor", pediu ao sumo sacerdote que lhe desse cartas, para que as levasse às sinagogas de Damasco, na Síria, a fim de também estabelecer a perseguição naquela cidade.

A conversão de Paulo. A caminho de Damasco, uma luz muito forte brilhou do céu ao redor dele, e fez com que ele caísse por terra e ficasse cego. Enquanto isso, uma voz lhe disse: "Saulo, Saulo, por que me persegues?" Atônito, ele perguntou: "Quem és tu, Senhor?" A resposta que recebeu deixou-o realmente surpreso e apavorado: "Eu sou Jesus, a quem tu persegues" (At 9.4,5). Cristo então lhe disse que entrasse em

PAULO

Damasco e aguardasse outras instruções. Saulo esperou três dias, sem comer nem beber, na casa de Judas, onde aguardou a visita de Ananias (veja *Ananias*). Esse tempo sem comer nem beber provavelmente foi um jejum de arrependimento, pois a Bíblia diz que, quando o servo de Deus chegou, encontrou-o orando (v. 11).

Ananias impôs as mãos sobre ele, ocasião em que sua visão foi restaurada. Imediatamente ele recebeu o Espírito Santo e foi batizado. Saulo ainda ficou vários dias na companhia dos cristãos de Damasco, sem dúvida para aprender o máximo que podia sobre Jesus. Entretanto, esse processo de aprendizado não demorou muito tempo: "E logo, nas sinagogas, pregava que Jesus era o Filho de Deus" (v. 20). Seu extraordinário entendimento teológico somado à mudança total de sua perspectiva sobre Cristo, permitiu que confundisse "os judeus que habitavam em Damasco, provando que Jesus era o Cristo" (v. 22). Provavelmente, depois de um tempo considerável como pregador naquela cidade, os judeus decidiram silenciar a mensagem dele, ao planejar assassiná-lo. Ele escapou durante a noite e voltou para Jerusalém, onde descobriu que era difícil unir-se aos demais discípulos de Cristo, pois naturalmente todos tinham medo dele. Barnabé levou-o à presença dos apóstolos, os quais lhe deram sua aprovação. Paulo pregava e discutia abertamente com os judeus, até que novamente sua vida foi ameaçada; os discípulos o levaram para Cesaréia, onde embarcou num navio para Tarso (At 9.29,30; Gl 1.18-24). A extraordinária rapidez da mudança no coração de Paulo e a velocidade com que entendeu as Escrituras sob uma nova luz e começou a pregar o Evangelho de Cristo proporcionam a mais dramática evidência da obra do Espírito Santo em sua vida, depois do encontro que teve com Cristo na estrada de Damasco. Ele próprio contou sobre sua experiência de conversão em duas ocasiões posteriores. Na primeira instância, em Atos 22, quando foi preso em Jerusalém e pediu para falar à multidão. Na segunda, em Atos 26, quando fazia sua defesa diante do rei Agripa.

Chamado para os gentios. A rapidez com que Paulo dedicou-se a viajar pelos territórios gentílicos é mais uma indicação de que o Espírito Santo o guiava em direção ao seu chamado, ou seja, o de apóstolo entre os gentios. Ele menciona em suas cartas seu compromisso especial com Deus, para ser um ministro entre os povos (Rm 11.13; Gl 2.8; 1 Tm 2.7). Embora Pedro fosse chamado para os judeus e Paulo para os gentios (Gl 2.8), sabemos que ambos pregavam em qualquer lugar onde tivessem uma oportunidade. Saulo, de fato, primeiramente visitava a sinagoga, em qualquer cidade em que chegasse. Ali ele pregava, onde havia muitas conversões, até ser expulso pelos judeus que se opunham (desta maneira, praticava o que ensinou em Romanos 1.16; 2.9,10; etc.). Um dos primeiros trabalhos de Paulo entre os gentios, após ser aceito pelos apóstolos em Jerusalém (Gl 1), foi iniciado por Barnabé, o qual o levou de Tarso para a cidade de Antioquia, situada no norte da Síria. A igreja já estava estabelecida naquela cidade e sem dúvida o amigo o envolveu naquele trabalho, devido ao ensino que ele era capaz de ministrar (At 11.19-30). O trabalho da igreja ali iniciara-se entre os judeus e posteriormente espalhara-se aos gentios (gregos), e a habilidade de Paulo para debater e o que já fizera previamente sem dúvida o ajudaram. Enquanto estava em Antioquia, o profeta Ágabo advertiu sobre um iminente período de fome na região da Judéia, de maneira que aquela igreja local concordou em levantar fundos para ajudar os irmãos carentes em Jerusalém; enviaram o dinheiro por intermédio de Paulo e Barnabé (v. 30).

É muito difícil estabelecer uma cronologia exata da vida de Paulo nessa época, pois Atos e Gálatas dão informações parciais; o ministério entre os gentios, contudo,

PAULO

já estava estabelecido e o papel principal de Paulo foi visto quase imediatamente no trabalho em Antioquia. Ele e Barnabé deixaram a cidade dirigidos pelo Espírito Santo (At 13.2). Desse momento em diante a vida dele é vista constantemente em pleno movimento por todo o império. Às vezes, permanecia mais tempo em certa cidade e em outras ocasiões ficava apenas por um período bem curto de tempo; na maioria das vezes viajava de acordo com sua própria vontade; entretanto, especialmente nas últimas viagens, freqüentemente era escoltado por guardas a caminho da prisão, dos julgamentos e finalmente de Roma.

A primeira viagem missionária. As viagens de Paulo são geralmente chamadas de "viagens missionárias". A primeira, realizada provavelmente entre os anos 47 e 48 d.C., iniciou-se na terra natal de Barnabé, a ilha de Chipre. Atravessaram todo o território, anunciando o Evangelho. Quando chegaram a Pafos, Paulo teve oportunidade de proclamar a Palavra de Deus ao procônsul romano Sérgio Paulo (veja *Sérgio Paulo*). "Então o procônsul creu, maravilhado da doutrina do Senhor" (At 13.12). Esta conversão representa a confirmação final para Paulo de que ele realmente contemplaria gentios influentes tornar-se cristãos por meio de seu ministério. Talvez seja significativo que a partir desse momento Saulo começou a ser chamado por seu nome latino, Paulo (At 13.9). De Chipre, ele e Barnabé navegaram para Perge, na Ásia Menor (atual Turquia). Quando chegaram lá, João Marcos, que estivera com eles desde Antioquia, deixou o grupo e retornou a Jerusalém. Dali viajaram para o Norte, e passaram por Antioquia da Pisídia e Icônio, a leste, e Listra e Derbe, ao sul. Voltaram pelo mesmo caminho e navegaram de volta para Antioquia da Síria, partindo de Atalia. Os resultados do trabalho deles durante essa viagem variaram de lugar para lugar; toda a viagem está registrada em Atos 13 e 14. Os benefícios, entretanto, foram consideráveis, pois a segunda viagem envolveu a visita às igrejas que haviam fundado, "confirmando os ânimos dos discípulos, exortando-os a permanecer firmes na fé" (At 14.22). Também advertiram os novos cristãos "que por muitas tribulações nos é necessário entrar no reino de Deus". Paulo e seus companheiros experimentavam essas tribulações em suas viagens, por meio do antagonismo não somente por parte dos gentios, mas também dos judeus, os quais criavam sérios problemas e diversas dificuldades. Mesmo assim, as igrejas foram bem estabelecidas por Paulo e Barnabé, fortes o suficiente para nomear líderes em cada uma, à medida que os missionários seguiam adiante.

Quando voltaram a Antioquia, alguns mestres chegaram da Judéia com o argumento de que a verdadeira salvação dependia da circuncisão. Paulo e Barnabé discutiram acaloradamente com eles sobre a questão. A igreja da Antioquia decidiu então enviar os dois a Jerusalém para se reunir com os outros apóstolos, onde a questão seria tratada.

O Concílio de Jerusalém. Os apóstolos e os líderes cristãos compareceram a tal reunião, que ficou conhecida como o "Concílio de Jerusalém" (At 15.1-35). Primeiro ouviram os relatórios de toda a obra de evangelização que era desenvolvida na Ásia Menor, em Antioquia e entre os gentios de modo geral e houve muito louvor a Deus. Alguns cristãos, entretanto, que antes foram fariseus, argumentaram que os convertidos entre os gentios deveriam ser circuncidados (At 15.5). Seguiu-se demorada discussão, até que Pedro se levantou para falar à assembléia. Em sua declaração, presumivelmente bem aceita pelos líderes (Tiago e os demais apóstolos), ele fez algumas observações interessantes. Destacou que ele próprio foi o primeiro a levar o Evangelho para os gentios (ao referir-se ao episódio da visão que teve e da viagem à

PAULO

casa de Cornélio, At 10). Depois apelou para o fato de que "Deus, que conhece os corações, deu testemunho a favor deles, concedendo-lhes o Espírito Santo, assim como também a nós" (At 15.8). Em outras palavras, assim como a presença do Espírito Santo fora "manifesta" aos apóstolos no dia de Pentecostes em Jerusalém, quando falaram em línguas e louvaram a Deus (At 2.4, 47), assim a presença do Espírito foi "manifesta" novamente entre os gentios, quando também falaram em outras línguas e louvaram a Deus. Naquela ocasião, Lucas registrou especificamente que aquilo acontecera para surpresa de todos os crentes circuncidados (At 10.45,46). Para Pedro, esta evidência fora suficiente para se tomar a iniciativa de batizar esses novos cristãos, não como alguma forma de comunidade cristã de segunda classe, mas na fé cristã plena, na qual os próprios apóstolos foram batizados (At 10.47,48).

Desde que Deus "não fez diferença alguma entre eles e nós", argumentou Pedro (At 15.9-11), seria totalmente impróprio insistir em que os convertidos entre os gentios fossem circuncidados. A circuncisão claramente não era uma exigência para alguém ser um cristão, pois a real marca do crente era a possessão do Espírito Santo. A salvação operava inteiramente pela fé na graça do Senhor Jesus Cristo (v. 11). Paulo e Barnabé também participaram da discussão e destacaram a grande obra da graça que se manifestava entre os gentios e os milagres que Deus operava entre eles. Tiago, entretanto, teve a sublime felicidade de dar a palavra final.

Tiago levantou-se, expôs as Escrituras e mostrou como os profetas falaram sobre o tempo em que os gentios se voltariam para Deus. Concordou que os novos convertidos não eram obrigados a circuncidar-se, mas deviam demonstrar seu amor pelos cristãos judeus, ao abster-se da carne sacrificada aos ídolos e da imoralidade sexual (At 15.13-21). Desde que essa decisão não envolvia qualquer questão de princípio, todos concordaram e uma carta foi enviada às igrejas gentílicas, a fim de informar sobre a decisão do concílio. O grande significado dessa reunião foi a maneira como se estabeleceu definitivamente a legítima aceitação dos gentios como filhos de Deus. A defesa de Paulo da universalidade da mensagem do Evangelho prevalecera.

A segunda e a terceira viagens missionárias. A segunda viagem durou de 49 a 52 d.C. (At 15.36 a 18.22). Ela foi muito importante, pois espalhou a Evangelho de maneira ainda mais ampla, tanto pela Ásia Menor como pela Europa. Infelizmente, porém, começou com uma diferença de opinião entre Paulo e Barnabé. O segundo queria levar João Marcos novamente com eles. Talvez o jovem tenha retornado a Jerusalém na primeira viagem devido às suas dúvidas sobre a pregação entre os gentios, mas não podemos determinar com certeza. Paulo achava que não deviam levá-lo; por isso Barnabé e João Marcos foram para Chipre, a fim de consolidar o trabalho ali, e Paulo foi para o Norte. Na companhia de Silas, passou por Tarso, na Cilícia, e visitou novamente as igrejas recém-fundadas em Derbe, Listra e Icônio.

Em Listra, Paulo foi apresentado a um jovem, convertido ao cristianismo, que se tornou um de seus melhores amigos — Timóteo. Seu pai era grego, porém sua mãe era judia. Os líderes da igreja em Listra insistiram para que Paulo o levasse consigo e "davam bom testemunho dele" (At 16.1,2). Pertencente a uma família grega, isso significava que Timóteo não era circuncidado. Devido ao fato de sua mãe ser judia, Paulo achou que seria melhor para o ministério de Timóteo entre as comunidades judaicas se ele fosse circuncidado. Sob a orientação do apóstolo, Timóteo passou pela cerimônia da circuncisão (At 16.3). Aqui não há conflito no pensamento de Paulo com o antagonismo que demonstrou para com a circuncisão em sua carta aos Gálatas. Um judeu ser circuncidado para alcançar melhor seu próprio povo era uma coisa,

PAULO

mas obrigar os gentios a se circuncidar com base num entendimento equivocado de que precisavam ser "judeus" para receber a salvação era outra coisa bem diferente!

A próxima etapa da viagem foi em um território novo. Fizeram uma caminhada por terra até Trôade, onde foram orientados "pelo Espírito de Jesus" para não trabalhar naquela região (At 16.7). Enquanto pregavam naquela cidade, numa noite, Paulo contemplou numa visão alguém que o chamava para ministrar a Palavra de Deus na Macedônia. Concluindo que era uma direção divina para a próxima etapa da viagem, atravessaram de barco para a província grega da Macedônia, onde pregaram em Neápolis, Filipos, Tessalônica e Beréia. Dali, navegaram para o sul e pregaram em Atenas e Corinto (onde ficaram por 18 meses), antes de atravessarem de volta para Éfeso, na Ásia Menor, e de lá navegarem para Cesaréia, Jerusalém e finalmente Antioquia, local de partida.

A obra de evangelização expandiu-se rapidamente durante esta viagem. As igrejas estabelecidas na primeira viagem estavam bem firmes e cresciam cada vez mais em número (At 16 a 19). Havia muito encorajamento, mas também muita perseguição. Paulo testemunhou o estabelecimento bem-sucedido de muitas outras igrejas. Também viu os resultados da mensagem do Evangelho na vida de homens e mulheres que, sem dúvida, tornaram-se amigos especiais da equipe de missionários. Em Filipos, conheceram uma mulher de negócios chamada Lídia, que se converteu e hospedou o grupo em sua casa. Também testemunharam a incrível conversão do carcereiro, quando foram presos em Filipos (veja *Carcereiro Filipense*). Em Tessalônica testemunharam conversões como a de Jasom, o qual foi preso pela causa do Evangelho. Apreciaram imensamente a recepção que tiveram dos "nobres" moradores de Beréia, "pois de bom grado receberam a palavra, examinando cada dia nas Escrituras se estas coisas eram assim" (At 17.11). Paulo e seus companheiros viram como a mensagem do Evangelho tocava os corações e as vidas de pessoas de diferentes classes sociais, quando "creram muitos deles, e também mulheres gregas de alta posição, e não poucos homens" (v. 12).

Em Atenas, Paulo testemunhou pelo menos algumas conversões, quando debateu com alguns dos maiores filósofos da época. De volta a Corinto, ele desenvolveu uma grande amizade com um casal de judeus que também fabricavam tendas e tornaram-se grandes cooperadores na obra de Cristo, ou seja, Áquila e Priscila (At 18.1-3). Os dois o acompanharam na viagem de Corinto a Éfeso, onde ajudaram Apolo a entender mais claramente a verdade do Evangelho. Este então foi enviado à Grécia e desenvolveu seu ministério em Corinto. Enquanto isso, Paulo fez uma parada rápida em Éfeso e logo retornou a Cesaréia e Jerusalém, onde saudou a igreja e em seguida subiu para Antioquia.

Em cada cidade em que pregava, Paulo encontrava severa resistência ao Evangelho. Em Filipos, foi preso junto com Silas por causa do antagonismo da multidão e só foram soltos depois da intervenção sobrenatural de Deus, a qual levou à conversão do carcereiro. Em Tessalônica outros irmãos foram presos porque o apóstolo não foi encontrado, quando o procuraram. Em Corinto, apesar da soltura imediata, Paulo foi atacado pelos judeus e levado diante do tribunal presidido por Gálio (veja *Gálio*).

Paulo passou algum tempo em Antioquia antes de embarcar para a terceira viagem missionária, realizada no período entre os anos 53 e 57 d.C. (At 18.23 a 21.16). Nesta viagem, o apóstolo novamente dirigiu-se ao norte e oeste, por terra, e visitou outra vez as igrejas na Galácia e Frígia (Derbe, Listra, Icônio e Antioquia da Pisídia). Quando finalmente chegou em Éfeso, lemos que Paulo encontrou "alguns discípulos". Eles tinham recebido apenas o batismo de João e, quando o apóstolo lhes falou sobre Jesus Cristo e o Espírito Santo, foram imediatamente batizados "em nome do

511

PAULO

Senhor Jesus" e o Espírito desceu sobre eles (At 19.1-7). Esse episódio dá uma indicação de que o trabalho do Batista tivera um alcance muito mais amplo do que o relato dos evangelhos poderia sugerir.

Ao começar novamente a pregar na sinagoga, Paulo foi expulso e pregou para os gentios na cidade de Éfeso por dois anos (v. 10). Fica claro que muitos milagres acompanharam a proclamação do Evangelho, e uma breve menção disso é feita no v. 11. Um grande número de pessoas se converteu, quando muitos mágicos e pessoas adeptas da feitiçaria se converteram e entregaram seus livros de magia, os quais foram queimados publicamente. O v. 20 resume esse período de ministério: "Assim a palavra do Senhor crescia poderosamente, e prevalecia".

Foi durante esse período que ocorreu um grande tumulto em Éfeso. A cidade era famosa pelo templo da deusa Ártemis (veja *Ártemis* e *Alexandre*). O livro de Atos não relata em detalhes a perseguição que Paulo experimentou ali, mas provavelmente foi considerável (veja Rm 16.3,4; 1 Co 15.32; 2 Co 1.8-11). O apóstolo então enviou Timóteo e Erasto adiante dele para a Macedônia. Expressou sua intenção de viajar para Jerusalém via Macedônia e Acaia (At 19.21) e informou às pessoas que desejava muito ir até Roma.

Foi durante essa viagem que Paulo se preocupou em angariar dinheiro para ajudar os crentes mais pobres de Jerusalém. Deu instruções às igrejas para que se unissem a ele nessa campanha, pois observava nisso um sinal de unidade da igreja e especialmente entre os convertidos judeus e gentios (Rm 15.25-32).

Paulo navegou para a Macedônia e repetiu seu trajeto anterior por Filipos, Tessalônica e Beréia, a fim de encorajar os crentes. Uma rápida estadia na Grécia, talvez em Atenas, levou a mais perseguições; por isso, ele retornou à Macedônia antes de embarcar e navegar novamente para Trôade, onde continuou a pregar. Num antigo exemplo de reunião e culto no primeiro dia da semana (domingo), lemos que Paulo pregou depois que partiram o pão juntos. Ensinou até tarde da noite, pois partiria no dia seguinte. Devido ao calor da sala lotada e à hora avançada, um jovem chamado Êutico adormeceu sentado numa janela e caiu do terceiro andar, sendo levantado morto. Paulo o restaurou novamente à vida e continuou sua pregação (At 20.7-12).

Na manhã seguinte Paulo viajou e passou por várias cidades portuárias no caminho para o sul, inclusive Mileto, onde se encontrou com os líderes da igreja em Éfeso. Ali, falou-lhes sobre os perigos dos falsos ensinos e a necessidade de vigiarem por si mesmos e pelo rebanho. Encomendou-os a Deus e disse-lhes que era compelido pelo Espírito Santo a ir até Jerusalém. A tristeza da despedida é descrita dramaticamente, quando todos se ajoelharam para orar juntos e perceberam que não veriam novamente o amado apóstolo (vv. 36-38). O restante da jornada é descrito rapidamente por Lucas em Atos 21.1-17. A única parada mais significativa foi em Cesaréia, onde o profeta Ágabo advertiu Paulo de que a perseguição o esperava em Jerusalém. Talvez seja importante notar que a declaração anterior de Paulo, que era compelido pelo Espírito Santo a visitar a cidade santa, teve prioridade sobre a advertência de Ágabo para não ir. Ao que parece, embora a profecia estivesse correta, sua interpretação estava equivocada. O profeta claramente esperava que Paulo desistisse de ir a Jerusalém, mas foi para lá que o apóstolo se dirigiu, o que culminou com sua prisão. Ao fazer isso, o apóstolo mostrou que estava pronto a morrer por Cristo, se fosse necessário (v. 13).

Essa terceira jornada contemplou muitas pessoas convertidas e experimentou muito mais oposições e perseguições; mas também foi um tempo de grande encorajamento. Paulo teve oportunidade de conhecer muitos jovens envolvidos no ministério da Palavra de Deus. Entre os que foram mencionados durante essa viagem, estavam pesso-

PAULO

as como "Sópatro de Beréia, filho de Pirro; e dos de Tessalônica, Aristarco e Segundo; Gaio de Derbe e Timóteo; e dos da Ásia, Tíquico e Trófimo" (At 20.4). Apesar de o apóstolo nunca mais retornar a muitos daqueles lugares, sabia que o trabalho continuaria nas mãos da nova geração de missionários e pastores fiéis ao Senhor.

A prisão e o julgamento. Assim que Paulo chegou a Jerusalém, a profecia de Ágabo se cumpriu. Os judeus instigaram a oposição e o apóstolo foi preso para sua própria proteção, no meio de um tumulto contra ele que quase levou-o à morte (At 21.27-36). Paulo pediu permissão ao comandante romano para falar à multidão e aproveitou a oportunidade para mais uma vez pregar o Evangelho de Jesus, quando falou sobre sua própria conversão e chamado ao ministério para os gentios. Quando mencionou a salvação dos povos, novamente a turba se alvoroçou e o apóstolo foi conduzido com segurança à fortaleza. Foi obrigado a apelar para sua cidadania romana, a fim de não ser chicoteado. No dia seguinte o comandante romano convocou o Sinédrio e Paulo defendeu-se diante de seus acusadores (At 23). Inteligentemente, o apóstolo causou uma divisão entre seus acusadores, ao alegar que era julgado porque acreditava na ressurreição. Os fariseus, que também acreditavam, discutiram com os saduceus, que não aceitavam tal doutrina. Novamente, para sua própria proteção, o apóstolo foi levado à fortaleza. Naquela noite o Senhor lhe apareceu e o encorajou, ao dizer-lhe que deveria ir a Roma para testificar do Evangelho (At 23.11).

Foi descoberto um complô para matar Paulo e o comandante do destacamento romano, Cláudio Lísias, decidiu transferi-lo para Cesaréia, onde seu caso seria examinado pelo governador Félix. O capítulo 24 de Atos descreve o julgamento do apóstolo diante de Félix, que pareceu interessado no que ouviu de Paulo acerca do "caminho", mas que, em deferência aos judeus, manteve o apóstolo preso por mais dois anos. Quando Pórcio Festo assumiu o governo da província, os líderes judaicos lhe pediram que cuidasse do caso de Paulo. O novo governador fez menção de entregá-lo aos judeus, mas o apóstolo, sabedor de que não teria um julgamento justo em Jerusalém considerando a palavra do Senhor de que deveria ir a Roma, apelou para ser julgado pelo imperador César. Essa atitude de fato livrou-o totalmente do sistema legal judaico. Logo depois o rei Agripa visitou Cesaréia e Festo pediu-lhe que ouvisse o caso de Paulo. Novamente o apóstolo contou sobre sua conversão e testemunhou do Evangelho de Jesus Cristo. Enquanto Festo pensava que Paulo estivesse louco, Agripa pareceu tocado pelo que o apóstolo dissera, e até mesmo insinuou que por pouco não se tornara cristão (At 26.28). A conclusão de Agripa foi que Paulo tinha tudo para ser solto, se não tivesse apelado para Roma (v. 32).

Paulo foi então transportado para Roma na condição de prisioneiro, sob a custódia de um centurião chamado Júlio (para mais detalhes, veja *Agripa*, *Festo*, *Félix* e *Júlio*). Depois de um naufrágio na ilha de Malta, o qual Paulo usou como uma oportunidade para pregar o Evangelho, finalmente o grupo chegou a Roma, onde o apóstolo foi colocado num regime de prisão domiciliar e tinha permissão para receber visitas (At 28). Durante dois anos vivendo nesse sistema (provavelmente por volta de 61—63 d.C.), Paulo continuou "pregando o reino de Deus e ensinando com toda a liberdade as coisas pertencentes ao Senhor Jesus Cristo, sem impedimento algum" (At 28.31).

A morte de Paulo. Existem poucas indicações sobre o que aconteceu depois desse período de prisão domiciliar em Roma. É claro que Paulo aproveitou a oportunidade da melhor maneira possível para pregar o Evangelho, mas Lucas encerra seu livro neste ponto, ao estabelecer o direito legal para que a Palavra de Deus fosse pregada na

513

PAULO

capital do império. Existe muita discussão entre os estudiosos sobre o que aconteceu. Desde que as epístolas pastorais (veja abaixo) referem-se a eventos na vida do apóstolo que não são mencionados em Atos, pressupõe-se que Paulo realmente as escreveu. Então, muitos chegam à sublime conclusão de que o apóstolo foi declarado inocente das acusações e colocado em liberdade. Ele próprio dá a entender isso em Filipenses 1.19,25; 2.24. Provavelmente após sua absolvição ele acalentou o desejo de ir à Espanha (veja Rm 15.24,28). Este período também seria a época em que as cartas a Timóteo e Tito foram escritas. Quando o cristianismo foi considerado ilegal, Paulo foi preso novamente e levado de volta a Roma, onde escreveu 2 Timóteo. Seu período de liberdade provavelmente durou até por volta de 62 a 66 d.C. 2 Timóteo 4 é então o triste relato do que certamente foi o julgamento final do apóstolo, no qual foi condenado à morte (v. 18). Mesmo nesse triste capítulo, entretanto, percebe-se que Paulo aproveita todas as oportunidades para pregar (2 Tm 4.17,18). A tradição diz que morreu em Roma, como mártir nas mãos do imperador Nero, por volta do ano 67 d.C.

Os escritos de Paulo

O legado de Paulo para o mundo é enorme. Além do fato de ter levado a verdade do Evangelho a praticamente todo o mundo conhecido daquela época, também escreveu cartas muito significativas, as quais chegaram até nós como parte do cânon do Novo Testamento. Tais documentos são cheios de exposições sobre Jesus, o pecado, a salvação, a vida cristã, o futuro e a natureza da Igreja. Suas cartas não podem ser examinadas detalhadamente aqui e o resumo apresentado a seguir não faz justiça à profundidade dos ensinamentos que cada uma contém, mas talvez aguce o apetite do leitor e o leve a examiná-las mais detidamente. Em muitos aspectos as epístolas paulinas têm proporcionado o perfil para a Igreja através dos séculos. Embora sempre haja alguns críticos que questionem se o apóstolo realmente escreveu todas as epístolas atribuídas a ele, existem 13 escritas por Paulo no Novo Testamento. Por conveniência, vamos dividi-las em três grupos.

As epístolas maiores e mais antigas. Incluem Gálatas, 1 e 2 Tessalonicenses, 1 e 2 Coríntios e Romanos. A primeira é a única carta na qual Paulo não tinha quase nada de positivo a dizer aos destinatários. Escreveu devido à sua grande preocupação, pois muitos gálatas já seguiam "outro evangelho". O apóstolo temia pela salvação deles e pela pureza da doutrina da vida eterna somente pela graça, por meio da fé. Ao que parece, os que argumentavam que o cristão precisava primeiro tornar-se judeu para ser salvo tinham grande sucesso na difusão de suas idéias. Defendiam a necessidade da circuncisão, a guarda da Lei de Moisés e do sábado. Esses ideais iam diretamente contra o ensino de Paulo de que os gentios tornavam-se cristãos e eram "justificados" (declarados não culpados diante de Deus) por meio da fé em Jesus Cristo e ainda continuavam gentios (Gl 3.8,11,24; 5.4). Paulo disse aos gálatas: "Se alguém vos anunciar outro evangelho além do que já recebestes, seja anátema" (Gl 1.9). Declarava que eles eram todos filhos de Deus "pela fé em Cristo Jesus... desta forma não há judeu nem grego, não há servo nem livre, não há macho nem fêmea, pois todos vós sois um em Cristo Jesus. E, se sois de Cristo, então sois descendentes de Abraão, e herdeiros conforme a promessa" (Gl 3.26-29). Jesus livra da letra da lei e da sua punição, pois assim declarou Paulo: "Estou crucificado com Cristo, e já não vivo, mas Cristo vive em mim. A vida que agora vivo na carne, vivo-a na fé do Filho de Deus, que me amou e a si mesmo se entregou por mim" (Gl 2.20). Esta existência em Jesus é uma vida

PAULO

composta de uma nova natureza, agora dirigida pelo Espírito de Cristo e conduzida ao objetivo da vida eterna (Gl 5.16,22,25; 6.8). Paulo afirmava que essas verdades eram para todos os que crêem em Jesus Cristo, qualquer que fosse a nacionalidade, sexo ou classe social. O cristianismo nunca seria meramente uma facção do judaísmo. O fato de que as decisões do Concílio de Jerusalém não fazem parte das argumentações e do ensino de Paulo leva alguns a crerem que provavelmente a carta aos Gálatas foi escrita antes desta reunião (talvez em 49 d.C.). Outros colocam a data bem depois.

As epístolas de 1 e 2 Tessalonicenses são bem conhecidas pelos ensinos que contêm sobre a segunda vinda de Cristo. De fato, na primeira das duas Paulo gasta um tempo considerável encorajando os cristãos na fé, na vida cristã e no testemunho (1 Ts 4). Dá graças a Deus por eles, especialmente pela maneira como aceitaram a pregação no início, "não como palavra de homens, mas (segundo é, na verdade), como palavra de Deus, a qual também opera em vós, os que credes" (1 Ts 2.13). O apóstolo apelou para que continuassem na fé, principalmente à luz da vinda de Cristo, a qual lhes proporcionaria grande esperança e alegria. Deveriam encorajar uns aos outros (1 Ts 4.18) com a certeza de que Jesus voltaria e não deveriam lamentar pelos que morressem, como se fossem iguais ao resto do mundo sem esperança (1 Ts 4.13). A segunda epístola provavelmente foi escrita durante a permanência de Paulo na cidade de Corinto. Novamente dá graças a Deus pela perseverança dos cristãos, pela fé e pelo amor que demonstravam uns aos outros (2 Ts 1.3-12). Parte da carta, entretanto, é escrita para corrigir algumas idéias equivocadas sobre a volta de Cristo. Um fanatismo desenvolvera-se, o qual aparentemente levava as pessoas a deixar de trabalhar, a fim de esperar a iminente volta do Senhor (2 Ts 2). Paulo insistiu em que os irmãos deveriam levar uma vida cristã normal, mesmo diante das dificuldades e perseguições. O fato de que Deus os escolheu e salvou por meio da operação do Espírito os ajudaria a permanecer firmes na fé (2 Ts 2.13-15).

As epístolas aos Coríntios provavelmente foram escritas durante a longa permanência de Paulo na cidade de Éfeso. A primeira carta trata de uma variedade de problemas que a igreja enfrentava. O apóstolo demonstrou preocupação pela maneira como os cristãos se dividiam em facções (1 Co 1.12). Lembrou que não deveriam ir diante dos tribunais seculares para resolver suas diferenças (1 Co 6). Ensinou-os sobre a importância de uma vida moralmente pura e lembrou que seus corpos eram santuário de Deus e o Espírito de Deus habitava neles (1 Co 3.16; 5.1-13). Tratou da questão prática sobre se deveriam ou não comer carne previamente oferecida a divindades pagãs e também discutiu sobre a maneira como os dons espirituais deviam ser usados na Igreja, ou seja, para a edificação e a manifestação do verdadeiro amor cristão no meio da comunidade (1 Co 12-14). A ressurreição física de Cristo também é amplamente discutida em 1 Coríntios 15.

Na época em que Paulo escreveu a segunda carta aos Coríntios, as supostas divisões na igreja estavam cada vez mais patentes. Ele, porém, preocupou-se com o seu próprio relacionamento com a igreja e discutiu sobre isso. É claro que alguns irmãos da comunidade o desrespeitavam, talvez mediante o argumento de que não era mais espiritual do que os líderes locais, os quais Paulo chama de "excelentes apóstolos" (2 Co 11.5).

Nesta carta, Paulo demonstrou como deveria ser a vida do verdadeiro cristão. Ao tomar sua própria vida como exemplo, mostrou que sofreu terríveis perseguições e dificuldades por causa de Cristo (2 Co 10 a 12). Talvez não fosse o mais eloqüente dos oradores, mas fora chamado para o ministério do Evangelho e Deus tinha honrado seu trabalho. Muitas vezes sentiu-se enfraquecido e derrotado, mas a fé no Senhor

515

PAULO

Jesus Cristo e o desejo de completar seu chamado fizeram-no seguir adiante (veja especialmente 2 Co 4 e 5; 7). Lembrou os leitores sobre a glória do Evangelho (2 Co 3) e os encorajou a serem generosos na oferta para os pobres de Jerusalém (2 Co 8).

A carta aos Romanos provavelmente foi redigida na década de 50 d.C. É uma epístola escrita a uma igreja que o apóstolo nunca visitara. É cheia de louvores pela fé e pelo compromisso deles com Cristo. Seu tema principal enfatiza que a justificação se opera pela fé em Jesus, tanto para os judeus como para os gentios. Existe alguma discussão sobre o motivo que levou Paulo a escrever esta carta. Alguns dizem que estava consciente das divergências entre os convertidos judeus e gentios na igreja e a necessidade que tinham de uma ajuda pastoral. Outros alegam que a carta formou a base teológica para sua estratégia missionária de levar o Evangelho aos gentios e que o apóstolo esperava o apoio dos cristãos de Roma no seu projeto de viajar à Espanha. Existem outros motivos alegados. A própria carta enfatiza que todas as pessoas, tanto judeus como gentios, têm pecado (Rm 1.18; 3.10,11; etc.). A salvação, entretanto, veio para todo o que tem fé em Jesus Cristo, "sem distinção". Embora todos tenham pecado, os que crêem "são justificados gratuitamente pela sua graça, pela redenção que há em Cristo Jesus" (Rm 3.23,24). A razão para esta possibilidade de salvação para todos é vista na natureza vicária da morte de Cristo (Rm 3.24-26; veja *Jesus*). Judeus e gentios igualmente são herdeiros das ricas bênçãos da aliança de Deus, porque o Senhor é fiel em cumprir suas promessas. A justiça de Deus é vista na absolvição dos que são salvos pela graça, mas também na maneira como cumpriu as promessas feitas a Abraão, o grande exemplo de justificação pela fé (Rm 4). Nesta epístola, Paulo discutiu também sobre a vida cristã debaixo da direção do Espírito Santo, ou sobre o privilégio da adoção de filhos de Deus e a segurança eterna que ela proporciona (Rm 8). Paulo mencionou também como a nação de Israel encaixa-se no grande plano de salvação de Deus (Rm 9 a 11) e enviou instruções sobre como os cristãos devem viver para Cristo, como "sacrifício vivo, santo e agradável a Deus" (Rm 12.1,2).

As epístolas da prisão. Essas cartas foram redigidas na prisão. Há alguma discussão sobre se todas foram escritas durante o tempo em que Paulo esteve preso em Roma ou durante um período em que ficou detido em Cesaréia. Se todas são do tempo da prisão na capital do império, elas foram elaboradas entre 62 e 63 d.C. Aqui estão incluídas as cartas aos Efésios, Filipenses, Colossenses e Filemom (para mais detalhes sobre Filemom, veja *Filemom* e *Onésimo*).

A carta aos Efésios se inicia com uma das mais gloriosas passagens das Escrituras, pois descreve as grandes bênçãos que os cristãos experimentam por estarem "em Cristo". Tais promessas foram planejadas por Deus desde antes da criação do mundo. Incluem o perdão dos pecados, a adoção para os que se tornam filhos de Deus, a alegria da glória de Deus e a posse do Espírito Santo como garantia da redenção e da plena herança da vida eterna (Ef 1). A epístola medita sobre essas bênçãos e o maravilhoso amor de Deus por seu povo, amor este que leva à grande demonstração da graça na salvação dos que têm fé em Jesus (Ef 2). A Igreja é o Corpo de Cristo, unida no chamado e no propósito (Ef 2.11,12). Portanto, o povo de Deus deve viver como filhos da luz, andar cheios do Espírito Santo, ser imitadores de Deus e testemunhas dele no meio das trevas do mundo ao redor (Ef 4.1 a 5.21). Paulo prossegue e expõe como certos relacionamentos específicos refletiriam o amor de Deus por seu povo (Ef 5.21 a 6.10). Depois insistiu em que os cristãos permanecessem firmes na fé e colocassem toda a armadura de Deus, liderados pelo Espírito e obedientes à Palavra do Senhor (Ef 6.1-18).

PAULO

Filipenses é uma carta de agradecimento. O apóstolo escreveu para agradecer aos cristãos de Filipos pela recente ajuda financeira que lhe enviaram (especialmente Fl 1 e 4.10-20). Os crentes daquela cidade aparentemente eram mantenedores fiéis do ministério de Paulo, e sua gratidão a Deus pela vida deles brilha por toda a carta. Os comentários pessoais sobre Epafrodito e sua enfermidade refletem o relacionamento pessoal que o apóstolo mantinha com esses irmãos. Paulo advertiu-os com relação aos judaizantes (Fl 3.1-11) e os desafiou a permanecer firmes e continuar a viver vidas "dignas de Cristo", qualquer que fosse a situação que tivessem de enfrentar (Fl 1.27-30; 2.12-18; 3.12 a 4.1). A passagem teológica mais notável pode ser encontrada em Filipenses 2.1-11. O texto fala sobre a humildade de Cristo, uma característica que ninguém no mundo antigo e muito menos no moderno realmente aspira! Esta humildade demonstrada por Jesus, que acompanhou seu chamado até a cruz, proporciona a base e o exemplo ao apelo de Paulo para que os filipenses continuassem unidos em humildade, sem murmurações, enquanto cumpriam o próprio chamado. Esta vocação é resumida por Paulo em Filipenses 2.14-17. Deveriam resplandecer "como astros no mundo, retendo a palavra da vida".

Os cristãos de Colossos provavelmente eram, na maioria, gentios; portanto, foram os primeiros a se converter ao Evangelho por intermédio do ministério de Epafras (Cl 1.7; 2.13). Pelo que Paulo diz, os eruditos inferem que, ao escrever esta carta, ele estava preocupado com algumas doutrinas falsas que haviam entrado na igreja. Talvez o ensino herético tenha diminuído a importância de Cristo, pois enfatizava demais a sabedoria humana. Talvez insistissem na adoção de certas práticas judaicas como a circuncisão e a guarda do sábado. A adoração de anjos provavelmente fazia parte das idéias, e possivelmente havia também uma ênfase no misticismo e nas revelações secretas. Em resposta a tudo isso, Paulo falou sobre a preeminência de Jesus sobre todas as coisas. Somente Ele é o cabeça da Igreja. É o Criador preexistente e o primeiro a ressuscitar dentre os mortos (Cl 1.15-23). Foi em Cristo que aquelas pessoas haviam morrido para o pecado e ressuscitado por Deus para uma nova vida. Foi "nele" que foram perdoadas. "Em Cristo" as leis do sábado e sobre comidas e bebidas foram consideradas redundantes, pois eram apenas "sombras" que esperavam a manifestação do Filho de Deus (Cl 2.16-19). O desafio para esses cristãos era que não se afastassem de Jesus, em busca de experiências espirituais por meio de anjos ou da obediência a preceitos legais; pelo contrário, conforme Paulo diz, "pensai nas coisas que são de cima, e não nas que são da terra. Pois morrestes, e a vossa vida está oculta com Cristo em Deus" (Cl 3.2,3). Deveriam viver como escolhidos de Deus e filhos consagrados, a fim de que a palavra de Cristo habitasse neles abundantemente (Cl 3.15-17).

As epístolas pastorais. Essas cartas são 1 e 2 Timóteo e Tito. São tradicionalmente chamadas de "pastorais" porque incluem instruções para os jovens pastores Timóteo e Tito, na liderança da igreja primitiva. Paulo desafiou esses líderes a estar vigilantes contra o falso ensino que rapidamente surgiria nas igrejas (1 Tm 1.3-20; 2 Tm 3; Tt 1.10-16; etc.). O apóstolo os exortou quanto à oração pública e deu instruções sobre o tipo de pessoa adequada para ocupar cargos de liderança nas igrejas (1 Tm 3.1-13; Tt 1.6-9). Paulo também desejava que eles soubessem o que ensinar e como lidar com diferentes grupos de pessoas. O ensino deveria ser de acordo com as Escrituras e não comprometido por causa de pessoas que nem sempre gostavam do que ouviam (2 Tm 3.14 a 4.5; Tt 2; etc.) A mensagem também precisava exortar contra as dissensões e a apostasia que seriam os sintomas dos "últimos dias" (1 Tm 4.1-16; 6.3-10; 2 Tm 2.14 a 3.9; etc.).

517

PAULO

O ensino de Paulo

Apenas alguns dos ensinamentos de Paulo foram mencionados aqui. O que motivou o apóstolo em seu ensino foi sua experiência pessoal na estrada de Damasco. Enquanto refletia sobre o que acontecera ali, chegara à conclusão de que aquela luminosidade o deixara cego a fim de que pudesse contemplar o poder de Deus. Jesus tinha essa glória; portanto, era Senhor, um ponto que enfatiza várias vezes, inclusive ao aplicar a Cristo declarações e idéias atribuídas a *Yahweh* no Antigo Testamento. O apóstolo reconheceu que, embora fosse judeu, precisava de salvação e perdão do pecado, e tais dádivas só podiam ser encontradas no sacrifício de Cristo, que morrera em seu lugar na cruz. Esta grande mensagem era para todas as pessoas, independentemente de raça ou antecedentes.

Todos pecaram. Esse assentimento da situação difícil do homem serve como base da grande convicção que Paulo tinha de que todas as pessoas precisavam ouvir o Evangelho. Em Romanos 1 a 3 ele demonstra que os gentios (os pagãos) serão considerados culpados de rejeição para com Deus com base em sua revelação por meio da criação. O apóstolo argumenta assim: "Visto que o que de Deus se pode conhecer, neles se manifesta, porque Deus lhes manifestou. Pois os atributos invisíveis de Deus, desde a criação do mundo, tanto o seu eterno poder, como a sua divindade, se entendem, e claramente se vêem pelas coisas que foram criadas, de modo que eles são inescusáveis" (Rm 1.19,20). O pecado tem levado a mais transgressões, pois as pessoas se afastam de Deus em rebelião, de maneira que o Senhor as entrega a práticas infames que desejam realizar. O fim delas está claramente determinado: "Mas, segundo a tua dureza de coração impenitente, entesouras ira para ti no dia da ira e da manifestação do juízo de Deus" (Rm 2.5). Para o apóstolo, entretanto, falar de tal profundidade do pecado entre os gentios era uma coisa; mas ele prossegue e argumenta que os judeus estão na mesma situação, pois "para com Deus não há acepção de pessoas" (Rm 2.11). A Lei de Moisés não pode salvar e Paulo argumenta que o verdadeiro judeu é o que o é interiormente: "Mas é judeu o que o é no interior, e circuncisão a que é do coração, no espírito, não na letra, e cujo louvor não provém dos homens, mas de Deus" (v. 29). A vantagem do judeu reside no fato de que tem a Palavra de Deus, a Lei e as Escrituras do Antigo Testamento (Rm 3.2), ainda que essa mesma Lei aponte para a justiça de Deus e o juízo sobre o pecado. A Lei revela como os homens e as mulheres realmente são pecadores (Rm 3.20). As conclusões de Paulo, baseadas no que é ensinado nesses capítulos, são resumidas numa citação de vários livros da própria Lei na qual os judeus achavam que podiam confiar: "Não há um justo, nem um sequer; não há ninguém que entenda, não há ninguém que busque a Deus. Todos se extraviaram, e juntamente se fizeram inúteis. Não há quem faça o bem, não há nem um só" (Rm 3.10-12; veja Sl 14.1-3; 53.1-3). Portanto, o resultado desse pecado universal é claro, pois ninguém escapará da ira (do justo julgamento) de Deus. Por isso, o problema enfrentado por toda a humanidade é temível. Seja judeu ou gentio, o Senhor não fará distinção entre os pecadores.

Cristo crucificado. Para o apóstolo, havia apenas uma resposta para essa questão, e ele a encontrara na pessoa de Jesus. Aonde quer que fosse, Paulo proclamava a Cristo. O Filho de Deus era a resposta para a situação de todas as pessoas, não somente para os judeus, mas também os gentios. Todos estão debaixo do julgamento de Deus e precisam de salvação, redenção e perdão. O Senhor, entretanto, jamais ignoraria sua

518

PAULO

justiça, ou seja, não expressaria amor por meio da supressão da justiça (veja *Deus, Jesus*). Deus é amor, mas é também justiça. Paulo aprendera que, em Cristo, a justiça perfeita de Deus foi revelada, mas a grande bondade, o amor, a misericórdia e a graça do Senhor também se manifestam em Jesus.

Em Romanos 3.21-26 Paulo expôs que essa justiça de Deus é "pela fé em Jesus Cristo para todos os que crêem" (v. 22). Precisamente porque o Senhor não tem favoritismo, "pois todos pecaram", homens e mulheres de todas as raças são "justificados gratuitamente pela sua graça, pela redenção que há em Cristo Jesus" (v. 24). Jesus foi apresentado por Deus como sacrifício. A fé em Cristo significa entender que sua vida foi dada como um sacrifício de expiação pelos pecados e que, desta maneira, Deus permanece justo — o castigo pelo pecado foi pago na cruz. Paulo refere-se a esse sacrifício de maneiras diferentes em outros textos. Por exemplo, viu o sacrifício como "aquele que não conheceu pecado, ele o fez pecado por nós, para que nele fôssemos feitos justiça de Deus" (2 Co 5.21). Também contemplou Jesus da seguinte maneira: "Cristo, nossa Páscoa, foi sacrificado por nós" (1 Co 5.7).

O argumento de Paulo de que judeus e gentios encontravam a salvação da mesma maneira está baseado no fato de que "há somente um Deus" para todos. Portanto, desde que Ele é justo e não faz distinção, a salvação será pela fé em Jesus Cristo para todo o que crer (Rm 3.29,30).

Para o apóstolo, o advento de Cristo cumpriu o propósito de Deus para a salvação: "Mas, vindo a plenitude dos tempos, Deus enviou seu Filho, nascido de mulher, nascido sob a lei, para resgatar os que estavam debaixo da lei, a fim de recebermos a adoção de filhos" (Gl 4.4,5). Sob a Lei, Cristo recebeu a punição sobre si e resgatou as pessoas da "maldição da lei, fazendo-se maldição por nós" (Gl 3.13). O sacrifício de Jesus na cruz e a redenção que pagou para nós com seu próprio sangue tornaram-se o ponto principal da pregação de Paulo. Essas eram as boas novas: Jesus trouxe o perdão e recebeu a punição pelo pecado. O apóstolo assim resume sua pregação: "Mas nós pregamos a Cristo crucificado" (1 Co 1.23). Sua mensagem era "a palavra da cruz" (1 Co 1.18).

Justificação pela graça por meio da fé. O aceso a essa obra salvadora de Cristo na cruz era, para o apóstolo, inteiramente pela graça de Deus. Se a redenção fosse alcançada por meio da obediência à Lei, seria possível que as pessoas se orgulhassem de ter alcançado a própria salvação; Paulo, porém, tinha plena convicção de que era obra de Deus por seu povo e uma demonstração da sua graça (seu amor e misericórdia imerecidos) em favor do seu povo (Ef 2.9). Várias vezes o apóstolo insiste em que todos terão de comparecer diante do trono de Deus, e a única esperança do veredicto de "não culpado" (de justificado), quando enfrentassem o julgamento justo de Deus, estava na sua graça. Assim, a redenção vem pela graça e o indivíduo pode apropriar-se dela pela fé, que envolve um compromisso com a justiça de Deus e com seus caminhos justos em Cristo. A fé olha somente para Deus em busca da salvação e, desta maneira, o homem admite a própria incapacidade diante do Senhor, reconhece o pecado e a necessidade de perdão, e olha para Deus como o único que o pode perdoar.

Essa justificação é conquistada à custa da morte de Cristo, e o pagamento da dívida foi confirmado por Deus na ressurreição de seu Filho (Rm 4.25; 5.16,18; etc.). Nenhum outro custo é exigido. Os pecadores são justificados "gratuitamente pela graça"; "Pois é pela graça que sois salvos, por meio da fé — e isto não vem de vós, é dom de Deus" (Rm 3.24; Ef 2.5, 8; etc.). Desde que a obediência à Lei não proporcionou a salvação, novamente Paulo mostra que os gentios também estão incluídos. Eles

PAULO

podem ter fé: "Ora, tendo a Escritura previsto que Deus havia de justificar pela fé os gentios, anunciou primeiro a evangelho a Abraão, dizendo: Em ti serão benditas todas as nações" (Gl 3.8). Paulo não ensina somente sobre a justificação pela fé em Cristo como meio para alguém se tornar cristão. Deus salva a todos pela graça com um propósito: "Que nos salvou, e chamou com uma santa vocação; não segundo as nossas obras, mas segundo o seu próprio propósito e a graça que nos foi dada em Cristo Jesus antes dos tempos eternos" (2 Tm 1.9). Essa justificação pela graça significa que os que crêem têm acesso a todas as bênçãos que o Senhor prometeu ao seu povo, resumidas nas palavras "vida eterna": "A fim de que, justificados por sua graça, sejamos feitos seus herdeiros segundo a esperança da vida eterna" (Ti 3.7).

A vida no Espírito. De acordo com os escritos de Paulo, a operação do Espírito Santo permeia cada área da vida cristã e da Igreja. Ele primeiramente se manifesta na proclamação do Evangelho do Cristo crucificado. A pregação do apóstolo levava as pessoas à conversão porque, segundo ele, "a minha palavra, e a minha pregação, não consistiram em palavras persuasivas de sabedoria humana, mas em demonstração do Espírito e de poder" (1 Co 2.4). Esta obra do Espírito, segundo Paulo, era para que a fé se apoiasse inteiramente no poder de Deus (v. 5), "de sorte que a fé vem pelo ouvir, e o ouvir pela palavra de Deus" (Rm 10.17; 1 Ts 1.5). O Espírito, entretanto, está ativo também na vida da pessoa que ouve a mensagem, pois "o homem natural não compreende as coisas do Espírito de Deus, pois lhe parecem loucura, e não pode entendêlas, porque elas se discernem espiritualmente" (1 Co 2.14). Assim, o Espírito de Deus está ativamente presente na pregação do Evangelho e na vida do que ouve e se volta para Cristo.

Os que exercem a fé são redimidos e justificados e sabem que não são mais condenados por Deus. "Portanto, agora nenhuma condenação há para os que estão em Cristo Jesus" (Rm 8.1). A evidência que eles têm da obra de Deus em suas vidas, segundo Paulo, está na posse do Espírito Santo. A vida no Espírito desta maneira traz ao crente muitas bênçãos e muitos desafios. Todos os que pertencem a Jesus possuem o Espírito de Cristo, e isso significa que são controlados pelo Espírito (Rm 8.9). É Ele quem garante a uma pessoa que ela pertence a Deus. De fato, este é o "selo de posse" de Deus, "o qual também nos selou e deu o penhor do Espírito em nossos corações" (2 Co 1.22). Esse aspecto da função do Espírito como "um selo de garantia" é mencionado em numerosas ocasiões, especialmente quando Paulo pensa sobre o futuro, quando teria de enfrentar a morte, ou sobre a herança que um dia os cristãos receberão do Senhor (2 Co 5.4,5; Ef 1.14; etc.).

O Espírito Santo auxilia as pessoas na oração e leva as súplicas dos crentes fracos e falíveis diante do Pai (Rm 8.26,27). Desde que a vida cristã é vivida em comunidade, o Espírito também ajuda na vida corporativa da Igreja. Segundo Paulo, cada cristão recebe algum "dom do Espírito" com o qual ajuda outros crentes em seu progresso espiritual. Esses dons serão úteis na edificação de outras pessoas na fé, de maneiras variadas. O apóstolo não dá uma lista exaustiva de tais dons, mas menciona diversos, como demonstar hospitalidade, falar em línguas, ensinar, repartir com liberalidade, profetizar e administrar (1 Co 12.4-11; Rm 12.6-8). Intimamente ligado a esse trabalho que capacita todos os crentes a ter uma plena participação na vida da Igreja está o trabalho de promover a unidade cristã. Freqüentemente Paulo enfatiza essa tarefa do Espírito Santo. A unidade entre os crentes não é um acessório opcional, mas a essência da fé cristã, pois ela é proveniente da própria natureza de Deus: "Pois todos nós fomos batizados em um só Espírito, formando um só corpo, quer judeus,

PAULO

quer gregos, quer servos, quer livres; e a todos nós foi dado beber de um só Espírito" (1 Co 12.13). Desta maneira, é tarefa de cada cristão procurar "guardar a unidade do Espírito no vínculo da paz", porque "há um só corpo e um só Espírito, como também fostes chamados em uma só esperança da vossa vocação; um só Senhor, uma só fé, um só batismo; um só Deus e pai de todos, o qual é sobre todos, e por todos e em todos" (Ef 4.3-6).

Um importante aspecto da operação do Espírito Santo na vida do crente é o de produzir a consciência do pecado, a necessidade do perdão e ajudar o indivíduo a viver em santidade e integridade para a glória de Deus. Esse processo efetuado pelo Espírito leva ao crescimento e é chamado de "santificação". É papel do Espírito separar o crente da pecaminosidade e operar nele, para que ele produza uma existência cada vez mais semelhante à de Cristo. Em 2 Tessalonicenses 2.13 Paulo diz: "Mas devemos sempre dar graças a Deus por vós, irmãos amados pelo Senhor, porque Deus vos escolheu desde o princípio para a salvação, pela santificação do Espírito e fé na verdade" (veja também 1 Co 6.11). É esse trabalho do Espírito que os cristãos ignoram, para a própria perdição. O apóstolo insiste em que todos devem "viver no Espírito" e dessa maneira serão protegidos do mal que os cerca e do pecado: "Digo, porém: Andai no Espírito, e não satisfareis à concupiscência da carne. Pois a carne deseja o que é contrário ao Espírito, e o Espírito o que é contrário à carne. Estes opõem-se um ao outro, para que não façais o que quereis" (Gl 5.16,17; Rm 8.13-15).

Quando lemos os escritos de Paulo, observamos que é difícil encontrar uma obra do Espírito que nos deixe tão empolgados do que a que concede ao crente o direito de ser "filho de Deus". Isso claramente tem que ver com o fato de sermos herdeiros de todas as bênçãos do Senhor, mas também com o relacionamento novo e pessoal com o Pai: "Porque sois filhos, Deus enviou aos nossos corações o Espírito de seu Filho, que clama: Aba, Pai" (Gl 4.6; veja Aba). Essa convivência é maravilhosamente libertadora: "Pois não recebestes o espírito de escravidão para outra vez estardes em temor, mas recebestes o espírito de adoção, pelo qual clamamos: Aba, Pai" (Rm 8.15).

De acordo com Paulo, o Espírito Santo é essencial para a própria existência do cristão. Ele inicia, confirma e desenvolve a fé, estabelece a unidade, vive no interior do crente, promove a santificação, garante o futuro, possibilita a vida em comunidade e cumpre muitas outras tarefas além dessas. Seu objetivo é cumprir a plena vontade de Deus na vida do cristão individualmente e na vida da Igreja de Deus.

A vida depois da morte. Paulo tinha plena convicção da vida após a morte. Pressupunha que um dia todas as pessoas testemunhariam a volta do Senhor e enfrentariam seu julgamento (Rm 2.5; 14.10; Fp 2.10). Naquele dia haverá uma separação entre as pessoas, que não dependerá de suas boas obras ou más ações, mas da experiência da graça de Deus que tiveram em suas vidas, pela fé (Rm 5.1; 8.1). Uma das maiores alegrias que Paulo demonstrava como cristão era o fato de não temer a morte, pois cria que Jesus conduziu seus pecados sobre si na cruz, onde pagou por eles (Rm 8.15-17). De fato, o apóstolo tinha plena confiança no futuro. Se morresse ou permanecesse vivo, estaria com o Senhor e continuaria a glorificá-lo (2 Co 5.6-9). De todas as pessoas, Paulo estava consciente da fragilidade da vida humana. Em muitas ocasiões esteve próximo da morte e muitas vezes foi espancado e apedrejado (2 Co 11.23-29). Falou em "gemer" e carregar um fardo nesse corpo, mas mesmo assim perseverava, ciente de que um dia o que é mortal será absorvido pela vida (2 Co 5.4). Novamente o apóstolo voltou-se para o Espírito Santo dentro dele para a confirmação e a garantia dessas promessas futuras (v. 5).

521

PAULO

Embora Paulo deixasse claro que preferia estar com o Senhor do que sofrer perseguições por causa da fé, nunca se preocupou com o que viria depois da morte. Pelo contrário, sua absoluta convicção de que um dia, como Cristo, ele ressuscitaria dentre os mortos e herdaria a vida eterna deu-lhe um propósito para a existência. Deus o chamara para proclamar as boas novas de que Jesus morrera no lugar de todo o que cresse nele e ressuscitara dentre os mortos, sendo "as primícias" dos que dormem. A volta de Cristo e a ressurreição dos mortos levarão a uma mudança radical do corpo (1 Co 15.20,35-44). Isso levou o apóstolo a declarar: "Mas a nossa pátria está nos céus, de onde esperamos o Salvador, o Senhor Jesus Cristo, que transformará o nosso corpo de humilhação, para ser conforme o seu corpo glorioso, segundo o seu eficaz poder de sujeitar também a si todas as coisas" (Fp 3.20,21).

Existe muita discussão sobre o que Paulo imaginava a respeito do tempo da morte e o da ressurreição geral, na vinda de Cristo. Será que o apóstolo acreditava em alguma forma de "sono da alma", no qual as pessoas entrariam em um tipo de inconsciência, no aguardo da vinda de Cristo? Ou será que acreditava na possibilidade de o espírito humano ir imediatamente à presença do Senhor? Não temos espaço aqui para examinar o ensino de Paulo detalhadamente, mas existem passagens que deixam claro o seu ponto de vista: após a morte, o homem interior (alma e espírito) é imediatamente conduzido à presença do Senhor. Ao falar novamente sobre seu desejo de servir a Deus, ao mesmo tempo em que desejava estar com Ele na eternidade, Paulo disse: "Mas de ambos os lados estou em aperto, tendo desejo de partir e estar com Cristo, o que é muito melhor" (Fp 1.23; veja também 2 Co 5.3).

Apesar de todas as suas implicações, para o apóstolo a morte significava "glória eterna"; "estar com o Senhor"; "vida"; "da parte de Deus um edifício, uma casa... eterna, nos céus" (2 Co 4.17; 5.1,4,8). Não é de estranhar, portanto, que pudesse declarar: "Portanto, nós não atentamos nas coisas que se vêem, mas nas que não se vêem. Pois as que se vêem são temporais, e as que não se vêem são eternas" (2 Co 4.18).

Conclusões

Certamente Paulo foi o maior mestre da fé cristã depois do próprio Senhor Jesus Cristo. Chamado e dirigido pelo Espírito Santo para proclamar o Evangelho aos gentios, esse grande teólogo expôs as profundidades da fé cristã de uma maneira que se mostra fundamental para a Igreja de Jesus através dos séculos. Seu total compromisso com o Evangelho do Cristo crucificado permanece como um exemplo para todos os crentes de todas as épocas. Seu desejo de preservar a verdade contra todas as heresias ou qualquer coisa que tentasse desfazer o direito à salvação somente pela graça brilha através de todos os seus escritos. Seu profundo zelo pela aplicação da verdade do Evangelho na vida do crente levou-o a escrever páginas sobre como se deve viver o autêntico cristianismo no meio de uma sociedade pagã. Tudo isso só seria alcançado por meio do Espírito Santo, que vive no interior do crente para realizar os propósitos do Pai. Seu profundo amor pelos irmãos na fé e a maneira como sofria e entristecia-se com os pecados e sofrimentos deles são vistos não somente no modo como escreveu sobre os crentes, ou seja, com grande carinho e encorajamento, mas também em suas repetidas referências às orações que fazia por eles.

Sua profunda convicção de que todos pecaram e estão debaixo do julgamento de Deus e sua preocupação para que homens e mulheres ao redor do mundo encontrassem a salvação de que precisavam tão desesperadamente levaram Paulo a responder ao chamado para pregar o Evangelho aos gentios. Para o apóstolo, Cristo era a única resposta.

PECA

Ele era o foco e o poder da vida de Paulo e, acima de tudo, aquele que morreu para que ele recebesse o perdão e encontrasse a justificação e a vida eterna no último dia. P.D.G.

PECA (Heb. "ele tem aberto"). Filho de Remalias, foi rei de Israel (reino do Norte), de 740 a 732 a.C. Chegou ao trono por causa do assassinato de seu antecessor, o rei Pecaías (2 Rs 15.25). Comandante do exército, reuniu um grupo de 50 homens da região de Gileade, conspirou contra o rei e o matou. Provavelmente seus cúmplices eram todos oficiais graduados e faziam parte do grupo de homens "ricos e poderosos" (v. 20) que não estavam dispostos a pagar as pesadas taxas exigidas pelo rei da Assíria, Tiglate-Pileser. No entanto, o rei Menaém e depois seu sucessor Pecaías eram favoráveis ao pagamento.

Parece que Peca preparou-se durante algum tempo para efetuar o golpe de estado. Provavelmente já liderava o povo na região de Gileade e aparentemente já havia feito um tipo de aliança com Rezim, rei da Síria. Essa é a solução mais provável para o intrincado problema da duração de seu reinado. 2 Reis 15.27 diz que governou 20 anos e subiu ao trono no 52º ano do reinado de Azarias, rei de Judá. Cronologias comparativas entre as datas da queda de Samaria e as do reinado dos reis de Judá confirmam claramente as datas mencionadas acima, limitando dessa maneira o período de seu reinado a oito ou no máximo dez anos. Entretanto, se o autor do livro de Reis soubesse que Peca fora o líder em grande parte do território de Israel por um período de tempo, principalmente na região de Gileade, na Transjordânia, antes de capturar Samaria, a referência a 20 anos de reinado estaria correta, como uma descrição do tempo durante o qual ele manteve um poder considerável e liderou o país.

No v. 29 há uma clara indicação do poder de Tiglate-Pileser III, o qual, durante o reinado de Peca, capturou grandes extensões do território ao norte e leste de Israel, inclusive a própria fortaleza do rei em Gileade e a cidade fortificada de Hazor, que protegia a junção de duas importantes rotas comerciais. Também transportou muitos israelitas daquelas regiões para a Assíria.

A resposta de Peca foi aliar-se a Rezim, rei da Síria, para juntos construírem uma grande fortaleza na Palestina. Os dois atacaram o rei Acaz, de Judá, por ter-se recusado a participar da aliança (2 Cr 28.5-21). Os israelitas infligiram uma severa derrota aos judeus, na região norte do reino do Sul, e levaram muitos prisioneiros. "Peca, filho de Remalias, matou num dia em Judá cento e vinte mil, todos homens valentes, porque haviam deixado o Senhor, Deus de seus pais" (v. 6). Chegaram até mesmo a sitiar Jerusalém (2 Rs 16.5). Acaz pediu ajuda aos assírios (2 Rs 16.7; 2 Cr 28.16). Quando o rei da Assíria chegou, simplesmente causou ainda mais problemas a Acaz, embora tenha capturado Damasco e feito com que o cerco de Jerusalém fosse suspenso (Is 7; 9.8-21). Posteriormente Peca foi assassinado por Oséias, o qual era a favor de uma aliança com a Assíria (2 Rs 15.30).

No relato do reinado de Peca o livro de Reis documenta o declínio de Israel e a aproximação do juízo inevitável de Deus. Com uma sucessão de reis que subiam ao trono por meio do crime e assassinato, observa-se a degeneração de uma nação que se recusava a voltar para o Senhor. Mesmo quando Peca deu demonstração de que derrotaria Judá, foi apenas por um breve momento, no qual Deus o usou para executar juízo contra o seu povo judeu e contra Acaz, que ironicamente estava agindo como os reis de Israel e fazia o que era mau aos olhos do Senhor (2 Rs 16.2,3). Enquanto em Judá

523

PECAÍAS

havia épocas em que os reis se arrependiam e o Senhor os poupava do castigo, como, por exemplo, no tempo dos reis Ezequias e Josias, tais arrependimentos não aconteciam em Israel. Em termos de obra de Deus, portanto, o juízo viria em breve. Sob a liderança do rei da Assíria, tal julgamento começou durante o reinado de Peca e foi concluído no governo de seu sucessor, Oséias, o último rei de Israel (2 Rs 17.7-23). Para maiores detalhes sobre estes acontecimentos, veja *Acaz*, *Odede* e *Rezim*.   P.D.G.

PECAÍAS (Heb. "o Senhor tem aberto"). Filho do rei Menaém, de Israel. Pecaías reinou em Israel por apenas 2 anos (741 a 740 a.C.). Como seus antecessores, "fez o que era mau aos olhos do Senhor" (2 Rs 15.22-26). Provavelmente, pagou tributos ao rei da Assíria, como fizera seu pai (vv. 19,20). Esse fato possivelmente causou a rebelião encabeçada pelo seu comandante Peca, filho de Remalias, que subiu ao trono após assassiná-lo. Tudo indica que o novo rei de Israel fez uma aliança com o governante sírio (v. 37; 2 Rs 16).

PEDAEL (Heb. "Deus livra"). Filho de Amiúde, era o líder entre os descendentes de Naftali. Deus ordenou que Moisés escolhesse homens capazes de todas as tribos para ajudar na divisão da terra de Canaã, e Pedaías foi o representante de seu povo (Nm 34.28).

PEDAÍAS (Heb. "o Senhor tem redimido").

1. Pai de Zebida, a mãe do rei Jeoiaquim, de Judá (2 Rs 23.36).

2. Pai de Joel, o líder da tribo de Manassés durante o reinado de Davi (1 Cr 27.20).

3. Listado entre os descendentes do rei Jeoiaquim; portanto, fazia parte da linhagem real de Davi. Parece ter retornado para Judá após o exílio na Babilônia. Foi pai de Zorobabel (1 Cr 3.18,19).

4. Filho de Parós, estava entre os judeus que colaboraram na reconstrução dos muros de Jerusalém, após o exílio na Babilônia (Ne 3.25).

5. Um dos judeus que ficaram em pé ao lado de Esdras sobre um púlpito, quando o livro da Lei foi lido publicamente para os israelitas. Depois da leitura, o povo adorou ao Senhor, confessou os pecados e renovou o compromisso de servir a Deus (Ne 8.4).

6. Filho de Colaías e pai de Joede, da tribo de Benjamim, foi ancestral de alguns dos judeus que se restabeleceram em Jerusalém após o exílio na Babilônia (Ne 11.7).

7. Levita que viveu na época de Neemias e foi considerado particularmente fiel e digno de confiança; fez parte do grupo responsável pelo cuidado dos depósitos do Templo, onde eram armazenadas as ofertas do povo (Ne 13.13).   P.D.G.

PEDAZUR. Pai de Gamaliel, o líder da tribo de Manassés durante o censo realizado por Moisés no deserto do Sinai. Seu grupo totalizou 32.200 pessoas (Nm 1.10; 2.20). Como representante de seu povo, Gamaliel levou as ofertas quando o Tabernáculo foi dedicado (Nm 7.54, 59) e liderou sua tribo quando os israelitas finalmente partiram do Sinai para suas peregrinações pelo deserto (Nm 10.23).

PEDRO

Antecedentes

Originalmente chamado de Simão, era filho de João (Jo 1.42) e irmão de André (Mt 4.18; Jo 6.8). Pedro era casado e sua esposa o acompanhou em suas viagens (Mt 8.14; 1 Co 9.5). Antes de ser chamado por Jesus, trabalhava com seu pai como pescador (Mc 1.16-20).

Pedro não fora educado religiosamente e possuía forte sotaque da região da Galiléia (Mt 26.33). Era, portanto, considerado como ignorante e sem estudos pelos líderes judaicos de Jerusalém (At 4.13).

A vocação de Pedro

Pedro sempre encabeça a lista dos discípulos de Jesus, não porque tenha sido o primeiro a ser chamado, mas — como as discussões nas seções seguintes indicarão — devido ao fato de ser líder entre os discípulos. Em Mateus 10.2 lemos: "O primeiro, Simão, chamado Pedro" (também em Mc 3.16; Lc 6.14). Fazia parte do círculo mais íntimo dos discípulos de Cristo, no qual encontravam-se também Tiago e João (Mc 5.37; 9.2; 13.3; Lc 8.51).

Pedro era um discípulo dedicado, que buscava exercitar a fé, embora demonstrasse um pouco de volubilidade, como revelou o incidente em que Jesus andou sobre a água (Mt 14.28). Ele admitia sua ignorância e a própria pecaminosidade (Mt 15.15; Lc 5.8; 12.41) e, quando tinha dúvidas, fazia muitas perguntas (Jo 13.24). Apesar de receber uma revelação divina a respeito da identidade de Jesus, rejeitou qualquer noção quanto à sua morte, uma atitude que Cristo atribuiu ao próprio diabo. A motivação dele foi considerada de origem terrena, isto é, seu conceito do Messias era que se tratava de um governador terreno, em cujo reino talvez imaginasse a si mesmo no desempenho de um papel importante (Mt 16.23; Mc 8.33). Esteve presente com Tiago e João na Transfiguração (Mc 9.7; Lc 9.28) e ouviu a voz de Deus confirmando que Jesus era seu Filho amado (um incidente do qual deu testemunho em 2 Pe 1.18) e exigindo obediência aos ensinos de Cristo (Mt 17.1-6). Pedro aprendeu a importância de os discípulos de Jesus pagarem os impostos aos reis terrenos, não porque tivessem a obrigação, mas porque o não pagamento causaria uma dificuldade para a promoção do Evangelho (Mt 17.27). Questionou sobre o perdão e foi advertido a respeito do que aconteceria com o discípulo que não perdoasse e a tortura que experimentaria (Mt 18.21-35). Foi rápido ao lembrar a Jesus que os discípulos abandonaram tudo para segui-lo e recebeu a promessa de que os doze se sentariam em tronos para julgar Israel (Mt 19.27-30; Mc 10.28; Lc 18.28). Inicialmente não permitiu que Jesus lavasse seus pés e depois pediu que banhasse também suas mãos e sua cabeça, como sinal de limpeza (Jo 13.6-10).

Pedro é lembrado por contradizer Jesus quando este falou que os discípulos o negariam. Assim como os outros, replicou que estava disposto a morrer e jamais negaria o Mestre (Mt 26.33-35; Mc 14.29; Lc 22.34; Jo 13.36-38). Falhou em vigiar e orar junto com Jesus, apesar do aviso de que o espírito estava preparado, mas a carne era fraca (Mt 26.37-44; Mc 14.33-41). No momento da prisão de Cristo, numa atitude impetuosa, cortou a orelha de Malco, empregado do sumo sacerdote (Jo 18.10). No pátio da casa de Caifás, a determinação de Pedro entrou em colapso, não diante de um tribunal, mas da pergunta de uma jovem empregada. A enormidade de sua negação, em cumprimento à

PEDRO

profecia de Jesus de que ela aconteceria antes do amanhecer do dia seguinte, fez com que ele chorasse amargamente (Mt 26.58, 69-75; Mc 14.54, 66-72; Lc 22.54-62; Jo 18.15-18, 25-27). Diante do túmulo vazio, as mulheres receberam instruções de dizer aos discípulos e a Pedro que veriam Jesus na Galiléia (Mc 16.7). Foi ele que a seguir correu ao túmulo vazio e teve dúvida sobre o que tudo aquilo significava (Lc 24.12; Jo 20.2-10). Quando estava no lago de Genesaré, com alguns dos outros discípulos, Jesus apareceu-lhes e mostrou que estava vivo. Pedro, que na ocasião estava no mar, lançou-se na água quando João identificou que era o Senhor e foi em direção ao Mestre. A instrução que Jesus deu da praia sobre o local onde deveriam atirar as redes resultou numa pesca abundante. Depois da refeição, Cristo questionou Pedro sobre o nível de seu amor por ele. Diante da afirmação de sua lealdade, Pedro recebeu a ordem de cuidar do povo de Deus e alimentá-lo espiritualmente. Na mesma ocasião ele foi informado sobre a forma de sua própria morte — por meio da qual Deus seria glorificado (Jo 21.19). Segundo a tradição, tal fato ocorreu em Roma.

O apostolado de Pedro

Depois da pergunta feita por Jesus, sobre como as pessoas o viam e o que os próprios discípulos pensavam dele, Pedro foi o primeiro a confessar que Cristo era o Messias prometido no Antigo Testamento. Além disso, reconheceu que era o Filho do Deus vivo e que tinha as palavras de vida eterna (Mt 16.16; Jo 6.68). Essa verdade não se desenvolveu por dedução ou por algum meio humano, mas como revelação do Deus Pai. De acordo com Jesus, esse entendimento de Pedro seria uma grande bênção não somente porque constituía a verdadeira base do Evangelho para entender quem é Jesus, mas também porque esta seria a mensagem que ele proclamaria (Mt 16.17-19). Num jogo de palavras, Cristo disse a Simão que seu nome seria mudado para "Pedro", para descrever seu papel como apóstolo. Jesus disse que seria "sobre esta pedra" que sua Igreja seria edificada ("Sobre esta pedra" é uma tradução equivocada da frase. Na construção original em grego o verbo é seguido por um particípio que, neste caso, é usado no sentido de construir algo *em frente de* e não *sobre* algo). Seria "diante desta pedra" (*petros*) que Jesus edificaria sua Igreja (assembléia). Israel havia-se reunido numa assembléia solene diante do monte Sinai para ouvir a Palavra de Deus, isto é, "o Livro da Aliança", lido por Moisés. Os israelitas endossaram a leitura e foram formalmente constituídos como povo de Deus, depois da salvação do Egito (Êx 24.1-11). Assim também a Palavra de Deus, isto é, o Evangelho na boca de Pedro, seria o meio pelo qual os judeus que abraçassem a salvação oferecida por Jesus constituiriam o povo de Deus naquela assembléia. Jesus, entretanto, disse a Pedro que "as portas do inferno", isto é, as hostes malignas, jamais prevaleceriam contra a Igreja, pois tal é o poder concedido por Jesus. Pedro foi o apóstolo dos judeus na Palestina, possivelmente em Corinto (1 Co 1.12) e também na Babilônia [que a tradição diz ser Roma] (2 Pe 5.13).

De fato vemos esta promessa de Jesus cumprir-se em Atos, pois foi Pedro quem proclamou o Evangelho no dia de Pentecostes, quando aproximadamente 3.000 judeus de Jerusalém e da diáspora foram salvos. Seu discurso demonstrou seu conhecimento do Antigo Testamento, quando citou Joel 2.28-32 como explicação para o fenômeno de judeus de diferentes partes do Império Romano ouvirem as "grandezas de Deus", isto é, o Evangelho, proclamadas em sua própria língua materna. No mesmo discurso, ele mencionou também o Salmo 16.8-11, para mostrar que a morte jamais alcançaria vitória sobre Jesus e que o derramamento do Espírito Santo era a prova de que Jesus fora exaltado como Senhor, conforme o Salmo 110.1 dizia que Ele seria (At 2.1-42).

PEDRO

Novamente Pedro foi o pregador que explicou à multidão que o milagre da cura do coxo na Porta Formosa não fora operado por ele, mas pelo poder do Deus de Abraão, Isaque e Jacó. Foi esse Senhor que glorificara seu servo Jesus cujo sofrimento fora predito por todos os profetas. Pedro proclamou que Jesus era aquele sobre o qual Moisés falou em Deuteronômio 18.15-19 e que os que se recusassem a aceitá-lo seriam destruídos. Ele declarou que a bênção sobre todas as famílias da Terra, conforme predito na promessa abraâmica em Gênesis 12.3, agora realizara-se na morte e ressurreição de Cristo. Os judeus, portanto, eram os primeiros a ter a oportunidade de receber essa bênção, por meio dos arrependimento dos pecados. Em face do interrogatório por parte dos líderes judaicos, Pedro declarou que o milagre fora operado no nome do Senhor Jesus, o Messias ressurrecto, a pedra rejeitada que é mencionada no Salmo 118.22, a única em que a salvação estava alicerçada. A tentativa dos líderes de silenciar Pedro e João falhou quando ambos declararam que não podiam ficar em silêncio, pois o papel deles como apóstolos os compelia a dar testemunho do que tinham visto e ouvido (At 3.1 a 4.22).

Cornélio, um homem temente a Deus, foi o primeiro gentio a ouvir o Evangelho, por meio da pregação de Pedro. Tal palavra foi declarada como a mensagem da paz enviada por Jesus, o Messias, que se tornou Senhor de todos, após sua morte e ressurreição. Cristo deu aos discípulos a tarefa de testemunhar que Ele era o que Deus apontou como juiz dos vivos e dos mortos. Jesus tinha assegurado a remissão dos pecados para todo aquele que cresse nele, como todos os profetas testificaram que aconteceria (At 10.34-44).

Foi Pedro também quem declarou aos líderes da Igreja na Judéia que Deus concedera a salvação também aos gentios mediante a pregação da Palavra de Deus, oferecida por Jesus Cristo. Sua relutância natural em levar-lhes o Evangelho, pois era judeu, foi vencida pela visão divina e as circunstâncias miraculosas pelas quais os mensageiros de Cornélio foram dirigidos até a casa onde ele estava hospedado (At 10.1-23; 11.1-18). Aconselhou a assembléia reunida em Jerusalém a discutir a questão polêmica da circuncisão dos novos cristãos e da obediência deles às leis judaicas. Segundo Pedro, não deviam tentar a Deus, ao colocar sobre os gentios convertidos o jugo da Lei que nem os próprios judeus conseguiam carregar. Declarou que os gentios foram salvos pela graça de Deus, da mesma maneira que os judeus cristãos (At 15.7-11).

Foi Pedro quem liderou os procedimentos para a eleição de Matias (At 1.15-26). O livro de Atos mostra também que ele tomou a iniciativa e falou contra a fraude de Ananias e Safira (At 5.1-4). Foi liberto da prisão e da morte certa de maneira sobrenatural em Atos 12.1-20; na cidade de Jope, um milagre foi operado por meio dele, ou seja, a ressurreição de Dorcas (At 10.36-43).

Os escritos de Pedro

De acordo com Papias, um escritor cristão do século II, o evangelho de Marcos reflete o ensino de Pedro. Realmente, de acordo com a tradição, este jovem evangelista [Marcos] atuou como escriba, pois registrou tudo o que este apóstolo ensinou. Certamente existem incríveis paralelos entre este evangelho e as linhas gerais da vida e do ministério de Jesus na pregação de Pedro ao centurião Cornélio. Em Marcos, o Evangelho de Jesus começa na Galiléia, depois da pregação de João Batista e da unção do Espírito Santo. O ministério de Cristo foi descrito a Cornélio em termos de fazer o bem, curar os oprimidos pelo diabo, a crucificação e a ressurreição (At 10.36-43). Certamente o sermão de Pedro, o qual é apenas um resumo geral em Atos, forma um paralelo surpreendente com os eventos narrados no evangelho de Marcos.

527

PEDRO

1 Pedro descreve seu autor como "Pedro, apóstolo de Jesus Cristo" e "testemunha das aflições de Cristo" (1 Pe 1.1; 5.1); a carta é endereçada aos cristãos dispersos na região que atualmente é o norte da Turquia. Foi escrita por Silvano (1 Pe 5.12; para mais detalhes, veja *Silas, Silvano*).

Uma das características dessa carta é o uso do Antigo Testamento; Pedro não somente citou passagens específicas como escolheu situações idênticas àquelas enfrentadas pelos cristãos, para apoiar seus argumentos. Ele faz a mesma coisa em seus discursos em Atos. De fato, ao começar esta carta, declara que os cristãos são os "eleitos" de Deus dispersos, não na Babilônia, como os israelitas ficaram enquanto aguardavam o retorno para Jerusalém, mas espalhados pelas províncias do Império Romano, até que recebessem a herança eterna no céu.

Numa forte introdução trinitariana, Pedro descreveu a obra do Pai, e do Filho e do Espírito Santo, que assegurava a salvação (1 Pe 1.2). Depois, explicou sistematicamente a maneira como cada membro da Trindade contribuía nessa obra (1 Pe 1.3-12). Esse fundamento da fé capacitaria os cristãos a esperar com confiança pela herança no céu.

Pedro falou ao povo disperso de Deus sobre o *modus vivendi*, em face da suspeita e do antagonismo. Assim como Jeremias 29.7 descreve em uma situação similar, jamais deviam ser auto-indulgentes, mas sim buscar o bem-estar da cidade em que vivessem. Se fizessem isso, apresentariam um estilo de vida de boas obras, o qual confirmaria o Evangelho quando fosse pregado para os outros (1 Pe 2.11,12). Com esse tema principal, Pedro examinou sistematicamente várias esferas da vida, e em cada uma delas exortou os crentes a fazer o bem — ou seja, na vida civil, nas situações domésticas, no casamento e na sociedade em geral (1 Pe 2.13 a 3.12).

Pedro deu grande ênfase à obra de Cristo como exemplo de amor e vida cristã (1 Pe 1.18ss). Baseou-se nos sofrimentos de Jesus, a fim de demonstrar que ninguém deve desistir diante das presentes adversidades, mas, sim, sempre fazer o bem, o verdadeiro significado da vida cristã (1 Pe 3.14 a 4.2). Era a vontade de Deus que assim fosse, ou seja, que silenciassem as acusações sem fundamento lançadas contra eles e encomendassem a alma ao Todo-poderoso (1 Pe 2.15; 4.19).

Num mandamento que lembrava a comissão de Jesus — "apascenta minhas ovelhas" (Jo 21.15-17), semelhantemente Pedro convocou os líderes cristãos a exercer o ministério, não contra a vontade ou por ganância, nem como um meio de dominar outras pessoas, mas, sim, liderar pelo exemplo e ser assim recompensados pelo sumo Pastor (1 Pe 5.1-4). Os membros mais jovens, bem como toda a congregação, foram exortados a se humilhar sob a poderosa mão de Deus, a fim de receber a promessa de que a ansiedade e o sofrimento são dessa maneira suportados. O Senhor sempre usa tais adversidades para desenvolver maior estabilidade em suas vidas cristãs (1 Pe 5.5-11).

1 Pedro é referida como a carta que fala sobre a verdadeira graça de Deus (cf At 15.11) na qual os cristãos são exortados a permanecer firmes (1 Pe 5.12), a despeito das dificuldades e da discriminação que sofriam. Não deviam ceder às indulgências da natureza humana, porque tais atividades no final seriam julgadas com imparcialidade pelo Pai (1 Pe 1.17; 2.11; 4.3,4).

2 Pedro foi escrita para os cristãos descritos como os que obtiveram uma fé idêntica à dos apóstolos, por meio da "justiça do nosso Deus e Salvador Jesus Cristo" (2 Pe 1.1). Os destinatários foram os mesmos da primeira carta, conforme Pedro diz: "Esta é a segunda carta que vos escrevo" (2 Pe 3.1). Sua ênfase é sobre o crescimento na vida cristã e a importância do registro do seu testemunho nos eventos da vida de Cristo para refutar o falso entendimento. A declaração feita sobre a morte sugere que sua vida terrena estava próxima do fim (2 Pe 1.14,15; cf. Jo 21.19,20).

PELAÍAS

A confiabilidade das "grandíssimas e preciosas promessas de Deus" seria a base da confiança dos cristãos na salvação (2 Pe 1.2-4). Pedro declarou que o desenvolvimento da vida cristã não era automático, mas exigia fé nas promessas do Senhor. Bondade, conhecimento, domínio próprio, perseverança, piedade e fraternidade eram virtudes que deviam abundar dentro do contexto essencial da fé, para que o conhecimento de Jesus como Senhor não fosse improdutivo. A abundância de tais atributos garantiria a entrada jubilosa do cristão no céu (2 Pe 1.4-11)..

A ênfase na lembrança do testemunho apostólico da transfiguração e a palavra do próprio Deus a respeito de seu Filho tinha como objetivo refutar as fábulas inventadas, semelhantemente ao uso que Pedro fazia das Escrituras do Antigo Testamento. Havia falsos mestres na comunidade cristã cujo estilo de vida e a maneira como exploravam os cristãos eram detalhadamente descritos com a ajuda dos incidentes tirados do Antigo Testamento (2 Pe 2). Os falsos mestres perturbavam os cristãos com zombarias sobre a demora da vinda de Cristo, o ensino-padrão sobre a certeza dela e a necessidade de vigilância (2 Pe 3.1-13; cf. Mc 13).

Existe uma importante referência aos ensinos de Paulo como textos canônicos, pois Pedro indicou que eram mal empregados, assim como as "outras Escrituras" (2 Pe 3.14-16). A despeito do incidente em Antioquia, quando evitou comer junto com os gentios depois da chegada de outros judeus, Pedro não alimentou nenhum ressentimento contra o apóstolo Paulo pela maneira justificada como repreendeu sua atitude. De fato, referiu-se a ele como "nosso amado irmão Paulo", o qual falava segundo a sabedoria divina que lhe fora dada (2 Pe 3.15; cf. Gl 2.11-14; cf. At 10.9-16; 11.1-8).

Como um apóstolo que recebera a responsabilidade de apascentar as ovelhas do Senhor, Pedro permaneceu fiel à sua tarefa e concluiu sua última carta com a exortação para que os cristãos crescessem na graça e no conhecimento de nosso Senhor e Salvador Jesus Cristo (2 Pe 3.18).

Pedro foi indicado por Jesus como o principal apóstolo entre os judeus, papel que desempenhou ao estabelecer a Igreja de Cristo por meio da pregação do Evangelho e apascentar fielmente o rebanho de Deus até o final de sua vida.   B.W.

PELAÍAS (Heb. "o Senhor é maravilhoso").
1. Pelaías, filho de Elioenai, listado em 1 Crônicas 3.24 como membro da linhagem real, depois do exílio na Babilônia.

2. Logo depois que os israelitas se estabeleceram nas cidades ao redor de Jerusalém, após o exílio na Babilônia, pediram a Esdras que lesse publicamente a Palavra de Deus. Pelaías foi um dos levitas que estavam presentes na leitura e depois "instruíram" o povo sobre o sentido da Lei e sua interpretação (Ne 8.7). Todos ouviram a mensagem e, na proporção em que compreendiam o significado do texto, começaram a chorar. Pelaías e os outros levitas encorajaram o povo a não angustiar-se, pois aquele dia era "consagrado ao Senhor". Deviam louvar, pois "a alegria do Senhor é a vossa força" (v. 10). Quanto mais entendiam a Lei, mais se alegravam. Celebraram a Festa dos Tabernáculos, mediante a confissão de seus pecados como nação (Ne 9.4,5). Uma boa instrução é vital para que o povo adore a Deus de maneira apropriada. Antes do exílio os levitas e os líderes de Israel foram severamente castigados pelo Senhor por negligenciarem essa tarefa (veja Jr 23). Agora, de volta à pátria, fizeram o que nunca deveriam ter deixado de fazer e Deus abençoou-os grandemente.

Pelaías também assinou o pacto feito pelo povo, sob a direção de Neemias,

PELALIAS

quando todos prometeram obedecer à Lei de Deus e adorar somente ao Senhor (Ne 10.10).   P.D.G.

PELALIAS. Avô do sacerdote Adaías, um dos que colaboraram na reconstrução do Templo, nos dias de Neemias (Ne 11.12).

PELATIAS (Heb. "o Senhor livra").

1. Filho de Isi, da tribo de Simeão, viveu no tempo do rei Ezequias, de Judá. Participou da invasão na região montanhosa de Seir (a leste do mar Morto), quando os remanescentes dos amalequitas foram destruídos. Seu povo então se estabeleceu naquele território (1 Cr 4.42,43).

2. Um dos dois filhos de Hananias, descendente do rei Davi e de Zorobabel. Pertencia à tribo de Judá e é mencionado somente na genealogia de 1 Crônicas 3.21.

3. Mencionado somente em Neemias 10.22, foi um dos líderes judaicos que retornaram do exílio na Babilônia e se uniram a Neemias num pacto para obedecer à Lei de Deus.

4. Filho de Benaia, é mencionado em Ezequiel 11.1 como um dos líderes do povo judeu. O Senhor mostrou ao profeta que Pelatias e mais 25 companheiros seriam julgados e condenados, pois fizeram o povo se desviar com falsas profecias e conselhos perversos. Além do julgamento terrível que sempre é prometido nas Escrituras para os falsos profetas que fazem as pessoas desviar-se da vontade de Deus, o juízo sobre Pelatias era merecido também, porque os líderes estavam fazendo conforme os juízos das nações que estavam ao redor deles (v. 12). Enquanto o profeta ainda falava, Pelatias caiu morto, o que levou o profeta a perguntar ao Senhor se destruiria todos os remanescentes de Judá (v. 13).   P.D.G.

PELEGUE (Heb. "divisão"). Filho de Éber e descendente de Sem, era irmão de Joctã e pai de Reú; portanto, ances-tral de Abraão, também mencionado na genealogia apresentada no evangelho de Lucas que vai de Jesus e José até Adão (Gn 10.25; 11.16-19; 1 Cr 1.19, 25; 3.35). O texto diz que foi chamado de Pelegue, "porque em seus dias se repartiu a terra". Talvez a explicação mais razoável seja que essa é uma menção à Torre de Babel, quando as pessoas foram divididas em diferentes grupos lingüísticos (Gn 11).

PELETE. 1. Filho de Jodai e descendente de Judá e Calebe. Mencionado em 1 Crônicas 2.47.

2. Arqueiro ambidestro e habilidoso, filho de Azmavete, da tribo de Benjamim; primeiro lutou nas tropas de Saul e depois transferiu-se, junto com seu irmão Jeziel, para o grupo de Davi, na cidade de Ziclague (1 Cr 12.3). Mais tarde, na mesma passagem, a Bíblia dá a entender que tais homens transferiram a lealdade não somente para estarem no lado vencedor, mas porque o "Espírito de Deus" tocou em seus corações.

3. Pai de Om, da tribo de Rúben. Om juntou-se a Coré, Datã e Abirão numa rebelião contra Moisés (Nm 16.1).

4. Filho de Jônatas e irmão de Zaza, da tribo de Judá e do clã dos jarameelitas (1 Cr 2.33).

PENINA. Juntamente com Ana, era esposa de Elcana, da tribo de Efraim. Ela teve vários filhos, mas a outra, nenhum, pois era estéril (1 Sm 1.1-6). Anualmente a família viajava a Silo para oferecer sacrifícios ao Todo-poderoso. Elcana dava pedaços de carne para Penina e os filhos dela, mas reservava porções dobradas para Ana "porque ele a amava, ainda que o Senhor lhe tivesse cerrado a madre" (v. 5). Penina então ridicularizava a rival por não ter filhos e, assim, tornava a vida de Ana miserável (v. 6). No final, esta teve filhos, e o mais famoso deles foi o primogênito, Samuel. Veja *Ana* e *Samuel*.

530

PENUEL (Heb. "face de Deus").

1. Pai de Gedor e descendente de Hur, da tribo de Judá (1 Cr 4.4).

2. Filho de Sasaque, da tribo de Benjamim, mencionado na genealogia que leva ao rei Saul (1 Cr 8.25).

PEREZ (Heb. "irromper").

1. Filho de Judá, nasceu gêmeo com Zerá. Foi o fundador do clã dos perezitas (Gn 38.29; Nm 26.20; 1 Cr 9.4). Seus dois filhos, Hezrom e Hamul, também se tornaram líderes de clã (Gn 46.12; Nm 26.21; 1 Cr 2.4,5; 4.1). Perez e Zerá nasceram como resultado de uma relação incestuosa entre Judá e sua nora Tamar. Seu nome incomum foi dado devido às circunstâncias de seu nascimento. Quando Tamar entrou em trabalho de parto, um dos bebês colocou a mão para fora e a parteira amarrou um fio escarlate em seu pulso, para identificar o "primogênito". A mão foi recolhida e Perez "irrompeu" primeiro que Zerá, o que estava com o fio escarlate.

Er, filho de Judá, morreu por causa de sua iniquidade (Gn 38.7). O outro, Onã, também foi vítima do juízo de Deus (v. 10). O terceiro, Selá, tornou-se líder do clã dos selamitas, mas não foi considerado um herdeiro legal de Judá, talvez porque sua mãe fosse cananita (v. 2).

Perez é mencionado novamente na história de Rute e Boaz. Ali, os anciãos de Belém abençoaram o casamento dos dois com as seguintes palavras: "Seja a tua casa como a casa de Perez, que Tamar teve de Judá" (Rt 4.12). Provavelmente tratava-se de uma expressão de uso comum naqueles dias e significava que a tribo de Judá teve sua continuidade por intermédio de Perez. Na genealogia no final do livro de Rute, que resume a mensagem da história, Perez está no topo da linhagem familiar que passa através de Boaz e vai até Davi (Rt 4.18). Ele aparece novamente nas duas genealogias do Novo Testamento (Mt 1.3; Lc 3.33). Alguns dos descendentes de Judá listados entre os judeus que retornaram para Jerusalém após o exílio na Babilônia também traçam sua linhagem até Perez, de maneira que seus descendentes que retornaram somaram 468 pessoas (Ne 11.4, 6). Veja também 1 Crônicas 27.3. ___P.D.G.___

2. Descendente de Manassés e líder naquela tribo. Era filho de Maquir e sua esposa Maaca (1 Cr 7.16).

PERIDA. Um dos servos do rei Salomão cujos descendentes retornaram do exílio na Babilônia na companhia de Zorobabel (Ne 7.57). Em Esdras 2.55 é chamado de Peruda.

PÉRSIDE. Uma mulher que "muito trabalhou no Senhor" e estava entre os cristãos de Roma saudados por Paulo em sua carta, mencionados como amigos queridos e amados (Rm 16.12). O cuidado pessoal e a preocupação pastoral pelos crentes refletidos nas saudações do apóstolo dos gentios é algo digno de nota.

PERUDA. Um dos servos do rei Salomão cujos descendentes retornaram do exílio na Babilônia com Zorobabel (Ed 2.55). Chamado de Perida em Neemias 7.57.

PETAÍAS (Heb. "aberto pelo Senhor").

1. Um dos sacerdotes escolhidos para oficiar no santuário, "de acordo com as últimas instruções de Davi". Uma seleção imparcial foi feita entre os descendentes de Eleazar e Itamar por meio de sorteio. O 19º turno saiu para Petaías e esta era a ordem na qual ministrava quando entrava no santuário (1 Cr 24.16).

2. Um dos levitas que se casaram com mulheres estrangeiras, depois do retorno do exílio na Babilônia. Decidiu divorciar-se, por orientação de Esdras. Ensinou o povo sobre a Lei de Deus e selou o pacto feito pelos judeus de adorar ao Senhor e obedecer às suas leis (Ed 10.23; Ne 9.5).

3. Filho de Mesezabel, da tribo de Judá, era o agente do rei em todos os ne-

PETUEL

gócios feitos com o povo em Jerusalém, depois do exílio na Babilônia (Ne 11.24).

P.D.G.

PETUEL. Pai do profeta Joel (Jl 1.1).

PEULETAI. Oitavo filho de Obede-Edom, descendente de Coré, da tribo de Levi. Responsável pelo trabalho nos portões do Tabernáculo, na administração do rei Davi (1 Cr 26.5).

PILATOS. Pôncio Pilatos foi um oficial romano (procurador ou prefeito) relativamente cruel que governou a Judéia de 26 a 36 d.C., inclusive no período do ministério de Cristo (Lc 3.1). Lucas 13.1 diz que ele, após matar alguns galileus, misturou o sangue deles com o sangue dos sacrifícios que oferecia. Aparece com maior destaque, entretanto, nos relatos dos quatro evangelhos sobre a crucificação de Jesus Cristo.

Marcos 15 relata como os membros do Sinédrio levaram Jesus perante Pilatos e pediram sua execução. Ele perguntou se Cristo era realmente o "rei dos judeus", conforme era acusado por seus inimigos. Jesus respondeu com uma afirmação restrita (v. 2). Com relação às demais acusações, permaneceu em silêncio. A fim de seguir um costume de sempre libertar um prisioneiro na festa da Páscoa, Pilatos tentou soltar Cristo; os judeus, entretanto, clamaram pela libertação de Barrabás, assassino e líder de insurreições. Pilatos perguntou o que queriam que fizesse com Jesus e o povo exigiu sua crucificação. Apesar de acreditar que Cristo não cometera crime algum, ele consentiu, e ordenou que Jesus fosse açoitado e depois crucificado (v. 15). Mais tarde autorizou José de Arimatéia a retirar o corpo de Jesus da cruz e dar-lhe um sepultamento adequado (vv. 42-45). Para Marcos, Pilatos teve uma atitude muito mais de fraqueza do que de crueldade.

Mateus 27 apresenta o mesmo resumo dos eventos, mas acrescenta que a esposa de Pilatos teve um sonho com Jesus e aconselhou o marido a não se envolver com a morte "desse justo" (v. 19). Ele lavou suas mãos em público, declarando: "Estou inocente do sangue deste homem. A responsabilidade é vossa" (v. 24). Todos esses acréscimos demonstram o interesse de Mateus em estabelecer primariamente a culpa pela morte de Jesus sobre os líderes judeus. Nos vv. 62-66, os fariseus pediram e receberam de Pilatos um grupo de soldados para guardar o túmulo.

Lucas 23 enfatiza ainda mais a convicção de Pilatos de que Jesus era inocente (veja vv. 4,13-16,22). Ele tentou transferir o problema para Herodes Antipas; tal manobra não deu resultado, apenas propiciou a reconciliação dos dois líderes (vv. 6-12). A maneira branda pela qual Lucas descreve o comportamento de Pilatos em toda esta cena demonstra seu desejo de apresentar o cristianismo sob uma luz positiva para os líderes romanos daqueles dias.

João 18 e 19 contêm o relato mais elaborado do julgamento de Jesus diante de Pilatos. Repetidamente o governador romano moveu-se entre os líderes judeus e Cristo, com o intuito de libertá-lo. João 18.33-38 menciona um diálogo entre Pilatos e Jesus. Cristo revelou que era Rei, mas não deste mundo, e fora enviado para dar testemunho da verdade. Pilatos, entretanto, não compreendeu a que verdade Jesus se referia. João 19.10 ilustra um tema importante para o evangelista — a soberania de Jesus Cristo, até com relação à sua própria morte. João também esclarece qual foi o motivo primário de Pilatos para ceder diante dos líderes judaicos: o medo de ser considerado desleal a César (vv. 12,15). Os vv. 19-23 descrevem o título que Pilatos ordenou que fosse fixado acima da cruz de Jesus, o qual recusou-se a alterar: "Jesus de Naza-ré, o Rei dos judeus".

Atos refere-se retrospectivamente à atitude pérfida de Pilatos na crucificação de Cristo (3.13; 4.27; 13.28), mas deixou claro que tudo isso foi em cumprimento das Escrituras, como parte da soberania de Deus. 1 Timóteo 6.13 classifica o testemunho que Jesus deu do seu reino diante de Pilatos como "a boa confissão", a fim de exortar os crentes a imitar o Senhor, mediante um testemunho ousado.

C.B.

PILDAS. Um dos filhos de Naor com sua esposa Milca; portanto, sobrinho de Abraão (Gn 22.22). Veja também *Betuel*.

PILHA. Mencionado somente em Neemias 10.24, foi um dos líderes dos judeus que retornaram do exílio na Babilônia e juntaram-se a Neemias num pacto de obedecer à Lei do Senhor.

PILTAI (Heb. "o Senhor livra"). Chefe da família de Moadias, ajudou no serviço do Santuário, no tempo de Neemias (Ne 12.17).

PINOM. Descendente de Esaú, líder de um dos clãs dos edomitas (Gn 36.41; 1 Cr 1.52).

PIRÃO (Heb. "jumento selvagem"). Rei de Jarmute, respondeu à convocação de Adoni-Zedeque, rei de Jerusalém, e uniu-se à coalizão de reis organizada para lutar contra os gibeonitas, os quais fizeram um tratado de paz com Josué e os israelitas. Quando Gibeom foi atacada, Josué foi em seu socorro e derrotou aquela confederação. Os reis fugiram e esconderam-se numa caverna em Maquedá. Quando soube que estavam escondidos, Josué mandou que a entrada fosse fechada com grandes pedras e colocou guardas para que os reis não escapassem. Quando voltou da batalha, Josué ordenou que os reis fossem tirados e mortos (Js 10.3-28; 12.10). O Senhor encorajou o sucessor de Moisés nas batalhas e mostrou que não havia motivo para temer (Js 10.8; veja 1.4-9).

PIRRO (Gr. "vermelho-fogo"). Pai de Sópatro, da cidade de Beréia, na Macedônia, o qual se uniu ao apóstolo Paulo em sua viagem da Grécia para Jerusalém (At 20.4).

PISPA. Filho de Jeter, da tribo de Aser, mencionado como líder na tribo e grande guerreiro (1 Cr 7.38,40).

PITOM. Primeiro filho de Mica; portanto, um dos descendentes do rei Saul, da tribo de Benjamim (1 Cr 8.35; 9.41).

PÓLUX (veja *Castor*). Deuses romanos gêmeos, geralmente colocados na proa dos navios (At 28.11).

PÔNCIO. Veja *Pilatos*, para mais detalhes. Tal nome talvez signifique "ponte". Pôncio Pilatos era o governador da Judéia na época em que Cristo foi crucificado. Este vocábulo aparece somente junto com o segundo, Pilatos, e apenas nos seguintes versículos: Lc 3.1; At 4.27; 1 Tm 6.13. O segundo termo, evidentemente, ocorre muito mais vezes.

POQUERETE-HAZEBAIM (Heb. "caçador de gazelas"). Um dos servos de Salomão cujos descendentes retornaram do exílio na Babilônia na companhia de Zorobabel (Ed 2.57; Ne 7.59).

PORATA. Mencionado em Ester 9.8 como um dos dez filhos de Hamã mortos pelos judeus na fortaleza de Susã.

PÓRCIO FESTO. Procurador Romano da Judéia, sucessor de Félix (At 24.27). Freqüentemente chamado simplesmente de Festo. Para mais detalhes, veja *Festo*.

POTIFAR. O nome provavelmente significa "aquele que foi dado por Ra (deus sol)". Era um oficial na corte de Faraó, no Egito. Foi chamado de "capitão da guarda" e o responsável pela compra de José,

POTÍFERA

quando este foi vendido como escravo pelos mercadores midianitas (Gn 37.36).

Na casa de Potifar, sob a direção de Deus, José rapidamente foi colocado num cargo de grande confiança. Tudo o que o jovem fazia prosperava porque o Senhor estava com ele. Finalmente, toda a casa de Potifar foi abençoada por Deus, porque o hebreu era o responsável por tudo (Gn 39.2-5). A confiança deste oficial em José provou ter fundamento quando o jovem recusou-se a ceder às investidas da esposa dele; o hebreu era de boa aparência e a mulher queria seduzi-lo. Ele se recusou a envolver-se com ela e cometer tal pecado contra o Senhor (v. 9). Durante vários dias ela tentou persuadi-lo a ir para a cama com ela. Um dia, estavam os dois sozinhos na casa e ela tentou seduzi-lo, agarrando-o pelas roupas; José fugiu, mas deixou a túnica nas mãos dela. A mulher então chamou os empregados e disse que o hebreu tentara deitar-se com ela à força e fugira; porém deixara as roupas quando ela gritou por socorro (vv. 14,15). Quando Potifar ouviu a história da esposa, enviou José para a prisão. Os planos de Deus, entretanto, cumpriam-se em meio a toda aquela situação. Gênesis 39.21 diz: "O Senhor era com ele; estendeu sobre ele a sua benignidade, e lhe concedeu graça aos olhos do carcereiro".

Gênesis 50.20, talvez mais do que qualquer outro texto, resume tudo o que aconteceu na vida de José, quando foi vendido pelos próprios irmãos. Escravo na casa de Potifar, foi preso e depois saiu para ser o primeiro-ministro do Egito. Esse versículo contém as palavras que José disse aos irmãos depois que toda a família estava estabelecida no Egito: "Vós, na verdade, intentastes o mal contra mim, porém Deus o tornou em bem, para fazer como se vê neste dia, para conservar muita gente com vida". Veja também *José*.   P.D.G.

POTÍFERA. Sacerdote egípcio da cidade de Om. Posteriormente, chamada de Heliópolis pelos gregos, era a metrópole do Egito onde se cultuava Ra, o deus sol. Provavelmente, Potífera ocupava uma posição muito elevada na sociedade, pois sua filha Asenate foi dada a José como esposa, quando este foi nomeado primeiro-ministro de todo o Egito (Gn 41.45, 50; 46.20).

PRISCILA. Também conhecida como "Prisca", seu nome formal. Em seus escritos, o apóstolo Paulo refere-se a ela como Prisca. Era casada com o judeu cristão Áquila, natural do Ponto e fabricante de tendas.

Priscila e seu marido, sempre citados juntos, são apresentados no livro de Atos. Também são mencionados por Paulo em Romanos, 1 Coríntios e 2 Timóteo. É o único casal cristão citado pelos nomes no livro de Atos e nas cartas.

Das seis vezes em que o casal é mencionado, em quatro Priscila é citada em primeiro lugar. Isso tem levado muitos estudiosos a acreditar que ela pertencia a uma classe social superior à do marido. Geralmente, sustenta-se que Áquila era um escravo judeu que conquistou a liberdade em Roma e Priscila pertencia a uma família romana chamada "Prisca".

É interessante notar que em 1 Coríntios 16.19, onde Paulo fala sobre a igreja que se reunia na casa deles, Priscila é mencionada depois do marido. Alguns sugerem que essa colocação coincide com o ensino do apóstolo da ordem do relacionamento entre esposo/esposa no lar (Ef 5.22-33; a outra referência em que é mencionada depois do marido é no texto em que o casal é citado pela primeira vez, Atos 18.2).

Por causa de um decreto do imperador Cláudio, Priscila e seu marido saíram de Roma e foram para Corinto, no ano 49 d.C. Ali ela conheceu o apóstolo Paulo, o qual trabalhava junto com Áquila na fabricação de tendas e estava hospedado na casa deles (At 18.3).

O casal acompanhou Paulo à Síria e depois se estabeleceu em Éfeso (At

PROFETAS E PROFECIAS

18.18,19), onde eles conheceram um judeu cristão chamado Apolo. Ele pregava sobre Jesus Cristo numa sinagoga e, embora tivesse um profundo conhecimento das Escrituras, conhecia apenas o batismo de João Batista. Priscila e Áqüila o convidaram para ir à casa deles e lhe ensinaram outras particularidades do Evangelho (At 18.26).

O relato anterior sobre o encontro deles com Apolo revela que Priscila de maneira alguma era inferior ao marido no conhecimento ou no serviço cristão. Era uma mulher inteligente que teve uma participação vital no ministério da igreja no primeiro século do cristianismo. Era fiel, hospitaleira, honrada e apoiava o marido.

Priscila e Áqüila foram muito amigos de Paulo durante todo o seu ministério (Rm 16.3,4). A última vez que são citados é no final da vida do apóstolo, quando, em sua última carta a Timóteo, ele pede ao seu filho na fé que os saúde (2 Tm 4.19). Veja *Áqüila.*   K.MCR.

PRÓCORO. Um dos sete diáconos indicados para ajudar os apóstolos, os quais achavam o trabalho administrativo da igreja primitiva em Jerusalém um fardo muito pesado (At 6.5). Muitas pessoas se convertiam ao Evangelho. Os novos convertidos de origem greco-judaica reclamaram que suas viúvas eram desprezadas pelos judeus cristãos na hora da distribuição diária dos alimentos. Os apóstolos perceberam que realmente gastavam tempo demasiado na solução desse tipo de problema (v.2) e negligenciavam o ministério da Palavra de Deus. Portanto, sete homens foram indicados e escolhidos entre os que eram reconhecidos como "cheios do Espírito Santo e de sabedoria". Os apóstolos oraram e impuseram as mãos sobre eles e os nomearam para cuidar das questões sociais da igreja.

Este incidente é uma interessante indicação de quão cedo na vida da igreja houve um reconhecimento de que Deus dá diferentes "ministérios" e diversos dons a muitas pessoas. Este fato reflete também o reconhecimento da igreja de que os que são chamados para o "ministério da Palavra de Deus" (v.2) não tenham outras preocupações. O v.7 indica o sucesso dessa divisão de tarefas: "De sorte que crescia a palavra de Deus, e em Jerusalém se multiplicava rapidamente o número dos discípulos...".   P.D.G.

PROFETAS E PROFECIAS

No Antigo Testamento, os profetas eram mensageiros de Deus. Como pessoas que falavam em nome do Senhor, referiam-se aos interesses humanos a partir da perspectiva divina. Tinham uma dupla responsabilidade em suas pregações. Por um lado, apresentavam um nítido quadro das ambições humanas, do desafio ao Senhor e da depravação. Neste contexto, os profetas anunciavam o arrependimento e falavam sobre a iminência do juízo de Deus. Por outro lado, visualizavam uma humanidade transformada e uma nova ordem mundial (o Reino de Deus). Com esse objetivo, encorajavam os piedosos, pois os confortavam com a promessa da restauração, exortando-os a perseverar na busca da piedade.

Os profetas, como arautos do Reino, formam uma corrente contínua de Moisés até João Batista. O curso dessa "correnteza" é alterado durante a história da redenção em junções cruciais, ou seja, "as correntes mais rápidas".

PROFETAS E PROFECIAS

Moisés

Moisés, o início da correnteza, é a "nascente" do movimento profético. Foi o mediador da Aliança do Sinai (mosaica) (Êx 9.3-8; 20.18,19) e o veículo de comunicação escolhido por Deus: "Boca a boca falo com ele... ele contempla a semelhança do Senhor" (Nm 12.6-8; veja Dt 18.18). O Senhor separou Moisés como "servo" (Êx 14.31; Dt 34.5; Js 1.1,2) — um relacionamento de amizade e de confiança entre o superior e um subalterno. Ele experimentava o privilégio de uma comunhão íntima com Deus. "Falava o Senhor a Moisés face a face, como qualquer fala com o seu amigo" (Êx 33.11). Foi o servo fiel da administração que durou até o advento do Filho de Deus (Hb 3.1-5). Como nascente da tradição profética, Moisés testemunhou mais da auto-revelação da glória de Deus do que qualquer outra pessoa no Antigo Testamento (Êx 33.18; 34.29-35). Sempre que era confrontado, ele questionava o Senhor. Israel podia encontrar conforto, graça e bênção porque em Moisés os papéis de mediador da aliança e de intercessor (Êx 32.1—34.10; Nm 14.13-25) estavam sempre juntos. Orava por Israel, falava ousadamente como advogado do povo na presença do Senhor e encorajava a que olhassem além dele, para Deus.

A principal diferença entre Moisés e os demais profetas que vieram depois dele está na maneira direta pela qual o Senhor falava com ele. Moisés, como precursor, foi o primeiro a receber, escrever e ensinar sobre a revelação de Deus. Essa manifestação estendia-se a todas as áreas da vida, inclusive as leis de santidade, pureza, as cerimônias, a vida familiar, o trabalho e a sociedade. Embora ele ainda não conhecesse a revelação de Deus em Cristo, viu a "glória" de Deus (Êx 34.29-35). Moisés, o maior de todos os mensageiros antes da encarnação de Jesus, falou sobre o ministério de outro profeta (Dt 18.15-22). Foi testemunha de Deus para Israel de que um cumprimento ainda maior os aguardava: "Moisés, na verdade, foi fiel em toda a casa de Deus, como servo, para testemunho das coisas que se haviam de anunciar" (Hb 3.5). A natureza desse futuro não era nada menos do que o resto que viria (Hb 4.1-13) em Jesus Cristo, por causa de quem Moisés também sofreu (Hb 11.26). A esperança escatológica da revelação mosaica não é nada menos do que a presença de Deus no meio de seu povo.

Moisés percebeu dolorosamente que Israel não entraria naquele descanso, por causa da desobediência e rebelião do povo (Dt 4.21-25). Ainda assim, falou sobre uma nova dispensação, iniciada pela graça de Deus, de liberdade e fidelidade (Dt 4.29-31; 30.5-10: 32.39-43). Moisés olhou adiante, para uma época de paz, tranqüilidade e plena alegria na presença de Deus, de bênção e proteção na Terra Prometida (Dt 12.9,10; 25.19; Êx 33.14; Js 1.13). Essa esperança, fundamentada na fidelidade de Deus (Dt 4.31), é expressa mais claramente no testemunho final de Moisés, "o Hino do Testemunho" (Dt 32), no qual ele recitou os atos de amor de Deus em favor de Israel (vv. 1-14), advertiu contra a rebelião e o sofrimento que isso acarretaria (vv. 15-35) e confortou os piedosos com a esperança da vingança do Senhor sobre os inimigos e o livramento do remanescente de Israel e das nações (vv. 36-43). Fez até uma alusão à grandeza do amor de Deus pelos gentios! (vv. 36-43; Rm 15.10)!

O significado escatológico do hino de Moisés reverbera nas mensagens proféticas de juízo e esperança, justiça e misericórdia, exclusão e inclusão, vingança e livramento. A administração mosaica, portanto, nunca tencionou ser um fim em si mesma. Era apenas um estágio na progressão do cumprimento da promessa, aliás, um estágio importantíssimo! O apóstolo Paulo confirmou a graça de Deus na aliança mosaica (Rm 9.4,5). Veja também *Moisés e Aliança.*

PROFETAS E PROFECIAS

Profetas semelhantes a Moisés

A possibilidade para revelações adicionais abriu o "cânon" mosaico para mais uma revelação de Deus. Moisés não era o fim da manifestação divina, mas sim o início do movimento profético. Deu instruções específicas sobre a função, o papel e a mensagem dos profetas, os quais comporiam uma classe de oficiais teocráticos, por meio dos quais Deus guiaria a comunidade da aliança, junto com os sacerdotes (e levitas), os reis (Dt 17.14-20) e a liderança tribal e local (anciãos, líderes e príncipes).

Os profetas, como os sacerdotes e os reis, foram chamados e escolhidos pelo Senhor como guardiães de seu reino. Os profetas, entretanto, diferentemente dos sacerdotes e das dinastias reais, não tinham direitos hereditários. Cada um deles recebia um chamado distinto. Como oficiais no Reino de Deus, eram convocados para apascentar o povo. Os profetas em Israel submetiam-se a sete critérios estabelecidos na revelação mosaica:

1. Como israelita, o profeta partilhava totalmente a herança da aliança, a manifestação divina e as promessas; portanto, a nova revelação precisava ser coerente com a mosaica (Dt 13.1-5). Isso foi verdadeiro no caso de todos os profetas, inclusive o Senhor Jesus (Mt 5.17-19).

2. O profeta recebia um chamado específico de Deus. Como Moisés, sabia sem sombra de dúvida que fora enviado para transmitir uma mensagem enviada pelo grande Rei.

3. O Espírito Santo dava poder ao servo de Deus para suportar as pressões causadas por seus contemporâneos, porque falava a Palavra de Deus e cumpria sua tarefa fielmente. O poder do Espírito, que caracterizava o ministério de Moisés (Nm 11.17), também estava presente na vida dos profetas. Alguns percebem aqui uma mudança visível, quando o Espírito "os levantava" (Ez. 3.12, 14; 8.3; 11.1, 24; 43.5), ou "descia sobre eles" (1 Sm 19.20; 2 Cr 20.14; Ez 11.4). Todos eles experimentaram uma presença que lhes dava novo poder. O sentimento inquestionável da presença do Espírito não deixava dúvidas de que Deus havia falado e explicava o sentimento profético de uma compulsão interior, como no caso de Amós: "Certamente o Senhor Deus não fará coisa alguma, sem ter revelado o seu segredo aos seus servos, os profetas... Falou o Senhor Deus, quem não profetizará" (Am 3.7,8b).

4. O profeta declarava a Palavra de Deus como seu porta-voz. Não servia a seus próprios propósitos, mas ao Senhor (Dt 18.18,19; Êx 4.10-16; 7.1).

5. A autoridade do profeta não residia em suas credenciais pessoais, mas no privilégio de falar em nome do Senhor (Dt 18.19,20,22).

6. O profeta era semelhante a Moisés no sentido de que ele fora um bom pastor para Israel, pois amava o povo e intercedia em favor dele.

7. O verdadeiro profeta faria uma demonstração para comprovar que o Senhor o enviara (Êx 3.12; 4.8; Dt 13.2). O "sinal" também testemunhava a favor da autenticidade de sua mensagem. Embora as comprovações fossem diversas — um milagre (1 Rs 13.5; 2 Rs 20.9); a designação de um tempo específico (1 Sm 12.16-19; Is 7.14-25); um evento especial (1 Sm 10.3-7; veja vv. 9-11; 1 Rs 13.3-5; 2 Rs 19.29); o próprio profeta (Is 8.18; 20.3; Ez 24.24); ou uma lição objetiva (Ez. 4.3) —, significavam que a missão do profeta era a serviço do Senhor e que ele era o porta-voz de Deus. Quer o profeta desse um sinal quer não, a veracidade de sua mensagem era comprovada pelo seu cumprimento (1 Rs 13.26; 16.12; 2 Rs 24.2; Jr 28.15-17; Ez 33.33).

O povo de Deus tinha a obrigação de "provar" a nova revelação pelo padrão ("cânon") da revelação anterior e pela verificação do "sinal" mostrado pelo profeta

PROFETAS E PROFECIAS

(Dt 13.1-5; 18.20-22). A veracidade da palavra profética era verificada também pelas gerações posteriores, como Ezequiel escreveu: "Mas quando vier isto — e aí vem — então saberão que houve no meio deles um profeta" (Ez 33.33).

Samuel: o modelo do papel profético

Samuel foi o elo de ligação entre a época de Moisés/Josué e a de Davi/Salomão. Depois da morte de Moisés, Israel teve a garantia de que o Senhor estava com eles, por meio da revelação que transmitiu a Josué (Js 3.7; 4.14; 6.27). Pouco antes de sua morte, ele exortou os líderes de Israel a permanecer fiéis ao Senhor (Js 23.1-11), pois não tinha condições de conduzir o povo a um estado de "descanso", devido à sua idade avançada (Js 13.1). A despeito das repetidas advertências feitas por Moisés (Deuteronômio), Josué (Js 23 e 24) e pelos servos de Deus (Jz 2.1-5; 6.7-10), Israel rebelou-se contra o Senhor e muitas vezes experimentou o abandono divino. Deus colocara a lealdade do povo à prova (Jz 2.22 a 3.1), mas Israel falhou individualmente, como tribo e como nação. Desde que o descanso que começaram a experimentar sob a liderança Josué (Js 22.4) fora condicionado à fidelidade para com a aliança (Js 22.5), o Senhor suspendeu o cumprimento da promessa de descanso (Jz 2.3, 21; Sl 95.11). Israel alcançara um ponto extremamente baixo na história da redenção.

Samuel é considerado o primeiro profeta de uma nova ordem (At 3.24). O Senhor o chamou para ser um mensageiro (1 Sm 3.1-14) e nessa condição ele recebeu o espírito de Moisés (Jr 15.1). Foi reconhecido como "servo" de Deus, por meio de quem o Senhor falou com seu povo individualmente (1 Sm 9.6) e como nação (1 Sm 7.2-4); 8.1-22). O ministério profético de Samuel foi tão exclusivo que todas as tribos assim ouviram sobre o homem de Deus: "E todo o Israel, desde Dã até Berseba, conheceu que Samuel estava confirmado como profeta do Senhor" (1 Sm 3.20). Ele se tornou o modelo para os profetas como o guardião da teocracia. Demonstrou uma preocupação pastoral por todas as doze tribos (1 Sm 4.1), trouxe avivamento para Israel (1 Sm 7.6; 12.18,19), liderou o povo na adoração e orientou as tribos com seus conselhos. Também levou Israel a experimentar um período de estabilidade internacional, paz nacional e prosperidade.

Em sua posição como porta-voz de Deus para o povo e a teocracia, Samuel definiu o papel dos profetas como guardiães desse sistema de governo. Como Moisés e Josué, em seu discurso de despedida, Samuel exortou os israelitas a permanecer fiéis ao Senhor, ou as maldições de Deus cairiam sobre eles (1 Sm 12.1-25). O salmista colocou-o ao lado de Moisés e de Arão, como sacerdote de Deus: "Moisés e Arão estavam entre os seus sacerdotes, Samuel entre os que invocavam o seu nome; clamavam ao Senhor, e ele os ouvia" (Sl 99.6).

Elias: o defensor da aliança

Elias, o tisbita, também viveu em outro período de crise. Acabe, rei de Israel, casara-se com Jezabel, princesa fenícia, a qual introduzira o culto a Baal e uma cultura pagã em Israel. Este monarca seguia as ambições políticas do pai, Onri, o qual tornara Israel [reino do Norte] uma potência militar de renome internacional. A administração de Acabe concedera ao país um grande futuro de prosperidade econômica e um poderio bélico, pois o tornara um "poder" entre as nações. O povo rejeitara a Aliança e o meio da revelação e se apaixonara por um novo estilo de vida.

PROFETAS E PROFECIAS

Elias ocupa uma posição distinta na história da redenção. Embora não tenha escrito um livro profético, é um dos maiores profetas do Antigo Testamento e ocupa um lugar especial próximo a Moisés. Estabeleceu o curso dos profetas "clássicos". As histórias a seu respeito, registradas em 1 Reis 17 a 21 e 2 Reis 1.1 a 2.11, mostram-nos um dos maiores personagens da Bíblia.

Sozinho e exausto, perseguido depois da experiência no monte Carmelo (1 Rs 18), Elias subiu o monte Horebe (19.7), onde Moisés recebera a revelação e vira a glória do Senhor. O retorno dele ao monte Sinai marcou o fim de uma era caracterizada pela paciência divina e o início de outra, consolidada pela purificação! Israel mostrara-se uma nação endurecida pela incredulidade. A situação mudara dramaticamente desde os dias em que Moisés incessantemente rogava em favor do povo. Diferente dele, que intercedia (Êx 31 a 34), Elias acusava os israelitas de ser infiéis. Fez três acusações e um lamento pessoal sobre a nação: "(i) deixaram a tua Aliança, (ii) derrubaram os teus altares, e (iii) mataram os teus profetas à espada. (iv) Só eu fiquei, e agora estão tentando matar-me também" (1 Rs 19.10, 14). O Senhor se manifestou a Elias "numa voz calma e suave" (1 Rs 19.12), à qual o profeta respondeu com um lamento, pois sentiu a presença de Deus.

Elias representou o começo de uma longa linha de profetas que acusaram o povo de Deus de ter desfeito a aliança e que pronunciaram o juízo de Deus sobre Israel. Embora Elias dirigisse sua mensagem diretamente ao rei, seu ministério estendeu-se além de Acabe, para todo o Israel. Foi o primeiro defensor da aliança de Deus, pois acusou Israel por seu fracasso em viver de acordo com as expectativas do pacto (1 Rs 18.21). A questão não era mais entre o profeta e o rei, mas, sim, entre ele e o povo, como foi nos dias de Moisés e Samuel. O profeta não mais advertia nem ameaçava — pronunciava o julgamento e a realidade das maldições da aliança.

Como "defensores da aliança", os profetas ficavam entre o Senhor e o povo. Eles ouviam os conselhos divinos, enquanto observavam o movimento do Todo-poderoso na história. O profeta de Deus era tanto "de seu tempo" como "fora de seu tempo". Como "de seu tempo", a mensagem profética precisava ser compreendida dentro de seu contexto histórico, geográfico e cultural. Como "fora de seu tempo", o profeta falava de eventos pertinentes ao estabelecimento do Reino de Deus, ao juízo dos ímpios e à vindicação do remanescente justo.

Elias foi dos principais profetas que participaram da história da redenção humana. O Espírito Santo deu-lhe poder e uma preocupação quanto à condição espiritual de Israel. Ele almejava por um povo cujo coração fosse leal ao Senhor, enquanto discernia a necessidade do julgamento e da purificação (veja Ml 4.5,6). Seu ministério estava alinhado com o de Moisés e com o de todos os profetas que serviram depois dele como "defensores da aliança", inclusive os literários ou clássicos. A vocação de Elias também foi peculiar a Amós, Oséias, Isaías, Jeremias, Ezequiel e a todos os outros profetas que vieram antes, durante e depois do exílio. João Batista foi o que mais se identificou com ele (Ml 4.5; Mt 11.14; 17.10-13), mas os apóstolos também assimilaram o seu ministério, que continua presente com todo aquele que proclama fielmente a Palavra de Deus.

Interpretação dos profetas

O que estuda e interpreta os escritos proféticos deve ser sensível ao contexto histórico, à linguagem, às metáforas e à imagem literária. Os profetas eram seres humanos reais que compartilhavam suas vidas com seus contemporâneos dentro de um con-

539

PROFETAS E PROFECIAS

texto cultural. Receberam uma visão de Deus, mas falavam sobre isso numa linguagem que as pessoas pudessem compreender. Os profetas pintaram imagens multiformes que representavam os atos do Senhor desde os seus dias até a inauguração plena do Reino de Deus.

A palavra profética tem uma ligação com o contexto histórico do profeta, mas sua relevância vai muito além das questões sobre as quais ele falou e como as profecias se cumpriram. Os oráculos proféticos são a Palavra de Deus para cada nova geração em seu próprio contexto histórico. Cada geração pode encontrar sua identidade na história e na progressão do cumprimento enquanto vive na esperança do grande futuro que Deus tem preparado para seu povo. Cada geração deve envolver-se na interpretação e na aplicação da palavra profética, de maneira que isso também contribua para o progresso da redenção.

A interpretação dos escritos proféticos requer um entendimento sobre o universo social de Israel e uma sensibilidade em relação aos recursos que Deus usa para apresentar sua verdade mediante a linguagem e as imagens humanas. Isaías, por exemplo, anunciou a grandeza da salvação usando imagens de vitória: luz, brilho e alegria (Is 51.4; 58.8,10; 59.9; 60.1,3,19,20). Situou sua metáfora dentro da linguagem historicamente condicionada de um povo vitorioso que recebera o reconhecimento das nações (Is 11.11-16; 14.2; 49.22-26; 60.4). Os povos presentearão os remidos com objetos preciosos (Is 60.4-16), trarão tributos a Jerusalém (Is 23.17,18; 60.13-16; 66.20) e servirão aos eleitos (Is 61.4-6).

Os profetas empregaram formas distintas de discurso profético e recursos da retórica. Viviam num ambiente cultural no qual as formas oral e literária eram as maneiras comuns de comunicação. Transmitiam as mensagens de Deus usando fórmulas que seus contemporâneos reconheciam como "proféticas"; eram "poetas com uma mensagem". Com criatividade, usavam a herança cultural e a revelação de Israel, enquanto se moviam por todas as suas tradições: teofania, guerra, lei, sabedoria e culto.

A profecia clássica foi primeira e principalmente uma expressão oral, ao passo que as formas literárias foram secundárias, embora o processo de transição da forma oral para a escrita esteja longe de ser entendido. Alguns discursos provavelmente foram escritos muito antes do pronunciamento original. Outros circularam possivelmente entre um grupo de discípulos. Nos casos em que houve um lapso de tempo significativo, o profeta provavelmente resumiu ou parafraseou seus oráculos e deu um polimento em seu trabalho, transformando-o numa obra-prima. Com a queda de Samaria e Jerusalém, alguns livros proféticos foram editados em condições extremamente desfavoráveis. A profecia de Jeremias, por exemplo, resulta de vários estágios de coleta e edição, o que resultou numa "antologia de antologias" completada durante o exílio.

Os profetas proclamavam uma mensagem de transformação num contexto histórico de pessoas complacentes com suas habilidades e realizações. Falavam do iminente julgamento de Deus sobre a humanidade — inclusive Israel e Judá — porque todo o ser humano havia-se rebelado contra o Senhor, o Rei da glória. Anunciavam o advento do Reino do Senhor, o juízo e a transformação da criação.

A visão profética do Reino glorioso de Deus arruinava a realidade das estruturas e dos reinos humanos, mas também demonstrava a visão de um remanescente que vivia em harmonia com o Senhor. Via uma antítese radical entre Deus e o homem, o Criador e a criatura, o Reino de Deus e os governos humanos e a revelação e a religião. A distinção entre revelação e religião é fundamental no entendimento da natureza do papel profético e na interpretação da mensagem profética.

PROFETAS E PROFECIAS

O estudo da interpretação profética envolve escatologia. Os profetas anunciaram o encerramento de uma época e a abertura de outra. A nova dispensação no desenvolvimento da redenção tem elementos de continuidade com o passado, pois os novos atos da graça fluem das promessas de Deus. Apesar disso, a nova dispensação tem também elementos originais, pois o Senhor determina um cumprimento ainda maior de suas promessas. Os profetas apontavam para além de seu próprio tempo, a um momento na eternidade quando Deus cumprirá todas as suas promessas e alianças. Estará com seu povo e governará perpetuamente sobre ele junto com seu Messias. A mensagem profética escatológica é teocêntrica, com seu foco no advento do grande Rei, a inauguração do período davídico (messiânico), o derramamento do Espírito Santo, a renovação da aliança, a restauração do povo de Deus, a união dos judeus e gentios, a glória e a alegria associadas com a presença do Senhor, o júbilo do povo de Deus, a restauração de Canaã, de Jerusalém e toda a Terra e a remoção do mal, da maldição, da morte e de qualquer outra forma de julgamento divino.

O Novo Testamento confirma a esperança profética por meio do testemunho de que em Jesus Cristo as promessas de Deus se cumpriram. Conseqüentemente, Jesus é o "foco" da esperança, em quem a realidade e o cumprimento de todas as promessas do Senhor estão garantidos. A salvação sobre a qual os profetas falavam (1 Pe 1.10-12) não pode ser encontrada em nenhum outro além de Jesus Cristo. Somente o Pai, entretanto, sabe a natureza, o método e o tempo da plenitude da salvação (At 1.7). Desde que o cumprimento é em Jesus Cristo (2 Co 1.20), o pleno cumprimento das promessas é o objeto da esperança dos santos tanto do Antigo como do Novo Testamento. Ambos testemunham sobre "a salvação" vindoura e as afirmações exclusivas de Jesus de que Ele é o meio pelo qual o Pai inaugurará plenamente as promessas e alianças, inclusive o reino de Davi.

No advento de Cristo, a inauguração do Reino mostrou mais claramente sua dimensão escatológica. Os evangelhos apresentam a pregação e o ministério de Jesus da perspectiva do Cristo ressurrecto, o qual voltará para cumprir a Lei de Moisés e a palavra profética. Integram isso com o ensino de Jesus sobre o futuro — o juízo, os eleitos, a ressurreição, o crescimento e a alegria do Reino com a esperança profética. O passado, o presente e o futuro se unem em Cristo. O Senhor explicou sua missão quando utilizou esses escritos do Antigo Testamento. Disse aos discípulos: "Era necessário que se cumprisse tudo o que de mim estava escrito na lei de Moisés, nos Profetas e nos Salmos" (Lc 24.44). Dessa passagem aprendemos que o que está escrito no AT tem seu foco apropriado em Jesus Cristo. Ao ler o Antigo Testamento, o cristão deve prestar cuidadosa atenção à relação entre AT e o Senhor Jesus Cristo. Cada divisão do Antigo Testamento relaciona-se com nosso Senhor, inclusive os escritos proféticos. Essas Escrituras são a Palavra de Deus para seu povo, e a autoridade dessa mensagem não foi diminuída com o advento de Cristo. A própria base para a pregação apostólica foi o Antigo Testamento. Em Jesus o futuro é cheio de esperança, porque agora Ele está sentado à direita do Pai. O testemunho do Antigo e do Novo Testamentos encontra seu foco em Cristo, por meio de quem o Pai completará seu plano de redenção (2 Co 1.20). Jesus é aquele de quem os profetas falaram (Rm 1.2; 16.26); Ele é o Alfa e o Ômega (Ap 22.12-14).

Sumário

O ministério profético é uma continuação direta da revelação do Senhor por meio de Moisés, a "nascente" da revelação do Antigo Testamento. Ele desejava que o povo de

541

PUÁ

Deus formasse uma "contracultura", ou seja, uma nova comunidade transformada pela revelação divina e pelo Espírito. A mensagem profética era coerente com a revelação mosaica, pois aplicava mais explicitamente as bênçãos e maldições sobre as quais Moisés falara e complementava os escritos canônicos existentes com novas revelações do Senhor.

Todos os pronunciamentos proféticos seriam testados pela revelação de Deus a Moisés. Os profetas aplicaram e expandiram mais os elementos essenciais da revelação mosaica: os julgamentos e bênçãos, o chamado para a fidelidade à aliança e a esperança no grande futuro preparado para o povo de Deus. Como Moisés, os profetas foram chamados para um compromisso com o Senhor que levaria a um "conflito com a civilização".

Um grande desenvolvimento aconteceu com Samuel, o qual foi o modelo do movimento profético. Declarou a Palavra do Senhor para todo o Israel e ungiu seus dois primeiros reis. Como guardião da teocracia, liderou o povo de Deus num avivamento e num período de paz. Samuel é o modelo dos profetas na maneira como preservou a teocracia estabelecida na aliança de Deus no monte Sinai. Samuel, o guardião da aliança, falou a Palavra de Deus para o rei e também ao povo. Seu ministério consistia na intercessão em favor de Israel, na aplicação das maldições e das bênçãos da aliança mosaica e em uma vida piedosa. Samuel foi também um profeta escatológico, pois almejou uma maior sensibilidade espiritual, discernimento e um descanso que duraria mais do que ele próprio.

Os profetas depois de Samuel transmitiram a Palavra de Deus com poucos resultados aparentes. Israel e Judá rapidamente adotaram as práticas da magia dos povos pagãos. Adaptaram-se à adoração de muitos deuses e adulteraram a revelação do Senhor. Finalmente Elias se levantou e trouxe uma demanda da aliança de Deus no monte Sinai. Desse ponto em diante, os profetas se afastaram cada vez mais dos reis e voltaram-se para o povo, com o propósito expresso de chamar um remanescente.

A mensagem dos profetas clássicos inclui a declaração da demanda legal de Deus contra seu povo, um anúncio do juízo, um chamado ao arrependimento e a proclamação das boas novas do livramento do Senhor. Afirmaram que Deus é fiel em seu compromisso de renovar as alianças, conduzir as pessoas ao seu Reino e cumprir suas promessas. Os profetas eram defensores do pacto nomeados pelo Senhor, mas mesmo nessa função não cessavam de orar para que o povo de Deus se voltasse ao Todo-poderoso, experimentasse uma transformação operada pelo Espírito e usufruísse das bênçãos de Reino. Veja também *Aliança*. W.A.VG.

PUÁ. 1. Uma das parteiras que receberam ordens de Faraó para matar todos os bebês do sexo masculino quando ajudassem no parto das mulheres israelitas (Êx 1.15). Puá e sua colega Sifrá, entretanto, temeram a Deus e se recusaram a obedecer a tal ordem. Quando foram chamadas pelo Faraó para explicar por que os bebês israelitas estavam vivos, combinaram uma história e disseram que, diferentemente das mulheres egípcias, as israelitas eram muito fortes e davam à luz antes da chegada das parteiras (v. 19). Deus abençoou o trabalho dessas mulheres de maneira que nasceram ainda mais crianças; por causa da fé que demonstraram, as duas tiveram seus próprios filhos (vv. 20,21). O livro de Êxodo registra que a ordem para matar os bebês do sexo masculino no final foi cumprida pelos próprios egípcios. Um dos poucos que escaparam foi Moisés, o qual se tornou líder de seu povo e ajudou os israelitas a escapar da opressão de Faraó.

A fidelidade do povo de Deus durante a perseguição é sempre recompensada, conforme registro nas Escrituras, e torna-se um exemplo para as futuras gerações. O poder do Senhor em superar todas as armas que os egípcios usaram contra seu povo foi lembrado por todas as gerações em salmos de louvor e de oração (Sl 105.24-27).

2. Puá, da tribo de Issacar, era filho de Dodô e pai de Tola, o qual foi um dos juízes de Israel (Jz 10.1).   P.D.G.

PÚBLIO (Lat. "popular"). Mencionado como "principal da ilha", ou seja, o oficial nomeado pelos romanos para governar a ilha de Malta; citado em Atos, quando o navio em que Paulo viajava para Roma naufragou próximo dessa localidade. Públio recebeu o apóstolo e seus companheiros em sua própria casa e os hospedou por três dias (At 28.7). O pai dele estava doente, com febre altíssima; "Paulo foi vê-lo e, tendo orado, impôs-lhe as mãos, e o curou" (v. 8). Quando a notícia sobre este milagre espalhou-se pela ilha, todas as pessoas enfermas foram levadas a Paulo para serem curadas. Três meses mais tarde, quando surgiram as condições propícias para a continuação da viagem a Roma, os moradores da ilha providenciaram todos os suprimentos de que necessitavam (vv. 9,10). Embora a tradição diga que tempos depois Públio tornou-se o primeiro bispo de Malta e morreu martirizado, essas informações ainda não foram confirmadas.

PUDENTE. Um dos amigos de Paulo que enviaram saudações a Timóteo no final da segunda carta escrita pelo apóstolo a este discípulo (2 Tm 4.21). Paulo escreveu esta epístola da prisão em Roma e menciona Lino, Cláudia e "todos os irmãos" que também enviam saudações.

Existem diferentes tradições sobre quem era Pudente e qual foi o seu papel no cristianismo primitivo, porém nenhuma ainda foi confirmada.

PUL. Outro nome do rei Tiglate-Pileser III, da Assíria (2 Rs 15.19; 1 Cr 5.26). Pode simplesmente tratar-se do nome original do rei.

PURÁ. Servo de Gideão que, por orientação do Senhor, o acompanhou até os arredores do acampamento do exército midianita durante a noite (Jz 7.10,11). Ali, os dois ouviram uma conversa na qual um soldado contava a um amigo um sonho que tivera, ocasião em que um pão de cevada caiu sobre o acampamento deles e bateu com tamanha força contra uma tenda que a derrubou. Seu companheiro interpretou a visão como um sinal indicador de que Deus entregaria os midianitas nas mãos de Gideão (vv. 13-15). Este voltou ao acampamento, reuniu seus 300 homens e disse-lhes que a vitória do Senhor sobre os midianitas estava garantida.

PUTE. Um dos filhos de Cão, o qual teve pelo menos seis filhos; quase todos eles tornaram-se progenitores de diferentes tribos e povos. Portanto, Pute é tanto o nome de uma pessoa como de uma nação (Gn 10.6-9; 1 Cr 1.8), provavelmente a moderna Líbia; mas não é possível afirmar com certeza.

PUTIEL. Pai da mulher com a qual Eleazar, filho de Arão, se casou. O nome dela não é mencionado; foi a mãe de Finéias (Êx 6.25).

PUVA. Segundo filho de Issacar, tornou-se fundador do clã dos puvitas. Listado como integrante do grupo que desceu com Jacó para o Egito (Gn 46.13; Nm 26.23; 1 Cr 7.1).

Q

QUARTO. Um dos cristãos que se uniram a Paulo nas saudações finais em sua carta aos Romanos. O apóstolo referiu-se a ele como "irmão" (Rm 16.23).

QUEDAR (Heb. "escuro"). Segundo filho de Ismael; foi um líder tribal (Gn 25.13; 1 Cr 1.29; veja *Nebaiote*). Cedeu seu nome a uma tribo árabe, mencionada em numerosas ocasiões na Bíblia; provavelmente, possuía uma pele bem escura. Em Cântico dos Cânticos 1.5 a beleza morena da esposa amada é referida na expressão "como as tendas de Quedar". Em outros textos o lugar é citado em profecias referentes ao juízo de Deus. Sua distância na direção do Oriente proporciona base para ser referido no contexto da grande extensão do governo do Senhor (Sl 120.5; Is 21.16,17; 42.11; Jr 2.10; 49.28; Ez 27.21).

QUEDEMÁ. Filho de Ismael e neto de Abraão e Hagar; era líder de um clã (Gn 25.15; 1 Cr 1.31).

QUEDORLAOMER. Rei de Elão e um dos quatro monarcas da Mesopotâmia que invadiram a Palestina no tempo de Abraão (veja também *Arioque, Anrafel* e *Tidal*). O relato de Gênesis 14 é interessante, pois destaca como o vale do rio Jordão era uma região cobiçada, capaz de atrair uma aliança de reis de lugares bem distantes, e mostra também a rapidez do crescimento da influência de Abraão na região.

Está claro que o líder da confederação invasora era o rei Quedorlaomer (Gn 14.4,5). Eles já haviam conquistado várias cidades do vale do Jordão e áreas ao redor do mar Morto e governavam a terra há doze anos. No 13º ano, os reis dessas cidades rebelaram-se e lutaram contra os invasores (veja *Bera, Birsa, Sinabe* e *Semeber*). Novamente, contudo, foram obrigados a fugir. Os quatro reis capturaram uma grande extensão de terra, que incluía as cidades da campina, das quais tomaram todo o espólio. Levaram cativo, juntamente com o resto dos cidadãos, o sobrinho de Abraão (Ló) que morava em Sodoma.

Isso fez com que Abraão entrasse em cena. Quando soube o que acontecera, perseguiu Quedorlaomer e alcançou-o bem ao norte. Num ataque sutil e inteligente, nosso patriarca derrotou a confederação de reis e retornou com Ló e sua família (Gn 14.14-17).

Esses reis vieram da mesma região que fora o lar de Abraão. A vitória dele sobre esses monarcas é de grande significado, pois é vista em Gênesis 14 como a conquista de Deus, indicando o estabelecimento de Abraão em Canaã, bem como sua separação final e completa da antiga existência. Daí em diante, sob o plano soberano de Deus, a influência de Abraão na "Terra Prometida" cresceu cada vez mais.   P.D.G.

QUEILA. Abiqueila em algumas versões. Da tribo de Judá, era garmita e filho de Hodias (1 Cr 4.19).

QUELAÍAS. Também chamado de Quelita, foi um dos levitas que se casaram com mulheres estrangeiras. Depois do retorno do exílio na Babilônia, concordou em se divorciar, segundo a orientação de Esdras (Ed 10.23).

QUELAL. Descendente de Paate-Moabe, foi um dos judeus que se casaram com mulheres estrangeiras, após o retorno do exílio na Babilônia. Seguiu a orientação de Esdras e divorciou-se (Ed 10.30).

QUÉREN-HAPUQUE

QUELITA. Também chamado de Quelaías, foi um dos levitas que se casaram com mulheres estrangeiras. Depois do retorno do exílio na Babilônia, concordou em se divorciar, seguindo a orientação de Esdras. Também ajudou na tarefa de ensinar a Lei de Deus ao povo e selou o pacto feito pelos judeus de adorar ao Senhor e obedecer à sua lei (Ed 10.23; Ne 8.7; 10.10).

QUELUBE. 1. Pai de Meir e irmão de Suá, mencionado em 1 Crônicas 4.11. Pertencia à tribo de Judá.

2. Pai de Ezri, o qual era um dos superintendentes de Davi, responsável pelos homens que trabalhavam nas fazendas e nas lavouras do rei (1 Cr 27.26).

QUELUÍ. Descendente de Bani, listado entre os judeus que se casaram com mulheres estrangeiras, depois do exílio na Babilônia. Seguiu a orientação de Esdras e divorciou-se (Ed 10.35).

QUEMUEL. 1. Filho de Naor e sua esposa Milca; portanto, sobrinho de Abraão. Entre outros, era irmão de Uz e Buz. Tornou-se pai de Arã (Gn 22.21).

2. Filho de Siftã, nomeado pelo Senhor e escolhido por Moisés como líder da tribo de Efraim. Sua tarefa seria a de organizar a distribuição do território destinado ao seu povo, entre os vários clãs e famílias, depois da conquista de Canaã (Nm 34.24).

3. Pai de Hasabias, um dos líderes da tribo de Levi no tempo do rei Davi (1 Cr 27.17).

QUENAANÁ. 1. Bisneto de Benjamim, filho de Bilã (1 Cr 7.10).

2. Pai de Zedequias, o falso profeta, cujo confronto com o verdadeiro, Micaías, é relatado em 1 Reis 22 e 2 Crônicas 18.

QUENANI. Levita que viveu na época de Neemias, estava entre o grupo dos que dirigiram o povo na adoração e nos cânticos depois da leitura do livro da Lei e de um longo período de confissão (Ne 9.4).

QUENANIAS. Levita que viveu durante o reinado de Davi. Quando o rei levou a Arca da Aliança para Jerusalém, pediu aos sacerdotes que escolhessem cantores e músicos para irem adiante dela. Quenanias ficou responsável pelo coral, pois tinha uma bela voz e era perito (1 Cr 15.22, 27). Supõe-se que ele e sua família são mencionados novamente em 1 Crônicas 26.29; posteriormente, receberam responsabilidades fora do Templo, "como oficiais e juízes" sobre Israel.

QUENAZ. 1. Neto de Esaú e Ada (mulher cananita), era filho de Elifaz e líder entre os edomitas (Gn 36.11,15,42; 1 Cr 1.36,53).

2. Irmão de Calebe e pai de Otniel, o qual atacou Quiriate-Sefer, ao aceitar um desafio feito pelo tio Calebe; depois da vitória sua recompensa foi casar-se com a prima Acsa. Posteriormente, Otniel tornou-se juiz de Israel (Js 15.17; Jz 1.13; 3.9,11; 1 Cr 4.13).

3. Filho de Elá e neto de Calebe, o filho de Jefoné (1 Cr 4.15).

QUERÃ. Filho de Disom e neto de Aná, foi líder entre os horeus (Gn 36.26; 1 Cr 1.41).

QUÉREN-HAPUQUE (Heb. "chifre de antimônio ou de pintura"). No final da vida de Jó, depois de todas as tribulações e tragédias que enfrentou, Deus o abençoou novamente. Entre os filhos que lhe nasceram nesse estágio, havia três meninas. A caçula chamava-se Quéren-Hapuque (Jó 42.14). Assim como as outras duas, era considerada extremamente bela; cada uma delas recebeu parte da herança de Jó (v. 15). O nome sugere sua beleza, pois antimônio era um metal caríssimo usado na fabricação de pinturas para os olhos.

QUEROS

QUEROS. Líder de uma das famílias dos serviçais do Templo. Seus descendentes retornaram do exílio na Babilônia nos dias de Esdras e voltaram a trabalhar no Santuário, após sua reconstrução (Ed 2.44; Ne 7.47).

QUÉSEDE. Filho de Naor e sua esposa Milca; portanto, sobrinho de Abraão (Gn 22.22). Veja *Betuel*.

QUETURA (Heb. "incenso"). Segunda esposa de Abraão (a primeira foi Sara), embora em 1 Crônicas 1.32,33 seja chamada de concubina. Nessa ocasião Sara já havia morrido (Gn 23) e Abraão era bem idoso. Possivelmente desposou-a por sentir-se só, depois do casamento de Isaque com Rebeca (Gn 24). Quetura teve vários filhos, os quais tornaram-se líderes de tribos em seus próprios territórios. Desta maneira, a promessa de Deus a Abraão, "Far-te-ei frutificar sobremaneira; de ti farei nações, e reis sairão de ti" (Gn 17.6) já se cumpria em parte. Talvez a nação mais famosa mencionada nas Escrituras da qual Quetura foi a progenitora seja Midiã (Gn 25.1,4; 1 Cr 1.32,33). P.D.G.

QUEZIA. No final da vida de Jó, depois de todas as tribulações e tragédias que enfrentou, Deus o abençoou novamente. Entre os filhos que lhe nasceram nesse estágio, havia três meninas. A Segunda chamava-se Quezia (Jó 42.14). Junto com as outras duas, era considerada extremamente bela; cada uma delas recebeu parte da herança de Jó (v. 15). O nome refere-se ao perfume de certa flor.

QUILEABE. Um dos filhos do rei Davi, nascidos em Hebrom. Sua mãe era Abigail, viúva de Nabal (2 Sm 3.3). Em 1 Crônicas 3.1, é chamado de "Daniel".

QUILIOM. Filho de Elimeleque e Noemi e irmão de Malom. Viveu nos dias dos juízes de Israel. Devido a uma severa fome que castigou a região de Judá, seu pai deixou a cidade de Belém e partiu para Moabe, com sua família (Rt 1.1,2). Após a morte do marido, Noemi passou a viver sob os cuidados dos dois filhos. Tempos depois, Malom e Quiliom também morreram, embora o livro de Rute não comente como isso aconteceu. Os dois irmãos eram casados com mulheres moabitas, as quais passaram a cuidar de Noemi (Rt 1.3-5). Quiliom casara-se com Orfa. A esposa de Malom, chamada Rute, posteriormente decidiu acompanhar a sogra na viagem para Belém, onde conheceu Boaz e casou-se com ele. Este comprou de Noemi todas as propriedades que pertenciam a Quiliom, bem como as de seu pai Elimeleque e de seu irmão (Rt 4.9,10).
P.D.G.

QUIRINO. Nascido por volta do ano 50 a.C., é mencionado na Bíblia somente no evangelho de Lucas como "governador da Síria" (Lc 2.2). Durante seu governo foi realizado um censo ordenado pelo imperador César Augusto, no qual todas as pessoas precisavam dirigir-se à sua cidade natal para recensear-se. Sob a direção de Deus, José e Maria foram a Belém, onde Jesus nasceu, em cumprimento da profecia de que o Messias nasceria em Belém, cidade de Davi (Lc 2.4; Mq 5.2; Mt 2.6; Jo 7.42).

O historiador Tácito escreveu que Publius Sulpicius Quirino foi um bravo soldado, a quem o imperador Augusto recompensou com o cargo de cônsul e que ocupou várias funções administrativas. Tácito prossegue e diz que em seus últimos anos Quirino não era muito querido, devido à sua mediocridade. Governou Creta como procônsul durante algum tempo e depois lutou para restaurar a paz na Pisídia e Cilícia, na Ásia Menor, entre os anos 12 e 3 a.C., quando foi nomeado procônsul da Ásia. Somente no ano 6 d.C. tornou-se governador da Síria e Cilícia, um posto que dirigiu durante três anos.

QUISLOM

Para Lucas, a menção de Quirino não teve outra função senão a de identificar a cronologia do nascimento de Jesus; mas para os historiadores modernos isso tem causado problemas consideráveis. Em Atos 5.37 Gamaliel refere-se a um recenseamento que aconteceu aproximadamente no ano 6 d.C. No entanto, alguns recadastramentos romanos aconteceram num ciclo de 14 anos, o que colocaria o censo anterior entre 8 a 7 a.C., quando Quirino provavelmente exercia outro cargo em outro lugar. Alguns estudiosos insistem em que Lucas simplesmente se equivocou. A exatidão histórica que ele geralmente demonstra, entretanto, deixa claro que tal informação está correta. Várias sugestões são apresentadas para o conflito potencial destas datas. Uma das mais razoáveis seria que Quirino já exercia algum tipo de autoridade na Síria antes de ser formalmente nomeado no ano 6 d.C. A lista de governadores desta província revela algumas lacunas, uma das quais, entre 11 a 8 a.C., provavelmente foi preenchida por Quirino. Talvez a sugestão mais provável seja que ele manteve alguma função extraordinária, com base na Síria, enquanto estava em campanha militar na Pisídia e na Cilícia. Certamente a Síria seria uma base eficiente para tais manobras. Alguns sugerem que ele possivelmente ordenou o censo em 8 a.C., o qual ocupou um ano ou mais para sua conclusão. Jesus neste caso nasceu entre 6 e 5 a.C. e tinha mais ou menos dois anos de idade quando Herodes ordenou o massacre das crianças (Mt 2.13-18; Herodes morreu em Jericó na primavera de 4 a.C.). Vários estudiosos têm escrito muitas coisas sobre esse assunto, mas a reconstrução dos eventos precisa considerar a evidência em Mateus relacionada com Herodes e a exatidão histórica de Lucas. Algumas provas externas foram acrescentadas para apoiar tais teorias, mas é certo que a última palavra sobre essa questão ainda não foi escrita!

P.D.G.

QUIS. 1. Um dos filhos de Jeiel e sua esposa Maaca. Foi um dos ancestrais de Quis, pai de Saul; é mencionado em 1 Crônicas 8.29,30 (cf. 1 Cr 9.35).

2. Pai do rei Saul, da tribo de Benjamim (1 Cr 8.33; 9.39; 12.1; 26.28). Era um homem "forte e valoroso", filho de Abiel (1 Sm 9.1; 10.11,21; 14.51). Após sua morte, Quis foi sepultado em Zela, no território de Benjamim (2 Sm 21.14). Numa ocasião, ele perdeu algumas de suas jumentas e enviou seu filho Saul para procurá-las, o qual percorreu toda região (1 Sm 9.3). A busca fracassou e Saul foi incentivado pelo seu servo a consultar Samuel, o "homem de Deus". As jumentas foram recuperadas, mas aquele encontro entre Saul e Samuel foi o primeiro de muitos outros e o profeta o ungiu rei de Israel (1 Sm 9.19,20; 10.1; At 13.21).

3. Um levita do clã de Merari; filho de Mali e pai de Jerameel (1 Cr 23.21,22; 24.29).

4. Outro levita do clã dos meraritas. Viveu na época do rei Ezequias, de Judá, e talvez descenda do personagem do item anterior. Foi chamado para fazer parte da equipe que trabalhou na purificação do Templo, durante o avivamento ocorrido no reinado de Ezequias (2 Cr 29.12).

5. Benjamita, foi bisavô de Mordecai, que, junto com a rainha Ester, foi responsável pela preservação do povo judeu (Et 2.5). P.D.G.

QUISI. Filho de Abdi, era levita do clã dos meraritas e pai de Etã, o qual serviu no Tabernáculo (1 Cr 6.44). Em 1 Crônicas 15.17-19 é mencionado um Etã, filho de Cusaías. É possível que Quisi e Cusaías sejam a mesma pessoa.

QUISLOM. Pai de Elidade, da tribo de Benjamim (Nm 34.21), o qual foi escolhido por Moisés para liderar os benjamitas.

R

RAABE. 1. Sua história está registrada no cap. 2 de Josué. Dois homens foram enviados de Sitim para avaliar o poderio das cidades de Canaã, especialmente Jericó. Eles entraram na casa de uma prostituta chamada Raabe e logo descobriram que era uma mulher temente a Deus, que estava temerosa sobre o que aconteceria com seus entes queridos quando os israelitas se apossassem de Canaã. Quando o rei de Jericó soube da presença dos dois espias, enviou uma mensagem a Raabe, pedindo-lhe que os entregasse. Ela, no entanto, escondeu os dois espias no telhado da casa e disse aos mensageiros que eles já tinham ido embora. Em troca de sua ajuda aos israelitas, Raabe pediu proteção para sua família e recebeu essa garantia por parte dos dois espiões. Quando os israelitas conquistaram Jericó, ela e seus familiares foram poupados (Js 6.22-25). Esse compromisso de Raabe para com os israelitas que chegavam e para com o Deus deles foi um ato de fé reconhecido no Novo Testamento (Tg 2.25; Hb 11.31).

2. Os estudiosos estão divididos quanto à identidade da Raabe mencionada em Mateus 1.5. Alguns crêem que se trata da mesma referida no item anterior, enquanto outros sustentam que era outra mulher, esposa de Salmom e mãe de Boaz.   s.c.

RAAMÁ. Quarto filho de Cuxe; portanto, neto de Cão. Ele e seus filhos, Sabá e Dedã, são listados em Gênesis 10.7 e 1 Crônicas 1.9. Ezequiel 27.22 refere-se aos mercadores de Sabá e Raamá, que negociavam perfumes, pedras preciosas e ouro. A localização de Raamá não está determinada, embora haja sugestões de que se situava no lado ocidental da península arábica, provavelmente no moderno Iêmen.

RAAMIAS. Um dos líderes israelitas que retornaram para Jerusalém e Judá com Zorobabel, depois do exílio na Babilônia (Ne 7.7). Provavelmente é o mesmo personagem chamado Reelaías, mencionado em Esdras 2.2.

RAÃO (heb. "amor"). Filho de Sema e neto de Hebrom, da tribo de Judá, na qual era líder. Era pai de Jorqueão (1 Cr 2.44).

RABI (Heb. "meu senhor", "meu mestre", etc.; *rab* significa "grande"). Vocábulo usado apenas no Novo Testamento, embora a raiz *rab* ocorra ocasionalmente no Antigo Testamento como uma demonstração de respeito por alguém que ocupa um cargo oficial. Gradativamente, o termo foi usado apenas para os mestres e líderes religiosos entre os judeus.

Jesus deu estritas instruções aos discípulos para que não fossem chamados de "Rabi", com o intuito de informar que era um título que gerava orgulho. "Vós, porém, não sereis chamados Rabi, pois um só é o vosso Mestre, e vós todos sois irmãos" (Mt 23.8). Esta era uma das mais importantes lições que Cristo tinha para ensinar aos discípulos sobre a constituição do Reino de Deus. Os membros deste reino não deviam buscar posição privilegiada.

Em várias ocasiões Jesus foi chamado de "Rabi", em sinal de respeito (Mc 9.5; 10.51; 1.49; 3.2; etc.), embora em outras situações houve esse também um senso de ironia no seu uso, como na atitude de Judas Iscariotes (Mt 26.25,49). Quando dois dos discípulos de João referiram-se a Jesus como "Rabi", o Batista interpretou o termo para sua audiência como "professor" (Jo 1.38). João Batista também foi respeitosamente chamado dessa maneira (Jo 3.26). Lucas não usa de maneira alguma tal vocábullo, pois substitui os termos "mestre" ou "senhor" por outros. P.D.G.

RADAI. Quinto filho de Jessé (1 Cr 2.14). Quando Samuel foi ungir Davi rei, o velho belemita fez com que todos seus filhos passassem diante do profeta, por ordem de idade, a partir do mais velho. Davi foi o sétimo da fila.

RAFA. 1. Ancestral dos gigantes encontrados entre os filisteus quando os israelitas fizeram guerra contra eles. Seu nome geralmente aparece na expressão "descendentes de Rafa" (2 Sm 21.16, 18,20,22; 1 Cr 20.6,8). Em hebraico um artigo é usado junto com o nome, ou seja, "o Rafa", para informar que este vocábulo não indica uma raça ou um povo. A relação entre os gigantes encontrados nas guerras contra os filisteus na época de Davi e os descendentes dos refains (dos quais Ogue, rei de Basã, supostamente foi o último) não está definida. Certamente a menção de Rafa ou "o gigante" indicava a enorme estatura de alguns dos inimigos que apavoraram os israelitas. Os nomes dos soldados israelitas que mataram os referidos "descendentes de Rafa" foram registrados para a posteridade em alguns dos textos mencionados anteriormente.
2. Quinto filho de Benjamim, tornou-se líder na tribo (1 Cr 8.2). Seu nome é omitido na lista dos filhos de Benjamim em Gênesis 46.21. P.D.G.
3. Filho de Bineá e pai de Eleasá, da tribo de Benjamim; era descendente do rei Saul (1 Cr 8.37). Em 1 Crônicas 9.43 é chamado de Refaías.

RAFAEL (Heb. "curado por Deus"). Filho de Semaías, listado entre os porteiros do Tabernáculo nos dias do rei Davi (1 Cr 26.7).

RAFU (Heb. "curado"). Pai de Palti, benjamita, o qual foi um dos doze homens enviados por Moisés do deserto de Parã para espiar a terra de Canaã (Nm 13.9).

RAINHA DE SABÁ. Davi foi sucedido no trono por seu filho Salomão, o qual era famoso por sua sabedoria, suas riquezas e seu relacionamento com o Senhor. A rainha de Sabá foi outra grande soberana daquela época. Provavelmente, este local é o moderno Iêmen, uma república no sul da Arábia. Quando ela ouviu falar sobre Salomão, decidiu visitá-lo, com o objetivo de testar seus conhecimentos. A rainha chegou a Jerusalém com todo seu esplendor, mas não pôde superar o filho de Davi. A Bíblia diz que ela "ficou fora de si" com as respostas de Salomão, sua fé em Deus e a organização de seu reino. Qual foi sua resposta? Elogiou o rei de Israel abertamente e, o que é ainda mais significativo, louvou o Senhor Deus de Salomão. Os dois grandes governantes trocaram presentes e demonstraram grande respeito mútuo e admiração pelo Senhor (1 Rs 10.1-13). S.C.

RAMIAS (Heb. "o Senhor é alto"). Descendente de Parós. Secanias confessou a Esdras que muitos homens de Judá tinham-se casado com mulheres de outras tribos e até de diversas nações. Esdras levou o povo ao arrependimento e fez um pacto com eles de servir ao Senhor (Ed 10.2). Ramias foi um dos judeus que se divorciaram das mulheres estrangeiras (Ed 10.25).

RÃO (Heb. "exaltado").
1. Irmão de Jerameel e filho de Herzom. Pertencia à tribo de Judá e era pai de Aminadabe. Listado na genealogia de Perez, Boaz e Davi no final do livro de Rute; portanto, era um dos ancestrais de Jesus Cristo, mencionado nas genealogias apresentadas por Mateus e Lucas (Rt 4.19; 1 Cr 2.9,10; Mt 1.3,4; Lc 3.33).
2. Filho primogênito de Jerameel e neto de Hezrom. Também pertencia à tribo de Judá e era primo do personagem referido no item anterior. Teve três filhos: Maaz, Jamim e Equer (1 Cr 2.25, 27).

RAQUEL

3. Nome da família à qual Eliú pertencia. Este era um dos amigos de Jó, os quais tentaram "confortá-lo" (Jó 32.2).

RAQUEL (Heb. "ovelha"). Enquanto Lia encontrava sua realização dentro de uma situação sem esperança, Raquel era a filha formosa que foi um pouco "prejudicada" e era um tanto petulante. A facilidade que a irmã tinha para conceber (Gn 29.31 a 30.1) era uma verdadeira provocação e a levava à ira contra Deus. A repreensão de Jacó é um exemplo do cuidado do marido e uma correção teológica (Gn 30.2); como Sara fizera antes dela (Gn 16), Raquel adotou o expediente legal de usar uma serva por meio da qual seria possível assegurar sua maternidade; assim como Abraão, Jacó concordou (também agiu errado?). Como resultado dessa atitude — Lia imediatamente fez a mesma coisa (Gn 30.9) — a família multiplicou-se, mas o relacionamento entre as irmãs deteriorou-se. Tais eventos demonstram tristemente que Raquel via até mesmo a maternidade em termos de competição (vv. 6,7). Estava confiante demais quanto aos seus "direitos" diante de Deus (v. 6) e morbidamente insensível em sua suposição de posse sobre o marido (v. 15). Mesmo assim, a graça de Deus deu-lhe um lugar proeminente nos propósitos divinos. Foi a mãe de José, um grande personagem bíblico (v. 24). Raquel e Jacó são um dos grandes exemplos de uma história de amor na Bíblia (Gn 29.9s,16-18,20,30). Há outro exemplo de tristeza tão genuína quanto a de Jacó na morte dela (Gn 48.7) ou alguma outra pessoa que tenha tido o nome mudado de forma tão comovente quanto o filho da tristeza de Raquel, o qual se tornou o rebento da mão direita de Jacó (Gn 35.16-20)? Debaixo de um exterior às vezes considerado endurecido, batia um coração terno; esta era a Raquel que Jeremias ouviu chorar por seus filhos exilados (Jr 31.15) e cujas lágrimas encontraram plena intensidade no selvagem ataque do mundo contra o plano divino da salvação (Mt 2.17,18). J.A.M.

REABIAS (Heb. "o Senhor tem ampliado"). Originário de Moisés por meio de Eliezer, cujos filhos "se multiplicaram grandemente". Um de seus descendentes, Issias, foi chefe de família no tempo do rei Davi e outros foram responsáveis pelos tesouros do Templo (1 Cr 23.17; 24.21; 26.25).

REAÍAS. 1. Filho de Sobal, um dos famosos descendentes de Judá. Seu filho chamava-se Jaate (1 Cr 4.2).
2. Descendente de Joel e filho de Mica, da tribo de Rúben. Seu filho chamava-se Baal. Viveu pouco tempo antes da invasão assíria efetuada pelo rei Tiglate-Pileser III (1 Cr 5.4).
3. Líder de uma das famílias de servidores do Templo, cujos descendentes retornaram do exílio na Babilônia nos dias de Esdras e voltaram a trabalhar no Santuário (Ed 2.47; Ne 7.50).

REBA (Heb. "quarto"). Um dos cinco reis midianitas que Moisés derrotou em batalha, como parte do juízo por terem feito os israelitas desviar-se de Deus (Nm 31.2, 8; Js 13.21; veja Nm 25). Aliaram-se ao rei de Siom (para mais detalhes veja *Siom*). O território desses monarcas foi dado à tribo de Rúben.

REBECA. Sua determinação foi demonstrada na pronta decisão de separar-se de sua família para casar-se com Isaque (Gn 24.57) e em sua espiritualidade pessoal (Gn 25.22). Essa autoconfiança tornou-a a esposa perfeita para o tímido Isaque e ambos experimentaram uma verdadeira alegria conjugal (Gn 24.67; 26.7,8). A fraqueza de Rebeca, entretanto, era o outro extremo de sua força: sua determinação foi usada de maneira errada (Gn 27.5-16), a espiritualidade foi sufocada pela falta de paciência para esperar o cumprimento das promessas de

REFAÍAS

Deus (25.23) e a esposa digna degenerou-se em uma mulher dominadora. E que preço Rebeca pagou! — uma maldição (27.13), ou seja, nunca mais viu seu querido filho Jacó! Apropriadamente essa mulher confiável e atraente descansou ao lado de Isaque em Macpela (49.31).

J.A.M.

RECABE. 1. Filho de Rimom, o beerotita, da tribo de Benjamim. Junto com seu irmão Baaná, era líder entre os soldados de Saul. Depois da morte deste rei, seu filho Is-Bosete assumiu seu lugar mediante o apoio de Abner e de 11 tribos de Israel, enquanto a de Judá seguia Davi (2 Sm 2.8-10). Tempos depois, quando Abner foi assassinado, Recabe e Baaná pensaram que receberiam o favor de Davi se matassem Is-Bosete, o que realmente fizeram. Levaram a cabeça dele ao novo rei, o qual ficou furioso. Davi nunca desejara destruir a família de Saul desta maneira, pois sempre se dispôs a esperar o tempo de Deus. Mandou matar Recabe e Baaná pela perfídia que cometeram contra Is-Bosete (2 Sm 4.2,5,6,9) e a cabeça deste filho de Saul foi sepultada no túmulo junto com Abner (v. 12).

2. Pai de Malquias, o qual se tornou governador do distrito de Bete-Haquerém, após o retorno do exílio na Babilônia, nos dias de Neemias (Ne 3.14).

3. Mencionado como o pai de Jonadabe (2 Re 10.15,23), o qual apoiou Jeú em sua luta contra Acabe. Ao demonstrar grande zelo pelo Senhor, os dois mataram todos os profetas de Baal (vv. 16, 23-28) e fizeram muito para promover a verdadeira adoração em Israel.

Nos dias de Jeremias havia um grupo conhecido como "família dos recabitas". Essas pessoas traçaram sua linhagem familiar até Jonadabe, o qual, segundo elas, deixou estritas instruções para obedecer aos mandamentos de Deus e às ordens específicas sobre o estilo de vida que levariam, o qual incluía não tomar vinho nem construir casas; pelo contrário, deveriam viver como nômades em tendas. Residiam provisoriamente em Jerusalém somente para se protegerem dos caldeus (Jr 35.3-11). Jeremias usou-os como exemplo para Judá, pois eles pertenciam a um grupo que permaneceu fiel aos antepassados, algo que os israelitas fracassaram em fazer (vv. 12-17). Notemos que o profeta não se referiu aos mandamentos particulares que os recabitas seguiam, mas, sim, à fidelidade geral deles à Lei e ao Senhor. Devido a essa fidelidade, Deus prometeu-lhes, através de Jeremias: "Nunca faltará homem a Jonadabe, filho de Recabe, que assista perante a minha face todos os dias" (v. 19).

Em 1 Crônicas 2.55 há uma referência aos "queneus, que vieram de Hamate, pai da casa de Recabe". Hamate provavelmente é o pai de Recabe, mas talvez seja um lugar onde os queneus viveram. O próprio Recabe pode ter-se referido simplesmente a um grupo ou associação de pessoas cujos ancestrais foram os queneus.

P.D.G.

REELAÍAS. Um dos líderes israelitas que retornaram com Zorobabel para Jerusalém e Judá após o exílio na Babilônia (Ed 2.2). Provavelmente é o mesmo Raamias mencionado em Neemias 7.7.

REFÁ (Heb. "riquezas"). Filho de Berias, membro de uma família da tribo de Efraim. Mencionado em 1 Crônicas 7.25.

REFAÍAS (Heb. "o Senhor cura").
1. Filho de Isi, da tribo de Simeão, viveu no tempo do rei Ezequias, de Judá. Liderou uma invasão na região montanhosa de Seir (a leste do mar Morto), onde os remanescentes dos amalequitas foram mortos. Depois disso, seu povo estabeleceu-se naquela área (1 Cr 4.42, 43).

2. Descendente do rei Davi e Zorobabel, da tribo de Judá, é mencionado na genealogia de 1 Crônicas 3.21.

REGEM

3. Neto de Issacar e filho de Tola, foi um soldado valente (1 Cr 7.2).

4. Filho de Bineá e descendente do rei Saul, da tribo de Benjamim. Foi pai de Eleazá e é mencionado na genealogia de Saul (1 Cr 9.43).

5. Filho de Hur, foi "maioral da metade de Jerusalém" e um dos líderes da obra de reconstrução dos muros de Jerusalém, sob a direção de Neemias (Ne 3.9).   P.D.G.

REGEM. Filho de Jodai, descendente de Judá e Calebe, mencionado em 1 Crônicas 2.47.

REGEM-MELEQUE (Heb. "amigo do rei" [?]). Junto com Sarezer, integrou uma delegação enviada de Betel ao Templo em Jerusalém, "para suplicarem o favor do Senhor" por meio dos sacerdotes, no período após o exílio (Zc 7.2).

REI E REINADO

"Pois Deus é o Rei de toda a terra; cantai-lhe salmos de louvor" (Sl 47.7). Uma verdade fundamental ensinada na Bíblia — talvez a mais importante — Deus é o Rei de toda a Terra e seu reino é eterno (Sl 9.7; 10.16). É soberano por direito, pois é o Criador de todo o Universo, o qual lhe pertence (Jó 41.11; Sl 50.10-12; 96.10). Ele reina hoje e, embora nem todas as pessoas reconheçam seu governo, um dia o farão (Zc 14.9). O Senhor reina não apenas sobre a terra, mas também no céu (Sl 103.19). Todos os seus anjos lhe prestam obediente lealdade, "todos os seus exércitos celestiais,... ministros seus...em todos os lugares do seu domínio" (Sl 103.21,22).

O governo de Deus como Rei é universal, embora seja também particular. De acordo com o Antigo Testamento, o Senhor escolheu um povo para ser sua "possessão exclusiva". No monte Sinai, Deus chamou Moisés do alto da montanha e lhe disse: "Assim falarás à casa de Jacó, e anunciarás aos filhos de Israel: Vistes o que fiz aos egípcios, como vos levei sobre asas de águias, e vos trouxe a mim. Agora, se diligentemente ouvirdes a minha voz, e guardardes a minha aliança, sereis a minha propriedade peculiar dentre todos os povos. Embora toda a terra seja minha, vós me sereis reino sacerdotal e nação santa. São estas as palavras que falarás aos filhos de Israel" (Êx 19.3-6; cf. Is 43.15).

Talvez esta consciência de que Deus era o Rei — e, num sentido especial, o Rei de Israel — tenha feito com que os israelitas demorassem tanto tempo para estabelecer um rei humano; naturalmente Israel entraria em contato com o conceito do reinado terreno mais por meio da observação da prática dos vizinhos (Jz 3.12; 4.2; 8.5). Gideão, por exemplo, quando lhe ofereceram a oportunidade de tornar-se rei e iniciar uma dinastia, recusou a oferta com as seguintes palavras: "O Senhor sobre vós dominará" (Jz 8.23). Suas palavras deram um testemunho eloqüente da idéia de que somente Deus era o Rei legítimo, embora suas atitudes posteriores indicassem uma inclinação em outra direção; no final, exigiu uma recompensa real por seus serviços (Jz 8.24-26), teve 70 filhos (v. 30) e colocou em um deles o nome de Abimeleque, que significa "meu pai é rei" (v. 31).

O desejo por um rei foi abertamente demonstrado pela exigência dos anciãos (1 Sm 8). Cientes de que chegara o momento de Samuel passar a liderança para outra pessoa e seus filhos não eram qualificados para o substituírem, eles exigiram: "Constitui-nos, agora, um rei sobre nós, para que nos governe (literalmente "julgue"), como o têm todas as nações" (1 Sm 8.5). Samuel, o juiz, ao ouvir a palavra "julgar" na exigência dos anciãos, aparentemente interpretou-a como uma rejeição pessoal, e "esta palavra não

REI E REINADO

agradou" a ele (v. 6). O Senhor, porém, assegurou-lhe que o problema era muito mais profundo: "Não rejeitaram a ti, mas a mim, para eu não reinar sobre eles" (v. 7). Assim, o reinado terreno foi introduzido em Israel, em meio à pecaminosidade humana.

Mesmo assim, desde o princípio, Deus já desejava que um dia Israel tivesse um rei terreno (Gn 49.10; Nm 24.7,17-19; cf. Gn 17.6,16; 35.11). Moisés previu o dia em que os israelitas se estabeleceriam em Canaã e desejaria um rei; até mesmo deu instruções para a regulamentação do reinado, quando isso acontecesse (Dt 17.14-20). Desta maneira, a despeito do momento impróprio e do tom da exigência dos anciãos em 1 Samuel 8, o Senhor concordou em dar-lhes um rei. Primeiro, porém, fez com que Samuel os advertisse sobre o sofrimento que enfrentariam sob o domínio de um monarca, como acontecia com as outras nações (1 Sm 8.10-18). De fato, jamais foi intenção do Senhor que seu povo tivesse aquele tipo de rei. Pelo contrário, o monarca de Israel deveria estar subordinado ao grande Rei, o próprio Deus. O governante, assim como seus súditos israelitas, precisava obedecer à Palavra de Deus (Dt 17.18-20). O monarca de Israel deveria ser um rei "sagrado", o ungido do Senhor, alguém cuja vida seria sacrossanta (1 Sm 26.9). Diferentemente dos faraós do Egito, entretanto, não seria adorado como se fosse a encarnação dos deuses; também, ao contrário dos reis da Babilônia, não seria visto como divino por adoção. Em vez disso, o rei de Israel seria simplesmente responsável por temer ao Senhor, servi-lo e obedecer-lhe, e não se rebelar contra seus mandamentos — em resumo, precisava seguir ao SENHOR, como todos os cidadãos de Israel (1 Sm 12.14,15).

Foi exatamente nesta questão da obediência à Palavra de Deus que o primeiro rei de Israel, Saul, filho de Quis, fracassou (1 Cr 10.13). A primeira ocasião em que o Senhor o repreendeu explicitamente, por meio de uma palavra profética proferida por Samuel, está registrada em 1 Samuel 13. Especificamente, Saul foi considerado um louco, pois não guardava os mandamentos (ou um dever designado) do Senhor (v. 13). A tarefa em vista era importante, dividida em duas partes, e fora atribuída a Saul por ocasião de sua unção (1 Sm 10.7,8), destinando-se a testar sua disposição de submeter-se ao Grande Rei (para mais detalhes, veja *Saul, rei de Israel*). A segunda repreensão explícita também centralizou-se na questão da obediência (1 Sm 15). Enquanto a primeira destruiu as esperanças de Saul fundar uma dinastia (1 Sm 13.13,14), a última assinalou que ele pessoalmente fora rejeitado, aos olhos de Deus, como rei (1 Sm 15.26). O cap. 16 de 1 Samuel começa com a confirmação do Senhor de que Saul, o qual essencialmente representava o rei escolhido pelo povo (1 Sm 8.18, 22; 12.13), fora definitivamente rejeitado. Deus então anuncia que escolhera seu próprio rei ("um homem segundo o seu coração/da sua própria escolha": 1 Sm 13.14; cf. com o "melhor do que tu" em 1 Sm 15.28). É difícil evitar a conclusão de que, na pessoa de Saul, o povo recebeu o objeto de sua exigência pecaminosa de um rei "como o têm todas as nações" e na mesma pessoa receberam também o castigo por esse pecado (cf. Os 13.10-11).

O rei escolhido por Deus era Davi, filho de Jessé (1 Sm 16.1-13). Embora não fosse imune ao pecado (2 Sm 11), ele tinha um coração voltado para o Senhor (cf. 1 Sm 16.7). Mais importante, "o Senhor era com ele" (1 Sm 16.18; 18.12,14,28) e prometeu-lhe um reino que seria firmado "para sempre" diante dele (2 Sm 7.16). A promessa de Deus a Davi, de um reino perpétuo, registrada em 2 Samuel 7.4-17 (cf. 1 Cr 17.3-15), é considerada o ápice teológico do Antigo Testamento. Ao recordar o passado, o Senhor tomava as promessas de bênçãos feitas a Abraão e sua semente eleita (Gn 12.2,3) e as convergia para Davi (veja especialmente 2 Sm 7.9,10,12). Ao contemplar o futuro, estabelecia o cenário para a esperança messiânica que se tornaria a figura dominante na fé de Israel, tanto antes como depois do exílio (veja a seguir).

553

REI E REINADO

O governo de Davi, como o do próprio Deus, foi caracterizado não somente pela subjugação dos inimigos de Israel (2 Sm 8.1-14), mas também por ações justas e íntegras (v. 15), medidas provavelmente pelo "livro do direito do reino" (1 Sm 10.25) e pela Lei de Moisés (1 Rs 2.3; cf. Ne 9.13; sobre o governo justo e íntegro de Deus, seja Sl 89.14; 99.4). Assim como mais tarde Jeroboão foi visto como a quintessência do rei perverso (1 Rs 15.34; 16.2, 19; etc.), Davi foi colocado como o rei teocrático ideal, leal e fiel (1 Rs 11.4, 16; 14.8; etc.). Apesar disso, nem ele nem seus descendentes viveram totalmente de acordo com este ideal. Os próprios fracassos deles despertaram a esperança de que um dia "um ramo" verdadeiramente justo apareceria na linhagem de Davi, um "Rei" que "reinará e prosperará, e praticará o juízo e a justiça na terra" (Jr 23.5; cf. 33.15). Esta expectativa messiânica freqüentemente era expressa nos escritos proféticos (Is 11.1; Jr 23.5,6; Ez 34.24; Os 3.5; Zc 3.8; 6.12) e foi somente reforçada com a queda de Judá e a destruição do Templo.

De fato, foi na pessoa de um filho de Davi que as expectativas messiânicas do Antigo Testamento se cumpriram. Jesus, o Cristo (que quer dizer Messias, o ungido), foi aclamado por Deus em seu batismo e na Transfiguração com palavras ricas em conotações messiânicas: "Este é o meu Filho amado, em quem me comprazo" (Mt 3.17 e 17.5 - batismo e transfiguração, respectivamente). "Este é o meu Filho" lembra "Tu és meu Filho" do Salmo 2.7, um texto messiânico. "Em quem me comprazo" lembra: "Aqui está o meu Servo, a quem sustenho, o meu eleito, em quem se compraz a minha alma", de Isaías 42.1, que representa a primeira das canções do profeta sobre o sofrimento do servo messiânico. "Meu Filho amado" pode até mesmo lembrar "o teu único filho, Isaque, a quem amas", de Gênesis 22.2, o texto no qual Deus instrui Abraão a tomá-lo e oferecê-lo como sacrifício ao Senhor. Tudo isso estava implícito nas poucas palavras proferidas pelo Deus Pai e dirigidas ao seu Filho unigênito. Seria de estranhar que após o batismo Jesus fosse imediatamente "levado pelo Espírito ao deserto, para ser tentado pelo diabo" (Mt 4.1)? Será que Cristo aceitaria um papel messiânico que o levaria a uma cruz de criminoso antes de lhe dar uma coroa de glória?

Aqueles que conhecem e aceitam o testemunho das Escrituras sabem que a resposta a essa pergunta é sim. O apóstolo Paulo resumiu eloqüentemente a humilhação seguida da exaltação, a qual foi o propósito do primeiro advento de Jesus, o Cristo, "que, sendo em forma de Deus, não teve por usurpação ser igual a Deus, mas a si mesmo se esvaziou, tomando a forma de servo, fazendo-se semelhante aos homens. E, achado na forma de homem, humilhou-se a si mesmo, sendo obediente até à morte, e morte de cruz. Pelo que Deus o exaltou soberanamente, e lhe deu um nome que é sobre todo o nome, para que ao nome de Jesus se dobre todo joelho dos que estão nos céus, na terra e debaixo da terra, e toda língua confesse que Cristo Jesus é o Senhor, para glória de Deus Pai" (Fp 2.6-11). À luz do que se cumpriu através da morte de Jesus, as palavras que Pilatos mandou colocar acima da cabeça dele, na cruz, "ESTE É JESUS, O REI DOS JUDEUS", embora fossem irônicas, certamente eram verdadeiras (Mt 27.37; cf. Jo 18.37).

Nossa discussão sobre o reinado na Bíblia começou com o reconhecimento de que Deus, o Criador, é Rei por direito. Em 1 Timóteo 6.15, Paulo reconhece o Pai como o "bendito e único Soberano, Rei dos reis e Senhor dos senhores". Apocalipse 19.16 completa o círculo, ao descrever também o Filho como "Rei dos reis e Senhor dos senhores". Jesus, co-criador com o Pai (Jo 1.3; Cl 1.16), entrou em sua própria criação, para estabelecer seu Reino. Trata-se de um governo que não foi edificado pelas mãos dos homens, nem se consegue entrar nele por meio do esforço humano. É um Reino composto pela "geração eleita, o sacerdócio real, a nação santa, o povo adquirido" (1

REUEL

Pe 2.9), um povo não apenas chamado "das trevas para sua maravilhosa luz", mas comprado pelo sangue do Rei (At 20.28; Ap 5.9; Cl 1.16-20). Este é o Reino para o qual a promessas do Antigo Testamento apontam e do qual os reis da dinastia de Davi eram apenas uma sombra.

P.L.

REÍ (Heb. "amigável"). Um dos homens que, junto com o sacerdote Zadoque e o profeta Natã, entre outros, permaneceram fiéis ao desejo de Davi de colocar seu filho Salomão no trono, como seu sucessor (1 Rs 1.8). Outro filho do rei, Adonias, tentou usurpar o reino; Salomão, entretanto, seguiu cuidadosamente os conselhos de Natã e de Zadoque e garantiu seu direito à sucessão. Para mais detalhes, veja *Natã*.

REMALIAS. Pai de Peca, mencionado na Bíblia somente na expressão "Peca, filho de Remalias". Peca tornou-se rei de Israel depois de assassinar Pecaías (2 Rs 15 e 16; 2 Cr 28.6; Is 7.1,4; 8.6; etc.). Para mais detalhes, veja *Peca*.

RENFÃ. Nome de uma divindade babilônica, relacionada ao planeta Saturno. Em seu discurso, registrado em Atos 7.43, Estêvão referiu-se a Renfã, ao citar a versão da Septuaginta de Amós 5.26. A passagem em hebraico refere-se a deuses-estrelas ou "estrela do vosso Deus" (Versão Contemporânea). A referência a Renfã ocorre numa passagem onde o primeiro mártir do cristianismo mostrava como os ancestrais dos judeus tinham-se rebelado contra Deus e precisaram de perdão, assim como aconteceria com aquela geração para a qual falava. Tal pregação resultou em sua morte.

REQUÉM (Heb. "amizade").
1. Um dos cinco reis midianitas que Moisés derrotou em batalha como parte do juízo por terem feito os israelitas desviar-se de Deus (Nm 31.2, 8; Js 13.21; veja Nm 25). Eram aliados de Siom (para mais detalhes, veja *Siom*). O território desses reis foi dado à tribo de Rúben.

2. Filho de Hebrom; portanto, um dos líderes na tribo de Judá. Foi pai de Samai (1 Cr 2.43,44).
3. Filho de Seres, descendente de Manassés e líder nessa tribo. Era neto de Maquir e de sua esposa Maaca (1 Cr 7.16).

RESÁ. Um dos ancestrais de Jesus Cristo, listado na genealogia que vai de Jesus a Adão. Aparentemente era um dos filhos de Zorobabel, embora não seja mencionado no Antigo Testamento (Lc 3.27).

RESEFE (Heb. "chama" ou "fogo"). Filho de Refá, membro de uma família da tribo de Efraim. Mencionado junto com seu filho Telá (1 Cr 7.25).

REÚ (Heb. "amigo"). Filho de Pelegue, portanto descendente de Sem, foi pai de Serugue. Assim, foi ancestral de Abraão, mencionado na genealogia apresentada no evangelho de Lucas que vai de Jesus e José até Adão (Gn 11.18-21; 1 Cr 1.25; Lc 3.35).

REUEL (Heb. "amigo de Deus").
1. Primeiro filho de Esaú e Basemate. Nasceu em Canaã e tornou-se chefe edomita (Gn 36.4, 10; 1 Cr 1.35). Seus filhos, Naate, Zerá, Samá e Mizá estabeleceram-se como chefes de famílias edomitas (Gn 36.13,17; 1 Cr 1.37).
2. Reuel, também conhecido como Jetro, foi o sacerdote midianita que se tornou sogro de Moisés quando este se casou com sua filha Zípora (Êx 2.18, 21; Nm 10.29). Veja *Jetro*.
3. Mencionado em 1 Crônicas 9.8 como pai de Sefatias e filho de Ibnias. Depois do exílio na Babilônia, seu neto Mesulão estava entre os primeiros mem-

REUM

bros da tribo de Benjamim que se estabeleceram em Jerusalém.

4. Em algumas versões da Bíblia (não é o caso da Contemporânea), o nome do pai de Eliasafe, líder da tribo de Gade, é Reuel, em Números 2.14. A Versão Contemporânea traduziu corretamente como Deuel, em coerência com Números 1.14; 7.42, 47; 10.20; etc. Veja *Deuel*.

REUM. 1. Um dos líderes israelitas que retornaram com Zorobabel para Jerusalém e Judá, após o exílio na Babilônia (Ed 2.2).

2. Um dos oficiais da corte durante o reinado de Artaxerxes (Ed 4.8,9). Ele e vários magistrados persas e oficiais que governavam regiões do império próximas a Canaã e Samaria opuseram-se à reconstrução dos muros de Jerusalém. Temiam que os judeus se estabelecessem numa cidade fortificada e depois se recusassem a pagar os impostos para o imperador. Escreveram uma carta onde detalharam suas preocupações ao rei Artaxerxes (vv. 12-16). O monarca respondeu a Reum, seu comandante, e a Sinsai, o escrivão (v. 17), a fim de informar-lhes que mandara pesquisar nos arquivos e descobrira que os israelitas de fato foram um povo poderoso no passado e realmente seria perigoso permitir que continuassem a reconstrução da cidade. Reum e Sinsai receberam ordens para parar a obra, o que foi feito imediatamente (v. 23).

O livro de Esdras prossegue e mostra como Deus agiu soberanamente em favor de seu povo, apesar do decreto de Artaxerxes. Sob a direção dos profetas Ageu e Zacarias, no segundo ano do reinado de Dario, o trabalho foi reiniciado e finalmente concluído, para o louvor e a glória de Deus.

3. Filho de Bani, da tribo de Levi. Sob a direção de Neemias, colaborou na reconstrução dos muros de Jerusalém depois do retorno dos judeus do exílio na Babilônia (Ne 3.17). Possivelmente é o mesmo que posteriormente assinou o pacto de obediência ao Senhor e à sua Lei (Ne 10.25).

4. Listado entre os judeus que retornaram do exílio com Zorobabel (Ne 12.3). P.D.G.

REUMÁ. Concubina de Naor, irmão de Abraão. Deu à luz quatro filhos, os quais foram ancestrais das tribos sírias (Gn 22.24).

REZIM (Aram. "chefe").

1. Tornou-se rei da Síria em 740 a.C., durante os últimos anos do reino do Norte [Israel], no reinado de Peca. Os dois reis fizeram uma aliança, na esperança de juntos lutar contra os assírios. Quando o rei Acaz, de Judá, recusou-se a unir-se a eles, ambos atacaram os judeus com algum sucesso, fizeram muitos prisioneiros e até mesmo sitiaram Jerusalém por algum tempo (2 Rs 16.5,6). Esta agressão contra o reino do Sul é registrada em 2 Reis 15.37 como um ato do juízo de Deus contra Judá por causa da idolatria e do afastamento do Senhor. Deus, entretanto, não permitiu que Rezim tomasse Jerusalém. Acaz apelou para Tiglate-Pileser III e os assírios invadiram a Síria, conquistaram Damasco, deportaram seus moradores e mataram Rezim (2 Rs 16.6-9), de acordo com a profecia de Isaías (Is 7.1-8; 8.3,4, 6; veja também Am 1.3-5).

2. Líder de uma das famílias de servidores do Templo cujos descendentes retornaram do exílio na Babilônia nos dias de Esdras e voltaram a trabalhar no Santuário (Ed 2.48; Ne 7.50). P.D.G.

REZOM. Depois do casamento do rei Salomão com mulheres estrangeiras, o que era contrário à Lei de Deus, o escritor de 1 Reis diz: "No tempo da velhice de Salomão suas mulheres lhe perverteram o coração para seguir a outros deuses, e o seu coração não era completamente leal para com o Senhor seu Deus, como fora o de Davi, seu pai" (1 Rs 11.4). Como consequência desse pecado, o Senhor

RISPA

levantou adversários contra ele (vv. 14,23). Rezom, filho de Eliada, foi um desses adversários, o qual era sírio e tinha fugido de Hadadezer, rei de Zobá. Formou um bando de homens que, sob sua liderança, atacaram e conquistaram Damasco. O relato de 1 Reis 11.23-25 simplesmente diz que ele acrescentou o mal que Hadade fazia e continuou inimigo de Israel durante o resto da vida de Salomão.

O incidente demonstra o declínio de Salomão, o qual começara seu reinado diante das muitas bênçãos de Deus, por causa de sua fidelidade. À medida que seu poder crescia, ele dependia cada vez menos do Senhor e mais de si mesmo. Seus casamentos com mulheres estrangeiras, como a filha de Faraó, do Egito, provavelmente foram realizados por razões políticas e diplomáticas, para assegurar a estabilidade do reino e a paz com as nações fronteiriças. Salomão, entretanto, deveria confiar no Senhor que, por certo, protegeria o território de Israel. O juízo de Deus, por meio dos inimigos que se levantaram nos países vizinhos e o atacaram, foi particularmente significativo e apropriado para a correção de seu pecado.   P.D.G.

RIBAI. Pai de Itai, da tribo de Benjamim e da cidade de Gibeá, um dos "trinta" guerreiros valentes de Davi, "homem poderoso" na batalha (2 Sm 23.29; 1 Cr 11.31).

RIFÁ. Filho de Gômer e neto de Jafé; portanto, bisneto de Noé. Tinha dois irmãos: Asquenaz e Togarma (Gn 10.3; 1 Cr 1.6).

RIMOM (Heb. "romã").
1. Pai de Baaná e Recabe, da cidade de Beerote, da tribo de Benjamim. Seus dois filhos mataram Is-Bosete, filho de Saul, o que deixou Davi furioso (2 Sm 4.2, 4, 9). Veja *Recabe*.
2. (Acad. "trovoador"). O deus em cujo templo o rei da Síria, Ben-Hadade, adorava diariamente. Essa divindade chegou ao nosso conhecimento por meio de vá-

rias fontes e possivelmente originou-se na Mesopotâmia. O contexto no qual esse deus é mencionado em 2 Reis é de particular interesse (2 Rs 5.18). O comandante do exército de Ben-Hadade fora curado da lepra por Eliseu e jurou que adoraria somente ao Senhor Deus de Israel. No entanto, ciente de que seria obrigado a entrar no templo de Rimom na companhia do rei, Naamã pediu perdão com antecedência. Para mais detalhes, veja *Naamã*.
P.D.G.

RINA (Heb. "canção"). Filho de Simeão (1 Cr 4.20), da tribo de Judá.

RISPA (Heb. "pedra quente ou carvão"). Uma das concubinas de Saul, filha de Aiá. Quando este rei morreu, seu filho Is-Bosete ocupou o seu lugar no comando de 11 tribos (Davi governava Judá). Durante seu breve reinado, Abner tornou-se cada vez mais poderoso e por isso o rei o acusou de ter dormido com Rispa, a concubina de seu pai (2 Sm 3.7). Não se sabe ao certo se a acusação tinha fundamento ou se foi apenas uma manobra pela qual Is-Bosete tencionava livrar-se da ameaça de Abner. A idéia de dormir com a concubina ou a esposa de um rei morto indicava a clara intenção de disputar o trono. Abner alegou que sempre fora leal à casa de Saul e ficou tão furioso que transferiu sua lealdade ao rei Davi.

O nome de Rispa é citado novamente em 2 Samuel 21.8,10,11. Um grave período de fome, que durou três anos, levou Davi a perguntar ao Senhor qual era a causa. A resposta foi que tudo acontecia por causa da tentativa de Saul de destruir os gibeonitas e, assim, quebrar o pacto que Josué fizera com eles (Js 9). Davi perguntou aos gibeonitas o que devia fazer para contornar a situação e eles pediram que lhes fossem entregues sete descendentes de Saul, para que fossem mortos. Os dois filhos de Rispa com Saul, Armoni e Mefibosete, estavam entre os que foram entregues pelo rei. Seus corpos foram

RÍZIA

deixados expostos em Gibeá. Rispa colocou-se sobre a rocha perto dos cadáveres e não permitiu que os pássaros ou animais tocassem neles, "desde o princípio da sega, até que a água caiu do céu" (1 Sm 21.10). Davi, impressionado com a devoção dela, ordenou que os corpos de seus filhos, bem como os de Saul e Jônatas, fossem sepultados juntos no túmulo de Quis, em Zela, na região de Benjamim (vv. 11-14).   P.D.G.

RÍZIA. Filho de Ula, da tribo de Aser, foi um grande guerreiro, líder excelente e chefe de família (1 Cr 7.39,40).

ROBOÃO (Heb. "o povo se expande"). O principal relato sobre a vida e as obras de Roboão, primeiro rei de Judá depois da divisão do reino, é encontrado em 1 Reis 11.43 a 12.24; 14.21-31; 2 Crônicas 10 a 12; 1 Crônicas 3.10. Era filho de Salomão e de sua esposa Naamá, amonita (1 Rs 14.21,31, etc.).

Como filho e sucessor do rei Salomão, Roboão esperava governar sobre todo o Israel, como fizera seu pai. No entanto, ele herdara muitos problemas e, na época da morte do filho de Davi, a situação no reino estava longe de ser estável. À medida que o poder e a riqueza de Salomão acumulavam-se, ele deixava de seguir ao Senhor de todo coração (1 Rs 11.4). Seus casamentos com mulheres estrangeiras, realizados contra a Lei de Deus, foram os fatores que mais contribuíram para sua apostasia religiosa. Sem dúvida tais esposas, como a filha de Faraó, do Egito, por exemplo, foram tomadas por razões políticas e diplomáticas, a fim de assegurar a estabilidade do reino e a paz com as nações fronteiriças. Salomão, entretanto, precisava confiar em que o Senhor protegeria as fronteiras de Israel. O juízo de Deus veio rapidamente, por meio de inimigos que se levantaram contra a nação e atacaram e causaram problemas constantes a Salomão (vv. 14,23, etc.); o Senhor prometeu que o reino só seria dividido após sua morte.

Além de tudo isso, o governo de Salomão exigia um sustento dispendioso, que ocasionava muito trabalho ao povo e o pagamento de pesados impostos para manter as enormes despesas da corte (veja 1 Rs 4; 9.15-24). Durante seu reinado, um de seus principais oficiais (veja *Jeroboão I*) rebelou-se sem sucesso e fugiu para o Egito. Quando Salomão morreu e seu filho Roboão tomou seu lugar, já havia um outro pretendente ao trono por perto.

Depois de sua posse, Roboão foi a Siquém, onde os líderes de Israel lhe perguntaram se continuaria com a mesma política, ou seja, trabalho pesado e a cobrança de impostos altíssimos do povo. Os anciãos o aconselharam a ceder e governar mediante o favor da nação; ele, porém, ouviu seus amigos de infância e respondeu à multidão: "Assim que, se meu pai vos impôs jugo pesado, ainda eu aumentarei o vosso jugo. Meu pai vos castigou com açoites; eu vos castigarei com escorpiões" (1 Rs 12.11). Jeroboão, que havia retornado do Egito, imediatamente se rebelou e Roboão fugiu para Jerusalém. "Esta mudança vinha do Senhor, para confirmar a palavra que o Senhor tinha dito" (v. 15).

Roboão governou apenas na parte sul do reino, conhecido como Judá, embora incluísse também a tribo de Benjamim. Ele fortificou várias cidades de seu território (1 Rs 12.21; 2 Cr 11.5-12). Seu oficial responsável pelos trabalhos forçados, Adonirão, foi apedrejado; quando o rei se preparou para declarar guerra contra Jeroboão, o Senhor impediu a batalha, ao enviar o profeta Semaías, o qual disse ao povo que a divisão fora ocasionada por Deus; portanto, não deviam lutar uns contra os outros (1 Rs 12.22-24).

Roboão reinou durante 17 anos, de 931 a 913 a.C., mas não seguiu ao Senhor como Davi fizera. Ele próprio introduziu a idolatria na terra, ou então era fraco demais para impedir que isso acontecesse. Diversos altares foram construídos para deuses estranhos, e práticas proibidas pela Lei foram permitidas (1 Rs 14.21-24). Como resultado, o rei Sisaque, do Egito, invadiu e atacou Jerusalém, saqueando os tesouros do Templo (2 Cr 12.1-6). O reino foi diminuído em seu tamanho. O povo, entretanto, arrependeu-se e não foi destruído pelos egípcios, mas tornou-se vassalo deles (vv. 6-8).

Ao resumir o reinado de Roboão, o cronista enfatiza como ele se arrependeu. "Deveras, em Judá ainda havia boas coisas" (2 Cr 12.12). O culto ao Senhor era realizado no Templo e, como Jeroboão afastava-se cada vez mais de Deus, os levitas e sacerdotes do reino do Norte fugiram para Jerusalém (2 Cr 11.13,14).

Seu reino em grande parte do tempo enfrentou momentos de fraqueza. Roboão tentou ser forte no início e, assim, perdeu o controle sobre todas as tribos do Norte; parece que depois de algum tempo deixou que as coisas acontecessem ao seu redor sem intervir. Ainda assim, a verdadeira adoração foi praticada no meio da idolatria e ele "usou de prudência" nas decisões que tomou concernentes ao reino (2 Cr 11.23). Sua salvação do desastre por causa do arrependimento serviu de exemplo para os reis que o seguiram.

Roboão teve várias esposas e concubinas; a que amava, porém, era Maaca, filha de Absalão; o filho dela, Abias, foi o seu sucessor. P.D.G.

RODE. Citada apenas em Atos 12.13. Encontrava-se na casa de Maria, mãe de João Marcos, quando Pedro foi liberto miraculosamente da prisão por um anjo (At 12.1-12). Ela reconheceu a voz do apóstolo; mas, em vez de abrir a porta, correu para avisar os outros, os quais oravam fervorosamente por ele. O relato chama a atenção para a importância da oração na reunião de um pequeno grupo da Igreja primitiva perseguida. K.MCR.

ROGA. Filho de Semer, foi um bravo guerreiro e excelente líder na tribo de Aser (1 Cr 7.34,40).

ROMANTI-EZER. Um dos filhos de Hemã, o vidente do rei, listado entre os levitas que foram separados para o ministério da profecia e da música durante o reinado de Davi (1 Cr 25.4). Líder do 24º grupo de músicos levitas e cantores do coral que cantava no Templo (1 Cr 25.31).

RÔS (Heb. "cabeça"). Sétimo dos dez filhos de Benjamim; portanto, neto de Jacó e Raquel. Listado entre os que desceram com Jacó para o Egito (Gn 46.21).

RÚBEN. O primogênito de Jacó com sua esposa Lia. É bem provável que seu nome derive de dois vocábulos hebraicos que provavelmente signifiquem "veja, um filho". Entretanto, o jogo de palavras em Gênesis 29.32 relaciona seu nome à frase traduzida como "o Senhor atendeu à minha aflição". Lia viu o fim de sua esterilidade como resultado da graça de Deus.

Sobre a infância de Rúben, só sabemos a respeito do incidente registrado em Gênesis 30.14ss, quando ele encontrou mandrágoras no campo e levou-as para sua mãe. Rúben, contudo, foi um personagem de menor importância no relato da constante rivalidade entre sua mãe e Raquel.

Embora seja apresentado resumidamente, o caráter de Rúben foi revelado em seu envolvimento com Bila, serva de Raquel e concubina de Jacó (Gn 35.22). Devido a esse fato, seu pai não lhe concedeu a porção dobrada da herança que era direito do primogênito (Gn 49.3,4). Este incidente é mencionado posteriormente como a razão pela qual os rubenitas não foram mencionados como descendentes do primogênito na restauração depois do exílio, como era de se esperar (1 Cr 2.1; 5.1).

Rúben desempenhou um papel único no tratamento que os dez irmãos mais velhos deram a José. Embora muito provavelmente compartilhasse o sentimento deles de inveja e ciúme, foi ele quem

RUFO

persuadiu os demais a não matá-lo (Gn 37.21). De fato, seu plano era voltar e resgatar o irmão mais tarde (v. 22). Não sabemos se a autoridade dele sobre os irmãos era fraca ou se a determinação deles contra José era muito forte, pois seguiram apenas parcialmente suas instruções, vendendo o irmão como escravo. Rúben ficou genuinamente desgostoso quando soube o que tinham feito (v. 29), embora provavelmente estivesse mais aflito por ter de enfrentar o pai do que com o bem-estar de José. Afinal, deixara o irmão abandonado dentro de uma cisterna sem água. Rúben parecia mais preocupado com as conseqüências de chegar em casa sem o filho favorito de Jacó (v. 30).

Essa preocupação maior com as conseqüências do que com o reconhecimento do erro refletiu-se mais tarde no Egito. Ele interpretou a situação difícil criada pelo representante do Faraó, o qual não percebeu que era José, como castigo de Deus sobre eles (Gn 42.22). Deve-se mencionar, entretanto, que Rúben era o melhor entre os dez irmãos, pois, embora suas ações não fossem recomendáveis, demonstrava ter mais consciência do que

os outros. Talvez como irmão mais velho tenha aprendido mais sobre as fúteis tentativas do próprio pai de enganar a Providência. Demonstrava ser possuidor de uma nova determinação de fazer as coisas da maneira certa, que se refletiu no modo como entregou seus próprios filhos como garantia a Jacó, caso não trouxesse Benjamim de volta do Egito (Gn 42.37).

Quando Canaã finalmente foi distribuída entre as tribos, a de Rúben recebeu o território no lado oriental do rio Jordão (veja *Ogue* e *Siom*). Veja a bênção de Moisés sobre esta tribo em Deuteronômio 33.6. M.J.G.

RUFO (Lat. "vermelho").

1. Filho de Simão Cireneu e irmão de Alexandre (Mc 15.21). Seu pai foi obrigado a carregar a cruz de Jesus Cristo. Seu nome foi mencionado, talvez por ser conhecido dos que iriam ler o evangelho.

2. Citado entre as pessoas saudadas por Paulo no final de sua carta aos Romanos. Aparentemente sua mãe cuidara do apóstolo; Paulo refere-se a Rufo como "eleito no Senhor". É muito pouco provável que seja o mesmo Rufo de Marcos 15.

RUTE

Nome moabita que significa "amizade". No Antigo Testamento, este vocábulo é encontrado apenas no livro de Rute, e no Novo Testamento ocorre apenas na genealogia de Jesus Cristo, apresentada por Mateus 1.5. Em ambos os casos refere-se à mulher moabita que se casou com um israelita que vivia em Moabe, ficou viúva e acompanhou a sogra, chamada Noemi, que retornou para a cidade de Belém, Judá; ali, posteriormente casou-se com Boaz e teve um filho. A genealogia no final do livro de Rute apresenta seu filho como o avô de Davi.

É notável como Rute desempenha um papel tão importante e positivo no registro bíblico. Afinal, Israel e Moabe eram inimigos. Como conseqüência dos obstáculos que o primeiro criou para o segundo em sua peregrinação do Sinai para a terra Prometida (Nm 22.25), Deus decretou que "nenhum amonita nem moabita entrará na assembléia do Senhor, nem ainda na décima geração; nunca poderão entrar na assembléia do Senhor" (Dt 23.3).

As diferenças não eram meramente históricas. Os eventos do livro de Rute aconteceram "nos dias em que os juízes julgavam" (Rt 1.1). Poucos anos antes desse tempo difícil, os moabitas, sob a liderança de Eglom, tinham invadido e subjugado uma

RUTE

grande parte do território de Israel por 18 anos (Jz 3.12-14), até que Eúde, o canhoto, matou este rei e libertou Israel (vv. 15-29). Depois disso, Moabe submeteu-se a Israel por 80 anos (v. 30).

Embora seja praticamente impossível situar o livro de Rute dentro da narrativa do de Juízes, devido às prováveis lacunas na genealogia de Rute 4.18-22, é bem possível que as lembranças das antigas e recentes hostilidades não estivessem completamente apagadas, especialmente considerando-se a proibição permanente de Deuteronômio 23.3. Em vista disso, a inclusão da história de Rute, a moabita, nas páginas das Escrituras dificilmente terá outra explicação senão a da providência de Deus, que evidencia sua graça e habilidade de operar na vida de qualquer pessoa e por meio dela, não importa quais sejam seus antecedentes.

É surpreendente o fato de que esta bela narrativa tenha como título o nome de uma estrangeira. Ester e Rute são os dois únicos livros da Bíblia cujos nomes são de mulheres. Somente essa perspectiva já aumenta seu significado na revelação bíblica e nos propósitos de Deus.

A primeira menção do nome desta moabita encontra-se em seu casamento com um dos filhos de Elimeleque e Noemi (Rt 1.4). Somente em Rute 4.10 é revelado que Malom foi seu marido (vv. 2,5). Dado o contexto cultural, é bem provável que tal matrimônio fora arranjado por Elimeleque antes de sua morte (1.3).

O falecimento de Malom e Quiliom trágica e inesperadamente poucos anos depois da morte de Elimeleque foi uma circunstância crucial (Rt 1.3, 5). Rute, sua sogra Noemi e sua cunhada Orfa ficaram sozinhas na mais completa miséria (vv. 6,7).

Quase tão grave quanto essa situação era o problema da viuvez e esterilidade de Rute (Rt 1.5; 4.10). A incapacidade para gerar filhos era considerada uma maldição divina em muitas culturas antigas. Além disso, a linhagem familiar não podia ser mantida sem filhos e a esterilidade diminuía drasticamente a possibilidade de um segundo casamento.

Devido à falta de opções diante delas, Noemi incentivou Rute e Orfa a retornar para a casa de seus pais em Moabe, onde poderiam casar-se novamente (Rt 1.8,9). Inicialmente as duas resistiram, mas depois que Noemi descreveu verbalmente a situação desesperadora em que se encontravam (vv. 10-13), Orfa decidiu ficar (v.14). Rute, entretanto, não só se comprometeu com Noemi até a morte, mas também com o Deus de Israel (vv. 16,17). Tal compromisso aparentemente demonstrava a sua fé no Senhor, ao adotar um tipo de proselitismo dentro do povo da aliança.

No dia seguinte à triste chegada das duas em Belém (Rt 1.19-22), Rute saiu para respigar nos campos para obter alimento (Rt 2.2,3). É possível que tal prática fosse comum também na cultura moabita, mas era claramente ordenada na lei de Moisés. Os pobres, as viúvas e os estrangeiros residentes no meio do povo de Israel podiam ter suas necessidades básicas supridas com certa dignidade por meio da prática de respigar os campos (Lv 23.22; Dt 24.19).

Rute, entretanto, pediu mais do que a simples oportunidade de respigar no campo ao qual Deus a dirigiu (o antigo idioma hebraico, como em Rt 2.3, considerava o acaso como providência divina). Corajosamente seguiu atrás dos segadores e recolheu o que deixaram de colher (Rt 2.7). O dono do campo, Boaz, que sabia quem era Rute e qual sua situação atual (vv. 11,12), cedeu ao pedido incomum (vv. 8,9) e foi ainda mais além, pois proporcionou-lhe proteção e provisão (vv. 9,14-18).

Neste ponto, Boaz surgiu apenas como um benfeitor para Rute, até o final da colheita. Noemi, entretanto, viu nas atitudes dele a forte possibilidade de que pudesse se casar por levirato com Rute (Rt 2.20; 3.1-5). Embora nas Escrituras tal prática

561

RUTE

fosse limitada apenas aos cunhados (Dt 25.5-7), aparentemente com o passar do tempo a responsabilidade pela família do falecido e sua viúva foi aplicada também a outros parentes próximos. Assim, Noemi elaborou um plano para discretamente, porém de maneira decisiva, aproximar-se de Boaz com a idéia.

Numa noite, no final da estação das colheitas (Rt 2.23), Rute aproximou-se do local ao lado da eira, nos arredores de Belém, onde Boaz dormia, a fim de guardar seus grãos (3.2-6). Deitou-se aos seus pés e aguardou que ele despertasse, quando então apelou para que assumisse seu papel de parente remidor, como base para um casamento (vv. 8,9). Depois desse diálogo, Rute permaneceu aos pés dele até de madrugada, para sair sem ser vista por ninguém (vv. 13,14).

Alguns estudiosos interpretam esta atitude de Rute, particularmente a maneira como descobriu os pés de Boaz ao se deitar (Rt 3.7) e permaneceu lá durante toda a noite (vv. 13,14), como clara indicação de que ela tentou uma investida sexual, à qual Boaz foi receptivo. Tal idéia, entretanto, é totalmente contrária ao que pode ser visto do caráter dos dois por todo o livro. Especificamente, na conversação entre eles no meio da noite, Boaz expressou admiração pelo recato de Rute (v. 10), e considerou-a uma "mulher virtuosa" (v. 11). Além disso, os detalhes da cena interpretados como de natureza sexual podem ser entendidos de outras formas. Não há uma evidência concreta de que houve qualquer envolvimento sexual.

A resposta dele trouxe luz sobre um fator adicional no desenvolvimento da narrativa. Embora Boaz estivesse disposto a se casar com Rute por meio do levirato, reconheceu que havia em Belém um outro parente mais próximo do que ele (v. 12). Era necessário que esse homem renunciasse ao seu direito e à sua responsabilidade, para que Boaz fechasse seu acordo com Rute (v. 13).

Diante de uma assembléia onde se reuniram os anciãos da cidade (Rt 4.2), Boaz inteligentemente fez um acordo com o parente, cujo nome não é mencionado, o qual passou a ele o direito de ser o remidor (vv. 1-8). De acordo com a lei mosaica, Rute tinha o direito de humilhar publicamente o outro parente, por sua omissão (Dt 25.7-10). Como, porém, estava interessada em casar-se com Boaz, ela não levou o assunto adiante. Pelo contrário, esperou que seu futuro esposo agisse da melhor maneira possível (Rt 3.18).

Quando a transação legal foi concluída, a multidão desejou votos de felicidades e comparou a nova esposa de Boaz, Rute, com as mulheres que participaram da formação do povo de Israel: Raquel, Lia (Rt 4.11) e Tamar, uma estrangeira que teve filhos com Judá por meio de um relacionamento de levirato (Rt 4.12; Gn 38). Talvez a esterilidade temporária, de Raquel e Tamar seguida pela fertilidade, fosse outro ponto de comparação.

Na época do casamento, não é possível determinar especificamente se Boaz já era casado ou qual era a diferença de idade entre os dois. Desde que ele várias vezes refere-se a Rute com as palavras "milha filha" (Rt 2.8; 3.10,11), assim como Noemi a chamava (2.2, 22; 3.1,16,18), provavelmente Boaz estava mais próximo da idade da prima do que da de Rute. Depois de aproximadamente dez anos de casamento e viuvez (Rt 1.4,5), a moabita provavelmente estivesse com 30 anos quando se casou com Boaz e ele deveria ter em torno de 50 anos ou um pouco mais.

Com aquela idade, naquele tipo de sociedade, é provável que Boaz fosse casado. Se era, sua esposa e filhos simplesmente não foram mencionados ou talvez fosse viúvo e sem filhos. Certamente não é revelada nenhuma preocupação pela confusão que o casamento causaria para Boaz, como aconteceu com o outro parente (Rt 4.6).

RUTE

Logo depois do casamento, Rute recebeu do Senhor a capacidade para conceber (v. 13). O menino, chamado Obede, foi a grande alegria de Noemi, sua avó adotiva, e tornou-se ancestral do rei Davi (vv. 14-17). É intrigante notar que esta criança foi proclamada remidora de Noemi em sua velhice (vv. 14,15), ao mesmo tempo que o texto dos vv. 16,17 indica que ela não só cuidou de Obede (v. 16), como efetivamente o adotou (v. 17). Se essa interpretação é correta, Obede substituiu legalmente os filhos falecidos de Noemi (Rt 1.5; 4.10). Talvez a referência a Rute como "melhor do que sete filhos" (4.15) signifique que a moabita, por meio de sua devoção a Noemi, fez mais do que substituir seus filhos (4.15; 1.16,17).

Devido ao fato de que se tratava de uma família patriarcal, cujo tamanho ideal muitas vezes era considerado o de sete pessoas, o número bíblico da plenitude, a declaração de que Rute era melhor do que sete filhos de fato era uma homenagem extravagante. Talvez porque Boaz e Rute tenham sido descritos anteriormente como pessoas de excelente caráter (Rt 2.1; 3.11), na conclusão do livro são honrados de maneira similar. A multidão reunida já tinha desejado a Boaz: "há-te valorosamente em Efrata, e faze-te nome afamado em Belém" (4.11). Isso, porém, não é tudo. Boaz encontra-se numa posição privilegiada, pois é o sétimo na linhagem real de Davi (4.21). Assim, Rute e Boaz são vistos como figuras bíblicas exemplares, perfeitamente combinadas espiritualmente.

A outra referência bíblica a Rute é particularmente interessante devido à clara relação que tem com o propósito do livro em que é encontrada. A menção de seu nome na árvore genealógica de Jesus, em Mateus 1.5, está junto com a de outras três mulheres: Tamar (v. 3), Raabe (v. 5) e "a esposa de Urias" (v. 6). Todas as quatro parecem ser estrangeiras, dentro do contexto do Antigo Testamento no qual se encontram. Assim, o primeiro evangelho, que termina com a ordem de Cristo para fazer "discípulos de todas as nações" (Mt 28.19), começa com o reconhecimento de que mulheres estrangeiras como Rute contribuíram sobremaneira para a linhagem de Jesus, o Messias.

A.B.L.

S

SAAFE. 1. Sexto filho de Jodai; portanto, descendente de Calebe e Judá (1 Cr 2.47).
2. Filho de Calebe [irmão de Jerameel] (1 Cr 2.42) e de sua concubina Maaca. Foi o "pai" de Madmana. Provavelmente, foi o fundador de uma cidade com esse nome (1 Cr 2.49).

SAARAIM. Mencionado na genealogia do rei Saul, da tribo de Benjamim, teve filhos de duas esposas, das quais posteriormente se divorciou. Vivia em Moabe com sua terceira mulher, Hodes (1 Cr 8.8-11).

SAASGAZ. Eunuco responsável pelas concubinas durante o reinado de Assuero, da Pérsia. Ester também ficou sob seus cuidados antes de se tornar rainha no lugar de Vasti (Et 2.14).

SABÁ. 1. Filho de Raamá e descendente de Cão (Gn 10.7; 1 Cr 1.9, onde é chamado de Sebá.)
2. Filho de Jactã e descendente de Sem (Gn 10.28; 1 Cr 1.22, onde é chamado de Seba.)
3. Listado como neto de Abraão e sua esposa Quetura (Gn 25.1-4; 1 Cr 1.32, onde é chamado de Sebá.)
4. Veja também *Rainha de Sabá*. s.c.

SABETAI. Levita que retornou do exílio na Babilônia junto com Esdras e ajudou os judeus a tratar do problema do casamento com as mulheres estrangeiras, um ato proibido na Lei de Deus. Foi um dos líderes entre os levitas e compartilhou a responsabilidade de ensinar a Lei ao povo, encarregando-se também dos trabalhos externos da reconstrução do Templo (Ed 10.15; Ne 8.7; 11.16).

SABEUS. Talvez o nome desse povo se derive de Sebá, o primeiro filho de Cuxe e neto de Cão (Gn 10.7; 1 Cr 1.9). Descreve uma tribo do sul da Arábia, próximo ao moderno Iêmen; eles tinham a reputação de ser altos e temíveis. A descrição das tribos de Sebá pode também referir-se a esse povo. Obviamente eram compostos por mercadores, que viviam numa região de relativa estabilidade em comparação com as nações do norte e ficavam nas rotas para a África e o Oriente, especialmente para a Índia. Também envolviam-se no comércio de escravos (Jó 1.15; Sl 72.15; Is 45.14; 60.6; Ez 23.42; 27.22; Jl 3.8). Existe certa dificuldade de fazer uma distinção entre os povos descendentes de Sebá e os de Sabá, pois este descende de Sem (Gn 10.28; veja também Sl 72.10). Provavelmente foi a rainha dos sabeus (rainha de Sabá) que visitou o rei Salomão, quando este estava no auge de seu poder e influência em sua região (1 Rs 10.1-13). P.D.G.

SÁBIOS E TOLOS

A sabedoria bíblica não é primariamente teórica, mas prática. É um atributo de Deus, o qual é revelado na ordem da criação (Pv 8.22-31) e em sua maneira eficiente de operar (Jó 39.26); assim, sabedoria e tolice são atitudes práticas que determinam se uma vida é vivida ou não com sucesso no meio de uma sociedade. A sabedoria bíblica crescente é o resultado do aprendizado pelas experiências da vida, enquanto se mantém uma obediente confiança no Senhor.

SÁBIOS E TOLOS

A literatura da sabedoria

Nos livros da Sabedoria (Jó, Salmos, Provérbios e Eclesiastes) a aquisição do conhecimento é entendida como algo dado pelos pais (Pv 1.8; 4.1; 6.20), porque adquirir sabedoria é ganhar habilidades para viver no meio de uma sociedade. Mestres "sábios" cumprem um papel paterno para com os que aprendem com eles (Gn 45.8; Jz 5.7; note o uso de "meu filho" em Provébios 1 a 9); nem todos estão dispostos a aprender essas habilidades, de forma que o "tolo" e o "sábio" são freqüentemente contrastados e diferem em suas atitudes para com o Senhor, no aprendizado, no falar e no domínio próprio.

"Diz o néscio no seu coração: Não há Deus" (Sl 14.1), enquanto "o sábio teme ao Senhor" (Pv 14.16; cf. 1.7; 9.10; Jó 28.28; Sl 111.10). É impossível ser sábio e viver com sucesso no meio de uma sociedade, sem reconhecer a existência de Deus. Por isso, os provérbios louvam o homem "sábio", ao misturar a iluminação geral proveniente da experiência com a obediência à sabedoria revelada de Deus (Pv 2.6) e a consciência da vigilância do Todo-poderoso (Pv 15.3,11). A sabedoria do "sábio" deriva de uma vida de fé no Senhor; em contraste, o "tolo" não encontra sabedoria no Senhor, mas em si mesmo (Pv 18.12; 28.26). A insensatez dele não consiste meramente em atitudes estúpidas, mas em sua rejeição da sabedoria do Senhor. Tal "tolice" traz culpa moral.

O contraste na atitude para com o aprendizado é bem definido: o "sábio" aprende por meio do ensino (Pv 10.8; 19.20), ouve os conselhos (Pv 12.15) e aceita com gratidão as repreensões (Pv 9.8). O "sábio" é "ensinável". O "tolo" faz o que quer (Pv 12.15), rejeita a disciplina (Pv 15.15) e não aprende nem mesmo com seus próprios erros (Pv 26.11). Semelhantemente, no falar o "sábio" é caracterizado pelo autocontrole e pelo desejo de edificar os outros (Pv 12.18; 13.14; 15.2); o "tolo" é descrito como tagarela (Pv 10.8,10,14) e insensato (Pv 15.2) naquilo que fala, de uma maneira que o conduz a toda sorte de dificuldades (Ec 10.12).

Outro contraste é estabelecido na questão da autodisciplina: o "sábio" é tardio em irar-se (Pv 29.11), disposto a ignorar as ofensas (Pv 12.16) e a evitar conflitos (Pv 20.3); trabalha diligentemente (Pv 10.5) e prepara-se com antecedência para possíveis problemas (Pv 21.20). O "tolo" não controla seu temperamento (Pv 12.16; 29.11), é iracundo e afoito (Pv 14.16), e é rápido para entrar em rixas (Pv 20.3); contudo, é também preguiçoso e despreparado para a vida (Ec 4.5).

A literatura da sabedoria declara que o conhecimento cresce primariamente por meio da aquisição de experiência no meio da sociedade, baseada numa teologia da criação e da graça comum, a qual permite que a sabedoria seja acessível a todas as nações. O conhecimento bíblico, entretanto, é baseado na teologia da redenção e da revelação; desta maneira, apenas o povo de Deus tem a verdadeira revelação da sabedoria, por meio do conhecimento do Senhor.

Jesus

O ensino de Jesus faz o mesmo contraste do "sábio" com o "tolo", mas com outras características. Para Cristo, o "mestre" não somente vive com sucesso no meio da sociedade como também convive dignamente com relação a Deus. Em Mateus 7.24-27 e Lucas 6.47-49, o homem "sábio" que edifica a casa sobre a rocha é contrastado com o "tolo", com base na resposta prática às palavras de Jesus. Em Mateus 25.1-13, as virgens "sábias" são contrastadas com as "insensatas", com base no preparo para a volta de Jesus (cf. Mt 24.44), um ponto reforçado com a parábola do administrador "sábio" (Lc 12.42ss).

SABTÁ

Para Jesus, o "sábio" reconhece a sabedoria de Deus na pessoa de Cristo, em contraste com a sabedoria popular, que não O reconhece; contudo, esse reconhecimento vem por meio da revelação de Deus (Mt 11.25-26). O "tolo" não vive para o Senhor (Lc 12.20) nem reconhece Jesus Cristo.

O Novo Testamento

Ao defender seu ministério apostólico, Paulo argumentou como um "tolo" em 2 Coríntios 11.16 a 12.10, o que definiu como presunçosa confiança em si mesmo (2 Co 11.17). Era tolice, pois sua chamada era um comissionamento feito pelo Senhor Jesus em pessoa e não precisava de nenhuma justificação dos "sábios" que não se submetiam à revelação de Jesus. O apóstolo, entretanto, deliberadamente contrastou a verdadeira sabedoria com a sabedoria popular grega em 1 Coríntios 1 a 3, ao declarar que a sabedoria do mundo falhou em trazer o verdadeiro conhecimento de Deus (1 Co 1.21), mas a do Senhor, a mensagem do Messias crucificado, embora parecesse tola, foi usada por Deus para trazer salvação aos homens (1 Co 1.23,24). Isso reforça o fato de que o verdadeiro conhecimento presume não somente uma experiência prática, mas também revelação. Semelhantemente, em Tiago a sabedoria é tanto prática (Tg 3.13) como espiritual (Tg 3.17), enquanto o "tolo" alega ter uma fé que não produz resultados práticos (Tg 2.20).

A ênfase do Novo Testamento sobre a revelação do Senhor como pré-requisito à verdadeira sabedoria significa que o "sábio" crescerá por meio do estudo das Escrituras (2 Tm 3.15-16) e da graça de Deus (Tg 1.5ss), porque em última análise somente o Senhor é verdadeiramente sábio (Rm 16.27).   R.M

SABTÁ. Terceiro filho de Cuxe; portanto, neto de Cão, mencionado em Gênesis 10.7 e 1 Crônicas 1.9. Provavelmente os cusitas se estabeleceram ao longo do mar Vermelho, tanto no lado egípcio como no lado árabe.

SABTECÁ. Quinto filho de Cuxe; portanto, neto de Cão, mencionado em Gênesis 10.7 e 1 Crônicas 1.9.

SACAR. 1. Mencionado em 1 Crônicas 11.35, Sacar, o hararita, foi pai de Aião, um dos guerreiros valentes de Davi.

2. Quarto filho de Obede-Edom, descendente de Coré, da tribo de Levi, responsável pelo serviço nos portões do Tabernáculo durante o reinado de Davi (1 Cr 26.4).

SACERDOTES. Veja *Levitas*.

SADRAQUE (Bab. "mandamento a Aku" — deus da lua). Nome dado pelo chefe dos oficiais do rei Nabucodonosor a Hananias, um dos companheiros judeus de Daniel. Ele, assim como seus três amigos, foi levado de Judá para Babilônia. Enquanto eram preparados para aparecer na corte real, recusaram-se a provar a comida real e se alimentaram apenas com legumes e água (Dn 1.12). O Senhor honrou a determinação deles em não comer o que era considerado impuro pelos judeus. No final, a aparência deles estava mais saudável do que a dos outros jovens. Deus deu a Sadraque e aos outros "o conhecimento e a inteligência em toda cultura e sabedoria" (Dn 1.17). O rei não encontrou outros que possuíssem as mesmas qualidades dos quatro jovens, os quais logo foram promovidos a posições de autoridade e de influência, sob a liderança de Daniel.

Mais tarde, quando Hananias, Mizael

e Azarias recusaram-se a se inclinar diante da estátua de ouro que o rei Nabuco-donosor erigira na planície de Dura, os três foram lançados numa fornalha ardente, aquecida sete vezes mais além do normal. Eles tinham tal confiança no Senhor, que disseram ao rei: "O nosso Deus, a quem nós servimos, pode livrar-nos dela" (Dn 3.17). Quando foram jogados no fogo, o Senhor interviu e Nabuco-donosor observou que eles estavam ilesos no meio do fogo. Uma quarta pessoa encontrava-se junto deles, a qual o rei disse que tinha o aspecto "semelhante ao filho dos deuses" (v. 25). Ao que parece, ali ocorreu uma teofania. Imediatamente Nabuco-donosor mandou que fossem tirados da fornalha, restituiu-lhes as posições de autoridade que ocupavam e adorou o Todo-poderoso, o qual "enviou o seu anjo, e livrou os seus servos, que confiaram nele" (v. 28). O rei, impressionado com o poder salvador do Deus dos hebreus, ordenou que ninguém falasse mal dele.

Sadraque e seus companheiros confiavam plenamente em Deus. Tal fé foi testemunhada diante dos pagãos da maneira mais convincente possível. Essa confiança é mencionada em Hebreus 11.34 e tornou-se um exemplo para os cristãos de todas as épocas que confiam no mesmo Deus de Sadraque e seus amigos. Veja *Teofania*.   P.D.G.

SADUCEUS. Uma das três seitas judaicas descritas por Josefo, o historiador judeu do século I d.C. (as outras são fariseus e essênios). Somente uma pequena fração dos líderes judeus, especialmente entre os sacerdotes e os aristocratas, pertencia a esse grupo, o qual era um misto de partido político e seita religiosa. O nome provavelmente deriva de Zadoque, sacerdote no tempo do rei Davi. Num certo sentido os saduceus eram politicamente liberais e conservadores nas questões religiosas. Viviam em paz com o governo romano (diferentemente dos fariseus), mas acreditavam apenas na Lei escrita (o que os cristãos chamaram de Antigo Testamento). Enquanto os fariseus davam crédito a um grande conjunto de tradições orais que cresceu em torno da Lei escrita de Moisés, os saduceus não aceitavam qualquer doutrina que não fosse tirada dos cinco primeiros livros da Bíblia. Isso explica por que não acreditavam na ressurreição e nos anjos (At 23.8).

Nos evangelhos de Marcos e Lucas, os saduceus aparecem apenas uma vez, quando tentaram ridicularizar a doutrina da ressurreição, ao falar a Jesus sobre a situação de uma mulher que se casara sete vezes, perguntando-lhe quem seria seu marido na existência vindoura (Mc 12.18; Lc 20.7). Mateus também menciona a mesma história (22.23-33) e acrescenta várias outras referências aos saduceus. Eles foram até o local onde João batizava (Mt 3.7) e mais tarde testaram Jesus, ao pedir-lhe um sinal do céu que autenticasse seu ministério (Mt 16.1). Jesus advertiu seus discípulos contra o "fermento" deles — isto é, a influência negativa e insidiosa de seu ensino (Mt 16.11,12). Em todos esses casos foram comparados aos fariseus. Alguns estudiosos questionam como esses grupos rivais viviam juntos, de acordo com a maneira em que Mateus os descreve, mas o antagonismo freqüentemente se une contra um inimigo comum (no caso deles era Jesus). Mateus claramente estava interessado em descrevê-los sob uma perspectiva negativa, e manteve seu ponto de vista geralmente hostil para com os líderes judeus que no final crucificaram o Filho de Deus.

No livro de Atos os saduceus, junto com outros sacerdotes e o capitão da guarda do Templo, prenderam Pedro e João (At 4.1); logo depois detiveram todos os apóstolos (At 5.17), ainda que por pouco tempo. Paulo, em seu julgamento diante do tribunal judaico, tentou causar uma divisão entre os "jurados", ao alegar que fora condenado por causa de sua crença na ressurreição, doutrina que contraria-

SAFÃ

va as convicções dos saduceus (At 23.6,7). Existem algumas evidências de que este grupo perseguiu os cristãos em Jerusalém e Roma, nas décadas anteriores à destruição do Templo pelos romanos (70 d.C.); se Mateus e/ou Lucas escreveram nesse período, esse antagonismo para com os cristãos explicaria a maneira negativa em que ambos retratam os saduceus em seus documentos.   C.B.

SAFÃ (Heb. "coelho").

1. Membro da tribo de Gade, vivia com seu clã na região de Basã (1 Cr 5.12).

2. Foi secretário durante o reinado de Josias (2 Rs 22.3-13). Quando o livro da Lei foi encontrado, foi ele quem o levou até o rei.

3. Quando Ezequiel teve a visão do Templo, contemplou 70 anciãos que praticavam coisas abomináveis. Jaazanias, filho de Safã, era um deles (Ez 8.7-13).

SAFATE (Heb. "julgado").

1. Um dos doze espias enviados por Moisés do deserto de Parã para observar a terra de Canaã (Nm 13.5). Foi escolhido um príncipe de cada tribo, e Safate, filho de Hori, representou Simeão. Para mais detalhes sobre a missão deles, veja *Samua*.

2. Pai de Eliseu, da região de Abel-Meolá. Elias recebeu instruções do Senhor para ungir o filho de Safate seu sucessor. Portanto, a partir daquele momento, aquele jovem seguiu o profeta, deixando seu pai e sua mãe (1 Rs 19.16, 19; 2 Rs 3.11; 6.31).

3. Mencionado em 1 Crônicas 3.22 como descendente de Secanias e filho de Semaías. Pertencia à linhagem real de Jeoiaquim, depois do exílio na Babilônia.

4. Líder de um dos clãs da tribo de Gade, vivia na região de Basã (1 Cr 5.12).

5. Filho de Adlai, foi um dos superintendentes no decorrer do reinado de Davi. Era o responsável pelo gado que ficava nos vales (1 Cr 27.29).

SAFE. Mencionado apenas em 2 Samuel

21.18, Safe, um descendente de Rafa, foi morto por Sibecai, o husatita, numa batalha entre os israelitas e os filisteus, em Gobe. É bem provável que Sipai, o qual também era descendente dos refains e foi morto por Sibecai (1 Cr 20.4), seja a mesma pessoa. O incidente teve uma grande importância para os israelitas, porque a vitória sobre o gigante ajudou Israel a subjugar temporariamente os filisteus.

SAFIRA (Gr. "bonita"). Esposa de Ananias, mencionada apenas em Atos 5.1; Com o "pleno conhecimento" dela, seu marido guardou parte do dinheiro que arrecadara com a venda de uma de suas propriedades. Ao dar o dinheiro aos apóstolos, fingiu que entregava tudo o que conseguira com a transação. Por causa da hipocrisia e da mentira ao Espírito Santo (v. 3), ambos morreram subitamente, a fim de que houvesse temor ao juízo de Deus na Igreja primitiva. O texto deixa claro que o problema foi o engano e a hipocrisia e não a quantidade de dinheiro que deram. Para mais detalhes, veja *Ananias*.

SAGE. Pai de um dos "trinta" guerreiros valentes de Davi, chamado Jônatas. Era hararita e é mencionado somente em 1 Crônicas 11.34.

SAI. Líder de uma família de servidores do Santuário. Seus descendentes retornaram do exílio na Babilônia com Esdras e dedicaram-se ao trabalho no Templo (Ne 7.47; Ed 2.44).

SALAI. Mencionado como um descendente de Benjamim que se estabeleceu em Jerusalém depois do exílio na Babilônia (Ne 11.8).

SALMA. "Pai dos belemitas", recebeu o crédito de fundador da cidade de Belém. Era o terceiro filho de Hur, descendente de Calebe e líder na tribo de Judá (1 Cr 2.51, 54).

SALOMÃO

SALMAI. Líder de uma das famílias de servidores do Templo. Seus descendentes retornaram do exílio na Babilônia nos dias de Esdras e voltaram a trabalhar no Santuário (Ed 2.46, onde é chamado de Sanlai; Ne 7.48).

SALMÃ. Mencionado em Oséias 10.14 como o rei que devastou Bete-Arbel numa batalha, quando também matou mulheres e crianças da cidade. Não está claro quem exatamente era ele, mas provavelmente seja um monarca assírio, talvez Salmaneser V. Veja *Salmaneser*.

SALMANESER (Ass. "Sulman [divindade] é líder"). Rei assírio usado por Deus para mostrar a Israel (reino do Norte) sua desobediência. Por volta de 730 a.C., Oséias tornou-se rei de Israel e fez o que era mau aos olhos do Senhor. A princípio ele experimentou um bom relacionamento com a Assíria e pagou os impostos exigidos; depois de algum tempo, porém, parou de contribuir e iniciou uma conspiração. No nono e último ano de seu reinado, Salmaneser o levou preso e invadiu a terra, após sitiar Samaria durante três anos. Deus deixou claro que os israelitas iam para o exílio por causa do pecado praticado, pois recusaram-se a obedecer ao Senhor e preferiram a prática de variadas formas de idolatria (2 Rs 17). Veja *Oséias*. s.c.

SALMOM. Filho de Naassom e pai de Boaz. Como ancestral do rei Davi, foi mencionado nas genealogias de Jesus Cristo no Novo Testamento (Rt 4.20; 1 Cr 2.11; Mt 1.4,5; Lc 3.32).

SALOMÃO

O nome Salomão está associado à palavra que significa "paz", com a qual compartilha as mesmas consoantes. Também tem ligação com o nome da cidade de Davi, Jerusalém, com a qual também compartilha três consoantes. Essas duas identificações lembram as características desse rei de Israel e de Judá que são mais bem conhecidas: um reino pacífico presidido por um monarca mundialmente famoso por sua sabedoria em manter tal estado de paz; e uma cidade próspera que atraía a riqueza e o poder de todas as nações ao redor e cuja prosperidade foi resumida na construção da casa de Deus, o magnífico Templo de Jerusalém. Esses mesmos elementos foram lembrados no Novo Testamento, onde Jesus referiu-se à sabedoria de Salomão que atraiu a rainha de Sabá (Mt 12.42; Lc 11.31) e onde o Templo de Salomão foi preservado nos nomes dados a partes do Santuário construído por Herodes (Jo 10.23; At 3.11; 5.12). O Novo Testamento, entretanto, também menciona as conseqüências desastrosas desses aspectos gloriosos da vida de Salomão. Apesar de toda sua riqueza, Jesus disse aos seus ouvintes que ele não podia ser comparado com um lírio do vale (Mt 6.29; Lc 12.27), o qual mostra uma beleza que lhe foi dada pelo Pai celestial, amoroso e cuidadoso. Em contraste, o esplendor de Salomão demonstrava a ganância brutal do trono, o apoio de aliados pagãos e a adoração de outras divindades, além de um regime opressor que destruiu a confiança e a boa vontade das tribos do norte de Israel e que abusava dos súditos do reino o qual Davi criara. O mesmo pode ser dito do Templo de Salomão. O mais significativo quanto a ele, conforme Estêvão observou (At 7.47,48), era a tentativa perigosa de "domesticar" o Deus de Israel, ao colocá-lo dentro de uma "caixa", sobre a qual o rei teria o controle para escolher a adoração e a obediência a Deus ou a outras divindades, ao seu bel-prazer.

A história de Salomão está registrada em 1 Reis 1 a 11 e 1 Crônicas 28 a 2 Crônicas 9. Todos os textos registram o esplendor de seu reino. O relato de Reis, entretanto, também demonstra a queda gradual do rei na apostasia. Isso é demonstrado por meio da ênfase em

SALOMÃO

três pronunciamentos de Deus, quando cada um deles introduz uma nova fase na vida de Salomão e mostra o julgamento do Senhor sobre o que acontecera. Para entender a vida e a obra desse grande personagem bíblico, examinemos as quatro partes da vida de Salomão, divididas pelas três aparições divinas: a garantia do trono para Salomão (1 Rs 1 e 2); a sabedoria de Salomão e suas realizações (1 Rs 3 a 8); a fama internacional de Salomão e a conseqüente apostasia (1 Rs 9 a 11.8); e os oponentes de Salomão (1 Rs 11.9-43).

A garantia do trono

De acordo com os registros bíblicos, Salomão era o décimo filho de Davi e o segundo de Bate-Seba com o rei, pois o primeiro morreu, como castigo pelo pecado de adultério e homicídio de Urias, marido dela (2 Sm 11). A história de como os filhos mais velhos de Davi morreram antes de subirem ao trono ocupa boa parte do relato da vida e morte deste rei (2 Sm 10 a 1 Rs 2). Num certo sentido, esse material justifica a legitimidade da escolha de Salomão como sucessor de Davi, apesar de não ser o filho mais velho.

Os relatos da escolha de Salomão e sua coroação em Crônicas e Reis enfatizam duas perspectivas diferentes. Em 1 Crônicas 28 e 29, ele é ungido rei numa solenida-de pública. Ali, é declarado o sucessor de Davi divinamente escolhido. Essa, porém, não é a visão de 1 Reis 1, a qual descreve uma cerimônia bem diferente, realizada às pressas e sem qualquer preparativo prévio. Crônicas mostra o que aconteceu exterior-mente, quando Salomão foi feito rei "pela segunda vez". 1 Reis 1 dá uma idéia do que realmente aconteceu nos bastidores.

Adonias assumira o controle da situação, ao declarar-se rei, e era preciso agir rápido, para impedir que Salomão subisse ao trono. Bate-Seba, entretanto, atuou sob a direção de Natã, embora buscasse seus próprios interesses. Sua mensagem para Davi foi a de mos-trar como a atitude de Adonias era contrária às intenções declaradas do rei (1 Rs 1.17-21). A própria declaração do profeta para Davi era um argumento de que Adonias desafiava a autoridade do rei: "Viva o rei Adonias!" (vv. 22-27). Existem, porém, dois problemas aqui. Primeiro, o fato de que em nenhum lugar antes a história menciona tal promessa feita a Bate-Seba. Mesmo no livro de Crônicas, onde Davi refere-se a Salomão como uma esco-lha feita por meio de revelação divina (1 Cr 22.9), não há nenhuma menção anterior a isso. Perguntamo-nos até que ponto foi realmente revelação divina e até onde foi sugestão de Natã. Segundo, a afirmação do profeta de que o povo clamava "Viva o rei Adonias" não tem apoio no relatório dos vv. 5 a 9. A declaração esconde um pouco os detalhes, desde que os relatados por Bate-Seba e Natã foram confirmados pela descrição das ações de Adonias. Embora ele quisesse ser rei, em nenhum lugar o relato declara que foi proclama-do, mas, sim, que ele simplesmente fazia os preparativos.

De qualquer maneira, Davi concordou com os pedidos de Natã e Bate-Seba. Salomão foi confirmado rei numa cerimônia rápida e recebeu a bênção do pai. Isso foi sufici-ente para dissolver qualquer oposição. Natã manteve sua posição e seus filhos ocupa-ram excelentes cargos durante este reinado. Adonias foi repreendido. Posteriormen-te, tornou-se um dos que foram caçados e mortos por Benaia, por ordem de Salomão (1 Rs 2.13-25). Essas instruções introduzem a tarefa do novo rei de cumprir a última vontade de seu pai (1 Rs 2.1-9,26-46). Mesmo assim, 1 Reis 2 é uma história terrível de vingança e matança. Perguntamo-nos que tipo de rei seria este, com um reinado que começava com tantos assassinatos. O fato de que Deus apareceria a ele e o aben-çoaria não seria devido a nenhum mérito de sua parte. Foi uma manifestação da graça divina e da fidelidade à aliança feita com Davi e seus descendentes, com a promessa de uma dinastia em Jerusalém (2 Sm 7.4-17). Salomão era o herdeiro dessa dádiva.

SALOMÃO

Sua sabedoria e realizações

O reinado de Salomão começou com alianças poderosas e uma grande construção civil na capital (1 Rs 3.1). Ele se dedicou ao serviço do Senhor (v. 3). Viajou para o norte de Jerusalém. Em Gibeom, o Senhor apareceu-lhe em sonho e permitiu que escolhesse o que desejava receber. Salomão solicitou "um coração entendido" (v. 9), o qual é o centro da vontade. Ter um bom entendimento significa possuir um coração que ouve a Palavra de Deus e responde em obediência. Ele também precisava ouvir e atender às necessidades dos súditos. Salomão especificou o pedido com uma referência à habilidade de discernir "entre o bem e o mal". Nesse contexto, isso significa mais do que o conhecimento do certo e do errado — antes, é algo disponível para todas as pessoas. Envolvia a habilidade de captar a essência de um problema e entender exatamente o que se passava na mente das pessoas ao redor. Envolvia a habilidade de reagir bem diante das situações mais difíceis e governar com sabedoria. Isso faz um contraste com os últimos dias de Davi e os eventos dos dois capítulos anteriores. Ele nada sabia a respeito da rebelião de Adonias. Não lembrava que escolhera Salomão, o qual foi apanhado no meio da política brutal do palácio e já começara a participar do mesmo jogo. Ali, porém, diante de Deus, buscou a habilidade de mudar o rumo e alterar o universo político de maneira que as virtudes do Senhor e da aliança divina fossem dominantes — em vez dos valores nos quais prevalecia a lei do mais forte.

A resposta de Deus foi aprovadora (vv. 10-14). Era a coisa correta a pedir. Em vez de pedidos egoístas, como longevidade, riqueza ou segurança, Salomão solicitou algo que era apropriado ao seu chamado como governante do povo de Deus. Por esta razão o Senhor alegremente lhe concedeu discernimento e acrescentou bênçãos adicionais que Salomão não pedira. Uma condição, entretanto, foi apresentada junto com as bênçãos: "Se andares nos meus caminhos, e guardares os meus estatutos e mandamentos, como andou Davi, teu pai" (v.14). Era a única coisa que Salomão precisava fazer.

A bênção de um coração entendido já começava a fazer efeito. Afinal, a habilidade de Salomão de ouvir a Deus foi demonstrada por sua presença em Gibeom e a aparição divina a ele. Sua maneira especial de ouvir o povo seria demonstrada na história das duas mães que reclamavam o mesmo bebê (vv. 16-26). A famosa decisão do rei, quando ameaçou dividir a criança ao meio para assim descobrir qual era a verdadeira mãe, demonstrou a todos que "havia nele a sabedoria de Deus para fazer justiça" (v. 28). Exemplos adicionais são apresentados nos capítulos seguintes. Salomão organizou seu próspero reino (1 Rs 4.1-21), sua corte (1 Rs 4.22-28) e escreveu provérbios e outras literaturas sobre a sabedoria (1 Rs 4.29-34; cf. Pv 1.1; 10.1; 25.1; Ct 1.1 e os títulos dos Sl 72 e 127).

A maior demonstração da sabedoria de Salomão, entretanto, foi a construção do Templo do Senhor Deus de Israel. 1 Reis 5 a 7 contém os detalhes das negociações, dos preparativos, do início e fim da obra. A sua inauguração foi celebrada com a introdução da Arca da Aliança na parte santíssima da estrutura (1 Rs 8.1-11). Esse ato foi seguido pela bênção de Salomão sobre o povo e sua oração dedicatória, onde falou das promessas que Deus fizera a Davi, seu pai, e intercedeu pelo bem-estar do povo e da terra (1 Rs 8.12-66).

A fama internacional e a conseqüente apostasia

A segunda aparição de Deus veio após a dedicação do Templo e a observação de que Salomão tinha "acabado de edificar a casa do Senhor... e tudo o que lhe veio à vontade fazer" (1 Rs 9.1). Desta vez a mensagem do Todo-poderoso compõe-se de advertên-

SALOMÃO

cias de juízo sobre o povo e o Templo, se Salomão e seus descendentes não seguissem a Deus de todo coração (vv. 6-9). Ainda assim a bênção do Senhor permanece e é prometida como resultado da obediência e do culto fiel (vv. 3-5). Novamente isso é exemplificado no livro de Reis por duas narrativas que descrevem as realizações internacionais, imperiais e religiosas de Salomão. Diferentemente, porém, dos relatos anteriores de seu sucesso incondicional, a última narrativa introduz um elemento de grande tensão. Os problemas começam a surgir, embora somente no final do segundo período a raiz causadora torne-se mais explícita.

No primeiro período, o pagamento de Salomão a Hirão é descrito como um exemplo de suas relações internacionais (vv. 10-14). O rei de Tiro, entretanto, não ficou satisfeito com tal pagamento. Numa atitude imperialista, Salomão alistou os cananeus remanescentes na terra para fazer parte de sua equipe de construção do Templo (vv. 15-24). Aqui também nos perguntamos como a utilização do trabalho escravo pôde manter a paz no reino. Ainda mais inquietante é a informação de que os cananeus permaneciam na terra muito tempo depois de Israel ter recebido ordem de erradicá-los. Deus permitira que continuassem em Canaã, para testar os israelitas, ou seja, se permaneceriam ou não fiéis ou se adorariam outros deuses (Jz 3.1-4). Salomão passaria no teste? Suas realizações religiosas são resumidas num breve comentário sobre como oferecia sacrifícios no Templo três vezes por ano (1 Rs 9.25). Seria um relato louvável, desde que ele cumprisse o mandamento de Deus de ir diante do Senhor três vezes por ano (Êx 23.14). Para um rei, entretanto, oferecer holocaustos no lugar dos sacerdotes escolhidos por Deus era um pecado. O reino foi tirado de Saul por causa disso (1 Sm 13.8-14).

No segundo período de suas realizações, as relações internacionais de Salomão concentram-se na visita da rainha de Sabá (1 Rs 9.26 a 10.13). Embora fosse uma cena feliz, com a rainha maravilhada com a grandeza do reino de Salomão e agradecida ao Deus que ele adorava, também era um quadro que reunia dois governantes de dois países pagãos: ela e o rei de Tiro. Tal reunião seria condenada mais tarde pelos profetas como responsável pelos pecados dos reis de Jerusalém (Is 7). Do ponto de vista imperialista, a riqueza e a grandeza de Salomão são novamente enfatizadas com uma nota especial sobre seu trono, os tributos que recebia e suas defesas (1 Rs 10.14-29). Ainda esses eventos, assim como a discussão anterior sobre o trabalho escravo, prefiguram o pedido que as tribos da região Norte de Israel fariam ao filho de Salomão para que reduzisse a intensidade do labor que era exigido deles (1 Rs 12.4). No final, esse problema serviria de base para a divisão do reino. No campo religioso, as esposas estrangeiras de Salomão fizeram com que ele se desviasse de seguir ao verdadeiro Deus de Israel (1 Rs 11.1-10). No final, o "coração entendido" de Salomão tornou-se um coração dividido (1 Rs 11.4,9).

Os oponentes de Salomão

A terceira palavra do Senhor a Salomão veio como um julgamento por seus pecados (1 Rs 11.11-13). O reino seria dividido e tirado do controle da dinastia de Davi. Ainda assim, mesmo no juízo pela desobediência explícita de Salomão à aliança, o Senhor permaneceu misericordioso. A ameaça foi feita junto com a promessa de que isso não aconteceria durante sua vida e a dinastia de Davi não perderia totalmente o reino. Diferentemente das outras duas visitas do Senhor, esta não é seguida por exemplos de sabedoria e glória de Salomão. O ponto principal de sua história constitui-se de divisão e perda (1 Rs 11.14-42). O império começou a desaparecer. Ao Sul, Hadade, o edomita, era apoiado pelo rei do Egito. Fomentou uma rebelião contra o filho de Davi. Ao Norte, Rezom, o sírio, criou um exército rebelde que operava a partir de Damasco. Dentro das

SALUM

próprias fronteiras de Israel, Jeroboão foi procurado por um profeta. Salomão o tinha nomeado superintendente do trabalho escravo na região norte do reino. O filho de Davi tentou matá-lo, mas ele fugiu para o Egito e permaneceu lá até a morte do rei de Israel. Embora algumas dessas rebeliões tivessem começado antes da terceira palavra de Deus a Salomão, os relatos de Reis as organizam com o obje1tivo de nos mostrar a verdadeira origem delas no coração do filho de Davi, ao adotar a deslealdade ao Deus de Israel.

Resumo

Salomão só foi bem-sucedido no aspecto de possuir um coração entendido — ouvir as outras pessoas para fazer os julgamentos mais sábios e compartilhar com outros sua sabedoria. No entanto, ele não teve sucesso no outro aspecto, ou seja, ouvir e obedecer à vontade de Deus. No final, isso distorceu sua vida e suas atitudes. Nenhuma quantidade de sabedoria, iluminação ou sensibilidade para com os outros jamais substitui um coração voltado para Deus. Salomão foi o monarca mais bem-sucedido do mundo, mas sua vida não foi considerada um sucesso em termos de verdades eternas. Ele é um exemplo, copiado repetidamente de forma lamentável, de uma pessoa que fracassou em manter-se fiel a Deus até o fim. R.H.

SALOMÉ (Heb. "paz").

1. Somente Marcos menciona esta cristã pelo nome. Foi uma das mulheres que observaram a crucificação de Jesus à distância (Mc 15.40) e, três dias após o sepultamento de Cristo, desejou "ungir o corpo de Jesus" (Mc 16.1). Elas, inclusive Maria Madalena e Maria, mãe de Tiago, seguiram Jesus desde a Galiléia e o tinham servido (Mc 15.41). Isso significa que Salomé era uma mulher que tinha independência financeira ou pertencia a uma família rica. Quando se compara Marcos 15.40,41 e Mateus 27.55,56, é bem possível que Salomé fosse a mãe dos "filhos de Zebedeu", Tiago e João. Se este for o caso, então foi ela quem recebeu a reprovação de Jesus, ao pedir que os filhos dela recebessem posições privilegiadas no Reino de Deus (Mt 20.20,21).

2. Nome dado por Josefo à filha de Herodias. Dançou na presença do rei Herodes Antipas, o qual lhe prometeu uma grande recompensa. A jovem aconselhou-se com a mãe sobre o que pediria e exigiu a cabeça de João Batista (Mt 6.21-28). Embora a contragosto, Herodes cumpriu sua palavra e satisfez o desejo dela, ao mandar decapitar João na prisão. Para mais detalhes sobre o incidente, veja *Herodias*. P.D.G.

SALU. 1. Liderou uma das famílias da tribo de Simeão (Nm 25.14). Seu filho Zinri foi morto pelo sacerdote Finéias no tempo de Moisés, porque se envolveu com uma mulher moabita. Tais uniões com povos estrangeiros foram estritamente proibidas pelo Senhor.

2. Mencionado em 1 Crônicas 9.7 como filho de Mesulão. Após o exílio na Babilônia, estava entre os primeiros membros da tribo de Benjamim que retornaram para Jerusalém (Ne 11.7).

3. Encontrava-se entre os sacerdotes que retornaram do exílio na Babilônia com Zorobabel (Ne 12.7,20).

SALUM. 1. Filho de Sismai, descendente da tribo de Judá e da família de Jerameel (1 Cr 2.40,41).

2. Filho de Saul, da tribo de Simeão (1 Cr 4.25).

3. 1 Crônicas 6.12,13 e Esdras 7.2 o registram como sumo sacerdote, filho de Zadoque e pai de Hilquias.

4. Quarto filho de Naftali (1 Cr 7.13).

5. Da tribo de Efraim, pai de Jeizquias,

SALVADOR

um dos líderes israelitas que se opuseram aos soldados que levaram os prisioneiros de Judá, no tempo do rei Peca. Jeizquias e os outros lembraram-lhes que tal atitude constituía pecado contra Deus (2 Cr 28.12).

6. 2 Reis 22.14 e 2 Crônicas 34.22 o mencionam como marido da profetisa Hulda. Seu pai chamava-se Ticvá, filho de Haras.

7. Filho de Jabes, reinou sobre Israel após a morte do rei Zacarias. Governou apenas um mês. Foi morto por seu sucessor, Menaém (2 Rs 15.8-16). A decadência geral da política em Israel naquele período é vista claramente pelos curtos períodos de reinado e pelos vários reis que foram assassinados.

8. Quarto filho e sucessor do rei Josias. O Senhor não estava satisfeito com o seu reinado; por isso, enviou uma mensagem concernente a ele (1 Cr 3.15; Jr 22.11-17). Também é chamado de Jeoacaz (veja 2 Rs 23.30-35; 2 Cr 36.1-4). Veja *Jeoacaz*.

9. Jeremias 32 registra uma profecia concernente ao futuro de Judá. Deus usou o tio do profeta, chamado Salum, para dar início à mensagem. Ele enviou um recado a Jeremias, no qual pedia que seu sobrinho redimisse uma propriedade que pertencia legitimamente à sua família. O profeta comprou o campo, mesmo ciente de que a terra seria invadida pelos caldeus, a fim de demonstrar a sua fé de que um dia os judeus retornariam para Judá (Jr 32.6).

10. Durante os anos do ministério de Jeremias, Salum era porteiro na casa do Senhor (Jr 35.4).

11. 1 Crônicas 9.17 menciona-o como um dos primeiros a retornar para Judá depois do exílio na Babilônia. Era chefe de uma família de porteiros durante os anos em que Jerusalém estava em reconstrução (Ed 2.42; Ne 7.45). Provavelmente trata-se do mesmo personagem, também porteiro, mencionado em Esdras 10.24, que se casou com uma mulher estrangeira e depois se divorciou.

12. Sob a liderança de Neemias, Salum, filho de Haloés, e suas filhas colaboraram na reconstrução dos muros de Jerusalém. Ele também foi governador da parte de um distrito da cidade (Ne 3.12).

13. Listado como um dos israelitas que se casaram com mulheres estrangeiras depois do exílio. Posteriormente, divorciou-se (Ed 10.42).   S.C.

14. Filho de Col-Hozé, mencionado como um dos que colaboraram na reconstrução dos muros de Jerusalém, depois do retorno dos judeus do exílio na Babilônia, na época de Neemias. Governava o distrito de Mispa. Era o responsável pela Porta da Fonte; "este a edificou, e a cobriu, e lhe assentou as portas com os seus ferrolhos e trancas, como também o muro do tanque de Siloé" (Ne 3.15).

SALVADOR. Veja *Jesus*.

SAMA (Heb. "ele tem ouvido"). Ele e seu irmão Jeiel, filhos de Hotão, o aroerita, pertenciam ao grupo dos "trinta" guerreiros valentes de Davi, os quais saíam com ele para a batalha e lideravam o povo de Israel nas guerras (1 Cr 11.44).

SAMÁ. 1. Um dos filhos de Zofá e líder na tribo de Aser, famoso como excelente e bravo guerreiro (1 Cr 7.37).

2. Filho de Reuel e neto de Esaú. Tornou-se líder de uma das tribos dos edomitas (Gn 36.13-17; 1 Cr 1.37).

3. Terceiro filho de Jessé, de Belém de Judá. Foi pai de Jonadabe e Jônatas. Fazia parte do exército do rei Saul e esteve presente na ocasião em que Davi foi ungido rei por Samuel (2 Sm 13.3,32; 21.21; 1 Cr 20.7; 1 Sm 16.9; 17.13). Uma forma alternativa de seu nome é Siméia (2 Sm 13.3, 32; 21.21; 1 Cr 20.7).

4. Filho de Agé, foi o terceiro membro do famoso grupo dos "três" guerreiros de Davi. Ficou famoso por derrotar sozinho uma guarnição de filisteus. Seu filho Jônatas fez parte do grupo dos "trinta" guerreiros valentes de Davi (2 Sm 23.11,12; 1 Cr 11.12-14).

5. Harodita, fez parte do grupo dos "trinta" guerreiros valentes de Davi. Comandava 24.000 homens e ficava de prontidão com eles todo quinto mês, durante seu serviço para o rei (2 Sm 23.25; 1 Cr 27.8). Provavelmente é o mesmo do item 4 anterior. s.c.

SAMAI. 1. Filho de Onã e pai de Nadabe e Abisur; era descendente de Jerameel, da tribo de Judá (1 Cr 2.28,32).

2. Mencionado entre os descendentes de Calebe, também da tribo de Judá (1 Cr 2.44,45).

3. Um dos descendentes de Merede, filho de Ezra e uma egípcia (1 Cr 4.17,18). s.c.

SAMARITANO, SAMARITANOS. Geralmente este termo refere-se a uma pessoa que pertencia a um grupo israelita que se localizava no território de Samaria, entre a Judéia e a Galiléia. Eles edificaram um templo no monte Gerizim (veja Jo 4.20,21) durante o período entre os dois testamentos. Sua origem normalmente está relacionada com o relato da conquista da Palestina pela Assíria em 2 Reis 17.24-41, onde a Bíblia menciona como os assírios colonizaram a região conquistada, ao enviar para lá povos da Mesopotâmia, os quais se associaram, por meio de casamento, com os israelitas deixados na região. Josefo considerou-os judeus apóstatas e registra como o sacerdote Manassés foi expulso de Jerusalém, ocasião em que seu sogro Sambalate edificou um santuário para ele no monte Gerizim, logo no início do período helênico.

Atualmente existe um consenso acadêmico de que quase a totalidade das afirmações anteriores quanto à origem dos samaritanos não tem sustentação histórica. Enquanto há considerável desacordo sobre como e onde eles surgiram, as situações refletidas nas referências do

Novo Testamento aos samaritanos aparentemente se desenvolveram muito mais recentemente do que se pensava antes. O relato de 2 Reis 17 provavelmente não se refere a eles conforme são descritos no Novo Testamento. O vocábulo no v. 29 traduzido como "samaritanos" relaciona-se simplesmente aos habitantes de suas cidades. Não existe uma evidência que ligue seus moradores posteriores com Samaria; as referências mais recentes os localizam em Siquém (o que seria coerente com a literatura deles, cf. Siraque 50.26; 2 Macabeus 5.22,23; 6.2). Uma das fontes de Josefo de fato refere-se a eles como "siquemitas". Não se sabe com certeza quem repovoou Siquém (e possivelmente o próprio monte Gerizim) no início do período helênico, mas é razoável pensar que isso foi feito por um grupo de descendentes da população israelita original do reino do Norte, que não foi exilada pelos assírios. Isso estaria de acordo com a literatura samaritana, a qual não mostra nenhuma influência pagã, o que era de se esperar se fossem descendentes de povos que se mesclaram com outros colonos assírios.

No período do Novo Testamento, os samaritanos eram rejeitados pelos judeus. Siraque 50.25,26 fala que "não eram uma nação" e refere-se a eles como "o povo tolo que habita em Siquém". O Testamento de Levi 7.2 chama os samaritanos de "cidade das pessoas sem sentido" (isto é, tolos). Essa designação esclarece João 8.48, onde os líderes judeus chamaram Jesus de samaritano. Eles aceitavam apenas a autoridade do Pentateuco. Por isso, tinham muito em comum com a literatura judaica: eram monoteístas e aceitavam Moisés como profeta. Diferentemente dos judeus, entretanto, consideravam o monte Gerizim o local sagrado, indicado por Deus para a oferta dos sacrifícios (cf. Jo 4.20).

Nos evangelhos sinópticos há referências aos samaritanos em Mateus 10.5; Lucas 9.52; 10.33; 17.16. Tais passagens não são compreendidas à luz dos antecedentes mencionados antes, mas mediante a lembrança de que tal descrição dos samaritanos é feita do ponto de vista judaico. Assim, em Mateus 10.5 eles são considerados uma terceira categoria, distinta de judeus e gentios. Lucas 9.52 retrata a animosidade típica entre samaritanos e judeus, mas é interessante notar que Jesus mesmo não se alinhou com a atitude geral de seu povo de evitar o território samaritano nas viagens da Galiléia para Jerusalém (veja também Jo 4.4). A parábola do Bom Samaritano (Lc 10.25-37) é significativa porque mostra um samaritano num papel positivo (especialmente em contraste com as figuras dos religiosos judeus) e causa um "choque de valores", quando reverte as expectativas que seriam esperadas. Algo similar ocorre em Lucas 17.16, onde apenas o samaritano voltou para agradecer a Jesus, ao receber a cura da lepra.

O tratamento mais extensivo dado aos samaritanos no Novo Testamento ocorre em João 4.4-42 (há outra referência em João 8.48, mencionada anteriormente). A surpresa demonstrada pela mulher por Jesus ter-lhe pedido água (Jo 4.9) e a observação do evangelista de que "os judeus não se dão com os samaritanos" (lit., "não usam o mesmo vaso") são típicas das relações entre judeus e samaritanos na época. Assim, foi a pergunta da mulher sobre o local apropriado para a adoração (Jo 4.20) que formou a base para a identidade religiosa dos samaritanos (veja *Mulher Samaritana*). Eles são retratados positivamente no modo como responderam a Jesus (Jo 4.42); para o evangelista, isso serve de base para a abrangência do escopo da missão de Cristo. É surpreendente como os samaritanos são descritos positivamente nos evangelhos de Lucas e João, dada a avaliação negativa que os judeus faziam deles no primeiro século. Ambos deixaram claro que Jesus e sua mensagem não estavam presos a estereótipos culturais, religiosos ou étnicos. W.H.H.

SAMBALATE. Governador da Síria na época do Império Persa, quando os israelitas retornaram para Jerusalém, depois do exílio na Babilônia. Foi também o principal oponente de Neemias durante a reconstrução dos muros de Jerusalém (Ne 4). Sambalate e Tobias, o amonita, queriam demonstrar o poder que tinham, por isso escarneceram dos israelitas e predisseram abertamente a destruição e a derrota deles. Neemias não desistiu de seu objetivo nem de sua posição e encorajou o povo, ao lembrá-lo sobre o Deus grande e maravilhoso a que serviam (Ne 4.14). Refutou abertamente os ataques de Sambalate e continuou na liderança dos israelitas na reconstrução dos muros da cidade e da identidade nacional. Quando Sambalate viu que suas táticas não davam resultado, lançou um boato de que Neemias planejava ser rei (Ne 6). Novamente o homem de Deus refutou suas mentiras, e os muros foram reconstruídos em honra da fidelidade do Senhor para com seu povo. S.C.

SAMIR (Heb. "espinho"). Filho de Mica e neto do quarto filho de Coate, Uziel (1 Cr 24.24). Mencionado numa seção que trata da distribuição das tarefas dos levitas no Tabernáculo durante o reinado de Davi.

SAMLÁ. Mencionado na primeira lista dos reis edomitas, na época anterior à monarquia em Israel. Governou depois de Hadade e precedeu Saul, de Reobote. Samlá era de Masreca (Gn 36.36,37; 1 Cr 1.47,48).

SAMOTE. O harodita, um dos "trinta" guerreiros valentes de Davi (1 Cr 11.27). Veja *Samute*, o qual provavelmente é a mesma pessoa.

SAMUA (Heb. "ouvido" — verbo). **1.** Um dos doze espias enviados por Moisés do deserto de Parã para observar a terra de Canaã (Nm 13.4 — erroneamente traduzido como Samau em algumas versões).

Foi escolhido um homem de cada tribo e ele representou Rúben. A missão deles era obter o máximo de informações possíveis sobre a terra: o número de habitantes, a qualidade das fortificações das cidades, a fertilidade do solo (vv. 17-20) etc. Os doze cumpriram a missão, trouxeram um enorme cacho de uvas e enalteceram as virtudes da terra (v. 27). O relatório sobre os habitantes da região, entretanto, foi extremamente negativo: o povo era poderoso, alguns deles verdadeiros gigantes; as cidades eram bem fortificadas (vv. 28,29). Quando Calebe (apoiado por Josué) disse que a terra certamente seria conquistada, os outros dez espias ficaram horrorizados e o povo rejeitou a idéia, voltando-se contra Moisés e o Senhor (Nm 14.2,3). Deus enviou um castigo sobre os israelitas, por causa da falta de confiança e da rebelião, e prometeu que apenas Calebe e Josué, dentre toda aquela geração, sobreviveriam para entrar na terra de Canaã; assim começaram os 40 anos de peregrinação dos israelitas pelo deserto, quando todos os membros daquela geração, inclusive Samua, morreram (vv. 20-38).

2. Filho de Davi. Depois que o novo rei conquistou Jerusalém e mudou-se de Hebrom para lá, tomou muitas esposas e concubinas, as quais lhe deram diversos filhos. Um deles foi Samua (2 Sm 5.14; 1 Cr 3.5; 14.4). Sua mãe chamava-se Bate-Sua e era filha de Amiel.

3. Pai de Abda e filho de Galal, da tribo de Levi. Abda ajudou Neemias na reconstrução do Templo de Jerusalém depois do exílio na Babilônia (Ne 11.17).

4. Provavelmente é o mesmo personagem do item 3. Era o chefe da família de Bilga e ajudou no serviço do Templo na época de Neemias (Ne 12.18).

P.D.G.

SAMUEL

Filho de Elcana e Ana. Seu pai era descendente de Levi, embora não da linhagem sacerdotal de Arão (1 Cr 6.33,34). Sua mãe era estéril; ela orou ao Senhor e recebeu a promessa, por meio do sacerdote Eli, de que teria um filho. Alegre com a notícia, voltou para casa e fez um voto de dedicar a criança ao Senhor. Colocou nele o nome de Samuel ("o nome de Deus"), a fim de demonstrar sua esperança de que o filho carregaria o nome do Todo-poderoso. A tradução popular de 1 Samuel 1.20, "Tenho-o pedido ao Senhor", pode ser ampliada pela adição do significado do nome de Samuel: "Tenho pedido ao Senhor (um nome de Deus) para Ele". Realmente, Samuel estabeleceu o nome de Deus diante de seu povo, na maneira como lembrava a Israel sobre seus caminhos pecaminosos e a bondade do Todo-poderoso durante todas as crises nacionais e pessoais.

Samuel foi o elo de ligação entre a época de Moisés/Josué e a de Davi/Salomão. Depois da morte de Moisés, Israel teve a garantia de que o Senhor estava com eles por meio da revelação que passou a Josué (Js 3.7; 4.14; 6.27). Pouco antes de sua morte Josué exortou os líderes de Israel a permanecer fiéis ao Senhor (Js 23.1-11), porque ele próprio não lideraria o povo na busca de um estado de "descanso" devido à sua idade avançada (Js 13.1).

No período que se seguiu à morte de Josué, Israel rebelou-se contra o Senhor e muitas vezes experimentou o abandono divino. Moisés (Dt), Josué (Js 23 e 24) e os servos de Deus (Jz 2.1-5; 6.7-10) exortaram o povo a permanecer perto de Deus, mas eles preferiram fazer o que mais lhes agradava. O Senhor colocara a lealdade de Israel à prova (Jz 2.22—3.1), mas o povo falhou individualmente, como tribo e nação. O período dos juízes foi a época dos fracassos de Israel e da resposta de Deus ao clamor

SAMUEL

de seu povo. Os israelitas tinham alcançado um ponto extremamente baixo na história da redenção (veja *Juízes*).

Deus levantou Samuel nesse período de crise na história de Israel. Ele serviu ao povo como juiz, sacerdote e profeta. Como o último juíz (At 13.20) e o primeiro profeta (At 3.24), foi uma figura de transição entre o tempo dos Juízes e o dos Reis. Samuel foi o instrumento escolhido por Deus, cuja linhagem espiritual está ligada a Josué, Moisés e Abraão.

O sacerdote Samuel

Samuel começou seu serviço no Tabernáculo em Silo ainda muito jovem. Mesmo ao lado dos filhos de Eli, cujo comportamento obsceno era bem conhecido (1 Sm 2.12-17, 22-25), permaneceu firme em seu amor pelo Senhor. Numa noite, recebeu uma revelação especial de Deus concernente ao final da dinastia de Eli (1 Sm 3.11-14). Esse oráculo foi o início do seu ministério profético. Samuel fora separado como profeta em Israel e todos começaram a reconhecê-lo como homem de Deus (1 Sm 3.19-21).

A profecia a respeito do juízo de Deus sobre a família de Eli cumpriu-se durante uma campanha militar contra os filisteus. Os filhos deste sacerdote, Hofni e Finéias, levaram a Arca da Aliança para a frente de batalha (1 Sm 4). Ambos foram mortos e o objeto sagrado, capturado pelos inimigos. Ao ouvir sobre a morte dos filhos e o que acontecera à Arca, Eli caiu da cadeira onde estava sentado e morreu. A morte de Eli e de seus filhos e a vergonha pelo fato de a Arca da Aliança ter-se transformado em um troféu de guerra causaram o fim de Silo como centro religioso em Israel. A desolação do lugar chocou a nação e a reverberação do evento podia ser bem sentida até no século VI, quando Jeremias disse: "Ide agora ao meu lugar, que estava em Silo, onde, no princípio, fiz habitar o meu nome, e vede o que lhe fiz, por causa da maldade do meu povo Israel" (Jr 7.12).

Embora não fosse descendente de Arão, Samuel serviu como sacerdote após o término da dinastia de Eli. Este aspecto de sua vida, entretanto, foi obscurecido por sua liderança como profeta e juiz em Israel. As facetas múltiplas de seu ministério foram mostradas juntas na narrativa da assembléia de Mispa. Samuel convocou os israelitas e exortou-os ao arrependimento, orou por eles e ofereceu um sacrifício em seu favor (1 Sm 7), pelo que Deus os ajudou no ataque contra os filisteus. A vitória foi celebrada com a colocação de uma pedra memorial em Mispa (1 Sm 7.12), que se chamou "Ebenézer" ("pedra da ajuda").

Como Moisés, Samuel orou pelo povo (1 Sm 7.9; cf.12.17,19,23). No final de seu ministério público, fez uma revisão do passado de Israel, exortou os israelitas a aprender com a história e ameaçou-os com trovões e chuva de granizo (1 Sm 12). Ao ouvir suas declarações proféticas e ver a devastação causada pela tempestade, o povo pediu novamente a Samuel que orasse por eles. Ele concordou, mas advertiu-os sobre o juízo iminente de Deus: "Tão-somente temei ao Senhor, e servi-o fielmente de todo o vosso coração; considerai quão grandiosas coisas vos fez. Se, porém, perseverardes em fazer o mal, perecereis, assim vós como o vosso rei" (1 Sm 12.24,25).

O profeta/vidente Samuel

Samuel é considerado o primeiro profeta (At 3.24). O Senhor o chamou para ser mensageiro (1 Sm 3.1-14) e nessa condição ele recebeu o espírito de Moisés (Jr 15.1).

SAMUEL

Foi reconhecido como "servo" de Deus, por meio de quem o Senhor falou com seu povo individualmente (1 Sm 9.6) e como nação (1 Sm 7.2-4; 8.1-22). Seu ministério profético foi tão excelente que todas as tribos ouviram sobre o homem de Deus: "E todo o Israel, desde Dã até Berseba, conheceu que Samuel estava confirmado como profeta do Senhor" (1 Sm 3.20). Veja *Profetas e Profecia*.

O Juiz Samuel

Samuel foi um juiz fiel, o qual viveu a teocracia ideal, deu forma à vida política de Israel, unificou as tribos e obteve vitória contra os filisteus (1 Sm 7.13b-17). A função de juiz era política e religiosa. Como líder político, preservava a unidade das tribos e tratava das questões legais que estavam acima da esfera dos líderes locais. Como líder militar, "livrava" Israel dos inimigos. Durante o ministério de Samuel, o Senhor concedeu a Israel um período de descanso.

O centro de sua liderança foi seu local de nascimento, Ramá (1 Sm 7.17), de onde viajava e fazia um circuito por várias cidades. Pouco se sabe sobre sua vida doméstica, exceto que seus dois filhos (Joel e Abias) eram homens ímpios (1 Sm 8.1-3). O fracasso dos dois deu ocasião a que os líderes do povo decidissem por um novo rumo na vida de Israel. Em vez de depender de figuras carismáticas, como os juízes, determinaram que a nação estava pronta a seguir a liderança de uma dinastia real (1 Sm 8). O pedido foi recebido com relutância por Samuel, mas recebeu a aprovação de Deus.

O profeta submeteu-se à vontade de Deus, ciente de que o novo rumo seria perigoso para Israel. A providência divina trouxe Saul à vida de Samuel. Este jovem chegara a Ramá para perguntar ao profeta sobre o paradeiro das jumentas de seu pai. Apoiado por Deus, Samuel secretamente ungiu Saul como rei de Israel (1 Sm 9). O Senhor também colocou-o como figura central da nação, depois que foi escolhido numa assembléia pública em Mispa, onde o rei foi determinado por meio de sorteio (1 Sm 10). Deus selou a questão quando Saul demonstrou seu valor na batalha, ao ser bemsucedido na luta contra os filisteus. Sua ambição pessoal, entretanto, contrastava com o serviço abnegado prestado por Samuel e no final levou-o completamente para longe da vontade de Deus. O Senhor queria a obediência do rei, enquanto Saul tentava agradar a Deus com ofertas. Em certa ocasião, desafiou as instruções de Samuel de exterminar completamente os amalequitas, pois guardou parte dos rebanhos e poupou a vida do próprio rei. Esse incidente ocasionou uma ruptura entre os dois e resultou na rejeição de Saul como rei de Israel: "Tem o Senhor tanto prazer em holocaustos e sacrifícios, como em que se obedeça à sua palavra? Obedecer é melhor do que sacrificar, e atender melhor é do que a gordura de carneiros. Pois a rebelião é como o pecado de feitiçaria, e a obstinação é como a iniqüidade de idolatria. Porquanto rejeitaste a palavra do Senhor, ele também te rejeitou, para que não sejas rei" (1 Sm 15.22,23).

A remoção da família de Saul de uma dinastia permanente na liderança de Israel abriu a possibilidade para outro rei. Davi foi o homem escolhido por Deus. Tinha um coração voltado para o Senhor e era totalmente diferente de Saul, o qual, com sua estatura e aparência máscula, fazia uma impressionante figura de rei. A escolha de Davi, o pastor/músico, foi a confirmação do Senhor para Samuel, que, ao ter dúvidas sobre a monarquia em Israel e ao advertir previamente o povo sobre o governo autocrático do rei, foi encorajado pela escolha divina de um homem piedoso.

Samuel passou para o segundo plano, enquanto Saul lutava com Davi para ocupar a cena principal. O rei tinha ciúme do jovem Davi, cujos atos de heroísmo eram

SAMUEL

comentados por todo o povo. Saul fez todos os esforços para matar o ungido de Deus, na esperança de deixar o trono para Jônatas, seu filho. Samuel não teve o privilégio de viver o bastante para ver Davi subir ao trono. Morreu, foi sepultado e lamentado por toda a nação.

Samuel é novamente mencionado antes da morte de Saul. O rei, com medo da batalha contra os filisteus, tentou falar com o profeta por meio de uma médium de En-Dor. Esta foi usada pelo diabo, que lhe falou sobre a morte iminente de Saul. Dias depois ele morreu na batalha, juntamente com três de seus filhos (1 Sm 31.6).

Samuel foi um fiel servo do Senhor. Seu nome é mencionado no Novo Testamento entre os heróis da fé (Hb 11.32). Veja também *Aliança*.　　　W.A.VG.

SAMUEL (Heb. "ouvido por Deus").

1. Veja *Samuel*.

2. Filho de Amiúde, indicado pelo Senhor como o representante de Simeão. Após a conquista de Canaã, sua tarefa seria a de organizar a distribuição do território dado ao povo entre os vários clãs e famílias de sua tribo (Nm 34.20).

SAMUTE. Chamado de "o izraíta", era um dos comandantes do exército de Davi. Nessa condição, ficava de prontidão com seus homens no quinto mês de cada ano; tinha 24.000 soldados sob suas ordens (1 Cr 27.8). Possivelmente é o mesmo Samá de 2 Samuel 23.25 e o Samote na lista dos "trinta" guerreiros em 1 Crônicas 11.27.

SANGAR. Um dos vários "juízes" e libertadores de Israel, na época em que a anarquia reinava consideravelmente em Canaã e os povos vizinhos realizavam ataques regulares contra a terra. Sangar, filho de Anate, foi o sucessor de Eúde, que proporcionara um tempo relativamente longo de paz (Jz 3.30,31). Ele era famoso por ter matado 600 filisteus com uma aguilhada de bois. Aparentemente, as principais incursões deste povo aconteceram muito tempo depois, de maneira que o evento com Sangar foi um dos primeiros confrontos entre israelitas e filisteus. A anarquia daquele período é mencionada no Cântico de Débora: "Nos dias de Sangar, filho de Anate, nos dias

de Jael cessaram as caravanas; os viajantes tomavam caminhos tortuosos" (Jz 5.6).　　P.D.G.

SANGAR-NEBO. Um dos oficiais do rei Nabucodonosor, da Babilônia, que entraram em Jerusalém quando finalmente foi feita uma brecha no muro e os exércitos caldeus invadiram a cidade. Juntamente com seus companheiros, posicionou-se na Porta do Meio (Jr 39.3). Quando o rei Zedequias viu o que acontecia, tentou fugir, mas foi rapidamente capturado pelos invasores. (Veja também *Nergal-Sarezer.*)

SANSÃO. Recebe muita atenção no livro de Juízes, talvez porque seja o exemplo do tema do livro: "Naqueles dias não havia rei em Israel; cada um fazia o que parecia bem" (Jz 21.25). Sansão é bem lembrado por suas nobres façanhas, contaminadas pela falta de domínio próprio. Sua fúria, ao ser rejeitado no casamento, seus enigmas, sua vingança sobre os inimigos, ao amarrar tochas acesas nas caudas das raposas, e, é claro, seu fatídico casamento com Dalila ainda fascinam os leitores.

Para o escritor do livro de Juízes havia outros temas mais importantes para serem lembrados. De fato, Sansão quebrou o domínio opressor dos filisteus sobre os israelitas, o qual já perdurava por muito tempo na história de Israel. Seu sucesso, entretanto, foi esporádico e de curta duração. Como muitas figuras carismáticas, corria o risco constante de tornar-se volúvel, o que talvez seja o pecado que mais o assediou (Jz 16.20). De qualquer forma, o epitáfio de Juízes 16.30 é um tributo adequado para sua decisão ao morrer: "Foram mais os que matou na sua morte do que os que matara na sua vida". Mesmo na maneira como morreu, Deus foi o redentor final de Israel, a despeito dos fracassos de seus grandes heróis.

A introdução da extrema opressão dos filisteus e o significado do voto de nazireu de Sansão (veja Nm 6) ao Senhor são os principais tópicos do livro de Juízes. O escritor retrata Sansão como um tipo inferior a Samuel, o qual apareceria posteriormente.

Os filisteus eram inimigos mortais dos israelitas, mas foram usados por Deus para testar a dedicação de seu povo (Jz 3.1-3). Na época de Sansão, eles tinham conquistado grande parte do território de Israel e o Senhor usou seu servo para criar ainda mais conflito (Jz 14.4). Sansão, entretanto, experimentou um sucesso apenas parcial e logo foi induzido à imoralidade, seduzido por mulheres atraentes.

Sansão era um homem de temperamento colérico. Rompeu com a esposa (noiva), em Timna, durante a festa de casamento (Jz 14.20). A tentativa do pai da moça de oferecer-lhe a outra filha mais nova apenas o deixou ainda mais furioso (15.2) e o fez jurar que "ficaria quite", se amarrasse tochas acesas nas caudas de 300 raposas presas em pares. Seu próprio povo ficou exasperado com sua vingança e sua réplica, "assim como eles me fizeram a mim, eu lhes fiz a eles" (15.11), e achou que sua resposta não foi convincente.

A princípio parecia que nada aconteceria a Sansão — governou sobre Israel por vinte anos, até que caiu diante da beleza de Dalila (Jz 15.20), uma prostituta da cidade de Gaza. Ela usou seu poder de sedução para descobrir o meio de vencê-lo. O segredo de sua força foi descoberto: não consistia em ser amarrado com sete cordas de nervos ou outra coisa qualquer. Pelo contrário, quando seu cabelo foi cortado (o cabelo comprido identificava seu nazireado), sua força o abandonou e, assim, Sansão foi derrotado (16.6-20).

De acordo com a informação do anjo aos seus pais, Sansão seria nazireu, ou seja, "separado para Deus desde o nascimento". As instruções de Números 6 proibiam o consagrado de beber vinho ou qualquer outra bebida alcoólica, o corte do cabelo e a aproximação de um cadáver. É provável que seja uma mera conjectura que Sansão tenha bebido vinho em sua festa de casamento (Jz 14.10), mas as outras proibições certamente foram sistematicamente quebradas (veja 14.8; 16.19). Números 6 também faz a provisão para os que quebrassem o voto; possivelmente era isso que Sansão tinha em mente em sua oração de arrependimento em 16.28. O escritor registra que o cabelo de Sansão já estava grande, de tal maneira que poderia utilizar sua força para destruir os filisteus (16.22).

Sansão, como também Israel, testou a paciência do Senhor ao extremo. Eram seduzidos com grande facilidade. A graça de Deus, entretanto, foi evidente na maneira como pelo menos temporariamente o ciclo de derrotas nas mãos dos filisteus foi quebrado. s.v.

SANSERAI. Filho de Jeroão e líder de um clã na tribo de Benjamim. Viveu em Jerusalém e está listado na genealogia do rei Saul (1 Cr 8.26).

SAQUIAS. Listado na genealogia da tribo de Benjamim que leva ao rei Saul, era filho de Saaraim e de sua esposa Hodes. Nasceu em Moabe e foi chefe de uma família (1 Cr 8.10).

SARA/SARAI (Heb. "princesa"). O Novo Testamento vê Sara como um exemplo do triunfo do Senhor sobre a mortalidade

SARAFE

humana (Rm 4.19; Hb 11.11) e do respeito da esposa pelo marido (1 Pe 3.6), qualidade que tinha numa medida considerável: acompanhou o marido em seu desligamento da família para seguir o chamado de Deus a um lugar desconhecido (Gn 12.1-5) e ficou ao lado dele em sua fraqueza absurda diante de um suposto perigo (Gn 12.10-13; 20.2). Gênesis 16.5 encontra Sara "atirando em todas as direções", mas essa não é a atitude compreensível de uma esposa que descobre a amarga realidade de ter de dividir o marido com outra mulher? Não foi sua atitude em Gênesis 21.9,10, embora vingativa e ressentida, o outro lado de ter (finalmente) encontrado sua própria realização e dignidade? Sua risada em Gênesis 18.12 demonstrou um espírito cheio de dúvida, mas também riu com aberta alegria (Gn 21.6) quando o Senhor provou que para Ele nada era impossível (cf. Gn 18.14). Não é de estranhar que Abraão tenha chorado por essa mulher humana e amável (Gn 23.2). A experiência de Sara proporciona bom material para o estudo das dimensões espirituais da esterilidade e da fertilidade, as quais permanecem como Palavra de Deus, mesmo em nossa sociedade com sua medicina sofisticada (Gn 16.2; cf. 30.2; 18.10-14; 21.1,2; cf. 25.21; 29.31; 30.17, 22).   J.A.M.

SARAFE. Mencionado em 1 Crônicas 4.22, era líder na tribo de Judá. Junto com outros, está listado entre os oleiros que viviam em Moabe.

SARAI. Mencionado entre os descendentes de Binui. Na época do retorno do exílio na Babilônia, Secanias confessou a Esdras que muitos homens da tribo de Judá, inclusive descendentes dos sacerdotes, haviam-se casado com mulheres de outras tribos e de diversas nações. Esdras levou o povo ao arrependimento e ao pacto de servir ao Senhor (Ed 10.2). Sarai está listado como um dos que se divorciaram de tais esposas (Ed 10.40).

SARAR. Conhecido como "ararita", foi pai de Aião, contado entre os "trinta" guerreiros valentes de Davi e um homem "poderoso" na batalha (2 Sm 23.33). Seu nome é traduzido como "Sacar", em 1 Crônicas 11.35.

SAREZER (Ass. "proteja o rei").
1. Um dos filhos do rei Senaqueribe e príncipe da Assíria. Junto com seu irmão Adramaleque, assassinou o próprio pai em 681 a.C. e depois fugiu para a região de Arará (2 Rs 19.37; Is 37.38).
2. Devido a certos aspectos gramaticais, alguns estudiosos pensam que o nome deste outro personagem seja Betel-Sarezer. Foi contemporâneo do profeta Zacarias; liderou uma delegação enviada pelos moradores de Betel aos sacerdotes que estavam no Templo em Jerusalém. Eles desejavam saber se realmente precisavam jejuar no quinto mês de cada ano, como costumavam fazer na Babilônia. Originalmente, o objetivo do jejum era a lembrança da destruição de Jerusalém (Zc 7.2,3). O Senhor respondeu, por meio do profeta, que o jejum nunca fora dedicado a Ele; o que Deus queria de seu povo na verdade era misericórdia e justiça (vv. 9,10).   E.M.

SARGOM (Ass. "o rei legítimo"). Mencionado na Bíblia apenas em Isaías 20.1, Sargom foi rei da Assíria por volta de 722 a 705 a.C. Era filho de Tiglate-Pileser III e foi o sucessor do irmão Salmanezer no trono. Suas façanhas são bem conhecidas nas fontes extrabíblicas e proporcionam parte do pano de fundo para a profecia de Isaías sobre a destruição de Israel [reino do Norte]. Embora tenha sido Salmanezer V quem sitiou Samaria por três anos, a região finalmente foi conquistada em 721 a.C., quando Sargom já estava no trono. Registros assírios mencionam que 27.290 israelitas foram deportados da Samaria e estabelecidos em outras regiões, na Mesopotâmia.

Parte desta história é contada em 2 Reis 17, onde a Bíblia menciona que Oséias, rei de Israel, rebelou-se contra a Assíria, ao recusar-se a pagar o tributo, e buscou ajuda do rei Sô, do Egito (vv. 1-6). Oséias foi preso e, depois do demorado cerco, Samaria foi capturada (v. 6). No relato bíblico fica claro que Sargom foi usado por Deus para trazer juízo sobre Israel por causa do pecado, principalmente o da idolatria. Em quase todas as colinas próximas de Samaria havia pedras sagradas e imagens de Aserá, onde deuses pagãos eram adorados. Embora Israel tenha sido advertido quanto ao juízo de Deus por meio de profetas como Isaías, o povo continuou no pecado até que finalmente teve de prestar contas ao Todopoderoso (vv. 7-23). P.D.G.

SASAI. Mencionado entre os descendentes de Binui. Na época do retorno do exílio na Babilônia, Secanias confessou a Esdras que muitos homens da tribo de Judá, inclusive os descendentes dos sacerdotes, haviam se casado com mulheres de outras tribos e de diversas nações. Esdras levou o povo ao arrependimento e ao pacto de servir ao Senhor (Ed 10.2). Sasai está listado como um dos que se divorciaram de tais esposas (Ed 10.40)..

SASAQUE. Um dos filhos de Berias e líder na tribo de Benjamim. Vivia em Aijalom e teve onze filhos. Listado na genealogia de Benjamim que vai até o rei Saul (1 Cr 8.14, 25).

SATANÁS

O nome

Significado. O vocábulo "Satan" deriva do hebraico e significa "agir como um adversário". O verbo pode significar também "acusar". O substantivo é transliterado para o grego como "Satanás" e aparece cerca de 35 vezes no Novo Testamento. Às vezes a palavra é usada simplesmente para descrever um adversário humano. Por exemplo, no texto hebraico de 1 Samuel 29.4, os comandantes filisteus objetaram quanto ao fato de Davi estar entre eles e insistiram para que fosse mandado de volta ao seu povo: "Faze voltar a este homem, e torne ao seu lugar em que tu o puseste. Não desça conosco à batalha, para que não se nos torne na batalha em adversário (isto é, *satanás*)". Algumas vezes este termo é usado precedido de artigo e nesses casos indica "o Satanás", ou seja, o adversário pessoal de Deus e de seu povo. De fato, no Novo Testamento torna-se o título desse ser angelical caído, mas ainda assim poderoso. Ele é chamado especificamente de "vosso adversário" (1 Pe 5.8).

Outros nomes descritivos. Freqüentemente outros nomes ou descrições são aplicados a Satanás. Evidentemente era a "serpente" de Gênesis 3.1. Em Apocalipse 12.9 e 20.2, é novamente chamado de "a antiga serpente" e também de "dragão", "o diabo ou Satanás". O termo "diabo" (derivado de uma raiz que significa "acusar") é usado regularmente no Novo Testamento (aproximadamente 36 vezes); outros nomes ajudam a criar um quadro desse ser pessoal do mal. Em Apocalipse 9.11 ele é o "Abadom" ou, em grego, "Apoliom". Esse "destruidor" é "o anjo do abismo", a "estrela que caiu do céu" (v. 1). Termos descritivos como Apoliom ou "o anjo do abismo" num certo sentido referem-se mais à personificação da destruição e da morte do que a outro nome para Satanás. De qualquer maneira, em última análise tal "destruição" certamente emana dele próprio (v. 1, a estrela caída); portanto, frases, termos e nomes como esses contribuem para o nosso entendimento sobre tal ser. Descrições ainda mais surpreendentes referentes a Satanás incluem: "deus deste século" (2 Co 4.4); "príncipe dos

SATANÁS

demônios" (Mt 12.24); "príncipe das potestades do ar" (Ef 2.2); "poder deste mundo tenebroso" (Ef 6.12); "tentador" (Mt 4.3); "maligno" (Mt 13.19). Em 2 Coríntios 6.15 é chamado de "Belial" e em Mateus 12.24, de "Belzebu". Em João 8.44 Jesus o chamou de "homicida desde o princípio" e de "mentiroso e pai da mentira".

A descrição bíblica

Sua pessoa. A Bíblia descreve Satanás como um ser angelical que se rebelou contra Deus, o Criador. Surpreendentemente, pouca informação é dada sobre sua posição no céu e não há nenhuma explicação para sua disposição e desejos malignos. Uma passagem em Ezequiel 28.11-19 proporciona alguns antecedentes, embora o seu nome não seja mencionado. A passagem relaciona-se diretamente a uma profecia contra o rei de Tiro e por isso há argumentos de que nada tem que ver com Satanás. Parece provável, contudo, que as referências a um "querubim" e o fato de estar presente no "Éden, o jardim de Deus" signifiquem que o autor aplicava verdades sobre Satanás ao rei de Tiro ou descrevia o diabo, que nesta instância é representado pelo rei humano. Em qualquer caso é possível aprender algo sobre Satanás, direta ou indiretamente.

Ele era "o selo da perfeição" (Ez 28.12) e "perfeito em formosura", mas não deixava de ser uma criatura (v. 15). Vivia no "monte santo de Deus" e era "querubim da guarda ungido" pelo próprio Deus (v. 14). Finalmente, achou-se iniqüidade nele (v. 15), seu interior se encheu de violência e pecou (v. 16). Isso fez com que fosse expulso do "monte santo de Deus". Foi lançado sobre a Terra e tornado em cinza aos olhos de todos os que o contemplavam (vv. 16-18). Outras descrições de anjos desalojados do céu são encontradas em Judas 6 e 2 Pedro 2.4 (veja também Is 14.12-17, onde o rei da Babilônia é descrito em termos bem similares a esses usados por Ezequiel com relação ao rei de Tiro).

Seus propósitos. O propósito de Satanás é conquistar o controle para si, a fim de frustrar a vontade do Todo-poderoso e destruir a Igreja. Ele é tortuoso e enganador. Pensa, argumenta e formula estratégias cujo objetivo é a destruição do povo de Deus. É visto continuamente em guerra contra o Senhor, mas sempre no contexto de um ser criado e subordinado, para o qual Deus tem um destino determinado e inevitável. Embora não haja na Bíblia nenhum vestígio de dualismo entre o bem e o mal ou qualquer igualdade entre o maldade de Satanás e a bondade de Jesus Cristo, parte da sutileza do diabo é fazer imitações da verdade. Busca persuadir os que acreditam nele que tem poder e autoridade iguais aos de Jesus. Diferentemente de Cristo, o "Leão de Judá", Satanás apenas ruge como leão, "buscando a quem possa tragar" (1 Pe 5.8). Diferentemente de Jesus, que é "a luz do mundo", Satanás pode apenas fingir, transformando-se "em anjo de luz", a fim de enganar o povo de Deus (2 Co 11.14).

Existem vários incidentes descritos nas Escrituras em que suas tentativas de realizar seus propósitos são retratadas de forma vívida. No livro de Jó, o propósito de Satanás, como adversário do servo do Senhor, era desacreditá-lo diante de Deus (Jó 1 e 2). O Senhor, entretanto, conhecia o coração de Jó, sua integridade e confiança; permitiu que Satanás exercesse um relativo poder sobre ele durante algum tempo, para prová-lo e tentá-lo. As piores coisas que o diabo pôde lançar contra Jó falharam em fazê-lo negar a Deus. Outro incidente no qual Satanás tentou fazer com que um homem temente ao Senhor se desviasse é mencionado em 1 Crônicas 21.1. O diabo tentou o rei Davi, fazendo-o desobedecer à Lei de Deus e cometer o pecado de recensear o povo contra a vontade de Deus. Diferentemente de Jó, que permaneceu íntegro,

SATANÁS

Davi sucumbiu à tentação e imediatamente o juízo do Todo-poderoso caiu sobre ele, por causa de sua transgressão. Mesmo no julgamento, entretanto, houve provisão para o perdão e novamente ele foi restaurado a um relacionamento adequado com o Senhor, a despeito dos esforços de Satanás em contrário.

O papel de Satanás como acusador também é retratado em Zacarias 3. Ele acusou o sumo sacerdote Josué na presença de Deus, ao tentar desqualificá-lo para o serviço do Senhor (v. 1). Como membro do povo de Deus, os pecados de Josué foram perdoados (v. 4). O Senhor providenciou para que o ataque de Satanás não tivesse efeito e assumiu a responsabilidade de fazer com que Josué fosse vestido com vestes limpas e puras, como símbolo de sua justificação diante de Deus.

No Novo Testamento, o foco do ataque de Satanás é sobre Cristo e depois sobre sua Igreja. Começou quando Jesus foi tentado pelo diabo. Num episódio com muitas similaridades com a tentação de Israel na jornada para Canaã, depois da saída do Egito, Cristo foi levado para o deserto pelo Espírito de Deus. Ali foi testado pelo diabo. O objetivo principal de Satanás era fazer com que Jesus se desviasse de seu objetivo de ir à cruz, a fim de promover a salvação. Ao contrário dos israelitas, entretanto, o verdadeiro e perfeito Filho de Deus não pecou e em toda situação seguiu a vontade do Pai celestial em fiel obediência. As tentações estão listadas em Mateus 4.1-12 e nas passagens paralelas em Marcos 1 e Lucas 4. A obediência de Jesus era especificamente à Palavra de Deus, a qual citou contra Satanás.

A maneira como Satanás distorceu o significado e a aplicação das Escrituras durante a tentação de Jesus é parte integrante de seu trabalho, o qual Cristo enfatizou na parábola do semeador (Mc 4.15). As pessoas ouvem a Palavra de Deus, mas Satanás tenta roubá-la de dentro delas. Ciente de que "a fé vem pelo ouvir a palavra de Deus" (Rm 10.17), o diabo faz tremendos esforços para impedir as pessoas de ouvir e entender a mensagem de Cristo (2 Co 4.4).

Satanás também engana as pessoas, quando as faz pensar que ele é o soberano neste mundo; devido ao fato de que muitos acreditam nele e rejeitam o Senhor Deus, ele adquire um certo domínio no mundo. Portanto, seu objetivo no Novo Testamento relaciona-se especialmente em afastar as pessoas de Cristo e trazê-las de volta ao seu controle ou evitar que reconheçam a verdade de que Jesus é o Senhor dos senhores. Foi nisso que Cristo pensou, quando se referiu a Satanás como "o príncipe deste mundo" (Jo 12.31; 16.11). Em certo sentido, o extraordinário poder do diabo como príncipe ou dominador deste mundo foi visto claramente quando Jesus foi crucificado. Cristo reconheceu brevemente o poder do diabo em João 14.30; em última análise, ver a cruz como vitória de Satanás na verdade seria vê-la com olhos fechados por ele. Foi naquele momento, que aparentemente representava o maior triunfo do diabo, quando Cristo morreu na cruz, que o extraordinário poder de Deus, seu controle total sobre todas as coisas e sua fidelidade para com seu povo (o alvo dos ataques de Satanás) foram realmente vistos.

Seu poder. Apesar de ser essa a primeira impressão, a cruz não foi o lugar de demonstração do grande poder de Satanás. Pelo contrário, foi o local onde a limitação de seu poder foi vista claramente. Através de toda a Bíblia seu poder sempre é demonstrado como sujeito à vontade permissiva de Deus. No incidente com Jó, o Senhor estabeleceu limites bem específicos para o que era permitido a Satanás fazer. O mesmo aconteceu no incidente com o sumo sacerdote Josué. Essa limitação do poder de Satanás foi indicada pela primeira vez no julgamento do Senhor sobre ele, depois do pecado de Adão e Eva, no jardim do Éden. Ali Satanás foi condenado a uma exis-

585

SATANÁS

tência desesperada na qual falharia repetidamente em seus ataques contra o povo de Deus. A maldição do Senhor o advertiu de que, ao "ferir o calcanhar" do descendente da mulher, este iria "esmagar a cabeça" da serpente (Gn 3.15). Embora sem dúvida esse seja o conhecimento do povo de Deus através dos séculos, foi particularmente verdadeiro com relação a Jesus Cristo. Satanás o feriu na crucificação, mas exatamente naquele momento a maldição do Todo-poderoso se cumpriu: o preço pelo pecado foi pago, o povo de Deus foi redimido e o Senhor venceu a morte por meio da ressurreição de Jesus, as primícias daqueles que dormem (1 Co 15.20). Satanás foi ferido mortalmente.

Nem Satanás nem todas as suas forças são capazes de "nos separar (o povo de Deus) do amor de Cristo" (Rm 8.35). Em todas as coisas, Deus e o seu Cristo têm o poder final e completo. O diabo não é onisciente (não conhece todas as coisas) nem onipotente (não tem poder absoluto) e nem mesmo onipresente (não pode estar em todos os lugares ao mesmo tempo). De fato, ele mesmo reconheceu suas limitações em sua discussão com Deus sobre Jó, a quem reconheceu que o Senhor protegera (1.10).

Entretanto, o poder limitado de Satanás é extremamente perigoso para o povo de Deus. A respeito do diabo é dito que ele levou Ananias e Safira, membros da Igreja primitiva, ao pecado que causou a morte de ambos (At 5.3). Satanás foi capaz, pelo menos temporariamente, de impedir o trabalho de Paulo (1 Ts 2.18) e o apóstolo advertiu Timóteo sobre as pessoas nas igrejas que se desviaram para seguir o diabo (1 Tm 5.15).

A defesa do cristão

Em muitas ocasiões, o Novo Testamento alerta os cristãos a se defender contra Satanás. O fato de que durante a tentação no deserto, Jesus respondeu ao diabo três vezes com as palavras "está escrito..." (Mt 4.4,7,10) mostra o caminho diante de nós. Cristo usou as Escrituras (a Palavra de Deus) como principal defesa contra o diabo. Devemos dar ouvidos à Palavra de Deus, a Bíblia, tanto aos mandamentos como às promessas. Devemos viver pela fé no Todo-poderoso, cuja Palavra tem o poder de salvar. Devemos viver em obediência à Palavra, para termos a proteção do Senhor. A Palavra de Deus não é somente uma arma defensiva contra Satanás — é também ofensiva, pois é a "espada do Espírito" (Ef 6.17). A fé em Deus e em sua Palavra torna-se um escudo com o qual todas as flechas inflamadas do maligno podem ser apagadas (v. 16).

Os cristãos já viram uma prova do poder de Deus sobre Satanás quando suas próprias mentes ficaram livres da tirania dele e entenderam e creram na verdade (At 26.17,18). Também sabem que a vitória sobre o diabo, conquistada na cruz, será finalmente demonstrada ao mundo, na volta de Cristo após o Arrebatamento da Igreja, quando o golpe final na cabeça da serpente será testemunhado por toda a humanidade (Rm 16.20; Ap 20.10). Usar a Palavra de Deus desta maneira, como uma defesa prática contra o tentador e o acusador, exige obediência fiel e diária. A submissão ao Senhor é o outro lado da moeda que diz "resisti ao diabo" (Tg 4.7). Os passos práticos da obediência à Palavra de Deus, ou seja, na diligência, no cuidado para com as outras pessoas, sem jamais permitir que o sol se ponha sobre a ira etc., são meios que impedem o diabo de encontrar um "lugar" na vida do cristão (Ef 4.27,28). As tentações lançadas por ele devem ser vencidas a todo custo. A Bíblia não oferece nenhuma forma mística para tal atitude, mas sim conselhos simples e práticos, como, por exemplo, não se abster desnecessariamente de ter relações sexuais com o cônjuge, "para que Satanás não vos tente por causa da incontinência" (1 Co 7.5). Evidentemente tal defesa prática contra o diabo só é possível por causa da presença do Espírito Santo: "Porque maior é o que está em vós do que o que está no mundo" (1 Jo 4.4).

Em última análise, entretanto, a defesa do cristão é maravilhosamente gloriosa, pois é baseada na obra expiatória de Cristo na cruz. Por meio da fé em Jesus, o crente sabe que, se Satanás por um breve momento o leva ao pecado, por causa da morte de Cristo o castigo já foi pago e a justificação é uma realidade. O veredito de "não culpado" foi pronunciado por Deus com antecedência ("sendo, pois, justificados" Rm 5.1). A obra contínua de intercessão de Cristo em favor do crente o protege, sustenta e possibilita o perdão do Pai.

A destruição de Satanás

A Bíblia não somente mostra as limitações do poder de Satanás, mas também revela qual será o fim dele. O Senhor Deus prometeu um juízo pleno e definitivo para o diabo e todos os seus seguidores. Seu fim foi sugerido em Gênesis 3.15 e Ezequiel 28.19, mas tornou-se explícito no Novo Testamento com o advento de Jesus Cristo, em sua morte e ressurreição (Mt 25.41; Lc 10.18). O livro de Apocalipse, dirigido a uma igreja perseguida, que sofria sob o tormento de Satanás e seus seguidores, dá uma atenção especial à sua derrota final e o seu lançamento "no lago de fogo". Alguns acreditam que a vinda de Cristo será antecedida por uma grande atividade por parte de Satanás; entretanto, qualquer que seja a maneira que esses eventos finais da história se revelem, Apocalipse deixa absolutamente claro que sua influência, poder e controle serão destruídos completamente, de maneira que no novo céu e na nova terra não estarão mais presentes. Até mesmo a morte, que Satanás tem usado para criar medo e rebelião no mundo, não existirá mais. É difícil compreender a glória dessa expulsão final. Os crentes oram por isso há muito tempo (1 Co 16.22; Ap 6.10), mas será um dia que trará a maior glória a Deus, o Salvador, e trará grande paz e alegria a todos os crentes, pois "Deus enxugará de seus olhos toda lágrima. Não haverá mais morte, nem pranto, nem clamor, nem dor, pois já as primeiras coisas são passadas" (Ap 21.4; veja também Ap 20.7-14; 2 Ts 2.3-12; Ap 12.9-12; etc.).   P.D.G.

SAUL (Heb. "pedido").

1. Saul, filho de Quis e o primeiro rei de Israel, é uma das figuras mais enigmáticas da Bíblia. Sua história, registrada em 1 Samuel 9 a 31, fez com que alguns estudiosos levantassem questões sobre a justiça e a bondade de Deus e do seu porta-voz, o profeta Samuel. Além disso, muitos eruditos expressaram dúvidas quanto à coerência lógica e literária das narrativas em que a carreira dele é descrita. Tudo isso criou um desânimo geral para se descobrir a verdade sobre Saul, pois as narrativas, que não foram contadas coerentemente, dificilmente oferecerão uma autêntica base.

Estudos recentes, contudo, ajudam a resolver algumas dessas questões teológicas, literárias e históricas, conforme veremos a seguir.

Saul, cujo nome soa como "(aquele) pedido", é mencionado pela primeira vez em 1 Samuel 9.1,2, embora alguns comentaristas afirmem que detectaram sua presença velada bem antes disso. Desde que o verbo hebraico "pedir por" aparece repetidamente na história de Samuel (1 Sm 1), alguns eruditos supõem que a narrativa do nascimento deste profeta na verdade é uma reconstituição de um registro original da vida de Saul. Um hipótese mais provável, entretanto, é que o

SAUL

escritor bíblico talvez tenha enfatizado a raiz "pedir por" na narrativa do nascimento de Samuel simplesmente para prefigurar o papel significativo que mais tarde Saul desempenharia no livro e talvez para antecipar o fato de que Samuel, aquele que foi "pedido a Deus" por Ana, uma mulher íntegra (1 Sm 2.20, 27,28), estaria diretamente envolvido na ascensão e queda de Saul, o que foi "pedido" pelos líderes da nação pecadora de Israel (1 Sm 8.4-9; 10.17-19).

De qualquer maneira, a apresentação explícita de Saul encontra-se em 1 Samuel 9.1,2, onde é descrito como um belo exemplar de varão, alto e bonito. Embora freqüentemente se suponha que nesse momento de sua vida ele era apenas um "jovem tímido", a descrição de que "desde os ombros para cima sobressaía em altura a todo o povo" torna isso muito improvável. Também é bom notar que, apesar de ser positiva, essa primeira descrição de Saul focaliza exclusivamente as qualidades exteriores, em contraste, por exemplo, com a apresentação de Davi (1 Sm 16.18), que acrescenta às suas qualidades externas (boa aparência) o fato de que era "valente, sisudo em palavras" e, mais importante, que "o Senhor era com ele".

Coerentemente com as omissões em sua apresentação, logo fica claro que Saul, embora tivesse uma aparência física excelente, era carente das qualidades espirituais necessárias para ser um rei bem-sucedido em Israel. O primeiro indicador de sua falta de qualificação foi seu repetido fracasso em obedecer à palavra do Senhor transmitida por Samuel. Freqüentemente é observado que a função profética tornou-se mais específica com a instituição da monarquia em Israel. Quer dizer, de forma distinta da situação no livro de Juízes, quando Gideão, por exemplo, recebeu as instruções divinas e as cumpriu (Jz 6 a 8), com a monarquia houve uma divisão de responsabilidades, sendo as instruções

muitas vezes transmitidas ao rei por um profeta; o governante, então, em obediência ao profeta, cumpria a instrução. Sob tal arranjo, é claro, era extremamente importante que o rei obedecesse ao homem de Deus, para que o governo divino (isto é, a teocracia) fosse mantido. Isso, entretanto, conforme a Bíblia mostra, Saul fracassou em fazer.

Embora as ocasiões mais conhecidas da desobediência de Saul estejam em 1 Samuel 13 e 15, a primeira encontra-se em 1 Samuel 10. Quando Saul foi ungido por Samuel, três sinais foram dados como confirmação. De acordo com o texto, quando o último se cumprisse, Saul deveria "fazer o que a sua mão achasse para fazer" (de acordo com as palavras de Samuel em 1 Sm 10.7), depois do que (de acordo com a instrução adicional de Samuel em 1 Sm 10.8) deveria ir a Gilgal e aguardar novas ordens sobre a batalha contra os filisteus, que sua primeira ação certamente provocaria. Se Saul tivesse obedecido, teria demonstrado sua disposição para se submeter a uma "estrutura de autoridade teocrática" e confirmaria assim sua qualificação para ser rei. Também teria estado um passo mais próximo do trono, se seguisse o padrão dos três sinais: *designação* (por meio da unção), *demonstração* (por meio de um ato de heroísmo, isto é, "fazer o que sua mão achasse para fazer", 1 Sm 10.7) e finalmente a *confirmação* pelo povo e o profeta. Infelizmente, ao que parece Saul se desviou da responsabilidade de 1 Samuel 10.7 e, assim, precipitou o processo de sua ascensão. Embora sua vitória sobre os amonitas (1 Sm 11) fosse suficiente para satisfazer o povo e ocasionar a "renovação" de seu reinado (1 Sm 11.14), pelo tom do discurso de Samuel (1 Sm 12), é evidente que, pelo menos em sua mente, Saul ainda precisava passar por mais um teste.

Em 1 Samuel 13, Jônatas, e não Saul, fez o que o rei deveria ter feito, ao atacar a guarnição dos filisteus. Aparentemente, ao reconhecer que a tarefa de 1 Samuel 10.7 fora realizada, ainda que por Jônatas, Saul desceu imediatamente a Gilgal, de acordo com 1 Samuel 10.8, para esperar a chegada de Samuel. Como o profeta demorou muito, em sua ausência Saul tomou a iniciativa de oferecer os sacrifícios em preparação para a batalha, ao julgar que a situação militar não permitiria mais demora. Mal terminou de oficiar a holocausto, Samuel chegou. Depois de ouvir as justificativas de Saul, o profeta anunciou que o rei agira insensatamente, por isso seu reinado não duraria muito. Às vezes os comentaristas justificam ou pelo menos atenuam as ações de Saul e criticam a reação de Samuel como severa demais. Entretanto, à luz do significado da tarefa dada a Saul em 1 Samuel 10.7,8 como um teste para sua qualificação, tais interpretações são equivocadas. Na ocasião da primeira rejeição de Saul e também na segunda (1 Sm 15), suas ações específicas de desobediência eram apenas sintomas da incapacidade fundamental para se submeter aos requisitos necessários para um reinado teocrático. Resumindo, eram sintomas da falta de verdadeira fé em Deus (cf.1 Cr 10.13).

Depois de sua rejeição definitiva em 1 Samuel 15, Saul já não era mais o rei legítimo aos olhos de Deus (embora ainda permanecesse no trono por alguns anos) e o Senhor voltou sua atenção para outro personagem, ou seja, Davi. 1 Samuel 16 a 31 narra a desintegração emocional e psicológica de Saul, agravada pelo seu medo do filho de Jessé (1 Sm 18.29), pois pressentia que aquele era o escolhido de Deus para substituí-lo como rei (1 Sm 18.8; 20.31). Depois de falhar em diversas tentativas de ceifar a vida de Davi, Saul finalmente tirou a sua própria (1 Sm 31.4). O novo rei em todo o tempo foi dirigido para o trono de forma providencial, às vezes indiretamente.

Embora não seja possível entrar em mais detalhes num artigo como este, pode-se observar que as narrativas sobre Saul, quando interpretadas dentro das linhas sugeridas anteriormente, fazem um bom sentido literal e teológico; isso, por sua vez, abre a porta para uma avaliação mais positiva de sua veracidade histórica. P.L.

2. Um dos reis de Edom antes dos israelitas terem conquistado a região. Foi o sucessor de Samlá e era natural de "Reobote do rio". Baal-Hanã, filho de Acbor, foi rei em seu lugar (Gn 36.37,38; 1 Cr 1.48,49).

3. Sexto filho de Simeão, listado no grupo que desceu com Jacó para o Egito. Foi líder do clã dos saulitas (Gn 46.10; Êx 6.15; Nm 26.13; 1 Cr 4.24)..

4. Filho de Uzias, era descendente de Coate, da tribo de Levi (1 Cr 6.24).

SAULO. Veja *Paulo*.

SAUSA. Secretário na corte do rei Davi e um de seus principais oficiais (1 Cr 18.16). Provavelmente seu nome foi traduzido como Seraías, em 2 Samuel 8.17; Seva, em 2 Samuel 20.25; e Sisa, em 1 Reis 4.3. É possível que não fosse israelita, embora pareça ter servido muito bem a Davi, pois seus filhos também receberam a mesma função no reinado de Salomão. A lista dos oficiais em 1 Crônicas 18.16 indica o aumento dos assuntos administrativos na corte, à medida que a monarquia se estabilizava e tinha um maior contato com outros países.

SEAL. Mencionado entre os descendentes de Bani. Na época do retorno do exílio na Babilônia, Secanias confessou a Esdras que muitos homens da tribo de Judá, inclusive descendentes dos sacerdotes, haviam-se casado com mulheres de outras tribos e de diversas nações. Esdras levou o povo ao arrependimento e ao pacto de servir ao Senhor (Ed 10.2). Seal está listado como um dos que se divorciaram de tais esposas (Ed 10.29).

SEALTIEL (Heb. "escudo de Deus"). Pai de Zorobabel, líder do povo de Israel no

SEARIAS

regresso da Babilônia para Jerusalém depois do exílio. Era o filho mais velho de Jeoiaquim [Jeconias], rei de Judá (1 Cr 3.17; Ed 3.2, 8; 5.2; Ne 12.1; Ag 1.1,12,14; 2.2,23). Depois do exílio, Zorobabel tornou-se governador de Judá. Em 1 Crônicas 3.19 a Bíblia menciona que Pedaías, irmão de Sealtiel, era o pai de Zorobabel. É possível que essa diferença entre os relatos seja explicada por um casamento por levirato. Sealtiel é mencionado em ambas as genealogias do Novo Testamento que estabelecem a linhagem do Messias (Mt 1.12; Lc 3.27).

SEARIAS. 1. Quarto dos seis filhos de Azel, da tribo de Benjamim (1 Cr 8.38; 9.44). Era descendente do rei Saul.

2. Filho de Jeroão e líder de um clã da tribo de Benjamim. Vivia em Jerusalém e foi listado na genealogia do rei Saul (1 Cr 8.26).

SEAR-JASUBE (Heb. "um remanescente voltará"). Nome simbólico dado a um dos filhos de Isaías (Is 7.3). O Senhor ordenou que o profeta fosse ao encontro do rei Acaz, de Judá, e levasse Sear-Jasube junto; deveria entregar uma mensagem ao monarca, exortando-o a ter fé em Deus enquanto houvesse ameaça de uma coalizão entre os exércitos de Israel e da Síria. O Senhor lembrou a Acaz que, se confiasse nele, seria salvo. Essa coligação seria derrotada pela Assíria. O nome do menino, portanto, estava cheio de esperança, no meio de uma série de profecias negativas. Apesar do juízo ser inevitável, Deus garantia que um remanescente retornaria das terras distantes para onde o povo judeu seria mandado.

Essa primeira menção a um "remanescente" tornou-se um importante tema teológico no livro de Isaías. Começou no cap. 1.9, onde o profeta fala que, apesar de pelo menos "algum remanescente ser deixado, o juízo sobre o povo de Deus era inevitável por causa do pecado e da idolatria (Is 2.6-8). Esse juízo seria ex-

tensivo (Is 6.11-13), mas, ainda assim, onde quer que o povo tivesse fé no Senhor, seria salvo (Is 10.20-23; 11.11-16). A fé era o elemento-chave na definição do remanescente, como fica claro no incidente com Sear-Jasube. A mensagem de Isaías foi: "Se não o crerdes, certamente não ficareis firmes" (Is 7.9; veja 8.17). Se tivessem confiança, Deus permaneceria fiel ao seu povo e salvaria o remanescente.

Ao contemplar o tempo do rei Ezequias e do juízo do Senhor sobre o reino do Sul, Isaías revelou uma grande esperança para o futuro, em termos de um remanescente que sobreviveria (Is 37.4,31,32). Mais tarde, ao observar o tempo da invasão dos caldeus, o profeta pregou para "todo o restante da casa de Israel". O fato de que alguns sobreviveram depois de um juízo tão sério era uma indicação de que Deus os tinha sustentado e resgatado (Is. 46.3,4). Isaías, entretanto, ampliou o número dos remanescentes, ao incluir alguns gentios (Is 45.20) e, no final de sua profecia, olhou ainda mais adiante para a grande esperança escatológica segundo a qual outras nações seriam atraídas pelo poder de Deus (Is 66.19-21). Este foi o conceito que posteriormente o apóstolo Paulo desenvolveu (Rm 9 a 11). Os dias de Isaías já tinham terminado, mas muitas de suas profecias tiveram seu pleno cumprimento. Muitos israelitas não tinham demonstrado fé, mas alguns depositavam total confiança em Cristo. Esses, junto com os que tinham fé de outras nações revelaram dessa maneira a verdade da profecia do "remanescente". P.D.G.

SEBA 1. Descendente de Gade, mencionado em 1 Crônicas 5.13.

2. Benjamita da região montanhosa, rebelou-se contra o rei Davi e foi morto, quando Joabe sitiou a cidade onde estava escondido. Os moradores locais o decapitaram e jogaram sua cabeça por cima do muro (2 Sm 20.1-26) S.C.

590

SECANIAS

SEBÁ. Primeiro filho de Cuxe e descendente de Cão (Gn 10.7; 1 Cr 1.9), provavelmente foi o progenitor do povo conhecido como *sabeus*. A região conhecida como Sebá, mencionada no Salmo 72.10 e em Isaías 43.3, possivelmente pertencia aos seus descendentes, território esse estabelecido talve no sul da Arábia. Veja *sabeus*.

SEBANIAS. 1. Indicado para ser sacerdote, a fim de tocar trombeta diante da Arca da Aliança durante o reinado de Davi (1 Cr 15.24).

2. Neemias 9.4,5 menciona-o como um dos levitas que lideraram o povo na adoração depois que Esdras leu publicamente o livro da Lei. É provável que seja o mesmo Sebanias que assinou o pacto feito pelo povo de obedecer à Lei do Senhor e adorar somente a Deus (Ne 10.10).

3. Neemias 10.4 registra um outro Sebanias que também assinou o pacto.

4. Neemias 10.12 menciona ainda outro Sebanias que também assinou o pacto. s.c.

SÉBER. Filho de Calebe [irmão de Jerameel] e de sua concubina Maaca. Pertencia à tribo de Judá (1 Cr 2.48).

SEBNA. Era secretário do rei Ezequias na época em que Senaqueribe ameaçou os moradores de Jerusalém com o exílio ou a morte. Ele foi um dos três primeiros oficiais enviados para tentar negociar com o rei da Assíria e que depois foram enviados a Isaías. O profeta assegurou aos mensageiros do rei de Judá que Senaqueribe não derrotaria o exército judeu. De fato, posteriormente o governante assírio fugiu e acabou morto em seu próprio país (2 Rs 18 e 19). Sua morte ocorreu exatamente como fora predito por Isaías.

Isaías profetizou também contra Sebna, por ter cavado uma sepultura para si mesmo na rocha, num lugar alto, como se fosse um importante líder em Judá. Tal arrogância seria castigada por Deus; de fato, nunca foi sepultado no túmulo que cavou, mas morreu no exílio. O Senhor colocou Eliaquim em seu lugar como oficial da corte (Is 22.15-24). s.c.

SEBUEL. 1. Levita, descendente de Moisés, era o primogênito de Gérson; participou das tarefas do Tabernáculo e, posteriormente, no Templo (1 Cr 23.16; 24.20). Ele e seus familiares foram os encarregados dos tesouros do Templo nos dias do rei Davi (26.24).

2. Um dos filhos de Hemã, listado entre os separados para o ministério da profecia e música durante o reinado de Davi. Hemã era o vidente do rei. Sebuel e seus parentes receberam o 13º turno de serviço no santuário (1 Cr 25.4,20).

SECANIAS (Heb. "o Senhor habita").

1. Listado como um dos descendentes de Zorobabel, pertencente à linhagem do rei Davi (1 Cr 3.21-22).

2. 2 Crônicas 31.14,15 menciona-o como um dos sacerdotes que, durante o reinado de Ezequias, ajudaram Coré na distribuição das ofertas entre as cidades dos sacerdotes.

3. Esdras 8.3 menciona-o como um dos chefes de família que retornaram do exílio na Babilônia com Esdras durante o reinado de Artaxerxes.

4. Esdras 8.5 menciona outro Secanias, filho de Jaaziel, como chefe de uma família que retornou do exílio na Babilônia com Esdras durante o reinado de Artaxerxes.

5. Neemias 12.3 menciona-o como um sacerdote que retornou com Zorobabel do exílio na Babilônia.

6. Sacerdote que serviu no Templo durante o reinado de Davi. Era responsável pelo 10º turno de serviço (1 Cr 24.11).

7. Enquanto Esdras orava e confessava os pecados do povo, Secanias, filho

SEDEUR

de Jeiel, revelou seus próprios pecados e os de outros líderes israelitas que tinham-se casado com mulheres estrangeiras durante o exílio (Ed 10.1-4).

8. Neemias 3.29 menciona que Semaías, filho de Secanias, colaborou no trabalho de reconstrução dos muros de Jerusalém depois do retorno do exílio na Babilônia.

9. Sogro de Tobias, o amonita (Ne 6.18).   S.C.

SEDEUR (Heb. "o Todo-poderoso é fogo"). Pai de Elizur, líder da tribo de Rúben na época do censo dos israelitas, no deserto do Sinai. O grupo de Elizur compunha-se de 46.500 pessoas (Nm 1.5; 2.10). Como representante da tribo, ele levou as ofertas dos rubenitas na festa de dedicação do Tabernáculo (Nm 7.30, 35). Liderou seu grupo quando os israelitas finalmente partiram do deserto do Sinai (Nm 10.18).

SEERÁ. Filha de Efraim. "Edificou a Bete-Horom, a baixa e a alta, como também a Uzém-Seerá" (1 Cr 7.24).

SEFATIAS (Heb. "o Senhor tem julgado").

1. Quinto filho de Davi, nascido em Hebrom. Sua mãe foi Abital (2 Sm 3.4; 1 Cr 3.3).

2. Harufita, foi um dos bravos guerreiros da tribo de Benjamim que se uniu a Davi em Ziclague (1 Cr 12.5).

3. Filho de Maaca, foi oficial na tribo de Simeão durante o reinado de Davi (1 Cr 27.16).

4. Filho do rei Jeosafá, de Judá, e irmão de Jeorão, o qual, após subir ao trono, no lugar de seu pai, mandou matar todos os seus irmãos, inclusive Sefatias (2 Cr 21.2).

5. Jeremias 38.1-5 menciona-o como um dos conselheiros do rei; ele recomendou que o profeta fosse morto. Foi quem colocou Jeremias dentro de uma cisterna, onde ficou preso por algum tempo.

6. Descendente de Parós, listado como chefe de uma das famílias que retornaram do exílio para Jerusalém com Neemias (Ed 2.4; 8.8; Ne 7.9).

7. Descendente de um dos servos de Salomão, listado como membro de uma das famílias que retornaram do exílio na Babilônia para Jerusalém com Neemias (Ed 2.57; Ne 7.59).

8. Pai de Mesulão, o qual estava entre os primeiros membros da tribo de Benjamim que se restabeleceram em Jerusalém depois do exílio na Babilônia (1 Cr 9.8).

9. Descendente de Judá (Ne 11.3,4), está listado entre os que se estabeleceram em Jerusalém depois do exílio na Babilônia.   S.C.

SEFÔ. Filho de Sobal, descendente de Esaú. Foi líder de um dos clãs dos edomitas (Gn 36.23; 1 Cr 1.40).

SEFUFÃ (Heb. "serpente"). Filho de Bela, da tribo de Benjamim, listado na genealogia do rei Saul (1 Cr 8.5). Este vocábulo às vezes surge em outras listas em formas diferentes. Por exemplo, na relação dos filhos de Bela (Nm 26.39), seu nome aparece como Sufã, de onde deriva o clã dos sufamitas. Uma referência a esse grupo em 1 Crônicas 7.12 pode relacionar-se a essa mesma família (traduzido como Supim, na Versão Contemporânea).

SEGUBE. 1. Filho de Hiel, o betelita, e irmão de Abirão. Hiel foi o homem que reconstruiu Jericó durante o reinado de Acabe (1 Rs 16.34). O escritor do livro de Reis diz que ele lançou os alicerces e colocou os portões à custa da vida dos dois filhos. A morte deles fez cumprir a previsão de Josué de que quem tentasse reconstruir Jericó morreria junto com os filhos (Js 6.26).

2. Segube, filho de Hezrom; portanto, bisneto de Judá e líder em sua tribo (1 Cr 2.21,22).

SEGUNDO (Lat. "segundo"). Junto com Aristarco, Segundo era um cristão da igreja em Tessalônica que se uniu a Paulo em sua última jornada pela Grécia e finalmente de volta a Jerusalém. Ao que parece foi um dos representantes daquela igreja que levou os donativos coletados para os pobres em Jerusalém (At 20.4).

SELÁ. 1. Filho de Arfaxade; portanto, neto de Sem (Gn 10.24; 1 Cr 1.18, 24). Com 30 anos de idade tornou-se pai de Éber (Gn 11.12-15; 1 Cr 2.3; 4.21). Listado na genealogia apresentada por Lucas que vai de Jesus a Adão (Lc 3.35).

2. Nascido em Quezibe, era filho de Judá com uma mulher cananita. Depois que seu filho Er morreu, como castigo do Senhor por causa de seu pecado, Judá prometeu à viúva que ela se casaria com seu outro filho Selá, assim que ele tivesse idade suficiente. Judá, entretanto, não cumpriu sua promessa (Gn 38.5,11, 14,26). Para mais detalhes, veja *Tamar*. Posteriormente Selá é listado junto com o avô Jacó e outros membros da família no grupo que desceu para o Egito (Gn 46.12). Tornou-se líder do clã dos selanitas (Nm 26.20; Ne 11.5). P.D.G.

SELEDE. Filho de Nadabe, da tribo de Judá, na qual era líder. Não teve filhos (1 Cr 2.30).

SELEFE. Filho de Joctã, listado em Gênesis 10.26 e 1 Crônicas 1.20 como descendente de Sem. Seu nome foi dado a uma tribo árabe que possivelmente se estabeleceu na região onde hoje é o Iêmen.

SELEMIAS. (Heb. "o SENHOR restaurou").

1. Da tribo de Levi, era porteiro e recebeu a responsabilidade de guardar a porta oriental do Tabernáculo durante o reinado de Davi (1 Cr 26.14). É o mesmo Meselemias mencionado no v. 1.

2. Filho de Cusi e ancestral de Jeudi, leu o rolo de Jeremias diante do rei Jeoiaquim (Jr 36.14).

3. Filho de Abdeel, foi um dos três homens enviados para prender Baruque e Jeremias depois que o rolo escrito pelo profeta foi lido para o rei Jeoiaquim (Jr 36.26ss).

4. Filho de Hananias e pai de Jerias, capitão da guarda que prendeu Jeremias, por pensar que o profeta tencionava desertar (Jr 37.13).

5. Pai de Jucal, um dos líderes de Judá que, após ouvir as profecias de condenação de Jeremias, acharam que deviam matar o profeta (Jr 38.1).

6. Descendente de Binui, é mencionado como um dos judeus que se casaram com mulheres estrangeiras, depois do exílio, e foram obrigados a divorciar-se (Ed 10.39).

7. Descendente de Binui (Ed 10.41), tinha uma esposa estrangeira.

8. Pai de Hananias, colaborou na obra de reconstrução dos muros de Jerusalém, depois do exílio na Babilônia (Ne 3.30).

9. Nomeado por Neemias para distribuir as ofertas entre os levitas (Ne 13.13). S.C.

SELES. Filho de Helém, descendente de Aser; líder desta tribo (1 Cr 7.35).

SELOMI (Heb. "paz"). Pai de Aiúde, escolhido como líder da tribo de Aser, com a tarefa de distribuir a herança de seu povo na terra de Canaã entre os vários clãs (Nm 34.27).

SELOMITE (Heb. "paz").

1. Levítico 24.11 menciona-a como a mãe de um homem que blasfemou contra o Senhor e foi apedrejado por toda a congregação de Israel. Era filha de Dibri, da tribo de Dã.

2. Junto com seus parentes, foi encarregado de cuidar de todos os tesouros do reino, durante o governo de Davi (1 Cr 26.20-28).

3. Um dos filhos do rei Roboão e de sua esposa Maaca (2 Cr 11.20).

4. Filha de Zorobabel (1 Cr 3.19).

5. Listado como o primeiro filho de Izar, da tribo de Levi (1 Cr 23.18). Prova-

SELOMOTE

velmente é o mesmo Selomote de 1 Crônicas 24.22.

6. Listado como filho de Josifias e descendente de Bani. Foi chefe de uma família que retornou do exílio na Babilônia com Esdras (Ed 8.10). s.c.

SELOMOTE (Heb. "paz").
1. Filho de Simei, da tribo de Levi. Pertencia à família de Gérson. Serviu no Tabernáculo durante o reinado de Davi e era o chefe da casa de Ladã.
2. Levita da família dos izaritas; tinha um filho chamado Jaate (1 Cr 24.22).

SELUMIEL (Heb. "Deus é paz"). Filho de Zurisadai, foi o líder da tribo de Simeão durante o censo dos israelitas, no deserto do Sinai. Seu grupo compunhase de 59.300 pessoas (Nm 1.6; 2.12). Como representante da tribo, ele levou as ofertas dos simeonitas na festa de dedicação do Tabernáculo (Nm 7.36, 41), no 5º dia da festividade. Selumiel estava à frente de seu povo, quando os israelitas finalmente partiram do Sinai (Nm 10.19).

SEM. Filho mais velho de Noé (Gn 5.32; 6.10; 1 Cr 4.1, 17). Ele e sua esposa acompanharam o patriarca na arca durante o Dilúvio (7.13; 9.18). O principal incidente na vida dele registrado na Bíblia encontra-se em Gênesis 9.18-26. A despeito da destruição dos pecadores nas águas e do aparente começo de uma nova vida para Noé, o coração do ser humano continuava mau. O patriarca encontrava-se embriagado e despido em sua tenda. Cão, outro de seus filhos, provavelmente tirou algum proveito da situação, embora o texto não deixe claro qual foi exatamente o seu pecado. Quando ele saiu e contou aos dois irmãos, Sem e Jafé, eles entraram na tenda e, de costas, cobriram a nudez do pai com uma roupa, "de maneira que não viram a nudez do seu pai" (Gn 9.23).

Essa atitude fez com que Sem fosse abençoado pelo velho pai, enquanto Cão recebeu a maldição. Sem viveu em torno de 600 anos e tornou-se ancestral dos povos que falavam a língua semita (Gn 10.22-31), enquanto Cão tornou-se ancestral dos cananitas. Sem tornou-se também ancestral do povo de Deus e encabeça a genealogia que introduz Terá, o pai de Abraão (Gn 11.10-32). Mencionado na genealogia de Jesus, em Lucas 3.36. p.d.g.

SEMA (Heb. "ele tem ouvido").
1. Filho de Hebrom e líder na tribo de Judá. Foi pai de Raão (1 Cr 2.43,44).
2. Pai de Azaz, da tribo de Rúben. Seus familiares estabeleceram-se em Aroer. Durante o reinado de Saul, sua família foi responsável pela derrota dos hagarenos. Tomaram posse da terra a leste de Gileade porque eram prósperos e "o seu gado se tinha multiplicado na terra de Gileade" (1 Cr 5.8-10).
3. Mencionado em 1 Crônicas 8.13 como descendente de Benjamim e filho de Elpaal; era chefe das famílias que viviam em Aijalom e é creditado como o que expulsou os habitantes de Gate.
4. Levita, estava ao lado de Esdras, enquanto este lia o livro da Lei para o povo de Israel, de cima de um púlpito de madeira. Depois da leitura, os judeus adoraram e louvaram ao Senhor, confessaram seus pecados e renovaram o compromisso de servir a Deus (Ne 8.4).

SEMAÁ. Gibeatita, da tribo de Benjamim. Era pai de Aiezer e Joás. Seus dois filhos eram líderes entre os guerreiros que desertaram das tropas de Saul e uniram-se a Davi em Ziclague. Eram arqueiros ambidestros e peritos no uso da funda (1 Cr 12.3).

SEMAÍAS (Heb. "o Senhor ouve").
1. Listado como descendente de Simeão e um valente líder de seu clã (1 Cr 4.37).
2. Descendente de Joel, listado como um dos membros da tribo de Rúben (1 Cr 5.4).
3. Chefe de uma família da tribo de Levi, escolhida por Davi para levar a Arca da Aliança para Jerusalém (1 Cr 15.8,11).

SEMAÍAS

4. Filho primogênito de Obede-Edom, da tribo de Levi, foi pai de homens valentes e extremamente diligentes no trabalho (1 Cr 26.4-7).

5. Profeta que exerceu seu ministério durante o reinado de Roboão (1 Rs 12.22; 2 Cr 11.2). Advertiu o rei para não atacar Jeroboão, o qual iniciara seu governo sobre as dez tribos do Norte. Por meio de Semaías, Deus lembrou ao rei e a todo o povo de Judá que aquela divisão era obra dele (1 Rs 12.24). Eles obedeceram à palavra do Senhor e não houve guerra entre os dois reinos. 2 Crônicas 12.5 registra que Semaías foi à presença de Roboão e disse que ele, por ter abandonado a Deus, seria desprezado e entregue, juntamente com seu povo, nas mãos de Sisaque, faraó do Egito. Diante disso, os líderes se arrependeram e o Senhor suspendeu o juízo sobre Jerusalém. Ainda assim, Judá tornou-se vassalo do Egito e os tesouros do Templo foram saqueados por Sisaque (vv. 9-11). O v.15 diz que o profeta também foi cronista dos fatos registrados no reinado de Roboão.

6. Um dos nove mestres enviados pelo rei Jeosafá para ensinar a Lei nas cidades de Judá (2 Cr 17.8).

7. Da família de Jedutum, foi um dos 14 levitas que participaram da purificação do Templo durante o avivamento ocorrido no reinado de Ezequias, de Judá (2 Cr 29.14).

8. Membro de uma comissão de sacerdotes e levitas que distribuíram os dízimos e as ofertas entre as famílias dos sacerdotes, no reinado de Ezequias (2 Cr 31.14-18).

9. Um dos seis filhos de Secanias, mencionado numa lista de descendentes do rei Davi que viveram depois do exílio na Babilônia (1 Cr 3.21,22).

10. Pai de Urias (Jr 26.20), o que profetizou contra Jerusalém nos dias do rei Jeoiaquim.

11. Neelamita, profetizou falsamente durante o exílio na Babilônia. Falou contra Jeremias, o qual dissera que o cas-tigo duraria 70 anos. O profeta então respondeu que Semaías e sua família não voltariam para Judá, pois morreriam no exílio (Jr 29.24-27).

12. Filho de Delaías, era um oficial da corte do rei Jeoiaquim que ouviu a leitura da profecia de Jeremias feita por Baruque. Mais tarde presenciou a queima do rolo que continha aquela mensagem (Jr 36.12).

13. Filho de Hassube, listado como levita residente em Jerusalém, depois do exílio na Babilônia (1 Cr 9.14; Ne 11.15).

14. Filho de Gala, também é listado como levita que retornou para Jerusalém depois do exílio na Babilônia (1 Cr 9.16; chamado de Samua em Ne 11.17). Era pai de Obadias.

15. Um dos líderes da tribo de Levi, ajudou a providenciar 5.000 cordeiros e 500 novilhos para os sacrifícios da Páscoa, no reinado de Josias (2 Cr 35.9).

16. Listado como um dos judeus que retornaram do exílio na Babilônia com Esdras. Era descendente de Adonicão (Ed 8.13).

17. Descendente de Harim, listado como um dos sacerdotes que se casaram com mulheres estrangeiras depois do exílio na Babilônia. Por orientação de Esdras, decidiu divorciar-se (Ed 10.21).

18. Outro judeu listado como um dos que se casaram com mulheres estrangeiras depois do exílio na Babilônia (Ed 10.31).

19. Filho de Secanias, listado como um dos colaboradores na obra de reconstrução dos muros de Jerusalém depois do exílio na Babilônia (Ne 3.29).

20. Filho de Delaías, foi contratado por Sambalate e Tobias para amedrontar Neemias, na esperança de interromper a reconstrução dos muros de Jerusalém (Ne 6.10).

21. Membro de uma família de sacerdotes. Assinou o pacto de um novo compromisso feito com o Senhor pelos que retornaram do exílio na Babilônia (Ne 10.8; 12.6,18).

SEMAQUIAS

22. Levita, participou da música na celebração realizada durante a dedicação dos muros de Jerusalém, quando as obras foram concluídas (Ne 12.34). É possível que seja o mesmo relacionado no item 21.

23. Avô de Zacarias, listado como um dos que colaboraram com a música na celebração realizada na dedicação dos muros de Jerusalém (Ne 12.35).

24. Listado como um dos músicos que participaram da celebração realizada quando as obras de reconstrução dos muros de Jerusalém foram concluídas. Esdras liderou a festividade (Ne 12.36).

25. Levita, músico, esteve ao lado de Neemias no Templo durante a festa de dedicação dos muros de Jerusalém (Ne12.42). Talvez seja um dos relacionados nos itens 22, 23 ou 24 acima.   S.C.

SEMAQUIAS (Heb. "o Senhor sustenta"). Parente de Semaías, dos descendentes de Coré. Semaquias está listado entre os porteiros do Tabernáculo no tempo do rei Davi (1 Cr 26.7).

SEMARIAS (Heb. "o Senhor tem preservado").

1. Guerreiro da tribo de Benjamim que se uniu a Davi em Ziclague (1 Cr 12.5).

2. Um dos três filhos do rei Roboão e de Maalate (2 Cr 11.18,19).

3. Filho de Harim, listado como um dos judeus que se casaram com mulheres estrangeiras depois do exílio na Babilônia. Posteriormente se divorciou, por orientação de Esdras (Ed 10.32).

4. Filho de Binui, também está listado como um dos israelitas que se casaram com mulheres estrangeiras (Ed 10.41).   S.C.

SEMEBER. Um dos cinco governantes das cidades localizadas no vale do rio Jordão, quando Abraão habitava "nos carvalhais de Manre" (Gn 13.18). Era rei de Zeboim (Gn 14.2). Depois que foram derrotados por uma confederação de monarcas da Mesopotâmia, os territórios desses reis foram subjugados durante 13

anos, até que finalmente se rebelaram (v. 8). A rebelião foi sufocada pelos quatro reis mesopotâmios, liderados por Quedorlaomer. Para mais detalhes, veja *Anrafel.*

Com a derrota deles, os habitantes de Sodoma e Gomorra foram levados cativos (v. 11), juntamente com todas as suas posses. Ló, sobrinho de Abraão, também foi capturado (morava em Sodoma) e isso fez com que Abraão entrasse no conflito. Perseguiu Quedorlaomer na direção do norte, derrotou-o em batalha e resgatou Ló e todos os bens que foram saqueados.

P.D.G.

SEMEDE. Um dos filhos de Elpaal e líder na tribo de Benjamim. Vivia em Aijalom e ajudou a construir as cidades de Ono e Lode (1 Cr 8.12).

SEMEI. Mencionado na genealogia apresentada pelo evangelho de Lucas que vai de Jesus e José até Adão (Lc 3.26). Era pai de Matatias e filho de José.

SEMER (Heb. "vigia").

1. Filho de Mali, do clã dos meraritas, da tribo de Levi; foi pai de Bani. Um dos seus descendentes, Etã, serviu como músico no Templo nos dias do rei Davi (1 Cr 6.46).

2. Proprietário da colina onde Onri construiu a cidade de Samaria. Este rei comprou o local por dois talentos de prata e chamou-o pelo nome de Semer. Em hebraico, significa "pertencente a Semer" (1 Rs 16.24).

SEMIDA. Um dos chefes da tribo de Manassés, descendente de Gileade; tornou-se líder do clã dos semidaítas (Nm 26.32). Josué 17.2,3 descreve como seu grupo recebeu sua porção na terra de Canaã. Seus filhos são listados em 1 Crônicas 7.19.

SEMIRAMOTE. 1. Após a Arca da Aliança ser levada para Jerusalém, o culto a

Deus foi devidamente organizado pelo rei Davi. Nomeado um dos músicos, Semiramote tocava lira e harpa diante da Arca. Fazia parte do grupo de levitas que serviam como porteiros no Tabernáculo (1 Cr 15.18,20; 16.15).

2. Da tribo de Levi, viveu nos dias do rei Jeosafá, de Judá. Nos primeiros anos de seu reinado, este monarca serviu fielmente ao Senhor e enviou vários mestres e levitas às cidades de Judá para ensinar ao povo sobre a Lei de Deus. Semiramote foi um desses ensinadores (2 Cr 17.8).

SENAQUERIBE. Reinou sobre a Assíria e Babilônia de 705 a 681 a.C., quando experimentou grande poder e sucesso como líder desses impérios. Invadiu Judá em 701 a.C. Quando Ezequias, de Judá, recusou-se a pagar os tributos devidos, Senaqueribe ameaçou atacar Jerusalém.

O rei então enviou três oficiais para conversar com ele, mas era arrogante e não quis recebê-los. Os mesmos homens procuraram a orientação do profeta Isaías, o qual encorajou Ezequias a não se render, mas confiar no Senhor. Os israelitas esperaram e a palavra de Deus se cumpriu. O exército egípcio ameaçou Senaqueribe pelo sul e um anjo enviado por Deus semeou a morte no meio das tropas assírias. Ele voltou para seu país e ali foi morto pelos próprios filhos (2 Rs 18 e 19; 2 Cr 32; Is 36 e 37). S.C.

SENAZAR ("Sin protege" — deus da lua). Listado entre os descendentes do rei Jeoiaquim; portanto, fazia parte da linhagem real de Davi. Aparentemente, foi um dos que retornaram do exílio na Babilônia (1 Cr 3.18); É também chamado pelo nome de Sesbazar (Ed 1.8; 5.14).

Senhor E Senhor

Os nomes e o Nome

O Antigo Testamento usa dois substantivos para "Deus": um expressa "o Deus único e transcendente" (Heb. "El": Is 40.18) e o outro "Deus na plenitude dos seus atributos divinos" (Heb. "Elohim"). De qualquer maneira, contudo, "Deus é um nome genérico para definir um certo Ser", assim como o termo "homem" (Heb. Adam, Ish). O vocábulo "Senhor" tem dois significados: traduz o hebraico "Adonai", que significa "soberano" (Is 6.1; cf. v. 5), e descreve uma certa qualidade do Ser divino, ou seja, Ele reina e governa como um "diretor executivo", absoluto em sua supremacia sobre as pessoas e os eventos. Por outro lado, Senhor (em algumas versões com letras maiúsculas — Senhor) traduz o nome próprio *Yahweh*. É como se Deus fosse seu sobrenome. Senhor representa sua posição ou *status* na ordem das coisas e "Yahweh" é seu nome pessoal ou próprio. À medida que o relacionamento entre o grande Deus e o seu povo desenvolvia-se, Ele esperava ser reconhecido como Yahweh.

Yahweh e Senhor

Mesmo no próprio texto do Antigo Testamento, claramente percebemos as hesitações quanto ao uso do nome divino. No Salmo 14.2 aparece o termo "o Senhor" e no 53.2 utiliza-se o nome "Deus"! Geralmente isso é entendido como uma tendência dos escribas de evitar o uso do vocábulo "Yahweh", considerado muito sagrado. Entre os testamentos, quando o judaísmo cresceu, esse processo se fortaleceu; quando os sinais massoréticos (sinais de vocalização) foram acrescentados aos textos hebraicos (século V d.C. em diante), tornou-se impossível, mesmo por acidente, pronunciar

Senhor E SENHOR

esse nome, pois as consoantes YHWH receberam as vogais apropriadas para serem pronunciar-se "Adonai". Desta maneira, os leitores nas sinagogas, por exemplo, quando chegavam ao nome de Deus, na verdade substituíam o termo por "Senhor"; os tradutores da Bíblia em geral seguiram esta prática e distinguiram Yahweh (SENHOR) de Adonai (Senhor). Para acrescentar mais um elemento nesta questão complicada, se tentarmos pronunciar as consoantes YHWH com as vogais da palavra Adonai (em hebraico), surgirá algo semelhante a "Jeová" — um termo que na verdade nunca existiu!

Nomes compostos

Yahweh ("SENHOR") é largamente utilizado em combinações com os nomes de Deus e outros termos divinos. Em Gênesis 2.4 a 3.23 encontramos "o SENHOR Deus" 20 vezes. "Deus" aqui é o plural "Elohim", ou seja, Deus na plenitude de seus atributos eternos. Desta maneira, a composição significa "Yahweh em toda sua plenitude como Deus". Isaías 50.4,5,7,9 e muitas outras referências falam sobre "o Senhor Deus", que no hebraico é "Adonai Yahweh" e quer dizer Yahweh em sua soberania. O salmo 50.1 tem uma composição tripla: "O Senhor Deus Todo-poderoso", "El Elohim Yahweh", e significa *Yahweh*, o único Deus transcendente e pleno de divindade. A composição tripla em Isaías 1.24: "O Senhor, o SENHOR dos Exércitos, o Poderoso", às vezes simplesmente usada como "o SENHOR dos Exércitos", é abundante em todo o Antigo Testamento. É bem provável que "dos exércitos" tenha um significado de substantivo usado como aposto junto com *Yahweh*, "Yahweh, que é Exército". Certamente este é o seu significado conforme aparece nos profetas: *Yahweh*, que não simplesmente possui, mas Ele próprio é a fonte de todo poder concebível. Embora a maioria das versões traduza como "SENHOR Poderoso", a expressão "o SENHOR Onipotente", levemente mais enfática, seria preferível.

Desenhando o mapa

Emergindo das páginas da Bíblia, percebemos um padrão distinto concernente ao nome divino.

As bases

Êxodo 6.2,3 é uma linha divisória do nosso mapa. Neste ponto, Deus disse a Moisés: "Mas pelo meu nome, o SENHOR, não lhes fui conhecido". O livro de Gênesis está repleto de referências ao "SENHOR", e alguns tentam resolver o problema propondo que existem duas correntes diferentes de tradições em nossas Bíblias: de acordo com uma delas, o nome divino era conhecido desde os tempos remotos (Gn 4.26); de acordo com a outra corrente, o nome só foi revelado nos dias de Moisés. A solução, entretanto, é mais simples e nasce a partir de uma leitura mais cuidadosa de Gênesis. Em Êxodo 6.2,3 a ênfase é a revelação do caráter de Deus. "Apareci (me revelei) a Abraão...como (no caráter de) o Deus Todo-poderoso (El Shaddai), mas (no caráter expresso) pelo meu nome, o SENHOR (Yahweh), não lhes fui conhecido...". Isto é precisamente o que encontramos em Gênesis: o Nome é conhecido como uma designação de Deus, mas onde quer que haja uma revelação do caráter divino existe uma substituição de Yahweh por El Shaddai ou algum dos outros títulos patriarcais (veja a seguir). Gênesis 17.1 é um exemplo desses: "Apareceu-lhe o SENHOR e lhe disse: Eu sou o Deus Todo-poderoso (El Shaddai)".

Moisés, então, teve o privilégio de apresentar o significado do nome divino, *Yahweh*, para Israel, e o fundamento foi estabelecido em Êxodo 3.13-15. Ele era um homem cheio de escusas. Não desejava retornar ao Egito e tentou esquivar-se de todas as maneiras. Sua segunda desculpa foi a ignorância. Visualizou que, quando chegasse ao Egito, seria confrontado com a pergunta: "Qual é o nome do Deus que enviou você?" O próprio Moisés não perguntou "ao Deus dos pais" qual era seu nome, mas sabia que de alguma maneira os hebreus lhe fariam esta pergunta. Será que a interrogação: "Qual é o seu nome?" poderia significar: "Que revelação você traz do nosso Deus?". O nome de uma pessoa na Bíblia muitas vezes é uma expressão de seu caráter (1 Sm 25.25!). Porventura, Moisés sabia que os hebreus guardavam um nome secreto para seu Deus, o qual eles precisavam conhecer, se desejassem ser ouvidos? Sua escusa é tão fascinante quanto misteriosa; mas, de qualquer maneira, é uma súplica por informação, à qual Deus respondeu: "EU SOU O QUE SOU. Disse mais: Assim dirás aos filhos de Israel: EU SOU me enviou a vós". "Eu sou" é a primeira pessoa do verbo "ser" e "Yahweh" é a terceira do singular. Deus refere-se a si mesmo como "Eu Sou"; nós olhamos para Ele e dizemos: "Ele é". Alguns eruditos entendem o verbo aqui como a forma "causativa" no hebraico: "Eu faço acontecer/Ele faz acontecer" e, como veremos, isso deve estar correto e não altera o sentido básico do nome. No hebraico, o verbo "ser", embora expresse também existência (Eu sou/Eu existo), com mais freqüência expressa uma presença ativa: Eu sou/Eu estou ativamente presente. Em si mesma, essa idéia não nos diz muito sobre o possuidor do nome, mas em Êxodo a idéia está ligada primeiro à revelação de Deus a Moisés (Êx 3 e 4) e depois à atividade pessoal do Senhor, que conduz seu povo para fora do Egito (Êx 5 a 12). É por meio desta "presença ativa" nos eventos do Êxodo que o Senhor revela quem e o que Ele é. Por esta razão, mesmo que a expressão signifique "Eu faço acontecer", a situação essencial não é alterada, pois ainda são eventos do Êxodo imediatamente "ocasionados", nos quais a revelação de Deus dada a Moisés em palavras claras é confirmada na ação. Numa palavra, portanto, *Yahweh* é o Redentor (Êx 6.6,7).

Antecedentes: o Deus de Abraão, Isaque e Jacó

Abraão, Isaque e Jacó certamente chamaram Deus de "El", e adicionaram outra palavra descritiva para formar um nome composto. Assim, aprendemos sobre "El Elyon" ("Deus Altíssimo": Gn 14.18); "El Roi" ("o Deus que me vê": Gn 16.13); "El Shaddai"("Deus Todo-poderoso": Gn 17.1; 28.3; 35.11; 43.14; 48.3; cf. 49.25); "El Olam" ("o Deus Eterno": Gn 21.33); "El Betel" ("o Deus de Betel": Gn 31.13); e "El, Elohe Israel" ("Deus, o Deus de Israel: Gn 33.20). Esses, porém, não são "muitos deuses e muitos senhores". O Deus que se revelou em Betel, por exemplo, anunciou a si mesmo como *Yahweh*, o Deus dos antepassados (Gn 28.13), chamado de *Yahweh* (v. 16) e *Elohim* (vv. 17,20) e, em Gênesis 48.3, identificado como "El Shaddai". Existem muitas outras identificações cruzadas semelhantes.

Fundamentalmente, os patriarcas receberam o conhecimento de Deus por meio da revelação. Às vezes era por meio de uma palavra direta do Senhor (Gn 16.13; 17.1; 31.13); em outras ocasiões, o conhecimento de Deus era adquirido por meio da experiência: quando Abraão se encontrou com Melquisedeque, imediatamente reconheceu o "Deus Altíssimo" como *Yahweh* (Gn 14.22); ou quando Abraão foi chamado por Abimeleque, rei de Gerar, para estabelecer uma aliança perpétua com ele, parece que a experiência abriu os olhos do patriarca para a natureza imutável de seu Deus (Gn 21.22,23,31,33). O texto de Êxodo 6.2, entretanto, certamente está certo em destacar

Senhor E Senhor

El Shaddai como a revelação preeminente de *Yahweh* para os patriarcas. Infelizmente o significado de "Shaddai" permanece incerto; entretanto, onde as traduções falham, o uso prático proporciona tudo o que precisamos (veja *Abraão*). As referências dadas acima revelam *El Shaddai* como o Deus que faz as promessas (especialmente a concessão de terra e descendentes, centrais na aliança patriarcal), o Deus que intervém nas situações onde as forças humanas estão exauridas (cf. Gn 17.1 — "Abraão tinha noventa e nove anos de idade") e age com poder e um propósito transformador (Gn 17.5 — não mais... Abrão, mas Abraão"). É o Deus que é capaz, quando nós somos incapazes. Era desta maneira que os patriarcas conheciam *Yahweh*. O nome divino não tinha ainda, em si mesmo, nenhum significado para eles. Porventura houve uma preparação mais adequada da revelação vindoura do que esta rica teologia em torno de *El Shaddai?*

Revelação posterior

A seção acima, intitulada "Antecedentes", explorou os fundamentos mosaicos apenas para afirmar que no Êxodo, por meio de palavras e obras, *Yahweh* revelou-se como o Redentor. Agora, avançaremos sobre esta base.

O título "Redentor" (Êx 6.6) é extremamente importante e estava destinado a tornar-se o elemento principal no conhecimento que Israel tinha do Senhor (Sl 74.2; 106.10; 107.2; Is 41.14; 43.14; 44.6; 47.4; 49;7, 26; 54.5,8; 59.20; 63.16; etc.). Basicamente, a palavra tem o sentido de relacionamento e de pagamento de um preço. O "remidor" (heb. *go"el*) era o parente mais próximo que tinha o direito de se levantar em favor de um parente desamparado, assumia todas as suas necessidades sobre si, como se fossem dele próprio, e pagava, dos seus próprios recursos, qualquer despesa que fosse requerida pela situação. O vigor e o dinamismo deste termo são ilustrados pelo seu uso da expressão "vingador do sangue" (Dt 19.6,12; etc.); sua dimensão de pagar um preço é vista em Levítico 25.25; 27.13,19,31; Sl 49.7,8; Is 43.1,3; etc.; sua generosidade é vista na história de Boaz e Rute (Rt 2.20; 3.9,12, 13; 4.1,3,4,6,8,14). No livro de Êxodo, o Parente próximo divino infligiu aos inimigos de seu povo a morte que causaram injustamente (cf. Dt 19.16-19), apontou o preço de sangue da redenção deles (Êx 12.3), identificou-se com suas necessidades (Êx 3.7,8), guiou-os pelo caminho (13.21,22), alimentou-os no deserto (16; 17), levou-os sobre asas de águia para si mesmo (19.4); resumindo, tomou sobre si todo o trabalho da salvação, desde o começo até o final e fez isto por amor daqueles a quem se aliou como o Parente mais próximo.

Tudo isso é resumido na descrição recorrente "Yahweh, que te tirou da terra do Egito" (Êx 20.2; etc.), e é a revelação fundamental de Deus no Antigo Testamento.

O Êxodo e a Bíblia

Conforme vimos, há uma progressão através de Gênesis e Êxodo, à medida que a revelação de *Yahweh* como *El Shaddai* preparou o caminho para a revelação plena do nome divino, por meio de Moisés. Conforme veremos mais claramente, o clímax da revelação mosaica foi a Páscoa; de maneira que, em Êxodo, duas grandes verdades são reunidas: a revelação do nome divino e a provisão do Cordeiro de Deus. É precisamente neste ponto que o Novo Testamento também começa. Cada um dos três primeiros evangelhos move-se através dessas preliminares essenciais e coloca o foco no batismo do Senhor Jesus. Em Mateus 3.13-17, quando Cristo se aproximou do Batista nas águas do rio Jordão, a primeira reação de João foi reverter seus papéis: "Eu preciso ser batizado por ti, e vens tu a mim?" Até aquele momento, o Batista não sabia que o Senhor Jesus era o Messias (Jo 1.31,33); suas palavras eram apenas um elogio ao caráter do primo — ou seja, ali estava um ser humano que não precisava submeter-se ao batismo de arrependimento. O Senhor Jesus, entretanto, o corrigiu: "Pois assim nos convém cumprir toda a justiça" — quer dizer, "Somente desta maneira cumpriremos toda a vontade justa de Deus". De que maneira? Por meio do Justo aceitando o batismo do arrependimento, a fim de se identificar voluntariamente com os pecadores e ser "contado entre os transgressores" (Is 53.12).

Foi neste ponto que o céu (de acordo com a vívida expressão de Marcos) foi aberto (Mc 1.10; cf. 15.38) como se o próprio Deus não pudesse mais se conter, mas tivesse de, naquele momento de identificação com o homem pecador em sua carência, não apenas autenticar a identidade de Jesus como seu único Filho e revesti-lo com o Espírito Santo, mas revelar pela primeira vez o significado pleno do nome divino — a Santa Trindade: o Pai, o Filho e o Espírito Santo. Foi em conseqüência do que viu e ouviu naquele momento que João Batista, mais tarde, apontou Jesus como o "Cordeiro de Deus, que tira o pecado do mundo", "o Filho de Deus" (Jo 1.29,34,35).

Duas verdades importantes decorrem disto: uma quando observamos o passado e a outra quando contemplamos o futuro. Quando olhamos para trás, para o Antigo Testamento, vemos que o Deus revelado ali como *Yahweh*, o Senhor, não é o "Deus Pai", mas sim a Trindade incógnita. O que foi concedido a Moisés para declarar aos israelitas era uma verdade eterna (Êx 3.15): *Yahweh* é o Redentor; mas esta não é toda a verdade: o pleno significado do nome e a obra completa da redenção pertencem ao Pai, ao Filho e ao Espírito Santo. Nenhuma pesquisa, por mais exaustiva que seja, descobriria no Antigo Testamento que *Yahweh* é a Trindade. Com certeza, Ele não é um único "Um", mas uma unidade diversificada; é o "Yahweh dos Exércitos" em quem podemos ver a Palavra ativa (Sl 33.6), o Espírito Santo vivo (Is 63.10, 14), o Anjo da graça (Gn 16.7) e muitos outros aspectos da natureza divina. Assim, quando Moisés juntou todas as partes e componentes do Tabernáculo, ele "veio a ser um todo" (Êx 36.13), ou seja, uma unidade de muitas facetas, uma diversidade de itens transformados numa unidade. Lemos em Deuteronômio 6.4: "Ouve, ó Israel: O Senhor nosso Deus é o único Senhor": todos os "exércitos" da infinita natureza divina formavam uma unidade. O Novo Testamento, entretanto, como um projetista que acerta o foco de uma figura — faz um ajuste final na revelação progressiva do Senhor e descobrimos que a diversidade essencial, na unidade do Deus eterno, são as figuras do Pai, do Filho e do Espírito Santo.

Quando olhamos para frente, no NT, descobrimos que, assim como no AT a natureza divina apresentou-se como *Yahweh*, há um ponto especial onde a Trindade é revelada e encontra-se conosco: Jesus Cristo é o Senhor. O nome divino, *Yahweh*, foi transferido para a tradução do Antigo Testamento em grego como "Senhor" (*Kurios*) e é exatamente este termo que o Novo Testamento usa, acima de todos os outros, para designar Jesus. Ele é "o Senhor (*kurios*) Jesus" — Aquele que a palavra do Novo Testamento deve evitar, se não tenciona atribuir a Ele sua estatura plena e dignidade, como o Deus eterno. É neste espírito que Filipenses 2.9-11 faz eco com Isaías 45.22-25 e traz toda a Bíblia a uma unidade na revelação de Deus, na pessoa do nosso Senhor Jesus Cristo.

Quem é o Senhor?

A pergunta feita pelo Faraó, com visível desprezo (Êx 5.2), agora é repetida com reverência e uma mente inquiridora. Tentamos desenhar uma mapa da maneira pela qual

Senhor E SENHOR

a Bíblia desenvolve o significado do nome divino. Podemos agora estabelecer uma definição mais precisa?

"O SENHOR fez os céus" (Sl 96.5)

Em Gênesis 1.1 a 2.3 o nome Deus (Elohim) é usado para Criador. Significativamente, apenas na história do início da humanidade sobre a Terra (Gn 2.4ss; veja *Jardim do Éden* e *Criação*) o nome *Yahweh* é usado, ou seja, "O SENHOR Deus", pois já temos mencionado que "Yahweh" é um nome relacional, isto é, o Deus que ainda se revelaria como o Redentor, o Parente mais próximo. Como, porém, o relato do Antigo Testamento olha para trás, afirma que este Criador era de fato o SENHOR.

No Antigo Testamento, há uma "Criação Quadrilateral": (a) O SENHOR originou todas as coisas: o céu, a terra e a humanidade (Is 40.26; 45.12,18). O Salmo 33.6,9 ("pela palavra do SENHOR") significa que toda a obra da criação procedeu diretamente dele e foi uma expressão de sua vontade. (b) O SENHOR mantém todas as coisas em existência. Isaías 40.28; 42.5; Amós 4.13, todos esses textos usam o particípio do verbo "criar", a fim de esclarecer que a obra do Criador não foi somente uma ação terminada no passado, mas é também uma operação contínua (cf. Jo 5.17). Isto se aplica aos aspectos físicos da criação, que incluem o componente humano (Is 42.5), as forças invisíveis (Am 4.13) e, de fato, até mesmo cada evento na História (Is 41.20), a qual, com toda a sua complexidade de momentos de paz e conflitos, está constantemente nas mãos criadoras de Deus (Is 45.7). (c) O SENHOR controla todas as coisas em operação. Esta idéia é apresentada dramaticamente em Isaías 54.16 — a manufatura e a utilização das armas de destruição estão sob seu controle, como Criador. É típico da Bíblia marginalizar a segunda causa desta maneira: reconhece o trabalho do ferreiro e do assolador, mas dirige o olhar através deles para o soberano Criador, que está por trás de tudo. Em todos os eventos, diante de todas as pessoas, é com Ele que nos entenderemos; nossa obrigação é viver pela fé nele, não por meio da astúcia com a qual manipulamos o sistema e puxamos os cordões que movimentam as causas secundárias. (d) O SENHOR dirige todas as coisas para seu destino determinado na futura criação de novo céu e nova terra, com seu novo povo purificado (Is 4.2-6; 65.17-25).

"Santo, Santo, Santo é o SENHOR" (Is 6.3)

O Salmo 145 oferece uma das mais ricas coletâneas de atributos divinos em toda a Bíblia e atinge seu clímax (v. 21) com a expressão "seu santo nome". Este adjetivo (santo) é usado para descrever seu nome mais do que todos os outros ("glorioso", Sl 72.19; "agradável", Sl 135.3) juntos. Desde que "nome" é uma expressão do caráter, isto quer dizer que o SENHOR é Santo no âmago da essência de seu ser.

Como a palavra "santo" denota "separação", o Senhor está "separado" da nossa esfera e pertence a outra. Gênesis 38.21, de maneira curiosa, ilustra perfeitamente esta idéia: "prostituta cultual" literalmente é "mulher santa". A garota em questão tinha-se separado para o serviço do deus a quem servia e pertencia à esfera de realidade dele; era "separada". Devemos, é claro, desconsiderar o fato de que, na Bíblia, o serviço que ela oferecia era profano e concentrar-nos na posição que ocupava, no mundo ao qual passou a pertencer, e não no que fazia. Da mesma maneira, o SENHOR pertence à sua própria e única esfera de realidade: ele é Santo. Isaías, porém, estabelece esta santidade no verdadeiro contexto bíblico: a santidade moral que exclui, expõe e condena os pecadores (Is 6.4,5).

Senhor E Senhor

A canção dos serafins: "Santo, santo, santo" usa o método hebraico da repetição para expressar um superlativo (2 Rs 25.15, "ouro...prata"; literalmente é "ouro, ouro...prata, prata", isto é, "o mais puro ouro...a mais fina prata") ou uma idéia abrangente (Dt 16.20 "justiça, e só a justiça", literalmente "justiça, justiça"). A expressão tripla de Isaías 6.3 é o único lugar no Antigo Testamento em que uma qualidade é "exaltada pelo poder de três", para expressar sua natureza super-superlativa. Nada mais descreve o caráter divino único da santidade moral de forma tão distinta e satisfatória.

É claro, porém, que, quando se nota que em Isaías 6 o Senhor é revelado numa pureza moral tão absoluta que nenhum pecador pode resistir à sua presença ou unir-se ao seu louvor, um terceiro fator experimentado pelo profeta não pode ser omitido: foi da própria presença do Senhor que um serafim voou para ser o ministro da expiação, da purificação e da reconciliação (Is 6.7). O Santo é também o Salvador.

"O Senhor vosso Deus fez aliança conosco" (Dt 5.2)

"Aliança" significa promessa e em particular refere-se à relação de pactos realizados, que começaram com Noé e passaram por Abraão e Moisés (veja *Aliança*).

Noé pertencia a uma raça de homens ímpios (Gn 6.5) que entristeceram ao Senhor (v. 6) e mereceram a morte (v. 7). "Noé, porém, achou graça aos olhos do Senhor" (v. 8). Conforme é argumentado no artigo sobre Noé, o significado desta tradução perfeitamente exata pode ser colocada ao contrário: "A graça achou Noé". Numa atitude de favor não merecido, o Senhor escolheu este pecador perdido para a salvação e, quando o Dilúvio merecido chegou, o Senhor prometeu "estabelecer a aliança" (v. 18). Assim, a aliança com Noé é uma promessa de Deus, motivada pela graça que concede livramento do juízo divino. Quando Noé saiu da arca, como o homem da aliança, instintivamente voltou-se para o Senhor, numa dedicação agradecida (Gn 8.20), expressa na oferta de um holocausto, ao qual o Senhor respondeu com a declaração da lei, para que Noé sempre obedecesse (Gn 9.1-7).

Quando chegamos ao pacto com Abraão, estes mesmos [três] aspectos estão presentes: Aliança, Lei e Sacrifício. Em Gênesis 15.1-7, ele recebeu a promessa do pacto em sua primeira definição: descendentes inumeráveis e a possessão de uma terra. Seguindo o comando do Senhor, preparou o sacrifício da aliança (Gn 15.8-17) e o Senhor, como o promotor do pacto, passou entre as carcaças dos animais e tomou sobre si mesmo (cf Jr 34.18-20) todas as responsabilidades e penalidades da aliança. "Naquele mesmo dia", diz Gênesis 15.18 (literalmente), "fez o Senhor uma aliança com Abrão". A inauguração, entretanto, foi seguida pela confirmação e ampliação: em Gênesis 17.1,2, o Senhor apareceu novamente, impôs sobre Abrão a lei geral da vida patriarcal (v. 1) e reafirmou a aliança; em Gênesis 17.2 o verbo é diferente de Gênesis 15.18, a fim de significar literalmente: "Firmarei a minha aliança entre mim e ti" — o pacto como o elemento progressivo do relacionamento. Depois disto, a promessa é elaborada em termos de transformação pessoal (Gn 17.3-5), multiplicação da família (v. 6), benefícios espirituais (v. 7) e possessão territorial (v. 8).

O tratamento do Senhor com Abraão marcou um desenvolvimento da idéia da aliança, pois agora o sacrifício não é simplesmente a resposta do homem do pacto, como no caso de Noé, mas o fundamento sobre o qual a aliança é estabelecida. O Pacto Mosaico complementa esta seqüência.

Primeiro, a função do sacrifício dentro da aliança é explicada. No final da longa provação no Egito, a Senhor anunciou que traria o seu juízo (Êx 12.12). Passaria pela terra ferindo "todos os primogênitos", mas iria passar "por cima" de toda casa que

SEORIM

estivesse marcada com o sangue do cordeiro, pois "vendo o sangue, passarei por cima de vós" (v. 13). De alguma forma, aquele sangue satisfez sua exigência e fez com que a ira fosse substituída pela paz. Portanto, aquelas pessoas que se abrigaram sob a marca do sangue (Êx 12.22,23) estariam seguras. Os eventos da noite da Páscoa não somente deixaram essas verdades de um Deus satisfeito e um povo seguro bem claras, mas também explicaram o poder do sangue para assegurar essas bênçãos. Quando o v. 30 diz que "não havia casa em que não houvesse um morto", é claro que se refere às residências dos egípcios; entretanto, na verdade, na casa dos israelitas também houve morte: a do cordeiro pascoal, a fim de proporcionar os elementos para a cerimônia da Páscoa (Êx 12.8-11). Esta é a pista: cada cordeiro fora escolhido quase matematicamente, para representar o número e satisfazer as necessidades de Israel — o povo foi contado individualmente (Êx 12.3,4a): "conforme o que cada um puder comer, fareis a conta para o cordeiro" (Êx 12.4b). Israel, o primogênito do Senhor (Êx 4.22,23), foi salvo, porque o cordeiro morreu em seu lugar.

Este, então, é o lugar do sacrifício na aliança divina: o Senhor dá ao seu povo a paz com Ele e o livra de sua ira por meio do sangue do cordeiro substituto. Em segundo lugar, entretanto, a Aliança Mosaica elabora a lei do Senhor e explica sua função. Israel saiu do Egito como o povo redimido do Senhor e foi guiado pelo coluna de nuvem e de fogo (Êx 13.21,22) ao monte Sinai. Ali, o Senhor primeiro revelou a si mesmo como o Redentor ("Eu sou o Senhor teu Deus, que te tirei da terra do Egito": Êx 20.2), e, então, porque era seu povo livre "da casa da servidão", deu-lhe sua Lei (Êx 20.3-17). Em outras palavras, no Antigo Testamento, a Lei é a conseqüência da graça; não é uma escada de méritos pela qual alguém pode subir para alcançar o favor divino, mas, sim, um padrão de obediência expresso por aqueles que foram salvos.

Em uma palavra, portanto, o Senhor, *Yahweh,* é aquele Deus que, em toda a sua soberania como Criador e em sua santidade, promete numa aliança solene que tomará um povo para si e cumpre a promessa por meio do sangue do cordeiro pascoal. Porque ele é o Criador, sua aliança tem um propósito universal (Gn 9.12) e todas as nações seriam abençoadas (Gn 12.2,3; 22.18); porque Ele, o único Deus verdadeiro, dá suas leis àqueles que salva, para que respondam em amor, oferendo-lhe obediência.   J.A.M.

SEORIM Um dos sacerdotes escolhidos para oficiar no Templo, "de acordo com as últimas instruções de Davi". Uma seleção imparcial foi feita entre os descendentes de Eleazar e Itamar, por meio de sorteio. O 4º turno saiu para Seorim e esta era a ordem na qual ministrava quando entrava no santuário (1 Cr 24.8).

SERÁ (Heb. "abundância"). Filha de Aser, a qual, juntamente com seus irmãos, é listada entre os que desceram ao Egito com Jacó (Gn 46.17; Nm 26.46; 1 Cr 7.30).

SERAÍAS (Heb. "o Senhor persiste").

1. Quando o reino de Davi encontrava-se no auge de seu poder, ele servia como secretário do rei (2 Sm 8.17). Muitos estudiosos concordam que Seraías, Seva, de 2 Samuel 20.25, Sausa, de 1 Crônicas 18.16, e Sisa, de 1 Reis 4.3, eram todos o mesmo indivíduo.

2. 1 Crônicas 4.14 menciona-o como pai de Joabe e líder na tribo de Judá.

3. 1 Crônicas 4.35 menciona-o como pai de Josibias e líder na tribo de Simeão.

4. Filho de Azarias e pai de Jeozadaque (1 Cr 6.14), era o sumo sacerdote em Jerusalém em 587 a.C., quando os caldeus capturaram a cidade (2 Rs 25; Jr 52.24, 27). Ele, junto com outros oficiais, foi preso e executado pelo rei Nabucodonosor, em Ribla.

5. Filho de Tanumete, era o capitão do grupo de israelitas que escaparam durante a batalha com os caldeus, porém, mais tarde se renderam sob a promessa de um tratamento digno por parte do novo governador. De fato, todos foram bem tratados até o assassinato de Gedalias. Os que não foram mortos junto com ele fugiram para o Egito (2 Rs 25.23; Jr 40.8).

6. Jeremias 51.59-64 apresenta Seraías, filho de Nerias, como um servo do rei Ezequias, no quarto ano de seu reinado. Ele recebeu instruções para ler o livro escrito pelo profeta em voz alta, assim que chegasse à Babilônia. O livro continha uma mensagem contra a grande cidade; Seraías deveria ler e depois amarrar uma pedra no livro e atirá-lo no rio Eufrates. Quando o rolo afundasse nas águas, isso proporcionaria uma ilustração vívida do que aconteceria com o Império Babilônico.

7. Esdras 2.2 menciona-o como um dos judeus que retornaram do exílio na Babilônia com Zorobabel (veja também Ne 12.1,12).

8. Neemias 10.2 menciona-o como um dos líderes israelitas que seguiram o exemplo de Neemias e selaram o pacto entre o povo e Deus.

9. Mencionado como um dos principais sacerdotes que serviram em Israel depois do retorno do exílio na Babilônia (Ne 11.11).

10. Filho de Azriel, serviu ao rei Jeoiaquim nos dias de Jeremias. Ele recebeu ordens de prender o profeta e Baruque depois que o homem de Deus pronunciou uma mensagem que desagradou o rei; o Senhor, entretanto, escondeu seus servos (Jr 36.26).   s.c.

SEREBIAS (Heb. "o Senhor envia calor abrasador"). Este levita, descendente de Mali, era considerado "um homem entendido" (Ed 8.18). Esdras preocupava-se, porque não havia um levita que integrasse o grupo de judeus que retornavam com ele para Jerusalém, depois do exílio na Babilônia. Considerou como obra "da boa mão de Deus" que Serebias, seus 18 fi-

lhos e vários outros levitas se apresentassem para viajar com ele. Esdras deu-lhe a responsabilidade de levar as ofertas dadas pelo povo que estava no exílio para o Templo (v. 24). Receberam também do rei um grande donativo em artigos de prata e ouro. Tudo foi levado em segurança até Jerusalém, onde o povo ofereceu sacrifícios ao Senhor (vv. 33-36).

Talvez Serebias seja o mencionado como "um dos levitas que instruiu o povo na lei" em Jerusalém, exortou-o a adorar ao Senhor e confessar seus pecados e testemunhou o pacto solene de obediência à Lei de Deus (Ne 8.7; 9.4,5; 10.12; 12.8, 24).   P.D.G.

SEREDE. Um dos filhos de Zebulom e líder do clã dos sereditas (Gn 46.14; Nm 26.26). Neto de Jacó e Lia, nasceu em Padã-Arã.

SERES. Descendente de Manassés e líder de sua tribo. Era filho de Maquir e de sua esposa Maaca (1 Cr 7.16).

SÉRGIO PAULO. Procônsul romano que se encontrava na cidade de Pafos, situada na ilha de Chipre, nos anos de 47 a 48 d.C. Lucas o descreveu como um "homem prudente". Mandou chamar Barnabé e Paulo, pois "procurava muito ouvir a palavra de Deus" (At 13.7). Quando ouviu a pregação deles, obviamente demonstrou sinais de que estava interessado em converter-se. Um mágico chamado Elimas, ao observar que seus lucros escapavam de suas mãos, tentou jogar Paulo contra o procônsul. "Todavia Saulo, que também se chama Paulo, cheio do Espírito Santo, fitando os olhos nele, disse: Ó filho do diabo, cheio de todo o engano e de toda a malícia, inimigo de toda a justiça, não cessarás de perturbar os retos caminhos do Senhor?" (vv. 9,10). O apóstolo pronunciou um juízo em nome do Senhor e imediatamente Elimas ficou cego. Ao testemunhar essas coisas, "o procônsul... creu, maravilhado da doutrina do Senhor" (v.

SERUGUE

12). A ênfase nesta passagem sobre ouvir a palavra de Deus e "a doutrina do Senhor" talvez indique que se tratava de uma conversão genuína, e não como a resposta inicial de Simão, o mágico, que foi mais uma reação aos milagres do que à palavra do Senhor (At 8.18). P.D.G.

SERUGUE. Descendente de Sem. Foi pai de Naor e filho de Reú, portanto bisavô de Abraão (Gn 11.20-23). Também mencionado na genealogia apresentada pelo evangelho de Lucas, que vai de Jesus e José até Adão (Lc 3.35).

SESAI. Um dos três descendentes de Enaque, vivia em Hebrom na época da conquista de Canaã pelos israelitas, liderados por Josué. Calebe comandou o ataque contra esta cidade e derrotou os três gigantes na batalha. Como resultado, ele e sua família herdaram aquela parte da terra de Canaã (Nm 13.22; Js 15.14; Jz 1.10). É particularmente interessante notar como o Senhor abençoou-o nessa conquista. Apenas ele e Josué retornaram a Moisés, depois de espiar a terra, com uma demonstração de fé suficiente em Deus para crer que os gigantes seriam derrotados. O tempo provou que sua confiança estava bem firmada e sua recompensa por tal fé foi grande (Nm 13.30; 14.24). P.D.G.

SESÃ. Descendente de Jerameel, da tribo de Judá. Foi pai de Alai e filho de Isi. Sesã não tinha filhos homens, apenas filhas; deu uma delas em casamento a Jará, seu servo egípcio (1 Cr 2.34,35). Ela teve um filho chamado Atai (talvez o mesmo Alai mencionado no v. 31) e, assim, deu continuidade à sua linhagem. A inclusão desses eventos ajudam a estabelecer as credenciais tribais de Elisama (v. 41).

SESBAZAR. Chamado de "príncipe de Judá" em Esdras 1.8 e creditado como o líder do primeiro grupo de judeus que retornaram para Jerusalém depois do exílio na Babilônia. O rei Ciro da Pérsia colocou sob sua custódia os artigos e vasos que originalmente pertenciam ao Templo em Jerusalém, para que fossem levados de volta. Esdras 1.9-11 dá um inventário desses itens valiosos colocados sob sua responsabilidade. Sesbazar ajudou a "lançar os fundamentos da casa de Deus, que está em Jerusalém" (Ed 5.14-16).

Existem debates consideráveis sobre se Sesbazar foi o mesmo Zorobabel, o qual foi chamado de "governador de Judá" (Ag 1.1) e esteve envolvido no lançamento dos fundamentos do Templo (Ed 3.2,10). É mais provável identificar Sesbazar com Senazar, um dos filhos do rei Jeoiaquim, portanto tio de Zorobabel (1 Cr 3.18). É bem possível, pois seu nome desaparece logo na narrativa, que Sesbazar tenha morrido logo depois da chegada em Jerusalém, quando Zorobabel assumiu a responsabilidade pelo trabalho.

Esse retorno para Jerusalém fora profetizado por Isaías; a participação de Ciro no processo foi também mencionada (Is 45.1-13). O cumprimento da profecia e a fidelidade de Deus para com o povo de sua aliança são vistos claramente na volta para Judá. Assim, quando as primeiras pedras fundamentais foram colocadas, o povo entoou um cântico ao Senhor: "Ele é bom; o seu amor dura para sempre" (Ed 3.11). P.D.G.

SETAR. Um homem sábio e especialista na lei e no direito, consultado pelo rei Assuero (Et 1.14). Para mais detalhes, veja *Memucã.*

SETAR-BOZENAI. Oficial de Tatenai, governador da região do outro lado do rio Eufrates, no tempo de Dario, rei da Pérsia. O retorno dos judeus para Jerusalém, depois do exílio na Babilônia, ocorreu sob a fiscalização desses oficiais (Ed 5.3). Quando souberam o que acontecia em Jerusalém, questionaram os israelitas, cuja resposta está registrada em Esdras 5.11-17. Os dois oficiais escreveram uma carta ao rei, perguntando se Zorobabel e seus

SIFRÁ

companheiros realmente tinham permissão para reconstruir o Templo. Dario encontrou o decreto original assinado por Ciro e ordenou que os oficiais não interferissem na "obra desta casa de Deus" (Ed 6.6,7). De fato, fez mais do que isso, pois ordenou que Tatenai e Setar-Bozenai financiassem a obra com dinheiro do tesouro real. Deveriam pagar também pelos animais para o sacrifício (vv. 8-12). Os dois oficiais e seus subordinados empenharam-se em ajudar na obra de reconstrução e obedeceram às ordens de Dario "com toda a diligência" (v. 13).

Enquanto o trabalho prosseguia, o livro de Esdras enfatiza que o Senhor ajudou em cada estágio da obra e o povo agradecia continuamente pela maneira como a providência de Deus era vista até mesmo nas questões pertinentes às autoridades persas. P.D.G.

SETE. Terceiro filho de Adão e Eva, quando Adão tinha 130 anos de idade. Nasceu depois que Caim matou Abel. Gênesis 4.25 diz que Eva deu-lhe esse nome porque "Deus me deu outro descendente em lugar de Abel, que Caim matou". O vocábulo hebraico talvez derive do verbo "conceder" ou "apontar". Devido ao pecado de Caim e à morte de Abel, a linhagem oficial de Adão e Eva foi estabelecida por meio de Sete, gerado à semelhança e conforme a imagem de Adão (Gn 5.3-8).

Sete teve um filho chamado Enos (Gn 4.26; 1 Cr 1.1) e foi nessa época "que os homens começaram a invocar o nome do Senhor". Esse fato provavelmente é citado para enfatizar que foi por meio de Sete que a linhagem piedosa teve continuidade. Essa tornou-se a linhagem messiânica através de Noé, Abraão, Davi e finalmente Jesus (Lc 3.38). P.D.G.

SETUR. Um dos espias enviados por Moisés do deserto de Parã para observar a terra de Canaã. Foi escolhido um príncipe de cada tribo de Israel e Setur, filho de Micael, foi o representante de Aser

(Nm 13.13). Para mais detalhes sobre a missão deles, veja *Samua*.

SEVA. 1. Filho de Calebe [irmão de Jerameel] e de sua concubina Maaca. Foi o "pai" de Macbena e Gibeá. Isso talvez signifique que foi o fundador dessas cidades (1 Cr 2.49).

2. Escrivão na corte do rei Davi e um dos principais oficiais (2 Sm 20.25). Provavelmente é o mesmo Seraías de 2 Samuel 8.17 e Sisa de 1 Reis 4.3. Para mais detalhes, veja *Sausa*, possivelmente seu nome original (1 Cr 18.16).

SIBECAI (Heb. "tecelão"). Husatita, foi um dos "trinta" guerreiros de Davi. Como comandante do exército, ficava de prontidão com seus homens no oitavo mês de cada ano e tinha 24.000 soldados sob seu comando (1 Cr 11.29; 27.11). Ficou particularmente famoso após matar Safe, um dos gigantes descendentes de Rafa que lutava ao lado dos filisteus (2 Sm 21.18). É provável que sua façanha de assassinar Sipai, também descendente dos refains, mencionada em 1 Crônicas 20.4, refira-se ao mesmo incidente. Sua grande vitória contra o gigante culminou com os filisteus temporariamente subjugados por Israel (o nome Mebunai, citado em 2 Samuel 23.27, provavelmente é uma forma alterada do nome hebraico Sibecai, portanto talvez refira-se a este mesmo personagem). P.D.G.

SIFI. Filho de Alom, da tribo de Simeão. Na época do rei Ezequias, sua família participou de uma campanha militar contra os meunitas (1 Cr 4.37).

SIFRÁ (Heb. "bonita"). Uma das parteiras que receberam ordens do Faraó, rei do Egito, para matar todos os bebês do sexo masculino quando ajudassem no parto das mulheres israelitas (Êx 1.15). Sifrá e sua colega Puá, entretanto, temeram a Deus e se recusaram a obedecer a tal ordem. Quando foram chamadas pelo

SIFTÃ

rei a fim de explicar porque os bebês nasciam e sobreviviam, combinaram uma história e disseram que, diferentemente das egípcias, as hebréias eram mais fortes e davam à luz antes da chegada das parteiras (v. 19). Deus abençoou o trabalho dessas mulheres de maneira que nasceram ainda mais crianças; por causa da fé que demonstraram, as duas parteiras tiveram seus próprios filhos (vv. 20,21). O livro de Êxodo registra que a ordem para matar os bebês do sexo masculino no final foi cumprida pelos próprios egípcios. Um dos poucos meninos que escaparam foi Moisés, o qual se tornou líder de seu povo e ajudou os israelitas a escapar da opressão de Faraó e dos egípcios.

A fidelidade do povo de Deus em tempos de perseguição é sempre recompensada nas Escrituras e torna-se um exemplo para as futuras gerações. O poder do Senhor em superar todas as armas que os egípcios usaram contra seu povo foi lembrada por todas as gerações em salmos de louvor e de oração (Sl 105.24-27). P.D.G.

SIFTÃ (Heb. "ele tem julgado"). Pai de Quemuel (Nm 34.24), o qual foi escolhido por Moisés como líder de sua tribo e ajudou a distribuir a herança de seu povo entre as várias famílias de Efraim.

SILAS (SILVANO). Como Paulo, este membro influente da Igreja em Jerusalém foi um dos poucos judeus cristãos no Oriente que possuíam a valiosa cidadania romana (At 16.38). É mencionado tanto por seu nome semita, "Silas" (por Lucas, em Atos), como por seu cognome latino, Silvano (por Paulo e Pedro). Por ser o "secretário" que de fato copiou 1 Pedro, fica claro pelo vocabulário e estilo da carta que era um homem que recebeu uma boa educação grega. Portanto, Silvano provavelmente era uma pessoa da alta sociedade (cf. também *Apolo*).

Silvano era tido em alta conta em Jerusalém. Os apóstolos, os anciãos e toda a congregação o escolheram, como um "dos líderes entre os irmãos", para acompanhar Paulo e Barnabé com a carta sobre os assuntos mais importantes discutidos no Concílio concernentes aos novos convertidos entre os gentios. Sua escolha provavelmente foi determinada em parte devido à sua cidadania romana, mas também por sua posição como líder entre os judeus cristãos.

Em Antioquia, Silvano foi um dos profetas cujos dons encorajaram e fortaleceram grandemente aquela igreja (cf. 1 Co 14.1ss). As boas vindas dadas à carta do Concílio de Jerusalém e o ministério de Silvano entre eles serviram para acalmar os sentimentos dos cristãos gentios. Anteriormente tinham ouvido que, se não aceitassem a circuncisão (para os romanos significava castração), de acordo com a Lei de Moisés, não seriam salvos (At 15.1). O resultado da missão foi que os gentios receberam a bênção do entendimento, no final do ministério de Silvano.

Silas acompanhou Paulo em sua segunda viagem missionária. Foi uma escolha feita devido aos seus dons (em contraste com o desapontamento do apóstolo com o ministério de João Marcos), ao seu papel de líder na igreja de Jerusalém e também à sua posição, pois iriam para uma região onde sua cidadania romana desempenharia um importante papel — a província romana da Galácia.

Ao trabalhar juntos na colônia romana de Filipos, ambos empenharam-se num ministério entre os simpatizantes do judaísmo, inclusive Lídia, uma senhora da alta sociedade, comerciante de púrpura. A prisão desses dois missionários, acusados de práticas subversivas que incluíam ensinos indevidos a uma colônia romana, chamou a atenção das autoridades. Os magistrados agiram de maneira ilegal, ao ordenar que Paulo e Silas fossem açoitados, uma punição proibida para cidadãos romanos (At 16.22,37). Normalmente exigia-se dos que alegavam possuir este título que tivessem o endosso de três tes-

SIMÃO

temunhas do local, as quais juravam que tal declaração era verdadeira. Na situação deles, tais pessoas não estavam disponíveis para testemunhar o fato. Problemas que envolvessem a segurança na verificação dos documentos e a demora na prisão até que o governador da província ouvisse as sérias acusações, quando chegasse à cidade para presidir as sessões anuais do tribunal, provavelmente persuadiram os dois missionários que lhes fora concedido não apenas crer no nome de Jesus Cristo, mas também sofrer por causa dele (Fp 1.29). A exigência feita por Paulo de que os magistrados fossem pessoalmente soltá-los da prisão daria uma proteção da violência da turba tanto para os dois missionários como para a igreja recém-formada.

A firmeza cristã demonstrada por Paulo e Silas, os quais cantavam no interior da prisão, depois de serem açoitados e terem os pés presos no tronco, bem como a maneira miraculosa em que todos os prisioneiros foram salvos da morte (mas não da custódia) depois do terremoto (um escritor pagão registrou aquele abalo sísmico) teve um impacto tão grande sobre o carcereiro, que ele buscou, não a destruição da própria vida, mas a salvação eterna por meio da fé em Jesus Cristo, tanto para si mesmo como para toda sua casa (At 16.25-34).

De Filipos, Paulo e Silas partiram para Tessalônica, onde por três sábados seguidos, na sinagoga dos judeus, argumentaram com sucesso que o Messias precisava sofrer e ressuscitar dentre os mortos, com base nos textos do Antigo Testamento. Os convertidos, inclusive judeus, gentios tementes a Deus e algumas mulheres da alta sociedade formaram a nova igreja (At 17.1-3).

Silas permaneceu em Beréia, onde havia um grupo bem receptivo, composto por judeus e gregos proeminentes (At 17.10-12); posteriormente, uniu-se a Paulo em Corinto, de onde o apóstolo, junto com ele e Timóteo, escreveu 1 e 2 Tessa-

lonicenses. Note a maneira pela qual Paulo incluiu seus cooperadores como iguais em seu ministério e nas cartas apostólicas.

A última menção a Silvano é encontrada na conclusão da carta de 1 Pedro, onde ele testifica sobre a epístola, dizendo que "esta é a verdadeira graça de Deus", e exorta os destinatários a estar firmes nessa graça. O ministério de Silvano foi único, no sentido de que não somente foi líder na igreja em Jerusalém, mas também um missionário transcultural, empenhado juntamente com o apóstolo Paulo na evangelização tanto de judeus como de gentios. Possivelmente seus muitos contatos com tantas igrejas fizeram com que a carta de 1 Pedro fosse dirigida a locais tão diversificados (1 Pe 1.1).   B.W.

SILÉM. Quarto filho de Naftali e líder do clã dos silemitas (Nm 26.49; 1 Cr 7.13). Listado como componente do grupo que desceu com Jacó para o Egito (Gn 46.24).

SILI. Pai de Azuba, a mãe do rei Jeosafá, de Judá (1 Rs 22.42; 2 Cr 20.31).

SILSA. Um dos filhos de Zofá e líder na tribo de Aser (1 Cr 7.37).

SIMÃO. Usado como forma grega do nome hebraico Simeão, que significa "ouvindo". Existem nove personagens com esse nome no Novo Testamento.

1. Irmão de André, um dos doze discípulos e apóstolos de Jesus. Veja *Pedro*.

2. Irmão de Jesus, é mencionado pelo nome apenas em Marcos 6.3 e na passagem paralela em Mateus 13.55. Nessa narrativa, Cristo havia chegado à cidade de Nazaré, onde fora criado, e começou a pregar na sinagoga. Ambos os evangelhos revelam a surpresa da multidão em face da sabedoria que Jesus manifestava. As pessoas ficaram particularmente espantadas, porque todos conheciam sua família, que estivera presente na cidade o tempo todo. Numa bela retórica, pergunta-

SIMÃO

ram: "Não é este o filho do carpinteiro? E não se chama sua mãe Maria, e seus irmãos Tiago, José, Simão e Judas? Não estão entre nós todas as suas irmãs? Donde, pois, lhe veio tudo isto? E escandalizavam-se nele" (Mt 13.55-57). Lamentavelmente, devido à falta de fé deles, Jesus não fez muitos milagres na cidade e declarou que o profeta não tem honra no meio de seu próprio povo.

Em outro texto os irmãos de Jesus manifestam o desejo de que Ele fosse mais explícito em seu ministério público, sem de fato acreditar nele (Jo 7.3-5). Mais tarde, porém, claramente passaram a crer no Senhor e foram mencionados no grupo que "orava constantemente" antes do dia de Pentecostes, em Atos 1.14. Pelo menos alguns tornaram-se missionários na Igreja primitiva e são mencionados em 1 Coríntios 9.5.

Durante toda a história da Igreja, a palavra "irmão", referente aos irmãos de Jesus, tem sido interpretada de várias maneiras. Alguns argumentam que deveriam ser filhos apenas de José, de um casamento anterior, a fim de manter a idéia que mais tarde tornou-se conhecida como a doutrina da virgindade perpétua de Maria. Agostinho e outros notáveis escritores católicos romanos argumentavam que a palavra significava simplesmente "parentes" ou "primos". Os textos onde a frase aparece, entretanto, dão muito mais a idéia de referir-se a irmãos literais de Jesus, nascidos de Maria, depois que teve seu filho "primogênito", Jesus (Lc 2.7; cf. Mt 1.25).

3. Simão, um fariseu, é mencionado apenas em Lucas 7. Jesus aceitou um convite para jantar em sua casa. Quando estavam à mesa, uma mulher que morava na mesma cidade, "uma pecadora", entrou na casa e "estando por detrás, aos seus pés, chorando, regava-os com suas lágrimas. Então os enxugava com os próprios cabelos, beijava-os e os ungia com ungüento" (v. 38). Claramente ela reconhecia seus pecados e buscava seu per-

dão e sua bênção. Como fariseu, Simão logo ficou preocupado com o fato de uma "pecadora" tocar em Jesus, deixando-o, desta maneira, cerimonialmente contaminado. Desde que Cristo parecia não se preocupar com isso, Simão concluiu que ele não era um verdadeiro profeta, pois se assim fosse entenderia o que ocorria naquela atitude da pecadora. Jesus respondeu aos pensamentos silenciosos de Simão com uma parábola, na qual contrastou duas pessoas que tinham uma dívida com um agiota. Uma devia uma grande soma e a outra, pouco dinheiro; ambos os débitos foram perdoados. Jesus perguntou a Simão qual das duas pessoas amaria mais o agiota. Desta maneira o fariseu foi apanhado pela parábola, ao ter de aplicá-la aos seus próprios pensamentos. Respondeu que a pessoa que fora perdoada do maior débito. Cristo então aplicou a parábola a Simão e à mulher. Ele cumprira suas obrigações legais de hospitalidade para com Jesus, mas ela mostrara seu amor pelo Senhor desde que entrara na casa dele. "Ela amou mais" porque seus "muitos pecados" foram perdoados. Por outro lado, por implicação, Simão amava menos, pois tinha experimentado pouco do perdão de Deus (v. 47).

Lucas enfatiza dois pontos importantes neste incidente nos vv. 49 e 50. Primeiro, prossegue com um tema de seu evangelho, a fim de mostrar como os outros convidados foram forçados a perguntar: "Quem é este que até perdoa pecados?" Queria que seus leitores também fizessem essa mesma pergunta, pois assim conheceriam melhor a Jesus Cristo (veja também Lc 4.22,41; 5.21; 7.16,19; 8.26; 9.18-20; etc.). Segundo, Lucas conclui a seção, a fim de revelar que a resposta da mulher a Cristo foi fundamental para o seu perdão: "A tua fé te salvou; vai-te em paz". Portanto, por implicação, essa deveria ser a resposta dos leitores a Jesus, a qual os levaria ao perdão e à salvação.   P.D.G.

4. Simão, o zelote, é um dos apóstolos menos conhecidos de Jesus. Seu nome

SIMÃO

é registrado na Bíblia somente nas listas dos apóstolos nos três primeiros evangelhos e na cena do Cenáculo, em Atos 1.

Provavelmente existem duas razões pelas quais o nome dele é sempre especificado como "o zelote", ou uma palavra semelhante. A primeira razão seria para que não houvesse confusão com Simão Pedro. Ambos tinham o mesmo nome e, assim, era necessário fazer uma distinção entre eles. Jesus deu ao mais proeminente deles o apelido de Pedro (Mt 10.2; 16.18). Não sabemos quem começou a chamar o outro de "zelote".

A segunda razão, sem dúvida, é que esse nome descrevia seu caráter ou sua lealdade, tanto no passado como no presente. Além dos nomes de família, tais designações eram comuns entre os apóstolos. Tiago e João, os filhos de Zebedeu, eram conhecidos como "filhos do trovão" (Mc 3.17), claramente um comentário sobre suas personalidades impetuosas. Mateus era chamado de "o publicano" (Mt 10.3), para lembrar seu passado antes de tornar-se discípulo de Cristo.

Provavelmente a melhor explicação a respeito de Simão, o zelote, seja devido à sua personalidade — caráter ou atividades passadas. A descrição dele como "o zelote" numa passagem que relata uma situação posterior à ressurreição de Cristo (At 1.13) implica que qualquer que fosse o motivo da designação, ele continuou o mesmo. Se essa idéia estiver correta, seria entendido como "o zeloso", talvez pelo seu zelo geral ou especificamente em relação a Jesus Cristo.

Por outro lado, as passagens nos evangelhos sinópticos (Mt 10.4; Mc 3.18; Lc 6.15) ocorrem exatamente no início do ministério de Jesus. Nesse aspecto, é muito mais provável que "zelote" refira-se ao partido político nacionalista que existia no judaísmo, naquela época. Essa hipótese é apoiada pela palavra grega traduzida como "zelote", em Mateus 10.4 e Marcos 3.18. A palavra é *cananaios*, que é outro termo para a seita judaica dos zelotes. É claro que é bem possível que o antigo zelo nacionalista de Simão tenha-se transformado numa lealdade intensa a Jesus, caso em que ambos os nomes estariam presentes. Qualquer que seja o motivo, o papel de Simão, o zelote, como apóstolo de Cristo é um exemplo magnífico da graça transformadora de Deus e também como o Senhor usa pessoas drasticamente diferentes para realizar seus propósitos.

A.B.L.

5. Simão, o leproso, é mencionado apenas em Mateus 26.6 e Marcos 14.3. É a única pessoa acometida de lepra citada pelo nome, no Novo Testamento. Veja *Lepra*. Ele nos proporciona um interessante exemplo de como Jesus era totalmente capaz de aceitar aquelas pessoas marginalizadas pela sociedade. Em Marcos 14, Cristo fora à casa de Simão, em Betânia, para uma refeição. Enquanto alimentavam-se, uma mulher entrou e derramou um perfume caríssimo sobre a cabeça dele. Alguns na sala consideraram a ação dela um grande desperdício de dinheiro e "murmuravam contra ela" (Mc 14.5). Jesus lembrou aos presentes que os pobres sempre estariam com eles, mas o Filho de Deus não se encontraria entre eles por muito tempo. Tomou o perfume como um indicador profético de sua morte, quando seu corpo seria preparado com essências aromáticas para o sepultamento (v. 8). João 12.1-8 aparentemente relata o mesmo evento ocorrido em Betânia. A mulher é identificada como Maria, mas nenhuma menção é feita a Simão, o leproso.

6. Simão Iscariotes é mencionado apenas no evangelho de João. Era pai de Judas Iscariotes, o discípulo que traiu Jesus (Jo 6.71; 13.2, 26). Veja *Judas Iscariotes*.

7. Simão de Cirene foi forçado pelos guardas romanos a carregar a cruz para Jesus até o Gólgota, local onde Cristo foi crucificado (Mt 27.32; Lc 23.26). Marcos 15.21 acrescenta que ele era "pai de Alexandre e de Rufo" e que "por ali passava, vindo do campo". Isso pode significar que

SIMEÃO

seus filhos posteriormente aderiram à fé em Cristo e eram conhecidos na Igreja primitiva.

Cirene ficava no norte da África (moderna Líbia) e parece que ali havia uma grande comunidade judaica (At 6.9). É possível que Simão estivesse em Jerusalém para a festa da Páscoa. Posteriormente, no dia de Pentecostes, visitantes de Cirene ouviram o evangelho em sua própria língua e se converteram (At 2.10). Pessoas desse país também são mencionadas em conexão com a pregação do evangelho aos gentios (At 11.20) e um certo Lúcio de Cirene era mestre na igreja em Antioquia (At 13.1).

8. Simão, o mágico, vivia em Samaria e suas artes mágicas eram bem conhecidas na comunidade (At 8.9). Ele tinha prazer na aclamação do povo da cidade, o qual achava que ele tinha poderes divinos (vv. 10,11). Filipe, o evangelista, pregou a palavra de Deus em Samaria e muitas pessoas creram e foram batizadas. Ele realizou milagres em nome de Jesus e expeliu os demônios; toda a cidade foi afetada (vv. 4-8). O próprio Simão ficou maravilhado com o que acontecia por intermédio de Filipe e ele mesmo creu e foi batizado (v. 13). Pedro e João foram a Samaria para ver por si mesmos quantas pessoas tinham crido em Cristo e impuseram as mãos sobre os novos convertidos, para que recebessem o Espírito Santo (vv. 14-17). "Simão, vendo que pela imposição das mãos dos apóstolos era dado o Espírito Santo, ofereceu-lhes dinheiro, dizendo: Dai-me também esse poder, para que aquele sobre quem eu puser as mãos receba o Espírito Santo" (vv. 18,19).

Acostumado a ser pago por seus serviços de magia, provavelmente Simão nada viu de errado em oferecer dinheiro para adquirir um pouco do poder que os apóstolos possuíam. O pedido, entretanto, revelou seu pecado e sua falta de entendimento. Pedro o olhou fixamente e lhe disse sem preâmbulos: "O teu coração não é reto diante de Deus". Exortou-o então a se arrepender, a buscar perdão e uma mudança no coração: "Pois vejo que estás em fel de amargura e em laço de iniqüidade". Simão pediu a Pedro que orasse por ele, para que não sofresse o juízo de Deus (vv. 23,24).

O texto não deixa claro até que ponto a conversão de Simão foi genuína. Certamente ele foi atraído pela operação de sinais e maravilhas, como acontece com tantas pessoas através dos séculos. Pedro precisou de maturidade espiritual para ver que a atração aos sinais e a crença neles não representava uma conversão genuína. A implicação no final da passagem é que, embora a fé de Simão não fosse genuína no princípio, no final ele realmente buscou o perdão do Senhor.

9. Simão, o curtidor, vivia perto do mar, em Jope (At 9.43; 10.6,17,32). Sua casa provavelmente ficava à beira-mar, para que o curtume das peles de animais não causasse contaminação cerimonial à comunidade judaica. Pedro permaneceu em sua casa "por muitos dias". O apóstolo chegara a Jope procedente de Lida, chamado por alguns discípulos, pois Tabita, uma discípula conhecida por suas boas obras, havia morrido. Pedro orou e ela ressuscitou dentre os mortos (At 9.40). Quando estava no terraço, na casa de Simão, o curtidor, Pedro teve a visão na qual foi encorajado a comer dos assim chamados animais "impuros". Por meio desta revelação, o Senhor o preparava para o trabalho entre os gentios e especificamente para encontrar-se com o centurião Cornélio, cujos empregados já estavam a caminho de Jope, para pedir-lhe que os acompanhasse a Cesaréia. P.D.G.

SIMEÃO. 1. Segundo filho nascido a Jacó e Lia (Gn 35.23; 1 Cr 2.1). Portanto, uma das tribos de Israel mais tarde foi chamada pelo seu nome. Gênesis 29.33 revela que Lia chamou-o Simeão "porque o Senhor ouviu que eu era desprezada". Em 1 Crônicas 4.24 seus filhos são

SIMEÃO

listados como líderes de seus próprios clãs. Eles foram Nemuel, Jamim, Jaribe, Zerá e Saul (Gn 46.10; Êx 6.15; há variações desses nomes em Números 26.12-14).

Simeão aparece pela primeira vez na narrativa de Gênesis, quando ele e seu irmão Levi decidiram vingar-se de Siquém, filho de Hamor, por ele ter estuprado sua irmã Diná (para mais detalhes, veja *Diná* e *Siquém*). Quando o pai desse jovem apelou para Jacó e seus filhos em busca de uma reconciliação e perdão entre os dois povos, e perguntou o que Siquém faria para corrigir seu erro, pois desejava casar-se com Diná, os dois irmãos resolveram vingar-se por meio da fraude. Disseram que Hamor e todos os homens de seu povo precisavam circuncidar-se. Eles aceitaram e, quando todos sofriam com as dores ocasionadas pela operação, Simeão e Levi atacaram a cidade e os mataram (Gn 34.25). A vingança foi desproporcional ao crime e encontra-se nos comentários de Jacó e na bênção que deu aos filhos no final da vida dele (Gn 34.30; 49.5).

Quando os filhos de Jacó viajaram para o Egito, a fim de comprar alimentos, durante a fome que assolava Canaã, encontraram-se com o irmão José, o qual era o governante, embora sem reconhecê-lo. O governador manteve Simeão como prisioneiro até que os demais levassem Benjamim até ele (Gn 42.24, 36). Quando o caçula finalmente chegou ao Egito, Simeão foi solto e José revelou-se aos irmãos (Gn 43.23). Posteriormente, ele viajou com seu pai ao Egito, quando toda a família estabeleceu-se lá (Êx 1.2).

Pouco se sabe sobre o que aconteceu com a tribo de Simeão nos anos mais recentes da história de Israel. Ela é mencionada várias vezes e numa ocasião tinha 59.300 homens em idade militar (Nm 1.22,23). O seu líder na época de Moisés chamava-se Selumiel (Nm 2.12; 7.36; 10.19) e acampava ao lado da tribo de Rúben, ao sul da Tenda da Congregação.

Ao que parece, a tribo de Simeão não recebeu outra herança além das cidades dentro do território de Judá. A Bíblia não deixa claro por que isso aconteceu, embora alguns estudiosos sugiram que ela foi tão dizimada durante os anos de peregrinação no deserto que não havia gente suficiente que justificasse receber uma área maior (cf. Nm 1.23 com 26.14; veja Js 19.1). Talvez a extinção da tribo esteja relacionada com o fato de que foi Zinri, um líder simeonita, quem introduziu uma mulher midianita no acampamento de Israel, contra as instruções explícitas do Senhor. Por causa desse pecado, ele foi morto por Finéias, neto de Arão (Nm 25.14,15; veja *Zinri* e *Cosbi*).

Nos dias de Davi, os simeonitas ainda viviam no sul. Eles se reuniram em Hebrom, num número considerável de soldados de várias cidades, para lutar ao lado do novo rei (1 Cr 12.25).

A despeito da falta de informações sobre a tribo de Simeão, seu nome aparece em Apocalipse 7.7, onde o seu povo estará entre os de todas as tribos que serão protegidos e "selados" pelo Senhor. A fidelidade de Deus para com Abraão, Isa-que e Jacó então será completa, apesar da infidelidade de alguns simeonitas através dos séculos. P.D.G.

2. Um dos descendentes de Harim, listado entre os judeus acusados de terem-se casado com mulheres estrangeiras. Sob a orientação de Esdras e em obediência à lei de Deus, concordou em se divorciar, junto com muitos outros judeus (Ed 10.31).

3. Descendente de Calebe, era líder na tribo de Judá e tinha quatro filhos (1 Cr 4.20).

4. Veja *Siméia*. Benjamita listado na genealogia do rei Saul (1 Cr 9.38).

5. Uma das testemunhas devotas de Jesus, no relato sobre sua infância no evangelho de Lucas, chamava-se Simeão (Lc 2.25-35). Por ser um homem idoso, ele é o exemplo de alguém que serviu ao Senhor fielmente e estava feliz por dedi-

SIMEATE

car-se a Deus até o momento de sua morte. Foi-lhe revelado que não morreria antes que seus olhos vissem o Cristo do Senhor. Por isso, Simeão rendeu louvores ao menino Jesus e predisse como seria sua carreira. O profeta, portanto, estava pronto para ser conduzido ao céu, após servir ao Senhor com fidelidade. Foi a primeira pessoa, no evangelho de Lucas, a predizer que o ministério de Jesus seria uma bênção para os gentios, bem como para os judeus, embora ele próprio aguardasse o livramento de Israel. Também foi o primeiro a predizer o sofrimento de Jesus, quando advertiu Maria sobre a dor que sentiria pelo que seu filho iria experimentar. Simeão foi um servo fiel de Deus, o qual falou sobre a obra do Senhor, mas fez isso com misericórdia e o coração aberto, para que tudo se realizasse amplamente entre todos os povos.

6. Outro Simeão é mencionado em Atos 13.1,2. Possuía o dom de profecia e de ensino. Teve participação ativa na indicação de Saulo e Barnabé para a obra missionária. Seu apelido era Níger. Provavelmente era africano, embora não saibamos muito sobre ele. Este Simeão é uma daquelas muitas pessoas no Novo Testamento cuja fidelidade é mencionada brevemente. Como tantos outros servos na Bíblia, bem como hoje, seu serviço foi visto por Deus, apesar de ser mencionado tão rapidamente. D.B.

SIMEATE. Amonita, mãe de Jozacar (2 Rs 12.21) ou Zabade (2 Cr 24.26). Foi um dos que participaram no assassinato do rei Joás, de Judá. O crime foi considerado como castigo de Deus sobre este monarca, por ele ter ordenado a morte do sacerdote Zacarias, um homem justo, e levado Judá a afastar-se do Senhor, ao envolver-se com a idolatria (2 Cr 24.18-24). O fato da mãe de Jozacar ser amonita e o outro conspirador ser filho de uma mulher moabita lembra o quanto a nação tinha se afastado da obediência à Lei de Deus, que condenava casamentos mistos.

SIMEI. 1. Levita, chefe da família dos gersonitas (Êx 6.17; Nm 3.18, 21; 1 Cr 6.17; 23.7, 10; Zc 12.13). Foi ancestral de Asafe, o líder da música no reinado de Davi.

2. Identificado como parente do rei Saul, Simei, filho de Gera, acompanhou Davi quando este fugia de seu filho Absalão. Ele atirava pedras no rei e em seus oficiais e o responsabilizava pela morte de Saul. Quando Davi retornou a Jerusalém, depois da rebelião e morte de Absalão, Simei foi ao encontro dele no rio Jordão, acompanhado pelos homens da tribo de Benjamim. Arrependeu-se por sua atitude anterior e ofereceu sua total cooperação e serviço ao rei (1 Sm 28 e 29; 2 Sm 16.5-13; 19.16-23).

3. Mencionado como um dos homens que não aderiram à rebelião de Adonias (1 Rs 1.8).

4. Filho de Pedaías e irmão de Zorobabel (1 Cr 3.19).

5. Descendente de Simeão. Listado como filho de Zacur; foi pai de 16 filhos e seis filhas (1 Cr 4.26,27).

6. Membro da tribo de Rúben; portanto, descendente de Joel (1 Cr 5.4).

7. Filho de Libni, da tribo de Levi, pertencente ao clã dos meraritas (1 Cr 6.29).

8. Filho de Jaate e neto de Gérson, da tribo de Levi; foi ancestral de Asafe (1 Cr 6.42).

9. Descendente de Benjamim, listado na genealogia do rei Saul (1 Cr 8.13,21 — chamado também de Sema).

10. Membro da família de cantores levitas depois do exílio na Babilônia (1 Cr 25.3, 17).

11. Ramatita, era superintendente das vinhas do rei Davi (1 Cr 27.27).

12. Durante o avivamento no reinado de Ezequias e a purificação do Templo, seus descendentes estavam entre os servidores do Templo (2 Cr 29.14).

13. No reinado de Ezequias, seus dois irmãos e Conanias foram encarregados de cuidar dos dízimos, contribuições e ofertas dedicados ao Templo (2 Cr 31.12,13).

SINÉDRIO, O

14. Um dos levitas acusados de ter-se casado com mulheres estrangeiras depois do retorno do exílio na Babilônia. Por sugestão de Esdras, concordou em divorciar-se (Ed 10.23).

15. Descendente de Hasum, também foi acusado de ter-se casado com mulher estrangeira depois do exílio na Babilônia (Ed 10.33).

16. Filho de Binui, também foi acusado de ter-se casado com mulher estrangeira depois do retorno do exílio na Babilônia (Ed 10.38).

17. Mencionado como ancestral de Mordecai, da tribo de Benjamim, o qual era primo da rainha Ester (Et 2.5).   s.c.

SIMÉIA (Heb. "ele tem ouvido").

1. Terceiro filho de Jessé; portanto, irmão do rei Davi. Jônatas, seu filho, foi mencionado como o que matou um gigante descendente de Rafa (2 Sm 21.21; 1 Cr 20.7). Também chamado de Samá (1 Sm 17.13, onde servia no exército do rei Saul). Jonadabe, outro seu filho, encorajou Amnom a cometer incesto com Tamar, irmã de Absalão (2 Sm 13.3,32).

2. Filho de Uzá, do clã dos meraritas, da tribo de Levi. Foi pai de Hagias (1 Cr 6.30).

3. Levita, do clã dos gersonitas; foi avô de Asafe, um dos líderes no ministério da música durante o reinado de Davi (1 Cr 6.39).

4. Filho de Miclote, listado na genealogia do rei Saul (1 Cr 8.32). Em 1 Crônicas 9.38 é chamado de Simeão. Vivia perto de Jerusalém.

SINABE. Um dos cinco reis das cidades localizadas no vale do rio Jordão, quando Abraão habitava "nos carvalhais de Manre" (Gn 13.18). Era governante de Admá (Gn 14.2). Depois que foram derrotados por uma confederação de reis da Mesopotâmia, as cidades desses monarcas foram subjugadas durante 13 anos, até que finalmente se rebelaram (v. 8). A rebelião foi sufocada pelos quatro reis mesopotâmios, liderados por Quedorlaomer. Para mais detalhes, veja *Anrafel*.

Com a derrota deles, os habitantes de Sodoma e Gomorra foram levados cativos (v. 11), juntamente com todas as suas posses. Ló, sobrinho de Abraão, também foi conduzido preso [morava em Sodoma] e isso fez com que Abraão entrasse no conflito. Perseguiu Quedorlaomer na direção do norte, derrotou-o em batalha e resgatou Ló e todos os bens que foram capturados.   P.D.G.

SINÉDRIO, O. Era o mais elevado concílio e autoridade legal entre os judeus no período anterior à queda de Jerusalém. O vocábulo *sinédrio* é um termo hebraico e aramaico, transliterado do grego *sunedrion*, que significa "sentar no concílio". Embora o Sinédrio fosse a autoridade legal mais elevada dos judeus, durante a ocupação romana seus poderes foram limitados. A maioria das informações sobre esse concílio provém de Josefo e do Novo Testamento, embora algumas considerações também sejam encontradas na *Mishnah*. Apesar de os mestres judeus acreditarem que o Sinédrio era uma genuína continuação dos 70 anciãos escolhidos para ajudar Moisés na liderança de Israel, provavelmente tinha menos de 20 anos de existência na forma encontrada no tempo dos apóstolos.

Seus membros eram os principais sacerdotes e fariseus. No Novo Testamento, a expressão "os principais sacerdotes e todo o Sinédrio" (Mt 5.22,29; Mc 14.55) indica o importante papel dos sacerdotes. Outros "líderes" e "mestres da lei" também faziam parte (Mc 15.1; Jo 11.47; At 4.5). Atos 5.21 refere-se a "todos os anciãos dos filhos de Israel". O Sinédrio era presidido pelo sumo sacerdote e tinha mais de 70 componentes.

O Sinédrio tinha poderes gerais delegados pelas autoridades romanas sobre leis civis e questões judiciais sérias que as cortes inferiores não podiam tratar. Em Atos

SINRATE

4, Pedro e João foram levados diante do Sinédrio e julgados por causa da proclamação do Evangelho de Jesus e de sua ressurreição. Naquela ocasião, tudo o que as autoridades puderam fazer foi ameaçar os apóstolos e em seguida libertá-los. Em Atos 5.17-24, porém, o Sinédrio — que tinha sua própria força policial — prendeu os apóstolos e os manteve encarcerados até que o Senhor enviou seu anjo para libertá-los (v. 19).

Como a influência dos apóstolos e do evangelho crescia cada vez mais, o Sinédrio foi convocado novamente para julgar um seguidor de Cristo. Foi esse concílio que determinou, com base em falsos testemunhos, o apedrejamento de Estêvão até a morte, por blasfêmia (At 6.12,15). O Sinédrio foi o órgão legal que os romanos procuraram para obter informações quando investigavam sobre as acusações oficiais feitas contra Paulo (At 22.30; 23.1,20,28; 24.20). Pelo fato de haver fariseus e saduceus entre os membros do Sinédrio, não era de surpreender que ocasionalmente surgissem sérias divergências teológicas entre eles. O apóstolo Paulo usou isso em seu benefício pelo menos em uma ocasião (At 23.6).

A informação bíblica sobre esse concílio obviamente mostra seus membros em oposição ao cristianismo, ainda que a sua atividade fosse apenas concernente às leis civis ordinárias; se o comentário de Gamaliel em Atos 5.34-40 for bem examinado, conclui-se que muitas vezes suas reuniões eram dirigidas por declarações sábias feitas pelos anciãos. P.D.G.

SINRATE (Heb. "vigia"). Listado como filho de Simei na genealogia que vai de Benjamim ao rei Saul (1 Cr 8.21).

SINRI (Heb. "vigilante").
1. Mencionado em 1 Crônicas 11.45 como pai de Jediael, um dos "guerreiros valentes" de Davi (1 Cr 11.45).
2. Filho de Hosa, da tribo de Levi, pertencente ao clã dos meraritas. Listado

entre os porteiros escolhidos pelo rei Davi, os quais também tinham funções nas cerimônias do Tabernáculo (1 Cr 26.10).
3. Filho de Semaías; nos dias do rei Ezequias envolveu-se numa campanha militar contra os meunitas. Foi pai de Jedaías e vivia perto de Gedor (1 Cr 4.37).
4. Descendente de Elisafã, um dos levitas que ajudaram a preparar e purificar o Templo na época do avivamento ocorrido no reinado de Ezequias (2 Cr 29.13).

SINRITE (Heb. "vigilante"). Moabita, mãe de Jeozabade (2 Cr 24.26), também chamado de Somer (2 Rs 12.21). Ele foi um dos homens que participaram do assassinato do rei Joás, de Judá. O crime foi considerado como castigo de Deus sobre este monarca, por ele ter ordenado a morte do sacerdote Zacarias, um homem justo, e levado Israel a afastar-se do Senhor, ao envolver-se com a idolatria (2 Cr 24.18-24). O fato de a mãe de Jeozabade ser moabita e o outro conspirador ser filho de uma mulher amonita lembra o quanto a nação se afastara da obediência à Lei de Deus, que condenava casamentos mistos. P.D.G.

SINROM. Quarto filho de Issacar, foi o fundador do clã dos sinronitas. Listado como componente do grupo que desceu com Jacó para o Egito (Gn 46.13; Nm 26.24; 1 Cr 7.1).

SINSAI. Secretário de Reum, um dos comandantes persas durante o reinado de Artaxerxes (Ed 4.8,9). Reum e vários magistrados persas e oficiais que lideravam regiões do império próximas de Canaã e Samaria opuseram-se à reconstrução dos muros de Jerusalém. Temiam que os judeus, após estabelecer-se numa cidade fortificada, se recusassem a pagar os impostos ao império. Escreveram uma carta na qual detalhavam suas preocupações a Artaxerxes (vv. 12-16). O rei respondeu ao comandante Reum e a Sinsai, o escri-

SIQUÉM

vão (v. 17), que mandara pesquisar os arquivos e descobrira que os israelitas de fato foram um povo poderoso no passado e realmente seria perigoso permitir que continuassem a reconstrução da cidade. Reum e Sinsai receberam ordens para parar a obra, o que foi feito imediatamente (v. 23).

O livro de Esdras registra como Deus agiu soberanamente em favor de seu povo, apesar do decreto de Artaxerxes. Sob a direção dos profetas Ageu e Zacarias, no segundo ano de reinado de Dario, o trabalho foi reiniciado e finalmente concluído, para o louvor e a glória de Deus. P.D.G.

SÍNTIQUE. Uma cristã da cidade de Filipos que trabalhou ao lado de Paulo (Fp 4.2,3). A despeito de haver teorias contrárias, o uso de pronomes femininos mostram que realmente tratava-se de uma mulher. O apóstolo exortou Síntique e sua companheira de trabalho Evódia para que se reconciliassem, pelo bem da unidade da Igreja.

SIOM. Rei dos amorreus, aparece pela primeira vez na Bíblia em Números 21. Depois de sair do Egito, o povo de Israel viajava em direção ao Norte, para Canaã, através da rota tradicional conhecida como Estrada do Rei, a leste do rio Jordão, ao longo do mar Morto. Pediram permissão a Siom para atravessar seu território, com a garantia de que não entrariam em seus campos e nem mesmo parariam para beber água. O amorreu recusou o pedido e saiu com todo seu exército para atacar Israel (vv. 21-23). Os israelitas venceram a batalha e capturaram várias localidades, inclusive a cidade natal de Siom, Hesbom (v. 26; veja também Dt 2.24-36; 3).

Esta primeira vitória obtida pelos israelitas em sua jornada para a Terra Prometida, concedida por Deus, tornou-se muito importante na história de Israel e um meio pelo qual os eventos foram datados (Dt 1.4; 4.46). Imediatamente após

a conquista contra Siom, os israelitas enfrentaram Ogue, rei de Basã. As palavras do Senhor para Moisés e o povo foram encorajadoras, ao lembrar-lhes a vitória anterior; assim, Israel venceu outra importante batalha (Nm 21.33-35; Dt 3.2, 6). As notícias sobre essas conquistas espalharam-se rapidamente e levaram medo ao coração dos cananeus. Raabe, a prostituta de Jericó, estava convencida de que o Senhor tinha poder maior do que todas as cidades fortificadas, porque ouvira a respeito das vitórias de Israel sobre Siom e Ogue (Js 2.10; veja também 9.9,10). No período dos Juízes, Jefté lembrou dessa vitória numa carta que escreveu ao rei dos amonitas, o qual reivindicava o território que fora de Siom. O referido monarca ignorou aquela menção ao grande poder de Deus e conseqüentemente foi derrotado (Jz 11.20-33). A demonstração da fidelidade do Senhor para com seu povo, ao derrotar Siom, foi contada nos cânticos de louvor a Deus através das gerações (Ne 9.22; Sl 135.11; 136.19).

O território de Siom posteriormente foi repartido entre as tribos de Rúben, Gade e Manassés (Nm 32.33; Js 13.9,10). P.D.G.

SIPAI. Mencionado somente em 1 Crônicas 20.4; descendente de Rafa (dos refains), foi morto por Sibecai, numa batalha entre israelitas e filisteus, em Gezer. O evento teve uma importância especial para os israelitas, pois, mediante a vitória de Sibecai sobre Sipai, os filisteus foram temporariamente subjugados por Israel. Veja também *Sibecai*.

SIQUÉM (Heb. "ombro").

1. Filho de Hamor, um heveu. Jacó comprou um lote de terra dos filhos de Hamor, onde erigiu um altar ao Senhor (Gn 33.19,20; Js 24.32; Jz 9.28). Tempos mais tarde, Siquém viu a filha de Jacó e Lia, chamada Diná, e apaixonou-se por ela. Ele a agarrou e forçou-a a ter relações sexuais com ele. Mais tarde, pediu

617

SISA

ao pai que adquirisse aquela jovem para ser sua esposa (Gn 34.1-4). Quando os filhos de Jacó retornaram dos campos e souberam o que acontecera, ficaram furiosos e planejaram uma vingança (vv. 7,13). Fingiram concordar com o pedido de Siquém, o qual se dispunha a fazer qualquer coisa para casar-se com Diná (v. 11). Os filhos de Jacó exigiram que todos os moradores da cidade do sexo masculino se submetessem ao ritual da circuncisão; todos concordaram (vv. 18,24). "Três dias mais tarde, quando os homens estavam doridos, dois filhos de Jacó, Simeão e Levi, irmãos de Diná, tomaram cada um a sua espada, entraram inesperadamente na cidade, e mataram a todos os homens" (v. 25).

Quando Jacó, já velho, abençoou seus filhos, lembrou desse evento de extrema violência, ira e vingança. Amaldiçoou a atitude dos dois filhos e profetizou que seriam divididos e espalhados em Israel (Gn 49.7). Na Bíblia, a vingança sempre pertence ao Senhor e nunca deve ser levada a cabo dessa maneira, qualquer que seja a circunstância. Os eventos mencionados concernentes a Hamor e Siquém anteciparam os problemas posteriores que os israelitas enfrentariam com os cananeus.

2. Descendente de José através de Manassés; foi fundador do clã dos siquenitas (Nm 26.31; Js 17.2). Provavelmente é o mesmo referido no item 3.

3. Um dos filhos de Semida, da tribo de Manassés, na qual foi líder (1 Cr 7.19).

P.D.G.

SISA. Secretário na corte do rei Davi e um dos principais oficiais; contudo, em 1 Reis 4.3 seus filhos são mencionados como assessores de Salomão. Provavelmente seu nome foi escrito erroneamente aqui e em 2 Samuel 8.17 (Seraías). A lista dos oficiais da corte em 1 Crônicas 18.16, onde provavelmente é corretamente chamado de Sausa, dá uma indicação do aumento dos assuntos administrativos na corte, à medida que a monarquia se

estabilizava e tinha um maior contato com outros países.

SISAQUE. Rei do Egito, contemporâneo de Salomão, ainda governava na época da divisão do reino israelita entre Roboão e Jeroboão (por volta de 950 a 925 a.C.). Nos últimos anos de seu governo, Salomão desobedeceu à Lei de Deus e casou-se com muitas mulheres estrangeiras, as quais "lhe perverteram o coração para seguir a outros deuses" (1 Rs 11.1-6). Como castigo, o Senhor determinou a divisão do reino (vv. 9-13). Deus levantou vários adversários contra Salomão, entre eles Jeroboão, filho de Nebate, da tribo de Efraim, o qual era um dos oficiais do rei. O profeta Aías disse-lhe que, se obedecesse ao Senhor, as dez tribos do Norte seriam suas e teria uma dinastia permanente no trono (vv. 29-39). Quando Salomão percebeu o que acontecera, tentou matar Jeroboão, o qual fugiu e se escondeu na corte de Sisaque, no Egito, onde ficou até a morte do rei de Israel (v. 40).

Depois da morte de Salomão, seu filho Roboão tentou reinar sobre toda a nação, mas Jeroboão retornou e levou as dez tribos do Norte à rebelião. Roboão tornou-se rei sobre as tribos de Judá e Benjamim, no Sul, e Jeroboão sobre as demais tribos, no Norte. No quinto ano do reinado de Roboão, Deus permitiu que Sisaque invadisse Judá e atacasse Jerusalém (1 Rs 14.25; 2 Cr 12.2). A mensagem do castigo foi pronunciada pelo profeta Semaías: "Assim diz o Senhor: Vós me deixastes a mim, pelo que agora eu vos abandono nas mãos de Sisaque" (2 Cr 12.5). Essa palavra levou o povo ao arrependimento, de maneira que o castigo de Deus foi suspenso e Jerusalém não foi capturada, embora o povo se tornasse vassalo dos egípcios. Muitos utensílios do Templo e tesouros do palácio real foram saqueados e levados para o Egito (v. 9).

A invasão de Judá por Sisaque é descrita com alguns detalhes em 2 Crônicas 12.1-4 e foi efetuada com um grande número de tropas. Isso aconteceu já no final de reinado, e muitas das cidades de Judá conquistadas por ele são mencionadas numa estrela encontrada em Karnac. Provavelmente Sisaque é o mesmo Sesonque I, fundador da 22ª dinastia.

P.D.G.

SÍSERA. 1. Comandante do exército do rei Jabim, de Canaã, o qual reinava em Hazor (Jz 4.2). Durante o período dos Juízes, houve um tempo considerável de anarquia em Israel. De vez em quando homens piedosos eram levantados por Deus, para libertar o povo das mãos dos vários grupos de opressores cananeus. A influência desses inimigos sobre os israelitas era grande, e fazia com que o povo se afastasse de Deus e adorasse os ídolos. Depois da morte de Eúde e Sangar, "os filhos de Israel tornaram a fazer o que era mau aos olhos do Senhor... Por isso, o Senhor os entregou nas mãos de Jabim, rei de Canaã" (Jz 4.1,2), o qual tinha 900 carruagens de ferro e oprimiu Israel por 20 anos, até que o povo clamou novamente ao Senhor, pedindo ajuda.

Foi neste período que Débora, a profetisa, liderava Israel. Ela convocou Baraque e disse que Deus o chamava para comandar 10.000 homens das tribos de Naftali e Zebulom e levá-los ao monte Tabor. Quando estivessem lá, deveriam atrair Sísera a uma armadilha no vale do rio Quisom (v. 7). Baraque disse que obedeceria desde que ela estivesse junto com ele. A profetisa concordou, mas predisse que, se fosse junto, Baraque não receberia a glória pela vitória, "pois nas mãos de uma mulher o Senhor entregará a Sísera" (v. 9). A armadilha funcionou. O comandante cananeu perseguiu Baraque e "o Senhor derrotou a Sísera, a todos os seus carros, a todo o seu exército... e Sísera saltou do carro, e fugiu a pé" (v. 15). Todos os seus homens foram mortos ao longo do caminho (v. 16).

Sísera buscou refúgio na tenda de Jael, esposa de Héber, o queneu, com quem Jabim mantinha boas relações políticas e comerciais (v. 17). Ela o convidou a entrar (v. 18) e, enquanto o comandante dormia, atravessou sua cabeça com uma estaca da tenda. Quando Baraque chegou, descobriu que de fato Deus entregara o inimigo pelas mãos de uma mulher (v. 22). Posteriormente, sob a liderança da profetisa Débora, temente a Deus, os israelitas se fortaleceram e finalmente destruíram Jabim. A façanha dela na liderança do povo está registrada numa canção de louvor a Deus, que menciona a morte de Sísera (Jz 5.20-30).

O incidente que envolveu Sísera é um dos muitos no livro de Juízes onde vemos o Senhor ao lado de seu povo, assim que este se voltava para Ele e pedia ajuda. Entretanto, o pecado dos israelitas consistia em que, quando estavam libertos, consideravam-se independentes e desviavam-se novamente, pois esqueciam-se do Senhor e misturavam-se com os cananeus e suas religiões. Em 1 Samuel 12.9 os problemas enfrentados por Israel, que se esqueceu do Senhor, são lembrados como uma advertência para as futuras gerações. A vitória sobre Jabim e Sísera serviu como um memorial para o povo permanecer fiel ao Senhor. A fidelidade de Deus na vitória sobre Sísera, quando seu povo se arrependeu, é lembrada com alegria no Salmo 83.9, no qual Davi ora para que o Senhor uma vez mais mostre seu poder sobre os inimigos.

2. Chefe de uma das famílias de servidores do Templo cujos descendentes retornaram do exílio na Babilônia nos dias de Esdras e voltaram a trabalhar no Templo (Ed 2.53; Ne 7.55). P.D.G.

SISMAI. Filho de Eleasá e líder na tribo de Judá; era descendente de Jerameel e pai de Salum (1 Cr 2.40).

SITRI (Heb. "proteção"). Filho de Uziel, tio de Arão. Era descendente de Levi e líder no clã dos coraítas (Êx 6.22).

SITRAI

SITRAI. Saronita, foi um dos superintendentes durante o reinado de Davi. Era responsável pelo gado que ficava nos vales de Sarom. A lista de 1 Crônicas dá uma indicação da extensão da bênção do Senhor sobre a vida pessoal deste rei (1 Cr 27.29).

SIZA. Pai de Adina, da tribo de Rúben, um dos "trinta" guerreiros de Davi (1 Cr 11.42).

SÔ. Oséias, o último monarca do reino do Norte, tentara escapar da opressão dos assírios, ao recusar-se a pagar os pesados tributos exigidos e ao enviar mensageiros para buscar a ajuda de Sô, faraó do Egito (2 Rs 17.4). Essa atitude fez com que Salmaneser, rei da Assíria, mandasse prender Oséias e ordenasse a invasão de Israel. Não se sabe ao certo quem era exatamente esse faraó egípcio. Alguns eruditos sugerem que se tratava de Shabako, que governou o Egito por volta de 716 a.C., mas isso o colocaria numa época muito posterior à dos eventos narrados, desde que Oséias foi rei no período entre 732 a 722 a.C. Sô também é identificado por alguns estudiosos com Osorcom IV, de Tanis (nome da cidade mencionada na Bíblia como Zoã). Essa sugestão é apoiada pela mensagem de Isaías contra o Egito, na qual o profeta destacou que aquela nação não servia para nada e mencionou especificamente "os príncipes de Zoã" (Is 19.11-15). Outras sugestões ainda são apresentadas. P.D.G.

SOÃO (Heb. "uma pedra preciosa"). Mencionado na lista de 1 Crônicas 24.27, era filho de Jaazias e neto de Merari, da tribo de Levi.

SOBABE. 1. Filho de Calebe e de Azuba, listado na genealogia de Judá (1 Cr 2.18).
2. Um dos filhos de Davi. Depois que conquistou Jerusalém e mudou-se de Hebrom para lá, o novo rei de Israel tomou muitas esposas e concubinas, com as quais teve muitos filhos. Sobabe foi um deles e sua mãe chamava-se Bate-Sua, filha de Amiel (2 Sm 5.14; 1 Cr 3.5; 14.4).

SOBAI. Levita e chefe de uma das famílias de porteiros do Templo. Seus descendentes estavam entre os judeus que voltaram para Jerusalém, no grupo de Zorobabel, depois do exílio na Babilônia (Ed 2.42; Ne 7.45).

SOBAL. 1. Filho de Seir, o horeu, e chefe entre seu povo, os edomitas (Gn 36.20,29; 1 Cr 1.38). Seus filhos estão listados em Gênesis 36.23 e 1 Crônicas 1.40.
2. Filho de Hur, descendente de Calebe e fundador ou "pai" de Quiriate-Jearim (1 Cr 2.50). Seus familiares estão listados nos vv. 52,53. Em 1 Crônicas 4.1,2, é mencionado entre os mais importantes membros da tribo de Judá; seu filho Reaías também é citado.

SOBEQUE. Mencionado somente em Neemias 10.24, era um dos líderes judaicos que retornaram do exílio na Babilônia e que apoiaram Neemias no pacto de obediência a Deus.

SOBI. Filho de Naás, amonita; vivia em Maanaim; junto com Maquir e Barzilai, ajudou Davi e seu grupo quando o rei fugia de Absalão. Providenciaram camas, bacias e muitas outras provisões para o grupo (2 Sm 17.27).

SOBOQUE. Comandante do exército da Síria, na época do rei Hadadezer. Numa batalha, os sírios lutaram como mercenários ao lado dos amonitas, contra Davi. Joabe e seu irmão Abisai levaram Israel a uma grande vitória e os inimigos foram desbaratados (2 Sm 10.1-14). Hadadezer, entretanto, conseguiu reagrupar uma grande parte de suas tropas, as quais se reuniram em Helã, do outro lado do Jordão, sob o comando de

SOFONIAS

Soboque (v. 16). Davi ouviu sobre isso e liderou seus soldados, para enfrentá-los do outro lado do rio. Na batalha que se seguiu, vencida facilmente pelo rei de Israel, Soboque foi morto (v. 18), ocasião em que os monarcas que serviam como vassalos de Hadadezer, declararam independência e procuraram fazer tratados de paz com Davi (v. 19).

O contexto no qual é feito esse relato indica a continuidade da prosperidade de Davi, sob a direção e a bênção de Deus. Tanto Joabe como Abisai enfatizaram a importância de que a guerra na qual estavam envolvidos era uma batalha "pelas cidades de nosso Deus". Encorajaram o povo mediante as palavras: "Faça o Senhor o que bem parecer aos seus olhos" (v. 12). Enquanto mantiveram essa confiança no Senhor, foram abençoados e experimentaram muitas vitórias nas batalhas. Entretanto, logo a complacência se instalaria, à medida que o rei confiava cada vez mais em si mesmo. Em 2 Samuel 11, quando deveria liderar seu povo na batalha, Davi permaneceu no palácio, cometeu adultério com Bate-Seba e tramou a morte de Urias, marido dela. P.D.G.

SODI. Pai de Gadiel, da tribo de Zebulom, um dos doze homens enviados por Moisés do deserto de Parã para espiar a terra de Canaã (Nm 13.10).

SOFAQUE. Comandante do exército sírio, sob o reinado de Hadadezer, fugiu diante das tropas de Davi. Foi morto durante a batalha (1 Cr 19.16,18). Para mais detalhes, veja *Soboque*, nome usado para a mesma pessoa em 2 Samuel 10.16,18.

SOFERETE (Hebr. "escriba"). Um dos servos de Salomão cujos descendentes retornaram do exílio na Babilônia com Neemias (Ed 2.55; Ne 7.57).

SOFONIAS (Heb. "o Senhor me esconde").
1. O profeta. O verbo do qual seu nome

deriva ocorre freqüentemente com a idéia de ser escondido por *Yahweh* do mal (Sl 27.5; 31.20) ou seus santos serem seus tesouros protegidos (Sl 83.3). Ambos os sentidos são apropriados para descrever o relacionamento deste profeta com o Senhor.

Nenhum outro profeta é apresentado com uma genealogia tão longa (Sf 1.1). Sofonias, de acordo com esta lista de nomes, pertencia à quarta geração depois de um certo Ezequias que muitos eruditos identificam como o rei de Judá, pois tal identificação é compatível com os requisitos cronológicos. Ezequias reinou de 729 a 686 a.C. e o ministério de Sofonias ocorreu no reinado de Josias, de 640 a 609. Estipulando-se 25 anos para cada geração, Sofonias teria nascido em 640 a.C., o que permitiria que Ezequias fosse seu trisavô, apesar de seu ministério provavelmente ter ocorrido nos primeiros anos do reinado de Josias. Nínive ainda não tinha caído (Sf 2.13), embora os etíopes (ou cusitas) já estivessem próximos (2.12), num movimento liderado por Psamético II (664 a 610 a.C.). Não há indicação de que a reforma de Josias já estivesse em vigor, um evento que ocorreu em 622 a.C. A omissão de tal acontecimento sugere que seu ministério foi anterior a 622 a.C., assim como as referências às práticas idolátricas, as quais a reforma de Josias erradicou totalmente (Sf 1.2-6; 3.1-7).

Alguns eruditos objetam que o Ezequias mencionado não era o rei de Judá, porque não se sabe que tivera um filho chamado Amarias. O único filho de Ezequias mencionado pelo nome foi Manassés (696 a 642 a.C.), o qual foi seguido por Amom (642 a 640 a.C.) e depois por Josias (640 a 609 a.C.) no trono de Judá. É provável que os reis de Israel e Judá tivessem muitos filhos, a maioria dos quais nunca aparecia nos registros oficiais. Obviamente Sofonias era descendente de Ezequias por meio de um filho e Josias por intermédio de outro. Isso faria com que o profeta e o rei fossem primos e contribuiria para a idéia de que a pregação de Sofonias tivesse muito que ver com as reformas de Josias. O próprio fato de que o profeta faz uma ligação entre os nomes de Ezequias e Josias (Sf 1.1) talvez já implique uma aproximação familiar com ele próprio e certamente reúne os dois grandes reformadores reais da história de Judá.

Como o profeta Joel, Sofonias preocupava-se com o tema do "dia do Senhor" (Sf 1.7,14; 3.11,16,20), isto é, o dia da ira e do juízo. Sua visão imediata era a vinda dos caldeus contra Judá, uma conquista que culminaria na destruição de Jerusalém, do Templo e na deportação dos judeus para a Babilônia (Sf 1.8-18). Esse dia, porém, também relacionava-se com o final dos tempos e trazia a promessa de salvação, bem como de retribuição (Sf 3.8-20). A linhagem real de Sofonias dava um sentido especial à sua mensagem de que naquele dia "o Senhor, o rei de Israel, está no meio de ti; tu já não verás mal algum" (Sf 3.15). Esse grande tema bíblico tornou-se a base da expectativa dos cristãos na volta de Cristo.

2. Pai de Josias e de Hem (veja ambos), é descrito como um judeu que retornou do exílio na Babilônia (Zc 6.10,14). Jamais devemos confundi-lo com o profeta Sofonias.

3. Segundo sacerdote depois de Seraías, na época em que os caldeus cercaram e destruíram Jerusalém; ele, juntamente com outros, foi executado na presença do rei Nabucodonosor, em Ribla (2 Rs 25.18-21; veja Jr 52.24).

4. Filho de Taate. Descendente de Coate, da tribo de Levi, e ancestral de Hemã. Era um dos músicos que lideravam o serviço no Tabernáculo, no tempo do rei Davi (1 Cr 6.36).

5. Filho de Maaséias. Sacerdote nos dias do rei Zedequias (Jr 21.1), simpatizava e compartilhava informações com Jeremias (29.25-29) e pediu ao profeta que orasse pelo povo (37.3). Provavelmente é o referido no item 2.   E.M.

SOMER (Heb. "vigia").

1. Mãe de Jozabade (2 Rs 12.21), também chamada de Sinrite (2 Cr 24.26). Ele foi um dos homens que assassinaram Joás, de Judá. O crime foi considerado como castigo de Deus contra o rei, por ele ter ordenado a morte do sacerdote Zacarias, um homem justo, e levado a nação a afastar-se do Senhor, ao envolver-se com a idolatria (2 Cr 24.18-24). Para mais detalhes, veja *Sinrite*.

2. Filho de Héber e chefe de um clã da tribo de Aser. Teve quatro filhos e foi um "bravo guerreiro e um líder excelente" (1 Cr 7.32,34,40).

SÓPATRO. Filho de Pirro, era da cidade de Beréia, na Macedônia. Uniu-se ao apóstolo Paulo em sua viagem da Grécia para Jerusalém, através da Macedônia (At 20.4). Seu nome é uma abreviação de Sosípatro e provavelmente era um dos "parentes" mencionados por Paulo em Romanos 16.21.

SOSÍPATRO (Gr. "o pai salvador"). Provavelmente foi o companheiro judeu ou um parente de sangue de Paulo e um dos que estavam com ele quando escreveu sua carta à Igreja de Roma (Rm 16.21). Enviou saudações aos romanos, juntamente com Paulo, Timóteo, Lúcio e outros. Possivelmente visitou a igreja em Roma quando esteve ali a negócios ou como evangelista itinerante. Talvez seja o homem chamado de Sópatro em Atos 20.4, procedente de Beréia, uma cidade na Macedônia, que acompanhou o apóstolo em sua viagem da Grécia para Jerusalém através da Mecedônia.

SÓSTENES. 1. Era o líder da sinagoga em Corinto, quando Paulo esteve naquela cidade, a fim de pregar o Evangelho de Cristo (At 18.17). De acordo com seu costume usual, ao chegar à cidade, o apóstolo primeiro procurou a sinagoga e a visitou "todos os sábados", a fim de persuadir os judeus e arrazoar com eles a res-

SUFÃ

peito da verdade eterna. Finalmente seus patrícios começaram a resistir e a blasfemar (At 18.6), de tal maneira que Paulo afastou-se deles, a fim de concentrar sua pregação aos gentios. Transferiu-se para a casa ao lado da sinagoga, "de um homem temente a Deus, chamado Tito Justo" (v. 7). Por meio da pregação de Paulo, "Crispo, principal da sinagoga, creu no Senhor, com toda a sua casa" (v. 8).

Paulo permaneceu na cidade de Corinto durante 18 meses; finalmente, os judeus se uniram e o atacaram, a fim de levá-lo ao tribunal, à presença de Gálio, procônsul da Acaia. Este se recusou a julgar o caso, por considerar as acusações questões de menor importância concernentes à fé judaica, com as quais as autoridades romanas não se preocupavam. Os judeus foram expulsos do tribunal e "todos agarraram a Sóstenes, chefe da Sinagoga, e o espancaram diante do tribunal" (v. 17). Provavelmente os judeus o espancaram por ter fracassado em obter uma condenação contra Paulo, mas o texto talvez implique que os gregos [e não os judeus], os quais estavam do lado de fora do tribunal, o espancaram porque ele era judeu (vv. 14-17). Paulo ficou ainda algum tempo em Corinto, acasião em que muitos se converteram a Cristo.

2. Um "irmão" Sóstenes (1 Co 1.1) é citado como um dos que escreviam aos coríntios junto com Paulo. Há quem diga que, ao referir-se a ele pelo nome, o apóstolo mostrava que o usava como escriba ou redator. O fato de ser mencionado e chamado de "irmão" sugere que era conhecido em Corinto; portanto, é provável que seja o referido no item 1, agora convertido; talvez tenha sido o encarregado de levar a carta a essa cidade. P.D.G.

SOTAI. Um descendente dos servos de Salomão que retornaram do exílio na Babilônia com Zorobabel (Ed 2.55; Ne 7.57).

SUA. Filha de um cananeu[1], o qual Judá encontrou enquanto estava com seu amigo Hira (Gn 38.1,2). Este filho de Jacó casou-se com ela e teve vários filhos. A morte dela está registrada no v. 12. Er, o primogênito do casal, "era mau aos olhos do Senhor, pelo que o Senhor o matou" (v. 7); o mesmo aconteceu com o segundo filho, Onã (v. 10; 1 Cr 2.3). Não se sabe ao certo se a morte da própria Sua está relacionada com a dos filhos ou com a impiedade geral da família. De qualquer maneira, o casamento misto com cananeus era proibido por Deus e provavelmente foi por este motivo que tal tristeza abateu-se sobre Judá e seus familiares.

SUÁ. 1. Um dos filhos de Abraão com sua esposa Quetura (Gn 25.2). Aparece na lista dos descendentes deste patriarca mencionados entre a morte de Sara e a de Abraão (veja também em 1 Cr 1.32).

2. Filha de Héber, era irmã de Jaflete, Somer e Hotão, todos eles chefes de clãs na tribo de Aser. Seus irmãos foram chamados de "bravos guerreiros e líderes excelentes" (1 Cr 7.32,40). P.D.G.

3. Irmão de Quelube, listado na genealogia da tribo de Judá (1 Cr 4.11).

4. Mencionado em 1 Crônicas 7.36 como um dos filhos de Zofá e chefe da tribo de Aser. Estava entre os "bravos guerreiros e líderes excelentes" de sua tribo (v. 40).

SUAL (Heb. "raposa"). Mencionado em 1 Crônicas 7.36 como filho de Zofá, um dos chefes da tribo de Aser. Estava entre os "guerreiros e líderes excelentes" de seu povo (v. 40).

SUÃ. Filho de Dã, fundador do clã dos suamitas (Nm 26.42,43). No censo realizado por Moisés, seu clã contava com 64.400 membros. Em Gênesis 46.23, é chamado de Husim.

SUFÃ. Descendente de Benjamim, fundador do clã dos sufamitas (Nm 26.39). O nome Supim, em 1 Crônicas 7.12, talvez se refira à mesma pessoa. Veja *Sefufã*.

SULAMITA

SULAMITA. Vocábulo pelo qual a esposa de Cântico dos Cânticos era conhecida por seus amigos (Ct 6.13). Este termo é usado apenas duas vezes, dentro de um versículo. Sua beleza é descrita com muitos detalhes pelo seu esposo, num poema que mostra a beleza e a mutualidade do amor humano entre o marido e a mulher. O desenvolvimento da intimidade desse amor é revelado e os observadores, os "amigos", almejavam contemplar a beleza da Sulamita, assim como seu esposo a descreve (v. 13).

A origem do nome não é certa. O mais provável é que talvez se refira às origens desta jovem — "uma mulher de Suném". A troca ocasional entre as letras "n" e "l" em hebraico é bem documentada. Duas outras mulheres na Bíblia são conhecidas como "sunamitas" (de Suném; veja *Sunamita*). Uma delas foi Abisague, uma jovem muito bonita contratada para aquecer Davi em sua velhice, mas com quem o rei nunca teve relações sexuais (1 Rs 1.3,4). Pelo fato de Salomão ficar furioso quando seu irmão Adonias pediu a mão dela em casamento, pois julgou tal desejo uma pretensão ao seu trono, supomos que o novo rei herdara a jovem. Sugere-se, portanto, que ela era a esposa do poema, ou seja, a "Sulamita". Tal sugestão, entretanto, permanece como simples conjectura.

Outros sugerem que o nome deriva de uma forma feminina da palavra hebraica para Salomão, sendo portanto um título para a esposa de Salomão; mas novamente estamos na esfera da conjectura.

P.D.G.

SUNAMITA. Vocábulo usado para descrever uma pessoa procedente da cidade de Suném, no território da tribo de Issacar, um pouco ao norte do vale de Jezreel. A expressão "a sunamita" é usada na Bíblia para duas mulheres. Uma delas foi Abisague, uma jovem muito bonita contratada para aquecer Davi em sua velhice, mas com quem o rei nunca manteve relações sexuais (1 Rs 1.3 a 4.15).

Depois da morte de Davi, Adonias, um dos seus filhos, desejou tornar-se rei e viu a herança das esposas e concubinas do pai como um dos meios de estabelecer suas credenciais. Portanto, pediu a mão de Abisague, a sunamita, em casamento (1 Rs 2.17,21). Por essa ameaça à sua posição como rei, Salomão ordenou que este seu irmão fosse morto (vv. 19-25).

A segunda mulher chamada de "suna-mita" foi uma senhora rica de Suném, que hospedou em sua casa Eliseu e o servo dele [Geazi]. Devido à sua hospitalidade, o profeta ofereceu-se para ajudá-la. Geazi descobriu que o maior desejo dela era o de ter um filho. No tempo determinado, a sunamita teve uma criança. Certo dia, o menino ficou subitamente muito doente e morreu. A suna-mita foi em busca de Eliseu, o qual veio à sua casa e ressuscitou o garoto (2 Rs 4.12,25,36).

O uso da expressão "sulamita" provavelmente corresponde a uma corrupção da palavra "sunamita" (Ct 6.13). P.D.G.

SUNI. Um dos filhos de Gade, listado em Gênesis 46.6 como componente do grupo que desceu com Jacó para o Egito. Seus descendentes foram chamados de sunitas (Nm 26.15).

SUPIM. Quando a Arca da Aliança foi levada para Jerusalém, nos dias do rei Davi, este nomeou alguns levitas para assumir diferentes tarefas. Supim foi indicado como porteiro das portas Ocidental e Saleque, do Tabernáculo. Dado seu relacionamento próximo com Hosa, provavelmente pertencia ao clã dos meraritas, da tribo de Levi (1 Cr 26.16).

SUSANA. Mencionada apenas em Lucas 8.3. Foi uma das mulheres que serviam Jesus com seus bens, durante o ministério dele.

SUSI. Pai de Gadi, da tribo de Manassés, um dos doze homens enviados por

SUTELÁ

Moisés do deserto de Parã para espiar a terra de Canaã (Nm 13.11).

SUTELÁ. 1. Efraimita e chefe do clã dos sutelaítas (Nm 26.35). Entre seus descendentes está Erã, líder dos eranitas (v. 36). Seu filho é citado como Berede (1 Cr 7.20).

2. Descendente de Sutelá (1 Cr 7.21). Embora alguns eruditos sugiram que esta ocorrência do nome é uma repetição do versículo anterior, não há razão pela qual um nome não seja repetido na mesma linhagem familiar dentro de um grupo de gerações.

---

[1] Todas as versões em português apresentam Sua (ou Suá) como o nome do homem cananeu, e não da filha. Em 1 Crônicas 2.3 algumas traduções mencionam o nome da filha do cananeu como "Bate-Sua", enquanto outras, inclusive a Versão Contemporânea, traduzem por "filha de Sua" (Nota do Tradutor).

T

TAÃ. 1. Filho de Efraim e líder do clã dos taanitas (Nm 26.35).

2. Membro de um clã da tribo de Efraim. Era filho de Telá e pai de Ladã. Estão mencionados em 1 Crônicas 7.25 como ancestrais de Josué, o filho de Num (v. 27).

TAÁS. Filho de Naor [irmão de Abraão] e sua concubina chamada Reumá (Gn 22.24).

TAATE (Heb. "compensação").

1. 1 Crônicas 6.24 menciona-o como descendente de Coate, da tribo de Levi. Era filho de Assir e pai de Uriel. Desde que alguns nomes são omitidos nessas genealogias, é provável que o Taate mencionado no v. 37 (o qual era também filho de Assir, levita e coatita) seja a mesma pessoa. Se assim for, ele também foi o pai de Sofonias (v. 36) e ancestral de Samuel (v. 33).

2. Descendente de Efraim, mencionado em 1 Crônicas 7.20. Era filho de Berede e pai de Eleadá; foi avô do referido no item 1.

3. Outro descendente de Efraim, filho de Eleadá e pai de Zabade (1 Cr 7.20).

TABAOTE. Seus descendentes foram contados entre os judeus que retornaram do exílio na Babilônia com Neemias e Zorobabel (Ed 2.43; Ne 7.46).

TABEEL (Heb. "Deus é bom").

1. Junto com Bislão e Mitredate, escreveu uma carta ao rei Artaxerxes, a fim de acusar os judeus (Ed 4.7). Para mais detalhes, veja *Mitredate.*

2. Conhecido apenas como o pai do homem a quem Peca, rei de Israel, e Rezim, rei da Síria, colocariam como rei de Judá, depois que conquistassem o território do Sul (Is 7.6). O nome aparece numa mensagem do Senhor, por meio do profeta Isaías, a fim de afirmar ao rei Acaz, de Judá, que tal plano não prevaleceria. Deus não permitiria que Judá caísse nas mãos dos inimigos, embora os invasores tivessem conquistado uma grande parte do reino. Para mais detalhes, veja *Peca* e *Rezim.*   P.D.G.

TABITA. Cristã da cidade de Jope, sempre fazia boas obras e ajudava os necessitados. Conforme Atos 9.37-42, ficou gravemente enferma e morreu; seus amigos chamaram Pedro, confiantes em que ele tinha poder para restaurá-la à vida. O apóstolo, ao chegar ao local, encontrou os amigos desconsolados e observou enquanto choravam abertamente e lhe mostravam as peças de roupa fabricadas por Tabita quando estava viva. Pedro pediu que todos se retirassem do aposento, ajoelhou-se e orou. Em seguida, proferiu as palavras: "Tabita, levanta-te. Ela abriu os olhos... e assentou-se". Imediatamente, foi apresentada viva aos seus amigos e naquele dia muitas pessoas creram no Senhor, por causa da obra que Deus fizera por meio do apóstolo. Tabita também era chamada de Dorcas.   S.C.

TABRIMOM (Aram. "Rimom [um deus] é bom"). Filho de Heziom e pai de Ben-Hadade I, foi o governante da Síria que fez uma aliança com o rei Asa, de Judá, contra o rei Baasa, de Israel (1 Rs 15.18). Veja *Ben-Hadade.*

TADEU. Um dos doze discípulos de Jesus, é mencionado por este nome somente em Mateus 10.3 e Marcos 3.18. Em Lucas 6.16 e Atos 1.13, é chamado "Judas, filho

TAMAR

de Tiago" em suas listas dos discípulos. É provável que Judas fosse seu nome usual, mas, depois da desgraça que envolveu a traição do Iscariotes, tenha ficado conhecido por um apelido afetuoso; Tadeu significa "peito" ou "coração". Portanto, é provável que seja a pessoa mencionada como Judas (não o Iscariotes) em João 14.22.

TAFATE. Filha de Salomão, casou-se com Ben-Abinadabe, um dos doze governadores distritais do rei (1 Rs 4.11).

TAFNES. Rainha egípcia cuja irmã foi dada em casamento a Hadade por Faraó (1 Rs 11.19). Hadade era membro da realeza edomita, mas fugiu para o Egito quando Joabe, comandante do exército de Davi, atacou Edom. Faraó agradou-se dele, por isso concedeu-lhe a grande honra de casar-se com um membro da família real egípcia. Mais tarde a irmã de Tafnes deu um filho a Hadade, o qual foi chamado de Genubate e foi criado dentro da família real, pela própria rainha (v. 20).

TALMAI. 1. Um dos três descendentes de Enaque, que viviam em Hebrom na época em que Canaã foi conquistada por Josué. Calebe liderou o ataque contra esta cidade e derrotou os três gigantes na batalha. Como resultado, ele e sua família receberam aquela parte do território como herança (Nm 13.22; Js 15.14; Jz 1.10). É particularmente interessante notar como o Senhor abençoou Calebe nessa conquista. Ele e Josué foram os únicos espias que retornaram de Canaã, demonstraram confiança no Senhor e creram que os gigantes seriam derrotados. Sua fé estava firmada em Deus e sua recompensa foi considerável (Nm 13.30; 14.24).

2. Rei de Gesur, um pequeno território a nordeste do mar da Galiléia (2 Sm 3.3; 1 Cr 3.2). Era pai de Maaca, uma das esposas do rei Davi e mãe de Absalão. Foi para esse território que mais tarde ele fugiu, após matar o irmão Amnom, para

se vingar do que ele fizera à sua irmã Tamar (2 Sm 13.37). P.D.G.

TAMAR (Heb. "palmeira").

1. Nora de Judá, foi esposa de Er e Onã. Depois de perder os dois filhos nos casamentos com Tamar, Judá teve medo de entregar seu terceiro filho como esposo da jovem viúva. Enviou-a de volta para seu pai, com a falsa promessa de que se casaria com seu filho mais novo quando este tivesse idade suficiente. Tamar descobriu a fraude de Judá e determinou em seu coração ter um filho dele. Disfarçou-se de prostituta, chamou a atenção do sogro e este deitou-se com ela, sem descobrir sua identidade. Tamar exigiu que lhe desse um cabrito como pagamento; como garantia da dívida, ele deixou com ela seu selo com o cordão e seu cajado. Judá enviou o cabrito, mas os mensageiros não a localizaram; o assunto foi esquecido por um tempo, até ele ouvir falar que sua nora estava grávida. Mandou que ela fosse tirada para fora da cidade e queimada viva. Quando, porém, Tamar lhe mostrou seu selo e seu cajado, Judá poupou sua vida, confessou seu próprio engano e reconheceu que ela era mais justa do que ele. Tamar deu à luz gêmeos, os quais chamou de Perez e Zerá (Gn 38.6, 11, 13, 24; Rt 4.12; Mt 1.3).

2. Filha do rei Davi, irmã de Absalão (veja 2 Sm 13.1-22; 1 Cr 3.9). Ela foi enviada pelo pai para cuidar de seu meio irmão Amnom, que estava "doente". Na verdade ele não estava doente, mas apaixonado pela linda jovem, embora fosse sua irmã por parte de pai. Ao aproveitar-se da bondade e vulnerabilidade dela, Amnom agarrou-a à força e a violentou. Depois acrescentou insulto ao seu pecado, recusando-se a recebê-la como esposa e expulsando-a de sua presença. A Bíblia diz que, depois de violentar a própria irmã, "era a aversão que sentiu por ela maior do que o amor com que a amara" (2 Sm 13.15). Tamar ficou angustiada por causa daquela situação e, desolada, foi morar na casa

TAMUZ

de Absalão. Posteriormente, este se vingou, quando matou Amnom. A falta de autoridade de Davi sobre sua família, quando não tomou uma atitude diante da tragédia de Tamar, sem dúvida contribuiu para o desrespeito que mais tarde Absalão demonstrou para com o pai.

3. Filha de Absalão. A Bíblia menciona que se tornou uma jovem extremamente bela (2 Sm 14.27).   s.c.

TAMUZ. Numa visão profética, Ezequiel viu as "terríveis abominações" que eram feitas em Jerusalém e no Templo, as quais trariam o castigo de Deus sobre o povo. Ele presenciou mulheres sentadas junto a um dos portões do Santuário, as quais choravam diante de Tamuz, o deus babilônico da fertilidade (Ez 8.14). Parte do culto associado a essa divindade incluía um mês de lamentações e choro.

TANUMETE (Heb. "consolação"). Pai de Seraías (2 Rs 25.23; Jr 40.8), viveu na época de Jeremias, durante a queda de Jerusalém (veja *Seraías* e *Gedalias*). Era netofatita e retornou a Judá depois do exílio na Babilônia.

TAPUA (Heb. "maçã"). Filho de Hebrom, foi líder na tribo de Judá (1 Cr 2.43).

TARÉIA. Terceiro filho de Mica e neto de Meribe-Baal, da tribo de Benjamim; era descendente do rei Saul (1 Cr 8.35; 9.41).

TÁRSIS. 1. Filho de Bilã e bisneto de Benjamim (1 Cr 7.10).

2. Filho de Javã; portanto, descendente de Jafé e Noé. Iniciou uma linhagem que gerou os "povos marítimos" (Gn 10.4,5). A palavra posteriormente foi relacionada com o comércio no Mediterrâneo, com navios e provavelmente com uma região costeira com o mesmo nome (exemplo, Sl 48.7; Ez 38.13; etc.).

3. Homem sábio e entendido em leis, foi consultado pelo rei Assuero (Et 1.14). Para mais detalhes, veja *Memucã*.

TARTAQUE. Após o reino do Norte [Israel] ser invadido pela Assíria, os israelitas foram levados para outras regiões do império. Ao mesmo tempo, grupos estrangeiros instalaram-se em Israel e Samaria e trouxeram junto seus próprios deuses. 2 Reis 17.24-41 relata essa movimentação de pessoas e a introdução de divindades pagãs na Palestina. Os aveus introduziram Nibaz e Tartaque, que provavelmente representavam seus deuses. A passagem menciona como esses povos e seus descendentes tentaram adorar seus próprios deuses e "Yahweh" (o Senhor), o Deus da terra onde se estabeleceram (v. 32). É claro que tal culto era contrário à lei de Moisés, à aliança e à verdade do monoteísmo, tão fundamental na fé de Israel (vv. 34-41).   P.D.G.

TATENAI. Governador do território além do Eufrates, na época do rei Dario, da Pérsia. O retorno dos judeus para Jerusalém, depois do exílio na Babilônia, ocorreu sob a fiscalização desse oficial (Ed 5.3). Mencionado junto com Setar-Bozenai e outros "companheiros". Quando souberam o que acontecia em Jerusalém, questionaram os israelitas, cuja resposta está registrada em Esdras 5.11-17. Auxiliado por Setar-Bozenai, Tatenai escreveu ao rei Dario, a fim de perguntar se Zorobabel e seus companheiros realmente tinham permissão para reconstruir o Templo. Dario encontrou o decreto original assinado por Ciro e ordenou que os oficiais não interferissem na "obra desta casa de Deus" (Ed 6.6,7). De fato, fez mais do que isso, pois ordenou que Tatenai e Seter-Bozenai financiassem a obra com dinheiro do tesouro real. Deveriam também comprar os animais para o sacrifício (vv. 8-12). Os dois oficiais e seus subordinados empenharam-se em ajudar na obra de reconstrução e obedeceram às ordens de Dario "com toda a diligência" (v. 13).

Enquanto o trabalho prosseguia, o livro de Esdras enfatiza como o Senhor ajudou em cada estágio da reconstrução e como o povo agradecia continuamente pela maneira como a providência de Deus era vista até mesmo nas questões que estavam sob a autoridade dos governantes persas. P.D.G.

TEBÁ. Filho de Naor [irmão de Abraão] e de sua concubina Reumá (Gn 22.24).

TEBALIAS. Terceiro filho de Hosa, do clã dos meraritas, da tribo de Levi. Listado entre os porteiros escolhidos pelo rei Davi; também desempenhava tarefas relacionadas à ministração dos cultos no Tabernáculo (1 Cr 26.11).

TEÍNA (Heb. "súplica"). Um dos líderes da tribo de Judá. Seu pai foi Estom; ele e sua família viviam em Recá (1 Cr 4.12). Foi pai de Ir-Naás.

TELÁ. Filho de Resefe, era membro de um clã da tribo de Efraim. Ele e seu filho Taã são mencionados em 1 Crônicas 7.25 como ancestrais de Josué, filho de Num (v. 27).

TELÉM. Depois do exílio na Babilônia, muitos judeus casaram-se com mulheres estrangeiras. Quando estavam em Jerusalém, liderados por Esdras, arrependeram-se e fizeram um pacto de servir ao Senhor (Ed 10.2). Levita, Telém era porteiro do Templo; foi listado entre os judeus que tinham-se casado com mulheres estrangeiras (v. 24).

TEMA. Filho de Ismael, portanto neto de Abraão e Hagar, foi líder de clã (Gn 25.15; 1 Cr 1.30).

TEMÁ. Chefe de uma das famílias de servidores do Templo cujos descendentes retornaram do exílio na Babilônia nos dias de Esdras e dedicaram-se ao trabalho no Santuário (Ed 2.53; Ne 7.55).

TEMÃ. Líder edomita, neto de Esaú e Ada (mulher cananita); era filho de Elifaz (Gn 36.11.15,42; 1 Cr 1.36,53).

TEMENI. Mencionado em 1 Crônicas 4.6, foi um dos filhos de Asur e sua esposa Naará, da tribo de Judá.

TEOFANIA

O vocábulo "teofania" não está registrado na Bíblia. Deriva de dois termos gregos que foram combinados para dar o sentido literal de "aparição de Deus". Na Bíblia, teofania significa uma manifestação de Deus localizada, formal e pessoal.

Dois princípios primários proporcionam o contexto para as teofanias: (1) Onipresente, Deus não está limitado a um tempo e espaço particulares (1 Rs 8.27; Sl 139.7-10; Is 58.8,9). As teofanias, portanto, não anulam sua onipresença. (2) A Bíblia ensina que toda a criação revela a existência de Deus (Sl 19.1-6; Rm 1.20). O Senhor designou e formou todas as coisas de tal maneira que elas refletem seus atributos, seu caráter e sua pessoa. A conseqüência da queda do homem, entretanto, não permite que elas interpretem apropriadamente essa manifestação geral (Rm 1.21ss). Deus, portanto, providenciou uma revelação especial (as Escrituras) para o propósito particular da redenção humana. A teofania é um fenômeno que ocorre dentro dessa revelação especial.

Dessa maneira, contemplar a manifestação do poder de Deus nas forças da natureza ou sua majestade na beleza da criação não chega a ser uma teofania, pois esta sempre é acompanhada por uma revelação verbal que identifica claramente a pessoa de Deus. Nas teofanias, o Senhor se revela para ser conhecido, isto é, um Deus pessoal.

TEOFANIA

O fato de que as teofanias têm um caráter redentor é visto desde a primeira instância, quando Deus apareceu a Adão e Eva no jardim do Éden, depois da Queda (Gn 3.8) e por meio da revelação final em Cristo, o Deus Encarnado (Ap 1.13ss). Todas as ocasiões em que Deus se revelou desta maneira indicavam algum evento significativo no desenvolvimento do seu programa de redenção, como na renovação da exigência de fidelidade a Abraão (Gn 15), no castigo iminente dos inimigos (Êx 14) ou no comissionamento do profeta com uma mensagem para o povo (Is 6).

As formas de teofanias

As teofanias ocorrem de formas variadas, inclusive precedidas por tempestades, fogo e nuvens, e geralmente são acompanhadas por fenômenos audíveis, como uma voz ou um trovão. Freqüentemente existe acompanhamento tangível, como calor, frio ou tremores de terra. Há situações em que a forma não é descrita, e tudo o que a Bíblia diz é que Deus apareceu (Gn 12.1; 17.1; 35.9; 1 Sm 3.21; 1 Rs 9.2; 2 Cr 7.12). Nesses casos, o conteúdo dos encontros é o guia de seu significado. Para o leitor do relato bíblico, são as palavras de Deus que constituem o ponto mais importante do encontro, desde que a forma assumida pelo Senhor não seja mencionada. Onde, porém, a forma é descrita, torna-se um elemento adicional que aponta para o significado do encontro (veja "O Anjo do Senhor" e a "Nuvem de glória", em seguida).

Sonhos e visões são considerados diferentes, mas também similares à teofania. O sonho envolve uma impressão sobre o indivíduo, a qual é mais física do que sensorial (Gn 28.10ss). Mesmo assim, aplica-se o mesmo princípio. A forma é adaptada ao propósito particular do encontro. Pode-se argumentar que as visões são sensoriais, mas elas de fato são distintas das teofanias materiais. Os sonhos e as visões são mais "flexíveis" do que as teofanias, porque não estão presos aos limites do tempo e do espaço material.

A nuvem de glória

As duas formas dominantes de teofania nas Escrituras são a nuvem de glória e o Anjo do Senhor. A aparição mais vívida da nuvem de glória foi a que ocorreu no monte Sinai (Êx 19.16), onde Moisés recebeu a Lei de Deus; posteriormente ela continuou durante todo o período do deserto. Possivelmente, foi imponente tanto no tamanho como no efeito, pois o povo "tremeu de medo, retirou-se, pôs-se de longe" (Êx 20.18). Essa resposta foi adequada às exigências de Deus, pois a montanha estava interditada para o povo (19.12,21,24); portanto, somente Moisés e os líderes de Israel tiveram permissão para subir (24.9ss). O significado disso é encontrado na associação que essa presença trovejante e abrasadora teria provocado.

Uma possível associação teria ocorrido com a idéia comum da divindade no contexto cultural de Israel. Os deuses de Canaã, Baal e El, eram associados com as tempestades, os trovões e as montanhas. Como as divindades principais do panteão cananeu, pensava-se que ambos habitavam nas montanhas. Os críticos argumentam que esta associação com o Deus de Israel era uma incorporação das noções panteístas na religião de Israel, mas de fato o caso era exatamente o oposto. Deus, com efeito, estabelecia essa associação para declarar a si mesmo o Senhor acima de todos os deuses. Era ele, e não Baal, o único Deus vivo e verdadeiro. Em vez de Baal, era Yahweh (o Senhor) que "faz das nuvens o seu carro, e anda sobre as asas do vento" (Sl 104.3). A devoção exclusiva e completa era devida somente a Yahweh (Êx 20.3).

TEOFANIA

Uma segunda associação com a teofania da tempestade, a qual constitui um tema prevalecente no Antigo Testamento, está entre os tribunais celestiais e a nuvem de glória. O trono de Deus era considerado como que estabelecido acima dos céus, escondido pelas nuvens e cheio de luz. Sempre que a Bíblia dá um vislumbre do trono celeste do Todo-poderoso, esse conceito é reafirmado (Is 6). O significado é que o Senhor estabelecera a presença de seu trono no meio de Israel. A conexão ficou clara quando a nuvem de glória estabeleceu-se acima do Tabernáculo e posteriormente no Templo. Essa presença trazia as bênçãos da proteção divina e da justiça e fazia exigências éticas. A responsabilidade especial de Israel em ser um reino de sacerdotes e uma nação santa (Êx 19.6) estava diretamente relacionada a essa manifestação divina imediatamente presente no meio deles, que começou no Sinai e continuou por toda a vida da nação na terra de Canaã.

Esse entendimento da nuvem de glória provavelmente foi estendido pelos israelitas a teofanias anteriores. Podemos pensar em particular no "fogo fumegante" e na "tocha de fogo" (Gn 15.17) que passaram entre os pedaços do animal como um sinal do compromisso divino com Abraão. O povo de Israel, como a audiência original de Gênesis, possivelmente entendeu que o Deus que fez a Aliança com Abraão era o mesmo que se manifestou na montanha e os acompanharia através do deserto. A promessa "à tua descendência dei esta terra" (Gn 15.18) também seria deles enquanto se moviam em direção a Canaã. A teofania da nuvem de glória identifica-se em termos funcionais com o Espírito Santo (Ne 9.19,20; Is 63.11-14; Ag 2.5). Essa identificação é confirmada na consumação da descida do Espírito Santo sobre os crentes, a nova habitação do Senhor (1 Pe 2.5), no dia de Pentecostes, os quais constituíram o novo Israel (At 2.1-4).

O Anjo do Senhor

A outra forma dominante de teofania nas Escrituras é o Anjo do Senhor, a aparência de forma humana, que geralmente é identificada como Deus. Nem todas as aparições desse anjo especial são identificadas desta maneira (2 Sm 24.16). Na grande maioria dos casos, porém, a identificação é clara, e é feita de forma variada, por uma afirmação explícita (Êx 3.15), pela posse de atributos divinos (Gn 16.10), ao receber adoração (Js 5.14), aceitar sacrifícios (Jz 13.19-23), ser chamado de Deus (Jz 13.22) e perdoar ou mencionar os pecados (Êx 23.21). Instâncias que envolvem o Anjo do Senhor incluem o encontro de Abraão com os três anjos perto de Sodoma e Gomorra (Gn 18), a visita que Ló recebeu em Sodoma (Gn 19), Hagar no deserto (Gn 21.9-21), Abraão no monte Moriá (Gn 22.1-19), Jacó em Peniel (Gn 32.24-32), Moisés e a sarça ardente (Êx 3.1-6, 13-16), Israel no deserto (Êx 23.20), Balaão na estrada (Nm 22), Israel em Boquim (Jz 2), Gideão em Ofra (Jz 6.11-24), os pais de Sansão (Jz 13), Elias no deserto (1 Rs 19.1-8) e depois da morte do rei Acabe (2 Rs 1.3, 15), os assírios perto de Jerusalém (2 Rs 19.35), Zacarias em suas visões noturnas e os amigos de Daniel na fornalha (Dn 3.25).

O significado fundamental desta figura está na postura de um guerreiro, manifestada para a proteção do povo de Deus e na liderança do exército do Senhor na batalha. Na época patriarcal, ele era o defensor do clã (Gn 15.1), mas do período do Êxodo para a frente era o líder de um exército (Js 5.14) (veja *Anjo do Senhor*).

Deus, ao assumir uma forma humana temporária, comunicava a Israel que Ele era seu defensor e protetor. Precisavam conhecer a necessidade que tinham de confiar nele e não em sua própria força numérica. Também deviam antecipar a teofania "por

TEÓFILO

excelência", a qual viria na pessoa de Jesus Cristo. O Anjo do Senhor, Deus manifestado na forma humana, naturalmente antecipava a habitação permanente na carne que o Verbo assumiria na Encarnação. Tanto Jesus como o Anjo são chamados de "Senhor" (Gn 16.7; Jo 20.28) e "Deus" (Gn 48.15,16; Hb 1.8); ambos afirmavam ser o "EU SOU" (Êx 3.2-14; Jo 8.58), lideraram e guiaram o povo de Deus (Êx 14.19; Mt 28.20) e eram comandantes do exército de Deus (Js 5.13-15; Ap 19.11-14). Os paralelos são suficientes para que as aparições do Anjo do Senhor sejam freqüentemente designadas como "cristofania" — uma manifestação temporária da segunda pessoa da Trindade pré-encarnada.

Jesus Cristo

Além de sua identificação com o Anjo do Senhor, Jesus Cristo é a teofania consumada, no sentido de que Ele é a reunião completa e permanente das naturezas divina e humana em uma pessoa. "O Verbo se fez carne, e habitou entre nós. Vimos a sua glória, a glória como do unigênito do Pai, cheio de graça e de verdade" (Jo 1.14). Ao ultrapassar todas as teofanias do Antigo Testamento, Cristo veio como a sala do trono de Deus (o Templo final, Jo 2.19-21), a plena manifestação do Senhor (Cl 2.9), e trouxe a Palavra de Deus para a humanidade (Hb 1.1-3). Como tal, Ele salva pecadores indignos, não por meio dos esforços deles, mas mediante sua graça inestimável (Tt 3.4); faz exigências éticas para que vivamos de acordo com seu caráter (Tt 2.1) e lidera os exércitos celestiais na defesa de seu povo e na derrota dos inimigos (Ap 2.16).

M.J.G.

TEÓFILO. Lucas dedicou seus dois livros a Teófilo (Lc 1.3; At 1.1). Sabemos pouco sobre ele. É possível, dado o respeito com que Lucas se refere a ele, que pertencesse a uma alta classe social, e talvez fosse o mantenedor financeiro do ministério do médico amado. Também é discutível se era grego ou judeu, prosélito ou cristão. Os temas desenvolvidos nos livros sugerem que se tratava de uma pessoa temente a Deus e muito provavelmente um crente. O fato de que se menciona no livro que Teófilo necessitava "de plena certeza" (Lc 1.4) mostra o compromisso de Lucas com ele como pessoa e sugere que estava sob pressão para renunciar à sua crença.

D.B.

TERÁ. Vivia em Ur dos caldeus e era descendente de Sem (Gn 11.10-26; 1 Cr 1.26). Foi pai de Abraão e filho de Naor. Seus outros filhos foram Harã e Naor (Gn 11.26,27). Harã, que morreu ainda jovem em Ur, tinha um filho chamado Ló, o sobrinho de Abraão que tempos depois o acompanhou na viagem para Canaã. Terá reuniu toda sua família, saiu de Ur e dirigiu-se para o Norte, através da região conhecida como "o crescente fértil", que constitui o leito do rio Eufrates (v. 28). Quando, porém, chegou a um lugar chamado Harã, estabeleceu-se ali. Terá morreu naquele local, com 205 anos de idade (vv. 31,32). Posteriormente, Deus falou com Abraão e deu-lhe instruções para se dirigir a uma terra que no futuro seria dada aos seus descendentes.

Embora a viagem de Abraão para Canaã fosse claramente parte de seu compromisso de fé em Deus e obediência a um chamado divino, não existe indicação de que Terá também tenha recebido tal convocação. De fato, muito tempo mais tarde Josué lembrou ao povo de Israel que Terá vivia do outro lado do rio Eufrates e adorava "outros deuses". A mudança de Abraão para Canaã certamente foi considerada como uma decisão deliberada, a fim de afastar-se do passado de idolatria (Js 24.2,15). Terá posteriormente foi mencionado na genealogia de Jesus apresentada no evangelho de Lucas (Lc 3.34). P.D.G.

TÉRCIO (Lat. "terceiro"). Redigiu a carta aos Romanos, a qual foi ditada por Paulo. Acrescentou sua própria saudação aos irmãos de Roma, no final da epístola (Rm 16.22). A conclusão a que chegamos, entretanto, indica que depois da palavra de Tércio o apóstolo empunhou a pena e, como era seu costume — demonstrado em outras ocasiões — finalizou a carta de próprio punho (vv. 23-27; veja 1 Co 16.21-24; 2 Ts 3.17). Não sabemos o local de origem de Tércio, mas suas saudações indicam que era um cristão romano.

TERES. Um dos dois guardas que protegiam o portão do palácio do rei Assuero. Ele e seu companheiro Bigtã, "se indignaram e conspiraram para assassinar o rei Assuero" (Et 2.21). A razão para a inclusão deles no relato do livro de Ester foi porque o judeu Mordecai os denunciou. Hamã fizera todos os arranjos para que Mordecai fosse enforcado, por não se inclinar diante dele. Numa noite de insônia, o rei leu nos registros do reino sobre a denúncia dos dois conspiradores feita por Mordecai e pela manhã ordenou que Hamã lhe fizesse uma série de homenagens. Esse reconhecimento de Mordecai, por parte do rei, tempos mais tarde ajudou a salvar os judeus dos perversos desígnios de Hamã. Para mais detalhes, veja *Mordecai* e *Ester*. P.D.G.

TÉRTULO. O sumo sacerdote Ananias e os líderes judaicos, em Jerusalém, contrataram o advogado Tértulo para ajudá-los a fazer as acusações contra Paulo, o qual estava preso em Cesaréia, por ordem do governador Félix (At 24.1,2). Tértulo provavelmente era cidadão romano. Pelo menos parte de seu discurso diante de Félix está registrado nos vv. 2-8. Começou com declarações de respeito e bajulação concernentes ao governador e depois declarou que Paulo era criador de problemas e tumultos entre os judeus. Esse argumento destinava-se a forçar os romanos a tomar uma atitude contra o apóstolo para preservar a paz no império. Tértulo disse que o apóstolo era líder de uma seita e tentara contaminar o Templo com ela. O Apóstolo rebateu cuidadosamente as acusações. Para mais detalhes, veja *Félix* e *Lísias*. P.D.G.

TEUDAS. Pedro e os apóstolos pregavam na cidade e nas dependências do Templo em Jerusalém, para consternação das autoridades judaicas. Após serem presos pelos judeus e soltos no meio da noite por um anjo do Senhor, foram novamente detidos no Templo e levados ao Sinédrio. No entanto, recusaram-se a parar com a pregação e argumentaram com os membros do conselho que pregavam em obediência a Deus (At 5.17-32). Vários líderes desejavam que Pedro e seus companheiros fossem condenados à morte, mas Gamaliel levantou-se e aconselhou que eles fossem deixados em paz, para se ver o que lhes aconteceria. Talvez com o tempo eles e sua mensagem simplesmente desaparecessem de cena e os líderes no meio tempo não correriam o risco de lutar contra Deus, caso aqueles homens fossem realmente mandados pelo Senhor. Gamaliel lembrou-se de história recente, na qual um homem chamado Teudas tinha alegado "ser alguém" (talvez tenha declarado que era o Messias esperado). Cerca de 400 homens o seguiam, mas tudo acabou em nada quando ele foi morto, e seus seguidores se dispersaram (At 5.36). Obviamente, Gamaliel convencera-se de que isso aconteceria de novo. É possível que esse personagem não se identifique com o Teudas mencionado por Josefo, o qual liderou uma revolta em 44 d.C. P.D.G.

TIAGO, O IRMÃO DE JESUS

TIAGO, O IRMÃO DE JESUS

Tiago, o irmão de Jesus, tornou-se o mais proeminente líder da Igreja em Jerusalém, na época do *Concílio de Jerusalém* (At 15). Também é o autor da tradicional Epístola de Tiago. No Novo Testamento, seu nome aparece em Mateus, Marcos, Atos, 1 Coríntios, Gálatas, Tiago e Judas.

A primeira menção a seu nome está em Mateus 13.55. Seguem-se então os nomes de três outros filhos de Maria e José, os quais provavelmente já estavam mortos, além do próprio Jesus, junto com uma vaga referência às "irmãs" no v. 56. Desde que o nome de Tiago é o primeiro entre os irmãos, é muito provável que fosse o mais velho, depois de Jesus. Como, porém, o irmão mencionado depois de Tiago chamava-se José (v. 55) e era comum que o filho mais velho recebesse o nome do pai (Lc 1.59,60), é possível que o nome de Tiago tenha sido colocado primeiro devido à proeminência que tinha na época em que o Evangelho foi escrito. Jesus, filho adotivo de José, marido de Maria, recebeu este nome por ordem prévia de Deus (Mt 1.20,21).

Uma passagem anterior a esta quase com certeza também refere-se a Tiago. Em Mateus 12.46, "a mãe e os irmãos" de Jesus esperavam para falar com ele. Quando ouviu o pedido deles (v. 47), o Salvador redefiniu sua família como "todo aquele que fizer a vontade de meu Pai que está nos céus" (v. 50). Embora fosse muito provável que não entendesse a realidade espiritual da afirmação de Jesus naquele momento, uma semente foi plantada na mente de Tiago, a qual contribuiu para que ele entendesse a natureza da Igreja em seu ministério como líder.

Devido à aparente falta de entendimento sobre o papel de Jesus por parte de Tiago e seus outros irmãos, de acordo com os evangelhos, é quase certo que a conversão dele ao cristianismo só ocorreu depois da ressurreição de Cristo. Provavelmente ele estava no Cenáculo, junto com os apóstolos, Maria e os demais "irmãos" de Jesus, agora também convertidos (At 1.14). Aquelas reuniões de oração (v.14) aconteceram apenas alguns dias depois de o Senhor ter aparecido a Tiago (1 Co 15.7). Antes disso, "seus irmãos não criam nele" (Jo 7.5), embora ficassem impressionados com os milagres que operava (v. 3).

Provavelmente foi uma experiência confusa, se não até mesmo altamente frustrante, crescer na família de José e Maria, como irmão mais novo de Cristo. Seus pais certamente criam que Jesus era o Messias tão esperado, mas mesmo eles nem sempre o compreendiam (Lc 2.49,50). Os outros filhos com certeza não notaram que Jesus era cheio de sabedoria, e que a graça de Deus estava sobre ele (v. 40). O fato de Cristo nunca ter pecado e ter alcançado um crescimento perfeitamente equilibrado (v. 52) provavelmente criava ciúmes e ressentimentos entre os outros irmãos menores.

Embora José e Maria sem dúvida tivessem dito a Tiago e aos outros que Jesus tinha um papel muito especial nos planos de Deus, ainda era difícil para eles entender por que Ele abandonara os negócios da família aos 30 anos (Lc 3.23). Se José já tivesse morrido nessa época, como parece certo pela ausência de seu nome nas passagens dos evangelhos onde a família é mencionada (Mt 12.46; Jo 2.1), Jesus, como o filho primogênito, automaticamente seria o cabeça da casa. Desde que era um "filho de carpinteiro" (Mt 13.55), que tinha trabalhado e se tornado ele próprio um carpinteiro (Mc 6.3), seria natural supor que teria continuado na mesma profissão. Talvez o desapontamento de Tiago e dos outros irmãos seja em grande parte a razão pela qual Jesus não tinha honra "na sua terra e na sua casa" (Mt 13.57), durante seu ministério público.

Não há nenhum outro registro da resposta de Tiago a Jesus e ao seu ministério, até depois da ressurreição. No que parece ter sido sua penúltima aparição antes da as-

TIAGO, O IRMÃO DE JESUS

censão ao céu, o Salvador glorificado manifestou-se ao meio-irmão (1 Co 15.7). É bem provável que a conversão dele seja resultado desse encontro, como aconteceu com Paulo, mais tarde (1 Co 15.8; At 9.3-19).

Desde que nenhum outro dos filhos de Maria e José creu em Jesus durante seu ministério antes da crucificação (Jo 7.5), é bem plausível que Tiago tenha levado alguns dos irmãos (ou todos) à fé em Cristo, após a sua própria conversão. Embora a fé da mãe deles aparentemente não fosse decisiva, o testemunho da transformação que viram em Tiago era muito forte. A menção dos "irmãos" (plural) em Atos 1.14, no cenáculo, requer a conversão de pelo menos dois dos meio-irmãos de Jesus. Quase com certeza estariam incluídos, Tiago e Judas (Mt 13.55; Jd 1) os irmãos que contribuíram com seus livros para o Novo Testamento.

A próxima menção a Tiago encontra-se em Atos 12.17, depois que Pedro foi miraculosamente solto da prisão por um anjo (vv. 3-17). O apóstolo pediu aos que estavam reunidos que avisassem "Tiago e os irmãos" sobre o ocorrido. "Irmãos" quase com certeza refere-se à Igreja toda em Jerusalém, de maneira que a menção do nome de Tiago provavelmente reflete o reconhecimento de seu papel de líder na comunidade cristã.

Duas outras inclusões do nome de Tiago em Atos enfatizam sua proeminência como líder da Igreja em Jerusalém. No Concílio, ele foi o último a falar, a fim de adicionar base bíblica ao testemunho de Pedro (At 15.7-11), de Paulo e de Barnabé (v. 12). Desde que sua abordagem foi aceita essencialmente na íntegra pelos demais líderes e a igreja reunida (vv. 13-29), provavelmente era muito respeitado por todos.

A última menção a Tiago em Atos é na conclusão da terceira viagem missionária de Paulo, o qual, quando chegou a Jerusalém, procurou "Tiago, e todos os anciãos compareceram" (At 21.18). Esta frase novamente indica que ele era um líder numa posição mais elevada do que os anciãos. Desde que os demais apóstolos, exceto Paulo, não foram mais mencionados em Jerusalém, depois do Concílio, o fato de Tiago ter sido citado demonstra com efeito que sua posição na liderança cristã em Jerusalém, daquele momento em diante até sua morte, era extremamente forte.

A maioria das demais referências a Tiago no Novo Testamento, fora do livro de Atos, provavelmente se refere ao tempo de suas atuações. É possível que a primeira delas seja na Epístola aos Gálatas, escrita pouco depois da realização do Concílio, onde Tiago, Pedro e João são chamados de "colunas" da Igreja (Gl 2.9). A interação de Paulo com esses líderes em Jerusalém era muito positiva, pois eles reconheciam seu ministério entre os gentios (v. 9). Posteriormente, entretanto, alguns homens, os quais alegaram que foram enviados por Tiago, chegaram a Antioquia da Síria e causaram grande dissensão dentro daquela primeira igreja composta por gentios (v. 12). Desde que os visitantes conseguiram persuadir Pedro e Barnabé a adotar certas práticas legalistas (vv. 12,13), é provável que a menção do nome e da influência de Tiago seja parte de uma vingança dos judaizantes.

Em 1 Coríntios 9, Paulo mencionou que "os irmãos do Senhor" eram casados (v. 5) e suas famílias eram sustentadas financeiramente pela Igreja (vv. 4-6). Certamente Tiago estava incluído nesta frase. A referência em 1 Coríntios 15 da aparição do Cristo ressurrecto a Tiago é prova de sua proeminência.

A *Epístola de Tiago* com certeza foi escrita por Tiago, o qual cresceu junto com Jesus, embora não faça nenhuma menção a esse relacionamento; pelo contrário, humildemente denomina-se "servo de Deus e do Senhor Jesus Cristo" (Tg 1.1). As referências ao AT, ao Sermão do Monte proferido por Cristo e à oração (Tg 4.2,3; 5.13-16) encaixam-se perfeitamente no quadro bíblico e na forte tradição extrabíblica sobre Tiago. Devido ao fato de a congregação dos crentes ser chamada em algumas versões de "sina-

TIAGO

goga" (Tg 2.2) e de *ecclesía* ("igreja", Tg 5.14), a epístola é considerada um dos mais antigos escritos do Novo Testamento, no tempo em que a Igreja em Jerusalém ainda era mais uma sinagoga messiânica dentro do judaísmo do que um grupo religioso distinto.

A última referência a Tiago no Novo Testamento está no primeiro versículo da curta Epístola de Judas. Como Tiago, Judas refere-se a si mesmo como "servo de Jesus Cristo", mas segue adiante, para estruturar sua autoridade como escritor das Escrituras pela descrição adicional de "irmão de Tiago" (v. 1). Naquele momento da era apostólica, o único Tiago que seria mencionado sem explicações adicionais era o meio-irmão mais jovem do Senhor.

A tradição diz que Tiago foi morto por causa de sua fé, no início dos anos 60 d.C., pelos judeus. Conforme a tradição, ele foi atirado do pináculo do Templo em Jerusalém, embora esta não seja uma informação segura. A igreja que se desenvolvia perdeu um grande líder e um exemplo de piedade com a morte dele. A.B.L.

TIAGO. Vocábulo grego, que pode ser transliterado como Jacó. No Novo Testamento, quatro personagens têm esse nome. Todos eles estão intimamente relacionados com Jesus Cristo. O primeiro, filho mais novo de José e Maria, tornou-se um líder importante na Igreja primitiva, dois eram apóstolos e o quarto era pai de um dos apóstolos.

1. Veja acima, *Tiago, irmão de Jesus*.

2. Tiago, filho de Zebedeu. Apóstolo e também irmão do evangelista João. É mencionado nos três primeiros evangelhos e em Atos 1 a 12.

Provavelmente sua cidade natal era Cafarnaum. Sabe-se que Tiago e seu irmão João eram sócios de Pedro num negócio de pesca no mar da Galiléia (Lc 5.10). Também está evidente que a casa de Simão era nessa cidade (Mc 1.29).

As sociedades nos negócios da pesca envolviam várias gerações. Zebedeu, o pai de Tiago, também era sócio de Pedro e João (Mt 4.21). Aparentemente era um trabalho bem lucrativo, pois possuíam "empregados" (Mc 1.20). Quando Jesus chamou Tiago (bem como Pedro e João) para segui-lo e ser seu discípulo, ele estava envolvido com a pesca (Mc 1.20). Posteriormente, depois de passar a noite em oração, Cristo o chamou para fazer parte do grupo dos doze (Lc 6.12-14). Seu nome aparece em terceiro lugar nas passagens que relacionam os apóstolos (Mt 10.2; Mc 3.17; Lc 6.14; At 1.13).

Na lista dos apóstolos em Marcos, um apelido que Jesus colocara nos irmãos Tiago e João é explicado. Foram chamados Boanerges, que significa "filhos do trovão" (Mc 3.17). Aparentemente o apelido descrevia a personalidade tempestiva que os irmãos demonstraram quando foram chamados por Jesus e durante o período de treinamento. O desejo de "mandar descer fogo do céu", para consumir uma aldeia de samaritanos (Lc 9.54), é um bom exemplo de como Tiago e João eram impetuosos e iracundos, quando seguiam suas inclinações naturais.

Como o nome de Tiago é colocado antes do de João em todas as três listas apostólicas, nos evangelhos, é bem provável que ele fosse o mais velho dos dois irmãos. É interessante notar que em algumas versões, no grego, o nome de João é colocado antes do de Tiago, na cena do cenáculo em Atos 1.13. Já que o nome de André, irmão de Pedro, está separado deste e colocado depois do de Tiago (v. 13), parece que os dois mais proeminentes apóstolos na Igreja primitiva, Pedro e João, recebem desta maneira a honra de ser mencionados em primeiro lugar (v. 13).

Talvez fosse difícil para Tiago, o mais velho, observar o irmão mais novo adquirir maior reconhecimento como líder do que ele próprio. Não há, entretanto, nenhuma indicação no livro de Atos de inveja ou rivalidade por parte dele, naqueles primeiros anos da Igreja.

Não se pode dizer que Tiago e João tenham sido sempre tão abnegados. Além de iracundos (Mc 3.17), ao que parece também eram extremamente ambiciosos. É provável que tenham herdado essa característica de um dos pais, ou de ambos, conforme observamos no incidente em que a mãe deles, esposa de Zebedeu, aproximou-se de Jesus e pediu-lhe que concedesse aos dois filhos posições de honra em seu reino (Mt 20.20,21). Jesus disse aos três que, em seu reinado, o maior serve ao menor (vv. 26,27).

O pedido de Tiago, João e da mãe deles provavelmente esteja baseado numa má interpretação do papel de honra que Jesus já atribuíra aos dois filhos de Zebedeu e a Simão Pedro. Os três compunham um tipo de círculo mais íntimo dentro do grupo apostólico. Por exemplo, foram os únicos que tiveram permissão para acompanhar Jesus quando a filha de Jairo, o líder da sinagoga, foi restaurada à vida (Mc 5.37-42). Também foram os três que Cristo levou consigo ao monte da Transfiguração (Mt 17.1,2). Finalmente, foram eles três também que acompanharam Jesus quando este se separou dos demais para orar, no jardim Getsêmani (Mt 26.36,37).

Dados os vislumbres do papel de liderança de Pedro e João entre os apóstolos e os seguidores de Jesus na primeira parte do livro de Atos, é bem possível que o trio tenha sido treinado por Cristo para tal papel, por meio do relacionamento mais íntimo e privilegiado que tinham com Ele. Se foi assim, Tiago provavelmente ocupou uma posição de responsabilidade na liderança da recém-formada Igreja, fato este, entretanto, não muito citado no livro de Atos. Certamente a menção de seu nome junto com os outros apóstolos no cenáculo (At 1.13) indica que teve importante participação no dia de Pentecostes (At 2.14), no ensino fundamental dos apóstolos (At 2.42) e na defesa deles diante do Sinédrio (At 5.29).

A última menção deste Tiago no Novo Testamento é concernente à sua morte nas mãos do rei Herodes Agripa (At 12.1,2). Outros cristãos foram presos junto com ele, na perseguição ordenada pelo rei (v. 1). Ao que parece, este monarca desejava que a execução de Tiago fosse uma advertência para a Igreja (vv. 1,2). Qualquer vantagem, entretanto, que este Herodes provavelmente pensou adquirir, ao matar Tiago, teve pouca duração. Logo depois Pedro foi solto da prisão de forma sobrenatural (vv. 3-19), o que talvez tenha causado um grande embaraço ao rei. O próprio Agripa teve uma morte trágica, logo depois, a qual Josefo descreveu como causada por violentas dores estomacais, ocasião em que os vermes comeram suas entranhas, estando ele ainda vivo. A Bíblia atribui sua morte ao fato de não ter dado glória a Deus (v. 23), o que pode incluir o castigo pela perseguição aos cristãos, junto com o martírio de Tiago. A.B.L.

3. Tiago, filho de Alfeu. Um dos dois apóstolos de Jesus que atendiam pelo nome de Tiago — o outro era Tiago, filho de Zebedeu. Mencionado em cada uma das listas dos doze, no Novo Testamento (Mt 10.3; Mc 3.18; Lc 6.15; At 1.13); em Mateus, faz par com Tadeu. Marcos 15.40 refere-se a ele como "Tiago, o menor", talvez para se referir à sua altura, porém é mais provável que fosse pelo fato de ser mais jovem do que o outro. Essa mesma passagem também diz que sua mãe era Maria; o texto paralelo em João 19.25 dá a entender que ela era irmã de Maria, mãe de Jesus. Se isso for correto, então Tiago, filho de Alfeu, era primo de Jesus. Nada mais se sabe sobre ele com certeza. C.B.

4. Tiago, o pai de Judas (não o Iscariotes), o apóstolo. Mencionado apenas em Lucas 6.16 e Atos 1.13. Seu filho também era conhecido como Tadeu, listado como um dos apóstolos em

TIBÉRIO

Mateus 10.3 e Marcos 3.18. O nome Tadeu não é encontrado na lista dos discípulos de Jesus, nas quais "Judas, filho de Tiago" é incluído (Lc 6.16; At 1.13).

TIBÉRIO. Mencionado em Lucas 3.1, como o imperador romano que estava em seu 15º ano de reinado quando João Batista começou a pregar. Veja *César*. Reinou de 14 a 37 d.C.

TIBNI. Depois da morte de Zinri, governante de Israel, Onri, o comandante do exército, foi aclamado rei. Parece que nem todo o povo o aceitou imediatamente e pelo menos metade da população apoiou Tibni, filho de Ginate, para ocupar o trono (1 Rs 16.21,22). As tropas dos dois se enfrentaram e Tibni foi morto. Onri, então, reinou sobre todo o reino do Norte, quando restaurou parcialmente a lei e a ordem e acalmou a nação. Veja *Onri*.

TICVÁ (Heb. "esperança").
1. Filho de Harás e pai de Salum. Harás era o responsável pelo guarda-roupas do rei, nos dias de Josias, monarca de Judá. Salum era marido da profetisa Hulda (2 Rs 22.14).
2. Pai de Jaseías, o qual vivia em Jerusalém no tempo de Esdras. Jaseías foi um dos que discordaram da decisão de que os judeus que se tivessem casado com mulheres estrangeiras precisavam divorciar-se delas (Ed 10.15).

TIDAL. Rei de Goim e um dos quatro monarcas da Mesopotâmia que invadiram a Palestina, no tempo de Abraão (veja também *Arioque, Anrafel* e *Quedorlaomer*). O relato de Gênesis 14 é interessante, pois destaca como o vale do rio Jordão era uma região cobiçada, capaz de atrair uma aliança de reis de terras bem distantes, e destaca também a rapidez do crescimento e da influência de Abraão na região.
Está claro que o líder da confederação invasora era o rei Quedorlaomer (Gn

14.4,5). Eles já haviam conquistado várias cidades do vale do Jordão e áreas ao redor do mar Morto e governavam a terra há doze anos. Os reis dessas localidades, então, rebelaram-se e lutaram contra os invasores (veja *Bera, Birsa, Sinabe* e *Semeber*). Novamente, contudo, foram derrotados e fugiram. Os quatro reis capturaram uma grande extensão de terra, que incluía as cidades de Sodoma e Gomorra, das quais tomaram todo o espólio. Levaram cativo, juntamente com o resto dos cidadãos, o sobrinho de Abraão, Ló.
Isso fez com que Abraão entrasse em cena. Quando ouviu o que acontecera, perseguiu Quedorlaomer e alcançou-o bem ao norte. Num ataque sutil e inteligente, o patriarca derrotou a confederação de reis e retornou com Ló e sua família (Gn 14.14-17).
Esses reis vieram da mesma região que antes fora o lar de Abraão. A vitória dele sobre tais monarcas é de grande significado, pois é vista em Gênesis 14 como a vitória de Deus e indicava o estabelecimento do patriarca em Canaã, bem como sua separação final e completa da antiga vida. Desse ponto em diante, sob o plano soberano de Deus, a influência de Abraão na "Terra Prometida" cresceu cada vez mais. P.D.G.

TIGLATE-PILESER (Ass. "minha confiança está no filho de Esharra"). Reinou na Assíria de 745 a 727 a.C. e chama nossa atenção nas Escrituras como o monarca responsável pela invasão do reino de Israel e a deportação da maioria de seus cidadãos. Também era conhecido como Pul (2 Rs 15.19; 1 Cr 5.26). Foi um dos maiores governantes assírios e reinou numa época em que as fronteiras desse império iam muito além da Mesopotâmia. Tiglate-Pileser moveu-se para o Oeste, na direção do mar Mediterrâneo, e forçou a Síria, a Filístia e Israel (reino do Norte) a lhe pagar tributos.
No tempo de Menaém, rei de Israel (743 a 738 a.C.), Tiglate-Pileser invadiu

638

TIMÃO

Israel, de acordo com os dados bíblicos. Menaém rapidamente impôs pesadas taxas sobre seu povo, para pagar o imposto exigido e assim evitar a guerra. Os assírios então recuaram temporariamente. A entrega desses tributos é mencionada também nos documentos assírios. Tal pagamento, entretanto, serviu apenas como paliativo para Israel, que estava sob o julgamento de Deus por causa do pecado e da idolatria. Logo as campanhas assírias contra a região oeste do império começaram novamente; desta vez o rei de Israel era Peca.

"Nos dias de Peca, rei de Israel, veio Tiglate-Pileser, rei da Assíria, tomou a Ijom, a Abel-Bete-Maaca, a Janoa, a Quedes, a Hazor, a Gileade, a Galiléia, a toda a terra de Naftali, e deportou o povo para a Assíria" (2 Rs 15.29; 1 Cr 5.6, 26). A conquista de Israel, há muito tempo anunciada, tinha começado (para mais detalhes sobre a dificuldade de se estabelecer uma data absoluta, veja *Peca*).

Em resposta a essa invasão, Peca aliou-se com Rezim, rei da Síria, para construir uma base militar na Palestina. Os dois atacaram o rei Acaz, de Judá, por este não concordar em participar de seus planos (2 Cr 28.5-21). Acaz apelou para a ajuda da Assíria (2 Rs 16.7; 2 Cr 28.16). Quando, porém, Tiglate-Pileser chegou à Palestina, simplesmente causou ainda mais problemas ao rei de Judá (2 Cr 28.20), mas capturou Damasco e, assim, aliviou o cerco ao redor de Jerusalém (Is 7; 9.8-21). Finalmente, com a provável conivência de Tiglate-Pileser, Peca foi assassinado por Oséias, favorável aos assírios (2 Rs 16.30).

O que Tiglate-Pileser começara, entretanto, não seria interrompido por Oséias. Ele também fez o que era mau aos olhos do Senhor (2 Rs 17.1,2) e Salmaneser, sucessor de Tiglate-Pileser no trono da Assíria, terminou o trabalho ao invadir toda a terra de Israel e capturar Oséias.

Em termos bíblicos, Tiglate-Pileser é visto como o instrumento usado por Deus para trazer juízo sobre seu povo, por causa do pecado, especialmente devido à adoração a outros deuses. Ao se voltar para outras nações e adorar suas divindades, o Deus verdadeiro permitiu que esses povos invadissem Israel. Seus deuses não podiam salvar, pois esta era uma prerrogativa exclusiva do Senhor Todo-poderoso. P.D.G.

TILOM. Mencionado em 1 Crônicas 4.20 como filho de Simeão, da tribo de Judá.

TIMÃO. Um dos sete diáconos indicados para ajudar os apóstolos, que julgaram o trabalho administrativo da Igreja primitiva em Jerusalém um fardo muito pesado (At 6.5). Muitas pessoas aceitavam a Jesus. Os novos convertidos de origem grega reclamaram que suas viúvas eram desprezadas pelos judeus na hora da distribuição diária dos alimentos. Os apóstolos perceberam que gastavam tempo demasiado na solução desse problema (v. 2) e negligenciavam o ministério da Palavra de Deus. Portanto, sete cristãos foram indicados e escolhidos entre os reconhecidos como "cheios do Espírito Santo e de sabedoria". Os apóstolos oraram e impuseram as mãos sobre eles e os nomearam para a assistência social, a fim de que cuidassem bem das questões do dia-a-dia da Igreja.

Este incidente é uma interessante indicação de quão cedo na vida da igreja houve um reconhecimento de que Deus concede diferentes "ministérios" e diversos dons para muitas pessoas. Este fato reflete também o reconhecimento pela igreja de que os que são chamados para o "ministério da Palavra de Deus" (v. 2) não devem ter outras preocupações. O v. 7 indica o sucesso dessa divisão de tarefas: "De sorte que crescia a palavra de Deus, e em Jerusalém se multiplicava rapidamente o número dos discípulos...". P.D.G.

TIMEU

TIMEU. Pai do cego Bartimeu (Mc 10.46). Veja *Bartimeu*.

TIMNA. 1. Concubina de Elifaz, neto de Esaú (Gn 36.12). Tornou-se mãe de Amaleque. Era irmã de Lotã, um líder horeu (1 Cr 1.36,39).

2. Chefe em Edom e descendente de Esaú (Gn 36.40; 1 Cr 1.51).

TIMÓTEO

Uma figura fascinante do Novo Testamento, converteu-se durante a primeira viagem missionária de Paulo e tornou-se um dos colaboradores na segunda viagem, na qual levou o apóstolo a pregar o Evangelho através do mar Egeu em direção à Europa (At 16.1,3).

O homem e sua família

Timóteo pertencia a uma família mista — era filho de "uma judia crente, mas seu pai era grego" (At 16.1). Aprendeu sobre a fé aos pés da avó Lóide e da mãe Eunice (2 Tm 1.5; 3.15). Para que ele fosse útil à evangelização e aceito como judeu, Paulo resolveu submetê-lo à circuncisão, "porque todos sabiam que seu pai era grego" (At 16.3). Essa concessão diante da sensibilidade dos judeus é contrastada com a absoluta recusa do apóstolo em permitir que Tito, seu cooperador gentio, fosse circuncidado; isso envolveria a negação do Evangelho da graça que Paulo pregava (Gl 2.3,16). Alguns comentaristas modernos sugerem que o apóstolo foi incoerente nessa questão ou Lucas, ao escrever, simplesmente se equivocou. O comportamento de Paulo, entretanto, é compreensível, devido aos diferentes contextos em que trabalhava. O apóstolo não estava disposto a comprometer a verdade básica de que a salvação era somente pela graça, por meio da fé. Por isso rejeitava os que obrigavam os cristãos a circuncidar-se. Por outro lado, quando não havia nenhum comprometimento nem violação dos princípios cristãos, estava sempre disposto a fazer grandes concessões para compartilhar o Evangelho com os outros: "Fiz-me como judeu para os judeus, para ganhar os judeus" (1 Co 9.20). Essa flexibilidade é ilustrada na circuncisão de Timóteo.

Um cooperador do Evangelho

Timóteo trabalhou com Paulo e Silas (também conhecido como Silvano), a fim de que as boas novas de Cristo chegassem à Europa. A equipe missionária pregou sobre Jesus como "o Filho de Deus" (2 Co 1.19) em cidades da Macedônia como Filipos, Tessalônica e Beréia. Os judeus de Tessalônica seguiram o apóstolo e seu grupo até Beréia e instigaram a multidão contra eles; por isso, os irmãos o levaram para a costa e o embarcaram para Atenas; Timóteo e Silas ficaram lá, a fim de dar continuidade ao trabalho em Beréia (At 17.13-15). Posteriormente, Paulo desceu a Corinto e Timóteo e Silas partiram da Macedônia e o encontraram naquela cidade (18.5). O apóstolo sem dúvida era o líder do grupo e o porta-voz da fé, mas Silas e Timóteo certamente eram importantes companheiros na missão e estavam felizes por trabalhar sob a liderança e a direção de Paulo. Em Atos 19.22, Timóteo é descrito junto com Erasto como um dos "auxiliares" do apóstolo, os quais foram enviados à Macedônia enquanto Paulo continuava o trabalho na província romana da Ásia.

TIMÓTEO

Semelhantemente, nas epístolas paulinas existe um forte reconhecimento de que Timóteo e outros, como Silvano, eram cooperadores de Paulo. Assim, quando o apóstolo escrevia para as igrejas, naturalmente incluía Timóteo como um de seus companheiros nas saudações de abertura ou nas despedidas (1 Ts 1.1; 2 Ts 1.1; 2 Co 1.1; Fp 1.1; Cl 1.1). No caso dos tessalonicenses, Paulo estava tão preocupado com o bem-estar espiritual deles que enviou Timóteo de Atenas para fortalecer e encorajar os crentes naquela localidade. O veterano missionário falou afetuosamente de Timóteo como "nosso irmão, ministro de Deus e nosso cooperador no evangelho de Cristo" (1 Ts 3.2). O propósito da visita era fortalecer a fidelidade dos cristãos diante da perseguição e dos ataques do "tentador" (1 Ts 3.3-5). Felizmente, a visita de Timóteo trouxe de volta notícias animadoras sobre a fé, o amor e o bondoso interesse dos tessalonicenses para com o apóstolo (1 Ts 3.7). Na visão de Paulo, Timóteo cumpria satisfatoriamente todas as tarefas que lhe eram incumbidas.

Um jovem líder

Evidentemente, Paulo acreditava que Timóteo era um dos jovens que demonstravam maior potencial para ser líder na igreja emergente, o qual podia ser chamado para ocupar qualquer cargo de liderança quando fosse necessário. Não foi surpresa o que o apóstolo disse sobre ele aos romanos: "Saúda-vos Timóteo, meu cooperador" (Rm 16.21). Semelhantemente, Paulo associou Timóteo consigo mesmo nas palavras iniciais de saudação aos Filipenses, ao descrever ambos como "servos de Cristo". Mais tarde, na mesma carta, o apóstolo prestou tributo a Timóteo, ao reconhecer sua preocupação genuína com os filipenses, em contraste com as atitudes egoístas dos outros (Fp 2.20,21). Paulo tinha plena confiança no histórico de Timóteo como obreiro cristão: "Mas bem sabeis qual a sua experiência, e que serviu comigo no evangelho, como filho ao pai" (Fp 2.22).

Paulo valorizava tal companhia no Evangelho. Em 1 Coríntios 4.17 declarou: "Por esta causa vos enviei Timóteo, que é meu filho amado e fiel no Senhor, o qual vos lembrará os meus caminhos em Cristo". O apóstolo instruiu os coríntios, a fim de que Timóteo não fosse tratado com menosprezo, mas recebido calorosamente como um genuíno obreiro cristão, que fazia a obra de Cristo da mesma maneira que Paulo (1 Co 16.10,11). O apóstolo esperava que os cristãos respeitassem os jovens líderes como Timóteo: "Enviai-o em paz, para que venha ter comigo. Eu o espero com os irmãos" (1 Co 16.11b).

1 e 2 Timóteo

É nesse contexto que as *epístolas pastorais* tornam-se tão importantes, pois contêm as instruções que Paulo deu a Timóteo e a Tito. Esses escritos são considerados uma fonte de informações sobre Timóteo, a despeito da tendência moderna que se propaga entre os eruditos de desacreditar a importância deles ou questionar a visão tradicional da autoria paulina. Enquanto as epístolas pastorais 1 e 2 Timóteo e Tito contêm esboços das características esperadas dos líderes e diáconos, também possuem muitas informações pessoais sobre esses líderes (1 Tm 6.20,21; 2 Tm 3.10-17; 4.9-22; Tt 3.12-15). O apóstolo dirigiu-se a Timóteo em tom afetivo, como "meu verdadeiro filho na fé" (1 Tm 1.2). Lembrou ao seu jovem discípulo das coisas que lhe tinha dito anteriormente: "Esta instrução te dou, meu filho Timóteo, que, segundo as profecias que houve acerca de ti, por elas combatas o bom combate, conservando a fé, e a boa consciência" (1 Tm 1.18,19a).

641

TIMÓTEO

Timóteo precisava desenvolver o potencial que os outros observavam nele e evitar os erros desastrosos que Himeneu e Alexandre, entre muitos, tinham cometido (1 Tm 1.19,20).

Formalmente, Timóteo recebia a tarefa que lhe fora confiada (1 Tm 4.11-16; 6.20; 2 Tm 3.10-17; 4.1-5). Essas instruções pessoais precisavam ser encaradas com a maior seriedade: "Mas tu, ó homem de Deus, foge destas coisas, e segue a justiça, a piedade, a fé, o amor, a paciência, a mansidão. Combate o bom combate da fé, toma posse da vida eterna, para a qual também foste chamado, tendo já feito boa confissão diante de muitas testemunhas" (1 Tm 6.11,12). No passado, Timóteo tomara uma posição diante de Cristo e confessara publicamente sua fé, provavelmente por meio do batismo ou da ordenação. Foi desafiado a permanecer como um soldado leal de Cristo até o final. Os padrões eram elevados e o chamado para a liderança cristã envolvia exigências que não eram ignoradas.

A espiritualidade de Timóteo

Foi dito claramente a Timóteo: "Tem cuidado de ti mesmo e da doutrina. Persevera nestas coisas; porque, fazendo isto, te salvarás, tanto a ti mesmo como aos que te ouvem" (1 Tm 4.16). Paulo insistia em que o relacionamento pessoal de Timóteo com Deus era uma questão importantíssima tanto para sua própria vida como para a eficiência de seu ministério. Portanto, o apóstolo instruiu explicitamente seu jovem colega a exercitar-se na piedade (1 Tm 4.7), uma virtude mencionada freqüentemente nas epístolas pastorais (o vocábulo grego, "*eusebeia*", piedade, é usado cerca de dez vezes nas epístolas pastorais: 1 Tm 2.2; 3.16; 4.7,8; 2 Tm 3.5; note também o uso do termo grego "*theosebeia*", reverência a Deus, em 1 Tm 2.10).

A vida num relacionamento íntimo com Deus proporcionaria a base para seu trabalho entre as pessoas. Timóteo jamais devia permitir que desacreditassem de seu ministério por causa de sua juventude; pelo contrário, precisava exercer uma vida cristã integral, bem estabelecida, de maneira que não se pudesse encontrar nele nenhuma falta (1 Tm 4.12). Sua conduta exemplar daria credibilidade ao seu testemunho. Enquanto esperava a chegada de Paulo, que o confirmaria publicamente, devia manter-se atento à leitura pública das Escrituras, ao ensino e à pregação (1 Tm 4.13). Seus dons foram reconhecidos em sua ordenação, quando os líderes do concílio impuseram as mãos sobre ele. Agora era exortado a cultivar e usar tais dons para que o seu progresso fosse manifesto a todos (1 Tm 4.14,15). Sua confiabilidade como líder cristão devia ser estabelecida além de qualquer dúvida razoável.

Como representante pessoal de Paulo, Timóteo foi solicitado a permanecer em Éfeso, "para advertires a alguns que não ensinassem outra doutrina, nem se ocupassem com fábulas ou com genealogias intermináveis, que antes produzem controvérsias do que o serviço de Deus, na fé" (1 Tm 1.1,3,4). Obviamente, havia falsos mestres, que espalhavam seus perigosos pontos de vista, e Timóteo foi chamado para opor-se a eles (1 Tm 1.3-11; 6.3-10; 2 Tm 3.1-9). Em lugar desse tipo incipiente de ensino agnóstico, o qual tinha um elemento especulativo judaico, Timóteo devia apresentar uma "sã doutrina" (1 Tm 1.10; 2 Tm 4.3; cf. Tt 1.9; 2.1), usando "sãs palavras" (1 Tm 6.3; 2 Tm 1.13; cf Tt 2.8), as quais edificariam seus ouvintes na fé cristã e desfariam os ensinos dos falsos mestres.

Timóteo não gozava de boa saúde, pois sofria de problemas estomacais e freqüentes enfermidades (1 Tm 5.23). Paulo o aconselhou a exercitar-se e a tomar as precauções necessárias, para livrar-se das doenças (1 Tm 4.8; 5.23; cf. 3.8).

TÍQUICO

Em resumo, Timóteo constitui um interessante tema de estudo sobre discipulado e liderança cristã. Converteu-se e foi cuidadosamente preparado pelo apóstolo Paulo. Depois foi colocado para trabalhar por Cristo e teve oportunidades para desenvolver seus dons, inclusive o de pregar o Evangelho e o de fortalecer os jovens convertidos e as novas igrejas. Timóteo era um tanto tímido e lhe faltava um pouco de autoconfiança, de maneira que precisava de afirmação e apoio dos cristãos mais maduros. Foi aconselhado sobre a necessidade de experimentar a graça renovada de Deus: "Tu, pois, meu filho, fortifica-te na graça que há em Cristo Jesus" (2 Tm 2.1; uma versão bíblica diz: "Tu, pois, meu filho, continue renovando sua força na bênção espiritual que vem por meio da união com Cristo Jesus"). Paulo falou-lhe de sua herança cristã, "a qual habitou primeiro em tua avó Lóide, e em tua mãe Eunice, e estou certo de que também habita em ti" (2 Tm 1.5). Esse encorajamento pessoal era necessário para fortalecer uma pessoa insegura, a qual foi lembrada de que "Deus não nos deu o espírito de timidez, mas de poder, de amor e de moderação" (2 Tm 1.7).

Para ser um líder autêntico, Timóteo precisava estar sempre em comunhão com Deus de maneira renovada e viva. Sobre isso, Paulo disse: "Por este motivo eu te exorto que despertes o dom de Deus, que há em ti" (2 Tm 1.6). Era um chamado para um compromisso renovado, uma determinação e disposição para sofrer e sacrificar-se. Em todas essas coisas, Timóteo precisava unir-se ao apóstolo em plena confiança no "poder de Deus" (2 Tm 1.8).

O serviço cristão para Timóteo era desafiador e exigente. Havia falsos mestres que apresentavam alternativas sutis e aparentemente atraentes para a fé cristã. Existiam também as tentações perenes do materialismo e do secularismo (1 Tm 6.9,10; 2 Tm 3.1-5). Como líder cristão, Timóteo foi chamado para travar uma guerra espiritual contra os poderes do mal (1 Tm 1.18; 2 Tm 2.4; 4.7). Os "laços do diabo" deviam ser evitados (2 Tm 2.26).

Timóteo fizera promessas ao Senhor e era convocado a cumpri-las como um bom soldado de Cristo (2 Tm 2.3-7). O próprio Paulo proporcionara um grande modelo, digno de ser imitado (2 Tm 3.10-12). Esperava-se que Timóteo mantivesse sua fidelidade à tradição cristã, sem jamais esquecer-se das pessoas nobres que a transmitiram a ele (2 Tm 1.5; 3.14,15). A herança sagrada das Escrituras seria usada "para ensinar, para repreender, para corrigir, para instruir em justiça; a fim de que o homem de Deus seja perfeito e perfeitamente preparado para toda boa obra" (2 Tm 3.16,17). A.A.T.

TÍQUICO (Gr. "fortuito"). Semelhante a Trófimo, era um gentio de Éfeso convertido ao cristianismo. Mencionado em Atos 20.4 como integrante do grupo que foi enviado na frente por Paulo, da Grécia até Trôade, onde o apóstolo os encontrou alguns dias depois. Após sete dias naquela localidade, a comitiva viajou para o sul, de navio, ocasião em que parou em vários portos onde Paulo visitou os cristãos e os encorajou. Finalmente, foram para Jerusalém, onde o apóstolo foi preso.

Tíquico tornou-se amigo pessoal de Paulo e estava junto com ele durante sua primeira prisão em Roma; pessoalmente, levou as cartas do apóstolo aos Efésios (Ef 6.21) e Colossenses (Cl 4.7-9). Além disso, Paulo o encarregou também de "encorajar" ambas as igrejas a ficar firmes na fé e no compromisso com Cristo. Esse trabalho de encorajamento, que trazia as pessoas de volta para Jesus e as edificava no conhecimento do amor do Senhor (Cl 2.2-4; Fp 2.1-3), era uma característica de muitos dos companheiros do apóstolo, que viajavam junto com ele. Tíquico destacava-se neste trabalho por Cristo; por isso, era chamado de "irmão amado, e fiel

TIRACA

ministro do Senhor" (Ef 6.21) e de "irmão amado, fiel ministro e conservo no Senhor" (Cl 4.7).

Muito tempo depois, no final de seu ministério, Paulo ainda contava com a ajuda de Tíquico, quando o enviou para ajudar Tito em Creta (Tt 3.12) e depois para trabalhar em sua cidade natal, Éfeso, a fim de permitir que Timóteo continuasse seu ministério em outro lugar (2 Tm 4.12).

Não sabemos o que aconteceu a Tíquico, mas ele aprendeu a encorajar os cristãos, a evangelizar e a servir até à morte, ao lado do apóstolo Paulo. Foram pessoas como ele que lideraram as igrejas da Ásia na segunda geração. Mantiveram-se obedientes ao ensino apostólico e lideraram as igrejas durante as grandes perseguições que sobrevieram. De fato, era "um servo fiel do Senhor".   P.D.G.

TIRACA. Chamado de "rei da Etiópia" (2 Rs 19.9; Is 37.9).[1] Foi o faraó da 25ª dinastia e é mencionado nas Escrituras nos relatos concernentes ao rei Ezequias, de Judá. Senaqueribe, rei da Assíria, atacara muitas cidades fortificadas do reino do Sul (2 Rs 18.13). Sitiara Laquis (v. 14) e provocava tanta ameaça que Ezequias enviou dinheiro ao rei egípcio, preocupado com o perigo que os assírios representavam para Jerusalém. O rei de Judá esperava obter ajuda do Egito, mas isso não aconteceu; por isso, Senaqueribe zombou dele (vv. 21,22). Ezequias percebeu que na verdade era o Senhor o ridicularizado, pois seu povo recusara-se a confiar nele, a fim de receber a ajuda de que precisava (2 Rs 19.3,4).

Finalmente, Tiraca marchou contra Senaqueribe (2 Rs 19.9), mas Ezequias foi novamente ameaçado pela Assíria. O rei então voltou-se para o Senhor em busca de ajuda e Isaías lhe deu a resposta de Deus: a Assíria seria derrotada. Deus infligiu uma grande mortandade entre as tropas assírias, de maneira que Senaqueribe recuou e voltou para Nínive, onde foi morto por dois de seus filhos. A Bíblia não menciona o que aconteceu com Tiraca nessa ocasião. O Egito não foi capaz de salvar Judá, mas quando o rei Ezequias voltou-se para o Senhor, ele, em seu grande poder sobre os reis do mundo, salvou os judeus imediatamente.   P.D.G.

TIRANÁ. Filho de Calebe, irmão de Jerameel, da tribo de Judá; era descendente de Calebe, filho de Jefoné (1 Cr 4.16).

TIRANO. A "Escola de Tirano" é mencionada em Atos 19.9. Quando Paulo chegou a Éfeso para pregar o Evangelho, primeiro foi à sinagoga; mas, como freqüentemente acontecia em seu ministério, logo foi objeto de inveja e perseguição por parte dos judeus. Em Éfeso, ele se dirigiu a esse local, para discussões diárias, durante dois anos (v. 10). Nada mais se sabe sobre Tirano. Seu nome sugere que provavelmente era grego e possuía uma sala para debates e discussões. Isso é apenas conjectura.

A mudança da sinagoga para um local mais acessível aos gentios aconteceu em vários lugares visitados por Paulo e refletia o padrão que ele mantinha de pregar o Evangelho primeiro ao seu povo e depois aos gentios. A rejeição da mensagem de Deus pela maioria dos judeus significava que ela seria oferecida aos gentios, e isto obviamente repetiu-se em muitas cidades (veja At 13.46-48; 14.1; 17.2; 18.6,7; Rm 1.16; 2.10).   P.D.G.

TIRAS. Sétimo filho de Jafé e neto de Noé (Gn 10.2; 1 Cr 1.5). Não está claro quais foram os povos que descenderam dele, embora alguns estudiosos sugiram que foram os habitantes de Társis e os etruscos.

TIRZA. Uma das cinco filhas de Zelofeade, da tribo de Manassés, o qual não teve filhos. Elas se casaram com primos, da mesma tribo do pai (Nm 26.33;

TITO JUSTO

27.1; 36.1-12; Js 17.3). Tirza e suas irmãs enfrentaram dificuldades com relação à herança, pois normalmente a posse da terra passava para os filhos homens.

Procuraram Moisés sobre tal questão, na porta do Tabernáculo, e pediram-lhe que interviesse, a fim de obterem permissão para tomar posse da terra que seria do pai, pois não era justo que o nome dele fosse apagado da memória de seu povo. Moisés consultou a Deus sobre tal questão e, como resultado, uma nova lei foi promulgada, a qual permitia que as filhas herdassem a terra do pai. Posteriormente os líderes da tribo de Manassés apelaram para Moisés sobre o caso, com a alegação de que, se tais jovens se casassem com homens de outras tribos, a terra delas não seria mais considerada como parte da herança deles. Uma emenda foi acrescentada à lei, a fim de ordenar que as mulheres só se casassem com homens da mesma tribo de seu pai, ou perderiam o direito à herança (Nm 36). Por isso, as filhas de Zelofeade casaram-se com primos paternos, em cumprimento da lei do Senhor.

Quando finalmente os israelitas entraram na terra de Canaã e o território foi dividido entre as tribos, elas receberam a parte que lhes cabia (Js 17.3,4).

TITO. Um dos maiores companheiros de ministério de Paulo. Era tão útil e confiável que o apóstolo o deixou em Creta e depois escreveu-lhe uma carta com as devidas instruções para a estruturação de uma igreja com liderança significativa, de maneira que ela depois pudesse andar sozinha. Assim, algumas das instruções mais detalhadas que temos sobre líderes (Tt 1.5-9), o papel dos anciãos (2.2), das mulheres mais idosas (2.3), das mais jovens (2.4,5), dos jovens (2.6-8) e dos escravos (2.9,10), chegam a nós por meio desta carta. Tito também era um competente mestre; por isso, Paulo o exortou a ensinar a sã doutrina (2.1,15). Precisava ser um modelo de caráter, pois o apóstolo queria que essas qualidades fossem ensinadas à comunidade de Creta.

Obviamente, Paulo tinha Tito em elevada estima, pois sua chegada para ajudá-lo trouxe-lhe muita alegria e conforto (2 Co 2.13; 7.6). Este jovem também foi útil ao apóstolo em Corinto, onde ele o deixou para ajudar os cristãos da cidade numa variedade de assuntos, inclusive levantar fundos para ajudar as igrejas carentes (2 Co 7.13,14; 8.6,16,23). De fato, o apóstolo considerava Tito um grande mensageiro de Deus, cujo termo significa "apóstolo", não no sentido técnico dos doze — mas uma forma atenuada de missionário, um servo comissionado a edificar a Igreja.

Tito também é bem conhecido porque acompanhou Paulo e Barnabé numa reunião em Jerusalém onde foi discutido o papel dos gentios na Igreja. Era descendente de gregos; por isso, não foi forçado a circuncidar-se pelos dirigentes da conferência. (Alguns relacionam essa reunião com At 15, enquanto outros a ligam a At 11.29,30. A Bíblia não deixa este ponto claro.) Desta maneira, Tito tornou-se a principal ilustração do livre acesso dos gentios ao Evangelho. Não precisava tornar-se judeu para ser considerado um cristão.

Tito tinha qualidades de um servo exemplar. Ele possuía um longo histórico de serviços prestados. Era fiel. Era digno de confiança. Podia receber responsabilidades e realizá-las adequadamente. Era suficientemente organizado para liderar outros e estabelecer novos grupos de líderes. Foi uma das figuras fundamentais da Igreja primitiva. 	D.B.

TITO JUSTO. Mencionado em Atos 18.7 como "homem temente a Deus"; morava em Corinto, numa casa que ficava ao lado da sinagoga. Paulo mudou-se para sua residência, ao ser expulso e proibido de pregar naquela casa de oração e estudo das Escrituras. Veja *Justo*.

TOÁ

TOÁ. Ancestral do profeta Samuel (1 Cr 6.34). Possivelmente é a mesma pessoa chamada de Toú (1 Sm 1.1); em 1 Crônicas 6.26 seu nome é mencionado como Naate. Era membro do clã dos coatitas, da tribo de Levi, e foi um dos músicos que serviram no Tabernáculo.

TOBE-ADONIAS (Heb. "o Senhor Deus é bom"). Viveu nos dias do rei Jeosafá, de Judá. Durante os primeiros anos de seu reinado, este monarca serviu ao Senhor com dignidade e enviou vários mestres e levitas para ensinar o povo nas cidades do reino sobre o livro da Lei. Tobe-Adonias foi um desses mestres levitas (2 Cr 17.8).

TOBIAS (Heb. "o Senhor é bom").
1. Os descendentes de Tobias estão listados (Ed 2.60; Ne 7.62) entre os judeus que retornaram para Jerusalém com Neemias e Zorobabel, depois do exílio na Babilônia; no entanto, não puderam provar que sua família era genuinamente de origem israelita.

2. Amonita, provavelmente representava os governantes persas em Judá. Junto com Sambalate, o horonita, e outros, desde o princípio fez uma forte oposição ao trabalho de reconstrução de Jerusalém (Ne 2.10). Possivelmente essa atitude foi gerada pelo fato de que Tobias e seus companheiros tinham muito poder em Jerusalém e viram Neemias como uma forte ameaça aos seus interesses particulares. Embora fosse casado com uma judia (Ne 6.18), Tobias não era judeu e sabia que somente os que descendiam das tribos de Israel poderiam ocupar posições de liderança na reconstrução de Jerusalém e Judá. Neemias sabia que seu trabalho era obra de Deus e deixou claro que Tobias não tinha "parte, nem direito, nem lembrança em Jerusalém" (Ne 2.20).

Tobias insinuou que o trabalho de Neemias era considerado um ato de rebeldia contra o rei da Pérsia (v. 19) e este foi o método usual que empregou para retardar a reconstrução dos muros de Jerusalém. Também desanimou os trabalhadores, ao zombar e escarnecer de seus esforços: "Ainda que reedifiquem, vindo uma raposa derrubará o seu muro de pedra" (Ne 4.3). O trabalho, entretanto, continuava, e Tobias e seus associados ficavam cada vez mais furiosos (v. 7). Fizeram planos para atacar os muros e os trabalhadores; Neemias colocou guardas armados para vigiar, enquanto o trabalho prosseguia (vv. 10-15).

Quando os muros estavam quase prontos, Tobias, Sambalate e Gesém acusaram Neemias de desejar tornar-se rei de Jerusalém, a fim de persuadir a Pérsia a interromper a obra, para evitar uma revolta prestes a explodir em Judá. A resposta de Neemias foi orar e buscar a ajuda de Deus, cujo desejo era que seu povo retornasse para Jerusalém (Ne 6.1-14). Tobias tinha muitos nobres de Judá ao seu lado, os quais fizeram aliança com ele; isso resultou em divisão entre os judeus e comprometeu internamente o trabalho de Neemias; mas Deus cuidou disso e a obra foi finalmente concluída (Ne 6.15 a 7.1).

Quando a obra terminou, o livro de Moisés foi lido publicamente. Então descobriu-se na Lei que amonitas e moabitas não deveriam ser admitidos na assembléia do Senhor. Assim, os israelitas excluíram os descendentes desses povos do meio de Israel (Ne 13.1-3). Neemias também descobriu que Eliasibe, o sacerdote responsável pelos depósitos do Templo, dera secretamente um quarto para Tobias nas dependências do Templo. O governador fez com que ele fosse expulso, mas o incidente revela quanto poder Tobias tinha entre os altos escalões da sociedade de Jerusalém.

A completa dependência de Neemias ao Senhor perante as adversidades, devido aos problemas internos e externos da nação, brilha em meio a seus confrontos com Tobias. Ele confiou no chamado de Deus e em suas promessas e tinha certeza de que a Jerusalém reconstruída adoraria ao Senhor com pureza renovada, pois a perda dessa condição fora uma das causas do juízo divino sobre Judá e o exílio na Babilônia. P.D.G.

3. Judeu que retornou do exílio na Babilônia e doou prata e ouro, com os quais foram feitas coroas para o sacerdote Josué (Zc 6.10,14).

4. Um dos mestres enviados pelo rei Jeosafá para ensinar os habitantes de Judá sobre a Lei do Senhor (2 Cr 17.8,9).

TOCATE. Pai de Salum (2 Cr 34.22), marido da profetisa Hulda. Veja *Ticvá*.

TOGARMA. Neto de Jafé e filho de Gômer; portanto, bisneto de Noé. Tinha dois irmãos: Asquenaz e Rifate (Gn 10.3; 1 Cr 1.6).

TOÍ. Rei de Hamate na época em que Davi derrotou Hadadezer, rei do Zobá, Toí enviou um de seus filhos para felicitá-lo pela vitória e levar-lhe presentes de ouro e prata. Toí também lutara contra Hadadezer (2 Sm 8.9,10; 1 Cr 18.9,10). A menção de seu nome neste contexto ajuda o leitor a entender como as vitórias de Davi eram amplamente reconhecidas. Ele via cada conquista como obra do Senhor; por isso dedicou a Deus o ouro e a prata que ganhou (2 Sm 8.11-13). Em 2 Samuel 8.10, o filho de Toí é chamado de Jorão e em 1 Crônicas 18.10, de Hadorão. P.D.G.

TOLA (Heb. "minhoca" ou "material escarlate"; cf. Sl 104.18).

1. Um dos quatro filhos de Issacar (Gn 46.13; 1 Cr 7.1), mencionados como integrantes do grupo que desceu com Jacó para o Egito (Gn 46.13). Mais tarde tornaram-se líderes de famílias importantes na tribo de Issacar (Nm 26.23; 1 Cr 7.1,2).

2. Filho de Puá, da tribo de Issacar, liderou Israel como juiz por 23 anos (Jz 10.1,2). Vivia em Samir, uma vila de localização incerta na região montanhosa

de Efraim, onde foi sepultado depois de sua morte.

TOMÉ. Este termo deriva da palavra aramaica para "gêmeo" (gr. "Dídimo": Jo 11.16; 20.4; 21.2). No Novo Testamento, Tomé era um dos doze apóstolos de Jesus. Em Mateus, Marcos e Lucas a única vez em que é mencionado pelo nome é na lista com os nomes dos doze discípulos (Mt 10.3; Mc 3.18; Lc 6.15). Em cada passagem faz par com Mateus, talvez para refletir a prática de Jesus de enviar os discípulos de dois em dois (Mc 6.7). Em sua única aparição em Atos, Tomé faz par com Filipe (At 1.13).

No evangelho de João, Tomé aparece com um pouco mais de freqüência. No cap. 11.16, impulsivamente exortou seus companheiros a ir todos para Jerusalém com Jesus, a fim de morrer junto com o Mestre. No cap. 14.5, demonstrou estar confuso, quando perguntou a Jesus sobre o caminho que conduz ao Pai. No cap. 21.2, era simplesmente um membro do grupo de pescadores. A única passagem de relevância teológica, que valeu a Tomé o rótulo de "incrédulo", encontra-se no cap. 20.24-28. Por não estar presente nas aparições anteriores do Cristo ressurrecto, Tomé recusou-se a acreditar até que pudesse ver e tocar em Jesus. Quando teve oportunidade de fazer isso, reconheceu a divindade de Cristo com as impressionantes palavras (principalmente para um judeu monoteísta): "Senhor meu e Deus meu!" (v. 28). O testemunho de Tomé é uma das mais fortes evidências sobre a ressurreição de Cristo, mas João preocupou-se em enfatizar a resposta de Jesus: "Porque me viste, creste. Bem-aventurados os que não viram, e creram" (v. 29).

Certas lendas cristãs apresentam várias possibilidades históricas sobre o ministério de Tomé; uma, provavelmente a verdadeira, é que fundou igrejas na Índia. Pelo menos três escritos apócrifos são falsamente atribuídos a ele. Nada mais se sabe sobre esse apóstolo. C.B.

TOÚ

TOÚ. Ancestral do profeta Samuel (1 Sm 1.1). Em 1 Crônicas 6.34, Toá provavelmente é a mesma pessoa, também chamada de Naate em 1 Crônicas 6.26. Era membro do clã dos coatitas, da tribo de Levi, pai de Eliú e filho de Zufe, da tribo de Efraim. Para uma melhor explicação do elo entre esta família levita e os efraimitas, veja *Jeorão*, item 1.

TRIFENA (Gr. "delicadeza"). Uma das duas mulheres saudadas pelo apóstolo Paulo no final de sua carta aos Romanos (Rm 16.12). Ambas "trabalhavam no Senhor". O nome desta significa "delicadeza" e provavelmente indica uma condição social de riqueza, mas fica claro que ela renunciou a tudo em prol do Evangelho de Cristo, pregado em Roma.

TRIFOSA. Veja *Trifena* (Rm 16.12).

TRÓFIMO. Procedente da cidade de Éfeso, foi um dos líderes cristãos que acompanharam Paulo em algumas de suas viagens. Mencionado em Atos 20.4 como integrante do grupo que foi enviado na frente pelo apóstolo, da Grécia até Trôade, onde Paulo os encontrou alguns dias depois. Após sete dias naquela localidade, o grupo viajou para o sul de navio, com uma parada rápida em vários portos, onde o apóstolo visitou os cristãos e os encorajou. Trófimo permaneceu em companhia de Paulo na viagem mais longa que os levou a Jerusalém, onde é mencionado novamente, após a chegada do grupo (At 21.29).

Paulo foi preso, depois que os judeus da província da Ásia instigaram o povo de Jerusalém contra o ensino do Evangelho de Cristo (At 21.27). Perceberam que Trófimo era grego e estava entre o grupo que apoiava o apóstolo e imaginaram que este o levara ilegalmente para as dependências do Templo. Essa, é claro, era uma acusação falsa, mas Paulo foi salvo da multidão pelas tropas romanas (vv. 30-32).

A outra ocasião em que a Bíblia menciona Trófimo é bem depois. Paulo, em sua segunda carta a Timóteo, referiu-se a ele, a quem deixara "doente em Mileto". É claro que esse cristão era um homem fiel, que permaneceu ao lado de Paulo por muitos anos, tornando-se um amigo fiel do apóstolo e um cooperador em seu ministério. Provavelmente sua origem grega ajudou Paulo, que era judeu, a entrar em lugares e falar com pessoas que de outra forma seria muito difícil para ele alcançar. P.D.G.

TUBAL. Quinto filho de Jafé e neto de Noé (Gn 10.2; 1 Cr 1.5). Provavelmente ele é o fundador do povo que se estabeleceu perto das montanhas Taurus, na moderna Turquia. Em Ezequiel 27.13 seus descendentes são mencionados como mercadores de escravos e artigos de bronze (veja Is 66.19). Na profecia de Ezequiel esta nação foi alvo da condenação, por causa da idolatria e dos maus caminhos (Ez 32.26; 38.2; 39.1). Veja também *Gogue*.

TUBAL-CAIM. Filho de Lameque e de sua esposa Zilá (Gn 4.22). Foi "mestre de toda a obra de cobre e de ferro"; tinha uma irmã chamada Naamá. É possível que o sufixo "Caim" em seu nome signifique "metalúrgico".

---

[1] Etiópia nesses textos refere-se ao Egito (Nota do Tradutor).

U

UCAL. Vários provérbios de Agur, filho de Jaqué, foram endereçados a Ucal e Itiel (Pv 30.1). Os eruditos, entretanto, não estão certos se o texto aqui foi entendido corretamente. Possivelmente as letras hebraicas foram erroneamente interpretadas como se referindo a nomes próprios quando, na verdade, a tradução correta seria (com as mesmas letras) da seguinte maneira: "Estou fraco, ó Deus, estou fraco; estou consumido". O interesse de Agur, entretanto, era que seus ouvintes dessem atenção à "Palavra de Deus (a qual é) perfeita" (Pv 30.1, 5).

UEL (Heb. "a vontade de Deus"). Descendente de Bani, viveu na época de Neemias (Ed 10.34). Depois que Secanias confessou a Esdras que muitos homens da tribo de Judá tinham-se casado com mulheres de outras tribos e de diversas nações, Esdras levou o povo ao arrependimento e ao pacto de servir ao Senhor (Ed 10.2). Uel foi um dos que tinham uma esposa estrangeira.

ULA. Chefe de um clã da tribo de Aser. Tinha quatro filhos e era um bravo guerreiro e líder excelente (1 Cr 7.39,40).

ULÃO (Heb. "o primeiro").
1. Filho de Perez, descendente de Manassés e líder naquela tribo. Era neto de Maquir e sua esposa Maaca. Tinha um irmão chamado Requém (1 Cr 7.16,17).
2. Primogênito de Eseque, listado entre os descendentes de Benjamim e do rei Saul. Seus filho foram "bravos guerreiros" e hábeis arqueiros (1 Cr 8.39,40).

UNI. 1. Depois que a Arca da Aliança foi levada para Jerusalém, o rei Davi organizou adequadamente a adoração e o culto. Uni foi um dos levitas do clã dos meraritas nomeado como porteiro. A tarefa específica dele e de seus irmãos era a de servir como tocadores de harpas e liras diante da Arca, quando esta era conduzida à cidade santa (1 Cr 15.18,20).
2. Levita que retornou do exílio na Babilônia com Zorobabel (Ne 12.9). Provavelmente era o responsável pela parte musical de adoração no Templo.   P.D.G.

UR (Heb. "chama de fogo"). Pai de Elifal, um dos "guerreiros valentes" do rei Davi (1 Cr 11.35).

URBANO (Lat. "urbano"). Um homem a quem Paulo chamou de "nosso cooperador em Cristo". Vivia em Roma e foi saudado pelo apóstolo em Romanos 16.9. O reconhecimento pessoal de Paulo e o cuidado que demonstrava por tantos irmãos, em diversas igrejas, é algo digno de nota na maioria de suas cartas.

URI (Heb. "minha luz").
1. Pai de Bezalel e filho de Hur, da tribo de Judá (Êx 31.2; 35.30; 38.22; 1 Cr 2.20; 2 Cr 1.5). Bezalel foi indicado pelo Senhor para a construção do Tabernáculo.
2. Pai de Geber, um dos doze governadores distritais do rei Salomão (veja Ben-Hur), responsável pela região de Gileade, a qual era "a terra de Siom, rei dos amorreus, e de Ogue, rei de Basã" (1 Rs 4.19).
3. Após o exílio na Babilônia, muitos judeus casaram-se com mulheres estrangeiras. Uma vez em Jerusalém, eles se arrependeram e, sob a direção de Esdras, fizeram um pacto de servir ao Senhor (Ed 10.2). Este Uri, levita e porteiro do Templo, também possuía uma esposa estrangeira (v. 24).   P.D.G.

URIAS

URIAS. 1. Heteu, vivia em Jerusalém com sua esposa durante o reinado de Davi. Foi um dos famosos "trinta" guerreiros valentes (2 Sm 23.39; 1 Cr 11.41). Sua casa era construída em algum lugar não muito longe do palácio real. Ele lutava sob as ordens de Joabe, comandante das tropas de Davi. Certa vez, quando Urias estava na guerra, o rei encontrava-se no terraço do palácio e, ao olhar para baixo, viu Bate-Seba, esposa deste soldado, banhando-se. Desejou-a ardentemente, mandou trazê-la e engravidou-a (2 Sm 11.1-5). Davi ordenou que Urias retornasse a Jerusalém, na esperança de que dormisse com a esposa e lhe evitasse assim uma situação embaraçosa (vv. 6-9). Ele, porém, provou ser fiel tanto a Deus como ao rei. Recusou-se a ter privilégios que seus companheiros do exército não tinham e não voltou para sua casa, depois de conversar com Davi, mesmo quando o rei o embriagou. Sua preocupação com a "Arca, e Israel, e Judá" era muito louvável e demonstrava seu compromisso com o país e com o Deus que adotara (vv. 10-13).

Exasperado, Davi o enviou de volta à frente de batalha, com uma recomendação ao comandante Joabe para colocar Urias na linha de frente no cerco à cidade de Rabá. O esposo de Bate-Seba morreu na batalha e Davi casou-se com ela (vv. 16-27). De fato o rei matara Urias, por meio da ordem que dera a Joabe; "porém isto que Davi fizera desagradou ao Senhor" (2 Sm 11.27). Posteriormente o profeta Natã foi enviado por Deus ao rei, para repreendê-lo. A criança que Bate-Seba deu à luz morreu, como juízo divino, e o pecado teve consequências duradouras para Davi (2 Sm 12; 1 Rs 15.5; veja também *Natã* e *Bate-Seba*). A despeito, porém, das consequências devastadores e duradouras de um pecado tão terrível, o relato bíblico revela que Deus perdoa todo o que se arrepende sinceramente, não importa quão séria seja a sua transgressão (2 Sm 12.13,14).

2. Sacerdote no tempo do rei Acaz, de Judá, o qual foi atacado por Rezim, rei da Síria, e Peca, rei de Israel; por se recusar a aliar-se com eles contra a Assíria. Acaz, ao enviar presentes do Templo e dos tesouros do palácio real a Tiglate-Pileser, rei assírio, pediu-lhe ajuda. Este então atacou e conquistou Damasco (2 Rs 16). O rei de Judá foi até lá visitá-lo e viu um altar, o qual ele desenhou e enviou o modelo para o sacerdote Urias, com a ordem de que fosse construído um igual em Jerusalém (vv. 10,11). Quando Acaz retornou, ofereceu sacrifícios sobre aquele monumento. Urias removeu um dos altares do Senhor do Templo para colocar o novo no lugar e ofereceu sacrifícios em obediência às instruções do rei, em vez de seguir a Lei de Moisés (vv.12-18).

Tal adoração a deuses estranhos, nas próprias dependências do Templo — o qual foi construído exclusivamente para o culto ao Senhor — indicava o quanto Acaz e os sacerdotes haviam-se afastado do Deus verdadeiro. Sem dúvida achavam que, ao adorar ao Senhor e também aos deuses de Damasco, corriam menos risco de sofrer uma invasão e ser destruídos (2 Cr 28.22,23). De fato, a verdade era justamente o oposto. Se tivessem confiado inteiramente no Senhor, Deus os salvaria; entretanto, ao se voltarem para outros deuses, atraíam o juízo divino (2 Cr 28.25; Is 8.1,2).

3. Filho de Semaías, de Quiriate-Jearim (Jr 26.20). Era um profeta fiel ao Senhor, contemporâneo de Jeremias. Profetizou na época do rei Jeoiaquim e advertiu sobre o juízo iminente de Deus e a destruição de Jerusalém pelos caldeus. O rei e seus oficiais ficaram furiosos, pois achavam que tais pronunciamentos destruíam a confiança do povo na liderança deles. Tentaram matar Urias, mas ele fugiu para o Egito. Jeoiaquim, entretanto, enviou Elnatã com ordens para trazê-lo de volta. Ao retornar, Urias foi morto (vv. 21-23).

4. Sacerdote da tribo de Levi, filho de Hacoz e pai de Meremote (Ed 8.33; Ne

UZAL

3.4, 21), um dos responsáveis pela contagem do ouro e da prata levados de volta do exílio na Babilônia para Jerusalém.

5. Estava no grupo que se juntou a Esdras sobre a plataforma de madeira enquanto ele lia o livro da Lei para todo Israel. Depois da leitura o povo adorou e louvou ao Senhor, confessou seus pecados e fez um novo pacto de servir a Deus (Ne 8.4).   P.D.G.

URIEL. 1. 1 Crônicas 6.24 menciona Uriel, da tribo de Levi, e descendente de Coate. Era filho de Taate e pai de Uzias.

2. Levita, líder do clã dos coatitas, na época do rei Davi. Ele e 120 pessoas de seu grupo familiar foram consagrados com os membros de outras famílias, a fim de carregar a Arca da Aliança para Jerusalém (1 Cr 15.5, 11). Ela fora deixada na casa de Obede-Edom por três meses, depois que o Senhor executou o juízo sobre Uzá (1 Sm 6 – veja *Uzá*).

3. De Gibeá, era pai de Maaca, mãe do rei Abias, de Judá (2 Cr 13.2).

UTAI. 1. Filho de Amiúde (1 Cr 9.4). Depois do exílio na Babilônia, ele estava entre os primeiros da tribo de Judá que retornaram para Jerusalém.

2. Descendente de Bigvai, também retornou do Exílio na Babilônia com Esdras (Ed 8.14).

UZ. 1. Primogênito dos quatro filhos de Arã e neto de Sem, listado em Gênesis 10.23 e 1 Crônicas 1.17.

2. Filho de Naor e Milca (sobrinho de Abraão). Um de seus irmãos chamava-se Buz. Os nomes "Uz e Buz" ficaram famosos através dos anos. Este termo também é encontrado como a grafia de "Huz" (Gn 22.21). Veja *Betuel*.

3. Filho de Disã e irmão de Arã, liderava o clã dos horeus e vivia em Edom (Gn 36.28; 1 Cr 1.42). Referências à terra de "Uz" provavelmente estejam relacionadas com o território onde os descendentes de um dos dois acima se estabele-

ceram. Muitos eruditos presumem que o referente ao item 2 seja mais provável, mas não se sabe ao certo. A terra também não foi localizada com exatidão. Pode, entretanto, ser na região noroeste da Arábia (Jó 1.1; Jr 25.20; Lm 4.21).   P.D.G.

UZÁ. 1. Benjamita, filho de Gera, chefe de um clã, era ancestral do rei Saul e aparece em sua genealogia (1 Cr 8.7).

2. Nome dado ao jardim em torno do sepulcro dos reis Manassés e Amom, de Judá (2 Rs 21.18,26). Uzá provavelmente foi o dono do local ou o jardineiro, mas nada se sabe sobre ele.

3. Chefe de uma família de servidores do Templo cujos descendentes retornaram do exílio na Babilônia nos dias de Esdras e também se dedicaram ao serviço no Santuário (Ed 2.49; Ne 7.51).

4. Um dos dois filhos de Abinadabe, que guiavam o carro de bois onde a Arca da Aliança era transportada de Baalim a Jerusalém, sob o comando do rei Davi (2 Sm 6.3). Os animais, no entanto, tropeçaram; Uzá estendeu a mão para amparar a Arca, algo que provavelmente todos receberam ordens estritas para não fazer (v. 6; Nm 4.15). Como resultado, "Deus o feriu ali por esta irreverência e morreu ali junto à arca de Deus" (v. 7).

Davi temeu muito pelo que acontecera e por três meses ninguém teve coragem de mover a Arca, com medo das conseqüências. O rei então chamou o lugar da tragédia de Perez-Uzá (v. 8), que significa "irrompeu contra Uzá". Veja também 1 Crônicas 13.7-11 e *Obede-Edom*.

5. Filho de Simei, descendente de Merari, da tribo de Levi (1 Cr 6.29).   P.D.G.

UZAI. Pai de Palal, o qual trabalhou sob a supervisão de Neemias na reconstrução dos muros de Jerusalém, depois do exílio na Babilônia (Ne 3.25).

UZAL. Semita, era filho de Joctã; tornou-se líder tribal (Gn 10.27; 1 Cr 1.21). Seus descendentes provavelmente se estabe-

UZI

leceram na região conhecida como Uzal. Não é possível, porém, identificar a localização dessa terra (Ez 27.19).

UZI. 1. Filho de Buqui e pai de Zeraías, mencionado nas listas de descendentes de Levi em 1 Crônicas 6.5,6,51. Foi ancestral de Esdras (Ed 7.4).
2. Primeiro filho de Tola e neto de Issacar, chefe de uma família ilustre e soldado valente. Tinha um filho chamado Izraías (1 Cr 7.2,3).
3. Filho de Belá e neto de Benjamim, era chefe de uma grande família (1 Cr 7.7).
4. Mencionado em 1 Crônicas 9.8 como filho de Micri e pai de Elá. Depois do exílio na Babilônia, encontrava-se entre os primeiros membros da tribo de Benjamim que retornaram para Jerusalém.
5. Filho de Bani, foi o "superintendente dos levitas em Jerusalém", depois do exílio na Babilônia. Era descendente de Asafe e serviu junto com Neemias (Ne 11.22).
6. Provavelmente é o referido no item 7. Era o chefe da família de Jedaías e ajudou no serviço do Templo na época de Neemias (Ne 12.19).
7. Levita, fazia parte do coral que cantou na festa de dedicação dos muros de Jerusalém, destruídos pelos caldeus quando os israelitas foram exilados na Babilônia. Sob a direção de Neemias, a obra foi executada e em sua inauguração houve uma grande festa de louvor a Deus (Ne 12.42). P.D.G.

UZIAS (Heb. "o Senhor é minha força").
1. Rei de Judá, governou aproximadamente de 791 a 740/39 a.C. O relato mais longo sobre ele encontra-se em 2 Crônicas 26, que diz que ele reinou por 52 anos. Governou como co-regente junto com seu pai Amazias, o qual, nos primeiros anos de seu reinado, provavelmente estava preso no reino do Norte. Sua mãe chamava-se Jecolia e era de Jerusalém. Uzias liderou Judá num período de grande prosperidade que culminou num rápido declínio (2 Reis 15.1-7 chama-o de Azarias).

O cronista deseja que o leitor entenda que, assim como seu pai Amazias, Uzias teve grande sucesso "enquanto buscou ao Senhor" (v. 5). Certamente na primeira parte de seu reinado ele "fez o que era reto aos olhos do Senhor" (v. 4) e isso trouxe a bênção de Deus nas lutas contra os filisteus, árabes e amonitas. Durante este tempo, Uzias era ensinado sobre a fé por um profeta chamado Zacarias, o qual é mencionado somente neste texto (v. 5). A fama deste rei espalhou-se muito além das fronteiras de Judá e chegou até o Egito (vv. 6-8). Fortificou a cidade de Jerusalém e construiu postos de vigia no deserto. Juntou um poderoso e enorme exército, muito bem equipado, e até mesmo desenvolveu novos tipos de armas para serem usadas na defesa dos muros da cidade (vv. 9-15).

Como, porém, acontece com muitas pessoas que se tornam poderosas e famosas, Uzias ficou orgulhoso e desobedeceu ao Senhor. Entrou no Templo para oferecer sacrifícios, o que só os sacerdotes tinham permissão para fazer, de acordo com a Lei de Deus. Sacerdotes corajosos, liderados por Azarias, opuseram-se ao rei e denunciaram o pecado que ele cometera. Uzias aborreceu-se com os sacerdotes, mas, no mesmo instante, ficou leproso, "visto que o Senhor o ferira" (vv. 16-20). A lepra era um mal que impedia a pessoa de entrar no Templo e, assim, foi o castigo apropriado para o crime do rei.

2 Reis 15.1-7 relata muito pouco sobre o reinado de Uzias. Depois de ser afligido com a lepra, provavelmente teve seu filho Jotão como co-regente (v. 5), o qual posteriormente foi seu sucessor no trono (vv. 13,30,32,34; veja também Mt 1.8,9).

Durante o reinado de Uzias, os profetas Isaías, Amós e Oséias fizeram pronunciamentos (Is 1.1; 6.1; 7.1; Os 1.1; Am 1.1). A preocupação deles com a riqueza e o orgulho é evidente em todas as profecias feitas naquele período. O rápido declínio de Judá nos últimos anos de reinado de Uzias era parte do juízo de Deus, que vem sobre o orgulhoso que o ignora. O Senhor enviou também um terremoto como parte do juízo sobre a nação. O tremor de terra foi tão forte que Amós o usou como referência para indicar uma data particular e o profeta Zacarias tempos mais tarde o mencionou para ilustrar o que Deus faria no final para julgar a terra (Am 1.1; Zc 14.5).

2. Filho de Uriel e pai de Saul, do clã dos coatitas, da tribo de Levi (1 Cr 6.24).

3. Pai de um certo Jônatas, o qual era responsável pelos "tesouros dos campos, das cidades, das aldeias, das torres" do rei Davi; portanto, era um dos superintendentes pessoais do rei (1 Cr 27.25).

4. Descendente de Harim, viveu no tempo de Esdras; foi um dos judeus que se casaram com mulheres estrangeiras, em vez de escolher uma esposa na tribo de Judá (Ed 10.21).

5. Pai de Ataías e descendente de Perez, da tribo de Judá. Ataías se estabeleceu em Jerusalém depois do exílio na Babilônia (Ne 11.4).   P.D.G.

6. Asteratita, pertencia ao grupo dos "trinta" guerreiros valentes de Davi, os quais saíam com ele para as batalhas e lideravam o povo de Israel na guerra (1 Cr 11.44).

UZIEL (Heb. "minha força é Deus").

1. Neto de Benjamim e filho de Belá;

era chefe de uma grande família e um excelente guerreiro (1 Cr 7.7).

2. Um dos quatro filhos de Coate, portanto neto de Levi (Êx 6.18; 1 Cr 6.2,18,38; 23.12). Era tio de Moisés e pai de um líder de clã entre os coatitas (Lv 10.4; Nm 3.19; 1 Cr 15.10). Liderava o grupo dos uzielitas e sua família cuidava da Arca da Aliança e de outros utensílios usados no santuário (Nm 3.27-31). Seus filhos foram Misael, Elzafã (chamado de Elizafã em Nm 3.30) e Sitri (Êx 6.22). Em 1 Crônicas 23.20 e 24.24, Misael é chamado de Mica, e um outro filho, chamado Issias, também é mencionado.

3. Filho de Isi, da tribo de Simeão; viveu na época do rei Ezequias, de Judá. Foi um dos líderes da invasão na região montanhosa de Seir (a leste do mar Morto), quando os remanescentes dos amalequitas foram mortos. Seu povo estabeleceu-se naquela região (1 Cr 4.42,43).

4. Um dos filhos de Hemã, listado como membro do grupo separado para o ministério da profecia e da música, durante o reinado de Davi. Hemã era o vidente do rei (1 Cr 25.4).

5. Levita mencionado em 2 Crônicas 29.14, era descendente do músico Jedutum e trabalhava no Templo durante o avivamento que ocorreu no reinado de Ezequias. Para mais detalhes, veja *Hemã*.

6. Filho de Haraías, era ourives e ajudou a reconstruir uma seção dos muros de Jerusalém, sob a liderança de Neemias, depois do exílio na Babilônia (Ne 3.8).

P.D.G.

V

VAIZATA. Um dos filhos de Hemã, morto pelos judeus na fortaleza de Susã (Et 9.9).

VANIAS. Listado em Esdras 10.36 entre os descendentes de Bani. Secanias confessou a Esdras que muitos homens de Judá, inclusive descendentes dos sacerdotes, tinham-se casado com mulheres de outras tribos e de diversas nações. Esdras levou o povo ao arrependimento e ao pacto de servir ao Senhor (Ed 10.2). Vanias foi um dos judeus que se casaram com estrangeiras.

VASTI. Rainha da Pérsia, esposa do rei Assuero (Et 1). No último dia do banquete oferecido por este monarca, Vasti foi convocada para mostrar sua beleza diante dos convidados. Ela recusou o convite e essa atitude gerou controvérsias entre os conselheiros do rei. Receosos de que a desobediência da rainha desacreditasse todos os homens do reino diante de suas esposas, eles depuseram Vasti e procuraram uma nova rainha para substituí-la. Isso fez com que entrasse em cena Ester, a qual foi escolhida como a nova esposa do rei. Deus estava no controle da situação, de maneira que uma judia foi colocada numa posição da qual pôde ajudar a salvar seu povo da destruição. Veja *Ester* e *Hamã*.   s.c.

VOFSI. Pai de Nabi, da tribo de Naftali, um dos doze espias enviados por Moisés do deserto de Parã para observar a terra de Canaã (Nm 13.14). Foi escolhido um príncipe de cada tribo e Nabi foi o representante de Naftali. Para maiores detalhes sobre a missão deles, veja *Samua*.

XERXES. 1. Rei da Pérsia, mais conhecido como Assuero (chamado de Xerxes em algumas versões bíblicas), é mencionado no livro de Ester e em Esdras 4.6. Um dos maiores reis do Império Persa, governou de 486 a 465 a.C. Era filho de Dario (I), o Grande. Uma inscrição descoberta em Persépolis indica a extensão do seu governo. Sufocou brutalmente todas as rebeliões e atacou a Grécia, onde incendiou a cidade de Atenas. Os gregos, porém, contra-atacaram e, em 466 a.C. empurraram os persas de volta à Ásia Menor. Assuero foi assassinado em 465 a.C., após perder grande parte do império.

No livro de Ester, Assuero é retratado como um rei poderoso, com um grande império, "que reinou desde a Índia até a Etiópia, sobre cento e vinte e sete províncias" (Et 1.1). Esta é claramente uma descrição precisa pelo menos da primeira quarta parte de seu reinado. A principal cidade era Susã e a rainha chamava-se Vasti (v. 2), que se recusou a obedecer a uma ordem do rei para se apresentar em um banquete e foi deposta (1.16-19). Ester assumiu seu lugar. A descrição da fúria do rei (2.1), a tentativa de golpe contra ele (2.21-23), sua fraqueza diante dos conselheiros (1.16; 3.10,11) etc., tudo isso indica um rei que gradualmente perdeu força e viu seu poder diminuir. No meio dessa impotência política crescente, Deus colocou Ester e Mordecai em elevadas posições ao redor de Assuero e agiu por meio deles para proteger os judeus. Uma vez mais a soberania do Senhor sobre as nações do mundo foi testemunhada, na maneira como salvou seu povo do extermínio.

2. Mencionado como pai de Dario, rei da Babilônia, na época em que os judeus estavam exilados lá (Dn 9.1).   P.D.G.

Z

ZAÃ (Heb. "abominável"). Um dos três filhos do rei Roboão com sua esposa Maalate (2 Cr 11.19).

ZAAVÃ. Segundo filho de Eser e um dos líderes tribais de Seir, onde Esaú se estabeleceu (Gn 36.27; 1 Cr 1.42).

ZABADE. 1. Mencionado em 1 Crônicas 2.36,37, era pai de Eflal e filho de Natã, portanto descendente de Judá.

2. Descendente de Efraim, filho de Taate e pai de Sutelá (1 Cr 7.21).

3. Filho de Alai, foi um "trinta" guerreiros valentes do rei Davi (1 Cr 11.41).

4. Filho de Simeate, o amonita (2 Cr 24.26). Chamado de Jozacar em 2 Reis 12.21. Um dos que assassinaram o rei Joás, de Judá. O crime foi considerado um castigo de Deus sobre o rei, por ter ordenado a morte do sacerdote Zacarias, um homem justo, e por ter feito com que a nação se afastasse do Senhor e se envolvesse com a idolatria (2 Cr 24.18-24). O fato de a mãe de Zabade ser identificada como amonita e o outro assassino também ser filho de uma mulher desta nação indica ao leitor de Crônicas o quanto o povo de Israel se afastara da obediência à Lei de Deus, qual os casamentos com estrangeiras era proibido.

5. Descendente de Zatu. Na época do retorno do exílio na Babilônia, Secanias confessou a Esdras que muitos homens de Judá, inclusive descendentes dos sacerdotes, haviam-se casado com mulheres de outras tribos e de diversas nações. Esdras levou o povo ao arrependimento e ao pacto de servir ao Senhor (Ed 10.2). Zabade está listado em Esdras 10.27 como um dos que se casaram com estrangeiras.

6. Descendente de Hasum, listado entre os judeus que se casaram com mulheres estrangeiras (Ed 10.33).

7. Descendente de Nebo, listado entre os judeus que se casaram com mulheres estrangeiras (Ed 10.43). P.D.G.

ZABAI. 1. Descendente de Bebai. Na época do retorno do exílio na Babilônia, Secanias confessou a Esdras que muitos homens de Judá, inclusive descendentes dos sacerdotes, haviam-se casado com mulheres de outras tribos e de diversas nações. Esdras levou o povo ao arrependimento e ao pacto de servir ao Senhor (Ed 10.2). Zabai está listado em Esdras 10.28 como um dos que se casaram com estrangeiras.

2. Pai de Baruque (Ne 3.20), ajudou a reparar os muros de Jerusalém, nos dias de Neemias. P.D.G.

ZABDI (Heb. "meu presente").

1. Mencionado em 1 Crônicas 8.19 na genealogia que vai de Benjamim até o rei Saul. Era filho de Simei.

2. Sifmita, foi superintendente durante o reinado de Davi. Era responsável pelas plantações de uva e pela produção e armazenamento do vinho nas adegas do rei (1 Cr 27.27).

3. Avô de Matanias, da tribo de Levi, que conduzia o povo aos louvores e às orações quando o Templo era restaurado nos dias de Neemias (Ne 11.17).

ZABDIEL (Heb. "presente de Deus"). **1.** Pai de Jasobeão, um dos comandantes do exército de Davi e descendente de Perez (1 Cr 27.2), o qual ficava de prontidão com seus soldados no primeiro mês de cada ano.

2. Filho de Gedolim, listado entre os sacerdotes que retornaram do exílio na

ZACARIAS

Babilônia e se estabeleceram em Jerusalém. Seu clã compunha-se de 128 valentes (Ne 11.14).

ZABUBE. Sacerdote e um dos conselheiros pessoais do rei Salomão e seu oficial. Era filho de Natã, o profeta dos dias de Davi (1 Rs 4.5).

ZABUDE. Descendente de Bigvai, fez parte do grupo de judeus que retornaram do exílio na Babilônia com Esdras (Ed 8.14).

ZACAI. Ancestral de 760 pessoas que retornaram do exílio na Babilônia com Neemias e Zorobabel (Ed 2.9; Ne 7.14).

ZACARIAS (Heb. "o Senhor lembra").
1. Profeta menor, do Antigo Testamento. Ele exerceu seu ministério após o exílio na Babilônia e é identificado como filho de Baraquias e neto de Ido (Zc 1.1). Evidências cronológicas e genealógicas sugerem que este Ido é o sacerdote que retornou do exílio sob a liderança de Zorobabel e Jesua (Ne 12.4,16). Isso implicaria que Zacarias também era sacerdote, especificamente "de Ido" (v. 16), isto é, da mesma família. Seu papel duplo como sacerdote e profeta não é único no Antigo Testamento (veja Samuel, Jeremias e Ezequiel) e explica o seu interesse incomum pelas questões sacerdotais (veja Zc 3.1-5; 4.1-6, 11-14; 6.9-15; 8.18,19; 14.16-21).
Zacarias estabeleceu cuidadosamente a data de seus oráculos, uma prática condizente com os costumes relacionados com as técnicas de composição da época, as quais asseguravam que seu ministério não seria abstrato, mas bem relacionado com os tempos e as circunstâncias dos quais fazia parte. Seu primeiro pronunciamento público foi no oitavo mês do segundo ano de Dario Hispastes, rei da Pérsia de 522 a 486 a.C. De acordo com nosso calendário moderno, a Palavra do Senhor veio a Zacarias em outubro/novembro de 520 a.C. Notações cronológicas subseqüentes aparecem em Zacarias 1.7 (janeiro/fevereiro de 520 a.C.) e 7.1 (7 de dezembro de 518 a.C.). Assim, todo o ministério documentado de Zacarias abrange um período de apenas dois anos, embora muitos estudiosos acreditem que Zacarias 9 a 14 provavelmente tenha sido escrito mais tarde.

Em 520 a.C. o retorno do exílio da Babilônia já acontecia há 18 anos (Ed 1.1). Por volta do segundo mês do segundo ano (abril/maio de 536 a.C.), Zorobabel e Jesua lideraram a colocação dos alicerces do Templo (Ed 3.8-10), um trabalho que mal começara e foi interrompido pelos inimigos dos judeus, os quais convenceram o rei Artaxerxes, predecessor de Dario, a proibir a continuação da obra (Ed 4.23,24). A ascensão de Dario causou uma revogação do edito real e o trabalho de reconstrução foi reiniciado (Ed 6.12,13).

É digno de nota o papel que os profetas Ageu e Zacarias desempenharam no reinício e na finalização do trabalho de reconstrução do Templo (Ed 5.1; 6.14,15). Como já foi dito, a linhagem sacerdotal de Zacarias provavelmente lhe proporcionou um elemento adicional em seu interesse no Templo e no restabelecimento dos cultos de adoração.

Nada sabemos sobre a vida pessoal de Zacarias. O próprio profeta Ageu, que foi seu contemporâneo, não o menciona em seus escritos, e só encontramos algumas breves referências a ele em Esdras e Neemias (citadas acima). As Escrituras, portanto, nada falam sobre sua vida e vocação. Isso inclui a declaração feita por Jesus aos escribas e fariseus de que eles (seus ancestrais) assassinaram os profetas, de Abel até Zacarias, a quem mataram "entre o santuário e o altar" (Mt 23.35). Apesar de ele ser identificado por Cristo como o filho de Baraquias, Jesus tinha outra pessoa em mente com o mesmo nome, e não este profeta menor. Isso fica evidente pela referência à morte de Zacarias, um fato não comprovado com

ZACARIAS

relação ao escritor canônico, mas bem conhecido em outros textos referentes a outro Zacarias, ou seja, o filho do sacerdote Jeoiada, morto violentamente por ordem do rei Joás (2 Cr 24.20-22). Assim, os profetas de Gênesis (Abel) até o final da Bíblia (Crônicas, de acordo com o cânon judaico) sofreram perseguições. Quanto ao aparente conflito entre Zacarias "filho de Jeoiada" (2 Cr 24) e o "filho de Baraquias" (Mt 23), muitos eruditos sugerem que Jeoiada era, de fato, o avô do profeta; portanto, o nome de seu pai, Baraquias, foi omitido no registro de Crônicas.

Algo particularmente interessante nos escritos de Zacarias é o registro das oito visões, cheias de imagens dramáticas (Zc 1.7-21; 2.1-13; 3.1-10; 4.1-14; 5.1-11; 6.1-15). Essas imagens e outros aspectos da obra do profeta, tanto nas visões como nos oráculos que se seguem (Zc 9.1 a 11.17; 12.1 a 14.21), são elementos de um tipo especial de profecia, descrita tecnicamente como "apocalíptica". Esses elementos incluem o uso abundante de animais simbólicos, intervenções dramáticas e impressionantes de *Yahweh* na história humana, cenas bizarras de vasos e rolos voadores etc. Essa linguagem apocalíptica já fora empregada antes por Ezequiel e até mesmo por Isaías, mas nenhum profeta supera Zacarias no uso desse método de revelação. A razão, sem dúvida, era que os horizontes da história de Judá haviam sido ampliados até os confins da civilização humana sob o domínio persa. *Yahweh* não era mais entendido como o Deus apenas de uma pequena comunidade judaica. Pelo contrário, ele já havia demonstrado sua soberania aos impérios poderosos como Assíria, Babilônia e Pérsia; portanto, precisava ser visto em termos universais e cósmicos. A contribuição de Zacarias para esse entendimento mais amplo da obra de juízo e salvação de *Yahweh* é extremamente importante e jamais pode ser ignorada.

Proporcionalmente ao seu tamanho, Zacarias é o livro do Antigo Testamento citado com mais freqüência no Novo Testamento. É especialmente rico em alusões messiânicas (Zc 9.9 — Mt 21.5; Jo 12.15; Zc 9.11 — Mt 26.28; Mc 14.24; Lc 22.20; 1 Co 11.25; Hb 13.20; Zc 11.12 — Mt 26.15; 27.9; Zc 12.10 — Jo 19.37; Zc 13.7 — Mt 26.31; Mc 14.27), o que indica sua importância para a primitiva comunidade cristã. Seu lugar quase no término do cânon dos profetas do Antigo Testamento dá a esse livro um senso de antecipação, como se já observasse a obra salvadora de Deus em Cristo.

2. Rei de Israel. Último governante da perversa dinastia de Jeú (2 Rs 15.12), foi sucessor de seu pai, Jeroboão II (2 Rs 14.29), e reinou por apenas seis meses (753 a.C.). Foi assassinado por Salum, o qual reinou em seu lugar (2 Rs 15.8,10).

3. Pai de Abi, mãe do rei Ezequias (2 Rs 18.2). Chamada de Abia em 2 Crônicas 29.1.

4. Descendente de Rúben e líder de um clã dos rubenitas (1 Cr 5.7).

5. Filho de Meselemias, da tribo de Levi. Foi porteiro do Templo após o retorno do exílio na Babilônia (1 Cr 9.21).

6. Descendente de Jeiel, de Gibeom, e parente de Ner, avô do rei Saul (1 Cr 9.37). Veja *Zequer*.

7. Levita nomeado pela liderança da tribo para ocupar uma posição no segundo escalão dos músicos, na época do rei Davi (1 Cr 15.18). Designado especialmente para tocar lira (v. 20; veja 16.5).

8. Sacerdote, nomeado pelo rei Davi para tocar trombeta diante da Arca da Aliança (1 Cr 15.24).

9. Levita, descendente de Uziel, filho de Issias. Foi escolhido por meio de sorteio para servir no Tabernáculo, nos dias do rei Davi (1 Cr 24.25).

10. Levita, filho de Meselemias e porteiro do Tabernáculo nos dias do rei Davi (1 Cr 26.2; cf. v.14); não deve ser confundido com o referido no item 5, o qual

ZACARIAS

retornou do exílio na Babilônia e cujo pai também se chamava Meselemias.

11. Levita, filho de Hosa, do clã dos meraritas; estava entre os porteiros do Tabernáculo nos dias do rei Davi (1 Cr 26.11).

12. Da tribo de Manassés. Era pai de Ido, o qual era líder de seu povo durante o reinado de Davi (1 Cr 27.21).

13. Um dos oficiais da corte do rei Jeosafá, de Judá. Fez parte do grupo enviado pelo monarca para ensinar sobre a Lei de Deus em todas as cidades do país (2 Cr 17.7).

14. Levita, pai de Jaaziel, o qual profetizou o livramento do rei Jeosafá e de Judá das mãos dos amonitas e moabitas (2 Cr 20.14).

15. Filho do rei Jeosafá. Era um dos irmãos de Jeorão, sucessor de seu pai no trono de Judá (2 Cr 21.2).

16. Profeta, filho do sacerdote Jeoiada, profetizou contra o rei Joás, de Judá, e foi apedrejado até a morte por causa disso (2 Cr 24.20; cf. 26.5); provavelmente foi este o profeta mencionado por Jesus como vítima da perseguição dos judeus (Mt 23.34-55). Não deve ser confundido com o referido no item 1.

17. Levita, descendente de Asafe. Ajudou o rei Ezequias na purificação do Templo e na reforma que se seguiu (2 Cr 29.13).

18. Levita, descendente de Coate. Ajudou a supervisionar a restauração do Templo e o início da reforma no reinado de Josias, de Judá (2 Cr 34.12; veja 35.8).

19. Judeu que liderou um grupo de 150 homens descendentes de Parós no retorno do exílio na Babilônia (Ed 8.3; cf 10.26?).

20. Descendente de Bebai. Judeu que voltou do exílio na Babilônia com Esdras, na liderança de um grupo de 28 homens (Ed 8.11; cf. v.16?).

21. Líder da comunidade que se estabeleceu em Judá depois do exílio na Babilônia. Ficou ao lado esquerdo de Esdras enquanto este lia o livro da Lei para o povo (Ne 8.4); talvez seja o mesmo referido no item 19 ou 20.

22. Da tribo de Judá, avô de Ataías, um dos líderes judeus que viveu nos dias de Neemias (Ne 11.4). Era descendente de Perez.

23. Da tribo de Judá, ancestral de Maaséias, líder judeu que viveu nos dias de Neemias (11.5). Era descendente de Selá.

24. Levita (?), filho de Pasur. Foi líder dos cidadãos de Jerusalém nos dias de Neemias (Ne 11.12).

25. Sacerdote, chefe da família de Ido, na época do retorno do exílio na Babilônia com Zorobabel e Jesua (Ne 12.16).

26. Levita, descendente de Asafe. Foi colocado por Neemias sobre o muro reformado de Jerusalém como parte da cerimônia de dedicação (Ne 12.35,41).

27. Filho de Jeberequias. Foi uma das testemunhas diante das quais Isaías atestou o nome de seu filho Maer-Salal-Has-Baz (Is 8.2).   E.M.

28. Sacerdote judeu, pai de João Batista. Mencionado na Bíblia somente em Lucas 1. Sua esposa chamava-se Isabel (v. 5), uma parente de Maria, que se tornaria a mãe de Jesus (v. 36). Ambos eram justos; em avançada idade, não tinham filhos (vv. 6,7), quando ocorreram os eventos de Lucas 1. Zacarias cumpria suas funções sacerdotais (vv. 9,10) no Templo em Jerusalém quando um anjo do Senhor lhe apareceu e deixou-o aterrorizado (vv. 10,11). O mensageiro celestial predisse que Isabel teria um filho, o qual se chamaria João. Este seria "grande diante do Senhor" (vv. 13,15) como precursor de Jesus Cristo. Devido a sua idade, foi muito difícil Zacarias crer naquela profecia. Por causa de sua dúvida, o anjo lhe disse que ficaria mudo até o nascimento do bebê (vv. 18-21).

Logo depois, Isabel ficou grávida, retirando assim o seu "opróbrio perante os homens" (v. 25), por ser estéril. Zacarias permaneceu mudo durante todo o período de gestação da esposa, até que o bebê nasceu e foi circuncidado (vv. 57-64). As-

659

ZACUR

sim que escreveu numa tábua, a fim de dizer aos parentes que o nome do filho João (v. 63), ele recuperou a fala (v. 64) e profetizou (vv. 67-79). O povo daquela região ficou muito interessado nesses acontecimentos e no menino chamado João, o qual desempenharia um papel único, a fim de preparar o caminho para o Senhor Jesus Cristo (vv. 65,66). Veja *João Batista*. A.B.L.

ZACUR. 1. Pai de Samua, um dos doze espias enviados por Moisés do deserto de Parã, para observar a terra de Canaã (Nm 13.4). Para mais detalhes sobre a missão deles, veja *Samua*.

2. Descendente de Misma e filho de Hamuel, da tribo de Simeão (1 Cr 4.26).

3. Filho de Jaazias e neto de Merari, da tribo de Levi. Citado na lista em 1 Crônicas 24.27. Os meraritas estão listados como servidores do Tabernáculo no tempo de Davi.

4. Um dos filhos de Asafe (1 Cr 25.2). Sob a direção direta do pai e as ordens do rei (v. 1), Zacur e outros levitas estavam no grupo que profetizava e liderava o ministério da música durante os cultos no Tabernáculo. Era o líder do terceiro grupo de levitas e componentes do coral que ministravam no Tabernáculo (v. 10). Mencionado novamente em Neemias 12.35.

5. Filho de Inri, trabalhou na obra de reconstrução dos muros de Jerusalém depois do retorno do exílio na Babilônia. Sob a liderança de Neemias, encontravase numa seção do muro próxima ao local onde os homens de Jericó trabalhavam (Ne 3.2).

6. Um dos levitas que se uniram a Neemias, depois do exílio na Babilônia, como testemunha do pacto solene feito pelo povo, que prometeu adorar e obedecer ao Senhor (Ne 10.12).

7. Pai de Hanã, um dos homens a quem Neemias delegou grande responsabilidade, pois "foram achados fiéis" (Ne 13.13). P.D.G.

ZADOQUE (Heb. "justo").

1. O personagem mais importante com este nome encontrado nas Escrituras é Zadoque, filho de Aitube. Levita e líder entre os descendentes de Arão (1 Cr 6.50-52; 27.17), ele exerceu o sacerdócio durante o reinado de Davi e é freqüentemente mencionado em conexão com outro sacerdote, chamado Abiatar. Os primeiros capítulos de 2 Samuel descrevem Israel sob o governo de Davi, onde a maior parte dos filisteus fora subjugada e a nação experimentava uma prosperidade considerável. 2 Samuel 8.14 resume a situação desta maneira: "O Senhor dava vitórias a Davi por onde quer que ia". Neste contexto, ouvimos a primeira menção a Zadoque e Aimeleque (pai de Abiatar), sacerdotes listados entre os principais líderes militares e sociais (8.17).

Posteriormente, quando Zadoque e Abiatar exerciam o sacerdócio, Davi precisou fugir de Jerusalém, por causa da conspiração de Absalão contra ele. Eles levaram junto a Arca da Aliança. O rei resolveu enviá-los de volta à cidade santa com a Arca e pediu que exercessem seus ministérios bem à vista de Absalão (2 Sm 15.24-29). Com a ajuda de Husai, conselheiro do filho do rei, o qual era leal a Davi, os filhos de Zadoque e de Abiatar relatavam os planos de Absalão diretamente a Davi (17.15; 18.19). Depois da derrota e morte do filho, Davi pediu aos dois que o ajudassem a regressar a Jerusalém para prosseguir em seu governo (19.11-14). Zadoque demonstrou muita lealdade a Davi, desde o tempo em que era um jovem levita, mencionado como um "homem valente", o qual se uniu a Davi em Hebrom, na época em que o filho de Jessé lutava contra Saul (1 Cr 12.26-28).

Zadoque recebeu de Davi a responsabilidade de levar a Arca da Aliança para Jerusalém e organizar os cultos no Tabernáculo, em Gibeom (1 Cr 15.11; 16.39). Posteriormente, distribuiu as tarefas do culto no Tabernáculo e no Templo entre os levitas (1 Cr 24.3,31).

Após a morte de Davi, Zadoque manteve-se fiel ao desejo do rei de que Salomão o sucedesse no trono; por isso, envolveu-se na luta para sufocar a rebelião de Adonias e na coroação do novo rei (1 Rs 1.8,26,32-53; 1 Cr 29.2). Permaneceu como principal sacerdote, junto com Abiatar, durante os primeiros anos do reinado de Salomão (1 Rs 4.4; 1 Cr 29.22). Os filhos de Zadoque e seus descendentes ocuparam posições de relevância no reino, provavelmente até o tempo do exílio na Babilônia (1 Rs 4.2; 1 Cr 6.8, 12; 9.11; 2 Cr 31.10; Ed 7.2; etc.).

A fidelidade de Zadoque, que reconheceu ser Davi o ungido de Deus e o seguiu, mesmo quando isso significava perseguição, e foi fiel em todo o serviço do Senhor, mostra que ele e seus descendentes foram recompensados por Deus, que manteve o sacerdócio nas mãos deles. O profeta Ezequiel apontou-os como os únicos herdeiros legítimos do ministério sacerdotal, apontados por Deus (Ez 40.46; 43.19; 44.15).

2. Descendente do referido no item 1 e pai de Salum (1 Cr 6.12).

3. Levita cujos descendentes são mencionados como os primeiros a retor-nar para Jerusalém e se estabelecer ali após o exílio na Babilônia (1 Cr 9.11). Era pai de Mesulão e filho de Meraiote (Ne 11.11).

4. Pai de Jerusa, esposa do rei Uzias e mãe de Jotão, de Judá (2 Rs 15.33; 2 Cr 27.1).

5. Filho de Baaná, ajudou na reconstrução dos muros de Jerusalém, após o retorno do exílio na Babilônia (Ne 3.4).

6. Filho de Imer, colaborou na reconstrução dos muros de Jerusalém, sob a liderança de Neemias (Ne 3.29).

7. Um dos líderes entre o povo que retornou do exílio na Babilônia (provavelmente é o referido no item 5 ou 6), selou o pacto feito por Neemias, de fidelidade ao Senhor e à sua Lei (Ne 10.21).

8. Escrivão nomeado por Neemias como um dos responsáveis pelos depósitos dos dízimos e das ofertas do povo (Ne 13.13).

9. Mencionado na genealogia de Jesus Cristo em Mateus 1.14. Era filho de Azor e pai de Aquim (chamado de Sadoque na Versão Contemporânea).

P.D.G.

ZAFENATE-PANÉIA. Este foi o nome especial dado a José pelo rei egípcio, quando o promoveu a primeiro-ministro sobre "toda a terra do Egito" (Gn 41.44,45). O significado deste nome é desconhecido, mas, sem dúvida, de alguma maneira indica sua posição e condição social. Ao mesmo tempo em que lhe deu este nome, Faraó entregou-lhe Asenate como esposa. Veja *José* e *Asenate*.

ZALAFE (Heb. "alcaparra"). Pai de Hanum, o qual colaborou na reconstrução dos muros de Jerusalém após o exílio na Babilônia. Sob a liderança de Neemias, trabalhou na seção perto do Portão Oriental (Ne 3.30).

ZALMOM. Aoíta, foi dos "trinta" guerreiros valentes de Davi, que lutavam ao seu lado (2 Sm 23.28). Provavelmente trata-se do personagem chamado de Ilai em 1 Crônicas 11.29.

ZALMUNA. Um dos dois reis midianitas mortos por Gideão. Veja Juízes 8 e Salmo 83.11. Para mais detalhes, veja *Zeba*.

ZANOA. Descendente de Ezra e filho de Jecutiel. Listado na genealogia de Judá (1 Cr 4.18). Provavelmente é o nome de uma cidade fundada por Jecutiel e não o de seu filho (veja sobre a herança da tribo de Judá em Js 15.20-63, especialmente o v. 56).

ZAQUEU (Heb. "justo"). Cobrador de impostos muito rico, vivia na região de Jericó. Sua história é narrada em Lucas 19.1-10. Era de baixa estatura; quando soube que Cristo passaria pela cidade, correu e subiu em um sicômoro, a fim de enxergar por cima da multidão. Jesus o

ZATU

viu e, chamando-o pelo nome, disse: "Desce depressa. Hoje me convém pousar em tua casa" (v. 5). Tal atitude enfureceu a multidão, que considerava o publicano um "pecador", por causa de seu emprego e da maneira como tirava dinheiro de seu próprio povo. Muitos publicanos enriqueciam por meios fraudulentos, pois cobravam as taxas com valores superiores aos estipulados pelos romanos.

Para Zaqueu, entretanto, essa visita de Jesus mudou a sua vida, quando reconheceu Cristo como Senhor. Ao demonstrar seu arrependimento, ele disse: "Senhor, olha, eu dou aos pobres metade dos meus bens, e se nalguma coisa defraudei alguém, o restituo quadruplicado" (v. 8; veja Lv 6.1-5). A reação de Zaqueu contrasta dramaticamente com o que acontecera, talvez apenas alguns dias antes, quando Jesus se encontrara com o "jovem rico" (Lc 18.18-25). Naquela ocasião, a riqueza do jovem lhe era uma pedra de tropeço e se interpunha entre ele e seu compromisso com Cristo como Senhor. Jesus comentara: "Quão dificilmente entrarão no reino de Deus os que têm riquezas!" (v. 24).

Para Zaqueu, este encontro com Jesus trouxe salvação e revelou que o verdadeiro compromisso com o senhorio de Cristo é imediatamente evidenciado por uma vida transformada. Jesus chamou essa mudança na vida de Zaqueu e seu ingresso no Reino de "salvação", a qual, entretanto, não começou em Zaqueu, mas chegou até ele na pessoa de Cristo. "Hoje veio a salvação a esta casa... pois o Filho do homem veio buscar e salvar o que se havia perdido" (Lc 19.9,10). Esta é a obra graciosa de Cristo, que trouxe a graça de Deus, o perdão e a salvação mesmo para os considerados os piores "pecadores".

P.D.G.

ZATU. 1. Chefe de uma família cujos descendentes foram contados entre os judeus que retornaram do exílio na Babilônia com Neemias e Zorobabel, nos dias de Esdras. Eram um total de 945 pessoas (Ed 2.8; 8.5; Ne 7.13). Alguns deles, mencionados em Esdras 10.27, casaramse com mulheres estrangeiras.

2. Provavelmente é descendente do referido no item 1, ou quem sabe a mesma pessoa, estava entre os líderes que selaram o pacto feito pelo povo sob a direção de Neemias, quando prometeram adorar e obedecer somente ao Senhor (Ne 10.14).

ZAZA. Filho de Jônatas e irmão de Pelete, pertencente ao clã dos jerameelitas, da tribo de Judá (1 Cr 2.33).

ZEBA (Heb. "sacrifício"). Um dos reis midianitas (o outro chamava-se Zalmuna) derrotado pelos israelitas. Numa assombrosa manifestação de confiança no Senhor e de obediência, Gideão atacou o acampamento midianita com apenas 300 homens (Jz 7; veja *Gideão*). Os midianitas fugiram na escuridão e o líder israelita convocou o povo de diferentes tribos para os perseguir e destruir. Os efraimitas capturaram e mataram os líderes Orebe e Zeebe (Jz 7.25), mas Gideão e seus homens foram atrás de Zeba e Zalmuna. Cansado e faminto, Gideão pediu provisões aos moradores de Sucote (8.5-7) e depois aos habitantes de Peniel. Incapazes de acreditar que Gideão realmente venceria a batalha contra os reis midianitas e o grande exército que lideravam (v. 10), todos recusaram ajuda. Finalmente, com seu pequeno exército, Gideão efetuou um ataque de surpresa contra os midianitas e capturou os dois reis (v. 12). Levou-os a Sucote e Peniel, e puniu os líderes das duas cidades por terem recusado ajuda. O próprio Gideão matou os dois reis midianitas, em vingança pela maneira como tinham tratado vários membros de sua família em Tabor (vv. 12-21).

Gideão tinha plena consciência de que uma vitória daquela magnitude era obra de Deus (Jz 8.3). Como resultado da conquista, os israelitas desejaram fazê-lo rei, mas ele recusou a oferta e manteve

ZEBINA

sua fé, ao declarar: "O Senhor sobre vós dominará" (Jz 8.23). As gerações posteriores olhavam para a vitória de Gideão sobre os midianitas como uma indicação do que Deus era capaz de fazer em favor de seu povo; portanto, quando desejassem uma conquista, o Todo-poderoso lhes concederia novamente (Sl 83.11; Is 10.26).   P.D.G.

ZEBADIAS (Heb. "o Senhor tem dado").

1. Um dos filhos de Berias e líder na tribo de Benjamim; vivia em Jerusalém (1 Cr 8.15).

2. Um dos filhos de Elpaal e líder na tribo de Benjamim; vivia em Jerusalém (1 Cr 8.17).

3. Um dos guerreiros que desertaram das tropas de Saul para se unir a Davi na cidade de Ziclague. Ambidestro no uso do arco e da funda, pertencente à tribo de Benjamim, era um "homem poderoso" entre os famosos "trinta" guerreiros valentes de Davi. Era filho de Jeroão, de Gedor (1 Cr 12.7).

4. Terceiro filho de Mesalemias, do clã dos coraítas, da tribo de Levi. Listado entre os "porteiros" do Santuário. Foi nomeado no final do reinado de Davi (1 Cr 26.2).

5. Um dos comandantes do exército de Davi. Como líder de tropa, ficava de prontidão com seus homens no quarto mês de cada ano e tinha 24.000 soldados sob suas ordens (1 Cr 27.7). Foi o sucessor de seu pai, chamado Asael, irmão de Joabe, nesse trabalho.

6. Levita, viveu nos dias do rei Jeosafá, de Judá. Durante os primeiros anos de seu governo, este monarca serviu ao Senhor e enviou vários mestres e levitas às cidades de Judá para ensinar o povo sobre o livro da Lei. Zebadias foi um dos enviados (2 Cr 17.8).

7. Filho de Ismael, viveu nos dias do rei Jeosafá e foi líder na tribo de Judá. Em seu desejo de ver uma restauração na adoração do Deus verdadeiro, *Yahweh*, na nação, este monarca nomeou Amarias para ser o sumo sacerdote, a fim de tratar "em

todos os negócios do Senhor", e Zebadias para tratar "em todos os negócios do rei". Ao comissionar esses importantes líderes, que trariam o povo e a nação de volta ao Senhor, o rei Jeosafá os informou de que Deus estaria com eles; por isso, deveriam agir com coragem (2 Cr 19.11).

8. Descendente de Sefatias e filho de Micael. Era chefe de uma das famílias que retornaram do exílio na Babilônia. Voltou com 80 pessoas (Ed 8.8).

9. Descendente de Imer e um dos sacerdotes que viveram nos dias de Esdras; listado entre os judeus que se casaram com mulheres estrangeiras (Ed 10.20).   P.D.G.

ZEBEDEU (Heb. "presente do Senhor"). Pai de dois dos discípulos de Jesus, Tiago e João. Era pescador do mar da Galiléia e estava presente quando Cristo os chamou para segui-lo. Os dois imediatamente deixaram o pai e acompanharam Jesus. Zebedeu possuía seu próprio barco e tinha outros funcionários, além dos filhos (Mt 4.21,22; Mc 1.19,20; Lc 5.10). Parece que ocasionalmente os dois irmãos voltavam a se dedicar à pesca e é bastante provável que essa família razoavelmente bem estabelecida tenha apoiado Jesus financeiramente durante seu ministério. Aparentemente Zebedeu mantinha uma sociedade com Simão Pedro (Lc 5.8-10).

Quando comparamos Mateus 27.56 com Marcos 15.40, deduzimos que a esposa de Zebedeu chamava-se Salomé. A preocupação dela com Jesus indica que não foram somente os filhos que atenderam ao chamado de Cristo e decidiram segui-lo e servi-lo. (Confira Mt 10.2; 26.37; Mc 3.17; 10.35; 16.1; Jo 21.2. Veja *Tiago* e *João*.)   P.D.G.

ZEBIDA. Filha de Pedaías, foi mãe do rei Jeoiaquim, de Judá. Ela era de Ruma (2 Rs 23.36). Seu filho tornou-se rei aos 25 anos de idade.

ZEBINA (Heb. "comprado"). Descendente de Nebo. Depois do retorno do exílio

663

ZEBUL

na Babilônia, Secanias confessou a Esdras que muitos homens da tribo de Judá, inclusive descendentes dos sacerdotes, tinham-se casado com mulheres de outras tribos e de diversas nações. Esdras levou o povo ao arrependimento e ao pacto de servir ao Senhor (Ed 10.2). Zebina é mencionado em Esdras 10.43 como um dos judeus que se casaram com estrangeiras.

ZEBUL (Heb. "exaltado"). Originalmente era um deus de Canaã; no relato bíblico, porém, é o nome do governador de Siquém, no período dos Juízes. Ele trabalhava sob a liderança de Abimeleque, filho de Gideão. Os habitantes desta cidade não aprovavam esse arranjo e por isso se rebelaram, liderados por Gaal. Zebul informou o amigo, e os dois organizaram uma emboscada e venceram as tropas inimigas. No dia seguinte Abimeleque atacou novamente Siquém; a Bíblia não dá maiores informações sobre o que aconteceu com Zebul (Jz 9.26-41). Veja também *Abimeleque*.   P.D.G.

ZEBULOM. Décimo filho de Jacó; era filho de Lia, a qual ficou feliz com seu nascimento, principalmente por causa da rivalidade entre ela e sua irmã Raquel; por isso, chamou-o de Zebulom, para fazer um jogo com duas palavras, em que uma delas significa "dote" e a outra, "honra". Assim, Gênesis 30.19,20 diz: "Lia concebeu outra vez, e deu a Jacó um sexto filho. Disse Lia: Deus me deu um excelente dote; desta vez o meu marido me tratará com honras, porque lhe dei seis filhos. E chamou-lhe Zebulom".

Os filhos de Zebulom nasceram antes de ele descer com seu pai para o Egito (Gn 35.23; 46.14). Na bênção de Jacó sobre ele e seus descendentes foi-lhe prometida uma terra à beira-mar e uma fronteira que se estenderia até Sidom (Gn 49.13). A distribuição final da terra de Canaã entre as tribos dá apenas uma indicação de onde eram os limites. Entretanto, as regiões norte e oeste do vale de

Esdralom faziam parte do território da tribo e no leste as fronteiras se estendiam na direção do sul do mar da Galiléia, mas não chegavam até lá. Para o sul o território de Zebulom ia até o monte Tabor e a oeste fazia divisa com o território da tribo de Aser (Js 19.10-16). É interessante notar que os registros disponíveis não indicam se era possível ter acesso por mar ao território de Zebulom. Existem, portanto, especulações de que a bênção de Jacó cumpriu-se de outras maneiras, talvez com uma extensão não registrada ao monte Carmelo, mencionada implicitamente por Josefo.

Durante a peregrinação no deserto, a tribo de Zebulom era liderada por Elieabe, filho de Helom (Nm 2.7); ela acampava a leste do Tabernáculo, junto com a tribo de Judá. O juiz Elom pertencia a essa tribo (Jz 12.11,12) e Zebulom proporcionou 50.000 soldados com muitas armas para ajudar Davi, quando este marchou em Hebrom (1 Cr 12.33). Grande parte dos membros desta tribo afastara-se do Senhor nos dias do rei Ezequias, embora alguns deles ainda fossem a Jerusalém para adorar ao Senhor (2 Cr 30.10,11,18). Ela desapareceu depois que a Assíria invadiu Israel. Entretanto, a despeito do terrível juízo de Deus, Isaías profetizou — para testemunhar a fidelidade de Deus para com seu povo — que a terra "envilecida" de Zebulom e Naftali seria novamente enobrecida pelo Senhor (Is 9.1; veja também Ez 48.26-33). Esta profecia se cumpriu quando, conforme Mateus indicou, do meio das trevas o próprio Cristo trouxe a luz de Deus àquelas tribos, quando habitou em Cafarnaum (Mt 4.13-16). Apocalipse 7.8,9 nos lembra que os fiéis de Zebulom unir-se-ão aos salvos do mundo e estarão em pé diante do trono do Cordeiro.   P.D.G.

ZEDEQUIAS (Heb. "o Senhor é minha justiça").

1. Filho de Quenaaná, foi um falso profeta que atuou durante os reinados de

ZEDEQUIAS

Jeosafá, de Judá, e Acabe, de Israel. Estes dois reis planejavam reconquistar a cidade de Ramote-Gileade, que se encontrava sob o domínio da Síria. Jeosafá sugeriu que primeiro se consultasse ao Senhor, para saber se Ele abençoaria o empreendimento (1 Rs 22.1-5). Acabe convocou todos os profetas, os quais disseram que eles deviam ir à guerra, a fim de recuperar a cidade. Jeosafá, entretanto, perguntou se não havia outro mensageiro do Senhor, pois achou que aqueles provavelmente adorassem deuses pagãos. Relutante, o rei Acabe mandou que chamassem Micaías, filho de Inlá, o qual, segundo ele, só profetizava coisas ruins.

Enquanto esperavam a chegada de Micaías, Zedequias profetizou, usando uns chifres de ferro, com os quais fez uma ilustração: "Com estes ferirás os siros, até de todo os consumir" (v.11; 2 Cr 18.10). Quando, porém, chegou Micaías, este profetizou a derrota de Israel. Também informou aos reis que um "espírito mentiroso" fora colocado na boca dos outros profetas, para enganar Acabe e Israel. Zedequias então esbofeteou Micaías (1 Rs 22.24). Os reis foram à batalha, quando Acabe foi morto e Israel, derrotado (vv. 35-38; 2 Cr 18).

As terríveis conseqüências para os falsos mensageiros eram sempre proclamadas pelos verdadeiros profetas (Ez 13.9; Jr 50.36; etc.) e, neste caso, Micaías pronunciou a queda de Zedequias (2 Cr 18.24). As conseqüências para Israel, entretanto, eram igualmente temíveis por preferir ouvir os mentirosos, cuja mensagem era mais agradável, embora o povo soubesse que não falavam em nome do Senhor (veja 1 Rs 22.7).

Por toda a Bíblia, descobrimos que os profetas que traziam a verdade de Deus geralmente eram perseguidos. Micaías foi preso por causa de suas palavras (1 Rs 22.27). Séculos mais tarde o apóstolo Paulo lembrou a Timóteo (2 Tm 4.3,4) do perigo similar das pessoas que se cercariam de mestres, "segundo as suas próprias cobiças", como "tendo coceira nos ouvidos".

2. Filho de Jeoiaquim, aparece na genealogia de Davi; pouco se sabe sobre ele (1 Cr 3.16).

3. Terceiro filho do rei Josias (1 Cr 3.15), foi o último monarca de Judá. Subiu ao trono com 21 anos de idade e reinou em Jerusalém por 11 anos. Sua mãe chamava-se Hamutal, filha de Jeremias, de Libna (2 Rs 24.18). Desde o início de seu governo, seguiu o mesmo caminho perverso de seus antecessores, Joaquim e Jeoiaquim. Subiu ao trono na condição de vassalo de Nabucodonosor, rei da Babilônia, e foi colocado no trono no lugar de seu sobrinho, deportado para a Babilônia. Como sinal de sua subserviência aos caldeus, seu nome foi mudado de Matanias para Zedequias (2 Rs 24.17,18).

Apesar das advertências de Jeremias para Judá e as nações vizinhas de Moabe e Amom (Jr 27.1-11), Zedequias logo se rebelou contra a Babilônia. Provavelmente fez isso porque acreditava que uma coalizão entre essas nações contra os caldeus seria bem-sucedida; foi incentivado nessa idéia pelos falsos profetas (Jr 28.1-4; 37 e 38; veja também o item 4). Sua atitude fez com que Nabucodonosor marchasse contra Judá e sitiasse Jerusalém (2 Rs 24.20; 2 Cr 36.13; Ez 17.13-18). Descrições dramáticas do terror daqueles dias em que a cidade foi sitiada são dadas em 2 Reis 25, 2 Crônicas 36 e Lamentações. Entretanto, os escritos dos profetas Jeremias e Ezequiel dão o maior número de informações sobre aqueles dolorosos dias do juízo de Deus sobre seu povo rebelde, levado a cabo por meio do Império Babilônico.

Embora o rei da Babilônia tenha recuado por um breve período, para lutar contra os egípcios, logo voltou ao cerco e finalmente derrubou os muros de Jerusalém; seus exércitos entraram na cidade, mataram muitas pessoas e tomaram outras como prisioneiras. Zedequias e seus

ZEEBE

oficiais tentaram fugir, mas foram rapidamente capturados. Sua família foi morta diante dele; após ter seus olhos furados, foi levado preso para a Babilônia, onde faleceu (Jr 39; 52.1-10; Ez 33; 2 Rs 25; etc.).

Nos livros dos profetas, o caráter de Zedequias é questionado. Diante de um inimigo tão formidável como os caldeus, ele provou ser indeciso e incapaz de aceitar a palavra do Senhor, mesmo quando tinha certeza de que a mensagem de Deus era verdadeira. Por um lado, lemos que não dava a mínima atenção às palavras do Senhor proferidas por Jeremias (Jr 37.3), mas, por outro, a Bíblia diz que enviou mensageiros ao profeta, dizendo: "Roga por nós ao Senhor nosso Deus" (v. 3). Por um tempo o povo demonstrou arrependimento e prometeu obedecer ao Senhor, ao libertar os escravos; mas logo depois reinstituiu a escravidão e afastou-se do desejo de servir ao Senhor (Jr 34.8-22).

A palavra do Senhor por intermédio de Jeremias ao rei e ao povo era uma mensagem extremamente difícil de ser aceita. O profeta, no entanto, disse ao rei que ele precisava admitir a conquista de Judá pelos caldeus e a ida do povo para o exílio (vv. 7-10). O rei e seus conselheiros achavam que Jeremias estava mancomunado com os caldeus e, no tempo certo, deixaria o país; por isso, Zedequias ordenou a prisão do profeta (vv. 11-21). O rei com certeza sabia que os pronunciamentos de Jeremias eram mensagens do Senhor, mas a verdade freqüentemente tem gosto desagradável e é inaceitável; foi o que, infelizmente, aconteceu neste caso (Jr 38.14-18).

Em muitos aspectos Zedequias refletia o passado de Judá, pelo qual o reino seria castigado por Deus. Era uma história que mostrava um certo compromisso com o Senhor, às vezes mais, às vezes menos, mas sempre havia uma relutância em confiar completamente na ajuda de Deus. A queda de Jerusalém foi resultado do juízo do Todo-poderoso sobre seu povo e seus líderes. O cronista faz um resumo disso em 2 Crônicas 36.14: "Além disso, todos os chefes dos sacerdotes e o povo se tornavam cada vez mais infiéis, seguindo as abominações dos gentios e contaminando a casa do Senhor, que ele tinha consagrado em Jerusalém" (2 Cr 24.20).

4. Filho de Maaséias, vivia em Judá e mentiu durante o exílio na Babilônia. Foi severamente condenado pelo Senhor por intermédio do profeta Jeremias (Jr 29.21,22). Foi acusado junto com Acabe, filho de Colaías, de profetizar que o retorno do exílio na Babilônia seria rápido e também por cometer imoralidade e adultério.

5. Fez parte do grupo que testemunhou o pacto solene de obediência à Lei de Deus, feito em Jerusalém nos dias de Neemias (Ne 10.1).

6. Líder judeu para quem o rolo de Jeremias foi lido por Baruque. O documento advertia sobre o juízo iminente de Deus contra Judá e Jerusalém (Jr 36.12).

P.D.G.

ZEEBE. Um dos dois líderes midianitas derrotados pelos israelitas. Numa extraordinária demonstração de confiança e obediência a Deus, Gideão atacou o acampamento dos midianitas com apenas 300 homens (Jz 7). Os inimigos fugiram na escuridão e os homens de várias tribos de Israel os perseguiram. Zeebe foi capturado e morto numa rocha que recebeu o seu nome, provavelmente para comemorar aquela vitória (v. 25). Gideão tinha consciência que uma conquista daquela magnitude era obra de Deus (Jz 8.3). As gerações posteriores olharam para aquela vitória como uma indicação do que Deus era capaz de fazer em favor de seu povo e, portanto, do que Ele faria novamente por eles, quando o buscassem (Sl 83.11).

P.D.G.

ZEFÔ. Terceiro filho de Elifaz; portanto, neto de Esaú e de sua esposa Ada (mulher cananita); foi chefe entre os edomitas (Gn 36.11, 15; 1 Cr 1.36).

ZELEQUE. Amonita (2 Sm 23.37; 1 Cr 11.39), era um dos "trinta" guerreiros valentes de Davi, os quais lutavam ao seu lado.

ZELOFEADE. Filho de Hefer, da tribo de Manassés, pai das jovens Maalá, Noa, Hogla, Milca e Tirza (Nm 26.33; 27.1). Ele morreu durante a peregrinação no deserto e, como fora um israelita fiel e não tinha se envolvido na rebelião de Coré, suas filhas procuraram Moisés, para que decidisse com relação à herança, a qual geralmente era passada para os filhos homens (Nm 27.1-11). Num julgamento bem significativo, orientado pelo próprio Deus, Moisés concordou em permitir que as filhas de Zelofeade recebessem sua herança. A decisão mais tarde foi modificada, a fim de incluir uma cláusula a qual dizia que elas seriam obrigadas a casar-se com primos por parte do pai delas, para que a terra não deixasse de pertencer à tribo de Manassés (Nm 36.2-12; Js 17.3; 1 Cr 7.15). Esta lei foi um marco na defesa dos direitos da mulher em Israel. As filhas de Zelofeade cumpriram aquela exigência e obtiveram a herança, que continuou pertencente ao território de Manassés. Para mais detalhes, veja *Maalá*. P.D.G.

ZEMIRA. Filho de Bequer e neto de Benjamim (1 Cr 7.8).

ZENAS. Profundo conhecedor da Lei, mencionado pelo apóstolo Paulo somente no final da carta a Tito (Tt 3.13). Não está claro se o apóstolo desejava que Zenas e Apolo fossem enviados, para se encontrar com ele em Nicópolis, ou se solicitava que cumprissem outra missão evangelística em Creta ou outro lugar. Tito deveria providenciar para que fossem bem supridos. Também não sabemos exatamente se Zenas era um "doutor da lei" judeu ou romano.

Apesar de sabermos tão pouco sobre este homem, a passagem nos dá uma idéia de como pessoas de diferentes profissões se converteram a Cristo e dedicaram-se totalmente ao Evangelho. O movimento de cristãos por todo o império era considerável, desde os tempos mais remotos, quando muitos consagravam suas vidas a Cristo e desejavam pregar, ensinar e ajudar os irmãos em suas necessidades (v. 14). P.D.G.

ZEQUER. Benjamita (1 Cr 8.31), era um dos filhos de Jeiel[1] (cf. 1 Cr 9.35) e de sua esposa Maaca. Listado na genealogia que vai de Benjamim ao rei Saul, de quem era tio-avô. Chamado de Zacarias em 1 Crônicas 9.37.

ZERÁ (Heb. "brilhante, escarlate").

1. Filho de Reuel; portanto, neto de Esaú e de sua esposa Basemate; foi chefe de um clã edomita (Gn 36.13, 17; 1 Cr 1.37). Possivelmente é o referido no item 2.

2. Procedente de Bozra e pai de Jobabe (Gn 36.33; 1 Cr 1.44), o qual sucedeu o rei Belá. O escritor deixa claro que esses homens reinaram "antes que reinasse rei algum sobre os filhos de Israel" (Gn 36.31), desta maneira fazendo uma comparação implícita desfavorável entre os edomitas e os israelitas e comparando Esaú com Jacó. Gradualmente, a noção de que somente Deus era o rei legítimo tornou-se parte do entendimento de Israel sobre sua condição de nação e sem dúvida isso se reflete no comentário do escritor (Nm 23.21; veja 1 Sm 8.6,7).

3. Irmão gêmeo de Perez e filho de Judá, foi o fundador do clã dos zeraítas (Gn 38.30; 46.12; Nm 26.20; 1 Cr 2.4; Ne 11.24). Todos os seus cinco filhos tornaram-se líderes de clãs em sua tribo (1 Cr 2.6). Perez e Zerá nasceram como resultado de uma relação incestuosa entre Judá e sua nora, Tamar. Seu nome incomum foi-lhe dado devido às circunstâncias em torno de seu nascimento. Quando ele nascia, colocou uma das mãos para fora,

ZERAÍAS

de modo que um fio escarlate foi amarrado em seu pulso, para identificá-lo como o "primogênito". Entretanto, ele retornou ao ventre materno e Perez "irrompeu" na frente dele. Portanto, o segundo tornou-se o mais velho, embora o primeiro tivesse o fio escarlate. O nome de Perez foi relacionado em todas as genealogias de Judá, embora Zerá também seja mencionado na genealogia de Jesus Cristo, em Mateus 1.3.

Zerá foi pai de Zabdi, avô de Carmi e bisavô de Acã (Js 7.1, 18). Em Josué 7.24 e 22.20, Zinri não se encontra na lista dos ancestrais de Acã. Veja *Acã*.

4. Descendente de Simeão e líder do clã dos zeraítas (Nm 26.13; 1 Cr 4.24).

5. Filho de Ido e descendente de Gérson, foi chefe de um dos clãs dos levitas (1 Cr 6.21).

6. Filho de Adaías e pai de Etni, da tribo de Levi. Serviu no ministério do Templo nos dias do rei Davi (1 Cr 6.41).

7. Liderou seu povo na batalha contra o rei Asa, de Judá (2 Cr 14.9). Provavelmente era natural da Etiópia, na África. O exército que liderou era grande ("um milhão de homens e trezentos carros"). Asa clamou ao Senhor. Sua total confiança em Deus refletiu-se na oração: "Senhor, não há ninguém como tu que possa ajudar o fraco contra o poderoso. Ajuda-nos, ó Senhor nosso Deus, pois em ti confiamos, e no teu nome viemos contra esta multidão. Senhor, tu és o nosso Deus; não prevaleça contra ti o homem". Na batalha que se seguiu, "feriu o Senhor os etíopes diante de Asa e diante de Judá. Os etíopes fugiram, e Asa e o povo que estava com ele os perseguiram até Gerar" (vv.11-15). Sua confiança foi vindicada por meio da vitória do Senhor sobre os inimigos.   P.D.G.

ZERAÍAS (Heb. "o Senhor tem brilhado"). **1.** Filho de Uzi e pai de Meraiote, mencionado na lista de descendentes de Levi em 1 Crônicas 6.6, 51. Foi ancestral de Esdras (Ed 7.4).

2. Descendente de Paate-Moabe e pai de Elioenai. Voltou do exílio na Babilônia com Esdras (Ed 8.4).

ZERES. Esposa de Hamã, um dos principais ministros no governo persa do rei Assuero. Ela tinha uma influência considerável sobre seu marido e não gostava de vê-lo aborrecido. Quando Mordecai recusou inclinar-se diante dele e reverenciá-lo (Et 3.2; 5.9-14), Zeres aconselhou o esposo a pedir permissão ao rei para enforcar o judeu. Posteriormente, quando os planos de Hamã foram atrapalhados pela rainha Ester, aparentemente ela foi a primeira a perceber que o marido não prevaleceria contra os judeus. Provavelmente, ela entendeu a soberania do Deus de Israel até mesmo sobre os negócios do reino persa e sua família (Et 6.13).
                                    P.D.G.

ZERETE. Filho de Asur e de sua esposa Hela, da tribo de Judá (1 Cr 4.7).

ZERI. Um dos filhos de Jedutum, listado no grupo dos levitas que foram separados para o ministério da profecia e da música durante o reinado de Davi. Jedutum, juntamente com Asafe e Hemã, estava sob a supervisão direta do rei (1 Cr 25.3,6). Provavelmente ele é a mesma pessoa chamada de Izri (1 Cr 25.11), que era líder do quarto grupo de levitas músicos e componentes do coral que ministravam no Tabernáculo.

ZEROR. Benjamita, filho de Becorate, foi avô de Quis, pai do rei Saul (1 Sm 9.1).

ZERUA. Viúva, mãe do rei Jeroboão I. Seu marido chamava-se Nebate e pertencia à tribo de Efraim (1 Rs 11.26). Seu filho rebelou-se contra o rei Salomão e seu sucessor, Roboão. Depois, tornou-se o primeiro monarca do reino do Norte, o qual ficou conhecido como Israel.

ZERUIA. Mãe de Joabe, Abisai e Asael, todos eles comandantes do exército do rei Davi. Mencionada muitas vezes em 2 Samuel, 1 Reis e 2 Crônicas, mas sempre em conexão com os filhos; seu marido nunca é citado; tudo o que sabemos sobre ele é que tinha um sepulcro em Belém, onde Asael foi sepultado (1 Sm 26.6; 2 Sm 2.13,18,32; 3.39; 8.16; 14.1; 16.9; 1 Cr 11.6,39; 18.12,15; 26.28; etc.). É provável que, Zeruia fosse uma mulher especialmente proeminente e bem conhecida.

É possível que Zeruia seja irmã ou meia-irmã de Davi, desde que seja irmã de Abigail. Em 1 Crônicas 2.16,17 as duas são identificadas como irmãs do rei. Para maiores informações sobre essa questão, veja *Naás* (2 Sm 17.25).   P.D.G.

ZETÃ (Heb. "oliveira"). Filho de Bilã e bisneto de Benjamim (1 Cr 7.10). Foi líder e guerreiro entre seu povo.

ZETÃO. (Heb. "oliveira"). Levita, filho de Ladã, do clã dos gersonitas. Suas tarefas foram designadas pelo rei Davi já no final de seu reinado, como preparação do trabalho que desempenhariam no Templo. Zetão ficou responsável pelos tesouros do Santuário, onde todas as ofertas do povo eram guardadas (1 Cr 23.8; 26.22).

ZETAR. Um dos sete eunucos que serviam ao rei Assuero, da Pérsia (Et 1.10). Veja *Vasti.*

ZEUS. Principal divindade do panteão grego, o qual, conforme se acreditava, vivia no monte Olimpo. Era o deus dos céus e também do trovão e controlava as condições climáticas. Entre os romanos, era conhecido como Júpiter. Seu mensageiro, na mitologia grega, era chamado de Hermes (Mercúrio, em Roma). É mencionado nas Escrituras somente no relato da visita de Paulo e Barnabé à cidade de Listra. O apóstolo pregou o evangelho e curou um homem coxo de nascença. O povo imediatamente supôs que os dois missionários fossem deuses. Chamavam Barnabé de Zeus e Paulo de Hermes — porque este falava mais, e concluíram que era o mensageiro (At 14.12,13). O sacerdote do templo de Zeus trouxe ofertas aos dois, as quais foram veementemente recusadas. Para mais detalhes sobre a resposta de Paulo e sua pregação na ocasião, veja *Hermes.*

P.D.G.

ZIA. 1. Líder entre os servidores do Templo, provavelmente numa época anterior ao exílio na Babilônia. Alguns de seus descendentes estavam entre os judeus que retornaram a Jerusalém com Neemias e Zorobabel (Ed 2.43; Ne 7.46).

2. Possível descendente do personagem referido nome no item 1, fazia parte do grupo responsável pelos servidores do Templo nos dias de Neemias (Ne 11.21).

3. Chefe de um dos sete clãs da tribo de Gade que se estabeleceram na região de Gileade e Basã (1 Cr 5.13).

ZIBA. Servo de Saul, tornou-se proeminente depois da morte do rei de Israel. Davi o convocou para relatar o que acontecera com os remanescentes da família real (2 Sm 9). Ziba mencionou um dos filhos de Jônatas, o qual era manco (v. 3). Então o novo rei mostrou generosidade para com Mefibosete, em consideração à sua antiga amizade com o pai dele, de maneira que Ziba o levou ao palácio real. Daquele dia em diante, o filho de Jônatas passou a comer da comida real e era cuidado por Ziba e sua família, a qual recebeu ordens do rei para cuidar também de suas terras e levar os produtos para ele, em Jerusalém (vv. 9,10).

Durante a rebelião de Absalão, quando Davi fugiu de Jerusalém, Ziba ajudou-o com diversos suprimentos. Quando o rei perguntou-lhe por Mefibosete, ele respondeu que o filho de Jônatas permanecera em Jerusalém, na esperança de ser restaurado ao trono (2 Sm 16.1-4). Mais

ZIBEÃO

tarde descobriu-se que era mentira e que Mefibosete continuava leal ao rei. Davi, entretanto, sem saber disso, deu a herança do filho de Jônatas a Ziba. Somente mais tarde, quando o rei encontrava-se novamente no controle da situação em Jerusalém, Mefibosete pôde esclarecer tudo; Davi então sugeriu que ele e Ziba dividissem a propriedade entre os dois (2 Sm 19.17,26-30).

Sem dúvida Ziba era leal a Davi, apesar da ganância que demonstrou; tornou-se proeminente, devido à grande generosidade que o novo rei demonstrou para com os servos e descendentes de Saul.

P.D.G.

ZIBEÃO (Heb. "hiena"). Terceiro filho de Seir (Gn 36.14,20,29; 1 Cr 1.38), líder do povo que vivia em Edom; era heveu ou hereu (Gn 36.2) e avô de Oolíbama, uma das esposas cananitas de Esaú (Gn 36.2). Seus filhos chamavam-se Aiá e Aná (Gn 36.24; 1 Cr 1.40).

ZÍBIA (Heb. "gazela").
1. Filho de Saaraim e sua esposa Hodes, nasceu em Moabe; Líder de seu povo, encontra-se na genealogia de Benjamim que vai até o rei Saul (1 Cr 8.9).
2. Natural de Berseba, foi mãe do rei Joás, de Judá (2 Rs 12.1; 2 Cr 24.1).

ZICRI (Heb. "lembrança").
1. Levita, filho de Jizar, do clã dos coatitas (Êx 6.21).
2. Benjamita, um dos filhos de Simei; listado na genealogia do rei Saul (1 Cr 8.19).
3. Benjamita, um dos filhos de Sasaque, listado na genealogia do rei Saul (1 Cr 8.23).
4. Benjamita, um dos filhos de Jeroão, listado na genealogia do rei Saul (1 Cr 8.27).
5. Filho de Asafe; ancestral de Semaías, um dos primeiros levitas que retornaram para Jerusalém depois do exílio na Babilônia (1 Cr 9.15).

6. Pai de Selomite, era descendente de Eliezer; parte da família era encarregada de cuidar dos tesouros do Templo (1 Cr 26.25).
7. Pai de Eliezer, o chefe da tribo de Rúben nos dias do rei Davi (1 Cr 27.16).
8. Pai de Amazias, da tribo de Judá, o qual, como comandante do exército em Jerusalém, apresentou-se voluntariamente para lutar sob as ordens do rei Jeosafá e com ele duzentos mil soldados, na época em que este monarca obedecia ao Senhor e experimentava grande prosperidade (2 Cr 17.16).
9. Pai de Elisafate, o comandante de cem soldados que se uniu a outros líderes militares num pacto com o sacerdote Jeoiada contra Atalia. Juntos, eles mataram a rainha e colocaram Joás, descendente de Davi, no trono (2 Cr 23.1). Para mais detalhes, veja *Jeoiada* e *Atalia*.
10. Efraimita, foi o guerreiro que matou Maaséia, filho do rei Acaz, e vários oficiais da corte. Zicri trabalhava para Peca (2 Cr 28.7). Para mais detalhes, veja *Peca* e *Acaz*.
11. Pai de um certo Joel, o superintendente dos benjamitas em Jerusalém depois do retorno do exílio na Babilônia (Ne 11.9).
12. Chefe da família sacerdotal de Abias, estava entre os judeus que retornaram do exílio na Babilônia com Zorobabel (Ne 12.17). P.D.G.

ZIFA. 1. Filho de Messa e neto de Calebe, da tribo de Judá (1 Cr 2.42).
2. Um dos filhos de Jealelel e líder na tribo de Judá (1 Cr 4.16).

ZIFE. Um dos filhos de Jealelel e líder na tribo de Judá (1 Cr 4.16).

ZIFIOM. O primeiro dos sete filhos de Gade, listados em Gênesis 46.16 como integrantes do grupo que desceu com Jacó para o Egito. Mencionado em Números 26.15 (onde é chamado de Zefom) como fundador do clã dos zefonitas.

ZILÁ (Heb. "sombra"). Uma das duas esposas de Lameque, mãe de Tubal-Caim, o "mestre de toda a obra de cobre e de ferro" (Gn 4.19-22). Ela teve uma filha chamada Naamá. Zilá ouviu Lameque vangloriar-se de que havia matado e se vingado daqueles que o prejudicaram (vv. 23,24) — um lembrete do pecado que já permeara totalmente o mundo.

ZILETAI (Heb. "o Senhor protege").

1. Mencionado em 1 Crônicas 8.20 como filho de Simei, na genealogia que vai de Benjamim ao rei Saul.

2. Um dos grandes guerreiros da tribo de Manassés que desertaram das tropas do rei Saul e se uniram a Davi em Ziclague. Liderava uma unidade de 1.000 homens (1 Cr 12.20). A passagem em 1 Crônicas deixa claro que a deserção gradual de tais guerreiros, pertencentes a diferentes tribos de Israel, foi dirigida pelo Espírito de Deus. O último versículo da seção (v. 22) diz: "Dia a dia vinham a Davi para o ajudar, até que se fez um grande exército, como o exército de Deus".

ZILPA. Serva entregue por Labão à sua filha primogênita, no dia de seu casamento com Jacó (Gn 29.24). Lia teve filhos com o esposo; mas, quando cessou de conceber (Gn 30.9), deu Zilpa ao marido, para ter outros descendentes por meio dela. Legalmente, os filhos da serva eram considerados legítimos de sua senhora. O desejo de Lia de ter mais filhos atribuídos a seu nome era devido à rivalidade que havia entre ela e sua irmã Raquel, também casada com Jacó. Zilpa, por causa disso, teve dois filhos: Gade e Aser (Gn 30.10-12; 35.26; 37.2; 46.18).

ZIMA. 1. Levita, descendente de Gérson, foi chefe de um dos clãs da tribo. Seu pai chamava-se Jaate (1 Cr 6.20). É pouco provável que os nomes referidos nos itens 2 e 3 sejam a mesma pessoa, embora alguns eruditos achem que sim. Os mesmos talvez se relacionem com períodos bem diferentes da história de Israel, especialmente o citado no item 3. Entretanto, possivelmente esse seja outro dos muitos exemplos onde um nome repete-se dentro da mesma genealogia da tribo de Levi. Talvez essa seja uma indicação de como algumas famílias levitas permaneceram fiéis ao Senhor e às tradições através das gerações.

2. Filho de Simei e pai de Etã, do clã dos gersonitas, da tribo de Levi. Seus descendentes, inclusive Asafe, serviram no ministério do Tabernáculo (1 Cr 6.42).

3. Levita, descendente de Gérson. Seu filho, Joá, foi chefe de um clã e ajudou na limpeza e purificação do Templo, nos dias do rei Ezequias (1 Cr 6.21; 2 Cr 29.12).

P.D.G.

ZINRÁ. Primeiro filho de Abraão com sua esposa Quetura (Gn 25.2). Ele aparece na lista dos descendentes deste patriarca, a fim de fazer um elo de ligação entre as narrativas da morte de Sara e a do próprio Abraão (também 1 Cr 1.32).

ZINRI. 1. Enquanto Israel acampava perto de Sitim, durante a peregrinação no deserto, os homens israelitas tiveram contato com algumas moabitas e envolveram-se sexualmente com elas (Nm 25). Provavelmente participaram do ritual da fertilidade com tais mulheres, pois o v. 2 diz que foram convidados aos sacrifícios de seus deuses, entre eles "Baal-Peor". O Senhor então irou-se e prometeu enviar um castigo, a não ser que Moisés matasse todos os envolvidos em tais atividades. Zinri, filho de Salu e líder de um clã na tribo de Simeão, agravou o mal, pois trouxe Cosbi, uma das moabitas, para o acampamento de Israel, justamente quando o povo estava chorando diante da tenda da congregação, por causa do juízo de Deus. Finéias, neto de Arão, determinado a vindicar o Senhor e evitar maior juízo sobre o povo, imediatamente pegou uma lança e matou os dois, en-

ZIPOR

quanto mantinham um encontro amoroso dentro de uma tenda (Nm 25.14).

A defesa da santidade dos israelitas e a separação deles dos outros povos para o serviço do Senhor era a própria essência do chamado deles como nação. Portanto, a preservação de tal santidade era vital para que o povo permanecesse fiel ao relacionamento e à aliança com Deus.

2. Um dos cinco filhos de Zerá e neto de Judá e Tamar (1 Cr 2.6). Quando os israelitas finalmente entraram na terra de Canaã, sob a liderança de Josué, a primeira cidade que capturaram e destruíram foi Jericó (veja *Raabe*). Deus então determinou que nada tomassem para si do espólio. No entanto, Acã, neto de Zinri, desobedeceu à esta ordem e foi apedrejado (Js 7.1,24-26). A violação da "aliança do Senhor", mesmo naqueles primeiros estágios da ocupação de Canaã, era considerada algo muito sério. Apesar de Deus ter dito qual era a gravidade de tal pecado (a violação da aliança), repetidamente os israelitas fizeram isso e foram severamente castigados pelo Senhor.

3. Um dos oficiais do exército de Israel (reino do Norte). Ele se rebelou contra o rei Elá, o qual era alcoólatra e não tinha o apoio e o respeito do povo. Zinri matou-o enquanto este estava bêbado e tornou-se rei (provavelmente em 855 a.C.). Imediatamente, iniciou a matança de toda a família de Baasa (1 Rs 16.8-11). Outro general do exército, chamado Onri, liderava os israelitas contra os filisteus enquanto tudo isso acontecia. Assim que soube o que Zinri fizera, atacou-o em Tirza. Este recuou e escondeu-se no castelo, onde se suicidou, ao atear fogo na casa; ele reinou apenas sete dias (1 Rs 16.15-18).

Tempos depois, a rainha Jezabel referiu-se à rebelião de Zinri, na saudação sarcástica que dirigiu a Jeú, ao saber que ele a procurava para matá-la: "Teve paz Zinri, que matou a seu senhor?" (2 Rs 9.31).

O escritor de 1 Reis desejava que seus leitores entendessem que a mão de Deus operava em todos esses eventos. Elá tinha seguido Baasa em seus perversos caminhos. Ambos tinham incentivado a idolatria. O profeta Jeú, filho de Hanani, profetizara a destruição de Baasa e toda sua família, por causa de seu grande pecado e sua rebelião contra o Senhor. Desta maneira, a aniquilação da casa real, efetuada por Zinri, era vista como retribuição de Deus (1 Rs 16.12,13). Entretanto, o fato de que o Senhor, em sua soberania, usasse Zinri desta maneira, não queria dizer que este fosse justo. Pelo contrário, ele também induziu Israel ao pecado e é provável que tenha ele próprio andado pelo caminho da idolatria (v. 19), de maneira que sua morte também representava o juízo de Deus.

4. Filho de Jeoada e pai de Moza, da tribo de Benjamim. Era descendente do rei Saul, portanto está mencionado em sua genealogia (1 Cr 8.36; 9.42).   P.D.G.

ZIPOR (Heb. "pássaro"). Pai do rei Balaque, de Moabe, o qual viveu na época em que os israelitas preparavam-se para entrar em Canaã. Depois de tomar conhecimento do que acontecera com os reis Siom e Ogue, dos amorreus, Balaque ficou "aterrorizado" e buscou a ajuda do vidente Balaão. Deus, entretanto, interferiu para proteger seu povo dos moabitas (Nm 22.2,4,10,16,18; Js 24.9; Jz 11.25). Veja *Balaque*, *Balaão* e *Siom*.

ZÍPORA (Heb. "pardal" ou "pássaro"). Depois de matar um egípcio, Moisés fugiu para Midiã, onde conheceu Jetro e habitou na casa dele. O velho sacerdote lhe deu então sua filha Zípora como esposa. O primeiro filho deles chamou-se Gérson e o outro, Eliezer (Êx 2.21,22; 18.2-4). Veja *Jetro* e *Gérson*.

Quando Deus ordenou que Moisés voltasse ao Egito, a fim de libertar os israelitas da escravidão, ele partiu na companhia da esposa e dos filhos. Ao pararem numa estalagem, Êxodo 4.24-26 diz que "encontrou-o (Moisés) o Senhor, e o quis matar. Então Zípora tomou uma pedra aguda, circuncidou o prepúcio de seu filho e, lançando-o aos pés de Moisés, disse: Certamente me és um esposo sanguinário. O Senhor, pois, o deixou. Ela disse: Esposo sanguinário, por causa da circuncisão". Há muita especulação a respeito do que aconteceu nesse incidente. Ao que parece, Moisés não cumprira a exigência da aliança de circuncidar seu filho e, para evitar o castigo de Deus sobre o marido, Zípora rapidamente pegou o filho e o circuncidou, a fim de salvar a vida do esposo. Talvez o motivo de ele não ter circuncidado o menino fosse por causa dos longos anos que passara distante de seu povo. O incidente provavelmente lembrou a Moisés a importância de se guardar a aliança de Abraão.

P.D.G.

ZIZA. 1. Líder de um clã da tribo de Simeão (1 Cr 4.37). Era filho de Sifi e vivia na região periférica de Gedor.

2. Segundo filho de Simei, da tribo de Levi (1 Cr 23.10,11). Pertencia ao clã dos gersonitas e foi indicado pelo rei Davi para liderar sua família nas tarefas do Tabernáculo.

3. Filho do rei Roboão e sua esposa Maaca, filha de Absalão (2 Cr 11.20).

ZOAR (Heb. "amarelo").

1. Heteu, pai de Efrom, o qual vendeu um campo a Abraão, onde havia uma caverna adequada para se transformar em túmulo da família (Gn 23.8; 25.9). Veja *Efrom*.

2. Quinto filho de Simeão, líder de um clã; listado como componente do grupo que desceu com Jacó para o Egito (Gn 46.10; Êx 6.15).

3. Filho de Hela e descendente de Judá (1 Cr 4.7).

ZOBEBA. Filho de Coz, da tribo de Judá (1 Cr 4.8).

ZOETE. Mencionado em 1 Crônicas 4.20 como descendente de Isi, da tribo de Judá.

ZOFÁ. Filho de Helém, líder tribal descendente de Aser (1 Cr 7.35,36).

ZOFAI. Levita, descendente de Coate. Seu pai chamava-se Elcana e seu filho, Naate. Foi ancestral do profeta Samuel (1 Cr 6.26). Também chamado de Zufe. Veja *Zufe*.

ZOFAR. Um dos três amigos de Jó, chamado de "o naamatita" (Jó 2.11). A princípio, eles foram ao encontro do companheiro, para "condoer-se dele, e consolá-lo". Quando viram os terríveis problemas que Jó enfrentava, ficaram sem falar por um longo tempo. Depois, apresentaram vários tipos de "conselho". Somente dois dos discursos de Zofar são registrados: o primeiro (Jó 11) e o segundo (Jó 20). Ele argumentou fortemente com Jó que sua alegação de inocência não era verdadeira. Se o amigo reconhecesse isso e se arrependesse, Deus restauraria a sua saúde (Jó 11.13-19). Zofar não acreditava no que Jó dizia e tentou persuadi-lo de que sua atitude de autojustificação estava errada. Havia pouca compaixão no que ele dizia.

Uma análise similar é repetida em seu segundo discurso (Jó 20). Jó ficara cada vez mais convencido de que Deus era a fonte dos problemas que enfrentava e por isso apelara para o Senhor e pedira que cumprisse suas responsabilidades para com seu povo (Jó 19). Numa grande declaração de fé, Jó procurou por seu Redentor, para vindicá-lo (Jó 19.25). Tudo isso era demais para Zofar, o qual, de uma forma simplista, via os problemas como evidência do pecado e a vida bem-sucedida como a manifestação da justiça divina.

No final, Deus vindicou a Jó e ordenou aos amigos que o procurassem, para que oferecesse sacrifícios em prol de seus pecados, a fim de que fossem perdoados: "O meu servo Jó orará por vós, e aceitarei a sua oração, e não vos tratarei conforme a vossa loucura. Vós não falastes de mim o que era reto, como o meu servo Jó" (Jó 42.7-9).

P.D.G.

ZOROBABEL

ZOROBABEL (Heb. "semente de Babilônia"). O nome sugere seu lugar de nascimento, como filho ou de Sealtiel (Ed 3.2, 8; Ag 1.1; Mt 1.12) ou de Pedaías (1 Cr 3.19), irmão de Sealtiel. Provavelmente foi adotado pelo tio depois da morte de Pedaías. Foi o primeiro governador de Judá depois do exílio na Babilônia, nomeado por Cambises ou Dario I, da Pérsia. Junto com o profeta Josua, Zorobabel liderou as obras de reconstrução do Templo de Jerusalém. Foi um trabalho feito sob a direção do Senhor, destinado a dar uma prova concreta de sua fidelidade contínua à aliança e apontar para adiante, a uma realidade ainda maior, ou seja, a residência do Senhor em pessoa no meio do seu povo (Ag 2.1-9). As referências a Zorobabel nas duas genealogias de Jesus, tanto em Mateus 1.12,13 como em Lucas 3.27, representam algo significativo no cumprimento da tipologia de Ageu 2.23, na qual Zorobabel serve como um protótipo de Jesus, o "anel de selar" escolhido do Senhor.   E.M.

ZUAR (Heb. "pequeno"). Pai de Natanael, o líder da tribo de Issacar no tempo de Moisés (Nm 1.8; 2.5; 7.18, 23; 10.15). Veja *Natanael.*

ZUFE (Heb. "favo de mel"). Efraimita (1 Sm 1.1), listado entre os coatitas, da tribo de Levi, em 1 Crônicas 6.35. Foi ancestral de Elcana e do profeta Samuel. Várias explicações foram dadas para essa associação com duas tribos. É possível que vivesse em Efraim como levita e por isso fosse chamado de "efraimita", mas não se pode afirmar com certeza.   P.D.G.

ZUR (Heb. "rocha").
1. Midianita, pai de Cosbi e líder em sua tribo (Nm 25.15). Morreu numa bata-

lha contra os israelitas, liderados por Moisés. Esta guerra foi ordenada por Deus (Nm 31.7,8) como parte de seu julgamento sobre os midianitas, porque seduziram os israelitas e os levaram à apostasia (Js 13.21). Enquanto Israel estava acampado perto de Sitim, durante a peregrinação no deserto, os homens israelitas conheceram as mulheres moabitas e envolveram-se sexualmente com elas (Nm 25). Zinri, filho de Salu, agravou o mal, quando trouxe Cosbi ao acampamento de Israel, justamente no momento em que o povo estava chorando diante da tenda da congregação, por causa do castigo de Deus. A morte imediata de Cosbi e Zinri, pelas mãos de Finéias, e de Zur, na batalha, faziam parte dos propósitos de Deus para a santidade dos israelitas. A separação de entre os povos para o serviço do Senhor era a própria essência do chamado deles como nação. Para mais detalhes, veja *Cosbi.*
2. Benjamita, um dos filhos de Jeiel e sua esposa Maaca, morava na região de Gibeom. Foi um dos ancestrais de Quis, pai do rei Saul (1 Cr 8.30; 9.36).   P.D.G.

ZURIEL (Heb. "meu Deus é uma rocha"). Um dos líderes da tribo de Levi durante os anos de peregrinação no deserto. Era chefe do clã dos meraritas, o qual incluía um grande número de grupos familiares (Nm 3.35). Era filho de Abiail. Números 3.33-37 revela que este clã era responsável pela maioria do trabalho externo da Tenda da Congregação, principalmente o transporte dos utensílios do Tabernáculo, as colunas, as bases, as estacas e as cordas.

ZURISADAI (Heb. "minha rocha é o Deus Todo-poderoso"). Pai de Selumiel, o líder da tribo de Simeão nos dias de Moisés (Nm 7.36). Veja *Selumiel.*

---

[1] Mencionado apenas em alguns textos no início do v. 29: "Jeiel, pai de Gibeom..." (Nota do Tradutor).